Voltaire, d'après J.-B. Lemoyne (1748).
Musée de Chaâlis. (Photo Viollet).

Voltaire
Mélanges

PRÉFACE PAR EMMANUEL BERL
TEXTE ÉTABLI ET ANNOTÉ
PAR JACQUES VAN DEN HEUVEL

BIBLIOTHÈQUE DE LA PLÉIADE
nrf

BIBLIOTHÈQUE
DE LA PLÉIADE

VOLTAIRE

Mélanges

PRÉFACE PAR EMMANUEL BERL

TEXTE ÉTABLI ET ANNOTÉ
PAR JACQUES VAN DEN HEUVEL

nrf

GALLIMARD

CE VOLUME CONTIENT :

PRÉFACE
par Emmanuel Berl.

EXTRAIT DES SENTIMENTS DE JEAN MESLIER
IDÉES RÉPUBLICAINES
L'AFFAIRE CALAS
TRAITÉ SUR LA TOLÉRANCE
CATÉCHISME DE L'HONNÊTE HOMME
DIALOGUE DU DOUTEUR ET DE L'ADORATEUR
DIALOGUE DU CHAPON ET DE LA POULARDE
DISCOURS AUX WELCHES
CONFORMEZ-VOUS AUX TEMPS
DE L'HORRIBLE DANGER DE LA LECTURE
SENTIMENT DES CITOYENS
CONVERSATION DE LUCIEN, ÉRASME ET RABELAIS
DES PAÏENS ET DES SOUS-FERMIERS
LES ANCIENS ET LES MODERNES
LES DERNIÈRES PAROLES D'ÉPICTÈTE
MANDEMENT DU PÈRE ALEXIS
PETIT COMMENTAIRE SUR L'ÉLOGE DU DAUPHIN
RELATION DE LA MORT
DU CHEVALIER DE LA BARRE
SUR LE LIVRE DES DÉLITS ET DES PEINES
SUR LES PARRICIDES IMPUTÉS AUX CALAS
LETTRE AU DOCTEUR PANSOPHE
LETTRE DE M. DE VOLTAIRE A M. HUME
LE PHILOSOPHE IGNORANT
ANDRÉ DESTOUCHES A SIAM
ANECDOTES SUR BÉLISAIRE
LES QUESTIONS DE ZAPATA
LES HONNÊTETÉS LITTÉRAIRES
EXAMEN DE MILORD BOLINGBROKE
HOMÉLIES
LA DÉFENSE DE MON ONCLE
LETTRES SUR RABELAIS
ET SUR D'AUTRES AUTEURS
LE DINER DU COMTE DE BOULAINVILLIERS
LETTRE D'UN AVOCAT AU NOMMÉ NONOTTE

ÉPITRE ÉCRITE DE CONSTANTINOPLE
LETTRE DE L'ARCHEVÊQUE DE CANTORBERY
SERMON PRÊCHÉ A BÂLE
FEMMES, SOYEZ SOUMISES A VOS MARIS
INSTRUCTION A FRÈRE PÉDICULOSO
CANONISATION DE SAINT CUCUFIN
PROVIDENCE
SOPHRONIME ET ADELOS

NOTES ET VARIANTES

BIBLIOGRAPHIE

INDEX

PRÉFACE

LES REVERS DE LA GLOIRE

Il y a, dans la personne et dans le destin de Voltaire, bien des aspects magiques.

Sa renommée, par exemple, n'a pas suivi les variations de sa cote : celle-ci en a nécessairement subi d'importantes. On sait trop que les goûts changent avec les conjonctures et que la postérité n'est guère moins capricieuse que le public. Mais, en règle générale, les artistes sont plus oubliés quand ils sont moins aimés. Le XVIIe *siècle goûtait peu Ronsard, il en parlait peu. Pour les élèves de David, pour Ingres, aucun peintre n'égalait Raphaël, ils avaient sans cesse son nom à la bouche ; aujourd'hui, on l'entend moins que celui de Léonard. Peut-être sommes-nous injustes envers Lamartine, mais les lecteurs d'Aragon ont été surpris de voir, dans* la Semaine Sainte, *qu'il s'appelait de Prat.*

Voltaire, lui, ne devient pas moins illustre quand il est plus déprécié. Même quand on lui préfère d'autres auteurs, on ne pense pas qu'aucun d'eux, fût-ce Molière, soit plus connu. Son nom est synonyme d'écrivain français, comme le nom de Victor Hugo est synonyme de poète français. Qu'on ajoute ou non le « hélas ! » de Gide, on ne conteste pas le fait, on se borne tout au plus à le déplorer. Loué par les uns, blâmé par les autres, Voltaire, depuis deux siècles, reste en tête de ce gallup mondial.

Est-ce pour cette raison qu'il est si mal connu ? Cocteau dirait que les bruits se dissolvent dans le tumulte, comme ils s'effacent dans le silence et qu'on ne peut pas ne pas être méconnu, quand on est tellement illustre.

Vivant et mort, Voltaire fut toujours l'un et l'autre.

Méconnu ? Voltaire ne l'a-t-il pas toujours été ? Ses contemporains voyaient en lui « l'auteur de la Henriade *». Ce titre lui plaisait beaucoup. Nous ne songeons plus à le lui donner. Dans les premières décades du* XIXe *siècle, il passait* *pour le patron de l'athéisme, ce qui l'aurait exaspéré. Aujourd'hui,* Candide *fait écran entre son œuvre et nous, comme sa gloire, devant sa personne.*

Sans doute aurions-nous de lui une idée moins fausse si nous étions moins renseignés. Nous le sommes trop ; il a trop écrit. « Il en reste toujours cent volumes », grommelait Faguet. A son œuvre, déjà énorme, s'ajoute une correspondance qui l'est encore plus. Elle paraissait déjà bien importante, et voilà que les travaux, d'ailleurs admirables, de M. Besterman nous en révèlent toute une partie insoupçonnée.

Les projecteurs du succès ont été braqués sur lui, comme sur Gœthe, dès son adolescence. On a donc tout noté, tout gardé, de telle sorte que ses biographes ploient sous le faix d'une documentation inépuisable. Sa seule bibliographie constitue une tâche presque surhumaine. M. Besterman a voulu reprendre une à une les pièces de ce dossier-fleuve. Elles deviennent de plus en plus nombreuses à mesure que Voltaire vieillit, de sorte que le vieillard finit par cacher le jeune homme qu'on oubliait un peu, à force de regarder et de reproduire la statue de Houdon.

Voltaire aurait rendu leur travail plus facile à ceux qui veulent le peindre, s'il l'avait fait lui-même, comme Chateaubriand, comme Stendhal, comme Rousseau. On n'est jamais si bien servi que par soi. Quand on veut de bons biographes, la prudence ordonne de rédiger sa biographie.

Mais Voltaire y répugnait. Dans son œuvre immense, rien qui ressemble à des Confessions. Lui qui tenait toute l'Europe au courant de ses soucis les plus minces, de ses moindres malaises, de ses moindres affaires, de ses irritations les plus fugitives, de ses enthousiasmes les plus brefs, n'a autant dire jamais parlé de lui-même. Il ne souffrait pas qu'on le détourne, en le tournant vers l'analyse intérieure.

« Notre condition, écrit-il déjà dans les Lettres anglaises, *est précisément de penser aux objets extérieurs avec lesquels nous avons un rapport nécessaire. »*

Il aurait ri, ou se serait fâché, à l'idée qu'il pouvait écrire un journal intime. C'est le seul genre littéraire où il ne se soit pas essayé. A peine commence-t-il à parler de lui-même qu'il passe à autre chose, à Fréron, à n'importe quoi. Le Moi que Pascal haïssait, il l'ignorait.

Constamment occupé de son personnage, il ne l'est jamais de sa personne. L'introversion fait horreur à cet extraverti.

Toute sa vie d'ailleurs, il a été non seulement dramaturge inégal, mais acteur impénitent. Mauvais acteur, peut-être, mais il n'en a pas démordu, défendant avec furie son théâtre de Tournay. Comme Descartes avance masqué, Voltaire, donc, avance grimé, dans les costumes de Lusignan, son rôle préféré.

Tels les acteurs, il s'exhibe, mais il se fuit. Un homme à la recherche de sa personne, de son passé, qu'il peine à évoquer, qu'il jouit de retrouver, ne peut pas faire le métier de comédien ; celui-ci doit se quitter chaque soir, entrer dans une peau qui n'est pas la sienne. Aussi, le moi dont il parle — trop parfois, et jusqu'à fatiguer les autres — est à mi-chemin entre le je et le fantôme que le public acclame ou siffle. En ceci, du moins, Voltaire est vraiment acteur et très acteur. Il se passionne pour tout ce qui le concerne : les chemises qu'il commande, et, plus encore, pour la plus insignifiante critique de l'échotier le plus plat. Mais il n'a pas de rétroviseur et ne veut pas en avoir. Les chagrins sans doute très profonds que lui a causés Mme du Châtelet, il n'a jamais voulu se les rappeler, soit pour les chanter, soit pour les mieux comprendre. Moins éloigné de Rancé *que d'Olympio et de Bossuet que de Proust.*

Il ne remâche pas son passé, il ne mâche donc pas leur besogne aux historiographes et à la postérité. On ne peut jamais penser à lui comme à un mort dont on sculpte le gisant.

Ce vivant perpétuel a éprouvé, a aussi inspiré des passions trop vives pour qu'on puisse être équitable envers lui. Les ennemis qu'il s'était faits, il les a gardés outre-tombe.

LE BEAU LANGAGE ET LE BON GOÛT

Dans ce combat, que défend-il ?

A ses débuts, quand il est le fringant petit maître, familier du Temple, disciple de Chaulieu, légataire de Ninon, il défend, d'abord, le bon goût.

Orfèvre en épigrammes, madrigaux, sonnets, poésie en tous genres, persuadé que « la poésie est l'éloquence harmonieuse » (Lettres anglaises, *225), il réprouve le mauvais langage et les mauvais écrits. Il ne doute pas que l'Art comporte des règles, édictées par la* Raison *et d'après lesquelles on peut, on doit iuger les auteurs et les œuvres. Nous ne le croyons plus. L'archéologie nous a rendus relativistes, l'Art tend à se confondre, pour nous, avec sa propre histoire. Réduire à un dénominateur commun les formes des différents styles devient de plus en plus difficile, à mesure que les civilisations exhumées deviennent plus nombreuses. Les contemporains de Voltaire disputaient pour savoir s'il fallait mettre Racine au-dessus de Corneille ou au-dessous. La Bruyère, Mme de Sévigné l'avaient déjà fait. Mais la question de savoir si le temple d'Angkor vaut plus ou moins que l'Acropole, les grottes sacrées de l'Inde que les cathédrales gothiques, les sculptures sumériennes que les sculptures mexicaines, est plus arbitraire, car elle ne s'était pas posée aux auteurs des œuvres ainsi confrontées. Nous doutons qu'elle ait un sens. On a fini par admettre qu'elle n'en avait pas et que les styles sont naturellement égaux, comme les Muses : l'art égyptien est incommensurable avec l'art grec, comme l'astronomie avec l'histoire ou la peinture avec la musique.*

La critique de Voltaire ne serait elle-même qu'un certain monument de la culture baroque, si on pouvait tenir dans ce pur relativisme. Mais on ne le peut pas. L'Esthétique implique le jugement, Kant l'a dit ; sans jugement, elle cesse d'être et d'être possible...

Aussi bien, les chefs-d'œuvre de tous les pays et de tous les temps se rejoignent dans une transcendance à laquelle nous nous référons, même quand nous affirmons qu'elle n'existe pas. On peut préférer les vitraux de la Sainte-Chapelle aux mosaïques de Ravenne, ou inversement, on peut de même préférer Hugo à Racine ou Racine à Hugo. Mais on ne peut pas préférer Vacquerie à Hugo, Pradon à Racine et les vitraux de Saint-Augustin à ceux de la Sainte-Chapelle. Du moment qu'on établit une hiérarchie à l'intérieur de chaque style, par là même, on institue une classe qui comprend les chefs-d'œuvre des différents styles et les distingue des œuvres d'un rang inférieur. Les hiérarchies se rétablissent donc, même si l'on multiplie les divers domaines à l'intérieur desquels elles jouent. Quoique la musique soit une chose et la peinture une autre, Beethoven est plus proche de Rembrandt que de Clementi, et Rembrandt plus proche de Beethoven que de Pieter de Hooch.

Puisqu'il faut absolument qu'on juge, Voltaire reste l'un de ceux qui l'ont fait avec le plus de pertinence. Même quand les reproches qu'il adresse à tel auteur ou à tel écrit nous irritent — parce qu'ils nous semblent mesquins — on peut rarement contester qu'ils soient fondés. Il a compté tous les trébuchements de Corneille, mais on cherche en vain, dans Corneille, un beau vers dont il n'ait pas senti la beauté. Sa critique, comme celle de Boileau, survit aux changements qui semblaient devoir la ruiner. Quoique le « temple du goût » se soit dilaté en un immense « musée imaginaire », les expertises rendues par ce grand expert en grammaire, rhétorique et versification, ont gardé leur justesse.

Après lui, la critique s'est voulue plus compréhensive, impressionniste, historienne. En fait, elle est devenue beaucoup plus vaine, plus récusable et plus sotte. Les griefs que Proust accumule contre Sainte-Beuve, je ne crois pas qu'il aurait pu les articuler contre Voltaire. Car on ne peut pas lui dire : « Vous vous êtes trompé », on peut lui répondre tout au plus : « Vos instruments de mesure ne sont plus les nôtres. » C'est que Sainte-Beuve se fie à ses humeurs et que Voltaire, tout partial et quinteux qu'il puisse être, juge pourtant, comme Pascal, d'après une montre. Peut-être n'aurait-il pas aimé Baudelaire, mais il ne l'aurait pas, comme Sainte-Beuve, méconnu ; il a toujours mis ou laissé à leur place les auteurs qu'il attaquait et discerné les défauts de ceux qu'il préférait.

Rien ne serait plus absurde que de le condamner en tant qu'artiste formé par le XVIIe *siècle finissant, au nom du relativisme historique. Une fois admis qu'il fut légataire de Ninon et non d'Élisabeth Ire, ses jugements sur Shakespeare sont étonnants de justesse.*

Il s'est d'ailleurs bientôt lassé de son rôle d'expert en langage pour la cour du Régent. Le talent lui importait moins que la vérité. Inquiet de Dieu, issu d'une famille inquiète, frère d'un janséniste militant et lui-même élève des jésuites, il tâche d'abord de surmonter sa peur anxieuse du « Dieu cruel » et, dès que les coups de bâton du chevalier de Rohan mettent un point final à sa « jeunesse folle », il travaille non à bien écrire, mais à bien penser.

LE DISCIPLE DE NEWTON

La vérité qu'il cherchait, il la trouve en Angleterre où il se réfugie, au sortir de la Bastille. Ses Lettres anglaises *ouvrent une ère nouvelle dans l'histoire de sa pensée, et, par là même, dans celle de la pensée française.*

Il a été l'un des premiers à comprendre Newton et à sentir sa grandeur. Il l'a compris bien avant Fontenelle, plus versé dans les sciences que lui. On s'étonne qu'il ait pu devancer, avec tant d'aisance, des spécialistes remarquables, dans leur propre spécialité. C'est que le système de Newton a touché son cœur avant de convaincre sa raison, l'apprenti physicien a été guidé par le poète.

La France s'entêtait à rester cartésienne, après avoir longtemps renâclé devant Descartes. Elle continuait à défendre les tourbillons, la matière subtile, les atomes crochus, à nier l'existence du vide, elle n'en démordait pas depuis les Femmes savantes.

Le bon sens de Voltaire a dû l'avertir que Descartes, comme physicien, n'était pas moins dogmatique qu'Aristote et ne tenait pas plus compte de l'expérience que les scolastiques dont il s'était moqué.

Descartes avait été un grand géomètre. Voltaire le sait, il dit que ceux qui le contestent ne font que battre leur nourrice. Mais hors la géométrie, Descartes n'a fait avancer aucune des sciences auxquelles il appliqua sa célèbre méthode. Le Traité du Monde *devait, dans son idée, aboutir à un traité de l'homme, et celui-ci, à des recettes pour vivre plus vieux. Or, après s'être beaucoup flatté de mourir centenaire, il mourut à cinquante-trois ans. Cela suffisait sans doute pour alerter Voltaire, auprès duquel rien ne prévaut sur le fait.*

Il est certain aussi que l'univers de Descartes ne lui plaisait pas, parce qu'il n'y trouvait pas Dieu assez présent. « Dès qu'on ose dire : Donnez-moi de la matière et du mouvement et je vais faire un monde, alors, il faut l'avouer, ces idées semblent exclure par des conséquences trop justes l'idée d'un Être, seul infini, seul auteur du mouvement, seul auteur de l'organisation des substances. »

Il n'ignorait pas que Descartes croyait en Dieu. Mais ce Dieu ne lui était nécessaire que pour cautionner le rapport entre le monde et la perception que l'homme en a. Garant suprême de la Raison, Dieu est indispensable à la métaphysique, non pas à la physique cartésienne. A partir du moment où l'on quitte le monde métaphysique pour entrer dans le monde physique, il est trop clair qu'on peut se tromper sans que Dieu soit trompeur. Le monde physique de Descartes n'a pas plus besoin de Dieu que ses animaux n'ont besoin de conscience et de raison. C'est pourquoi les tourbillons et la matière subtile répondent si mal à l'émotion que la beauté de l'univers provoque dans les esprits capables de la sentir.

Voltaire a jugé que le monde de Newton était plus vrai, parce que Dieu y est plus manifeste. Son exposé des principes de Newton commence par : « Newton était intimement persuadée de l'existence de Dieu. » *Toute sa physique* « *conduit à la connaissance d'un Être Suprême. Si la matière gravite, comme cela est démontré, elle ne paraît pas graviter de sa nature, ainsi qu'elle est étendue de sa nature. Elle a donc reçu de Dieu la gravitation.* »

L'attraction universelle évoque pour Voltaire l'idée d'un amour universel, en même temps que l'idée d'une raison triomphante, qui n'a pas besoin de multiplier les lois fondamentales qu'elle édicte.

Il est très vrai qu'à côté de l'univers newtonien, l'univers de Descartes semble entaché de mesquinerie, il a l'air d'un gros fouet ou d'une planche faite pour illustrer un livre scolastique. Voltaire ne s'y trompe pas : « *Ce sont les tourbillons qu'on peut appeler une qualité occulte, puisqu'on n'a jamais prouvé leur existence. L'attraction, au contraire, est une chose réelle, puisqu'on en démontre les effets et qu'on en calcule les proportions. La cause de cette cause est dans le sein de Dieu.* » (Lettres anglaises, *II, 29.*)

La physique de Descartes menait à l'idée que les animaux sont des machines. Cette idée choquait déjà La Fontaine. Elle convient mal aux poètes, non parce qu'elle est trop précise, mais parce qu'elle ne l'est pas assez. Elle suppose une préférence trop téméraire de la déduction à l'observation. Car Descartes peut bien démontrer qu'une chatte est une machine ; mais, pour savoir qu'elle n'en est pas une, il suffit à Montaigne de jouer avec la sienne.

Voltaire, qui critiquait tellement le pari de Pascal, a, à la vérité, parié sur Newton, contre la plupart des savants et des philosophes français de son époque, et il a gagné. La physique de Newton réjouissait son théisme et elle le confirmait dans sa répugnance pour les hypothèses métaphysiques et leurs ordonnances trompeuses. Car Voltaire s'est, toute sa vie, proclamé philosophe, mais il s'est, toute sa vie, méfié des systèmes.

« *Hypothesis non fingo* », *proclamait Newton. Newton avait bien le droit de parler avec cette fierté humble. Il avait mis sur pied son système, celui-ci ne cadrait pas avec les mesures, d'ailleurs inexactes, qu'on avait, alors, de notre globe. Les pilotes* « *comptaient 60 milles pour un degré, au lieu qu'il en fallait compter près de 70... Un philosophe médiocre et qui n'aurait eu que de la vanité eût fait cadrer comme il eût pu la mesure de la terre avec son système. M. Newton aima mieux abandonner alors son projet. Mais depuis que M. Picard eut mesuré la terre exactement, en traçant cette méridienne qui fait tant d'honneur à la France, M. Newton reprit ses premières idées et il trouva son compte avec le calcul de M. Picard. »*

C'est cet esprit d'honnêteté, cette crainte de la jactance qu'intarissablement Voltaire louera chez Locke. Comme il l'a trouvé plus prudent que ses rivaux, il l'a estimé, par là même plus sensé.

Il avait toujours haï le fanatisme ; cette haine remontait à ses toutes jeunes années. La Henriade *avait été un réquisitoire contre la Saint-Barthélemy, autant qu'un panégyrique de Henri IV et des Bourbons. Et on sait qu'à la fin de sa vie, chaque anniversaire de la Saint-Barthélemy provoquait, chez Voltaire, une crise de fièvre, à laquelle son entourage avait fini par s'habituer.*

La haine du fanatisme tenait, d'abord, à son caractère ennemi de toute brutalité ; elle lui avait été aussi inculquée en même temps que la haine des jansénistes. Newton lui a fait sentir que le fanatisme n'était pas moins incompatible avec la majesté de Dieu qu'avec la fraternité des hommes. De toute façon, il était affreux qu'ils s'entretuent, mais le pire scandale, c'était qu'ils mêlent Dieu à leurs fureurs sadiques, qu'ils se figurent le servir quand ils s'abandonnaient à leurs penchants bestiaux et s'entr'égorgeaient.

Aussi, l'étude de la physique newtonienne et l'étude historique de la religion, des textes qu'elle invoque et des crises de fanatisme successives qu'elle provoque, semblent à Voltaire se compléter l'une l'autre. Ce sont les deux volets d'un même tableau.

L'HISTORIEN ET L'EXÉGÈTE

Mme du Châtelet, comme lui, fut à la fois géomètre et exégète. Les années qu'il passe à Cirey auprès d'elle, les plus studieuses de son existence, où le travail a tenu tant de place, sont celles où il s'adonne avec le plus de zèle à la science et à l'histoire. Leurs amours furent une collaboration passionnée. Il dit lui-même : « J'ai bien peu de tempérament, mais ma maîtresse me pardonne et je l'aime plus tendrement. » Elle lui pardonne, en effet, quitte à s'amouracher de Saint-Lambert, ce qu'il lui pardonne aussi. Le principal, c'est leur zèle commun pour l'étude, leur enthousiasme qui, parfois, va jusqu'à l'extase.

Un jour, à Nangis, leur carrosse verse, l'hiver. Il fait très froid, les chevaux ont glissé sur le verglas ; Dieu sait si Voltaire est frileux et émotif, mais dans le carrosse renversé où Mme du Châtelet et lui s'agrippent, ils voient le ciel très pur d'une nuit d'hiver où toutes les étoiles scintillent ; ils contemplent les constellations, s'exaltent à les observer, à les recenser, au point qu'ils oublient leur situation inconfortable. Ce n'est pas le « silence éternel des espaces infinis », mais la majesté de la cosmologie newtonienne qui les élève ainsi au-dessus des misères terrestres.

Mme du Châtelet avait été la protectrice et l'amie du bénédictin Dom Calmet. Elle-même et Voltaire doivent sans doute à son Commentaire littéral le plus clair de leurs connaissances bibliques. Mais ce commentaire était un fatras illisible. Voltaire en a fait un monument et un arsenal. Dom Calmet a fourni le dossier, Voltaire en a tiré, avec un bon sens souverain et avec sa force prodigieuse d'expression, des remarques qui conservent, dans l'ensemble, leur valeur, après tant de travaux, de recherches et de découvertes. Elles soutiennent la comparaison avec le traité théologico-politique de Spinoza.

L'Essai sur les Mœurs constitue une histoire générale de la chrétienté depuis le haut Moyen Age jusqu'au Siècle de Louis XIV qui le complète ; il dénombre les horreurs engendrées par le fanatisme. Ce grand livre a été publié après la mort de Mme du Châtelet, mais c'est avec elle, et à Cirey, qu'il l'a préparé.

Un tel ouvrage suffirait à toute une vie. C'est le vol de l'aigle. Voltaire embrasse et examine tout le passé de l'Occident chrétien, et non seulement la succession des dynasties et les batailles, mais les progrès et les régressions des métiers et des arts. Ce passé, pour le meilleur et pour le pire, la religion le domine ; elle a donné aux Européens leur esprit, leur âme, leur cœur. Mais elle se manifeste cruellement dans leur histoire par les antagonismes qu'elle soulève, les massacres qu'elle autorise ou qu'elle commande : massacre des Saxons par Charlemagne, des Cathares par les inquisiteurs, des Hussites par le Saint-Empire, massacres des catholiques par les réformés, des réformés par les catholiques, sans compter les guerres de la Croix et du Croissant, de la chrétienté orthodoxe contre la chrétienté romaine.

Entre les soucis de Voltaire et les réalités de l'histoire, la correspondance est tellement étroite qu'on ne sait plus si ce sont ses préoccupations religieuses qui le menaient à l'histoire ou l'histoire qui le ramenait à elles.

L'OPTIMISME DU MONDAIN ET LE TRIOMPHE DE LA RAISON

Au fanatisme, Voltaire a d'abord voulu opposer un optimisme. Hostile irréductiblement, et depuis son enfance, au jansénisme, ambivalent au contraire à l'égard de l'Église, qu'il accable de critiques, mais avec laquelle il n'a jamais complètement rompu, gardant au cœur un faible pour les jésuites qui l'ont élevé, il reproche d'abord au fanatisme une vue trop noire du monde, de la condition humaine et de la nature divine. Comme, dès ses premiers écrits, il s'insurge avec véhémence contre l'idée d'un Dieu cruel, il ne peut croire le monde mauvais, ni l'homme radicalement pervers.

On pourrait facilement relever chez lui les symptômes d'une tentation leibnitzienne, et, même avant que Rousseau *ait écrit, une tentation rousseauiste. En effet, il croit que derrière les apparences funestes et tous les accidents de l'histoire, la* Raison *régit les hommes, de même que l'attraction newtonienne régit les cieux. Il se fie non seulement à la «* Raison *», mais à « la bienveillance naturelle » de l'homme pour l'homme. Il a même été un moment jusqu'à soutenir que si les anthropophages mangent leurs parents, c'est pour leur donner « un tombeau dans le sein filial, au lieu de les laisser manger par des vainqueurs » !* Rousseau *n'est pas allé si loin dans la doctrine de la bonté naturelle.*

Mais la foi de Voltaire dans « le principe de bienveillance » a été heureusement intermittente ; sa foi dans le progrès, elle, a été beaucoup plus solide. Émerveillé par les bienfaits que les arts et les métiers répandaient sur la France *de* Louis *XV et sur toute l'Europe, il en a joui, il le pouvait d'autant plus qu'il avait amassé une grande fortune. Il s'écrie : « Ah ! le bon temps que ce siècle de fer ! »* Le Mondain *est un hymne joyeux. Beaucoup lui en ont voulu pour cette joie de riche qui a un peu trop bien réussi.*

LA CRISE

Mais tout change dans les années 50. L'éclat de Fontenoy *va bientôt ternir, le jour s'assombrit pour l'Europe, pour la* France*, et, d'abord, pour Voltaire lui-même.*

Premier malheur : en 1749, la mort de Mme du Châtelet. Voltaire a perdu sa compagne, elle ne sera jamais remplacée. Lui, que déjà la mort de sa sœur, Mme Mignot, avait jadis plongé dans une crise de dépression, il ne se consolera pas. Il erre la nuit dans la maison de Paris que Mme du Châtelet et lui avaient habitée ensemble. Il ne sait plus s'il cherche sa personne ou son fantôme. Elle connaissait les nerfs de son amant, elle savait l'apaiser, elle savait surtout le modérer. Désormais, il est livré à lui-même. Sa douleur va d'ailleurs le grandir et le faire s'affirmer davantage.

1750 répond, dans sa vie, à ce que fut 1852 dans celle de Hugo : le début d'un exil intellectuellement bénéfique.

Il se supporte mal dans Paris et s'y fait mal supporter, il le fuit plutôt qu'il ne le quitte, et cherche refuge à la cour du Grand Frédéric qui l'y appelait depuis plusieurs années, mais au deuil succède la déception.

Quoiqu'il ait dit : « L'amitié d'un grand homme est un bienfait des dieux », Frédéric lui montrera trop combien cette maxime est contestable. L'amitié d'un grand homme est une épreuve autant qu'un bienfait. A Sans-Souci, une fois de plus, Voltaire pâtira de sa prodigieuse confiance, car nul ne fut si confiant que ce pessimiste lucide.

Tout jeune, il avait montré à J.-B. Rousseau des vers assez libertins pour que le vieux fabricateur d'odes édifiantes envisage de le faire arrêter. Choyé dans les salons de la Régence, il avait dit : « Que nul n'entre s'il n'est prince ou poète ! » jusqu'à ce que le chevalier de Rohan lui fasse mesurer la distance entre ces deux états.

De même, en 1750, il oublie complètement que l'ami avec lequel il soupe, l'audacieux philosophe de Potsdam, se trouve être aussi le roi de Prusse. Flatté d'abord, puis agacé, puis irrité, le lion, soudain, sort ses griffes et se joue assez cruellement de Voltaire, dont il connaît trop bien l'émotivité. Assurément, « cet essai de culture eut une triste fin ».

Terrifié par le roi de Prusse, effrayé par le roi de France, à demi rassuré à Genève où il se réfugie, il va construire à Ferney cette principauté bizarre qu'il rend presque indépendante, parce que son territoire chevauche plusieurs souverainetés.

Ferney doit tout à Voltaire. Il lui a donné non seulement la célébrité, mais la prospérité. Peu d'États ont vu croître aussi vite leur population que Ferney sous le règne étrange de Voltaire. Mais quoi que dise Spengler, cette résidence semi-helvétique ne signifie pas du tout « une manière spirituelle d'être grand citadin »; elle est un exil, Voltaire ne pouvait le rompre sans risquer la prison, beaucoup plus sans doute que Victor Hugo, sous l'empire libéral de Napoléon III.

Plusieurs fois, il aura le désir de rentrer à Paris. Il ne le pourra qu'en 1778, après vingt-huit ans d'absence. Ferney signifie la solitude, une solitude de plus en plus brillante et bruyante, mais aussi de plus en plus inexorable. Elle monte autour de Voltaire avec l'âge et avec la grandeur.

*Troisième coup de la destinée : l'*Encyclopédie*. Elle naît en 1751. Jusqu'en 1755, Voltaire n'y collabore pas, mais il s'associe tout de suite avec passion à cette grande entreprise. Elle marque la montée d'une nouvelle vague. Les écrivains que l'*Encyclopédie *rassemble et ceux qui se rassemblent contre elle, sont de vingt ans les cadets de Voltaire, qui sera désormais combattu, à sa gauche par d'Holbach, à sa droite par Fréron, sans compter J.-J. Rousseau.*

Voltaire ne se laissera ni dépasser, ni déborder par cette jeunesse si hardie. Elle finira par le trouver trop audacieux et il lui reprochera, non pas ses témérités, mais ses timidités. Dans ce siècle rapide, où l'accélération semble déjà la loi du mouvement historique, jamais il ne fera figure d'attardé.

Toutefois, la génération à laquelle il avait l'habitude de plaire a disparu. La mode a changé, elle est aux « cœurs sensibles ». Rien ne pouvait plus mal convenir à son style et à ses goûts. Aussi le petit maître, cher à la marquise de Prie, est-il mort. Il ne s'agit plus de séduire, mais de frapper, et non pas de faire sourire, mais de faire rire aux dépens de ceux qu'on frappe. Au jeune charmeur prolongé par l'idylle studieuse de Cirey, succède le vieillard terrible.

Quatrième coup : le tremblement de terre de Lisbonne du 25 novembre 1755. Voltaire restera obsédé par cette catastrophe. Elle devient pour lui un scandale métaphysique qui fait pendant au scandale historique de la Saint-Barthélemy. Toute l'Europe en a été épouvantée, l'esprit de Voltaire en restera marqué. La catastrophe de Lisbonne ne détermine pas, bien sûr, un changement dans sa pensée, mais elle le confirme. Le Mondain *est décidément rejeté.*

Car Voltaire ne pourra plus croire que les désordres du monde soient surajoutés, par les hommes et leurs fanatismes, à l'ordre institué par Dieu. Au ciel étoilé de Nangis s'opposera toujours l'injuste malheur des victimes de Lisbonne. Tel Yvan Karamazov, il ne supportera plus qu'on conteste le mal, qu'on cherche inhumainement à le nier ou à le dissoudre dans un opti-

misme cosmogonique. Quand tout irait très bien, ce qui, pour le proche avenir semble improbable, les morts de Lisbonne ne seraient que plus frustrés et leur malheur que plus injuste.

L'optimisme leibnitzien avait toujours paru contestable à Voltaire. Désormais, il va lui paraître léger et, en un sens, impie. Sa foi en Dieu reste intacte, mais Dieu n'est excusable, acceptable que dans la mesure où on se le figure plus éloigné. Seuls, son éloignement et le contraste de son immensité avec notre petitesse nous permettent de l'adorer, malgré les horreurs que le monde étale devant nous.

Au tournant que les années 50 marquent dans la vie personnelle et intellectuelle de Voltaire, répond un tournant général dans l'histoire de la France et de l'Europe. La guerre de Sept ans termine l'époque heureuse de la guerre en dentelles. Les Anglais tirent les premiers, mais cette fois sans qu'on les y ait galamment invités. Le premier Pitt ne se montre pas moins véhément contre la France que ne fera le second. La guerre devient inexpiable, malgré tout ce que Louis XV avait fait pour l'éviter. L'Angleterre sème, dans les cœurs français, le ressentiment que la Révolution rendra frénétique. Le Grand Frédéric n'est plus l'allié de la France, mais son ennemi. Il sera, d'ailleurs, tout près du désastre, sauvé in extremis *du suicide par le miracle de la Maison de Brandebourg. Tout durcit, les grandes manufactures commencent à paraître, l'artisanat merveilleux de Paris et de Londres voit déjà poindre son déclin et l'industrie naissante laisse déjà percer son caractère féroce. L'attentat de Damiens, la rupture de l'alliance prussienne, l'alliance autrichienne et, plus encore que tout, la dureté de la conjoncture rendent le gouvernement français plus sévère, traditionaliste et rétrograde. La réaction cléricale s'affirme d'autant plus que la poussée anticléricale devient plus menaçante.*

Voltaire, qui a des correspondants dans toute l'Europe, qui reçoit à Ferney des théories croissantes de visiteurs, est mieux placé que personne pour suivre le développement de cette conjoncture. Il n'écrit plus pour écrire, ni même pour réfléchir, mais pour agir.

Aussi, la place des Mélanges, *dans son œuvre, grandit. Philosophe ivre d'action comme Frédéric II, son compère, sa vie n'est plus que labeur et que lutte. Il ne supporte pas qu'on le compare au « lâche Fontenelle » dont l'indifférence avait soutenu la longévité. Le déiste newtonien devient, en fait, sinon en doctrine, manichéen. D'un côté, l'infâme qu'il faut écraser, de l'autre, les « frères en philosophie » qu'il faut défendre contre leurs ennemis et, souvent, contre eux-mêmes.*

Diderot, colérique, tend toujours à se mettre dans des positions tactiquement intenables. D'Alembert, que Voltaire aime et estime davantage, tend toujours, au contraire, à se retirer. Rousseau *déserte le parti. L'existence même de l'*Encyclopédie *est constamment mise en question par les pouvoirs. Il faut monter un réseau occulte de communications et de publications. Il faut sans cesse se défendre et contre-attaquer, empêcher les pasteurs sociniens de se renier, écraser Lefranc de Pompignan qui assaille les philosophes dans leur bastion académique.*

La verve de Voltaire, l'incroyable rapidité avec laquelle il multiplie ses libelles obligent Lefranc à quitter Paris. Mais il faut, à tout prix, endiguer la vague d'obscurantisme et de fanatisme, protéger ceux qu'elle menace d'engloutir.

Voltaire devient plus combatif. C'est qu'il voit le parti philosophique à la fois florissant et menacé. La guerre de Sept ans ne lui a pas été favorable. Les puissances catholiques ont été vaincues par les puissances protestantes. En 1762, Catherine II commence à régner sur la Russie. Choiseul, établi au ministère, y fait une politique libérale. Les jésuites sont expulsés de France, après l'avoir été du Portugal, ce qui n'est pas, d'ailleurs, sans inquiéter Voltaire qui craint toujours une remontée du jansénisme. Il voit pourtant que le parti dévot devient, en France, à la fois plus faible et plus agressif. Voltaire, dans les années 60, se fera le défenseur des victimes de ce réveil fanatique.

Ce métier nouveau, on peut dire qu'il l'a inventé, il y déploie une maîtrise qui ne sera jamais dépassée. L'affaire Calas n'a pas moins fait pour sa gloire que Candide *pour son renom. C'est elle qui donne à son activité polémique sa résonance humaine ; on ne peut parler de « hideux sourire » quand il s'agit de l'innocence opprimée qu'on s'efforce de sauver. Sans doute, on a bien essayé, depuis deux siècles, de revenir sur l'affaire Calas, d'expliquer que Voltaire l'a montée, grossie, exploitée, que le fanatisme n'était pas tellement terrible, ni Calas tellement innocent. On n'a pas réussi. Avant l'affaire Calas, celle du pasteur Rochette, pour lequel Voltaire intervint trop tard, donne la mesure du fanatisme toulousain.*

Interpellé, la nuit, près de Montauban, par une patrouille de gendarmes, le pasteur Rochette n'avait dissimulé ni son ministère, ni son nom. Il est tout de suite arrêté, trois jeunes protestants essaient de le délivrer. Ils sont traduits tous les quatre devant le Parlement de Toulouse. Voltaire demande à Richelieu de solliciter, du Roi, leur grâce. Le 2 mars 1762, il apprend que le Parlement de Toulouse a fait pendre le pasteur et décapiter ses trois amis. Le 22 mars, il apprend que, par ordre du même Parlement, un négociant nommé Calas vient d'être roué, puis étranglé et brûlé pour avoir tué son fils, lequel voulait se convertir au catholicisme.

René Pomeau reproche à Voltaire de n'avoir pas défendu plus âprement le pasteur Rochette, à la veille de sa campagne pour les Calas. Mais il note lui-même que Voltaire ne se lance pas dans l'affaire Calas, avant d'avoir vu le jeune Donat Calas, dont la candeur le frappe et dont le malheur le touche. Il a fallu que son cœur confirme Voltaire dans la conviction où l'inclinait son examen critique.

D'autre part, l'affaire Rochette, si sanglante qu'elle fût, ne comportait aucun mystère. Les lois étaient atroces, les juges avaient été cruels, mais aucune erreur n'avait été commise. Or, dans les affaires judiciaires, il n'y a généralement scandale et clameurs que là où il y a doute, obscurité et discussion. A mon estime, si Voltaire n'est pas intervenu plus énergiquement en faveur de Rochette, ce fut parce que son instinct de polémiste l'avertissait qu'il n'aboutirait à rien. Que pouvait-il, en effet ? Révéler aux ministres de Louis XV les lois en vigueur dans le royaume ? Regretter que les juges de Toulouse les aient appliquées ? Comment ceci aurait-il pu provoquer un blâme du gouvernement ? Il ne pouvait pas non plus prévoir que les apologistes ultérieurs de l'ancien régime soutiendraient que ces lois étaient extrêmement bénignes et qu'on ne les appliquait d'ailleurs pas.

Avant de débonder sa violence, Voltaire met en jeu toute sa prudence. Il étudie l'affaire Calas en historien ; il voit que le meurtre de Marc-Antoine Calas par son père est invraisemblable. Marc-Antoine était extrêmement robuste, son père déjà affaibli par l'âge. Sur le corps de la victime, aucune ecchymose ; aucune trace de lutte. Marc-Antoine est mort pendu, sans s'être battu ni débattu. Voltaire contrôle les témoignages reçus par le tribunal, tous sont postérieurs au « monitoire » et à la « fulmination » qui les suscitent. Il voit que de « faux témoins évidents ont aidé à étayer une accusation qui ne reposait sur rien » (Maurice Garçon). L'assesseur chargé du rapport avait conclu à l'acquittement, et, devant la Chambre de la Tournelle, sept juges seulement sur treize avaient opté pour la mort de Calas. Voltaire s'aperçoit qu'on n'a tenu aucun compte des objections de l'avocat Sudre. Il apprend que le frère cadet de Marc-Antoine, Louis, s'était converti et que son père avait souffert cette abjuration. Il apprend enfin que Marc-Antoine était profondément neurasthénique et il conclut que toutes les obscurités de l'affaire tiennent à ce que la famille a d'abord dissimulé et maquillé le suicide, dissimulation trop compréhensible en un temps où le suicide paraît un déshonneur qui rejaillit sur tout l'entourage du mort.

Le miracle, c'est que de Ferney, seul, n'ayant que son écritoire et son papier, Voltaire soit parvenu à faire casser l'arrêt du Parlement qui, bien entendu, résista de son mieux, à faire réhabiliter Calas et à faire indemniser sa famille. Nous savons trop combien il est difficile, dans tous les temps et dans tous les pays, de faire revenir la Justice sur les erreurs qu'elle commet. On peut dire que le succès de Voltaire est, ici, sans précédent et sans pareil.

Il réussira de même à faire réhabiliter Sirven, condamné pour le meurtre de sa fille Élisabeth, qu'on savait folle et qu'on trouva noyée dans un puits où l'on prétendit que son père l'avait jetée, de crainte qu'elle ne se convertisse.

Les ravages du fanatisme prenaient un caractère monotone autant qu'horrible dans ce pays albigeois qu'il avait déjà tant désolé jadis.

Mais, pas plus qu'il n'avait pu empêcher l'exécution du pasteur Rochette, Voltaire, même après ses victoires dans l'affaire Calas et dans l'affaire Sirven, ne put empêcher l'exécution du chevalier de La Barre. C'est qu'ici encore, la sentence était barbare, mais les faits ne pouvaient être contestés. Il paraissait monstrueux qu'on supplicie un garçon qui n'avait pas dix-huit ans, pour avoir chanté des chansons légères au passage d'une procession. Mais il l'avait fait, certainement. La loi permettait sa condamnation, les juges furent implacables, ils ne furent ni trompés, ni menteurs.

LA DOCTRINE DE LA TOLÉRANCE

A partir de l'affaire Calas, la tolérance devient le fond et le centre de la doctrine voltairienne. Voltaire ne croit plus au « principe de bienveillance », il n'est plus tout à fait certain du triomphe de la Raison. Il mesure mieux que personne, en son temps, les menaces auxquelles la pression permanente de la cruauté et du fanatisme expose la civilisation.

Effrayé par la recrudescence des antagonismes religieux et des antagonismes internationaux, par l'âpreté des concurrences, par le fond de brutalité qu'il discerne de mieux en mieux chez les hommes, il n'espère plus qu'en un despotisme éclairé, qui, par la force, les empêcherait de s'entre-tuer.

Mieux que personne, il connaît la diversité des peuples, des États, des Églises, des esprits, dans cette Europe dont il se proclame le portier. Avec une intuition géniale, il pressent les cataclysmes à venir, dont les signes semblaient encore imperceptibles et qui, pourtant, ne devaient guère tarder. Entre la mort de Voltaire et la chute de Napoléon, la France perdra des millions de soldats qui ne tueront pas moins qu'ils ne furent tués.

La tolérance est, pour Voltaire, le remède spécifique des maladies spécifiques auxquelles notre civilisation risque de succomber. Je ne pense pas que la morale qui la prêche ait le caractère superficiel que les esprits superficiels ou exaltés lui attribuent.

L'Europe et l'Occident ont, en effet, tout à craindre du fanatisme. Il est, pour eux, l'ennemi numéro un, comme l'indifférence est, sans doute, l'ennemi numéro un du monde oriental ; en Asie, c'est bien l'indifférence qui s'avère la forme la plus effrayante de la cruauté ; les disputes du taoïsme et du confucianisme, l'introduction, le développement du bouddhisme, le déclin du bouddhisme n'ont pas provoqué en Chine des guerres sanglantes, et, aux Indes, les religions ont presque toujours coexisté sans massacres. C'est qu'aux Indes et en Chine, les hommes ne se croyaient pas tenus de sauver leur prochain, ils le laissaient et le laissent encore mourir de faim, voilà tout. La révolte des peuples sous-développés contre leur propre misère tient plus à l'influence des Occidentaux qu'à leur caractère naturel, mais les Européens ne connaissent guère l'indifférence. Ils veulent sauver, convertir, dominer, imposer leurs idées, leurs rites, leurs méthodes ; ils ont inventé l'Inquisition, ils la réinventent tous les jours. Leur violence est la contrepartie de leur charité. Ils massacrent leur prochain plutôt que de l'abandonner à ses erreurs.

Pour discerner ces tendances, dont nous n'avons que trop vu l'épanouissement, Voltaire n'avait qu'à considérer ses propres nerfs et son propre cœur. Lui aussi, il était emporté par la passion de convaincre. Le fanatisme de son antifanatisme effrayait ses visiteurs. Cela même a probablement surexcité sa méfiance. Lui, tellement français et qui connaissait tellement bien la France, il a écrit qu' « *au fond, il n'y a pas de nation plus cruelle que la française* », *en quoi, sans doute, il n'avait pas raison, mais n'avait pas non plus tout à fait tort.*

Car, dans ce vieux pays de guerres civiles, l'État est confisqué tour à tour par les factions qui se le disputent. Les familles ont une habitude presque millénaire de revaloir à leurs adversaires l'oppression qu'elles ont subie, quand ils étaient les plus forts. Rarement, le souverain peut faire son métier d'arbitre. Les rois eux-mêmes ont été fréquemment les chefs de leur propre parti.

Voltaire comptait sur le despotisme pour empêcher le totalitarisme, lequel est l'intolérance érigée en système constitutionnel. Entre les grands ensembles de l'Est et ceux de l'Ouest, la guerre exterminatrice n'est évitée, jusqu'à présent, que par l'idée de coexistence, laquelle n'est pas autre chose que la tolérance appliquée dans le domaine des relations internationales.

La prière célèbre qui termine le traité que Voltaire lui consacre n'a rien perdu de son actualité. Elle rend Voltaire plus proche de nous que Rousseau et Diderot, ses cadets. Elle le rapproche même de l'Église, malgré les combats qui les ont opposés. Car sur la plupart de leurs litiges, l'Église a donné peu à peu raison à Voltaire. Elle ne soutient plus que la Saint-Barthélemy a été une bonne œuvre, non plus que la persécution des Cathares et des Juifs. Si elle ne doctrine pas la tolérance, elle s'efforce de la pratiquer et elle comprend fort bien que l'intolérance risque de ruiner la civilisation qu'elle a tant contribué à répandre. Elle me paraît, en fin de compte, moins séparée de Voltaire par les reproches qu'il lui adresse que par le ton sur lequel il le fait.

Dans le domaine politique aussi, il faut avouer que sa doctrine du despotisme éclairé a considérablement gagné, depuis un demi-siècle, sur celle des pouvoirs séparés et des pouvoirs intermédiaires que prêchait Rousseau. L'idée de la paix sociale, nationale, internationale, religieuse, garantie par un ou plusieurs monarques, semblait démodée en 1900 et ne le semble pas en 1960. On faisait alors grief à Voltaire de son pessimisme excessif ; aujourd'hui, on serait plutôt tenté de le trouver insuffisant. Il craignait que les Européens ne s'entre-tuent, mais ils se sont entre-tués beaucoup plus qu'il ne l'avait craint.

Enfin, l'athéisme, qu'il a tant combattu et avec lequel il a refusé toute transaction — que la coterie d'holbachique soutenait contre lui, que soutiennent encore beaucoup de ceux qui lui seraient, par ailleurs, favorables —, a subi, lui aussi, un recul assez impressionnant depuis l'époque de Paul Bert, de Jean Barois.

René Pomeau a fait une thèse sur la religion de Voltaire. Je crois qu'avant la guerre de 1914, ce titre eût scandalisé. Il ne scandalise plus, on peut même espérer qu'il finira par sembler très naturel et très simple. Voltaire a été obsédé par Dieu, il a cru en Dieu sincèrement et gravement. Sa plus grande ambition ut de donner une forme à sa croyance, et sa plus grande déception ut de n'y pas réussir, de voir s'éparpiller le petit troupeau des rères, quand il avait tant fait pour maintenir sa cohésion.

Sans doute, l'athéisme a paru progresser plus que reculer depuis la mort de Voltaire ; les marxistes le professent ; château pour château, ils préfèrent celui de d'Holbach à celui de Ferney.

Mais, là encore, si Voltaire a perdu des batailles, il n'a pas perdu la guerre. On ne voit plus, à l'athéisme, cette tranquille assurance qu'il avait au début du XXe *siècle et à la fin du* XIXe*. Rien n'est plus éloigné de nous que « l'homme-machine » de Lamettrie et que tout l'athéisme mécaniste issu de Descartes. L'athéisme biologique de Diderot reste assurément plus actuel, mais beaucoup de ceux qui pensent comme Diderot sur la nature pensent le contraire de lui sur Dieu ; il serait étonné par la quantité et la qualité des biologistes chrétiens. Lui-même nous étonne par son athéisme quiet.*

Car ceux qui pensent et qui disent : Dieu est mort, ne le font pas avec sa bonhomie joviale. Le théisme inquiet de Voltaire semble beaucoup plus proche de nos esprits et de nos cœurs, sinon comme théisme, du moins comme inquiétude.

L'athéisme a cessé de signifier un monde rassurant. Il répondrait plutôt à une angoisse accrue, à un désespoir irréductible, qu'au soulagement de savoir qu'on ne sera pas jugé et puni.

Aussi le théisme de Voltaire et l'athéisme des existentialistes se ressemblent au point qu'ils peuvent paraître se rejoindre. L'athée, aujourd'hui, est moins l'homme qui ne pense pas à Dieu que l'homme qui pense à Dieu différemment, qui lui cherche d'autres noms, dans le cœur duquel Dieu est en creux, au lieu d'être en relief.

Comme à Voltaire, le monde nous paraît de plus en plus admirable et de plus en plus effrayant, à mesure que se développent nos connaissances et nos craintes.

Si, à présent, on voulait trouver quelqu'un qui étale cette satisfaction sereine, confiante, vertueuse, un peu niaise que les « cœurs sensibles » reprochaient à Voltaire de ne pas sentir, il faudrait le chercher plutôt parmi les croyants que parmi les athées. C'est que, dans notre faune intellectuelle, l'athéisme scientiste, moraliste et avantageux du siècle dernier semble un animal paléontologique. Le pharisaïsme religieux, lui, est plus solide, il a toujours existé et, sans doute, existera toujours, mais il devient plus rare.

C'est une raison de plus pour que Voltaire reste, redevienne actuel.

ACTUALITÉ DE VOLTAIRE

Oui, Alain a raison : Voltaire est bon à lire, surtout dans ses Mélanges. *On peut affirmer qu'il l'est de plus en plus et que le méconnu illustre n'est peut-être pas loin de sa juste réhabilitation.*

Je vois le terrain qu'il a regagné, quand je me reporte à mon adolescence. J'aimais déjà Voltaire. Comme Montaigne, comme Nietzsche, il m'aidait à me défendre contre la bêtise qui, de toutes parts, m'assaillait. Car la fin de la Belle Époque poussait chacun vers une case, où il risquait beaucoup de se faire emmurer : nationalisme et internationalisme, conformismes religieux et antireligieux, de droite et de gauche, symbolisme et naturalisme déclinants, pédantisme de la Sorbonne et faux éclat du Boulevard, tout nous menaçait. Voltaire est un bon vaccin contre la bêtise, nul n'y a succombé plus rarement : il a pris quelquefois des lanternes pour des vessies, jamais des vessies pour des lanternes. Et, toujours, il vous enseigne à ne pas hurler avec les loups.

Or, on me faisait vraiment honte de le lire, comme si c'était le signe d'un goût dépravé, indice d'un mauvais naturel. On oubliait que ce goût dépravé, Nietzsche l'avait aussi. Il écrit dans Ecce Homo *: « C'est à cet égard qu'il était logique que les fêtes du centenaire de Voltaire vinssent en quelque sorte servir d'excuse à la publication de cet ouvrage... Car Voltaire était, avant tout, au contraire de tout ce qui a tenu la plume après lui, un grand seigneur de l'intelligence... Le nom de Voltaire sur un de mes écrits, c'était vraiment un progrès vers moi-même... »*

Mais le début du XXe *siècle n'aimait pas les « grands seigneurs ». On reprochait à Voltaire sa clarté. Elle déplaisait aux amis de l'Inconscient. En rhétorique supérieure, mon professeur de philosophie, bergsonien, musicographe, et qui n'était pas sans prestige, m'a remis une dissertation, avec la note suivante, à l'encre rouge : « Vous auriez pu dire la même chose, mais moins clairement. » C'était la grande époque de l'introspection, du bergsonisme, des journaux intimes, et on sait que l'introspection répugnait à Voltaire. Les barrésiens ne goûtaient pas sa musique sans violoncelles, les claudéliens le trouvaient sacrilège, blasphémateur, les sociologues le trouvaient futile, les renaniens, superficiel et sans nuances.*

C'était aussi le temps des « maudits ». On lui en voulait de sa longévité, de son succès monstrueux, et, surtout, de sa fortune, qu'aujourd'hui encore, certains ne peuvent pas lui pardonner. Les socialistes le jugeaient trop pessimiste. Seule, l'affaire Calas obligeait les dreyfusards à quelques ménagements envers lui.

La gauche le défendait moins âprement que la droite ne l'attaquait. Le nationalisme jouait contre cet « Européen », qui avait tenu aux Welches des discours assez durs. De sorte que, par un incroyable renversement des valeurs, Voltaire devenait suspect de bêtise, et, avec lui, ceux qui avaient la faiblesse de l'admirer.

L'injustice devint telle qu'on traitait d'antipoète cet homme qui, pendant un siècle, avait incarné la poésie ; accusation d'autant plus incompréhensible qu'elle repose toute sur sa passion pour la poésie et sur les poèmes qu'il a écrits. Car, à l'auteur de Scarmentado *et de* la Princesse de Babylone, *qui donc eût contesté le titre de poète ? Mais quoi ? Cet homme obsédé par Dieu, on l'a traité d'athée, cet humanitaire hyperémotif qui supportait si mal la souffrance des autres, même dans le passé, on l'a représenté comme un monstre de sécheresse.*

Je crois, d'ailleurs, que nous arrivons au bout de cette injustice. On commence à sentir de nouveau sa grandeur. Les travaux qu'il suscite y sont pour quelque chose, la désastreuse conjoncture du monde moderne, plus encore. Les fumées des fours crématoires, les barbelés de l'univers concentrationnaire ne permettent plus de trouver périmées les plaidoiries de Voltaire en faveur de l'innocence et de la tolérance.

L'Église ne l'a pas encore revendiqué, quoiqu'elle le puisse plus raisonnablement que Rimbaud, mais elle ne défendrait plus, certes, contre lui, Ravaillac. Les bombes atomiques, les avions supersoniques qui les promènent sur nos têtes, les fusées qui s'accumulent auprès des rampes de lancement, nous avertissent assez des puissances monstrueuses que les cœurs humains recèlent et que la Raison et la Tolérance sont, sans doute, seules capables d'exorciser.

A la vérité, il n'est pas, avec Montaigne, de grand écrivain français dont nous ayons plus besoin. Nous avons tout lieu d'être d'autant plus inquiets qu'il est moins honoré, d'autant plus rassurés que ses livres sont plus répandus. Il est celui qui, toujours, préfère « les hommes à ce qui les dévore ». Nous savons trop qu'il avait raison et que ce ne sont pas nécessairement les aigles, mais aussi les vautours, les chacals, les mouches, qui, constamment, s'attaquent au foie de Prométhée.

La science et la technique ont beau nous ouvrir des perspectives plus vastes que tous les mirages, l'Europe, depuis un demi-siècle, a été trop souillée, trop ensanglantée, pour que nous ne soyons pas astreints, fût-ce malgré nous, à un minimum de modestie, auquel Gide, dans sa jeunesse, était moins tenu.

L'idée fondamentale de Voltaire, comme de Gœthe — ce que la culture conquiert sur la nature est très précieux et très menacé —, est malheureusement redevenue une vérité évidente. Il suffit que la vigilance se relâche, pour que les barrages croulants inondent les vallées, que les centrales thermiques explosent, que les innocents soient persécutés, les enfants torturés, les filles violentées et les défenseurs de la Raison bâillonnés. L'humanité est... beaucoup de choses, mais elle est surtout une poudrière. Honte à ceux qui l'oublient, attisant les instincts de mort, honneur à ceux qui s'en souviennent et qui mènent leur combat, souvent désespéré, contre l'erreur, le mensonge, la haine, la cruauté et le crime.

Nul ne l'a fait avec plus de persévérance que Voltaire. Le plus illustre des écrivains français aurait sa place dans le Panthéon qu'un monde réconcilié dédierait aux grands hommes de tous les pays et de tous les temps, comme dans celui de la Montagne Sainte-Geneviève où le gouvernement révolutionnaire a transféré sa dépouille.

EMMANUEL BERL.

LETTRES PHILOSOPHIQUES[1]

PREMIÈRE LETTRE

Sur les quakers[2]

J'ai cru que la doctrine et l'histoire d'un peuple si extraordinaire méritaient la curiosité d'un homme raisonnable. Pour m'en instruire j'allai trouver un des plus célèbres quakers d'Angleterre, qui après avoir été trente ans dans le commerce, avait su mettre des bornes à sa fortune et à ses désirs, et s'était retiré dans une campagne auprès de Londres. Je fus le chercher dans sa retraite; c'était une maison petite, mais bien bâtie, pleine de propreté sans ornement. Le quaker était un vieillard frais qui n'avait jamais eu de maladie, parce qu'il n'avait jamais connu les passions ni l'intempérance : je n'ai point vu en ma vie d'air plus noble ni plus engageant que le sien. Il était vêtu comme tous ceux de sa religion, d'un habit sans plis dans les côtés, et sans boutons sur les poches ni sur les manches, et portait un grand chapeau à bords rabattus comme nos ecclésiastiques; il me reçut avec son chapeau sur la tête, et s'avança vers moi sans faire la moindre inclination de corps; mais il y avait plus de politesse dans l'air ouvert et humain de son visage qu'il n'y en a dans l'usage de tirer une jambe derrière l'autre et de porter à la main ce qui est fait pour couvrir la tête. « Ami, me dit-il, je vois que tu es un étranger; si je puis t'être de quelque utilité, tu n'as qu'à parler. — Monsieur, lui dis-je, en me courbant le corps et en glissant un pied vers lui, selon notre coutume, je me flatte que ma juste curiosité ne vous déplaira pas, et que vous voudrez bien me faire l'honneur de m'instruire de votre religion. — Les gens de ton pays, me répondit-il, font trop de compliments et de révérences; mais je n'en ai encore vu aucun qui ait eu la même curiosité que toi. Entre, et dînons d'abord ensemble. » Je fis encore quelques mauvais compliments, parce qu'on ne se défait pas de ses habitudes tout d'un coup, et après un repas sain et frugal qui commença et qui finit par une prière à Dieu, je me mis à interroger mon homme. Je débutai par la question que de bons catholiques ont faite plus d'une fois aux huguenots. « Mon cher monsieur, lui dis-je, êtes-vous baptisé ? — Non, me répondit le quaker, et mes confrères ne le sont point. — Comment morbleu, repris-je, vous n'êtes donc pas chrétiens ? — Mon fils, repartit-il d'un ton doux, ne jure point, nous sommes chrétiens, et tâchons d'être bons chrétiens; mais nous ne pensons pas que le christianisme consiste à jeter de l'eau froide sur la tête, avec un peu de sel. — Eh ! ventrebleu, repris-je, outré de cette impiété, vous avez donc oublié que Jésus-Christ fut baptisé par Jean ? — Ami, point de jurements, encore un coup, dit le bénin quaker. Le Christ reçut le baptême de Jean, mais il ne baptisa jamais personne; nous ne sommes pas les disciples de Jean, mais du Christ. — Hélas ! dis-je, comme vous seriez brûlé en pays d'Inquisition, pauvre homme... Eh ! pour l'amour de Dieu que je vous baptise, et que je vous fasse chrétien. — S'il ne fallait que cela pour condescendre à ta faiblesse, nous le ferions volontiers, repartit-il gravement, nous ne condamnons personne pour user de la cérémonie du baptême, mais nous croyons que ceux qui professent une religion toute sainte et toute spirituelle doivent s'abstenir autant qu'ils le peuvent des cérémonies judaïques. — En voici bien d'un autre, m'écriai-je, des cérémonies judaïques ? — Oui, mon fils, continua-t-il, et si judaïques que plusieurs Juifs encore aujourd'hui usent quelquefois du baptême de Jean; consulte l'antiquité, elle t'apprendra que Jean ne fit que renouveler cette pratique, laquelle était en usage longtemps avant lui parmi les Hébreux, comme le pèlerinage de La Mecque l'était parmi les Ismaélites. Jésus voulut bien recevoir le baptême de Jean, de même qu'il s'était soumis à la circoncision, mais, et la circoncision et le lavement d'eau doivent être tous deux abolis par le baptême du Christ, ce baptême de l'esprit, cette ablution de l'âme qui sauve les hommes; aussi le précurseur Jean disait : « Je vous baptise à la vérité avec de l'eau, mais un « autre viendra après moi plus puissant que moi, dont « je ne suis pas digne de porter les sandales, celui-là vous « baptisera avec le feu et le Saint-Esprit »[1]; aussi le grand apôtre des gentils, Paul, écrit aux Corinthiens : « Le Christ ne m'a pas envoyé pour baptiser, mais pour « prêcher l'Évangile »[2]; aussi ce même Paul ne baptisa jamais avec de l'eau que deux personnes, encore fut-ce malgré lui; il circoncit son disciple Timothée, les autres apôtres circoncisaient aussi tous ceux qui voulaient. Es-tu circoncis ? ajouta-t-il. » Je lui répondis que je n'avais pas cet honneur. « Eh bien, dit-il, l'ami, tu es chrétien sans être circoncis, et moi sans être baptisé. »

Voilà comme mon saint homme abusait assez spécieusement de trois ou quatre passages de la Sainte Écriture, qui semblaient favoriser sa secte; mais il oubliait de la meilleure foi du monde une centaine de passages qui l'écrasaient. Je me gardai bien de lui rien contester, il n'y a rien à gagner avec un enthousiaste, il ne faut point s'aviser de dire à un homme les défauts de sa maîtresse, ni à un plaideur le faible de sa cause, ni des raisons à un illuminé; ainsi je passai à d'autres questions. « A l'égard de la communion, lui dis-je, comment en usez-vous ? — Nous n'en usons point, dit-il. — Quoi ! point de communion ? — Non, point d'autre que celle des cœurs. » Alors il me cita encore les Écritures. Il me fit un fort beau sermon contre la communion, et me parla d'un ton inspiré pour me prouver que tous les sacrements étaient tous d'invention humaine, et que le mot de sacrement ne se trouvait pas une seule fois dans l'Évangile. « Pardonne, dit-il, à mon ignorance, je ne t'ai pas apporté la centième partie des preuves de ma religion, mais tu peux les voir dans l'exposition de notre foi par Robert Barclay : c'est un des meilleurs livres qui soit jamais sorti de la main des hommes. Nos ennemis conviennent qu'il est très dangereux, cela prouve combien il est raisonnable. » Je lui promis de lire ce livre, et mon quaker me crut déjà converti.

Ensuite il me rendit raison en peu de mots de quelques singularités qui exposent cette secte au mépris des autres. « Avoue, dit-il, que tu as eu bien de la peine à t'empêcher de rire, quand j'ai répondu à toutes tes civilités avec mon chapeau sur ma tête et en te tutoyant; cependant tu me parais trop instruit pour ignorer que du temps du Christ aucune nation ne tombait dans le ridicule de substituer le pluriel au singulier. On disait à César Auguste : je t'aime, je te prie, je te remercie; il ne souffrait pas même qu'on l'appelât Monsieur, Dominus. Ce ne fut que très longtemps après lui que les hommes s'avisèrent de se faire appeler vous au lieu de tu, comme s'ils étaient doubles, et d'usurper les titres impertinents de Grandeur, d'Éminence, de Sainteté, que des vers de terre donnent à d'autres vers de terre, en les assurant qu'ils sont avec un profond respect et une fausseté infâme leurs très humbles et très obéissants serviteurs. C'est pour être plus sur nos gardes contre cet indigne commerce de mensonges et de flatteries que nous tutoyons également les rois et les savetiers, que nous ne saluons personne, n'ayant pour les hommes que de la charité, et du respect que pour les lois.

» Nous portons aussi un habit un peu différent des autres hommes, afin que ce soit pour nous un avertissement continuel de ne leur pas ressembler. Les autres portent les marques de leurs dignités, et nous celles de l'humilité chrétienne; nous fuyons les assemblées de plaisir, les spectacles, le jeu; car nous serions bien à plaindre de remplir de ces bagatelles des cœurs en qui Dieu doit habiter; nous ne faisons jamais de serments, pas même en justice : nous pensons que le nom du Très-Haut ne doit point être prostitué dans les débats misérables des hommes. Lorsqu'il faut que nous comparaissions devant les magistrats pour les affaires des autres (car nous n'avons jamais de procès) nous affirmons la vérité par un oui ou par un non, et les juges nous en croient sur notre simple parole, tandis que tant de chrétiens se parjurent sur l'Évangile. Nous n'allons jamais à la guerre : ce n'est pas que nous craignions la mort, au contraire nous bénissons le moment qui nous unit à l'Être des Êtres; mais c'est que nous ne sommes ni loups, ni tigres, ni dogues, mais hommes, mais chrétiens. Notre Dieu qui nous a ordonné d'aimer nos ennemis et de souffrir sans murmure ne veut pas sans doute que nous passions la mer pour aller égorger nos frères, parce que des meurtriers vêtus de rouge avec un bonnet haut de deux pieds enrôlent des citoyens en faisant du bruit avec deux petits bâtons sur une peau d'âne bien tendue, et lorsque après des batailles gagnées tout Londres brille d'illuminations, que le ciel est enflammé de fusées, que l'air retentit du bruit des actions de grâces, des cloches, des orgues, des canons, nous gémissons en silence sur ces meurtres qui causent la publique allégresse. »

SECONDE LETTRE

Sur les quakers

Telle fut à peu près la conversation que j'eus avec cet homme singulier; mais je fus bien plus surpris quand le dimanche suivant il me mena à l'église des quakers. Ils ont plusieurs chapelles à Londres : celle où j'allai est près de ce fameux pilier qu'on appelle le Monument. On était déjà assemblé lorsque j'entrai avec mon conducteur. Il y avait environ quatre cents hommes dans l'église, et trois cents femmes : les femmes se cachaient le visage avec leur éventail, les hommes étaient couverts de leurs larges chapeaux; tous étaient assis, tous dans un profond silence. Je passai au milieu d'eux sans qu'un seul levât les yeux vers moi. Ce silence dura un quart d'heure. Enfin un d'eux se leva, ôta son chapeau, et après quelques grimaces et quelques soupirs, débita moitié avec la bouche, moitié avec le nez, un galimatias tiré de l'Évangile, à ce qu'il croyait, où ni lui, ni personne n'entendait rien. Quand ce faiseur de contorsions eut fini son beau monologue, et que l'assemblée se fut séparée tout édifiée et toute stupide, je demandai à mon homme pourquoi les plus sages d'entre eux souffraient de pareilles sottises. « Nous sommes obligés de les tolérer, me dit-il, parce que nous ne pouvons pas savoir si un homme qui se lève pour parler sera inspiré par l'esprit ou par la folie; dans le doute nous écoutons tout patiemment, nous permettons même aux femmes de parler. Deux ou trois de nos dévotes se trouvent souvent inspirées à la fois, et c'est alors qu'il se fait un beau bruit dans la maison du Seigneur. — Vous n'avez donc point de prêtre ? lui dis-je. — Non, mon ami, dit le quaker, et nous nous en trouvons bien. A Dieu ne plaise que nous osions ordonner à quelqu'un de recevoir le Saint-Esprit le dimanche à l'exclusion des autres fidèles. Grâce au ciel nous sommes les seuls sur la terre qui n'ayons point de prêtres. Voudrais-tu nous ôter une distinction si heureuse ? Pourquoi abandonnerons-nous notre enfant à des nourrices mercenaires, quand nous avons du lait à lui donner ? Ces mercenaires domineraient bientôt dans la maison, et opprimeraient la mère et l'enfant. Dieu a dit : vous avez reçu gratis, donnez gratis[1]. Irons-nous après cette parole marchander l'Évangile, vendre l'Esprit-Saint, et faire d'une assemblée de chrétiens une boutique de marchands ? Nous ne donnons point d'argent à des hommes vêtus de noir pour assister nos pauvres, pour enterrer nos morts, pour prêcher les fidèles; ces saints emplois nous sont trop chers pour nous en décharger sur d'autres.

— Mais comment pouvez-vous discerner, insistai-je, si c'est l'Esprit de Dieu qui vous anime dans vos discours ? — Quiconque, dit-il, priera Dieu de l'éclairer, et qui annoncera des vérités évangéliques qu'il sentira, que celui-là soit sûr que Dieu l'inspire. » Alors il m'accabla de citations de l'Écriture qui démontraient, selon lui, qu'il n'y a point de christianisme sans une révélation immédiate, et il ajouta ces paroles remarquables : « Quand tu fais mouvoir un de tes membres, est-ce ta propre force qui le remue ? Non sans doute, car ce membre a souvent des mouvements involontaires. C'est donc celui qui a créé ton corps qui meut ce corps de terre; et les idées que reçoit ton âme, est-ce toi qui les formes ? Encore moins, car elles viennent malgré toi. C'est donc le Créateur de ton âme qui te donne tes idées; mais comme il a laissé à ton cœur la liberté, il donne à ton esprit les idées que ton cœur mérite; tu vis dans Dieu, tu agis, tu penses dans Dieu, tu n'as donc qu'à ouvrir les yeux à cette lumière qui éclaire tous les hommes, alors tu verras la vérité et la feras voir. — Eh ! voilà le père Malebranche tout pur, m'écriai-je. — Je connais ton Malebranche, dit-il, il était un peu quaker, mais il ne l'était pas assez. » Ce sont là les choses les plus importantes que j'ai apprises touchant la doctrine des quakers; dans la première lettre vous aurez leur histoire, que vous trouverez encore plus singulière que leur doctrine.

TROISIÈME LETTRE

Sur les quakers

Vous avez déjà vu que les quakers datent depuis Jésus-Christ, qui fut, selon eux, le premier quaker. La religion, disent-ils, fut corrompue presque après sa mort, et resta dans cette corruption environ seize cents années, mais il y avait toujours quelques quakers cachés dans le monde, qui prenaient soin de conserver le feu sacré éteint partout ailleurs, jusqu'à ce qu'enfin cette lumière s'étendit en Angleterre en l'an 1642.

Ce fut dans le temps que trois ou quatre sectes déchiraient la Grande-Bretagne par des guerres civiles entreprises au nom de Dieu, qu'un nommé Georges Fox[1], du comté de Leicester, fils d'un ouvrier en soie, s'avisa de prêcher en vrai apôtre à ce qu'il prétendait, c'est-à-dire sans savoir ni lire ni écrire; c'était un jeune homme de vingt-cinq ans, de mœurs irréprochables et saintement fou. Il était vêtu de cuir depuis les pieds jusqu'à la tête, il allait de village en village criant contre la guerre et contre le clergé. S'il n'avait prêché que contre les gens de guerre, il n'avait rien à craindre, mais il attaquait les gens d'église : il fut bientôt mis en prison. On le mena à Darby devant le juge de paix. Fox se présenta au juge avec son bonnet de cuir sur la tête. Un sergent lui donna un grand soufflet, en lui disant : « Gueux, ne sais-tu pas qu'il faut paraître nu-tête devant monsieur le juge ? » Fox tendit l'autre joue, et pria le sergent de vouloir bien lui donner un autre soufflet pour l'amour de Dieu. Le juge de Darby voulut lui faire prêter serment avant de l'interroger. « Mon ami, sache, dit-il au juge, que je ne prends jamais le nom de Dieu en vain. » Le juge, voyant que cet homme le tutoyait, l'envoya aux Petites-Maisons de Darby pour y être fouetté. Georges Fox alla en louant Dieu à l'hôpital des fous, où l'on ne manqua pas d'exécuter à la rigueur la sentence du juge. Ceux qui lui infligèrent la pénitence du fouet furent bien surpris, quand il les pria de lui appliquer encore quelques coups de verges pour le bien de son âme. Ces messieurs ne se firent pas prier : Fox eut sa double dose, dont il les remercia très cordialement. Il se mit à les prêcher; d'abord on rit, ensuite on l'écouta, et comme l'enthousiasme est une maladie qui se gagne, plusieurs furent persuadés, et ceux qui l'avaient fouetté devinrent ses premiers disciples.

Délivré de sa prison, il courut les champs avec une douzaine de prosélytes, prêchant toujours contre le clergé, et fouetté de temps en temps. Un jour, étant mis au pilori, il harangua tout le peuple avec tant de force qu'il convertit une cinquantaine d'auditeurs, et mit le reste tellement dans ses intérêts qu'on le tira en tumulte du trou où il était; on alla chercher le curé anglican, dont le crédit avait fait condamner Fox à ce supplice, et on le piloria à sa place.

Il osa bien convertir quelques soldats de Cromwell qui quittèrent le métier des armes, et refusèrent de prêter le serment. Cromwell ne voulait pas d'une secte où l'on ne se battait point, de même que Sixte Quint augurait mal d'une secte *dove non si chiavava*[1]. Il se servit de son pouvoir pour persécuter ces nouveaux venus. On en remplissait les prisons; mais les persécutions ne servent presque jamais qu'à faire des prosélytes : ils sortaient des prisons affermis dans leur créance et suivis de leurs geôliers qu'ils avaient convertis. Mais voici ce qui contribua le plus à étendre la secte. Fox se croyait inspiré. Il crut par conséquent devoir parler d'une manière différente des autres hommes, il se mit à trembler, à faire des contorsions et des grimaces, à retenir son haleine, à la pousser avec violence; la prêtresse de Delphes n'eût pas mieux fait. En peu de temps il acquit une grande habitude d'inspiration; et bientôt après il ne fut plus guère en son pouvoir de parler autrement. Ce fut le premier don qu'il communiqua à ses disciples. Ils firent de bonne foi toutes les grimaces de leur maître, ils tremblaient de toutes leurs forces au moment de l'inspiration. De là ils eurent le nom de quakers, qui signifie trembleurs[2]. Le petit peuple s'amusait à les contrefaire. On tremblait, on parlait du nez, on avait des convulsions, et on croyait avoir le Saint-Esprit. Il leur fallait quelques miracles, ils en firent.

Le patriarche Fox dit publiquement à un juge de paix, en présence d'une grande assemblée : « Ami, prends garde à toi, Dieu te punira bientôt de persécuter les saints. » Ce juge était un ivrogne qui buvait tous les jours trop de mauvaise bière et d'eau-de-vie; il mourut d'apoplexie deux jours après, précisément comme il venait de signer un ordre pour envoyer quelques quakers en prison. Cette mort soudaine ne fut point attribuée à l'intempérance du juge, tout le monde la regarda comme un effet des prédictions du saint homme.

Cette mort fit plus de quakers que mille sermons et autant de convulsions n'en auraient pu faire. Cromwell voyant que leur nombre augmentait tous les jours voulut les attirer à son parti : il leur fit offrir de l'argent, mais ils furent incorruptibles, et il dit un jour que cette religion était la seule contre laquelle il n'avait pu prévaloir avec des guinées.

Ils furent quelquefois persécutés sous Charles II, non pour leur religion, mais pour ne vouloir pas payer les dîmes au clergé, pour tutoyer les magistrats, et refuser de prêter les serments prescrits par la loi.

Enfin Robert Barclay, Écossais, présenta au roi, en 1675, son *Apologie des quakers,* ouvrage aussi bon qu'il pouvait l'être. *L'Épître dédicatoire à Charles II* contient, non de basses flatteries, mais des vérités hardies, et des conseils justes.

« Tu as goûté, dit-il à Charles à la fin de cette épître, de la douceur et de l'amertume, de la prospérité et des plus grands malheurs, tu as été chassé des pays où tu règnes, tu as senti le poids de l'oppression, et tu dois savoir combien l'oppresseur est détestable devant Dieu et devant les hommes; que si, après tant d'épreuves et de bénédictions, ton cœur s'endurcissait et oubliait le Dieu qui s'est souvenu de toi dans tes disgrâces, ton crime en serait plus grand, et ta condamnation plus terrible. Au lieu donc d'écouter les flatteurs de ta cour, écoute la voix de ta conscience qui ne te flattera jamais. Je suis ton fidèle ami et sujet Barclay. »

Ce qui est plus étonnant, c'est que cette lettre écrite à un roi par un particulier obscur eut son effet, et que la persécution cessa.

QUATRIÈME LETTRE

Sur les quakers

Environ ce temps parut l'illustre Guillaume Penn[1] qui établit la puissance des quakers en Amérique, et qui les aurait rendus respectables en Europe, si les hommes pouvaient respecter la vertu sous des apparences ridicules : il était fils unique du chevalier Penn, vice-amiral d'Angleterre et favori du duc d'York, depuis Jacques II.

Guillaume Penn, à l'âge de quinze ans, rencontra un quaker à Oxford où il faisait ses études; ce quaker le persuada, et le jeune homme qui était vif, naturellement éloquent, et qui avait de la noblesse dans sa physionomie et dans ses manières, gagna bientôt quelques-uns de ses camarades. Il établit insensiblement une société de jeunes quakers qui s'assemblaient chez lui; de sorte qu'il se trouva chef de secte à l'âge de seize ans.

De retour chez le vice-amiral son père au sortir du collège, au lieu de se mettre à genoux devant lui, et de lui demander sa bénédiction, selon l'usage des Anglais, il l'aborda le chapeau sur la tête et lui dit : « Je suis fort aise, l'ami, de te voir en bonne santé. » Le vice-amiral crut que son fils était devenu fou, il s'aperçut bientôt qu'il était quaker. Il mit en usage tous les moyens que la prudence humaine peut employer pour l'engager à vivre comme un autre; le jeune homme ne répondit à son père qu'en l'exhortant à se faire quaker lui-même.

Enfin le père se relâcha à ne lui demander autre chose, sinon qu'il allât voir le roi et le duc d'York le chapeau sous le bras, et qu'il ne les tutoyât point. Guillaume répondit que sa conscience ne le lui permettait pas, et le père, indigné et au désespoir, le chassa de sa maison. Le jeune Penn remercia Dieu de ce qu'il souffrait déjà pour sa cause, il alla prêcher dans la cité, il y fit beaucoup de prosélytes.

Les prêches des ministres éclaircissaient tous les jours, et comme Penn était jeune, beau et bien fait, les femmes de la cour et de la ville accouraient dévotement pour l'entendre. Le patriarche Georges Fox vint du fond de l'Angleterre le voir à Londres sur sa réputation; tous deux résolurent de faire des missions dans les pays étrangers. Ils s'embarquèrent pour la Hollande[1], après avoir laissé des ouvriers en assez bon nombre pour avoir soin de la vigne de Londres. Leurs travaux eurent un heureux succès à Amsterdam; mais ce qui leur fit le plus honneur, et ce qui mit le plus leur humilité en danger, fut la réception que leur fit la princesse palatine Elizabeth, tante de Georges Ier, roi d'Angleterre, femme illustre par son esprit et par son savoir, et à qui Descartes avait dédié son roman de philosophie.

Elle était alors retirée à La Haye où elle vit ces amis; car' c'est ainsi qu'on appelait alors les quakers en Hollande; elle eut plusieurs conférences avec eux; ils prêchèrent souvent chez elle, et s'ils ne firent pas d'elle une parfaite quakeresse, ils avouèrent au moins qu'elle n'était pas loin du royaume des cieux.

Les amis semèrent aussi en Allemagne, mais ils recueillirent peu. On ne goûta pas la mode de tutoyer dans un pays où il faut toujours avoir à la bouche les termes d'Altesse et d'Excellence. Penn repassa bientôt en Angleterre sur la nouvelle de la maladie de son père, il vint recueillir ses derniers soupirs. Le vice-amiral se réconcilia avec lui et l'embrassa avec tendresse quoiqu'il fût d'une différente religion; Guillaume l'exhorta en vain à ne point recevoir le sacrement, et à mourir quaker, et le vieux bonhomme recommanda inutilement à Guillaume d'avoir des boutons sur ses manches et des ganses à son chapeau.

Guillaume hérita de grands biens, parmi lesquels il se trouvait des dettes de la couronne, pour des avances faites par le vice-amiral dans des expéditions maritimes. Rien n'était moins assuré alors que l'argent dû par le roi; Penn fut obligé d'aller tutoyer Charles II et ses ministres plus d'une fois pour son paiement. Le gouvernement lui donna en 1680 au lieu d'argent la propriété et la souveraineté d'une province d'Amérique au sud de Maryland : voilà un quaker devenu souverain. Il partit pour ses nouveaux états avec deux vaisseaux chargés de quakers qui le suivirent. On appela dès lors le pays Pennsylvanie du nom de Penn; il y fonda la ville de Philadelphie qui est aujourd'hui très florissante. Il commença par faire une ligue avec les Américains ses voisins. C'est le seul traité entre ces peuples et les chrétiens qui n'ait point été juré, et qui n'ait point été rompu. Le nouveau souverain fut aussi le législateur de la Pennsylvanie, il donna des lois très sages, dont aucune n'a été changée depuis lui. La première est de ne maltraiter personne au sujet de la religion, et de regarder comme frères tous ceux qui croient un Dieu.

A peine eut-il établi son gouvernement que plusieurs marchands de l'Amérique vinrent peupler cette colonie. Les naturels du pays, au lieu de fuir dans les forêts, s'accoutumèrent insensiblement avec les pacifiques quakers; autant ils détestaient les autres chrétiens conquérants et destructeurs de l'Amérique, autant ils aimaient ces nouveaux venus. En peu de temps un grand nombre de ces prétendus sauvages, charmés de la douceur de ces voisins, vinrent en foule demander à Guillaume Penn de les recevoir au nombre de ses vassaux. C'était un spectacle bien nouveau qu'un souverain que tout le monde tutoyait et à qui on parlait le chapeau sur la tête, un gouvernement sans prêtres, un peuple sans armes, des citoyens tous égaux à la magistrature près, et des voisins sans jalousie.

Guillaume Penn pouvait se vanter d'avoir apporté sur la terre l'âge d'or dont on parle tant, et qui n'a vraisemblablement existé qu'en Pennsylvanie. Il revint en Angleterre pour les affaires de son nouveau pays, après la mort de Charles II. Le roi Jacques qui avait aimé son père eut la même affection pour le fils, et ne le considéra plus comme un sectaire obscur, mais comme un très grand homme. La politique du roi s'accordait en cela avec son goût; il avait envie de flatter les quakers, en abolissant les lois faites contre les non-conformistes, afin de pouvoir introduire la religion catholique à la faveur de cette liberté. Toutes les sectes d'Angleterre virent le piège, et ne s'y laissèrent pas prendre. Elle sont toujours réunies contre le catholicisme leur ennemi commun; mais Penn ne crut pas devoir renoncer à ses principes pour favoriser des protestants qui le haïssaient, contre un roi qui l'aimait. Il avait établi la liberté de conscience en Amérique, il n'avait pas envie de vouloir paraître la détruire en Europe; il demeura donc fidèle à Jacques II, au point qu'il fut généralement accusé d'être jésuite : cette calomnie l'affligea sensiblement, il fut obligé de s'en justifier par des écrits publics. Cependant le malheureux Jacques II, qui comme presque tous les Stuarts était un composé de grandeur et de faiblesse, et qui, comme eux, en fit trop et trop peu, perdit son royaume sans qu'on pût dire comment la chose arriva.

Toutes les sectes anglaises reçurent de Guillaume III et de son parlement cette même liberté qu'elles n'avaient pas voulu tenir des mains de Jacques. Ce fut alors que les quakers commencèrent à jouir par la force des lois de tous les privilèges dont ils sont en possession aujourd'hui. Penn, après avoir vu enfin sa secte établie sans contradiction dans le pays de sa naissance, retourna en Pennsylvanie. Les siens et les Américains le reçurent avec des larmes de joie comme un père qui revenait voir ses enfants. Toutes ses lois avaient été religieusement observées pendant son absence, ce qui n'était arrivé à aucun législateur avant lui. Il resta quelques années à Philadelphie, il en partit enfin malgré lui pour aller solliciter à Londres des avantages nouveaux en faveur du commerce des Pensylvains : il vécut depuis à Londres jusqu'à une extrême vieillesse, considéré comme le chef d'un peuple et d'une religion. Il n'est mort qu'en 1718[1].

On conserva à ses descendants la propriété et le gouvernement de la Pennsylvanie, et ils vendirent au roi le gouvernement pour douze mille pièces. Les affaires du roi ne lui permirent d'en payer que mille. Un lecteur français croira peut-être que le ministère paya le reste en promesses et s'empara toujours du gouvernement; point du tout, la couronne n'ayant pu satisfaire dans le temps marqué au paiement de la somme entière, le contrat fut déclaré nul, et la famille de Penn rentra dans ses droits.

Je ne puis deviner quel sera le sort de la religion des quakers en Amérique; mais je vois qu'elle dépérit tous les jours à Londres. Par tout pays la religion dominante, quand elle ne persécute point, engloutit à la longue toutes les autres. Les quakers ne peuvent être membres du Parlement, ni posséder aucun office, parce qu'il faudrait prêter serment et qu'ils ne veulent point jurer. Ils sont réduits à la nécessité de gagner de l'argent par le commerce; leurs enfants, enrichis par l'industrie de leurs pères, veulent jouir, avoir des honneurs, des boutons et des manchettes, ils sont honteux d'être appelés quakers, et se font protestants pour être à la mode.

CINQUIÈME LETTRE

Sur la religion anglicane

C'est ici le pays des sectes. Un Anglais, comme homme libre, va au ciel par le chemin qui lui plaît.

Cependant, quoique chacun puisse ici servir Dieu à sa mode, leur véritable religion, celle où l'on fait fortune, est la secte des épiscopaux, appelée l'Église anglicane, ou l'Église par excellence. On ne peut avoir d'emploi ni en Angleterre ni en Irlande sans être du nombre des fidèles anglicans[1]; cette raison, qui est une excellente preuve, a converti tant de non-conformistes qu'aujourd'hui il n'y a pas la vingtième partie de la nation qui soit hors du giron de l'Église dominante.

Le clergé anglican a retenu beaucoup des cérémonies catholiques, et surtout celles de recevoir les dîmes avec une attention très scrupuleuse. Ils ont aussi la pieuse ambition d'être les maîtres.

De plus, ils fomentent autant qu'ils peuvent dans leurs ouailles un saint zèle contre les non-conformistes. Ce zèle était assez vif sous le gouvernement des Tories dans les dernières années de la reine Anne; mais il ne s'étendait pas plus loin qu'à casser quelquefois les vitres des chapelles hérétiques, car la rage des sectes a fini en Angleterre avec les guerres civiles, et ce n'était plus sous la reine Anne que les bruits sourds d'une mer encore agitée longtemps après la tempête; quand les Whigs et les Tories déchirèrent leur pays comme autrefois les Guelfes et les Gibelins, il fallut bien que la religion entrât dans les partis. Les Tories étaient pour l'épiscopat, les Whigs le voulaient abolir, mais ils se sont contentés de l'abaisser quand ils ont été les maîtres.

Du temps que le comte Harley d'Oxford, et milord Bolingbroke, faisaient boire la santé des Tories, l'Église anglicane les regardait comme les défenseurs de ses saints privilèges. L'assemblée du bas clergé, qui est une espèce de Chambre des Communes composée d'ecclésiastiques, avait alors quelque crédit, elle jouissait au moins de la liberté de s'assembler, de raisonner de controverse, et de faire brûler de temps en temps quelques livres impies, c'est-à-dire écrits contre elle. Le ministère, qui est whig aujourd'hui, ne permet pas seulement à ces messieurs de tenir leur assemblée, ils sont réduits dans l'obscurité de leur paroisse au triste emploi de prier Dieu pour le gouvernement qu'ils ne seraient pas fâchés de troubler. Quant aux évêques qui sont vingt-six en tout, ils ont séance dans la Chambre Haute en dépit des Whigs, parce que le vieil abus de les regarder comme barons subsiste encore; mais ils n'ont pas plus de pouvoir dans la Chambre que les ducs et les pairs dans le Parlement de Paris. Il y a une clause dans le serment que l'on prête à l'État, laquelle exerce bien la patience chrétienne de ces messieurs.

On y promet d'être de l'Église, comme elle est établie par la loi. Il n'y a guère d'évêque, de doyen, d'archiprêtre, qui ne pense être de droit divin; c'est donc un grand sujet de mortification pour eux d'être obligés d'avouer qu'ils tiennent tout d'une misérable loi faite par des profanes laïques. Un religieux (le père Courayer[1]) a écrit depuis peu un livre pour prouver la validité et la succession des ordinations anglicanes. Cet ouvrage a été proscrit en France; mais croyez-vous qu'il ait plu au ministère d'Angleterre ? Point du tout. Ces maudits Whigs se soucient très peu que la succession épiscopale ait été interrompue chez eux ou non, et que l'évêque Parker ait été consacré dans un cabaret (comme on le veut) ou dans une église; ils aiment mieux même que les évêques tirent leur autorité du Parlement plutôt que des apôtres. Le lord B.[2] dit que cette idée de droit divin ne servirait qu'à faire des tyrans en camail et en rochet, mais que la loi fait des citoyens.

A l'égard des mœurs le clergé anglican est plus réglé que celui de France, et en voici la cause : tous les ecclésiastiques sont élevés dans l'université d'Oxford, ou dans celle de Cambridge, loin de la corruption de la capitale; ils ne sont appelés aux dignités de l'église que très tard, et dans un âge où les hommes n'ont d'autres passions que l'avarice, lorsque leur ambition manque d'aliments. Les emplois sont ici la récompense des longs services dans l'église aussi bien que dans l'armée; on n'y voit point de jeunes gens évêques ou colonels au sortir du collège. De plus les prêtres sont presque tous mariés; la mauvaise grâce contractée dans l'université, et le peu de commerce qu'on a ici avec les femmes, font que d'ordinaire un évêque est forcé de se contenter de la sienne. Les prêtres vont quelquefois au cabaret, parce que l'usage le leur permet, et s'ils s'enivrent, c'est sérieusement et sans scandale.

Cet être indéfinissable qui n'est ni ecclésiastique ni séculier, en un mot, ce que l'on appelle un abbé, est une espèce inconnue en Angleterre; les ecclésiastiques sont tous ici réservés et presque tous pédants. Quand ils apprennent qu'en France de jeunes gens connus par leurs débauches, et élevés à la prélature par des intrigues de femmes, font publiquement l'amour, s'égaient à composer des chansons tendres, donnent tous les jours des soupers délicats et longs, et de là vont implorer les lumières du Saint-Esprit et se nomment hardiment les successeurs des apôtres, ils remercient Dieu d'être protestants. Mais ce sont de vilains hérétiques, à brûler à tous les diables, comme dit maître François Rabelais[1]; c'est pourquoi je ne me mêle de leurs affaires.

SIXIÈME LETTRE

Sur les presbytériens

La religion anglicane ne s'étend qu'en Angleterre et en Irlande. Le presbytérianisme est la religion dominante en Écosse. Ce presbytérianisme n'est autre chose que le calvinisme pur, tel qu'il avait été établi en France et qu'il subsiste à Genève. Comme les prêtres de cette secte ne reçoivent de leurs églises que des gages très médiocres, et que par conséquent ils ne peuvent vivre dans le même luxe que les évêques, ils ont pris le parti naturel de crier contre les honneurs où ils ne peuvent atteindre. Figurez-vous l'orgueilleux Diogène qui foulait aux pieds l'orgueil de Platon : les presbytériens d'Écosse ne ressemblent pas mal à ce fier et gueux raisonneur. Ils traitèrent le roi Charles II avec bien moins d'égards que Diogène n'avait traité Alexandre. Car lorsqu'ils prirent les armes pour lui contre Cromwell qui les avait trompés, ils firent essuyer à ce pauvre roi quatre sermons par jour, ils lui défendaient de jouer, ils le mettaient en pénitence, si bien que Charles se lassa bientôt d'être roi de ces pédants, et s'échappa de leurs mains comme un écolier se sauve du collège.

Devant un jeune et vif bachelier français criaillant le matin dans les écoles de théologie, et le soir chantant avec les dames, un théologien anglican eſt un Caton; mais ce Caton paraît un galant devant un presbytérien d'Écosse. Ce dernier affecte une démarche grave, un air fâché, porte un vaſte chapeau, un long manteau par-dessus un habit court[1], prêche du nez et donne le nom de la proſtituée de Babylone à toutes les églises où quelques ecclésiaſtiques sont assez heureux pour avoir cinquante mille livres de rente, et où le peuple eſt assez bon pour le souffrir, et pour les appeler Monseigneur, Votre Grandeur, Votre Éminence.

Ces messieurs, qui ont aussi quelques églises en Angleterre, ont mis les airs graves et sévères à la mode en ce pays. C'eſt à eux qu'on doit la sanctification du dimanche dans les trois royaumes; il eſt défendu ce jour-là de travailler et de se divertir, ce qui eſt le double de la sévérité des églises catholiques; point d'opéra, point de comédies, point de concerts à Londres le dimanche; les cartes même y sont si expressément défendues qu'il n'y a que les personnes de qualité et ce qu'on appelle les honnêtes gens qui jouent ce jour-là. Le reſte de la nation va au sermon, au cabaret et chez les filles de joie.

Quoique la secte épiscopale et la presbytérienne soient les deux dominantes dans la Grande-Bretagne, toutes les autres y sont bienvenues et vivent assez bien ensemble, pendant que la plupart de leurs prédicants se déteſtent réciproquement avec presque autant de cordialité qu'un janséniſte damne un jésuite.

Entrez dans la Bourse de Londres, cette place plus respectable que bien des cours, vous y voyez rassemblés les députés de toutes les nations pour l'utilité des hommes;

là le juif, le mahométan et le chrétien traitent l'un avec l'autre comme s'ils étaient de la même religion, et ne donnent le nom d'infidèles qu'à ceux qui font banqueroute; là le presbytérien se fie à l'anabaptiste, et l'anglican reçoit la promesse du quaker. Au sortir de ces pacifiques et libres assemblées, les uns vont à la synagogue, les autres vont boire, celui-ci va se faire baptiser dans une grande cuve au nom du Père par le Fils au Saint-Esprit; celui-là fait couper le prépuce de son fils et fait marmotter sur l'enfant des paroles hébraïques qu'il n'entend point; ces autres vont dans leur église attendre l'inspiration de Dieu leur chapeau sur la tête, et tous sont contents.

S'il n'y avait en Angleterre qu'une religion, le despotisme serait à craindre; s'il y en avait deux, elles se couperaient la gorge; mais il y en a trente, et elles vivent en paix heureuses.

SEPTIÈME LETTRE

Sur les sociniens, ou ariens, ou anti-trinitaires[1]

Il y a ici une petite secte composée d'ecclésiastiques et de quelques séculiers très savants qui ne prennent ni le nom d'ariens ni celui de sociniens, mais qui ne sont point du tout de l'avis de saint Athanase sur le chapitre de la Trinité, et qui vous disent nettement que le Père est plus grand que le Fils.

Vous souvenez-vous d'un certain évêque orthodoxe, qui pour convaincre un empereur de la consubstantiation, s'avisa de prendre le fils de l'empereur sous le menton et de lui tirer le nez en présence de Sa sacrée Majesté; l'empereur allait se fâcher contre l'évêque, quand le bon homme lui dit ces belles et convaincantes paroles : « Seigneur, si Votre Majesté est en colère de ce que l'on manque de respect à son fils, comment pensez-vous que Dieu le Père traitera ceux qui refusent à Jésus-Christ les titres qui lui sont dus ? » Les gens dont je vous parle disent que le saint évêque était fort mal avisé, que son argument n'était rien moins que concluant, et que l'empereur devait lui répondre : « Apprenez qu'il y a deux façons de manquer de respect, la première de ne rendre pas assez d'honneur à mon fils, et la seconde de lui en rendre autant qu'à moi. »

Quoi qu'il en soit, le parti d'Arius commence à revivre en Angleterre aussi bien qu'en Hollande et en Pologne. Le grand M. Newton faisait à cette opinion l'honneur de la favoriser : ce philosophe pensait que les unitaires raisonnaient plus géométriquement que nous. Mais le plus ferme patron de la doctrine arienne est l'illustre docteur Clarke. Cet homme est d'une vertu rigide et d'un caractère doux, plus amateur de ses opinions que passionné pour faire des prosélytes, uniquement occupé de calculs et de démonstrations, une vraie machine à raisonnements.

C'est lui qui est l'auteur d'un livre assez peu entendu, mais estimé, sur l'existence de Dieu[1], et d'un autre plus intelligible, mais assez méprisé, sur la vérité de la religion chrétienne[2].

Il ne s'est point engagé dans de belles disputes scolastiques que notre ami[3]... appelle de vénérables billevesées; il s'est contenté de faire imprimer un livre qui contient tous les témoignages des premiers siècles pour et contre les unitaires, et a laissé au lecteur le soin de compter les voix et de juger[4]. Ce livre du docteur lui a attiré beaucoup de partisans, mais l'a empêché d'être archevêque de Cantorbery[5]; je crois que le docteur s'est trompé dans son calcul, et qu'il valait mieux être primat d'Angleterre que curé arien.

Vous voyez quelles révolutions arrivent dans les opinions comme dans les empires. Le parti d'Arius, après trois cents ans de triomphe et douze siècles d'oubli, renaît enfin de sa cendre; mais il prend très mal son temps de reparaître dans un âge où le monde est rassasié de disputes et de sectes; celle-ci est encore trop petite pour obtenir la liberté des assemblées publiques, elle l'obtiendra sans doute, si elle devient plus nombreuse; mais on est si tiède à présent sur tout cela qu'il n'y a plus guère de fortune à faire pour une religion nouvelle ou renouvelée : n'est-ce pas une chose plaisante, que Luther, Calvin, Zwingle, tous écrivains qu'on ne peut lire, aient fondé des sectes qui partagent l'Europe, que l'ignorant

Mahomet ait donné une religion à l'Asie et à l'Afrique, et que MM. Newton, Clarke, Locke, Leclerc[1], les plus grands philosophes et les meilleures plumes de leur temps, aient pu à peine venir à bout d'établir un petit troupeau qui même diminue tous les jours ?

Voilà ce que c'est que de venir au monde à propos. Si le cardinal de Retz reparaissait aujourd'hui, il n'ameuterait pas dix femmes dans Paris.

Si Cromwell renaissait, lui qui a fait couper la tête à son roi et s'est fait souverain, il serait un simple marchand de Londres.

HUITIÈME LETTRE

Sur le Parlement

Les membres du Parlement d'Angleterre aiment à se comparer aux anciens Romains autant qu'ils le peuvent.

Il n'y a pas longtemps que M. Shipping dans la Chambre des Communes commença son discours par ces mots : la majesté du peuple anglais serait blessée, etc. La singularité de l'expression causa un grand éclat de rire; mais sans se déconcerter, il répéta les mêmes paroles d'un air ferme, et on ne rit plus. J'avoue que je ne vois rien de commun entre la majesté du peuple anglais et celle du peuple romain, encore moins entre leurs gouvernements; il y a un Sénat à Londres dont quelques membres sont soupçonnés, quoique à tort sans doute, de vendre leurs voix dans l'occasion, comme on faisait à Rome. Voilà toute la ressemblance; d'ailleurs les deux nations me paraissent entièrement différentes, soit en bien, soit en mal. On n'a jamais connu chez les Romains la folie horrible des guerres de religion, cette abomination était réservée à des dévots prêcheurs d'humilité et de patience. Marius et Sylla, Pompée et César, Antoine et Auguste ne se battaient point pour décider si le flamen devait porter sa chemise par-dessus sa robe, ou sa robe par-dessus sa chemise, et si les poulets sacrés devaient manger et boire, ou bien manger seulement pour qu'on prît les augures. Les Anglais se sont fait pendre réciproquement à leurs assises et se sont détruits en bataille rangée pour des querelles de pareille espèce; la secte des épiscopaux et le presbytérianisme ont tourné pour un temps ces têtes sérieuses. Je m'imagine que pareille sottise ne leur arrivera plus; ils me paraissent devenir sages à leurs dépens, et je ne leur vois nulle envie de s'égorger dorénavant pour des syllogismes.

Voici une différence plus essentielle entre Rome et l'Angleterre, qui met tout l'avantage du côté de la dernière, c'est que le fruit des guerres civiles à Rome a été l'esclavage, et celui des troubles d'Angleterre la liberté. La nation anglaise est la seule de la terre qui soit parvenue à régler le pouvoir des rois en leur résistant, et qui d'efforts en efforts ait enfin établi ce gouvernement sage, où le prince, tout-puissant pour faire du bien, a les mains liées pour faire le mal, où les seigneurs sont grands sans insolence et sans vassaux, et où le peuple partage le gouvernement sans confusion.

La Chambre des Pairs et celle des Communes sont les arbitres de la nation, le roi est le sur-arbitre. Cette balance manquait aux Romains, les grands et le peuple étaient toujours en division à Rome, sans qu'il y eût un pouvoir mitoyen, qui pût les accorder. Le Sénat de Rome, qui avait l'injuste et punissable orgueil de ne vouloir rien partager avec les plébéiens, ne connaissait d'autre secret pour les éloigner du gouvernement que de les occuper toujours dans les guerres étrangères. Ils regardaient le peuple comme une bête féroce qu'il fallait lâcher sur leurs voisins de peur qu'elle ne dévorât ses maîtres; ainsi le plus grand défaut du gouvernement des Romains en fit des conquérants, c'est parce qu'ils étaient malheureux chez eux qu'ils devinrent les maîtres du monde, jusqu'à ce qu'enfin leurs divisions les rendirent esclaves.

Le gouvernement d'Angleterre n'est point fait pour un si grand éclat, ni pour une fin si funeste; son but n'est point la brillante folie de faire des conquêtes, mais d'empêcher que ses voisins n'en fassent; ce peuple n'est pas seulement jaloux de sa liberté, il l'est encore de celle des autres. Les Anglais étaient acharnés contre Louis XIV, uniquement parce qu'ils lui croyaient de l'ambition[1]. Ils lui ont fait la guerre de gaieté de cœur, assurément sans aucun intérêt.

Il en a coûté sans doute pour établir la liberté en Angleterre; c'eſt dans des mers de sang qu'on a noyé l'idole du pouvoir despotique; mais les Anglais ne croient point avoir acheté trop cher de bonnes lois. Les autres nations n'ont pas eu moins de troubles, n'ont pas versé moins de sang qu'eux; mais ce sang qu'elles ont répandu pour la cause de leur liberté n'a fait que cimenter leur servitude.

Ce qui devient une révolution en Angleterre n'eſt qu'une sédition dans les autres pays; une ville prend les armes pour défendre ses privilèges soit en Espagne[1], soit en Barbarie, soit en Turquie[2], aussitôt des soldats mercenaires la subjuguent, des bourreaux la punissent, et le reſte de la nation baise ses chaînes. Les Français pensent que le gouvernement de cette île eſt plus orageux que la mer qui l'environne, et cela eſt vrai; mais c'eſt quand le roi commence la tempête, c'eſt quand il veut se rendre le maître du vaisseau dont il n'eſt que le premier pilote. Les guerres civiles de France ont été plus longues, plus cruelles, plus fécondes en crimes que celles d'Angleterre; mais de toutes ces guerres civiles aucune n'a eu une liberté sage pour objet.

Dans les temps déteſtables de Charles IX et d'Henri III, il s'agissait seulement de savoir si on serait l'esclave des Guises. Pour la dernière guerre de Paris, elle ne mérite que des sifflets; il me semble que je vois des écoliers qui se mutinent contre le préfet d'un collège, et qui finissent par être fouettés; le cardinal de Retz avec beaucoup d'esprit et de courage mal employés, rebelle sans aucun sujet, factieux sans dessein, chef de parti sans armée, cabalait pour cabaler, et semblait faire la guerre civile pour son plaisir. Le Parlement ne savait ce qu'il voulait ni ce qu'il ne voulait pas; il levait des troupes par arrêt, il les cassait, il menaçait, il demandait pardon, il mettait à prix la tête du cardinal Mazarin, et ensuite venait le complimenter en cérémonie. Nos guerres civiles sous Charles VI avaient été cruelles, celles de la Ligue furent abominables, celle de la Fronde fut ridicule.

Ce qu'on reproche le plus en France aux Anglais, c'eſt le supplice de Charles Ier, qui fut traité par ses vainqueurs comme il les eût traités s'il eût été heureux.

Après tout regardez d'un côté Charles Ier vaincu en

bataille rangée, prisonnier, jugé, condamné dans Westminster, et de l'autre l'empereur Henri VII empoisonné par son chapelain en communiant, Henri III assassiné par un moine ministre de la rage de tout un parti, trente assassinats médités contre Henri IV, plusieurs exécutés, et le dernier privant enfin la France de ce grand roi. Pesez ces attentats et jugez.

NEUVIÈME LETTRE

Sur le gouvernement

Ce mélange heureux dans le gouvernement d'Angleterre, ce concert entre les Communes, les lords et le roi n'a pas toujours subsisté. L'Angleterre a été longtemps esclave, elle l'a été des Romains, des Saxons, des Danois, des Français. Guillaume le Conquérant surtout la gouverna avec un sceptre de fer, il disposait des biens et de la vie de ses nouveaux sujets comme un monarque de l'Orient; il défendit sous peine de mort qu'aucun Anglais osât avoir du feu et de la lumière chez lui passé huit heures du soir, soit qu'il prétendît par là prévenir leurs assemblées nocturnes, soit qu'il voulût essayer par une défense si bizarre jusqu'où peut aller le pouvoir d'un homme sur d'autres hommes.

Il est vrai qu'avant et qu'après Guillaume le Conquérant les Anglais ont eu des Parlements; ils s'en vantent, comme si ces assemblées appelées alors Parlements, composées de tyrans ecclésiastiques, et de pillards nommés barons, avaient été les gardiens de la liberté et de la félicité publique.

Les Barbares, qui des bords de la mer Baltique fondaient dans le reste de l'Europe, apportèrent avec eux l'usage de ces états ou Parlements dont on a fait tant de bruit, et qu'on connaît si peu. Les rois alors n'étaient point despotiques, cela est vrai; mais les peuples n'en gémissaient que plus dans une servitude misérable. Les chefs de ces sauvages qui avaient ravagé la France, l'Italie, l'Espagne, l'Angleterre se firent monarques : leurs capitaines partagèrent entre eux les terres des vaincus, de là ces margraves, ces lairds, ces barons, ces sous-tyrans qui disputaient souvent avec leur roi les dépouilles des peuples. C'étaient des oiseaux de proie combattant contre un aigle pour sucer le sang des colombes; chaque peuple avait cent tyrans au lieu d'un maître. Les prêtres se mirent bientôt de la partie. De tout temps le sort des Gaulois, des Germains, des insulaires d'Angleterre avait été d'être gouvernés par leurs druides et par les chefs de leurs villages, ancienne espèce de barons, mais moins tyrans que leurs successeurs. Ces druides se disaient médiateurs entre la divinité et les hommes, ils faisaient des lois, ils excommuniaient, ils condamnaient à la mort. Les évêques succédèrent peu à peu à leur autorité temporelle dans le gouvernement goth et vandale. Les papes se mirent à leur tête et avec des brefs, des bulles et des moines, firent trembler les rois, les déposèrent, les firent assassiner, et tirèrent à eux tout l'argent qu'ils purent de l'Europe. L'imbécile Inas, l'un des tyrans de l'Heptarchie d'Angleterre, fut le premier qui dans un pèlerinage à Rome se soumit à payer le denier de saint Pierre (ce qui était environ un écu de notre monnaie) pour chaque maison de son territoire. Toute l'île suivit bientôt cet exemple, l'Angleterre devint petit à petit une province du pape, le Saint-Père y envoyait de temps en temps ses légats pour y lever des impôts exorbitants. Jean sans Terre fit enfin une cession en bonne forme de son royaume à Sa Sainteté qui l'avait excommunié, et les barons, qui n'y trouvèrent pas leur compte, chassèrent ce misérable roi, ils mirent à sa place Louis VIII père de Saint Louis roi de France; mais ils se dégoûtèrent bientôt de ce nouveau venu et lui firent repasser la mer.

Tandis que les barons, les évêques, les papes se déchiraient ainsi l'Angleterre où tous voulaient commander, le peuple, la plus nombreuse, la plus vertueuse même, et par conséquent la plus respectable partie des hommes, composée de ceux qui étudient les lois et les sciences, des négociants, des artisans, en un mot de tout ce qui n'était point tyran, le peuple, dis-je, était regardé par eux comme des animaux au-dessous de l'homme; il s'en fallait bien que les Communes eussent alors part au gouvernement, c'étaient des vilains : leur travail, leur sang appartenaient à leurs maîtres qui s'appelaient nobles. Le plus grand nombre des hommes était en Europe ce qu'ils sont encore en plusieurs endroits du nord, serfs d'un seigneur, espèce de bétail qu'on vend et qu'on achète avec la terre. Il a fallu des siècles pour rendre justice à l'humanité, pour sentir qu'il était horrible que le grand nombre semât et que le petit nombre recueillît, et n'est-ce pas un bonheur pour le genre humain que l'autorité de ces petits brigands ait été éteinte en France par la puissance légitime des rois et du peuple ?

Heureusement, dans les secousses que les querelles des rois et des grands donnaient aux empires, les fers des nations se sont plus ou moins relâchés ; la liberté est née en Angleterre des querelles des tyrans, les barons forcèrent Jean sans Terre et Henri III à accorder cette fameuse Charte[1], dont le principal but était à la vérité de mettre les rois dans la dépendance des lords, mais dans laquelle le reste de la nation fut un peu favorisé, afin que dans l'occasion elle se rangeât du parti de ses prétendus protecteurs. Cette grande Charte, qui est regardée comme l'origine sacrée des libertés anglaises, fait bien voir elle-même combien peu la liberté était connue. Le titre seul prouve que le roi se croyait absolu de droit, et que les barons et le clergé même ne le forçaient à se relâcher de ce droit prétendu que parce qu'ils étaient les plus forts.

Voici comme commence la grande Charte : « Nous accordons de notre libre volonté les privilèges suivants aux archevêques, évêques, abbés, prieurs et barons de notre royaume, etc. »

Dans les articles de cette Charte il n'est pas dit un mot de la Chambre des Communes, preuve qu'elle n'existait pas encore, ou qu'elle existait sans pouvoir. On y spécifie les hommes libres d'Angleterre, triste démonstration qu'il y en avait qui ne l'étaient pas. On voit par l'article 32 que ces hommes prétendus libres devaient des services à leur seigneur. Une telle liberté tenait encore beaucoup de l'esclavage.

Par l'article 21 le roi ordonne que ses officiers ne pourront dorénavant prendre de force les chevaux et les charrettes des hommes libres qu'en payant, et ce règlement parut au peuple une vraie liberté, parce qu'il ôtait une plus grande tyrannie[2].

Henri VII, usurpateur heureux et grand politique, qui faisait semblant d'aimer les barons, mais qui les haïssait et les craignait, s'avisa de procurer l'aliénation de leurs terres. Par là, les vilains qui dans la suite acquirent du bien par leurs travaux achetèrent les châteaux des illustres pairs qui s'étaient ruinés par leurs folies. Peu à peu toutes les terres changèrent de maîtres.

La Chambre des Communes devint de jour en jour plus puissante, les familles des anciens pairs s'éteignirent avec le temps, et comme il n'y a proprement que les pairs qui soient nobles en Angleterre dans la rigueur de la loi, il n'y aurait plus du tout de noblesse en ce pays-là si les rois n'avaient pas créé de nouveaux barons de temps en temps, et conservé l'ordre des pairs qu'ils avaient tant craint autrefois, pour l'opposer à celui des Communes devenu trop redoutable.

Tous ces nouveaux pairs qui composent la Chambre Haute reçoivent du roi leur titre et rien de plus, presque aucun d'eux n'a la terre dont il porte le nom. L'un est duc de Dorset et n'a pas un pouce de terre en Dorsetshire. L'autre est comte d'un village qui sait à peine où ce village est situé. Ils ont du pouvoir dans le Parlement, non ailleurs.

Vous n'entendez point ici parler de haute, moyenne et basse justice, ni du droit de chasser sur les terres d'un citoyen, lequel n'a pas la liberté de tirer un coup de fusil sur son propre champ.

Un homme, parce qu'il est noble ou parce qu'il est prêtre, n'est point ici exempt de payer certaines taxes, tous les impôts sont réglés par la Chambre des Communes, qui n'étant que la seconde par son rang, est la première par son crédit.

Les seigneurs et les évêques peuvent bien rejeter le bill des Communes pour les taxes; mais il ne leur est pas permis d'y rien changer; il faut ou qu'ils le reçoivent ou qu'ils le rejettent sans restriction. Quand le bill est confirmé par les lords et approuvé par le roi, alors tout le monde paie, chacun donne non selon sa qualité (ce qui est absurde), mais selon son revenu; il n'y a point de taille ni de capitation arbitraire, mais une taxe réelle sur les terres. Elles ont toutes été évaluées, sous le fameux roi Guillaume III, et mises au-dessous de leur prix.

La taxe subsiste toujours la même quoique les revenus des terres aient augmenté, ainsi personne n'est foulé et personne ne se plaint. Le paysan n'a point les pieds meurtris par des sabots, il mange du pain blanc, il est bien vêtu, il ne craint point d'augmenter le nombre de ses bestiaux ni de couvrir son toit de tuiles, de peur que l'on ne hausse ses impôts l'année d'après. Il y a ici beaucoup de paysans qui ont environ deux cent mille francs de bien, et qui ne dédaignent pas de continuer à cultiver la terre qui les a enrichis, et dans laquelle ils vivent libres.

DIXIÈME LETTRE

Sur le commerce

Le commerce, qui a enrichi les citoyens en Angleterre, a contribué à les rendre libres, et cette liberté a étendu le commerce à son tour[1]; de là s'est formée la grandeur de l'état; c'est le commerce qui a établi peu à peu les forces navales, par qui les Anglais sont les maîtres des mers. Ils ont à présent près de deux cents vaisseaux de guerre; la postérité apprendra peut-être avec surprise qu'une petite île, qui n'a de soi-même qu'un peu de plomb, de l'étain, de la terre à foulon, et de la laine grossière, est devenue par son commerce assez puissante pour envoyer en 1723 trois flottes à la fois en trois extrémités du monde, l'une devant Gibraltar conquise et conservée par ses armes, l'autre à Porto-Bello pour ôter au roi d'Espagne la jouissance des trésors des Indes, et la troisième dans la mer Baltique pour empêcher les puissances du nord de se battre.

Quand Louis XIV faisait trembler l'Italie, et que ses armées déjà maîtresses de la Savoie et du Piémont étaient prêtes de prendre Turin, il fallut que le prince Eugène marchât du fond de l'Allemagne au secours du duc de Savoie; il n'avait point d'argent sans quoi on ne prend ni ne défend les villes, il eut recours à des marchands anglais; en une demi-heure de temps on lui prêta cinquante millions, avec cela il délivra Turin, battit les Français, et écrivit à ceux qui avaient prêté cette somme ce petit billet : « Messieurs, j'ai reçu votre argent et je me flatte de l'avoir employé à votre satisfaction. »

Tout cela donne un juste orgueil à un marchand anglais, et fait qu'il ose se comparer, non sans quelque raison, à un citoyen romain[1]. Aussi le cadet d'un pair du royaume ne dédaigne point le négoce : milord Townshend, ministre d'État, a un frère qui se contente d'être marchand dans la Cité. Dans le temps que milord Oxford gouvernait l'Angleterre, son cadet était facteur à Alep, d'où il ne voulut pas revenir, et où il est mort.

Cette coutume, qui pourtant commence trop à se passer, paraît monstrueuse à des Allemands entêtés de leurs quartiers; ils ne sauraient concevoir que le fils d'un pair d'Angleterre ne soit qu'un riche et puissant bourgeois, au lieu qu'en Allemagne tout est prince; on a vu jusqu'à trente altesses du même nom, n'ayant pour tout bien que des armoiries et de l'orgueil.

En France est marquis qui veut, et quiconque arrive à Paris du fond d'une province avec de l'argent à dépenser et un nom en *ac* ou en *ille,* peut dire « un homme comme moi, un homme de ma qualité », et mépriser souverainement un négociant; le négociant entend lui-même parler si souvent avec dédain de sa profession qu'il est assez sot pour en rougir; je ne sais pourtant lequel est le plus utile à un état, ou un seigneur bien poudré qui sait précisément à quelle heure le roi se lève, à quelle heure il se couche, et qui se donne des airs de grandeur en jouant le rôle d'esclave dans l'antichambre d'un ministre, ou un négociant qui enrichit son pays, donne de son cabinet des ordres à Surate et au Caire, et contribue au bonheur du monde.

ONZIÈME LETTRE

Sur l'insertion de la petite vérole

On dit doucement dans l'Europe chrétienne que les Anglais sont des fous et des enragés, des fous parce qu'ils donnent la petite vérole à leurs enfants pour les empêcher de l'avoir, des enragés parce qu'ils communiquent de gaieté de cœur à ces enfants une maladie certaine et affreuse dans la vue de prévenir un mal incertain; les Anglais de leur côté disent : « Les autres Européens sont des lâches et des dénaturés; ils sont lâches en ce qu'ils craignent de faire un peu de mal à leurs enfants, dénaturés en ce qu'ils les exposent à mourir un jour de la petite vérole. » Pour juger qui a raison dans cette dispute, voici l'histoire de cette fameuse insertion dont on parle hors l'Angleterre avec tant d'effroi.

Les femmes de Circassie sont de temps immémorial dans l'usage de donner la petite vérole à leurs enfants, même à l'âge de six mois, en leur faisant une incision au bras, et en insérant dans cette incision une pustule qu'elles ont soigneusement enlevée du corps d'un autre enfant. Cette pustule fait dans le bras où elle est insinuée l'effet du levain dans un morceau de pâte, elle y fermente et répand dans la masse du sang les qualités dont elle est empreinte; les boutons de l'enfant à qui l'on a donné cette petite vérole artificielle servent à porter la même maladie à d'autres; c'est une circulation presque continuelle en Circassie, et quand malheureusement il n'y a point de petite vérole dans le pays, on est aussi embarrassé qu'on l'est ailleurs dans une mauvaise année.

Ce qui a introduit en Circassie cette coutume qui paraît si étrange à d'autres peuples est pourtant une cause commune à toute la terre, c'est la tendresse maternelle et l'intérêt.

Les Circassiens sont pauvres, et leurs filles sont belles, aussi ce sont elles dont ils font le plus de trafic; ils fournissent de beautés les harems du Grand Seigneur, du Sophi de Perse, et de ceux qui sont assez riches pour acheter et pour entretenir cette marchandise précieuse : ils élèvent ces filles en tout bien et tout honneur à caresser les hommes, à former des danses pleines de lasciveté et de mollesse, à rallumer par tous les artifices les plus voluptueux le goût des maîtres dédaigneux à qui elles sont destinées : ces pauvres créatures répètent tous les jours leur leçon avec leur mère, comme nos petites filles répètent leur catéchisme sans y rien comprendre.

Or il arrivait souvent qu'un père et une mère, après avoir bien pris des peines pour donner une bonne éducation à leurs enfants, se voyaient tout d'un coup frustrés de leur espérance; la petite vérole se mettait dans la famille, une fille en mourait, une autre perdait un œil, une troisième relevait avec un gros nez, et les pauvres gens étaient ruinés sans ressource; souvent même quand la petite vérole devenait épidémique, le commerce était interrompu pour plusieurs années, ce qui causait une notable diminution dans les sérails de Perse et de Turquie.

Une nation commerçante eſt toujours fort alerte sur ses intérêts, et ne néglige rien des connaissances qui peuvent être utiles à son négoce. Les Circassiens s'aperçurent que sur mille personnes il s'en trouvait à peine une seule qui fût attaquée deux fois d'une petite vérole bien complète, qu'à la vérité on essuie quelquefois trois ou quatre petites véroles légères, mais jamais deux qui soient décidées et dangereuses, qu'en un mot jamais on n'a véritablement cette maladie deux fois en sa vie; ils remarquèrent encore que quand les petites véroles sont très bénignes, et que leur éruption ne trouve à percer qu'une peau délicate et fine, elles ne laissent aucune impression sur le visage : de ces observations naturelles, ils conclurent que si un enfant de six mois ou d'un an avait une petite vérole bénigne, il n'en mourrait pas; il n'en serait pas marqué et serait quitte de cette maladie pour le reſte de ses jours.

Il reſtait donc pour conserver la vie et la beauté de leurs enfants de leur donner la petite vérole de bonne heure; c'eſt ce que l'on fit en insérant dans le corps d'un enfant un bouton que l'on prit de la petite vérole la plus complète et en même temps la plus favorable qu'on pût trouver.

L'expérience ne pouvait pas manquer de réussir. Les Turcs qui sont gens sensés adoptèrent bientôt après cette coutume, et aujourd'hui il n'y a point de bacha dans Conſtantinople qui ne donne la petite vérole à son fils et à sa fille en les faisant sevrer.

Il y a quelques gens qui prétendent que les Circassiens prirent autrefois cette coutume des Arabes; mais nous laissons ce point d'hiſtoire à éclaircir par quelque savant bénédictin, qui ne manquera pas de composer là-dessus plusieurs volumes in-folio avec les preuves. Tout ce que j'ai à dire sur cette matière, c'eſt que dans le commencement du règne de Georges Ier, Mme de Wortley-Montaigu, une des femmes d'Angleterre qui a le plus d'esprit et le plus de force dans l'esprit, étant avec son mari en ambassade à Constantinople, s'avisa de donner sans scrupule la petite vérole à un enfant dont elle était accouchée en ce pays; son chapelain eut beau lui dire que cette expérience n'était pas chrétienne, et ne pouvait réussir que chez les infidèles, le fils de Mme de Wortley s'en trouva à merveille. Cette dame de retour à Londres fit part de son expérience à la princesse de Galles qui est aujourd'hui reine. Il faut avouer que, titres et couronnes à part, cette princesse est née pour encourager tous les arts et pour faire du bien aux hommes; c'est un philosophe aimable sur le trône, elle n'a jamais perdu ni une occasion de s'instruire, ni une occasion d'exercer sa générosité; c'est elle qui ayant entendu dire qu'une fille de Milton vivait encore, et vivait dans la misère, lui envoya sur-le-champ un présent considérable; c'est elle qui protège ce pauvre père de Courayer; c'est elle qui daigna être la médiatrice entre le docteur Clarke et M. Leibnitz. Dès qu'elle eut entendu parler de l'inoculation ou insertion de la petite vérole, elle en fit faire l'épreuve sur quatre criminels, condamnés à mort, à qui elle sauva doublement la vie, car non seulement elle les tira de la potence, mais à la faveur de cette petite vérole artificielle, elle prévint la naturelle qu'ils auraient probablement eue, et dont ils seraient morts peut-être dans un âge plus avancé.

La princesse, assurée de l'utilité de cette épreuve, fit inoculer ses enfants : l'Angleterre suivit son exemple, et depuis ce temps dix mille enfants de famille au moins doivent ainsi la vie à la reine et à Mme Wortley-Montaigu, et autant de filles leur doivent leur beauté.

Sur cent personnes dans le monde soixante au moins ont la petite vérole; de ces soixante, vingt en meurent dans les années les plus favorables, et vingt en conservent pour toujours de fâcheux restes; voilà donc la cinquième partie des hommes que cette maladie tue ou enlaidit sûrement. De tous ceux qui sont inoculés en Turquie ou en Angleterre, aucun ne meurt s'il n'est infirme et condamné à mort d'ailleurs, personne n'est marqué, aucun n'a la petite vérole une seconde fois, supposé que l'inoculation ait été parfaite. Il est donc certain que si quelque ambassadrice française avait rapporté ce secret de Constantinople à Paris, elle aurait rendu un service éternel à la nation; le duc de Villequier, père du duc d'Aumont d'aujourd'hui, l'homme de France le mieux constitué et le plus sain, ne serait pas mort à la fleur de son âge.

Le prince de Soubise, qui avait la santé la plus brillante, n'aurait pas été emporté à l'âge de vingt-cinq ans, Monseigneur grand-père de Louis XV n'aurait pas été enterré dans sa cinquantième année, vingt mille personnes mortes à Paris de la petite vérole en 1723 vivraient encore. Quoi donc ? Est-ce que les Français n'aiment point la vie ? Est-ce que leurs femmes ne se soucient point de leur beauté ? En vérité nous sommes d'étranges gens. Peut-être dans dix ans prendra-t-on cette méthode anglaise, si les curés et les médecins le permettent, ou bien les Français dans trois mois se serviront de l'inoculation par fantaisie, si les Anglais s'en dégoûtent par inconstance.

J'apprends que depuis cent ans les Chinois sont dans cet usage, c'est un grand préjugé que l'exemple d'une nation qui passe pour être la plus sage et la mieux policée de l'univers. Il est vrai que les Chinois s'y prennent d'une façon différente; ils ne font point d'incision, ils font prendre la petite vérole par le nez comme du tabac en poudre; cette façon est plus agréable, mais elle revient au même, et sert également à confirmer que si on avait pratiqué l'inoculation en France, on aurait sauvé la vie à des milliers d'hommes[1].

DOUZIÈME LETTRE

Sur le chancelier Bacon

Il n'y a pas longtemps que l'on agitait dans une compagnie célèbre cette question usée et frivole, quel était le plus grand homme de César, d'Alexandre, de Tamerlan, de Cromwell, etc.

Quelqu'un répondit que c'était sans contredit Isaac Newton : cet homme avait raison, car si la vraie grandeur consiste à avoir reçu du ciel un puissant génie, et à s'en être servi pour s'éclairer soi-même et les autres, un homme comme M. Newton, tel qu'il s'en trouve à peine en dix siècles, est véritablement le grand homme, et ces politiques et ces conquérants, dont aucun siècle n'a manqué, ne sont d'ordinaire que d'illustres méchants. C'est à celui qui domine sur les esprits par la force de la vérité, non à ceux qui font des esclaves par la violence, c'est à celui qui connaît l'univers, non à ceux qui le défigurent, que nous devons nos respects.

Puis donc que vous exigez que je vous parle des hommes célèbres qu'a portés l'Angleterre, je commencerai par les Bacon, les Locke, les Newton, etc. Les généraux et les ministres viendront à leur tour.

Il faut commencer par le fameux baron de Verulam connu en Europe sous le nom de Bacon qui était son nom de famille. Il était fils d'un garde des sceaux, et fut longtemps chancelier sous le roi Jacques Ier; cependant au milieu des intrigues de la cour, et des occupations de sa charge qui demandaient un homme tout entier, il trouva le temps d'être grand philosophe, bon historien et écrivain élégant, et ce qui est encore plus étonnant, c'est qu'il vivait dans un siècle où l'on ne connaissait guère l'art de bien écrire, encore moins la bonne philosophie. Il a été, comme c'est l'usage parmi les hommes, plus estimé après sa mort que de son vivant : ses ennemis étaient à la cour de Londres, ses admirateurs étaient dans toute l'Europe.

Lorsque le marquis d'Effiat amena en Angleterre la princesse Marie, fille de Henri le Grand, qui devait épouser le prince de Galles, ce ministre alla visiter Bacon, qui alors étant malade au lit le reçut les rideaux fermés. « Vous ressemblez aux anges, lui dit d'Effiat, on entend toujours parler d'eux, on les croit bien supérieurs aux hommes, et on n'a jamais la consolation de les voir. »

Vous savez, Monsieur, comment Bacon fut accusé d'un crime qui n'est guère d'un philosophe, de s'être laissé corrompre par argent; vous savez comment il fut condamné par la Chambre des Pairs a une amende d'environ quatre cent mille livres de notre monnaie[1], à perdre sa dignité de chancelier et de pair.

Aujourd'hui les Anglais révèrent sa mémoire au point qu'ils ne veulent point avouer qu'il ait été coupable. Si vous me demandez ce que j'en pense, je me servirai pour vous répondre d'un mot que j'ai ouï dire à mylord Bolingbroke; on parlait en sa présence de l'avarice dont le duc de Marlborough avait été accusé, et on en citait des traits sur lesquels on appelait au témoignage de mylord Bolingbroke, qui ayant été son ennemi déclaré, pouvait peut-être avec bienséance dire ce qui en était. « C'était un si grand homme, répondit-il, que j'ai oublié ses vices. »

Je me bornerai donc à vous parler de ce qui a mérité au chancelier Bacon l'estime de l'Europe.

Le plus singulier et le meilleur de ses ouvrages, est celui qui est aujourd'hui le moins lu et le plus inutile, je veux parler de son *Novum scientiarum organum* : c'est l'échafaud avec lequel on a bâti la nouvelle philosophie, et quand cet édifice a été enlevé au moins en partie, l'échafaud n'a plus été d'aucun usage.

Le chancelier Bacon ne connaissait pas encore la nature; mais il savait et indiquait tous les chemins qui mènent à elle. Il avait méprisé de bonne heure ce que les universités appelaient la philosophie, et il faisait tout ce qui dépendait de lui, afin que ces compagnies instituées pour la perfection de la raison humaine ne continuassent pas de la gâter par leurs quiddités, leur horreur du vide, leurs formes substantielles, et tous ces mots impertinents que non seulement l'ignorance rendait respectables, mais qu'un mélange ridicule avec la religion avait rendus presque sacrés.

Il est père de la philosophie expérimentale : il est bien vrai qu'avant lui on avait découvert des secrets étonnants. On avait inventé la boussole, l'imprimerie, la gravure des estampes, la peinture à l'huile, les glaces, l'art de rendre en quelque façon la vue aux vieillards par les lunettes qu'on appelle bésicles, la poudre à canon, etc. On avait cherché, trouvé et conquis un monde nouveau. Qui ne croirait que ces sublimes découvertes eussent été faites par les plus grands philosophes, et dans des temps bien plus éclairés que le nôtre ? Point du tout : c'est dans le temps de la plus stupide barbarie que ces grands changements ont été faits sur la terre; le hasard seul a produit presque toutes ces inventions, et il y a même bien de l'apparence que ce qu'on appelle hasard a eu grande part dans la découverte de l'Amérique; du moins a-t-on toujours cru que Christophe Colomb n'entreprit son voyage que sur la foi d'un capitaine de vaisseau qu'une tempête avait jeté jusqu'à la hauteur des îles Caraïbes.

Quoi qu'il en soit, les hommes savaient aller au bout du monde, ils savaient détruire des villes avec un tonnerre artificiel plus terrible que le tonnerre véritable; mais ils ne connaissaient pas la circulation du sang, la pesanteur de l'air, les lois du mouvement, la lumière, le nombre de nos planètes, etc., et un homme qui soutenait une thèse sur les catégories d'Aristote, sur l'universel *a parte rei* ou telle autre sottise, était regardé comme un prodige.

Les inventions les plus étonnantes et les plus utiles ne sont pas celles qui font le plus honneur à l'esprit humain.

C'est à un instinct mécanique qui est chez la plupart des hommes que nous devons tous les arts, et nullement à la saine philosophie.

La découverte du feu, l'art de faire du pain, de fondre et de préparer les métaux, de bâtir des maisons, l'invention de la navette, sont d'une tout autre nécessité que l'imprimerie et la boussole; cependant ces arts furent inventés par des hommes encore sauvages.

Quel prodigieux usage les Grecs et les Romains ne firent-ils pas depuis des mécaniques ? Cependant on croyait de leur temps qu'il y avait des cieux de cristal, et que les étoiles étaient de petites lampes qui tombaient quelquefois dans la mer, et un de leurs grands philosophes après bien des recherches avait trouvé que les astres étaient des cailloux qui s'étaient détachés de la terre[1].

En un mot personne avant le chancelier Bacon n'avait connu la philosophie expérimentale, et de toutes les épreuves physiques qu'on a faites depuis lui, il n'y en a presque pas une qui ne soit indiquée dans son livre. Il en avait fait lui-même plusieurs, il fit des espèces de machines pneumatiques, par lesquelles il devina l'élasticité de l'air; il a tourné tout autour de la découverte de sa pesanteur, il y touchait; cette vérité fut saisie par Torricelli. Peu de temps après, la physique expérimentale commença tout d'un coup à être cultivée à la fois dans presque toutes les parties de l'Europe. C'était un trésor caché dont Bacon s'était douté, et que tous les philosophes encouragés par sa promesse s'efforcèrent de déterrer.

Mais ce qui m'a le plus surpris, ç'a été de voir dans son livre en termes exprès cette attraction nouvelle dont M. Newton passe pour l'inventeur.

« Il faut chercher, dit Bacon, s'il n'y aurait point une espèce de force magnétique qui opère entre la terre et les choses pesantes, entre la lune et l'océan, entre les planètes, etc. »

En un autre endroit il dit :

« Il faut ou que les corps graves soient portés vers le centre de la terre, ou qu'ils en soient mutuellement attirés, et en ce dernier cas, il eſt évident que plus les corps en tombant s'approcheront de la terre, plus fortement ils s'attireront. Il faut, poursuit-il, expérimenter si la même horloge à poids ira plus vite sur le haut d'une montagne, ou au fond d'une mine; si la force des poids diminue sur la montagne et augmente dans la mine, il y a apparence que la terre a une vraie attraction. »

Ce précurseur de la philosophie a été aussi un écrivain élégant, un hiſtorien, un bel esprit.

Ses essais de morale sont très eſtimés, mais ils sont faits pour inſtruire plutôt que pour plaire, et n'étant ni la satire de la nature humaine comme les maximes de M. de La Rochefoucauld, ni l'école du scepticisme comme Montaigne, ils sont moins lus que ces deux livres ingénieux.

Son hiſtoire de Henri VII a passé pour un chef-d'œuvre; mais je serais fort trompé si elle pouvait être comparée à l'ouvrage de notre illuſtre de Thou.

En parlant de ce fameux impoſteur Parkins, juif de naissance, qui prit si hardiment le nom de Richard IV roi d'Angleterre, encouragé par la duchesse de Bourgogne, et qui disputa la couronne à Henri VII, voici comme le chancelier Bacon s'exprime :

« Environ ce temps le roi Henri fut obsédé d'esprits malins par la magie de la duchesse de Bourgogne, qui évoqua des enfers l'ombre d'Édouard IV pour venir tourmenter le roi Henri.

» Quand la duchesse de Bourgogne eut inſtruit Parkins, elle commença à délibérer par quelle région du ciel elle ferait paraître cette comète, et elle résolut qu'elle éclaterait d'abord sur l'horizon de l'Irlande. »

Il me semble que notre sage de Thou ne donne guère dans ce phébus, qu'on prenait autrefois pour du sublime, mais qu'à présent on nomme avec raison galimatias.

TREIZIÈME LETTRE

Sur M. Locke

Jamais il ne fut peut-être un esprit plus sage, plus méthodique, un logicien plus exact que M. Locke; cependant il n'était pas grand mathématicien. Il n'avait jamais pu se soumettre à la fatigue des calculs ni à la sécheresse des vérités mathématiques qui ne présente d'abord rien de sensible à l'esprit, et personne n'a mieux prouvé que lui qu'on pouvait avoir l'esprit géomètre sans le secours de la géométrie. Avant lui de grands philosophes avaient décidé positivement ce que c'est que l'âme de l'homme; mais puisqu'ils n'en savaient rien du tout, il est bien juste qu'ils aient tous été d'avis différents.

Dans la Grèce, berceau des arts et des erreurs, et où l'on poussa si loin la grandeur et la sottise de l'esprit humain, on raisonnait comme chez nous sur l'âme.

Le divin Anaxagoras à qui on dressa un autel, pour avoir appris aux hommes que le soleil était plus grand que le Péloponnèse, que la neige était noire, et que les cieux étaient de pierre, affirma que l'âme était un esprit aérien, mais cependant immortel.

Diogène, un autre que celui qui devint cynique après avoir été faux monnayeur, assurait que l'âme était une portion de la substance même de Dieu, et cette idée au moins était brillante.

Épicure la composait de parties comme le corps; Aristote qu'on a expliqué de mille façons, parce qu'il était inintelligible, croyait, si l'on s'en rapporte à quelques-uns de ses disciples, que l'entendement de tous les hommes était une seule et même substance.

Le divin Platon, maître du divin Aristote, et le divin Socrate, maître du divin Platon, disaient l'âme corporelle et éternelle; le démon de Socrate lui avait appris sans doute ce qui en était. Il y a des gens à la vérité qui prétendent qu'un homme qui se vantait d'avoir un génie familier était indubitablement un fou ou un fripon; mais ces gens-là sont trop difficiles.

Quant à nos pères de l'Église, plusieurs dans les premiers siècles ont cru l'âme humaine, les anges et Dieu corporels.

Le monde se raffine toujours. Saint Bernard, selon l'aveu du père Mabillon, enseigna à propos de l'âme qu'après la mort, elle ne voyait point Dieu dans le ciel, mais qu'elle conversait seulement avec l'humanité de Jésus-Christ. On ne le crut pas cette fois sur sa parole : l'aventure de la Croisade avait un peu décrédité ses oracles. Mille scolastiques sont venus ensuite, comme le docteur irréfragable, le docteur subtil, le docteur angélique, le docteur séraphique, le docteur chérubique, qui tous ont été bien sûrs de connaître l'âme très clairement, mais qui n'ont pas laissé d'en parler comme s'ils avaient voulu que personne n'y entendît rien.

Notre Descartes, né pour découvrir les erreurs de l'antiquité, mais pour y substituer les siennes, et entraîné par cet esprit systématique qui aveugle les plus grands hommes, s'imagina avoir démontré que l'âme était la même chose que la pensée, comme la matière, selon lui, est la même chose que l'étendue : il assura que l'on pense toujours, et que l'âme arrive dans le corps pourvue de toutes les notions métaphysiques, connaissant Dieu, l'espace, l'infini, ayant toutes les idées abstraites, remplie enfin de belles connaissances, qu'elle oublie malheureusement en sortant du ventre de sa mère.

M. Malebranche de l'Oratoire, dans ses illusions sublimes, non seulement admit les idées innées, mais il ne doutait pas que nous ne vissions tout en Dieu, et que Dieu pour ainsi dire ne fût notre âme.

Tant de raisonneurs ayant fait le roman de l'âme, un sage est venu qui en a fait modestement l'histoire; Locke a développé à l'homme la raison humaine, comme un excellent anatomiste explique les ressorts du corps humain. Il s'aide partout du flambeau de la physique, il ose quelquefois parler affirmativement, mais il ose aussi douter; au lieu de définir tout d'un coup ce que nous ne connaissons pas, il examine par degrés ce que nous voulons connaître. Il prend un enfant au moment de sa naissance, il suit pas à pas les progrès de son entendement, il voit ce qu'il a de commun avec les bêtes, et ce qu'il a au-dessus d'elles, il consulte sur tout son propre témoignage, la conscience de sa pensée.

« Je laisse, dit-il, à discuter à ceux qui en savent plus que moi si notre âme existe avant ou après l'organisation de notre corps; mais j'avoue qu'il m'est tombé en partage une de ces âmes grossières qui ne pensent pas toujours, et j'ai même le malheur de ne pas concevoir qu'il soit plus nécessaire à l'âme de penser toujours qu'au corps d'être toujours en mouvement[1]. »

Pour moi je me vante de l'honneur d'être en ce point aussi stupide que Locke, personne ne me fera jamais croire que je pense toujours; et je ne me sens pas plus disposé que lui à imaginer que quelques semaines après ma conception j'étais une fort savante âme, sachant alors mille choses que j'ai oubliées en naissant, et ayant fort inutilement possédé dans l'utérus des connaissances qui m'ont échappé dès que j'ai pu en avoir besoin, et que je n'ai jamais bien pu rapprendre depuis.

Locke après avoir ruiné les idées innées, après avoir bien renoncé à la vanité de croire qu'on pense toujours, établit que toutes nos idées nous viennent par les sens, examine nos idées simples et celles qui sont composées, suit l'esprit de l'homme dans toutes ses opérations, fait voir combien les langues que les hommes parlent sont imparfaites, et quel abus nous faisons des termes à tous moments.

Il vient enfin à considérer l'étendue ou plutôt le néant des connaissances humaines. C'est dans ce chapitre qu'il ose avancer modestement ces paroles : « Nous ne serons jamais peut-être capables de connaître si un être purement matériel pense ou non[2]. »

Ce discours sage parut à plus d'un théologien une déclaration scandaleuse, que l'âme est matérielle et mortelle.

Quelques Anglais, dévots à leur manière, sonnèrent l'alarme. Les superstitieux sont dans la société ce que les poltrons sont dans une armée, ils ont, et donnent des terreurs paniques. On cria que Locke voulait renverser la religion[3]; il ne s'agissait pourtant point de religion dans cette affaire; c'était une question purement philosophique, très indépendante de la foi et de la révélation; il ne fallait qu'examiner sans aigreur s'il y a de la contradiction à dire : la matière peut penser, et si Dieu peut communiquer la pensée à la matière. Mais les théologiens commencent trop souvent par dire que Dieu est outragé quand on n'eſt pas de leur avis. C'eſt trop ressembler aux mauvais poètes qui criaient que Despréaux parlait mal du roi, parce qu'il se moquait d'eux.

Le docteur Stillingfleet s'eſt fait une réputation de théologien modéré pour n'avoir pas dit positivement des injures à Locke[1]. Il entra en lice contre lui, mais il fut battu; car il raisonnait en docteur, et Locke en philosophe inſtruit de la force et de la faiblesse de l'esprit humain, et qui se battait avec des armes dont il connaissait la trempe.

Si j'osais parler après M. Locke sur un sujet si délicat, je dirais : les hommes disputent depuis longtemps sur la nature et sur l'immortalité de l'âme. A l'égard de son immortalité, il eſt impossible de la démontrer, puisqu'on dispute encore sur sa nature et qu'assurément il faut connaître à fond un être créé, pour décider s'il eſt immortel ou non. La raison humaine eſt si peu capable de démontrer par elle-même l'immortalité de l'âme que la religion a été obligée de nous la révéler. Le bien commun de tous les hommes demande qu'on croie l'âme immortelle, la foi nous l'ordonne, il n'en faut pas davantage, et la chose eſt décidée; il n'en eſt pas de même de sa nature, il importe peu à la religion de quelle subſtance soit l'âme pourvu qu'elle soit vertueuse; c'eſt une horloge qu'on nous a donné à gouverner; mais l'ouvrier ne nous a pas dit de quoi le ressort de cette horloge eſt composé.

Je suis corps, et je pense[2]; je n'en sais pas davantage. Irai-je attribuer à une cause inconnue ce que je puis si aisément attribuer à la seule cause seconde que je connais ? Ici tous les philosophes de l'école m'arrêtent en argumentant, et disent : « Il n'y a dans le corps que de l'étendue et de la solidité, et il ne peut avoir que du mouvement et de la figure. Or du mouvement et de la figure, de l'étendue et de la solidité ne peuvent faire une pensée, donc l'âme ne peut pas être matière. » Tout ce grand raisonnement tant de fois répété se réduit uniquement à ceci : « Je ne connais point du tout la matière, j'en devine imparfaitement quelques propriétés; or je ne sais point du tout si ces propriétés peuvent être jointes à la pensée; donc parce que je ne sais rien du tout, j'assure positivement que la matière ne saurait penser. » Voilà nettement la manière de raisonner de l'école.

Locke dirait avec simplicité à ces messieurs : « Confessez du moins que vous êtes aussi ignorants que moi : votre imagination ni la mienne ne peuvent concevoir comment un corps a des idées, et comprenez-vous mieux comment une substance, telle qu'elle soit, a des idées ? Vous ne concevez ni la matière ni l'esprit, comment osez-vous assurer quelque chose[1] ? »

Le superstitieux vient à son tour et dit qu'il faut brûler pour le bien de leurs âmes, ceux qui soupçonnent qu'on peut penser avec la seule aide du corps. Mais que diraient-ils si c'étaient eux-mêmes qui fussent coupables d'irréligion ? En effet quel est l'homme qui osera assurer, dans une impiété absurde, qu'il est impossible au Créateur de donner à la matière la pensée et le sentiment ! Voyez, je vous prie, à quel embarras vous êtes réduit, vous qui bornez ainsi la puissance du Créateur ! Les bêtes ont les mêmes organes que nous, les mêmes sentiments, les mêmes perceptions; elles ont de la mémoire, elles combinent quelques idées. Si Dieu n'a pas pu animer la matière et lui donner le sentiment, il faut de deux choses l'une, ou que les bêtes soient de pures machines, ou qu'elles aient une âme spirituelle.

Il me paraît presque démontré que les bêtes ne peuvent être de simples machines; voici ma preuve : Dieu leur a fait précisément les mêmes organes du sentiment que les nôtres, donc s'ils ne sentent point, Dieu a fait un ouvrage inutile. Or Dieu de votre aveu même ne fait rien en vain, donc il n'a point fabriqué tant d'organes de sentiment pour qu'il n'y eût point de sentiment, donc les bêtes ne sont point de pures machines.

Les bêtes, selon vous, ne peuvent pas avoir une âme spirituelle, donc malgré vous il ne reste autre chose à dire, sinon que Dieu a donné aux organes des bêtes, qui sont matière, la faculté de sentir et d'apercevoir, laquelle vous appelez instinct dans elles.

Et qui peut empêcher Dieu de communiquer à nos organes plus déliés cette faculté de sentir, d'apercevoir et de penser, que nous appelons raison humaine ? De quelque côté que vous vous tourniez, vous êtes obligés d'avouer votre ignorance et la puissance immense du Créateur : ne vous révoltez donc plus contre la sage et modeste philosophie de Locke; loin d'être contraire à la religion, elle lui servirait de preuve si la religion en avait besoin; car quelle philosophie plus religieuse que celle qui, n'affirmant que ce qu'elle conçoit clairement et sachant avouer sa faiblesse, vous dit qu'il faut recourir à Dieu dès qu'on examine les premiers principes.

D'ailleurs il ne faut jamais craindre qu'aucun sentiment philosophique puisse nuire à la religion d'un pays. Nos mystères ont beau être contraires à nos démonstrations, ils n'en sont pas moins révérés par les philosophes chrétiens qui savent que les objets de la raison et de la foi sont de différentes natures; jamais les philosophes ne feront une secte de religion. Pourquoi ? C'est qu'ils n'écrivent point pour le peuple, et qu'ils sont sans enthousiasme.

Divisez le genre humain en vingt parts. Il y en a dix-neuf composées de ceux qui travaillent de leurs mains, et qui ne sauront jamais s'il y a eu un Locke au monde; dans la vingtième partie qui reste, combien trouve-t-on peu d'hommes qui lisent ! et parmi ceux qui lisent, il y en a vingt qui lisent des romans contre un qui étudie la philosophie; le nombre de ceux qui pensent est excessivement petit, et ceux-là ne s'avisent pas de troubler le monde.

Ce n'est ni Montaigne, ni Locke, ni Bayle, ni Spinoza, ni Hobbes, ni milord Shaftesbury, ni M. Collins, ni M. Toland, etc.[1], qui ont porté le flambeau de la discorde dans leur patrie; ce sont pour la plupart des théologiens, qui ayant eu d'abord l'ambition d'être chefs de secte, ont eu bientôt celle d'être chefs de parti. Que dis-je, tous les livres des philosophes modernes mis ensemble ne feront jamais dans le monde autant de bruit seulement qu'en a fait autrefois la dispute des cordeliers sur la forme de leur manche et de leur capuchon.

APPENDICE PREMIER

LETTRE SUR L'ÂME[1]

(Première rédaction de la lettre XIII)

LETTRE SUR M. LOCKE

Il faut que je l'avoue, lorsque j'ai lu l'infaillible Aristote, le divin Platon, le docteur subtil, le docteur angélique, j'ai pris toutes ces épithètes pour des sobriquets. Je n'ai rien vu dans les philosophes qui ont parlé de l'âme humaine que des aveugles pleins de témérité et de babil, qui s'efforcent de persuader qu'ils ont une vue d'aigle à d'autres aveugles curieux et sots qui les croient sur leur parole, et qui s'imaginent bientôt eux-mêmes voir aussi quelque chose.

Je ne feindrai point de mettre au rang de ces maîtres d'erreurs Descartes et Malebranche. Le premier nous assure que l'âme de l'homme est une substance dont l'essence est de penser, qui pense toujours, et qui s'occupe dans le ventre de la mère de belles idées métaphysiques ou de beaux axiomes généraux qu'elle oublie ensuite.

Pour le père Malebranche, il est bien persuadé que nous voyons tout en Dieu; il a trouvé des partisans, parce que les fables les plus hardies sont celles qui sont les mieux reçues de la faible imagination des hommes. Plusieurs philosophes ont donc fait le roman de l'âme; enfin il est venu un sage qui en a écrit modestement l'histoire. Je vais vous faire l'abrégé de cette histoire, selon que je l'ai conçu. Je sais fort bien que tout le monde ne conviendra pas des idées de M. Locke : il se pourrait bien faire que M. Locke eût raison contre Descartes et Malebranche et eût tort contre la Sorbonne; je ne réponds de rien; je parle selon les lumières de la philosophie, et non selon les révélations de la foi. Il ne m'appartient que de penser humainement; les théologiens décident divinement, c'est tout autre chose. La raison et la foi sont de nature contraire. En un mot, voici un petit précis de M. Locke que je censurerais si j'étais théologien, et que j'adopte pour un moment comme pure hypothèse, comme conjecture de simple philosophie.

Humainement parlant, il s'agit de savoir ce que c'est que l'âme.

1° Le mot d'âme est un de ces mots que chacun prononce sans l'entendre; nous n'entendons que les choses dont nous avons une idée : nous n'avons point d'idée d'âme, d'esprit; donc nous ne l'entendons pas.

2° Il nous a donc plu d'appeler âme cette faculté de penser et de sentir, comme nous appelons vue la faculté de voir, volonté la faculté de vouloir, etc.

Des raisonneurs sont venus ensuite, qui ont dit :

« L'homme est composé de matière et d'esprit. La matière est étendue et divisible, l'esprit n'est ni étendu ni divisible; donc il est, disent-ils, d'une autre nature; donc c'est un assemblage d'êtres qui ne sont point faits l'un pour l'autre, et que Dieu unit malgré leur nature. Nous voyons peu le corps, nous ne voyons point l'âme; elle n'a point de parties; donc elle est éternelle. Elle a des idées pures et spirituelles; donc elle ne les reçoit point de la matière. Elle ne les reçoit point non plus d'elle-même; donc Dieu les lui donne; donc elle apporte en naissant les idées de Dieu, de l'infini, et toutes les idées générales. »

Toujours humainement parlant, je réponds à ces messieurs qu'ils sont bien savants. Ils supposent d'abord qu'il y a une âme, et puis ils nous disent ce que ce doit être; ils prononcent le nom de matière, et décident ensuite nettement ce qu'elle est. Et moi je leur dis : vous ne connaissez ni l'esprit ni la matière; par l'esprit, vous ne pouvez vous imaginer que la faculté de penser; par la matière, vous ne pouvez entendre qu'un certain assemblage de qualités, de couleurs, d'étendue, de solidité; et il vous a plu d'appeler cela matière, et vous avez assigné les limites de la matière et de l'âme avant d'être sûrs seulement de l'existence de l'une et de l'autre. Quant à la matière, vous enseignez gravement qu'il n'y a en elle que de l'étendue et de la solidité, et moi je vous dirai modestement qu'elle est capable de mille propriétés que vous ni moi ne connaissons pas. Vous dites que l'âme est indivisible, éternelle, et vous supposez ce qui est en question.

Vous êtes à peu près comme un régent de collège, qui, n'ayant vu d'horloge de sa vie, aurait tout d'un coup entre ses mains une montre d'Angleterre à répétition. Cet homme, bon péripatéticien, est frappé de la justesse avec laquelle les aiguilles divisent et marquent le temps, et encore plus étonné de voir qu'un bouton pressé par le doigt sonne précisément l'heure que l'aiguille montre. Mon philosophe ne manque pas de trouver qu'il y a dans cette machine une âme qui la gouverne et qui en meut les ressorts, il démontre savamment son opinion par la comparaison des anges qui font aller les sphères célestes, et il fait soutenir dans sa classe de belles thèses sur l'âme des montres. Un de ses écoliers ouvre la montre : on n'y voit que des ressorts, et cependant on soutient toujours le système de l'âme, qui passe pour démontré. Je suis cet écolier : ouvrons la montre qu'on appelle homme, et au lieu de définir hardiment ce que nous ne connaissons pas, tâchons d'examiner par degrés ce que nous voulons connaître.

Prenons un enfant à l'instant de sa naissance, et suivons pas à pas le progrès de son entendement. Vous me faites l'honneur de m'apprendre que Dieu a pris la peine de créer une âme pour aller loger dans ce corps.

Lorsqu'il y a environ six semaines cette âme est arrivée, la voilà pourvue d'idées métaphysiques, connaissant Dieu, l'esprit, les idées abstraites, l'infini fort clairement, étant en un mot une très savante personne. Mais malheureusement elle sort de l'utérus avec une ignorance crasse; elle passe dix-huit mois à ne connaître que le téton de sa nourrice, et lorsqu'à l'âge de vingt ans on veut faire ressouvenir cette âme de toutes les idées scientifiques qu'elle avait quand elle fut unie à son corps, elle est souvent si bouchée qu'elle n'en peut recevoir aucune. Il y a des peuples entiers qui n'ont jamais eu une seule de ces idées : en vérité à quoi pensait l'âme de Descartes et celle de Malebranche, quand elles imaginaient de pareilles rêveries ?

Suivons donc l'histoire du petit enfant, sans nous arrêter aux imaginations des philosophes. Le jour que sa mère est accouchée de lui et de son âme, il est né aussi un chien dans la maison, un chat et un serin. Au bout de trois mois j'apprends un menuet au serin, au bout d'un an et demi je fais du chien un excellent chasseur, le chat au bout de six semaines fait déjà tous ses tours, et l'enfant au bout de quatre ans ne fait rien du tout. Moi, homme grossier, témoin de cette prodigieuse différence, et qui n'ai jamais vu d'enfant, je crois d'abord que le chien, le chat et le serin sont des créatures très intelligentes, et que le petit enfant est un automate; cependant petit à petit je m'aperçois que cet enfant a aussi des idées, de la mémoire, qu'il a les mêmes passions que ces animaux, et alors j'avoue qu'il est aussi, comme eux, une créature raisonnable. Il me communique différentes idées par quelques paroles qu'il a apprises, de même que mon chien par des cris diversifiés me fait exactement connaître ses divers besoins. J'aperçois qu'à l'âge de six ou sept ans l'enfant combine dans son petit cerveau presque autant d'idées que mon chien de chasse dans le sien. Enfin il atteint avec l'âge un nombre infini de connaissances. Alors que dois-je penser de lui ? irai-je le croire d'une nature absolument différente ? Non, sans doute; car vous qui voyez d'un côté un imbécile, de l'autre M. Newton, vous prétendez qu'ils sont pourtant de même nature : je dois prétendre à plus forte raison que mon chien et mon enfant sont au fond de même espèce, et qu'il n'y a de la différence que du plus ou du moins. Pour mieux m'assurer de la vraisemblance de mon opinion probable, j'examine mon enfant et mon chien pendant leur veille et pendant leur sommeil. Je les fais saigner l'un et l'autre outre mesure, alors leurs idées semblent s'écouler avec leur sang. Dans cet état je les appelle, ils ne me répondent plus, et si je leur tire encore quelques palettes, mes deux machines, qui avaient une heure auparavant des idées en très grand nombre et des passions de toute espèce, n'auront plus aucun sentiment.

J'examine aussi mes deux animaux pendant qu'ils dorment; je

m'aperçois que le chien, après avoir trop mangé, a des rêves; il chasse, il crie après sa proie. Mon jeune homme étant dans le même cas, parle à sa maîtresse, et fait l'amour en songe. Si l'un et l'autre ont mangé modérément, ni l'un ni l'autre ne rêve : enfin, je vois que leur faculté de sentir, d'apercevoir, d'exprimer leurs idées s'est développée en eux petit à petit et s'affaiblit aussi par degrés. J'aperçois en eux plus de rapport cent fois que je n'en trouve entre tel homme d'esprit et tel autre homme absolument imbécile.

Quelle est donc l'opinion que j'aurai de leur nature ? Celle que tous les peuples ont eue d'abord avant que la politique égyptienne imaginât la spiritualité et l'immortalité de l'âme. Je soupçonnerai, mais avec bien de l'apparence, qu'Archimède et une taupe sont de la même espèce, quoique d'un genre différent; de même qu'un chêne et un grain de moutarde sont formés par les mêmes principes, quoique l'un soit un grand arbre et l'autre une petite plante.

Je penserai que Dieu a donné des portions d'intelligence à des portions de matière organisées pour penser : je croirai que la matière a pensé à proportion de la finesse de ses sens, que ce sont eux qui sont les portes et la mesure de nos idées; je croirai que l'huître à l'écaille a moins d'esprit que moi, parce qu'elle a moins de sensations que moi, et je croirai qu'elle a moins de sensations et de sens parce qu'ayant l'âme attachée à son écaille, cinq sens lui seraient inutiles. Il y a beaucoup d'animaux qui n'ont que deux sens; nous en avons cinq, ce qui est bien peu de chose; il est à croire qu'il est dans d'autres mondes d'autres animaux qui jouissent de vingt ou trente sens, et que d'autres espèces, encore plus parfaites, ont des sens à l'infini.

Il me paraît que voilà la manière la plus naturelle d'exposer des raisons, c'est-à-dire de deviner et de soupçonner. Certainement, il s'est passé bien du temps avant que les hommes aient été assez ingénieux pour imaginer un Être inconnu qui est en nous, qui fait tout en nous, qui n'est pas tout à fait nous, et qui vit après nous. Aussi n'est-on venu que par degrés à concevoir une idée si hardie. D'abord le mot d'âme a signifié la vie, et a été commun pour nous et pour les autres animaux, ensuite notre orgueil nous a fait une âme à part et nous a fait imaginer une force substantielle pour les autres créatures.

Cet orgueil humain me demandera ce que c'est donc que ce pouvoir d'apercevoir et de sentir, qu'il appelle une âme dans l'homme, et un instinct dans la brute. Je satisferai à cette question quand les universités m'auront appris ce que c'est que le mouvement, le son, la lumière, l'espace, le corps, le temps. Je dirai, dans l'esprit du sage M. Locke : « La philosophie consiste à s'arrêter quand le flambeau de la physique nous manque. » J'observe les effets de la nature, mais je vous avoue que je n'en conçois pas plus que vous les premiers principes. Tout ce que je sais, c'est que je ne dois pas attribuer à plusieurs causes, surtout à des causes inconnues, ce que je puis attribuer à une cause connue : or, je puis attribuer à mon corps la faculté de penser et de sentir; donc, je ne dois pas chercher cette faculté dans un autre Être appelé âme, ou esprit, dont je ne puis avoir la moindre idée. Vous vous récrierez à cette proposition, vous trouverez de l'irréligion à oser dire que le corps peut penser. Mais que direz-vous, vous répondrait M. Locke, si c'eſt vous-même qui êtes si coupables d'irréligion, vous qui osez borner la puissance de Dieu ? Et quel eſt l'homme sur la terre qui peut assurer sans une impiété absurde qu'il eſt impossible à Dieu de donner à la matière le sentiment et la pensée ? Faible et hardi que vous êtes, vous avancez que la matière ne pense point, parce que vous ne concevez pas qu'une subſtance étendue puisse penser, et concevez-vous mieux comme une subſtance, telle qu'elle soit, pense?

Grands philosophes qui décidez du pouvoir de Dieu et qui dites que Dieu peut d'une pierre faire un ange, ne voyez-vous pas que, selon vous-mêmes, Dieu ne ferait en ce cas que donner à une pierre la puissance de penser ? car, si la matière de la pierre ne reſtait pas, ce ne serait plus une pierre changée en ange, ce serait une pierre anéantie et un ange créé. De quelque côté que vous vous tourniez, vous êtes forcés d'avouer deux choses, votre ignorance et la puissance immense du Créateur : votre ignorance qui se révolte contre la matière pensante, et la puissance du Créateur à qui certes cela n'eſt pas impossible.

Vous qui savez que la matière ne périt pas, vous conteſterez à Dieu le pouvoir de conserver dans cette matière la plus belle qualité dont il l'avait ornée ! L'étendue subsiſte bien sans corps par lui, puisqu'il y a des philosophes qui croient le vide; les accidents subsiſtent bien sans subſtance parmi les chrétiens qui croient la trans subſtantiation. Dieu, dites-vous, ne peut pas faire ce qui implique contradiction. Cela eſt vrai, mais pour savoir si la matière pensante eſt une chose contradictoire il faudrait en savoir plus que vous n'en savez; vous aurez beau faire, vous ne saurez jamais autre chose, sinon que vous êtes corps et que vous pensez.

Bien des gens qui ont appris dans l'école à ne douter de rien, qui prennent leurs syllogismes pour des oracles et leur superſtition pour de la religion, regardent M. Locke comme un impie dangereux. Les superſtitieux sont dans la société des hommes ce que les poltrons sont dans une armée; ils ont et donnent des terreurs paniques.

Il faut avoir la pitié de dissiper les craintes, il faut qu'ils sachent que ce ne sont pas les sentiments des philosophes qui feront jamais tort à la religion.

Il eſt assuré que la lumière vient du Soleil, et que les planètes tournent autour de cet aſtre : on ne lit pas avec moins d'édification dans la Bible, que la lumière a été faite avant le Soleil, et que le Soleil s'eſt arrêté sur le village de Gabaon.

Il eſt démontré que l'arc-en-ciel eſt formé nécessairement par la pluie, on n'en respecte pas moins le texte sacré qui dit que Dieu posa son arc dans les nues, après le déluge, en signe qu'il n'y aurait plus d'inondation.

Le mystère de la Trinité et celui de l'Eucharistie ont beau être contraires aux démonstrations connues, ils n'en sont pas moins révérés chez les philosophes catholiques, qui savent que les objets de la raison et de la foi sont de différente nature.

La notion des antipodes a été condamnée comme hérétique par les papes et les conciles; malgré cette décision ceux qui reconnaissent les conciles et les papes ont découvert les antipodes et y ont porté cette même religion chrétienne dont on croyait la destruction sûre, en cas qu'on pût trouver un homme qui (comme on parlait alors) eût la tête en bas et les pieds en haut par rapport à nous, et qui, comme dit le très peu philosophe saint Augustin, serait tombé dans le ciel.

Jamais les philosophes ne feront tort à la religion dominante d'un pays. Pourquoi ? C'est qu'ils sont sans enthousiasme, et qu'ils n'écrivent point pour le peuple.

Divisez le genre humain en vingt parties; il y en aura dix-neuf composées de ceux qui travaillent de leurs mains et qui ne sauront jamais s'il y a eu un M. Locke au monde; dans la vingtième partie qui reste, combien trouve-t-on peu d'hommes qui lisent ? Et parmi ceux qui lisent, il y en a vingt qui lisent des romans, contre un qui étudiera en philosophie : le nombre de ceux qui pensent est excessivement petit, et ceux-là ne s'avisent pas de troubler le monde.

Ce n'est ni Montaigne, ni Locke, ni Bayle, ni Spinoza, ni Hobbes, ni Shaftesbury, ni M. Collins, ni Toland, etc., qui ont porté le flambeau de la discorde dedans leur patrie. Ce sont pour la plupart des théologiens qui, ayant eu d'abord l'ambition d'être chefs de secte, ont eu bientôt celle d'être chefs de parti. Que dis-je ? Tous les livres des philosophes modernes mis ensemble ne feront jamais dans le monde autant de bruit seulement qu'en fit autrefois la dispute des cordeliers sur la forme de leur manche et de leur capuchon.

Au reste, Monsieur, je vous répète encore qu'en vous écrivant avec liberté, je ne me rends garant d'aucune opinion; je ne suis responsable de rien. Il y a peut-être parmi les songes des raisonnements quelques rêveries auxquelles je donnerais la préférence; mais il n'y en a aucune que je ne sacrifiasse tout d'un coup à la religion et à la patrie.

DE VOLTAIRE

APPENDICE II

(Fin de la lettre XIII à partir de 1748-1751.)

Continuation du même sujet

Je suppose une douzaine de bons philosophes dans une île, où ils n'ont jamais vu que des végétaux. Cette île, et surtout douze bons philosophes, sont fort difficiles à trouver; mais enfin cette fiction est permise. Ils admirent cette vie qui circule dans les fibres des plantes, qui semble se perdre et ensuite se renouveler; et ne sachant pas trop comment les plantes naissent, comment elles prennent leur nourriture et leur accroissement, ils appellent cela une *âme végétative*. « Qu'entendez-vous par âme végétative ? leur dit-on. — C'est un mot, répondent-ils, qui sert à exprimer le ressort inconnu par lequel tout cela s'opère. — Mais, ne voyez-vous pas, leur dit un mécanicien, que tout cela se fait naturellement par des poids, des leviers, des roues, des poulies ? — Non, diront nos philosophes, s'ils sont éclairés. Il y a dans cette végétation autre chose que des mouvements ordinaires; il y a un pouvoir secret qu'ont toutes les plantes d'attirer à elles sans aucune impulsion ce suc qui les nourrit; et ce pouvoir, qui n'est explicable par aucune mécanique, est un don que Dieu a fait à la matière et dont ni vous ni moi ne comprenons la nature. »

Ayant ainsi bien disputé, nos raisonneurs découvrent enfin les animaux. « Oh, oh, disent-ils, après un long examen, voilà des êtres organisés comme nous ! Ils ont incontestablement de la mémoire, et souvent plus que nous. Ils ont nos passions; ils ont de la connaissance; ils font entendre tous leurs besoins; ils perpétuent comme nous leur espèce. »

Nos philosophes dissèquent quelques-uns de ces êtres, ils y trouvent un cœur, une cervelle. « Quoi ! disent-ils, l'auteur de ces machines qui ne fait rien en vain, leur aurait-il donné tous les organes de sentiment pour qu'ils n'eussent point de sentiment ? Il serait absurde de le penser. Il y a certainement en eux quelque chose que nous appelons aussi *âme*, faute de mieux; quelque chose qui éprouve des sensations, et qui a une certaine mesure d'idées. Mais ce principe, quel est-il ? Est-ce quelque chose d'absolument différent de la matière ? Est-ce un esprit pur ? Est-ce un être mitoyen, entre la matière que nous ne connaissons guère et l'esprit pur que nous ne connaissons pas ? Est-ce une propriété donnée de Dieu à la matière organisée ? »

Ils font alors des expériences sur des insectes, sur des vers de terre; ils les coupent en plusieurs parties, et ils sont étonnés de voir qu'au bout de quelque temps il vient des têtes à toutes ces parties coupées; le même animal se reproduit, et tire de sa destruction même de quoi se multiplier. A-t-il plusieurs âmes, qui attendent pour animer ces parties reproduites qu'on ait coupé la tête au premier tronc ? Il ressemble aux arbres qui repoussent des branches et qui se reproduisent de bouture; ces arbres ont-ils plusieurs âmes ? Il n'y a pas d'apparence; donc il est très probable que l'âme de ces bêtes est d'une autre espèce que ce que nous appelons *âme végétative* dans les plantes; que c'est une faculté d'un ordre supérieur, que Dieu a daigné donner à certaines portions de matière; c'est une nouvelle preuve de sa puissance; c'est un nouveau sujet de l'adorer.

Un homme violent et mauvais raisonneur entend ce discours et leur dit : « Vous êtes des scélérats dont il faudrait brûler les corps pour le bien de vos âmes, car vous niez l'immortalité de l'âme de l'homme. » Nos philosophes se regardent tout étonnés; l'un d'eux lui répond avec douceur : « Pourquoi nous brûler si vite ? Sur quoi avez-vous pu penser que nous ayons l'idée que votre cruelle âme est mortelle ? — Sur ce que vous croyez, reprend l'autre, que Dieu a donné aux brutes, qui sont organisées comme nous, la faculté d'avoir des sentiments et des idées. Or cette âme des bêtes périt avec elles, donc vous croyez que l'âme des hommes périt aussi. »

Le philosophe répond : « Nous ne sommes point du tout sûrs que ce que nous appelons *âme* dans les animaux périsse avec eux, nous savons très bien que la matière ne périt pas, et nous croyons qu'il se peut faire que Dieu ait mis dans les animaux quelque chose qui conservera toujours, si Dieu le veut, la faculté d'avoir des idées. Nous n'assurons pas, à beaucoup près, que la chose soit ainsi, car il n'appartient guère aux hommes d'être si confiants; mais nous n'osons borner la puissance de Dieu. Nous disons qu'il est très probable que les bêtes, qui sont matière, ont reçu de lui la propriété de l'intelligence. Nous découvrons tous les jours des propriétés de la matière, c'est-à-dire des présents de Dieu dont auparavant nous n'avions pas d'idées; nous avions d'abord défini la matière une substance étendue; ensuite nous avons reconnu qu'il fallait lui ajouter la solidité; quelque temps après il a fallu admettre que cette matière a une force, qu'on nomme force d'inertie; après cela nous avons été tout étonnés d'être obligés d'avouer que la matière gravite. Quand nous avons voulu pousser plus loin nos recherches, nous avons été forcés de reconnaître des êtres qui ressemblent à la matière en quelques choses, et qui n'ont pas cependant les autres attributs dont la matière est douée.

» Le feu élémentaire, par exemple, agit sur nos sens comme les autres corps, mais il ne tend point à un centre comme eux, il s'échappe, au contraire, du centre en lignes droites de tous côtés.

Il ne semble pas obéir aux lois de l'attraction, de la gravitation, comme les autres corps. Il y a enfin des mystères d'optique dont on ne pourrait guère rendre raison qu'en osant supposer que les traits de lumière se pénètrent les uns les autres. Car que cinq cent mille hommes d'un côté et autant de l'autre regardent un petit objet peint de plusieurs couleurs qui sera au haut d'une tour, il faut qu'autant de rayons, et mille millions de fois davantage, partent de ces petits points colorés; il faut qu'ils se croisent tous avant de parvenir aux yeux : or comment arriveront-ils chacun avec sa couleur en se croisant en chemin ? On est donc forcé de soupçonner qu'ils peuvent se pénétrer; mais s'ils se pénètrent, ils sont très différents de la matière connue. Il semble que la lumière soit un être mitoyen entre les corps et d'autres espèces d'êtres que nous ignorons. Il est très vraisemblable que ces autres espèces sont elles-mêmes un milieu qui conduit à d'autres créatures, et qu'il y a ainsi une chaîne de substances qui s'élèvent à l'infini.

Usque adeo quod tangit idem est, tamen ultima distant[1].

» Cette idée nous paraît digne de la grandeur de Dieu, si quelque chose en est digne. Parmi ces substances, il a pu sans doute en choisir une qu'il a logée dans nos corps, et qu'on appelle âme humaine; cette substance immatérielle est immortelle. Nous sommes bien loin d'avoir sur cela la moindre incertitude, mais nous n'osons affirmer que ce maître absolu de tous les êtres ne puisse donner aussi des sentiments et des perceptions à l'être qu'on appelle matière. Vous êtes bien sûr que l'essence de votre âme est de penser et nous n'en sommes pas si sûrs, car lorsque nous examinons un fœtus, nous avons de la peine à croire que son âme ait eu beaucoup d'idées dans sa coiffe; et nous doutons fort que dans un sommeil plein et profond, dans une léthargie complète, on ait jamais fait des méditations. Ainsi il nous paraît que la pensée pourrait bien être, non pas l'essence de l'être pensant, mais un présent que le Créateur a fait à ces êtres, que nous nommons pensants, et tout cela nous a fait naître le soupçon, que s'il le voulait, il pourrait faire ce présent-là à un atome, et conserver à jamais cet atome et son présent, ou le détruire à son gré. La difficulté consiste moins à deviner comment la matière pourrait penser qu'à deviner comment une substance quelconque pense. Vous n'avez des idées que parce que Dieu a bien voulu vous en donner : pourquoi voulez-vous l'empêcher d'en donner à d'autres espèces ? Seriez-vous bien assez intrépides pour oser croire que votre âme est précisément de la même matière que les substances qui approchent le plus près de la divinité ? Il y a grande apparence qu'ils sont d'un ordre bien supérieur, et qu'en conséquence Dieu leur a daigné donner une façon de penser infiniment plus belle; de même qu'il a accordé une mesure d'idées très médiocre aux animaux qui sont d'un ordre inférieur à vous. Y a-t-il rien dans tout cela dont on puisse inférer que vos âmes sont mortelles ? Encore une fois, nous pensons comme vous sur l'immortalité de vos âmes; mais nous croyons que nous sommes trop ignorants pour affirmer que Dieu n'ait pas le pouvoir d'accorder la pensée à tel être qu'il voudra. Vous bornez la puissance du Créateur qui est sans bornes, et nous l'étendons aussi loin que s'étend son existence. Pardonnez-nous de le croire tout-puissant, comme nous vous pardonnons de restreindre son pouvoir. Vous savez sans doute tout ce qu'il peut faire, et nous n'en savons rien. Vivons en frères, adorons en paix notre Père commun; vous avec vos âmes savantes et hardies; nous avec nos âmes ignorantes et timides. Nous avons un jour à vivre sur la terre, passons-le doucement sans nous quereller pour des difficultés qui seront éclaircies dans la vie immortelle, qui commencera demain. »

Que les philosophes ne peuvent jamais nuire.

Le brutal, n'ayant rien de bon à répliquer, parla beaucoup, et se fâcha longtemps. Nos pauvres philosophes se mirent pendant quelques semaines à lire l'histoire, et après avoir bien lu, voici ce qu'ils dirent à ce barbare, qui était si indigné d'avoir une âme immortelle. « Mon ami, nous avons lu que dans toute l'antiquité les choses allaient aussi bien que dans notre temps; qu'il y avait même de plus grandes vertus, et qu'on ne persécutait point les philosophes pour les opinions qu'ils avaient; pourquoi donc voudriez-vous nous faire du mal pour des opinions que nous n'avons pas ? Nous lisons que toute l'antiquité croyait la matière éternelle. Ceux qui ont vu qu'elle était créée ont laissé les autres en repos. Pythagore avait été coq, ses parents cochons, personne n'y trouva à redire, et sa secte fut chérie et révérée de tout le monde, excepté des rôtisseurs et de ceux qui avaient des fèves à vendre.

» Les Stoïciens reconnaissaient un Dieu, à peu près tel que celui qui a été si témérairement admis depuis par les Spinosistes; le Stoïcisme cependant fut la secte la plus féconde en vertus héroïques et la plus accréditée.

» Les Épicuriens faisaient leurs dieux ressemblants à nos chanoines, dont l'indolent embonpoint soutient la divinité, et qui prennent en paix leur nectar et leur ambroisie en ne se mêlant de rien. Ces Épicuriens enseignaient hardiment la matérialité et la mortalité de l'âme. Ils n'en furent pas moins considérés. On les admettait dans tous les emplois, et leurs atomes crochus ne firent jamais aucun mal au monde.

» Les Platoniciens, à l'exemple des Gymnosophistes, ne nous faisaient pas l'honneur de penser que Dieu eût daigné nous former lui-même. Il avait, selon eux, laissé ce soin à ses officiers, à des génies, qui firent dans leur besogne beaucoup de balourdises. Le Dieu des Platoniciens était un ouvrier excellent, qui employa ici-bas des élèves assez médiocres. Les hommes n'en révèrent pas moins l'école de Platon.

» En un mot, chez les Grecs et chez les Romains, autant de sectes, autant de manières de penser sur Dieu, sur l'âme, sur le passé, et sur l'avenir : aucune de ces sectes ne fut persécutante. Toutes se trompaient, et nous en sommes bien fâchés; mais toutes étaient paisibles, et c'est ce qui nous confond; c'est ce qui nous condamne; c'est ce qui nous fait voir que la plupart des raisonneurs d'aujourd'hui sont des monstres, et que ceux de l'antiquité étaient des hommes.

» On chantait publiquement sur le théâtre de Rome : « *Post mortem* « *nihil est ; ipsaque mors nihil*[1]. » « Rien n'est après la mort; la mort « même n'est rien. » Ces sentiments ne rendaient les hommes ni meilleurs ni pires; tout se gouvernait, tout allait à l'ordinaire; et les Titus, les Trajan, les Marc Aurèle gouvernèrent la terre en dieux bienfaisants.

» Si nous passons des Grecs et des Romains aux nations barbares, arrêtons-nous seulement aux Juifs. Tout superstitieux, tout cruel et tout ignorant qu'était ce misérable peuple, il honorait cependant les Pharisiens qui admettaient la fatalité de la destinée et la métempsycose; il portait aussi respect aux Saducéens, qui niaient absolument l'immortalité de l'âme et l'existence des esprits, et qui se fondaient sur la loi de Moïse, laquelle n'avait jamais parlé de peine ni de récompense après la mort. Les Esséniens, qui croyaient aussi la fatalité, et qui ne sacrifiaient jamais de victimes dans le Temple, étaient encore plus révérés que les Pharisiens et les Saducéens. Aucune de leurs opinions ne troubla jamais le gouvernement. Il y avait pourtant là de quoi s'égorger, se brûler, s'exterminer réciproquement, si on l'avait voulu. O misérables hommes, profitez de ces exemples ! Pensez et laissez penser. C'est la consolation de nos faibles esprits dans cette courte vie. Quoi ! vous recevez avec politesse un Turc qui croit que Mahomet a voyagé dans la lune; vous vous garderez bien de déplaire au Bacha Bonneval; et vous voudrez mettre en quartiers votre frère, parce qu'il croit que Dieu pourrait donner l'intelligence à toute créature ? » C'est ainsi que parla un des philosophes; un autre ajouta : « Croyez moi, (il ne faut...)[2] »

QUATORZIÈME LETTRE

SUR DESCARTES ET NEWTON

Un Français qui arrive à Londres trouve les choses bien changées en philosophie comme dans tout le reste. Il a laissé le monde plein, il le trouve vide; à Paris on voit l'univers composé de tourbillons de matière subtile; à Londres on ne voit rien de cela; chez nous c'est la pression de la lune qui cause le flux de la mer, chez les Anglais c'est la mer qui gravite vers la lune; de façon que quand vous croyez que la lune devrait nous donner marée haute, ces messieurs croient qu'on doit avoir marée basse, ce qui malheureusement ne peut se vérifier, car il aurait fallu pour s'en éclaircir examiner la lune et les marées au premier instant de la création.

Vous remarquerez encore que le soleil, qui en France n'entre pour rien dans cette affaire, y contribue ici environ pour son quart : chez vos cartésiens tout se fait par une impulsion qu'on ne comprend guère, chez M. Newton c'est par une attraction dont on ne connaît pas mieux la cause; à Paris vous vous figurez la terre faite comme un melon, à Londres, elle est aplatie des deux côtés. La lumière pour un cartésien existe dans l'air, pour un newtonien elle vient du soleil en six minutes et demie. Votre chimie fait toutes ses opérations avec des acides, des alcalis et de la matière subtile; l'attraction domine jusque dans la chimie anglaise.

L'essence même des choses a totalement changé : vous ne vous accordez ni sur la définition de l'âme ni sur celle de la matière. Descartes assure que l'âme est la même chose que la pensée, et Locke lui prouve assez bien le contraire.

Descartes assure encore que l'étendue seule fait la matière, Newton y ajoute la solidité. Voilà de furieuses contrariétés.

Non nostrum inter vos tantas componere lites[1].

Ce fameux Newton, ce destructeur du système cartésien, mourut au mois de mars de l'an passé 1727. Il a vécu honoré de ses compatriotes et a été enterré comme un roi qui aurait fait du bien à ses sujets.

On a lu ici avec avidité, et l'on a traduit en anglais[1] l'éloge que M. de Fontenelle a prononcé de M. Newton dans l'Académie des Sciences. On attendait en Angleterre le jugement de M. de Fontenelle comme une déclaration solennelle de la supériorité de la philosophie anglaise; mais quand on a vu qu'il comparait Descartes à Newton, toute la Société royale de Londres s'est soulevée. Loin d'acquiescer au jugement, on a critiqué ce discours, plusieurs même (et ceux-là ne sont pas les plus philosophes) ont été choqués de cette comparaison seulement parce que Descartes était Français.

Il faut avouer que ces deux grands hommes ont été bien différents l'un de l'autre dans leur conduite, dans leur fortune, et dans leur philosophie.

Descartes était né avec une imagination vive et forte, qui en fit un homme singulier dans la vie privée comme dans sa manière de raisonner; cette imagination ne put se cacher même dans ses ouvrages philosophiques, où l'on voit à tout moment des comparaisons ingénieuses et brillantes; la nature en avait presque fait un poète, et en effet il composa pour la reine de Suède un divertissement en vers, que pour l'honneur de sa mémoire on n'a pas fait imprimer.

Il essaya quelque temps du métier de la guerre, et depuis étant devenu tout à fait philosophe, il ne crut pas indigne de lui de faire l'amour. Il eut de sa maîtresse une fille nommée Francine, qui mourut jeune, et dont il regretta beaucoup la perte; ainsi il éprouva tout ce qui appartient à l'humanité.

Il crut longtemps qu'il était nécessaire de fuir les hommes, et surtout sa patrie, pour philosopher en liberté. Il avait raison : les hommes de son temps n'en savaient pas assez pour l'éclairer, et n'étaient guère capables que de lui nuire.

Il quitta la France, parce qu'il cherchait la vérité qui y était persécutée alors par la misérable philosophie de l'École; mais il ne trouva pas plus de raison dans les universités de la Hollande, où il se retira : car dans le temps qu'on condamnait en France les seules propositions de sa philosophie qui fussent vraies, il fut aussi persécuté par les prétendus philosophes de Hollande, qui ne l'entendaient pas mieux, et qui, voyant de plus près sa gloire, haïssaient davantage sa personne. Il fut obligé de sortir d'Utrecht, il essuya l'accusation d'athéisme, dernière ressource des calomniateurs, et lui qui avait employé toute la sagacité de son esprit à chercher de nouvelles preuves de l'existence d'un Dieu, fut soupçonné de n'en point reconnaître.

Tant de persécutions supposaient un très grand mérite et une réputation éclatante : aussi avait-il l'un et l'autre. La raison perça même un peu dans le monde à travers les ténèbres de l'École et les préjugés de la superstition populaire; son nom fit enfin tant de bruit qu'on voulut l'attirer en France par des récompenses; on lui proposa une pension de mille écus; il vint sur cette espérance, paya les frais de la patente qui se vendait alors, n'eut point la pension, et s'en retourna philosopher dans sa solitude de Northolland, dans le temps que le grand Galilée à l'âge de quatre-vingts ans gémissait dans les prisons de l'Inquisition, pour avoir démontré le mouvement de la terre[1]. Enfin il mourut à Stockholm d'une mort prématurée, et causée par un mauvais régime, au milieu de quelques savants ses ennemis, et entre les mains d'un médecin qui le haïssait.

La carrière du chevalier Newton a été toute différente, il a vécu quatre-vingt-cinq ans, toujours tranquille, heureux et honoré dans sa patrie.

Son grand bonheur a été non seulement d'être né dans un pays libre, mais dans un temps où, les impertinences scolastiques étant bannies, la raison seule était cultivée, et le monde ne pouvait être que son écolier, et non son ennemi.

Une opposition singulière dans laquelle il se trouve avec Descartes, c'est que dans le cours d'une si longue vie, il n'a eu ni passion, ni faiblesse, il n'a jamais approché d'aucune femme : c'est ce qui m'a été confirmé par le médecin et le chirurgien entre les bras de qui il est mort. On peut admirer en cela Newton; mais il ne faut pas blâmer Descartes.

L'opinion publique en Angleterre sur ces deux philosophes est que le premier était un rêveur, et que l'autre était un sage.

Très peu de personnes à Londres lisent Descartes, dont effectivement les ouvrages sont devenus inutiles, très peu lisent aussi Newton, parce qu'il faut être fort savant pour le comprendre; cependant tout le monde parle d'eux; on n'accorde rien au Français, et on donne tout à l'Anglais. Quelques gens croient que si on ne s'en tient plus à l'horreur du vide, si on sait que l'air est pesant, si on se sert de lunettes d'approche, on en a l'obligation à Newton. Il est ici l'Hercule de la fable à qui les ignorants attribuaient tous les faits des autres héros.

Dans une critique qu'on a faite à Londres du discours de M. de Fontenelle, on a osé avancer que Descartes n'était pas un grand géomètre. Ceux qui parlent ainsi peuvent se reprocher de battre leur nourrice : Descartes a fait un aussi grand chemin du point où il a trouvé la géométrie jusqu'au point où il l'a poussée, que Newton en a fait après lui; il est le premier qui ait trouvé la manière de donner les équations algébriques des courbes. Sa géométrie, grâce à lui devenue aujourd'hui commune, était de son temps si profonde qu'aucun professeur n'osa entreprendre de l'expliquer, et qu'il n'y avait en Hollande que Schooten et en France que Fermat qui l'entendissent.

Il porta cet esprit de géométrie et d'invention dans la dioptrique, qui devint entre ses mains un art tout nouveau, et s'il s'y trompa en quelque chose, c'est qu'un homme qui découvre de nouvelles terres ne peut tout d'un coup en connaître toutes les propriétés; ceux qui viennent après lui et qui rendent ces terres fertiles lui ont au moins l'obligation de la découverte. Je ne nierai pas que tous les autres ouvrages de M. Descartes fourmillent d'erreurs.

La géométrie était un guide que lui-même avait en quelque façon formé, et qui l'aurait conduit sûrement dans sa physique; cependant il abandonna à la fin ce guide et se livra à l'esprit de système; alors sa philosophie ne fut plus qu'un roman ingénieux, et tout au plus vraisemblable pour les ignorants. Il se trompa sur la nature de l'âme, sur les preuves de l'existence de Dieu, sur la matière, sur les lois du mouvement, sur la nature de la lumière; il admit les idées innées, il inventa de nouveaux éléments, il créa un monde, il fit l'homme à sa mode, et on dit avec raison que l'homme de Descartes n'eſt en effet que celui de Descartes, fort éloigné de l'homme véritable.

Il poussa ses erreurs métaphysiques jusqu'à prétendre que deux et deux ne font quatre que parce que Dieu l'a voulu ainsi. Mais ce n'eſt point trop dire qu'il était eſtimable même dans ses égarements : il se trompa, mais ce fut au moins avec méthode et avec un esprit conséquent; il détruisit les chimères absurdes dont on infatuait la jeunesse depuis deux mille ans; il apprit aux hommes de son temps à raisonner, et à se servir contre lui-même de ses armes; s'il n'a pas payé en bonne monnaie, c'eſt beaucoup d'avoir décrié la fausse.

Je ne crois pas qu'on ose à la vérité comparer en rien sa philosophie avec celle de Newton; la première eſt un essai, la seconde eſt un chef-d'œuvre; mais celui qui nous a mis sur la voie de la vérité vaut peut-être celui qui a été depuis au bout de cette carrière.

Descartes donna la vue aux aveugles, ils virent les fautes de l'antiquité et les siennes. La route qu'il ouvrit eſt depuis lui devenue immense. Le petit livre de Rohault[1] a fait pendant quelque temps une physique complète; aujourd'hui tous les recueils des académies de l'Europe ne font pas même un commencement de syſtème : et approfondissant cet abîme, il s'eſt trouvé infini. Il s'agit maintenant de voir ce que M. Newton a creusé dans ce précipice.

QUINZIÈME LETTRE

Sur le système de l'attraction

Les découvertes du chevalier Newton[2] qui lui ont fait une réputation si universelle regardent le syſtème du monde, la lumière, l'infini en géométrie, et enfin la chronologie à laquelle il s'eſt amusé pour se délasser.

Je vais vous dire (si je puis, sans verbiage) le peu que j'ai pu attraper de toutes ces sublimes idées.

A l'égard du syſtème de notre monde, on disputait depuis longtemps sur la cause qui fait tourner et qui retient dans leurs orbites toutes les planètes, et sur celle qui fait descendre ici bas tous les corps vers la surface de la terre.

Le système de Descartes expliqué et fort changé depuis lui semblait rendre une raison plausible de ces phénomènes, et cette raison paraissait d'autant plus vraie qu'elle est simple et intelligible à tout le monde. Mais en philosophie il faut se défier de ce qu'on croit entendre trop aisément, aussi bien que des choses qu'on n'entend pas.

La pesanteur, la chute accélérée des corps tombant sur la terre, la révolution des planètes dans leurs orbites, leurs rotations autour de leur axe, tout cela n'est que du mouvement : or le mouvement ne peut être conçu que par impulsion, donc tous ces corps sont poussés. Mais par quoi le sont-ils ? Tout l'espace est plein, donc il est rempli d'une matière très subtile, puisque nous ne l'apercevons pas, donc cette matière va d'occident en orient, puisque c'est d'occident en orient que toutes les planètes sont entraînées. Aussi, de supposition en supposition et de vraisemblance en vraisemblance, on a imaginé un vaste tourbillon de matière subtile, dans lequel les planètes sont entraînées autour du soleil; on crée encore un autre tourbillon particulier qui nage dans le grand, et qui tourne journellement autour de la planète. Quand tout cela est fait, on prétend que la pesanteur dépend de ce mouvement journalier : car, dit-on, la matière subtile qui tourne autour de notre petit tourbillon doit aller dix-sept fois plus vite que la terre : or si elle va dix-sept fois plus vite que la terre, elle doit avoir incomparablement plus de force centrifuge et repousser par conséquent tous les corps vers la terre. Voilà la cause de la pesanteur dans le système cartésien.

Mais avant que de calculer la force centrifuge et la vitesse de cette matière subtile, il fallait s'assurer qu'elle existât, et supposé qu'elle existe, il est encore démontré faux qu'elle puisse être la cause de la pesanteur.

M. Newton semble anéantir sans ressource tous ces tourbillons grands et petits, et celui qui emporte les planètes autour du soleil, et celui qui fait tourner chaque planète sur elle-même.

Premièrement, à l'égard du prétendu petit tourbillon de la terre, il est prouvé qu'il doit perdre petit à petit son mouvement, il eſt prouvé que si la terre nage dans un fluide, ce fluide doit être de la même densité que la terre, et si ce fluide eſt de la même densité, tous les corps que nous remuons doivent éprouver une résiſtance extrême, c'eſt-à-dire qu'il faudrait un levier de la longueur de la terre pour soulever le poids d'une livre.

A l'égard des grands tourbillons, ils sont encore plus chimériques : il eſt impossible de les accorder avec les règles de Kepler dont la vérité eſt démontrée. M. Newton fait voir que la révolution du fluide dans lequel Jupiter eſt supposé entraîné n'eſt pas avec la révolution du fluide de la terre comme la révolution de Jupiter eſt avec celle de la terre.

Il prouve que, toutes les planètes faisant leurs révolutions dans des ellipses, et par conséquent étant bien plus éloignées les unes des autres dans leurs aphélies et bien plus proches dans leurs périhélies, la terre, par exemple, devrait aller plus vite quand elle eſt plus près de Vénus et de Mars, puisque le fluide qui l'emporte, étant alors plus pressé, doit avoir plus de mouvement, et cependant c'eſt alors même que le mouvement de la terre eſt plus ralenti.

Il prouve qu'il n'y a point de matière céleſte qui aille d'occident en orient, puisque les comètes traversent ces espaces tantôt de l'orient à l'occident, tantôt du septentrion au midi.

Enfin, pour mieux trancher encore, s'il eſt possible, toute difficulté, il prouve ou du moins rend fort probable, et même par des expériences, que le plein eſt impossible, et il nous ramène le vide, qu'Ariſtote et Descartes avaient banni du monde.

Ayant par toutes ces raisons et par beaucoup d'autres encore renversé les tourbillons du cartésianisme, il désespérait de pouvoir connaître jamais s'il y a un principe secret dans la nature, qui cause à la fois le mouvement de tous les corps céleſtes et qui fait la pesanteur sur la terre. S'étant retiré en 1666 à la campagne près de Cambridge, un jour qu'il se promenait dans son jardin, et qu'il voyait des fruits tomber d'un arbre, il se laissa aller à une méditation profonde sur cette pesanteur, dont tous les philosophes ont cherché si longtemps la cause en vain, et dans laquelle le vulgaire ne soupçonne pas même de myſtère. Il se dit à lui-même : « De quelque hauteur dans notre hémisphère que tombassent ces corps, leur chute serait certainement dans la progression découverte par Galilée; et les espaces parcourus par eux seraient comme les carrés des temps. Ce pouvoir qui fait descendre les corps graves eſt le même, sans aucune diminution sensible, à quelque profondeur qu'on soit dans la terre, et sur la plus haute montagne. Pourquoi ce pouvoir ne s'étendrait-il pas jusqu'à la lune? et s'il eſt vrai qu'il pénètre jusque-là, n'y a-t-il pas grande apparence que ce pouvoir la retient dans son orbite et détermine son mouvement? Mais si la lune obéit à ce principe quel qu'il soit, n'eſt-il pas encore très raisonnable de croire que les autres planètes y sont également soumises?

» Si ce pouvoir exiſte, il doit (ce qui eſt prouvé d'ailleurs) augmenter en raison renversée des carrés des diſtances. Il n'y a donc plus qu'à examiner le chemin que ferait un corps grave en tombant sur la terre d'une hauteur médiocre, et le chemin que ferait dans le même temps un corps qui tomberait de l'orbite de la lune. Pour en être inſtruit, il ne s'agit plus que d'avoir la mesure de la terre, et la diſtance de la lune à la terre. »

Voilà comment M. Newton raisonna. Mais on n'avait alors en Angleterre que de très fausses mesures de notre globe; on s'en rapportait à l'eſtime incertaine des pilotes qui comptaient soixante milles d'Angleterre pour un degré, au lieu qu'il en fallait compter près de soixante et dix. Ce faux calcul ne s'accordant pas avec les conclusions que M. Newton voulait tirer, il les abandonna. Un philosophe médiocre et qui n'aurait eu que de la vanité eût fait cadrer comme il eût pu la mesure de la terre avec son syſtème. M. Newton aima mieux abandonner alors son projet. Mais depuis que M. Picard eût mesuré la terre exactement, en traçant cette méridienne qui fait tant d'honneur à la France, M. Newton reprit ses premières idées, et il trouva son compte avec le calcul de M. Picard; c'eſt une chose qui me paraît toujours admirable, qu'on ait découvert de si sublimes vérités avec l'aide d'un quart de cercle, et d'un peu d'arithmétique.

La circonférence de la terre eſt de cent vingt-trois millions deux cent quarante-neuf mille six cents pieds de Paris. De cela seul peut suivre tout le syſtème de l'attraction.

On connaît la circonférence de la terre, on connaît celle

de l'orbite de la lune, et le diamètre de cette orbite. La révolution de la lune dans cette orbite se fait en vingt-sept jours, sept heures, quarante-trois minutes, donc il est démontré que la lune dans son mouvement moyen parcourt cent quatre-vingt-sept mille neuf cent soixante pieds de Paris par minute, et, par un théorème connu, il est démontré que la force centrale qui ferait tomber un corps de la hauteur de la lune ne le ferait tomber que de quinze pieds de Paris dans la première minute.

Maintenant si la règle par laquelle les corps pèsent, gravitent, s'attirent en raison inverse des carrés des distances est vraie; si c'est le même pouvoir qui agit suivant cette règle dans toute la nature, il est évident que, la terre étant éloignée de la lune de soixante demi-diamètres, un corps grave doit tomber sur la terre de quinze pieds dans la première seconde, et de cinquante-quatre mille pieds dans la première minute.

Or est-il qu'un corps grave tombe en effet de quinze pieds dans la première seconde, et parcourt dans la première minute cinquante-quatre mille pieds, lequel nombre est le carré de soixante multiplié par quinze, donc les corps pèsent en raison inverse des carrés des distances, donc le même pouvoir fait la pesanteur sur la terre, et retient la lune dans son orbite.

Étant donc démontré que la lune pèse sur la terre, qui est le centre de son mouvement particulier, il est démontré que la terre et la lune pèsent sur le soleil, qui est le centre de leur mouvement annuel.

Les autres planètes doivent être soumises à cette loi générale, et si cette loi existe, ces planètes doivent suivre les règles trouvées par Kepler. Toutes ces règles, tous ces rapports sont en effet gardés par les planètes avec la dernière exactitude, donc le pouvoir de la gravitation fait peser toutes les planètes vers le soleil, de même que notre globe; enfin la réaction de tout corps étant proportionnelle à l'action, il demeure certain que la terre pèse à son tour sur la lune, et que le soleil pèse sur l'une et sur l'autre, que chacun des satellites de Saturne pèse sur les quatre, et les quatre sur lui, tous cinq sur Saturne, Saturne sur tous; qu'il en est ainsi de Jupiter, et que tous ces globes sont attirés par le soleil, réciproquement attiré par eux.

Ce pouvoir de gravitation agit à proportion de la

matière que renferment les corps; c'est une vérité que M. Newton a démontrée par des expériences. Cette nouvelle découverte a servi à faire voir que le soleil, centre de toutes les planètes, les attire toutes en raison directe de leurs masses combinées avec leur éloignement. De là, s'élevant par degrés jusqu'à des connaissances qui semblaient n'être pas faites pour l'esprit humain, il ose calculer combien de matière contient le soleil, et combien il s'en trouve dans chaque planète, et ainsi il fait voir que par les simples lois de la mécanique, chaque globe céleste doit être nécessairement à la place où il est. Son seul principe des lois de la gravitation rend raison de toutes les inégalités apparentes dans le cours des globes célestes. Les variations de la lune deviennent une suite nécessaire de ces lois. De plus on voit évidemment pourquoi les nœuds de la lune font leurs révolutions en dix-neuf ans, et ceux de la terre dans l'espace d'environ vingt-six mille années. Le flux et le reflux de la mer est encore un effet très simple de cette attraction. La proximité de la lune dans son plein, quand elle est nouvelle, et son éloignement dans ses quartiers, combinés avec l'action du soleil, rendent une raison sensible de l'élévation et de l'abaissement de l'océan.

Après avoir rendu compte par sa sublime théorie du cours et des inégalités des planètes, il assujettit les comètes au frein de la même loi. Ces feux si longtemps inconnus, qui étaient la terreur du monde et l'écueil de la philosophie, placés par Aristote au-dessous de la lune, et renvoyés par Descartes au-dessus de Saturne, sont mis enfin à leur véritable place par Newton.

Il prouve que ce sont des corps solides, qui se meuvent dans la sphère de l'action du soleil, et décrivent une ellipse si excentrique et si approchante de la parabole que certaines comètes doivent mettre plus de cinq cents ans dans leur révolution.

M. Halley croit que la comète de 1680 est la même qui parut du temps de Jules César; celle-là surtout sert plus qu'une autre à faire voir que les comètes sont des corps durs et opaques; car elle descendit si près du soleil qu'elle n'en était éloignée que d'une sixième partie de son disque; elle dut par conséquent acquérir un degré de chaleur deux mille fois plus violent que celui du fer le plus enflammé. Elle aurait été dissoute et consommée en peu de temps, si elle n'avait pas été un corps opaque. La mode commençait alors de deviner le cours des comètes. Le célèbre mathématicien Jacques Bernoulli conclut par son système que cette fameuse comète de 1680 reparaîtrait le 17 mai 1719[1]. Aucun astronome de l'Europe ne se coucha cette nuit du 17 mai, mais la fameuse comète ne parut point. Il y a au moins plus d'adresse, s'il n'y a pas plus de sûreté, à lui donner cinq cent soixante et quinze ans pour revenir. Un géomètre anglais nommé Whiston, non moins chimérique que géomètre, a sérieusement affirmé que du temps du déluge il y avait eu une comète qui avait inondé notre globe, et il a eu l'injustice de s'étonner qu'on se soit moqué de lui[2]. L'antiquité pensait à peu près dans le goût de Whiston; elle croyait que les comètes étaient toujours les avant-courrières de quelque grand malheur sur la terre. Newton au contraire soupçonne qu'elles sont très bienfaisantes, et que les fumées qui en sortent ne servent qu'à secourir et vivifier les planètes qui s'imbibent dans leurs cours de toutes ces particules que le soleil a détachées des comètes. Ce sentiment est du moins plus probable que l'autre.

Ce n'est pas tout, si cette force de gravitation, d'attraction, agit dans tous les globes célestes, elle agit sans doute sur toutes les parties de ces globes; car si les corps s'attirent en raison de leurs masses, ce ne peut être qu'en raison de la quantité de leurs parties, et si ce pouvoir est logé dans le tout, il l'est sans doute dans la moitié, il l'est dans le quart, dans la huitième partie, ainsi jusqu'à l'infini; de plus si ce pouvoir n'était pas également dans chaque partie, il y aurait toujours quelques côtés du globe qui graviteraient plus que les autres, ce qui n'arrive pas; donc ce pouvoir existe réellement dans toute la matière, et dans les plus petites particules de la matière.

Ainsi voilà l'attraction qui est le grand ressort qui fait mouvoir toute la nature.

Newton avait bien prévu, après avoir démontré l'existence de ce principe, qu'on se révolterait contre ce seul nom; dans plus d'un endroit de son livre il précautionne son lecteur contre l'attraction même, il l'avertit de ne la pas confondre avec les qualités occultes des anciens, et de se contenter de connaître qu'il y a dans tous les corps une force centrale qui agit d'un bout de l'univers à l'autre sur les corps les plus proches, et sur les plus éloignés, suivant les lois immuables de la mécanique.

Il est étonnant qu'après les protestations solennelles de ce grand philosophe, M. Saurin et M. de Fontenelle, qui eux-mêmes méritent ce nom, lui aient reproché nettement les chimères du péripatétisme : M. Saurin dans les mémoires de l'Académie de 1709[1], et M. de Fontenelle dans l'éloge même de M. Newton.

Presque tous les Français, savants et autres, ont répété ce reproche. On entend dire partout : « Pourquoi Newton ne s'est-il pas servi du mot d'impulsion que l'on comprend si bien, plutôt que du terme d'attraction qu'on ne comprend pas ? »

Newton aurait pu répondre à ces critiques : « Premièrement vous n'entendez pas plus le mot d'impulsion que celui d'attraction, et si vous ne concevez pas pourquoi un corps tend vers le centre d'un autre corps, vous n'imaginez pas plus par quelle vertu un corps en peut pousser un autre.

» Secondement, je n'ai pas pu admettre l'impulsion; car il faudrait pour cela que j'eusse connu qu'une matière céleste pousse en effet les planètes; or, non seulement je ne connais point cette matière, mais j'ai prouvé qu'elle n'existe pas.

» Troisièmement, je ne me sers du mot d'attraction que pour exprimer un effet que j'ai découvert dans la nature, effet certain et indisputable d'un principe connu, qualité inhérente dans la matière, dont de plus habiles que moi trouveront, s'ils peuvent, la cause. »

Que nous avez-vous donc appris, insiste-t-on encore, et pourquoi tant de calculs pour nous dire ce que vous-même ne comprenez pas ?

« Je vous ai appris (pourrait continuer Newton) que la mécanique des forces centrales fait peser tous les corps à proportion de leur matière, que ces forces centrales font seules mouvoir les planètes et les comètes dans des proportions marquées. Je vous démontre qu'il est impossible qu'il y ait une autre cause de la pesanteur et du mouvement de tous les corps célestes : car les corps graves tombant sur la terre selon la proportion démontrée des forces centrales, et les planètes achevant leurs cours suivant ces mêmes proportions, s'il y avait encore un autre pouvoir qui agît sur tous ces corps, il augmenterait leur vitesse, ou changerait leur direction. Or jamais aucun de ces corps n'a un seul degré de mouvement, de vitesse, de détermination, qui ne soit démontré être l'effet des forces centrales, donc il est impossible qu'il y ait un autre principe. »

Qu'il me soit permis de faire encore parler un moment Newton. Ne sera-t-il pas bien reçu à dire : « Je suis dans un cas bien différent des anciens; ils voyaient, par exemple, l'eau monter dans les pompes, et ils disaient : « L'eau monte parce qu'elle a horreur du vide »; mais moi je suis dans le cas de celui qui aurait remarqué le premier que l'eau monte dans les pompes, et qui laisserait à d'autres le soin d'expliquer la cause de cet effet. L'anatomiste qui a dit le premier que le bras se remue parce que les muscles se contractent enseigna aux hommes une vérité incontestable; lui en aura-t-on moins d'obligation, parce qu'il n'a pas su pourquoi les muscles se contractent ? La cause du ressort de l'air est inconnue, mais celui qui a découvert ce ressort a rendu un grand service à la physique. Le ressort que j'ai découvert était plus caché, plus universel, ainsi on doit m'en savoir plus de gré. J'ai découvert une nouvelle propriété de la matière, un des secrets du Créateur, j'en ai calculé, j'en ai démontré les effets : peut-on me chicaner sur le nom que je lui donne ?

» Ce sont les tourbillons qu'on peut appeler une qualité occulte, puisqu'on n'a jamais prouvé leur existence. L'attraction au contraire est une chose réelle, puisqu'on en démontre les effets et qu'on en calcule les proportions. La cause de cette cause est dans le sein de Dieu. »

Procedes huc, et non ibis amplius[1].

SEIZIÈME LETTRE

Sur l'optique de M. Newton

Un nouvel univers a été découvert par les philosophes du dernier siècle, et ce monde nouveau était d'autant plus difficile à connaître, qu'on ne se doutait pas même qu'il existât. Il semblait aux plus sages que c'était une témérité d'oser seulement songer qu'on pût deviner par quelles lois les corps célestes se meuvent, et comment la lumière agit.

Galilée par ses découvertes astronomiques, Kepler par ses calculs, Descartes au moins dans sa *Dioptrique,* et Newton dans tous ses ouvrages, ont vu la mécanique des ressorts du monde. Dans la géométrie on a assujetti l'infini au calcul. La circulation du sang dans les animaux et de la sève dans les végétables a changé pour nous la nature. Une nouvelle manière d'exister a été donnée aux corps dans la machine pneumatique; les objets se sont rapprochés de nos yeux à l'aide des télescopes; enfin ce que Newton a découvert sur la lumière est digne de tout ce que la curiosité des hommes pouvait attendre de plus hardi, après tant de nouveautés.

Jusqu'à Antonio de Dominis[1], l'arc-en-ciel avait paru un miracle inexplicable; ce philosophe devina que c'était un effet nécessaire de la pluie et du soleil. Descartes rendit son nom immortel par l'explication mathématique de ce phénomène si naturel; il calcula les réflexions et les réfractions de la lumière dans les gouttes de pluie, et cette sagacité eut alors quelque chose de divin.

Mais qu'aurait-il dit si on lui avait fait connaître qu'il se trompait sur la nature de la lumière ? Qu'il n'avait aucune raison d'assurer que c'était un corps globuleux, qu'il est faux que cette matière s'étendant par tout l'univers n'attende pour être mise en action que d'être poussée par le soleil, ainsi qu'un long bâton qui agit à un bout quand il est pressé par l'autre; qu'il est très vrai qu'elle est dardée par le soleil, et qu'enfin la lumière est transmise du soleil à la terre en près de sept minutes, quoiqu'un boulet de canon conservant toujours sa vitesse ne puisse faire ce chemin qu'en vingt-cinq années.

Quel eût été son étonnement, si on lui avait dit : il est faux que la lumière se réfléchisse directement en rebondissant sur les parties solides du corps; il est faux que les corps soient transparents quand ils ont des pores larges; et il viendra un homme qui démontrera ces paradoxes et qui anatomisera un seul rayon de lumière avec plus de dextérité que le plus habile artiste ne dissèque le corps humain.

Cet homme est venu. Newton avec le seul secours du

prisme a démontré aux yeux que la lumière est un amas de rayons colorés, qui tous ensemble donnent la couleur blanche. Un seul rayon est divisé par lui en sept rayons qui viennent tous se placer sur un linge ou sur un papier blanc dans leur ordre, l'un au-dessus de l'autre et à d'inégales distances; le premier est couleur de feu, le second citron, le troisième jaune, le quatrième vert, le cinquième bleu, le sixième indigo, le septième violet; chacun de ces rayons tamisé ensuite par cent autres prismes ne changera jamais la couleur qu'il porte, de même qu'un or épuré ne change plus dans les creusets; et pour surabondance de preuve que chacun de ces rayons élémentaires porte en soi ce qui fait sa couleur à nos yeux, prenez un petit morceau de bois jaune, par exemple, et exposez-le au rayon couleur de feu, ce bois se teint à l'instant en couleur de feu, exposez-le au rayon vert, il prend la couleur verte, et ainsi du reste.

Quelle est donc la cause des couleurs dans la nature ? Rien autre chose que la disposition des corps à réfléchir les rayons d'un certain ordre, et à absorber tous les autres. Quelle est cette secrète disposition ? Il démontre que c'est uniquement l'épaisseur des petites parties constituantes dont un corps est composé. Et comment se fait cette réflexion ? On pensait que c'était parce que les rayons rebondissaient comme une balle sur la surface d'un corps solide. Point du tout : Newton enseigne aux philosophes étonnés que les corps ne sont opaques que parce que leurs pores sont larges; que la lumière se réfléchit à nos yeux du sein de ces pores mêmes; que plus les pores d'un corps sont petits, plus le corps est transparent; ainsi le papier, qui réfléchit la lumière quand il est sec, la transmet quand il est huilé, parce que l'huile remplissant ses pores les rend beaucoup plus petits.

C'est là qu'examinant l'extrême porosité des corps, chaque partie ayant ses pores, et chaque partie de ses parties ayant les siens, il fait voir qu'on n'est point assuré qu'il y ait un pouce cubique de matière solide dans l'univers; tant notre esprit est éloigné de concevoir ce que c'est que la matière.

Ayant ainsi décomposé la lumière, et ayant porté la sagacité de ses découvertes jusqu'à démontrer le moyen de connaître la couleur composée par les couleurs primitives, il fait voir que ces rayons élémentaires séparés par le moyen du prisme ne sont arrangés dans leur ordre que parce qu'elles sont réfractées en cet ordre même; et cette propriété inconnue jusqu'à lui de se rompre dans cette proportion, c'est cette réfraction inégale des rayons, ce pouvoir de réfracter le rouge moins que la couleur orangée, etc., qu'il nomme réfrangibilité.

Les rayons les plus réflexibles sont les plus réfrangibles; de là il fait voir que le même pouvoir cause la réflexion et la réfraction de la lumière.

Tant de merveilles ne sont que le commencement de ses découvertes; il a trouvé le secret de voir les vibrations et les secousses de la lumière qui vont et viennent sans fin, et qui transmettent la lumière ou la réfléchissent selon l'épaisseur des parties qu'elles rencontrent; il a osé calculer l'épaisseur des particules d'air nécessaires entre deux verres posés l'un sur l'autre, l'un plat, l'autre convexe d'un côté, pour opérer telle transmission ou réflexion, et pour faire telle ou telle couleur.

De toutes ces combinaisons il trouve en quelle proportion la lumière agit sur les corps et les corps agissent sur elle.

Il a si bien vu la lumière qu'il a déterminé à quel point l'art de l'augmenter et d'aider nos yeux par des télescopes doit se borner.

Descartes par une noble confiance, bien pardonnable à l'ardeur que lui donnaient les commencements d'un art presque découvert par lui, Descartes espérait voir dans les astres avec des lunettes d'approche des objets aussi petits que ceux qu'on discerne sur la terre.

Newton a montré qu'on ne peut plus perfectionner les lunettes à cause de cette réfraction et de cette réfrangibilité même, qui, en nous rapprochant les objets, écartent trop les rayons élémentaires; il a calculé dans ces verres la proportion de l'écartement des rayons rouges et des rayons bleus, et portant la démonstration dans des choses dont on ne soupçonnait pas même l'existence, il examine les inégalités que produit la figure du verre, et celle que fait la réfrangibilité. Il trouve que le verre objectif de la lunette étant convexe d'un côté et plat de l'autre, si le côté plat est tourné vers l'objet, le défaut qui vient de la construction et de la position du verre est cinq mille fois moindre que le défaut qui vient par la réfrangibilité; et qu'ainsi ce n'est pas la figure des verres qui fait qu'on ne peut perfectionner les lunettes d'approche, mais qu'il faut s'en prendre à la matière même de la lumière.

Voilà pourquoi il inventa un télescope qui montre les objets par réflexion et non point par réfraction. Cette nouvelle sorte de lunette est très difficile à faire, et n'est pas d'un usage bien aisé; mais on dit en Angleterre qu'un télescope de réflexion de cinq pieds fait le même effet qu'une lunette d'approche de cent pieds.

DIX-SEPTIÈME LETTRE

Sur l'infini et sur la chronologie

Le labyrinthe et l'abîme de l'infini est aussi une carrière nouvelle parcourue par Newton, et on tient de lui le fil avec lequel on s'y peut conduire.

Descartes se trouve encore son précurseur dans cette étonnante nouveauté : il allait à grands pas dans sa géométrie jusque vers l'infini; mais il s'arrêta sur le bord. M. Wallis vers le milieu du dernier siècle fut le premier qui réduisit une fraction, par une division perpétuelle, à une suite infinie[1].

Mylord Brounker se servit de cette suite pour carrer l'hyperbole.

Mercator publia une démonstration de cette quadrature. Ce fut à peu près dans ce temps que Newton, à l'âge de vingt-trois ans, avait inventé une méthode générale pour faire sur toutes les courbes ce qu'on venait d'essayer sur l'hyperbole.

C'est cette méthode de soumettre partout l'infini au calcul algébrique que l'on appelle calcul différentiel, ou des fluxions, et calcul intégral. C'est l'art de nombrer et de mesurer avec exactitude ce dont on ne peut pas même concevoir l'existence.

En effet ne croiriez-vous pas qu'on veut se moquer de vous, quand on vous dit qu'il y a des lignes infiniment grandes qui forment un angle infiniment petit ?

Qu'une droite qui est droite tant qu'elle est finie, changeant infiniment peu de direction, devient courbe infinie; qu'une courbe peut devenir infiniment moins courbe ?

Qu'il y a des carrés d'infini, des cubes d'infini et des infinis d'infini, dont le pénultième n'est rien par rapport au dernier ?

Tout cela, qui paraît d'abord l'excès de la déraison, est en effet l'effort de la finesse et de l'étendue de l'esprit humain, et la méthode de trouver des vérités qui étaient jusqu'alors inconnues.

Cet édifice si hardi est même fondé sur des idées simples. Il s'agit de mesurer la diagonale d'un carré, d'avoir l'aire d'une courbe, de trouver une racine carrée à un nombre qui n'en a point dans l'arithmétique ordinaire.

Et après tout, tant d'ordres d'infinis ne doivent pas plus révolter l'imagination que cette proposition si connue, qu'entre un cercle et une tangente, on peut toujours faire passer des courbes; ou cette autre, que la matière est toujours divisible. Ces deux vérités sont depuis longtemps démontrées, et ne sont pas plus compréhensibles que le reste.

On a disputé longtemps à Newton l'invention de ce fameux calcul. M. Leibnitz a passé en Allemagne pour l'inventeur des différences que Newton appelle fluxions, et Bernoulli a revendiqué le calcul intégral, mais l'honneur de la première découverte a demeuré à Newton, et il est resté aux autres la gloire d'avoir pu faire douter entre eux et lui.

C'est ainsi que l'on contesta à Harvey la découverte de la circulation du sang; à M. Perrault celle de la circulation de la sève. Hartsoeker et Leeuwenhoeck se sont contesté l'honneur d'avoir vu le premier les petits vermisseaux dont nous sommes faits. Ce même Hartsoeker a disputé à M. Huygens l'invention d'une nouvelle manière de calculer l'éloignement d'une étoile fixe. On ne sait encore quel philosophe trouva le problème de la roulette.

Quoi qu'il en soit, c'est par cette géométrie de l'infini que Newton est parvenu aux plus sublimes connaissances.

Il me reste à vous parler d'un autre ouvrage plus à la portée du genre humain, mais qui se sent toujours de cet esprit créateur que Newton portait dans toutes ses recherches; c'est une chronologie toute nouvelle, car dans tout ce qu'il entreprenait, il fallait qu'il changeât les idées reçues par les autres hommes.

Accoutumé à débrouiller des chaos, il a voulu porter au moins quelque lumière dans celui de ces fables anciennes confondues avec l'histoire, et fixer une chronologie incertaine[1]. Il est vrai qu'il n'y a point de famille, de ville, de nation qui ne cherche à reculer son origine; de plus, les premiers historiens sont les plus négligents à marquer les dates; les livres étaient moins communs mille fois qu'aujourd'hui; par conséquent, étant moins exposé à la critique, on trompait le monde plus impunément; et puisqu'on a évidemment supposé des faits, il est assez probable qu'on a aussi supposé des dates.

En général il parut à Newton que le monde était de cinq cents ans plus jeune que les chronologistes ne le disent; il fonde son idée sur le cours ordinaire de la nature et sur les observations astronomiques.

On entend ici par le cours de la nature le temps de chaque génération des hommes. Les Égyptiens s'étaient servis les premiers de cette manière incertaine de compter. Quand ils voulurent écrire les commencements de leur histoire, ils comptaient trois cent quarante et une générations depuis Ménès jusqu'à Seton, et n'ayant pas de dates fixes, ils évaluèrent trois générations à cent ans; ainsi ils comptaient du règne de Ménès au règne de Seton onze mille trois cent quarante années.

Les Grecs avant de compter par olympiades suivirent la méthode des Égyptiens, et étendirent même un peu la durée des générations, poussant chaque génération jusqu'à quarante années.

Or en cela les Égyptiens et les Grecs se trompèrent dans leur calcul. Il est bien vrai que selon le cours ordinaire de la nature, trois générations font environ cent à six vingts ans; mais il s'en faut bien que trois règnes tiennent ce nombre d'années. Il est très évident qu'en général les hommes vivent plus longtemps que les rois ne règnent; ainsi un homme qui voudra écrire l'histoire sans avoir de dates précises, et qui saura qu'il y a eu neuf rois chez une nation, aura grand tort s'il compte trois cents ans pour ces neuf rois. Chaque génération est d'environ trente-six ans, chaque règne est environ de vingt, l'un portant l'autre. Prenez les trente rois d'Angleterre depuis Guillaume le Conquérant jusqu'à Georges Ier : ils ont régné six cent quarante-huit ans, ce qui, réparti sur les trente rois, donne à chacun vingt et un ans et demi de règne. Soixante-trois rois de France ont régné, l'un portant l'autre, chacun à peu près vingt ans. Voilà le cours ordinaire de la nature; donc les anciens se sont trompés quand ils ont égalé en général la durée des règnes à la durée des générations; donc ils ont trop compté, donc il eſt à propos de retrancher un peu de leur calcul.

Les observations aſtronomiques semblent prêter encore un plus grand secours à notre philosophe, il en paraît plus fort en combattant sur son terrain.

Vous savez, Monsieur, que la terre, outre son mouvement annuel qui l'emporte autour du soleil d'occident en orient dans l'espace d'une année, a encore une révolution singulière, tout à fait inconnue jusqu'à ces derniers temps. Ses pôles ont un mouvement très lent de rétrogradation d'orient en occident, qui fait que chaque jour leur position ne répond pas précisément aux mêmes points du ciel. Cette différence insensible en une année devient assez forte avec le temps, et au bout de soixante et douze ans on trouve que la différence eſt d'un degré, c'eſt-à-dire de la trois cent soixantième partie de tout le ciel. Ainsi après soixante et douze années le colure de l'équinoxe du printemps, qui passait par une fixe, répond à une autre fixe; de là vient que le soleil, au lieu d'être dans la partie du ciel où était le Bélier du temps d'Hipparque, se trouve répondre à cette partie du ciel où était le Taureau, et les Gémeaux sont à la place où le Taureau était alors. Tous les signes ont changé de place; cependant nous retenons toujours la manière de parler des anciens; nous disons que le soleil eſt dans le Bélier au printemps par la même condescendance que nous disons que le soleil tourne.

Hipparque fut le premier chez les Grecs qui s'aperçut de quelques changements dans les conſtellations par rapport aux équinoxes, ou plutôt qui l'apprit des Égyptiens. Les philosophes attribuèrent ce mouvement aux étoiles; car alors, on était bien loin d'imaginer une telle révolution dans la terre, on la croyait en tous sens immobile. Ils créèrent donc un ciel où ils attachèrent toutes les étoiles, et donnèrent à ce ciel un mouvement particulier qui le faisait avancer vers l'orient, pendant que toutes les étoiles semblaient faire leur route journalière d'orient en occident. À cette erreur ils en ajoutèrent une seconde bien plus essentielle : ils crurent que le ciel prétendu des étoiles fixes avançait vers l'orient d'un degré en cent années; ainsi ils se trompèrent dans leur calcul astronomique aussi bien que dans leur système physique. Par exemple, un astronome aurait dit alors : « L'équinoxe du printemps a été du temps d'un tel observateur dans tel signe, à une telle étoile; il a fait deux degrés de chemin depuis cet observateur jusqu'à nous; or deux degrés valent deux cents ans, donc cet observateur vivait deux cents ans avant moi. » Il est certain qu'un astronome qui eût raisonné ainsi se serait trompé justement de cinquante-quatre ans. Voilà pourquoi les anciens, doublement trompés, composèrent leur grande année du monde, c'est-à-dire de la révolution de tout le ciel, d'environ trente-six mille ans. Mais les modernes savent que cette révolution imaginaire du ciel des étoiles n'est autre chose que la révolution des pôles de la terre, qui se fait en vingt-cinq mille neuf cents années. Il est bon de remarquer ici en passant que Newton, en déterminant la figure de la terre, a très heureusement expliqué la raison de cette révolution.

Tout ceci posé, il reste, pour fixer la chronologie, de voir par quelle étoile le colure de l'équinoxe coupe aujourd'hui l'écliptique au printemps, et de savoir s'il ne se trouve point quelque ancien qui nous ait dit en quel point l'écliptique était coupé de son temps par le même colure des équinoxes.

Clément Alexandrin rapporte que Chiron, qui était de l'expédition des Argonautes, observa les constellations au temps de cette fameuse expédition, et fixa l'équinoxe du printemps au milieu du Bélier, l'équinoxe de l'automne au milieu de la Balance, le solstice de notre été au milieu du Cancer, et le solstice d'hiver au milieu du Capricorne.

Longtemps après l'expédition des Argonautes, et un an avant la guerre du Péloponnèse, Méton observa que le point du solstice d'été passait par le huitième degré du Cancer.

Or chaque signe du Zodiaque est de trente degrés. Du temps de Chiron le solstice était à la moitié du signe, c'est-à-dire au quinzième degré; un an avant la guerre du Péloponnèse, il était au huitième, donc il avait retardé de sept fois soixante et douze ans, qui font cinq cent quatre ans, et non pas sept cents années comme le disaient les Grecs : ainsi en comparant l'état du ciel d'aujourd'hui à l'état où il était alors, nous voyons que l'expédition des Argonautes doit être placée environ neuf cents ans avant Jésus-Christ, et non pas environ quatorze cents ans, et que par conséquent le monde est moins vieux d'environ cinq cents ans qu'on ne pensait. Par là toutes les époques sont rapprochées, et tout s'est fait plus tard qu'on ne le dit. Je ne sais si ce système ingénieux fera une grande fortune, et si on voudra se résoudre sur ces idées à réformer la chronologie du monde; peut-être les savants trouveraient-ils que c'en serait trop d'accorder à un même homme l'honneur d'avoir perfectionné à la fois la physique, la géométrie et l'histoire : ce serait une espèce de monarchie universelle dont l'amour-propre s'accommode malaisément; aussi dans le temps que de très grands philosophes l'attaquaient sur l'attraction, d'autres combattaient son système chronologique. Le temps, qui devrait faire voir à qui la victoire est due, ne fera peut-être que laisser la dispute plus indécise.

APPENDICE PREMIER

HISTOIRE DE L'INFINI[1]

Les premiers géomètres se sont aperçus, sans doute, dès la onzième ou douzième proposition, que s'ils marchaient sans s'égarer, ils étaient sur le bord d'un abîme, et que les petites vérités incontestables qu'ils trouvaient étaient entourées de l'infini. On l'entrevoyait, dès qu'on songeait qu'un côté d'un carré ne peut jamais mesurer la diagonale, ou que des circonférences de cercles différents passeront toujours entre un cercle et sa tangente, etc.

Quiconque cherchait seulement la racine du nombre six voyait bien que c'était un nombre entre deux et trois, mais, quelque division qu'il pût faire, cette racine dont il approchait toujours ne se trouvait jamais. Si l'on considérait une ligne droite coupant une autre ligne droite perpendiculairement, on les voyait se couper en un point indivisible; mais si elles se coupaient obliquement, on était forcé, ou d'admettre un point plus grand qu'un autre, ou de ne rien comprendre dans la nature des points et dans le commencement de toute grandeur.

La seule inspection d'un cône doit étonner l'esprit; car la base, qui est un cercle, contient un nombre infini de lignes. Son sommet est quelque chose qui diffère infiniment de la ligne. Si on coupait ce cône parallèlement à son axe, on trouvait une figure qui s'approchait toujours de plus en plus des côtés du triangle formé par le cône sans jamais le rencontrer. L'infini était partout : comment connaître l'aire d'un cercle ? Comment celle d'une courbe quelconque ?

Avant Apollonius, le cercle n'avait été étudié que comme mesure des angles, et comme pouvant donner certaines moyennes proportionnelles. Ce qui prouve en passant que les Égyptiens, qui avaient enseigné la géométrie aux Grecs, avaient été de très médiocres géomètres, quoique assez bons astronomes. Apollonius entra dans le détail des sections coniques. Archimède considéra le cercle comme une figure d'une infinité de côtés, et donna le rapport du diamètre à la circonférence, tel que l'esprit humain peut le donner. Il carra la parabole; Hippocrate de Chios carra les lunules du cercle.

La duplication du cube, la trisection de l'angle, inabordables à la géométrie ordinaire, et la quadrature du cercle, impossible à toute géométrie, furent l'inutile objet des recherches des anciens. Ils trouvèrent quelques secrets sur leur route, comme les chercheurs de la pierre philosophale. On connaît la cissoïde de Dioclès, qui approche de sa directrice sans jamais l'atteindre, la concoïde de Nicomède qui est dans le même cas, la spirale d'Archimède. Tout cela fut trouvé sans algèbre, sans ce calcul qui aide si fort l'esprit humain, et qui semble le conduire sans l'éclairer.

Que deux arithméticiens, par exemple, ayant un compte à faire, que le premier le fasse de tête voyant toujours ses nombres présents à son esprit, et que l'autre opère sur le papier par une règle de routine, mais sûre, dans laquelle il ne voit jamais la vérité qu'il cherche qu'après le résultat, et comme un homme qui y est arrivé les yeux fermés : voilà à peu près la différence qui est entre un géomètre sans calcul, qui considère des figures et voit leurs rapports, et un algébriste qui cherche ces rapports par des opérations qui ne parlent point à l'esprit. Mais on ne peut aller loin avec la première méthode : elle est peut-être réservée pour des êtres supérieurs à nous. Il nous faut des secours qui aident et qui prouvent notre faiblesse. A mesure que la géométrie s'est étendue, il a fallu plus de ces secours.

Hariot, Anglais, Viète, Poitevin, et surtout le fameux Descartes, employèrent les signes, les lettres. Descartes soumit les courbes à l'algèbre et réduisit tout en équations algébraïques.

Du temps de Descartes, Cavalliero, religieux d'un ordre des jésuites qui ne subsiste plus, donna au public en 1635 la *Géométrie des indivisibles :* géométrie toute nouvelle dans laquelle les plans sont composés d'une infinité de lignes, et les solides d'une infinité de plans. Il est vrai qu'il n'osait pas plus prononcer le mot d'infini en mathématiques que Descartes en physique. Ils se servaient l'un et l'autre du terme adouci d'indéfini; cependant Roberval en France avait les mêmes idées, et il y avait alors à Bruges un jésuite qui marchait à pas de géant dans cette carrière par un chemin différent. C'était Grégoire de Saint-Vincent qui, en prenant pour but une erreur, et croyant avoir trouvé la quadrature du cercle, trouva en effet des choses admirables. Il réduisit l'infini même à des rapports finis, il connut l'infini en petit et en grand. Mais ces recherches étaient noyées dans trois in-folio : elles manquaient de méthode; et, qui pis est, une erreur palpable qui terminait le livre nuisit à toutes les vérités qu'il contenait.

On cherchait toujours à carrer des courbes. Descartes se servait des tangentes; Fermat, conseiller de Toulouse, employait sa règle *de maximis et minimis,* règle qui méritait plus de justice que Descartes ne lui en rendit. Wallis, Anglais, en 1655, donna hardiment l'arithmétique des infinis, et des suites infinies en nombre.

Milord Brounker se servit de cette suite pour carrer une hyperbole. Mercator de Holstein eut grande part à cette invention; mais il s'agissait de faire sur toutes les courbes ce que le lord Brounker avait si heureusement tenté. On cherchait une méthode générale d'assujettir l'infini à l'algèbre, comme Descartes y avait assujetti le fini : c'est cette méthode que trouva Newton à l'âge de vingt-trois ans; aussi admirable en cela que notre jeune M. Cléraut, qui, à l'âge de treize ans, vient de faire imprimer un *Traité de la mesure des courbes à double courbure*. La méthode de Newton a deux parties, le calcul différentiel et le calcul intégral. Le différentiel consiste à trouver une quantité plus petite qu'aucune assignable, laquelle prise une infinité de fois égale la quantité donnée; et c'est ce qu'en Angleterre on appelle la méthode des fluentes ou des fluxions. L'intégral consiste à prendre la somme totale des quantités différentielles.

Le célèbre philosophe Leibnitz et le profond mathématicien Bernoulli ont tous deux revendiqué, l'un le calcul différentiel, l'autre le calcul intégral; il faut être capable d'inventer des choses si sublimes pour oser s'en attribuer l'honneur. Pourquoi trois grands mathématiciens cherchant tous la vérité ne l'auront-ils pas trouvée ? Torricelli, La Loubère, Descartes, Roberval, Pascal, n'ont-ils pas tous démontré, chacun de leur côté, les propriétés de la cycloïde, nommée alors la roulette ? N'a-t-on pas vu souvent des orateurs, traitant le même sujet, employer les mêmes pensées sous des termes différents ? Les signes dont Newton et Leibnitz se servaient étaient différents, et les pensées étaient les mêmes.

Quoi qu'il en soit, l'infini commença alors à être traité par le calcul. On s'accoutuma insensiblement à recevoir des infinis plus grands les uns que les autres. Cet édifice si hardi effraya un des architectes. Leibnitz n'osa appeler ces infinis que des incomparables; mais M. de Fontenelle vient enfin d'établir ces différents ordres d'infinis sans aucun ménagement, et il faut qu'il ait été bien sûr de son fait pour l'avoir osé.

APPENDICE II

DE NEWTON[1]

NEWTON fut d'abord destiné à l'Église. Il commença par être théologien, et il lui en resta des marques toute sa vie. Il prit sérieusement le parti d'Arius contre Athanase. Il alla même un peu plus loin qu'Arius, ainsi que tous les sociniens. Il y a aujourd'hui en Europe beaucoup de savants de cette opinion; je ne dirai pas de cette communion, car ils ne font point de corps. Ils sont même partagés, et plusieurs d'entre eux réduisent leur système au pur déisme, accommodé avec la morale du Christ. Newton n'était pas de ces derniers. Il ne différait de l'Église anglicane que sur le point de la *consubstantialité,* et il croyait tout le reste.

Une preuve de sa bonne foi, c'est qu'il a commenté l'*Apocalypse.* Il y trouve clairement que le pape est l'Antéchrist, et il explique d'ailleurs ce livre comme tous ceux qui s'en sont mêlés. Apparemment qu'il a voulu par ce commentaire consoler la race humaine de la supériorité qu'il avait sur elle.

Bien des gens, en lisant le peu de métaphysique que Newton a mis à la fin de ses *Principes mathématiques*, y ont trouvé quelque chose d'aussi obscur que l'Apocalypse. Les métaphysiciens et les théologiens ressemblent assez à cette espèce de gladiateurs qu'on faisait combattre les yeux couverts d'un bandeau. Mais quand Newton travailla les yeux ouverts à ses mathématiques, sa vue porta aux bornes du monde.

Il a inventé le calcul qu'on appelle de l'infini; il a découvert et démontré un principe nouveau qui fait mouvoir toute la nature. On ne connaissait point la lumière avant lui. On n'en avait que des idées confuses et fausses. Il a dit : « Que la lumière soit connue », et elle l'a été.

Les télescopes de réflexion ont été inventés par lui. Le premier a été fait de ses mains; et il a fait voir pourquoi on ne peut pas augmenter la force et la portée des télescopes ordinaires. Ce fut à l'occasion de son nouveau télescope qu'un jésuite allemand prit Newton pour un ouvrier, pour un faiseur de lunettes. *Artifex quidam nomine Newton,* dit-il dans un petit livre. La postérité l'a bien vengé depuis. On lui faisait en France plus d'injustice : on le prenait pour un faiseur d'expériences qui s'était trompé; et, parce que Mariotte se servit de mauvais prismes, on rejeta les découvertes de Newton.

Il fut admiré de ses compatriotes dès qu'il eut écrit et opéré. Il n'a été bien connu en France qu'au bout de quarante années. Mais en récompense nous avions la matière cannelée et la matière rameuse de Descartes, et les petits tourbillons mollasses du révérend père Malebranche; et le système de M. Privat de Molière, qui ne vaut pourtant pas Poquelin de Molière.

De tous ceux qui ont un peu vécu avec M. le cardinal de Polignac, il n'y a personne qui ne lui ait entendu dire que Newton était péripatéticien, et que ses rayons colorifiques et surtout son attraction sentaient beaucoup l'athéisme. Le cardinal de Polignac joignait à tous les avantages qu'il avait reçus de la nature une très grande éloquence. Il faisait des vers latins avec une facilité heureuse et étonnante, mais il ne savait que la philosophie de Descartes, et il avait retenu par cœur ses raisonnements comme on retient des dates. Il n'était point devenu géomètre, et il n'était pas né philosophe. Il pouvait juger les *Catilinaires* et l'*Énéide,* mais non pas Newton et Locke.

Quand on considère que Newton, Locke, Clarke, Leibnitz auraient été persécutés en France, emprisonnés à Rome, brûlés à Lisbonne, que faut-il penser de la raison humaine ? Elle est née dans ce siècle en Angleterre. Il y avait eu du temps de la reine Marie une persécution assez forte sur la façon de prononcer le grec, et les persécuteurs se trompaient. Ceux qui mirent Galilée en pénitence se trompaient encore plus. Tout inquisiteur devrait rougir jusqu'au fond de l'âme en voyant seulement une sphère de Copernic. Cependant, si Newton était né en Portugal, et qu'un dominicain eût vu une hérésie dans la raison inverse du carré des distances, on aurait revêtu le chevalier Isaac Newton d'un san-benito dans un autodafé.

On a souvent demandé pourquoi ceux que leur ministère engage à être savants et indulgents ont été si souvent ignorants et impitoyables. Ils ont été ignorants parce qu'ils avaient longtemps étudié, et ils ont été cruels parce qu'ils sentaient que leurs mauvaises études étaient l'objet du mépris des sages. Certainement les inquisiteurs qui eurent l'effronterie de condamner le système de Copernic, non seulement comme hérétique, mais comme absurde, n'avaient rien à craindre de ce système. La terre a beau être emportée autour du soleil ainsi que les autres planètes, ils ne perdaient rien de leurs revenus ni de leurs honneurs. Le dogme même est toujours en sûreté, quand il n'est combattu que par des philosophes; toutes les académies de l'univers ne changeront rien à la croyance du peuple. Quel est donc le principe de cette rage, qui a tant de fois animé les Anitus contre les Socrates ? C'est que les Anitus disent dans le fond de leur cœur : « Les Socrates nous méprisent. »

J'avais cru dans ma jeunesse que Newton avait fait sa fortune par son extrême mérite. Je m'étais imaginé que la cour et la ville de Londres l'avaient nommé par acclamation grand maître des monnaies du royaume. Point du tout. Isaac Newton avait une nièce assez aimable nommée Mme Conduit. Elle plut beaucoup au grand trésorier Hallifax. Le calcul infinitésimal et la gravitation ne lui auraient servi de rien sans une jolie nièce.

DIX-HUITIÈME LETTRE

Sur la tragédie[1]

Les Anglais avaient déjà un théâtre aussi bien que les Espagnols, quand les Français n'avaient que des tréteaux. Shakespeare, qui passait pour le Corneille des Anglais, florissait à peu près dans le temps de Lope de Vega; il créa le théâtre; il avait un génie plein de force et de fécondité, de naturel et de sublime, sans la moindre étincelle de bon goût, et sans la moindre connaissance des règles. Je vais vous dire une chose hasardée mais vraie, c'est que le mérite de cet auteur a perdu le théâtre anglais; il y a de si belles scènes, des morceaux si grands et si terribles répandus dans ses farces monstrueuses, qu'on appelle tragédies, que ces pièces ont toujours été jouées avec un grand succès. Le temps, qui seul fait la réputation des hommes, rend à la fin leurs défauts respectables. La plupart des idées bizarres et gigantesques de cet auteur ont acquis au bout de deux cents ans le droit de passer pour sublimes; les auteurs modernes l'ont presque tous copié; mais ce qui réussissait dans Shakespeare est sifflé chez eux, et vous croyez bien que la vénération qu'on a pour cet ancien augmente à mesure qu'on méprise les modernes. On ne fait pas réflexion qu'il ne faudrait pas l'imiter, et le mauvais succès de ses copistes fait seulement qu'on le croit inimitable.

Vous savez que dans la tragédie du *More de Venise,* pièce très touchante, un mari étrangle sa femme sur le théâtre, et quand la pauvre femme est étranglée, elle s'écrie qu'elle meurt très injustement. Vous n'ignorez pas que dans *Hamlet,* des fossoyeurs creusent une fosse en buvant, en chantant des vaudevilles, et en faisant sur les têtes de mort qu'ils rencontrent des plaisanteries convenables à gens de leur métier; mais ce qui vous surprendra, c'est qu'on a imité ces sottises sous le règne de Charles II, qui était celui de la politesse, et l'âge d'or des beaux-arts.

Otway, dans sa *Venise sauvée,* introduit le sénateur Antonio et la courtisane Naki au milieu des horreurs de la conspiration du marquis de Bedmar. Le vieux sénateur Antonio fait auprès de sa courtisane toutes les singeries d'un vieux débauché impuissant et hors du bon sens; il contrefait le taureau et le chien, il mord les jambes de sa maîtresse qui lui donne des coups de pied et des coups de fouet. On a retranché de la pièce d'Otway ces bouffonneries faites pour la vile canaille; mais on a laissé dans le *Jules César* de Shakespeare les plaisanteries des cordonniers et des savetiers romains introduits sur la scène avec Brutus et Cassius. C'est que la sottise d'Otway est moderne, et que celle de Shakespeare est ancienne.

Vous vous plaindrez sans doute que ceux qui jusqu'à présent vous ont parlé du théâtre anglais, et surtout de ce fameux Shakespeare, ne vous aient encore fait voir que ses erreurs, et que personne n'ait traduit aucun de ces endroits frappants qui demandent grâce pour toutes ses fautes. Je vous répondrai qu'il est bien aisé de rapporter en prose les erreurs d'un poète, mais très difficile de traduire ses beaux vers. Tous les grimauds qui s'érigent en critiques des écrivains célèbres compilent des volumes : j'aimerais mieux deux pages qui nous fissent connaître quelques beautés; car je maintiendrai toujours avec les gens de bon goût qu'il y a plus à profiter dans douze vers d'Homère et de Virgile, que dans toutes les critiques qu'on a faites de ces deux grands hommes.

J'ai hasardé de traduire quelques morceaux des meilleurs poètes anglais : en voici un de Shakespeare. Faites grâce à la copie en faveur de l'original, et souvenez-vous toujours, quand vous voyez une traduction, que vous ne voyez qu'une faible estampe d'un beau tableau.

J'ai choisi le monologue de la tragédie d'*Hamlet,* qui est su de tout le monde et qui commence par ce vers :

To be, or not to be, that is the question.

C'est Hamlet, prince de Danemark, qui parle.

Demeure; il faut choisir et passer à l'instant
De la vie à la mort, ou de l'être au néant :
Dieux cruels ! s'il en est, éclairez mon courage.
Faut-il vieillir courbé sous la main qui m'outrage,

> Supporter ou finir mon malheur et mon sort ?
> Qui suis-je ? qui m'arrête ? et qu'eſt-ce que la mort ?
> C'eſt la fin de nos maux, c'eſt mon unique asile;
> Après de longs transports c'eſt un sommeil tranquille;
> On s'endort et tout meurt; mais un affreux réveil
> Doit succéder peut-être aux douceurs du sommeil.
> On nous menace, on dit que cette courte vie
> De tourments éternels eſt aussitôt suivie.
> O mort ! moment fatal ! affreuse éternité,
> Tout cœur à ton seul nom se glace épouvanté.
> Et qui pourrait sans toi supporter cette vie,
> De nos prêtres menteurs bénir l'hypocrisie,
> D'une indigne maîtresse encenser les erreurs,
> Ramper sous un miniſtre, adorer ses hauteurs,
> Et montrer les langueurs de son âme abattue
> A des amis ingrats qui détournent la vue ?
> La mort serait trop douce en ces extrémités;
> Mais le scrupule parle et nous crie : arrêtez;
> Il défend à nos mains cet heureux homicide,
> Et d'un héros guerrier, fait un chrétien timide, etc.

Ne croyez pas que j'aie rendu ici l'anglais mot pour mot; malheur aux faiseurs de traductions littérales, qui, en traduisant chaque parole, énervent le sens. C'eſt bien là qu'on peut dire que la lettre tue et que l'esprit vivifie.

Voici encore un passage d'un fameux tragique anglais, Dryden, poète du temps de Charles II, auteur plus fécond que judicieux, qui aurait une réputation sans mélange s'il n'avait fait que la dixième partie de ses ouvrages, et dont le grand défaut eſt d'avoir voulu être universel.

Ce morceau commence ainsi :

> *When I consider life, t'is all a cheat.*
> *Yet fool'd by hope, men favour the deceit.*

> De desseins en regrets, et d'erreurs en désirs,
> Les mortels insensés promènent leur folie.
> Dans les malheurs présents, dans l'espoir des plaisirs,
> Nous ne vivons jamais, nous attendons la vie.
> Demain, demain, dit-on, va combler tous nos vœux;
> Demain vient, et nous laisse encor plus malheureux.
> Quelle eſt l'erreur, hélas ! du soin qui nous dévore ?
> Nul de nous ne voudrait recommencer son cours :
> De nos premiers moments nous maudissons l'aurore,
> Et de la nuit qui vient, nous attendons encore
> Ce qu'ont en vain promis les plus beaux de nos jours, etc.

C'eſt dans ces morceaux détachés que les tragiques anglais ont jusqu'ici excellé : leurs pièces presque toutes barbares, dépourvues de bienséance, d'ordre, de vraisemblance, ont des lueurs étonnantes au milieu de cette nuit. Le ſtyle eſt trop ampoulé, trop hors de la nature, trop copié des écrivains hébreux si remplis de l'enflure asiatique; mais aussi il faut avouer que les échasses du ſtyle figuré, sur lesquelles la langue anglaise eſt guindée, élèvent aussi l'esprit bien haut, quoique par une marche irrégulière.

Le premier Anglais[1] qui ait fait une pièce raisonnable et écrite d'un bout à l'autre avec élégance eſt l'illuſtre M. Addison. Son *Caton d'Utique* eſt un chef-d'œuvre pour la diction, et pour la beauté des vers. Le rôle de Caton eſt à mon gré fort au-dessus de celui de Cornélie dans le *Pompée* de Corneille : car Caton eſt grand sans enflure, et Cornélie, qui d'ailleurs n'eſt pas un personnage nécessaire, vise quelquefois au galimatias. Le Caton de M. Addison me paraît le plus beau personnage qui soit sur aucun théâtre, mais les autres rôles de la pièce n'y répondent pas, et cet ouvrage si bien écrit eſt défiguré par une intrigue froide d'amour, qui répand sur la pièce une langueur qui la tue[2].

La coutume d'introduire de l'amour à tort et à travers dans les ouvrages dramatiques passa de Paris à Londres vers l'an 1600 avec nos rubans et nos perruques. Les femmes qui parent les spectacles, comme ici, ne veulent plus souffrir qu'on leur parle d'autre chose que d'amour. Le sage Addison eut la molle complaisance de plier la sévérité de son caractère aux mœurs de son temps, et gâta un chef-d'œuvre pour avoir voulu plaire.

Depuis lui les pièces sont devenues plus régulières, le peuple plus difficile, les auteurs plus corrects et moins hardis. J'ai vu des pièces nouvelles fort sages, mais froides. Il semble que les Anglais n'aient été faits jusqu'ici que pour produire des beautés irrégulières. Les monſtres brillants de Shakespeare plaisent mille fois plus que la sagesse moderne. Le génie poétique des Anglais ressemble jusqu'à présent à un arbre touffu planté par la nature, jetant au hasard mille rameaux et croissant inégalement et avec force; il meurt si vous voulez forcer sa nature et le tailler en arbre des jardins de Marly.

DIX-NEUVIÈME LETTRE

Sur la comédie[1]

Je ne sais comment le sage et ingénieux M. de Muralt, dont nous avons les *Lettres sur les Anglais et sur les Français,* s'est borné, en parlant de la comédie, à critiquer un comique nommé Shadwell. Cet auteur était assez méprisé de son temps; il n'était point le poète des honnêtes gens : ses pièces, goûtées pendant quelques représentations par le peuple, étaient dédaignées par tous les gens de bon goût et ressemblaient à tant de pièces que j'ai vues en France attirer la foule et révolter les lecteurs, et dont on a pu dire :

Tout Paris les condamne et tout Paris les court.

M. de Muralt aurait dû, ce semble, nous parler d'un auteur excellent qui vivait alors : c'était M. Wicherley, qui fut longtemps l'amant déclaré de la maîtresse la plus illustre de Charles II. Cet homme, qui passait sa vie dans le plus grand monde, en connaissait parfaitement les vices et les ridicules, et les peignait du pinceau le plus ferme et des couleurs les plus vraies.

Il a fait un misanthrope qu'il a imité de Molière[2]. Tous les traits de Wicherley sont plus forts et plus hardis que ceux de notre misanthrope; mais aussi ils ont moins de finesse et de bienséance. L'auteur anglais a corrigé le seul défaut qui soit dans la pièce de Molière : ce défaut est le manque d'intrigue et d'intérêt; la pièce anglaise est intéressante et l'intrigue en est ingénieuse : elle est trop hardie sans doute pour nos mœurs. C'est un capitaine de vaisseau plein de valeur, de franchise, et de mépris pour le genre humain; il a un ami sage et sincère dont il se défie, et une maîtresse dont il est tendrement aimé, sur laquelle il ne daigne pas jeter les yeux; au contraire il a mis toute sa confiance dans un faux ami qui est le plus indigne homme qui respire, et il a donné son cœur à la plus coquette et à la plus perfide de toutes les femmes; il est bien assuré que cette femme est une Pénélope, et ce faux ami un Caton. Il part pour s'aller battre contre les

Hollandais, et laisse tout son argent, ses pierreries, et tout ce qu'il a au monde à cette femme de bien, et recommande cette femme elle-même à cet ami fidèle, sur lequel il compte si fort. Cependant le véritable honnête homme, dont il se défie tant, s'embarque avec lui, et la maîtresse, qu'il n'a pas seulement daigné regarder, se déguise en page et fait le voyage sans que le capitaine s'aperçoive de son sexe de toute la campagne.

Le capitaine, ayant fait sauter son vaisseau dans un combat, revient à Londres, sans secours, sans vaisseau et sans argent, avec son page et son ami, ne connaissant ni l'amitié de l'un, ni l'amour de l'autre. Il va droit chez la perle des femmes qu'il compte retrouver avec sa cassette et sa fidélité : il la retrouve mariée avec l'honnête fripon à qui il s'était confié; et on ne lui a pas plus gardé son dépôt que le reste. Mon homme a toutes les peines du monde à croire qu'une femme de bien puisse faire de pareils tours; mais pour l'en convaincre mieux, cette honnête dame devient amoureuse du petit page et veut le prendre de force; mais comme il faut que justice se fasse, et que dans une pièce de théâtre le vice soit puni et la vertu récompensée, il se trouve à fin de compte que le capitaine se met à la place du page, couche avec son infidèle, fait cocu son traître ami, lui donne un bon coup d'épée au travers du corps, reprend sa cassette et épouse son page. Vous remarquerez qu'on a encore lardé cette pièce d'une comtesse de Pimbêche, vieille plaideuse parente du capitaine, laquelle est bien la plus plaisante créature et le meilleur caractère qui soit au théâtre.

Wicherley a encore tiré de Molière une pièce non moins singulière et non moins hardie, c'est une espèce d'*École des femmes*[1].

Le principal personnage de la pièce est un drôle à bonnes fortunes, la terreur des maris de Londres, qui, pour être plus sûr de son fait, s'avise de faire courir le bruit que dans sa dernière maladie, les chirurgiens ont trouvé à propos de le faire eunuque. Avec cette réputation, tous les maris lui amènent leurs femmes, et le pauvre homme n'est plus embarrassé que du choix; il donne surtout la préférence à une petite campagnarde qui a beaucoup d'innocence et de tempérament, et qui fait son mari cocu avec une bonne foi qui vaut mieux que la malice des dames les plus expertes. Cette pièce n'est pas, si vous voulez, l'école des bonnes mœurs, mais en vérité c'est l'école de l'esprit et du bon comique.

Un chevalier Vanbrugh a fait des comédies encore plus plaisantes, mais moins ingénieuses. Ce chevalier était un homme de plaisir, par-dessus cela poète et architecte : on prétend qu'il écrivait comme il bâtissait, un peu grossièrement. C'est lui qui a bâti ce fameux château de Blenheim, pesant et durable monument de notre malheureuse bataille d'Hoechstaedt. Si les appartements étaient seulement aussi larges que les murailles sont épaisses, ce château serait assez commode.

On a mis dans l'épitaphe de Vanbrugh qu'on souhaitait que la terre ne lui fût point légère, attendu que de son vivant il l'avait si inhumainement chargée.

Ce chevalier ayant fait un tour en France avant la guerre de 1701 fut mis à la Bastille et y resta quelque temps, sans avoir jamais pu savoir ce qui lui avait attiré cette distinction de la part de notre ministère. Il fit une comédie à la Bastille, et ce qui est à mon sens fort étrange, c'est qu'il n'y a dans cette pièce aucun trait contre le pays dans lequel il essuya cette violence.

Celui de tous les Anglais qui a porté le plus loin la gloire du théâtre comique est feu M. Congreve. Il n'a fait que peu de pièces, mais toutes sont excellentes dans leur genre. Les règles du théâtre y sont rigoureusement observées, elles sont pleines de caractères nuancés avec une extrême finesse; on n'y essuie pas la moindre mauvaise plaisanterie; vous y voyez partout le langage des honnêtes gens avec des actions de fripon, ce qui prouve qu'il connaissait bien son monde, et qu'il vivait dans ce qu'on appelle la bonne compagnie. Il était infirme et presque mourant quand je l'ai connu[1]; il avait un défaut, c'était de ne pas assez estimer son premier métier d'auteur, qui avait fait sa réputation et sa fortune. Il me parlait de ses ouvrages comme de bagatelles au-dessous de lui, et me dit à la première conversation de ne le voir que sur le pied d'un gentilhomme qui vivait très uniment; je lui répondis que s'il avait eu le malheur de n'être qu'un gentilhomme comme un autre, je ne le serais jamais venu voir, et je fus très choqué de cette vanité si mal placée.

Ses pièces sont les plus spirituelles et les plus exactes, celles de Vanbrugh les plus gaies, et celles de Wicherley les plus fortes.

Il eſt à remarquer qu'aucun de ces beaux esprits n'a mal parlé de Molière. Il n'y a que les mauvais auteurs anglais qui aient dit du mal de ce grand homme[1]. Ce sont les mauvais musiciens d'Italie qui méprisent Lulli, mais un Buononcini l'eſtime et lui rend juſtice, de même qu'un Mead fait cas d'un Helvétius et d'un Silva.

L'Angleterre a encore de bons poètes comiques, tels que le chevalier Steele, et M. Cibber, excellent comédien, et d'ailleurs poète du roi, titre qui paraît ridicule, mais qui ne laisse pas de donner mille écus de rente et de beaux privilèges. Notre grand Corneille n'en a pas eu tant.

Au reſte ne me demandez pas que j'entre ici dans le moindre détail de ces pièces anglaises dont je suis si grand partisan, ni que je vous rapporte un bon mot ou une plaisanterie des Wicherley et des Congreve; on ne rit point dans une traduction. Si vous voulez connaître la comédie anglaise, il n'y a d'autre moyen pour cela que d'aller à Londres, d'y reſter trois ans, d'apprendre bien l'anglais, et de voir la comédie tous les jours; je n'ai pas grand plaisir en lisant Plaute et Ariſtophane : pourquoi ? c'eſt que je ne suis ni Grec ni Romain. La finesse des bons mots, l'allusion, l'à-propos, tout cela eſt perdu pour un étranger.

Il n'en eſt pas de même dans la tragédie : il n'eſt question chez elle que de grandes passions, et de sottises héroïques consacrées par de vieilles erreurs de fable ou d'hiſtoire. Œdipe, Électre appartiennent aux Espagnols, aux Anglais et à nous comme aux Grecs; mais la bonne comédie eſt la peinture parlante des ridicules d'une nation, et si vous ne connaissez pas la nation à fond, vous ne pouvez juger de la peinture[2].

VINGTIÈME LETTRE

Sur les seigneurs qui cultivent les lettres

Il a été un temps en France où les beaux-arts étaient cultivés par les premiers de l'état. Les courtisans surtout s'en mêlaient, malgré la dissipation, le goût des riens, la passion pour l'intrigue, toutes divinités du pays.

Il me paraît qu'on est actuellement à la cour dans tout un autre goût que celui des lettres, peut-être dans peu de temps la mode de penser reviendra-t-elle; un roi n'a qu'à vouloir : on fait de cette nation-ci tout ce qu'on veut. En Angleterre communément on pense, et les lettres y sont plus en honneur qu'en France. Cet avantage est une suite nécessaire de la forme de leur gouvernement. Il y a à Londres environ huit cents personnes qui ont le droit de parler en public, et de soutenir les intérêts de la nation; environ cinq ou six mille prétendent au même honneur à leur tour, tout le reste s'érige en juge de ceux-ci, et chacun peut faire imprimer ce qu'il pense sur les affaires publiques; ainsi toute la nation est dans la nécessité de s'instruire. On n'entend parler que des gouvernements d'Athènes et de Rome; il faut bien, malgré qu'on en ait, lire les auteurs qui en ont traité; cette étude conduit naturellement aux belles-lettres. En général les hommes ont l'esprit de leur état. Pourquoi d'ordinaire nos magistrats, nos avocats, nos médecins, et beaucoup d'ecclésiastiques, ont-ils plus de lettres, de goût et d'esprit, que l'on n'en trouve dans toutes les autres professions ? C'est que réellement leur état est d'avoir l'esprit cultivé, comme celui d'un marchand est de connaître son négoce. Il n'y a pas longtemps qu'un seigneur anglais fort jeune[1] me vint voir à Paris en revenant d'Italie : il avait fait en vers une description de ce pays-là aussi poliment écrite que tout ce qu'ont fait le comte de Rochester et nos Chaulieu, nos Sarrasin et nos Chapelle.

La traduction que j'en ai faite est si loin d'atteindre à la force et à la bonne plaisanterie de l'original que je suis obligé d'en demander sérieusement pardon à l'auteur et à ceux qui entendent l'anglais; cependant comme je n'ai pas d'autre moyen de faire connaître les vers de milord..., les voici dans ma langue :

Qu'ai-je donc vu dans l'Italie :
Orgueil, astuce, et pauvreté,
Grands compliments, peu de bonté,
Et beaucoup de cérémonie;
L'extravagante comédie
Que souvent l'Inquisition
Veut qu'on nomme religion,
Mais qu'ici nous nommons folie.

La nature, en vain bienfaisante,
Veut enrichir ces lieux charmants :
Des prêtres la main désolante
Étouffe ses plus beaux présents.
Les Monsignors, soi-disant grands,
Seuls dans leurs palais magnifiques,
Y sont d'illustres fainéants,
Sans argent et sans domestiques.
Pour les petits, sans liberté,
Martyrs du joug qui les domine,
Ils ont fait vœu de pauvreté,
Priant Dieu par oisiveté,
Et toujours jeûnant par famine.
Ces beaux lieux du pape bénis,
Semblent habités par les diables,
Et les habitants misérables
Sont damnés dans le paradis.

Peut-être dira-t-on que ces vers sont d'un hérétique; mais on traduit tous les jours, et même assez mal, ceux d'Horace et de Juvénal qui avaient le malheur d'être païens. Vous savez bien qu'un traducteur ne doit pas répondre des sentiments de son auteur; tout ce qu'il peut faire, c'est prier Dieu pour sa conversion, et c'est ce que je ne manque pas de faire pour celle du milord.

VINGT-ET-UNIÈME LETTRE

Sur le comte de Rochester et M. Waller

Tout le monde connaît de réputation le comte de Rochester. M. de Saint-Évremond en a beaucoup parlé[1]; mais il ne nous a fait connaître du fameux Rochester que l'homme de plaisir, l'homme à bonnes fortunes : je voudrais faire connaître en lui l'homme de génie et le grand poète. Entre autres ouvrages qui brillaient de cette imagination ardente qui n'appartenait qu'à lui, il a fait quelques satires sur les mêmes sujets que notre célèbre Despréaux avait choisis. Je ne sais rien de plus utile pour se perfectionner le goût que la comparaison des grands génies qui se sont exercés sur les mêmes matières.

Voici comme M. Despréaux parle contre la raison humaine dans sa satire sur l'homme.

Cependant à le voir plein de vapeurs légères,
Soi-même se bercer de ses propres chimères,
Lui seul de la nature eſt la base et l'appui,
Et le dixième ciel ne tourne que pour lui.
De tous les animaux il eſt ici le maître;
Qui pourrait le nier, poursuis-tu ? Moi peut-être :
Ce maître prétendu qui leur donne des lois,
Ce roi des animaux combien a-t-il de rois ?

Voici à peu près comme s'exprime le comte de Rocheſter dans sa satire sur l'homme; mais il faut que le lecteur se resouvienne toujours que ce sont ici des traductions libres de poètes anglais, et que la gêne de notre versification et les bienséances délicates de notre langue ne peuvent donner l'équivalent de la licence impétueuse du ſtyle anglais.

Cet esprit que je hais, cet esprit plein d'erreur,
Ce n'eſt pas ma raison, c'eſt la tienne, Docteur,
C'eſt ta raison frivole, inquiète, orgueilleuse,
Des sages animaux rivale dédaigneuse,
Qui croit entre eux et l'ange occuper le milieu,
Et pense être ici-bas l'image de son Dieu.
Vil atome importun, qui croit, doute, dispute,
Rampe, s'élève, tombe, et nie encor sa chute,
Qui nous dit : « Je suis libre », en nous montrant ses fers,
Et dont l'œil trouble et faux croit percer l'univers;
Allez, révérends fous, bienheureux fanatiques,
Compilez bien l'amas de vos riens scolaſtiques;
Pères de visions, et d'énigmes sacrés,
Auteurs du labyrinthe où vous vous égarez,
Allez obscurément éclaircir vos misères,
Et courez dans l'école adorer vos chimères.
Il eſt d'autres erreurs, il eſt de ces dévots,
Condamnés par eux-mêmes à l'ennui du repos.
Ce myſtique encloîtré, fier de son indolence,
Tranquille au sein de Dieu, qu'y peut-il faire ? Il pense.
Non, tu ne penses point, misérable, tu dors :
Inutile à la terre, et mis au rang des morts;
Ton esprit énervé croupit dans ta mollesse,
Réveille-toi, sois homme, et sors de ton ivresse.
L'homme eſt né pour agir, et tu prétends penser !

Que ces idées soient vraies ou fausses, il eſt toujours certain qu'elles sont exprimées avec une énergie qui fait le poète.

Je me garderai bien d'examiner la chose en philosophe, et de quitter ici le pinceau pour le compas. Mon unique but dans cette lettre eſt de faire connaître le génie des poètes anglais, et je vais continuer sur ce ton.

On a beaucoup entendu parler du célèbre Waller en France. MM. de La Fontaine, Saint-Évremond et Bayle, ont fait son éloge[1]; mais on ne connaît de lui que son nom. Il eut à peu près à Londres la même réputation que Voiture eut à Paris, et je crois qu'il la méritait mieux. Voiture vint dans un temps où l'on sortait de la barbarie, et où l'on était encore dans l'ignorance. On voulait avoir de l'esprit, et on n'en avait pas encore; on cherchait des tours au lieu de pensées : les faux brillants se trouvent plus aisément que les pierres précieuses. Voiture, né avec un génie frivole et facile, fut le premier qui brilla dans cette aurore de la littérature française; s'il était venu après les grands hommes qui ont illuſtré le siècle de Louis XIV, ou il aurait été inconnu, ou l'on n'aurait parlé de lui que pour le mépriser, ou il aurait corrigé son ſtyle. M. Despréaux le loue, mais c'eſt dans ses premières satires[2], c'eſt dans le temps où le goût de Despréaux n'était pas encore formé; il était jeune et dans l'âge où l'on juge des hommes par la réputation, et non pas par eux-mêmes; d'ailleurs Despréaux était souvent bien injuſte dans ses louanges et dans ses censures. Il louait Segrais, que personne ne lit; il insultait Quinault que tout le monde sait par cœur, et il ne dit rien de La Fontaine. Waller, meilleur que Voiture, n'était pas encore parfait : ses ouvrages galants respirent la grâce; mais la négligence les fait languir, et souvent les pensées fausses les défigurent. Les Anglais n'étaient pas encore parvenus de son temps à écrire avec correction. Ses ouvrages sérieux sont pleins d'une vigueur qu'on n'attendrait pas de la mollesse de ses autres pièces. Il a fait un éloge funèbre de Cromwell, qui avec ses défauts passe pour un chef-d'œuvre : pour entendre cet ouvrage, il faut savoir que Cromwell mourut le jour d'une tempête extraordinaire.

La pièce commence ainsi :

Il n'eſt plus, c'en eſt fait, soumettons-nous au sort :
Le ciel a signalé ce jour par des tempêtes,
Et la voix du tonnerre éclatant sur nos têtes
Vient d'annoncer sa mort.

Par ses derniers soupirs, il ébranle cette île,
Cette île que son bras fit trembler tant de fois,
Quand dans le cours de ses exploits,
Il brisait la tête des rois,
Et soumettait un peuple à son joug seul docile.
Mer, tu t'en es troublée. O mer ! tes flots émus
Semblent dire en grondant aux plus lointains rivages
Que l'effroi de la terre, et ton maître n'est plus.
Tel au ciel autrefois s'envola Romulus,
Tel il quitta la terre au milieu des orages,
Tel d'un peuple guerrier il reçut les hommages :
Obéi dans sa vie, à sa mort adoré,
Son palais fut un temple, etc.

C'est à propos de cet éloge de Cromwell que Waller fit au roi Charles II cette réponse qu'on trouve dans le dictionnaire de Bayle. Le roi, pour qui Waller venait, selon l'usage des rois et des poètes, de présenter une pièce farcie de louanges, lui reprocha qu'il avait fait mieux pour Cromwell. Waller répondit : « Sire, nous autres poètes, nous réussissons mieux dans les fictions que dans les vérités. » Cette réponse n'était pas si sincère que celle de l'ambassadeur hollandais qui, lorsque le même roi se plaignait que l'on avait moins d'égard pour lui que pour Cromwell, répondit : « Ah ! Sire, ce Cromwell était tout autre chose. »

Mon but n'est pas de faire un commentaire sur le caractère de Waller ni de personne; je ne considère les gens après leur mort que par leurs ouvrages; tout le reste est pour moi anéanti; je remarque seulement que Waller, né à la cour avec soixante mille livres de rente, n'eut jamais ni le sot orgueil ni la nonchalance d'abandonner son talent. Les comtes de Dorset et de Roscomon, les deux ducs de Buckingham, milord Halifax et tant d'autres, n'ont pas cru déroger en devenant de très grands poètes et d'illustres écrivains. Leurs ouvrages leur font plus d'honneur que leur nom. Ils ont cultivé les lettres comme s'ils en eussent attendu leur fortune : ils ont de plus rendu les arts respectables aux yeux du peuple, qui en tout a besoin d'être mené par les grands, et qui pourtant se règle moins sur eux en Angleterre qu'en aucun lieu du monde.

VINGT-DEUXIÈME LETTRE

SUR M. POPE ET QUELQUES AUTRES POÈTES FAMEUX

Je voulais vous parler de M. Prior[1], un des plus aimables poètes d'Angleterre, que vous avez vu à Paris plénipotentiaire et envoyé extraordinaire en 1712. Je comptais vous donner aussi quelque idée des poésies de milord Roscomon, de milord Dorset, etc., mais je sens qu'il me faudrait faire un gros livre, et qu'après bien de la peine, je ne vous donnerais qu'une idée fort imparfaite de tous ces ouvrages. La poésie est une espèce de musique, il faut l'entendre pour en juger. Quand je vous traduis quelques morceaux de ces poésies étrangères, je vous note imparfaitement leur musique; mais je ne puis exprimer le goût de leur chant.

Il y a surtout un poème anglais que je désespérerais de vous faire connaître; il s'appelle *Hudibras*[2], le sujet est la guerre civile et la secte des puritains tournée en ridicule. C'est *Don Quichotte,* c'est notre *Satire Ménippée* fondus ensemble : c'est, de tous les livres que j'ai jamais lus, celui où j'ai trouvé le plus d'esprit; mais c'est aussi le plus intraduisible. Qui croirait qu'un livre qui saisit tous les ridicules du genre humain, et qui a plus de pensées que de mots, ne peut souffrir la traduction ? C'est que presque tout y fait allusion à des aventures particulières; le plus grand ridicule tombe principalement sur les théologiens que peu de gens du monde entendent; il faudrait à tout moment un commentaire, et la plaisanterie expliquée cesse d'être plaisanterie : tout commentateur de bons mots est un sot.

Voilà pourquoi on n'entendra jamais bien en France les livres de l'ingénieux docteur Swift, qu'on appelle le Rabelais d'Angleterre. Il a l'honneur d'être prêtre comme Rabelais, et de se moquer de tout comme lui; mais on lui fait grand tort, selon mon petit sens, de l'appeler de ce nom. Rabelais dans son extravagant et inintelligible livre a répandu une extrême gaieté et une plus grande impertinence; il a prodigué l'érudition, les ordures et l'ennui;

un bon conte de deux pages eſt acheté par des volumes de sottises; il n'y a que quelques personnes d'un goût bizarre qui se piquent d'entendre et d'eſtimer tout cet ouvrage, le reſte de la nation rit des plaisanteries de Rabelais et méprise le livre. On le regarde comme le premier des bouffons, on eſt fâché qu'un homme qui avait tant d'esprit en ait fait un si misérable usage; c'eſt un philosophe ivre qui n'a écrit que dans le temps de son ivresse.

M. Swift eſt Rabelais dans son bon sens, et vivant en bonne compagnie; il n'a pas à la vérité la gaieté du premier, mais il a toute la finesse, la raison, le choix, le bon goût qui manque à notre curé de Meudon. Ses vers sont d'un goût singulier et presque inimitable; la bonne plaisanterie eſt son partage en vers et en prose, mais pour le bien entendre, il faut faire un petit voyage dans son pays[1].

Vous pouvez plus aisément vous former quelque idée de M. Pope; c'eſt, je crois, le poète le plus élégant, le plus correct, et ce qui eſt encore beaucoup, le plus harmonieux qu'ait eu l'Angleterre. Il a réduit les sifflements aigres de la trompette anglaise aux sons doux de la flûte; on peut le traduire parce qu'il eſt extrêmement clair, et que ses sujets pour la plupart sont généraux et du ressort de toutes les nations.

On connaîtra bientôt en France son *Essai sur la critique,* par la traduction en vers qu'en fait M. l'abbé du Resnel.

Voici un morceau de son poème de *la Boucle de cheveux* que je viens de traduire avec ma liberté ordinaire : car encore une fois je ne sais rien de pis que de traduire un poète mot pour mot.

Umbriel à l'inſtant, vieux gnome rechigné,
Va d'une aile pesante et d'un air renfrogné
Chercher en murmurant la caverne profonde
Où loin des doux rayons que répand l'œil du monde,
La déesse aux vapeurs a choisi son séjour.
Les triſtes aquilons y sifflent à l'entour,
Et le souffle malsain de leur aride haleine
Y porte aux environs la fièvre et la migraine.
Sur un riche sofa, derrière un paravent,
Loin des flambeaux, du bruit, des parleurs et du vent,
La quinteuse Déesse incessamment repose,
Le cœur gros de chagrins, sans en savoir la cause,

N'ayant pensé jamais, l'esprit toujours troublé,
L'œil chargé, le teint pâle, et l'hypocondre enflé.
La médisante Envie est assise auprès d'elle,
Vieux spectre féminin, décrépite pucelle,
Avec un air dévot déchirant son prochain,
Et chansonnant les gens l'évangile à la main.
Sur un lit plein de fleurs, négligemment penchée,
Une jeune beauté non loin d'elle est couchée :
C'est l'Affectation qui grasseye en parlant,
Écoute sans entendre, et lorgne en regardant,
Qui rougit sans pudeur, et rit de tout sans joie,
De cent maux différents prétend qu'elle est la proie,
Et pleine de santé sous le rouge et le fard,
Se plaint avec mollesse et se pâme avec art.

Si vous lisiez[1] ce morceau dans l'original, au lieu de le lire dans cette faible traduction, vous le compareriez à la description de la Mollesse dans *le Lutrin*.

En voilà bien honnêtement pour les poètes anglais; je vous ai touché un petit mot de leurs philosophes : pour de bons historiens, je ne leur en connais pas encore; il a fallu qu'un Français ait écrit leur histoire. Peut-être le génie anglais, qui est ou froid ou impétueux, n'a pas encore saisi cette éloquence naïve et cet air noble et simple de l'histoire; peut-être aussi l'esprit de parti, qui fait voir trouble, a décrédité tous leurs historiens : la moitié de la nation est toujours l'ennemie de l'autre. J'ai trouvé des gens qui m'ont assuré que milord Marlborough était un poltron, et que M. Pope était un sot : comme en France quelques jésuites trouvent Pascal un petit esprit, et quelques jansénistes disent que le père Bourdaloue n'était qu'un bavard. Marie Stuart est une sainte héroïne pour les jacobites; pour les autres, c'est une débauchée, une adultère, une homicide; ainsi en Angleterre on a des factums et point d'histoire. Il est vrai qu'il y a à présent un M. Gordon, excellent traducteur de Tacite, très capable d'écrire l'histoire de son pays, mais M. Rapin de Thoyras l'a prévenu. Enfin il me paraît que les Anglais n'ont point de si bons historiens que nous, qu'ils n'ont point de véritables tragédies, qu'ils ont des comédies charmantes, des morceaux de poésie admirables, et des philosophes qui devraient être les précepteurs du genre humain.

Les Anglais ont beaucoup profité des ouvrages de notre langue, nous devrions à notre tour emprunter d'eux après leur avoir prêté : nous ne sommes venus, les Anglais et nous, qu'après les Italiens qui en tout ont été nos maîtres, et que nous avons surpassés en quelque chose. Je ne sais à laquelle des trois nations il faudra donner la préférence; mais heureux celui qui sait sentir leurs différents mérites.

VINGT-TROISIÈME LETTRE

Sur la considération qu'on doit aux gens de lettres

Ni en Angleterre ni en aucun pays du monde, on ne trouve des établissements en faveur des beaux-arts comme en France. Il y a presque partout des universités; mais c'est en France seule qu'on trouve ces utiles encouragements pour l'astronomie, pour toutes les parties des mathématiques, pour celle de la médecine, pour les recherches de l'antiquité, pour la peinture, la sculpture et l'architecture. Louis XIV s'est immortalisé par toutes ces fondations, et cette immortalité ne lui a pas coûté deux cent mille francs par an.

J'avoue que c'est un de mes étonnements, que le Parlement d'Angleterre, qui s'est avisé de promettre vingt mille guinées à celui qui ferait l'impossible découverte des longitudes, n'ait jamais pensé à imiter Louis XIV dans sa magnificence envers les arts.

Le mérite trouve à la vérité en Angleterre d'autres récompenses plus honorables pour la nation; tel est le respect que ce peuple a pour les talents, qu'un homme de mérite y fait toujours fortune. M. Addison en France eût été de quelque académie, et aurait pu obtenir, par le crédit de quelque femme, une pension de douze cents livres, ou plutôt on lui aurait fait des affaires, sous prétexte qu'on aurait aperçu dans sa tragédie de *Caton* quelques traits contre le portier d'un homme en place; en Angleterre il a été secrétaire d'État. M. Newton était intendant des Monnaies du Royaume : M. Congreve avait une charge importante; M. Prior a été plénipotentiaire; le docteur Swift est doyen d'Irlande et y est beaucoup plus considéré que le primat. Si la religion de M. Pope ne lui permet pas d'avoir une place, elle n'empêche pas au moins que sa traduction d'Homère ne lui ait valu deux cent mille francs. J'ai vu longtemps en France l'auteur de *Rhadamiste*[1] prêt de mourir de faim, et le fils d'un des plus grands hommes que la France ait eus, et qui commençait à marcher sur les traces de son père[2], était réduit à la misère sans M. Fagon. Ce qui encourage le plus les arts en Angleterre, c'est la considération où ils sont : le portrait du premier ministre se trouve sur la cheminée de son cabinet, mais j'ai vu celui de M. Pope dans vingt maisons.

M. Newton était honoré de son vivant, et l'a été après sa mort comme il devait l'être. Les principaux de la nation se sont disputé l'honneur de porter le poêle à son convoi. Entrez à Westminster, ce ne sont pas les tombeaux des rois qu'on y admire, ce sont les monuments que la reconnaissance de la nation a érigés aux plus grands hommes qui ont contribué à sa gloire; vous y voyez leurs statues comme on voyait dans Athènes celles des Sophocle et des Platon, et je suis persuadé que la seule vue de ces glorieux monuments a excité plus d'un esprit et formé plus d'un grand homme.

On a même reproché aux Anglais d'avoir été trop loin dans les honneurs qu'ils rendent au simple mérite; on a trouvé à redire qu'ils aient enterré dans Westminster la célèbre comédienne Mlle Oldfield[3], à peu près avec les mêmes honneurs qu'on a rendus à M. Newton; quelques-uns ont prétendu qu'ils avaient affecté d'honorer à ce point la mémoire de cette actrice, afin de nous faire sentir davantage la barbare et lâche injustice qu'ils nous reprochent, d'avoir jeté à la voirie le corps de Mlle Le Couvreur.

Mais je puis vous assurer que les Anglais dans la pompe funèbre de Mlle Oldfield, enterrée dans leur Saint-Denis, n'ont rien consulté que leur goût; ils sont bien loin d'attacher l'infamie à l'art des Sophocle et des Euripide, et de retrancher du corps de leurs citoyens ceux qui se dévouent à réciter devant eux des ouvrages dont leur nation se glorifie.

Du temps de Charles Ier, et dans le commencement de ces guerres civiles commencées par des rigoristes fanatiques, qui eux-mêmes en furent enfin les victimes, on écrivait beaucoup contre les spectacles, d'autant plus que Charles Ier et sa femme, fille de notre Henri le Grand, les aimaient extrêmement.

Un docteur nommé Prynn, scrupuleux à toute outrance, qui se serait cru damné s'il avait porté une soutane au lieu d'un manteau court, et qui aurait voulu que la moitié des hommes eût massacré l'autre pour la gloire de Dieu, et la *propaganda fide,* s'avisa d'écrire un fort mauvais livre contre d'assez bonnes comédies qu'on jouait tous les jours très innocemment devant le roi et la reine[1]. Il cita l'autorité des rabbins et quelques passages de saint Bonaventure pour prouver que l'*Œdipe* de Sophocle était l'ouvrage du malin, que Térence était excommunié *ipso facto,* et il ajouta que sans doute Brutus qui était un janséniste très sévère n'avait assassiné César que parce que César, qui était grand prêtre, avait composé une tragédie d'*Œdipe ;* enfin il dit que tous ceux qui assistaient à un spectacle étaient des excommuniés qui reniaient leur chrême et leur baptême. C'était outrager le roi et toute la famille royale. Les Anglais respectaient alors Charles Ier; ils ne voulurent pas souffrir qu'on parlât d'excommunier ce même prince, à qui ils firent depuis couper la tête. M. Prynn fut cité devant la Chambre étoilée, condamné à voir son beau livre brûlé par la main du bourreau, et lui à avoir les oreilles coupées; son procès se voit dans les actes publics.

On se garde bien en Italie de flétrir l'opéra et d'excommunier le signor Senozini ou la signora Cuzzoni[2]; pour moi, j'oserais souhaiter qu'on pût supprimer en France je ne sais quels mauvais livres qu'on a imprimés contre nos spectacles; car lorsque les Italiens et les Anglais apprennent que nous flétrissons de la plus grande infamie un art dans lequel nous excellons, que l'on condamne comme impie un spectacle représenté chez des religieux et dans les couvents, qu'on déshonore des jeux où Louis XIV et Louis XV ont été acteurs, qu'on déclare œuvre du démon des pièces revues par les magistrats les plus sévères, et représentées devant une reine vertueuse; quand, dis-je, des étrangers apprennent cette insolence, ce manque de respect à l'autorité royale, cette barbarie gothique qu'on ose nommer sévérité chrétienne, que voulez-vous qu'ils pensent de notre nation, et comment peuvent-ils concevoir, ou que nos lois autorisent un art déclaré si infâme, ou qu'on ose marquer de tant d'infamie un art autorisé par les lois, récompensé par les souverains, cultivé par les plus grands hommes, et admiré des nations; et qu'on trouve chez le même libraire la déclamation du père Le Brun contre nos spectacles, à côté des ouvrages immortels des Racine, des Corneille, des Molière, etc.

VINGT-QUATRIÈME LETTRE

Sur les Académies

Les Anglais[1] ont eu longtemps avant nous une Académie des Sciences; mais elle n'est pas si bien réglée que la nôtre, et cela par la seule raison peut-être qu'elle est plus ancienne; car si elle avait été formée après l'Académie de Paris, elle en aurait adopté quelques sages lois et eût perfectionné les autres.

La Société royale de Londres manque des deux choses les plus nécessaires aux hommes, de récompenses et de règles. C'est une petite fortune sûre à Paris pour un géomètre, pour un chimiste, qu'une place à l'Académie; au contraire il en coûte à Londres pour être de la Société royale. Quiconque dit en Angleterre : « J'aime les arts », et veut être de la Société, en est dans l'instant; mais en France, pour être membre et pensionnaire de l'Académie, ce n'est pas assez d'être amateur, il faut être savant et disputer la place contre des concurrents d'autant plus redoutables qu'ils sont animés par la gloire, par l'intérêt, par la difficulté même, et par cette inflexibilité d'esprit que donne d'ordinaire l'étude opiniâtre des sciences de calcul.

L'Académie des Sciences est sagement bornée à l'étude de la nature, et en vérité c'est un champ assez vaste pour occuper cinquante ou soixante personnes. Celle de Londres mêle indifféremment la littérature à la physique : il me semble qu'il est mieux d'avoir une académie particulière pour les belles-lettres, afin que rien ne soit confondu, et qu'on ne voie point une dissertation sur les coiffures des Romaines, à côté d'une centaine de courbes nouvelles.

Puisque la Société de Londres a peu d'ordre et nul encouragement, et que celle de Paris eſt sur un pied tout opposé, il n'eſt pas étonnant que les mémoires de notre Académie soient supérieurs aux leurs : des soldats bien disciplinés et bien payés doivent à la longue l'emporter sur des volontaires. Il eſt vrai que la Société royale a eu un Newton, mais elle ne l'a pas produit : il y avait même peu de ses confrères qui l'entendissent; un génie comme M. Newton appartenait à toutes les Académies de l'Europe, parce que toutes avaient beaucoup à apprendre de lui.

Le fameux docteur Swift forma le dessein, dans les dernières années du règne de la reine Anne, d'établir une académie pour la langue à l'exemple de l'Académie française[1] : ce projet était appuyé par le comte d'Oxford, grand trésorier, et encore plus par le vicomte Bolingbroke, secrétaire d'État, qui avait le don de parler sur-le-champ dans le Parlement avec autant de pureté que Swift écrivait dans son cabinet, et qui aurait été le protecteur et l'ornement de cette académie. Les membres qui la devaient composer étaient des hommes dont les ouvrages dureront autant que la langue anglaise. C'étaient le docteur Swift, M. Prior que nous avons vu ici miniſtre public, et qui en Angleterre a la même réputation que La Fontaine a parmi nous; c'étaient M. Pope, le Boileau d'Angleterre, M. Congreve qu'on peut en appeler le Molière. Plusieurs autres, dont les noms m'échappent ici, auraient tous fait fleurir cette compagnie dans sa naissance, mais la reine mourut subitement : les Whigs se mirent dans la tête de faire pendre les protecteurs de l'Académie, ce qui, comme vous croyez bien, fut mortel aux belles-lettres. Les membres de ce corps auraient eu un grand avantage sur les premiers qui composèrent l'Académie française; car Swift, Prior, Congreve, Dryden, Pope, Addison, etc., avaient fixé la langue anglaise par leurs écrits; au lieu que Chapelain, Colletet, Cassaigne, Faret, Perrin, Cotin, vos premiers académiciens étaient l'opprobre de votre nation, et que leurs noms sont devenus si ridicules que si quelque auteur passable avait le malheur de s'appeler Chapelain ou Cotin, il serait obligé de changer de nom. Il aurait fallu surtout que l'Académie anglaise se proposât des occupations toutes différentes de la nôtre. Un jour un bel esprit de ce pays-là me demanda les mémoires de l'Académie française. « Elle n'écrit point de mémoires, lui répondis-je; mais elle a fait imprimer soixante ou quatre-vingts volumes de compliments » : il en parcourut un ou deux, il ne put jamais entendre ce style, quoiqu'il entendît fort bien tous nos bons auteurs. « Tout ce que j'entrevois, me dit-il, dans ces beaux discours, c'est que le récipiendaire ayant assuré que son prédécesseur était un grand homme, que le cardinal de Richelieu était un très grand homme, le chancelier Séguier un assez grand homme, Louis XIV un plus que grand homme, le directeur lui répond la même chose, et ajoute que le récipiendaire pourrait bien aussi être une espèce de grand homme, et que pour lui directeur, il n'en quitte pas sa part. »

Il est aisé de voir par quelle fatalité presque tous ces discours ont fait si peu d'honneur à ce corps; *vitium est temporis potius quam hominis*. L'usage s'est insensiblement établi que tout académicien répéterait ces éloges à sa réception : ç'a été une espèce de loi d'ennuyer le public. Si on cherche ensuite pourquoi les plus grands génies qui sont entrés dans ce corps ont fait quelquefois les plus mauvaises harangues, la raison en est encore bien aisée : c'est qu'ils ont voulu briller, c'est qu'ils ont voulu traiter nouvellement une matière tout usée : la nécessité de parler, l'embarras de n'avoir rien à dire et l'envie d'avoir de l'esprit, sont trois choses capables de rendre ridicule même le plus grand homme : ne pouvant trouver de pensées nouvelles, ils ont cherché des tours nouveaux, et ont parlé sans penser, comme des gens qui mâcheraient à vide, et feraient semblant de manger en périssant d'inanition.

Au lieu que c'est une loi dans l'Académie française de faire imprimer tous ces discours, par lesquels seuls elle est connue, ce devrait être une loi de ne les imprimer pas.

L'Académie des Belles-Lettres s'est proposé un but plus sage et plus utile, c'est de présenter au public un recueil de mémoires remplis de recherches et de critiques curieuses. Ces mémoires sont déjà estimés chez les étrangers; on souhaiterait seulement que quelques matières y fussent plus approfondies, et qu'on n'en eût point traité d'autres. On se serait, par exemple, fort bien passé de je ne sais quelle dissertation sur les prérogatives de la main droite sur la main gauche[1], et quelques autres recherches, qui, sous un titre moins ridicule, n'en sont guère moins frivoles.

L'Académie des Sciences, dans ses recherches plus difficiles et d'une utilité plus sensible, embrasse la connaissance de la nature et la perfection des arts. Il est à croire que des études si profondes et si suivies, des calculs si exacts, des découvertes si fines, des vues si grandes, produiront enfin quelque chose qui servira au bien de l'univers.

Jusqu'à présent, comme nous l'avons déjà observé ensemble, c'est dans les siècles les plus barbares que se sont faites les plus utiles découvertes; il semble que le partage des temps les plus éclairés et des compagnies les plus savantes soit de raisonner sur ce que des ignorants ont inventé. On sait aujourd'hui, après les longues disputes de M. Huygens et de M. Renaud, la détermination de l'angle le plus avantageux d'un gouvernail de vaisseau avec la quille; mais Christophe Colomb avait découvert l'Amérique sans rien soupçonner de cet angle.

Je suis bien loin d'inférer de là qu'il faille s'en tenir seulement à une pratique aveugle; mais il serait heureux que les physiciens et les géomètres joignissent, autant qu'il est possible, la pratique à la spéculation. Faut-il que ce qui fait le plus d'honneur à l'esprit humain soit souvent ce qui est le moins utile ? Un homme avec les quatre règles d'arithmétique et du bon sens devient un grand négociant, un Jacques Cœur, un Delmet, un Bernard, tandis qu'un pauvre algébriste passe sa vie à chercher dans les nombres des rapports et des propriétés étonnantes, mais sans usage, et qui ne lui apprendront pas ce que c'est que le change. Tous les arts sont à peu près dans ce cas; il y a un point passé lequel les recherches ne sont plus que pour la curiosité : ces vérités ingénieuses et inutiles ressemblent à des étoiles qui, placées trop loin de nous, ne nous donnent point de clarté.

Pour l'Académie française, quel service ne rendrait-elle pas aux lettres, à la langue, et à la nation, si au lieu de faire imprimer tous les ans des compliments, elle faisait imprimer les bons ouvrages du siècle de Louis XIV, épurés de toutes les fautes de langage qui s'y sont glissées ? Corneille et Molière en sont pleins, La Fontaine en fourmille : celles qu'on ne pourrait pas corriger seraient au moins marquées. L'Europe qui lit ces auteurs apprendrait par eux notre langue avec sûreté, sa pureté serait à jamais fixée; les bons livres français imprimés avec ce soin aux dépens du roi seraient un des plus glorieux monuments de la nation. J'ai ouï dire que M. Despréaux avait fait autrefois cette proposition, et qu'elle a été renouvelée par un homme dont l'esprit, la sagesse et la saine critique sont connus; mais cette idée a eu le sort de beaucoup d'autres projets utiles, d'être approuvée et d'être négligée[1].

VINGT-CINQUIÈME LETTRE

Sur les *Pensées* de M. Pascal

Je vous envoie les remarques critiques que j'ai faites depuis longtemps sur les pensées de M. Pascal. Ne me comparez point ici, je vous prie, à Ézéchias qui voulut faire brûler tous les livres de Salomon. Je respecte le génie et l'éloquence de Pascal; mais plus je les respecte, plus je suis persuadé qu'il aurait lui-même corrigé beaucoup de ces pensées qu'il avait jetées au hasard sur le papier, pour les examiner ensuite : et c'est en admirant son génie que je combats quelques-unes de ses idées.

Il me paraît qu'en général l'esprit dans lequel M. Pascal écrivit ces pensées était de montrer l'homme dans un jour odieux. Il s'acharne à nous peindre tous méchants et malheureux; il écrit contre la nature humaine à peu près comme il écrivait contre les jésuites; il impute à l'essence de notre nature ce qui n'appartient qu'à certains hommes : il dit éloquemment des injures au genre humain. J'ose prendre le parti de l'humanité contre ce misanthrope sublime; j'ose assurer que nous ne sommes ni si méchants ni si malheureux qu'il le dit; je suis de plus très persuadé que s'il avait suivi dans le livre qu'il méditait le dessein qui paraît dans ses pensées, il aurait fait un livre plein de paralogismes éloquents, et de faussetés admirablement déduites. Je crois même que tous ces livres qu'on a faits depuis peu, pour prouver la religion chrétienne, sont plus capables de scandaliser que d'édifier. Ces auteurs prétendent-ils en savoir plus que Jésus-Christ et les apôtres ? C'est vouloir soutenir un chêne en l'entourant de roseaux; on peut écarter ces roseaux inutiles sans craindre de faire tort à l'arbre.

J'ai choisi avec discrétion quelques pensées de Pascal, je mets les réponses au bas; c'est à vous à juger si j'ai tort ou raison[1].

I

Les grandeurs et les misères de l'homme sont tellement visibles qu'il faut nécessairement que la véritable religion nous enseigne qu'il y a en lui quelque grand principe de grandeur, et en même temps, quelque grand principe de misère. Car il faut que la véritable religion connaisse à fond notre nature, c'est-à-dire qu'elle connaisse tout ce qu'elle a de grand, et tout ce qu'elle a de misérable, et la raison de l'un et de l'autre. Il faut encore qu'elle nous rende raison des étonnantes contrariétés qui s'y rencontrent.

Cette manière de raisonner paraît fausse et dangereuse; car la fable de Prométhée et de Pandore, les Androgynes de Platon et les dogmes des Siamois rendaient aussi bien raison de ces contrariétés apparentes. La religion chrétienne n'en demeurera pas moins vraie, quand même on n'en tirerait pas ces conclusions ingénieuses, qui ne peuvent servir qu'à faire briller l'esprit.

Le christianisme[2] n'enseigne que la simplicité, l'humanité, la charité : vouloir le réduire à la métaphysique, c'est vouloir en faire une source d'erreurs.

II

Qu'on examine sur cela toutes les religions du monde, et qu'on voie s'il y en a une autre que la chrétienne qui y satisfasse.

Sera-ce celle qu'enseignaient les philosophes, qui nous proposent pour tout bien un bien qui est en nous ? Est-ce là le vrai bien ? Ont-ils trouvé le remède à nos maux ? Est-ce avoir guéri la présomption de l'homme que de l'avoir égalé à Dieu ? Et ceux qui nous ont égalés aux bêtes, et qui nous ont donné les plaisirs de la terre pour tout bien, ont-ils apporté le remède à nos concupiscences ?

Les philosophes n'ont point enseigné de religion : ce n'est pas leur philosophie qu'il s'agit de combattre. Jamais philosophe ne s'est dit inspiré de Dieu; car dès lors il eût cessé d'être philosophe, et il eût fait le prophète. Il ne s'agit pas de savoir si Jésus-Christ doit l'emporter sur Aristote, il s'agit de prouver que la religion de Jésus-Christ est la véritable, et que celles de Mahomet, des païens et toutes les autres sont fausses[1].

III

Et cependant sans ce mystère le plus incompréhensible de tous, nous sommes incompréhensibles à nous-mêmes. Le nœud de notre condition prend ses retours et ses plis dans l'abîme du péché originel ; de sorte que l'homme est plus inconcevable sans ce mystère, que ce mystère n'est inconcevable à l'homme.

Est-ce raisonner que de dire : *L'homme est inconcevable sans ce mystère inconcevable*[2] ? Pourquoi vouloir aller plus loin que l'Écriture ? N'y a-t-il pas de la témérité à croire qu'elle a besoin d'appui, et que ces idées philosophiques peuvent lui en donner ?

Qu'aurait répondu M. Pascal à un homme qui lui aurait dit : « Je sais que le mystère du péché originel est l'objet de ma foi et non de ma raison. Je conçois fort bien sans mystère ce que c'est que l'homme. Je vois qu'il vient au monde comme les autres animaux, que l'accouchement des mères est plus douloureux à mesure qu'elles sont plus délicates, que quelquefois des femmes et des animaux femelles meurent dans l'enfantement; qu'il y a quelquefois des enfants mal organisés qui vivent privés d'un ou deux sens, et de la faculté du raisonnement; que ceux qui sont le mieux organisés sont ceux qui ont les passions les plus vives, que l'amour de soi-même est égal chez tous les hommes, et qu'il leur est aussi nécessaire que les cinq sens; que cet amour-propre nous est donné de Dieu pour la conservation de notre être, et qu'il nous a donné la religion pour régler cet amour-propre; que nos idées sont justes ou inconséquentes, obscures ou lumineuses, selon que nos organes sont plus ou moins solides, plus ou moins déliés, et selon que nous sommes plus ou moins passionnés; que nous dépendons en tout de l'air qui nous environne, des aliments que nous prenons, et que dans tout cela il n'y a rien de contradictoire. L'homme n'est point une énigme comme vous vous le figurez, pour avoir le plaisir de la deviner. L'homme paraît être à sa place dans la nature, supérieur aux animaux, auxquels il est semblable par les organes, inférieur à d'autres êtres, auxquels il ressemble probablement par la pensée. Il est comme tout ce que nous voyons, mêlé de mal et de bien, de plaisir et de peine. Il est pourvu de passions pour agir, et de raison pour gouverner ses actions. Si l'homme était parfait, il serait Dieu, et ces prétendues contrariétés que vous appelez contradictions sont les ingrédients nécessaires qui entrent dans le composé de l'homme, qui est ce qu'il doit être[1]. »

IV

Suivons nos mouvements, observons-nous nous-mêmes, et voyons si nous n'y trouverons pas les caractères vivants de ces deux natures.

Tant de contradictions se trouveraient-elles dans un sujet simple ? Cette duplicité de l'homme est si visible, qu'il y en a qui ont pensé que nous avions deux âmes, un sujet simple leur paraissant incapable de telles et si soudaines variétés, d'une présomption démesurée à un horrible abattement de cœur.

Nos diverses volontés[2] ne sont point des contradictions dans la nature, et l'homme n'est point un sujet simple. Il est composé d'un nombre innombrable d'organes. Si un seul de ses organes est un peu altéré, il est nécessaire qu'il change toutes les impressions du cerveau, et que l'animal ait de nouvelles pensées et de nouvelles volontés. Il est très vrai que nous sommes tantôt abattus de tristesse, tantôt enflés de présomption, et cela doit être quand nous nous trouvons dans des situations opposées. Un animal que son maître caresse et nourrit, et un autre qu'on égorge lentement et avec adresse pour en faire une dissection, éprouvent des sentiments bien contraires; aussi faisons-nous; et les différences qui sont en nous sont si peu contradictoires, qu'il serait contradictoire qu'elles n'existassent pas.

Les fous qui ont dit que nous avions deux âmes pouvaient par la même raison nous en donner trente ou quarante; car un homme dans une grande passion a souvent trente ou quarante idées différentes de la même chose, et doit nécessairement les avoir, selon que cet objet lui paraît sous différentes faces.

Cette prétendue duplicité de l'homme est une idée aussi absurde que métaphysique. J'aimerais autant dire que le chien qui mord et qui caresse est double; que la poule qui a tant de soin de ses petits, et qui ensuite les abandonne jusqu'à les méconnaître, est double; que la glace qui représente des objets différents est double; que l'arbre qui est tantôt chargé, tantôt dépouillé de feuilles, est double. J'avoue que l'homme est inconcevable; mais tout le reste de la nature l'est aussi, et il n'y a pas plus de contradictions apparentes dans l'homme que dans tout le reste.

V

Ne parier point que Dieu est, c'est parier qu'il n'est pas. Lequel prendrez-vous donc ? Pesons le gain et la perte en prenant le parti de croire que Dieu est. Si vous gagnez, vous gagnez tout, si vous perdez, vous ne perdez rien. Pariez donc qu'il est sans hésiter. — Oui, il faut gager, mais je gage peut-être trop. — Voyons, puisqu'il y a pareil hasard de gain et de perte, quand vous n'auriez que deux vies à gagner pour une, vous pourriez encore gager.

Il est évidemment faux de dire : Ne point parier que Dieu est, c'est parier qu'il n'est pas; car celui qui doute et demande à s'éclairer ne parie assurément ni pour ni contre.

D'ailleurs cet article paraît un peu indécent et puéril; cette idée de jeu, de perte et de gain, ne convient point à la gravité du sujet.

De plus, l'intérêt que j'ai à croire une chose n'est pas une preuve de l'existence de cette chose. Je vous donnerai, me dites-vous, l'empire du monde, si je crois que vous ayez raison. Je souhaite alors de tout mon cœur que vous ayez raison; mais jusqu'à ce que vous me l'ayez prouvé, je ne peux vous croire.

Commencez, pourrait-on dire à M. Pascal, par convaincre ma raison; j'ai intérêt, sans doute, qu'il y ait un Dieu; mais si dans votre système Dieu n'est venu que pour si peu de personnes, si le petit nombre des élus est si effrayant, si je ne puis rien du tout par moi-même, dites-moi, je vous prie, quel intérêt j'ai à vous croire ? N'ai-je pas un intérêt visible à être persuadé du contraire ? De quel front osez-vous me montrer un bonheur infini, auquel d'un million d'hommes, à peine un seul a droit d'aspirer ? Si vous voulez me convaincre, prenez-vous-y d'une autre façon et n'allez pas tantôt me parler de jeu, de hasard, de pari, de croix et de pile, et tantôt m'effrayer par les épines que vous semez sur le chemin que je veux et que je dois suivre. Votre raisonnement ne servirait qu'à faire des athées, si la voix de toute la nature ne nous criait qu'il y a un Dieu, avec autant de force que ces subtilités ont de faiblesse.

VI

En voyant l'aveuglement et la misère de l'homme, et ces contrariétés étonnantes qui se découvrent dans sa nature ; et regardant tout l'univers muet et l'homme sans lumière, abandonné à lui-même, et comme égaré dans ce recoin de l'univers, sans savoir qui l'y a mis, ce qu'il y est venu faire, ce qu'il y deviendra en mourant, j'entre en effroi comme un homme qu'on aurait porté endormi dans une île déserte et effroyable, et qui s'éveillerait sans connaître où il est, et sans avoir aucun moyen d'en sortir ; et sur cela j'admire comment on n'entre pas en désespoir d'un si misérable état.

En lisant cette réflexion, je reçois une lettre d'un de mes amis qui demeure dans un pays fort éloigné. Voici ses paroles :

« Je suis ici comme vous m'y avez laissé, ni plus gai, ni plus triste, ni plus riche, ni plus pauvre, jouissant d'une santé parfaite, ayant tout ce qui rend la vie agréable, sans amour, sans avarice, sans ambition et sans envie, et tant que tout cela durera, je m'appellerai hardiment un homme très heureux. »

Il y a beaucoup d'hommes aussi heureux que lui; il en eﬆ des hommes comme des animaux. Tel chien couche et mange avec sa maîtresse; tel autre tourne la broche et eﬆ tout aussi content; tel autre devient enragé et on le tue. Pour moi quand je regarde Paris ou Londres, je ne vois aucune raison pour entrer dans ce désespoir dont parle M. Pascal; je vois une ville qui ne ressemble en rien à une île déserte; mais peuplée, opulente, policée, et où les hommes sont heureux autant que la nature humaine le comporte. Quel eﬆ l'homme sage qui sera prêt à se pendre, parce qu'il ne sait pas comme on voit Dieu face à face, et que sa raison ne peut débrouiller le myﬆère de la Trinité[1] ? Il faudrait autant se désespérer de n'avoir pas quatre pieds et deux ailes.

Pourquoi nous faire horreur de notre être ? Notre exiﬆence n'eﬆ point si malheureuse qu'on veut nous le faire accroire. Regarder l'univers comme un cachot, et tous les hommes comme des criminels qu'on va exécuter, eﬆ l'idée d'un fanatique; croire que le monde eﬆ un lieu de délices où l'on ne doit avoir que du plaisir, c'eﬆ la rêverie d'un sybarite. Penser que la terre, les hommes et les animaux sont ce qu'ils doivent être dans l'ordre de la Providence eﬆ, je crois, d'un homme sage.

VII

[Les Juifs pensent] *que Dieu ne laissera pas éternellement les autres peuples dans ces ténèbres ; qu'il viendra un libérateur pour tous ; qu'ils sont au monde pour l'annoncer ; qu'ils sont formés exprès pour être les hérauts de ce grand avènement, et pour appeler tous les peuples à s'unir à eux dans l'attente du libérateur.*

Les Juifs ont toujours attendu un libérateur; mais leur libérateur eﬆ pour eux et non pour nous; ils attendent un Messie qui rendra les Juifs maîtres des chrétiens, et nous espérons que le Messie réunira un jour les Juifs aux chrétiens : ils pensent précisément sur cela tout le contraire de ce que nous pensons.

VIII

La loi par laquelle ce peuple eſt gouverné eſt tout ensemble la plus ancienne loi du monde, la plus parfaite et la seule qui ait toujours été gardée sans interruption dans un État. C'eſt ce que Philon Juif montre en divers lieux, et Josèphe admirablement contre Appion, où il fait voir qu'elle eſt si ancienne, que le nom même de loi n'a été connu des plus anciens que plus de mille ans après, en sorte qu'Homère qui a parlé de tant de peuples ne s'en eſt jamais servi. Et il eſt aisé de juger de la perfection de cette loi par sa simple lecture, où l'on voit qu'on y a pourvu à toutes choses avec tant de sagesse, tant d'équité, tant de jugement, que les plus anciens législateurs grecs et romains, en ayant quelque lumière, en ont emprunté leurs principales lois ; ce qui paraît par celles qu'ils appellent des douze tables, et par les autres preuves que Josèphe en donne.

Il eſt très faux que la loi des Juifs soit la plus ancienne, puisque avant Moïse leur législateur, ils demeuraient en Égypte, le pays de la terre le plus renommé pour ses sages lois.

Il eſt très faux que le nom de loi n'ait été connu qu'après Homère : il parle des lois de Minos; le mot de loi eſt dans Hésiode; et quand le nom de loi ne se trouverait ni dans Hésiode ni dans Homère, cela ne prouverait rien. Il y avait des rois et des juges, donc il y avait des lois.

Il eſt encore très faux que les Grecs et les Romains aient pris des lois des Juifs. Ce ne peut être dans les commencements de leurs républiques, car alors ils ne pouvaient connaître les juifs; ce ne peut être dans le temps de leur grandeur, car alors ils avaient pour ces barbares un mépris connu de toute la terre[1].

IX

Ce peuple eſt encore admirable en sincérité. Ils gardent avec amour et fidélité le livre où Moïse déclare qu'ils ont toujours été ingrats envers Dieu, et qu'il sait qu'ils le seront encore plus après sa mort ; mais qu'il appelle le ciel et la terre à témoin contre eux, qu'il le leur a assez dit ; qu'enfin, Dieu, s'irri-

tant contre eux, les dispersera par tous les peuples de la terre ; que comme ils l'ont irrité en adorant les dieux qui n'étaient point leurs dieux, il les irritera en appelant un peuple qui n'était point son peuple. Cependant ce livre qui les déshonore en tant de façons, ils le conservent aux dépens de leur vie. C'est une sincérité qui n'a point d'exemple dans le monde, ni sa racine dans la nature.

Cette sincérité a partout des exemples et n'a sa racine que dans la nature. L'orgueil de chaque juif est intéressé à croire que ce n'est point sa détestable politique, son ignorance des arts, sa grossièreté qui l'a perdu; mais que c'est la colère de Dieu qui le punit. Il pense avec satisfaction qu'il a fallu des miracles pour l'abattre; et que sa nation est toujours la bien-aimée du Dieu qui la châtie.

Qu'un prédicateur monte en chaire et dise aux Français : « Vous êtes des misérables qui n'avez ni cœur ni conduite, vous avez été battus à Hochstet et à Ramilly, parce que vous n'avez pas su vous défendre », il se fera lapider; mais s'il dit : « Vous êtes des catholiques chéris de Dieu; vos péchés infâmes avaient irrité l'Éternel qui vous livra aux hérétiques à Hochstet et à Ramilly; mais quand vous êtes revenus au Seigneur, alors il a béni votre courage à Denain », ces paroles le feront aimer de l'auditoire.

X

S'il y a un Dieu, il ne faut aimer que lui, et non les créatures.

Il faut aimer et très tendrement les créatures; il faut aimer sa patrie, sa femme, son père, ses enfants, et il faut si bien les aimer que Dieu nous les fait aimer malgré nous. Les principes contraires ne sont propres qu'à faire de barbares raisonneurs[1].

XI

Nous naissons injustes ; car chacun tend à soi. Cela est contre tout ordre. Il faut tendre au général. Et la pente vers soi est le commencement de tout désordre en guerre, en police, en économie, etc.

Cela est selon tout ordre. Il est aussi impossible qu'une société puisse se former et subsister sans amour-propre, qu'il serait impossible de faire des enfants sans concupiscence, de songer à se nourrir sans appétit, etc. C'est l'amour de nous-même qui assiste l'amour des autres; c'est par nos besoins mutuels que nous sommes utiles au genre humain; c'est le fondement de tout commerce; c'est l'éternel lien des hommes. Sans lui il n'y aurait pas eu un art inventé, ni une société de dix personnes formée; c'est cet amour-propre que chaque animal a reçu de la nature qui nous avertit de respecter celui des autres. La loi dirige cet amour-propre et la religion le perfectionne. Il est bien vrai que Dieu aurait pu faire des créatures uniquement attentives au bien d'autrui. Dans ce cas les marchands auraient été aux Indes par charité, et le maçon eût scié de la pierre pour faire plaisir à son prochain. Mais Dieu a établi les choses autrement. N'accusons point l'instinct qu'il nous donne, et faisons-en l'usage qu'il commande.

XII

[Le sens caché des prophéties] *ne pouvait induire en erreur, et il n'y avait qu'un peuple aussi charnel qui s'y pût méprendre.*

Car quand les biens sont promis en abondance, qui les empêchait d'entendre les véritables biens, sinon leur cupidité qui déterminait ce sens aux biens de la terre ?

En bonne foi le peuple le plus spirituel de la terre l'aurait-il entendu autrement ? Ils étaient esclaves des Romains; ils attendaient un libérateur qui les rendrait victorieux, et qui ferait respecter Jérusalem dans tout le monde. Comment avec les lumières de leur raison, pouvaient-ils voir ce vainqueur, ce monarque dans Jésus pauvre et mis en croix ? Comment pouvaient-ils entendre par le nom de leur capitale une Jérusalem céleste, eux à qui le Décalogue n'avait pas seulement parlé de l'immortalité de l'âme ? Comment un peuple si attaché à sa loi pouvait-il, sans une lumière supérieure, reconnaître dans les prophéties qui n'étaient pas leur loi un dieu caché sous la figure d'un juif circoncis, qui par sa religion nouvelle a détruit et rendu abominable la circoncision et le sabbat, fondements sacrés de la loi judaïque ! Pascal né parmi les juifs s'y serait mépris comme eux. Encore une fois adorons Dieu sans vouloir percer dans l'obscurité de ses mystères.

XIII

Le temps du premier avènement de Jésus-Christ est prédit ; le temps du second ne l'est point, parce que le premier devait être caché ; au lieu que le second doit être éclatant et tellement manifeste, que ses ennemis mêmes le reconnaîtront.

Le temps du second avènement de Jésus-Christ a été prédit encore plus clairement que le premier. M. Pascal avait apparemment oublié que Jésus-Christ, dans le chapitre XXI de saint Luc, dit expressément :

« Lorsque vous verrez une armée environner Jérusalem, sachez que la désolation est proche... Jérusalem sera foulée aux pieds, et il y aura des signes dans le soleil et dans la lune et dans les étoiles, les flots de la mer feront un très grand bruit... Les vertus des cieux seront ébranlées, et alors ils verront le fils de l'homme, qui viendra sur une nuée avec une grande puissance et une grande majesté. »

Ne voilà-t-il[1] pas le second avènement prédit distinctement ? Mais, si cela n'est point arrivé encore, ce n'est point à nous d'oser interroger la Providence.

XIV

Le Messie, selon les juifs charnels, doit être un grand prince temporel. Selon les chrétiens charnels, il est venu nous dispenser d'aimer Dieu et nous donner des sacrements qui opèrent tout sans nous. Ni l'un ni l'autre n'est la religion chrétienne ni juive.

Cet article est bien plutôt un trait de satire qu'une réflexion chrétienne. On voit que c'est aux jésuites qu'on en veut ici. Mais en vérité aucun jésuite a-t-il jamais dit que Jésus-Christ est venu nous dispenser d'aimer Dieu ? La dispute sur l'amour de Dieu est une pure dispute de mots, comme la plupart des autres querelles scientifiques qui ont causé des haines si vives, et des malheurs si affreux.

Il y a encore un autre défaut dans cet article. C'est qu'on y suppose que l'attente d'un messie était un point de religion chez les juifs. C'était seulement une idée consolante répandue parmi cette nation. Les juifs espéraient un libérateur. Mais il ne leur était pas ordonné d'y croire comme article de foi. Toute leur religion était renfermée dans le livre de la Loi. Les prophètes n'ont jamais été regardés par les juifs comme législateurs.

XV

Pour examiner les prophéties, il faut les entendre. Car si l'on croit qu'elles n'ont qu'un sens, il est sûr que le Messie ne sera point venu ; mais si elles ont deux sens, il est sûr qu'il sera venu en Jésus-Christ.

La religion chrétienne est si véritable, qu'elle n'a pas besoin de preuves douteuses : or si quelque chose pouvait ébranler les fondements de cette sainte et raisonnable religion, c'est ce sentiment de M. Pascal. Il veut que tout ait deux sens dans l'Écriture; mais un homme qui aurait le malheur d'être incrédule pourrait lui dire : celui qui donne deux sens à ses paroles veut tromper les hommes, et cette duplicité est toujours punie par les lois. Comment donc pouvez-vous sans rougir admettre dans Dieu ce qu'on punit et ce qu'on déteste dans les hommes ? Que dis-je, avec quel mépris et avec quelle indignation ne traitez-vous pas les oracles des païens, parce qu'ils avaient deux sens ? Ne pourrait-on pas[1] dire plutôt que les prophéties qui regardent directement Jésus-Christ n'ont qu'un sens, comme celle de Daniel, de Michée et autres ? Ne pourrait-on pas même dire que, quand nous n'aurions aucune intelligence des prophéties, la religion n'en serait pas moins prouvée ?

XVI

La distance infinie des corps aux esprits figure la distance infiniment plus infinie des esprits à la charité, car elle est surnaturelle.

Il est à croire que M. Pascal n'aurait pas employé ce galimatias dans son ouvrage, s'il avait eu le temps de le faire.

XVII

Les faiblesses les plus apparentes sont des forces à ceux qui prennent bien les choses. Par exemple, les deux généalogies de saint Matthieu et de saint Luc ; il est visible que cela n'a pas été fait de concert.

Les éditeurs des *Pensées* de Pascal auraient-ils dû imprimer cette pensée, dont l'exposition seule est peut-être capable de faire tort à la religion ? A quoi bon dire que ces généalogies, ces points fondamentaux de la religion chrétienne se contrarient, sans dire en quoi elles peuvent s'accorder ? Il fallait présenter l'antidote avec le poison. Que penserait-on d'un avocat qui dirait : « Ma partie se contredit; mais cette faiblesse est une force pour ceux qui savent bien prendre les choses[1] ? »

XVIII

Qu'on ne nous reproche donc plus le manque de clarté, puisque nous en faisons profession. Mais que l'on reconnaisse la vérité de la religion dans l'obscurité même de la religion, dans le peu de lumière que nous en avons, et dans l'indifférence que nous avons de la connaître.

Voilà d'étranges marques de vérité qu'apporte Pascal ! Quelles autres marques a donc le mensonge ? Quoi ! il suffirait, pour être cru, de dire : « Je suis obscur, je suis inintelligible » ? Il serait bien plus sensé de ne présenter aux yeux que les lumières de la foi, au lieu de ces ténèbres d'érudition.

XIX

S'il n'y avait qu'une religion, Dieu serait trop manifeste.

Quoi ! vous dites que s'il n'y avait qu'une religion, Dieu serait trop manifeste ? Eh, oubliez-vous que vous dites à chaque page qu'un jour, il n'y aura qu'une religion ? Selon vous, Dieu sera donc alors trop manifeste.

XX

Je dis que la religion juive ne consistait en aucune de ces choses, mais seulement en l'amour de Dieu, et que Dieu réprouvait toutes les autres choses.

Quoi ! Dieu réprouvait tout ce qu'il ordonnait lui-même avec tant de soin aux juifs et dans un détail si prodigieux ! N'est-il pas plus vrai de dire que la loi de Moïse consistait et dans l'amour et dans le culte. Ramener tout à l'amour de Dieu sent bien moins l'amour de Dieu que la haine que tout janséniste a pour son prochain moliniste.

XXI

La chose la plus importante à la vie, c'est le choix d'un métier ; le hasard en dispose, la coutume fait les maçons, les soldats, les couvreurs.

Qui peut donc déterminer les soldats, les maçons et tous les ouvriers mécaniques, sinon ce qu'on appelle le hasard et la coutume ? Il n'y a que les arts de génie auxquels on se détermine de soi-même; mais pour les métiers que tout le monde peut faire, il est très naturel et très raisonnable que la coutume en dispose.

XXII

Que chacun examine sa pensée, il la trouvera toujours occupée au passé et à l'avenir. Nous ne pensons presque point au présent ; et si nous y pensons, ce n'est que pour en prendre la lumière pour disposer l'avenir. Le présent n'est jamais notre but. Le passé et le présent sont nos moyens, le seul avenir est notre objet.

Il faut[1], bien loin de se plaindre, remercier l'auteur de la nature, de ce qu'il nous donne cet instinct qui nous emporte sans cesse vers l'avenir. Le trésor le plus précieux de l'homme est cette espérance qui nous adoucit nos chagrins, et qui nous peint des plaisirs futurs dans la possession des plaisirs présents. Si les hommes étaient assez malheureux pour ne s'occuper que du présent, on ne sèmerait point, on ne bâtirait point, on ne planterait point, on ne pourvoirait à rien; on manquerait de tout au milieu de cette fausse jouissance. Un esprit comme M. Pascal pouvait-il donner dans un lieu commun aussi faux que celui-là ? La nature a établi que chaque homme jouirait du présent en se nourrissant, en faisant des enfants, en écoutant des sons agréables, en occupant sa faculté de penser et de sentir, et qu'en sortant de ces états, souvent au milieu de ces états mêmes, il penserait au lendemain, sans quoi il périrait de misère aujourd'hui[2].

XXIII

Mais quand j'y ai regardé de plus près, j'ai trouvé que cet éloignement que les hommes ont du repos, et de demeurer avec eux-mêmes, vient d'une cause bien effective, c'est-à-dire du malheur naturel de notre condition faible et mortelle, et si misérable, que rien ne nous peut consoler, lorsque rien ne nous empêche d'y penser, et que nous ne voyons que nous.

Ce mot, ne voir que nous, ne forme aucun sens.

Qu'est-ce qu'un homme qui n'agirait point, et qui est supposé se contempler ? Non seulement je dis que cet homme serait un imbécile, inutile à la société, mais je dis que cet homme ne peut exister : car que contemplerait-il ? Son corps, ses pieds, ses mains, ses cinq sens ? Ou il serait un idiot, ou bien il ferait usage de tout cela : resterait-il à contempler sa faculté de penser ? Mais il ne peut contempler cette faculté qu'en l'exerçant. Ou il ne pensera à rien, ou bien il pensera aux idées qui lui sont déjà venues, ou il en composera de nouvelles : or il ne peut avoir d'idées que du dehors. Le voilà donc nécessairement occupé ou de ses sens ou de ses idées, le voilà donc hors de soi, ou imbécile.

Encore une fois, il est impossible à la nature humaine de rester dans cet engourdissement imaginaire; il est absurde de le penser, il est insensé d'y prétendre. L'homme est né pour l'action, comme le feu tend en haut et la pierre en bas. N'être point occupé et n'exister pas est la même chose pour l'homme. Toute la différence consiste dans les occupations douces ou tumultueuses, dangereuses ou utiles.

XXIV

Les hommes ont un instinct secret qui les porte à chercher le divertissement et l'occupation au dehors, qui vient du ressentiment de leur misère continuelle : et ils ont un autre instinct secret qui reste de la grandeur de leur première nature, qui leur fait connaître que le bonheur n'est en effet que dans le repos.

Cet instinct secret étant le premier principe et le fondement nécessaire de la société, il vient plutôt de la bonté de Dieu, et il est plutôt l'instrument de notre bonheur qu'il n'est le ressentiment de notre misère. Je ne sais pas ce que nos premiers pères faisaient dans le paradis terrestre, mais si chacun d'eux n'avait pensé qu'à soi, l'existence du genre humain était bien hasardée. N'est-il pas absurde de penser qu'ils avaient des sens parfaits, c'est-à-dire des instruments d'action parfaits, uniquement pour la contemplation ? Et n'est-il pas plaisant que des têtes pensantes puissent imaginer que la paresse est un titre de grandeur, et l'action, un rabaissement de notre nature ?

XXV

C'est pourquoi lorsque Cinéas disait à Pyrrhus, qui se proposait de jouir du repos avec ses amis, après avoir conquis une grande partie du monde, qu'il ferait mieux d'avancer lui-même son bonheur, en jouissant dès lors de ce repos, sans l'aller chercher par tant de fatigues, il lui donnait un conseil qui recevait de grandes difficultés, et qui n'était guère plus raisonnable que le dessein de ce jeune ambitieux. L'un et l'autre supposaient que l'homme se pût contenter de soi-même et de ses biens présents, sans remplir le vide de son cœur d'espérances imaginaires, ce qui est faux. Pyrrhus ne pouvait être heureux ni devant ni après avoir conquis le monde.

L'exemple de Cinéas est bon dans les satires de Despréaux[1], mais non dans un livre philosophique. Un roi sage peut être heureux chez lui; et de ce qu'on nous donne Pyrrhus pour un fou, cela ne conclut rien pour le reste des hommes.

XXVI

On doit donc reconnaître que l'homme est si malheureux qu'il s'ennuierait même sans aucune cause étrangère d'ennui, par le propre état de sa condition.

Au contraire l'homme est si heureux en ce point, et nous avons tant d'obligation à l'auteur de la nature, qu'il a attaché l'ennui à l'inaction, afin de nous forcer par là à être utiles au prochain et à nous-même.

XXVII

D'où vient que cet homme qui a perdu depuis peu son fils unique, et qui, accablé de procès et de querelles, était ce matin si troublé, n'y pense plus maintenant ? Ne vous en étonnez pas : il est tout occupé à voir où passera un cerf que ses chiens poursuivent avec quelque ardeur depuis six heures. Il n'en faut pas davantage pour l'homme, quelque plein de tristesse qu'il soit.

Si l'on peut gagner sur lui de le faire entrer en quelque divertissement, le voilà heureux pendant ce temps-là.

Cet homme fait à merveille; la dissipation eſt un remède plus sûr contre la douleur que le quinquina contre la fièvre : ne blâmons point en cela la nature qui eſt toujours prête à nous secourir[1].

XXVIII

Qu'on s'imagine un nombre d'hommes dans les chaînes et tous condamnés à la mort, dont les uns étant chaque jour égorgés à la vue des autres, ceux qui reſtent voient leur propre condition dans celle de leurs semblables, et se regardant les uns les autres avec douleur et sans espérance, attendent leur tour. C'eſt l'image de la condition des hommes.

Cette comparaison assurément n'eſt pas juſte : des malheureux enchaînés qu'on égorge l'un après l'autre, sont malheureux, non seulement parce qu'ils souffrent, mais encore parce qu'ils éprouvent ce que les autres hommes ne souffrent pas. Le sort naturel d'un homme n'eſt ni d'être enchaîné ni d'être égorgé; mais tous les hommes sont faits comme les animaux et les plantes, pour croître, pour vivre un certain temps, pour produire leur semblable et pour mourir. On peut dans une satire montrer l'homme tant qu'on voudra du mauvais côté; mais pour peu qu'on se serve de sa raison, on avouera que de tous les animaux, l'homme eſt le plus parfait, le plus heureux, et celui qui vit le plus longtemps. Au lieu donc de nous étonner et de nous plaindre du malheur et de la brièveté de la vie, nous devons nous étonner et nous féliciter de notre bonheur et de sa durée. A ne raisonner qu'en philosophe, j'ose dire qu'il y a bien de l'orgueil et de la témérité à prétendre que par notre nature nous devons être mieux que nous ne sommes.

XXIX[2]

Les sages parmi les païens, qui ont dit qu'il n'y a qu'un Dieu, ont été persécutés, les juifs haïs, les chrétiens encore plus.

Ils ont été quelquefois persécutés, de même que le serait aujourd'hui un homme qui viendrait enseigner l'adoration d'un Dieu, indépendante du culte reçu. Socrate n'a pas été condamné pour avoir dit : « Il n'y a qu'un Dieu », mais pour s'être élevé contre le culte extérieur du pays, et pour s'être fait des ennemis puissants fort mal à propos. A l'égard des juifs, ils étaient haïs, non parce qu'ils ne croyaient qu'un Dieu, mais parce qu'ils haïssaient ridiculement les autres nations, parce que c'étaient des barbares qui massacraient sans pitié leurs ennemis vaincus, parce que ce vil peuple, superstitieux, ignorant, privé des arts, privé du commerce, méprisait les peuples les plus policés. Quant aux chrétiens, ils étaient haïs des païens, parce qu'ils tendaient à abattre la religion et l'empire dont ils vinrent enfin à bout, comme les protestants se sont rendus les maîtres dans les mêmes pays, où ils furent longtemps haïs, persécutés et massacrés.

XXX[1]

Les défauts de Montaigne sont grands. Il est plein de mots sales et déshonnêtes. Cela ne vaut rien. Ses sentiments sur l'homicide volontaire et sur la mort sont horribles.

Montaigne parle en philosophe, non en chrétien : il dit le pour et le contre de l'homicide volontaire[2]. Philosophiquement parlant, quel mal fait à la société un homme qui la quitte quand il ne peut plus la servir ? Un vieillard a la pierre et souffre des douleurs insupportables ; on lui dit : « Si vous ne vous faites tailler, vous allez mourir ; si l'on vous taille, vous pourrez encore radoter, baver et traîner pendant un an, à charge à vous-même et aux vôtres. » Je suppose que le bonhomme prenne alors le parti de n'être plus à charge à personne : voilà à peu près le cas que Montaigne expose.

XXXI

Combien les lunettes nous ont-elles découvert d'astres qui n'étaient point pour nos philosophes d'auparavant ? On atta-

quait hardiment l'Écriture sur ce qu'on y trouve en tant d'endroits du grand nombre des étoiles. Il n'y en a que mille vingt-deux, disait-on ; nous le savons.

Il eſt certain que la Sainte Écriture en matière de physique s'eſt toujours proportionnée aux idées reçues; ainsi elle suppose que la terre eſt immobile, que le soleil marche, etc. Ce n'eſt point du tout par un raffinement d'aſtronomie qu'elle dit que les étoiles sont innombrables, mais pour s'accorder aux idées vulgaires. En effet, quoique nos yeux ne découvrent qu'environ mille vingt-deux étoiles, cependant quand on regarde le ciel fixement, la vue éblouie croit alors en voir une infinité. L'Écriture parle donc selon ce préjugé vulgaire : car elle ne nous a pas été donnée pour faire de nous des physiciens : et il y a grande apparence que Dieu ne révéla ni à Abacuc, ni à Baruc, ni à Michée qu'un jour un Anglais nommé Flamſtead mettrait dans son catalogue plus de sept mille étoiles aperçues avec le télescope[1].

XXXII

Eſt-ce courage à un homme mourant d'aller dans la faiblesse et dans l'agonie, affronter un Dieu tout-puissant et éternel ?

Cela n'eſt jamais arrivé. Et ce ne peut être que dans un violent transport au cerveau qu'un homme dise : « Je crois un Dieu et je le brave. »

XXXIII

Je crois volontiers les hiſtoires dont les témoins se font égorger.

La difficulté n'eſt pas seulement de savoir si on croira des témoins qui meurent pour soutenir leur déposition, comme ont fait tant de fanatiques; mais encore si ces témoins sont effeċtivement morts pour cela, si on a conservé leurs dépositions, s'ils ont habité les pays où on dit qu'ils sont morts. Pourquoi Josèphe né dans les temps de la mort du Christ, Josèphe ennemi d'Hérode, Josèphe peu attaché au judaïsme n'a-t-il pas dit un mot de tout cela ? Voilà ce que M. Pascal eût débrouillé avec succès, comme ont fait depuis tant d'écrivains éloquents.

XXXIV

Les sciences ont deux extrémités qui se touchent. La première est la pure ignorance naturelle, où se trouvent tous les hommes en naissant ; l'autre extrémité est celle où arrivent les grandes âmes, qui ayant parcouru tout ce que les hommes peuvent savoir, trouvent qu'ils ne savent rien, et se rencontrent dans cette même ignorance d'où ils étaient partis.

Cette pensée est un pur sophisme : et la fausseté consiste dans ce mot d'ignorance qu'on prend en deux sens différents; celui qui ne sait ni lire ni écrire est un ignorant; mais un mathématicien, pour ignorer les principes cachés de la nature, n'est pas au point d'ignorance dont il était parti quand il commença à apprendre à lire. M. Newton ne savait pas pourquoi l'homme remue son bras quand il le veut; mais il n'en était pas moins savant sur le reste. Celui qui ne sait pas l'hébreu et qui sait le latin est savant par comparaison avec celui qui ne sait que le français.

XXXV

Ce n'est pas être heureux que de pouvoir être réjoui par le divertissement ; car il vient d'ailleurs, et de dehors ; et ainsi il est dépendant, et par conséquent sujet à être troublé par mille accidents qui font les afflictions inévitables.

Celui-là est actuellement heureux qui a du plaisir[1], et ce plaisir ne peut venir que de dehors. Nous ne pouvons avoir de sensations ni d'idées que par les objets extérieurs, comme nous ne pouvons nourrir notre corps qu'en y faisant entrer des substances étrangères qui se changent en la nôtre.

XXXVI

L'extrême esprit est accusé de folie, comme l'extrême défaut. Rien ne passe pour bon que la médiocrité.

Ce n'est point l'extrême esprit, c'est l'extrême vivacité et volubilité de l'esprit qu'on accuse de folie. L'extrême esprit est l'extrême justesse, l'extrême finesse, l'extrême étendue, opposée diamétralement à la folie.

L'extrême défaut d'esprit est un manque de conception, un vide d'idées; ce n'est point la folie, c'est la stupidité. La folie est un dérangement dans les organes qui fait voir plusieurs objets trop vite, ou qui arrête l'imagination sur un seul avec trop d'application et de violence. Ce n'est point non plus la médiocrité qui passe pour bonne, c'est l'éloignement des deux vices opposés; c'est ce qu'on appelle juste milieu et non médiocrité[1].

XXXVII

Si notre condition était véritablement heureuse, il ne faudrait pas nous divertir d'y penser.

Notre condition est précisément de penser aux objets extérieurs, avec lesquels nous avons un rapport nécessaire. Il est faux qu'on puisse divertir un homme de penser à la condition humaine; car à quelque chose qu'il applique son esprit, il l'applique à quelque chose de lié nécessairement à la condition humaine; et encore une fois penser à soi avec abstraction des choses naturelles, c'est ne penser à rien, je dis à rien du tout, qu'on y prenne bien garde.

Loin d'empêcher un homme de penser à sa condition, on ne l'entretient jamais que des agréments de sa condition. On parle à un savant de réputation et de science, à un prince de ce qui a rapport à sa grandeur, à tout homme on parle de plaisir.

XXXVIII

Les grands et les petits ont mêmes accidents, mêmes fâcheries et mêmes passions. Mais les uns sont au haut de la roue, et les autres près du centre, et ainsi moins agités par les mêmes mouvements.

Il eſt faux que les petits soient moins agités que les grands : au contraire leurs désespoirs sont plus vifs, parce qu'ils ont moins de ressource. De cent personnes qui se tuent à Londres, il y en a quatre-vingt-dix-neuf du bas peuple, et à peine une d'une condition relevée. La comparaison de la roue eſt ingénieuse et fausse.

XXXIX

On n'apprend pas aux hommes à être honnêtes gens, et on leur apprend tout le reſte ; et cependant ils ne se piquent de rien tant que de cela. Ainsi ils ne se piquent de savoir que la seule chose qu'ils n'apprennent point.

On apprend aux hommes à être honnêtes gens, et sans cela peu parviendraient à l'être. Laissez votre fils prendre dans son enfance tout ce qu'il trouvera sous sa main, à quinze ans il volera sur le grand chemin ; louez-le d'avoir dit un mensonge, il deviendra faux témoin; flattez sa concupiscence, il sera sûrement débauché. On apprend tout aux hommes, la vertu, la religion.

XL

Le sot projet que Montaigne a eu de se peindre, et cela non pas en passant, et contre ses maximes, comme il arrive à tout le monde de faillir, mais par ses propres maximes, et par un dessein premier et principal ! Car de dire des sottises par hasard et par faiblesse, c'eſt un mal ordinaire ; mais d'en dire à dessein, c'eſt ce qui n'eſt pas supportable, et d'en dire de telles que celle-là.

Le charmant projet que Montaigne a eu de se peindre naïvement comme il a fait ! Car il peint la nature humaine; et le pauvre[1] projet de Nicole, de Malebranche, de Pascal, de décrier Montaigne !

XLI

Lorsque j'ai considéré d'où vient qu'on ajoute tant de foi à tant d'imposteurs qui disent qu'ils ont des remèdes, jusqu'à mettre souvent sa vie entre leurs mains, il m'a paru que la véritable cause est qu'il y a de vrais remèdes ; car il ne serait pas possible qu'il y en eût tant de faux, et qu'on y donnât tant de créance, s'il n'y en avait de véritables. Si jamais il n'y en avait eu, et que tous les maux eussent été incurables, il est impossible que les hommes se fussent imaginé qu'ils en pourraient donner, et encore plus que tant d'autres eussent donné créance à ceux qui se fussent vantés d'en avoir. De même que si un homme se vantait d'empêcher de mourir, personne ne le croirait, parce qu'il n'y a aucun exemple de cela. Mais comme il y a eu quantité de remèdes qui se sont trouvés véritables par la connaissance même des plus grands hommes, la créance des hommes s'est pliée par là, parce que la chose ne pouvant être niée en général, puisqu'il y a des effets particuliers qui sont véritables, le peuple, qui ne peut pas discerner lesquels d'entre ces effets particuliers sont les véritables, les croit tous. De même ce qui fait qu'on croit tant de faux effets de la lune, c'est qu'il y en a de vrais, comme le flux de la mer.

Ainsi il me paraît aussi évidemment qu'il n'y a tant de faux miracles, de fausses révélations, de sortilèges, etc., que parce qu'il y en a de vrais.

Il me semble[2] que la nature humaine n'a pas besoin du vrai pour tomber dans le faux. On a imputé mille fausses influences à la lune, avant qu'on imaginât le moindre rapport véritable avec le flux de la mer. Le premier homme qui a été malade a cru sans peine le premier charlatan : personne n'a vu de loups-garous ni de sorciers, et beaucoup y ont cru : personne n'a vu de transmutation de métaux, et plusieurs ont été ruinés par la créance de la pierre philosophale. Les Romains, les Grecs, tous les païens ne croyaient-ils donc aux faux miracles dont ils étaient inondés que parce qu'ils en avaient vu de véritables ?

XLII

Le port règle ceux qui sont dans le vaisseau. Mais où trouverons-nous ce point dans la morale ?

Dans cette seule maxime reçue de toutes les nations : « Ne faites pas à autrui ce que vous ne voudriez pas qu'on vous fît. »

XLIII

Ferox gens nullam esse vitam sine armis putat. *Ils aiment mieux la mort que la paix, les autres aiment mieux la mort que la guerre. Toute opinion peut être préférée à la vie dont l'amour paraît si fort et si naturel.*

C'est des Catalans que Tacite a dit cela; mais il n'y en a point dont on ait dit et dont on puisse dire, elle aime mieux la mort que la guerre.

XLIV

A mesure qu'on a plus d'esprit, on trouve qu'il y a plus d'hommes originaux. Les gens du commun ne trouvent pas de différence entre les hommes.

Il y a très peu d'hommes vraiment originaux ; presque tous se gouvernent, pensent et sentent par l'influence de la coutume et de l'éducation; rien n'est si rare qu'un esprit qui marche dans une route nouvelle; mais parmi cette foule d'hommes qui vont de compagnie, chacun a de petites différences dans la démarche, que les vues fines aperçoivent.

XLV

Il y a donc deux sortes d'esprit, l'un de pénétrer vivement et profondément les conséquences des principes, et c'est là l'esprit de justesse ; l'autre de comprendre un grand nombre de principes sans les confondre, et c'est là l'esprit de géométrie.

L'usage veut, je crois, aujourd'hui, qu'on appelle esprit géométrique l'esprit méthodique et conséquent.

XLVI

La mort est plus aisée à supporter sans y penser que la pensée de la mort sans péril.

On ne peut pas dire qu'un homme supporte la mort aisément ou malaisément, quand il n'y pense point du tout. Qui ne sent rien ne supporte rien.

XLVII[1]

Nous supposons que tous les hommes conçoivent et sentent de la même sorte les objets qui se présentent à eux : mais nous le supposons bien gratuitement ; car nous n'en avons aucune preuve. Je vois bien qu'on applique les mêmes mots dans les mêmes occasions, et que toutes les fois que deux hommes voient, par exemple, de la neige, ils expriment tous deux la vue de ce même objet par les mêmes mots, en disant l'un et l'autre qu'elle est blanche ; et de cette conformité d'application, on tire une puissante conjecture d'une conformité d'idée ; mais cela n'est pas absolument convaincant, quoiqu'il y ait bien à parier pour l'affirmative.

Ce n'était pas la couleur blanche qu'il fallait apporter en preuve. Le blanc, qui est un assemblage de tous les rayons, paraît éclatant à tout le monde, éblouit un peu à la longue, fait à tous les yeux le même effet; mais on pourrait dire que peut-être les autres couleurs ne sont pas aperçues de tous les yeux de la même manière.

XLVIII

Tout notre raisonnement se réduit à céder au sentiment.

Notre raisonnement se réduit à céder au sentiment, en fait de goût, non en fait de science.

XLIX

Ceux qui jugent d'un ouvrage par règle, sont à l'égard des autres comme ceux qui ont une montre à l'égard de ceux qui n'en ont point. L'un dit : il y a deux heures que nous sommes ici. L'autre dit : il n'y a que trois quarts d'heure. Je regarde ma montre, je dis à l'un : vous vous ennuyez, et à l'autre : le temps ne vous dure guère.

En ouvrage de goût, en musique, en poésie, en peinture, c'est le goût qui tient lieu de montre : et celui qui n'en juge que par règles en juge mal.

L

César était trop vieux, ce me semble, pour s'aller amuser à conquérir le monde. Cet amusement était bon à Alexandre ; c'était un jeune homme qu'il était difficile d'arrêter ; mais César devait être plus mûr.

L'on s'imagine d'ordinaire qu'Alexandre et César sont sortis de chez eux dans le dessein de conquérir la terre; ce n'est point cela : Alexandre succéda à Philippe dans le généralat de la Grèce, et fut chargé de la juste entreprise de venger les Grecs des injures du roi de Perse; il battit l'ennemi commun, et continua ses conquêtes jusqu'à l'Inde, parce que le royaume de Darius s'étendait jusqu'à l'Inde; de même que le duc de Marlborough serait venu jusqu'à Lyon sans le maréchal de Villars.

A l'égard de César il était un des premiers de la république. Il se brouilla avec Pompée, comme les jansénistes avec les molinistes, et alors ce fut à qui s'exterminerait : une seule bataille, où il n'y eut pas dix mille hommes de tués, décida de tout.

Au reste la pensée de M. Pascal est peut-être fausse en tout sens. Il fallait la maturité de César pour se démêler de tant d'intrigues, et il est étonnant qu'Alexandre, à son âge, ait renoncé au plaisir pour faire une guerre si pénible.

LI

C'eſt une plaisante chose à considérer, de ce qu'il y a des gens dans le monde, qui ayant renoncé à toutes les lois de Dieu et de la nature, s'en sont fait eux-mêmes auxquelles ils obéissent exactement, comme par exemple les voleurs, etc.

Cela eſt encore plus utile que plaisant à considérer; car cela prouve que nulle société d'hommes ne peut subsiſter un seul jour sans règles.

LII

L'homme n'eſt ni ange ni bête, et le malheur veut que qui veut faire l'ange fait la bête.

Qui veut détruire les passions au lieu de les régler veut faire l'ange.

LIII

Un cheval ne cherche point à se faire admirer de son compagnon : on voit bien entre eux quelque sorte d'émulation à la course, mais c'eſt sans conséquence ; car étant à l'étable, le plus pesant et le plus mal taillé ne cède pas pour cela son avoine à l'autre. Il n'en eſt pas de même parmi les hommes : leur vertu ne se satisfait pas d'elle-même ; et ils ne sont pas contents s'ils n'en tirent pas avantage contre les autres.

L'homme le plus mal taillé ne cède pas non plus son pain à l'autre; mais le plus fort l'enlève au plus faible; et chez les animaux et chez les hommes, les gros mangent les petits[1].

LIV

Si l'homme commençait par s'étudier lui-même, il verrait combien il eſt incapable de passer outre. Comment se pourrait-il faire qu'une partie connût le tout ? Il aspirera peut-être à connaître au moins les parties avec lesquelles il a de la proportion. Mais les parties du monde ont toutes un tel rapport, et un tel enchaînement l'une avec l'autre, que je crois impossible de connaître l'une sans l'autre, et sans le tout.

Il ne faudrait point détourner l'homme de chercher ce qui lui eſt utile, par cette considération qu'il ne peut tout connaître.

> *Non possis oculo quantum contendere Linceus,*
> *Non tamen idcirco contemnas lippus inungi*[1].

Nous connaissons beaucoup de vérités : nous avons trouvé beaucoup d'inventions utiles. Consolons-nous de ne pas savoir les rapports qui peuvent être entre une araignée et l'anneau de Saturne, et continuons à examiner ce qui eſt à notre portée.

LV

Si la foudre tombait sur les lieux bas, les poètes et ceux qui ne savent raisonner que sur les choses de cette nature manqueraient de preuves.

Une comparaison n'eſt preuve ni en poésie ni en prose : elle sert en poésie d'embellissement, et en prose elle sert à éclaircir et à rendre les choses plus sensibles. Les poètes, qui ont comparé les malheurs des grands à la foudre qui frappe les montagnes, feraient des comparaisons contraires, si le contraire arrivait.

LVI

C'eſt cette composition d'esprit et de corps qui a fait que presque tous les philosophes ont confondu les idées des choses, et attribué aux corps ce qui n'appartient qu'aux esprits, et aux esprits ce qui ne peut convenir qu'aux corps.

Si nous savions ce que c'eſt qu'*esprit,* nous pourrions nous plaindre de ce que les philosophes lui ont attribué ce qui ne lui appartient pas; mais nous ne connaissons ni l'esprit ni le corps; nous n'avons aucune idée de l'un, et nous n'avons que des idées très imparfaites de l'autre. Donc nous ne pouvons savoir quelles sont leurs limites.

LVII

Comme on dit beauté poétique, on devrait dire aussi beauté géométrique, et beauté médicinale. Cependant on ne le dit point ; et la raison en eſt qu'on sait bien quel eſt l'objet de la géométrie, et quel eſt l'objet de la médecine ; mais on ne sait pas en quoi consiſte l'agrément, qui eſt l'objet de la poésie. On ne sait ce que c'eſt que ce modèle naturel qu'il faut imiter, et à faute de connaissance, on a inventé de certains termes bizarres, siècle d'or, merveille de nos jours, fatal laurier, bel aſtre, *etc., et on appelle ce jargon beauté poétique. Mais qui s'imaginera une femme vêtue sur ce modèle verra une jolie demoiselle toute couverte de miroirs et de chaînes de laiton.*

Cela eſt très faux; on ne doit point dire *beauté géométrique,* ni *beauté médicinale,* parce qu'un théorème et une purgation n'affectent point les sens agréablement, et qu'on ne donne le nom de beauté qu'aux choses qui charment les sens, comme la musique, la peinture, l'éloquence, la poésie, l'architecture régulière, etc.

La raison qu'apporte M. Pascal eſt tout aussi fausse; on sait très bien en quoi consiſte l'objet de la poésie, il consiſte à peindre avec force, netteté, délicatesse et harmonie : la poésie eſt l'éloquence harmonieuse. Il fallait que M. Pascal eût bien peu de goût pour dire que *fatal laurier, bel aſtre,* et autres sottises, sont des beautés poétiques; et il fallait que les éditeurs de ces pensées fussent des personnes bien peu versées dans les belles lettres, pour imprimer une réflexion si indigne de son illuſtre auteur.

Je ne vous envoie point mes autres remarques sur les *Pensées* de M. Pascal qui entraîneraient des discussions trop longues. C'eſt assez d'avoir cru apercevoir quelques erreurs d'inattention dans ce grand génie; c'eſt une consolation pour un esprit aussi borné que le mien d'être persuadé que les plus grands hommes se trompent comme le vulgaire[1].

LE TEMPLE DU GOÛT[1]

LE Cardinal, oracle de la France,
Non ce Mentor qui gouverne aujourd'hui,
Mais ce Nestor qui du Pinde est l'appui,
Qui des savants a passé l'espérance,
Qui les soutient, qui les anime tous,
Qui les éclaire, et qui règne sur nous
Par les attraits de sa douce éloquence;
Ce Cardinal qui sur un nouveau ton
En vers latins fait parler la sagesse,
Réunissant Virgile avec Platon,
Vengeur du ciel, et vainqueur de Lucrèce[2];

Ce cardinal enfin, que tout le monde doit reconnaître à ce portrait, me dit un jour qu'il voulait que j'allasse avec lui au Temple du Goût. « C'est un séjour, me dit-il, qui ressemble au *Temple de l'Amitié*[3], dont tout le monde parle, où peu de gens vont, et que la plupart de ceux qui y voyagent n'ont presque jamais bien examiné[4]. »

Je répondis avec franchise :
« Hélas ! je connais assez peu
Les lois de cet aimable dieu;
Mais je sais qu'il vous favorise.
Entre vos mains il a remis
Les clefs de son beau paradis;
Et vous êtes, à mon avis,
Le vrai pape de cette église;
Mais de l'autre pape et de vous
(Dût Rome se mettre en courroux)
La différence est bien visible :
Car la Sorbonne ose assurer
Que le Saint-Père peut errer,
Chose à mon sens assez possible;
Mais, pour moi, quand je vous entends
D'un ton si doux et si plausible
Débiter vos discours brillants,
Je vous croirais presque infaillible.

— Ah ! me dit-il, l'infaillibilité est à Rome pour les choses qu'on ne comprend point, et dans le Temple du Goût pour les choses que tout le monde croit entendre. Il faut absolument que vous veniez avec moi.

— Mais, insistai-je encore, si vous me menez avec vous, je m'en vanterai à tout le monde.

Sur ce petit pèlerinage
Aussitôt on demandera
Que je compose un gros ouvrage.
Voltaire simplement fera
Un récit court, qui ne sera
Qu'un très frivole badinage.
Mais son récit on frondera;
A la cour on murmurera;
Et dans Paris on me prendra
Pour un vieux conteur de voyage
Qui vous dit d'un air ingénu
Ce qu'il n'a ni vu ni connu,
Et qui nous ment à chaque page. »

Cependant, comme il ne faut jamais se refuser un plaisir honnête, dans la crainte de ce que les autres en pourront penser, je suivis le guide qui me faisait l'honneur de me conduire.

Cher Rothelin[1], vous fûtes du voyage,
Vous que le goût ne cesse d'inspirer,
Vous dont l'esprit si délicat, si sage,
Vous dont l'exemple a daigné me montrer
Par quels chemins on peut sans s'égarer
Chercher ce goût, ce dieu que dans cet âge
Maints beaux esprits font gloire d'ignorer.

Nous rencontrâmes en chemin bien des obstacles. D'abord nous trouvâmes MM. Baldus, Scioppius, Lexicocrassus, Scriblerius; une nuée de commentateurs qui restituaient des passages, et qui compilaient de gros volumes à propos d'un mot qu'ils n'entendaient pas.

Là j'aperçus les Daciers, les Saumaises,
Gens hérissés de savantes fadaises,
Le teint jauni, les yeux rouges et secs,
Le dos courbé sous un tas d'auteurs grecs,
Tout noircis d'encre, et coiffés de poussière.
Je leur criai de loin par la portière :

« N'allez-vous pas dans le Temple du Goût
Vous décrasser ? — Nous, Messieurs ? point du tout;
Ce n'eſt pas là, grâce au Ciel, notre étude :
Le goût n'eſt rien; nous avons l'habitude
De rédiger au long de point en point
Ce qu'on pensa; mais nous ne pensons point. »

Après cet aveu ingénu, ces messieurs voulurent absolument nous faire lire certains passages de Dictys de Crète et de Métrodore de Lampsaque, que Scaliger[1] avait eſtropiés. Nous les remerciâmes de leur courtoisie, et nous continuâmes notre chemin. Nous n'eûmes pas fait cent pas que nous trouvâmes un homme entouré de peintres, d'architectes, de sculpteurs, de doreurs, de faux connaisseurs, de flatteurs. Ils tournaient le dos au Temple du Goût.

D'un air content l'Orgueil se reposait,
Se pavanait sur son large visage;
Et mon Crassus tout en ronflant disait :
« J'ai beaucoup d'or, de l'esprit davantage;
Du goût, Messieurs, j'en suis pourvu surtout;
Je n'appris rien, je me connais à tout;
Je suis un aigle en conseil, en affaires;
Malgré les vents, les rocs et les corsaires,
J'ai dans le port fait aborder ma nef;
Partant il faut qu'on me bâtisse en bref
Un beau palais, fait pour moi, c'eſt tout dire,
Où tous les arts soient en foule entassés,
Où tout le jour je prétends qu'on m'admire.
L'argent eſt prêt; je parle, obéissez. »
Il dit, et dort. Aussitôt la canaille
Autour de lui s'évertue et travaille.
Certain maçon, en Vitruve érigé,
Lui trace un plan d'ornements surchargé;
Nul veſtibule, encor moins de façade;
Mais vous aurez une longue enfilade;
Vos murs seront de deux doigts d'épaisseur;
Grands cabinets, salon sans profondeur,
Petits trumeaux, fenêtres à ma guise,
Que l'on prendra pour des portes d'église;
Le tout boisé, verni, blanchi, doré,
Et des badauds à coup sûr admiré.
« Réveillez-vous, Monseigneur, je vous prie,

Criait un peintre, admirez l'industrie
De mes talents; Raphaël n'a jamais
Entendu l'art d'embellir un palais.
C'est moi qui sais ennoblir la nature;
Je couvrirai plafonds, voûte, voussure,
Par cent magots travaillés avec soin,
D'un pouce ou deux, pour être vus de loin. »
Crassus s'éveille; il regarde, il rédige,
A tort, à droit, règle, approuve, corrige.
A ses côtés un petit curieux,
Lorgnette en main, disait : « Tournez les yeux,
Voyez ceci, c'est pour votre chapelle;
Sur ma parole achetez ce tableau,
C'est Dieu le père en sa gloire éternelle,
Peint galamment dans le goût de Watteau. »
Et cependant un fripon de libraire,
Des beaux esprits écumeur mercenaire[1],
Tout Bellegarde à ses yeux étalait,
Gacon, le Noble, et jusqu'à Desfontaines,
Recueils nouveaux, et journaux à centaines :
Et monseigneur voulait lire, et bâillait.

Je crus en être quitte pour ce petit retardement, et que nous allions arriver au Temple, sans autre mauvaise fortune; mais la route est plus dangereuse que je ne pensais. Nous trouvâmes bientôt une nouvelle embuscade.

Tel un dévot infatigable,
Dans l'étroit chemin du salut,
Est cent fois tenté par le diable
Avant d'arriver à son but.

C'était un concert que donnait un homme de robe[2], fou de la musique, qu'il n'avait jamais apprise, et encore plus fou de la musique italienne, qu'il ne connaissait que par de mauvais airs inconnus à Rome, et estropiés en France par quelques filles de l'Opéra.

Il faisait exécuter alors un long récitatif français, mis en musique par un Italien, qui ne savait pas notre langue. En vain, on lui remontra que cette espèce de musique, qui n'est qu'une déclamation notée, est nécessairement asservie au génie de la langue, et qu'il n'y a rien de si ridicule que des scènes françaises chantées à l'italienne, si ce n'est de l'italien chanté dans le goût français.

« La nature féconde, ingénieuse et sage,
Par ses dons partagés ornant cet univers,
Parle à tous les humains, mais sur des tons divers.
Ainsi que son esprit tout peuple a son langage,
Ses sons et ses accents à sa voix ajustés,
Des mains de la nature exactement notés :
L'oreille heureuse et fine en sent la différence.
Sur le ton des Français il faut chanter en France.
Aux lois de notre goût Lulli sut se ranger;
Il embellit notre art, au lieu de le changer. »

A ces paroles judicieuses mon homme répondit en secouant la tête : « Venez, venez, dit-il; on va vous donner du neuf. » Il fallut entrer, et voilà son concert qui commence.

Du grand Lulli vingt rivaux fanatiques,
Plus ennemis de l'art et du bon sens,
Défiguraient sur des tons glapissants
Des vers français en fredons italiques.
Une bégueule en lorgnant se pâmait;
Et certain fat, ivre de sa parure,
En se mirant chevrotait, fredonnait,
Et de l'index battant faux la mesure,
Criait bravo lorsque l'on détonnait.

Nous sortîmes au plus vite : ce ne fut qu'au travers de bien des aventures pareilles que nous arrivâmes enfin au Temple du Goût.

Jadis en Grèce on en posa
Le fondement ferme et durable,
Puis jusqu'au ciel on exhaussa
Le faîte de ce Temple aimable.
L'univers entier l'encensa.
Le Romain, longtemps intraitable,
Dans ce séjour s'apprivoisa;
Le musulman, plus implacable,
Conquit le Temple et le rasa.
En Italie on ramassa
Tous les débris que l'infidèle
Avec fureur en dispersa.
Bientôt François Premier osa
En bâtir un sur ce modèle;
Sa postérité méprisa

Cette architecture si belle.
Richelieu vint, qui répara
Le Temple abandonné par elle.
Louis le Grand le décora :
Colbert, son ministre fidèle,
Dans ce sanctuaire attira
Des beaux-arts la troupe immortelle.
L'Europe jalouse admira
Ce Temple en sa beauté nouvelle;
Mais je ne sais s'il durera.
Je pourrais décrire ce Temple,
Et détailler les ornements
Que le voyageur y contemple;
Mais n'abusons point de l'exemple
De tant de faiseurs de romans.
Surtout fuyons le verbiage
De Monsieur de Félibien[1],
Qui noie éloquemment un rien
Dans un fatras de beau langage.
Cet édifice précieux
N'est point chargé des antiquailles
Que nos très gothiques aïeux
Entassaient autour des murailles
De leurs temples, grossiers comme eux.
Il n'a point les défauts pompeux
De la chapelle de Versailles,
Ce colifichet fastueux,
Qui du peuple éblouit les yeux,
Et dont le connaisseur se raille.

Il est plus aisé de dire ce que ce Temple n'est pas que de faire connaître ce qu'il est, J'ajouterai seulement, en général, pour éviter la difficulté :

Simple en était la noble architecture;
Chaque ornement, à sa place arrêté,
Y semblait mis par la nécessité :
L'art s'y cachait sous l'air de la nature;
L'œil satisfait embrassait sa structure,
Jamais surpris, et toujours enchanté.

Le Temple était environné d'une foule de virtuoses, d'artistes et de juges de toute espèce, qui s'efforçaient d'entrer, mais qui n'entraient point :

Car la Critique, à l'œil sévère et juste,
Gardant les clefs de cette porte auguste,
D'un bras d'airain fièrement repoussait
Le peuple goth qui sans cesse avançait[1].

Oh ! Que d'hommes considérables, que de gens du bel air, qui président si impérieusement à de petites sociétés, ne sont point reçus dans ce Temple, malgré les dîners qu'ils donnent aux beaux esprits, et malgré les louanges qu'ils reçoivent dans les journaux !

On ne voit point dans ce pourpris
Les cabales toujours mutines
De ces prétendus beaux esprits
Qu'on vit soutenir dans Paris
Les Pradons et les Scudérys
Contre les immortels écrits
Des Corneilles et des Racines.

On repoussait aussi rudement ces ennemis obscurs de tout mérite éclatant, ces insectes de la société, qui ne sont aperçus que parce qu'ils piquent. Ils auraient envié également Rocroy au grand Condé, Denain à Villars, et *Polyeucte* à Corneille. Ils auraient exterminé Le Brun pour avoir fait le tableau de la famille de Darius. Ils ont forcé le célèbre Le Moyne à se tuer pour avoir fait l'admirable Salon d'Hercule[2]. Ils ont toujours dans les mains la ciguë, que leurs pareils firent boire à Socrate.

L'Orgueil les engendra dans les flancs de l'Envie.
L'Intérêt, le Soupçon, l'infâme Calomnie,
Et souvent les dévots, monstres plus odieux,
Entrouvrent en secret, d'un air mystérieux,
Les portes des palais à leur cabale impie,
C'est là que d'un Midas ils fascinent les yeux;
Un fat leur applaudit, un méchant les appuie;
Le Mérite indigné, qui se tait devant eux,
Verse en secret des pleurs que le temps seul essuie.

Ces lâches persécuteurs s'enfuirent en voyant paraître mes deux guides. Leur fuite précipitée fit place à un spectacle plus plaisant : c'était une foule d'écrivains de tout rang, de tout état et de tout âge, qui grattaient à la porte, et qui priaient la Critique de les laisser entrer. L'un apportait un roman mathématique, l'autre une harangue à l'Académie; celui-ci venait de composer une comédie métaphysique, celui-là tenait un petit recueil de ses poésies, imprimé depuis longtemps incognito, avec une longue approbation et un privilège. Cet autre venait présenter un mandement en style précieux, et était tout surpris qu'on se mît à rire au lieu de lui demander sa bénédiction. « Je suis le Révérend père Albertus Garassus[1], disait un moine noir; je prêche mieux que Bourdaloue : car jamais Bourdaloue ne fit brûler de livres; et moi j'ai déclamé avec tant d'éloquence contre Pierre Bayle, dans une petite province toute pleine d'esprit, j'ai touché tellement les auditeurs, qu'il y en eut six qui brûlèrent chacun leur Bayle. Jamais l'éloquence n'obtint un si beau triomphe. — Allez, frère Garassus, lui dit la Critique, allez, barbare; sortez du Temple du Goût; sortez de ma présence, Visigoth moderne, qui avez insulté celui que j'ai inspiré. — J'apporte ici Marie *à la coque*[2], disait un homme fort grave. — Allez souper avec elle », répondit la déesse.

Un raisonneur avec un fausset aigre
Criait : « Messieurs, je suis ce juge intègre
Qui toujours parle, arguë et contredit;
Je viens siffler tout ce qu'on applaudit. »
Lors la Critique apparut, et lui dit :
« Ami Bardou, vous êtes un grand maître,
Mais n'entrerez en cet aimable lieu;
Vous y venez pour fronder notre dieu :
Contentez-vous de ne le pas connaître. »

M. Bardou[3] se mit alors à crier : « Tout le monde est trompé et le sera; il n'y a point de dieu du Goût, et voici comme je le prouve. » Alors il proposa, il divisa, il subdivisa, il distingua, il résuma; personne ne l'écouta, et l'on s'empressait à la porte plus que jamais.

Parmi les flots de la foule insensée,
De ce parvis obstinément chassée,
Tout doucement venait La Motte-Houdard[4],
Lequel disait d'un ton de papelard :
« Ouvrez, Messieurs, c'est mon *Œdipe* en prose;
Mes vers sont durs, d'accord, mais forts de chose.
De grâce, ouvrez; je veux à Despréaux
Contre les vers dire avec goût deux mots. »

La Critique le reconnut à la douceur de son maintien et à la dureté de ses derniers vers, et elle le laissa quelque temps entre Perrault et Chapelain, qui assiégeaient la porte depuis cinquante ans[1], en criant contre Virgile.

Dans le moment arriva un autre versificateur, soutenu par deux petits satyres, et couvert de lauriers et de chardons.

Je viens, dit-il, pour rire et pour m'ébattre,
Me rigolant, menant joyeux déduit,
Et jusqu'au jour faisant le diable à quatre.

« Qu'est-ce que j'entends là ? dit la Critique. — C'est moi, reprit le rimeur. J'arrive d'Allemagne pour vous voir, et j'ai pris la saison du printemps :

Car les jeunes zéphyrs, de leurs chaudes haleines,
Ont fondu l'écorce des eaux. »

Plus il parlait ce langage, moins la porte s'ouvrait. « Quoi ! l'on me prend donc, dit-il.

Pour une grenouille aquatique,
Qui du fond d'un petit thorax
Va chantant, pour toute musique,
Brekeke, kake, koax, koax, koax, ?

— Ah ! bon Dieu ! s'écria la Critique, quel horrible jargon ! » Elle ne put d'abord reconnaître celui qui s'exprimait ainsi. On lui dit que c'était Rousseau, dont les Muses avaient changé la voix, en punition de ses méchancetés : elle ne pouvait le croire, et refusait d'ouvrir.

Elle ouvrit pourtant en faveur de ses premiers vers; mais elle s'écria :

« O vous, Messieurs les beaux esprits,
Si vous voulez être chéris
Du dieu de la double montagne,
Et que toujours dans vos écrits
Le dieu du Goût vous accompagne,
Faites tous vos vers à Paris,
Et n'allez point en Allemagne. »

Puis, me faisant approcher, elle me dit tout bas : « Tu le connais; il fut ton ennemi, et tu lui rends justice.

Tu vis sa muse indifférente,
Entre l'autel et le fagot,
Manier d'une main savante
De David la harpe imposante
Et le flageolet de Marot.
Mais n'imite pas la faiblesse
Qu'il eut de rimer trop longtemps :
Les fruits des rives du Permesse
Ne croissent que dans le printemps,
Et la froide et triste vieillesse
N'est faite que pour le bon sens. »

Après m'avoir donné cet avis, la Critique décida que Rousseau passerait devant La Motte en qualité de versificateur, mais que La Motte aurait le pas toutes les fois qu'il s'agirait d'esprit et de raison.

Ces deux hommes si différents n'avaient pas fait quatre pas que l'un pâlit de colère, et l'autre tressaillit de joie, à l'aspect d'un homme qui était depuis longtemps dans ce Temple, tantôt à une place, tantôt à une autre.

C'était le discret Fontenelle,
Qui, par les beaux-arts entouré,
Répandait sur eux, à son gré,
Une clarté douce et nouvelle.
D'une planète, à tire-d'aile,
En ce moment il revenait
Dans ces lieux où le Goût tenait
Le siège heureux de son empire;
Avec Quinault[1] il badinait;
Avec Mairan[2] il raisonnait;
D'une main légère il prenait
Le compas, la plume et la lyre.

« Eh quoi ! cria Rousseau, je verrai ici cet homme contre qui j'ai fait tant d'épigrammes ! Quoi ! Le bon Goût souffrira dans son Temple l'auteur des *Lettres du Chevalier d'Her.*, d'une *Passion d'automne*, d'un *Clair de lune*, d'un *Ruisseau amant de la prairie*, de la tragédie d'*Aspar*, d'*Endymion*, etc. ! — Eh non, dit la Critique ; ce n'est pas l'auteur de tout cela que tu vois, c'est celui des *Mondes*, livre qui aurait dû t'instruire : de *Thétis et Pélée*, opéra qui excite inutilement ton envie; de l'*Histoire de l'Académie des Sciences,* que tu n'es pas à portée d'entendre. »

Rousseau alla faire une épigramme, et Fontenelle le regarda avec cette compassion philosophique qu'un esprit éclairé et étendu ne peut s'empêcher d'avoir pour un homme qui ne sait que rimer, et il alla prendre paisiblement sa place entre Lucrèce et Leibnitz. Je demandai pourquoi Leibnitz était là : on me répondit que c'était pour avoir fait d'assez bons vers latins, quoiqu'il fût métaphysicien et géomètre, et que la Critique le souffrait en cette place pour tâcher d'adoucir, par cet exemple, l'esprit dur de la plupart de ses confrères[1].

Cependant la Critique, se tournant vers l'auteur des *Mondes,* lui dit : « Je ne vous reprocherai pas certains ouvrages de votre jeunesse, comme font ces cyniques jaloux; mais je suis la Critique, vous êtes chez le dieu du Goût, et voici ce que je vous dis de la part de ce dieu, du public, et de la mienne, car nous sommes à la longue toujours tous trois d'accord :

Votre muse sage et riante
Devrait aimer un peu moins l'art :
Ne la gâtez point par le fard;
Sa couleur est assez brillante. »

A l'égard de Lucrèce, il rougit d'abord en voyant le cardinal son ennemi; mais à peine l'eut-il entendu parler qu'il l'aima. Il courut à lui, et lui dit en très beaux vers latins ce que je traduis ici en assez mauvais vers français :

« Aveugle que j'étais ! Je crus voir la nature;
Je marchai dans la nuit, conduit par Épicure;
J'adorai, comme un dieu, ce mortel orgueilleux,
Qui fit la guerre au ciel et détrôna les dieux.
L'âme ne me parut qu'une faible étincelle
Que l'instant du trépas dissipe dans les airs.
Tu m'as vaincu : je cède; et l'âme est immortelle,
Aussi bien que ton nom, mes écrits et tes vers. »

Le cardinal répondit à ce compliment très flatteur dans la langue de Lucrèce. Tous les poètes latins qui étaient là le prirent pour un ancien Romain, à son air et à son style; mais les poètes français sont fort fâchés qu'on fasse des vers dans une langue qu'on ne parle plus, et disent que, puisque Lucrèce, né à Rome, embellissait

Épicure en latin, son adversaire, né à Paris, devait le combattre en français. Enfin, après beaucoup de ces retardements agréables, nous arrivâmes jusqu'à l'autel et jusqu'au trône du dieu du Goût.

Je vis ce Dieu qu'en vain j'implore,
Ce dieu charmant que l'on ignore
Quand on cherche à le définir;
Ce dieu qu'on ne sait point servir
Quand avec scrupule on l'adore;
Que La Fontaine fait sentir,
Et que Vadius cherche encore.
Il se plaisait à consulter
Ces grâces simples et naïves
Dont la France doit se vanter;
Ces grâces piquantes et vives
Que les nations attentives
Voulurent souvent imiter;
Qui de l'art ne sont point captives;
Qui régnaient jadis à la cour,
Et que la nature et l'amour
Avaient fait naître sur nos rives.
Il est toujours environné
De leur troupe tendre et légère;
C'est par leurs mains qu'il est orné,
C'est par leurs charmes qu'il sait plaire;
Elles-mêmes l'ont couronné
D'un diadème qu'au Parnasse
Composa jadis Apollon
Du laurier du divin Maron,
Du lierre et du myrte d'Horace,
Et des roses d'Anacréon.
Sur son front règne la sagesse;
Le sentiment et la finesse
Brillent tendrement dans ses yeux;
Son air est vif, ingénieux :
Il vous ressemble enfin, Sylvie,
A vous que je ne nomme pas.
De peur des cris et des éclats
De cent beautés que vos appas,
Font dessécher de jalousie.
Non loin de lui, Rollin[1] dictait
Quelques leçons à la jeunesse,

Et, quoique en robe, on l'écoutait,
Chose assez rare à son espèce.
Près de là, dans un cabinet
Que Girardon et le Puget
Embellissaient de leur sculpture,
Le Poussin sagement peignait,
Le Brun fièrement dessinait;
Le Sueur entre eux se plaçait;
On l'y regardait sans murmure;
Et le dieu, qui de l'œil suivait
Les traits de leur main libre et sûre,
En les admirant se plaignait
De voir qu'à leur docte peinture,
Malgré leurs efforts, il manquait
Le coloris de la nature.
Sous ses yeux, des Amours badins
Ranimaient ces touches savantes
Avec un pinceau que leurs mains
Trempaient dans les couleurs brillantes
De la palette de Rubens[1].

Je fus fort étonné de ne pas trouver dans le sanctuaire bien des gens qui passaient, il y a soixante ou quatre-vingts ans, pour être les plus chers favoris du dieu du Goût. Les Pavillon[2], les Benserade[3], les Pellisson[4], les Segrais[5], les Saint-Évremond, les Balzac, les Voiture, ne me parurent pas occuper les premiers rangs. « Ils les avaient autrefois, me dit un de mes guides; ils brillaient avant que les beaux jours des belles-lettres fussent arrivés; mais peu à peu ils ont cédé aux véritablement grands hommes : ils ne font plus ici qu'une assez médiocre figure. » En effet, la plupart n'avaient guère que l'esprit de leur temps, et non cet esprit qui passe à la dernière postérité.

Déjà de leurs faibles écrits
Beaucoup de grâces sont ternies :
Ils sont comptés encore au rang des beaux esprits,
Mais exclus du rang des génies.

Segrais voulut un jour entrer dans le sanctuaire, en récitant ce vers de Despréaux :

Que Segrais dans l'églogue en charme les forêts[6];

mais la critique ayant lu, par malheur pour lui, quelques pages de son *Énéide* en vers français, le renvoya assez durement, et laissa venir à sa place Mme de La Fayette qui avait mis sous le nom de Segrais le roman aimable de *Zaïde* et celui de *la Princesse de Clèves*.

On ne pardonne pas à Pellisson d'avoir dit gravement tant de puérilités dans son *Histoire de l'Académie française*, et d'avoir rapporté comme des bons mots des choses assez grossières. Le doux mais faible Pavillon fait sa cour humblement à Mme Deshoulières, qui est placée fort au-dessus de lui. L'inégal Saint-Évremond n'ose parler de vers à personne. Balzac assomme de longues phrases hyperboliques Voiture et Benserade, qui lui répondent par des pointes et des jeux de mots dont ils rougissent eux-mêmes le moment d'après. Je cherchais le fameux comte de Bussy[1]. Mme de Sévigné, qui est aimée de tous ceux qui habitent le Temple, me dit que son cher cousin, homme de beaucoup d'esprit, un peu trop vain, n'avait jamais pu réussir à donner au dieu du Goût cet excès de bonne opinion que le comte de Bussy avait de messire Roger de Rabutin.

Bussy, qui s'estime et qui s'aime
Jusqu'au point d'en être ennuyeux,
Est censuré dans ces beaux lieux
Pour avoir, d'un ton glorieux,
Parlé trop souvent de lui-même.
Mais son fils, son aimable fils,
Dans le Temple est toujours admis,
Lui qui, sans flatter, sans médire,
Toujours d'un aimable entretien,
Sans le croire, parle aussi bien
Que son père croyait écrire.
Je vis arriver en ce lieu
Le brillant abbé de Chaulieu[2],
Qui chantait en sortant de table.
Il osait caresser le dieu
D'un air familier, mais aimable.
Sa vive imagination
Prodiguait, dans sa douce ivresse,
Des beautés sans correction,
Qui choquaient un peu la justesse,
Mais respiraient la passion.
La Fare[3], avec plus de mollesse,
En baissant sa lyre d'un ton,

Chantait auprès de sa maîtresse
Quelques vers sans précision,
Que le plaisir et la paresse
Dictaient sans l'aide d'Apollon[1].
Auprès d'eux le vif Hamilton[2],
Toujours armé d'un trait qui blesse,
Médisait de l'humaine espèce,
Et même d'un peu mieux, dit-on.
L'aisé, le tendre Sainte-Aulaire[3],
Plus vieux encore qu'Anacréon,
Avait une voix plus légère;
On voyait les fleurs de Cythère
Et celles du sacré vallon
Orner sa tête octogénaire.

Le dieu aimait fort tous ces messieurs, et surtout ceux qui ne se piquaient de rien : il avertissait Chaulieu de ne se croire que le premier des poètes négligés, et non pas le premier des bons poètes.

Ils faisaient conversation avec quelques-uns des plus aimables hommes de leur temps. Ces entretiens n'ont ni l'affectation de l'hôtel de Rambouillet, ni le tumulte qui règne parmi nos jeunes étourdis.

On y sait fuir également
Le précieux, le pédantisme,
L'air empressé du syllogisme,
Et l'air fou de l'emportement.
C'est là qu'avec grâce on allie
Le vrai savoir à l'enjoûment,
Et la justesse à la saillie;
L'esprit en cent façons se plie;
On sait lancer, rendre, essuyer
Des traits d'aimable raillerie;
Le bon sens, de peur d'ennuyer[4],
Se déguise en plaisanterie.

Là se trouvait Chapelle[5], ce génie plus débauché encore que délicat, plus naturel que poli, facile dans ses vers, incorrect dans son style, libre dans ses idées. Il parlait toujours au dieu du Goût sur les mêmes rimes. On dit que ce dieu lui répondit un jour :

« Réglez mieux votre passion
Pour ces syllabes enfilées,

Qui, chez Richelet étalées,
Quelquefois sans invention
Disent avec profusion
Des riens en rimes redoublées. »

Ce fut parmi ces hommes aimables que je rencontrai le président de Maisons[1], homme très éloigné de dire des riens, homme aimable et solide, qui avait aimé tous les arts.

« O transports ! ô plaisirs ! ô moments pleins de charmes !
Cher Maisons ! m'écriai-je en l'arrosant de larmes,
C'est toi que j'ai perdu, c'est toi que le trépas,
A la fleur de tes ans, vint frapper dans mes bras.
La mort, l'affreuse mort, fut sourde à ma prière.
Ah ! puisque le destin nous voulait séparer,
C'était à toi de vivre, à moi seul d'expirer.
Hélas ! depuis le jour où j'ouvris la paupière,
Le Ciel pour mon partage a choisi les douleurs;
Il sème de chagrins ma pénible carrière :
La tienne était brillante et couverte de fleurs.
Dans le sein des plaisirs, des arts et des honneurs,
Tu cultivais en paix les fruits de ta sagesse;
Ta vertu n'était point l'effet de ta faiblesse;
Je ne te vis jamais offusquer ta raison
Du bandeau de l'exemple et de l'opinion.
L'homme est né pour l'erreur : on voit la molle argile
Sous la main du potier moins souple et moins docile
Que l'âme n'est flexible aux préjugés divers,
Précepteurs ignorants de ce faible univers.
Tu bravas leur empire, et tu ne sus te rendre
Qu'aux paisibles douceurs de la pure amitié;
Et dans toi la nature avait associé
A l'esprit le plus ferme un cœur facile et tendre. »

Parmi ces gens d'esprit nous trouvâmes quelques jésuites. Un janséniste dira que les jésuites se fourrent partout; mais le dieu du Goût reçoit aussi leurs ennemis, et il est assez plaisant de voir dans ce Temple Bourdaloue qui s'entretient avec Pascal sur le grand art de joindre l'éloquence au raisonnement. Le Père Bouhours[2] est derrière eux, marquant sur des tablettes toutes les fautes de langage et toutes les négligences qui leur échappent.

Le cardinal ne put s'empêcher de dire au Père Bouhours :

« Quittez d'un censeur pointilleux
La pédantesque diligence;
Aimons jusqu'aux défauts heureux
De leur mâle et libre éloquence.
J'aime mieux errer avec eux
Que d'aller, censeur scrupuleux,
Peser des mots dans ma balance. »

Cela fut dit avec beaucoup plus de politesse que je ne le rapporte; mais, nous autres poètes, nous sommes souvent très impolis pour la commodité de la rime.

Je ne m'arrêtai pas dans ce Temple à voir les seuls beaux esprits.

Vers enchanteurs, exacte prose,
Je ne me borne point à vous;
N'avoir qu'un goût est peu de chose :
Beaux-Arts, je vous invoque tous;
Musique, danse, architecture,
Art de graver, docte peinture,
Que vous m'inspirez de désirs !
Beaux-Arts, vous êtes des plaisirs;
Il n'en est point qu'on doive exclure.

Je vis les Muses présenter tour à tour, sur l'autel du dieu, des livres, des dessins, et des plans de toute espèce. On voit sur cet autel le plan de cette belle façade du Louvre, dont on n'est point redevable au cavalier Bernini, qu'on fit venir inutilement en France avec tant de frais, et qui fut construite par Perrault et par Louis Le Vau, grands artistes trop peu connus. Là est le dessin de la porte Saint-Denis, dont la plupart des Parisiens ne connaissent pas plus la beauté que le nom de François Blondel, qui acheva ce monument. Cette admirable fontaine, qu'on regarde si peu, et qui est ornée des précieuses sculptures de Jean Goujon, mais qui le cède en tout à l'admirable fontaine de Bouchardon, et qui semble accuser la grossière rusticité de toutes les autres; le portail de Saint-Gervais, chef-d'œuvre d'architecture, auquel il manque une église, une place, et des admirateurs, et qui devrait immortaliser le nom de Desbrosses, encore plus que le palais du Luxembourg, qu'il a aussi bâti : tous ces monuments, négligés par un vulgaire toujours barbare et par les gens du monde toujours légers, attirent souvent les regards du dieu.

On nous fit voir ensuite la bibliothèque de ce palais enchanté; elle n'était pas ample. On croira bien que nous n'y trouvâmes pas

L'amas curieux et bizarre
De vieux manuscrits vermoulus,
Et la suite inutile et rare
D'écrivains qu'on n'a jamais lus.
Le dieu daigna de sa main même
En leur rang placer ces auteurs
Qu'on lit, qu'on estime et qu'on aime,
Et dont la sagesse suprême
N'a ni trop ni trop peu de fleurs.

Presque tous les livres y sont corrigés et retranchés de la main des Muses. On y voit entre autres l'ouvrage de Rabelais, réduit tout au plus à un demi-quart.

Marot, qui n'a qu'un style, et qui chante du même ton les psaumes de David et les merveilles d'Alix, n'a que huit ou dix feuillets. Voiture et Sarrazin n'ont pas, à eux deux, plus de soixante pages.

Tout l'esprit de Bayle se trouve dans un seul tome, de son propre aveu : car ce judicieux philosophe, ce juge éclairé de tant d'auteurs et de tant de sectes, disait souvent qu'il n'aurait pas composé plus d'un in-folio s'il n'avait écrit que pour lui, et non pour les libraires.

Enfin, on nous fit passer dans l'intérieur du sanctuaire. Là les mystères du dieu furent dévoilés; là, je vis ce qui doit servir d'exemple à la postérité : un petit nombre de véritablement grands hommes s'occupaient à corriger ces fautes de leurs écrits excellents, qui seraient des beautés dans les écrits médiocres.

L'aimable auteur du *Télémaque* retranchait des répétitions et des détails inutiles dans son roman moral, et rayait le titre de poème épique que quelques zélés indiscrets lui donnent; car il avoue sincèrement qu'il n'y a point de poème en prose.

L'éloquent Bossuet voulait bien rayer quelques familiarités échappées à son génie vaste, impétueux et facile, lesquelles déparent un peu la sublimité de ses oraisons funèbres; et il est à remarquer qu'il ne garantit point tout ce qu'il a dit de la prétendue sagesse des anciens Égyptiens.

Ce grand, ce sublime Corneille,
Qui plut bien moins à notre oreille
Qu'à notre esprit qu'il étonna,
Ce Corneille, qui crayonna
L'âme d'Auguste, de Cinna,
De Pompée et de Cornélie,
Jetait au feu sa *Pulchérie,*
Agésilas et *Suréna,*
Et sacrifiait, sans faiblesse,
Tous ses enfants infortunés,
Fruits languissants de sa vieillesse,
Trop indignes de leurs aînés.
  Plus pur, plus élégant, plus tendre,
Et parlant au cœur de plus près,
Nous attachant sans nous surprendre,
Et ne se démentant jamais,
Racine observe les portraits
De Bajazet, de Xipharès,
De Britannicus, d'Hippolyte.
A peine il distingue leurs traits;
Ils ont tous le même mérite,
Tendres, galants, doux et discrets;
Et l'Amour, qui marche à leur suite,
Les croit des courtisans français.
  Toi, favori de la nature,
Toi, La Fontaine, auteur charmant,
Qui, bravant et rime et mesure,
Si négligé dans ta parure,
N'en avais que plus d'agrément,
Sur tes écrits inimitables
Dis-nous quel est ton sentiment;
Éclaire notre jugement
Sur tes contes et sur tes fables.

La Fontaine, qui avait conservé la naïveté de son caractère, et qui dans le Temple du Goût joignait un sentiment éclairé à cet heureux et singulier instinct qui l'inspirait pendant sa vie, retranchait quelques-unes de ses fables. Il accourcissait presque tous ses contes, et déchirait les trois quarts d'un gros recueil d'œuvres posthumes imprimées par ces éditeurs qui vivent des sottises des morts.

Là régnait Despréaux, leur maître en l'art d'écrire,
Lui qu'arma la raison des traits de la satire,
Qui, donnant le précepte et l'exemple à la fois,
Établit d'Apollon les rigoureuses lois.
Il revoit ses enfants avec un œil sévère :
De la triste *Équivoque* il rougit d'être père,
Et rit des traits manqués du pinceau faible et dur
Dont il défigura le vainqueur de Namur.
Lui-même il les efface, et semble encor nous dire :
Ou sachez vous connaître, ou gardez-vous d'écrire.

Despréaux, par un ordre exprès du dieu du Goût, se réconciliait avec Quinault, qui est le poète des grâces, comme Despréaux est le poète de la raison.

Mais le sévère satirique
Embrassait encore, en grondant,
Cet aimable et tendre lyrique,
Qui lui pardonnait en riant.

« Je ne me réconcilie point avec vous, disait Despréaux, que vous ne conveniez qu'il y a bien des fadeurs dans ces opéras si agréables. — Cela peut bien être, dit Quinault; mais avouez aussi que vous n'eussiez jamais fait *Atys* ni *Armide*.

Dans vos scrupuleuses beautés
Soyez vrai, précis, raisonnable;
Que vos écrits soient respectés;
Mais permettez-moi d'être aimable. »

Après avoir salué Despréaux et embrassé tendrement Quinault, je vis l'inimitable Molière, et j'osai lui dire :

« Le sage, le discret Térence,
Est le premier des traducteurs;
Jamais dans sa froide élégance
Des Romains il n'a peint les mœurs.
Tu fus le peintre de la France :
Nos bourgeois à sots préjugés,
Nos petits marquis rengorgés,

Nos robins toujours arrangés,
Chez toi venaient se reconnaître;
Et tu les aurais corrigés,
Si l'esprit humain pouvait l'être.

— Ah ! disait-il, pourquoi ai-je été forcé d'écrire quelquefois pour le peuple ? Que n'ai-je toujours été le maître de mon temps ! J'aurais trouvé des dénouements plus heureux; j'aurais moins fait descendre mon génie au bas comique. »

C'est ainsi que tous ces maîtres de l'art montraient leur supériorité en avouant ces erreurs auxquelles l'humanité est soumise, et dont nul grand homme n'est exempt.

Je connus alors que le dieu du Goût est très difficile à satisfaire, mais qu'il n'aime point à demi. Je vis que les ouvrages qu'il critique le plus en détail sont ceux qui en tout lui plaisent davantage.

Nul auteur avec lui n'a tort
Quand il a trouvé l'art de plaire;
Il le critique sans colère,
Il l'applaudit avec transport.
Melpomène, étalant ses charmes,
Vient lui présenter ses héros;
Et c'est en répandant des larmes
Que ce dieu connaît leurs défauts.
Malheur à qui toujours raisonne,
Et qui ne s'attendrit jamais !
Dieu du Goût, ton divin palais
Est un séjour qu'il abandonne[1].

Quand mes conducteurs s'en retournèrent, le dieu leur parla à peu près dans ce sens (car il ne m'est pas donné de dire ses propres mots) :

« Adieu, mes plus chers favoris,
Comblés des faveurs du Parnasse;
Ne souffrez pas que dans Paris
Mon rival usurpe ma place.
Je sais qu'à vos yeux éclairés
Le faux Goût tremble de paraître;
Si jamais vous le rencontrez,
Il est aisé de le connaître.

Toujours accablé d'ornements,
Composant sa voix, son visage,
Affecté dans ses agréments,
Et précieux dans son langage,
Il prend mon nom, mon étendard;
Mais on voit assez l'imposture :
Car il n'est que le fils de l'Art,
Moi, je le suis de la Nature. »

TRAITÉ DE MÉTAPHYSIQUE[1]

INTRODUCTION

DOUTES SUR L'HOMME

PEU *de gens s'avisent d'avoir une notion bien entendue de ce que c'eſt que l'homme. Les paysans d'une partie de l'Europe n'ont guère d'autre idée de notre espèce que celle d'un animal à deux pieds, ayant une peau bise, articulant quelques paroles, cultivant la terre, payant, sans savoir pourquoi, certains tributs à un autre animal qu'ils appellent* roi, *vendant leurs denrées le plus cher qu'ils peuvent, et s'assemblant certains jours de l'année pour chanter des prières dans une langue qu'ils n'entendent point.*

Un roi regarde assez toute l'espèce humaine comme des êtres faits pour obéir à lui et à ses semblables. Une jeune Parisienne, qui entre dans le monde, n'y voit que ce qui peut servir à sa vanité ; et l'idée confuse qu'elle a du bonheur, et le fracas de tout ce qui l'entoure, empêchent son âme d'entendre la voix de tout le reſte de la nature. Un jeune Turc, dans le silence du sérail, regarde les hommes comme des êtres supérieurs, obligés par une certaine loi à coucher tous les vendredis avec leurs esclaves ; et son imagination ne va pas beaucoup au-delà. Un prêtre diſtingue l'univers entier en ecclésiaſtiques et en laïques ; et il regarde sans difficulté la portion ecclésiaſtique comme la plus noble, et faite pour conduire l'autre, etc., etc.

Si on croyait que les philosophes eussent des idées plus complètes de la nature humaine, on se tromperait beaucoup : car si vous en exceptez Hobbes, Locke, Descartes, Bayle, et un très petit nombre d'esprits sages, tous les autres se font une opinion particulière sur l'homme, aussi resserrée que celle du vulgaire, et seulement plus confuse. Demandez au Père Male-

branche ce que c'est que l'homme : il vous répondra que c'est une substance faite à l'image de Dieu, fort gâtée depuis le péché originel, cependant plus unie à Dieu qu'à son corps, voyant tout en Dieu, pensant, sentant tout en Dieu.

Pascal regarde le monde entier comme un assemblage de méchants et de malheureux, créés pour être damnés, parmi lesquels cependant Dieu a choisi de toute éternité quelques âmes, c'est-à-dire une sur cinq ou six millions pour être sauvée.

L'un dit : l'homme est une âme unie à un corps ; et quand le corps est mort, l'âme vit toute seule pour jamais.

L'autre assure que l'homme est un corps qui pense nécessairement ; et ni l'un ni l'autre ne prouvent ce qu'ils avancent. Je voudrais dans la recherche de l'homme me conduire comme je fais dans l'étude de l'astronomie : ma pensée se transporte quelquefois hors du globe de la terre, de dessus laquelle tous les mouvements célestes paraîtraient irréguliers et confus. Et après avoir observé le mouvement des planètes comme si j'étais dans le soleil, je compare les mouvements apparents que je vois sur la terre avec les mouvements véritables que je verrais si j'étais dans le soleil. De même, je vais tâcher, en étudiant l'homme, de me mettre d'abord, hors de sa sphère, et hors d'intérêt, et de me défaire de tous les préjugés d'éducation, de patrie, et surtout des préjugés de philosophie.

Je suppose, par exemple, que, né avec la faculté de penser et de sentir que j'ai présentement, et n'ayant point la forme humaine, je descends du globe de Mars ou de Jupiter. Je peux porter une vue rapide sur tous les siècles, tous les pays, et par conséquent, sur toutes les sottises de ce petit globe[1]*.*

Cette supposition est aussi aisée à faire pour le moins que celle que je fais quand je m'imagine être dans le soleil pour considérer de là les seize planètes qui roulent régulièrement dans l'espace autour de cet astre.

CHAPITRE PREMIER

DES DIFFÉRENTES ESPÈCES D'HOMMES

DESCENDU sur ce petit amas de boue, et n'ayant pas plus de notion de l'homme que l'homme n'en a des habitants de Mars ou de Jupiter, je débarque vers les côtes de l'Océan, dans le pays de la Cafrerie, et d'abord je me mets à chercher un homme. Je vois des singes, des éléphants, des nègres, qui semblent tous avoir quelque lueur d'une raison imparfaite. Les uns et les autres ont un langage que je n'entends point et toutes leurs actions paraissent se rapporter également à une certaine fin. Si je jugeais des choses par le premier effet qu'elles font sur moi, j'aurais du penchant à croire d'abord que de tous ces êtres, c'est l'éléphant qui est l'animal raisonnable; mais pour ne rien décider trop légèrement, je prends des petits de ces différentes bêtes; j'examine un enfant nègre de six mois, un petit éléphant, un petit singe, un petit lion, un petit chien; je vois, à n'en pouvoir douter, que ces jeunes animaux ont incomparablement plus de force et d'adresse, qu'ils ont plus d'idées, plus de passions, plus de mémoire, que le petit nègre, qu'ils expriment bien plus sensiblement tous leurs désirs; mais au bout de quelque temps, le nègre a tout autant d'idées qu'eux tous. Je m'aperçois même que ces animaux nègres ont entre eux un langage bien mieux articulé encore et bien plus variable que celui des autres bêtes. J'ai eu le temps d'apprendre ce langage; et enfin, à force de considérer le petit degré de supériorité qu'ils ont à la longue sur les singes et sur les éléphants, j'ai hasardé de juger qu'en effet, c'est là l'homme, et je me suis fait à moi-même cette définition :

L'homme est un animal noir qui a de la laine sur la tête, marchant sur deux pattes, presque aussi adroit qu'un singe, moins fort que les autres animaux de sa taille, ayant un peu plus d'idées qu'eux, et plus de facilité pour les exprimer; sujet d'ailleurs à toutes les mêmes nécessités, naissant, vivant, mourant tout comme eux.

Après avoir passé quelque temps parmi cette espèce, je passe dans les régions maritimes des Indes orientales. je suis surpris de ce que je vois : les éléphants, les lions, les singes, les perroquets, n'y sont pas tout à fait les mêmes que dans la Cafrerie, mais l'homme paraît absolument différent; ils sont d'un beau jaune, n'ont point de laine, leur tête est couverte de grands crins noirs. Ils paraissent avoir sur toutes les choses des idées contraires à celles des nègres. Je suis donc forcé de changer ma définition et de ranger la nature humaine sous deux espèces : la jaune avec des crins, et la noire avec de la laine.

Mais à Batavia, Goa, et Surate, qui sont les rendez-vous de toutes les nations, je vois une grande multitude d'Européens, qui sont blancs, et qui n'ont ni crins ni laine, mais des cheveux blonds fort déliés avec de la barbe au menton. On m'y montre aussi beaucoup d'Américains qui n'ont point de barbe, voilà ma définition et mes espèces d'hommes bien augmentées.

Je rencontre à Goa une espèce encore plus singulière que toutes celles-ci; c'est un homme vêtu d'une longue soutane noire, et qui se dit fait pour instruire les autres. Tous ces différents hommes, me dit-il, que vous voyez, sont tous nés d'un même père; et de là, il me conte une longue histoire. Mais ce que me dit cet animal me paraît fort suspect. Je m'informe si un nègre et une négresse, à la laine noire et au nez épaté, font quelquefois des enfants blancs, portant cheveux blonds, ayant un nez aquilin et des yeux bleus; si des nations sans barbe sont sortis des peuples barbus, et si les blancs et les blanches n'ont jamais produit des peuples jaunes. On me répond que non, que les nègres transplantés, par exemple en Allemagne, ne font que des nègres, à moins que les Allemands ne se chargent de changer l'espèce, et ainsi du reste. On m'ajoute que jamais homme un peu instruit n'a avancé que les espèces non mélangées dégénérassent, et qu'il n'y a guère que l'abbé Dubos qui ait dit cette sottise dans un livre intitulé : *Réflexions sur la peinture et sur la poésie, etc.*[1]

Il me semble alors que je suis assez bien fondé à croire qu'il en est des hommes comme des arbres; que les poiriers, les sapins, les chênes et les abricotiers ne viennent point d'un même arbre, et que les blancs barbus, les nègres portant laine, les jaunes portant crins, et les hommes sans barbe, ne viennent pas du même homme.

CHAPITRE II

S'IL Y A UN DIEU[1]

Nous avons à examiner ce que c'est que la faculté de penser dans ces espèces d'hommes différentes; comment lui viennent ses idées, s'il a une âme distincte du corps, si cette âme est éternelle, si elle est libre, si elle a des vertus et des vices, etc.; mais la plupart de ces idées ont une dépendance de l'existence ou de la non-existence d'un Dieu. Il faut, je crois, commencer par sonder l'abîme de ce grand principe. Dépouillons-nous ici plus que jamais de toute passion et de tout préjugé, et voyons de bonne foi ce que notre raison peut nous apprendre sur cette question : Y a-t-il un Dieu ? N'y en a-t-il pas ?

Je remarque d'abord qu'il y a des peuples qui n'ont aucune connaissance d'un Dieu créateur; ces peuples, à la vérité, sont barbares, et en très petit nombre : mais enfin ce sont des hommes; et si la connaissance d'un Dieu était nécessaire à la nature humaine, les sauvages hottentots auraient une idée aussi sublime que nous d'un être suprême. Bien plus, il n'y a aucun enfant chez les peuples policés qui ait dans sa tête la moindre idée d'un Dieu. On la leur imprime avec peine; ils prononcent le mot de Dieu souvent toute leur vie sans y attacher aucune notion fixe; vous voyez d'ailleurs que les idées de Dieu diffèrent autant chez les hommes que leurs religions et leurs lois, sur quoi je ne puis m'empêcher de faire cette réflexion : est-il possible que la connaissance d'un Dieu notre créateur, notre conservateur, notre tout, soit moins nécessaire à l'homme qu'un nez et cinq doigts ? Tous les hommes naissent avec un nez et cinq doigts, et aucun ne naît avec la connaissance de

Dieu : que cela soit déplorable ou non, telle eſt certainement la condition humaine.

Voyons si nous acquérons avec le temps la connaissance d'un Dieu, de même que nous parvenons aux notions mathématiques et à quelques idées métaphysiques. Que pouvons-nous mieux faire, dans une recherche si importante, que de peser ce qu'on peut dire pour et contre, et de nous décider pour ce qui nous paraîtra plus conforme à notre raison ?

SOMMAIRE DES RAISONS EN FAVEUR DE L'EXISTENCE DE DIEU

Il y a deux manières de parvenir à la notion d'un être qui préside à l'univers. La plus naturelle et la plus parfaite pour les capacités communes eſt de considérer non seulement l'ordre qui eſt dans l'univers, mais la fin à laquelle chaque chose paraît se rapporter. On a composé sur cette seule idée beaucoup de gros livres, et tous ces gros livres ensemble ne contiennent rien de plus que cet argument-ci : Quand je vois une montre, dont l'aiguille marque les heures, je conclus qu'un être intelligent a arrangé les ressorts de cette machine, afin que l'aiguille marquât les heures. Ainsi, quand je vois les ressorts du corps humain, je conclus qu'un être intelligent a arrangé ces organes pour être reçus et nourris neuf mois dans la matrice; que les yeux sont donnés pour voir, les mains pour prendre, etc. Mais de ce seul argument je ne peux conclure autre chose, sinon qu'il eſt probable qu'un être intelligent et supérieur a préparé et façonné la matière avec habileté; mais je ne peux conclure de cela seul que cet être ait fait la matière avec rien, et qu'il soit infini en tout sens. J'ai beau chercher dans mon esprit la connexion de ces idées : Il eſt probable que je suis l'ouvrage d'un être plus puissant que moi, donc cet être exiſte de toute éternité, donc il a créé tout, donc il eſt infini, etc.; je ne vois pas la chaîne qui nous mène droit à cette conclusion; je vois seulement qu'il y a quelque chose de plus puissant que moi, et rien de plus.

Le second argument eſt plus métaphysique, moins fait pour être saisi par les esprits grossiers, et conduit à des connaissances bien plus vastes : en voici le précis.

J'existe, donc quelque chose existe. Si quelque chose existe, quelque chose a donc existé de toute éternité; car ce qui est, ou est par lui-même, ou a reçu son être d'un autre. S'il est par lui-même, il est nécessairement, il a toujours été nécessairement, et c'est Dieu; s'il a reçu son être d'un autre, et ce second d'un troisième, celui dont ce dernier a reçu son être doit nécessairement être Dieu. Car vous ne pouvez concevoir qu'un être donne l'être à un autre, s'il n'a le pouvoir de créer; de plus, si vous dites qu'une chose reçoit, je ne dis pas la forme, mais son existence, d'une autre chose, et celle-là d'une troisième, cette troisième d'une autre encore, et ainsi en remontant jusqu'à l'infini, vous dites une absurdité. Car tous ces êtres alors n'auront aucune cause de leur existence. Pris tous ensemble, ils n'ont aucune cause externe de leur existence; pris chacun en particulier, ils n'en ont aucune interne : c'est-à-dire, pris tous ensemble, ils ne doivent leur existence à rien; pris chacun en particulier, aucun n'existe par soi-même : donc aucun ne peut exister nécessairement.

Je suis donc réduit à avouer qu'il y a un être qui existe nécessairement par lui-même de toute éternité, et qui est l'origine de tous les autres êtres. De là il suit essentiellement que cet être est infini en durée, en immensité, en puissance; car qui peut le borner ? Mais, me direz-vous, le monde matériel est précisément cet être que nous cherchons. Examinons de bonne foi si la chose est probable.

Si ce monde matériel est existant par lui-même d'une nécessité absolue, c'est une contradiction dans les termes que de supposer que la moindre partie de cet univers puisse être autrement qu'elle est, car, si elle est en ce moment d'une nécessité absolue, ce seul mot exclut toute autre manière d'être : or, certainement cette table sur laquelle j'écris, cette plume dont je me sers n'ont pas toujours été ce qu'elles sont; ces pensées que je trace sur le papier n'existaient pas même il y a un moment, donc elles n'existent pas nécessairement. Or si chaque partie n'existe pas d'une nécessité absolue, il est donc impossible que le tout existe par lui-même. Je produis du mouvement, donc le mouvement n'existait pas auparavant;

donc le mouvement n'eſt pas essentiel à la matière; donc la matière le reçoit d'ailleurs; donc il y a un Dieu qui le lui donne. De même l'intelligence n'eſt pas essentielle à la matière; car un rocher ou du froment ne pensent point. De qui donc les parties de la matière qui pensent et qui sentent auront-elles reçu la sensation et la pensée ? ce ne peut être d'elles-mêmes, puisqu'elles sentent malgré elles; ce ne peut être de la matière en général, puisque la pensée et la sensation ne sont point de l'essence de la matière; elles ont donc reçu ces dons de la main d'un être suprême, intelligent, infini, et la cause originaire de tous les êtres.

Voilà en peu de mots les preuves de l'exiſtence d'un Dieu, et le précis de plusieurs volumes; précis que chaque lecteur peut étendre à son gré.

Voici avec autant de brièveté les objections qu'on peut faire à ce syſtème.

DIFFICULTÉS SUR L'EXISTENCE DE DIEU

1° Si Dieu n'eſt pas de ce monde matériel, il l'a créé (ou bien, si vous voulez, il a donné à quelque autre être le pouvoir de le créer, ce qui revient au même); mais en faisant ce monde, ou il l'a tiré du néant, ou il l'a tiré de son propre être divin. Il ne peut l'avoir tiré du néant, qui n'eſt rien; il ne peut l'avoir tiré de soi, puisque ce monde en ce cas serait essentiellement partie de l'essence divine : donc je ne puis avoir l'idée de la création, donc je ne dois point admettre la création.

2° Dieu aurait fait ce monde, ou nécessairement ou librement; s'il l'a fait par nécessité, il a dû toujours l'avoir fait; car cette nécessité eſt éternelle; donc en ce cas le monde serait éternel et créé, ce qui implique contradiction. Si Dieu l'a fait librement par pur choix, sans aucune raison antécédente, c'eſt encore une contradiction; car c'eſt se contredire que de supposer l'être infiniment sage faisant tout sans aucune raison qui le détermine, et l'être infiniment puissant ayant passé une éternité sans faire le moindre usage de sa puissance.

3° S'il paraît à la plupart des hommes qu'un être intelligent a imprimé le sceau de la sagesse sur toute la nature, et que chaque chose semble être faite pour une certaine fin, il est encore plus vrai aux yeux des philosophes que tout se fait dans la nature par les lois éternelles, indépendantes, et immuables, des mathématiques; la construction et la durée du corps humain sont une suite de l'équilibre des liqueurs et de la force des leviers. Plus on fait de découvertes dans la structure de l'univers, plus on le trouve arrangé, depuis les étoiles jusqu'au ciron, selon les lois mathématiques. Il est donc permis de croire que ces lois ayant opéré par leur nature, il en résulte des effets nécessaires que l'on prend pour les déterminations arbitraires d'un pouvoir intelligent. Par exemple, un champ produit de l'herbe, parce que telle est la nature de son terrain arrosé par la pluie, et non pas parce qu'il y a des chevaux qui ont besoin de foin et d'avoine : ainsi du reste.

4° Si l'arrangement des parties de ce monde, et tout ce qui se passe parmi les êtres qui ont la vie sentante et pensante, prouvait un créateur et un maître, il prouverait encore mieux un être barbare; car si l'on admet des causes finales, on sera obligé de dire que Dieu infiniment sage et infiniment bon a donné la vie à toutes les créatures pour être dévorées les unes par les autres. En effet, si l'on considère tous les animaux, on verra que chaque espèce a un instinct irrésistible qui le force à détruire une autre espèce. A l'égard des misères de l'homme, il y a de quoi faire des reproches à la divinité pendant toute notre vie. On a beau nous dire que la sagesse et la bonté de Dieu ne sont point faites comme la nôtre; cet argument ne sera d'aucune force sur l'esprit de bien des gens, qui répondront qu'ils ne peuvent juger de la justice que par l'idée même qu'on suppose que Dieu leur en a donnée, que l'on ne peut mesurer qu'avec la mesure que l'on a, et qu'il est aussi impossible que nous ne croyions pas très barbare un être qui se conduirait comme un homme barbare, qu'il est impossible que nous ne pensions pas qu'un être quelconque a six pieds, quand nous l'avons mesuré avec une toise, et qu'il nous paraît avoir cette grandeur.

Si on nous réplique, ajouteront-ils, que notre mesure est fautive, on nous dira une chose qui semble impliquer contradiction; car c'est Dieu lui-même qui nous aura donné cette fausse idée. Donc Dieu ne nous aura faits que pour nous tromper. Or, c'est dire qu'un être qui ne peut avoir que des perfections jette ses créatures dans l'erreur, qui est, à proprement parler, la seule imperfection : c'est visiblement se contredire. Enfin les matérialistes finiront par dire : nous avons moins d'absurdités à dévorer dans le système de l'athéisme que dans celui du déisme ; car d'un côté il faut à la vérité que nous concevions éternel et infini ce monde que nous voyons ; mais de l'autre, il faut que nous imaginions un autre être infini et éternel, et que nous y ajoutions la création dont nous ne pouvons avoir d'idée. Il nous est donc plus facile, concluront-ils, de ne pas croire un Dieu que de le croire.

RÉPONSE A CES OBJECTIONS

Les arguments contre la création se réduisent à montrer qu'il nous est impossible de la concevoir, c'est-à-dire d'en concevoir la manière, mais non pas qu'elle soit impossible en soi ; car pour que la création fût impossible, il faudrait d'abord prouver qu'il est impossible qu'il y ait un Dieu ; mais bien loin de prouver cette impossibilité, on est obligé de reconnaître qu'il est impossible qu'il n'existe pas. Cet argument qu'il faut qu'il y ait hors de nous un être infini, éternel, immense, tout-puissant, libre, intelligent, et les ténèbres qui accompagnent cette lumière, ne servent qu'à montrer que cette lumière existe ; car de cela même qu'un être infini nous est démontré, il nous est démontré aussi qu'il doit être impossible à un être fini de le comprendre.

Il me semble qu'on ne peut faire que des sophismes et dire des absurdités quand on veut s'efforcer de nier la nécessité d'un être existant par lui-même, ou lorsqu'on veut soutenir que la matière est cet être. Mais lorsqu'il s'agit d'établir et de discuter les attributs de cet être dont l'existence est démontrée, c'est tout autre chose.

Les maîtres dans l'art de raisonner, les Locke, les Clarke, nous disent : Cet être est un être intelligent, car c'est lui qui a tout produit, doit avoir toutes les perfections qu'il a mises dans ce qu'il a produit, sans quoi l'effet serait plus parfait que la cause. Ou bien d'une autre manière : Il y aurait dans l'effet une perfection qui n'aurait été produite par rien, ce qui est visiblement absurde (Clarke, 39, Locke[1]). Donc, puisqu'il y a des êtres intelligents, et que la matière n'a pu se donner la faculté de penser, il faut que l'être existant par lui-même, que Dieu soit un être intelligent. Mais ne pourrait-on pas rétorquer cet argument et dire : Il faut que Dieu soit matière, puisqu'il y a des êtres matériels; car sans cela la matière n'aura été produite par rien, et une cause aura produit un effet dont le principe n'était pas en elle ? On a cru éluder cet argument en glissant le mot de perfection : M. Clarke semble l'avoir prévenu, mais il n'a pas osé le mettre dans tout son jour; il se fait seulement cette objection : On dira que Dieu a bien communiqué la divisibilité et la figure à la matière, quoiqu'il ne soit ni figuré, ni divisible. Et il fait à cette objection une réponse très solide et très aisée, c'est que la divisibilité, la figure, sont des qualités négatives, et des limitations; et que quoique une cause ne puisse communiquer à son effet aucune perfection qu'elle n'a pas, l'effet peut cependant avoir et doit nécessairement avoir des limitations, des imperfections que la cause n'a pas. Mais qu'eût répondu M. Clarke à celui qui lui aurait dit : La matière n'est point un être négatif, une limitation, une imperfection, c'est un être réel, positif, qui a ses attributs, tout comme l'esprit; or, comment Dieu aura-t-il pu produire un être matériel, s'il n'est pas matériel ? Il faut donc, ou que vous avouiez que la cause peut communiquer quelque chose de positif qu'elle n'a pas, ou que la matière n'a point de cause de son existence; ou enfin, que vous souteniez que la matière est une pure négation et une limitation; ou bien si ces trois parties sont absurdes, il faut que vous avouiez que l'existence des êtres intelligents ne prouve pas plus que l'être existant par lui-même est un être intelligent que l'existence des êtres matériels ne prouve que l'être existant par lui-même est matière; car la chose est absolument semblable : on dira la même chose du mouvement. A l'égard du mot de perfection, on en abuse ici visiblement; car qui osera dire que la matière est une imperfection, et la pensée une perfection ? Je ne crois pas que personne ose décider ainsi de l'essence des choses. Et puis, que veut dire perfection ? est-ce perfection par rapport à Dieu, ou par rapport à nous ?

Je sais que l'on peut dire que cette opinion ramènerait au spinosisme; à cela je pourrais répondre que je n'y puis que faire, et que mon raisonnement, s'il est bon, ne peut devenir mauvais par les conséquences qu'on en peut tirer. Mais de plus, rien ne serait plus faux que cette conséquence; car cela prouverait seulement que notre intelligence ne ressemble pas plus à l'intelligence de Dieu que notre manière d'être étendu ne ressemble à la manière dont Dieu remplit l'espace. Dieu n'est point dans le cas des causes que nous connaissons; il a pu créer l'esprit et la matière, sans être ni matière ni esprit; ni l'un ni l'autre ne dérivent de lui, mais sont créés par lui. Je ne connais pas le quomodo, il est vrai : j'aime mieux m'arrêter que de m'égarer; son existence m'est démontrée; mais pour ses attributs et son essence, il m'est, je crois, démontré que je ne suis pas fait pour les comprendre.

Dire que Dieu n'a pu faire ce monde ni nécessairement ni librement n'est qu'un sophisme qui tombe de lui-même dès qu'on a prouvé qu'il y a un Dieu, et que le monde n'est pas Dieu; et cette objection se réduit seulement à ceci : Je ne puis comprendre que Dieu ait créé l'univers plutôt dans un temps que dans un autre; donc il ne l'a pu créer. C'est comme si l'on disait : Je ne puis comprendre pourquoi un tel homme ou un tel cheval n'a pas existé mille ans auparavant, donc leur existence est impossible. De plus, la volonté libre de Dieu est une raison suffisante du temps dans lequel il a voulu créer le monde. Si Dieu existe, il est libre; et il ne le serait pas, s'il était toujours déterminé par une raison suffisante, et si sa volonté ne lui en servait pas. D'ailleurs, cette raison suffisante serait-elle dans lui ou hors de lui ? Si elle est hors de lui, il ne se détermine donc pas librement; si elle est en lui, qu'est-ce autre chose que sa volonté ?

Les lois mathématiques sont immuables, il est vrai : mais il n'était pas nécessaire que telles lois fussent préférées à d'autres. Il n'était pas nécessaire que la terre fût placée où elle est; aucune loi mathématique ne peut agir par elle-même; aucune n'agit sans mouvement; le mouvement n'existe point par lui-même : donc il faut recourir à un premier moteur. J'avoue que les planètes, placées à telle distance du soleil, doivent parcourir leurs orbites selon les lois qu'elles observent, que même leur distance peut être réglée par la quantité de matière qu'elles renferment. Mais pourra-t-on dire qu'il était nécessaire qu'il y eût telle quantité de matière dans chaque planète, qu'il y eût un certain nombre d'étoiles, que ce nombre ne peut être augmenté ni diminué, que sur la terre il est d'une nécessité absolue et inhérente dans la nature des choses qu'il y eût un certain nombre d'êtres ? Non, sans doute, puisque ce nombre change tous les jours : donc toute la nature, depuis l'étoile la plus éloignée jusqu'à un brin d'herbe, doit être soumise à un premier moteur.

Quant à ce qu'on objecte qu'un pré n'est pas essentiellement fait pour des chevaux, etc., on ne peut conclure de là qu'il n'y ait point de cause finale, mais seulement que nous ne connaissons pas toutes les causes finales. Il faut ici surtout raisonner de bonne foi, et ne point chercher à se tromper soi-même; quand on voit une chose qui a toujours le même effet, qui n'a uniquement que cet effet, qui est composée d'une infinité d'organes, dans lesquels il y a une infinité de mouvements, qui tous concourent à la même production, il me semble qu'on ne peut, sans une secrète répugnance, nier une cause finale. Le germe de tous les végétaux, de tous les animaux est dans ce cas : Ne faut-il pas être un peu hardi pour dire que tout cela ne se rapporte à aucune fin ?

Je conviens qu'il n'y a point de démonstration proprement dite qui prouve que l'estomac est fait pour digérer, comme il n'y a point de démonstration qu'il fait jour; mais les matérialistes sont bien loin de pouvoir démontrer aussi que l'estomac n'est pas fait pour digérer. Qu'on juge seulement avec équité, comme on juge des choses dans le cours ordinaire, quelle est l'opinion la plus probable ?

A l'égard des reproches d'injustice et de cruauté qu'on fait à Dieu, je réponds d'abord que supposé qu'il y ait un mal moral (ce qui me paraît une chimère), ce mal moral est tout aussi impossible à expliquer dans le système de la matière que dans celui d'un Dieu. Je réponds ensuite que nous n'avons d'autres idées de la justice que celles que nous nous sommes formées de toute action utile à la société, et conforme aux lois établies par nous pour le bien commun; or, cette idée n'étant qu'une idée de relation d'homme à homme, elle ne peut avoir aucune analogie avec Dieu. Il est tout aussi absurde de dire de Dieu, en ce sens, que Dieu est juste ou injuste que de dire que Dieu est bleu ou carré.

Il est donc insensé de reprocher à Dieu que les mouches soient mangées par les araignées, et que les hommes ne vivent que quatre-vingts ans, qu'ils abusent de leur liberté pour se détruire les uns les autres, qu'ils aient des maladies, des passions cruelles, etc. : car nous n'avons certainement aucune idée que les hommes et les mouches dussent être éternels. Pour bien assurer qu'une chose est mal, il faut voir en même temps qu'on pourrait mieux faire. Nous ne pouvons certainement juger qu'une machine est imparfaite que par l'idée de la perfection qui lui manque : nous ne pouvons, par exemple, juger que les trois côtés d'un triangle sont égaux, si nous n'avons l'idée d'un triangle équilatéral : nous ne pouvons dire qu'une montre est mauvaise si nous n'avons une idée distincte d'un certain nombre d'espaces égaux, que l'aiguille de cette montre doit également parcourir. Mais qui aura une idée selon laquelle ce monde-ci déroge à la sagesse divine ?

Dans l'opinion qu'il y a un Dieu, il se trouve des difficultés; mais dans l'opinion contraire il y a des absurdités : et c'est ce qu'il faut examiner avec application, en faisant un petit précis de ce qu'un matérialiste est obligé de croire.

CONSÉQUENCES NÉCESSAIRES DE L'OPINION DES MATÉRIALISTES

Il faut qu'ils disent que le monde existe nécessairement et par lui-même, de sorte qu'il y aurait de la contradiction dans les termes à dire qu'une partie de la matière pourrait n'exister pas, ou pourrait exister autrement qu'elle est : il faut qu'ils disent que le monde matériel a en soi essentiellement la pensée et le sentiment; car il ne peut les acquérir, puisqu'en ce cas ils lui viendraient de rien; il ne peut les avoir d'ailleurs, puisqu'il est supposé être tout ce qui est. Il faut donc que cette pensée et ce sentiment lui soient inhérents comme l'étendue, la divisibilité, la capacité du mouvement, sont inhérentes à la matière; et il faut avec cela confesser qu'il n'y a qu'un petit nombre de parties qui aient ce sentiment et cette pensée essentielle au total du monde; que ces sentiments et ces pensées, quoique inhérents dans la matière, périssent cependant à chaque instant; ou bien il faudra avancer qu'il y a une âme du monde qui se répand dans les corps organisés; et alors il faudra que cette âme soit autre chose que le monde. Ainsi, de quelque côté qu'on se tourne, on ne trouve que des chimères qui se détruisent.

Les matérialistes doivent encore soutenir que le mouvement est essentiel à la matière. Ils sont par là réduits à dire que le mouvement n'a jamais pu ni ne pourra jamais augmenter ni diminuer : ils seront forcés d'avancer que cent mille hommes qui marchent à la fois, et cent coups de canon que l'on tire, ne produisent aucun mouvement nouveau dans la nature. Il faudra encore qu'ils assurent qu'il n'y a aucune liberté, et par là, qu'ils détruisent tous les liens de la société, et qu'ils croient une fatalité tout aussi difficile à comprendre que la liberté, mais qu'eux-mêmes démentent dans la pratique. Qu'un lecteur équitable, ayant mûrement pesé le pour et le contre de l'existence d'un Dieu créateur, voie à présent de quel côté est la vraisemblance.

Après nous être ainsi traînés de doute en doute, et de conclusion en conclusion, jusqu'à pouvoir regarder cette proposition : *il y a un Dieu* comme la chose la plus vraisemblable que les hommes puissent penser, et après avoir vu que la proposition contraire est une des plus absurdes, il semble naturel de rechercher quelle relation il y a entre Dieu et nous, de voir si Dieu a établi des lois pour les êtres pensants, comme il y a des lois mécaniques pour les êtres matériels; d'examiner s'il y a une morale, et ce qu'elle peut être; s'il y a une religion établie par Dieu même. Ces questions sont sans doute d'une importance à qui tout cède, et les recherches dans lesquelles nous amusons notre vie sont bien frivoles en comparaison. Mais ces questions seront plus à leur place quand nous considérerons l'homme comme un animal sociable.

Examinons d'abord comment lui viennent ses idées, et comment il pense, avant de voir quel usage il fait ou doit faire de ses pensées.

CHAPITRE III

QUE TOUTES LES IDÉES VIENNENT PAR LES SENS[1]

Quiconque se rendra un compte fidèle de tout ce qui s'est passé dans son entendement avouera sans peine que ses sens lui ont fourni toutes ses idées : mais des philosophes qui ont abusé de leur raison ont prétendu que nous avions des idées innées; et ils ne l'ont assuré que sur le même fondement qu'ils ont dit, que Dieu avait pris des cubes de matière, et les avait froissés l'un contre l'autre pour former ce monde visible. Ils ont forgé des systèmes avec lesquels ils se flattaient de pouvoir hasarder quelque explication apparente des phénomènes de la nature. Cette manière de philosopher est encore plus dangereuse que le jargon méprisable de l'école. Car ce jargon étant absolument vide de sens, il ne faut qu'un peu d'attention à un esprit droit pour en apercevoir tout d'un coup le ridicule, et pour chercher ailleurs la vérité : mais une hypothèse ingénieuse et hardie, qui a d'abord quelque lueur de vraisemblance, intéresse l'orgueil humain à la croire; l'esprit s'applaudit de ces principes subtils, et se sert de toute sa sagacité pour les défendre. Il est clair qu'il ne faut jamais faire d'hypothèse; il ne faut point dire : Commençons par inventer des principes avec lesquels nous tâcherons de tout expliquer. Mais il faut dire : Faisons exactement l'analyse des choses, et ensuite nous tâcherons de voir avec beaucoup de défiance si elles se rapportent avec quelques principes. Ceux qui ont fait le roman des idées innées se sont flattés qu'ils rendraient raison des idées de l'infini, de l'immensité, de Dieu, et de certaines notions métaphysiques qu'ils supposaient être communes à tous les hommes. Mais si, avant de s'engager dans ce système, ils avaient bien voulu faire réflexion que beaucoup d'hommes n'ont de leur vie la moindre teinture de ces notions, qu'aucun enfant ne les a que quand on les lui donne; et que, lorsque enfin, on les a acquises, on n'a que des perceptions très imparfaites, des idées purement négatives, ils auraient eu honte eux-mêmes de leur opinion. S'il y a quelque chose de démontré hors des mathématiques, c'est qu'il n'y a point d'idées innées dans l'homme; s'il y en avait, tous les hommes en naissant auraient l'idée d'un Dieu, et auraient tous la même idée; ils auraient tous les mêmes notions métaphysiques : Ajoutez à cela l'absurdité ridicule où l'on se jette quand on soutient que Dieu nous donne dans le ventre de la mère des notions qu'il faut entièrement nous enseigner dans notre jeunesse.

Il est donc indubitable que nos premières idées sont nos sensations. Petit à petit nous recevons des idées composées de ce qui frappe nos organes, notre mémoire, retient ces perceptions; nous les rangeons ensuite sous des idées générales; et de cette seule faculté que nous avons de composer et d'arranger ainsi nos idées, résultent toutes les vastes connaissances de l'homme.

Ceux qui objectent que les notions de l'infini en durée, en étendue, en nombre, ne peuvent venir de nos sens n'ont qu'à rentrer un instant en eux-mêmes : premièrement, ils verront qu'ils n'ont aucune idée complète, et même seulement positive, de l'infini; mais que ce n'est qu'en ajoutant les choses matérielles les unes aux autres qu'ils sont parvenus à connaître qu'ils ne verront jamais la fin de leurs comptes; et cette impuissance, ils l'ont appelée infini; ce qui est bien plutôt un aveu de l'ignorance humaine qu'une idée au-dessus de nos sens. Que si l'on objecte qu'il y a un infini réel en géométrie, je réponds que non : on prouve seulement que la matière sera toujours divisible; on prouve que tous les cercles possibles passeront entre deux lignes; on prouve qu'une infinité de surfaces n'a rien de commun avec une infinité de cubes : mais cela ne donne pas plus l'idée de l'infini que cette proposition : *il y a un Dieu* ne nous donne une idée de ce que c'est que Dieu.

Mais ce n'est pas assez de nous être convaincus que nos idées nous viennent toutes par les sens; notre curiosité nous porte jusqu'à vouloir connaître comment elles nous viennent. C'est ici que tous les philosophes ont fait de beaux romans; il était aisé de se les épargner, en considérant avec bonne foi les bornes de la nature humaine. Quand nous ne pouvons nous aider du compas des mathématiques, ni du flambeau de l'expérience et de la physique, il eśt certain que nous ne pouvons faire un seul pas. Jusqu'à ce que nous ayons les yeux assez fins pour diśtinguer les parties conśtituantes de l'or d'avec les parties conśtituantes d'un grain de moutarde, il eśt bien sûr que nous ne pourrons raisonner sur leurs essences; et, jusqu'à ce que l'homme soit d'une autre nature, et qu'il ait des organes pour apercevoir sa propre subśtance, et l'essence de ses idées, comme il a des organes pour sentir, il eśt indubitable qu'il lui sera impossible de les connaître. Demander comment nous pensons et comment nous sentons, comment nos mouvements obéissent à notre volonté, c'eśt demander le secret du Créateur; nos sens ne nous fournissent pas plus de voies pour arriver à cette connaissance qu'ils ne nous fournissent des ailes quand nous désirons avoir la faculté de voler; et c'eśt ce qui prouve bien, à mon avis, que toutes nos idées nous viennent par les sens; puisque, lorsque les sens nous manquent, les idées nous manquent; aussi nous eśt-il impossible de savoir comment nous pensons, par la même raison qu'il nous eśt impossible d'avoir l'idée d'un sixième sens; c'eśt parce qu'il nous manque des organes qui enseignent ces idées. Voilà pourquoi ceux qui ont eu la hardiesse d'imaginer un syśtème sur la nature de l'âme et de nos conceptions ont été obligés de supposer l'opinion absurde des idées innées, se flattant que, parmi les prétendues idées métaphysiques descendues du ciel dans notre esprit, il s'en trouverait quelques-unes qui découvriraient ce secret impénétrable.

De tous les raisonneurs hardis qui se sont perdus dans la profondeur de ces recherches, le Père Malebranche eśt celui qui a paru s'égarer de la façon la plus sublime. Voici à quoi se réduit son syśtème qui a fait tant de bruit :

Nos perceptions, qui nous viennent à l'occasion des objets, ne peuvent être causées par ces objets mêmes, qui certainement n'ont pas en eux la puissance de donner un sentiment; elles ne viennent pas de nous-mêmes, car nous sommes à cet égard aussi impuissants que ces objets; il faut donc que ce soit Dieu qui nous les donne. Or, Dieu eśt le lien des esprits, et les esprits subsiśtent en lui; donc c'eśt en lui que nous avons nos idées, et que nous voyons toutes choses.

Or, je demande à tout homme qui n'a point d'enthousiasme dans la tête quelle notion claire ce dernier raisonnement nous donne.

Je demande ce que veut dire, Dieu eſt le lieu des esprits ? et quand même ces mots, sentir et voir tout en Dieu, formeraient en nous une idée diſtincte, je demande ce que nous y gagnerions, et en quoi nous serions plus savants qu'auparavant.

Certainement, pour réduire le syſtème du Père Malebranche à quelque chose d'intelligible, on eſt obligé de recourir au spinosisme, d'imaginer que le total de l'univers eſt Dieu, que ce Dieu agit dans tous les êtres, sent dans les bêtes, pense dans les hommes, végète dans les arbres, eſt pensée et caillou, a toutes les parties de lui-même détruites à tout moment, et enfin toutes les absurdités qui découlent nécessairement de ce principe.

Les égarements de tous ceux qui ont voulu approfondir ce qui eſt impénétrable pour nous doivent nous apprendre à ne vouloir pas franchir les limites de notre nature. La vraie philosophie eſt de savoir s'arrêter où il faut, et de ne jamais marcher qu'avec un guide sûr.

Il reſte assez de chemin à parcourir sans voyager dans les espaces imaginaires. Contentons-nous donc de savoir par l'expérience appuyée du raisonnement, seule source de nos connaissances, que nos sens sont les portes par lesquelles toutes les idées entrent dans notre entendement; et ressouvenons-nous bien qu'il nous eſt absolument impossible de connaître le secret de cette mécanique, parce que nous n'avons point d'inſtruments proportionnés à ses ressorts.

CHAPITRE IV

QU'IL Y A EN EFFET DES OBJETS EXTÉRIEURS

On n'aurait point songé à traiter cette queſtion si les philosophes n'avaient cherché à douter des choses les plus douteuses.

Nos sens nous font avoir des idées, disent-ils; mais

peut-être que notre entendement reçoit ces perceptions sans qu'il y ait aucun objet au dehors. Nous savons que pendant le sommeil nous voyons et nous sentons des choses qui n'existent pas; peut-être notre vie est-elle un songe continuel, et la mort sera le moment de notre réveil, ou la fin d'un songe auquel nul réveil ne succédera.

Nos sens nous trompent dans la veille même; la moindre altération dans nos organes nous fait voir quelquefois des objets et entendre des sons dont la cause n'est que dans le dérangement de notre corps : il est donc très possible qu'il nous arrive toujours ce qui nous arrive quelquefois.

Ils ajoutent que quand nous voyons un objet, nous apercevons une couleur, une figure, nous entendons des sons, et il nous a plu de nommer tout cela les modes de cet objet : mais la substance de cet objet, quelle est-elle ? c'est là en effet que l'objet échappe à notre imagination; ce que nous nommons si hardiment la substance n'est en effet que l'assemblage de ces modes. Dépouillez cet arbre de cette couleur, de cette configuration qui vous donnait l'idée d'un arbre, que lui restera-t-il ? Or, ce que j'ai appelé modes, ce n'est autre chose que mes perceptions; je puis bien dire : « J'ai idée de la couleur verte, et d'un corps tellement configuré. » Mais je n'ai aucune preuve que ce corps et cette couleur existent : voilà ce que dit Sextus Empiricus[1], et à quoi il ne peut trouver de réponse.

Accordons pour un moment à ces messieurs encore plus qu'ils ne demandent; ils prétendent qu'on ne peut leur prouver qu'il y a des corps; passons-leur qu'ils prouvent eux-mêmes qu'il n'y a point de corps. Que s'ensuivra-t-il de là ? Nous conduirons-nous autrement dans notre vie ? Aurons-nous des idées différentes sur rien ? Il faudra seulement changer un mot dans ses discours. Lorsque, par exemple, on aura donné quelques batailles, il faudra dire que dix mille hommes ont paru être tués, qu'un tel officier semble avoir la jambe cassée, et qu'un chirurgien paraîtra la lui couper. De même quand nous aurons faim, nous demanderons l'apparence d'un morceau de pain pour faire semblant de digérer.

Mais voici ce que l'on pourrait leur répondre plus sérieusement :

1° Vous ne pouvez pas en rigueur comparer la vie à l'état des songes, parce que vous ne songez jamais en dormant qu'aux choses dont vous avez eu l'idée étant éveillés; vous êtes sûrs que vos songes ne sont autre chose qu'une faible réminiscence. Au contraire, pendant la veille, lorsque nous avons une sensation, nous ne pouvons jamais conclure que ce soit par réminiscence. Si, par exemple, en tombant, une pierre nous casse l'épaule, il paraît assez difficile que cela se fasse par un effort de mémoire.

2° Il est très vrai que nos sens sont souvent trompés; mais qu'entend-on par là ? Nous n'avons qu'un sens, à proprement parler, qui est celui du toucher; la vue, le son, l'odorat, ne sont que le tact des corps intermédiaires qui partent d'un corps éloigné. Je n'ai l'idée des étoiles que par l'attouchement; et comme cet attouchement de la lumière qui vient frapper mon œil de mille millions de lieues n'est point palpable, comme l'attouchement de mes mains, et qu'il dépend du milieu que ces corps ont traversé, cet attouchement est ce qu'on nomme improprement trompeur; il ne me fait point voir des objets à leur véritable place; il ne me donne point d'idée de leur grosseur; aucun même de ces attouchements qui ne sont point palpables ne me donne l'idée positive des corps. La première fois que je sens une odeur sans voir l'objet dont elle vient, mon esprit ne trouve aucune relation entre un corps et cette odeur; mais l'attouchement, proprement dit, l'approche de mon corps à un autre, indépendamment de mes autres sens, me donne l'idée de la matière; car lorsque je touche un rocher, je sens bien que je ne puis me mettre à sa place, et que par conséquent il y a là quelque chose d'étendu et d'impénétrable. Ainsi, supposé (car que ne suppose-t-on pas !) qu'un homme eût tous les sens, hors celui du toucher proprement dit, cet homme pourrait fort bien douter de l'existence des objets extérieurs, et peut-être même serait-il longtemps sans en avoir l'idée; mais celui qui serait sourd et aveugle, et qui aurait le toucher, ne pourrait douter de l'existence des choses qui lui feraient éprouver de la dureté; et cela parce qu'il n'est point de l'essence de la matière qu'un corps soit coloré ou sonore, mais qu'il soit étendu et impénétrable. Mais que répondront les sceptiques outrés à ces deux questions-ci :

1° S'il n'y a point d'objets extérieurs, et si mon imagination fait tout, pourquoi suis-je brûlé en touchant du feu, et ne suis-je point brûlé quand, dans un rêve, je crois toucher du feu ?

2° Quand j'écris mes idées sur ce papier, et qu'un autre homme vient me lire ce que j'écris, comment puis-je entendre les propres paroles que j'ai écrites et pensées, si cet autre homme ne me les lit pas effectivement ? Comment puis-je même les retrouver si elles n'y sont pas ? Enfin, quelque effort que je fasse pour douter, je suis plus convaincu de l'existence des corps que je ne le suis de plusieurs vérités géométriques. Ceci paraîtra étonnant, mais je n'y puis que faire; j'ai beau manquer de démonstrations géométriques pour prouver que j'ai un père et une mère, et j'ai beau m'avoir démontré, c'est-à-dire n'avoir pu répondre à l'argument qui me prouve qu'une infinité de lignes courbes peuvent passer entre un cercle et sa tangente, je sens bien que, si un être tout-puissant me venait dire : « De ces deux propositions, il y a des corps, et une infinité de courbes passent entre le cercle et sa tangente, il y a une proposition qui est fausse, devinez laquelle ? » je devinerais que c'est la dernière; car sachant bien que j'ai ignoré longtemps cette proposition, que j'ai eu besoin d'une attention suivie pour en entendre la démonstration, que j'ai cru y trouver des difficultés, qu'enfin les vérités géométriques n'ont de réalité que dans mon esprit, je pourrais soupçonner que mon esprit s'est trompé.

Quoi qu'il en soit, comme mon principal but est ici d'examiner l'homme sociable, et que je ne puis être sociable s'il n'y a une société, et par conséquent des objets hors de nous, les pyrrhoniens me permettront de commencer par croire fermement qu'il y a des corps, sans quoi il faudrait que je refusasse l'existence de ces messieurs.

CHAPITRE V

SI L'HOMME A UNE ÂME, ET CE QUE CE PEUT ÊTRE

Nous sommes certains que nous sommes matière, que nous sentons et que nous pensons; nous sommes persuadés de l'existence d'un Dieu duquel nous sommes l'ouvrage, par des raisons contre lesquelles notre esprit ne peut se révolter. Nous nous sommes prouvé à nous-mêmes que ce Dieu a créé ce qui existe. Nous nous sommes convaincus qu'il nous est impossible, et qu'il doit nous être impossible de savoir comment il nous a donné l'être. Mais pouvons-nous savoir ce qui pense en nous ? quelle est cette faculté que Dieu nous a donnée ? est-ce la matière qui sent et qui pense ? est-ce une substance immatérielle ? en un mot, qu'est-ce qu'une âme ? C'est ici où il est nécessaire plus que jamais de me remettre dans l'état d'un être pensant, descendu d'un autre globe, n'ayant aucun des préjugés de celui-ci, et possédant la même capacité que moi, n'étant point ce qu'on appelle homme, et jugeant de l'homme d'une manière désintéressée.

Si j'étais un être supérieur à qui le Créateur eût révélé ses secrets, je dirais bientôt, en voyant l'homme, ce que c'est que cet animal; je définirais son âme et toutes ses facultés en connaissance de cause avec autant de hardiesse que l'ont défini tant de philosophes qui n'en savaient rien; mais avouant mon ignorance et essayant ma faible raison, je ne puis faire autre chose que de me servir de la voie de l'analyse, qui est le bâton que la nature a donné aux aveugles : j'examine tout partie à partie, et je vois ensuite si je puis juger du total. Je me suppose donc arrivé en Afrique, et entouré de nègres, de Hottentots, et d'autres animaux. Je remarque d'abord que les organes de la vie sont les mêmes chez eux tous, les opérations de leurs corps partent tous des mêmes principes de vie : ils ont tous à mes yeux mêmes désirs, mêmes passions, mêmes besoins; ils les expriment tous chacun dans leurs langues. La langue que j'entends la première est celle des animaux, cela ne peut être autrement; les sons par lesquels ils s'expriment ne semblent point arbitraires, ce sont des caractères vivants de leurs passions; ces signes portent l'empreinte de ce qu'ils expriment : le cri d'un chien qui demande à manger, joint à toutes ses attitudes, a une relation sensible à son objet; je le distingue incontinent des cris et des mouvements par lesquels il flatte un autre animal, de ceux avec lesquels il chasse, et de ceux par lesquels il se plaint; je discerne encore si sa plainte exprime l'anxiété de la solitude, ou la douleur d'une blessure, ou les impatiences de l'amour. Ainsi avec un peu d'attention, j'entends le langage de tous les animaux; ils n'ont aucun sentiment qu'ils n'expriment; peut-être n'en est-il pas de même de leurs idées : mais comme il paraît que la nature ne leur a donné que peu d'idées, il me semble aussi qu'il était naturel qu'ils eussent un langage borné, proportionné à leurs perceptions.

Que rencontré-je de différent dans les animaux nègres ? que puis-je y voir, sinon quelques idées et quelques combinaisons de plus dans la tête, exprimées par un langage différemment articulé ? Plus j'examine tous ces êtres, plus je dois soupçonner que ce sont des espèces différentes d'un même genre; cette admirable faculté de retenir des idées leur est commune à tous; ils ont tous des songes et des images faibles, pendant le sommeil, des idées qu'ils ont reçues en veillant; leur faculté sentante et pensante croît avec leurs organes, s'affaiblit avec eux, périt avec eux; que l'on verse le sang d'un singe et d'un nègre, il y aura bientôt dans l'un et dans l'autre un degré d'épuisement qui les mettra hors d'état de me reconnaître; bientôt après, leurs sens extérieurs n'agissent plus, et enfin ils meurent.

Je demande alors ce qui leur donnait la vie, la sensation, la pensée; ce n'était pas leur propre ouvrage, ce n'était pas celui de la matière, comme je me le suis déjà prouvé : c'est donc Dieu qui avait donné à tous ces corps la puissance de sentir et d'avoir des idées dans des degrés différents, proportionnés à leurs organes; voilà assurément ce que je soupçonnerai d'abord.

Enfin je vois des hommes qui me paraissent supérieurs à ces nègres, comme ces nègres le sont aux singes, et comme les singes le sont aux huîtres et aux autres animaux de cette espèce.

Des philosophes me disent : « Ne vous y trompez pas, l'homme est entièrement différent des autres animaux; il a une âme spirituelle et immortelle : car (remarquez bien ceci) si la pensée est un composé de la matière, elle doit être nécessairement cela même dont elle est composée; elle doit être divisible, capable de mouvement, etc.; or, la pensée ne peut point se diviser, donc elle n'est point un composé de la matière, elle n'a point de parties, elle est simple, elle est immortelle, elle est l'ouvrage de l'image d'un Dieu. » J'écoute ces maîtres, et je leur réponds toujours avec défiance de moi-même, mais non avec confiance en eux : Si l'homme a une âme telle que vous l'assurez, je dois croire que ce chien et cette taupe en ont une toute pareille. Ils me jurent tous que non. Je leur demande quelle différence il y a donc entre ce chien et eux. Les uns me répondent, ce chien eſt une forme subſtantielle; les autres me disent : « N'en croyez rien, les formes subſtantielles sont des chimères; mais ce chien eſt une machine comme un tournebroche, et rien de plus. » Je demande encore aux inventeurs des formes subſtantielles ce qu'ils entendent par ce mot, et comme ils ne me répondent que du galimatias, je me retourne vers les inventeurs des tournebroches, et je leur dis : « Si ces bêtes sont de pures machines, vous n'êtes certainement auprès d'elles que ce qu'une montre à répétition eſt en comparaison du tournebroche dont vous parlez; ou si vous avez l'honneur de posséder une âme spirituelle, les animaux en ont une aussi, car ils sont tous ce que vous êtes, ils ont les mêmes organes avec lesquels vous avez des sensations; et si ces organes ne leur servent pas pour la même fin, Dieu en leur donnant ces organes aura fait un ouvrage inutile; et Dieu, selon vous-mêmes, ne fait rien en vain. Choisissez donc, ou d'attribuer une âme spirituelle à une puce, à un ver, à un ciron, ou d'être automate comme eux. » Tout ce que ces messieurs peuvent me répondre, c'eſt qu'ils conjecturent que les ressorts des animaux, qui paraissent les organes de leurs sentiments, sont nécessaires à leur vie, et ne sont chez eux que les ressorts de la vie; mais cette réponse n'eſt qu'une supposition déraisonnable.

Il eſt certain que pour vivre on n'a besoin ni de nez, ni d'oreilles, ni d'yeux. Il y a des animaux qui n'ont point de ces sens, et qui vivent; donc ces organes de sentiment ne sont donnés que pour le sentiment; donc les animaux sentent comme nous; donc ce ne peut être que par un excès de vanité ridicule que les hommes s'attribuent une âme d'une espèce différente de celle qui anime les brutes. Il eſt donc clair jusqu'à présent que ni les philosophes, ni moi, ne savons ce que c'eſt que cette âme : il m'eſt seulement prouvé que c'eſt quelque chose de commun entre l'animal appelé homme et celui qu'on nomme bête. Voyons si cette faculté commune à tous ces animaux eſt matière ou non.

Il eſt impossible, me dit-on, que la matière pense. Je ne vois pas cette impossibilité. Si la pensée était un composé de la matière, comme ils me le disent, j'avouerais que la pensée devrait être étendue et divisible; mais si la pensée eſt un attribut de Dieu, donné à la matière, je ne vois pas qu'il soit nécessaire que cet attribut soit étendu et divisible; car je vois que Dieu a communiqué d'autres propriétés à la matière, lesquelles n'ont ni étendue, ni divisibilité; le mouvement, la gravitation, par exemple, qui agit sans corps intermédiaires, et qui agit en raison directe de la masse et non des surfaces, et en raison doublée inverse des diſtances, eſt une qualité réelle démontrée, et dont la cause eſt aussi cachée que celle de la pensée.

En un mot, je ne puis juger que d'après ce que je vois, et selon ce qui me paraît le plus probable; je vois que dans toute la nature les mêmes effets supposent une même cause. Ainsi je juge que la même cause agit dans les bêtes et dans les hommes à proportion de leurs organes; et je crois que ce principe commun aux hommes et aux bêtes eſt un attribut donné par Dieu à la matière. Car si ce qu'on appelle âme était un être à part, de quelque nature que fût cet être, je devrais croire que la pensée eſt son essence, ou bien je n'aurais aucune idée de cette subſtance. Aussi tous ceux qui ont admis une âme immatérielle ont été obligés de dire que cette âme pense toujours; mais j'en appelle à la conscience de tous les hommes : pensent-ils sans cesse, pensent-ils quand ils dorment d'un sommeil plein et profond ? Les bêtes ont-elles à tous moments des idées ? Quelqu'un qui eſt évanoui a-t-il beaucoup d'idées dans cet état, qui eſt réellement une mort passagère ? Si l'âme ne pense pas toujours, il eſt donc absurde de reconnaître en l'homme une subſtance dont l'essence eſt de penser. Que pourrions-nous en conclure, sinon que Dieu a organisé les corps pour penser comme pour manger et pour digérer ? En m'informant de l'hiſtoire du genre humain, j'apprends que les hommes ont eu longtemps la même opinion que moi sur cet article. Je lis le plus ancien livre qui soit au monde, conservé par un peuple qui se prétend le plus ancien peuple; ce livre me dit même que Dieu semble penser comme moi; il m'apprend que Dieu a autrefois donné aux Juifs les lois les plus détaillées que jamais nation ait reçues; il daigne leur prescrire jusqu'à la manière dont ils doivent aller à la garde-robe[1], et il ne leur dit pas un mot de leur âme; il ne leur parle que des peines et des récompenses temporelles : cela prouve au moins que l'auteur de ce livre ne vivait pas dans une nation qui crût la spiritualité et l'immortalité de l'âme.

On me dit bien que deux mille ans après, Dieu est venu apprendre aux hommes que leur âme est immortelle; mais moi qui suis d'une autre sphère, je ne puis m'empêcher d'être étonné de cette disparate que l'on met sur le compte de Dieu. Il semble étrange à ma raison que Dieu ait fait croire aux hommes le pour et le contre; mais si c'est un point de révélation où ma raison ne voit goutte, je me tais et j'adore en silence. Ce n'est pas à moi d'examiner ce qui a été révélé; je remarque seulement que ces livres révélés ne disent point que l'âme soit spirituelle; ils nous disent seulement qu'elle est immortelle. Je n'ai aucune peine à le croire; car il paraît aussi possible à Dieu de l'avoir formée (de quelque nature qu'elle soit) pour la conserver que pour la détruire. Ce Dieu qui peut comme il lui plaît conserver ou anéantir le mouvement d'un corps, peut assurément faire durer à jamais la faculté de penser dans une partie de ce corps; s'il nous a dit en effet que cette partie est immortelle, il faut en être persuadé.

Mais de quoi cette âme est-elle faite ? C'est ce que l'être suprême n'a pas jugé à propos d'apprendre aux hommes. N'ayant donc, pour me conduire dans ces recherches, que mes propres lumières, l'envie de connaître quelque chose, et la sincérité de mon cœur, je cherche avec sincérité ce que ma raison me peut découvrir par elle-même; j'essaie ses forces, non pour la croire capable de porter tous ces poids immenses, mais pour la fortifier par cet exercice, et pour m'apprendre jusqu'où va son pouvoir. Ainsi, toujours prêt à céder dès que la révélation me présentera ses barrières, je continue mes réflexions et mes conjectures uniquement comme philosophe, jusqu'à ce que ma raison ne puisse plus avancer.

CHAPITRE VI

SI CE QU'ON APPELLE ÂME EST IMMORTELLE

Ce n'eſt pas ici le lieu d'examiner si en effet Dieu a révélé l'immortalité de l'âme. Je me suppose toujours un philosophe d'un autre monde que celui-ci, et qui ne juge que par ma raison. Cette raison m'a appris que toutes les idées des hommes et des animaux leur viennent par les sens; et j'avoue que je ne peux m'empêcher de rire, lorsqu'on me dit que les hommes auront encore des idées quand ils n'auront plus de sens. Lorsqu'un homme a perdu son nez, ce nez perdu n'eſt non plus une partie de lui-même que l'étoile polaire. Qu'il perde toutes ses parties et qu'il ne soit plus un homme, n'eſt-il pas un peu étrange alors de dire qu'il lui reſte le résultat de tout ce qui a péri ? J'aimerais autant dire qu'il boit et mange après sa mort que de dire qu'il lui reſte des idées après sa mort; l'un n'eſt pas plus inconséquent que l'autre, et certainement il a fallu bien des siècles avant qu'on ait osé faire une si étonnante supposition. Je sais bien, encore une fois, que Dieu ayant attaché à une partie du cerveau la faculté d'avoir des idées, il peut conserver cette petite partie du cerveau avec sa faculté; car de conserver cette faculté sans la partie, cela eſt aussi impossible que de conserver le rire d'un homme ou le chant d'un oiseau après la mort de l'oiseau et de l'homme. Dieu peut aussi avoir donné aux hommes et aux animaux une âme simple, immatérielle, et la conserver indépendamment de leur corps. Cela lui eſt aussi possible que de créer un million de mondes de plus qu'il n'en a créé, ou de donner aux hommes deux nez et quatre mains, des ailes et des griffes; mais pour croire qu'il a fait en effet toutes ces choses possibles, il me semble qu'il faut les voir.

Ne voyant donc point que l'entendement, la sensation de l'homme, soit une chose immortelle, qui me prouvera qu'elle l'eſt ? Quoi ! moi qui ne sais point quelle eſt la nature de cette chose, j'affirmerai qu'elle eſt éternelle !

moi qui sais que l'homme n'était pas hier, j'affirmerai qu'il y a dans cet homme une partie éternelle par sa nature ! et tandis que je refuserai l'immortalité à ce qui anime ce chien, ce perroquet, cette grive, je l'accorderai à l'homme par la raison que l'homme le désire !

Il serait bien doux en effet de survivre à soi-même, de conserver éternellement la plus excellente partie de son être dans la destruction de l'autre, de vivre à jamais avec ses amis, etc. Cette chimère (à l'envisager en ce seul sens) serait consolante dans des misères réelles. Voilà peut-être pourquoi on inventa autrefois le système de la métempsycose; mais ce système a-t-il plus de vraisemblance que les *Mille et une nuits ?* et n'est-il pas un fruit de l'imagination vive et absurde de la plupart des philosophes orientaux ? Mais je suppose, malgré toutes les vraisemblances, que Dieu conserve après la mort de l'homme ce qu'on appelle son âme, et qu'il abandonne l'âme de la brute au train de la destruction ordinaire de toutes choses : je demande ce que l'homme y gagnera; je demande ce que l'esprit de Jacques a de commun avec Jacques quand il est mort ?

Ce qui constitue la personne de Jacques, ce qui fait que Jacques est soi-même, et le même qu'il était hier à ses propres yeux, c'est qu'il se ressouvient des idées qu'il avait hier, et que dans son entendement il unit son existence d'hier à celle d'aujourd'hui; car s'il avait entièrement perdu la mémoire, son existence passée lui serait aussi étrangère que celle d'un autre homme; il ne serait pas plus que le Jacques d'hier, la même personne, qu'il ne serait Socrate ou César. Or je suppose que Jacques dans sa dernière maladie a perdu absolument la mémoire, et meurt par conséquent sans être ce même Jacques qui a vécu : Dieu rendra-t-il à son âme cette mémoire qu'il a perdue ? créera-t-il de nouveau ces idées qui n'existent plus ? en ce cas, ne sera-ce pas un homme tout nouveau, aussi différent du premier qu'un Indien l'est d'un Européen ?

Mais on peut dire aussi que Jacques ayant entièrement perdu la mémoire avant de mourir, son âme pourra la recouvrer de même qu'on la recouvre après l'évanouissement ou après un transport au cerveau; car un homme qui a entièrement perdu la mémoire dans une grande maladie ne cesse pas d'être le même homme lorsqu'il a recouvré la mémoire : donc l'âme de Jacques, s'il en a une, et qu'elle soit immortelle par la volonté du Créateur, comme on le suppose, pourra recouvrer la mémoire après sa mort, comme elle la recouvre après l'évanouissement pendant sa vie; donc Jacques sera le même homme.

Ces difficultés valent bien la peine d'être proposées, et celui qui trouvera une manière sûre de résoudre l'équation de cette inconnue sera, je pense, un habile homme.

Je n'avance pas davantage dans ces ténèbres; je m'arrête où la lumière de mon flambeau me manque : c'est assez pour moi que je voie jusqu'où je peux aller. Je n'assure point que j'aie des démonstrations contre la spiritualité et l'immortalité de l'âme; mais toutes les vraisemblances sont contre elles; et il est également injuste et déraisonnable de vouloir une démonstration dans une recherche qui n'est susceptible que de conjectures.

Seulement il faut prévenir l'esprit de ceux qui croiraient la mortalité de l'âme contraire au bien de la société, et les faire souvenir que les anciens Juifs, dont ils admirent les lois, croyaient l'âme mortelle et matérielle, sans compter de grandes sectes de philosophes qui valaient bien les Juifs et qui étaient de fort honnêtes gens.

CHAPITRE VII

SI L'HOMME EST LIBRE

PEUT-ÊTRE n'y a-t-il pas de question plus simple que celle de la liberté; mais il n'y en a point que les hommes aient plus embrouillée. Les difficultés dont les philosophes ont hérissé cette matière, et la témérité qu'on a toujours eue de vouloir arracher de Dieu son secret et de concilier sa prescience avec le libre arbitre, sont cause que l'idée de la liberté s'est obscurcie à force de prétendre l'éclaircir. On s'est si bien accoutumé à ne plus prononcer ce mot liberté, sans se ressouvenir de toutes les difficultés qui marchent à sa suite, qu'on ne s'entend presque plus à présent quand on demande si l'homme est libre.

Ce n'est plus ici le lieu de feindre un être doué de raison, lequel n'est point homme, et qui examine avec indifférence ce que c'est que l'homme; c'est ici au contraire qu'il faut que chaque homme rentre dans soi-même, et qu'il se rende témoignage de son propre sentiment.

Dépouillons d'abord la question de toutes les chimères dont on a coutume de l'embarrasser, et définissons ce que nous entendons par ce mot liberté. La liberté est uniquement le pouvoir d'agir[1]. Si une pierre se mouvait par son choix, elle serait libre; les animaux et les hommes ont ce pouvoir; donc ils sont libres. Je puis à toute force contester cette faculté aux animaux; je puis les concevoir comme des machines qui n'ont ni sensations, ni désirs, ni volonté, quoiqu'elles en aient toutes les apparences. Je forgerai des systèmes, c'est-à-dire des erreurs, pour expliquer leur nature; mais enfin, quand il s'agira de m'interroger moi-même, il faudra bien que j'avoue que j'ai une volonté, et que j'ai en moi le pouvoir d'agir, de remuer mon corps, d'appliquer ma pensée à telle ou telle considération, etc.

Si quelqu'un vient me dire : « Vous croyez avoir cette volonté, mais vous ne l'avez pas; vous avez un sentiment qui vous trompe, comme vous croyez voir le soleil large de deux pieds, quoiqu'il soit en grosseur, par rapport à la terre, à peu près comme un million à l'unité », je répondrai à ce quelqu'un : « Le cas est différent : Dieu ne m'a point trompé en me faisant voir ce qui est éloigné de moi d'une grosseur proportionnée à sa distance; telles sont les lois mathématiques de l'optique que je ne puis et ne dois apercevoir les objets qu'en raison directe de leur grosseur et de leur éloignement; et telle est la nature de mes organes que si ma vue pouvait apercevoir la grandeur réelle d'une étoile, je ne pourrais voir aucun objet sur la terre. Il en est de même du sens de l'ouïe et de celui de l'odorat. Je n'ai les sensations plus ou moins fortes, toutes choses égales, que selon que les corps sonores et odoriférants sont plus ou moins loin de moi. Il n'y a en cela aucune erreur : mais si je n'avais point de volonté, croyant en avoir une, Dieu m'aurait créé exprès pour me tromper; de même que s'il me faisait croire qu'il y a des corps hors de moi, quoiqu'il n'y en eût pas; et il ne résulterait rien de cette tromperie, sinon une absurdité dans la manière d'agir d'un être suprême infiniment sage. »

Et qu'on ne dise pas qu'il est indigne d'un philosophe de recourir ici à Dieu. Car, premièrement, ce Dieu étant prouvé, il est démontré que c'est lui qui est la cause de ma liberté en cas que je sois libre; et qu'il est l'auteur absurde de mon erreur, si m'ayant fait un être purement patient sans volonté, il me fait accroire que je suis agent et que je suis libre.

Secondement, s'il n'y avait point de Dieu, qui est-ce qui m'aurait jeté dans l'erreur ? qui m'aurait donné ce sentiment de liberté en me mettant dans l'esclavage ? Serait-ce une matière qui d'elle-même ne peut avoir l'intelligence ? Je ne puis être instruit ni trompé par la matière, ni recevoir d'elle la faculté de vouloir; je ne puis avoir reçu de Dieu le sentiment de ma volonté sans en avoir une; donc, j'ai réellement une volonté, donc je suis un agent.

Vouloir et agir, c'est précisément la même chose qu'être libre. Dieu lui-même ne peut être libre que dans ce sens. Il a voulu et il a agi selon sa volonté. Si on supposait sa volonté déterminée nécessairement; si on disait : Il a été nécessité à vouloir ce qu'il a fait, on tomberait dans une aussi grande absurdité que si on disait : Il y a un Dieu, et il n'y a point de Dieu; car si Dieu était nécessité, il ne serait plus agent, il serait patient, et il ne serait plus Dieu.

Il ne faut jamais perdre de vue ces vérités fondamentales enchaînées les unes aux autres. Il y a quelque chose qui existe, donc quelque être est de toute éternité, donc cet être existe par lui-même d'une nécessité absolue, donc il est infini, donc tous les autres êtres viennent de lui sans qu'on sache comment, donc il a pu leur communiquer la liberté comme il leur a communiqué le mouvement et la vie[1], donc il nous a donné cette liberté que nous sentons en nous, comme il nous a donné la vie que nous sentons en nous.

La liberté dans Dieu est le pouvoir de penser toujours tout ce qu'il veut, et d'opérer toujours ce qu'il veut.

La liberté donnée de Dieu à l'homme est le pouvoir faible, limité, et passager, de s'appliquer à quelques pensées, et d'opérer certains mouvements. La liberté des enfants qui ne réfléchissent point encore, et des espèces d'animaux qui ne réfléchissent jamais, consiste à vouloir et à opérer des mouvements seulement. Sur quel fondement a-t-on pu imaginer qu'il n'y a point de liberté ? Voici les causes de cette erreur : on a d'abord remarqué que nous avons souvent des passions violentes qui nous entraînent malgré nous. Un homme voudrait ne pas aimer une maîtresse infidèle, et ses désirs plus forts que la raison le ramènent vers elle; on s'emporte à des actions violentes dans des mouvements de colère qu'on ne peut maîtriser; on souhaite de mener une vie tranquille, et l'ambition nous rejette dans le tumulte des affaires.

Tant de chaînes visibles dont nous sommes accablés presque toute notre vie ont fait croire que nous sommes liés de même dans tout le reste; on a dit : L'homme est tantôt emporté avec une rapidité et des secousses violentes dont il sent l'agitation; tantôt il est mené par un mouvement paisible dont il n'est plus le maître; c'est un esclave qui ne sent pas toujours le poids et la flétrissure de ses fers, mais il est toujours esclave.

Ce raisonnement, qui n'est que la logique de la faiblesse humaine, est tout semblable à celui-ci : Les hommes sont malades quelquefois, donc ils n'ont jamais de santé.

Or, qui ne voit l'impertinence de cette conclusion ? qui ne voit au contraire que de sentir sa maladie est une preuve indubitable qu'on a eu de la santé, et que sentir son esclavage et son impuissance prouve invinciblement qu'on a eu de la puissance et de la liberté ?

Lorsque vous aviez cette passion furieuse, votre volonté n'était plus obéie par vos sens : alors vous n'étiez pas plus libre que lorsqu'une paralysie vous empêche de mouvoir ce bras que vous voulez remuer. Si un homme était toute sa vie dominé par des passions violentes, ou par des images qui occupassent sans cesse son cerveau, il lui manquerait cette partie de l'humanité qui consiste à pouvoir penser quelquefois ce qu'on veut : et c'est le cas où sont plusieurs fous qu'on enferme, et même bien d'autres qu'on n'enferme pas.

Il est bien certain qu'il y a des hommes plus libres les uns que les autres, par la même raison que nous ne sommes pas tous également éclairés, également robustes, etc. La liberté est la santé de l'âme; peu de gens ont cette santé entière et inaltérable. Notre liberté est faible et bornée, comme toutes nos autres facultés. Nous la fortifions en nous accoutumant à faire des réflexions, et cet exercice de l'âme la rend un peu plus vigoureuse. Mais quelques efforts que nous fassions, nous ne pourrons jamais parvenir à rendre notre raison souveraine de tous nos désirs; il y aura toujours dans notre âme comme dans notre corps des mouvements involontaires. Nous ne sommes ni libres, ni sages, ni forts, ni sains, ni spirituels, que dans un très petit degré. Si nous étions toujours libres, nous serions ce que Dieu est. Contentons-nous d'un partage convenable au rang que nous tenons dans la nature. Mais ne nous figurons pas que nous manquons des choses mêmes dont nous sentons la jouissance, et parce que nous n'avons pas ces attributs d'un Dieu, ne renonçons pas aux facultés d'un homme.

Au milieu d'un bal ou d'une conversation vive, ou dans les douleurs d'une maladie qui appesantira ma tête, j'aurai beau vouloir chercher combien fait la trente-cinquième partie de quatre-vingt-quinze tiers et demi, multipliés par vingt-cinq dix-neuvièmes et trois quarts, je n'aurai pas la liberté de faire une combinaison pareille. Mais un peu de recueillement me rendra cette puissance que j'avais perdue dans le tumulte. Les ennemis les plus déterminés de la liberté sont donc forcés d'avouer que nous avons une volonté qui est obéie quelquefois par nos sens[1] : « Mais cette volonté, disent-ils, est nécessairement déterminée comme une balance toujours emportée par le plus grand poids; l'homme ne veut que ce qu'il juge le meilleur; son entendement n'est pas le maître de ne pas juger bon ce qui lui paraît bon. L'entendement agit nécessairement : la volonté est déterminée par l'entendement; donc la volonté est déterminée par une volonté absolue, donc l'homme n'est pas libre. »

Cet argument, qui est très éblouissant, mais qui dans le fond n'est qu'un sophisme, a séduit beaucoup de monde, parce que les hommes ne font presque jamais qu'entrevoir ce qu'ils examinent.

Voici en quoi consiste le défaut de raisonnement. L'homme ne peut certainement vouloir que les choses dont l'idée lui est présente. Il ne pourrait avoir envie d'aller à l'Opéra, s'il n'avait l'idée de l'Opéra; et il ne souhaiterait point d'y aller et ne se déterminerait point à y aller, si son entendement ne lui représentait point ce spectacle comme une chose agréable. Or, c'est en cela même que consiste sa liberté; c'est dans le pouvoir de se déterminer soi-même à faire ce qui lui paraît bon : vouloir ce qui ne lui ferait pas plaisir est une contradiction formelle et une impossibilité. L'homme se détermine à ce qui lui semble le meilleur, et cela est incontestable; mais le point de la question est de savoir s'il a en soi cette force mouvante, ce pouvoir primitif de se déterminer ou non. Ceux qui disent : « L'assentiment de l'esprit est nécessaire et détermine nécessairement la volonté », supposent que l'esprit agit physiquement sur la volonté; et ils ne font pas réflexion que ces mots la volonté, l'entendement, etc., ne sont que des idées abstraites, inventées pour mettre de la clarté et de l'ordre dans nos discours, et qui ne signifient autre chose sinon l'homme pensant et l'homme voulant. L'entendement et la volonté n'existent donc pas réellement comme des êtres différents, et il est impertinent de dire que l'un agit sur l'autre.

S'ils ne supposent pas que l'esprit agisse physiquement sur la volonté, il faut qu'ils disent, ou que l'homme est libre, ou que Dieu agit pour l'homme, détermine l'homme, et est éternellement occupé à tromper l'homme; auquel cas ils avouent au moins que Dieu est libre. Si Dieu est libre, la liberté est donc possible, l'homme peut donc l'avoir. Ils n'ont donc aucune raison pour dire que l'homme ne l'est pas.

Ils ont beau dire, l'homme est déterminé par le plaisir; c'est confesser, sans qu'ils y pensent, la liberté; puisque faire ce qui fait plaisir c'est être libre.

Dieu, encore une fois, ne peut être libre que de cette façon. Il ne peut opérer que selon son plaisir. Tous les sophismes contre la liberté de l'homme attaquent également la liberté de Dieu.

Le dernier refuge des ennemis de la liberté est cet argument-ci :

« Dieu sait certainement qu'une chose arrivera; il n'est donc pas au pouvoir de l'homme de ne pas la faire. »

Premièrement, remarquez que cet argument attaquerait encore cette liberté qu'on eſt obligé de reconnaître dans Dieu. On peut dire : « Dieu sait ce qui arrivera; il n'eſt pas en son pouvoir de ne pas faire ce qui arrivera. » Que prouve donc ce raisonnement tant rebattu ? Rien autre chose sinon que nous ne savons et ne pouvons savoir ce que c'eſt que la prescience de Dieu, et que tous ses attributs sont pour nous des abîmes impénétrables.

Nous savons démonſtrativement que si Dieu exiſte, Dieu eſt libre; nous savons en même temps qu'il sait tout; mais cette prescience et cette omniscience sont aussi incompréhensibles pour nous que son immensité, sa durée infinie déjà passée, sa durée infinie à venir, la création, la conservation de l'univers, et tant d'autres choses que nous ne pouvons ni nier, ni connaître.

Cette dispute sur la prescience de Dieu n'a causé tant de querelles que parce qu'on eſt ignorant et présomptueux. Que coûtait-il de dire : Je ne sais point ce que sont les attributs de Dieu, et je ne suis point fait pour embrasser son essence ? Mais c'eſt ce qu'un bachelier ou licencié se gardera bien d'avouer : c'eſt ce qui les a rendus les plus absurdes des hommes et fait d'une science sacrée un misérable charlatanisme.

CHAPITRE VIII

DE L'HOMME CONSIDÉRÉ COMME UN ÊTRE SOCIABLE

Le grand dessein de l'auteur de la nature semble être de conserver chaque individu un certain temps, et de perpétuer son espèce. Tout animal eſt toujours entraîné par un inſtinct invincible à tout ce qui peut tendre à sa conservation; il y a des moments où il eſt emporté par un inſtinct presque aussi fort à l'accouplement et à la propagation, sans que nous puissions jamais dire comment tout cela se fait.

Les animaux les plus sauvages et les plus solitaires sortent de leurs tanières quand l'amour les appelle, et se sentent liés pour quelques mois par des chaînes invisibles à des femelles et à des petits qui en naissent; après quoi ils oublient cette famille passagère et retournent à la férocité de leur solitude, jusqu'à ce que l'aiguillon de l'amour les force de nouveau à en sortir. D'autres espèces sont formées par la nature pour vivre toujours ensemble, les unes dans une société réellement policée, comme les abeilles, les fourmis, les castors, et quelques espèces d'oiseaux; les autres sont seulement rassemblées par un instinct plus aveugle qui les unit sans objet et sans dessein apparent, comme les troupeaux sur la terre et les harengs dans la mer.

L'homme n'est pas certainement poussé par son instinct à former une société policée telle que les fourmis et les abeilles; mais à considérer ses besoins, ses passions, et sa raison, on voit bien qu'il n'a pas dû rester longtemps dans un état entièrement sauvage.

Il suffit pour que l'univers soit ce qu'il est aujourd'hui, qu'un homme ait été amoureux d'une femme. Le soin mutuel qu'ils auront eu l'un de l'autre, et leur amour naturel pour leurs enfants, aura bientôt éveillé leur industrie, et donné naissance au commencement grossier des arts. Deux familles auront eu besoin l'une de l'autre sitôt qu'elles auront été formées, et de ces besoins seront nées de nouvelles commodités.

L'homme n'est pas comme les autres animaux qui n'ont que l'instinct de l'amour-propre et celui de l'accouplement; non seulement il a cet amour-propre nécessaire pour sa conservation, mais il a aussi pour son espèce une bienveillance naturelle qui ne se remarque point dans les bêtes.

Qu'une chienne voie en passant un chien de la même mère déchiré en mille pièces et tout sanglant, elle en prendra un morceau sans concevoir la moindre pitié, et continuera son chemin; et cependant cette même chienne défendra son petit et mourra en combattant, plutôt que de souffrir qu'on le lui enlève.

Au contraire, que l'homme le plus sauvage voie un joli enfant près d'être dévoré par quelque animal, il sentira malgré lui une inquiétude, une anxiété que la pitié fait naître, et un désir d'aller à son secours. Il est vrai que ce sentiment de pitié et de bienveillance est souvent étouffé par la fureur de l'amour-propre : aussi la nature sage ne devrait pas nous donner plus d'amour pour les autres que pour nous-mêmes; c'est déjà beaucoup que nous ayons cette bienveillance qui nous dispose à l'union avec les hommes.

Mais cette bienveillance serait encore un faible secours pour nous faire vivre en société : elle n'aurait jamais pu servir à fonder de grands empires et des villes florissantes, si nous n'avions pas eu de grandes passions.

Ces passions, dont l'abus fait à la vérité tant de mal, sont en effet la principale cause de l'ordre que nous voyons aujourd'hui sur la terre. L'orgueil est surtout le principal instrument avec lequel on a bâti ce bel édifice de la société. A peine les besoins eurent rassemblé quelques hommes que les plus adroits d'entre eux s'aperçurent que tous ces hommes étaient nés avec un orgueil indomptable aussi bien qu'avec un penchant invincible pour le bien-être.

Il ne fut pas difficile de leur persuader que, s'ils faisaient pour le bien commun de la société quelque chose qui leur coûtait un peu de leur bien-être, leur orgueil en serait amplement dédommagé.

On distingua donc de bonne heure les hommes en deux classes; la première, des hommes divins qui sacrifient leur amour-propre au bien public; la seconde, des misérables qui n'aiment qu'eux-mêmes. Tout le monde voulut et veut être encore de la première classe, quoique tout le monde soit dans le fond du cœur de la seconde; et les hommes les plus lâches et les plus abandonnés à leurs propres désirs crièrent plus haut que les autres qu'il fallait tout immoler au bien public. L'envie de commander qui est une des branches de l'orgueil, et qui se remarque aussi visiblement dans un pédant de collège et dans un bailli de village que dans un pape et dans un empereur, excita encore puissamment l'industrie humaine pour amener les hommes à obéir à d'autres hommes; il fallut leur faire connaître clairement qu'on en savait plus qu'eux, et qu'on leur serait utile.

Il fallut surtout se servir de leur avarice pour acheter leur obéissance. On ne pouvait leur donner beaucoup sans avoir beaucoup, et cette fureur d'acquérir les biens de la terre ajoutait tous les jours de nouveaux progrès à tous les arts.

Cette machine n'eût pas encore été loin sans le secours

de l'envie, passion très naturelle que les hommes déguisent toujours sous le nom d'émulation. Cette envie réveilla la paresse et aiguisa le génie de quiconque vit son voisin puissant et heureux. Ainsi, de proche en proche, les passions seules réunirent les hommes et tirèrent du sein de la terre tous les arts et tous les plaisirs. C'est avec ce ressort que Dieu, appelé par Platon l'éternel géomètre, et que j'appelle ici l'éternel machiniste, a animé et embelli la nature : les passions sont les roues qui font aller toutes les machines.

Les raisonneurs de nos jours qui veulent établir la chimère que l'homme était né sans passions, et qu'il n'en a eu que pour avoir désobéi à Dieu, auraient aussi bien fait de dire que l'homme était d'abord une belle statue que Dieu avait formée, et que cette statue fut depuis animée par le diable.

L'amour-propre et toutes ses branches sont aussi nécessaires à l'homme que le sang qui coule dans ses veines; et ceux qui veulent lui ôter ses passions parce qu'elles sont dangereuses ressemblent à celui qui voudrait ôter à un homme tout son sang, parce qu'il peut tomber en apoplexie.

Que dirions-nous de celui qui prétendrait que les vents sont une invention du diable, parce qu'ils submergent quelques vaisseaux, et qui ne songerait pas que c'est un bienfait de Dieu par lequel le commerce réunit tous les endroits de la terre que des mers immenses divisent ? Il est donc très clair que c'est à nos passions et à nos besoins que nous devons cet ordre et ces inventions utiles dont nous avons enrichi l'univers; et il est très vraisemblable que Dieu ne nous a donné ces besoins, ces passions, qu'afin que notre industrie les tournât à notre avantage. Que si beaucoup d'hommes en ont abusé, ce n'est pas à nous à nous plaindre d'un bienfait dont on a fait un mauvais usage. Dieu a daigné mettre sur la terre mille nourritures délicieuses pour l'homme : la gourmandise de ceux qui ont tourné cette nourriture en poison mortel pour eux ne peut servir de reproche contre la Providence.

CHAPITRE IX

DE LA VERTU ET DU VICE

Pour qu'une société subsistât, il fallait des lois, comme il faut des règles à chaque jeu. La plupart de ces lois semblent arbitraires; elles dépendent des intérêts, des passions, et des opinions de ceux qui les ont inventées, et de la nature du climat où les hommes se sont assemblés en société. Dans un pays chaud où le vin rendrait furieux, on a jugé à propos de faire un crime d'en boire; en d'autres climats plus froids il y a de l'honneur à s'enivrer. Ici, un homme doit se contenter d'une femme, là il lui est permis d'en avoir autant qu'il peut en nourrir. Dans un autre pays les pères et les mères supplient les étrangers de vouloir bien coucher avec leurs filles; partout ailleurs une fille qui s'est livrée à un homme est déshonorée. A Sparte on encourageait l'adultère, à Athènes il était puni de mort. Chez les Romains, les pères eurent droit de vie et de mort sur leurs enfants. En Normandie, un père ne peut pas ôter seulement une obole de son bien au fils le plus désobéissant. Le nom de roi est sacré chez beaucoup de nations, et en abomination dans d'autres.

Mais tous ces peuples qui se conduisent si différemment se réunissent tous en ce point, qu'ils appellent vertueux ce qui est conforme aux lois qu'ils ont établies, et criminel ce qui leur est contraire. Ainsi un homme qui s'opposera en Hollande au pouvoir arbitraire sera un homme très vertueux; et celui qui voudra établir en France un gouvernement républicain sera condamné au dernier supplice. Le même Juif qui à Metz serait envoyé aux galères s'il avait deux femmes en aura quatre à Constantinople, et en sera plus estimé des musulmans.

La plupart des lois se contrarient si visiblement qu'il importe assez peu par quelles lois un État se gouverne; mais ce qui importe beaucoup c'est que les lois une fois établies soient exécutées. Ainsi il n'est d'aucune conséquence qu'il y ait telles ou telles règles pour les jeux de dés et de cartes; mais on ne pourra jouer un seul moment si l'on ne suit pas à la rigueur ces règles arbitraires dont on sera convenu.

La vertu et le vice, le bien et le mal moral, est donc en tout pays ce qui est utile ou nuisible à la société; et dans tous les lieux et dans tous les temps celui qui sacrifie le plus au public est celui qu'on appellera le plus vertueux. Il paraît donc que les bonnes actions ne sont autre chose que les actions dont nous retirons de l'avantage, et les crimes les actions qui nous sont contraires. La vertu est l'habitude de faire de ces choses qui plaisent aux hommes, et le vice l'habitude de faire des choses qui leur déplaisent.

Quoique ce qu'on appelle vertu dans un climat soit précisément ce qu'on appelle vice dans un autre, et que la plupart des règles du bien et du mal diffèrent comme les langages et les habillements, cependant il me paraît certain qu'il y a des lois naturelles dont les hommes sont obligés de convenir par tout l'univers malgré qu'ils en aient. Dieu n'a pas dit à la vérité aux hommes : voici des lois que je vous donne de ma bouche, par lesquelles je veux que vous vous gouverniez. Mais il a fait dans l'homme ce qu'il a fait dans beaucoup d'autres animaux. Il a donné aux abeilles un instinct puissant par lequel elles travaillent et se nourrissent ensemble, et il a donné à l'homme certains sentiments dont il ne peut jamais se défaire, et qui sont les liens éternels et les premières lois de la société dans laquelle il a prévu que les hommes vivraient. La bienveillance pour notre espèce est née, par exemple, avec nous, et agit toujours en nous, à moins qu'elle ne soit combattue par l'amour-propre qui doit toujours l'emporter sur elle. Ainsi un homme est toujours porté à assister un autre homme quand il ne lui en coûte rien. Le sauvage le plus barbare revenant du carnage, et dégouttant du sang des ennemis qu'il a mangés, s'attendrira à la vue des souffrances de son camarade, et lui donnera tous les secours qui dépendront de lui.

L'adultère et l'amour des garçons seront permis chez beaucoup de nations : mais vous n'en trouverez aucune dans laquelle il soit permis de manquer à sa parole; parce que la société peut bien subsister entre des adultères et des garçons qui s'aiment, mais non pas entre des gens qui se feraient gloire de se tromper les uns les autres.

Le larcin était en honneur à Sparte parce que tous les biens étaient communs; mais dès que vous avez établi le tien et le mien, il vous sera alors impossible de ne pas regarder le vol comme contraire à la société, et par conséquent comme injuste.

Il est si vrai que le bien de la société est la seule mesure du bien et du mal moral que nous sommes forcés de changer, selon le besoin, toutes les idées que nous nous sommes formées du juste et de l'injuste.

Nous avons de l'horreur pour un père qui couche avec sa fille, et nous flétrissons aussi du nom d'incestueux le frère qui abuse de sa sœur; mais dans une colonie naissante où il ne restera qu'un père avec un fils et deux filles, nous regarderons comme une très bonne action le soin que prendra cette famille de ne pas laisser périr l'espèce.

Un frère qui tue son frère est un monstre; mais un frère qui n'aurait eu d'autres moyens de sauver sa patrie que de sacrifier son frère serait un homme divin.

Nous aimons tous la vérité, et nous en faisons une vertu, parce qu'il est de notre intérêt de n'être pas trompés. Nous avons attaché d'autant plus d'infamie au mensonge que de toutes les mauvaises actions, c'est la plus facile à cacher, et celle qui coûte le moins à commettre; mais dans combien d'occasions le mensonge ne devient-il pas une action héroïque ! Quand il s'agit, par exemple, de sauver un ami, celui qui en ce cas dirait la vérité serait couvert d'opprobre : et nous ne mettons guère de différence entre un homme qui calomnierait un innocent et un frère qui, pouvant conserver la vie à son frère par un mensonge, aimerait mieux l'abandonner en disant vrai. La mémoire de M. de Thou, qui eut le cou coupé pour n'avoir pas révélé la conspiration de Cinq-Mars, est en bénédiction chez les Français; s'il n'avait point menti, elle aurait été en horreur.

Mais, me dira-t-on, ce ne sera donc que par rapport à nous qu'il y aura du crime et de la vertu, du bien et du mal moral; il n'y aura donc point de bien en soi et indépendant de l'homme ? Je demanderai à ceux qui font cette question s'il y a du froid et du chaud, du doux et de l'amer, de la bonne et de la mauvaise odeur, autrement que par rapport à nous ? N'eſt-il pas vrai qu'un homme qui prétendrait que la chaleur exiſte toute seule serait un raisonneur très ridicule ? Pourquoi donc celui qui prétend que le bien moral exiſte indépendamment de nous raisonnerait-il mieux ? Notre bien et notre mal physique n'ont d'exiſtence que par rapport à nous; pourquoi notre bien et notre mal moral seraient-ils dans un autre cas ?

Les vues du Créateur, qui voulait que l'homme vécût en société, ne sont-elles pas suffisamment remplies ? S'il y avait quelque loi tombée du ciel, qui eût enseigné aux humains la volonté de Dieu bien clairement, alors le bien moral ne serait autre chose que la conformité à cette loi. Quand Dieu aura dit aux hommes : « Je veux qu'il y ait tant de royaumes sur la terre, et pas une république. Je veux que les cadets aient tout le bien des pères, et qu'on punisse de mort quiconque mangera des dindons ou du cochon », alors ces lois deviendront certainement la règle immuable du bien et du mal. Mais comme Dieu n'a pas daigné, que je sache, se mêler ainsi de notre conduite, il faut nous en tenir aux présents qu'il nous a faits. Ces présents sont la raison, l'amour-propre, la bienveillance pour notre espèce, les besoins, les passions, tous moyens par lesquels nous avons établi la société.

Bien des gens sont prêts ici à me dire : si je trouve mon bien-être à déranger votre société, à tuer, à voler, à calomnier, je ne serai donc retenu par rien, et je pourrai m'abandonner sans scrupule à toutes mes passions ! Je n'ai autre chose à dire à ces gens-là, sinon que probablement ils seront pendus, ainsi que je ferai tuer les loups qui voudront enlever mes moutons; c'eſt précisément pour eux que les lois sont faites, comme les tuiles ont été inventées contre la grêle et contre la pluie.

A l'égard des princes qui ont la force en main, et qui en abusent pour désoler le monde, qui envoient à la mort une partie des hommes, et réduisent l'autre à la misère, c'eſt la faute des hommes s'ils souffrent ces ravages abominables, que souvent même ils honorent du nom de vertu; ils n'ont à s'en prendre qu'à eux-mêmes, aux mauvaises lois qu'ils ont faites, ou au peu de courage qui les empêche de faire exécuter de bonnes lois.

Tous ces princes qui ont fait tant de mal aux hommes sont les premiers à crier que Dieu a donné les règles du bien et du mal. Il n'y a aucun de ces fléaux de la terre qui ne fasse des actes solennels de religion; et je ne vois pas qu'on gagne beaucoup à avoir de pareilles règles. C'est un malheur attaché à l'humanité que, malgré toute l'envie que nous avons de nous conserver, nous nous détruisons mutuellement avec fureur et avec folie. Presque tous les animaux se mangent les uns les autres, et dans l'espèce humaine les mâles s'exterminent par la guerre. Il semble encore que Dieu ait prévu cette calamité en faisant naître parmi nous plus de mâles que de femelles : en effet, les peuples qui semblent avoir songé de plus près aux intérêts de l'humanité, et qui tiennent des registres exacts des naissances et des morts, se sont aperçus que, l'un portant l'autre, il naît tous les ans un douzième de mâles plus que de femelles.

De tout ceci il sera aisé de voir qu'il est très vraisemblable que tous ces meurtres et ces brigandages sont funestes à la société, sans intéresser en rien la Divinité. Dieu a mis les hommes et les animaux sur la terre, c'est à eux de s'y conduire de leur mieux. Malheur aux mouches qui tombent dans les filets de l'araignée; malheur au taureau qui sera attaqué par un lion, et aux moutons qui seront rencontrés par les loups ! Mais si un mouton allait dire à un loup : « Tu manques au bien moral, et Dieu te punira », le loup répondrait : « Je fais mon bien physique, et il y a apparence que Dieu ne se soucie pas trop que je te mange ou non. » Tout ce que le mouton avait de mieux à faire, c'était de ne pas s'écarter du berger et du chien qui pouvait le défendre.

Plût au ciel qu'en effet un être suprême nous eût donné des lois, et nous eût proposé des peines et des récompenses ! qu'il nous eût dit : « Ceci est vice en soi, ceci est vertu en soi. » Mais nous sommes si loin d'avoir des règles du bien et du mal que de tous ceux qui ont osé donner des lois aux hommes de la part de Dieu, il n'y en a pas un qui ait donné la dix millième partie des règles dont nous avons besoin dans la conduite de la vie.

Si quelqu'un infère de tout ceci qu'il n'y a plus qu'à s'abandonner sans réserve à toutes les fureurs de ses désirs effrénés, et que, n'ayant en soi ni vertu ni vice, il peut tout faire impunément, il faut d'abord que cet homme voie s'il a une armée de cent mille soldats bien affectionnés à son service; encore risquera-t-il beaucoup en se déclarant ainsi l'ennemi du genre humain. Mais si cet homme n'est qu'un simple particulier, pour peu qu'il ait de raison, il verra qu'il a choisi un très mauvais parti, et qu'il sera puni infailliblement, soit par les châtiments si sagement inventés par les hommes contre les ennemis de la société, soit par la seule crainte du châtiment, laquelle est un supplice assez clair par elle-même. Il verra que la vie de ceux qui bravent les lois est d'ordinaire la plus misérable. Il est moralement impossible qu'un méchant homme ne soit pas reconnu; et dès qu'il est seulement soupçonné, il doit s'apercevoir qu'il est l'objet du mépris et de l'horreur. Or, Dieu nous a sagement doués d'un orgueil qui ne peut jamais souffrir que les autres hommes nous haïssent et nous méprisent; être méprisé de ceux avec qui l'on vit est une chose que personne n'a jamais pu et ne pourra jamais supporter. C'est peut-être le plus grand frein que la nature ait mis aux injustices des hommes; c'est par cette crainte mutuelle que Dieu a jugé à propos de les lier. Ainsi tout homme raisonnable conclura qu'il est visiblement de son intérêt d'être honnête homme. La connaissance qu'il aura du cœur humain, et la persuasion où il sera qu'il n'y a en soi ni vertu ni vice, ne l'empêchera jamais d'être bon citoyen, et de remplir tous les devoirs de la vie. Aussi remarque-t-on que les philosophes (qu'on baptise du nom d'incrédules et de libertins) ont été dans tous les temps les plus honnêtes gens du monde. Sans faire ici une liste de tous les grands hommes de l'antiquité, on sait que La Mothe le Vayer précepteur du frère de Louis XIII, Bayle, Locke, Spinoza, milord Shaftesbury, Collins, etc., étaient des hommes d'une vertu rigide; et ce n'est pas seulement la crainte du mépris des hommes qui a fait leurs vertus, c'était le goût de la vertu même. Un esprit droit est honnête homme par la même raison que celui qui n'a pas le goût dépravé préfère d'excellents vins de Nuits à du vin de Brie, et des perdrix du Mans à de la chair de cheval. Une saine éducation perpétue ces sentiments chez tous les hommes, et de là est venu ce sentiment universel qu'on appelle honneur, dont les plus corrompus ne peuvent se défaire, et qui est le pivot de la société. Ceux qui auraient besoin du secours de la religion pour être honnêtes gens seraient bien à plaindre; et il faudrait que ce fussent des monstres de la société, s'ils ne trouvaient pas en eux-mêmes les sentiments nécessaires à cette société, et s'ils étaient obligés d'emprunter d'ailleurs ce qui doit se trouver dans notre nature.

LE MONDAIN[1]

REGRETTERA qui veut le bon vieux temps,
Et l'âge d'or et le règne d'Astrée,
Et les beaux jours de Saturne et de Rhée,
Et le jardin de nos premiers parents;
Moi, je rends grâce à la Nature sage,
Qui, pour mon bien, m'a fait naître en cet âge
Tant décrié par nos pauvres docteurs :
Ce temps profane est tout fait pour mes mœurs.
J'aime le luxe, et même la mollesse,
Tous les plaisirs, les arts de toute espèce
La propreté, le goût, les ornements :
Tout honnête homme a de tels sentiments.
Il est bien doux pour mon cœur très immonde
De voir ici l'abondance à la ronde,
Mère des arts et des heureux travaux,
Nous apporter de sa source féconde,
Et des besoins et des plaisirs nouveaux.
L'or de la terre et les trésors de l'onde,
Leurs habitants et les peuples de l'air,
Tout sert au luxe, aux plaisirs de ce monde.
Ah ! le bon temps que ce siècle de fer !
Le superflu, chose très nécessaire,
A réuni l'un et l'autre hémisphère.
Voyez-vous pas ces agiles vaisseaux
Qui du Texel, de Londres, de Bordeaux,
S'en vont chercher, par un heureux échange,
De nouveaux biens, nés aux sources du Gange,
Tandis qu'au loin, vainqueurs des musulmans,
Nos vins de France enivrent les sultans ?
Quand la nature était dans son enfance,
Nos bons aïeux vivaient dans l'innocence,
Ne connaissant ni le tien ni le mien.
Qu'auraient-ils pu connaître ? Ils n'avaient rien,
Ils étaient nus; et c'est chose très claire
Que qui n'a rien n'a nul partage à faire.

Sobres étaient. Ah ! je le crois encor;
Martialo[1] n'eſt point du siècle d'or.
D'un bon vin frais ou la mousse ou la sève
Ne gratta point le triſte gosier d'Ève.
La soie et l'or ne brillaient point chez eux :
Admirez-vous pour cela nos aïeux ?
Il leur manquait l'induſtrie et l'aisance :
Eſt-ce vertu ? C'était pure ignorance.
Quel idiot, s'il avait eu pour lors
Quelque bon lit, aurait couché dehors ?
Mon cher Adam, mon gourmand, mon bon père[2],
Que faisais-tu dans les recoins d'Éden ?
Travaillais-tu pour ce sot genre humain ?
Caressais-tu madame Ève, ma mère ?
Avouez-moi que vous aviez tous deux
Les ongles longs, un peu noirs et crasseux,
La chevelure assez mal ordonnée,
Le teint bruni, la peau bise et tannée.
Sans propreté l'amour le plus heureux
N'eſt plus l'amour : c'eſt un besoin honteux.
Bientôt lassés de leur belle aventure,
Dessous un chêne ils soupent galamment
Avec de l'eau, du millet et du gland;
Ce repas fait, ils dorment sur la dure :
Voilà l'état de la pure nature.

Or, maintenant, voulez-vous, mes amis,
Savoir un peu, dans nos jours tant maudits,
Soit à Paris, soit dans Londres ou dans Rome,
Quel eſt le train des jours d'un honnête homme ?
Entrez chez lui : la foule des Beaux-Arts,
Enfants du goût, se montre à vos regards.
De mille mains l'éclatante induſtrie
De ces dehors orna la symétrie.
L'heureux pinceau, le superbe dessin
Du doux Corrège et du savant Poussin
Sont encadrés dans l'or d'une bordure;
C'eſt Bouchardon[3] qui fit cette figure,
Et cet argent fut poli par Germain[4].
Des Gobelins l'aiguille et la teinture
Dans ces tapis égalent la peinture.
Tous ces objets sont encore répétés,
Dans des trumeaux tout brillants de clartés.

De ce salon je vois par la fenêtre,
Dans des jardins, des myrtes en berceaux;
Je vois jaillir les bondissantes eaux.
Mais du logis j'entends sortir le maître :
Un char commode, avec grâces orné,
Par deux chevaux rapidement traîné,
Paraît aux yeux une maison roulante,
Moitié dorée et moitié transparente :
Nonchalamment je l'y vois promené;
De deux ressorts la liante souplesse
Sur le pavé le porte avec mollesse.
Il court au bain : les parfums les plus doux
Rendent sa peau plus fraîche et plus polie.
Le plaisir presse : il vole au rendez-vous;
Chez Camargo, chez Gaussin, chez Julie,
Le tendre amour l'enivre de faveurs.
Il faut se rendre à ce palais magique,
Où les beaux vers, la danse, la musique,
L'art de tromper les yeux par les couleurs,
L'art plus heureux de séduire les cœurs
De cent plaisirs font un plaisir unique.
Il va siffler quelque opéra nouveau[1],
Ou, malgré lui, court admirer Rameau.
Allons souper ! Que ces brillants services,
Que ces ragoûts ont pour moi de délices !
Qu'un cuisinier est un mortel divin !
Églé, Cloris, me versent de leur main
Un vin d'Aï dont la mousse pressée,
De la bouteille avec force élancée,
Comme un éclair fait voler le bouchon;
Il part, on rit, il frappe le plafond.
De ce vin frais l'écume pétillante
De nos Français est l'image brillante.
Le lendemain donne d'autres désirs,
D'autres soupers et de nouveaux plaisirs.
Or, maintenant, Monsieur du *Télémaque*,
Vantez-nous bien votre petite Ithaque,
Votre Salente et ces murs malheureux
Où vos Crétois, tristement vertueux,
Pauvres d'effet et riches d'abstinence,
Manquent de tout pour avoir l'abondance :
J'admire fort votre style flatteur
Et votre prose, encor qu'un peu traînante;

Mais, mon ami, je consens de grand cœur
D'être fessé dans vos murs de Salente
Si je vais là pour chercher mon bonheur.
Et vous, jardin de ce premier bonhomme,
Jardin fameux par le Diable et sa pomme,
C'est bien en vain que, tristement séduits,
Huet[1], Calmet[2], dans leur savante audace,
Du Paradis ont recherché la place :
Le Paradis terrestre est où je suis[3].

DÉFENSE DU MONDAIN
OU
L'APOLOGIE DU LUXE

A TABLE, hier, par un triste hasard,
J'étais assis près d'un maître cafard,
Lequel me dit : « Vous avez bien la mine
D'aller un jour échauffer la cuisine
De Lucifer; et moi, prédestiné,
Je rirai bien quand vous serez damné.
— Damné ? Comment ! pourquoi ! — Pour vos folies.
Vous avez dit en vos œuvres non pies,
Dans certain conte en rimes barbouillé,
Qu'au paradis Adam était mouillé
Lorsqu'il pleuvait sur notre premier père;
Qu'Ève avec lui buvait de belle eau claire;
Qu'ils avaient, même avant d'être déchus,
La peau tannée et les ongles crochus.
Vous avancez, dans votre folle ivresse,
Prêchant le luxe et vantant la mollesse,
Qu'il vaut mieux — ô blasphèmes maudits ! —,
Vivre à présent qu'avoir vécu jadis.
Par quoi, mon fils, votre Muse pollue
Sera rôtie, et c'est chose conclue. »
Disant ces mots, son gosier altéré
Humait un vin qui, d'ambre coloré,
Sentait encor la grappe parfumée
Dont fut pour nous la liqueur exprimée.
Mille rubis éclataient sur son teint.
Lors je lui dis : « Pour Dieu, Monsieur le Saint,
Quel est ce vin ? D'où vient-il, je vous prie ?
D'où l'avez-vous ? — Il vient de Canarie;
C'est un nectar, un breuvage d'élu :
Dieu nous le donne et Dieu veut qu'il soit bu.
— Et ce café, dont, après cinq services,
Votre estomac goûte encor les délices ?

— Par le Seigneur il me fut destiné.
— Bon : mais avant que Dieu vous l'ait donné,
Ne faut-il pas que l'humaine industrie
L'aille ravir aux champs de l'Arabie ?
La porcelaine et la frêle beauté
De cet émail à la Chine empâté
Par mille mains fut pour vous préparée,
Cuite, recuite, et peinte, et diaprée;
Cet argent fin, ciselé, godronné,
En plats, en vase, en soucoupe tourné,
Fut arraché de la terre profonde
Dans le Potose, au sein d'un Nouveau Monde.
Tout l'univers a travaillé pour vous,
Afin qu'en paix, dans votre heureux courroux,
Vous insultiez, pieux atrabilaire,
Au monde entier épuisé pour vous plaire.
O faux dévot ! véritable Mondain,
Connaissez-vous; et dans votre prochain
Ne blâmez plus ce que votre indolence
Souffre chez vous avec tant d'indulgence.
Sachez surtout que le luxe enrichit
Un grand État, s'il en perd un petit.
Cette splendeur, cette pompe mondaine,
D'un règne heureux est la marque certaine.
Le riche est né pour beaucoup dépenser;
Le pauvre est fait pour beaucoup amasser.
Dans ces jardins, regardez ces cascades,
L'étonnement et l'amour des naïades;
Voyez ces flots, dont les nappes d'argent
Vont inonder ce marbre blanchissant;
Les humbles prés s'abreuvent de cette onde;
La terre en est plus belle et plus féconde.
Mais de ces eaux si la source tarit,
L'herbe est séchée et la fleur se flétrit.
Ainsi l'on voit en Angleterre, en France,
Par cent canaux circuler l'abondance.
Le goût du luxe entre dans tous les rangs;
Le pauvre y vit des vanités des grands;
Et le travail, gagé par la mollesse,
S'ouvre à pas lents la route à la richesse.
J'entends d'ici des pédants à rabats,
Tristes censeurs des plaisirs qu'ils n'ont pas,
Qui, me citant Denys d'Halicarnasse,

Dion, Plutarque, et même un peu d'Horace,
Vont criaillant qu'un certain Curius,
Cincinnatus et des consuls en *us*,
Bêchaient la terre au milieu des alarmes,
Qu'ils maniaient la charrue et les armes,
Et que les blés tenaient à grand honneur
D'être semés par la main d'un vainqueur.
C'est fort bien dit, mes Maîtres; je veux croire
Des vieux Romains la chimérique histoire.
Mais, dites-moi, si les Dieux, par hasard,
Faisaient combattre Auteuil et Vaugirard,
Faudrait-il pas, au retour de la guerre,
Que le vainqueur vînt labourer la terre ?
L'auguste Rome, avec tout son orgueil,
Rome, jadis, était ce qu'est Auteuil.
Quand ces enfants de Mars et de Silvie,
Pour quelque pré signalant leur furie,
De leur village allaient au Champ de Mars,
Ils arboraient du foin pour étendards[1].
Leur Jupiter, au temps du bon roi Tulle,
Était de bois; il fut d'or sous Luculle.
N'allez donc pas, avec simplicité,
Nommer vertu ce qui fut pauvreté.

Oh ! que Colbert était un esprit sage !
Certain butor conseillait, par ménage,
Qu'on abolît ces travaux précieux,
Des Lyonnais ouvrage industrieux.
Du conseiller l'absurde prud'homie
Eût tout perdu par pure économie;
Mais le ministre, utile avec éclat,
Sut par le luxe enrichir notre État.
De tous nos arts il agrandit la source;
Et du midi, du levant et de l'Ourse,
Nos fiers voisins, de nos progrès jaloux,
Payaient l'esprit qu'ils admiraient en nous.
Je veux ici vous parler d'un autre homme,
Tel que n'en vit Paris, Pékin, ni Rome :
C'est Salomon, ce sage fortuné,
Roi philosophe, et Platon couronné,
Qui connut tout du cèdre jusqu'à l'herbe;
Vit-on jamais un luxe plus superbe ?
Il faisait naître, au gré de ses désirs,

L'or et l'argent, mais surtout les plaisirs.
Mille beautés servaient à son usage.
Mille ? On le dit : c'eſt beaucoup pour un sage.
Qu'on m'en donne une, et c'eſt assez pour moi
Qui n'ai l'honneur d'être Sage ni Roi. »

Parlant ainsi je vis que les convives
Aimaient assez mes peintures naïves :
Mon doux béat très peu me répondait,
Riait beaucoup et beaucoup plus buvait;
Et tout chacun présent à cette fête
Fit son profit de mon discours honnête.

DISCOURS EN VERS SUR L'HOMME[1]

PREMIER DISCOURS

DE L'ÉGALITÉ DES CONDITIONS[2]

Tu vois, sage Ariston, d'un œil d'indifférence
La grandeur tyrannique et la fière opulence;
Tes yeux d'un faux éclat ne sont point abusés.
Ce monde est un grand bal où des fous, déguisés
Sous les risibles noms d'Éminence et d'Altesse,
Pensent enfler leur être et hausser leur bassesse.
En vain des vanités l'appareil nous surprend :
Les mortels sont égaux; leur masque est différent.
Nos cinq sens imparfaits, donnés par la nature,
De nos biens, de nos maux sont la seule mesure.
Les rois en ont-ils six ? et leur âme et leur corps
Sont-ils d'une autre espèce, ont-ils d'autres ressorts ?
C'est du même limon que tous ont pris naissance;
Dans la même faiblesse ils traînent leur enfance.
Et le riche et le pauvre, et le faible et le fort,
Vont tous également des douleurs à la mort.
« Eh quoi ! me dira-t-on, quelle erreur est la vôtre !
N'est-il aucun état plus fortuné qu'un autre ?
Le ciel a-t-il rangé les mortels au niveau ?
La femme d'un commis courbé sur son bureau
Vaut-elle une princesse auprès du trône assise ?
N'est-il pas plus plaisant pour tout homme d'église
D'orner son front tondu d'un chapeau rouge ou vert
Que d'aller, d'un vil froc obscurément couvert,
Recevoir à genoux, après laude ou matine,
De son prieur cloîtré vingt coups de discipline ?
Sous un triple mortier n'est-on pas plus heureux

Qu'un clerc enseveli dans un greffe poudreux ? »
Non : Dieu serait injuste; et la sage nature
Dans ses dons partagés garde plus de mesure.
Pense-t-on qu'ici-bas son aveugle faveur[1]
Au char de la fortune attache le bonheur ?
Un jeune colonel a souvent l'impudence
De passer en plaisirs un maréchal de France.
« Être heureux comme un roi », dit le peuple hébété :
Hélas ! pour le bonheur que fait la majesté ?
En vain sur ses grandeurs un monarque s'appuie;
Il gémit quelquefois, et bien souvent s'ennuie.
Son favori sur moi jette à peine un coup d'œil.
Animal composé de bassesse et d'orgueil,
Accablé de dégoûts, en inspirant l'envie,
Tour à tour on t'encense et l'on te calomnie.
Parle; qu'as-tu gagné dans la chambre du roi ?
Un peu plus de flatteurs et d'ennemis que moi.
Sur les énormes tours de notre Observatoire,
Un jour, en consultant leur céleste grimoire,
Des enfants d'Uranie un essaim curieux,
D'un tube de cent pieds braqué contre les cieux,
Observait les secrets du monde planétaire.
Un rustre s'écria : « Ces sorciers ont beau faire,
Les astres sont pour nous aussi bien que pour eux. »
On en peut dire autant du secret d'être heureux;
Le simple, l'ignorant, pourvu d'un instinct sage,
En est tout aussi près au fond de son village
Que le fat important qui pense le tenir,
Et le triste savant qui croit le définir.
On dit qu'avant la boîte apportée à Pandore
Nous étions tous égaux : nous le sommes encore;
Avoir les mêmes droits à la félicité,
C'est pour nous la parfaite et seule égalité.
Vois-tu dans ces vallons ces esclaves champêtres
Qui creusent ces rochers, qui vont fendre ces hêtres,
Qui détournent ces eaux, qui, la bêche à la main,
Fertilisent la terre en déchirant son sein ?
Ils ne sont point formés sur le brillant modèle
De ces pasteurs galants qu'a chantés Fontenelle :
Ce n'est point Timarette et le tendre Tyrcis,
De roses couronnés, sous des myrtes assis,
Entrelaçant leurs noms sur l'écorce des chênes,
Vantant avec esprit leurs plaisirs et leurs peines;

C'est Pierrot, c'est Colin, dont le bras vigoureux
Soulève un char tremblant dans un fossé bourbeux.
Perrette au point du jour est aux champs la première.
Je les vois, haletants et couverts de poussière,
Braver, dans ces travaux chaque jour répétés,
Et le froid des hivers, et le feu des étés.
Ils chantent cependant; leur voix fausse et rustique
Gaîment de Pellegrin[1] détonne un vieux cantique.
La paix, le doux sommeil, la force, la santé,
Sont le fruit de leur peine et de leur pauvreté.
Si Colin voit Paris, ce fracas de merveilles,
Sans rien dire à son cœur, assourdit ses oreilles :
Il ne désire point ces plaisirs turbulents;
Il ne les conçoit pas; il regrette ses champs.
Dans ces champs fortunés l'amour même l'appelle[2].
Et tandis que Damis, courant de belle en belle,
Sous des lambris dorés, et vernis par Martin[3],
Des intrigues du temps composant son destin,
Dupé par sa maîtresse et haï par sa femme,
Prodigue à vingt beautés ses chansons et sa flamme,
Quitte Églé qui l'aimait pour Chloris qui le fuit,
Et prend pour volupté le scandale et le bruit,
Colin, plus vigoureux, et pourtant plus fidèle,
Revole vers Lisette en la saison nouvelle;
Il vient, après trois mois de regrets et d'ennui,
Lui présenter des dons aussi simples que lui.
Il n'a point à donner ces riches bagatelles
Qu'Hébert[4] vend à crédit pour tromper tant de belles :
Sans tous ces riens brillants il peut toucher un cœur.
Il n'en a pas besoin : c'est le fard du bonheur.
L'aigle fier et rapide, aux ailes étendues,
Suit l'objet de sa flamme élancé dans les nues;
Dans l'ombre des vallons le taureau bondissant
Cherche en paix sa génisse, et plaît en mugissant;
Au retour du printemps la douce Philomèle
Attendrit par ses chants sa compagne fidèle;
Et du sein des buissons le moucheron léger
Se mêle en bourdonnant aux insectes de l'air.
De son être content, qui d'entre eux s'inquiète
S'il est quelque autre espèce ou plus ou moins parfaite ?
Eh ! qu'importe à mon sort, à mes plaisirs présents,
Qu'il soit d'autres heureux, qu'il soit des biens plus grands ?
« Mais quoi ! cet indigent, ce mortel famélique,

Cet objet dégoûtant de la pitié publique,
D'un cadavre vivant traînant le reste affreux,
Respirant pour souffrir, est-il un homme heureux ? »
Non, sans doute; et Thamas qu'un esclave détrône,
Ce vizir déposé, ce grand qu'on emprisonne,
Ont-ils des jours sereins quand ils sont dans les fers ?
Tout état a ses maux, tout homme a ses revers.
Moins hardi dans la paix, plus actif dans la guerre,
Charle aurait sous ses lois retenu l'Angleterre;
Dufresny[1], moins prodigue, et docile au bon sens,
N'eût point dans la misère avili ses talents.
Tout est égal enfin : la cour a ses fatigues;
L'Église a ses combats, la guerre a ses intrigues :
Le mérite modeste est souvent obscurci;
Le malheur est partout, mais le bonheur aussi.
Ce n'est point la grandeur, ce n'est point la bassesse,
Le bien, la pauvreté, l'âge mûr, la jeunesse,
Qui fait ou l'infortune ou la félicité.
    Jadis le pauvre Irus, honteux et rebuté,
Contemplant de Crésus l'orgueilleuse opulence,
Murmurait hautement contre la Providence :
    « Que d'honneurs ! disait-il, que d'éclat ! que de bien !
Que Crésus est heureux ! il a tout, et moi rien. »
Comme il disait ces mots, une armée en furie
Attaque en son palais le tyran de Carie :
De ses vils courtisans il est abandonné;
Il fuit, on le poursuit; il est pris, enchaîné;
On pille ses trésors, on ravit ses maîtresses.
Il pleure : il aperçoit, au fort de ses détresses,
Irus, le pauvre Irus, qui, parmi tant d'horreurs,
Sans songer aux vaincus, boit avec les vainqueurs.
« O Jupiter ! dit-il, ô sort inexorable !
Irus est trop heureux, je suis seul misérable. »
Ils se trompaient tous deux; et nous nous trompons tous.
Ah ! du destin d'autrui ne soyons point jaloux;
Gardons-nous de l'éclat qu'un faux dehors imprime.
Tous les cœurs sont cachés; tout homme est un abîme.
La joie est passagère, et le rire est trompeur.
Hélas ! où donc chercher, où trouver le bonheur ?
En tous lieux, en tous temps, dans toute la nature,
Nulle part tout entier, partout avec mesure,
Et partout passager, hors dans son seul auteur.
Il est semblable au feu dont la douce chaleur

Dans chaque autre élément en secret s'insinue,
Descend dans les rochers, s'élève dans la nue,
Va rougir le corail dans le sable des mers,
Et vit dans les glaçons qu'ont durcis les hivers.
  Le ciel, en nous formant, mélangea notre vie
De désirs, de dégoûts, de raison, de folie,
De moments de plaisirs, et de jours de tourments :
De notre être imparfait voilà les éléments;
Ils composent tout l'homme, ils forment son essence;
Et Dieu nous pesa tous dans la même balance.

DEUXIÈME DISCOURS

DE LA LIBERTÉ

On entend par ce mot Liberté le pouvoir de faire ce qu'on veut. Il n'y a et ne peut y avoir d'autre Liberté. C'est pourquoi Locke l'a si bien définie Puissance.

DANS le cours de nos ans, étroit et court passage,
Si le bonheur qu'on cherche est le prix du vrai sage,
Qui pourra me donner ce trésor précieux ?
Dépend-il de moi-même ? Est-ce un présent des cieux ?
Est-il comme l'esprit, la beauté, la naissance,
Partage indépendant de l'humaine prudence ?
Suis-je libre en effet ? ou mon âme et mon corps
Sont-ils d'un autre agent les aveugles ressorts ?
Enfin ma volonté, qui me meut, qui m'entraîne,
Dans le palais de l'âme est-elle esclave ou reine ?
  Obscurément plongé dans ce doute cruel,
Mes yeux, chargés de pleurs, se tournaient vers le ciel,
Lorsqu'un de ces esprits que le souverain Être
Plaça près de son trône, et fit pour le connaître,
Qui respirent dans lui, qui brûlent de ses feux,
Descendit jusqu'à moi de la voûte des cieux[1];
Car on voit quelquefois de ces fils de lumière
Éclairer d'un mondain l'âme simple et grossière,
Et fuir obstinément tout docteur orgueilleux
Qui dans sa chaire assis pense être au-dessus d'eux,
Et, le cerveau troublé des vapeurs d'un système,
Prend ces brouillards épais pour le jour du ciel même.
  « Écoute, me dit-il, prompt à me consoler,
Ce que tu peux entendre et qu'on peut révéler.
J'ai pitié de ton trouble; et ton âme sincère,
Puisqu'elle sait douter, mérite qu'on l'éclaire.
Oui, l'homme sur la terre est libre ainsi que moi :
C'est le plus beau présent de notre commun roi.
La liberté qu'il donne à tout être qui pense,
Fait des moindres esprits et la vie et l'essence.

Qui conçoit, veut, agit, est libre en agissant :
C'est l'attribut divin de l'Être tout-puissant;
Il en fait un partage à ses enfants qu'il aime;
Nous sommes ses enfants, des ombres de lui-même.
Il conçut, il voulut, et l'univers naquit :
Ainsi, lorsque tu veux, la matière obéit.
Souverain sur la terre, et roi par la pensée,
Tu veux, et sous tes mains la nature est forcée.
Tu commandes aux mers, au souffle des zéphyrs,
A ta propre pensée, et même à tes désirs.
Ah ! sans la liberté que seraient donc nos âmes ?
Mobiles agités par d'invisibles flammes,
Nos vœux, nos actions, nos plaisirs, nos dégoûts,
De notre être, en un mot, rien ne serait à nous :
D'un artisan suprême impuissantes machines,
Automates pensants, mus par des mains divines,
Nous serions à jamais de mensonge occupés,
Vils instruments d'un Dieu qui nous aurait trompés.
Comment, sans liberté, serions-nous ses images ?
Que lui reviendrait-il de ces brutes ouvrages ?
On ne peut donc lui plaire, on ne peut l'offenser;
Il n'a rien à punir, rien à récompenser.
Dans les cieux, sur la terre il n'est plus de justice.
Pucelle est sans vertu, Desfontaines sans vice[1] :
Le destin nous entraîne à nos affreux penchants,
Et ce chaos du monde est fait pour les méchants.
L'oppresseur insolent, l'usurpateur avare,
Cartouche, Miriwits[2], ou tel autre barbare,
Plus coupable enfin qu'eux, le calomniateur
Dira : « Je n'ai rien fait, Dieu seul en est l'auteur;
« Ce n'est pas moi, c'est lui qui manque à ma parole,
« Qui frappe par mes mains, pille, brûle, viole. »
C'est ainsi que le Dieu de justice et de paix
Serait l'auteur du trouble et le dieu des forfaits.
Les tristes partisans de ce dogme effroyable
Diraient-ils rien de plus s'ils adoraient le diable ? »
J'étais à ce discours tel qu'un homme enivré
Qui s'éveille en sursaut, d'un grand jour éclairé,
Et dont la clignotante et débile paupière
Lui laisse encore à peine entrevoir la lumière.
J'osai répondre enfin d'une timide voix :
« Interprète sacré des éternelles lois,
Pourquoi, si l'homme est libre, a-t-il tant de faiblesse ?

Que lui sert le flambeau de sa vaine sagesse ?
Il le suit, il s'égare; et, toujours combattu,
Il embrasse le crime en aimant la vertu.
Pourquoi ce roi du monde, et si libre, et si sage,
Subit-il si souvent un si dur esclavage ? »
L'esprit consolateur à ces mots répondit :
« Quelle douleur injuste accable ton esprit ?
La liberté, dis-tu, t'est quelquefois ravie :
Dieu te la devait-il immuable, infinie,
Égale en tout état, en tout temps, en tout lieu ?
Tes destins sont d'un homme, et tes vœux sont d'un Dieu.
Quoi ! dans cet océan cet atome qui nage
Dira : « L'immensité doit être mon partage » ?
Non; tout est faible en toi, changeant et limité,
Ta force, ton esprit, tes talents, ta beauté.
La nature en tout sens a des bornes prescrites :
Et le pouvoir humain serait seul sans limites !
Mais, dis-moi, quand ton cœur, formé de passions,
Se rend malgré lui-même à leurs impressions,
Qu'il sent dans ses combats sa liberté vaincue,
Tu l'avais donc en toi, puisque tu l'as perdue.
Une fièvre brûlante, attaquant tes ressorts,
Vient à pas inégaux miner ton faible corps :
Mais quoi ! par ce danger répandu sur ta vie
Ta santé pour jamais n'est point anéantie;
On te voit revenir des portes de la mort
Plus ferme, plus content, plus tempérant, plus fort.
Connais mieux l'heureux don que ton chagrin réclame :
La liberté dans l'homme est la santé de l'âme.
On la perd quelquefois; la soif de la grandeur,
La colère, l'orgueil, un amour suborneur,
D'un désir curieux les trompeuses saillies,
Hélas ! combien le cœur a-t-il de maladies !
Mais contre leurs assauts tu seras raffermi :
Prends ce livre sensé, consulte cet ami
(Un ami, don du ciel, est le vrai bien du sage);
Voilà l'Helvétius, le Silva, le Vernage[1],
Que le Dieu des humains, prompt à les secourir,
Daigne leur envoyer sur le point de périr.
Est-il un seul mortel de qui l'âme insensée,
Quand il est en péril, ait une autre pensée ?
Vois de la liberté cet ennemi mutin,
Aveugle partisan d'un aveugle destin :

Entends comme il consulte, approuve, délibère;
Entends de quel reproche il couvre un adversaire;
Vois comment d'un rival il cherche à se venger,
Comme il punit son fils, et le veut corriger.
Il le croyait donc libre ? Oui, sans doute, et lui-même
Dément à chaque pas son funeste système;
Il mentait à son cœur en voulant expliquer
Ce dogme absurde à croire, absurde à pratiquer :
Il reconnaît en lui le sentiment qu'il brave;
Il agit comme libre, et parle comme esclave.
Sûr de ta liberté, rapporte à son auteur
Ce don que sa bonté te fit pour ton bonheur.
Commande à ta raison d'éviter ces querelles,
Des tyrans de l'esprit disputes immortelles;
Ferme en tes sentiments et simple dans ton cœur,
Aime la vérité, mais pardonne à l'erreur;
Fuis les emportements d'un zèle atrabilaire;
Ce mortel qui s'égare est un homme, est ton frère :
Sois sage pour toi seul, compatissant pour lui;
Fais ton bonheur enfin par le bonheur d'autrui. »
Ainsi parlait la voix de ce sage suprême.
Ses discours m'élevaient au-dessus de moi-même :
J'allais lui demander, indiscret dans mes vœux,
Des secrets réservés pour les peuples des cieux;
Ce que c'est que l'esprit, l'espace, la matière,
L'éternité, le temps, le ressort, la lumière :
Étranges questions, qui confondent souvent
Le profond S'Gravesande[1] et le subtil Mairan[2],
Et qu'expliquait en vain dans ses doctes chimères
L'auteur des tourbillons que l'on ne croit plus guères.
Mais déjà, s'échappant à mon œil enchanté,
Il volait au séjour où luit la vérité.
Il n'était pas vers moi descendu pour m'apprendre
Les secrets du Très-Haut que je ne puis comprendre.
Mes yeux d'un plus grand jour auraient été blessés :
Il m'a dit : « Sois heureux ! » Il m'en a dit assez.

TROISIÈME DISCOURS

DE L'ENVIE

Si l'homme est créé libre, il doit se gouverner;
Si l'homme a des tyrans, il les doit détrôner.
On ne le sait que trop, ces tyrans sont les vices.
Le plus cruel de tous dans ses sombres caprices,
Le plus lâche à la fois et le plus acharné,
Qui plonge au fond du cœur un trait empoisonné,
Ce bourreau de l'esprit, quel est-il ? c'est l'envie.
L'orgueil lui donna l'être au sein de la folie;
Rien ne peut l'adoucir, rien ne peut l'éclairer :
Quoique enfant de l'orgueil, il craint de se montrer.
Le mérite étranger est un poids qui l'accable :
Semblable à ce géant si connu dans la fable,
Triste ennemi des dieux, par les dieux écrasé,
Lançant en vain les feux dont il est embrasé;
Il blasphème, il s'agite en sa prison profonde;
Il croit pouvoir donner des secousses au monde;
Il fait trembler l'Etna dont il est oppressé :
L'Etna sur lui retombe, il en est terrassé.
J'ai vu des courtisans, ivres de fausse gloire,
Détester dans Villars l'éclat de la victoire.
Ils haïssaient le bras qui faisait leur appui;
Il combattait pour eux, ils parlaient contre lui.
Ce héros eut raison quand, cherchant les batailles,
Il disait à Louis : « Je ne crains que Versailles;
Contre vos ennemis je marche sans effroi :
Défendez-moi des miens; ils sont près de mon roi. »
Cœurs jaloux ! à quels maux êtes-vous donc en proie ?
Vos chagrins sont formés de la publique joie.
Convives dégoûtés, l'aliment le plus doux,
Aigri par votre bile, est un poison pour vous.
O vous qui de l'honneur entrez dans la carrière,
Cette route à vous seul appartient-elle entière ?
N'y pouvez-vous souffrir les pas d'un concurrent ?
Voulez-vous ressembler à ces rois d'Orient,

Qui, de l'Asie esclave oppresseurs arbitraires,
Pensent ne bien régner qu'en étranglant leurs frères ?
Lorsque aux jeux du théâtre, écueil de tant d'esprits,
Une affiche nouvelle entraîne tout Paris;
Quand Dufresne et Gaussin[1], d'une voix attendrie,
Font parler Orosmane, Alzire, Zénobie,
Le spectateur content, qu'un beau trait vient saisir,
Laisse couler des pleurs, enfants de son plaisir :
Rufus désespéré, que ce plaisir outrage,
Pleure aussi dans un coin; mais ses pleurs sont de rage.
Hé bien ! pauvre affligé, si ce fragile honneur,
Si ce bonheur d'un autre a déchiré ton cœur,
Mets du moins à profit le chagrin qui t'anime;
Mérite un tel succès, compose, efface, lime.
Le public applaudit aux vers du *Glorieux*[2],
Est-ce un affront pour toi ? courage, écris, fais mieux :
Mais garde-toi surtout, si tu crains les critiques,
D'envoyer à Paris tes *Aïeux chimériques*[3] :
Ne fais plus grimacer tes odieux portraits
Sous des crayons grossiers pillés chez Rabelais.
Tôt ou tard on condamne un rimeur satirique
Dont la moderne muse emprunte un air gothique,
Et, dans un vers forcé que surcharge un vieux mot,
Couvre son peu d'esprit des phrases de Marot :
Ce jargon dans un conte est encor supportable;
Mais le vrai veut un air, un ton plus respectable.
Si tu veux, faux dévot, séduire un sot lecteur,
Au miel d'un froid sermon mêle un peu moins d'aigreur;
Que ton jaloux orgueil parle un plus doux langage;
Singe de la vertu, masque mieux ton visage.
La gloire d'un rival s'obstine à t'outrager;
C'est en le surpassant que tu dois t'en venger;
Érige un monument plus haut que ton trophée;
Mais pour siffler Rameau, l'on doit être un Orphée.
Qu'un petit monstre noir, peint de rouge et de blanc,
Se garde de railler ou Vénus ou Rohan;
On ne s'embellit point en blâmant sa rivale.
Qu'a servi contre Bayle une infâme cabale ?
Par le fougueux Jurieu[4] Bayle persécuté
Sera des bons esprits à jamais respecté;
Et le nom de Jurieu, son rival fanatique,
N'est aujourd'hui connu que par l'horreur publique.
Souvent dans ses chagrins un misérable auteur

Descend au rôle affreux de calomniateur :
Au lever de Séjan, chez Nestor, chez Narcisse,
Il distille à longs traits son absurde malice.
Pour lui tout est scandale, et tout impiété :
Assurer que ce globe, en sa course emporté,
S'élève à l'équateur, en tournant sur lui-même,
C'est un raffinement d'erreur et de blasphème.
Malbranche est spinosiste, et Locke en ses écrits
Du poison d'Épicure infecte les esprits;
Pope est un scélérat, de qui la plume impie
Ose vanter de Dieu la clémence infinie,
Qui prétend follement (ô le mauvais chrétien !)
Que Dieu nous aime tous, et qu'ici tout est bien.
  Cent fois plus malheureux et plus infâme encore
Est ce fripier d'écrits que l'intérêt dévore,
Qui vend au plus offrant son encre et ses fureurs;
Méprisable en son goût, détestable en ses mœurs[1];
Médisant, qui se plaint des brocards qu'il essuie;
Satirique ennuyeux, disant que tout l'ennuie;
Criant que le bon goût s'est perdu dans Paris,
Et le prouvant très bien, du moins par ses écrits.
  On peut à Despréaux pardonner la satire,
Il joignit l'art de plaire au malheur de médire :
Le miel que cette abeille avait tiré des fleurs
Pouvait de sa piqûre adoucir les douleurs;
Mais pour un lourd frelon méchamment imbécile,
Qui vit du mal qu'il fait, et nuit sans être utile,
On écrase à plaisir cet insecte orgueilleux,
Qui fatigue l'oreille et qui choque les yeux.
  Quelle était votre erreur, ô vous, peintres vulgaires,
Vous, rivaux clandestins, dont les mains téméraires,
Dans ce cloître où Bruno semble encor respirer,
Par une lâche envie ont pu défigurer[2]
Du Zeuxis des Français les savantes peintures !
L'honneur de son pinceau s'accrut par vos injures :
Ces lambeaux déchirés en sont plus précieux;
Ces traits en sont plus beaux, et vous plus odieux.
Détestons à jamais un si dangereux vice.
  Ah ! qu'il nous faut chérir ce trait plein de justice
D'un critique modeste, et d'un vrai bel esprit,
Qui, lorsque Richelieu follement entreprit
De rabaisser du *Cid* la naissante merveille,
Tandis que Chapelain osait juger Corneille,

Chargé de condamner cet ouvrage imparfait,
Dit pour tout jugement : « Je voudrais l'avoir fait[1] ! »
C'eſt ainsi qu'un grand cœur sait penser d'un grand [homme.
A la voix de Colbert Bernini vint de Rome;
De Perrault, dans le Louvre, il admira la main :
« Ah ! dit-il, si Paris renferme dans son sein
Des travaux si parfaits, un si rare génie,
Fallait-il m'appeler du fond de l'Italie ? »
Voilà le vrai mérite; il parle avec candeur :
L'envie eſt à ses pieds, la paix eſt dans son cœur.
Qu'il eſt grand, qu'il eſt doux de se dire à soi-même :
Je n'ai point d'ennemis, j'ai des rivaux que j'aime;
Je prends part à leur gloire, à leurs maux, à leurs biens;
Les arts nous ont unis, leurs beaux jours sont les miens !
C'eſt ainsi que la terre avec plaisir rassemble
Ces chênes, ces sapins, qui s'élèvent ensemble :
Un suc toujours égal eſt préparé pour eux;
Leur pied touche aux enfers, leur cime eſt dans les cieux;
Leur tronc inébranlable, et leur pompeuse tête,
Résiſte, en se touchant, aux coups de la tempête;
Ils vivent l'un par l'autre, ils triomphent du temps :
Tandis que sous leur ombre on voit de vils serpents
Se livrer, en sifflant, des guerres inteſtines,
Et de leur sang impur arroser leurs racines.

QUATRIÈME DISCOURS

DE LA MODÉRATION EN TOUT DANS L'ÉTUDE, DANS L'AMBITION, DANS LES PLAISIRS

A Monsieur Helvétius.

Tout vouloir est d'un fou, l'excès est son partage :
La modération est le trésor du sage;
Il sait régler ses goûts, ses travaux, ses plaisirs,
Mettre un but à sa course, un terme à ses désirs.
Nul ne peut avoir tout. L'amour de la science
A guidé ta jeunesse au sortir de l'enfance;
La nature est ton livre, et tu prétends y voir
Moins ce qu'on a pensé que ce qu'il faut savoir.
La raison te conduit : avance à sa lumière;
Marche encor quelques pas, mais borne ta carrière.
Au bord de l'infini ton cours doit s'arrêter;
Là commence un abîme, il le faut respecter.
Réaumur, dont la main si savante et si sûre
A percé tant de fois la nuit de la nature,
M'apprendra-t-il jamais par quels subtils ressorts
L'éternel Artisan fait végéter les corps ?
Pourquoi l'aspic affreux, le tigre, la panthère,
N'ont jamais adouci leur cruel caractère;
Et que, reconnaissant la main qui le nourrit,
Le chien meurt en léchant le maître qu'il chérit ?
D'où vient qu'avec cent pieds qui semblent inutiles,
Cet insecte tremblant traîne ses pieds débiles ?
Pourquoi ce ver changeant se bâtit un tombeau,
S'enterre, et ressuscite avec un corps nouveau,
Et, le front couronné, tout brillant d'étincelles,
S'élance dans les airs en déployant ses ailes ?
Le sage du Faï[1], parmi ces plants divers,
Végétaux rassemblés des bouts de l'univers,
Me dira-t-il pourquoi la tendre sensitive
Se flétrit sous nos mains, honteuse et fugitive ?
Pour découvrir un peu ce qui se passe en moi,

Je m'en vais consulter le médecin du roi;
Sans doute il en sait plus que ses doctes confrères.
Je veux savoir de lui par quels secrets mystères
Ce pain, cet aliment dans mon corps digéré,
Se transforme en un lait doucement préparé;
Comment, toujours filtré dans ses routes certaines,
En longs ruisseaux de pourpre il court enfler mes veines,
A mon corps languissant rend un pouvoir nouveau,
Fait palpiter mon cœur, et penser mon cerveau.
Il lève au ciel les yeux, il s'incline, il s'écrie :
« Demandez-le à ce Dieu qui nous donna la vie. »
Courriers de la physique[1], Argonautes nouveaux[2],
Qui franchissez les monts, qui traversez les eaux,
Ramenez des climats soumis aux trois couronnes
Vos perches, vos secteurs, et surtout deux Lapones.
Vous avez confirmé dans ces lieux pleins d'ennui
Ce que Newton connut sans sortir de chez lui.
Vous avez arpenté quelque faible partie
Des flancs toujours glacés de la terre aplatie.
Dévoilez ces ressorts qui font la pesanteur;
Vous connaissez les lois qu'établit son auteur.
Parlez, enseignez-moi comment ses mains fécondes
Font tourner tant de cieux, graviter tant de mondes;
Pourquoi vers le soleil notre globe entraîné
Se meut autour de soi sur son axe incliné;
Parcourant en douze ans les célestes demeures,
D'où vient que Jupiter a son jour de dix heures ?
Vous ne le savez point; votre savant compas
Mesure l'univers, et ne le connaît pas.
Je vous vois dessiner, par un art infaillible,
Les dehors d'un palais à l'homme inaccessible;
Les angles, les côtés, sont marqués par vos traits :
Le dedans à vos yeux est fermé pour jamais.
Pourquoi donc m'affliger si ma débile vue
Ne peut percer la nuit sur mes yeux répandue ?
Je n'imiterai point ce malheureux savant
Qui, des feux de l'Etna scrutateur imprudent,
Marchant sur des monceaux de bitume et de cendre,
Fut consumé du feu qu'il cherchait à comprendre.
    Modérons-nous surtout dans notre ambition[3];
C'est du cœur des humains la grande passion.
L'empesé magistrat, le financier sauvage,
La prude aux yeux dévots, la coquette volage,

Vont en poste à Versaille essuyer des mépris
Qu'ils reviennent soudain rendre en poste à Paris.
Les libres habitants des rives du Permesse
Ont saisi quelquefois cette amorce traîtresse :
Platon va raisonner à la cour de Denis;
Racine, janséniste, est auprès de Louis;
L'auteur voluptueux qui célébra Glycère
Prodigue au fils d'Octave un encens mercenaire.
Moi-même, renonçant à mes premiers desseins,
J'ai vécu, je l'avoue, avec des souverains.
Mon vaisseau fit naufrage aux mers de ces sirènes :
Leur voix flatta mes sens, ma main porta leurs chaînes :
On me dit : « Je vous aime », et je crus comme un sot
Qu'il était quelque idée attachée à ce mot.
J'y fut pris; j'asservis au vain désir de plaire
La mâle liberté qui fait mon caractère;
Et, perdant la raison, dont je devais m'armer,
J'allai m'imaginer qu'un roi pouvait aimer.
Que je suis revenu de cette erreur grossière !
A peine de la cour j'entrai dans la carrière
Que mon âme éclairée, ouverte au repentir,
N'eut d'autre ambition que d'en pouvoir sortir.
Raisonneurs beaux esprits, et vous qui croyez l'être,
Voulez-vous vivre heureux, vivez toujours sans maître.
O vous, qui ramenez dans les murs de Paris
Tous les excès honteux des mœurs de Sybaris;
Qui, plongés dans le luxe, énervés de mollesse,
Nourrissez dans votre âme une éternelle ivresse;
Apprenez, insensés qui cherchez le plaisir,
Et l'art de le connaître, et celui de jouir.
Les plaisirs sont les fleurs que notre divin maître
Dans les ronces du monde autour de nous fait naître.
Chacune a sa saison, et par des soins prudents
On peut en conserver pour l'hiver de nos ans.
Mais s'il faut les cueillir, c'est d'une main légère;
On flétrit aisément leur beauté passagère.
N'offrez pas à vos sens, de mollesse accablés,
Tous les parfums de Flore à la fois exhalés :
Il ne faut point tout voir, tout sentir, tout entendre :
Quittons les voluptés pour savoir les reprendre.
Le travail est souvent le père du plaisir :
Je plains l'homme accablé du poids de son loisir.
Le bonheur est un bien que nous vend la nature.

Il n'eſt point ici-bas de moisson sans culture :
Tout veut des soins sans doute, et tout eſt acheté.
Regardez Brossoret, de sa table entêté[1],
Au sortir d'un spectacle, où de tant de merveilles
Le son, perdu pour lui, frappe en vain ses oreilles;
Il se traîne à souper, plein d'un secret ennui,
Cherchant en vain la joie, et fatigué de lui.
Son esprit, offusqué d'une vapeur grossière,
Jette encor quelques traits sans force et sans lumière;
Parmi les voluptés dont il croit s'enivrer,
Malheureux ! Il n'a pas le temps de désirer.
Jadis trop caressé des mains de la Mollesse,
Le Plaisir s'endormit au sein de la Paresse;
La langueur l'accabla : plus de chants, plus de vers,
Plus d'amour; et l'ennui détruisait l'univers.
Un dieu qui prit pitié de la nature humaine
Mit auprès du Plaisir le Travail et la Peine :
La Crainte l'éveilla, l'Espoir guida ses pas;
Ce cortège aujourd'hui l'accompagne ici-bas[2].
Semez vos entretiens de fleurs toujours nouvelles :
Je le dis aux amants, je le répète aux belles.
Damon, tes sens trompeurs, et qui t'ont gouverné,
T'ont promis un bonheur qu'ils ne t'ont point donné.
Tu crois, dans les douceurs qu'un tendre amour apprête,
Soutenir de Daphné l'éternel tête-à-tête;
Mais ce bonheur usé n'eſt qu'un dégoût affreux,
Et vous avez besoin de vous quitter tous deux.
Ah ! pour vous voir toujours sans jamais vous déplaire,
Il faut un cœur plus noble, une âme moins vulgaire,
Un esprit vrai, sensé, fécond, ingénieux,
Sans humeur, sans caprice, et surtout vertueux :
Pour les cœurs corrompus l'amitié n'eſt point faite.
O divine amitié ! félicité parfaite,
Seul mouvement de l'âme où l'excès soit permis,
Change en bien tous les maux où le ciel m'a soumis;
Compagne de mes pas dans toutes mes demeures,
Dans toutes les saisons, et dans toutes les heures :
Sans toi tout homme eſt seul; il peut par ton appui
Multiplier son être, et vivre dans autrui.
Idole d'un cœur juſte, et passion du sage,
Amitié, que ton nom couronne cet ouvrage !
Qu'il préside à mes vers comme il règne en mon cœur !
Tu m'appris à connaître, à chanter le bonheur.

CINQUIÈME DISCOURS

SUR LA NATURE DU PLAISIR[1]

JUSQU'A quand verrons-nous ce rêveur fanatique
Fermer le ciel au monde, et d'un ton despotique
Damnant le genre humain, qu'il prétend convertir,
Nous prêcher la vertu pour la faire haïr ?
Sur les pas de Calvin, ce fou sombre et sévère
Croit que Dieu, comme lui, n'agit qu'avec colère.
Je crois voir d'un tyran le ministre abhorré,
D'esclaves qu'il a faits tristement entouré,
Dictant d'un air hideux ses volontés sinistres.
Je cherche un roi plus doux, et de plus doux ministres.
Timon se croit parfait depuis qu'il n'aime rien :
Il faut que l'on soit homme avant d'être chrétien.
Je suis homme, et d'un Dieu je chéris la clémence.
Mortels, venez à lui, mais par reconnaissance.
La nature, attentive à remplir vos désirs,
Vous appelle à ce Dieu par la voix des plaisirs.
Nul encor n'a chanté sa bonté tout entière :
Par le seul mouvement il conduit la matière;
Mais c'est par le plaisir qu'il conduit les humains.
Sentez du moins les dons prodigués par ses mains.
Tout mortel au plaisir a dû son existence;
Par lui le corps agit, le cœur sent, l'esprit pense.
Soit que du doux sommeil la main ferme vos yeux,
Soit que le jour pour vous vienne embellir les cieux,
Soit que, vos sens flétris cherchant leur nourriture,
L'aiguillon de la faim presse en vous la nature,
Ou que l'amour vous force en des moments plus doux
A produire un autre être, à revivre après vous;
Partout d'un Dieu clément la bonté salutaire
Attache à vos besoins un plaisir nécessaire.
Les mortels, en un mot, n'ont point d'autre moteur.
  Sans l'attrait du plaisir, sans ce charme vainqueur,
Qui des lois de l'hymen eût subi l'esclavage ?
Quelle beauté jamais aurait eu le courage

De porter un enfant dans son sein renfermé,
Qui déchire en naissant les flancs qui l'ont formé,
De conduire avec crainte une enfance imbécile,
Et d'un âge fougueux l'imprudence indocile ?
Ah ! dans tous vos états, en tout temps, en tout lieu,
Mortels, à vos plaisirs reconnaissez un Dieu.
Que dis-je ? à vos plaisirs ! c'est à la douleur même
Que je connais de Dieu la sagesse suprême.
Ce sentiment si prompt dans nos cœurs répandu,
Parmi tous nos dangers sentinelle assidu,
D'une voix salutaire incessamment nous crie :
« Ménagez, défendez, conservez votre vie. »
Chez de sombres dévots l'amour-propre est damné;
C'est l'ennemi de l'homme, aux enfers il est né.
Vous vous trompez, ingrats; c'est un don de Dieu même.
Tout amour vient du ciel : Dieu nous chérit, il s'aime;
Nous nous aimons dans nous, dans nos biens, dans nos [fils,
Dans nos concitoyens, surtout dans nos amis :
Cet amour nécessaire est l'âme de notre âme;
Notre esprit est porté sur ses ailes de flamme.
Oui, pour nous élever aux grandes actions,
Dieu nous a, par bonté, donné les passions :
Tout dangereux qu'il est, c'est un présent céleste;
L'usage en est heureux, si l'abus est funeste.
J'admire et ne plains point un cœur maître de soi,
Qui, tenant ses désirs enchaînés sous sa loi,
S'arrache au genre humain pour Dieu qui nous fit naître;
Se plaît à l'éviter plutôt qu'à le connaître;
Et, brûlant pour son Dieu d'un amour dévorant,
Fuit les plaisirs permis pour un plaisir plus grand.
Mais que, fier de ses croix, vain de ses abstinences,
Et surtout en secret lassé de ses souffrances,
Il condamne dans nous tout ce qu'il a quitté,
L'hymen, le nom de père, et la société :
On voit de cet orgueil la vanité profonde;
C'est moins l'ami de Dieu que l'ennemi du monde;
On lit dans ses chagrins les regrets des plaisirs.
Le ciel nous fit un cœur, il lui faut des désirs.
Des stoïques nouveaux le ridicule maître[1]
Prétend m'ôter à moi, me priver de mon être :
Dieu, si nous l'en croyons, serait servi par nous
Ainsi qu'en son sérail un musulman jaloux,
Qui n'admet près de lui que ces monstres d'Asie

Que le fer a privé des sources de la vie.
  Vous qui vous élevez contre l'humanité,
N'avez-vous jamais lu la docte antiquité ?
Ne connaissez-vous point les filles de Pélie ?
Dans leur aveuglement voyez votre folie.
Elles croyaient dompter la nature et le temps,
Et rendre leur vieux père à la fleur de ses ans :
Leurs mains par piété dans son sein se plongèrent;
Croyant le rajeunir, ses filles l'égorgèrent.
Voilà votre portrait, stoïques abusés,
Vous voulez changer l'homme, et vous le détruisez[1].
Usez, n'abusez point; le sage ainsi l'ordonne.
Je fuis également Épictète et Pétrone.
L'abstinence ou l'excès ne fit jamais d'heureux.
  Je ne conclus donc pas, orateur dangereux,
Qu'il faut lâcher la bride aux passions humaines :
De ce coursier fougueux je veux tenir les rênes;
Je veux que ce torrent, par un heureux secours,
Sans inonder mes champs, les abreuve en son cours :
Vents, épurez les airs, et soufflez sans tempêtes;
Soleil, sans nous brûler, marche et luis sur nos têtes.
Dieu des êtres pensants, Dieu des cœurs fortunés,
Conservez les désirs que vous m'avez donnés,
Ce goût de l'amitié, cette ardeur pour l'étude,
Cet amour des beaux-arts et de la solitude :
Voilà mes passions[2]; mon âme en tous les temps
Goûta de leurs attraits les plaisirs consolants.
Quand sur les bords du Mein deux écumeurs barbares,
Des lois des nations violateurs avares,
Deux fripons à brevet, brigands accrédités,
Épuisaient contre moi leurs lâches cruautés,
Le travail occupait ma fermeté tranquille;
Des arts qu'ils ignoraient leur antre fut l'asile.
Ainsi le dieu des bois enflait ses chalumeaux
Quand le voleur Cacus enlevait ses troupeaux :
Il n'interrompit point sa douce mélodie.
Heureux qui jusqu'au temps du terme de sa vie,
Des beaux-arts amoureux, peut cultiver leurs fruits !
Il brave l'injustice, il calme ses ennuis;
Il pardonne aux humains, il rit de leur délire,
Et de sa main mourante il touche encor sa lyre.

SIXIÈME DISCOURS

SUR LA NATURE DE L'HOMME

« La voix de la vertu préside à tes concerts :
Elle m'appelle à toi par le charme des vers.
Ta grande étude est l'homme, et de ce labyrinthe
Le fil de la raison te fait chercher l'enceinte.
Montre l'homme à mes yeux : honteux de m'ignorer,
Dans mon être, dans moi, je cherche à pénétrer.
Despréaux et Pascal en ont fait la satire;
Pope et le grand Leibnitz, moins enclins à médire,
Semblent dans leurs écrits prendre un sage milieu;
Ils descendent à l'homme, ils s'élèvent à Dieu :
Mais quelle épaisse nuit voile encor la nature !
Sois l'Œdipe nouveau de cette énigme obscure.
Chacun a dit son mot, on a longtemps rêvé :
Le vrai sens de l'énigme est-il enfin trouvé ?
« Je sais bien qu'à souper, chez Laïs ou Catulle,
Cet examen profond passe pour ridicule :
Là, pour tout argument, quelques couplets malins
Exercent plaisamment nos cerveaux libertins.
Autre temps, autre étude; et la raison sévère
Trouve accès à son tour, et peut ne point déplaire.
Dans le fond de son cœur on se plaît à rentrer;
Nos yeux cherchent le jour, lent à nous éclairer.
Le grand monde est léger, inappliqué, volage;
Sa voix trouble et séduit : est-on seul, on est sage.
Je veux l'être; je veux m'élever avec toi
Des fanges de la terre au trône de son roi.
Montre-moi, si tu peux, cette chaîne invisible
Du monde des esprits et du monde sensible;
Cet ordre si caché de tant d'êtres divers,
Que Pope après Platon crut voir dans l'univers. »
Vous me pressez en vain; cette vaste science,
Ou passe ma portée, ou me force au silence.
Mon esprit, resserré sous le compas français,
N'a point la liberté des Grecs et des Anglais.

Pope a droit de tout dire, et moi je dois me taire.
A Bourge un bachelier peut percer ce mystère;
Je n'ai point mes degrés, et je ne prétends pas
Hasarder pour un mot de dangereux combats.
Écoutez seulement un récit véritable,
Que peut-être Fourmont[1] prendra pour une fable,
Et que je lus hier dans un livre chinois
Qu'un jésuite à Pékin traduisit autrefois.
 Un jour quelques souris se disaient l'une à l'autre :
« Que ce monde est charmant ! quel empire est le nôtre !
Ce palais si superbe est élevé pour nous;
De toute éternité Dieu nous fit ces grands trous.
Vois-tu ces gras jambons sous cette voûte obscure ?
Ils y furent créés des mains de la Nature;
Ces montagnes de lard, éternels aliments,
Sont pour nous en ces lieux jusqu'à la fin des temps.
Oui, nous sommes, grand Dieu, si l'on en croit nos sages,
Le chef-d'œuvre, la fin, le but de tes ouvrages.
Les chats sont dangereux et prompts à nous manger;
Mais c'est pour nous instruire et pour nous corriger. »
 Plus loin, sur le duvet d'une herbe renaissante,
Près des bois, près des eaux, une troupe innocente
De canards nasillants, de dindons rengorgés,
De gros moutons bêlants, que leur laine a chargés,
Disait : « Tout est à nous, bois, prés, étangs, montagnes;
Le ciel pour nos besoins fait verdir les campagnes. »
L'âne passait auprès, et, se mirant dans l'eau,
Il rendait grâce au ciel en se trouvant si beau :
« Pour les ânes, dit-il, le ciel a fait la terre;
L'homme est né mon esclave, il me panse, il me ferre,
Il m'étrille, il me lave, il prévient mes désirs,
Il bâtit mon sérail, il conduit mes plaisirs;
Respectueux témoin de ma noble tendresse,
Ministre de ma joie, il m'amène une ânesse;
Et je ris quand je vois cet esclave orgueilleux
Envier l'heureux don que j'ai reçu des cieux. »
 L'homme vint, et cria : « Je suis puissant et sage;
Cieux, terres, éléments, tout est pour mon usage :
L'océan fut formé pour porter mes vaisseaux;
Les vents sont mes courriers, les astres mes flambeaux.
Ce globe qui des nuits blanchit les sombres voiles
Croît, décroît, fuit, revient, et préside aux étoiles.
Moi, je préside à tout; mon esprit éclairé

Dans les bornes du monde eût été trop serré;
Mais enfin, de ce monde et l'oracle et le maître,
Je ne suis point encor ce que je devrais être. »
Quelques anges alors, qui là-haut dans les cieux
Règlent ces mouvements imparfaits à nos yeux,
En faisant tournoyer ces immenses planètes,
Disaient : « Pour nos plaisirs sans doute elles sont faites. »
Puis de là sur la terre ils jetaient un coup d'œil :
Ils se moquaient de l'homme et de son sot orgueil.
Le Tien[1] les entendit; il voulut que sur l'heure
On les fît assembler dans sa haute demeure,
Ange, homme, quadrupède, et ces êtres divers
Dont chacun forme un monde en ce vaste univers.
« Ouvrages de mes mains, enfants du même père,
Qui portez, leur dit-il, mon divin caractère,
Vous êtes nés pour moi, rien ne fut fait pour vous :
Je suis le centre unique où vous répondez tous.
Des destins et des temps connaissez le seul maître.
Rien n'est grand ni petit; tout est ce qu'il doit être.
D'un parfait assemblage instruments imparfaits,
Dans votre rang placés demeurez satisfaits. »
L'homme ne le fut point. Cette indocile espèce
Sera-t-elle occupée à murmurer sans cesse ?
Un vieux lettré chinois, qui toujours sur les bancs
Combattit la raison par de beaux arguments,
Plein de Confucius, et sa logique en tête,
Distinguant, concluant, présenta sa requête.
« Pourquoi suis-je en un point resserré par le temps ?
Mes jours devraient aller par delà vingt mille ans;
Ma taille pour le moins dût avoir cent coudées;
D'où vient que je ne puis, plus prompt que mes idées,
Voyager dans la lune, et réformer son cours ?
Pourquoi faut-il dormir un grand tiers de mes jours ?
Pourquoi ne puis-je, au gré de ma pudique flamme,
Faire au moins en trois mois cent enfants à ma femme ?
Pourquoi fus-je en un jour si las de ses attraits ?
— Tes pourquoi, dit le dieu, ne finiraient jamais.
Bientôt tes questions vont être décidées;
Va chercher ta réponse au pays des idées :
Pars. » Un ange aussitôt l'emporte dans les airs,
Au sein du vide immense où se meut l'univers,
A travers cent soleils entourés de planètes,
De lunes et d'anneaux, et de longues comètes.

Il entre dans un globe où d'immortelles mains
Du roi de la nature ont tracé les desseins,
Où l'œil peut contempler les images visibles
Et des mondes réels et des mondes possibles.
Mon vieux lettré chercha, d'espérance animé,
Un monde fait pour lui, tel qu'il l'aurait formé.
Il cherchait vainement : l'ange lui fait connaître
Que rien de ce qu'il veut en effet ne peut être;
Que si l'homme eût été tel qu'on feint les géants,
Faisant la guerre au ciel, ou plutôt au bon sens,
S'il eût à vingt mille ans étendu sa carrière,
Ce petit amas d'eau, de sable, et de poussière,
N'eût jamais pu suffire à nourrir dans son sein
Ces énormes enfants d'un autre genre humain.
Le Chinois argumente : on le force à conclure
Que dans tout l'univers chaque être a sa mesure;
Que l'homme n'est point fait pour ces vastes désirs;
Que sa vie est bornée ainsi que ses plaisirs;
Que le travail, les maux, la mort sont nécessaires;
Et que, sans fatiguer par de lâches prières
La volonté d'un Dieu qui ne saurait changer,
On doit subir la loi qu'on ne peut corriger,
Voir la mort d'un œil ferme et d'une âme soumise.
Le lettré convaincu, non sans quelque surprise,
S'en retourne ici-bas ayant tout approuvé;
Mais il y murmura quand il fut arrivé :
« Convertir un docteur est une œuvre impossible. »
Matthieu Garo chez nous eut l'esprit plus flexible;
Il loua Dieu de tout[1] ! Peut-être qu'autrefois
De longs ruisseaux de lait serpentaient dans nos bois;
La lune était plus grande, et la nuit moins obscure;
L'hiver se couronnait de fleurs et de verdure;
L'homme, ce roi du monde, et roi très fainéant,
Se contemplait à l'aise, admirait son néant,
Et, formé pour agir, se plaisait à rien faire.
Mais pour nous, fléchissons sous un sort tout contraire.
Contentons-nous des biens qui nous sont destinés,
Passagers comme nous, et comme nous bornés.
Sans rechercher en vain ce que peut notre maître,
Ce que fut notre monde, et ce qu'il devrait être,
Observons ce qu'il est, et recueillons le fruit
Des trésors qu'il renferme et des biens qu'il produit.
Si du Dieu qui nous fit l'éternelle puissance

Eût à deux jours au plus borné notre existence,
Il nous aurait fait grâce; il faudrait consumer
Ces deux jours de la vie à lui plaire, à l'aimer.
Le temps est assez long pour quiconque en profite;
Qui travaille et qui pense en étend la limite.
On peut vivre beaucoup sans végéter longtemps;
Et je vais te prouver par mes raisonnements...
Mais malheur à l'auteur qui veut toujours instruire !
Le secret d'ennuyer est celui de tout dire.
  C'est ainsi que ma muse avec simplicité
Sur des tons différents chantait la vérité,
Lorsque, de la nature éclaircissant les voiles,
Nos Français à Quito cherchaient d'autres étoiles;
Que Clairaut, Maupertuis, entourés de glaçons,
D'un secteur à lunette étonnaient les Lapons,
Tandis que, d'une main stérilement vantée,
Le hardi Vaucanson[1], rival de Prométhée,
Semblait, de la nature imitant les ressorts,
Prendre le feu des cieux pour animer les corps.
  Pour moi, loin des cités, sur les bords du Permesse
Je suivais la nature, et cherchais la sagesse;
Et des bords de la sphère où s'emporta Milton,
Et de ceux de l'abîme où pénétra Newton,
Je les voyais franchir leur carrière infinie;
Amant de tous les arts et de tout grand génie,
Implacable ennemi du calomniateur,
Du fanatique absurde, et du vil délateur;
Ami sans artifice, auteur sans jalousie;
Adorateur d'un Dieu, mais sans hypocrisie;
Dans un corps languissant, de cent maux attaqué,
Gardant un esprit libre, à l'étude appliqué,
Et sachant qu'ici-bas la félicité pure
Ne fut jamais permise à l'humaine nature.

SEPTIÈME DISCOURS

SUR LA VRAIE VERTU

Le nom de la vertu retentit sur la terre[1];
On l'entend au théâtre, au barreau, dans la chaire;
Jusqu'au milieu des cours il parvient quelquefois;
Il s'est même glissé dans les traités des rois.
C'est un beau mot sans doute, et qu'on se plaît d'entendre,
Facile à prononcer, difficile à comprendre :
On trompe, on est trompé. Je crois voir des jetons
Donnés, reçus, rendus, troqués par des fripons;
Ou bien ces faux billets, vains enfants du système
De ce fou d'Écossais qui se dupa lui-même.
Qu'est-ce que la vertu ? Le meilleur citoyen,
Brutus, se repentit d'être un homme de bien :
« La vertu, disait-il, est un nom sans substance. »
L'école de Zénon, dans sa fière ignorance,
Prit jadis pour vertu l'insensibilité.
Dans les champs levantins le derviche hébété,
L'œil au ciel, les bras hauts, et l'esprit en prières,
Du Seigneur en dansant invoque les lumières,
Et, tournant dans un cercle au nom de Mahomet,
Croit de la vertu même atteindre le sommet.
Les reins ceints d'un cordon, l'œil armé d'impudence,
Un ermite à sandale, engraissé d'ignorance,
Parlant du nez à Dieu, chante au dos d'un lutrin
Cent cantiques hébreux mis en mauvais latin.
Le ciel puisse bénir sa piété profonde !
Mais quel en est le fruit ? quel bien fait-il au monde ?
Malgré la sainteté de son auguste emploi,
C'est n'être bon à rien de n'être bon qu'à soi.
Quand l'ennemi divin des scribes et des prêtres
Chez Pilate autrefois fut traîné par des traîtres,
De cet air insolent qu'on nomme dignité,
Le Romain demanda : « Qu'est-ce que vérité ? »
L'Homme-Dieu, qui pouvait l'instruire ou le confondre,
A ce juge orgueilleux dédaigna de répondre :

Son silence éloquent disait assez à tous
Que ce vrai tant cherché ne fut point fait pour nous.
Mais lorsque, pénétré d'une ardeur ingénue,
Un simple citoyen l'aborda dans la rue,
Et que, disciple sage, il prétendit savoir
Quel est l'état de l'homme, et quel est son devoir;
Sur ce grand intérêt, sur ce point qui nous touche,
Celui qui savait tout ouvrit alors la bouche;
Et dictant d'un seul mot ses décrets solennels :
« Aimez Dieu, lui dit-il, mais aimez les mortels. »
Voilà l'homme et sa loi, c'est assez : le ciel même
A daigné tout nous dire en ordonnant qu'on aime.
Le monde est médisant, vain, léger, envieux;
Le fuir est très bien fait, le servir encor mieux :
A sa famille, aux siens, je veux qu'on soit utile.
  Où vas-tu loin de moi, fanatique indocile ?
Pourquoi ce teint jauni, ces regards effarés,
Ces élans convulsifs[1], et ces pas égarés ?
Contre un siècle indévot plein d'une sainte rage,
Tu cours chez ta béate à son cinquième étage :
Quelques saints possédés dans cet honnête lieu
Jurent, tordent les mains, en l'honneur du bon Dieu :
Sur leurs tréteaux montés, ils rendent des oracles,
Prédisent le passé, font cent autres miracles;
L'aveugle y vient pour voir, et, des deux yeux privé,
Retourne aux Quinze-Vingts marmottant son *Ave ;*
Le boiteux saute et tombe, et sa sainte famille
Le ramène en chantant, porté sur sa béquille;
Le sourd au front stupide écoute et n'entend rien;
D'aise alors tout pâmés, de pauvres gens de bien,
Qu'un sot voisin bénit, et qu'un fourbe seconde,
Aux filles du quartier prêchent la fin du monde.
  Je sais que ce mystère a de nobles appas[2];
Les saints ont des plaisirs que je ne connais pas.
Les miracles sont bons; mais soulager son frère,
Mais tirer son ami du sein de la misère,
Mais à ses ennemis pardonner leurs vertus,
C'est un plus grand miracle, et qui ne se fait plus.
  Ce magistrat, dit-on, est sévère, inflexible,
Rien n'amollit jamais sa grande âme insensible.
J'entends : il fait haïr sa place et son pouvoir;
Il fait des malheureux par zèle et par devoir :
Mais l'a-t-on jamais vu, sans qu'on le sollicite,

Courir d'un air affable au-devant du mérite,
Le choisir dans la foule, et donner son appui
A l'honnête homme obscur qui se tait devant lui ?
De quelques criminels il aura fait justice !
C'est peu d'être équitable, il faut rendre service;
Le juste est bienfaisant. On conte qu'autrefois
Le ministre odieux d'un de nos meilleurs rois
Lui disait en ces mots son avis despotique :
« Timante est en secret bien mauvais catholique,
On a trouvé chez lui la Bible de Calvin;
A ce funeste excès vous devez mettre un frein :
Il faut qu'on l'emprisonne, ou du moins qu'on l'exile.
— Comme vous, dit le roi, Timante m'est utile[1].
Vous m'apprenez assez quels sont ses attentats;
Il m'a donné son sang, et vous n'en parlez pas ! »
De ce roi bienfaisant la prudence équitable
Peint mieux que vingt sermons la vertu véritable.
  Du nom de vertueux seriez-vous honoré,
Doux et secret Cyrus, en vous seul concentré,
Prêchant le sentiment, vous bornant à séduire,
Trop faible pour servir, trop paresseux pour nuire,
Honnête homme indolent, qui, dans un doux loisir,
Loin du mal et du bien, vivez pour le plaisir ?
Non; je donne ce titre au cœur tendre et sublime
Qui soutient hardiment son ami qu'on opprime.
Il t'était dû sans doute, éloquent Pellisson,
Qui défendis Fouquet du fond de ta prison.
Je te rends grâce, ô ciel, dont la bonté propice
M'accorda des amis dans les temps d'injustice,
Des amis courageux, dont la mâle vigueur
Repoussa les assauts du calomniateur,
Du fanatisme ardent, du ténébreux zoïle,
Du ministre abusé par leur troupe imbécile,
Et des petits tyrans, bouffis de vanité,
Dont mon indépendance irritait la fierté.
Oui, pendant quarante ans poursuivi par l'envie,
Des amis vertueux ont consolé ma vie.
J'ai mérité leur zèle et leur fidélité;
J'ai fait quelques ingrats, et ne l'ait point été.
  Certain législateur[2], dont la plume féconde
Fit tant de vains projets pour le bien de ce monde,
Et qui depuis trente ans écrit pour des ingrats,
Vient de créer un mot qui manque à Vaugelas :

Ce mot eſt *bienfaisance* : il me plaît; il rassemble,
Si le cœur en eſt cru, bien des vertus ensemble.
Petits grammairiens, grands précepteurs des sots,
Qui pesez la parole et mesurez les mots,
Pareille expression vous semble hasardée;
Mais l'univers entier doit en chérir l'idée.

DISCOURS
DE M. DE VOLTAIRE
A SA RÉCEPTION A L'ACADÉMIE FRANÇAISE
PRONONCÉ LE LUNDI 9 MAI 1746[1]

MESSIEURS,

Votre fondateur mit dans votre établissement toute la noblesse et la grandeur de son âme; il voulut que vous fussiez toujours libres et égaux. En effet, il dut élever au-dessus de la dépendance des hommes qui étaient au-dessus de l'intérêt, et qui, aussi généreux que lui, faisaient aux lettres l'honneur qu'elles méritent, de les cultiver pour elles-mêmes[2]. Il était peut-être à craindre qu'un jour des travaux si honorables ne se ralentissent. Ce fut pour les conserver dans leur vigueur que vous vous fîtes une règle de n'admettre aucun académicien qui ne résidât dans Paris. Vous vous êtes écartés sagement de cette loi, quand vous avez reçu de ces génies rares que leurs dignités appelaient ailleurs, mais que leurs ouvrages touchants ou sublimes rendaient toujours présents parmi vous : car ce serait violer l'esprit d'une loi que de n'en pas transgresser la lettre en faveur des grands hommes. Si feu M. le président Bouhier, après s'être flatté de vous consacrer ses jours, fut obligé de les passer loin de vous, l'Académie et lui se consolèrent, parce qu'il n'en cultivait pas moins vos sciences dans la ville de Dijon, qui a produit tant d'hommes de lettres[3], et où le mérite de l'esprit semble être un des caractères des citoyens.

Il faisait ressouvenir la France de ces temps où les plus austères magistrats, consommés comme lui dans l'étude des lois, se délassaient des fatigues de leur état dans les travaux de la littérature. Que ceux qui méprisent ces travaux aimables, que ceux qui mettent je ne sais quelle misérable grandeur à se renfermer dans le cercle étroit de leurs emplois, sont à plaindre ! Ignorent-ils que Cicéron, après avoir rempli la première place du monde, plaidait encore les causes des citoyens, écrivait sur la nature des dieux, conférait avec des philosophes; qu'il allait au théâtre, qu'il daignait cultiver l'amitié d'Ésopus et de Roscius, et laissait aux petits esprits leur constante gravité, qui n'est que le masque de la médiocrité ?

Mais le président Bouhier était très savant; mais il ne ressemblait pas à ces savants insociables et inutiles, qui négligent l'étude de leur propre langue pour savoir imparfaitement des langues anciennes; qui se croient en droit de mépriser leur siècle, parce qu'ils se flattent d'avoir quelque connaissance des siècles passés; qui se récrient sur un passage d'Eschyle, et n'ont jamais eu le plaisir de verser des larmes à nos spectacles. Il traduisit le poème de Pétrone sur la guerre civile; non qu'il pensât que cette déclamation, pleine de pensées fausses, approchât de la sage et élégante noblesse de Virgile : il savait que la satire de Pétrone[1], quoique semée de traits charmants, n'est que le caprice d'un jeune homme obscur qui n'eut de frein ni dans ses mœurs ni dans son style. Des hommes qui se sont donnés pour des maîtres de goût et de volupté estiment tout dans Pétrone; et M. Bouhier, plus éclairé, n'estime pas même tout ce qu'il a traduit : c'est un des progrès de la raison humaine dans ce siècle qu'un traducteur ne soit plus idolâtre de son auteur, et qu'il sache lui rendre justice comme à un contemporain. Il exerça ses talents sur ce poème, sur l'hymne à Vénus, sur Anacréon, pour montrer que les poètes doivent être traduits en vers : c'était une opinion qu'il défendait avec chaleur, et on ne sera pas étonné que je me range à son sentiment.

Qu'il me soit permis, Messieurs, d'entrer ici avec vous dans ces discussions littéraires; mes doutes me vaudront de vous des décisions. C'est ainsi que je pourrai contribuer au progrès des arts; et j'aimerais mieux prononcer devant vous un discours utile qu'un discours éloquent.

Pourquoi Homère, Théocrite, Lucrèce, Virgile, Horace, sont-ils heureusement traduits chez les Italiens et chez les Anglais[2] ? Pourquoi ces nations n'ont-elles aucun grand poète de l'antiquité en prose, et pourquoi n'en avons-nous encore eu aucun en vers ? Je vais tâcher d'en démêler la raison.

La difficulté surmontée, dans quelque genre que ce puisse être, fait une grande partie du mérite. Point de grandes choses sans de grandes peines : et il n'y a point de nation au monde chez laquelle il soit plus difficile que chez la nôtre de rendre une véritable vie à la poésie ancienne. Les premiers poètes formèrent le génie de leur langue : les Grecs et les Latins employèrent d'abord la poésie à peindre les objets sensibles de toute la nature. Homère exprime tout ce qui frappe les yeux : les Français, qui n'ont guère commencé à perfectionner la grande poésie qu'au théâtre, n'ont pu et n'ont dû exprimer alors que ce qui peut toucher l'âme. Nous nous sommes interdit nous-mêmes insensiblement presque tous les objets que d'autres nations ont osé peindre. Il n'est rien que le Dante n'exprimât, à l'exemple des anciens : il accoutuma les Italiens à tout dire; mais nous, comment pourrions-nous aujourd'hui imiter l'auteur des *Géorgiques*, qui nomme sans détour tous les instruments de l'agriculture ? A peine les connaissons-nous, et notre mollesse orgueilleuse, dans le sein du repos et du luxe de nos villes, attache malheureusement une idée basse à ces travaux champêtres, et au détail de ces arts utiles, que les maîtres et les législateurs de la terre cultivaient de leurs mains victorieuses. Si nos bons poètes avaient su exprimer heureusement les petites choses, notre langue ajouterait aujourd'hui ce mérite, qui est très grand, à l'avantage d'être devenu la première langue du monde pour les charmes de la conversation, et pour l'expression du sentiment. Le langage du cœur et le style du théâtre ont entièrement prévalu; ils ont embelli la langue française; mais ils en ont resserré les agréments dans des bornes un peu trop étroites.

Et quand je dis ici, Messieurs, que ce sont les grands poètes qui ont déterminé le génie des langues[1], je n'avance rien qui ne soit connu de vous. Les Grecs n'écrivirent l'histoire que quatre cents ans après Homère. La langue grecque reçut de ce grand peintre de la nature la supériorité qu'elle prit chez tous les peuples de l'Asie et de l'Europe : c'est Térence qui, chez les Romains, parla le premier avec une pureté toujours élégante; c'est Pétrarque qui, après le Dante, donna à la langue italienne cette aménité et cette grâce qu'elle a toujours conservées; c'est à Lope de Vega que l'espagnol doit sa noblesse et sa pompe; c'est Shakespeare qui, tout barbare qu'il était, mit dans l'anglais cette force et cette énergie qu'on n'a jamais pu augmenter depuis sans l'outrer, et par conséquent sans l'affaiblir. D'où vient ce grand effet de la poésie, de former et fixer enfin le génie des peuples et de leurs langues ? La cause en est bien sensible : les premiers bons vers, ceux même qui n'en ont que l'apparence, s'impriment dans la mémoire à l'aide de l'harmonie. Leurs tours naturels et hardis deviennent familiers; les hommes, qui sont tous nés imitateurs, prennent insensiblement la manière de s'exprimer, et même de penser, des premiers dont l'imagination a subjugué celle des autres. Me désavouerez-vous donc, Messieurs, quand je dirai que le vrai mérite et la réputation de notre langue ont commencé à l'auteur du *Cid* et de *Cinna* ?

Montaigne, avant lui, était le seul livre qui attirât l'attention du petit nombre d'étrangers qui pouvaient savoir le français; mais le style de Montaigne n'est ni pur, ni correct, ni précis, ni noble. Il est énergique et familier; il exprime naïvement de grandes choses. C'est cette naïveté qui plaît; on aime le caractère de l'auteur; on se plaît à se retrouver dans ce qu'il dit de lui-même, à converser, à changer de discours et d'opinion avec lui. J'entends souvent regretter le langage de Montaigne; c'est son imagination qu'il faut regretter : elle était forte et hardie; mais sa langue était bien loin de l'être.

Marot, qui avait forgé le langage de Montaigne, n'a presque jamais été connu hors de sa patrie : il a été goûté parmi nous pour quelques contes naïfs, pour quelques épigrammes licencieuses, dont le succès est presque toujours dans le sujet; mais c'est par ce petit mérite même que la langue fut longtemps avilie : on écrivit dans ce style les tragédies, les poèmes, l'histoire, les livres de morale. Le judicieux Despréaux a dit : « Imitez de Marot l'élégant badinage. » J'ose croire qu'il aurait dit le *naïf* badinage, si ce mot plus vrai n'eût rendu son vers moins coulant. Il n'y a de véritablement bons ouvrages que ceux qui passent chez les nations étrangères, qu'on y apprend, qu'on y traduit; et chez quel peuple a-t-on jamais traduit Marot ?

Notre langue ne fut longtemps après lui qu'un jargon familier, dans lequel on réussissait quelquefois à faire d'heureuses plaisanteries; mais quand on n'est que plaisant, on n'est point admiré des autres nations.

> Enfin Malherbe vint, et le premier en France
> Fit sentir dans les vers une juste cadence,
> D'un mot mis en sa place enseigna le pouvoir[1].

Si Malherbe montra le premier ce que peut le grand art des expressions placées, il est donc le premier qui fut *élégant ;* mais quelques stances harmonieuses suffisaient-elles pour engager les étrangers à cultiver notre langage ? Ils lisaient le poème admirable de la *Jérusalem,* l'*Orlando,* le *Pastor Fido,* les beaux morceaux de Pétrarque. Pouvait-on associer à ces chefs-d'œuvre un très petit nombre de vers français, bien écrits à la vérité, mais faibles et presque sans imagination ?

La langue française restait donc à jamais dans la médiocrité, sans un de ces génies faits pour changer et pour élever l'esprit de toute une nation : c'est le plus grand de vos premiers académiciens, c'est Corneille seul qui commença à faire respecter notre langue des étrangers, précisément dans le temps que le cardinal de Richelieu commençait à faire respecter la couronne. L'un et l'autre portèrent notre gloire dans l'Europe. Après Corneille sont venus, je ne dis pas de plus grands génies, mais de meilleurs écrivains. Un homme s'éleva, qui fut à la fois plus passionné et plus correct, moins varié, mais moins inégal, aussi sublime quelquefois, et toujours noble sans enflure; jamais déclamateur, parlant au cœur avec plus de vérité et plus de charmes.

Un de leurs contemporains, incapable peut-être du sublime qui élève l'âme, et du sentiment qui l'attendrit, mais fait pour éclairer ceux à qui la nature accorda l'un et l'autre, laborieux, sévère, précis, pur, harmonieux, qui devint enfin le poète de la raison, commença malheureusement par écrire des satires; mais bientôt après il égala et surpassa peut-être Horace dans la morale et dans l'art poétique; il donna les préceptes et les exemples; il vit qu'à la longue l'art d'instruire, quand il est parfait, réussit mieux que l'art de médire, parce que la satire meurt avec ceux qui en sont les victimes, et que la raison et la vertu sont éternelles. Vous eûtes en tous les genres cette foule de grands hommes que la nature fit naître comme dans le siècle de Léon X et d'Auguste. C'est alors que les autres peuples ont cherché avidement dans vos auteurs de quoi s'instruire; et, grâce en partie aux soins du cardinal de Richelieu, ils ont adopté votre langue, comme ils se sont empressés de se parer des travaux de nos ingénieux artistes, grâce aux soins du grand Colbert.

Un monarque illustre[1] chez tous les hommes par cinq victoires, et plus encore chez les sages par ses vastes connaissances, fait de notre langue la sienne propre, celle de sa cour et de ses États; il la parle avec cette force et cette finesse que la seule étude ne donne jamais, et qui est le caractère du génie. Non seulement il la cultive, mais il l'embellit quelquefois, parce que les âmes supérieures saisissent toujours ces tours et ces expressions dignes d'elles, qui ne se présentent point aux âmes faibles.

Il est dans Stockholm une nouvelle Christine[2], égale à la première en esprit, supérieure dans le reste; elle fait le même honneur à notre langue. Le français est cultivé dans Rome, où il était dédaigné autrefois : il est aussi familier au souverain pontife que les langues savantes dans lesquelles il écrivit quand il instruisit le monde chrétien qu'il gouverne; plus d'un cardinal italien écrit en français dans le Vatican, comme s'il était né à Versailles. Vos ouvrages, Messieurs, ont pénétré jusqu'à cette capitale de l'empire le plus reculé de l'Europe et de l'Asie, et le plus vaste de l'univers; dans cette ville qui n'était, il y a quarante ans, qu'un désert[3] habité par des bêtes sauvages : on y représente vos pièces dramatiques, et le même goût naturel qui fait recevoir, dans la ville de Pierre le Grand et de sa digne fille, la musique des Italiens y fait aimer votre éloquence.

Cet honneur qu'ont fait tant de peuples à nos excellents écrivains est un avertissement que l'Europe nous donne de ne pas dégénérer. Je ne dirai pas que tout se précipite vers une honteuse décadence, comme le crient si souvent des satiriques qui prétendent en secret justifier leur propre faiblesse par celle qu'ils imputent en public à leur siècle. J'avoue que la gloire de nos armes se soutient mieux que celle de nos lettres; mais le feu qui nous éclairait n'est pas encore éteint. Ces dernières années n'ont-elles pas produit le seul livre de chronologie[1] dans lequel on ait jamais peint les mœurs des hommes, le caractère des cours et des siècles ? ouvrage qui, s'il était sèchement instructif comme tant d'autres, serait le meilleur de tous, et dans lequel l'auteur a trouvé encore le secret de plaire : partage réservé au très petit nombre d'hommes qui sont supérieurs à leurs ouvrages.

On a montré la cause du progrès et de la chute de l'empire romain, dans un livre encore plus court, écrit par un génie mâle et rapide, qui approfondit tout en paraissant tout effleurer[2]. Jamais nous n'avons eu de traducteurs plus élégants et plus fidèles. De vrais philosophes ont enfin écrit l'Histoire. Un homme éloquent et profond s'est formé dans le tumulte des armes[3]. Il est plus d'un de ces esprits aimables que Tibulle et Ovide eussent regardés comme leurs disciples, et dont ils eussent voulu être les amis. Le théâtre, je l'avoue, est menacé d'une chute prochaine; mais au moins je vois ici ce génie véritablement tragique[4] qui m'a servi de maître quand j'ai fait quelques pas dans la même carrière; je le regarde avec une satisfaction mêlée de douleur, comme on voit sur les débris de sa patrie un héros qui l'a défendue. Je compte parmi vous ceux qui ont, après le grand Molière, achevé de rendre la comédie une école de mœurs et de bienséance : école qui méritait chez les Français la considération qu'un théâtre moins épuré eut dans Athènes. Si l'homme célèbre, qui le premier orna la philosophie des grâces de l'imagination, appartient à un temps plus reculé, il est encore l'honneur et la consolation du vôtre[5].

Les grands talents sont toujours nécessairement rares, surtout quand le goût et l'esprit d'une nation sont formés. Il en est alors des esprits cultivés comme de ces forêts où les arbres pressés et élevés ne souffrent pas qu'aucun porte sa tête trop au-dessus des autres. Quand le commerce est en peu de mains, on voit quelques fortunes prodigieuses, et beaucoup de misère; lorsque enfin il est plus étendu, l'opulence est générale, les grandes fortunes rares. C'est précisément, Messieurs, parce qu'il y a beaucoup d'esprit en France qu'on y trouvera dorénavant moins de génies supérieurs.

Mais enfin, malgré cette culture universelle de la nation, je ne nierai pas que cette langue, devenue si belle, et qui doit être fixée par tant de bons ouvrages, peut se corrompre aisément. On doit avertir les étrangers qu'elle perd déjà beaucoup de sa pureté dans presque tous les livres composés dans cette célèbre république, si longtemps notre alliée, où le français est la langue dominante au milieu des factions contraires à la France. Mais si elle s'altère dans ces pays par le mélange des idiomes, elle est prête à se gâter parmi nous par le mélange des styles. Ce qui déprave le goût déprave enfin le langage. Souvent on affecte d'égayer des ouvrages sérieux et instructifs par les expressions familières de la conversation. Souvent on introduit le style marotique dans les sujets les plus nobles : c'est revêtir un prince des habits d'un farceur. On se sert de termes nouveaux, qui sont inutiles, et qu'on ne doit hasarder que quand ils sont nécessaires. Il est d'autres défauts dont je suis encore plus frappé, parce que j'y suis tombé plus d'une fois. Je trouverai parmi vous, Messieurs, pour m'en garantir, les secours que l'homme éclairé à qui je succède s'était donnés par ses études. Plein de la lecture de Cicéron, il en avait tiré ce fruit de s'étudier à parler sa langue comme ce consul parlait la sienne. Mais c'est surtout à celui qui a fait son étude particulière des ouvrages de ce grand orateur[1], et qui était l'ami de M. le président Bouhier, à faire revivre ici l'éloquence de l'un, et à vous parler du mérite de l'autre. Il a aujourd'hui à la fois un ami à regretter et à célébrer, un ami à recevoir et à encourager. Il peut vous dire avec plus d'éloquence, mais non avec plus de sensibilité que moi, quel charme l'amitié répand sur les travaux des hommes consacrés aux lettres; combien elle sert à les conduire, à les corriger, à les exciter, à les consoler; combien elle inspire à l'âme cette joie douce et recueillie, sans laquelle on n'est jamais le maître de ses idées.

C'est ainsi que cette Académie fut d'abord formée. Elle a une origine encore plus noble que celle qu'elle reçut du cardinal de Richelieu même; c'est dans le sein de l'amitié qu'elle prit naissance. Des hommes unis entre eux par ce lien respectable et par le goût des beaux-arts s'assemblaient sans se montrer à la renommée; ils furent moins brillants que leurs successeurs, et non moins heureux. La bienséance, l'union, la candeur, la saine critique si opposée à la satire, formèrent leurs assemblées. Elles animeront toujours les vôtres, elles seront l'éternel exemple des gens de lettres, et serviront peut-être à corriger ceux qui se rendent indignes de ce nom. Les vrais amateurs des arts sont amis. Qui est plus que moi en droit de le dire ? J'oserais m'étendre, Messieurs, sur les bontés dont la plupart d'entre vous m'honorent, si je ne devais m'oublier pour ne vous parler que du grand objet de vos travaux, des intérêts devant qui tous les autres s'évanouissent, de la gloire de la nation.

Je sais combien l'esprit se dégoûte aisément des éloges; je sais que le public, toujours avide de nouveautés, pense que tout est épuisé sur votre fondateur et sur vos protecteurs; mais pourrai-je refuser le tribut que je dois, parce que ceux qui l'ont payé avant moi ne m'ont laissé rien de nouveau à vous dire ? Il en est de ces éloges qu'on répète comme de ces solennités qui sont toujours les mêmes, et qui réveillent la mémoire des événements chers à un peuple entier : elles sont nécessaires. Célébrer des hommes tels que le cardinal de Richelieu, Louis XIV, un Séguier, un Colbert, un Turenne, un Condé, c'est dire à haute voix : « Rois, ministres, généraux à venir, imitez ces grands hommes. » Ignore-t-on que le panégyrique de Trajan anima Antonin à la vertu ? et Marc Aurèle, le premier des empereurs et des hommes, n'avoue-t-il pas dans ses écrits l'émulation que lui inspirèrent les vertus d'Antonin ? Lorsque Henri IV entendit dans le Parlement nommer Louis XII *le père du peuple,* il se sentit pénétré du désir de l'imiter, et il le surpassa.

Pensez-vous, Messieurs, que les honneurs rendus par tant de bouches à la mémoire de Louis XIV ne se soient pas fait entendre au cœur de son successeur, dès sa première enfance ? On dira un jour que tous deux ont été à l'immortalité, tantôt par les mêmes chemins, tantôt par des routes différentes. L'un et l'autre seront semblables, en ce qu'ils n'ont différé à se charger du poids des affaires que par reconnaissance; et peut-être c'est en cela qu'ils ont été les plus grands. La postérité dira que tous deux ont aimé la justice, et ont commandé leurs armées. L'un recherchait avec éclat la gloire qu'il méritait; il l'appelait à lui du haut de son trône; il en était suivi dans ses conquêtes, dans ses entreprises; il en remplissait le monde : il déployait une âme sublime dans le bonheur, et dans l'adversité, dans ses camps, dans ses palais, dans les cours de l'Europe et de l'Asie; les terres et les mers rendaient témoignage à sa magnificence; et les plus petits objets, sitôt qu'ils avaient à lui quelque rapport, prenaient un nouveau caractère, et recevaient l'empreinte de sa grandeur. L'autre protège des empereurs et des rois, subjugue des provinces, interrompt le cours de ses conquêtes pour aller secourir ses sujets, et y vole du sein de la mort dont il est à peine échappé. Il remporte des victoires; il fait les plus grandes choses avec une simplicité qui ferait penser que ce qui étonne le reste des hommes est pour lui dans l'ordre le plus commun et le plus ordinaire. Il cache la hauteur de son âme, sans s'étudier même à la cacher; et il ne peut en affaiblir les rayons qui, en perçant malgré lui le voile de sa modestie, y prennent un éclat plus durable.

Louis XIV se signala par des monuments admirables, par l'amour de tous les arts, par les encouragements qu'il leur prodiguait. O vous, son auguste successeur, vous l'avez déjà imité, et vous n'attendez que cette paix que vous cherchez par des victoires, pour remplir tous vos projets bienfaisants qui demandent des jours tranquilles.

Vous avez commencé vos triomphes dans la même province où commencèrent ceux de votre bisaïeul, et vous les avez étendus plus loin. Il regretta de n'avoir pu, dans le cours de ses glorieuses campagnes, forcer un ennemi digne de lui à mesurer ses armes avec les siennes, en bataille rangée. Cette gloire qu'il désira, vous en avez joui. Plus heureux que le grand Henri, qui ne remporta presque de victoires que sur sa propre nation, vous avez vaincu les éternels et intrépides ennemis de la vôtre. Votre fils, après vous, l'objet de nos vœux et de notre crainte, apprit à vos côtés à voir le danger et le malheur même sans être troublé, et le plus beau triomphe sans être ébloui. Lorsque nous tremblions pour vous dans Paris, vous étiez au milieu d'un champ de carnage, tranquille dans les moments d'horreur et de confusion, tranquille dans la joie tumultueuse de vos soldats victorieux; vous embrassiez ce général[1] qui n'avait souhaité de vivre que pour vous voir triompher, cet homme que vos vertus et les siennes ont fait votre sujet, que la

France comptera toujours parmi ses enfants les plus chers et les plus illustres. Vous récompensiez déjà par votre témoignage et par vos éloges tous ceux qui avaient contribué à la victoire; et cette récompense est la plus belle pour des Français.

Mais ce qui sera conservé à jamais dans les fastes de l'Académie, ce qui est précieux à chacun de vous, Messieurs, ce fut l'un de vos confrères qui servit le plus votre protecteur et la France dans cette journée; ce fut lui qui, après avoir volé de brigade en brigade, après avoir combattu en tant d'endroits différents, courut donner et exécuter ce conseil si prompt, si salutaire, si avidement reçu par le roi, dont la vue discernait tout dans des moments où elle peut s'égarer si aisément. Jouissez, Messieurs, du plaisir d'entendre dans cette assemblée ces propres paroles, que votre protecteur dit au neveu de votre fondateur, sur le champ de bataille : « Je n'oublierai jamais le service important que vous m'avez rendu[1]. » Mais si cette gloire particulière vous est chère, combien sont chères à toute la France, combien le seront un jour à l'Europe, ces démarches pacifiques que fit Louis XV après ses victoires ! Il les fait encore, il ne court à ses ennemis que pour les désarmer, il ne veut les vaincre que pour les fléchir. S'ils pouvaient connaître le fond de son cœur, ils le feraient leur arbitre au lieu de le combattre, et ce serait peut-être le seul moyen d'obtenir sur lui des avantages[2]. Les vertus qui le font craindre leur ont été connues dès qu'il a commandé; celles qui doivent ramener leur confiance, qui doivent être le lien des nations, demandent plus de temps pour être approfondies par des ennemis.

Nous, plus heureux, nous avons connu son âme dès qu'il a régné. Nous avons pensé comme penseront tous les peuples et tous les siècles : jamais amour ne fut plus vrai ni mieux exprimé; tous nos cœurs le sentent, et vos bouches éloquentes en sont les interprètes. Les médailles dignes des plus beaux temps de la Grèce[3] éternisent ses triomphes et notre bonheur. Puissé-je voir dans nos places publiques ce monarque humain, sculpté des mains de nos Praxitèles, environné de tous les symboles de la félicité publique ! Puissé-je lire au pied de sa statue ces mots qui sont dans nos cœurs : *Au père de la patrie !*

SERMON DES CINQUANTE[1]

CINQUANTE personnes instruites, pieuses, et raisonnables, s'assemblent depuis un an tous les dimanches dans une ville peuplée et commerçante : elles font des prières, après lesquelles un membre de la société prononce un discours; ensuite on dîne, et après le repas on fait une collecte pour les pauvres. Chacun préside à son tour; c'est au président à faire la prière et à prononcer le sermon. Voici une de ces prières et un de ces sermons.

Si les semences de ces paroles tombent dans une bonne terre, on ne doute pas qu'elles ne fructifient.

PRIÈRE

DIEU de tous les globes et de tous les êtres, la seule prière qui puisse vous convenir est la soumission : car que demander à celui qui a tout ordonné, tout prévu, tout enchaîné, depuis l'origine des choses ? Si pourtant il est permis de représenter ses besoins à un père, conservez dans nos cœurs cette soumission même, conservez-y votre religion pure; écartez de nous toute superstition : si l'on peut vous insulter par des sacrifices indignes, abolissez ces infâmes mystères; si l'on peut déshonorer la Divinité par des fables absurdes, périssent ces fables à jamais; si les jours du prince et du magistrat ne sont point comptés de toute éternité, prolongez la durée de leurs jours; conservez la pureté de nos mœurs, l'amitié que nos frères se portent, la bienveillance qu'ils ont pour tous les hommes, leur obéissance pour les lois, et leur sagesse dans la conduite privée; qu'ils vivent et qu'ils meurent en n'adorant qu'un seul Dieu, rémunérateur du bien, vengeur du mal, un Dieu qui n'a pu naître ni mourir, ni avoir des associés, mais qui a dans ce monde trop d'enfants rebelles.

SERMON

Mes frères, la religion est la voix secrète de Dieu, qui parle à tous les hommes; elle doit tous les réunir, et non les diviser : donc toute religion qui n'appartient qu'à un peuple est fausse. La nôtre est dans son principe celle de l'univers entier, car nous adorons un Être suprême comme toutes les nations l'adorent, nous pratiquons la justice que toutes les nations enseignent, et nous rejetons tous ces mensonges que les peuples se reprochent les uns aux autres. Ainsi, d'accord avec eux dans le principe qui les concilie, nous différons d'eux dans les choses où ils se combattent.

Il est impossible que le point dans lequel tous les hommes de tous les temps se réunissent ne soit l'unique centre de la vérité, et que les points dans lesquels ils diffèrent tous ne soient les étendards du mensonge. La religion doit être conforme à la morale, et universelle comme elle : ainsi toute religion dont les dogmes offensent la morale est certainement fausse. C'est sous ce double aspect de perversité et de fausseté que nous examinerons dans ce discours les livres des Hébreux et de ceux qui leur ont succédé. Voyons d'abord si ces livres sont conformes à la morale, ensuite nous verrons s'ils peuvent avoir quelque ombre de vraisemblance. Les deux premiers points seront pour l'*Ancien Testament*, et le troisième pour le *Nouveau*.

PREMIER POINT

Vous savez, mes frères, quelle horreur nous a saisis lorsque nous avons lu ensemble les écrits des Hébreux, en portant seulement notre attention sur tous es traits contre la pureté, la charité, la bonne foi, la justice, et la raison universelle, que non seulement on trouve dans chaque chapitre, mais que, pour comble de malheur, on y trouve consacrés.

Premièrement, sans parler de l'injustice extravagante dont on ose charger l'Être suprême, d'avoir donné la parole à un serpent pour séduire une femme[1], et perdre l'innocente postérité de cette femme, suivons pied à pied toutes les horreurs historiques qui révoltent la nature et le bon sens. Un des premiers patriarches, Loth, neveu d'Abraham, reçoit chez lui deux anges[2] déguisés en pèlerins; les habitants de Sodome conçoivent des désirs impudiques pour les deux anges; Loth, qui avait deux jeunes filles promises en mariage, offre de les prostituer au peuple à la place de ces deux étrangers. Il fallait que ces filles fussent étrangement accoutumées à être prostituées, puisque la première chose qu'elles font après que leur ville a été consumée par une pluie de feu, et que leur mère a été changée en une statue de sel, c'est d'enivrer leur père[3] deux nuits de suite pour coucher avec lui l'une après l'autre. Cela est imité de l'ancienne fable arabique de Cyniras et de Myrrha; mais, dans cette fable bien plus honnête, Myrrha est punie de son crime, au lieu que les filles de Loth sont récompensées par la plus grande et la plus chère des bénédictions selon l'esprit juif, elles sont mères d'une nombreuse postérité.

Nous n'insisterons point sur le mensonge d'Isaac, père des justes, qui dit que sa femme est sa sœur[4]; soit qu'il ait renouvelé ce mensonge d'Abraham[5], soit qu'Abraham fut coupable en effet d'avoir fait de sa sœur sa propre femme; mais arrêtons-nous un moment au patriarche Jacob, qu'on nous donne comme le modèle des hommes. Il force son frère, qui meurt de faim, de lui céder son droit d'aînesse pour une assiette de lentilles[6]; ensuite il trompe son vieux père au lit de la mort[7]; après avoir trompé son père, il trompe et vole son beau-père Laban[8]; c'est peu d'épouser deux sœurs, il couche avec toutes ses servantes[9]; et Dieu bénit cette incontinence et ces fourberies. Quelles sont les actions des enfants d'un tel père ? Dina sa fille plaît à un prince de Sichem, et il est vraisemblable qu'elle aime ce prince, puisqu'elle couche avec lui; le prince la demande en mariage, on la lui accorde à condition qu'il se fera circoncire, lui et son peuple. Ce prince accepte la proposition; mais, sitôt que lui et les siens se sont fait cette opération douloureuse, qui pourtant leur devait laisser assez de forces pour se défendre, la famille de Jacob égorge tous les hommes de Sichem, et fait esclaves les femmes et les enfants.

Nous avons, dans notre enfance, entendu l'histoire de Thyeste et de Pélopée; cette incestueuse abomination est renouvelée dans Juda, le patriarche et le père de la première tribu : il couche avec sa belle-fille, ensuite il veut la faire mourir. Ce livre, après cela, suppose que Joseph, un enfant de cette famille errante, est vendu en Égypte, et que cet étranger y est établi premier ministre pour avoir expliqué un songe. Mais quel premier ministre qu'un homme qui, dans un temps de famine, oblige toute une nation de se faire esclave pour avoir du pain ! Quel magistrat parmi nous, dans un temps de famine, oserait proposer un marché si abominable ? et quelle nation accepterait cet infâme marché ? N'examinons point ici comment soixante et dix personnes de la famille de Joseph, qui s'établirent en Égypte, purent, en deux cent quinze ans, se multiplier jusqu'à six cent mille combattants, sans compter les femmes, les vieillards et les enfants : ce qui devait composer une multitude de près de deux millions d'âmes. Ne discutons point comment le texte porte quatre cent trente ans, lorsque le même texte en a porté deux cent quinze. Le nombre infini de contradictions, qui sont le sceau de l'imposture, n'est pas ici l'objet qui doit nous arrêter. Écartons pareillement les prodiges ridicules de Moïse, et des enchanteurs de Pharaon, et tous ces miracles faits pour donner au peuple juif un malheureux coin de mauvaise terre, qu'ils achètent ensuite par le sang et par le crime, au lieu de leur donner la fertile terre d'Égypte où ils étaient. Tenons-nous-en à cette voie affreuse d'iniquité par laquelle on le fait marcher. Leur Dieu avait fait de Jacob un voleur, et il fait des voleurs de tout un peuple; il ordonne à son peuple de dérober et d'emporter tous les vases d'or et d'argent, et tous les ustensiles des Égyptiens. Voilà donc ces misérables, au nombre de six cent mille combattants, qui, au lieu de prendre les armes en gens de cœur, s'enfuient en brigands conduits par leur Dieu. Si ce Dieu leur avait voulu donner une bonne terre, il pouvait leur donner l'Égypte; mais non : il les conduit dans un désert. Ils pouvaient se sauver par le chemin le plus court, et ils se détournèrent de plus de trente milles pour passer la mer Rouge à pied sec. Après ce beau miracle, le propre frère de Moïse leur fait un autre Dieu, et ce dieu est un veau. Pour punir son frère, le même Moïse ordonne à des prêtres de tuer leurs fils, leurs frères, leurs pères; et ces prêtres tuent vingt-trois mille Juifs, qui se laissent égorger comme des bêtes.

Après cette boucherie, il n'est pas étonnant que ce peuple abominable sacrifie des victimes humaines à son Dieu, qu'il appelle Adonaï, du nom d'Adonis, qu'il emprunte des Phéniciens. Le vingt-neuvième verset du chapitre XXVII du Lévitique défend expressément de racheter les hommes dévoués à l'anathème du sacrifice, et c'est sur cette loi de cannibales que Jephté, quelque temps après, immole sa propre fille.

Ce n'était pas assez de vingt-trois mille hommes égorgés pour un veau, on nous en compte encore vingt-quatre mille autres immolés pour avoir eu commerce avec des filles idolâtres : digne prélude, digne exemple, mes frères, des persécutions en matière de religion.

Ce peuple avance dans les déserts et dans les rochers de la Palestine. Voilà votre beau pays, leur dit Dieu; égorgez tous les habitants, tuez tous les enfants mâles, faites mourir les femmes mariées, réservez pour vous toutes les petites filles. Tout cela est exécuté à la lettre selon les livres hébreux; et nous frémirions d'horreur à ce récit si le texte n'ajoutait pas que les Juifs trouvèrent dans le camp des Madianites six cent soixante-quinze mille brebis, soixante-douze mille bœufs, soixante et un mille ânes, et trente-deux mille pucelles. L'absurdité dément heureusement ici la barbarie; mais, encore une fois, ce n'est pas ici que j'examine le ridicule et l'impossible; je m'arrête à ce qui est exécrable.

Après avoir passé le Jourdain à pied sec, comme la mer, voilà ce peuple dans la terre promise. La première personne qui introduit par une trahison ce peuple saint est une prostituée nommée Rahab. Dieu se joint à cette prostituée; il fait tomber les murs de Jéricho au bruit de la trompette; le saint peuple entre dans cette ville, sur laquelle il n'avait, de son aveu, aucun droit, et il massacre les hommes, les femmes, et les enfants. Passons sous silence les autres carnages, les rois crucifiés, les prétendues guerres contre les géants de Gaza et d'Ascalon, et le meurtre de ceux qui ne pouvaient prononcer le mot Shiboleth.

Écoutons cette belle aventure :

Un lévite arrive sur son âne, avec sa femme, à Gabaa dans la tribu de Benjamin; quelques Benjamites voulant absolument commettre le péché de Sodome avec le lévite, ils assouvissent leur brutalité sur la femme, qui meurt de cet excès; il fallait punir les coupables : point du tout. Les onze tribus massacrent toute la tribu de Benjamin; il n'en échappe que six cents hommes; mais les onze tribus sont enfin fâchées de voir périr une des douze, et, pour y remédier, ils exterminent les habitants d'une de leurs propres villes pour y prendre six cents filles qu'ils donnent aux six cents Benjamites survivants pour perpétuer cette belle race.

Que de crimes commis au nom du Seigneur ! Ne rapportons que celui de l'homme de Dieu, Aod. Les Juifs, venus de si loin pour conquérir, sont soumis aux Philistins; malgré le Seigneur, ils ont juré obéissance au roi Églon : un saint Juif, c'est Aod, demande à parler tête à tête avec le roi de la part de Dieu. Le roi ne manque pas d'accorder l'audience; Aod l'assassine, et c'est de cet exemple qu'on s'est servi tant de fois chez les chrétiens pour trahir, pour perdre, pour massacrer tant de souverains.

Enfin la nation chérie, qui avait été ainsi gouvernée par Dieu même, veut avoir un roi; de quoi le prêtre Samuel est bien fâché. Le premier roi juif renouvelle la coutume d'immoler des hommes; Saül ordonna prudemment que personne ne mangeât de tout le jour pour mieux combattre les Philistins, et pour que ses soldats eussent plus de force et de vigueur; il jura au Seigneur de lui immoler celui qui aurait mangé; heureusement le peuple fut plus sage que lui : il ne permit pas que le fils du roi fût sacrifié pour avoir mangé un peu de miel. Mais voici, mes frères, l'action la plus détestable et la plus consacrée : il est dit que Saül prend prisonnier un roi du pays, nommé Agag; il ne tua point son prisonnier; il en agit comme chez les nations humaines et polies. Qu'arriva-t-il ? Le Seigneur en est irrité, et voici

Samuel, prêtre du Seigneur, qui lui dit : « Vous êtes réprouvé pour avoir épargné un roi qui s'est rendu à vous »; et aussitôt ce prêtre-boucher coupe Agag par morceaux. Que dirait-on, mes frères, si, lorsque l'empereur Charles Quint eut un roi de France en ses mains, son chapelain fût venu lui dire : Vous êtes damné pour n'avoir pas tué François Ier, et que ce chapelain eût égorgé ce roi de France aux yeux de l'empereur, et en eût fait un hachis? Mais que dirons-nous du saint roi David, de celui qui est agréable devant le Dieu des Juifs, et qui mérite que le messie vienne de ses reins? Ce bon roi David fait d'abord le métier de brigand; il rançonne, il pille tout ce qu'il trouve; il pille entre autres un homme riche nommé Nabal, et il épouse sa femme. Il se réfugie chez le roi Achis, et va, pendant la nuit, mettre à feu et à sang les villages de ce roi Achis son bienfaiteur; il égorge, dit le texte sacré, hommes, femmes, enfants, de peur qu'il ne reste quelqu'un pour en porter la nouvelle. Devenu roi, il ravit la femme d'Urie, fait tuer le mari; et c'est de cet adultère homicide que vient le messie, le fils de Dieu, Dieu lui-même; ô blasphème ! ce David, devenu ainsi l'aïeul de Dieu pour récompense de son horrible crime, est puni pour la seule bonne et sage action qu'il ait faite. Il n'y a pas de prince bon et prudent qui ne doive savoir le nombre de son peuple, comme tout pasteur doit savoir le nombre de son troupeau. David fait le dénombrement sans qu'on nous dise pourtant combien il avait de sujets, et c'est pour avoir fait ce sage et utile dénombrement qu'un prophète vient de la part de Dieu lui donner à choisir, de la guerre, de la peste, ou de la famine.

Ne nous appesantissons pas, mes chers frères, sur les barbaries sans nombre des rois de Juda et d'Israël, sur ces meurtres, sur ces attentats, toujours mêlés de contes ridicules; ce ridicule pourtant est toujours sanguinaire, et il n'y a pas jusqu'au prophète Élisée qui ne soit barbare. Ce digne dévot fait dévorer quarante enfants par des ours, parce que ces petits innocents l'avaient appelé tête chauve. Laissons là cette nation atroce dans sa captivité de Babylone, et dans son esclavage sous les Romains, avec toutes les belles promesses de leur dieu Adonis ou Adonaï, qui avait si souvent assuré aux Juifs la domination de toute la terre. Enfin, sous le gouvernement sage des Romains, il naît un roi aux Hébreux, et ce roi, mes frères, ce silo, ce messie, vous savez qui il eſt : c'eſt celui qui, ayant d'abord été mis dans le grand nombre de ces prophètes sans mission, qui, n'ayant pas de sacerdoce, se faisaient un métier d'être inspirés, a été, au bout de quelques centuries, regardé comme un Dieu. N'allons pas plus loin; voyons sur quels prétextes, sur quels faits, sur quels miracles, sur quelles prédictions, enfin, sur quel fondement eſt bâtie cette dégoûtante et abominable hiſtoire.

DEUXIÈME POINT

O MON Dieu ! si tu descendais toi-même sur la terre, si tu me commandais de croire ce tissu de meurtres, de vols, d'assassinats, d'inceſtes, commis par ton ordre et en ton nom, je te dirais : « Non, ta sainteté ne veut pas que j'acquiesce à ces choses horribles qui t'outragent; tu veux m'éprouver sans doute. »

Comment donc, vertueux et sages auditeurs, pourrions-nous croire cette affreuse hiſtoire sur les témoignages misérables qui nous en reſtent ?

Parcourons d'une manière sommaire ces livres si faussement imputés à Moïse; je dis faussement, car il n'eſt pas possible que Moïse ait parlé de choses arrivées longtemps après lui, et nul de nous ne croirait que les *Mémoires* de Guillaume, prince d'Orange, fussent de sa main, si dans ces *Mémoires* il était parlé de faits arrivés après sa mort. Parcourons, dis-je, ce qu'on nous raconte sous le nom de Moïse. D'abord Dieu fait la lumière qu'il nomme jour, puis les ténèbres qu'il nomme nuit, et ce fut le premier jour. Ainsi il y eut des jours avant que le soleil fût fait.

Puis le sixième jour, Dieu fait l'homme et la femme; mais l'auteur, oubliant que la femme était déjà faite, la tire ensuite d'une côte d'Adam. Adam et Ève sont mis dans un jardin d'où il sort quatre fleuves; et parmi ces quatre fleuves il y en a deux, l'Euphrate et le Nil[1], qui ont leur source à mille lieues l'une de l'autre. Le serpent parlait alors comme l'homme; il était le plus fin des animaux des champs; il persuade à la femme de manger une pomme, et la fait ainsi chasser du paradis. Le genre humain se multiplie, et les enfants de Dieu deviennent amoureux des filles des hommes. Il y avait des géants sur la terre, et Dieu se repentit d'avoir fait l'homme : il voulut donc l'exterminer par le Déluge; mais il voulut sauver Noé, et lui commanda de faire un vaisseau de trois cents coudées de bois de peuplier. Dans ce seul vaisseau doivent entrer sept paires de tous les animaux mondes, et deux des immondes; il fallait donc les nourrir pendant dix mois que l'eau fut sur la terre. Or vous voyez ce qu'il eût fallu pour nourrir quatorze éléphants, quatorze chameaux, quatorze buffles, autant de chevaux, d'ânes, d'élans, de cerfs, de daims, de serpents, d'autruches, enfin plus de deux mille espèces. Vous me demanderez où l'on avait pris l'eau pour l'élever sur toute la terre, quinze coudées au-dessus des plus hautes montagnes ? Le texte répond que cela fut pris dans les cataractes du ciel. Dieu sait où sont ces cataractes. Dieu fait, après le Déluge, une alliance avec Noé et avec tous les animaux; et, pour confirmer cette alliance, il institue l'arc-en-ciel.

Ceux qui écrivaient cela n'étaient pas, comme vous voyez, grands physiciens. Voilà donc Noé qui a une religion donnée de Dieu, et cette religion n'est ni la juive ni la chrétienne. La postérité de Noé veut bâtir une tour qui aille jusqu'au ciel; belle entreprise ! Dieu la craint; il fait parler plusieurs langues différentes en un moment aux ouvriers, qui se dispersent. Tout est dans cet ancien goût oriental.

C'est une pluie de feu qui change les villes en lac; c'est la femme de Loth changée en une statue de sel; c'est Jacob qui se bat toute une nuit contre un ange, et qui est blessé à la cuisse; c'est Joseph vendu esclave en Égypte, qui devient premier ministre pour avoir expliqué un rêve. Soixante et dix personnes de sa famille s'établissent en Égypte, et en deux cent quinze ans se multiplient, comme nous l'avons vu, jusqu'à deux millions. Ce sont ces deux millions d'Hébreux qui s'enfuient d'Égypte et qui prennent le plus long pour avoir le plaisir de passer la mer à sec.

Mais ce miracle n'a rien d'étonnant; les magiciens de Pharaon en faisaient de fort beaux, et ils en savaient presque autant que Moïse : ils changeaient comme lui une verge en serpent; ce qui eſt une chose toute simple.

Si Moïse changeait les eaux en sang, ainsi faisaient les sages de Pharaon. Il faisait naître des grenouilles, et eux aussi. Mais ils furent vaincus sur l'article des poux; les Juifs, en cette partie, en savaient plus que les autres nations.

Enfin Adonaï fait mourir chaque premier-né d'Égypte pour laisser partir son peuple à son aise. La mer se sépare pour ce peuple, c'était bien le moins qu'on pût faire en cette occasion; tout le reſte eſt de la même force. Ces peuples errent dans le désert. Quelques maris se plaignent de leurs femmes; aussitôt il se trouve une eau qui fait enfler et crever toute femme qui a forfait à son honneur. Ils n'ont ni pain ni pâte; on leur fait pleuvoir des cailles et de la manne. Leurs habits se conservent quarante ans, et croissent avec les enfants; il descend apparemment des habits du ciel pour les enfants nouveau-nés.

Un prophète du voisinage veut maudire ce peuple, mais son ânesse s'y oppose avec un ange, et l'ânesse parle très raisonnablement et assez longtemps au prophète.

Ce peuple attaque-t-il une ville, les murailles tombent au son des trompettes, comme Amphion en bâtissait au son de sa flûte. Mais voici le plus beau : cinq rois amorrhéens, c'eſt-à-dire cinq chefs de village, tâchent de s'opposer aux ravages de Josué; ce n'eſt pas assez qu'ils soient vaincus et qu'on en fasse un grand carnage, le seigneur Adonaï fait pleuvoir sur les fuyards une grosse pluie de pierres. Ce n'eſt pas encore assez; il échappe quelques fugitifs, et pour donner à Israël tout le temps de les poursuivre, la nature suspend ses lois éternelles : le soleil s'arrête à Gabaon, et la lune sur Aialon. Nous ne comprenons pas trop comment la lune était de la partie, mais enfin le livre de *Josué* ne permet pas d'en douter, et il cite, pour son garant, le livre du Droiturier. Vous remarquerez, en passant, que ce livre du Droiturier eſt cité dans les *Paralipomènes ;* c'eſt comme si l'on vous donnait pour authentique un livre du temps de Charles Quint, dans lequel on citerait Puffendorf. Mais passons. De miracles en miracles nous arrivons jusqu'à Samson, représenté comme un fameux paillard, favori de Dieu; celui-là, parce qu'il n'était pas rasé, défait mille Philiſtins avec une mâchoire d'âne, et attache par la queue trois cents renards qu'il trouve à point nommé.

Il n'y a presque pas une page qui ne présente de pareils contes : ici, c'est l'ombre de Samuel qui paraît à la voix d'une sorcière; là c'est l'ombre d'un cadran (supposé que ces misérables eussent des cadrans) qui recule de dix degrés à la prière d'Ézéchias, qui demande judicieusement ce signe. Dieu lui donne le choix de faire avancer ou reculer l'heure, et le docte Ézéchias trouve qu'il n'est pas difficile de faire avancer l'ombre, mais bien de la reculer.

C'est Élie qui monte au ciel dans un char de feu; ce sont des enfants qui chantent dans une fournaise ardente. Je n'aurais jamais fait si je voulais entrer dans le détail de toutes les extravagances inouïes dont ce livre fourmille; jamais le sens commun ne fut attaqué avec tant d'indécence et de fureur.

Tel est, d'un bout à l'autre, cet *Ancien Testament,* le père du *Nouveau,* père qui désavoue son fils, et qui le tient pour un enfant bâtard et rebelle : car les Juifs fidèles à la loi de Moïse, regardent avec exécration le christianisme, élevé sur les ruines de cette loi. Mais les chrétiens, à force de subtilités, ont voulu justifier le *Nouveau Testament* par l'*Ancien* même. Ainsi, ces deux religions se combattent avec les mêmes armes; elles appellent en témoignage les mêmes prophètes; elles attestent les mêmes prédictions.

Les siècles à venir, qui auront vu passer ces cultes insensés, et qui peut-être, hélas ! en reverront d'autres non moins indignes de Dieu et des hommes, pourront-ils croire que le judaïsme et le christianisme se soient appuyés sur de tels fondements, sur ces prophéties ? Et quelles prophéties ! Écoutez : le prophète Isaïe est appelé par le roi Achaz, roi de Juda, pour lui faire quelques prédictions, selon la coutume vaine et superstitieuse de tout l'Orient, car ces prophètes étaient, comme vous le savez, des gens qui se mêlaient de deviner pour gagner quelque chose, ainsi qu'il y en avait encore beaucoup en Europe dans le siècle passé, et surtout parmi le petit peuple. Le roi Achaz, assiégé dans Jérusalem par Salmanazar, qui avait pris Samarie, demanda donc au devin une prophétie et un signe. Isaïe lui dit : « Voici le signe.

« Une fille sera engrossée, elle enfantera un fils qui

aura nom Emmanuel; il mangera du beurre et du miel jusqu'à ce qu'il sache rejeter le mal et choisir le bien; et avant que cet enfant soit en état, la terre que tu as en détestation sera abandonnée par ses deux rois; et l'Éternel sifflera aux mouches qui sont sur les bords des ruisseaux d'Égypte et d'Assur; et le Seigneur prendra un rasoir de louage, et fera la barbe au roi d'Assur; il lui rasera la tête et le poil des pieds. »

Après cette belle prédiction, rapportée dans *Isaïe,* et dont il n'est pas dit un mot dans le livre des *Rois,* le prophète est chargé lui-même de l'exécution. Le Seigneur lui commande d'abord d'écrire, dans un grand rouleau, qu'on se hâte de butiner : il hâte le pillage, puis, en présence de témoins, il couche avec une fille, et lui fait un enfant; mais au lieu de l'appeler Emmanuel, il lui donne le nom de Maher Salal-has-bas. Voilà, mes frères, ce que les chrétiens ont détourné en faveur de leur Christ : voilà la prophétie qui établit le christianisme. La fille à qui le prophète fait un enfant, c'est incontestablement la Vierge Marie; Maher Salal-has-bas, c'est Jésus-Christ; pour le beurre et le miel, je ne sais pas ce que c'est. Chaque devin prédit aux Juifs leur délivrance, quand ils sont captifs; et cette délivrance, c'est, selon les chrétiens, la Jérusalem céleste, et l'Église de nos jours. Tout est prédiction chez les Juifs; mais chez les chrétiens, tout est miracle, et toutes ces prédictions sont des figures de Jésus-Christ.

Voici, mes frères, une de ces belles et éclatantes prédictions : le grand prophète Ézéchiel voit un vent d'aquilon, et quatre animaux, et des roues de chrysolithe toutes pleines d'yeux et l'Éternel lui dit : « Lève-toi, mange un livre, et puis va-t'en. »

L'Éternel lui commande de dormir trois cent quatre-vingt-dix jours sur le côté gauche, et ensuite quarante sur le côté droit.

L'Éternel le lie avec des cordes; ce prophète était assurément un homme à lier : nous ne sommes pas au bout. Puis-je répéter sans vomir ce que Dieu ordonne à Ézéchiel ? Il le faut. Dieu lui ordonne de manger du pain d'orge cuit avec de la merde. Croirait-on que le plus sale faquin de nos jours pût imaginer de pareilles ordures ? Oui, mes frères, le prophète mange son pain d'orge avec ses excréments : il se plaint que ce déjeuner lui répugne un peu, et Dieu, par accommodement, lui permet de ne plus mêler à son pain que de la fiente de vache. C'est donc là un type, une figure de l'Église de Jésus-Christ.

Après cet exemple, il est inutile d'en rapporter d'autres, de perdre notre temps à combattre toutes les rêveries dégoûtantes et abominables qui font le sujet des disputes entre les Juifs et les chrétiens : contentons-nous de déplorer l'aveuglement le plus à craindre qui ait jamais offusqué la raison humaine; espérons que cet aveuglement finira comme tant d'autres; et venons au *Nouveau Testament,* digne suite de ce que nous venons de dire.

TROISIÈME POINT

C'est en vain que les Juifs furent un peu plus éclairés du temps d'Auguste que dans les siècles barbares dont nous venons de parler; c'est en vain que les Juifs commencèrent à connaître l'immortalité de l'âme, dogme inconnu à Moïse, et les récompenses de Dieu après la mort des justes, comme les punitions (quelles qu'elles soient) pour les méchants, dogme non moins ignoré de Moïse. La raison n'en perça pas davantage chez le misérable peuple dont est sortie cette religion chrétienne, qui a été la source de tant de divisions, de guerres civiles et de crimes, qui a fait couler tant de sang, et qui est partagée en tant de sectes ennemies dans les coins de la terre où elle règne.

Il y eut toujours chez les Juifs des gens de la lie du peuple qui firent les prophètes pour se distinguer de la populace : voici celui qui a fait le plus de bruit, et dont on a fait un dieu; voici le précis de son histoire en peu de mots, telle qu'elle est rapportée dans les livres qu'on nomme Évangiles. Ne cherchons point dans quel temps ces livres ont été écrits, quoiqu'il soit évident qu'ils l'ont été après la ruine de Jérusalem[1]. Vous savez avec quelle absurdité les quatre auteurs se contredisent; c'est une preuve démonstrative de mensonge. Hélas ! nous n'avons pas besoin de tant de preuves pour ruiner ce malheureux édifice; contentons-nous d'un récit court et fidèle.

D'abord on fait Jésus descendant d'Abraham et de David, et l'écrivain Matthieu compte quarante-deux générations en deux mille ans; mais, dans son compte, il ne s'en trouve que quarante et une, et dans cet arbre généalogique qu'il tire des livres des *Rois,* il se trompe encore lourdement en donnant Josias pour père à Jéchonias.

Luc donne aussi une généalogie; mais il y met cinquante-six générations depuis Abraham, et ce sont des générations toutes différentes. Enfin, pour comble, ces généalogies sont celles de Joseph, et les évangélistes assurent que Jésus n'est pas fils de Joseph. En vérité, serait-on reçu dans un chapitre d'Allemagne sur de telles preuves de noblesse ? et c'est du fils de Dieu dont il s'agit ! Et c'est Dieu lui-même qui est l'auteur de ce livre !

Matthieu dit que, quand ce Jésus, roi des Juifs, fut né dans une étable dans la ville de Bethléem, trois mages ou trois rois virent son étoile en Orient, qu'ils suivirent cette étoile, laquelle s'arrêta sur Bethléem, et que le roi Hérode, ayant entendu ces choses, fit massacrer tous les petits enfants au-dessous de deux ans : y a-t-il une horreur plus ridicule ? Matthieu ajoute que le père et la mère emmenèrent le petit enfant en Égypte, et y restèrent jusqu'à la mort d'Hérode. Luc dit formellement le contraire : il marque que Joseph et Marie restèrent paisiblement durant six semaines à Bethléem, qu'ils allèrent à Jérusalem, de là à Nazareth, et que tous les ans ils allaient à Jérusalem.

Les évangélistes se contredisent sur le temps de la vie de Jésus, sur les miracles, sur le jour de la Cène, sur celui de sa mort, sur les apparitions après sa mort, en un mot, sur presque tous les faits[1]. Il y avait quarante-neuf évangiles faits par les chrétiens des premiers siècles, qui se contredisaient tous encore davantage : enfin l'on choisit les quatre qui nous restent; mais quand même ils seraient tous d'accord, que d'inepties, grand Dieu ! que de misères ! que de choses puériles et odieuses !

La première aventure de Jésus, c'est-à-dire du fils de Dieu, c'est d'être enlevé par le diable : car le diable, qui n'a point paru dans le livre de Moïse, joue un grand rôle dans l'Évangile. Le diable donc emporte Dieu sur une montagne dans le désert; il lui montre de là tous les royaumes de la terre. Quelle est cette montagne d'où l'on découvre tant de pays ? Nous n'en savons rien.

Jean rapporte que Jésus va à une noce, et qu'il change l'eau en vin; qu'il chasse du parvis du temple ceux qui vendaient des animaux pour les sacrifices ordonnés par la loi.

Toutes les maladies étaient alors des possessions du diable; et en effet Jésus donne pour mission à ses apôtres de chasser les diables. Il délivre donc en passant un possédé qui avait une légion de démons, et il fait entrer ces démons dans un troupeau de cochons, qui se précipitent dans la mer de Tibériade; on peut croire que les maîtres de ces cochons, qui apparemment n'étaient pas Juifs, ne furent pas contents de cette farce. Il guérit un aveugle, et cet aveugle voit des hommes comme si c'étaient des arbres. Il veut manger des figues en hiver, il en cherche sur un figuier, et, n'en trouvant point, il maudit l'arbre et le fait sécher; et le texte ne manque pas d'ajouter prudemment : « Car ce n'était pas le temps des figues. »

Il se transforme pendant la nuit, et il fait venir Moïse et Élie... En vérité, les contes des sorciers approchent-ils de ces impertinences ? Cet homme, qui disait continuellement des injures atroces aux pharisiens, qui les appelait races de vipères, sépulcres blanchis, est enfin traduit par eux à la justice, et supplicié avec deux voleurs; et ses historiens ont le front de nous dire qu'à sa mort la terre a été couverte d'épaisses ténèbres en plein midi, et en pleine lune : comme si tous les écrivains de ce temps-là n'auraient pas parlé d'un si étrange miracle.

Après cela il ne coûte rien de se dire ressuscité, et de prédire la fin du monde, qui n'est pourtant pas arrivée.

La secte de ce Jésus subsiste cachée, le fanatisme l'augmente[1]; on n'ose pas d'abord faire de cet homme un Dieu, mais bientôt on s'encourage. Je ne sais quelle métaphysique de Platon s'amalgame avec la secte nazaréenne : on fait de Jésus le logos, le Verbe-Dieu, puis consubstantiel à Dieu son père. On imagine la Trinité, et, pour la faire croire, on falsifie les premiers évangiles.

On ajoute un passage touchant cette Trinité, de même qu'on falsifie l'historien Josèphe, pour lui faire dire un mot de Jésus, quoique Josèphe soit un historien trop grave pour avoir fait mention d'un tel homme. On va jusqu'à supposer des vers des sibylles; on suppose des Canons des apôtres, des Constitutions des apôtres, un Symbole des apôtres, un voyage de Simon Pierre à Rome, un assaut de miracles entre ce Simon et un autre Simon prétendu magicien. En un mot, point d'artifices, de fraudes, d'impostures, que les nazaréens ne mettent en œuvre : et après cela on vient nous dire tranquillement que les apôtres prétendus n'ont pu être ni trompés ni trompeurs, et qu'il faut croire à des témoins qui se sont fait égorger pour soutenir leurs dépositions.

O malheureux trompeurs et trompés qui parlez ainsi ! quelle preuve avez-vous que ces apôtres ont écrit ce qu'on met sous leur nom ? Si on a pu supposer des canons, n'a-t-on pas pu supposer des évangiles ? N'en reconnaissez-vous pas vous-mêmes de supposés ? Qui vous a dit que les apôtres sont morts pour soutenir leur témoignage ? Il n'y a pas un seul historien contemporain qui ait seulement parlé de Jésus et de ses apôtres. Avouez que vous soutenez des mensonges par des mensonges; avouez que la fureur de dominer sur les esprits, le fanatisme et le temps ont élevé cet édifice qui croule aujourd'hui de tous côtés, masure que la raison déteste, et que l'erreur veut soutenir.

Au bout de trois cents ans, ils viennent à bout de faire reconnaître ce Jésus pour un dieu; et, non contents de ce blasphème, ils poussent ensuite l'extravagance jusqu'à mettre ce dieu dans un morceau de pâte[1]; et tandis que leur dieu est mangé des souris, qu'on le digère, qu'on le rend avec les excréments, ils soutiennent qu'il n'y a pas de pain dans leur hostie, que c'est Dieu seul qui s'est mis à la place du pain, à la voix d'un homme. Toutes les superstitions viennent en foule inonder l'Église; la rapine y préside; on vend la rémission des péchés, on vend les indulgences ainsi que les bénéfices, et tout est à l'enchère.

Cette secte se partage en une multitude de sectes : dans tous les temps on se bat, on s'égorge, on s'assassine. A chaque dispute, les rois, les princes, sont massacrés.

Tel est le fruit, mes très chers frères, de l'arbre de la croix, de la potence qu'on a divinisée.

Voilà donc pourquoi on ose faire venir Dieu sur la terre ! pour livrer l'Europe pendant des siècles au meurtre et au brigandage. Il eſt vrai que nos pères ont secoué une partie de ce joug affreux; qu'ils se sont défaits de quelques erreurs, de quelques superſtitions; mais, bon Dieu, qu'ils ont laissé l'ouvrage imparfait ! Tout nous dit qu'il eſt temps d'achever et de détruire de fond en comble l'idole dont nous avons à peine brisé quelques doigts. Déjà une foule de théologiens embrasse le socinianisme, qui approche beaucoup de l'adoration d'un seul Dieu, dégagée de superſtition. L'Angleterre, l'Allemagne, nos provinces, sont pleines de docteurs sages qui ne demandent qu'à éclater; il y en a aussi un grand nombre dans d'autres pays : pourquoi donc attendre plus longtemps ? pourquoi ne pas adorer Dieu en esprit et en vérité ? pourquoi s'obſtiner à enseigner ce qu'on ne croit pas, et se rendre coupable envers Dieu de ce péché énorme ?

On nous dit qu'il faut des myſtères au peuple, qu'il faut le tromper. Eh ! mes frères, peut-on faire cet outrage au genre humain ? Nos pères n'ont-ils pas déjà ôté au peuple la transsubſtantiation, l'adoration des créatures et des os des morts, la confession auriculaire, les indulgences, les exorcismes, les faux miracles, et les images ridicules ? Le peuple ne s'eſt-il pas accoutumé à la privation de ces aliments de la superſtition ? Il faut avoir le courage de faire encore quelques pas : le peuple n'eſt pas si imbécile qu'on le pense; il recevra sans peine un culte sage et simple d'un Dieu unique, tel qu'on nous dit qu'Abraham et Noé le professaient, tel que tous les sages de l'antiquité l'ont professé, tel qu'il eſt reçu à la Chine par tous les lettrés. Nous ne prétendons pas dépouiller les prêtres de ce que la libéralité des peuples leur a donné; mais nous voudrions que ces prêtres, qui se raillent presque tous secrètement des mensonges qu'ils débitent, se joignissent à nous pour prêcher la vérité. Qu'ils y prennent garde, ils offensent, ils déshonorent la Divinité, et alors ils la glorifieraient. Que de biens ineſtimables seraient produits par un si heureux changement ! les princes et les magiſtrats en seraient mieux obéis; les peuples, plus tranquilles; l'esprit de division et de haine, dissipé. On offrirait à Dieu, en paix, les prémices de ses travaux; il y aurait certainement plus de probité sur la terre, car un grand nombre d'esprits faibles qui entendent tous les jours parler avec mépris de cette superstition chrétienne, qui savent qu'elle est tournée en ridicule par tant de prêtres même, s'imaginent, sans réfléchir, qu'il n'y a en effet aucune religion : et sur ce principe ils s'abandonnent à des excès. Mais lorsqu'ils connaîtront que la secte chrétienne n'est en effet que le pervertissement de la religion naturelle; lorsque la raison, libre de ses fers, apprendra au peuple qu'il n'y a qu'un Dieu; que ce Dieu est le père commun de tous les hommes, qui sont frères; que ces frères doivent être, les uns envers les autres, bons et justes; qu'ils doivent exercer toutes les vertus; que Dieu, étant bon et juste, doit récompenser ces vertus et punir les crimes : certes alors, mes frères, les hommes seront plus gens de bien, en étant moins superstitieux.

Nous commençons par donner cet exemple en secret, et nous osons espérer qu'il sera suivi en public.

Puisse ce grand Dieu qui m'écoute, ce Dieu qui assurément ne peut ni être né d'une fille, ni être mort à une potence, ni être mangé dans un morceau de pâte, ni avoir inspiré ces livres remplis de contradictions, de démence et d'horreur; puisse ce Dieu, créateur de tous les mondes, avoir pitié de cette secte de chrétiens qui le blasphèment ! Puisse-t-il les ramener à la religion sainte et naturelle, et répandre ses bénédictions sur les efforts que nous faisons pour le faire adorer ! Amen.

POÈME
SUR LA LOI NATURELLE[1]

PRÉFACE

On sait assez que ce poème n'avait pas été fait pour être public ; c'était depuis trois ans un secret entre un grand roi et l'auteur. Il n'y a que trois mois qu'il s'en répandit quelques copies dans Paris, et bientôt après il y fut imprimé plusieurs fois d'une manière aussi fautive que les autres ouvrages qui sont partis de la même plume.

Il serait juste d'avoir plus d'indulgence pour un écrit secret, tiré de l'obscurité où son auteur l'avait condamné, que pour un ouvrage qu'un écrivain expose lui-même au grand jour. Il serait encore juste de ne pas juger le poème d'un laïque comme on jugerait une thèse de théologie. Ces deux poèmes sont les fruits d'un arbre transplanté : quelques-uns de ces fruits peuvent n'être pas du goût de quelques personnes ; ils sont d'un climat étranger, mais il n'y en a aucun d'empoisonné, et plusieurs peuvent être salutaires.

Il faut regarder cet ouvrage comme une lettre où l'on expose en liberté ses sentiments. La plupart des livres ressemblent à ces conversations générales et gênées dans lesquelles on dit rarement ce qu'on pense. L'auteur a dit ce qu'il a pensé à un prince philosophe auprès duquel il avait alors l'honneur de vivre. Il a appris que des esprits éclairés n'ont pas été mécontents de cette ébauche : ils ont jugé que le poème sur la Loi naturelle *est une préparation à des vérités plus sublimes. Cela seul aurait déterminé l'auteur à rendre l'ouvrage plus complet et plus correct, si ses infirmités l'avaient permis. Il a été obligé de se borner à corriger les fautes dont fourmillent les éditions qu'on en a faites.*

Les louanges données dans cet écrit à un prince qui ne cherchait pas ces louanges ne doivent surprendre personne ; elles n'avaient rien de la flatterie, elles partaient du cœur : ce n'est pas là de cet encens que l'intérêt prodigue à la puissance. L'homme de lettres pouvait ne pas mériter les éloges et les bontés dont le monarque le comblait ; mais le monarque méritait la vérité que l'homme de lettres lui disait dans cet ouvrage. Les changements survenus depuis dans un commerce si honorable pour la littérature n'ont point altéré les sentiments qu'il avait fait naître.

Enfin, puisqu'on a arraché au secret et à l'obscurité un écrit destiné à ne point paraître, il subsistera chez quelques sages comme un monument d'une correspondance philosophique qui ne devait point finir ; et l'on ajoute que si la faiblesse humaine se fait sentir partout, la vraie philosophie dompte toujours cette faiblesse.

Au reste, ce faible essai fut composé à l'occasion d'une petite brochure qui parut en ce temps-là. Elle était intitulée du Souverain Bien, *et elle devait l'être* du Souverain Mal. *On y prétendait qu'il n'y a ni vertu ni vice, et que les remords sont une faiblesse d'éducation qu'il faut étouffer. L'auteur du poème prétend que les remords nous sont aussi naturels que les autres affections de notre âme. Si la fougue d'une passion fait commettre une faute, la nature, rendue à elle-même, sent cette faute. La fille sauvage trouvée près de Châlons avoua que, dans sa colère, elle avait donné à sa compagne un coup dont cette infortunée mourut entre ses bras. Dés qu'elle vit son sang couler, elle se repentit, elle pleura, elle étancha ce sang, elle mit des herbes sur la blessure. Ceux qui disent que ce retour d'humanité n'est qu'une branche de notre amour-propre font bien de l'honneur à l'amour-propre. Qu'on appelle la raison et les remords comme on voudra, ils existent, et ils sont les fondements de la loi naturelle.*

EXORDE

O vous dont les exploits, le règne, et les ouvrages[1]
Deviendront la leçon des héros et des sages,
Qui voyez d'un même œil les caprices du sort,
Le trône et la cabane, et la vie et la mort;
Philosophe intrépide, affermissez mon âme;
Couvrez-moi des rayons de cette pure flamme
Qu'allume la raison, qu'éteint le préjugé.
Dans cette nuit d'erreur où le monde est plongé,
Apportons, s'il se peut, une faible lumière.
Nos premiers entretiens, notre étude première,
Étaient, je m'en souviens, Horace avec Boileau.
Vous y cherchiez le *vrai,* vous y goûtiez le *beau ;*
Quelques traits échappés d'une utile morale
Dans leurs piquants écrits brillent par intervalle :
Mais Pope approfondit ce qu'ils ont effleuré;
D'un esprit plus hardi, d'un pas plus assuré,
Il porta le flambeau dans l'abîme de l'être;
Et l'homme avec lui seul apprit à se connaître.
L'art quelquefois frivole et quelquefois divin,
L'art des vers est, dans Pope, utile au genre humain.
Que m'importe en effet que le flatteur d'Octave,
Parasite discret, non moins qu'adroit esclave,
Du lit de sa Glycère, ou de Ligurinus,
En prose mesurée insulte à Crispinus;
Que Boileau, répandant plus de sel que de grâce,
Veuille outrager Quinault, pense avilir le Tasse;
Qu'il peigne de Paris les tristes embarras,
Ou décrive en beaux vers un fort mauvais repas ?
Il faut d'autres objets à votre intelligence.
De l'esprit qui vous meut vous recherchez l'essence,
Son principe, sa fin, et surtout son devoir.
Voyons sur ce grand point ce qu'on a pu savoir,
Ce que l'erreur fait croire aux docteurs du vulgaire,
Et ce que vous inspire un Dieu qui vous éclaire.
Dans le fond de nos cœurs il faut chercher ses traits :
Si Dieu n'est pas dans nous, il n'exista jamais.

Ne pouvons-nous trouver l'auteur de notre vie
Qu'au labyrinthe obscur de la théologie ?
Origène et Jean Scott sont chez vous sans crédit :
La nature en sait plus qu'ils n'en ont jamais dit.
Écartons ces romans qu'on appelle systèmes;
Et pour nous élever descendons dans nous-mêmes.

PREMIÈRE PARTIE

Dieu a donné aux hommes les idées de la justice, et la conscience pour les avertir, comme il leur a donné tout ce qui leur est nécessaire. C'est là cette loi naturelle sur laquelle la religion est fondée ; c'est le seul principe qu'on développe ici. L'on ne parle que de la loi naturelle, et non de la religion et de ses augustes mystères.

Soit qu'un Être inconnu, par lui seul existant,
Ait tiré depuis peu l'univers de néant;
Soit qu'il ait arrangé la matière éternelle;
Qu'elle nage en son sein, ou qu'il règne loin d'elle[1];
Que l'âme, ce flambeau souvent si ténébreux,
Ou soit un de nos sens ou subsiste sans eux;
Vous êtes sous la main de ce maître invisible.
Mais du haut de son trône, obscur, inaccessible,
Quel hommage, quel culte exige-t-il de vous ?
De sa grandeur suprême indignement jaloux,
Des louanges, des vœux, flattent-ils sa puissance ?
Est-ce le peuple altier conquérant de Byzance,
Le tranquille Chinois, le Tartare indompté,
Qui connaît son essence, et suit sa volonté ?
Différents dans leurs mœurs ainsi qu'en leur hommage,
Ils lui font tenir tous un différent langage :
Tous se sont donc trompés. Mais détournons les yeux
De cet impur amas d'imposteurs odieux[2];
Et, sans vouloir sonder d'un regard téméraire
De la loi des chrétiens l'ineffable mystère,
Sans expliquer en vain ce qui fut révélé,
Cherchons par la raison si Dieu n'a point parlé.
La nature a fourni d'une main salutaire
Tout ce qui dans la vie à l'homme est nécessaire,
Les ressorts de son âme, et l'instinct de ses sens.
Le ciel à ses besoins soumet les éléments.
Dans les plis du cerveau la mémoire habitante
Y peint de la nature une image vivante.
Chaque objet de ses sens prévient la volonté;

Le son dans son oreille est par l'air apporté;
Sans efforts et sans soins son œil voit la lumière.
Sur son Dieu, sur sa fin, sur sa cause première,
L'homme est-il sans secours à l'erreur attaché ?
Quoi ! le monde est visible, et Dieu serait caché ?
Quoi ! le plus grand besoin que j'aie en ma misère
Est le seul qu'en effet je ne puis satisfaire ?
Non; le Dieu qui m'a fait ne m'a point fait en vain :
Sur le front des mortels il mit son sceau divin.
Je ne puis ignorer ce qu'ordonna mon maître;
Il m'a donné sa loi, puisqu'il m'a donné l'être.
Sans doute il a parlé; mais c'est à l'univers :
Il n'a point de l'Égypte habité les déserts;
Delphes, Délos, Ammon, ne sont pas ses asiles;
Il ne se cacha point aux antres des sibylles.
La morale uniforme en tout temps, en tout lieu,
A des siècles sans fin parle au nom de ce Dieu.
C'est la loi de Trajan, de Socrate, et la vôtre.
De ce culte éternel la nature est l'apôtre.
Le bon sens la reçoit; et les remords vengeurs,
Nés de la conscience, en sont les défenseurs;
Leur redoutable voix partout se fait entendre.
  Pensez-vous en effet que ce jeune Alexandre,
Aussi vaillant que vous, mais bien moins modéré,
Teint du sang d'un ami trop inconsidéré,
Ait pour se repentir consulté des augures ?
Ils auraient dans leurs eaux lavé ses mains impures;
Ils auraient à prix d'or absous bientôt le roi.
Sans eux, de la nature il écouta la loi :
Honteux, désespéré d'un moment de furie,
Il se jugea lui-même indigne de la vie.
Cette loi souveraine, à la Chine, au Japon,
Inspira Zoroastre, illumina Solon.
D'un bout du monde à l'autre elle parle, elle crie :
« Adore un Dieu, sois juste, et chéris ta patrie. »
Ainsi le froid Lapon crut un Être éternel;
Il est de la justice un instinct naturel,
Et le Nègre vendu sur un lointain rivage
Dans les Nègres encore aima sa noire image.
Jamais un parricide, un calomniateur,
N'a dit tranquillement dans le fond de son cœur :
« Qu'il est beau, qu'il est doux d'accabler l'innocence,
De déchirer le sein qui nous donna naissance !

Dieu juste, Dieu parfait, que le crime a d'appas ! »
Voilà ce qu'on dirait, mortels, n'en doutez pas,
S'il n'était une loi terrible, universelle,
Que respecte le crime en s'élevant contre elle.
Est-ce nous qui créons ces profonds sentiments ?
Avons-nous fait notre âme ? avons-nous fait nos sens ?
L'or qui naît au Pérou, l'or qui naît à la Chine,
Ont la même nature et la même origine :
L'artisan les façonne, et ne peut les former.
Ainsi l'Être éternel qui nous daigne animer
Jeta dans tous les cœurs une même semence.
Le ciel fit la vertu ; l'homme en fit l'apparence.
Il peut la revêtir d'imposture et d'erreur,
Il ne peut la changer ; son juge est dans son cœur.

DEUXIÈME PARTIE

Réponses aux objections contre les principes d'une morale universelle. Preuve de cette vérité.

J'ENTENDS avec Cardan Spinoza qui murmure :
« Ces remords, me dit-il, ces cris de la nature,
Ne sont que l'habitude, et les illusions
Qu'un besoin mutuel inspire aux nations. »
Raisonneur malheureux, ennemi de toi-même,
D'où nous vient ce besoin ? Pourquoi l'Être suprême
Mit-il dans notre cœur, à l'intérêt porté,
Un instinct qui nous lie à la société ?
Les lois que nous faisons, fragiles, inconstantes,
Ouvrages d'un moment, sont partout différentes.
Jacob chez les Hébreux put épouser deux sœurs;
David, sans offenser la décence et les mœurs,
Flatta de cent beautés la tendresse importune;
Le pape au Vatican n'en peut posséder une.
Là, le père à son gré choisit son successeur;
Ici, l'heureux aîné de tout est possesseur.
Un Polaque à moustache, à la démarche altière,
Peut arrêter d'un mot sa république entière;
L'empereur ne peut rien sans ses chers électeurs.
L'Anglais a du crédit, le pape a des honneurs.
Usages, intérêts, cultes, lois, tout diffère.
Qu'on soit juste, il suffit; le reste est arbitraire[1].
Mais tandis qu'on admire et ce juste et ce beau,
Londres immole son roi par la main d'un bourreau;
Du pape Borgia le bâtard sanguinaire
Dans les bras de sa sœur assassine son frère;
Là, le froid Hollandais devient impétueux,
Il déchire en morceaux deux frères vertueux[2];
Plus loin la Brinvilliers, dévote avec tendresse,
Empoisonne son père en courant à confesse;
Sous le fer du méchant le juste est abattu.
Eh bien ! conclurez-vous qu'il n'est point de vertu ?

Quand des vents du midi les funestes haleines
De semences de mort ont inondé nos plaines,
Direz-vous que jamais le ciel en son courroux
Ne laissa la santé séjourner parmi nous ?
Tous les divers fléaux dont le poids nous accable,
Du choc des éléments effet inévitable,
Des biens que nous goûtons corrompent la douceur;
Mais tout est passager, le crime et le malheur :
De nos désirs fougueux la tempête fatale
Laisse au fond de nos cœurs la règle et la morale.
C'est une source pure : en vain dans ses canaux
Les vents contagieux en ont troublé les eaux;
En vain sur sa surface une fange étrangère
Apporte en bouillonnant un limon qui l'altère;
L'homme le plus injuste et le moins policé
S'y contemple aisément quand l'orage est passé.
Tous ont reçu du ciel avec l'intelligence
Ce frein de la justice et de la conscience.
De la raison naissante elle est le premier fruit;
Dès qu'on la peut entendre, aussitôt elle instruit :
Contrepoids toujours prompt à rendre l'équilibre
Au cœur plein de désirs, asservi, mais né libre;
Arme que la nature a mise en notre main,
Qui combat l'intérêt par l'amour du prochain.
De Socrate, en un mot, c'est là l'heureux génie;
C'est là ce dieu secret qui dirigeait sa vie,
Ce dieu qui jusqu'au bout présidait à son sort
Quand il but sans pâlir la coupe de la mort.
Quoi ! cet esprit divin n'est-il que pour Socrate ?
Tout mortel a le sien, qui jamais ne le flatte.
Néron, cinq ans entiers, fut soumis à ses lois;
Cinq ans, des corrupteurs il repoussa la voix.
Marc Aurèle, appuyé sur la philosophie,
Porta ce joug heureux tout le temps de sa vie.
Julien, s'égarant dans sa religion,
Infidèle à la loi, fidèle à la raison[1],
Scandale de l'Église, et des rois le modèle,
Ne s'écarta jamais de la loi naturelle.
On insiste, on me dit : « L'enfant dans son berceau
N'est point illuminé par ce divin flambeau;
C'est l'éducation qui forme ses pensées;
Par l'exemple d'autrui ses mœurs lui sont tracées;
Il n'a rien dans l'esprit, il n'a rien dans le cœur;

De ce qui l'environne il n'eſt qu'imitateur;
Il répète les noms de devoir, de juſtice;
Il agit en machine; et c'eſt par sa nourrice
Qu'il eſt juif ou païen, fidèle ou musulman,
Vêtu d'un juſtaucorps, ou bien d'un doliman. »
Oui, de l'exemple en nous je sais quel eſt l'empire.
Il eſt des sentiments que l'habitude inspire.
Le langage, la mode et les opinions,
Tous les dehors de l'âme, et ses préventions,
Dans nos faibles esprits sont gravés par nos pères,
Du cachet des mortels impressions légères.
Mais les premiers ressorts sont faits d'une autre main :
Leur pouvoir eſt conſtant, leur principe eſt divin.
Il faut que l'enfant croisse, afin qu'il les exerce;
Il ne les connaît pas sous la main qui le berce.
Le moineau, dans l'inſtant qu'il a reçu le jour,
Sans plumes dans son nid, peut-il sentir l'amour ?
Le renard en naissant va-t-il chercher sa proie ?
Les inſectes changeants qui nous filent la soie,
Les essaims bourdonnants de ces filles du ciel
Qui pétrissent la cire et composent le miel,
Sitôt qu'ils sont éclos forment-ils leur ouvrage ?
Tout mûrit par le temps, et s'accroît par l'usage.
Chaque être a son objet, et dans l'inſtant marqué
Il marche vers le but par le ciel indiqué.
De ce but, il eſt vrai, s'écartent nos caprices;
Le juſte quelquefois commet des injuſtices;
On fuit le bien qu'on aime, on hait le mal qu'on fait :
De soi-même en tout temps quel cœur eſt satisfait ?
L'homme, on nous l'a tant dit, eſt une énigme obscure :
Mais en quoi l'eſt-il plus que toute la nature ?
Avez-vous pénétré, philosophes nouveaux,
Cet inſtinct sûr et prompt qui sert les animaux ?
Dans son germe impalpable avez-vous pu connaître
L'herbe qu'on foule aux pieds, et qui meurt pour renaître ?
Sur ce vaſte univers un grand voile eſt jeté;
Mais, dans les profondeurs de cette obscurité,
Si la raison nous luit, qu'avons-nous à nous plaindre ?
Nous n'avons qu'un flambeau, gardons-nous de l'éteindre.
Quand de l'immensité Dieu peupla les déserts,
Alluma des soleils, et souleva des mers :
« Demeurez, leur dit-il, dans vos bornes prescrites. »
Tous les mondes naissants connurent leurs limites.

Il imposa des lois à Saturne, à Vénus,
Aux seize orbes divers dans nos cieux contenus,
Aux éléments unis dans leur utile guerre,
A la course des vents, aux flèches du tonnerre,
A l'animal qui pense, et né pour l'adorer,
Au ver qui nous attend, né pour nous dévorer.
Aurons-nous bien l'audace, en nos faibles cervelles,
D'ajouter nos décrets[1] à ces lois immortelles ?
Hélas ! serait-ce à nous, fantômes d'un moment,
Dont l'être imperceptible eſt voisin du néant,
De nous mettre à côté du maître du tonnerre,
Et de donner en dieux des ordres à la terre ?

TROISIÈME PARTIE

Que les hommes, ayant pour la plupart défiguré,
par les opinions qui les divisent,
le principe de la religion naturelle qui les unit,
doivent se supporter les uns les autres.

L'UNIVERS est un temple où siège l'Éternel.
Là chaque homme[1] à son gré veut bâtir un autel.
Chacun vante sa foi, ses saints et ses miracles,
Le sang de ses martyrs, la voix de ses oracles.
L'un pense, en se lavant cinq ou six fois par jour,
Que le ciel voit ses bains d'un regard plein d'amour,
Et qu'avec un prépuce on ne saurait lui plaire;
L'autre a du dieu Brama désarmé la colère,
Et, pour s'être abstenu de manger du lapin,
Voit le ciel entrouvert, et des plaisirs sans fin.
Tous traitent leurs voisins d'impurs et d'infidèles :
Des chrétiens divisés les infâmes querelles
Ont, au nom du Seigneur, apporté plus de maux,
Répandu plus de sang, creusé plus de tombeaux,
Que le prétexte vain d'une utile balance
N'a désolé jamais l'Allemagne et la France.
Un doux inquisiteur, un crucifix en main,
Au feu, par charité, fait jeter son prochain,
Et, pleurant avec lui d'une fin si tragique,
Prend, pour s'en consoler, son argent qu'il s'applique;
Tandis que, de la grâce ardent à se toucher,
Le peuple, en louant Dieu, danse autour du bûcher.
On vit plus d'une fois, dans une sainte ivresse,
Plus d'un bon catholique, au sortir de la messe,
Courant sur son voisin pour l'honneur de la foi,
Lui crier : « Meurs, impie, ou pense comme moi. »
Calvin et ses suppôts, guettés par la justice,
Dans Paris, en peinture, allèrent au supplice.
Servet fut en personne immolé par Calvin.
Si Servet dans Genève eût été souverain,

Il eût, pour argument contre ses adversaires,
Fait serrer d'un lacet le cou des trinitaires.
Ainsi d'Arminius les ennemis nouveaux
En Flandre étaient martyrs, en Hollande bourreaux.
D'où vient que, deux cents ans, cette pieuse rage
De nos aïeux grossiers fut l'horrible partage ?
C'est que de la nature on étouffa la voix;
C'est qu'à sa loi sacrée on ajouta des lois;
C'est que l'homme, amoureux de son sot esclavage,
Fit, dans ses préjugés, Dieu même à son image.
Nous l'avons fait injuste, emporté, vain, jaloux,
Séducteur, inconstant, barbare comme nous.
Enfin, grâce en nos jours à la philosophie,
Qui de l'Europe au moins éclaire une partie,
Les mortels, plus instruits, en sont moins inhumains;
Le fer est émoussé, les bûchers sont éteints.
Mais si le fanatisme était encor le maître,
Que ces feux étouffés seraient prompts à renaître !
On s'est fait, il est vrai, le généreux effort
D'envoyer moins souvent ses frères à la mort;
On brûle moins d'Hébreux dans les murs de Lisbonne[1];
Et même le mouphti, qui rarement raisonne,
Ne dit plus aux chrétiens que le sultan soumet :
« Renonce au vin, barbare, et crois à Mahomet. »
Mais du beau nom de chien ce mouphti nous honore;
Dans le fond des enfers il nous envoie encore.
Nous le lui rendons bien : nous damnons à la fois
Le peuple circoncis, vainqueur de tant de rois[2],
Londres, Berlin, Stockholm et Genève : et vous-même
Vous êtes, ô grand roi, compris dans l'anathème.
En vain, par des bienfaits signalant vos beaux jours,
A l'humaine raison vous donnez des secours,
Aux beaux-arts des palais, aux pauvres des asiles,
Vous peuplez les déserts, vous les rendez fertiles;
De fort savants esprits jurent sur leur salut[3]
Que vous êtes sur terre un fils de Belzébut[4].
Les vertus des païens étaient, dit-on, des crimes.
Rigueur impitoyable ! odieuses maximes !
Gazetier clandestin dont la plate âcreté
Damne le genre humain de pleine autorité,
Tu vois d'un œil ravi les mortels, tes semblables,
Pétris des mains de Dieu pour le plaisir des diables.
N'es-tu pas satisfait de condamner au feu

Nos meilleurs citoyens, Montaigne et Montesquieu ?
Penses-tu que Socrate et le juste Aristide,
Solon, qui fut des Grecs et l'exemple et le guide;
Penses-tu que Trajan, Marc Aurèle, Titus,
Noms chéris, noms sacrés, que tu n'as jamais lus,
Aux fureurs des démons sont livrés en partage
Par le Dieu bienfaisant dont ils étaient l'image;
Et que tu seras, toi, de rayons couronné,
D'un chœur de chérubins au ciel environné,
Pour avoir quelque temps, chargé d'une besace,
Dormi dans l'ignorance et croupi dans la crasse ?
Sois sauvé, j'y consens; mais l'immortel Newton,
Mais le savant Leibnitz, et le sage Addison,
Et ce Locke, en un mot, dont la main courageuse
A de l'esprit humain posé la borne heureuse;
Ces esprits qui semblaient de Dieu même éclairés,
Dans des feux éternels seront-ils dévorés ?
Porte un arrêt plus doux, prends un ton plus modeste,
Ami; ne préviens point le jugement céleste;
Respecte ces mortels, pardonne à leur vertu :
Ils ne t'ont point damné, pourquoi les damnes-tu ?
A la religion discrètement fidèle,
Sois doux, compatissant, sage, indulgent, comme elle;
Et sans noyer autrui songe à gagner le port :
La clémence a raison, et la colère a tort.
Dans nos jours passagers de peines, de misères,
Enfants du même Dieu, vivons au moins en frères;
Aidons-nous l'un et l'autre à porter nos fardeaux;
Nous marchons tous courbés sous le poids de nos maux;
Mille ennemis cruels assiègent notre vie,
Toujours par nous maudite, et toujours si chérie;
Notre cœur égaré, sans guide et sans appui,
Est brûlé de désirs, ou glacé par l'ennui;
Nul de nous n'a vécu sans connaître les larmes.
De la société les secourables charmes
Consolent nos douleurs, au moins quelques instants :
Remède encor trop faible à des maux si constants.
Ah ! n'empoisonnons pas la douceur qui nous reste.
Je crois voir des forçats dans un cachot funeste,
Se pouvant secourir, l'un sur l'autre acharnés,
Combattre avec les fers dont ils sont enchaînés.

QUATRIÈME PARTIE

C'est au gouvernement à calmer les malheureuses disputes de l'école qui troublent la société.

Oui, je l'entends souvent de votre bouche auguste,
Le premier des devoirs, sans doute, est d'être juste ;
Et le premier des biens est la paix de nos cœurs.
Comment avez-vous pu, parmi tant de docteurs,
Parmi ces différends que la dispute enfante,
Maintenir dans l'État une paix si constante ?
D'où vient que les enfants de Calvin, de Luther,
Qu'on croit, delà les monts, bâtards de Lucifer,
Le Grec et le Romain, l'empesé quiétiste,
Le quaker au grand chapeau, le simple anabaptiste,
Qui jamais dans leur loi n'ont pu se réunir,
Sont tous, sans disputer, d'accord pour vous bénir ?
C'est que vous êtes sage, et que vous êtes maître.
Si le dernier Valois, hélas ! avait su l'être,
Jamais un jacobin, guidé par son prieur,
De Judith et d'Aod fervent imitateur,
N'eût tenté dans Saint-Cloud sa funeste entreprise :
Mais Valois aiguisa le poignard de l'Église[1],
Ce poignard qui bientôt égorgea dans Paris,
Aux yeux de ses sujets, le plus grand des Henris.
Voilà le fruit affreux des pieuses querelles :
Toutes les factions à la fin sont cruelles ;
Pour peu qu'on les soutienne, on les voit tout oser :
Pour les anéantir il les faut mépriser.
Qui conduit des soldats peut gouverner des prêtres.
Un roi[2] dont la grandeur éclipsa ses ancêtres
Crut pourtant, sur la foi d'un confesseur normand,
Jansénius à craindre, et Quesnel important ;
Du sceau de sa grandeur il chargea leurs sottises.
De la dispute alors cent cabales éprises,
Cent bavards en fourrure, avocats, bacheliers,
Colporteurs, capucins, jésuites, cordeliers,
Troublèrent tout l'État par leurs doctes scrupules :

Le régent, plus sensé, les rendit ridicules[1];
Dans la poussière alors on les vit tous rentrer.
  L'œil du maître suffit, il peut tout opérer.
L'heureux cultivateur des présents de Pomone,
Des filles du printemps, des trésors de l'automne,
Maître de son terrain, ménage aux arbrisseaux
Les secours du soleil, de la terre et des eaux;
Par de légers appuis soutient leurs bras débiles,
Arrache impunément les plantes inutiles,
Et des arbres touffus dans son clos renfermés
Émonde les rameaux de la sève affamés;
Son docile terrain répond à sa culture :
Ministre industrieux des lois de la nature,
Il n'est pas traversé dans ses heureux desseins;
Un arbre qu'avec peine il planta de ses mains
Ne prétend pas le droit de se rendre stérile,
Et, du sol épuisé tirant un suc utile,
Ne va pas refuser à son maître affligé
Une part de ses fruits dont il est trop chargé;
Un jardinier voisin n'eut jamais la puissance
De diriger des dieux la maligne influence,
De maudire ses fruits pendants aux espaliers,
Et de sécher d'un mot sa vigne et ses figuiers.
Malheur aux nations dont les lois opposées
Embrouillent de l'État les rênes divisées !
Le sénat des Romains, ce conseil de vainqueurs,
Présidait aux autels, et gouvernait les mœurs,
Restreignait sagement le nombre des vestales,
D'un peuple extravagant réglait les bacchanales.
Marc Aurèle et Trajan mêlaient, au Champ de Mars,
Le bonnet de pontife au bandeau des Césars;
L'univers, reposant sous leur heureux génie,
Des guerres de l'école ignora la manie :
Ces grands législateurs, d'un saint zèle enivrés,
Ne combattirent point pour leurs poulets sacrés.
Rome, encore aujourd'hui conservant ces maximes
Joint le trône à l'autel par des nœuds légitimes;
Ses citoyens en paix, sagement gouvernés,
Ne sont plus conquérants, et sont plus fortunés.
  Je ne demande pas que dans sa capitale
Un roi, portant en main la crosse épiscopale,
Au sortir du conseil allant en mission,
Donne au peuple contrit sa bénédiction;

Toute église a ses lois, tout peuple a son usage :
Mais je prétends qu'un roi, que son devoir engage
A maintenir la paix, l'ordre, la sûreté,
Ait sur tous ses sujets égale autorité[1].
Ils sont tous ses enfants; cette famille immense
Dans ses soins paternels a mis sa confiance.
Le marchand, l'ouvrier, le prêtre, le soldat,
Sont tous également les membres de l'État.
De la religion l'appareil nécessaire
Confond aux yeux de Dieu le grand et le vulgaire;
Et les civiles lois, par un autre lien,
Ont confondu le prêtre avec le citoyen.
La loi dans tout État doit être universelle :
Les mortels, quels qu'ils soient, sont égaux devant elle.
Je n'en dirai pas plus sur ces points délicats.
Le ciel ne m'a point fait pour régir les États,
Pour conseiller les rois, pour enseigner les sages;
Mais, du port où je suis contemplant les orages,
Dans cette heureuse paix où je finis mes jours,
Éclairé par vous-même, et plein de vos discours,
De vos nobles leçons salutaire interprète,
Mon esprit suit le vôtre, et ma voix vous répète.
Que conclure à la fin de tous mes longs propos ?
C'est que les préjugés sont la raison des sots;
Il ne faut pas pour eux se déclarer la guerre :
Le vrai nous vient du ciel, l'erreur vient de la terre;
Et, parmi les chardons qu'on ne peut arracher,
Dans les sentiers secrets le sage doit marcher.
La paix enfin, la paix, que l'on trouble et qu'on aime,
Est d'un prix aussi grand que la vérité même.

PRIÈRE

O Dieu qu'on méconnaît, ô Dieu que tout annonce,
Entends les derniers mots que ma bouche prononce;
Si je me suis trompé, c'est en cherchant ta loi.
Mon cœur peut s'égarer, mais il est plein de toi.
Je vois sans m'alarmer l'éternité paraître;
Et je ne puis penser qu'un Dieu qui m'a fait naître,
Qu'un Dieu qui sur mes jours versa tant de bienfaits,
Quand mes jours sont éteints me tourmente à jamais.

HISTOIRE DU DOCTEUR AKAKIA[1]

Le natif de Saint-Malo ayant été attaqué depuis longtemps d'une maladie chronique appelée en grec *philotimie,* et par d'aucuns *philocratie,* elle lui porta si violemment au cerveau, et il eut de tels accès qu'il écrivit contre les médecins et contre les preuves de l'existence de Dieu. Tantôt il s'imaginait qu'il perçait la terre jusqu'au centre, tantôt qu'il bâtissait une ville latine. Quelquefois même, il avait des révélations sur la connaissance de l'âme en disséquant des singes. Enfin il en vint au point de se croire une fois plus grand qu'un géant du siècle passé, nommé Leibnitz, quoiqu'il n'eût pas tout à fait cinq pieds de haut. Un de ses anciens camarades, Suisse de nation, professeur à La Haye, touché de son triste état, alla le voir pour lui montrer sa juste mesure. Le natif de Saint-Malo, au lieu de reconnaître l'important service du Suisse, le déclara faussaire et perturbateur de la *Morotimie*.

Le médecin Akakia, voyant que le natif de Saint-Malo était parvenu à son dernier période, composa pour sa guérison le petit remède anodin suivant, qu'il lui fit présenter *secundum artem,* avec toute la discrétion imaginable, pour ne pas effaroucher les humeurs peccantes.

DIATRIBE DU DOCTEUR AKAKIA, MÉDECIN DU PAPE

Rien n'est plus commun aujourd'hui que de jeunes auteurs ignorés qui mettent sous des noms connus des ouvrages peu dignes de l'être. Il y a des charlatans de toute espèce. En voici un qui a pris le nom d'une très illustre académie, pour débiter des drogues assez singulières. Il est démontré que ce n'est pas le respectable président qui est l'auteur des livres qu'on lui attribue, car cet admirable philosophe qui a découvert que la nature agit toujours par les lois les plus simples, et qui ajoute si sagement qu'elle va toujours à l'épargne, aurait certainement épargné au petit nombre de lecteurs capables de le lire la peine de lire deux fois la même chose dans le livre intitulé ses *Œuvres,* et dans celui qu'on appelle ses *Lettres.* Le tiers au moins de ce volume est copié mot pour mot dans l'autre. Ce grand homme, si éloigné du charlatanisme, n'aurait point donné au public des lettres qui n'ont été écrites à personne, et surtout ne serait point tombé dans certaines petites fautes qui ne sont pardonnables qu'à un jeune homme.

Je crois, autant qu'il est possible, que ce n'est point l'intérêt de ma profession qui me fait parler ici; mais on me pardonnera de trouver un peu fâcheux que cet écrivain traite ses médecins comme ses libraires. Il prétend nous faire mourir de faim. Il ne veut pas qu'on paye les médecins, quand malheureusement le malade ne guérit point. On ne paye point, dit-il, un peintre[1] qui a fait un mauvais tableau. O jeune homme ! que vous êtes dur et injuste ! Le duc d'Orléans, régent de France, ne paya-t-il pas magnifiquement le barbouillage dont Coypel orna la galerie du Palais-Royal ? Un client prive-t-il du juste salaire son avocat, parce qu'il a perdu sa cause ? Un médecin promet ses soins, et non la guérison. Il fait ses efforts, et on les lui paye. Quoi, seriez-vous jaloux, même des médecins ?

Que dirait, je vous prie, un homme qui aurait par exemple douze cents ducats de pension pour avoir parlé de mathématique et de métaphysique, pour avoir disséqué deux crapauds, et s'être fait peindre avec un bonnet fourré, si le trésorier venait lui tenir ce langage : « Monsieur, on vous retranche cent ducats pour avoir écrit qu'il y a des astres faits comme des meules de moulin; cent autres ducats pour avoir écrit qu'une comète viendra *voler* notre lune, et porter ses *attentats jusqu'au soleil* même; cent autres ducats pour avoir imaginé que des comètes, *toutes d'or et de diamant,* tomberont sur la terre; vous êtes taxé à trois cents ducats pour avoir affirmé que les enfants se forment par attraction dans le ventre de leur mère, que l'œil gauche attire la jambe droite, etc. On ne peut vous retrancher moins de quatre cents ducats pour avoir imaginé le moyen de connaître la nature de l'âme par le moyen de l'opium, et en disséquant des têtes de géants, etc., etc. » Il est clair que le pauvre philosophe perdrait de compte fait toute sa pension. Serait-il bien aise après cela que nous autres, médecins, nous nous moquassions de lui, et que nous nous assurassions que les récompenses ne sont faites que pour ceux qui écrivent des choses utiles, et non pas pour ceux qui ne sont connus dans le monde que par l'envie de se faire connaître ?

Ce jeune homme inconsidéré reproche à mes confrères les médecins de n'être pas assez hardis. Il dit que[1] c'est au hasard et aux nations sauvages qu'on doit les seuls spécifiques connus, et que les médecins n'en ont pas trouvé un. Il faut lui apprendre que c'est la seule expérience qui a pu enseigner aux hommes les remèdes que fournissent les plantes. Hippocrate, Boerhaave, Clairac et Sénac, n'auraient jamais certainement deviné, en voyant l'arbre du quinquina, qu'il doit guérir la fièvre, ni, en voyant la rhubarbe, qu'elle doit purger, ni, en voyant des pavots, qu'ils doivent assoupir. Ce qu'on appelle hasard peut seul conduire à la découverte des propriétés des plantes, et les médecins ne peuvent faire autre chose que de conseiller ces remèdes selon les occasions. Ils en inventent beaucoup avec le secours de la chimie. Il ne se vantent pas de guérir toujours; mais ils se vantent de faire tout ce qu'ils peuvent pour soulager les hommes. Le jeune plaisant qui les traite si mal a-t-il rendu autant de services au genre humain que celui qui tira, contre toute apparence, des portes du tombeau le maréchal de Saxe après la victoire de Fontenoy ?

Notre jeune raisonneur prétend qu'il faut que les médecins ne soient plus qu'empiriques[2], et leur conseille de bannir la théorie. Que diriez-vous d'un homme qui voudrait qu'on ne se servît plus d'architecte pour bâtir des maisons, mais seulement de maçons qui tailleraient des pierres au hasard ?

Il donne aussi le sage conseil de négliger l'anatomie[3]. Nous aurons cette fois-ci les chirurgiens pour nous. Nous sommes seulement étonnés que l'auteur, qui a eu quelques petites obligations aux chirurgiens de Montpellier, dans des maladies qui demandaient une grande connaissance de l'intérieur de la tête et de quelques autres parties du ressort de l'anatomie, en ait si peu de reconnaissance.

Le même auteur, peu savant apparemment dans l'histoire, en parlant de rendre les supplices des criminels utiles, et de faire sur leur corps des expériences, dit que cette proposition n'a jamais été exécutée[1] : il ignore ce que tout le monde sait, que du temps de Louis XI on fit pour la première fois en France, sur un homme condamné à mort, l'épreuve de la taille; que la feue reine d'Angleterre fit essayer l'inoculation de la petite vérole sur quatre criminels, et qu'il y a d'autres exemples pareils.

Mais si notre auteur est ignorant, on est obligé d'avouer qu'il a en récompense une imagination singulière. Il veut, en qualité de physicien, que nous nous servions de la force centrifuge pour guérir une apoplexie[2], et qu'on fasse pirouetter le malade. L'idée, à la vérité, n'est pas de lui; mais il lui donne un air fort neuf.

Il nous conseille d'enduire[3] un malade de poix résine, ou de percer sa peau avec des aiguilles. S'il exerce jamais la médecine, et qu'il propose de tels remèdes, il y a grande apparence que ses malades suivront l'avis qu'il leur donne de ne point payer le médecin.

Mais ce qu'il y a d'étrange, c'est que ce cruel ennemi de la Faculté, qui veut qu'on nous retranche notre salaire si impitoyablement, propose[4], pour nous adoucir, de ruiner les malades. Il ordonne (car il est despotique) que chaque médecin ne traite qu'une seule infirmité; de sorte que si un homme a la goutte, la fièvre, le dévoiement, mal aux yeux, et mal à l'oreille, il lui faudra payer cinq médecins au lieu d'un; mais peut-être aussi que son intention est que nous n'ayons chacun que la cinquième partie de la rétribution ordinaire : je reconnais bien là sa malice. Bientôt on conseillera aux dévots d'avoir des directeurs pour chaque vice, un pour l'ambition sérieuse des petites choses, un pour la jalousie cachée sous un air dur et impérieux, un pour la rage de cabaler beaucoup pour des riens, un pour d'autres misères. Mais ne nous égarons point, et revenons à nos confrères.

Le meilleur médecin, dit-il, *est celui qui raisonne le moins.* Il paraît être en philosophie aussi fidèle à cet axiome que le Père Canaye l'était en théologie : cependant, malgré sa haine contre le raisonnement, on voit qu'il a fait de profondes méditations sur l'art de prolonger la vie. Premièrement, il convient avec tous les gens sensés, et c'est de quoi nous le félicitons, que nos pères vivaient huit à neuf cents ans.

Ensuite, ayant trouvé tout seul, et indépendamment de Leibnitz, que « la maturité n'est point l'âge de la force, l'âge viril, mais que c'est la mort », il propose de reculer ce point de maturité, « comme on conserve des œufs en les empêchant d'éclore »[1]. C'est un beau secret, et nous lui conseillons de se faire bien assurer l'honneur de cette découverte dans quelque poulailler, ou par sentence criminelle de quelque académie.

On voit, par le compte que nous venons de rendre, que si ces lettres imaginaires étaient d'un président, elles ne pourraient être que d'un président de Bedlam[2], et qu'elles sont incontestablement, comme nous l'avons dit, d'un jeune homme qui s'est voulu parer du nom d'un sage respecté, comme on sait, dans toute l'Europe, et qui a consenti d'être déclaré *grand homme*. Nous avons vu quelquefois au Carnaval, en Italie, Arlequin déguisé en archevêque; mais on démêlait bien vite Arlequin à la manière dont il donnait la bénédiction. Tôt ou tard, on est reconnu; cela rappelle une fable de La Fontaine (livre V, fable XXI) :

> Un petit bout d'oreille échappé par malheur
> Découvrit la fourbe et l'erreur.

Ici, l'on voit des oreilles tout entières.

Tout considéré, nous déférons à la sainte Inquisition le livre imputé au président, et nous nous en rapportons aux lumières infaillibles de ce docte tribunal, auquel on sait que les médecins ont tant de foi.

DÉCRET DE L'INQUISITION DE ROME

Nous, P. Pancrace, etc., inquisiteur pour la foi, avons lu la *Diatribe* de Monsignor Akakia, médecin ordinaire du pape, sans savoir ce que veut dire *Diatribe*, et n'y avons rien trouvé de contraire à la foi, ni aux décrétales. Il n'en est pas de même des *Œuvres* et *Lettres* du jeune inconnu déguisé sous le nom d'un président.

Nous avons, après avoir invoqué le Saint-Esprit, trouvé dans les *Œuvres,* c'est-à-dire dans l'in-quarto de l'inconnu, force propositions téméraires, malsonnantes, hérétiques et sentant l'hérésie. Nous les condamnons collectivement, séparément et respectivement.

Nous anathématisons spécialement et particulièrement l'*Essai de Cosmologie,* où l'inconnu, aveuglé par les principes des enfants de Bélial, et accoutumé à trouver tout mauvais, insinue, contre la parole de l'Écriture[1], que c'est un défaut de Providence que les araignées prennent les mouches, et dans laquelle *Cosmologie* l'auteur fait ensuite entendre qu'il n'y a d'autre preuve de l'existence de Dieu que dans Z égal à BC divisé par A plus B[2]. Or ces caractères étant tirés du Grimoire, et visiblement diaboliques, nous les déclarons attentatoires à l'autorité du Saint-Siège.

Et comme, selon l'usage, nous n'entendons pas un mot aux matières qu'on nomme de *physique, mathématique, dynamique, métaphysique,* etc., nous avons enjoint aux révérends professeurs de philosophie du collège de la Sapience d'examiner les *Œuvres* et les *Lettres* du jeune inconnu, et de nous en rendre un compte fidèle. Ainsi Dieu leur soit en aide.

JUGEMENT DES PROFESSEURS DU COLLÈGE DE LA SAPIENCE

1° Nous déclarons que les lois sur le choc des corps parfaitement durs sont puériles et imaginaires, attendu[3] qu'il n'y a aucun corps connu parfaitement dur, mais bien des esprits durs sur lesquels nous avons en vain tâché d'opérer.

2° L'assertion que le « produit de l'espace par la vitesse est toujours un *minimum* » nous a semblé fausse[4] : car ce produit est quelquefois un *maximum,* comme Leibnitz le pensait, et comme il est prouvé. Il paraît que le jeune auteur n'a pris que la moitié de l'idée de Leibnitz; et en cela nous le justifions de n'avoir eu jamais une idée de Leibnitz tout entière.

3° Nous adhérons en outre à la censure que Monsignor Akakia, médecin du pape, et tant d'autres, ont faite des œuvres du jeune pseudonyme, et surtout de la *Vénus physique*[1]. Nous conseillons au jeune auteur, quand il procédera avec sa femme, s'il en a une, à l'œuvre de la génération, de ne plus penser que l'enfant se forme dans l'utérus par le moyen de l'attraction; et nous l'exhortons, s'il commet le péché de la chair, à ne pas envier le sort des colimaçons en amour, ni celui des crapauds, et à imiter moins le style de Fontenelle, quand la maturité de l'âge aura formé le sien.

Nous venons à l'examen des *Lettres,* que nous avons jugées contenir, par un double emploi vicieux, presque tout ce qui n'est pas dans les *Œuvres ;* et nous l'exhortons à ne plus débiter deux fois la même marchandise sous des noms différents, parce que cela n'est pas d'un honnête négociant comme il devrait l'être.

EXAMEN DES LETTRES D'UN JEUNE AUTEUR DÉGUISÉ SOUS LE NOM D'UN PRÉSIDENT

1° Il faut d'abord que le jeune homme apprenne que la *prévoyance*[2] n'est point appelée dans l'homme *prévision ;* que ce mot prévision est uniquement consacré à la connaissance par laquelle Dieu voit l'avenir. Il est bon qu'il sache la force des termes avant de se mettre à écrire. Il faut qu'il sache que l'âme ne s'aperçoit point elle-même; elle voit des objets, et ne se voit pas; c'est là sa condition. Le jeune écrivain peut aisément réformer ces petites erreurs.

2° Il est faux que « la mémoire nous fasse plus perdre que gagner »[3]. Le candidat doit apprendre que la *mémoire* est la faculté de retenir des idées, et que sans cette faculté on ne pourrait pas seulement faire un mauvais livre, ni même presque rien connaître, ni se conduire sur rien; qu'on serait absolument imbécile : il faut que ce jeune homme cultive sa mémoire.

3° Nous sommes obligés de déclarer ridicule cette idée[4] que « l'âme est comme un corps qui se remet dans son état après avoir été agité, et qu'ainsi l'âme revient à son état de contentement ou de détresse, qui est son état naturel ». Le candidat s'eſt mal exprimé. Il voulait dire apparemment que chacun revient à son caractère; qu'un homme, par exemple, après s'être efforcé de faire le philosophe, revient aux petitesses ordinaires, etc. Mais des vérités si triviales ne doivent pas être redites : c'eſt le défaut de la jeunesse de croire que des choses communes peuvent recevoir un caractère de nouveauté pour des expressions obscures.

4° Le candidat se trompe quand il dit que l'étendue n'eſt qu'une perception[1] de notre âme. S'il fait jamais de bonnes études, il verra que l'étendue n'eſt pas comme le son et les couleurs, qui n'exiſtent que dans nos sensations, comme le sait tout écolier.

5° A l'égard de la nation allemande, qu'il vilipende[2] et qu'il traite d'imbécile en termes équivalents, cela nous paraît ingrat et injuſte : ce n'eſt pas tout de se tromper, il faut être poli; il se peut faire que le candidat ait cru inventer quelque chose après Leibnitz, mais nous dirons à ce jeune homme que ce n'eſt pas lui qui a inventé la poudre.

6° Nous craignons que l'auteur n'inspire à ses camarades quelques petites tentations de chercher la pierre philosophale[3] : « car, dit-il, sous quelque aspect qu'on la considère, on ne peut en prouver l'impossibilité ». Il eſt vrai qu'il avoue qu'il y a de la folie à employer son bien à la chercher; mais comme, en parlant de la *somme du bonheur*, il dit qu'on ne peut démontrer la religion chrétienne, et que cependant bien des gens la suivent, il se pourrait, à plus forte raison, que quelques personnes se ruinassent à la recherche du grand œuvre, puisqu'il eſt possible, selon lui, de le trouver.

7° Nous passons plusieurs choses qui fatigueraient la patience du lecteur et l'intelligence de M. l'Inquisiteur; mais nous croyons qu'il sera fort surpris d'apprendre que le jeune étudiant[4] veuille absolument disséquer des cerveaux de géants hauts de douze pieds, et des hommes velus portant queue, pour sonder la nature de l'intelligence humaine; qu'avec de l'opium et des rêves il modifie l'âme; qu'il fasse naître des anguilles *grosses* d'autres anguilles, avec de la farine délayée, et des poissons avec des grains de blé[5]. Nous prenons cette occasion de divertir M. l'Inquisiteur.

8° Mais M. l'Inquisiteur ne rira plus quand il verra

que tout le monde peut devenir prophète : car l'auteur ne trouve pas plus de difficulté à voir l'avenir que le passé. Il avoue[1] que les raisons en faveur de l'astrologie judiciaire sont aussi fortes que les raisons contre elle. Ensuite il assure[2] que les perceptions du passé, du présent et de l'avenir, ne diffèrent[3] que par le degré d'activité de l'âme. Il espère qu'un peu plus de chaleur et d'*exaltation* dans l'imagination pourra servir à montrer l'avenir, comme la mémoire montre le passé.

Nous jugeons unanimement que sa cervelle est fort exaltée, et qu'il va bientôt prophétiser. Nous ne savons pas encore s'il sera des grands ou des petits prophètes; mais nous craignons fort qu'il ne soit prophète de malheur, puisque dans son traité du *bonheur* il ne parle que d'affliction : il dit surtout que tous les fous sont malheureux[4]. Nous faisons à tous ceux qui le sont un compliment de condoléance; mais si son âme exaltée a vu l'avenir, n'y a-t-elle pas vu un peu de ridicule ?

9° Il nous paraît avoir quelque envie d'aller aux terres australes[5], quoique en lisant son livre on soit tenté de croire qu'il en revient; cependant il semble ignorer qu'on connaît, il y a longtemps, la terre de Frédéric-Henri, située par-delà le quarantième degré de latitude méridionale; mais nous l'avertissons que si, au lieu d'aller aux terres australes, il prétend[6] naviguer tout droit directement sous le pôle arctique, personne ne s'embarquera avec lui.

10° Il doit encore être assuré qu'il lui sera difficile de faire, comme il le prétend[7], un trou qui aille jusqu'au centre de la terre (où il veut apparemment se cacher de honte d'avoir avancé de telles choses). Ce trou exigerait qu'on excavât au moins trois ou quatre cents lieues de pays, ce qui pourrait déranger le système de la balance de l'Europe. On ne le suivra pas dans son trou, non plus que sous le pôle. Quant à la ville latine qu'il veut bâtir, nous sommes d'avis qu'on la mette au bord de ce trou.

Si jamais on envoie quelques physiciens vers la Finlande pour vérifier, s'il se peut, par quelques mesures, ce que Newton a découvert par la sublime théorie de la gravitation et des forces centrifuges; s'il est nommé de ce voyage, qu'il ne cherche point continuellement à s'élever au-dessus de ses compagnons; qu'il ne se fasse point dépeindre seul aplatissant la terre, ainsi qu'on peint Atlas portant le ciel, comme si l'on avait changé la face de l'univers, pour avoir été se réjouir dans une ville où il y a une garnison suédoise; qu'il ne cite pas à tout propos le cercle polaire.

Si quelque compagnon d'étude vient lui proposer avec amitié un avis différent du sien; s'il lui fait confidence qu'il s'appuie sur l'autorité de Leibnitz et de plusieurs autres philosophes; s'il lui montre en particulier une lettre de Leibnitz qui contredise formellement notre candidat, que ledit candidat n'aille pas s'imaginer sans réflexion et crier partout qu'on a forgé une lettre de Leibnitz pour lui ravir la gloire d'être un original.

Qu'il ne prenne pas l'erreur où il est tombé sur un point de dynamique, absolument inutile dans l'usage, pour une découverte admirable.

Si ce camarade, après lui avoir communiqué plusieurs fois son ouvrage, dans lequel il le combat avec la discrétion la plus polie, et avec éloge, l'imprime de son consentement, qu'il se garde bien de vouloir faire passer cet ouvrage de son adversaire pour un crime de lèse-majesté académique.

Si ce camarade lui a avoué plusieurs fois qu'il tient la lettre de Leibnitz, ainsi que plusieurs autres, d'un homme mort il y a quelques années, que le candidat n'en tire pas avantage avec malignité, qu'il ne se serve pas à peu près des mêmes artifices dont quelqu'un s'était servi contre les Mairan, les Cassini[1], et d'autres vrais philosophes; qu'il n'exige jamais, dans une dispute frivole, qu'un mort ressuscite pour rapporter la minute inutile d'une lettre de Leibnitz, et qu'il réserve ce miracle pour le temps où il prophétisera; qu'il ne compromette personne dans une querelle de néant, que la vanité peut rendre importante; et qu'il ne fasse pas intervenir les dieux dans la guerre des rats et des grenouilles. Qu'il n'écrive point lettres sur lettres à une grande princesse, pour forcer au silence son adversaire, et pour lui lier les mains, afin de l'assassiner à loisir[2].

Que dans une misérable dispute sur la dynamique, il ne fasse point sommer, par un exploit académique, un professeur de comparaître dans un mois; qu'il ne le fasse point condamner par contumace, comme ayant attenté à sa gloire, comme forgeur de lettres et faussaire; surtout quand il eſt évident que les lettres de Leibnitz sont de Leibnitz, et qu'il eſt prouvé que les lettres sous le nom d'un président n'ont pas été plus reçues de ses correspondants que lues du public.

Qu'il ne cherche point à interdire à personne la liberté d'une juſte défense; qu'il pense qu'un homme qui a tort, et qui veut déshonorer celui qui a raison, se déshonore soi-même.

Qu'il croie que tous les gens de lettres sont égaux, et il gagnera à cette égalité.

Qu'il ne s'avise jamais de demander qu'on imprime rien sans son ordre.

Nous finissons par l'exhorter à être docile, à faire des études sérieuses, et non des cabales vaines : car ce qu'un savant gagne en intrigues, il le perd en génie, de même que dans la mécanique, ce qu'on gagne en temps, on le perd en forces. On n'a vu que trop souvent des jeunes gens qui ont commencé par donner de grandes espérances, et des bons ouvrages, finir enfin par n'écrire que des sottises; parce qu'ils ont voulu n'être que des courtisans habiles au lieu d'être d'habiles écrivains; parce qu'ils ont subſtitué la vanité à l'étude, et la dissipation qui affaiblit l'esprit au recueillement qui le fortifie, on les a loués, et ils ont cessé d'être louables; on les a récompensés, et ils ont cessé de mériter des récompenses; ils ont voulu paraître, et ils ont cessé d'être : car lorsque, dans un auteur, une *somme* d'erreurs eſt égale à une *somme* de ridicules, *le néant vaut son exiſtence.*

POÈME SUR LE DÉSASTRE DE LISBONNE

PRÉFACE[1]

Si jamais la question du mal physique a mérité l'attention de tous les hommes, c'est dans ces événements funestes qui nous rappellent à la contemplation de notre faible nature, comme les pestes générales qui ont enlevé le quart des hommes dans le monde connu, le tremblement de terre qui engloutit quatre cent mille personnes à la Chine en 1699, celui de Lima et de Collao, et en dernier lieu celui du Portugal et du royaume de Fez. L'axiome Tout est bien *paraît un peu étrange à ceux qui sont les témoins de ces désastres. Tout est arrangé, tout est ordonné, sans doute, par la Providence ; mais il n'est que trop sensible que tout, depuis longtemps, n'est pas arrangé pour notre bien-être présent.*

Lorsque l'illustre Pope donna son Essai sur l'Homme, *et qu'il développa dans ses vers immortels les systèmes de Leibnitz, du lord Shaftesbury, et du lord Bolingbroke, une foule de théologiens de toutes les communions attaqua ce système. On se révoltait contre cet axiome nouveau que* tout est bien, *que* l'homme jouit de la seule mesure du bonheur dont son être soit susceptible, *etc. Il y a toujours un sens dans lequel on peut condamner un écrit et un sens dans lequel on peut l'approuver. Il serait bien plus raisonnable de ne faire attention qu'aux beautés utiles d'un ouvrage, et de n'y point chercher un sens odieux ; mais c'est une des imperfections de notre nature d'interpréter malignement tout ce qui peut être interprété, et de vouloir décrier tout ce qui a eu du succès.*

On crut donc voir dans cette proposition : Tout est bien, *le renversement du fondement des idées reçues. « Si tout est bien, disait-on, il est donc faux que la nature humaine soit déchue. Si l'ordre général exige que tout soit comme il est, la nature humaine n'a donc pas été corrompue ; elle n'a donc pas eu besoin de rédempteur. Si ce monde, tel qu'il est, est le meilleur des mondes possibles, on ne peut donc pas espérer un avenir plus heureux. Si tous les maux dont nous sommes accablés sont un bien général, toutes les nations policées ont donc eu tort de rechercher l'origine du mal physique et du mal moral. Si un homme mangé par les bêtes féroces fait le bien-être de ces bêtes et contribue à l'ordre du monde, si les malheurs de tous les particuliers ne sont que la suite de cet ordre général et nécessaire, nous ne sommes donc que des roues qui servent à faire jouer la grande machine ; nous ne sommes pas plus précieux aux yeux de Dieu que les animaux qui nous dévorent. »*

Voilà les conclusions qu'on tirait du poème de M. Pope ; et ces conclusions mêmes augmentaient encore la célébrité et le succès de l'ouvrage. Mais on devait l'envisager sous un autre aspect : il fallait considérer le respect pour la Divinité, la résignation qu'on doit à ses ordres suprêmes, la saine morale, la tolérance, qui sont l'âme de cet excellent écrit. C'est ce que le public a fait ; et l'ouvrage, ayant été traduit par des hommes dignes de le traduire, a triomphé d'autant plus des critiques qu'elles roulaient sur des matières plus délicates.

C'est le propre des censures violentes d'accréditer les opinions qu'elles attaquent. On crie contre un livre parce qu'il réussit, on lui impute des erreurs : qu'arrive-t-il ? Les hommes révoltés contre ces cris prennent pour des vérités les erreurs mêmes que ces critiques ont cru apercevoir. La censure élève des fantômes pour les combattre, et les lecteurs indignés embrassent ces fantômes.

Les critiques ont dit : « Leibnitz, Pope, enseignent le fatalisme »; et les partisans de Leibnitz et de Pope ont dit : « Si Leibnitz et Pope enseignent le fatalisme, ils ont donc raison, et c'est à cette fatalité invincible qu'il faut croire. »

Pope avait dit Tout est bien *en un sens qui était très recevable ; et ils le disent aujourd'hui en un sens qui peut être combattu.*

L'auteur du poème sur le Désastre de Lisbonne *ne combat point l'illustre Pope, qu'il a toujours admiré et aimé : il pense comme lui sur presque tous les points ; mais, pénétré des malheurs des hommes, il s'élève contre les abus qu'on peut faire de cet ancien axiome* Tout est bien. *Il adopte cette triste et plus ancienne vérité, reconnue de tous les hommes, qu'*il y a du mal sur la terre; *il avoue que le mot* Tout est bien, *pris dans un sens absolu et sans l'espérance d'un avenir, n'est qu'une insulte aux douleurs de notre vie.*

Si, lorsque Lisbonne, Méquinez, Tétuan, et tant d'autres villes, furent englouties avec un si grand nombre de leurs habitants au mois de novembre 1755, des philosophes avaient crié aux malheureux qui échappaient à peine des ruines : « Tout est bien ; les héritiers des morts augmenteront leurs fortunes ; les maçons gagneront de l'argent à rebâtir des maisons ; les bêtes se nourriront des cadavres enterrés dans les débris : c'est l'effet nécessaire des causes nécessaires ; votre mal particulier n'est rien, vous contribuez au bien général »; un tel discours certainement eût été aussi cruel que le tremblement de terre a été funeste. Et voilà ce que dit l'auteur du poème sur le Désastre de Lisbonne.

Il avoue donc avec toute la terre qu'il y a du mal sur la terre, ainsi que du bien ; il avoue qu'aucun philosophe n'a pu jamais expliquer l'origine du mal moral et du mal physique ; il avoue que Bayle, le plus grand dialecticien qui ait jamais écrit, n'a fait qu'apprendre à douter, et qu'il se combat lui-même ; il avoue qu'il y a autant de faiblesse dans les lumières de l'homme que de misères dans sa vie. Il expose tous les systèmes en peu de mots. Il dit que la révélation seule peut dénouer ce grand nœud, que tous les philosophes ont embrouillé ; il dit que l'espérance d'un développement de notre être dans un nouvel ordre de choses peut seule consoler des malheurs présents, et que la bonté de la Providence est le seul asile auquel l'homme puisse recourir dans les ténèbres de sa raison, et dans les calamités de sa nature faible et mortelle.

P. S. — *Il est toujours malheureusement nécessaire d'avertir qu'il faut distinguer les objections que se fait un auteur de ses réponses aux objections, et ne pas prendre ce qu'il réfute pour ce qu'il adopte.*

POÈME
SUR LE
DÉSASTRE DE LISBONNE
OU EXAMEN DE CET AXIOME : « TOUT EST BIEN »

O MALHEUREUX mortels ! ô terre déplorable !
O de tous les mortels assemblage effroyable !
D'inutiles douleurs éternel entretien !
Philosophes trompés qui criez : « Tout eﬅ bien »;
Accourez, contemplez ces ruines affreuses,
Ces débris, ces lambeaux, ces cendres malheureuses,
Ces femmes, ces enfants l'un sur l'autre entassés,
Sous ces marbres rompus ces membres dispersés;
Cent mille infortunés que la terre dévore,
Qui, sanglants, déchirés, et palpitants encore,
Enterrés sous leurs toits, terminent sans secours
Dans l'horreur des tourments leurs lamentables jours !
Aux cris demi-formés de leurs voix expirantes,
Au speﬅacle effrayant de leurs cendres fumantes,
Direz-vous : « C'eﬅ l'effet des éternelles lois
Qui d'un Dieu libre et bon nécessitent le choix » ?
Direz-vous, en voyant cet amas de viﬅimes :
« Dieu s'eﬅ vengé, leur mort eﬅ le prix de leurs crimes » ?
Quel crime, quelle faute ont commis ces enfants
Sur le sein maternel écrasés et sanglants ?
Lisbonne, qui n'eﬅ plus, eut-elle plus de vices
Que Londres, que Paris, plongés dans les délices ?
Lisbonne eﬅ abîmée, et l'on danse à Paris.
Tranquilles speﬅateurs, intrépides esprits,
De vos frères mourants contemplant les naufrages,
Vous recherchez en paix les causes des orages :
Mais du sort ennemi quand vous sentez les coups,
Devenus plus humains, vous pleurez comme nous.
Croyez-moi, quand la terre entrouvre ses abîmes,
Ma plainte eﬅ innocente et mes cris légitimes.

Partout environnés des cruautés du sort,
Des fureurs des méchants, des pièges de la mort,
De tous les éléments éprouvant les atteintes,
Compagnons de nos maux, permettez-nous les plaintes.
C'eſt l'orgueil, dites-vous, l'orgueil séditieux,
Qui prétend qu'étant mal, nous pouvions être mieux.
Allez interroger les rivages du Tage;
Fouillez dans les débris de ce sanglant ravage;
Demandez aux mourants, dans ce séjour d'effroi,
Si c'eſt l'orgueil qui crie : « O ciel, secourez-moi !
O ciel, ayez pitié de l'humaine misère ! »
« Tout eſt bien, dites-vous, et tout eſt nécessaire. »
Quoi ! l'univers entier, sans ce gouffre infernal,
Sans engloutir Lisbonne, eût-il été plus mal ?
Êtes-vous assurés que la cause éternelle
Qui fait tout, qui sait tout, qui créa tout pour elle,
Ne pouvait nous jeter dans ces triſtes climats
Sans former des volcans allumés sous nos pas ?
Borneriez-vous ainsi la suprême puissance ?
Lui défendriez-vous d'exercer sa clémence ?
L'éternel artisan n'a-t-il pas dans ses mains
Des moyens infinis tout prêts pour ses desseins ?
Je désire humblement, sans offenser mon maître,
Que ce gouffre enflammé de soufre et de salpêtre
Eût allumé ses feux dans le fond des déserts.
Je respecte mon Dieu, mais j'aime l'univers.
Quand l'homme ose gémir d'un fléau si terrible,
Il n'eſt point orgueilleux, hélas ! Il eſt sensible.
Les triſtes habitants de ces bords désolés
Dans l'horreur des tourments seraient-ils consolés
Si quelqu'un leur disait : « Tombez, mourez tranquilles;
Pour le bonheur du monde on détruit vos asiles;
D'autres mains vont bâtir vos palais embrasés,
D'autres peuples naîtront dans vos murs écrasés;
Le Nord va s'enrichir de vos pertes fatales;
Tous vos maux sont un bien dans les lois générales;
Dieu vous voit du même œil que les vils vermisseaux
Dont vous serez la proie au fond de vos tombeaux » ?
A des infortunés quel horrible langage !
Cruels, à mes douleurs n'ajoutez point l'outrage.
Non, ne présentez plus à mon cœur agité
Ces immuables lois de la nécessité,
Cette chaîne des corps, des esprits, et des mondes.

O rêves des savants ! ô chimères profondes !
Dieu tient en main la chaîne, et n'est point enchaîné[1];
Par son choix bienfaisant tout est déterminé :
Il est libre, il est juste, il n'est point implacable.
Pourquoi donc souffrons-nous sous un maître équitable ?
Voilà le nœud fatal qu'il fallait délier.
Guérirez-vous nos maux en osant les nier ?
Tous les peuples, tremblant sous une main divine,
Du mal que vous niez ont cherché l'origine.
Si l'éternelle loi qui meut les éléments
Fait tomber les rochers sous les efforts des vents,
Si les chênes touffus par la foudre s'embrasent,
Ils ne ressentent point des coups qui les écrasent :
Mais je vis, mais je sens, mais mon cœur opprimé
Demande des secours au Dieu qui l'a formé.
Enfants du Tout-Puissant, mais nés dans la misère,
Nous étendons les mains vers notre commun père.
Le vase, on le sait bien, ne dit point au potier :
« Pourquoi suis-je si vil, si faible et si grossier ? »
Il n'a point la parole, il n'a point la pensée;
Cette urne en se formant qui tombe fracassée
De la main du potier ne reçut point un cœur
Qui désirât les biens et sentît son malheur.
« Ce malheur, dites-vous, est le bien d'un autre être. »
De mon corps tout sanglant mille insectes vont naître;
Quand la mort met le comble aux maux que j'ai soufferts,
Le beau soulagement d'être mangé des vers !
Tristes calculateurs des misères humaines,
Ne me consolez point, vous aigrissez mes peines;
Et je ne vois en vous que l'effort impuissant
D'un fier infortuné qui feint d'être content.
Je ne suis du grand *tout* qu'une faible partie :
Oui; mais les animaux condamnés à la vie,
Tous les êtres sentants, nés sous la même loi,
Vivent dans la douleur, et meurent comme moi.
Le vautour acharné sur sa timide proie
De ses membres sanglants se repaît avec joie;
Tout semble bien pour lui; mais bientôt à son tour
Un aigle au bec tranchant dévore le vautour;
L'homme d'un plomb mortel atteint cette aigle altière :
Et l'homme aux champs de Mars couché sur la poussière,
Sanglant, percé de coups, sur un tas de mourants,
Sert d'aliment affreux aux oiseaux dévorants.

Ainsi du monde entier tous les membres gémissent;
Nés tous pour les tourments, l'un par l'autre ils périssent :
Et vous composerez dans ce chaos fatal
Des malheurs de chaque être un bonheur général !
Quel bonheur ! ô mortel et faible et misérable.
Vous criez : « Tout est bien » d'une voix lamentable,
L'univers vous dément, et votre propre cœur
Cent fois de votre esprit a réfuté l'erreur.
Éléments, animaux, humains, tout est en guerre.
Il le faut avouer, le mal est sur la terre :
Son principe secret ne nous est point connu.
De l'auteur de tout bien le mal est-il venu ?
Est-ce le noir Typhon, le barbare Arimane,
Dont la loi tyrannique à souffrir nous condamne ?
Mon esprit n'admet point ces monstres odieux
Dont le monde en tremblant fit autrefois des dieux.
Mais comment concevoir un Dieu, la bonté même,
Qui prodigua ses biens à ses enfants qu'il aime,
Et qui versa sur eux les maux à pleines mains ?
Quel œil peut pénétrer dans ses profonds desseins ?
De l'Être tout parfait le mal ne pouvait naître;
Il ne vient point d'autrui, puisque Dieu seul est maître :
Il existe pourtant. O tristes vérités !
O mélange étonnant de contrariétés !
Un Dieu vint consoler notre race affligée;
Il visita la terre et ne l'a point changée !
Un sophiste arrogant nous dit qu'il ne l'a pu;
« Il le pouvait, dit l'autre, et ne l'a point voulu :
Il le voudra, sans doute »; et, tandis qu'on raisonne,
Des foudres souterrains engloutissent Lisbonne,
Et de trente cités dispersent les débris,
Des bords sanglants du Tage à la mer de Cadix.
Ou l'homme est né coupable, et Dieu punit sa race,
Ou ce maître absolu de l'être et de l'espace,
Sans courroux, sans pitié, tranquille, indifférent,
De ses premiers décrets suit l'éternel torrent;
Ou la matière informe, à son maître rebelle,
Porte en soi des défauts *nécessaires* comme elle;
Ou bien Dieu nous éprouve, et ce séjour mortel[1]
N'est qu'un passage étroit vers un monde éternel.
Nous essuyons ici des douleurs passagères :
Le trépas est un bien qui finit nos misères.
Mais quand nous sortirons de ce passage affreux,

Qui de nous prétendra mériter d'être heureux ?
  Quelque parti qu'on prenne, on doit frémir, sans doute.
Il n'est rien qu'on connaisse, et rien qu'on ne redoute.
La nature est muette, on l'interroge en vain;
On a besoin d'un Dieu qui parle au genre humain.
Il n'appartient qu'à lui d'expliquer son ouvrage,
De consoler le faible, et d'éclairer le sage.
L'homme, au doute, à l'erreur, abandonné sans lui,
Cherche en vain des roseaux qui lui servent d'appui.
Leibnitz ne m'apprend point par quels nœuds invisibles,
Dans le mieux ordonné des univers possibles,
Un désordre éternel, un chaos de malheurs,
Mêle à nos vains plaisirs de réelles douleurs,
Ni pourquoi l'innocent, ainsi que le coupable,
Subit également ce mal inévitable.
Je ne conçois pas plus comment tout serait bien :
Je suis comme un docteur, hélas ! je ne sais rien.
  Platon dit qu'autrefois l'homme avait eu des ailes,
Un corps impénétrable aux atteintes mortelles;
La douleur, le trépas, n'approchaient point de lui.
De cet état brillant qu'il diffère aujourd'hui !
Il rampe, il souffre, il meurt; tout ce qui naît expire;
De la destruction la nature est l'empire.
Un faible composé de nerfs et d'ossements
Ne peut être insensible au choc des éléments;
Ce mélange de sang, de liqueurs, et de poudre,
Puisqu'il fut assemblé, fut fait pour se dissoudre;
Et le sentiment prompt de ces nerfs délicats
Fut soumis aux douleurs, ministres du trépas :
C'est là ce que m'apprend la voix de la nature.
J'abandonne Platon, je rejette Épicure.
Bayle en sait plus qu'eux tous; je vais le consulter :
La balance à la main, Bayle enseigne à douter[1],
Assez sage, assez grand pour être sans système,
Il les a tous détruits, et se combat lui-même :
Semblable à cet aveugle en butte aux Philistins,
Qui tomba sous les murs abattus par ses mains.
  Que peut donc de l'esprit la plus vaste étendue ?
Rien; le livre du sort se ferme à notre vue.
L'homme, étranger à soi, de l'homme est ignoré.
Que suis-je, où suis-je, où vais-je, et d'où suis-je tiré ?
Atomes tourmentés sur cet amas de boue,
Que la mort engloutit et dont le sort se joue,

Mais atomes pensants, atomes dont les yeux,
Guidés par la pensée, ont mesuré les cieux;
Au sein de l'infini nous élançons notre être,
Sans pouvoir un moment nous voir et nous connaître[1].
Ce monde, ce théâtre et d'orgueil et d'erreur,
Est plein d'infortunés qui parlent de bonheur.
Tout se plaint, tout gémit en cherchant le bien-être :
Nul ne voudrait mourir, nul ne voudrait renaître.
Quelquefois, dans nos jours consacrés aux douleurs,
Par la main du plaisir nous essuyons nos pleurs;
Mais le plaisir s'envole, et passe comme une ombre;
Nos chagrins, nos regrets, nos pertes, sont sans nombre.
Le passé n'est pour nous qu'un triste souvenir;
Le présent est affreux, s'il n'est point d'avenir,
Si la nuit du tombeau détruit l'être qui pense.
Un jour tout sera bien, voilà notre espérance;
Tout est bien aujourd'hui, voilà l'illusion.
Les sages me trompaient, et Dieu seul a raison.
Humble dans mes soupirs, soumis dans ma souffrance,
Je ne m'élève point contre la Providence.
Sur un ton moins lugubre on me vit autrefois
Chanter des doux plaisirs les séduisantes lois :
D'autres temps, d'autres mœurs : instruit par la vieillesse,
Des humains égarés partageant la faiblesse,
Dans une épaisse nuit cherchant à m'éclairer,
Je ne sais que souffrir, et non pas murmurer[2].
Un calife autrefois, à son heure dernière,
Au Dieu qu'il adorait dit pour toute prière :
« Je t'apporte, ô seul roi, seul être illimité,
Tout ce que tu n'as pas dans ton immensité,
Les défauts, les regrets, les maux et l'ignorance. »
Mais il pouvait encore ajouter *l'espérance*[3].

DIALOGUE
ENTRE UN BRACHMANE ET UN JÉSUITE
SUR LA NÉCESSITÉ
ET L'ENCHAÎNEMENT DES CHOSES[1]

LE JÉSUITE

C'EST apparemment par les prières de saint François-Xavier que vous êtes parvenu à une si heureuse et si longue vieillesse ? Cent quatre-vingts ans ! cela est digne du temps des patriarches.

LE BRACHMANE

Mon maître Fonfouca en a vécu trois cents; c'est le cours ordinaire de notre vie. J'ai une grande estime pour François-Xavier; mais ses prières n'auraient jamais pu déranger l'ordre de l'univers, et s'il avait eu seulement le don de faire vivre une mouche un instant de plus que ne le portait l'enchaînement des destinées, ce globe-ci serait tout autre chose que ce que vous voyez aujourd'hui.

LE JÉSUITE

Vous avez une étrange opinion des futurs contingents. Vous ne savez donc pas que l'homme est libre, que notre volonté dispose à notre gré de tout ce qui se passe sur la terre ? Je vous assure que les seuls jésuites y ont fait pour leur part des changements considérables.

LE BRACHMANE

Je ne doute pas de la science et du pouvoir des révérends pères jésuites; ils sont une partie fort estimable de ce monde, mais je ne les en crois pas les souverains. Chaque homme, chaque être, tant jésuite que brachmane, est un ressort de l'univers : il obéit à la destinée, et ne lui commande pas. A quoi tenait-il que Gengis-kan conquît l'Asie ? à l'heure à laquelle son père s'éveilla un jour en couchant avec sa femme, à un mot qu'un Tartare avait prononcé quelques années auparavant. Je suis, par exemple, tel que vous me voyez, une des causes principales de la mort déplorable de votre bon roi Henri IV, et vous m'en voyez encore affligé.

LE JÉSUITE

Votre Révérence veut rire apparemment. Vous, la cause de l'assassinat de Henri IV !

LE BRACHMANE

Hélas ! Oui. C'était l'an neuf cent quatre-vingt-trois mille de la révolution de Saturne, qui revient à l'an mil cinq cent cinquante de votre ère. J'étais jeune et étourdi. Je m'avisai de commencer une petite promenade du pied gauche, au lieu du pied droit, sur la côte de Malabar, et de là suivit évidemment la mort de Henri IV.

LE JÉSUITE

Comment cela, je vous supplie ? Car nous, qu'on accusait de nous être tournés de tous les côtés dans cette affaire, nous n'y avons aucune part.

LE BRACHMANE

Voici comme la destinée arrangea la chose. En avançant le pied gauche, comme j'ai l'honneur de vous dire, je fis tomber malheureusement dans l'eau mon ami Ériban, marchand persan, qui se noya. Il avait une fort jolie femme qui convola avec un marchand arménien; elle eut une fille qui épousa un Grec; la fille de ce Grec s'établit en France, et épousa le père de Ravaillac. Si tout cela n'était pas arrivé, vous sentez que les affaires des maisons de France et d'Autriche auraient tourné différemment. Le système de l'Europe aurait changé. Les guerres entre l'Allemagne et la Turquie auraient eu d'autres suites; ces suites auraient influé sur la Perse, la Perse sur les Indes. Vous voyez que tout tenait à mon pied gauche, lequel était lié à tous les autres événements de l'univers, passés, présents, et futurs.

LE JÉSUITE

Je veux proposer cet argument à quelqu'un de nos pères théologiens, et je vous apporterai la solution.

LE BRACHMANE

En attendant je vous dirai encore que la servante du grand-père du fondateur des feuillants (car j'ai lu vos histoires) était aussi une des causes nécessaires de la mort de Henri IV, et de tous les accidents que cette mort entraîna.

LE JÉSUITE

Cette servante-là était une maîtresse femme.

LE BRACHMANE

Point du tout : c'était une idiote à qui son maître fit un enfant. Mme de La Barrière en mourut de chagrin. Celle qui lui succéda fut, comme disent vos chroniques, la grand-mère du bienheureux Jean de La Barrière, qui fonda l'ordre des feuillants. Ravaillac fut moine dans cet ordre. Il puisa chez eux certaine doctrine fort à la mode, alors, comme vous savez. Cette doctrine lui persuada que c'était une bonne œuvre d'assassiner le meilleur roi du monde. Le reste est connu.

LE JÉSUITE

Malgré votre pied gauche et la servante du grand-père du fondateur des feuillants, je croirai toujours que l'action horrible de Ravaillac était un futur contingent qui pouvait fort bien ne pas arriver : car enfin la volonté de l'homme est libre.

LE BRACHMANE

Je ne sais pas ce que vous entendez par une volonté libre; je n'attache point d'idée à ces paroles. Être libre, c'est faire ce qu'on veut, et non pas vouloir ce qu'on veut. Tout ce que je sais, c'est que Ravaillac commit volontairement le crime qu'il était destiné à faire par des lois immuables. Ce crime était un chaînon de la grande chaîne des destinées.

LE JÉSUITE

Vous avez beau dire, les choses de ce monde ne sont point si liées ensemble que vous pensez. Que fait, par exemple, au reste de la machine la conversation inutile que nous avons ensemble sur le rivage des Indes ?

LE BRACHMANE

Ce que nous disons, vous et moi, est peu de chose sans doute; mais si vous n'étiez pas ici, toute la machine du monde serait autre chose qu'elle n'est.

LE JÉSUITE

Votre Révérence bramine avance là un furieux paradoxe.

LE BRACHMANE

Votre Paternité ignacienne en croira ce qu'elle voudra; mais certainement nous n'aurions pas cette conversation si vous n'étiez venu aux Indes; vous n'auriez pas fait ce voyage si votre saint Ignace de Loyola n'avait pas été blessé au siège de Pampelune, et si un roi de Portugal[1] ne s'était obstiné à faire doubler le cap de Bonne-Espérance. Ce roi de Portugal n'a-t-il pas, avec le secours de la boussole, changé la face du monde ? Mais il fallait qu'un Napolitain[a] eût inventé la boussole. Et puis dites que tout n'est pas éternellement asservi à un ordre constant, qui unit par des liens invisibles et indissolubles tout ce qui naît, tout ce qui agit, tout ce qui souffre, tout ce qui meurt sur notre globe.

LE JÉSUITE

Hé ! que deviendront les futurs contingents ?

LE BRACHMANE

Ils deviendront ce qu'ils pourront; mais l'ordre établi par une main éternelle et toute-puissante doit subsister à jamais.

LE JÉSUITE

A vous entendre, il ne faudrait donc point prier Dieu ?

LE BRACHMANE

Il faut l'adorer[a]. Mais qu'entendez-vous par le prier ?

LE JÉSUITE

Ce que tout le monde entend : qu'il favorise nos désirs, qu'il satisfasse à nos besoins.

LE BRACHMANE

Je vous comprends. Vous voulez qu'un jardinier obtienne du soleil à l'heure que Dieu a destinée de toute éternité pour la pluie, et qu'un pilote ait un vent d'est lorsqu'il faut qu'un vent d'occident rafraîchisse la terre et les mers. Mon père, prier c'est se soumettre. Bonsoir. La destinée m'appelle à présent auprès de ma bramine.

LE JÉSUITE

Ma volonté libre me presse d'aller donner leçon à un jeune écolier[1].

DIALOGUES
ENTRE LUCRÈCE ET POSIDONIUS[1]

PREMIER ENTRETIEN

POSIDONIUS

Votre poésie eſt quelquefois admirable; mais la physique d'Épicure me paraît bien mauvaise.

LUCRÈCE

Quoi ! vous ne voulez pas convenir que les atomes se sont arrangés d'eux-mêmes de façon qu'ils ont produit cet univers ?

POSIDONIUS

Nous autres mathématiciens, nous ne pouvons convenir que des choses qui sont prouvées évidemment par des principes inconteſtables.

LUCRÈCE

Mes principes le sont.

Ex nihilo nihil, in nihilum nil posse reverti ;
Tangere enim et tangi nisi corpus nulla poteſt res[2].

Que rien ne vient de rien, rien ne retourne à rien;
Et qu'un corps n'est touché que par un autre corps.

POSIDONIUS

Quand je vous aurais accordé ces principes, et même les atomes et le vide, vous ne me persuaderiez pas plus que l'univers s'eſt arrangé de lui-même, dans l'ordre admirable où nous le voyons, que si vous disiez aux Romains que la sphère armillaire, composée par Posidonius, s'eſt faite toute seule.

LUCRÈCE

Mais qui donc aura fait le monde ?

POSIDONIUS

Un être intelligent, plus supérieur au monde et à moi que je ne le suis au cuivre dont j'ai composé ma sphère.

LUCRÈCE

Vous qui n'admettez que des choses évidentes, comment pouvez-vous reconnaître un principe dont vous n'avez d'ailleurs aucune notion ?

POSIDONIUS

Comme, avant de vous avoir connu, j'ai jugé que votre livre était d'un homme d'esprit.

LUCRÈCE

Vous avouez que la matière est éternelle, qu'elle existe parce qu'elle existe : or, si elle existe par sa nature, pourquoi ne peut-elle pas former par sa nature des soleils, des mondes, des plantes, des animaux, des hommes ?

POSIDONIUS

Tous les philosophes qui nous ont précédés ont cru la matière éternelle, mais ils ne l'ont pas démontré ; et quand elle serait éternelle, il ne s'ensuit point du tout qu'elle puisse former des ouvrages dans lesquels éclatent tant de sublimes desseins. Cette pierre aurait beau être éternelle, vous ne me persuaderez point qu'elle puisse produire l'*Iliade* d'Homère.

LUCRÈCE

Non, une pierre ne composera point l'*Iliade,* non plus qu'elle ne produira un cheval ; mais la matière, organisée avec le temps et devenue un mélange d'os, de chair et de sang, produira un cheval, et, organisée plus finement, composera l'*Iliade*.

POSIDONIUS

Vous le supposez sans aucune preuve, et je ne dois rien admettre sans preuve. Je vais vous donner des os, du sang, de la chair tout faits ; je vous laisserai travailler, vous et tous les épicuriens du monde; consentiriez-vous à faire le marché de posséder l'empire romain si vous venez à bout de faire un cheval avec les ingrédients tout préparés, ou à être pendu si vous n'en pouvez venir à bout ?

LUCRÈCE

Non; cela passe mes forces, mais non pas celles de la nature. Il faut des millions de siècles pour que la nature, ayant passé par toutes les formes possibles, arrive enfin à la seule qui puisse produire des êtres vivants.

POSIDONIUS

Vous aurez beau remuer dans un tonneau, pendant toute votre vie, tous les matériaux de la terre mêlés ensemble, vous n'en tirerez pas seulement une figure régulière, vous ne produirez rien. Si le temps de votre vie ne peut suffire à produire seulement un champignon, le temps de la vie d'un autre homme y suffira-t-il ? Ce qu'un siècle n'a pas fait, pourquoi plusieurs siècles pourraient-ils le faire ? Il faudrait avoir vu naître des hommes et des animaux du sein de la terre, et des blés sans germe, etc., etc., pour oser affirmer que la matière toute seule se donne de telles formes; personne, que je sache, n'a vu cette opération : personne ne doit donc y croire.

LUCRÈCE

Eh bien ! les hommes, les animaux, les arbres, auront toujours été. Tous les philosophes conviennent que la matière eſt éternelle; ils conviendront que les générations le sont aussi. C'eſt la nature de la matière qu'il y ait des aſtres qui tournent, des oiseaux qui volent, des chevaux qui courent, et des hommes qui fassent des *Iliade*.

POSIDONIUS

Dans cette supposition nouvelle, vous changez de sentiment; mais vous supposez toujours ce qui eſt en queſtion : vous admettez une chose dont vous n'avez pas la plus légère preuve.

LUCRÈCE

Il m'eſt permis de croire que ce qui eſt aujourd'hui était hier, était il y a un siècle, il y a cent siècles, et ainsi en remontant sans fin. Je me sers de votre argument : personne n'a jamais vu le soleil et les astres commencer leur carrière, les premiers animaux se former et recevoir la vie; on peut donc penser que tout a été éternellement comme il est.

POSIDONIUS

Il y a une grande différence. Je vois un dessein admirable, et je dois croire qu'un être intelligent a formé ce dessein.

LUCRÈCE

Vous ne devez pas admettre un être dont vous n'avez aucune connaissance.

POSIDONIUS

C'est comme si vous me disiez que je ne dois pas croire qu'un architecte a bâti le Capitole parce que je n'ai pu voir cet architecte.

LUCRÈCE

Votre comparaison n'est pas juste. Vous avez vu bâtir des maisons, vous avez vu des architectes : ainsi vous devez penser que c'est un homme semblable aux architectes d'aujourd'hui qui a bâti le Capitole. Mais ici les choses ne vont pas de même : le Capitole n'existe point par sa nature, et la matière existe par sa nature. Il est impossible qu'elle n'ait pas une certaine forme. Or pourquoi ne voulez-vous pas qu'elle possède par sa nature la forme qu'elle a aujourd'hui ? Ne vous est-il pas beaucoup plus aisé de reconnaître la nature qui se modifie elle-même que de reconnaître un être invisible qui la modifie ? Dans le premier cas vous n'avez qu'une difficulté, qui est de comprendre comment la nature agit; dans le second cas, vous avez deux difficultés, qui sont de comprendre et cette même nature, et un être inconnu qui agit sur elle.

POSIDONIUS

C'est tout le contraire. Je vois non seulement de la difficulté, mais de l'impossibilité à comprendre que la matière puisse avoir des desseins infinis, et je ne vois aucune difficulté à admettre un être intelligent qui gouverne cette matière par ses desseins infinis et par sa volonté toute-puissante.

LUCRÈCE

Quoi ! c'est donc parce que votre esprit ne peut comprendre une chose qu'il en suppose une autre ? C'est donc parce que vous ne pouvez saisir l'artifice et les ressorts nécessaires par lesquels la nature s'est arrangée en planètes, en soleil, en animaux, que vous recourez à un autre être ?

POSIDONIUS

Non, je n'ai pas recours à un Dieu parce que je ne puis comprendre la nature; mais je comprends évidemment que la nature a besoin d'une intelligence suprême, et cette seule raison me prouverait un Dieu, si je n'avais pas d'ailleurs d'autres preuves.

LUCRÈCE

Et si cette matière avait par elle-même l'intelligence ?

POSIDONIUS

Il m'est évident qu'elle ne la possède point.

LUCRÈCE

Et à moi il est évident qu'elle la possède, puisque je vois des corps comme vous et moi qui raisonnent.

POSIDONIUS

Si la matière possédait par elle-même la pensée, il faudrait que vous dissiez qu'elle la possède nécessairement. Or, si cette propriété lui était nécessaire, elle l'aurait en tout temps et en tous lieux : car ce qui est nécessaire à une chose ne peut jamais en être séparé. Un morceau de boue, le plus vil excrément penserait ; or certainement vous ne diriez pas que du fumier pense : la pensée n'est donc pas un attribut nécessaire à la matière.

LUCRÈCE

Votre raisonnement est un sophisme. Je tiens le mouvement nécessaire à la matière; cependant ce fumier, ce tas de boue, ne sont pas actuellement en mouvement; ils y seront quand quelque corps les poussera. De même la pensée ne sera l'attribut d'un corps que quand ce corps sera organisé pour penser.

POSIDONIUS

Votre erreur vient de ce que vous supposez toujours ce qui eſt en queſtion. Vous ne croyez pas que pour organiser un corps, le faire homme, le rendre pensant, il faut déjà de la pensée, il faut un dessein arrêté. Or vous ne pouvez admettre des desseins avant que les seuls êtres qui ont ici-bas des desseins soient formés; vous ne pouvez admettre des pensées avant que les êtres qui ont des pensées exiſtent. Vous supposez encore ce qui eſt en queſtion quand vous dites que le mouvement eſt nécessaire à la matière : car ce qui eſt absolument nécessaire exiſte toujours, comme l'étendue exiſte toujours dans toute matière; or le mouvement n'exiſte pas toujours. Les pyramides d'Égypte ne sont certainement pas en mouvement : une matière subtile aurait beau passer entre les pierres des pyramides d'Égypte, la masse de la pyramide eſt immobile. Le mouvement n'eſt donc pas absolument nécessaire à la matière; il lui vient d'ailleurs, ainsi que la pensée vient d'ailleurs aux hommes. Il y a donc un être intelligent et puissant qui donne le mouvement, la vie, et la pensée.

LUCRÈCE

Je peux vous répondre en disant qu'il y a toujours eu du mouvement et de l'intelligence dans le monde : ce mouvement et cette intelligence se sont diſtribués de tout temps, suivant les lois de la nature. La matière étant éternelle, il était impossible que son exiſtence ne fût pas dans quelque ordre; elle ne pouvait être dans aucun ordre sans le mouvement et sans la pensée; il fallait donc que l'intelligence et le mouvement fussent en elle.

POSIDONIUS

Quelque chose que vous fassiez, vous ne pouvez jamais que faire des suppositions. Vous supposez un ordre; il faut donc qu'il y ait une intelligence qui ait arrangé cet ordre. Vous supposez le mouvement et la pensée avant que la matière fût en mouvement et qu'il y eût des hommes et des pensées. Vous ne pouvez nier que la pensée n'eſt pas essentielle à la matière, puisque vous n'osez pas dire qu'un caillou pense. Vous ne pouvez opposer que des peut-être à la vérité qui vous presse; vous sentez l'impuissance de la matière, et vous êtes forcé d'admettre un Être suprême, intelligent, tout-puissant, qui a organisé la matière et les êtres pensants. Les desseins de cette intelligence supérieure éclatent de toutes parts, et vous devez les apercevoir dans un brin d'herbe comme dans le cours des astres. On voit que tout est dirigé à une fin certaine.

LUCRÈCE

Ne prenez-vous point pour un dessein ce qui n'est qu'une existence nécessaire ? Ne prenez-vous point pour une fin ce qui n'est qu'un usage que nous faisons des choses qui existent ? Les Argonautes ont bâti un vaisseau pour aller à Colchos; direz-vous que les arbres ont été créés pour que les Argonautes bâtissent un vaisseau, et que la mer a été faite pour que les Argonautes entreprissent leur navigation ? Les hommes portent des chaussures; direz-vous que les jambes ont été faites par un Être suprême pour être chaussées[1] ? Non, sans doute; mais les Argonautes ayant vu du bois en ont bâti un navire, et ayant connu que l'eau pouvait porter ce navire, ils ont entrepris leur voyage. De même, après une infinité de formes et de combinaisons que la matière avait prises, il s'est trouvé que les humeurs et la corne transparente qui composent l'œil, séparées autrefois dans différentes parties du corps humain, ont été réunies dans la tête, et les animaux ont commencé à voir. Les organes de la génération, qui étaient épars, se sont rassemblés, et ont pris la forme qu'ils ont : alors les générations ont été produites avec régularité. La matière du soleil longtemps répandue et écartée dans l'espace, s'est conglobée et a fait l'astre qui nous éclaire. Y a-t-il à tout cela de l'impossibilité ?

POSIDONIUS

En vérité vous ne pouvez pas avoir sérieusement recours à un tel système. Premièrement, en adoptant cette hypothèse, vous abandonneriez les générations éternelles dont vous parliez tout à l'heure. Secondement, vous vous trompez sur les causes finales. Il y a des usages volontaires que nous faisons des présents de la nature : il y a des effets indispensables. Les Argonautes pouvaient ne point employer les arbres des forêts pour en faire un vaisseau; mais ces arbres étaient visiblement destinés à croître sur la terre, à donner des fruits et des feuilles. On peut ne point couvrir ses jambes d'une chaussure; mais la jambe est visiblement faite pour porter le corps et pour marcher, les yeux pour voir, les oreilles pour entendre, les parties de la génération pour perpétuer l'espèce. Si vous considérez que d'une étoile placée à quatre ou cinq cents millions de lieues de nous il part des traits de lumière qui viennent faire le même angle déterminé dans les yeux de chaque animal, et que tous les animaux ont à l'instant la sensation de la lumière, vous m'avouerez qu'il y a là une mécanique, un dessein admirable. Or n'est-il pas déraisonnable d'admettre une mécanique sans artisan, un dessein sans intelligence, et de tels desseins sans un Être suprême ?

LUCRÈCE

Si j'admets cet Être suprême, quelle forme aura-t-il ? sera-t-il en un lieu ? sera-t-il hors de tout lieu ? sera-t-il dans le temps, hors du temps ? remplira-t-il tout l'espace, ou non ? Pourquoi aurait-il fait ce monde ? Quel est son but ? Pourquoi former des êtres sensibles et malheureux ? Pourquoi le mal moral et le mal physique ? De quelque côté que je tourne mon esprit, je ne vois que l'incompréhensible.

POSIDONIUS

C'est précisément parce que cet Être suprême existe que sa nature doit être incompréhensible : car s'il existe, il doit y avoir l'infini entre lui et nous. Nous devons admettre qu'il est, sans savoir ce qu'il est, et comment il opère. N'êtes-vous pas forcé d'admettre les asymptotes en géométrie, sans comprendre comment ces lignes peuvent s'approcher toujours, et ne se toucher jamais ? N'y a-t-il pas des choses aussi incompréhensibles que démontrées dans les propriétés du cercle ? Concevez donc qu'on doit admettre l'incompréhensible, quand l'existence de cet incompréhensible est prouvée.

LUCRÈCE

Quoi ! il me faudrait renoncer aux dogmes d'Épicure ?

POSIDONIUS

Il vaut mieux renoncer à Épicure qu'à la raison.

SECOND ENTRETIEN

LUCRÈCE

Je commence à reconnaître un Être suprême inaccessible à nos sens, et prouvé par notre raison, qui a fait le monde, et qui le conserve; mais pour tout ce que je dis de l'âme dans mon troisième livre, admiré de tous les savants de Rome, je ne crois pas que vous puissiez m'obliger à y renoncer.

POSIDONIUS

Vous dites d'abord :

Idque situm media regione in pectoris haeret.
L'esprit est au milieu de la poitrine.

(Liv. III, v. 141.)

Mais quand vous avez composé vos beaux vers, n'avez-vous jamais fait quelque effort de tête ? Quand vous parlez de l'esprit de Cicéron ou de l'orateur Marc Antoine, ne dites-vous pas que c'est une bonne tête ? Et si vous disiez qu'il a une bonne poitrine, ne croirait-on pas que vous parlez de sa voix et de ses poumons ?

LUCRÈCE

Mais ne sentez-vous pas que c'est autour du cœur que se forment les sentiments de joie, de douleur, et de crainte ?

Hic exultat enim pavor ac metus ; haec loca circum
Laetitiae mulcent[1].

(Liv. III, v. 142.)

Ne sentez-vous pas votre cœur se dilater ou se resserrer à une bonne ou mauvaise nouvelle ? N'y a-t-il pas là des ressorts secrets qui se détendent ou qui prennent de l'élasticité ? C'est donc là qu'est le siège de l'âme.

POSIDONIUS

Il y a une paire de nerfs qui part du cerveau, qui passe à l'estomac et au cœur, qui descend aux parties de la génération, et qui leur imprime des mouvements : direz-vous que c'est dans les parties de la génération que réside l'entendement humain ?

LUCRÈCE

Non, je n'oserais le dire; mais, quand je placerais l'âme dans la tête, au lieu de la mettre dans la poitrine, mes principes subsisteront toujours : l'âme sera toujours une matière infiniment déliée, semblable au feu élémentaire qui anime toute la machine.

POSIDONIUS

Et comment concevez-vous qu'une matière déliée puisse avoir des pensées, des sentiments par elle-même ?

LUCRÈCE

Parce que je l'éprouve, parce que toutes les parties de mon corps étant touchées en ont le sentiment; parce que ce sentiment est répandu dans toute ma machine, parce qu'il ne peut y être répandu que par une matière extrêmement subtile et rapide; parce que je suis un corps; carce qu'un corps ne peut être agité que par un corps; parce que l'intérieur de mon corps ne peut être pénétré pue par des corpuscules très déliés, et que par conséquent mon âme ne peut être que l'assemblage de ces qorpuscules.

POSIDONIUS

Nous sommes déjà convenus dans notre premier entretien qu'il n'y a pas d'apparence qu'un rocher puisse composer l'*Iliade*. Un rayon de soleil en sera-t-il plus capable ? Imaginez ce rayon de soleil cent mille fois plus subtil et plus rapide; cette clarté, cette ténuité, feront-elles des sentiments et des pensées ?

LUCRÈCE

Peut-être en feront-elles quand elles seront dans des organes préparés.

POSIDONIUS

Vous voilà toujours réduit à des peut-être. Du feu ne peut penser par lui-même plus que de la glace. Quand je supposerais que c'est du feu qui pense en vous, qui sent, qui a une volonté, vous seriez donc forcé d'avouer que ce n'est pas par lui-même qu'il a une volonté, du sentiment, et des pensées.

LUCRÈCE

Non, ce ne sera pas par lui-même : ce sera par l'assemblage de ce feu et de mes organes.

POSIDONIUS

Comment pouvez-vous imaginer que de deux corps qui ne pensent point chacun séparément, il résulte la pensée quand ils sont unis ensemble ?

LUCRÈCE

Comme un arbre et de la terre pris séparément ne portent point de fruit, et qu'ils en portent quand on a mis l'arbre dans la terre.

POSIDONIUS

La comparaison n'est qu'éblouissante. Cet arbre a en soi le germe des fruits, on le voit à l'œil dans ses boutons; et le suc de la terre développe la substance de ces fruits. Il faudrait donc que le feu eût déjà en soi le germe de la pensée, et que les organes du corps développassent ce germe.

LUCRÈCE

Que trouvez-vous à cela d'impossible ?

POSIDONIUS

Je trouve que ce feu, cette matière quintessenciée n'a pas en elle plus de droit à la pensée que la pierre. La production d'un être doit avoir quelque chose de semblable à ce qui la produit : or une pensée, une volonté, un sentiment, n'ont rien de semblable à de la matière ignée.

LUCRÈCE

Deux corps qui se heurtent produisent du mouvement; et cependant ce mouvement n'a rien de semblable à ces deux corps, il n'y a rien de leurs trois dimensions, il n'a point comme eux de figure : donc un être peut n'avoir rien de semblable à l'être qui le produit : donc la pensée peut naître de l'assemblage de deux corps qui n'auront point la pensée.

POSIDONIUS

Cette comparaison eſt encore plus éblouissante que juſte. Je ne vois que matière dans deux corps en mouvement; je ne vois là que des corps passant d'un lieu dans un autre. Mais quand nous raisonnons ensemble, je ne vois aucune matière dans vos idées et dans les miennes. Je vous dirai seulement que je ne conçois pas plus comment un corps a le pouvoir d'en remuer un autre que je ne conçois comment j'ai des idées. Ce sont pour moi deux choses également inexplicables, et toutes deux me prouvent également l'exiſtence et la puissance d'un Être suprême autour du mouvement et de la pensée.

LUCRÈCE

Si notre âme n'eſt pas un feu subtil, une quintessence éthérée, qu'eſt-elle donc ?

POSIDONIUS

Vous et moi n'en savons rien : je vous dirai bien ce qu'elle n'eſt pas; mais je ne puis vous dire ce qu'elle eſt. Je vois que c'eſt une puissance qui eſt en moi, que je ne me suis pas donné cette puissance, et que par conséquent elle vient d'un être supérieur à moi.

LUCRÈCE

Vous ne vous êtes pas donné la vie, vous l'avez reçue de votre père; vous avez reçu de lui la pensée avec la vie, comme il l'avait reçue de son père, et ainsi en remontant à l'infini. Vous ne savez pas plus au fond ce que c'eſt que le principe de la vie que vous ne connaissez le principe de la pensée. Cette succession d'êtres vivants et pensants a toujours exiſté de tout temps.

POSIDONIUS

Je vois toujours que vous êtes forcé d'abandonner le syſtème d'Épicure, et que vous n'osez plus dire que la déclinaison des atomes produit la pensée; mais j'ai déjà réfuté dans notre dernier entretien la succession éternelle des êtres sensibles et pensants; je vous ai dit que s'il y avait eu des êtres matériels pensant par eux-mêmes, il faudrait que la pensée fût un attribut nécessaire essentiel à toute matière; que si la matière pensait nécessairement par elle-même, toute matière serait pensante; or cela n'eſt pas : donc il eſt insoutenable d'admettre une succession d'êtres matériels pensant par eux-mêmes.

LUCRÈCE

Ce raisonnement, que vous répétez, n'empêche pas qu'un père communique une âme à son fils en formant son corps. Cette âme et ce corps croissent ensemble; ils se fortifient, ils sont assujettis aux maladies, aux infirmités de la vieillesse. La décadence de nos forces entraîne celle de notre jugement; l'effet cesse enfin avec la cause, et l'âme se dissout comme la fumée dans les airs.

Praeterea, gigni pariter cum corpore, et una
Crescere sentimus, pariterque senescere mentem :
Nam velut infirmo pueri teneroque vagantur
Corpore, sic animi sequitur sententia tenuis.
Inde, ubi robuſtis adolevit viribus aetas,
Consilium quoque majus, et auctior eſt animi vis .
Poſt, ubi jam validis quassatum eſt viribus aevi
Corpus, et obtusis ceciderunt viribus artus,
Claudicat ingenium, delirat linguaque mensque ;
Omniat deficiunt, atque uno tempore desunt.
Ergo dissolvi quoque convenit omnem animaï
Naturam, ceu fumus in altas aeris auras :
Quandoquidem gigni pariter, pariterque videtur
Crescere ; et, ut docui, simul aevo fessa fatiscit[1].

(Liv. III, v. 446.)

POSIDONIUS

Voilà de très beaux vers; mais m'apprenez-vous par là quelle eſt la nature de l'âme ?

LUCRÈCE

Non, je vous fais son hiſtoire, et je raisonne avec quelque vraisemblance.

POSIDONIUS

Où eſt la vraisemblance qu'un père communique à son fils la faculté de penser ?

LUCRÈCE

Ne voyez-vous pas tous les jours que les enfants ont des inclinations de leurs pères, comme ils en ont les traits ?

POSIDONIUS

Mais un père en formant son fils n'a-t-il pas agi comme un instrument aveugle ? A-t-il prétendu faire une âme, faire des pensées, en jouissant de sa femme ? L'un et l'autre savent-ils comment un enfant se forme dans le sein maternel ? Ne faut-il pas recourir à quelque cause supérieure, ainsi que dans les autres opérations de la nature que nous avons examinées ? Ne sentez-vous pas, si vous êtes de bonne foi, que les hommes ne se donnent rien, et qu'ils sont sous la main d'un maître absolu ?

LUCRÈCE

Si vous en savez plus que moi, dites-moi donc ce que c'est que l'âme.

POSIDONIUS

Je ne prétends pas en savoir plus que vous. Éclairons-nous l'un l'autre. Dites-moi d'abord ce que c'est que la végétation.

LUCRÈCE

C'est un mouvement interne qui porte les sucs de la terre dans une plante, la fait croître, développe ses fruits, étend ses feuilles, etc.

POSIDONIUS

Vous ne pensez pas, sans doute, qu'il y ait un être appelé végétation qui opère ces merveilles ?

LUCRÈCE

Qui l'a jamais pensé ?

POSIDONIUS

Vous devez conclure de notre précédent entretien que l'arbre ne s'est point donné la végétation lui-même.

LUCRÈCE

Je suis forcé d'en convenir.

POSIDONIUS

Et la vie ? me direz-vous bien ce que c'est.

LUCRÈCE

C'est la végétation avec le sentiment dans un corps organisé.

POSIDONIUS

Et il n'y a pas un être appelé la vie qui donne ce sentiment à un corps organisé.

LUCRÈCE

Sans doute. La végétation et la vie sont des mots qui signifient des choses végétantes et vivantes.

POSIDONIUS

Si l'arbre et l'animal ne peuvent se donner la végétation et la vie, pouvez-vous vous donner vos pensées ?

LUCRÈCE

Je crois que je le peux, car je pense à ce que je veux. Ma volonté était de vous parler de métaphysique, et je vous en parle.

POSIDONIUS

Vous croyez être le maître de vos idées ? Vous savez donc quelles pensées vous aurez dans une heure, dans un quart d'heure ?

LUCRÈCE

J'avoue que je n'en sais rien.

POSIDONIUS

Vous avez souvent des idées en dormant; vous faites des vers en rêve; César prend des villes; je résous des problèmes; les chiens de chasse poursuivent un cerf dans leurs songes. Les idées nous viennent donc indépendamment de notre volonté; elles nous sont donc données par une cause supérieure.

LUCRÈCE

Comment l'entendez-vous ? Prétendez-vous que l'Être suprême est occupé continuellement à donner des idées, ou qu'il a créé des substances incorporelles qui ont ensuite des idées par elles-mêmes, tantôt avec le secours des sens, tantôt sans ce secours ? Ces substances sont-elles formées au moment de la conception de l'animal ? Sont-elles formées auparavant, et attendent-elles des corps pour aller s'y insinuer, ou ne s'y logent-elles que quand l'animal est capable de les recevoir ? ou enfin est-ce dans l'Être suprême que chaque être animé voit les idées des choses ? Quelles est votre opinion ?

POSIDONIUS

Quand vous m'aurez dit comment notre volonté opère sur-le-champ un mouvement dans nos corps, comment votre bras obéit à votre volonté, comment nous recevons la vie, comment nos aliments se digèrent, comment du blé se transforme en sang, je vous dirai comment nous avons des idées. J'avoue sur tout cela mon ignorance. Le monde pourra avoir un jour de nouvelles lumières, mais depuis Thalès jusqu'à nos jours nous n'en avons point. Tout ce que nous pouvons faire, c'est de sentir notre impuissance, de reconnaître un être tout-puissant, et de nous garder de ces systèmes.

GALIMATIAS DRAMATIQUE[1]

UN JÉSUITE, *prêchant aux Chinois.*

Je vous le dis, mes chers frères, Notre Seigneur veut faire de tous les hommes des vases d'élection; il ne tient qu'à vous d'être vases : vous n'avez qu'à croire sur-le-champ tout ce que je vous annonce; vous êtes les maîtres de votre esprit, de votre cœur, de vos pensées, de vos sentiments. Jésus-Christ est mort pour tous, comme on sait, la grâce est donnée à tous. Si vous n'avez pas la contrition, vous avez l'attrition[2]; si l'attrition vous manque, vous avez vos propres forces et les miennes.

UN JANSÉNISTE, *arrivant.*

Vous en avez menti, enfant d'Escobar et de perdition; vous prêchez ici l'erreur et le mensonge. Non, Jésus n'est mort que pour plusieurs; la grâce est donnée à peu; l'attrition est une sottise; les forces des Chinois sont nulles, et vos prières sont des blasphèmes; car Augustin et Paul...

LE JÉSUITE

Taisez-vous, hérétique; sortez, ennemi de saint Pierre. Mes frères, n'écoutez point ce novateur, qui cite Augustin et Paul; et venez tous que je vous baptise.

LE JANSÉNISTE

Gardez-vous-en bien, mes frères; ne vous faites point baptiser par la main d'un moliniste, vous seriez damnés à tous les diables. Je vous baptiserai dans un an au plus tôt, quand je vous aurai appris ce que c'est que la grâce.

LE QUAKER

Ah ! mes frères, ne soyez baptisés ni par la patte de ce renard, ni par la griffe de ce tigre. Croyez-moi, il vaut mieux n'être point baptisé du tout; c'est ainsi que nous en usons. Le baptême peut avoir son mérite; mais on peut très bien s'en passer. Tout ce qui est nécessaire, c'est d'être animé de l'Esprit; vous n'avez qu'à l'attendre, il viendra, et vous en saurez plus en un moment que ces charlatans n'en pourraient dire toute leur vie.

L'ANGLICAN

Ah ! mes ouailles, quels monstres viennent ici vous dévorer ! Mes chères brebis, ne savez-vous pas que l'Église anglicane est la seule Église pure ? Nos chapelains qui sont venus boire du punch à Canton ne vous l'ont-ils pas dit ?

LE JÉSUITE

Les anglicans sont des déserteurs; ils ont renoncé à notre pape, et le pape est infaillible.

LE LUTHÉRIEN

Votre pape est un âne, comme l'a prononcé Luther. Mes chers Chinois, moquez-vous du pape, et des anglicans, et des molinistes, et des jansénistes, et des quakers, et ne croyez que les luthériens : prononcez seulement ces mots, *in, cum, sub*[1], et buvez du meilleur.

LE PURITAIN

Nous déplorons, mes frères, l'aveuglement de tous ces gens-ci, et le vôtre. Mais, Dieu merci, l'Éternel a ordonné que je viendrais à Pékin, au jour marqué, confondre ces bavards; que vous m'écouteriez, et que nous ferions le souper ensemble le matin, car vous saurez que dans le quatrième siècle de l'ère de Denis le Petit...

LE MUSULMAN

Eh ! mort de Mahomet, voilà bien des discours ! si quelqu'un de ces chiens-là s'avise encore d'aboyer, je leur coupe à tous les deux oreilles; pour leur prépuce, je ne m'en donnerai pas la peine : ce sera vous, mes chers Chinois, que je circoncirai; je vous donne huit jours pour vous y préparer, et si quelqu'un de vous autres, après cela, s'avise de boire du vin, il aura affaire à moi.

LE JUIF

Ah ! mes enfants, si vous voulez être circoncis, donnez-moi la préférence : je vous ferai boire du vin tant que vous voudrez; mais si vous êtes assez impies pour manger du lièvre qui, comme vous savez, rumine et n'a pas le pied fendu[1], je vous ferai passer au fil de l'épée quand je serai le plus fort, ou, si vous l'aimez mieux, je vous lapiderai; car...

LES CHINOIS

Ah ! par Confucius et les cinq Kings, tous ces gens-là ont-ils perdu l'esprit ? Monsieur le geôlier des petites-maisons de la Chine, allez renfermer tous ces pauvres fous chacun dans leur loge.

RELATION
DE LA MALADIE, DE LA CONFESSION, DE LA MORT ET DE L'APPARITION
DU JÉSUITE BERTHIER
AVEC LA RELATION DU VOYAGE DE FRÈRE GARASSISE,

ET CE QUI S'ENSUIT, EN ATTENDANT CE QUI S'ENSUIVRA[1]

Ce fut le 12 octobre 1759[2] que frère Berthier alla, pour son malheur, de Paris à Versailles avec frère Coutu, qui l'accompagne ordinairement. Berthier avait mis dans la voiture quelques exemplaires du *Journal de Trévoux,* pour les présenter à ses protecteurs et protectrices; comme à la femme de chambre de madame la nourrice, à un officier de bouche, à un des garçons apothicaires du roi, et à plusieurs autres seigneurs qui font cas des talents. Berthier sentit en chemin quelques nausées; sa tête s'appesantit : il eut de fréquents bâillements. « Je ne sais ce que j'ai, dit-il à Coutu, je n'ai jamais tant bâillé. — Mon Révérend Père, répondit frère Coutu, ce n'est qu'un rendu. — Comment ! que voulez-vous dire avec votre rendu ? dit frère Berthier. — C'est, dit frère Coutu, que je bâille aussi, et je ne sais pourquoi, car je n'ai rien lu de la journée, et vous ne m'avez point parlé depuis que je suis en route avec vous. » Frère Coutu, en disant ces mots, bâilla plus que jamais. Berthier répliqua par des bâillements qui ne finissaient point. Le cocher se retourna, et les voyant ainsi bâiller, se mit à bâiller aussi; le mal gagna tous les passants : on bâilla dans toutes les maisons voisines. Tant la seule présence d'un savant a quelquefois d'influence sur les hommes !

Cependant une petite sueur froide s'empara de Berthier. « Je ne sais ce que j'ai, dit-il, je me sens à la glace. — Je le crois bien, dit le frère compagnon. — Comment, vous le croyez bien ! dit Berthier; qu'entendez-vous par là ? — C'eſt que je suis gelé aussi, dit Coutu. — Je m'endors, dit Berthier. — Je n'en suis pas surpris, dit l'autre. — Pourquoi cela ? dit Berthier. — C'eſt que je m'endors aussi », dit le compagnon. Les voilà saisis tous deux d'une affection soporifique et léthargique, et en cet état ils s'arrêtèrent devant la porte des coches[1] de Versailles. Le cocher, en leur ouvrant la portière, voulut les tirer de ce profond sommeil; il n'en put venir à bout : on appela au secours. Le compagnon, qui était plus robuſte que frère Berthier, donna enfin quelques signes de vie; mais Berthier était plus froid que jamais. Quelques médecins de la cour, qui revenaient de dîner, passèrent auprès de la chaise; on les pria de donner un coup d'œil au malade : l'un d'eux, lui ayant tâté le pouls, s'en alla en disant qu'il ne se mêlait plus de médecine depuis qu'il était à la cour. Un autre, l'ayant considéré plus attentivement, déclara que le mal venait de la vésicule du fiel, qui était toujours trop pleine; un troisième assura que le tout provenait de la cervelle, qui était trop vide.

Pendant qu'ils raisonnaient, le patient empirait, les convulsions commençaient à donner des signes funeſtes, et déjà les trois doigts dont on tient la plume étaient tout retirés, lorsqu'un médecin principal, qui avait étudié sous Mead et sous Boerhaave[2], et qui en savait plus que les autres, ouvrit la bouche de Berthier avec un biberon, et, ayant attentivement réfléchi sur l'odeur qui s'en exhalait, prononça qu'il était empoisonné.

A ce mot tout le monde se récria : « Oui, Messieurs, continua-t-il, il eſt empoisonné; il n'y a qu'à tâter sa peau, pour voir que les exhalaisons d'un poison froid se sont insinuées par les pores; et je maintiens que ce poison eſt pire qu'un mélange de ciguë, d'ellébore noire, d'opium, de solanum, et de jusquiame. Cocher, n'auriez-vous point mis dans votre voiture quelque paquet pour nos apothicaires ? — Non, Monsieur, répondit le cocher; voilà l'unique ballot que j'y ai placé par ordre du Révérend Père. » Alors il fouilla dans le coffre, et en tira deux douzaines d'exemplaires du *Journal de Trévoux*. « Eh bien, Messieurs, avais-je tort ? » dit ce grand médecin.

Tous les assistants admirèrent sa prodigieuse sagacité; chacun reconnut l'origine du mal : on brûla sur-le-champ sous le nez du patient le paquet pernicieux, et les particules pesantes s'étant atténuées par l'action du feu, Berthier fut un peu soulagé; mais comme le mal avait fait de grands progrès, et que la tête était attaquée, le danger subsistait toujours. Le médecin imagina de lui faire avaler une page de l'*Encyclopédie* dans du vin blanc, pour remettre en mouvement les humeurs de la bile épaissie : il en résulta une évacuation copieuse; mais la tête était toujours horriblement pesante, les vertiges continuaient, le peu de paroles qu'il pouvait articuler n'avaient aucun sens; il resta deux heures dans cet état, après quoi on fut obligé de le faire confesser.

Deux prêtres se promenaient alors dans la rue des Récollets : on s'adressa à eux. Le premier refusa : « Je ne veux point, dit-il, me charger de l'âme d'un jésuite, cela est trop scabreux : je ne veux avoir à faire à ces gens-là, ni pour les affaires de ce monde, ni pour celles de l'autre. Confessera un jésuite qui voudra, ce ne sera pas moi. » Le second ne fut pas si difficile. « J'entreprendrai cette opération, dit-il; on peut tirer parti de tout. »

Aussitôt il fut conduit dans la chambre où le malade venait d'être transporté; et comme Berthier ne pouvait encore parler distinctement, le confesseur prit le parti de l'interroger. « Mon Révérend Père, lui dit-il, croyez-vous en Dieu ? — Voilà une étrange question, dit Berthier. — Pas si étrange, dit l'autre; il y a croire et croire : pour s'assurer de croire comme il faut, il est nécessaire d'aimer Dieu et son prochain; les aimez-vous sincèrement ? — Je distingue, dit Berthier. — Point de distinction, s'il vous plaît, reprit le confessant; point d'absolution si vous ne commencez par ces deux devoirs. — Eh bien ! oui, dit le confessé, puisque vous m'y forcez, j'aime Dieu, et le prochain comme je peux.

— N'avez-vous point lu souvent de mauvais livres ? dit le confessant. — Qu'entendez-vous par mauvais livres ? dit le confessé. — Je n'entends pas, dit le confessant, les livres simplement ennuyeux, comme l'*Histoire romaine* des frères Catrou et Rouillé, et vos tragédies de collèges, et vos livres intitulés *des Belles-Lettres,* et la *Louisiade* de votre Lemoine, et les vers de votre Ducerceau sur la ravigote, et ses nobles stances sur le messager du Mans, et le remerciement au duc du Maine pour des pâtés, et votre *Pensez-y bien,* et toutes les finesses du bel esprit monacal; j'entends les imaginations de frère Bougeant[1], condamnées par le parlement et par l'archevêque de Paris; j'entends les gentillesses de frère Berruyer[2], qui a changé l'*Ancien* et le *Nouveau Testament* en un roman de ruelle dans le goût de *Clélie,* si justement flétri à Rome et en France; j'entends la théologie de frère Busembaum[3] et de frère Lacroix[4], qui ont si hautement renchéri sur tout ce qu'avaient écrit frère Guignard, et frère Gueret, et frère Garnet, et frère Oldcorn, et tant d'autres; j'entends frère Jouvency[5], qui compare finement le président de Harlay à Pilate, le parlement aux juifs, et frère Guignard[6] à Jésus-Christ, parce qu'un citoyen trop emporté, mais pénétré d'une juste horreur contre un professeur du parricide, s'avisa de cracher au visage de frère Guignard, assassin de Henri IV, dans le temps que ce monstre impénitent refusait de demander pardon au roi et à la justice; j'entends enfin cette foule innombrable de vos casuistes, que l'éloquent Pascal a trop épargnés, et surtout votre Sanchez[7], qui, dans son livre *De Matrimonio,* a fait un recueil de tout ce que l'Arétin et le Portier des Chartreux auraient tremblé de dire[8]. Pour peu que vous ayez fait des telles lectures, vous êtes en grand danger de votre salut. — Je distingue, répondit l'interrogé. — Point de distinction, encore une fois, reprit l'interrogeant. Avez-vous lu tous ces livres, oui ou non ? — Monsieur, dit Berthier, je suis en droit de tout lire, attendu le poste éminent que j'occupe dans la Compagnie. — Eh ! quel est donc ce grand poste ? dit le confessant. — Eh bien ! répondit Berthier, c'est moi, afin que vous le sachiez, qui suis l'auteur du *Journal de Trévoux*.

— Quoi ! c'est vous qui êtes l'auteur de ce livre qui damne tant de monde ? — Monsieur, Monsieur, mon livre ne damne personne; dans quel péché pourrait-il faire tomber, s'il vous plaît ? — Ah ! frère, dit le confessant, ne savez-vous pas que quiconque appelle son frère Raca est coupable de la géhenne du feu[9] ? or vous avez le malheur de faire venir à quiconque vous lit la tentation prochaine de vous nommer Raca : combien ai-je vu d'honnêtes gens, qui, ayant lu seulement deux ou trois pages de votre livre, le jetaient au feu, transportés de colère ! Quel impertinent auteur ! disaient-ils; l'ignorant, le butor, le cuistre, le cheval ! Cela ne finissait point : l'esprit de charité était totalement éteint en eux, et ils étaient évidemment en risque de leur salut. Jugez de combien de maux vous avez été cause ! Il y a peut-être près de cinquante personnes qui vous lisent, et ce sont cinquante âmes que vous mettez en péril tous les mois. Ce qui excite surtout la colère parmi les fidèles, c'est cette confiance avec laquelle vous décidez de tout ce que vous n'entendez point. Ce vice prend visiblement sa source dans deux péchés mortels : l'un est l'orgueil, et l'autre l'avarice. N'est-il pas vrai que vous faites votre livre pour de l'argent, et que vous êtes atteint de la superbe quand vous critiquez mal à propos l'abbé Velly[1], et l'abbé Coyer, et l'abbé d'Olivet[2], et tous nos bons auteurs ? Je ne puis vous donner l'absolution, que vous n'ayez fait un ferme propos de ne travailler de votre vie au *Journal de Trévoux.* »

Frère Berthier ne savait que répondre; sa tête n'était pas bien libre, et il tenait furieusement à ses deux péchés favoris. « Eh quoi ! vous hésitez, dit le confessant; songez que dans peu d'heures tout va finir pour vous : peut-on chérir encore ses passions quand il faut renoncer pour jamais à les satisfaire ? Vous demandera-t-on au jour du jugement si vous avez réussi ou non à faire le *Journal de Trévoux ?* Est-ce pour cela que vous êtes né ? est-ce pour nous ennuyer que vous avez fait vœu de chasteté, d'humilité et d'obéissance ? Arbre séché, arbre rabougri, qui allez être réduit en cendres, profitez du moment qui vous reste; portez encore des fruits de pénitence; détestez surtout l'esprit de calomnie qui vous a possédé jusqu'à présent; tâchez d'avoir autant de religion que ceux que vous accusez d'être sans religion. Sachez, frère Berthier, que la piété et la vertu ne consistent pas à croire que votre François-Xavier[3] ayant laissé tomber son crucifix dans la mer, un cancre vint humblement le lui rapporter. On peut être honnête homme, et douter que le même Xavier ait été en deux endroits à la fois; vos livres peuvent le dire; mais, mon frère, il est permis de ne rien croire de ce qui est dans vos livres.

« A propos, frère, n'auriez-vous point écrit à frère Malagrida[4] et complices ? Vraiment j'oubliais cette peccadille : vous croyez donc que parce qu'il n'en coûta autrefois qu'une dent à Henri IV, et qu'il n'en coûte aujourd'hui qu'un bras au roi de Portugal, vous pourrez vous sauver avec la direction d'intention ? Vous pensez que ce sont là des péchés véniels, et pourvu que le *Journal de Trévoux* se débite, vous vous souciez peu du reste.

— Je distingue, Monsieur, dit Berthier. — Encore des distinctions ! dit le confessant; eh bien ! moi, je ne distingue point, et je vous refuse net l'absolution. »

Comme il disait ces mots arrive frère Coutu en hâte, tout courant, tout essoufflé, tout suant, tout haletant, tout puant; il s'était informé de celui qui avait l'honneur de confesser son Révérend Père. « Arrêtez, arrêtez, cria-t-il, point de sacrements, mon cher Révérend Père, point de sacrements, je vous en conjure, mon cher Révérend Père Berthier, mourez sans sacrements, c'est l'auteur des *Nouvelles ecclésiastiques*[1] avec qui vous êtes, c'est le renard qui se confesse au loup : vous êtes perdu si vous avez dit la vérité. »

L'étonnement, la honte, la douleur, la colère, la rage, ranimèrent alors un moment les esprits du patient. « Vous l'auteur des *Nouvelles ecclésiastiques !* s'écria-t-il; et vous avez attrapé un jésuite ! — Oui, mon ami, répondit le confessant avec un sourire amer. — Rends-moi ma confession, coquin, dit Berthier; rends-moi ma confession tout à l'heure. Ah ! c'est donc toi, l'ennemi de Dieu, des rois et même des jésuites; c'est toi qui viens abuser de l'état où je suis : traître, que n'es-tu en apoplexie, et que ne puis-je te donner l'extrême-onction ! Tu crois donc être moins ennuyeux et moins fanatique que moi ? Oui, j'ai écrit des sottises, j'en conviens; je me suis rendu méprisable et haïssable, je l'avoue; mais toi, n'es-tu pas le plus bas et le plus exécrable de tous les barbouilleurs de papier à qui la démence a mis la plume à la main ? Dis-moi donc si ton *Histoire des convulsions* ne vaut pas bien nos *Lettres édifiantes et curieuses ?* Nous voulons dominer partout, je le confesse; et toi, tu voudrais tout brouiller. Nous voudrions séduire toutes les puissances; et toi, tu voudrais exciter la sédition contre elles. La justice a fait brûler nos livres, d'accord; mais n'a-t-elle pas fait aussi brûler les tiens ? Nous sommes tous en prison dans le Portugal, il est vrai; mais la police ne t'a-t-elle pas poursuivi cent fois, toi et tes complices ? Si j'ai eu la bêtise d'écrire contre des hommes éclairés qui dédaignaient jusque-là de m'écraser, n'as-tu pas eu la même impertinence ? Ne nous tourne-t-on pas tous deux également en ridicule ? et ne devons-nous pas avouer que dans ce siècle, l'égout des siècles, nous sommes tous deux les plus vils insectes de tous les insectes qui bourdonnent au milieu de la fange de ce bourbier ? » Voilà ce que la force de la vérité arrachait de la bouche de frère Berthier. Il parlait comme un inspiré; ses yeux, remplis d'un feu sombre, roulaient avec égarement; sa bouche se tordait, l'écume la couvrait, son corps se roidissait, son cœur palpitait : bientôt une défaillance générale succéda à ces convulsions; et dans cette défaillance il serra tendrement la main de frère Coutu. « J'avoue, dit-il, qu'il y a bien des pauvretés dans mon *Journal de Trévoux ;* mais il faut excuser la faiblesse humaine. — Ah ! mon Révérend Père, vous êtes un saint, dit frère Coutu; vous êtes le premier auteur qui ait jamais avoué qu'il était ennuyeux; allez, mourez en paix; moquez-vous des *Nouvelles ecclésiastiques ;* mourez, mon Révérend Père, et soyez sûr que vous ferez des miracles. »

Ainsi passa de cette vie à l'autre frère Berthier, le 12 octobre, à cinq heures et demie du soir.

APPARITION DE FRÈRE BERTHIER A FRÈRE GARASSISE

CONTINUATEUR DU JOURNAL DE TRÉVOUX

Le 14 octobre, moi frère Ignace Garassise, petit-neveu de frère Garasse[1], sur les deux heures après minuit, étant éveillé, j'eus une vision, et voici venir à moi le fantôme de frère Berthier, dont il me prit le plus long et le plus terrible bâillement que j'eusse jamais éprouvé. « Vous êtes donc mort, lui dis-je, mon Révérend Père ? » Il me fit en bâillant un signe de tête qui voulait dire oui. « Tant mieux, lui dis-je, car sans doute Votre Révérence est au nombre des saints; vous devez occuper une des premières places. Quel plaisir de vous voir dans le ciel avec tous nos frères, passés, présents, et futurs ! N'est-il pas vrai que cela fait environ quatre millions de têtes à auréole depuis la fondation de notre Compagnie jusqu'à nos jours ? Je ne crois pas qu'il s'en trouve autant chez les pères de l'Oratoire. Parlez, mon Révérend Père, ne bâillez plus, et dites-moi des nouvelles de vos joies.

— O mon fils ! dit frère Berthier d'une voix lugubre, que vous êtes dans l'erreur ! Hélas le Paradis ouvert à Philagie est fermé pour nos pères ! — Est-il possible ? fis-je. — Oui, fit-il, gardez-vous des vices pernicieux qui nous damnent ; et surtout, quand vous travaillerez au *Journal de Trévoux,* ne m'imitez pas ; ne soyez ni calomniateur, ni mauvais raisonneur, ni surtout ennuyeux, comme j'ai eu le malheur de l'être, ce qui est de tous les péchés le plus impardonnable. »

Je fus saisi d'une sainte horreur à cet horrible propos de frère Berthier. « Vous êtes donc damné ? m'écriai-je. — Non, fit-il ; je me suis heureusement repenti au dernier moment, je suis en purgatoire pour trois cent trente-trois mille trois cent trente-trois ans, trois mois, trois semaines et trois jours, et je n'en serai tiré que quand il se trouvera quelqu'un de nos frères qui sera humble, pacifique, qui ne désirera point aller à la cour, qui ne calomniera personne auprès des princes, qui ne se mêlera point des affaires du monde ; qui, lorsqu'il fera des livres, ne fera bâiller personne, et qui m'appliquera tous ses mérites.

— Ah ! frère, lui dis-je, votre purgatoire durera longtemps. Et dites-moi, je vous prie, quelle est votre pénitence dans ce purgatoire ? — Je suis obligé, dit-il, de faire tous les matins le chocolat d'un janséniste ; on me fait lire pendant le dîner à haute voix une *Lettre provinciale,* et le reste du temps on m'occupe à raccommoder les chemises des religieuses de Port-Royal. — Vous me faites trembler ! lui dis-je ; que sont donc devenus nos pères pour qui j'avais une si grande vénération ? où est le Révérend Père Le Tellier, ce chef, cet apôtre de l'Église gallicane ? — Il est damné sans miséricorde, me répondit frère Berthier ; et il le méritait bien : il avait trompé son roi, il avait allumé le flambeau de la discorde, supposé des lettres d'évêques, et persécuté de la manière la plus lâche et la plus emportée le plus digne archevêque

que jamais ait eu la capitale de la France[1]; il a été condamné irrémissiblement comme faussaire, calomniateur et perturbateur du repos public : c'est lui surtout qui nous a perdus, c'est lui qui a redoublé en nous cette manie qui nous fait aller en enfer par centaines et par milliers. Nous crûmes, parce que frère Le Tellier avait du crédit, que nous devions tous en avoir; nous nous imaginâmes, parce qu'il avait trompé son pénitent, que nous devions tromper tous les nôtres; nous crûmes, parce qu'un de ses livres avait été condamné à Rome, que nous ne devions faire que des livres qui dussent aussi être condamnés; et enfin, nous avons fait le *Journal de Trévoux*. »

Tandis qu'il me parlait, je me tournais sur le côté gauche, puis sur le côté droit, puis je me mettais sur mon séant, puis je m'écriai : « O mon cher purgatorien ! que faut-il faire pour éviter l'état où vous êtes ? quel est le péché qui est le plus à craindre ? »

Berthier alors ouvrit la bouche, et dit : « En passant auprès de l'enfer pour aller en purgatoire, on me fit entrer dans la caverne des sept péchés capitaux, qui est à gauche du vestibule; je m'adressai d'abord à la Luxure : c'était une grosse dondon, fraîche et appétissante; elle était couchée sur un lit de roses, ayant le livre de Sanchez à ses pieds et un jeune abbé à ses côtés; je lui dis : « Madame, ce n'est pas vous apparemment qui damnez nos « jésuites ? — Non, dit-elle, je n'ai pas cet honneur; « j'ai, à la vérité, un petit frère qui s'était emparé de « l'abbé Desfontaines et de quelques autres de son « espèce, tandis qu'ils portaient l'habit; mais, en général, « je ne me mêle pas de vos affaires : la volupté n'est pas « faite pour tout le monde. »

« L'Avarice était dans un coin, pesant de l'herbe du Paraguay contre de l'or. « Est-ce vous, Madame, qui « avez le plus de crédit chez nous ? — Non, mon Révé« rend Père, je damne seulement quelques-uns de vos « pères procureurs. — Serait-ce vous ? dis-je à la Colère. « — Adressez-vous à d'autres; je suis passagère, j'entre « dans tous les cœurs, mais je n'y demeure pas; mes « sœurs prennent bientôt la place. » Je me tournai alors vers la Gourmandise, qui était à table. « Pour vous, « Madame, lui dis-je, je sais bien, grâce à notre frère « cuisinier, que ce n'est pas vous qui perdez nos âmes. »

Elle avait la bouche pleine, et ne put me répondre; mais elle me fit signe, en branlant la tête, que nous n'étions pas dignes d'elle.

« La Paresse reposait sur un canapé, à moitié endormie; je ne voulus pas l'éveiller : je me doutais bien de l'aversion qu'elle a pour des gens qui, comme nous, courent par tout le monde.

« J'aperçus l'Envie, dans un coin, qui rongeait les cœurs de trois ou quatre poètes, de quelques prédicateurs et de cent faiseurs de brochures. « Vous avez « bien la mine, lui dis-je, d'avoir grande part à nos « péchés. — Ah ! dit-elle, mon Révérend Père, vous êtes « trop bon; comment des gens qui ont si bonne opinion « d'eux-mêmes pourraient-ils avoir recours à une « pauvre malheureuse comme moi, qui n'ai que la peau « et les os ? Adressez-vous à monsieur mon père. »

« En effet, son père était auprès d'elle dans une chaise à bras, vêtu d'un habit fourré d'hermine, la tête haute, le regard dédaigneux, les joues rouges, pleines et pendantes; je reconnus l'Orgueil : je me prosternai; c'était le seul être à qui je pusse rendre ce devoir. « Pardon, mon Père, « lui dis-je, si je ne me suis pas d'abord adressé à vous; « je vous ai toujours eu dans mon cœur : oui, c'est vous « qui nous gouvernez tous. Le plus ridicule écrivain, « fût-ce l'auteur de l'*Année littéraire,* est inspiré par « vous; ô magnifique diable ! c'est vous qui régnez sur « le mandarin et sur le colporteur, sur le grand lama et « sur le capucin, sur la sultane et sur la bourgeoise; mais « nos pères sont vos premiers favoris : votre divinité « éclate en nous à travers les voiles de la politique; j'ai « toujours été le plus fier de vos disciples, et je sens « même que je vous aime encore. » Il répondit à mon hymne par un sourire de protection, et aussitôt je fus traduit en purgatoire. »

Ici finit la vision de frère Garassise; il renonça au *Journal de Trévoux,* passa à Lisbonne, où il eut de longues conférences avec frère Malagrida, et ensuite alla au Paraguay[1].

RELATION
DU VOYAGE DE FRÈRE GARASSISE,

NEVEU DE FRÈRE GARASSE, SUCCESSEUR DE FRÈRE BERTHIER, ET CE QUI S'ENSUIT EN ATTENDANT CE QUI S'ENSUIVRA[1]

L'an de notre salut 1760, le 14 janvier, arriva de Lisbonne à Paris frère Garassise, en poste sur ses fesses, et mit pied à terre au collège de Clermont, dit, par abus, de Louis le Grand, et on sonna la cloche, et le R. P. provincial assembla son conseil, composé du R. P. spirituel, du R. P. recteur, du R. P. principal, de trois R. P. assistants, et du R. P. Croust[2], confesseur en cour.

Et frère Garassise rendit compte en ces termes du succès de son voyage devant cette vénérable assemblée :

Au nom de saint Ignace. En arrivant de nuit à la ville de Lisbonne pour le service de la Compagnie, voici que le ciel s'entrouvrit, et que deux saints de notre ordre en descendirent, lesquels saints je ne pus reconnaître, attendu l'énorme quantité que nous en possédons; et ils avaient les yeux plus perçants, et les oreilles plus longues, et les mains plus crochues que les autres hommes; et l'un d'eux me dit : « Garassise, neveu de Garasse, cours à la prison des Lions, où est renfermé frère Malagrida, et tu lui parleras, et il te dira des choses » ; et je lui dis : « Comment voulez-vous que j'aille à la prison des Lions, et que frère Malagrida me dise des choses, puisque je n'ai pas les clefs, et que la prison des Lions est gardée par la sainte Hermandad ? » Et le saint me répondit : « Nous serons avec toi, et les portes s'ouvriront » ; et je répondis aux deux saints : « Pourquoi n'y avez-vous pas été vous-mêmes, et pourquoi n'avez-vous pas tiré frère Malagrida de la prison des Lions ? » Et l'un d'eux me dit : « Tu es bien curieux; ne sais-tu pas que les saints ne peuvent pas tout faire ? Obéis, et marche. »

J'obéis et je marchai; et voici, les portes de la prison s'ouvrirent : je me prosternai devant frère Malagrida; je baisai ses chaînes; je lui dis : « Pourquoi êtes-vous ici ? » Il me répondit : « Pour faire mon salut. — Serez-vous pendu ? fis-je. — Je n'en sais rien, fit-il. — Les méchants ont prévalu contre tous, ajoutai-je. — Saint Ignace soit béni, ajouta-t-il. Vous êtes venu ici pour accomplir l'œuvre; prenez ce que je vais vous donner; portez-le à ceux qui vous ont envoyé, et qu'il soit conservé soigneusement pour servir au besoin. »

Alors il tira d'entre les plis de sa robe un coutelet que la sainte Hermandad n'avait jamais pu découvrir, et il le mit entre mes mains, et je lui dis : « Frère, d'où vous vient ce beau petit coutelet ? » Puis, levant les yeux au ciel avec des soupirs, il dit : « Ce saint instrument a toujours été dans notre ordre; je le tiens de frère Lacroix[1], qui le tenait de frère Lessius, qui le tenait de frère Mariana, qui le tenait de frère Busembaum, qui le tenait des frères Oldcorn et Garnet, qui le tenaient des frères Guignard et Gueret, qui le tenaient des frères Créton et Campion, qui le tenaient de frère Matthieu, courrier de la Ligue : c'est une des plus saintes reliques que nous ayons; et quiconque de nous aura le bonheur de le posséder court fortune d'être pendu et d'aller en paradis. » Je pris humblement la relique, et la mis dans ma culotte, et je m'écriai : « O frère ! comment se peut-il qu'avec une si puissante relique vous ayez fait si peu de miracles ? » Et alors il me dit : « Voici, je te confie tous les secrets de la sainte entreprise, et ils sont dans ce paquet cacheté, et tu porteras ce paquet cacheté au provincial de ta province, afin que tout soit accompli. »

Et alors frère Garassise mit humblement sur la table le paquet cacheté, et on ouvrit ce paquet, et on y lut ces choses :

« Comment les frères jésuites avaient fait révolter pour la cause de Dieu la horde du Saint-Sacrement contre leur roi légitime.

« Comment les frères jésuites avaient excité une sédition dans le Brésil pour rétablir l'union et la paix.

« Comment les frères jésuites avaient pris leurs

mesures pour envoyer le roi de Portugal rendre compte à Dieu de ses actions.

« Comment les frères jésuites ont été chassés de Portugal par les lois humaines contre les lois divines.

« Comment les frères Malagrida, Mathos et Alexandre, n'ont pas encore reçu la couronne du martyre, que tout le monde leur souhaite. »

Le R. P. provincial ayant fait lecture du contenu de tous ces articles, et l'assemblée ayant délibéré sur cette affaire, le R. P. procureur se leva et dit : « Voici s'amuser à choses de néant, et qui ne sont d'aucun rapport; quand ce couteau, que je révère comme je le dois, ferait de nouveaux miracles, cela ne nous donnerait pas de quoi vivre; quand on aura pendu frère Malagrida, frère Mathos, et frère Alexandre, nous n'y gagnerons pas un écu; nous avons perdu la moitié de nos écoliers; nos livres ne se débitent plus; nous sommes haïs et méprisés; le grand Berthier est mort; les libraires ne nous donnent plus d'argent, et nous n'avons plus personne parmi nous capable de travailler au *Journal de Trévoux*. Berruyer en était digne; mais la mort nous a privés de ce grand homme. Griffet pourrait nous aider; mais il est occupé à rallonger l'Histoire de frère Daniel; et quoiqu'il ne soit pas plus instruit que frère Daniel des lois du royaume, des droits des différents corps, des libertés de l'Église gallicane, de l'ancienne chevalerie, des États du royaume, et des anciens parlements, cependant, il écrit toujours à bon compte, et ne peut se résoudre à continuer notre *Journal*. Quel parti prendrons-nous, mes Révérends Pères ? »

Le R. P. spirituel se leva, et proféra ces paroles : « Il nous faut de l'argent; affermons le *Journal de Trévoux* à quelque serviteur de Dieu connu dans Paris. » Un des assistants dit : « Je propose le célèbre Abraham Chaumeix[1] »; mais on conclut à la pluralité des voix qu'on ne pouvait se fier à cet homme, attendu qu'il avait changé trop souvent de profession, s'étant fait de vinaigrier voiturier, de voiturier colporteur, de colporteur jésuite, de jésuite maître d'école, de maître d'école convulsionnaire, et qu'il avait fini par se faire crucifier, le 2 mars 1750, dans la rue Saint-Denis, vis-à-vis Saint-Leu, au second étage; qu'enfin il n'y avait pas moyen de confier un fardeau aussi important que le *Journal de Trévoux* à un écrivain de cette trempe, quelque grand homme qu'il fût d'ailleurs.

Le R. P. Croust ouvrit son avis en ces termes : « *Pax Christi, shelm*[1]; puisque vous ne pouvez faire votre chien de *Journal de Trévoux* en français, je vous conseille de le faire en allemand; on ne vous entendra pas plus qu'on ne vous entendait auparavant; et en outre, la langue allemande est bien plus propre aux injures que votre fichue langue franque trop efféminée »; l'assemblée rit, et Croust jura Dieu en allemand.

Comme l'assemblée était en ces détresses, entra brusquement maître Aliboron, dit Fréron, de l'académie d'Angers. « Mes Révérends Pères, dit-il, je sais quelle est votre peine; j'ai été jésuite, et vous m'avez chassé; je ne suis qu'une cruche de votre poterie que vous avez cassée; mais *servabit odorem testa diu*[2], comme dit saint Matthieu; je suis plus ignorant, plus impudent, plus menteur que jamais; faites-moi fermier du *Journal de Trévoux,* et je vous payerai comme je pourrai. — Mon ami, dit Croust, vous avez, il est vrai, de grandes qualités; mais il est dit, dans Cicéron : « Ne donnez pas le pain « des enfants de la maison aux chiens »; et dans un autre endroit, dont je ne me souviens pas, il dit : « Je « suis venu pour sauver mes loups de la dent de mes « brebis[3]. » Allez, maître, vous gagnez assez à hurler et à aboyer dans votre trou, tirez. »

Frère Garassise, qui n'avait point encore parlé, se leva et dit : « Mes Révérends Pères, il n'est pas juste, en effet, qu'un apostat soit préféré aux enfants de la maison; j'ai été choisi par frère Berthier, d'ennuyeuse mémoire; il m'a remis en bâillant l'emploi de journaliste; je ne l'ai quitté que pour m'acquitter de la commission sainte que j'avais auprès de frère Malagrida; je travaillerai au *Journal de Trévoux* jusqu'au temps où je pourrai aller exécuter vos ordres au Paraguay. Je vous ai apporté le coutelet de frère Malagrida; j'ai la plume de Berthier, je possède la fadeur de Catrou, les antithèses de Porée, la sécheresse de Daniel; je demande ce qui m'est dû pour prix de mes services. »

A ces mots, l'assemblée lui décerna le journal tout d'une voix; il l'écrivit, et l'on bâilla plus que jamais dans Paris.

N. B. — On a mis sous presse le contenu du procès des frères Malagrida, Mathos et Alexandre, et le journal de tout ce qui s'est passé au Paraguay depuis cinq ans, envoyé par le gouverneur du Brésil à la cour de Lisbonne : ce sont deux pièces authentiques, par lesquelles on finira ces relations, qui composeront un volume utile et édifiant; on pourra même y ajouter quelques remarques pour l'avantage du prochain.

RÉFLEXIONS POUR LES SOTS[1]

Si le grand nombre gouverné était composé de bœufs, et le petit nombre gouvernant, de bouviers, le petit nombre ferait très bien de tenir le grand nombre dans l'ignorance.

Mais il n'en est pas ainsi. Plusieurs nations qui longtemps n'ont eu que des cornes, et qui ont ruminé, commencent à penser.

Quand une fois ce temps de penser est venu, il est impossible d'ôter aux esprits la force qu'ils ont acquise; il faut traiter en êtres pensants ceux qui pensent, comme on traite les brutes en brutes.

Il serait impossible aux chevaliers de la Jarretière, assemblés à l'Hôtel de Ville de Londres, de faire croire aujourd'hui que saint Georges leur patron les regarde du haut du ciel, une lance à la main, monté sur un grand cheval de bataille.

Le roi Guillaume, la reine Anne, Georges Ier, Georges II, n'ont guéri personne des écrouelles. Autrefois, un roi qui aurait refusé de se servir de ce saint privilège eût révolté la nation; aujourd'hui un roi qui en voudrait user ferait rire la nation entière[2].

Le fils du grand Racine, dans un poème intitulé *la Grâce*[3], s'exprime ainsi sur l'Angleterre :

> L'Angleterre, où jadis brilla tant de lumière,
> Recevant aujourd'hui toutes religions,
> N'est plus qu'un triste amas de folles visions.

M. Racine se trompe : L'Angleterre fut plongée dans l'ignorance et le mauvais goût jusqu'au temps du chancelier Bacon. C'est la liberté de penser qui a fait éclore, chez les Anglais, tant d'excellents livres; c'est parce que les esprits ont été éclairés qu'ils ont été hardis; c'est parce qu'ils ont été hardis qu'on a donné des prix à ceux qui feraient passer les mers à leurs blés; c'est cette liberté qui a fait fleurir tous les arts, et qui a couvert l'Océan de vaisseaux.

A l'égard des folles visions que leur reproche l'auteur du *Poème sur la Grâce,* il est vrai qu'ils ont abandonné la dispute sur la grâce efficace et suffisante et concomitante; mais en récompense, ils ont donné les logarithmes, la position de trois mille étoiles, l'aberration de la lumière, la connaissance physique de cette lumière même, le calcul qu'on appelle de l'infini, et la loi mathématique par laquelle tous les globes du monde gravitent les uns sur les autres. Il faut avouer que la Sorbonne, quoique très supérieure, n'a pas encore fait de telles découvertes.

Cette petite envie de se faire valoir en invectivant contre son siècle, en voulant ramener les hommes de la nourriture du pain à celle du gland, en répétant sans cesse et hors de propos de misérables lieux communs, ne fera pas fortune dorénavant.

Il est ridicule de penser qu'une nation éclairée ne soit pas plus heureuse qu'une nation ignorante.

Il est affreux d'insinuer que la tolérance est dangereuse, quand nous voyons à nos portes l'Angleterre et la Hollande peuplées et enrichies par cette tolérance, et de beaux royaumes dépeuplés et incultes par l'opinion contraire.

La persécution contre les hommes qui pensent librement ne vient pas de ce qu'on croit ces hommes dangereux, car assurément aucun d'eux n'a jamais ameuté quatre gredins dans la place Maubert, ni dans la grand-salle. Aucun philosophe n'a jamais parlé ni à Jacques Clément, ni à Barrière, ni à Châtel, ni à Ravaillac, ni à Damiens.

Aucun philosophe n'a empêché qu'on payât les impôts nécessaires à la défense de l'État; et, lorsque autrefois on promenait la châsse de sainte Geneviève par les rues de Paris pour avoir de la pluie ou du beau temps, aucun philosophe n'a troublé la procession; et, quand les convulsionnaires ont demandé les saints secours, aucun philosophe ne leur a donné des coups de bûche.

Quand les jésuites ont employé la calomnie, les confessions, et les lettres de cachet, contre tous ceux qu'ils accusaient d'être jansénistes, c'est-à-dire d'être leurs ennemis; quand les jansénistes se sont vengés ensuite comme ils ont pu des insolentes persécutions des jésuites, les philosophes ne se sont mêlés en aucune façon de ces querelles; ils les ont rendues méprisables, et par là ils ont rendu à la nation un service éternel.

Si une bulle, écrite en mauvais latin et scellée de l'anneau du pêcheur, ne décide plus du destin d'un État; si un légat du côté[1] ne vient plus donner des ordres à nos rois et lever des décimes sur nos peuples, à qui en a-t-on l'obligation ? Aux maximes du chancelier de L'Hospital, qui était philosophe; aux écrits de Gerson, qui était aussi philosophe; aux lumières de l'avocat général Cugnières, qui passa pour un philosophe, et surtout aux solides écrits de nos jours, qui ont jeté un si énorme ridicule sur la sottise de nos pères qu'il est désormais impossible à leurs enfants d'être aussi sots qu'eux.

Les vrais gens de lettres et les vrais philosophes ont beaucoup plus mérité du genre humain que les Orphée, les Hercule et les Thésée : car il est plus beau et plus difficile d'arracher des hommes civilisés à leurs préjugés que de civiliser des hommes grossiers, plus rare de corriger que d'instituer.

D'où vient donc la rage de quelques bourgeois et de quelques petits écrivains subalternes contre les citoyens les plus estimables et les plus utiles ? C'est que ces bourgeois et ces petits écrivains ont bien senti, dans le fond de leur cœur, qu'ils étaient méprisables aux yeux des hommes de génie; c'est qu'ils ont eu la hardiesse d'être jaloux : un homme accoutumé à être loué dans l'obscurité de son petit cercle devient furieux quand il est méprisé au grand jour.

Aman voulut faire pendre tous les Juifs, parce que Mardochée ne lui avait pas fait la révérence. Acanthos voudrait faire brûler tous les sages, parce qu'un sage a dit qu'un discours d'Acanthos[2] ne valait rien.

O Acanthos ! fais relier en maroquin les *Méditations* du révérend P. Croiset; et, s'il paraît un bon livre, cours le dénoncer à ceux qui ne le liront pas; fais brûler un ouvrage utile, les étincelles t'en sauteront au visage.

DIALOGUES CHRÉTIENS

OU

PRÉSERVATIF CONTRE L'ENCYCLOPÉDIE[1]

PREMIER DIALOGUE

ENTRE UN PRÊTRE ET UN ENCYCLOPÉDISTE

LE PRÊTRE

Eh bien ! malheureux, jusqu'à quand voulez-vous donc outrager la religion et décrier ses ministres ?

L'ENCYCLOPÉDISTE

Je n'outrage point la religion, que je professe et que je respecte; je me tais sur ses ministres, et je ne comprends point ce qui peut allumer ainsi votre bile et m'attirer ces injures. De quel droit d'ailleurs me faites-vous ces questions ? Quelle est votre mission ?

LE PRÊTRE

Quelle est ma mission? La piété, le zèle, la charité chrétienne. Vous triompheriez bientôt, messieurs les athées, s'il ne se trouvait pas encore des hommes religieux qui ont le courage de s'opposer à vos pernicieux desseins. Je me suis ligué avec deux prêtres comme moi pour soutenir les autels, que vous vouliez renverser. Tous trois[2], pleins de l'amour de Dieu et de l'avancement de son règne, nous avons déclaré une guerre éternelle à tous ceux qui examinent, qui discutent, qui approfondissent, qui raisonnent, qui écrivent, et surtout aux encyclopédistes.

Nous faisons un *Journal chrétien,* dans lequel, après avoir premièrement critiqué leurs ouvrages, nous examinons ensuite leur conduite, que nous trouvons ordinairement vicieuse et criminelle; et lorsqu'elle nous paraît innocente, nous disons que la chose est impossible, puisqu'ils ont travaillé à l'*Encyclopédie*.

L'ENCYCLOPÉDISTE

Voilà un projet qui me paraît bien raisonnable, et rien assurément ne sera plus chrétien que cet ouvrage. Mais, dites-moi, je vous prie; ne craignez-vous point la police ? Croyez-vous qu'elle tolère une entreprise de cette nature ? A quel titre osez-vous sonder les cœurs et faire la confession de foi des auteurs qui vous déplaisent ? Pensez-vous qu'abusant de votre caractère, et sous le prétexte trivial et spécieux de défendre la religion, que personne ne songe à attaquer, dont les fondements sont inébranlables, et qui est sous la protection des lois et du gouvernement, vous puissiez établir une inquisition, et que l'on souffre une pareille témérité ?

LE PRÊTRE

Une inquisition ! Ah ! s'il y en avait une en France, vous seriez un peu plus contenus, vous autres impies ! Mais je n'en désespère pas; le Pape[1] qui occupe si glorieusement la chaire de Saint-Pierre vient de se brouiller avec la cour de Portugal en protégeant les jésuites, auxquels elle voulait contester le droit de corriger les rois; il a envoyé un visiteur apostolique en Corse sans consulter la république de Gênes, et, depuis son arrivée dans ce pays-là, le zèle des mécontents s'est bien ranimé : tout cela me donne de grandes espérances, et si son prédécesseur[2] avait pensé comme lui, nous aurions la consolation de voir ce sage tribunal établi parmi nous.

Vous parlez de la police ! Ne s'est-elle pas déclarée assez hautement en proscrivant l'*Encyclopédie,* ce dépôt d'hérésies et de schismes, ce recueil d'impiétés et de blasphèmes, qui respire à chaque page la révolte contre la religion et contre l'autorité ? Ne vient-elle pas en dernier lieu de permettre qu'on exposât sur le théâtre toutes les horreurs de votre morale[3] ? Les conclusions du procureur général[4] contre l'*Encyclopédie* n'ont-elles pas été plus fortes que le mandement de notre archevêque[5] ? Les discours académiques, qui sont lus du roi et de tout l'univers, ne sont-ils pas des déclamations contre vous ? Et vous comptez encore sur la police !

Tremblez que sa main ne s'arme contre les auteurs, après avoir sévi contre l'ouvrage; tremblez qu'elle ne vous plonge dans des cachots, d'où vous ne sortirez que pour être traînés à la Grève, et précipités de là dans le feu éternel qui est préparé au diable et à ses anges.

L'ENCYCLOPÉDISTE

Voilà une terrible déclaration; et je ne m'attendais pas, en travaillant innocemment à cet ouvrage, où j'ai inséré quelques articles sur les arts, de travailler pour la Grève et pour l'enfer.

La police, en effet, a supprimé l'*Encyclopédie* : peut-être y avait-il des choses qui n'étaient pas de l'essence d'un dictionnaire, et qu'il aurait été plus convenable de ne pas y mettre; mais je réponds que les estimables auteurs de cet ouvrage n'ont eu que les intentions les plus pures, et n'ont cherché que la vérité : si quelquefois elle leur a échappé, c'est qu'il est dans la nature humaine de se tromper : la vérité ne s'effraye point des recherches, elle reste toujours debout, et triomphe toujours de l'erreur. Voyez les Anglais : cette nation sage et éclairée a livré les questions les plus délicates à la discussion et à l'examen. M. Hume, ce fameux sceptique, est aussi honoré parmi eux que l'homme le plus soumis à la foi; vous savez aussi bien que moi qu'elle est un don de Dieu, et qu'il ne faut pas s'emporter contre ceux qui, manquant de ce précieux flambeau, veulent y suppléer par la conviction qui résulte de l'examen. Nos magistrats, dont la religion surprise s'est alarmée trop légèrement, rendront justice aux vues utiles de ces hommes éclairés, qui travaillaient à la gloire de la nation en instruisant l'univers. L'Europe entière demande avec tant d'empressement la continuation de cet ouvrage qu'ils seront forcés de se rendre à ce cri général.

LE PRÊTRE

Vous nous citez sans cesse les Anglais, et c'est le mot de ralliement des philosophes; vous avez pris à tâche de louer cette nation féroce, impie et hérétique; vous voudriez avoir comme eux le privilège d'examiner, de penser par vous-mêmes, et arracher aux ecclésiastiques le droit immémorial de penser pour vous et de vous diriger. Vous voulez qu'on admire des gens qui sont nos ennemis de toute éternité, qui désolent nos colonies, et qui ruinent notre commerce; vous ne vous contentez donc pas d'être infidèles à la religion, vous l'êtes encore à l'État ! Le ministère aura peut-être la faiblesse de fermer les yeux sur votre trahison, mais nous trouverons les moyens de vous punir.

On ne prononcera plus de discours à l'Académie qui ne soit une satire des philosophes anglais, et l'on n'adoptera dans le conseil de Versailles aucune des maximes de celui de Kensington[1].

L'ENCYCLOPÉDISTE

Ce sera bien fait. Mais c'est assez parler des Anglais; et pour abréger notre conversation, dites-moi, je vous prie, d'où vient votre déchaînement contre les Encyclopédistes ? Avez-vous lu leur ouvrage avec attention ?

LE PRÊTRE

Non assurément; je ne suis pas assez scélérat pour avoir souillé mon esprit de la lecture d'un ouvrage aussi profane; je n'en ai pas lu un mot, je n'en lirai jamais rien; je me contenterai de le décrier dans mon journal, et de faire imprimer toutes les semaines que c'est le livre le plus dangereux qui ait jamais été composé.

L'ENCYCLOPÉDISTE

Votre projet est très sensé assurément; mais ne serait-il pas plus équitable de le juger après l'avoir lu que de vous en fier à des rapports peut-être infidèles et peut-être intéressés ?

A quel égard encore vous a-t-on dit qu'il fût dangereux ?

LE PRÊTRE

A tous égards : la théologie n'est point celle de la Sorbonne; la morale n'est point celle des jésuites; la médecine n'est point celle de la faculté de Paris; l'art militaire est composé sur des mémoires prussiens; la marine et le commerce, sur des mémoires anglais; en un mot, tout en est détestable.

L'ENCYCLOPÉDISTE

Voilà qui est raisonner à la fin; et si vous m'aviez dit tout cela d'abord, notre dispute aurait été plus tôt terminée.

LE PRÊTRE

Je vois que si je disais encore un mot, vous abjureriez la philosophie pour afficher la dévotion; mais nous ne voulons plus de toutes ces palinodies qui font rire les incrédules, et qui vous raccommodent avec les bonnes gens de notre parti, qui sont dupes de vos simagrées : les ouvrages que vous avez faits contre la religion et ses ministres restent, et la rétractation périt. Il faut que vous soyez toute votre vie un objet de scandale, que vous mouriez dans l'impénitence, et que vous soyez damné éternellement. Je ne veux plus de commerce avec vous, et je vous déclare que l'ouvrage est abominable d'un bout à l'autre; qu'il fallait non seulement le supprimer, mais encore le brûler; qu'il fallait faire le procès à tous ceux qui y ont travaillé, à ceux qui l'ont imprimé, à ceux qui l'ont acheté, et que vous êtes tous des athées, des déistes, des sociniens, des ariens, des semi-pélagiens, des manichéens, etc., etc., etc.

N'avez-vous pas eu l'irréligieuse affectation de louer les anciens, qui étaient dans les ténèbres du paganisme, aux dépens des modernes, qui sont éclairés du flambeau de la révélation ? N'avez-vous pas poussé l'impiété jusqu'à comparer le siècle idolâtre d'Auguste au siècle chrétien de Louis XIV ?

L'ENCYCLOPÉDISTE

Je me retire enchanté de votre érudition et de votre douceur, en vous exhortant à ne pas laisser refroidir le zèle dont je vous vois animé; voici un de vos adversaires, dont je vous recommande la conversion, puisque vous avez dédaigné la mienne.

SECOND DIALOGUE

ENTRE UN PRÊTRE ET UN MINISTRE PROTESTANT[1]

LE PRÊTRE

Entrez, entrez Monsieur. Vous me trouvez ici bien échauffé; ne croyez pas, je vous prie, que ce soit en parlant de controverse que ma bile s'est allumée; je ne songe plus ni à Calvin ni à Luther; ce n'est plus contre les réformateurs que je veux écrire; ce ne sera plus le mot d'hérétique que je ferai résonner dans mes écrits et dans mes sermons. Je veux poursuivre les philosophes, les Encyclopédistes : et voilà les vrais schismatiques. Il faut que nous oubliions tous nos démêlés; que nous nous passions mutuellement nos dogmes et notre doctrine, et que nous nous réunissions contre cette engeance pernicieuse qui a voulu nous détruire : car, ne vous y trompez pas, ils en veulent également à tous les ecclésiastiques, à toutes les religions; ils prétendent établir l'empire de la raison. Et nous resterions tranquilles dans ce danger !

LE MINISTRE

Monsieur, je loue infiniment le dessein où vous êtes de perdre ceux qui veulent nous décréditer, mais j'en blâme la manière; il faut s'y prendre plus doucement, et par là plus sûrement; presque toujours on se nuit à soi-même en poursuivant son ennemi avec trop de passion et d'acharnement. Je sais bien aussi qu'il ne faut pas trop raisonner, et que ces gens-là sont assez subtils pour en imposer à ceux qui examinent. Mais il faut décrier les auteurs, et alors l'ouvrage perd certainement son crédit; il faut adroitement empoisonner leur conduite; il faut les traduire devant le public comme des gens vicieux, en feignant de pleurer sur leurs vices; il faut présenter leurs actions sous un jour odieux, en feignant de les disculper; si les faits nous manquent, il faut en supposer, en feignant de taire une partie de leurs fautes. C'est par ces moyens-là que nous contribuerons à l'avancement de la religion, et de la piété, et que nous préviendrons les maux et les scandales que les philosophes causeraient dans le monde s'ils y trouvaient quelque créance.

LE PRÊTRE

Voilà qu'on vous surprend toujours dans ce malheureux défaut de la tolérance qui vous a séparés de nous, et qui s'oppose aux progrès de votre religion. Ah ! si, comme nous, vous brûliez, vous envoyiez à la potence, aux galères, il y aurait un peu plus de foi parmi vous autres, et l'on ne vous reprocherait pas de tomber dans le relâchement.

Vous me direz peut-être que notre zèle s'est bien ralenti, et que si nous n'avions pas les billets de confession, on ne distinguerait plus notre religion de la vôtre; mais laissez faire les jansénistes et les auteurs du *Journal chrétien*.

LE MINISTRE

Il est vrai que nos idées sont différentes sur les moyens d'étendre la foi; mais nous avons eu quelques-uns de ces moments brillants que vous regrettez, et le supplice de Servet doit exciter votre admiration et votre envie. La corruption des mœurs met des entraves à notre zèle; mais je réponds de moi et de mes confrères, et si l'autorité séculière voulait seconder le zèle ecclésiastique, nous offririons de bon cœur sur le même bûcher un sacrifice à Dieu, dont l'odeur lui serait certainement bien agréable.

LE PRÊTRE

Je suis enchanté de ce que vous me dites, et je vois que nous ne différons que par la conduite, et non par les intentions. Puisque nous pensons de même, exterminons donc les philosophes : tout est permis contre eux; supposons-leur des crimes, des blasphèmes; déférons-les au gouvernement comme ennemis de la religion et de l'autorité; excitons les magistrats à les punir, en y intéressant leur salut; et s'ils se refusent à nos pieux desseins, flétrissons les Encyclopédistes dans nos écrits, anathématisons-les dans la chaire, et poursuivons-les sans relâche.

LE MINISTRE

Je le veux bien, et je crois même que notre union secrète produira un très bon effet; ce pieux syncrétisme ne sera point soupçonné du public, qui, voyant les deux partis acharnés contre ces gens-là, ne manquera pas de les croire très criminels; mais cependant que gagnerons-nous à tout cela ? Je vous avoue que j'aime bien à décrier ceux qui attaquent la religion et ses ministres; mais si l'on gagnait davantage à les louer, cela deviendrait embarrassant. Nous autres ministres protestants, nous sommes mariés, nos bénéfices sont des plus minces, et nous nous devons à notre famille : on n'a point de considération dans le monde sans argent, et on doit procurer de la considération à ses enfants. Si en disant du mal des philosophes et du bien de leurs ouvrages, ou du bien de leurs personnes et du mal de leurs ouvrages, ou même si en louant le tout on vendait mieux ses feuilles, il faudrait bien se soumettre à cette nécessité.

S'ils voulaient même acheter la paix, cela dépendrait des conditions : si, par exemple, on pouvait les engager à n'attaquer que les luthériens, ce serait un moyen d'accommodement, et ce serait les faire travailler pour nous; mais s'ils veulent absolument que cela soit plus général, ne pourrait-on pas, moyennant une petite redevance, leur abandonner la morale, qui dans le fond tient plus à la jurisprudence qu'à la religion, et les moines, que vous n'aimez pas mieux que nous ? Par ce léger sacrifice nous sauverions les dogmes et les prêtres, ce qui est pourtant l'essentiel; nous occuperions les philosophes, et nous aurions la gloire de les rendre nos tributaires.

LE PRÊTRE

Ah, fi donc ! Quoi ! l'intérêt peut trouver place dans votre cœur, quand il s'agit de celui de la religion ! vous pouvez balancer entre Dieu et Mammon ! Il s'agit bien de vendre ses feuilles, il s'agit de les faire lire; je vendrais plutôt mon manteau pour acheter du papier et des plumes, et écrire contre eux. D'ailleurs que voulez-vous qu'ils vous donnent ? Ce sont des gueux qui ne vivent que de ce qu'ils volent. Je suis si fort indigné de vos vues sordides que je romprais pour jamais avec vous si j'avais moins à cœur l'écrasement de cette canaille; mais vous m'êtes nécessaire pour l'exécution de mon projet, et puisqu'il vous faut de l'argent, je vous ferai avoir une pension de mille écus sur la caisse des nouveaux convertis : j'exigerai seulement une petite condition, c'est que vous me fassiez quelques sermons dont j'ai besoin contre les Encyclopédistes, pour les gens d'une certaine espèce; et vous m'en ferez bien aussi trois ou quatre sur la controverse pour le peuple.

LE MINISTRE

Je le veux bien; je ferai le tout en conscience : je n'ai jamais prêché contre les Encyclopédistes; il faudra des sermons tout neufs; ma santé est faible, et pourrait se ressentir de ce travail; aussi je ne vous en ferai pas sur la controverse, mais je pourrai vous en retourner trois ou quatre des miens sur cette matière.

Vous vous êtes scandalisé de ce que je pensais à l'intérêt; mais vous cesserez bientôt de l'être lorsque vous saurez que j'applique cet argent à de bonnes œuvres, et que je destine cette pension à l'entretien d'un pauvre homme auquel je m'intéresse très particulièrement. Ne vous étonnez donc pas si je vous demande qu'elle soit payée régulièrement, et même d'avance si cela se peut.

LE PRÊTRE

Je vous le promets, et l'usage que vous faites de cet argent vous rend toute mon estime; mais n'avez-vous jamais lu ce livre dont je ne saurais prononcer le nom sans frémir ? Je ne l'ai pas vu, mais on dit qu'au mot *vie,* l'article de *vie heureuse* fait dresser les cheveux. Tolère-t-on cet ouvrage de Satan dans le pays où vous vivez ?

LE MINISTRE

J'en ai lu quelque chose, en effet ce livre est plein de blasphèmes et d'impiétés. Le mot *vie* que vous citez n'est pas encore fait; mais sans doute qu'il serait affreux s'il était imprimé.

On a souffert cet ouvrage dans ma patrie, quoique j'aie bien fait quelques tentatives pour en faire saisir une cinquantaine d'exemplaires qui y sont répandus, et que je voulais faire confisquer au profit des ecclésiastiques, parce qu'ils sont à l'abri de la contagion, et que, l'ayant entre leurs mains, ils l'auraient mieux réfuté. La chose a souffert quelques difficultés; et, pour diminuer au moins la grandeur du mal, j'en ai emprunté sous main quelques exemplaires que je n'ai point rendus : j'ai imaginé, pour les retrancher de la société, de les envoyer en Espagne, où je les ai fait payer le double de leur valeur aux libertins qui les ont achetés; après quoi j'en ai donné avis au Grand Inquisiteur, qui a fait saisir et brûler les exemplaires, mettre à l'inquisition les gens qui en étaient possesseurs, et qui m'a envoyé cent pistoles d'or pour le service que j'ai rendu à la religion.

LE PRÊTRE

Il y a bien quelque chose à dire contre la délicatesse dans ce que vous racontez là; mais la fin de l'action en sanctifie les moyens, et je vous absous pour toutes celles de la même nature passées, présentes, et à venir.

LE MINISTRE

Puisque vous approuvez mon zèle, et que vous croyez qu'on peut se permettre quelques négligences en morale lorsqu'il s'agit des intérêts de la religion, je vais vous narrer un petit fait que vous entendrez dans son vrai sens, et qui pourrait être mal interprété par le vulgaire, qui ne juge jamais que sur les apparences. J'avais vu, dans une bibliothèque qui m'était ouverte, un manuscrit dont la publication pouvait nuire à la cour de Rome, et qui inquiétait fort Sa Sainteté : un premier mouvement de zèle me porta à m'en saisir pour le faire imprimer et combattre nos ennemis; mais je pensai qu'il serait plus politique d'en faire un sacrifice au Saint-Père, qui m'en saurait gré et respecterait une religion dont les ministres se conduisaient avec cette modération et ce désintéressement : car je le laissais absolument maître des conditions. Il fut en effet très sensible à ma démarche, me fit remercier, et m'envoya mille écus en échange du manuscrit, dont j'ai gardé une copie à tout événement. Il ne s'en tint pas là; il donna un bénéfice de cinq cents écus à un prêtre de ma connaissance que je lui recommandai, et qui en a partagé le revenu avec moi jusqu'à sa mort.

LE PRÊTRE

J'approuve infiniment votre conduite; mais, comme vous le dites, il faut avoir une piété bien éclairée pour démêler le mérite de cette action, et je ne serais pas surpris que les gens du monde s'y trompassent. Il y a cependant cette copie qui...

LE MINISTRE

Puisque nous sommes sur le ton de la confiance, il faut que je vous fasse une confession entière, et que je vous montre jusqu'où j'ai poussé le zèle et la charité. J'écrivais contre les philosophes, et, voyant que mes ouvrages n'étaient pas un préservatif suffisant contre la malignité des leurs, je tentai une autre voie : je m'adressai au plus dangereux et au plus écouté d'entre eux; je cherchai à gagner sa confiance, et, après y avoir réussi, je lui proposai d'être l'éditeur de ses œuvres. Je pensai que le public, rassuré en voyant mon nom à côté de celui de l'auteur et à la tête de l'ouvrage (dans une préface composée avec cette pieuse adresse qu'inspire la vraie dévotion aux gens de notre état), le lirait non seulement sans défiance, mais même avec édification : tant il faut peu de chose pour se rendre maître des opinions ! Par là je parais le coup que l'on voulait porter à la religion, je sanctifiais les choses profanes, et je changeais en un baume salutaire le poison que nos ennemis avaient préparé. La chose était prête à réussir, l'auteur allait me faire présent d'un de ses manuscrits, le marché était fait avec un libraire, qui devait m'en donner un louis d'or par feuille, et deux cents exemplaires, que j'aurais vendus tandis que j'aurais fait faire quelques changements aux siens, lorsqu'on m'a traversé; mais aussi j'ai bien dit du mal du livre, et ce n'est pas ma faute si je n'en ai pas fait à l'auteur.

LE PRÊTRE

Cela est très bien encore; mais je vois toujours de l'argent dans tout ce que vous faites, et j'aimerais mieux qu'il n'y en eût pas.

LE MINISTRE

Vous avez donc oublié ce que je vous ai dit tout à l'heure de l'usage que j'en fais; vous me forcez à vous répéter que je le consacre à de bonnes œuvres, et je puis vous assurer avec vérité que les petites sommes que j'ai reçues ont été remises fidèlement entre les mains de ce pauvre homme dont je vous ai parlé. J'aurais bien des choses à vous raconter encore, si je vous disais tout ce que j'ai fait pour lui; mais je craindrais d'abuser de votre complaisance, et ce sera pour la première entrevue.

LE PRÊTRE

J'approuve tout ce que vous avez fait, les motifs en sont louables, et je vous estimerais fort si vous aviez un peu plus de chaleur contre nos ennemis. Chacun a sa manière : je vous avoue que je préfère les voies abrégées; j'aime mieux persécuter. Travaillez tout doucement par la sape, tandis que j'irai avec le fer et le feu renverser et brûler tout ce qui m'opposera quelque résistance.

LE MINISTRE

Bonjour, Monsieur; j'avais oublié de vous dire que tout ceci doit être fort secret entre nous, et que tout ce que j'écrirai doit être anonyme. N'oubliez pas non plus la pension, et souvenez-vous qu'elle est destinée à un pauvre homme.

LE PRÊTRE

Bonjour, Monsieur; n'oubliez pas les sermons, et souvenez-vous qu'ils ne sauraient être trop forts.

LES *QUAND*

NOTES UTILES SUR UN DISCOURS PRONONCÉ DEVANT L'ACADÉMIE FRANÇAISE LE 10 MARS 1760[1]

QUAND on a l'honneur d'être reçu dans une compagnie respectable d'hommes de lettres, il ne faut pas que la harangue de la réception soit une satire contre les gens de lettres : c'est insulter la compagnie et le public.

Quand par hasard on est riche, il ne faut pas avoir la basse cruauté de reprocher aux gens de lettres leur pauvreté dans un discours académique, et dire avec orgueil qu'ils déclament contre les richesses, et qu'ils portent envie en secret aux riches : 1° parce que le récipiendaire ne peut savoir ce que ses confrères moins opulents que lui pensent en secret; 2° parce qu'aucun d'eux ne porte envie au récipiendaire.

Quand on a traduit et même outré la *Prière du déiste*[2], composée par Pope; *quand* on a été privé six mois entiers de sa charge en province[3] pour avoir traduit et envenimé cette formule du déisme; *quand* enfin on a été redevable à des philosophes de la jouissance de cette charge, c'est manquer à la fois à la reconnaissance, à la vérité, à la justice, que d'accuser les philosophes d'impiété; et c'est insulter à toutes les bienséances de se donner les airs de parler de religion dans un discours public, devant une académie qui a pour maxime et pour loi de n'en jamais parler dans ses assemblées.

Quand on prononce devant une académie un de ces discours dont on parle un jour ou deux, et que même quelquefois on porte au pied du trône, c'est être coupable envers ses concitoyens d'oser dire, dans ce discours, que la philosophie de nos jours sape les fondements du trône et de l'autel. C'est jouer le rôle d'un délateur d'oser avancer que la haine de l'autorité est le caractère dominant de nos productions; et c'est être délateur avec une imposture bien odieuse, puisque non seulement les gens de lettres sont les sujets les plus soumis, mais qu'ils n'ont même aucun privilège, aucune prérogative, qui puisse jamais leur donner le moindre prétexte de n'être pas soumis. Rien n'est plus criminel que de vouloir donner aux princes et aux ministres des idées si injustes sur des sujets fidèles, dont les études font honneur à la nation. Mais heureusement les princes et les ministres ne lisent point ces discours, et ceux qui les ont lus une fois ne les lisent plus.

Quand on succède à un homme bizarre[1], qui a eu le malheur de nier dans un mauvais livre les preuves évidentes de l'existence d'un Dieu, tirées des desseins, des rapports et des fins de tous les ouvrages de la création, seules preuves admises par les philosophes, et seules preuves consacrées par les Pères de l'Église; *quand* cet homme bizarre a fait tout ce qu'il a pu pour infirmer ces témoignages éclatants de la nature entière; *quand* à ces preuves frappantes, qui éclairent tous les yeux, il a substitué ridiculement une équation d'algèbre, il ne faut pas dire, à la vérité, que ce raisonneur était un athée, parce qu'il ne faut accuser personne d'athéisme, et encore moins l'homme à qui l'on succède; mais aussi ne faut-il pas le proposer comme le modèle des écrivains religieux : il faut se taire, ou du moins parler avec plus d'art et de retenue.

Quand on harangue en France une académie, il ne faut pas s'emporter contre les philosophes qu'a produits l'Angleterre; il faudrait plutôt les étudier.

Quand on est admis dans un corps respectable, il faut dans sa harangue cacher sous le voile de la modestie l'insolent orgueil qui est le partage des têtes chaudes et des talents médiocres.

LES *POUR*

Pour vivre en paix joyeusement,
Croyez-moi, n'offensez personne :
C'est un petit avis qu'on donne
Au sieur Lefranc de Pompignan.

Pour plaire il faut que l'agrément
Tous vos préceptes assaisonne :
Le sieur Lefranc de Pompignan
Pense-t-il donc être en Sorbonne ?

Pour s'instruire il faut qu'on raisonne,
Sans déclamer insolemment;
Sans quoi plus d'un sifflet fredonne
Aux oreilles d'un Pompignan.

Pour prix d'un discours impudent,
Digne des bords de la Garonne,
Paris offre cette couronne
Au sieur Lefranc de Pompignan.

Dédié par le sieur A...

LES *QUE*

Que Paul Lefranc de Pompignan
Ait fait en pleine Académie
Un discours fort impertinent,
Et qu'elle en soit tout endormie;

Qu'il ait bu jusques à la lie
Le calice un peu dégoûtant
De vingt censures qu'on publie,
Et dont je suis assez content;

Que, pour comble de châtiment,
Quand le public le mortifie,
Un Fréron le béatifie,
Ce qui redouble son tourment;

*Qu'*ailleurs un noir petit pédant[1]
Insulte à la philosophie
Et qu'il serve de truchement
A Chaumeix qui se crucifie;

Que l'orgueil et l'hypocrisie
Contre ces gens de jugement
Étalent une frénésie
Que l'on siffle unanimement;

Que parmi nous à tout moment
Cinquantes espèces de folie
Se succèdent rapidement,
Et qu'aucune ne soit jolie;

*Qu'*un jésuite avec courtoisie
S'intrigue partout sourdement,
Et reproche un peu d'hérésie
Aux gens tenant le parlement;

*Qu'*un janséniste ouvertement
Fronde la cour avec furie :
Je conclus très patiemment
Qu'il faut que le sage s'en rie.

Prononcé par le sieur F.

LES *QUI*

QUI pilla jadis Métastase,
Et *qui* crut imiter Maron ?
Qui, bouffi d'ostentation,
Sur ses écrits est en extase ?

Qui si longuement paraphrase
David en dépit d'Apollon,
Prétendant passer pour un vase
Qu'on appelait d'élection ?

Qui, parlant à sa nation
Et l'insultant avec emphase,
Pense être au haut de l'Hélicon
Lorsqu'il barbote dans la vase ?

Qui, dans plus d'une périphrase
A ses maîtres a fait la leçon ?
Entre nous, je crois que son nom
Commence en *V,* finit en *aze.*

Offert par Ramponeau.

LES *QUOI*

Quoi ! C'est Lefranc de Pompignan,
Auteur de chansons judaïques,
Barbouilleur du *Vieux Testament,*
Qui fait des discours satiriques ?

Quoi ! dans des odes hébraïques,
Qu'il translata si tristement,
A-t-il pris ces propos caustiques
Qu'il débite si lourdement ?

Quoi ! verrait-on patiemment
Tant de pauvretés emphatiques ?
L'ennui, dans nos temps véridiques,
Ne se pardonne nullement.

Quoi ! Pompignan dans ses répliques
M'ennuîra comme ci-devant ?
Nous le poursuivrons très gaîment
Pour ses fatras mélancoliques.

Présenté par Arnoud.

LES *OUI*

Oui, ce Lefranc de Pompignan
Est un terrible personnage;
Oui, ses psaumes sont un ouvrage
Qui nous fait bâiller longuement.

Oui, de province un président
Plein d'orgueil et de verbiage
Nous paraît un pauvre pédant,
Malgré son riche mariage.

Oui, tout riche qu'il eſt, je gage
Qu'au fond de l'âme il se repent.
Son mémoire eſt impertinent;
Il eſt bien fier, mais il enrage.

Oui, tout Paris, qui l'envisage
Comme un seigneur de Montauban,
Le chansonne, et rit au visage
De ce Lefranc de Pompignan.

Essayé par Matthieu Ballot.

LES *NON*

Non, cher Lefranc de Pompignan,
Quoi que je dise et que je fasse,
Je ne peux obtenir ta grâce
De ton lecteur peu patient.

Non, quand on a maussadement
Insulté le public en face,
On ne saurait impunément
Montrer la sienne avec audace.

Non, quand tu quitteras la place
Pour retourner à Montauban,
Les sifflets partout sur ta trace
Te suivront sans ménagement.

Non, si le ridicule passe,
Il ne passe que faiblement.
Ces couplets seront la préface
Des ouvrages de Pompignan.

Répondu par Jacques Agard.

LES *CAR*

A M. LEFRANC DE POMPIGNAN

Vous ne cessez point de calomnier la nation : car jusque dans l'*Éloge de feu Monseigneur le duc de Bourgogne,* lorsqu'il ne s'agit que d'essuyer nos larmes, vous ne parlez à l'héritier du trône, au père affligé, au prince sensible et juste, que de la fausse et aveugle philosophie qui règne en France, de la raison égarée, des cœurs corrompus, des mains suspectes, d'esprits gâtés par des opinions dangereuses : vous dites que dans ce siècle on ne regarde la mort que comme le retour au néant, etc.

Vous avez tort : car il est plus cruel de dire à la maison royale que la France est pleine d'esprits qui ont peu de respect pour la religion catholique, et d'insinuer qu'ils en auront peu pour le trône; il est barbare de peindre comme dangereux des gens de lettres qui sont presque tous sans appui; il est affreux de faire le métier de délateur quand on s'érige en consolateur, et de vouloir irriter des cœurs dont vous prétendez adoucir les regrets par vos phrases.

On voit assez que vous cherchez à écarter les gens de lettres de l'éducation des Enfants de France : car vous aspirez à en être chargé vous-même, vous et monsieur votre frère; car, pour paraître à la cour en maître, vous priâtes M. Dupré de Saint-Maur, qui vous recevait à l'Académie, de vous comparer à Moïse, dans son beau discours[1], et monsieur votre frère à Aaron : ce qu'il fit, et ce qu'il ne fera plus.

Ah, Moïse de Montauban ! vous n'aviez pas pris dans les Tables de la loi votre Prière du déiste, car elle n'y est pas. Cessez donc d'imputer des sentiments d'impiété à la nation, car vous avez ouvertement professé l'impiété.

Ce n'était pas ce que professait le professeur en droit votre grand-père, professant à Cahors : c'était un homme sage que ce professeur; s'il vivait encore, il vous dirait : « Mon fils, soyez modeste; corrigez les vers de votre

Didon, qui sont lâches, faibles, durs, secs, hérissés de solécismes.

« Récitez les psaumes pénitentiaux, et ne les translatez point en vers plus durs et plus chargés d'épithètes que votre *Didon.* Ne soyez point hypocrite après avoir été impie, car c'est là le mal. Demandez pardon à l'Académie de l'avoir insultée, et surtout ennuyée, la seule fois que vous avez osé paraître devant elle. Ne donnez point de *Mémoires* au roi, car il ne les lira pas; et n'imaginez point de les faire imprimer par ordre du roi, car le roi n'en donnera pas l'ordre; ne soyez point délateur, car c'est un vilain métier; ne faites point le grand seigneur, car vous êtes d'une bonne bourgeoisie; ne cabalez plus pour être intrus dans l'éducation de nos princes, car, comme vous dites dans votre *Épître à Monseigneur le dauphin,* elle ne sera pas confiée aux esprits gâtés, aux auteurs de la *Prière du déiste,* ni aux têtes chaudes qui ont l'esprit froid; n'insultez point les gens de lettres, car ils vous diront des vérités.

« Si vous présidez à la cour des aides de Cahors, ou à l'élection, ou au grenier à sel, n'imitez point ce juge de village dont parle Horace, qui portait le laticlave, en faisant parade de sa chaise curule : car on en rit.

« Ne dites plus au roi, dans un libelle de supplique, qu'il traite ses sujets comme des esclaves, car alors ce n'est plus une supplique, et il ne reste que le libelle; et lorsqu'on est coupable d'un libelle si insensé, on a beau faire sa cour au P. Desmarets, jésuite[1], le P. Desmarets, jésuite, ne vous fera jamais entrer dans le conseil : car il n'y entrera pas lui-même. »

LES *AH! AH!*

A MOÏSE LEFRANC DE POMPIGNAN

Ah ! ah ! Moïse Lefranc de Pompignan, vous êtes donc un plagiaire, et vous nous faisiez accroire que vous étiez un génie !

Ah ! ah ! vous avez donc pillé le P. Villermet[2] dans votre *Histoire de Monseigneur le duc de Bourgogne,* et vous

vous portiez pour historiographe des Enfants de France, écrivant de votre chef. Vous avez cru que les biens des jésuites étaient déjà confisqués, vous vous êtes pressé de vous emparer de leur style. Vous êtes traducteur de Villermet après avoir été traducteur de Métastase, et vous n'en disiez mot !

Ah ! ah ! vous vous donniez pour un favori que la famille royale a prié de vouloir bien écrire l'histoire des Enfants de France. Vous nous induisiez en erreur en disant dans votre *Épître dédicatoire* à Monseigneur le dauphin et à Madame la dauphine : « J'obéis à vos ordres »; et il se trouve que vous avez seulement usé de la permission qu'ils ont daigné vous donner de leur dédier votre petite translation, permission qu'on accorde à qui la demande.

Il semble, par votre *Épître dédicatoire,* que le roi et Monseigneur le dauphin vous aient dit : « Monsieur Lefranc de Pompignan, ayez la bonté d'apprendre à l'univers que nous ne confierons jamais nos enfants à des mains suspectes, à des cœurs corrompus, à des esprits gâtés. »

Mais, Moïse Lefranc, qui jamais a voulu faire élever ses enfants par des esprits gâtés, et des cœurs corrompus, qui ont des mains suspectes ? Vos mains ont sans doute un bon cœur; mais ce n'est pas assez pour élever nos princes.

Ah ! ah ! Moïse Lefranc de Pompignan, vous vouliez donc faire trembler toute la littérature ? Il y avait un jour un fanfaron qui donnait des coups de pied dans le cul à un pauvre diable, et celui-ci les recevait par respect; vint un brave qui donna des coups de pied au cul du fanfaron; le pauvre diable se retourne, et dit à son batteur : « Ah ! ah ! monsieur, vous ne m'aviez pas dit que vous étiez un poltron »; et il rossa le fanfaron à son tour, de quoi le prochain fut merveilleusement content. Ah ! ah !

PLAIDOYER DE RAMPONEAU

PRONONCÉ PAR LUI-MÊME DEVANT SES JUGES[1]

MAÎTRE BEAUMONT[2], dans ce siècle de perversité, pense-t-il que les grâces de son style séduiront ses juges, que ses plaisanteries les égayeront, que les tours insidieux de son éloquence les convaincront ?

Remarquez d'abord, Messieurs, avec quelle adresse maître Beaumont supprime mon nom de baptême : il m'appelle Ramponeau tout court, voulant vous insinuer par cette réticence que je ne suis pas baptisé, et qu'ainsi, n'ayant pas renoncé aux pompes du démon, je peux me montrer sur le théâtre sans avoir rien à risquer; que je suis un enfant de perdition qu'on peut abandonner aux plaisirs de la multitude, sans crainte de perdre une âme déjà perdue.

Je suis baptisé, Messieurs, et mon nom est Genest de Ramponeau, cabaretier de la Courtille.

Vous avez tremblé, ô Gaudon ma partie ! et vous, son éloquent protecteur, vous tremblez à ce nom de saint Genest, qui, ayant paru sur le théâtre de Rome, comme vous voulez me produire sur celui du Boulevard[3], ou boulevert, fut miraculeusement converti en jouant la comédie. Il convertit même une partie de la cour de l'empereur, si on m'a dit vrai; il reçut la couronne du martyre, si je ne me trompe. Vous me préparez, maître Beaumont, un martyre bien plus cruel; vous me criez d'une voix triomphante : « Ramponeau, montrez-vous, ou payez. »

Je ne payerai point, Messieurs, et je ne me montrerai point sur le théâtre. J'ai fait un marché, il est vrai; mais, comme le dit le fameux Grec dont j'ai entendu parler à la Courtille : « Si ce que j'ai promis est injuste, je n'ai rien promis. »

Maître Beaumont prétend que si Jean-Jacques Rousseau, citoyen de Genève, s'eſt fait voir marchant à quatre pattes sur le théâtre des Fossés-Saint-Germain[1], Geneſt de Ramponeau, citoyen de la Courtille, ne doit point rougir de se montrer sur ses deux pieds; mais la cour verra aisément le faux de ce sophisme.

Jean-Jacques eſt un hérétique, et je suis catholique; Jean-Jacques n'a comparu que par procureur, et on veut me faire comparaître en personne; Jean-Jacques a comparu en dépit des lois, et c'eſt en vertu des lois qu'on veut me montrer au peuple; Jean-Jacques a été faiseur de comédies, et moi, je suis un honnête cabaretier. On sait ce qu'on doit à la dignité des professions. Néron voulut avilir les chevaliers romains jusqu'à les faire monter sur le théâtre; mais il n'osa y contraindre les cabaretiers.

Si la cour avait pu lire un petit livre que Jean-Jacques, indigné de sa gloire, et honteux d'avoir travaillé pour les speċtacles, a lâché contre les speċtacles mêmes, elle verrait que ce Rousseau préfère hautement les marchands de vin aux hiſtrions[2]. Il ne veut pas que dans sa patrie il y ait des comédies, mais il y veut des cabarets; il regrette ce beau jour de son enfance où il vit tous les Genevois ivres; il souhaite que les filles dansent toutes nues au cabaret.

Nous espérons que les mœurs se perfeċtionneront bientôt jusqu'à parvenir à ce dernier degré de la politesse. Alors maître Beaumont lui-même sera très assidu chez moi, à la Courtille. Il ne songera plus à me produire sur le rempart; il sentira ce qu'on doit à un cabaretier.

Feu monseigneur le cardinal de Fleury disait que les fermiers généraux étaient les colonnes de l'État. Si cela eſt, nous sommes la base de ces colonnes : car, sans nous, plus de produit dans les aides; et, sans les aides, comment l'État pourrait-il aider ses alliés, et s'aider lui-même contre ses ennemis ? M. Silhouette, qui a tenu le tonneau des finances moins de temps que je n'ai tenu ceux de mes vins de Brie, a voulu faire quelque peine au corps des fermiers; mais il a respeċté le nôtre.

Si nous sommes nécessaires à la puissance temporelle, nous le sommes encore plus à la spirituelle, qui eſt si au-dessus de l'autre. C'eſt chez nous que le peuple célèbre les fêtes; c'eſt pour nous qu'on abandonne souvent, trois jours de suite, dans les campagnes, les travaux nécessaires, mais profanes, de la charrue, pour venir chez nous sanctifier les jours de salut et de miséricorde; c'est là qu'on perd heureusement cette raison frivole, orgueilleuse, inquiète, curieuse, si contraire à la simplicité du chrétien, comme maître Beaumont lui-même est forcé d'en convenir; c'est là qu'en ruinant sa santé on fournit aux médecins de nouvelles découvertes; c'est là que tant de filles, qui peut-être auraient langui dans la stérilité, acquièrent une fécondité heureuse qui produit tant d'enfants bien élevés, utiles à l'Église et au royaume, et qu'on voit peupler les grands chemins pour remplir le vide de nos villes dépeuplées.

Que dira maître Beaumont si je lui montre les saints rituels, où sont excommuniés les fauteurs du théâtre, c'est-à-dire les rois, les princes, les Sophocle et les Corneille ? Un cabaretier, au contraire, est essentiellement de la communion des fidèles, puisque c'est chez lui que les fidèles boivent et mangent.

Les fermiers généraux eux-mêmes, quoiqu'ils fussent tous chevaliers dans la république romaine, quoiqu'ils soient colonnes chez nous, sont maudits dans l'Écriture : « S'il n'écoute pas l'Église, qu'il soit regardé comme un païen et comme un fermier général, *sicut ethnicus et publicanus*[1]. » L'apôtre ne dit point qu'il soit regardé comme un cabaretier de la Courtille; il s'en donne bien de garde.

Au contraire, c'est par un cabaret, et même une cabaretière, que les premiers triomphes du saint peuple juif commencèrent. La belle Rahab, vous le savez, Messieurs, tenait un cabaret à Jéricho, dans le vaste pays de Setim. Elle était Zonah, du mot hébreu *zun,* qui signifie cabaret, et rien de plus. (Et c'est ce que je tiens de M. Tellès, qui vient souvent chez moi.) Elle reçut les espions du saint peuple; elle trahit pour lui sa patrie; elle fut l'heureuse cause que, les murailles de Jéricho étant tombées au bruit de la trompette et des voix des Juifs, la nation chérie tua les hommes, les femmes, les filles, les enfants, les bœufs, les brebis, et les ânes.

Quelques interprètes soutiennent que Rahab était non seulement cabaretière, mais fille de joie. A Dieu ne plaise que je contredise ces grands hommes; mais si elle avait été une simple fille de joie, une fille de rempart, Salomon, prince de Juda, aurait-il daigné l'épouser ? Je laisse le reste à vos sublimes réflexions.

Vous voyez, juges augustes du Boulevard et de la Courtille, quelle prééminence eut de tous les temps le cabaret sur le théâtre. Vous frémissez de l'indigne proposition de maître Beaumont, qui prétend me faire quitter la Courtille pour le rempart. J'ose plaider ma cause moi-même, parce que là où la raison est évidente l'éloquence est inutile. Si elle succombait, cette raison quelquefois mal accueillie chez les hommes, je mettrais alors ma cause[1] entre les mains de maître Mannory[2], célèbre dans l'univers, qui a fait imprimer des plaidoyers lus de l'univers, et l'univers entier jugerait entre Gaudon et Ramponeau.

Je vois d'ici maître Beaumont sourire; je l'entends répéter ces mots d'Horace, ce poète du Pont-Neuf que j'ai ouï souvent citer :

Perfidus hic caupo.

(Livre I, Sat. I, 29.)

.... *cauponibus atque malignis.*

(Id., I, IV, 2.)

Ce fripon de cabaretier, ces cabaretiers malins.

Il aura recours même à l'*Encyclopédie,* ouvrage d'un siècle que j'ai entendu nommer de Trajan : car à quoi n'a-t-on point recours dans une mauvaise cause ? L'*Encyclopédie,* à l'article « Cabaret », prétend que les lois de la police ne sont pas toujours rigoureusement observées dans nos maisons. Je demande justice à la cour de cette calomnie : je me joins à maître Palissot, maître Lefranc de Pompignan, et maître Fréron, contre ce livre abominable. Je savais déjà par leurs émissaires, mes camarades ou mes pratiques, combien ce livre et leurs semblables sont pernicieux.

Une foule de citoyens de tout ordre et de tout âge les lit, au lieu d'aller au cabaret : les auteurs et les lecteurs passent dans leurs cabinets une vie retirée, qui est la source de tant d'attroupements scandaleux. On étudie la géométrie, la morale, la métaphysique, et l'histoire : de là ces billets de confession qui ont troublé la France, ces convulsions qui l'ont également déshonorée, ces cris contre des contributions nécessaires au soutien de la patrie, tandis que les comédiens recueillent plus d'argent par jour aux représentations de la pièce charitable contre les philosophes que le souverain n'en retire pour le soutien du royaume. Ces détestables livres enseignent visiblement à couper la bourse et la gorge sur le grand chemin : ce qui certes n'arrive pas à la Courtille, où nous abreuvons les gorges, et vidons les bourses loyalement.

Je conclus donc à ce qu'il plaise à la cour me faire donner beaucoup d'argent par Gaudon, qui a la mauvaise foi de m'en demander en vertu de son marché; faire brûler le factum de maître Beaumont, comme attentatoire aux lois du royaume et à la religion; item, faire brûler pareillement tous les livres qui pourront, soit directement, soit indirectement, empêcher les citoyens d'aller à la Courtille, et leur procurer le plaisir honteux de la lecture.

ANECDOTES SUR FRÉRON

ÉCRITES PAR UN HOMME DE LETTRES A UN MAGISTRAT QUI VOULAIT ÊTRE INSTRUIT DES MŒURS DE CET HOMME[1]

Élie-Catherin Fréron est né à Quimper-Corentin[2]; son père était orfèvre. Voici un fait qu'on m'a assuré, mais dont je n'ai pas la certitude : on prétend que le père de Fréron a été obligé, plusieurs années avant sa mort, de quitter sa profession pour avoir mis de l'alliage plus que de raison dans l'or et l'argent.

Fréron commença ses études à Quimper, et fit sa rhétorique à Paris sous le P. Porée. Un oncle qu'il avait aux environs de la rue Saint-Jacques lui donna asile dans sa maison, et s'en défit en faveur des jésuites, qui le mirent dans leur noviciat, rue Pot-de-Fer. Ils le nommèrent ensuite régent en sixième au collège de Louis le Grand. Il y resta deux ans et demi, et sa conduite ayant trop éclaté, ils l'envoyèrent à Alençon, d'où il quitta tout à fait la société.

Je me souviens d'avoir entendu dire à Fréron, au café de Viseux, rue Mazarine, en présence de quatre ou cinq personnes, après un dîner où il avait beaucoup bu, qu'étant jésuite il avait été l'agent et le patient. Comme je ne veux dire que ce que je sais bien certainement, je ne rapporterai pas tout ce qu'on m'a raconté de ses friponneries, vols et sacrilèges, lorsqu'il portait l'habit de jésuite.

Chassé de la société, Fréron se lia avec l'abbé Desfontaines, chassé des jésuites comme lui, qui l'employa à son journal[3], moyennant vingt-quatre livres la feuille d'impression : c'était toute sa ressource pour vivre. Il portait alors le petit collet; et un jour qu'il était au parterre de la Comédie-Française, il se prit de paroles avec un avocat; au sortir du parterre on en vint aux coups; et les deux champions se vautrèrent dans la boue en présence de six cents personnes.

M. d'Estouteville retira Fréron chez lui, pour l'aider à traduire le chant des *Plaisirs* du chevalier Marin[1]. Ils le traduisirent ensemble; et après la mort de M. d'Estouteville, Fréron s'attribua l'ouvrage à lui seul. Notez que Fréron ne sait pas l'italien.

A peine l'abbé Desfontaines tomba malade de la maladie dont il est mort, que Fréron le quitta pour faire des feuilles en son nom. Il les intitula *Lettres d'une Comtesse*[2].

Dès le troisième ou quatrième cahier de ce nouveau journal, Fréron eut l'impudence d'attaquer M. l'abbé de Bernis, sur une pension de mille écus que lui faisait avoir Mme de Pompadour. Le fruit de cette insolente plaisanterie fut le séjour de quelques mois à Vincennes, d'autres disent à Bicêtre, et un exil de huit mois à Bar-sur-Seine.

Il revint à Paris, et je sais que pour vivre il s'était associé avec des fripons au jeu; qu'ils avaient des dés pipés, et qu'une nuit ils gagnèrent quarante louis au procureur Laujon, dans la rue des Cordeliers. Ce fait, ainsi qu'un autre de cette nature, est rapporté en termes couverts dans l'*Observateur littéraire* de l'abbé Laporte, année 1758, tome II, page 319.

En 1749, Fréron entreprit un nouveau journal satirique, sous le titre de *Lettres sur quelques écrits de ce temps*. Il s'associa, pour cet ouvrage, un nommé Dutertre, auteur de l'*Histoire des conjurations,* d'un *Abrégé de l'histoire d'Angleterre,* etc. Ce Dutertre est mort[3]. Il eut part avec Fréron aux dix premiers volumes des *Lettres sur quelques écrits de ce temps*.

Ces lettres ont été interrompues et reprises plusieurs fois. La première cause qui les fit interdire est un article concernant la vie de Ninon de Lenclos; et cet article de Ninon de Lenclos fait le commencement du tome VI des *Lettres sur quelques écrits de ce temps*. Je ne parle point ici des querelles de Fréron et de son lâche procédé avec M. Marmontel : cette histoire est trop connue, et se trouve imprimée dans la *Bigarrure,* en Hollande[4].

Six mois se passèrent sans que Fréron pût obtenir la permission de reprendre ses feuilles. Mais ayant fait beaucoup de bassesses auprès de Solignac, secrétaire du roi de Pologne et ex-jésuite comme lui, ce Solignac persuada à Sa Majesté que Fréron était persécuté; qu'il mourait de faim; qu'il avait une femme et des enfants; et qu'enfin Sa Majesté bienfaisante ne pouvait pas mieux user de ses bontés qu'envers Fréron. Il l'engagea à se montrer son protecteur, et Fréron eut le droit de recommencer ses satires.

Dans ce temps-là l'abbé Laporte avait quitté ses feuilles, parce que ce métier lui paraissait infâme et indigne d'un littérateur. Fréron vint le trouver, lui proposa de s'associer avec lui; l'abbé Laporte y consentit à la fin, à condition qu'il ne mettrait point son nom, et qu'il ne paraîtrait pas y avoir part. « Je veux bien, dit Fréron, me charger de tout l'odieux de la besogne, mais je veux que ce sacrifice de mon honneur me tienne lieu de travail; ainsi, en faisant le quart de la feuille, je veux qu'elle me soit payée comme si j'en avais fait la moitié. » L'abbé Laporte accepta la proposition, et les voilà associés. Il était dit, dans le traité, que le libraire payerait à l'abbé Laporte le quart de la feuille, lorsqu'il en aurait fait la moitié, et qu'il payerait la moitié du prix toute la feuille faite. Comme c'était le libraire qui payait, l'abbé Laporte n'a point eu à se plaindre du payement.

Ils travaillèrent ainsi pendant quelques mois. Laporte fit l'extrait des *Lettres sur l'histoire* par milord Bolingbroke; Fréron ajouta à cet extrait des personnalités offensantes contre ce milord. Ceux qui s'intéressent encore à sa mémoire se plaignirent : voilà encore les feuilles de Fréron suspendues.

Fréron va crier famine chez le magistrat de la librairie, représente ses enfants et sa femme nus et mourant de faim; il écrit à son protecteur Solignac, et on lui rend ses feuilles. Il les continue jusqu'en 1754, sous le titre de *Lettres sur quelques écrits de ce temps*. Il avait fait un traité avec le libraire Duchesne. Il traita sous main avec le libraire Lambert; et, sans se mettre en peine de son marché avec Duchesne, il ôta ces feuilles à ce dernier. Il y a un mémoire imprimé où Duchesne se plaint de cette friponnerie de Fréron[1].

Laporte, qui n'avait fait aucun traité avec Duchesne, n'en fit aucun avec Lambert, et n'était pour rien dans tout le tripotage; il ne connaissait pas même Lambert, lorsque Fréron fit son traité avec ce libraire. Mais comme l'abbé Laporte devait avoir le quart du produit des feuilles, il était en droit de demander à voir le nouveau traité, afin d'exiger ce quart du produit. Fréron, qui voulait le friponner, fit deux traités avec son nouveau libraire, l'un secret, et l'autre ostensible. Le premier portait qu'il recevrait cinq cents livres par cahier; l'autre ne portait que quatre cents livres. On montra ce dernier traité à l'abbé Laporte, et par là on ne lui donnait que cent francs, tandis que réellement Fréron mettait dans sa poche vingt-cinq livres qui étaient destinées à son associé. Il y a eu quarante cahiers par an; c'est donc de cent pistoles dont Laporte était lésé. Il n'a su cela qu'à la fin de l'année et ce fut la femme du libraire qui, quelque temps avant que de mourir, lui révéla cette friponnerie, pressée par un remords de conscience, disait-elle, qui l'empêchait de mourir tranquillement.

Dans les temps des brouilleries de Lambert avec Fréron, Lambert, qui avait intérêt de faire connaître les friponneries de Fréron, fit un mémoire présenté à M. de Malesherbes, dans lequel ce trait était rapporté tout au long.

Les feuilles de Fréron, en passant de la boutique de Duchesne dans celle de Lambert, prirent le titre d'*Année littéraire ;* et comme le nombre des cahiers avait augmenté, Fréron s'associa d'autres gens de lettres pour travailler avec lui, parce qu'il n'était pas en état de faire la moitié de l'ouvrage qui lui était réservé : car Laporte avait déclaré qu'il s'en tiendrait à la moitié de la besogne. Ce fut alors que le nombre des croupiers de Fréron devint très considérable.

A l'exception de quelques injures grossières dont Fréron lardait les extraits qu'on lui apportait, tout était de main étrangère; et voici les noms de ces nouveaux croupiers, avec les extraits qu'ils fournissaient au journaliste en chef. Je ne parlerai pas des extraits de l'abbé Laporte; il suffit de dire qu'il a fait exactement pendant sept ans la moitié de l'ouvrage. Quant à l'autre moitié, outre M. Dutertre dont j'ai parlé, MM. de Caux, de Resseguier, Palissot, Bret, Berland, de Bruix, Dorat, Louis, Bergier, d'Arnaud, Coste, Blondel, Patte, Poinsinet, Vandermonde, de Rivery, Leroy, Sedaine, Castillon, Colardeau, Déon de Beaumont, Gossard, etc., sont ceux qui y ont le plus contribué.

C'est M. de Caux qui a fait les extraits de toutes les tragédies dont l'*Année littéraire* a fait mention, jusqu'à

Iphigénie en Tauride exclusivement, temps auquel il s'est brouillé avec Fréron parce que Fréron ne le payait pas. Il a fait aussi l'extrait des *Œuvres* de M. de Lamotte, et de tous les poètes latins et français dont il est parlé dans le même ouvrage, jusqu'au temps que je viens de dire. Le chevalier de Resseguier a pris sa place pour les poètes français. Il a fait, entre autres extraits, celui des *Poésies* de l'abbé de Lattaignant, en forme de lettre attribuée à un Breton. J'ignore si le chevalier de Resseguier reçoit de l'argent. MM. Blondel et Patte faisaient les extraits des ouvrages d'architecture. Blondel a dirigé l'appartement de Fréron, qui lui doit encore et ses extraits et son travail comme architecte. Patte se contentait de quelques louanges fades pour tout payement. On peut voir dans les feuilles de cette année comment Patte et Fréron se sont déshonorés mutuellement au sujet des planches de l'*Encyclopédie*. Louis a donné quelques extraits de livres de chirurgie, non à cause de Fréron, qui lui a volé un couteau, mais pour faire plaisir à l'abbé Laporte, son ami, lorsqu'il travaillait avec Fréron. D'Arnaud a rendu compte du *Discours sur le maréchal de Saxe*[1], qui a remporté le prix à l'Académie française en 1759; il a aussi fait quelques extraits de nos poètes; Palissot a loué l'*Anacréon* de son beau-frère Poinsinet, et critiqué *le Jaloux,* comédie du sieur Bret; et celui-ci faisait de son côté l'éloge des *Tuteurs,* comédie de Palissot.

C'est ainsi que Fréron, qui mettait son nom à tous les extraits, faisait travailler ses croupiers les uns sur les autres. Il a un peu travaillé à la critique odieuse du livre *De l'Esprit* d'Helvétius. Bergier a fait celle de l'*Ami des hommes,* et des *Annales* de l'abbé Saint-Pierre. Poinsinet a loué sa *Briséis*. Colardeau a déchiré Marmontel, et toujours sous le nom de Fréron, Berland a fait l'analyse de sa traduction du *Praedium rusticum* du P. Vannière; Bruix, celle de ses *Pensées et réflexions*. Coste a parlé lui-même de son *Voyage d'Espagne*[2], et cet extrait a fait mettre Fréron à la Bastille. Ce Coste est un mauvais sujet de Bayonne qui a fait cent lettres de change à Paris, où il n'ose plus paraître. Il couchait avec la femme de Fréron, et faisait mettre de l'argent de ce même Fréron sur des corsaires; c'est le seul ami qu'ait eu Fréron. En voilà assez; les autres actions de ce polisson sont assez publiques.

SUPPLÉMENT[1]

Les feuilles de Fréron furent encore suspendues pour avoir injurié grossièrement quelques personnes.

Autre suspension pour avoir fait paraître sa feuille sans qu'elle ait été vue par le censeur, lorsqu'il rendit compte du discours académique de M. d'Alembert. Il avait éludé le censeur pour pouvoir plus librement exhaler sa rage contre cet académicien.

Autre suspension à l'occasion des *Lettres* de son ami Coste, dont j'ai parlé plus haut. Dans l'extrait que Fréron fit de ses *Lettres,* il parla, avec une indécence digne de Bicêtre, de la nation espagnole; il n'alla qu'à la Bastille.

Vous demandez ce que c'est que son mariage avec sa nièce, et son procès avec sa sœur. Sa nièce est de Quimper-Corentin comme lui; c'est la fille d'un huissier. Elle vint à Paris, il y a treize ou quatorze ans, et fut mise en qualité de servante chez la sœur de Fréron. Je l'ai vue balayer la rue devant la boutique de sa tante. Le mauvais traitement qu'elle recevait chez cette même tante engagea Fréron, qui demeurait avec sa sœur, à en sortir, et, à prendre avec lui, dans une chambre garnie, rue de Buci, la petite fille avec laquelle il était en commerce; quelque temps après, Fréron prit des meubles. Sa nièce devint sa gouvernante; il lui fit deux enfants; pendant la grossesse du second, il se maria par dispense.

L'histoire du procès de Fréron avec sa sœur est très longue et très compliquée. Le libraire Lambert m'a fait lire un mémoire manuscrit, très curieux et très bien fait, où le procès est plaisamment raconté. Je sais que Lambert conserve très soigneusement ce manuscrit, et l'abbé Laporte en a parlé dans l'*Observateur littéraire* (1760, t. Ier, p. 177); il rapporte le sujet de ce procès[2]. La sœur de Fréron est fripière; son enseigne est *Au riche laboureur ;* pour faire niche à son frère, qu'elle déteste bien cordialement, elle m'a dit qu'elle allait mettre une enseigne d'habits et de meubles sur sa boutique, avec ces mots : « A l'Année fripière Fréron. »

Fréron a fait faire il y a douze à quatorze ans deux

cents paires de souliers pour envoyer aux îles; l'envoi a été fait effectivement; il en a reçu l'argent, et le doit encore au cordonnier.

J'ai ouï dire à un procureur du Châtelet qu'il n'y avait pas de semaine qu'on n'appelât à l'audience quelque procès de ce Fréron, etc., etc.

NOTE

Celui qui a daigné faire imprimer cet écrit tombé entre ses mains a voulu seulement faire rougir ceux qui ont protégé un coquin et ceux qui ont fait quelque attention à ses feuilles. Si on parle, dans l'histoire naturelle, des aigles et des rossignols, on y parle aussi des crapauds.

Il est nécessaire que ces infamies soient constatées par le témoignage de tous ceux qui sont cités dans cet écrit; ils ne doivent pas le refuser à la vengeance publique[1].

COPIE

DE LA LETTRE DE M. ROYOU, AVOCAT AU PARLEMENT DE RENNES

Mardi matin, 6 mars 1770.

« FRÉRON, auteur de l'*Année littéraire,* est mon cousin, et, malheureusement pour ma sœur, pour moi et pour toute la famille, mon beau-frère depuis trois ans.

« Mon père, subdélégué et sénéchal du Pont-l'Abbé, à trois lieues de Quimper-Corentin, en Basse-Bretagne, quoique dans une situation aisée, n'étant pas riche, ne donna à sa fille que vingt mille livres de dot. Trois jours après les noces, M. Fréron jugea à propos d'aller à Brest, où il dissipa cette somme avec des bateleuses.

« Il revint chez son beau-père pour donner à ma sœur, sa femme, un très mauvais présent, et demander en grâce de quoi se rendre à Paris. Mon père fut assez bon, ou plutôt assez faible pour donner encore mille écus... Il était alors à Lorient et quoiqu'il reçût cette nouvelle somme par lettre de change, il ne put se rendre qu'à Alençon, et fit le reste de la route jusqu'à Paris comme les capucins, et ne donna pour toute voiture à sa femme qu'une place sur un peu de paille dans le panier de la voiture publique.

« Arrivé à Paris, il n'en agit pas mieux avec elle. Ma sœur, après deux ans de patience, se plaignit à mon père, qui m'ordonna de me rendre incessamment à Paris pour m'informer si ma sœur était aussi cruellement traitée qu'elle le lui marquait. Alors Fréron chercha et tenta tous les moyens de me perdre. Il sut que, pendant les troubles du parlement de Bretagne, où je militais depuis plusieurs années en qualité d'avocat, j'ai montré un zèle vraiment patriotique et toute la fermeté d'un bon citoyen.

« Comme il faisait le métier d'espion, il ne négligea rien pour obtenir, par le moyen de..., une lettre de cachet pour me faire renfermer.

« Fréron, qui voulait être à la fois ma partie, mon témoin et mon bourreau, vint en personne, escorté d'un commissaire et de neuf à dix manants, m'arrêter dans mon appartement à Paris, rue des Noyers. Il me fit traiter de la manière la plus barbare, et conduire au petit Châtelet, où je passai, dans le fond d'un cachot, la nuit du dimanche au lundi de la Pentecôte. Le lundi, Fréron se rendit, environ les dix heures du matin, avec ses affiliés, au petit Châtelet. Il me fit charger de chaînes et conduire à ma destination. Il était à côté de moi dans un fiacre, et tenait lui-même les chaînes, etc., etc. »

On nous a communiqué l'original de cette lettre, signée Royou. Ce n'est pas à nous de discuter si le sieur Royou a été coupable ou non envers le gouvernement; mais quand même il eût été criminel, c'est toujours le procédé du plus lâche et du plus détestable coquin, de faire le métier d'archer pour arrêter et pour garrotter son beau-frère.

C'est pourtant ce misérable qui a contrefait l'homme de lettres, et qui a trouvé des protecteurs quand il a fallu déshonorer la littérature.

On lui a donné des examinateurs, qui tous se sont dégoûtés l'un après l'autre d'être les complices des platitudes d'un homme digne d'ailleurs de toute la sévérité de la justice. Ce fut d'abord le chirurgien Morand qui, après l'avoir guéri d'un mal vénérien, cessa d'avoir commerce avec lui. A Morand succéda le sieur Coquelet de Chaussepière, avocat, qui rougit bientôt de ce vil métier si peu fait pour lui. Il fut remplacé par le sieur Rémond Sainte-Albine, connu vulgairement sous un autre nom. On ne conçoit pas comment le sieur Rémond a pu donner son attache aux grossièretés que Fréron a vomies contre l'Académie dans je ne sais quelle satire contre l'*Éloge de Molière,* excellent ouvrage de M. de Chamfort. Fréron doit rendre grâce au mépris dont il s'est couvert s'il n'a pas été puni. L'Académie a ignoré ses impertinences : si la police l'avait su, il aurait pu faire un nouveau voyage à Bicêtre.

LETTRES
A M. DE VOLTAIRE

SUR *LA NOUVELLE HÉLOÏSE* (OU *ALOÏSIA*)
DE JEAN-JACQUES ROUSSEAU, CITOYEN DE GENÈVE[1]

PREMIÈRE LETTRE

A QUI pourrais-je adresser mes doutes qu'à vous, Monsieur, qui avez encore illustré par votre génie une nation que les Corneille et les Racine avaient rendue la première de l'Europe ?

Je ne sais plus de quels termes il faut se servir. Si je compare le langage des plus orgueilleux écrivains de notre siècle à celui des bons auteurs du siècle de Louis XIV ou au vôtre, je n'y trouve rien qui se ressemble. Je veux bien croire qu'on a aujourd'hui plus de goût, plus de talent, plus de lumières que du temps des Pascal, des Racine et des Boileau. Concevez donc ma juste affliction de ne pouvoir entendre les nouveaux génies qu'il faut admirer. Je viens de parcourir une brochure où les choses dont l'auteur rend compte sont *au parfait* : j'ai cru d'abord qu'il voulait parler de quelques *verbes* ; point du tout, c'est de peinture et de sculpture. Une princesse, dans un roman, est *bien éduquée* : cela veut dire qu'elle a reçu une éducation digne d'elle, qu'elle est bien élevée; on y voit une *pitié tendre à tous les maux d'autrui* ; une *oisiveté qui engendre des jeux* ; des yeux qui deviennent *fixés en terre* ; une héroïne de roman *affectée de pitié,* et qui *élève à son amant ses timides supplications*. Cette héroïne *remplit des soins,* au lieu de remplir des devoirs, et de rendre des soins. *Son extrême amour est exposé à des tragédies*. Son teint fleuri *outrage* son amant. Cette pénitente avait une si affreuse idée *du premier pas, qu'à peine voyait-elle au delà nul intervalle, jusqu'au dernier;* mais son amant y voyait la tendre *sollicitude* de l'amour.

Aussitôt Julie couvre ses regards *d'un voile,* et met une *entrave à son cœur. Une faveur! ah, c'est un tourment horrible!* lui dit son amant, *garde tes baisers, ils sont trop âcres.*

Après l'âcreté de ces baisers, l'amant fait vingt lieues en trois jours; *mais chaque pas séparait son corps de son âme.* Daignerez-vous, Monsieur, me dire en passant comment ce corps et cette âme, qui étaient séparés au premier pas, se séparèrent encore aux autres pas, et se retrouvèrent ensuite au dernier pas?

Quand le corps de l'amant a retrouvé son âme, il écrit à sa maîtresse que « les lois les plus sévères ne peuvent leur imposer d'autre peine que le prix même de leur amour ». Il est à croire que sa maîtresse n'entendit rien à ce galimatias. Mais pour le payer en même monnaie, elle lui mande qu'elle « cultive l'espérance », et qu'elle « la voit flétrir tous les jours »; l'autre lui répond, en renchérissant, que « leurs âmes, épuisées d'amour et de peine, se fondent, et coulent comme l'eau ».

Il peut être fort plaisant de voir couler une âme; mais pour l'eau, c'est d'ordinaire quand elle est épuisée qu'elle ne coule plus; je m'en rapporte à vous. Cependant, Monsieur, ces deux âmes qui *coulent* ne peuvent *suffire à leur félicité infinie.* Nos deux amants, qui coulaient ainsi, se parlèrent à l'oreille; mais Julie trembla qu'on ne cherchât du mystère à cette *chucheterie.*

Julie, rentrée chez elle, écrivit une lettre tendre au chucheteur : « Baise cette lettre, et saute de joie », lui dit-elle. « Ah! Tyran, tu veux en vain m'asservir; pardonne, ô mon doux ami, ces mouvements involontaires! »

Cependant le doux ami était *affamé de transports,* et il attendait le moment *tardif* de voir sa maîtresse avec une douloureuse impatience. Pour apaiser *cette faim, l'impatient ami* s'en alla loin d'elle, entendre de la musique, non pas de la musique française, « car, dit-il, la mélodie qui ne parle point chante toujours mal; et voici, continue-t-il, l'erreur des Français sur les forces de la musique; ils ne peuvent avoir une mélodie à eux, sur une poésie maniérée qui ne connut jamais la nature ».

Mon doux ami, grand philosophe, qui connaît la

nature, et qui d'ailleurs est assez ivrogne, s'avisa, étant ivre, de dire beaucoup d'ordures à sa respectable maîtresse : celle-ci écouta patiemment cette mélodie française qui n'était point maniérée; mais le lendemain elle lui en fit de doux reproches, en lui avouant qu'elle avait entendu souvent de « ces expressions-là, en passant son chemin, mais que l'amour est le plus chaste de tous les liens : que pour une femme qui aime, il n'y a point d'homme que son amant, et qu'un amant est un être bien plus sublime qu'un homme »; sur quoi l'auteur met en marge cette belle réflexion morale : « O Amour, si je regrette l'âge où l'on te goûte, ce n'est pas pour l'heure de la jouissance. »

Notre amant ayant ensuite rencontré un pair d'Angleterre en Suisse causa avec lui jusqu'à l'heure du dîner, et *fit apporter un poulet*. La maîtresse ne manqua pas de parler aussi à ce pair; elle lui dit que « dans un moment où l'épreuve se prépare au dehors, le sage, se portant partout avec lui, porte aussi partout son bonheur ». Cette légère ironie de la douce amie ne pouvait, dit-il, fâcher le pair : car, quoiqu'elle ne fît pas grand cas de la *philosophie parlière* (elle veut dire apparemment une philosophie qui n'est qu'en paroles), un honnête homme a *toujours quelque honte de changer de maxime du soir au matin.*

Vous saurez, Monsieur, que le pair d'Angleterre avait un ami qui *n'était pas de son vol;* car il n'avait pas *le penser mâle des âmes fortes*. La douce amie, qui avait le *penser* plus mâle, fit présent de quelques écus à son amant de philosophe, qui avait aussi le penser fort mâle, mais qui était un pauvre homme du pays. Elle dit que « son doux ami n'en a ni paru humilié, ni prétendu en faire une affaire ».

Le doux ami se trouva bientôt à son aise; il reçut une bonne pension du pair d'Angleterre, à qui il avait donné un poulet : « Il s'en va, dit-il, faite figure à Paris »; ce noble philosophe va même dans un mauvais lieu, et il écrit à sa maîtresse. « Pour ici où nulle affaire ne m'attache, je continuerai à vivre à ma manière. » Comme il est extrêmement amoureux de sa Julie, il lui écrit de longues lettres, dans lesquelles il ne lui parle que de la bonne compagnie de Paris. « Il faut, dit-il, changer de principe comme d'assemblée, modifier son esprit à chaque pas, et mesurer ses maximes à la toise; quitter en entrant son âme, et en prendre une autre aux couleurs de la maison, comme un laquais. »

Vous sentez, Monsieur, qu'on ne peut mieux connaître, ni peindre plus parfaitement les sociétés de Paris, ni s'exprimer avec plus de délicatesse. Il voit tout, il observe tout dans Paris; il ne parle que de ses belles observations à sa maîtresse, tant il est affamé de transports. « J'assignerai, dit-il, les différences à mesure que je parcourrai les autres pays, comme on décrit l'olivier sur un saule, ou le palmier sur un sapin. »

Remarquez surtout, Monsieur, que tout ce qu'il craint dans Paris, *c'est d'avoir contribué pour sa part aux désordres qu'il y remarque*. Il tremble de n'y être qu'un *bourgeois,* parce qu'il a l'honneur d'être citoyen de Genève; et il attend le moment où il pourra décrire en Angleterre l'olivier sur le saule, en soupirant de temps à autre pour les beaux yeux de sa Julie : car il est bien ennuyé de voir des Français *qui sont autant de marionnettes clouées sur la même planche*. La nécessité d'avoir un carrosse est surtout ce qui l'effraye; il prétend qu'*un carrosse n'est pas tant pour se conduire que pour exister ;* il se conduit pourtant quelquefois en carrosse; mais il est très indigné de la manière *intrépide et curieuse dont les femmes fixent les gens*. Il remarque surtout que *la gorge d'une femme n'est point à elle, qu'il a bien l'art de les observer, et que cet art n'est pas difficile vis-à-vis* des femmes de Paris.

Dans ses curieuses observations, il trouve que les airs de notre musique ressemblent tout à fait *à la course d'une oie grasse ou d'une vache qui galope*. Enfin il donne dans le *persiflage de ses amis*.

Voilà, Monsieur, une partie des expressions sublimes qui m'ont frappé dans le premier et le second volume de *la Nouvelle Héloïse* de Jean-Jacques Rousseau, ouvrage dans lequel cet homme se met si noblement au-dessus des règles de la langue et des bienséances, et daigne y marquer un profond mépris pour notre nation. C'est un service qu'il nous rend, puisqu'il nous corrigera. Mais, en attendant que nous lui en fassions de très humbles remerciements, permettez-moi d'avoir l'honneur de vous dire dans ma première lettre ce que c'est que ce roman, et vous verrez si le fond est digne du style.

J'ai l'honneur d'être, Monsieur, avec les sentiments de la plus tendre vénération,

Votre très humble et très obéissant serviteur,

LE MARQUIS DE XIMENEZ.

20 janvier 1761.

DEUXIÈME LETTRE

MONSIEUR,

QUI ne connaît les aventures d'Héloïse et d'Abélard ? Qui ne sait que cet homme illustre balança toujours la réputation de saint Bernard, et quelquefois son crédit ? Il eut un mérite très rare, des faiblesses communes, des malheurs singuliers. Les amours et les lettres d'Abélard et d'Héloïse vivront éternellement :

Vivunt qui commissi calores
Helosiae calamis puellae

La vérité surtout met le sceau de l'immortalité aux lettres touchantes que ces deux amants s'écrivirent. Elles ont été traduites en vers et en prose dans toutes les langues. Jean-Jacques s'est mis à inventer cette ancienne histoire sous d'autres noms; mais, fâché qu'un homme aussi bien fait et d'une figure aussi agréable qu'on nous peint Abélard eût perdu dans le cours de ses amours le principal mérite de sa figure, il a retranché de son roman cette particularité de l'histoire : et comme il est aussi grand, aussi noblement fait qu'Abélard; comme il est, ainsi que lui, l'objet des soupirs de toutes les dames de Paris, il s'est fait le héros de son roman. Ce sont les aventures et les opinions de Jean-Jacques qu'on lit dans *la Nouvelle Héloïse,* et que malheureusement vous n'avez pas lues.

Pour ennoblir les personnages et le lieu de la scène, Jean-Jacques à choisi pour son théâtre un petit pays sujet d'un canton suisse. Le principal personnage est une espèce de valet suisse, qui a un peu étudié, et qui enseigne ce qu'il sait à une *Julie, fille d'un baron du pays de Vaud.* Vous savez qu'il n'y a rien de plus grand que ces barons.

Le petit valet, philosophe suisse, débite à Julie son écolière la morale d'Épictète, et lui parle d'amour. Julie, en présence de sa cousine Claire, donne à son maître un baiser très long et très *âcre* dont il se plaint beaucoup, et le lendemain le maître fait un enfant à l'écolière. Les dames pourraient croire que c'est là la conclusion du roman; mais voici, Monsieur, par quelle intrigue délicate, par quels événements merveilleux ce roman philosophique dure encore cinq tomes entiers après la conclusion.

Il y avait en Suisse un pair d'Angleterre, qui vivait dans un village pour se former et pour s'instruire. Milord Édouard, ayant entendu parler des *charmes, perfections, et commodités qu'en sa voisine on disait être,* ne manqua pas de la demander en mariage à son père. Cet Anglais était fier, un peu dur, un peu ivrogne, et croyait aimer la musique italienne, le tout en digne pair de la Grande-Bretagne. Le valet philosophe était assez ivrogne aussi; milord but du punch avec le valet, ils parlèrent de leur maîtresse : milord s'aperçut bien, tout ivre qu'il était, que le philosophe suisse avait les bonnes grâces de l'héroïne destinée à être pairesse d'Angleterre. Il y eut un démenti de donné. Le valet amoureux sauta noblement à son épée, milord Édouard à la sienne; mais le bon génie de ces deux champions, ou plutôt le génie de l'auteur, les sauva d'une mort inévitable par une des aventures les plus surprenantes qu'on ait jamais lues dans aucune histoire écrite en roman, ou dans aucun roman écrit en histoire.

Milord Édouard, en poussant sa première botte, se donna une entorse; cet incident ingénieux fit qu'on ne se battit point. Jean-Jacques sortit de la chambre, alla cuver son punch, et envoya ensuite un cartel à milord, comme il se pratique entre gens de qualité, le priant civilement de se couper la gorge avec lui quand il pourrait s'aider de son pied. La belle Julie, effrayée, tremblante pour les jours du précepteur dont elle était grosse, sachant qu'il n'y a rien de si commun que de voir des précepteurs se battre contre des membres de la chambre haute en Suisse, étant informée de plus que milord Édouard avait déjà tué cinq ou six hommes en faisant ses études, écrivit aussitôt une lettre raisonnée à son tendre amant contre la mode des duels, et lui prouva que rien n'était plus lâche que de se battre contre un pair d'Angleterre. Elle fit plus : comme elle était extrêmement prudente, très réservée dans sa conduite et dans ses paroles, pleine de pudeur, n'osant s'avouer à elle-même son amour pour le précepteur, elle prit le parti d'écrire à milord la lettre du monde la plus circonspecte, par laquelle elle lui avoua qu'elle était folle du philosophe, et lui fit entendre qu'elle pourrait même dans quelques mois accoucher d'un enfant de sa façon. C'était, comme on voit, de quoi désarmer milord. Il demanda aussitôt pardon au précepteur devant témoins, et lui dit : « Jean-Jacques, puisque vous avez fait un enfant à milady, vous aurez à jamais l'amitié de tous les pairs d'Angleterre, et particulièrement la mienne. » Le parlement d'Angleterre ne fait pas l'amour autrement; il devint sur-le-champ son confident, son ami intime; ils causèrent quatre heures ensemble de leurs amours, et ce fut après cet entretien que le précepteur *fit apporter un poulet,* comme vous l'avez déjà pu voir dans ma précédente lettre, où il n'était question que de la noblesse du style.

Milord, après avoir mangé le poulet, ne s'en tint pas là; il courut sur-le-champ chez M. le baron du pays de Vaud, à qui il avait demandé sa fille en mariage, *et la lui demanda pour le précepteur Jean-Jacques.* Le baron fut assez malavisé et assez imprudent pour dire qu'on se moquait de lui, et que Jean-Jacques, quelque grand philosophe qu'il pût être, et quoiqu'il eût un père excellent garçon horloger, qui avait porté un mois le mousquet, n'était point pourtant fait pour épouser la fille d'un baron.

Milord trouva la réponse du père très ridicule, et lui soutint qu'il n'y avait point de baron en Suisse qui ne dût être très honoré de donner sa fille à un philosophe; qu'il savait bien que Jean-Jacques n'était qu'un gueux, mais qu'il lui donnait la moitié de son bien en mariage, attendu qu'une fois, en passant par Genève, il avait entendu parler ce grand homme *sur l'égalité des conditions,* et prouver démonstrativement qu'un garçon horloger qui sait lire et écrire est parfaitement égal aux grands d'Espagne, aux maréchaux de France, aux ducs et pairs d'Angleterre, aux princes de l'Empire, et aux syndics de Genève.

Le baron du pays de Vaud s'échauffa furieusement à ce discours; et, sans un tiers, ils allaient se battre, car milord n'était pas si endurant avec les barons qu'avec les Jean-Jacques.

Dès que la belle Julie eut appris la manière gracieuse dont son père avait reçu les agréables propositions de milord, elle ne manqua pas d'aller remontrer à monsieur son père tout le mérite du philosophe; elle lui fit voir combien ces gens-là étaient au-dessus des autres hommes, et à quel point ils étaient nécessaires dans les familles, et surtout auprès des demoiselles qui veulent lire Plutarque et apprendre l'orthographe. Le père, ennuyé de toute cette philosophie, donna un énorme soufflet à la belle Julie, laquelle du coup tomba sur une chaise de paille, meuble fort ordinaire dans le pays de Vaud; elle se blessa en tombant, et fit quelque temps après un faux germe, ce qui priva malheureusement la Suisse d'un petit Jean-Jacques, qui en eût fait les délices et l'admiration.

Cependant, il faut avouer que le baron, quoiqu'il donnât des soufflets, était, dans le fond, un assez bon homme. *Il fit danser sa fille sur ses genoux après l'avoir souffletée,* et il ne fut plus question de M. le précepteur. Voilà encore le roman fini, à moins que Jean-Jacques ne répare la perte du faux germe, et ne fasse un second enfant à sa Suissesse. Mais un nouvel ordre de choses se présenta pour exercer toutes les vertus de ce tendre amant, et pour le rendre l'homme le plus accompli que nous ayons eu en Europe.

Il avait, comme nous l'avons dit, le cœur extrêmement haut, et n'était pas homme à recevoir des *gages,* parce que ce mot de *gage* pourrait détruire, dans l'esprit de ceux qui ne pensent point, l'idée de cette égalité parfaite que Dieu a mise entre toutes les conditions. Jean-Jacques ne reçut donc point de gages, mais une douzaine d'écus que lui donna sa belle maîtresse; il daigna accepter aussi quelques guinées de milord avec une petite pension, moyennant quoi il alla briller à Paris dans le beau monde, de peur que M. le baron ne le fît jeter, en Suisse, par les fenêtres de sa chaumière, qu'il appelait château.

Dès qu'il fut à Paris, où il porta toujours dans son cœur l'image de sa chère Julie, il vit que la philosophie bien entendue admettait des consolations, et aussitôt il en alla chercher chez les filles de joie avec la meilleure compagnie de Paris, semblable à don Quichotte, qui adorait Dulcinée du Toboso dans les bras de Maritorne.

Il instruisit aussitôt sa belle Suissesse de cette petite infidélité, qui n'était au fond qu'un sacrifice fait sur un autel étranger à la vraie divinité qui régnait sur son âme.

Quelque temps après cet événement, Jean-Jacques eut la petite vérole; mais il ne nous dit pas tout :

Supprimit orator, quod rusticus edit inepte.

Sa maîtresse ne prit pas tout à fait les mêmes remèdes contre l'amour; mais elle épousa, pour se dépiquer, un gros Russe naturalisé dans le pays de Vaud, assez semblable au bon Suisse que Mme la duchesse du Maine donna à Mlle de Launay[1]. Quand ce bonhomme fut en possession des charmes de la belle Julie, c'était bien là le cas pour Jean-Jacques de chercher ses consolations ordinaires; mais il aima mieux faire le tour du monde avec l'amiral Anson. Il assista à la prise du fameux vaisseau de Manille, et eut pour son droit de présence une part très considérable du butin : nous ne savons pas ce que cet argent est devenu; mais il est à croire que Jean-Jacques est aujourd'hui un des plus riches marins du canton de Berne que nous ayons à Paris. C'est apparemment avec cet argent qu'il se fit faire un bon habit à son retour, acheta une chaise de poste pour aller rendre ses respects, dans le pays de Vaud, à Mme Julie et à M. le Russe son mari. Il s'appelait Volmar; c'était un homme de près de cinquante ans, encore assez frais, qui ne riait jamais, mais qui trouvait bon qu'on rît quelquefois, pourvu que ce ne fût pas de lui.

M. de Volmar le reçut à bras ouverts : « Monsieur, lui dit-il, comme vous avez été l'amant de ma femme, je me flatte que vous serez toujours son bon ami, et que vous voudrez bien être le mien : nous vivrons tous trois familièrement en bons Suisses avec nos parents, comme si de rien n'était, et vous pouvez compter que cette petite vie sera le modèle de la philosophie et du bonheur. »

Le voyageur fut tout étonné de trouver M. de Volmar si savant; mais Julie, en personne discrète, avait avoué, dans une soirée d'hiver, à son mari, ne sachant que faire, qu'elle avait autrefois couché avec le philosophe; et elle toucha même quelque chose du faux germe. Son gros *Russe-Suisse* ne s'en embarrassa pas, *ayant peut-être en sa personne de quoi négliger ce point-là*. Il aimait aussi à boire, comme milord et Jean-Jacques, et disait, dans ses goguettes, qu'il *était très content du tonneau quoi qu'un autre l'eût percé ;* propos, à la vérité, qui ne sent pas l'homme élevé à la cour, mais très convenable à la noble simplicité du pays *dont il avait* (dit-il) *adopté les maximes.*

Jean-Jacques vécut depuis fort uniment entre son ancien cocu et son ancienne maîtresse. Il entra dans tous les détails des soins domestiques. Il avoue qu'à la vérité madame était un peu gourmande; mais aussi elle ne prenait jamais du *café, ou le café* que dans son entresol. Enfin la belle Julie devint dévote, et mourut ensuite calviniste, trouvant notre religion très ridicule et très vénale.

Toutes ces grandes aventures sont ornées de magnifiques lieux communs sur la vertu. Jamais catin ne prêcha plus, et jamais valet suborneur de filles ne fut plus philosophe. Jean-Jacques a trouvé l'heureux secret de mettre dans ce beau roman de six tomes trois à quatre pages de faits, et environ mille de discours moraux. Ce n'est ni *Télémaque,* ni *la Princesse de Clèves,* ni *Zaïde :* c'est JEAN-JACQUES tout pur.

TROISIÈME LETTRE

Monsieur,

En parcourant le roman de Jean-Jacques, nous avons bien vu qu'il n'avait nulle intention de faire un roman. Ce genre d'ouvrage, quelque frivole qu'il soit, demande du génie, et surtout l'art de préparer les événements, de les enchaîner les uns aux autres, de nouer une intrigue et de la dénouer. Jean-Jacques a voulu seulement, sous le titre de *la Nouvelle Héloïse,* instruire notre nation, et la célébrer pour le prix des bontés qu'il a toujours reçues d'elle.

Ses instructions sont admirables. Il nous propose d'abord de nous tuer; et il prétend que saint Augustin est le premier qui ait jamais imaginé qu'il n'était pas bien de se donner la mort. Dès qu'on s'ennuie, selon lui, il faut mourir. Mais, maître Jean-Jacques, c'est bien pis quand on ennuie ! Que faut-il faire alors ? Réponds-moi.

Si on t'en croyait, tout le petit peuple de Paris prendrait vite congé de ce monde; ce n'est que dans le pays de Vaud, qu'on doit avoir envie de vivre et de rire; mais à Paris, le riche, dit-il, « arrache un reste de pain noir à l'opprimé qu'il feint de plaindre en public ».

Il est étrange, Monsieur, que Jean-Jacques ne sache pas que personne ne mange de pain bis à Paris, qu'il y est inconnu, et qu'il s'en faut beaucoup que M. Volmar, et son baron, et sa Julie, aient mangé du pain aussi blanc qu'en mange le dernier des pauvres de Paris. C'est une des choses qui étonne le plus les étrangers dans notre vaste et opulente ville. Le bon petit homme nous parle des cinquièmes étages : il y a été souvent; il dit que c'est là qu'on apprend à connaître les véritables mœurs de la ville; qu'il y retourne donc, et il verra si l'on y mange du pain noir, comme il nous le reproche.

Il n'est pas plus content de nos hôtels, et de ce qui s'y passe, que des réduits des artisans. « De quelque sens, dit-il, qu'on envisage les choses, tout n'est ici que jargon; l'honnête homme d'ici n'est point celui qui fait de bonnes actions, mais celui qui dit de belles choses. » Ah ! mon doux ami, crois au moins que ceux qui ont donné le couvert, le vêtement, la nourriture à un seigneur étranger venu de Genève pensaient au moins faire une bonne action.

Si tu méprises si fort les grands et les petits, un seigneur d'une figure aussi distinguée que la tienne, un homme couru de toutes les belles, devrait au moins épargner nos dames. Non; elles ne sont pas si maigres ni si tannées que tu le dis. Les dames du pays de Vaud leur sont infiniment supérieures, nous le savons; mais il reste encore quelques grâces à nos Parisiennes. Tes beaux yeux n'ont pas tourné sur elles de favorables regards. Quoi ! illustre amant de Julie, tu leur trouves *le maintien soldatesque et le ton grenadier, depuis le faubourg Saint-Germain jusqu'aux Halles !* O vous, charmantes et respectables beautés ! qui peut-être portez dans vos cœurs les sentiments les plus tendres, mais qui portez sur vos visages enchanteurs les traits de la modestie : vous dont la voix est aussi douce que les regards de vos yeux; vous seriez-vous attendues que le plus brillant seigneur que nous ayons jamais eu à Paris ne trouverait, dans vos *maigres* visages, *que des faces de grenadiers ?* Ah !

si quelque véritable grenadier apprenait !... Mais non, il ne faut pas se fâcher contre Jean-Jacques.

Que dis-je ? Hélas ! on ne va se fâcher que trop; cachez-vous vite, ou partez. Pauvre malheureux ! Comment vous eśt-il échappé de dire qu'il y a vingt à parier contre un *qu'un gentilhomme descend d'un fripon ?* Ne savez-vous pas qu'un Montmorency[1], qui a l'honneur de vous loger, eśt un assez bon gentilhomme ?

Nous avouons que votre père, *qui porta un mois le mousquet,* comme vous le dites, sous le général Saconnay, allait de pair avec les Montmorency, les Soubise, les Bouillon, les Châtillon, les Choiseul, les Tonnerre, les Beauvau, etc. Mais plus on eśt grand, mon ami, et plus il faut être modeśte; ayant surtout quitté votre patrie où vous avez joué un si grand rôle, étant devenu si à la mode parmi nous et nous faisant l'honneur d'être depuis si longtemps notre compatriote, vous auriez dû ne pas dire que *la noblesse d'Angleterre eśt la plus brave de l'Europe ;* un gentilhomme tel que vous doit sentir que c'eśt là un point bien délicat. Vous savez que le roi a plus de noblesse dans ses armées que l'Angleterre n'a de soldats en Allemagne; je serais fâché qu'il se trouvât quelque garde de Sa Majeśté qui prît vos expressions à la lettre.

Si Jean-Jacques attaque la noblesse, il était de la prudence d'un philosophe tel que lui de ménager la robe; mais il s'en va, mal à propos, attaquer un arrêt du parlement de Paris. Il trouve mauvais qu'on ait cassé un mariage qui n'était point fait selon les lois. « Ce chaśte nœud de la nature n'eśt soumis ni au pouvoir souverain, ni à l'autorité paternelle, mais à la seule autorité du père commun, qui sait commander aux cœurs, et, leur ordonnant de s'unir, les peut contraindre à s'aimer. »

Telle eśt la décision de mon doux ami; cela ne peut mener loin. La fille d'un duc et pair pourra, quand elle voudra, épouser à l'âge de quinze ans, le fils du relieur des livres de Jean-Jacques, pour peu qu'il soit joli et qu'il ait quelque teinture de philosophie, attendu l'égalité parfaite que mon doux ami admet entre les relieurs de livres et les pairs de France. Et lui-même, qui eśt orné des dons les plus séduisants de la nature et dont le premier abord enchante, tournera la tête à quelque princesse et fera un mariage tel que M. de Lauzun, sans que le roi puisse y trouver à redire. Car, remarquez que M. de

Lauzun était un homme de qualité; qu'un simple gentilhomme approche de ce rang; qu'un conseiller se croit égal à un gentilhomme; qu'un officier municipal se croit égal à un conseiller; qu'un citoyen de Genève se croit égal à un officier municipal; que par conséquent il n'y a nulle différence entre Jean-Jacques et le comte de Lauzun, qui épousa Mademoiselle; qu'ainsi il est clair que mon doux ami épousera une princesse du sang avant qu'il soit peu, et qu'il aura encore le plaisir de faire les vers et la musique de l'épithalame.

QUATRIÈME LETTRE

Monsieur,

Je frémis pour notre ami Jean-Jacques, je tremble pour ses jours. Il est vrai que le clergé, la noblesse, le parlement, et les dames même, n'ont fait que rire de ses injures et de ses systèmes; heureusement même pour lui, l'ennui que causent ses six volumes est si prodigieux que bien des gens, qui auraient remarqué ses petites témérités, ont mieux aimé laisser là le livre que de rechercher l'auteur. Mais hier il arriva du scandale.

Jean-Jacques, passant dans la rue près de l'Opéra, fut arrêté par cinq ou six virtuoses de l'orchestre, qui le traitèrent un peu rudement; il se sauva dans une maison dont la porte était ouverte, et grimpa à un de ces cinquièmes étages où il dit qu'on apprend mieux qu'ailleurs à connaître les mœurs de la ville. Les violons montèrent après lui; Jean-Jacques se réfugia dans une chambre assez dérangée, où il trouva une dame penchée négligemment sur un canapé un peu déchiré.

C'était précisément la même dame chez laquelle il s'était consolé des tourments de l'absence, et de chez qui il avait rapporté en Suisse les principes secrets de ce qu'il appelle la petite vérole. La dame, éperdue, se jeta entre lui et les assaillants.

« Eh ! mon Dieu, leur dit-elle, Messieurs, pourquoi battez-vous ce magnifique seigneur, qui soupe chez moi quelquefois avec des officiers étrangers ?

— Ah ! coquin, dit le premier violon, nous t'apprendrons si *l'ennuyeux et lamentable chant français ressemble aux cris de la colique* comme tu l'écris.

— Viens çà, viens çà, dit l'autre; celui que tu appelles *le bûcheron* va frapper sur toi la mesure.

— Va, va, la *vache qui galope* t'attrapera », disait un troisième.

Un quatrième s'écriait : « Tu ne mangeras pas de l'*oie grasse*.

— Pardon, Messieurs, dit mon doux ami, se jetant à genoux, je n'y retournerai plus; c'est une méprise de Suisse, je suis votre serviteur à tous; je fais moi-même de la musique française, j'en ai copié toute ma vie.

— *Tu en es plus coupable* », répliqua un des violons, en lui donnant un coup d'archet des plus forts sur le nez.

La dame jetait les hauts cris. « *Vous vous méprenez, Messieurs, c'est un citoyen de Genève, vous dis-je.* »

Les violons n'entendaient point raison, les coups d'archet pleuvaient; Jean-Jacques fuyait dans tous les coins de la chambre; il se penchait à la fenêtre pour ne recevoir les coups que sur son derrière. En se penchant, il aperçut un grand homme vêtu de noir, sec, décharné, la face allongée, le nez pointu, le corps plié en deux, monté sur deux bâtons de cire noire, qu'on appelait ses jambes, une main dans la poche, et l'autre en l'air battant la mesure.

A cette figure, Jean-Jacques reconnut Rameau. « A mon secours ! s'écria-t-il, mon bon monsieur Rameau, à mon secours ! L'orchestre me tue, il a toujours fait mon supplice : à l'aide ! au guet ! au meurtre ! Faut-il avoir eu toute ma vie les oreilles écorchées par les filles de l'Opéra, pour expirer aujourd'hui sous les violons ? »

Rameau monta paisiblement en fredonnant un air, et vint voir sur quel ton étaient les choses. Il trouva les archets brisés, une grosse dame en jupon sale, tout éplorée, et le nez du doux ami tout sanglant.

Rameau, en maître souverain de l'orchestre, fit ralentir la mesure; et, après avoir écouté patiemment, pour la première fois de sa vie, les violons de l'Opéra : « *Ne vous fâchez pas,* leur dit-il, *Messieurs ; c'est un pauvre fou qui n'est pas si méchant qu'on le croit ;* sa folie consiste dans les inconséquences, et dans une vanité dont aucun barbier n'approcha jamais. Il a fait une mauvaise comédie[1], et il a écrit contre la comédie; il a publié que le théâtre de Paris corrompait les mœurs, et il vient de donner au public un roman d'Héloïse ou d'Aloïse, dont plusieurs endroits feraient rougir madame que voilà, si elle savait lire. Il eſt allé à Genève abjurer la religion catholique pour vivre en France. Le pauvre homme a fait lui-même de la musique française, que j'ai eu la bonté de corriger. Il a imprimé, dans le *Dictionnaire encyclopédique,* quelques âneries sur l'harmonie, qu'il m'a fallu encore relever; et pour récompense il écrit contre moi. Il ne lui manque plus que d'être peintre, et d'écrire contre Vanloo et contre Drouais; il faut pardonner à un pauvre homme qui a le cerveau blessé. Il s'eſt mis dans un tonneau, qu'il a cru être celui de Diogène, et pense de là être en droit de faire le cynique; il crie de son tonneau aux passants : *Admirez mes haillons*. La seule manière de le punir eſt de ne regarder ni sa personne ni son tonneau; il vaut mieux l'ignorer que de le battre. »

Ce discours sensé apaisa l'orcheſtre; mais il ne corrigea pas Jean-Jacques.

J'ai l'honneur d'être, etc., etc.

RESCRIT
DE L'EMPEREUR DE LA CHINE

A L'OCCASION DU PROJET DE PAIX PERPÉTUELLE[1]

Nous l'empereur de la Chine, nous sommes fait représenter dans notre conseil d'État les mille et une brochures qu'on débite journellement dans le renommé village de Paris, pour l'instruction de l'univers. Nous avons remarqué, avec une satisfaction impériale, qu'on imprime plus de pensées, ou façons de penser, ou expressions sans pensées, dans ledit village situé sur le petit ruisseau de la Seine, contenant environ cinq cent mille plaisants, ou gens voulant l'être, que l'on ne fabrique de porcelaines dans notre bourg de Kingtzin sur le fleuve Jaune, lequel bourg possède le double d'habitants, lesquels ne sont pas la moitié si plaisants que ceux de Paris.

Nous avons lu attentivement la brochure de notre amé Jean-Jacques, citoyen de Genève, lequel Jean-Jacques a extrait un *Projet de paix perpétuelle* du bonze Saint-Pierre, lequel bonze Saint-Pierre l'avait extrait d'un clerc du mandarin marquis de Rosny, duc de Sully, excellent économe, lequel l'avait extrait du creux de son cerveau.

Nous avons été sensiblement affligé de voir que dans ledit extrait rédigé par notre amé Jean-Jacques, où l'on expose les moyens faciles de donner à l'Europe une paix perpétuelle, on avait oublié le reste de l'univers, qu'il faut toujours avoir en vue dans toutes ces brochures. Nous avons connu que la monarchie de France, qui est la première des monarchies; l'anarchie d'Allemagne, qui est la première des anarchies; l'Espagne, l'Angleterre, la Pologne, la Suède, qui sont, suivant leurs historiens, chacune en son genre, la première puissance de l'univers, sont toutes requises d'accéder au traité de Jean-Jacques.

Nous avons été édifié de voir que notre chère cousine l'impératrice de toute Russie était pareillement requise de fournir son contingent. Mais grande a été notre surprise impériale quand nous avons en vain cherché notre nom dans la liste. Nous avons jugé qu'étant si proche voisin de notre chère cousine, nous devions être nommé avec elle; que le Grand Turc voisin de la Hongrie et de Naples, le roi de Perse voisin du Grand Turc, le Grand Mogol voisin du roi de Perse, ont pareillement les mêmes droits, et que ce serait faire au Japon une injustice criante de l'oublier dans la confédération générale.

Nous avons pensé de nous-mêmes, après l'avis de notre conseil, que si le Grand Turc attaquait la Hongrie, si la diète europaine, ou européenne, ou européane, ne se trouvait pas alors en argent comptant; si, tandis que la reine de Hongrie s'opposerait au Turc vers Belgrade, le roi de Prusse marchait à Vienne; si les Russes pendant ce temps-là attaquaient la Silésie; si les Français se jetaient alors sur les Pays-Bas, l'Angleterre sur la France, le roi de Sardaigne sur l'Italie, l'Espagne sur les Maures, ou les Maures sur l'Espagne, ces petites combinaisons pourraient déranger la paix perpétuelle.

Notre accession était donc d'une nécessité absolue, nous avons résolu de coopérer de toutes nos forces au bien général, qui est évidemment le but de tout empereur, comme de tout faiseur de brochures.

A cet effet, ayant remarqué qu'on avait oublié de nommer la ville dans laquelle les plénipotentiaires de l'univers doivent s'assembler, nous avons résolu d'en bâtir une sans délai. Nous nous sommes fait représenter le plan d'un ingénieur de Sa Majesté le roi de Narsingue[1], lequel proposa, il y a quelques années, de creuser un trou jusqu'au centre de la terre pour y faire des expériences de physique; notre intention étant de perfectionner cette idée, nous ferons percer le globe de part en part. Et comme les philosophes les plus éminents du village de Paris sur le ruisseau dit la Seine croient que le noyau du globe est de verre, qu'ils l'ont écrit[2], et qu'ils ne l'auraient jamais écrit s'ils n'en avaient été sûrs, notre ville de la diète de l'univers sera toute de cristal, et recevra continuellement le jour par un bout ou par un autre; de sorte que la conduite des plénipotentiaires sera toujours éclairée.

Pour mieux affermir l'ouvrage de la paix perpétuelle, nous aboucherons ensemble, dans notre ville transparente, notre saint-père le grand lama, notre saint-père le grand daïri, notre saint-père le muphti et notre saint-père le pape, qui seront tous aisément d'accord moyennant les exhortations de quelques jésuites portugais. Nous terminerons tout d'un temps les anciens procès de la justice ecclésiastique et de la séculière, du fisc et du peuple, des nobles et des roturiers, de l'épée et de la robe, des maîtres et des valets, des maris et des femmes, des auteurs et des lecteurs.

Nos plénipotentiaires enjoindront à tous les souverains de n'avoir jamais aucune querelle, sous peine d'une brochure de Jean-Jacques pour la première fois, et du ban de l'univers pour la seconde.

Nous prions la république de Genève et celle de Saint-Marin de nommer, conjointement avec nous, le sieur Jean-Jacques pour premier président de la diète, attendu que ledit sieur ayant déjà jugé les rois et les républiques sans en être prié, il les jugera tout aussi bien quand il sera à la tête de la chambre; et notre avis est qu'il soit payé régulièrement de ses honoraires[1] sur le produit net des actions des fermes, des billets de loterie, et de ceux de la compagnie des Indes de Paris, qui sont les meilleurs effets de l'univers. Priant le Tien qu'il ait en sa sainte garde ledit Jean-Jacques, comme aussi le sieur Volmar, la demoiselle Julie et son faux germe.

Donné à Pékin, le 1er du mois de Hi han, l'an 189843650 de la fondation de notre monarchie.

CONVERSATION

DE M. L'INTENDANT DES MENUS

EN EXERCICE

AVEC M. L'ABBÉ GRIZEL[1]

Il y a quelque temps qu'un jurisconsulte de l'ordre des avocats ayant été consulté par une personne de l'ordre des comédiens pour savoir à quel point on doit flétrir ceux qui ont une belle voix, des gestes nobles, du sentiment, du goût et tous les talents nécessaires pour parler en public, l'avocat examina l'affaire dans l'ordre des lois[2]. L'ordre des convulsionnaires ayant déféré cet ouvrage à l'ordre de la grand-chambre siégeante à Paris, icelle a décerné un ordre à son bourreau de brûler la consultation comme un mandement d'évêque ou comme un livre de jésuite. Je me flatte qu'elle fera le même honneur à la petite *Conversation de M. l'Intendant des menus en exercice et de M. l'abbé Grizel*. Je fus présent à cette conversation : je l'ai fidèlement recueillie, et en voici un petit précis que chaque lecteur de l'ordre de ceux qui ont le sens commun peut étendre à son gré.

« Je suppose, disait l'intendant des menus à l'abbé Grizel, que nous n'eussions jamais entendu parler de comédie avant Louis XIV ; je suppose que ce prince eût été le premier qui eût donné des spectacles, qu'il eût fait composer *Cinna, Athalie* et le *Misanthrope,* qu'il les eût fait représenter par des seigneurs et des dames devant tous les ambassadeurs d'Europe ; je demande s'il serait tombé dans l'esprit du curé La Chétardie, ou du curé Fantin, connus tous deux par les mêmes aventures, ou d'un seul autre curé, ou d'un seul habitué, ou d'un seul moine, d'excommunier ces seigneurs et ces dames, et Louis XIV lui-même ; de leur refuser le sacrement de mariage et la sépulture ?

— Non, sans doute, dit l'abbé Grizel ; une si absurde impertinence n'aurait passé par la tête de personne.

— Je vais plus loin, dit l'intendant des menus. Quand Louis XIV et toute sa cour dansèrent sur le théâtre, quand Louis XV dansa avec tant de jeunes seigneurs de son âge dans la salle des Tuileries, pensez-vous qu'ils aient été excommuniés ?

— Vous vous moquez de moi, dit l'abbé Grizel; nous sommes bien bêtes, je l'avoue, mais nous ne le sommes pas assez pour imaginer une telle sottise.

— Mais, dit l'intendant, vous avez du moins excommunié le pieux abbé d'Aubignac, le P. Le Bossu, supérieur de Sainte-Geneviève, le P. Rapin, l'abbé Gravina, le P. Brumoy, le P. Porée, Mme Dacier, tous ceux qui ont, d'après Aristote, enseigné l'art de la tragédie et de l'épopée ?

— On n'est pas encore tombé dans cet excès de barbarie, repartit Grizel; il est vrai que l'abbé de La Coste, M. de La Solle, et l'auteur des *Nouvelles ecclésiastiques,* prétendent que la déclamation, la musique et la danse sont un péché mortel; qu'il n'a été permis à David de danser que devant l'arche, et que de plus David, Louis XIV et Louis XV n'ont point dansé pour de l'argent; que l'impératrice des Romains[1] n'a jamais chanté qu'en présence de quelques personnes de sa cour, et qu'on ne se donne le plaisir d'excommunier que ceux qui gagnent quelque chose à parler, ou à chanter, ou à danser en public.

— Il est donc clair, dit l'intendant, que s'il y avait eu un impôt sous le nom de *menus plaisirs du roi,* et que cet impôt eût servi à payer les frais des spectacles de Sa Majesté, le roi encourrait la peine de l'excommunication, selon le bon plaisir de tout prêtre qui voudrait lancer cette belle foudre sur la tête de Sa Majesté très chrétienne.

— Vous nous embarrassez beaucoup, dit Grizel.

— Je veux vous pousser, dit le *Menu.* Non seulement Louis XV, mais le cardinal Mazarin, le cardinal de Richelieu, l'archevêque Trissino, le pape Léon X, dépensèrent beaucoup à faire jouer des tragédies, des comédies, et des opéras. Les peuples contribuèrent à ces dépenses; je ne trouve pourtant pas, dans l'histoire de l'Église, qu'aucun vicaire de Saint-Sulpice ait excommunié pour cela le pape Léon X et ces cardinaux.

« Pourquoi donc Mlle Lecouvreur a-t-elle été portée dans un fiacre au coin de la rue de Bourgogne ? Pourquoi le sieur Romagnesi, acteur de notre troupe italienne, a-t-il été inhumé dans un grand chemin, comme un ancien Romain ? Pourquoi une actrice des chœurs discordants de l'Académie royale de musique a-t-elle été trois jours dans sa cave ? Pourquoi toutes ces personnes sont-elles brûlées à petit feu, sans avoir de corps, jusqu'au jour du jugement dernier, et seront-elles brûlées à tout jamais après ce jugement, quand elles auront retrouvé leurs corps ? C'est uniquement, dites-vous, parce qu'on paye vingt sous au parterre.

« Cependant ces vingt sous ne changent point l'espèce : les choses ne sont meilleures ni pires, soit qu'on les paye, soit qu'on les ait gratis. Un *De profundis* tire également une âme du purgatoire, soit qu'on le chante pour dix écus en musique, soit qu'on vous le donne en faux-bourdon pour douze francs, soit qu'on vous le psalmodie par charité : donc *Cinna* et *Athalie* ne sont pas plus diaboliques quand ils sont représentés pour vingt sous que quand le roi veut bien en gratifier sa cour; or, si on n'a pas excommunié Louis XIV quand il dansa pour son plaisir, ni l'impératrice quand elle a joué un opéra, il ne paraît pas juste qu'on excommunie ceux qui donnent ce plaisir pour quelque argent, avec la permission du roi de France ou de l'impératrice. »

L'abbé Grizel sentit la force de cet argument; il répondit ainsi : « Il y a des tempéraments; tout dépend sagement de la volonté arbitraire d'un curé ou d'un vicaire. Nous sommes assez heureux et assez sages pour n'avoir en France aucune règle certaine. On n'osa pas enterrer l'illustre et inimitable Molière dans la paroisse Saint-Eustache; mais il eut le bonheur d'être porté dans la chapelle de Saint-Joseph, selon notre belle et saine coutume de faire des charniers de nos temples. Il est vrai que saint Eustache est un si grand saint qu'il n'y avait pas moyen de faire porter chez lui, par quatre habitués, le corps de l'infâme auteur du *Misanthrope ;* mais enfin Saint-Joseph est une consolation : c'est toujours de la terre sainte. Il y a une prodigieuse différence entre la terre sainte et la profane; la première est incomparablement plus légère; et puis tant vaut l'homme, tant vaut sa terre; celle où est Molière y a gagné de la réputation. Or cet homme ayant été inhumé dans une chapelle ne peut être damné comme Mlle Lecouvreur et Romagnesi, qui sont sur les chemins : peut-être eſt-il en purgatoire pour avoir fait le *Tartuffe*. Je n'en voudrais pas jurer; mais je suis sûr du salut de Jean-Baptiſte Lulli, violon de Mademoiselle, musicien du roi, surintendant de la musique du roi, secrétaire du roi, qui joua dans *Cariselli*[1] et dans *Pourceaugnac,* et qui de plus était Florentin : celui-là eſt monté au ciel comme j'y monterai; cela eſt clair, car il a un beau tombeau de marbre aux Petits-Pères. Il n'a pas tâté de la voirie : il n'y a qu'heur et malheur en ce monde. » C'eſt ainsi que raisonna M. l'abbé Grizel, et c'eſt puissamment raisonner.

L'intendant des menus, qui sait l'hiſtoire, lui répliqua : « Vous avez entendu parler du R. P. Girard; il était sorcier, cela eſt de fait. Il eſt avéré qu'il ensorcela sa pénitente, en lui donnant le fouet tout doucement; de plus, il souffla sur elle comme font tous les sorciers : seize[2] juges déclarèrent Girard magicien; cependant il fut enterré en terre sainte. Dites-moi pourquoi un homme qui eſt à la fois jésuite et sorcier a pourtant, malgré ces deux titres, les honneurs de la sépulture, et que Mlle Clairon ne les aurait pas, si elle avait le malheur de mourir immédiatement après avoir joué Pauline, laquelle Pauline ne sort du théâtre que pour s'aller faire baptiser ?

— Je vous ai déjà dit, répondit l'abbé Grizel, que cela eſt arbitraire. J'enterrerais de tout mon cœur Mlle Clairon, s'il y avait un gros honoraire à gagner; mais il se peut qu'il se trouve un curé qui fasse le difficile; alors on ne s'avisera pas de faire du fracas en sa faveur, et d'appeler comme d'abus au parlement. Les acteurs de Sa Majeſté sont d'ordinaire des citoyens nés de familles pauvres; leurs parents n'ont ni assez d'argent ni assez de crédit pour gagner un procès; le public ne s'en soucie guère; il jouit des talents de Mlle Lecouvreur pendant sa vie, il la laissa traiter comme un chien après sa mort, et ne fit qu'en rire.

« L'exemple des sorciers eſt beaucoup plus sérieux. Il était certain autrefois qu'il y avait des sorciers; il eſt certain aujourd'hui qu'il n'y en a point, en dépit des seize Provençaux qui crurent Girard si habile; cependant l'excommunication subsiſte toujours. Tant pis pour vous si vous manquez de sorciers, nous n'irons pas changer nos rituels parce que le monde a changé : nous sommes comme le médecin de *Pourceaugnac ;* il nous faut un malade, et nous le prenons où nous pouvons.

« On excommunie aussi les sauterelles; il y en a, et j'avoue qu'il est triste qu'on continue à les flétrir, car elles s'en moquent. J'en ai vu des nues en Picardie. Il est très dangereux d'offenser de grandes compagnies, et d'exposer les foudres de l'Église au mépris des personnes puissantes; mais pour trois ou quatre cents pauvres comédiens répandus dans la France, il n'y a rien à craindre en les traitant comme les sauterelles et comme ceux qui nouent l'aiguillette.

« Je vais vous dire quelque chose de plus fort, monsieur l'Intendant. N'êtes-vous pas fils d'un fermier général ?

— Non, Monsieur, dit l'intendant; mon oncle avait cette place, mon père était receveur général des finances, et tous deux étaient secrétaires du roi, ainsi que mon grand-père.

— Eh bien ! répliqua Grizel, votre oncle, votre père et votre grand-père sont excommuniés, anathématisés, damnés à tout jamais; et quiconque en doute est un impie, un monstre, en un mot un philosophe. »

Le *Menu,* à ce discours, ne sut s'il devait rire ou battre l'abbé Grizel. Il prit le parti de rire. « Je voudrais bien, Monsieur, dit-il au Grizel, que vous me montrassiez la bulle ou le concile qui damne les receveurs des finances du roi, et les adjudicataires des cinq grosses fermes du roi.

— Je vous montrerai vingt conciles, dit le Grizel; je vous ferai voir plus, je vous ferai lire dans l'Évangile que tout receveur des deniers royaux est mis au rang des païens, et vous apprendrez par les anciennes constitutions qu'il ne leur était pas permis d'entrer dans l'église aux premiers siècles. *Sicut ethnicus et publicanus*[1] est un passage assez connu : la loi de l'Église a été invariable sur cet article. L'anathème porté contre les fermiers, contre les receveurs des douanes, n'a jamais été révoqué; et vous voulez qu'on révoque celui qui a été lancé contre les acteurs qui jouaient encore dans les premiers siècles l'*Œdipe* de Sophocle, anathème qui subsiste contre ceux qui ne représentent plus l'*Œdipe* de Corneille ! Commencez par tirer de l'enfer votre père, votre grand-père et votre oncle, et puis nous composerons avec la troupe de Sa Majesté.

— Vous extravaguez, monsieur Grizel, dit l'intendant; mon père était seigneur de paroisse, il eſt enterré dans sa chapelle : mon oncle lui fit faire un mausolée de marbre aussi beau que celui de Lulli; et si son curé lui avait jamais parlé de l'*ethnicus* et du *publicanus,* il l'aurait fait mettre dans un cul de basse-fosse. Je veux bien croire que saint Matthieu a damné les employés des fermes après l'avoir été, et qu'ils se tenaient à la porte de l'église dans les premiers temps; mais vous m'avouerez que personne aujourd'hui n'ose nous le dire en face; si nous sommes excommuniés, c'eſt *incognito.*

— Juſtement, dit Grizel, vous y êtes; on laisse l'*ethnicus* et le *publicanus* dans l'Évangile; on n'ouvre point les anciens rituels, et l'on vit paisiblement avec les fermiers généraux, pourvu qu'ils donnent beaucoup d'argent quand ils rendent le pain bénit. »

Monsieur l'Intendant s'apaisa un peu; mais il ne pouvait digérer l'*ethnicus* et le *publicanus.* « Je vous prie, mon cher Grizel, dit-il, de m'apprendre pourquoi on a inséré cette satire dans vos livres, et pourquoi on nous traitait si mal dans les premiers temps.

— Cela eſt tout simple, dit Grizel; ceux qui prononçaient cette excommunication étaient de pauvres gens dont les trois quarts étaient juifs, parmi lesquels il se mêla un quart de pauvres Grecs. Les Romains étaient leurs maîtres; les receveurs des tributs étaient ou Romains ou choisis par les Romains : c'était un secret infaillible d'attirer à soi le petit peuple que d'anathématiser les commis de la douane. On hait toujours des vainqueurs, des maîtres et des commis. La populace courait après des gens qui prêchaient l'égalité, et qui damnaient messieurs des fermes. Criez au nom de Dieu contre les puissances et contre les impôts, vous aurez infailliblement la canaille pour vous si on vous laisse faire, et quand vous aurez un assez grand nombre de canailles à vos ordres, alors il se trouvera des gens d'esprit qui lui mettront une selle sur le dos, un mors à la bouche, et qui monteront dessus pour renverser les États et les trônes. Alors on bâtira un nouvel édifice; mais on conservera les premières pierres, quoique brutes et informes, parce qu'elles ont servi autrefois, et qu'elles sont chères aux peuples; on les encaſtrera proprement avec les nouveaux marbres, avec les pierreries et l'or qui seront prodigués, et il y aura même toujours de vieux antiquaires qui préféreront les anciens cailloux aux marbres nouveaux.

« C'est là, Monsieur, l'histoire succincte de ce qui est arrivé parmi nous. La France a été longtemps barbare, et aujourd'hui qu'elle commence à se civiliser, il y a encore des gens attachés à l'ancienne barbarie. Nous avons, par exemple, un petit nombre de gens de bien qui voudraient priver les fermiers généraux de toutes leurs richesses, condamnées dans l'Évangile, et priver le public d'un art aussi noble qu'innocent, que l'Évangile n'a jamais proscrit, et dont aucun apôtre n'a jamais parlé. Mais la sainte partie du clergé laisse les financiers se damner en paix, et permet seulement qu'on excommunie les comédiens pour la forme.

— J'entends, dit l'intendant des menus; vous ménagez les financiers, parce qu'ils vous donnent à dîner; vous tombez sur les comédiens, qui ne vous en donnent pas. Monsieur, oubliez-vous que les comédiens sont gagés par le roi, et que vous ne pouvez pas excommunier un officier du roi faisant sa charge ? Donc il ne vous est pas permis d'excommunier un comédien du roi jouant *Cinna* et *Polyeucte* par ordre du roi.

— Et où avez-vous pris, dit Grizel, que nous ne pouvons damner un officier du roi ? c'est apparemment dans vos libertés de l'Église Gallicane ? Mais ne savez-vous pas que nous excommunions les rois eux-mêmes ? Nous avons proscrit le grand Henri IV et Henri III, et Louis XII, le père du peuple, tandis qu'il convoquait un concile à Pise, et Philippe le Bel, et Philippe Auguste, et Louis VIII, et Philippe Ier, et le saint roi Robert, quoiqu'il brûlât les hérétiques. Sachez que nous sommes les maîtres d'anathématiser tous les princes, et de les faire mourir de mort subite; et après cela vous irez vous lamenter de ce que nous tombons sur quelques princes de théâtre. »

L'intendant des menus, un peu fâché, lui coupa la parole, et lui dit : « Monsieur, excommuniez mes maîtres tant qu'il vous plaira, il sauront bien vous punir; mais songez que c'est moi qui porte aux acteurs de Sa Majesté l'ordre de venir se damner devant elle. S'ils sont hors du giron, je suis hors du giron; s'ils pèchent mortellement en faisant verser des larmes à des hommes vertueux dans des pièces vertueuses, c'eſt moi qui les fais pécher; s'ils vont à tous les diables, c'eſt moi qui les y mène. Je reçois l'ordre des premiers gentilshommes de la chambre, ils sont plus coupables que moi; le roi et la reine, qui ordonnent qu'on les amuse et qu'on les instruise, sont cent fois plus coupables encore. Si vous retranchez du corps de l'Église les soldats, il eſt sûr que vous retranchez aussi les officiers et les généraux; vous ne vous tirerez jamais de là. Voyez, s'il vous plaît, à quel point vous êtes absurde; vous souffrez que des citoyens au service de Sa Majeſté soient jetés aux chiens, pendant qu'à Rome et dans tous les autres pays on les traite honnêtement pendant leur vie et après leur mort. »

Grizel répondit : « Ne voyez-vous pas que c'eſt parce que nous sommes un peuple grave, sérieux, conséquent, supérieur en tout aux autres peuples ? La moitié de Paris eſt convulsionnaire; il faut que ces gens-là en imposent à ces libertins qui se contentent d'obéir au roi, qui ne contrôlent point ses aċtions, qui aiment sa personne, qui lui payent avec allégresse de quoi soutenir la gloire de son trône, qui, après avoir satisfait à leur devoir, passent doucement leur vie à cultiver les arts, qui respeċtent Sophocle et Euripide, et qui se damnent à vivre en honnêtes gens.

« Ce monde-ci (il faut que j'en convienne) eſt un composé de fripons, de fanatiques et d'imbéciles, parmi lesquels il y a un petit troupeau séparé qu'on appelle la bonne compagnie; ce petit troupeau étant riche, bien élevé, inſtruit, poli, eſt comme la fleur du genre humain; c'eſt pour lui que les plaisirs honnêtes sont faits; c'eſt pour lui plaire que les plus grands hommes ont travaillé; c'eſt lui qui donna la réputation, et, pour vous dire tout, c'eſt lui qui nous méprise, en nous faisant politesse quand il nous rencontre. Nous tâchons tous de trouver accès auprès de ce petit nombre d'hommes choisis, et depuis les jésuites jusqu'aux capucins, depuis le P. Quesnel jusqu'au maraud qui fait la *Gazette ecclésiaſtique,* nous nous plions en mille manières pour avoir quelque crédit sur ce petit nombre, dont nous ne pouvons jamais être. Si nous trouvons quelque dame qui nous écoute, nous lui persuadons qu'il eſt essentiel, pour aller au ciel, d'avoir les joues pâles, et que la couleur rouge déplaît mortellement aux saints du paradis. La dame quitte le rouge, et nous tirons de l'argent d'elle.

« Nous aimons à prêcher, parce qu'on loue les chaises; mais comment voulez-vous que les honnêtes gens écoutent un ennuyeux discours, divisé en trois points, quand ils ont l'esprit occupé des beaux morceaux de *Cinna,* de *Polyeucte,* des *Horaces,* de *Pompée,* de *Phèdre,* et d'*Athalie ?* C'est là ce qui nous désespère.

« Nous entrons chez une dame de qualité; nous demandons ce qu'on pense du dernier sermon du prédicateur de Saint-Roch; le fils de la maison nous répond par une tirade de Racine. Avez-vous lu l'*Œuvre des six jours*[1] ? disons-nous. On nous réplique qu'il y a une tragédie nouvelle. Enfin le temps approche où nous ne gouvernerons plus les disgraciés et la halle. Cela donne de l'humeur, et alors on excommunie qui l'on peut.

« Il n'en est pas ainsi à Rome et dans les autres États de l'Europe. Quand on chante à Saint-Jean de Latran, ou à Saint-Pierre une belle messe à grands chœurs à quatre parties, et que vingt châtrés ont fredonné un motet, tout est dit; on va prendre le soir du chocolat à l'Opéra de Saint-Ambroise, et personne ne s'avise d'y trouver à redire. On se garde bien d'excommunier la signora Cazzoni, la signora Faustina, la signora Barbarini, encore moins le signor Farinelli, chevalier de Calatrava, et acteur de l'Opéra, qui a des diamants gros comme mon pouce.

« Les gens qui sont les maîtres chez eux ne sont jamais persécuteurs : voilà pourquoi un roi qui n'est point contredit est toujours un bon roi, pour peu qu'il ait le sens commun. Il n'y a de méchants que les petits qui cherchent à être les maîtres. Il n'y a que ceux-là qui persécutent pour se donner de la considération. Le pape est assez puissant en Italie pour n'avoir pas besoin d'excommunier d'honnêtes gens qui ont des talents estimables; mais il est des animaux dans Paris, aux cheveux plats, et à l'esprit de même, qui sont dans la nécessité de se faire valoir. S'ils ne cabalent pas, s'ils ne prêchent pas le rigorisme, s'ils ne crient pas contre les beaux-arts, ils se trouvent anéantis dans la foule. Les passants ne regardent les chiens que quand ils aboient, et on veut être regardé. Tout est jalousie de métier dans ce monde. Je vous dis notre secret; ne me décelez pas, et faites-moi le plaisir de me donner une loge grillée à la première tragédie de M. Colardeau[1].

— Je vous le promets, dit l'intendant des menus; mais achevez de me révéler vos mystères. Pourquoi de tous ceux à qui j'ai parlé de cette affaire n'y en a-t-il pas un qui ne convienne que l'excommunication contre une société gagée par le roi est le comble de l'insolence et du ridicule ? Et pourquoi en même temps personne ne travaille-t-il à lever ce scandale ?

— Je crois vous avoir déjà répondu, dit Grizel, en vous avouant que tout est contradiction chez nous. La France, à parler sérieusement, est le royaume de l'esprit et de la sottise, de l'industrie et de la paresse, de la philosophie et du fanatisme, de la gaieté et du pédantisme, des lois et des abus, du bon goût et de l'impertinence. La contradiction ridicule de la gloire de *Cinna* et de l'infamie de ceux qui représentent *Cinna,* le droit qu'ont les évêques d'avoir un banc particulier aux représentations de *Cinna,* et le droit d'anathématiser les acteurs, l'auteur et les spectateurs, sont assurément une incompatibilité digne de la folie de ce peuple; mais trouvez-moi dans le monde un établissement qui ne soit pas contradictoire.

« Dites-moi pourquoi, les apôtres ayant tous été circoncis, les quinze premiers évêques de Jérusalem ayant été circoncis, vous n'êtes pas circoncis; pourquoi la défense de manger du boudin n'ayant jamais été levée, vous mangez impunément du boudin; pourquoi les apôtres ayant gagné leur pain à travailler de leurs mains, leurs successeurs regorgent de richesses et d'honneurs; pourquoi saint Joseph ayant été charpentier, et son divin fils ayant daigné être élevé dans ce métier, son vicaire a chassé les empereurs, et s'est mis sans façon à leur place. Pourquoi a-t-on excommunié, anathématisé pendant des siècles, ceux qui disaient que le Saint-Esprit procède du Père et du Fils ? Et pourquoi damne-t-on aujourd'hui ceux qui pensent le contraire ?

« Pourquoi est-il expressément défendu dans l'Évangile de se remarier, quand on a fait casser son mariage, et que nous permettons qu'on se remarie ? Dites-moi comment le même mariage est annulé à Paris, et subsiste dans Avignon.

« Et pour vous parler du théâtre, que vous aimez,

expliquez-nous comment vous applaudissez à la brutale et factieuse insolence de Joad, qui fait couper la tête à Athalie parce qu'elle voulait élever son petit-fils Joas chez elle; tandis que si un prêtre osait, parmi nous, attenter quelque chose de semblable contre les personnes du sang royal, il n'y a pas un citoyen[1] parmi nous, excepté peut-être quelques jésuites, qui ne le condamnât au dernier supplice ?

« N'est-ce pas encore une plaisante contradiction de se faire petit à petit cent mille écus de rentes précisément parce qu'on a fait vœu de pauvreté ? N'est-ce pas de toutes les contradictions la plus impertinente, d'être d'une profession et de laisser là sa profession, d'avoir fait serment de servir le public, et de dire au public : « Nous nous tenons les bras croisés, nous renonçons à « vous servir, pour vous être utiles » ? Que dirait-on des chirurgiens de nos armées s'ils refusaient de panser les blessés pour soutenir l'honneur de l'ordre des chirurgiens ? Parcourez nos lois, nos coutumes, nos usages, tout est également contradictoire.

— Vous avez raison, dit l'intendant des menus; je vois clairement que nous sommes encore très éloignés d'être nettoyés de l'ancienne rouille de la barbarie. Laissons paisiblement subsister les vieilles sottises qui menacent ruine : elles tomberont d'elles-mêmes, et nos petits-enfants nous traiteront de bonnes gens comme nous traitons nos pères d'imbéciles. Laissons les tartuffes crier encore quelques années; et demain je vous mène à la comédie du *Tartuffe*. »

Après cette conversation, arrivèrent deux petits pédants à l'air empesé, à la marche grave et à la tête large et creuse, tout bouffis d'orgueil et de formalités, fous sérieux qui font des sottises de sang-froid, gens qui n'ont jamais lu ni Cicéron, ni Démosthène, ni Sophocle, ni Euripide, ni Térence, mais qui se croient fort supérieurs à eux. Nous dînâmes : on parla de la gloire de la France et de sa prééminence sur les autres nations; nous cherchâmes en quoi consistait cette supériorité. J'osai prendre alors la parole, et je dis : « Cette supériorité ne consiste pas dans nos lois, car, à proprement parler, nous n'avons pu encore en avoir de fixes depuis 1400. Nous n'avons que des coutumes très contestées; ces coutumes changent de ville en ville, ainsi que les poids et mesures, et une nation chez laquelle ce qui eſt juſte vers la Seine eſt injuſte vers le Rhône ne peut guère se glorifier de ses lois. Eſt-ce par nos découvertes que nous l'emportons sur les autres peuples ? Hélas ! C'eſt un pilote génois qui a découvert le nouveau monde, c'eſt un Allemand qui a inventé l'imprimerie, c'eſt un Italien à qui nous devons les lunettes ; un Hollandais a inventé les pendules, un Italien a trouvé la pesanteur de l'air, un Anglais a découvert les lois de la nature[1] ; et nous n'avons inventé que les convulsions. Brillons-nous par la marine, par le commerce, par l'agriculture ? Plût à Dieu ! Il faut espérer que nous profiterons quelque jour de l'exemple de nos voisins. Trouvez-moi un seul art, une seule science dans laquelle nous n'ayons pas des maîtres chez les nations étrangères. Avons-nous pu seulement traduire en vers les poètes grecs et latins, que les Anglais et les Italiens ont si heureusement traduits ? »

Les convives se regardèrent ; ils conclurent que nous sommes médiocres presque en tous genres, et que ce n'eſt que dans l'art dramatique que nous l'emportons sur toutes les nations du monde, de l'aveu de ces nations mêmes. « Eh bien, dis-je alors aux deux pédants, le seul art qui vous diſtingue, c'eſt donc le seul art que vous voulez avilir ? » Ils rougirent ; ce qui leur arrive rarement.

Ils n'étaient pas encore partis quand l'auteur de la tragédie de *Varon*[2] arriva chez l'intendant des menus. C'eſt un homme d'une ancienne noblesse, un brave officier couvert de blessures ; la famille royale avait redemandé sa pièce, les premiers gentilshommes de la chambre avaient ordonné qu'on la jouât, et il venait pour prendre quelque arrangement. Il trouva sur la cheminée le discours de maître Étienne Ledain, prononcé du côté du greffe ; il tomba sur ces mots : *Si l'auteur et l'acteur sont infâmes dans l'ordre des lois,* etc. « Comment ! mort de..., dit-il, l'auteur d'une tragédie eſt un homme infâme ! Moi, infâme ! le cardinal de Richelieu, infâme ! Corneille, né gentilhomme, infâme ! Où eſt le fat qui a dit cette sottise ? Je veux le voir l'épée à la main. — Monsieur, lui dis-je, c'eſt un vieil avocat nommé maître Ledain, auquel il faut pardonner. — Maître Ledain ! où eſt-il ? que je lui coupe le nez et les deux oreilles ! Quel eſt donc ce M. Ledain ? Il appartient bien à un vil praticien, à un suppôt de chicane, à un roturier que je paye, d'oser traiter d'infâmes des gens de qualité qui cultivent un art respectable ! Où a-t-il pris que je suis déclaré infâme, infâme dans l'ordre des lois ? Qu'il sache qu'il n'y a rien de si infâme, dans un État, que des gens qui originairement étaient nos esclaves, et qui veulent être aujourd'hui nos maîtres, pour avoir très mal étudié les différentes coutumes établies par nos ancêtres dans nos domaines. — Ne vous emportez pas, Monsieur, lui dis-je; vous parlez comme du temps du gouvernement féodal. Ce pauvre homme, d'ailleurs, est un imbécile; c'est M. Abraham Chaumeix et M. Gauchat qui ont fait son discours *prononcé du côté du greffe*. Il est bâtonnier; il n'a pas rempli le vœu de l'*ordre des avocats,* comme il le dit : la plus saine partie de l'ordre des avocats s'est moquée de lui. — Bâtonnier ! dit l'officier; ah ! je le traiterai suivant toute l'étendue de sa charge; voilà un plaisant animal avec le vœu de son ordre ! » Il s'emporta longtemps; nous lui dîmes, pour l'apaiser, que quand un corps pousse le fanatisme aussi loin, il perd bientôt tout son crédit; que ceux qui abusent du malheur des temps pour faire un parti finissent par être écrasés, et que l'on perd toutes les prérogatives de son état pour avoir voulu s'élever au-dessus de son état. « Je me moque, reprit ce gentilhomme, de toutes leurs sottises; j'assommerai le premier qui m'appellera infâme; je n'entends point raillerie. Maître Ledain et consorts auront affaire à moi. » Un des deux graves personnages qui avaient dîné avec nous lui dit : « Monsieur, les voies de fait sont défendues, pourvoyez-vous devant la cour. »

N.B. — Je rendrai compte incessamment de la suite de cette aventure. En attendant, je supplie instamment maître Ledain et consorts de vouloir bien me faire l'amitié de déférer cette conversation, comme manifestement contraire aux sentiments du feu curé de Saint-Médard et de celui de Saint-Leu, comme tendante insidieusement à renouveler les anciennes opinions de Cicéron qui aima tant Roscius, de César et d'Auguste qui faisaient des tragédies, de Scipion qui travaillait aux pièces de Térence, de Périclès qui fit bâtir ce beau théâtre d'Athènes, et d'autres impies et bélîtres de l'antiquité, morts sans sacrements, comme le dit le R. P. Garasse.

Je me flatte que maître Ledain, maître Braillard, maître Griffonnier, maître Phrasier, assistés de maître Abraham Chaumeix, feront brûler incessamment les ouvrages de Corneille par la main du bourreau, au bas de l'escalier du May s'il fait beau temps, et sur le perron d'en haut si nous avons de la pluie.

N.B. — Si maître l'exécuteur des hautes œuvres avait pour ses honoraires un exemplaire de chaque livre qu'il a brûlé, il aurait vraiment une jolie bibliothèque.

Fait à Paris, par moi Georges Avenger Dardelle, 20 mai 1761.

ENTRETIENS
D'UN SAUVAGE
ET D'UN BACHELIER[1]

PREMIER ENTRETIEN

Un gouverneur de la Cayenne amena un jour un sauvage de la Guyane qui était né avec beaucoup de bon sens, et qui parlait assez bien le français. Un bachelier de Paris eut l'honneur d'avoir avec lui cette conversation.

LE BACHELIER

Monsieur le sauvage, vous avez vu sans doute beaucoup de vos camarades qui passent leur vie tout seuls : car on dit que c'est là la véritable vie de l'homme, et que la société n'est qu'une dépravation artificielle ?

LE SAUVAGE

Jamais je n'ai vu de ces gens-là : l'homme me paraît né pour la société, comme plusieurs espèces d'animaux; chaque espèce suit son instinct; nous vivons tous en société chez nous.

LE BACHELIER

Comment ! en société ! vous avez donc de belles villes murées, des rois qui tiennent une cour, des spectacles, des couvents, des universités, des bibliothèques, et des cabarets ?

LE SAUVAGE

Non; est-ce que je n'ai pas ouï dire que dans votre continent vous avez des Arabes, des Scythes, qui n'ont jamais rien eu de tout cela, et qui forment cependant des nations considérables ? nous vivons comme ces gens-là. Les familles voisines se prêtent du secours. Nous habitons un pays chaud, où nous avons peu de besoins; nous nous procurons aisément la nourriture; nous nous marions, nous faisons des enfants, nous les élevons, nous mourons. C'est tout comme chez vous, à quelques cérémonies près.

LE BACHELIER

Mais, Monsieur, vous n'êtes donc pas sauvage ?

LE SAUVAGE

Je ne sais pas ce que vous entendez par ce mot.

LE BACHELIER

En vérité, ni moi non plus; il faut que j'y rêve. Nous appelons sauvage un homme de mauvaise humeur, qui fuit la compagnie.

LE SAUVAGE

Je vous ai déjà dit que nous vivons ensemble dans nos familles.

LE BACHELIER

Nous appelons encore sauvages les bêtes qui ne sont pas apprivoisées, et qui s'enfoncent dans les forêts; et de là nous avons donné le nom de sauvage à l'homme qui vit dans les bois.

LE SAUVAGE

Je vais dans les bois, comme vous autres, quand vous chassez.

LE BACHELIER

Pensez-vous quelquefois ?

LE SAUVAGE

On ne laisse pas d'avoir quelques idées.

LE BACHELIER

Je serais curieux de savoir quelles sont vos idées; que pensez-vous de l'homme ?

LE SAUVAGE

Je pense que c'est un animal à deux pieds, qui a la faculté de raisonner, de parler et de rire, et qui se sert de ses mains beaucoup plus adroitement que le singe. J'en ai vu de plusieurs espèces, des blancs comme vous, des rouges comme moi, des noirs comme ceux qui sont chez monsieur le gouverneur de la Cayenne. Vous avez de la barbe, nous n'en avons point : les nègres ont de la laine, et vous et moi portons des cheveux. On dit que dans votre Nord tous les cheveux sont blonds; ils sont tout noirs dans notre Amérique; je n'en sais guère davantage.

LE BACHELIER

Mais votre âme, Monsieur, votre âme ? quelle notion en avez-vous ? D'où vient-elle ? qu'eѕt-elle ? que fait-elle ? comment agit-elle ? où va-t-elle ?

LE SAUVAGE

Je n'en sais rien; je ne l'ai jamais vue.

LE BACHELIER

A propos, croyez-vous que les bêtes soient des machines ?

LE SAUVAGE

Elles me paraissent des machines organisées, qui ont du sentiment et de la mémoire.

LE BACHELIER

Et vous, et vous, monsieur le sauvage, qu'imaginez-vous avoir par-dessus les bêtes ?

LE SAUVAGE

Une mémoire infiniment supérieure, beaucoup plus d'idées, et, comme je vous l'ai déjà dit, une langue qui forme incomparablement plus de sons que la langue des bêtes, et des mains plus adroites, avec la faculté de rire qu'un grand raisonneur me fait exercer.

LE BACHELIER

Et s'il vous plaît, comment avez-vous tout cela ? et de quelle nature est votre esprit ? comment votre âme anime-t-elle votre corps ? pensez-vous toujours ? votre volonté est-elle libre ?

LE SAUVAGE

Voilà bien des questions. Vous me demandez comment je possède ce que Dieu a daigné donner à l'homme : c'est comme si vous me demandiez comment je suis né. Il faut bien, puisque je suis né homme, que j'aie les choses qui constituent l'homme, comme un arbre a de l'écorce, des racines et des feuilles. Vous voulez que je sache de quelle nature est mon esprit : je ne me le suis pas donné, je ne peux le savoir; comment mon âme anime mon corps : je n'en suis pas mieux instruit. Il me semble qu'il faut avoir vu le premier ressort de votre montre pour juger comment elle marque l'heure. Vous me demandez si je pense toujours. Non; j'ai quelquefois des demi-idées, comme quand je vois des objets de loin confusément; quelquefois j'ai des idées plus fortes, comme lorsque je vois un objet de plus près je le distingue mieux; quelquefois je n'ai point d'idées du tout, comme lorsque je ferme les yeux, je ne vois rien. Vous me demandez après cela si ma volonté est libre. Je ne vous entends point; ce sont des choses que vous savez, sans doute; vous me ferez plaisir de me les expliquer.

LE BACHELIER

Oh ! vraiment, oui, j'ai étudié toutes ces matières; je pourrais vous en parler un mois de suite sans discontinuer que vous n'y entendriez rien. Dites-moi un peu, connaissez-vous le bon et le mauvais, le juste et l'injuste ? Savez-vous quel est le meilleur des gouvernements, le meilleur culte, le droit des gens, le droit public, le droit civil, le droit canon ? comme se nommaient le premier homme et la première femme qui ont peuplé l'Amérique ? Savez-vous à quel dessein il pleut dans la mer, et pourquoi vous n'avez point de barbe ?

LE SAUVAGE

En vérité, Monsieur, vous abusez un peu de l'aveu que j'ai fait d'avoir plus de mémoire que les animaux; j'ai peine à retrouver les questions que vous me faites. Vous parlez du bon et du mauvais, du juste et de l'injuste : il me paraît que tout ce qui nous fait plaisir sans faire tort à personne est très bon et très juste; que ce qui fait tort aux hommes sans nous faire de plaisir est abominable; et que ce qui nous fait plaisir en faisant du tort aux autres est bon pour nous dans le moment, très dangereux pour nous-mêmes, et très mauvais pour autrui.

LE BACHELIER

Et avec ces maximes-là vous vivez en société ?

LE SAUVAGE

Oui, avec nos parents et nos voisins. Sans beaucoup de peines et de chagrins, nous attrapons doucement notre centaine d'années; plusieurs même vont à cent vingt : après quoi notre corps fertilise la terre dont il a été nourri.

LE BACHELIER

Vous me paraissez avoir une bonne tête; je veux vous la renverser. Dînons ensemble : après quoi nous continuerons à philosopher avec méthode.

SECOND ENTRETIEN

LE SAUVAGE

J'AI avalé des aliments qui ne me paraissent pas faits pour moi, quoique j'aie un très bon estomac; vous m'avez fait manger quand je n'avais plus faim, et boire quand je n'avais plus soif; mes jambes ne sont plus si fermes qu'elles l'étaient avant le dîner, ma tête est plus pesante, mes idées ne sont plus si nettes. Je n'ai jamais éprouvé cette diminution de moi-même dans mon pays. Plus on met ici dans son corps, et plus on perd de son être. Dites-moi, je vous prie, quelle est la cause de ce dommage.

LE BACHELIER

Je vais vous le dire. Premièrement, à l'égard de ce qui se passe dans vos jambes, je n'en sais rien; mais les médecins le savent, et vous pouvez vous adresser à eux. A l'égard de ce qui se passe dans votre tête, je le sais très bien : écoutez. L'âme, ne tenant aucune place, est placée dans la glande pinéale, ou dans le corps calleux, au milieu de la tête. Les esprits animaux qui s'élèvent de l'estomac montent à l'âme, qu'ils ne peuvent toucher parce qu'ils sont matière et qu'elle ne l'est pas. Or, comme ils ne peuvent agir l'un sur l'autre, cela fait que l'âme reçoit leur impression : et, comme elle est simple, et que par conséquent elle ne peut éprouver aucun changement, cela fait qu'elle change, qu'elle devient pesante, engourdie, quand on a trop mangé; de là vient que plusieurs grands hommes dorment après dîner.

LE SAUVAGE

Ce que vous me dites me paraît bien ingénieux et bien profond; faites-moi la grâce de m'en donner quelque explication qui soit à ma portée.

LE BACHELIER

Je vous ai dit tout ce qui peut se dire sur cette grande affaire, mais en votre faveur je vais un peu m'étendre : allons par degrés; savez-vous que ce monde-ci est le meilleur des mondes possibles ?

LE SAUVAGE

Comment ! il est impossible à l'Être infini de faire quelque chose de mieux que ce que nous voyons ?

LE BACHELIER

Assurément, et ce que nous voyons est ce qu'il y a de mieux. Il est bien vrai que les hommes se pillent et s'égorgent; mais c'est toujours en faisant l'éloge de l'équité et de la douceur. On massacra autrefois une douzaine de millions de vous autres Américains : mais c'était pour rendre les autres raisonnables. Un calculateur a vérifié que depuis une certaine guerre de Troie, que vous ne connaissez pas, jusqu'à celle de l'Acadie, que vous connaissez, on a tué au moins, en batailles rangées, cinq cent cinquante-cinq millions six cent cinquante mille hommes, sans compter les petits enfants et les femmes écrasées dans des villes mises en cendres : mais c'est pour le bien public; quatre ou cinq mille maladies cruelles, auxquelles les hommes sont sujets, font connaître le prix de la santé; et les crimes dont la terre est couverte relèvent merveilleusement le mérite des hommes pieux, du nombre desquels je suis. Vous voyez que tout cela va le mieux du monde, du moins pour moi.

Or les choses ne pourraient être dans cette perfection si l'âme n'était pas dans la glande pinéale. Car... Mais allons pied à pied : quelle idée avez-vous des lois, et du juste et de l'injuste, et du beau, et du κὸ καλὸν, comme dit Platon ?

LE SAUVAGE

Mais, Monsieur, en allant pied à pied, vous me parlez de cent choses à la fois.

LE BACHELIER

On ne parle pas autrement en conversation. Çà, dites-moi, qui a fait les lois dans votre pays ?

LE SAUVAGE

L'intérêt public.

LE BACHELIER

Ce mot dit beaucoup; nous n'en connaissons pas de plus énergique : comment l'entendez-vous, s'il vous plaît ?

LE SAUVAGE

J'entends que ceux qui avaient des cocotiers et du maïs ont défendu aux autres d'y toucher, et que ceux qui n'en avaient point ont été obligés de travailler pour avoir le droit d'en manger une partie. Tout ce que j'ai vu dans notre pays et dans le vôtre m'apprend qu'il n'y a pas d'autre esprit des lois.

LE BACHELIER

Mais les femmes, monsieur le sauvage, les femmes ?

LE SAUVAGE

Eh bien ! les femmes ? elles me plaisent beaucoup quand elles sont belles et douces. Elles sont fort supérieures à nos cocotiers; c'est un fruit où nous ne voulons pas que les autres touchent : on n'a pas plus le droit de me prendre ma femme que de me prendre mon enfant. Il y a, dit-on, des peuples qui le trouvent bon : ils sont bien les maîtres; chacun fait de son bien ce qu'il veut.

LE BACHELIER

Mais les successions, les partages, les hoirs, les collatéraux ?

LE SAUVAGE

Il faut bien succéder. Je ne peux plus posséder mon champ quand on m'y a enterré : je le laisse à mon fils; si j'en ai deux, ils le partagent. J'apprends que parmi vous autres, en beaucoup d'endroits, vos lois laissent tout à l'aîné, et rien aux cadets : c'est l'intérêt qui a dicté cette loi bizarre; apparemment les aînés l'ont faite, ou les pères ont voulu que les aînés dominassent.

LE BACHELIER

Quelles sont, à votre avis, les meilleures lois ?

LE SAUVAGE

Celles où l'on a le plus consulté l'intérêt de tous les hommes mes semblables.

LE BACHELIER

Et où trouve-t-on de pareilles lois ?

LE SAUVAGE

Nulle part, à ce que j'ai ouï dire.

LE BACHELIER

Il faut que vous me disiez d'où sont venus chez vous les hommes. Qui croit-on qui ait peuplé l'Amérique ?

LE SAUVAGE

Mais nous croyons que c'est Dieu qui l'a peuplée.

LE BACHELIER

Ce n'est pas répondre. Je vous demande de quel pays sont venus vos premiers hommes ?

LE SAUVAGE

Du pays d'où sont venus nos premiers arbres. Vous me paraissez plaisant, vous autres messieurs les habitants de l'Europe, de prétendre que nous ne pouvons rien avoir sans vous : nous sommes tout autant en droit de croire que nous sommes vos pères que vous de vous imaginer que vous êtes les nôtres.

LE BACHELIER

Voilà un sauvage bien têtu !

LE SAUVAGE

Voilà un bachelier bien bavard !

LE BACHELIER

Holà, hé ! monsieur le sauvage, encore un petit mot; croyez-vous dans la Guyane qu'il faille tuer les gens qui ne sont pas de votre avis ?

LE SAUVAGE

Oui, pourvu qu'on les mange.

LE BACHELIER

Vous faites le plaisant. Et la Constitution[1], qu'en pensez-vous ?

LE SAUVAGE

Adieu.

ENTRETIEN

D'ARISTE ET D'ACROTAL

ACROTAL

O LE bon temps que c'était quand les écoliers de l'université, qui avaient tous barbe au menton, assommèrent le vilain mathématicien Ramus[1], et traînèrent son corps nu et sanglant à la porte de tous les collèges pour faire amende honorable !

ARISTE

Ce Ramus était donc un homme bien abominable ? Il avait fait des crimes bien énormes ?

ACROTAL

Assurément; il avait écrit contre Aristote, et on le soupçonnait de pis. C'est dommage qu'on n'ait pas assommé aussi ce Charron, qui s'avisa d'écrire de la sagesse, et ce Montaigne, qui osait raisonner et plaisanter. Tous les gens qui raisonnent sont la peste d'un État.

ARISTE

Les gens qui raisonnent mal peuvent être insupportables; je ne vois pourtant pas qu'on doive pendre un pauvre homme pour quelques faux syllogismes; mais il me semble que les hommes dont vous me parlez raisonnaient assez bien.

ACROTAL

Tant pis, c'est ce qui les rend plus dangereux.

ARISTE

En quoi donc, s'il vous plaît ? Avez-vous jamais vu des philosophes apporter dans un pays la guerre, la famine ou la peste; Bayle, par exemple, contre qui vous déclamez avec tant d'emportement, a-t-il jamais voulu crever les digues de la Hollande pour noyer les habitants, comme le voulait, dit-on, un grand ministre[1], qui n'était pas philosophe ?

ACROTAL

Plût à Dieu que ce Bayle se fût noyé, ainsi que ses Hollandais hérétiques ! A-t-on jamais vu un plus abominable homme ? Il expose les choses avec une fidélité si odieuse; il met sous les yeux le pour et le contre avec une impartialité si lâche; il est d'une clarté si intolérable, qu'il met les gens qui n'ont que le sens commun en état de juger et même de douter : on n'y peut pas tenir; et pour moi, j'avoue que j'entre dans une sainte fureur quand on parle de cet homme-là et de ses semblables.

ARISTE

Je ne crois pas qu'ils aient jamais prétendu vous mettre en colère... Mais où courez-vous donc si vite ?

ACROTAL

Chez monsignor Bardo-Bardi. Il y a deux jours que je demande audience; mais il est tantôt avec son page, tantôt avec la signora Buona-Roba; je n'ai pu encore avoir l'honneur de lui parler.

ARISTE

Il est actuellement à l'Opéra. Qu'avez-vous donc de si pressé à lui dire ?

ACROTAL

Je voulais le prier d'interposer son crédit pour faire brûler un petit abbé[2] qui insinue parmi nous les sentiments de Locke, d'un philosophe anglais ! Figurez-vous quelle horreur !

ARISTE

Hé ! quels sont donc, s'il vous plaît, les sentiments horribles de cet Anglais ?

ACROTAL

Que sais-je ! c'est par exemple que nous ne nous donnons point nos idées; que Dieu, qui est le maître de tout, peut accorder des sensations et des idées à tel être qu'il daignera choisir; que nous ne connaissons ni l'essence ni les éléments de la matière; que les hommes ne pensent pas toujours; qu'un homme bien ivre qui s'endort n'a pas des idées nettes dans son sommeil; et autres impertinences de cette force.

ARISTE

Eh bien ! si votre petit abbé, disciple de Locke, est assez malavisé pour ne pas croire qu'un ivrogne endormi pense beaucoup, faut-il pour cela le persécuter ? Quel mal a-t-il fait ? A-t-il conspiré contre l'État ? A-t-il prêché en chaire le vol, la calomnie, l'homicide ? Entre nous, dites-moi, si jamais un philosophe a causé le moindre trouble dans la société.

ACROTAL

Jamais, je l'avoue.

ARISTE

Ne sont-ils pas pour la plupart des solitaires ? Ne sont-ils pas pauvres, sans protection, sans appui ? Et n'est-ce pas en partie pour ces raisons que vous les persécutez, parce que vous croyez pouvoir les opprimer facilement ?

ACROTAL

Il est vrai qu'autrefois il n'y avait guère dans cette secte que des citoyens sans crédit, des Socrate, des Pomponace, des Érasme, des Bayle, des Descartes; mais à présent la philosophie est montée sur les tribunaux et sur les trônes même; on se pique partout de raison, excepté dans certains pays où nous y avons mis bon ordre. C'est là ce qui est vraiment funeste; et c'est pourquoi nous tâchons d'exterminer au moins les philosophes qui n'ont ni fortune, ni puissance, ni honneurs dans ce monde, ne pouvant nous venger de ceux qui en ont.

ARISTE

Vous venger ! et de quoi, s'il vous plaît ? Ces pauvres gens-là vous ont-ils jamais disputé vos emplois, vos prérogatives, vos trésors ?

ACROTAL

Non; mais ils nous méprisent, puisqu'il faut tout dire; ils se moquent quelquefois de nous, et nous ne pardonnons jamais.

ARISTE

S'ils se moquent de vous, cela n'est pas bien : il ne faut se moquer de personne; mais dites-moi, je vous prie, pourquoi n'a-t-on jamais raillé les lois et la magistrature dans aucun pays, tandis qu'on vous raille, vous autres, si impitoyablement à ce que vous dites ?

ACROTAL

Vraiment c'est ce qui échauffe notre bile : car nous sommes bien au-dessus des lois.

ARISTE

Et c'est justement ce qui fait que tant d'honnêtes gens vous ont tournés en ridicule. Vous vouliez que les lois fondées sur la raison universelle, et nommées par les Grecs les Filles du ciel, cédassent à je ne sais quelles opinions que le caprice enfante, et qu'il détruit de même. Ne sentez-vous pas que ce qui est juste, clair, évident, est éternellement respecté de tout le monde, et que des chimères ne peuvent pas toujours s'attirer la même vénération ?

ACROTAL

Laissons là les lois et les juges; ne songeons qu'aux philosophes : il est certain qu'ils ont dit autrefois autant de sottises que nous; ainsi nous devons nous élever contre eux, quand ce ne serait que par jalousie de métier.

ARISTE

Plusieurs ont dit des sottises, sans doute, puisqu'ils sont hommes; mais leurs chimères n'ont jamais allumé de guerres civiles, et les vôtres en ont causé plus d'une.

ACROTAL

Et c'est en quoi nous sommes admirables. Y a-t-il rien de plus beau que d'avoir troublé l'univers avec quelques arguments ? Ne ressemblons-nous pas à ces anciens enchanteurs qui excitaient des tempêtes avec des paroles ? Nous serions les maîtres du monde sans ces coquins de gens d'esprit.

ARISTE

Eh bien ! dites-leur, si vous voulez, qu'ils n'en ont point, prouvez-leur qu'ils raisonnent mal; ils vous ont donné des ridicules, que ne leur en donnez-vous ? Mais je vous demande grâce pour ce pauvre disciple de Locke que vous vouliez faire brûler; monsieur le docteur, ne voyez-vous pas que cela n'est plus à la mode ?

ACROTAL

Vous avez raison; il faut trouver quelque autre manière nouvelle d'imposer silence aux petits philosophes.

ARISTE

Croyez-moi, gardez le silence vous-mêmes; ne vous mêlez plus de raisonner; soyez honnêtes gens; soyez compatissants; ne cherchez point à trouver le mal où il n'est pas, et il cessera d'être où il est.

L'ÉDUCATION DES FILLES[1]

(1761)

MÉLINDE

Éraste sort d'ici, et je vous vois plongée dans une rêverie profonde. Il est jeune, bien fait, spirituel, riche, aimable, et je vous pardonne de rêver.

SOPHRONIE

Il est tout ce que vous dites, je l'avoue.

MÉLINDE

Et de plus, il vous aime.

SOPHRONIE

Je l'avoue encore.

MÉLINDE

Je crois que vous n'êtes pas insensible pour lui.

SOPHRONIE

C'est un troisième aveu que mon amitié ne craint point de vous faire.

MÉLINDE

Ajoutez-y un quatrième; je vois que vous épouserez bientôt Éraste.

SOPHRONIE

Je vous dirai, avec la même confiance, que je ne l'épouserai jamais.

MÉLINDE

Quoi ! votre mère s'oppose à un parti si sortable ?

SOPHRONIE

Non, elle me laisse la liberté du choix; j'aime Éraste, et je ne l'épouserai pas.

MÉLINDE

Et quelle raison pouvez-vous avoir de vous tyranniser ainsi vous-même ?

SOPHRONIE

La crainte d'être tyrannisée. Éraste a de l'esprit, mais il l'a impérieux et mordant; il a des grâces, mais il en ferait bientôt usage pour d'autres que pour moi : je ne veux pas être la rivale d'une de ces personnes qui vendent leurs charmes, qui donnent malheureusement de l'éclat à celui qui les achète, qui révoltent la moitié d'une ville par leur faste, qui ruinent l'autre par l'exemple, et qui triomphent en public du malheur d'une honnête femme réduite à pleurer dans la solitude. J'ai une forte inclination pour Éraste, mais j'ai étudié son caractère; il a trop contredit mon inclination : je veux être heureuse; je ne le serais pas avec lui; j'épouserai Ariste, que j'estime, et que j'espère aimer.

MÉLINDE

Vous êtes bien raisonnable pour votre âge. Il n'y a guère de filles que la crainte d'un avenir fâcheux empêche de jouir d'un présent agréable. Comment pouvez-vous avoir un tel empire sur vous-même ?

SOPHRONIE

Ce peu que j'ai de raison, je le dois à l'éducation que m'a donnée ma mère. Elle ne m'a point élevée dans un couvent, parce que ce n'était pas dans un couvent que j'étais destinée à vivre. Je plains les filles dont les mères ont confié la première jeunesse à des religieuses, comme elles ont laissé le soin de leur première enfance à des nourrices étrangères. J'entends dire que dans ces couvents, comme dans la plupart des collèges où les jeunes gens sont élevés, on n'apprend guère que ce qu'il faut oublier pour toute sa vie; on ensevelit dans la stupidité les premiers de vos beaux jours. Vous ne sortez guère de votre prison que pour être promise à un inconnu qui vient vous épier à la grille; quel qu'il soit, vous le regardez comme un libérateur, et, fût-il un singe, vous vous croyez trop heureuse : vous vous donnez à lui sans le connaître; vous vivez avec lui sans l'aimer. C'est un marché qu'on a fait sans vous, et bientôt après les deux parties se repentent.

Ma mère m'a crue digne de penser de moi-même, et de choisir un jour un époux moi-même. Si j'étais née pour gagner ma vie, elle m'aurait appris à réussir dans les ouvrages convenables à mon sexe; mais, née pour vivre dans la société, elle m'a fait instruire de bonne heure dans tout ce qui regarde la société; elle a formé mon esprit, en me faisant craindre les écueils du bel esprit; elle m'a menée à tous les spectacles choisis qui peuvent inspirer le goût sans corrompre les mœurs, où l'on étale encore plus les dangers des passions que leurs charmes, où la bienséance règne, où l'on apprend à penser et à s'exprimer. La tragédie m'a paru souvent l'école de la grandeur d'âme; la comédie, l'école des bienséances; et j'ose dire que ces instructions, qu'on ne regarde que comme des amusements, m'ont été plus utiles que les livres. Enfin, ma mère m'a toujours regardée comme un être pensant dont il fallait cultiver l'âme, et non comme une poupée qu'on ajuste, qu'on montre, et qu'on renferme le moment d'après[1].

SERMON DU RABBIN AKIB

PRONONCÉ À SMYRNE LE 20 NOVEMBRE 1761[1]

(Traduit de l'hébreu.)

(On le croit de la même main
que la Défense de milord Bolingbroke[2].)

MES CHERS FRÈRES,

Nous avons appris le sacrifice de quarante-deux victimes humaines, que les sauvages de Lisbonne ont fait publiquement au mois d'*étanim*[3], l'an 1691 depuis la ruine de Jérusalem. Ces sauvages appellent de telles exécutions des actes de foi. Mes frères, ce ne sont pas des actes de charité. Élevons nos cœurs à l'Éternel[4] !

Il y a eu, dans cette épouvantable cérémonie, trois hommes brûlés, de ceux que les Européens appellent *moines,* et que nous nommons *kalenders,* deux musulmans, et trente-sept de nos frères condamnés.

Nous n'avons encore d'autres relations authentiques que l'*Accordao dos inquisidores contra o Padre Gabriel Malagrida jesuita*[5]. Le reste ne nous est connu que par les lettres lamentables de nos frères d'Espagne.

Hélas ! voyez d'abord, par cet *Accordao,* à quelle dépravation Dieu abandonne tant de peuples de l'Europe. On accusait Malagrida jesuita d'avoir été le complice de l'assassinat du roi de Portugal. Le conseil de justice suprême, établi par le roi, avait déclaré ce kalender atteint et convaincu d'avoir exhorté au nom de Dieu les assassins à se venger, par le meurtre de ce prince, d'une entreprise contre leur honneur : d'avoir encouragé les coupables par le moyen de la confession, selon l'usage trop ordinaire d'une partie de l'Europe, et de leur avoir dit expressément qu'il n'y avait pas même un péché véniel à tuer leur souverain.

Dans quel pays de la terre un homme accusé d'un tel

crime n'eût-il pas été solennellement jugé par la justice ordinaire du prince, confronté avec ses complices, et exécuté à mort selon les lois ?

Qui le croirait, mes frères, le roi de Portugal n'a pas le droit de faire condamner par ses juges un kalender accusé de parricide ! Il faut qu'il en demande la permission à un rabbin latin établi dans la ville de Rome; et ce rabbin latin[1] la lui a refusée ! Ce roi a été obligé de remettre l'accusé à des kalenders portugais, qui ne jugent, disent-ils, que les crimes contre Dieu; comme si Dieu leur avait donné des patentes pour connaître souverainement de ce qui l'offense, et comme s'il y avait un plus grand crime contre Dieu même que d'assassiner un souverain, que nous regardons comme son image !

Sachez, mes frères, que les kalenders n'ont pas seulement interrogé Malagrida sur la complicité du parricide. C'est une petite faute mondaine, disent-ils, laquelle est absorbée dans l'immensité des crimes contre la majesté divine.

Malagrida a donc été convaincu d'avoir dit « qu'une femme, nommée Annah, avait été autrefois sanctifiée dans le ventre de sa mère, que sa fille lui parla avant de venir au monde, que Marie reçut plusieurs visions de l'ange-messager Gabriel, qu'il y aura trois antechrists, dont le dernier naîtra à Milan d'un kalender et d'une kalendresse, et que pour lui Malagrida est Jean B...[2] »

Voilà pourquoi ce pauvre jésuite, âgé de soixante-quinze ans, a été brûlé publiquement à Lisbonne. Élevons nos cœurs à l'Éternel !

S'il n'y avait eu que Malagrida jesuita de condamné aux flammes, nous ne vous en parlerions pas dans cette sainte synagogue : peu nous importe que des kalenders aient ars un kalender jésuite. Nous savons assez que ces thérapeutes d'Europe ont souvent mérité ce supplice; c'est un des malheurs attachés aux sectes de ces barbares : leurs histoires sont remplies des crimes de leurs derviches, et nous savons assez combien leurs disputes fanatiques ont ensanglanté de trônes. Toutes les fois qu'on a vu des princes assassinés en Europe, la superstition de ces peuples a toujours aiguisé le poignard. Le savant aumônier de M. le consul de France à Smyrne compte quatre-vingt-quatorze rois, ou empereurs, ou princes mis à mort par les querelles de ces malheureux, ou par les propres mains des fakirs, ou par celles de leurs pénitents. Pour le nombre des seigneurs et des citoyens que ces superstitions ont fait massacrer, il est immense; et de tant d'assassinats horribles il n'en est aucun qui n'ait été médité, encouragé, sanctifié dans le sacrement qu'ils appellent de confession.

Vous savez, mes frères, que les premiers chrétiens imitèrent d'abord notre louable coutume de nous accuser devant Dieu de nos fautes, de nous confesser pécheurs dans notre temple. Six siècles après la destruction de ce saint temple, les archimandrites d'Europe imaginèrent d'obliger leurs fakirs à se confesser à eux secrètement deux fois l'année. Quelques siècles après, on obligea des gens du monde à en faire autant. Figurez-vous quelle autorité dangereuse cette coutume donna à ceux qui voulurent en abuser. Les secrets des familles furent entre leurs mains, les femmes furent soustraites au pouvoir de leurs maris, les enfants à celui de leurs pères; le feu de la discorde fut allumé dans les guerres civiles par les confesseurs qui étaient d'un parti, et qui refusaient ce qu'ils appellent l'absolution à ceux du parti contraire.

Enfin, ils persuadèrent à leurs pénitents que Dieu leur commandait d'aller tuer les princes qui mécontentaient leurs archimandrites. Hier, mes frères, l'aumônier de M. le consul nous montra dans l'histoire de la petite nation des Francs, qui vit dans un coin du monde, au bout de l'occident, et qui n'est pas sans mérite; il nous montra, dis-je, un fakir, nommé Clément, qui reçut de son prieur, nommé Bourgoin, l'ordre exprès en confession d'aller assassiner son roi légitime, qui s'appelait, je crois, Henri. En vérité, dans le peu que j'ai lu moi-même des nations voisines, j'ai cru lire celle des anthropophages. Élevons nos cœurs à l'Éternel !

Mes frères, outre le moine Malagrida que les sauvages ont brûlé, il y a encore eu deux autres moines de brûlés[1], dont j'ignore le nom et les péchés. Dieu veuille avoir leur âme !

Puis on a brûlé deux musulmans. La charité nous ordonne de lever les épaules, d'être saisis d'horreur, et de prier pour eux. Vous savez que quand les musulmans eurent conquis toute l'Espagne par leur cimeterre, ils ne molestèrent personne, ne contraignirent personne à changer de religion, et qu'ils traitèrent les vaincus avec humanité aussi bien que nous autres israélites. Vos yeux sont témoins avec quelle bonté les Turcs en usent avec les chrétiens grecs, les chrétiens nestoriens, les chrétiens papistes, les disciples de Jean, les anciens parsis ignicoles, et nous humbles serviteurs de Moïse. Cet exemple d'humanité n'a pu attendrir les cœurs des sauvages qui habitent cette petite langue de terre du Portugal. Deux musulmans ont été livrés aux tourments les plus cruels, parce que leurs pères et leurs grands-pères avaient un peu moins de prépuce que les Portugais, qu'ils se lavaient trois fois par jour, tandis que les Portugais ne se lavent qu'une fois par semaine, qu'ils nomment Allah l'Être éternel, que les Portugais appellent Dios, et qu'ils mettent le pouce auprès de leurs oreilles quand ils récitent leurs prières. Ah ! mes frères, quelle raison pour brûler des hommes !

L'aumônier de M. le consul m'a fait voir une pancarte d'un grand rabbin du pays des Francs, dont le nom finit en ic, et qui réside en un bourg ou ville appelé *Soissons*[1]. Ce bon rabbin dit dans sa pancarte, intitulée *Mandement,* qu'on doit regarder tous les hommes comme frères, et qu'un chrétien doit aimer un Turc. Vive ce bon rabbin !

Puissent tous les enfants d'Adam, blancs, rouges, noirs, gris, basanés, barbus ou sans barbe, entiers ou châtrés, penser à jamais comme lui ! Et que les fanatiques, les superstitieux, les persécuteurs, deviennent hommes ! Élevons nos cœurs à l'Éternel !

Mes frères, il est temps de répandre des larmes sur nos trente-sept israélites qu'on a brûlés dans l'acte de foi. Je ne dis pas qu'ils aient tous été brûlés à petit feu; on nous mande qu'il y en a eu trois de fouettés jusqu'à la mort, et deux de renvoyés en prison : reste à trente-deux consumés par les flammes dans ce sacrifice des sauvages.

Quel était leur crime ? Point d'autre que celui d'être nés. Leurs pères les engendrèrent dans la religion que leurs aïeux ont professée depuis cinq mille ans. Ils sont nés israélites; ils ont célébré le phasé dans leurs caves; et voilà l'unique raison pour laquelle les Portugais les ont brûlés. Nous n'apprenons pas que tous nos frères aient été mangés après avoir été jetés dans le bûcher : mais nous devons le présumer de deux jeunes garçons de quatorze ans qui étaient fort gras, et d'une fille de douze ans qui avait beaucoup d'embonpoint et qui était très appétissante.

Croiriez-vous que tandis que les flammes dévoraient ces innocentes victimes, les inquisiteurs et les autres sauvages chantaient nos propres prières ? Le grand inquisiteur entonna lui-même le makib de notre bon roi David, qui commence par ces mots : « Ayez pitié de moi, ô mon Dieu, selon votre grande miséricorde ! »

C'est ainsi que ces monstres impitoyables invoquaient le Dieu de la clémence et de la bonté, le Dieu pardonneur, en commettant le crime le plus atroce et le plus barbare, exerçant une cruauté que les démons dans leur rage ne voudraient pas exercer contre les démons leurs confrères. C'est ainsi que, par une contradiction aussi absurde que leur fureur est abominable, ils offrent à Dieu nos makibs (nos psaumes), ils empruntent notre religion même, en nous punissant d'être élevés dans notre religion. Élevons nos cœurs à l'Éternel !

(Ce qui précède peut être regardé comme le premier point du sermon prononcé par le rabbin Akib ; ce qui suit, comme le second.)

O tigres dévots ! panthères fanatiques ! qui avez un si grand mépris pour votre secte que vous pensez ne la pouvoir soutenir que par des bourreaux, si vous étiez capables de raison je vous interrogerais, je vous demanderais pourquoi vous nous immolez, nous qui sommes les pères de vos pères.

Que pourriez-vous répondre si je vous disais : Votre Dieu était de notre religion ? Il naquit juif, il fut circoncis comme tous les autres juifs; il reçut, de votre aveu, le baptême du juif Jean, lequel était une antique cérémonie à laquelle nous soumettons nos néophytes; il accomplit tous les devoirs de notre antique loi; il vécut juif, mourut juif, et vous nous brûlez, parce que nous sommes juifs.

J'en atteste vos livres mêmes : Jésus a-t-il dit dans un seul endroit que la loi de Moïse était ou mauvaise ou fausse ? L'a-t-il abrogée ? Ses premiers disciples ne furent-ils pas circoncis ? Pierre ne s'abstenait-il pas des viandes défendues par notre loi, lorsqu'il mangeait avec les Israélites ? Paul, étant apôtre, ne circoncit-il pas lui-même quelques-uns de ses disciples ? Ce Paul n'alla-t-il pas sacrifier dans notre temple, selon vos propres écrits ? Qu'étiez-vous autre chose dans le commencement qu'une partie de nous-mêmes, qui s'est séparée avec le temps ?

Enfants dénaturés, nous sommes vos pères, nous sommes les pères des musulmans. Une mère respectable et malheureuse a eu deux filles, et ces deux filles l'ont chassée de la maison; et vous nous reprochez de ne plus habiter cette maison détruite ! vous nous faites un crime de notre infortune, vous nous en punissez ! Mais ces parsis, ces mages, plus anciens que nous, ces premiers Persans, qui furent autrefois nos vainqueurs et nos maîtres, et qui nous apprirent à lire et à écrire, ne sont-ils pas dispersés comme nous sur la terre ? Les banians, plus anciens que les parsis, ne sont-ils pas épars sur les frontières des Indes, de la Perse, de la Tartarie, sans jamais se confondre avec aucune nation, sans épouser jamais de femmes étrangères ? Que dis-je ? vos chrétiens, gens vivant paisiblement sous le joug du grand padicha des terres, épousent-ils jamais des musulmanes ou des filles du rite latin ? Quels avantages prétendez-vous donc tirer de ce que nous vivons parmi les nations sans nous incorporer à elles ?

Votre démence va jusqu'à dire que nous ne sommes dispersés que parce que nos pères condamnèrent au supplice celui que vous adorez. Ignorants que vous êtes ! pouviez-vous ne pas voir qu'il ne fut condamné que par les Romains ? Nous n'avions point alors le droit de glaive; nous étions gouvernés alors par Quirinus, par Varus, par Pilatus; car, Dieu merci, nous avons presque toujours été esclaves. Le supplice de la croix était inusité chez nous. Vous ne trouverez pas dans nos histoires un seul exemple d'un homme crucifié, ni la moindre trace de ce châtiment. Cessez donc de persécuter une nation entière pour un événement dont elle ne peut être responsable.

Je ne veux que vos propres livres pour vous confondre. Vous avouez que Jésus appelait publiquement nos pharisiens et nos prêtres *races de vipères, sépulcres blanchis*[1]. Si quelqu'un parmi vous allait continuellement par les rues de Rome appeler le pape et les cardinaux vipères et sépulcres, le souffrirait-on ? Les pharisiens, il est vrai, dénoncèrent Jésus au gouverneur romain, qui le fit périr du supplice usité chez les Romains. Est-ce une raison pour brûler des négociants juifs et leurs filles dans Lisbonne ?

Je sais que les barbares, pour colorer leur cruauté, nous accusent d'avoir pu connaître la divinité de Jésus-Christ, et de ne l'avoir pas connue. J'en appelle aux savants de l'Europe, car il y en a quelques-uns : Jésus, dans leur Évangile, s'appelle quelquefois fils de Dieu, fils de l'homme, mais jamais Dieu; jamais Paul ne lui a donné ce titre.

Fils de l'homme est une expression très ordinaire dans notre langue. Fils de Dieu signifie homme juste, comme Bélial signifie méchant. Pendant trois cents ans, Jésus fut bien reçu par les chrétiens comme médiateur envoyé de Dieu, comme la plus parfaite des créatures. Ce ne fut qu'au concile de Nicée que la majorité des évêques constata sa divinité, malgré les oppositions des trois quarts de l'empire. Si donc, les chrétiens eux-mêmes ont nié si longtemps sa divinité, s'il y a même encore des sociétés chrétiennes qui la nient, par quel étrange renversement d'esprit peut-on nous punir de la méconnaître ? Élevons nos cœurs à l'Éternel !

Nous ne récriminons point ici contre plusieurs sectes de chrétiens : nous laissons les reproches qu'elles se font les unes aux autres d'avoir falsifié tant de livres et de passages, d'avoir supposé des oracles de sibylles, d'avoir forgé tant de miracles : leurs sectes se font sur toutes ces prévarications plus de reproches que nous ne pourrions leur en faire.

Je me borne à une seule question que je leur ferai. Si quelqu'un, sortant d'un *auto-da-fé,* me dit qu'il est chrétien, je lui demanderai en quoi il peut l'être. Jésus n'a jamais pratiqué ni fait pratiquer la confession auriculaire; la Pâque n'est certainement point celle d'un Portugais. Trouve-t-on l'extrême-onction, l'ordre, etc., dans l'Évangile ? Il n'institua ni cardinaux, ni pape, ni dominicains, ni curés, ni inquisiteurs; il ne fit brûler personne, il ne recommanda que l'observation de la loi, l'amour de Dieu et du prochain, à l'exemple de nos prophètes. S'il reparaissait aujourd'hui au monde, se reconnaîtrait-il dans un seul de ceux qui se nomment chrétiens ?

Nos ennemis nous font aujourd'hui un crime d'avoir

volé les Égyptiens, d'avoir égorgé plusieurs petites nations dans les bourgs dont nous nous emparâmes, d'avoir été infâmes usuriers, d'avoir aussi immolé des hommes, d'en avoir même mangé, comme dit Ézéchiel. Nous avons été un peuple barbare, superstitieux, ignorant, absurde, je l'avoue; mais serait-il juste d'aller aujourd'hui brûler le pape et tous les monsignori de Rome, parce que les premiers Romains enlevèrent les Sabines et dépouillèrent des Samnites ?

Que les prévaricateurs, qui dans leur propre loi ont besoin de tant d'indulgence, cessent donc de persécuter, d'exterminer ceux qui comme hommes sont leurs frères, et qui comme juifs sont leurs pères.

Que chacun serve Dieu dans la religion où il est né, sans vouloir arracher le cœur à son voisin par des disputes où personne ne s'entend.

Que chacun serve son prince et sa patrie, sans jamais employer le prétexte d'obéir à Dieu pour désobéir aux lois. O Adonaï, qui nous as créés tous, qui ne veux pas le malheur de tes créatures ! Dieu, père commun, Dieu de miséricorde, fais qu'il n'y ait plus sur ce petit globe, sur ce moindre de tes mondes, ni fanatiques, ni persécuteurs ! Élevons nos cœurs à l'Éternel ! Amen.

EXTRAIT DES SENTIMENTS DE JEAN MESLIER,

ADRESSÉS A SES PAROISSIENS SUR UNE PARTIE DES ABUS ET DES ERREURS EN GÉNÉRAL ET EN PARTICULIER

ABRÉGÉ DE LA VIE DE JEAN MESLIER[1]

JEAN MESLIER, curé d'Étrepigny et de But en Champagne, natif du village de Mazerny, dépendant du duché de Mazarin, était le fils d'un ouvrier en serge; élevé à la campagne, il a néanmoins fait ses études, et est parvenu à la prêtrise.

Étant au séminaire, où il vécut avec beaucoup de régularité, il s'attacha au système de Descartes. Ses mœurs ont paru irréprochables, faisant souvent l'aumône, d'ailleurs très sobre, tant sur sa bouche que sur les femmes.

MM. Voiry et Delavaux, l'un curé de Va, et l'autre curé de Boulzicourt, étaient ses confesseurs, et les seuls qu'il fréquentait.

Il était seulement rigide partisan de la justice, et poussait quelquefois ce zèle un peu trop loin. Le seigneur de son village, nommé le sieur de Touilly, ayant maltraité quelques paysans, il ne voulut pas le recommander nommément au prône : M. de Mailly, archevêque de Reims, devant qui la contestation fut portée, l'y condamna. Mais le dimanche qui suivit cette décision, ce curé monta en chaire, et se plaignit de la sentence du cardinal. « Voici, dit-il, le sort ordinaire des pauvres curés de campagne : les archevêques, qui sont de grands seigneurs, les méprisent, et ne les écoutent pas. Recommandons donc le seigneur de ce lieu. Nous prierons Dieu pour Antoine de Touilly, qu'il le convertisse, et lui fasse la grâce de ne point maltraiter le pauvre et dépouiller l'orphelin. »

Ce seigneur, présent à cette mortifiante recommandation, en porta de nouvelles plaintes au même archevêque, qui fit venir le sieur Meslier à Donchery, où il le maltraita de paroles.

Il n'a guère eu depuis d'autres événements dans sa vie, ni d'autre bénéfice que celui d'Étrepigny.

Les principaux de ses livres étaient la *Bible,* un Moréri, un Montaigne, et quelques Pères; et ce n'est que dans la lecture de la *Bible* et des Pères qu'il puisa ses sentiments. Il en fit trois copies de sa main, l'une desquelles fut portée au garde des sceaux de France, sur laquelle on a tiré l'extrait suivant. Son manuscrit est adressé à M. Leroux, procureur et avocat en parlement à Mézières.

Il est écrit à l'autre côté d'un gros papier gris qui sert d'enveloppe : « J'ai vu et reconnu les erreurs, les abus, les vanités, les folies, et les méchancetés des hommes; je les ai haïs et détestés; je ne l'ai osé dire pendant ma vie, mais je le dirai au moins en mourant et après ma mort; et c'est afin qu'on le sache que je fais et écris le présent Mémoire, afin qu'il puisse servir de témoignage de vérité à tous ceux qui le verront, et qui le liront si bon leur semble. »

On a aussi trouvé parmi les livres de ce curé un imprimé des traités de M. de Fénelon, archevêque de Cambrai (Édit. de 1718), sur l'existence de Dieu et sur ses attributs[1], et les réflexions du P. Tournemine, jésuite, sur l'athéisme, auxquels traités il a mis ses notes en marge, signées de sa main.

Il avait écrit deux lettres aux curés de son voisinage pour leur faire part de ses sentiments, etc. Il leur dit qu'il a consigné au greffe de la justice de la paroisse[2] une copie de son écrit, en trois cent soixante-six feuillets in-octavo; mais qu'il craint qu'on ne la supprime, suivant le mauvais usage établi d'empêcher que les simples ne soient instruits, et ne connaissent la vérité[3].

Il mourut en 1733, âgé de cinquante-cinq ans. On a

cru que, dégoûté de la vie, il s'était exprès refusé les aliments nécessaires, parce qu'il ne voulut rien prendre, pas même un verre de vin.

Par son testament il a donné tout ce qu'il possédait, qui n'était pas considérable, à ses paroissiens, et il a prié qu'on l'enterrât dans son jardin.

AVANT-PROPOS

« Vous connaissez, mes frères, mon désintéressement; je ne sacrifie point ma croyance à un vil intérêt. Si j'ai embrassé une profession si directement opposée à mes sentiments, ce n'est point par cupidité : j'ai obéi à mes parents. Je vous aurais plus tôt éclairés si j'avais pu le faire impunément. Vous êtes témoins de ce que j'avance. Je n'ai point avili mon ministère en exigeant des rétributions qui y sont attachées.

« J'atteste le ciel que j'ai aussi souverainement méprisé ceux qui se riaient de la simplicité des peuples aveuglés, lesquels fournissaient pieusement des sommes considérables pour acheter des prières. Combien n'est pas horrible ce monopole ! Je ne blâme pas le mépris que ceux qui s'engraissent de vos sueurs et de vos peines témoignent pour leurs mystères et leurs superstitions; mais je déteste leur insatiable cupidité et l'indigne plaisir que leurs pareils prennent à se railler de l'ignorance de ceux qu'ils ont soin d'entretenir dans cet état d'aveuglement.

« Qu'ils se contentent de rire de leur propre aisance, mais qu'ils ne multiplient pas du moins les erreurs, en abusant de l'aveugle piété de ceux qui par leur simplicité leur procurent une vie si commode. Vous me rendez sans doute, mes frères, la justice qui m'est due. La sensibilité que j'ai témoignée pour vos peines me garantit du moindre de vos soupçons. Combien de fois ne me suis-je point acquitté gratuitement des fonctions de mon ministère ! Combien de fois aussi ma tendresse n'a-t-elle pas été affligée de ne pouvoir vous secourir aussi souvent et aussi abondamment que je l'aurais souhaité ! Ne vous ai-je pas toujours prouvé que je prenais plus de plaisir à donner qu'à recevoir ? J'ai évité avec soin de vous exhorter à la bigoterie; et je ne vous ai parlé qu'aussi rarement qu'il m'a été possible de nos malheureux dogmes. Il fallait bien que je m'acquitasse, comme curé, de mon ministère. Mais aussi combien n'ai-je pas souffert en moi-même, lorsque j'ai été forcé de vous prêcher ces pieux mensonges que je détestais dans le cœur ! Quel mépris n'avais-je pas pour mon ministère, et particulièrement pour cette superstitieuse messe, et ces ridicules administrations de sacrements, surtout lorsqu'il fallait les faire avec cette solennité qui attirait votre piété et toute votre bonne foi ! Que de remords ne m'a point excités votre crédulité ! Mille fois sur le point d'éclater publiquement, j'allais dessiller vos yeux; mais une crainte supérieure à mes forces me contenait soudain, et m'a forcé au silence jusqu'à ma mort. »

CHAPITRE PREMIER

PREMIÈRE PREUVE, TIRÉE DES MOTIFS QUI ONT PORTÉ LES HOMMES A ÉTABLIR UNE RELIGION

Comme il n'y a aucune secte particulière de religion qui ne prétende être véritablement fondée sur l'autorité de Dieu, et entièrement exempte de toutes les erreurs et impostures qui se trouvent dans les autres, c'est à ceux qui prétendent établir la vérité de leur secte à faire voir qu'elle est d'institution divine, par des preuves et des témoignages clairs et convaincants, faute de quoi il faudra tenir pour certain qu'elle n'est que d'invention humaine, pleine d'erreurs et de tromperies : car il n'est pas croyable qu'un Dieu tout-puissant, infiniment bon, aurait voulu donner des lois et des ordonnances aux hommes, et qu'il n'aurait pas voulu qu'elles portassent des marques plus sûres et plus authentiques de vérité que celles des imposteurs qui sont en si grand nombre. Or, il n'y a aucun de nos christicoles, de quelque secte qu'il soit, qui puisse faire voir, par des preuves claires, que sa religion soit véritablement d'institution divine; et pour preuve de cela, c'est que depuis tant de siècles qu'ils sont en contestation sur ce sujet les uns contre les autres, même jusqu'à se persécuter à feu et à sang pour le maintien de leurs opinions, il n'y a eu cependant encore aucun parti d'entre eux qui ait pu convaincre et persuader les autres par de tels témoignages de vérité, ce qui ne serait certainement point, s'il y avait de part et d'autre des raisons ou des preuves claires et sûres d'une institution divine : car comme personne d'aucune secte de religion, éclairé et de bonne foi, ne prétend tenir et favoriser l'erreur et le mensonge, et qu'au contraire chacun de son côté prétend soutenir la vérité, le véritable moyen de bannir toutes erreurs, et de réunir tous les hommes en paix dans les mêmes sentiments et dans une même forme de religion, serait de produire ces preuves et ces témoignages convaincants de la vérité, et de faire voir par là que telle religion est véritablement d'institution divine, et non pas aucune des autres. Alors chacun se rendrait à cette vérité, et personne n'oserait entreprendre de combattre ces témoignages, ni soutenir le parti de l'erreur et de l'imposture, qu'il ne fût en même temps confondu par des preuves contraires; mais comme ces preuves ne se trouvent dans aucune religion, cela donne lieu aux imposteurs d'inventer et de soutenir hardiment toutes sortes de mensonges.

Voici encore d'autres preuves qui ne feront pas moins clairement voir la fausseté des religions humaines, et surtout la fausseté de la nôtre.

DEUXIÈME PREUVE, TIRÉE DES ERREURS DE LA FOI

Toute religion qui pose pour fondement de ses mystères et qui prend pour règle de sa doctrine et de sa morale un principe d'erreurs, et qui est même une source funeste de troubles et de divisions éternelles parmi les hommes, ne peut être une véritable religion, ni être d'institution divine. Or les religions humaines, et principalement la catholique, pose pour fondement de sa doctrine et de sa morale un principe d'erreurs. Donc, etc. Je ne vois pas qu'on puisse nier la première proposition de cet argument : elle est trop claire et trop évidente pour pouvoir en douter. Je passe à la preuve de la seconde proposition, qui est que la religion chrétienne prend pour règle de sa doctrine et de sa morale ce qu'ils appellent foi, c'est-à-dire une créance aveugle, mais cependant ferme et assurée, de quelques lois, ou de quelques révélations divines, et de quelque divinité. Il faut nécessairement qu'elle le suppose ainsi, car c'est cette créance de quelque divinité et quelques révélations divines qui donne tout le crédit et toute l'autorité qu'elle a dans le monde, sans quoi on ne ferait aucun état de ce qu'elle prescrirait. C'est pourquoi il n'y a point de religion qui ne recommande expressément à ses sectateurs[1] d'être fermes dans leur foi. De là vient que tous les christicoles tiennent pour maximes que la foi est le commencement et le fondement du salut, et qu'elle est la racine de toute justice et de toute sanctification, comme il est marqué dans le concile de Trente, sess. 6, chap. VIII.

Or, il est évident qu'une créance aveugle de tout ce qui se propose sous le nom et l'autorité de Dieu est un principe d'erreurs et de mensonges. Pour preuve, c'est que l'on voit qu'il n'y a aucun imposteur, en matière de religion, qui ne prétende se couvrir du nom de l'autorité de Dieu, et ne se dise particulièrement inspiré et envoyé de Dieu. Non seulement cette foi et cette créance aveugle, qu'ils posent pour fondement de leur doctrine, est un principe d'erreurs, etc., mais elle est aussi une source funeste de troubles et de divisions parmi les hommes, pour le maintien de leur religion. Il n'y a point de méchanceté qu'ils n'exercent les uns contre les autres sous ce spécieux prétexte.

Or il n'est pas croyable qu'un Dieu tout-puissant, infiniment bon et sage, voulût se servir d'un tel moyen ni d'une voie si trompeuse pour faire connaître ses volontés aux hommes; car ce serait manifestement vouloir les induire en erreur et leur tendre des pièges pour leur faire embrasser le parti du mensonge. Il n'est pareillement pas croyable qu'un Dieu qui aimerait l'union et la paix, le bien et le salut des hommes, eût jamais établi, pour fondement de sa religion, une source si fatale de troubles et de divisions éternelles parmi les hommes. Donc des religions pareilles ne peuvent être véritables, ni avoir été instituées de Dieu.

Mais je vois bien que nos christicoles ne manqueront pas de recourir à leurs prétendus motifs de crédibilité, et qu'ils diront que, quoique leur foi et leur créance soient aveugles en un sens, elles ne laissent pas néanmoins d'être appuyées par de si clairs et de si convaincants témoignages de vérité que ce serait non seulement une imprudence, mais une témérité et une grande folie de ne pas vouloir s'y rendre. Ils réduisent ordinairement tous ces prétendus motifs à trois ou quatre chefs :

Le premier, ils le tiennent de la prétendue sainteté de leur religion, qui condamne le vice, et qui recommande la pratique de la vertu. Sa doctrine est si pure, si simple, à ce qu'ils disent, qu'il est visible qu'elle ne peut venir que de la pureté et de la sainteté d'un Dieu infiniment sage et bon.

Le second motif de crédibilité, ils le tirent de l'innocence et de la sainteté de la vie de ceux qui l'ont embrassée avec amour, et défendue jusqu'à souffrir la mort, et les plus cruels tourments, plutôt que de l'abandonner, n'étant pas croyable que de si grands personnages se soient laissé tromper dans leur créance, qu'ils aient renoncé à tous les avantages de la vie, et se soient exposés à de si cruelles persécutions, pour ne maintenir que des erreurs et des impostures.

Ils tirent leur troisième motif de crédibilité des oracles et des prophéties qui ont été depuis si longtemps rendus en leur faveur, et qu'ils prétendent accomplis d'une façon à n'en point douter.

Enfin leur quatrième motif de crédibilité, qui est comme le principal de tous, se tire de la grandeur et de la multitude des miracles faits en tous temps et en tous lieux en faveur de leur religion.

Mais il est facile de réfuter tous ces vains raisonnements, et de faire connaître la fausseté de tous ces témoignages, car :

1º Les arguments que nos christicoles tirent de leurs prétendus motifs de crédibilité peuvent également servir à établir et confirmer le mensonge comme la vérité : car l'on voit effectivement qu'il n'y a point de religion, si fausse qu'elle puisse être, qui ne prétende s'appuyer sur de semblables motifs de crédibilité; il n'y en a point qui ne prétende avoir une doctrine saine et véritable, et, au moins en sa manière, qui ne condamne tous les vices, et ne recommande la pratique de toutes les vertus. Il n'y en a point qui n'ait eu de doctes et de zélés défenseurs, qui ont souffert de rudes persécutions pour le maintien et la défense de leur religion; et enfin il n'y en a point qui ne prétende avoir des prodiges et des miracles qui ont été faits en sa faveur.

Les mahométans, les Indiens, les païens, en allèguent

en faveur de leurs religions aussi bien que les chrétiens. Si nos christicoles font état de leurs miracles et de leurs prophéties, il ne s'en trouve pas moins dans les religions païennes que dans la leur. Ainsi l'avantage que l'on pourrait tirer de tous ces prétendus motifs de crédibilité se trouve à peu près également dans toutes sortes de religions.

Cela étant, comme toutes les histoires et la pratique de toutes les religions le démontrent, il s'ensuit évidemment que tous ces prétendus motifs de crédibilité, dont nos christicoles veulent tant se prévaloir, se trouvent également dans toutes les religions, et par conséquent ne peuvent servir de preuves et de témoignages assurés de la vérité de leur religion, non plus que de la vérité d'aucune : la conséquence est claire.

2° Pour donner une idée du rapport des miracles du paganisme avec ceux du christianisme, ne pourrait-on pas dire, par exemple, qu'il y aurait plus de raison de croire Philostrate en ce qu'il récite de la vie d'Apollonius que de croire tous les évangélistes ensemble dans ce qu'ils disent des miracles de Jésus-Christ, parce que l'on sait au moins que Philostrate était un homme d'esprit, éloquent et disert, qu'il était secrétaire de l'impératrice Julie, femme de l'empereur Sévère, et que ç'a été à la sollicitation de cette impératrice qu'il écrivit la vie et les actions merveilleuses d'Apollonius ? marque certaine que cet Apollonius s'était rendu fameux par de grandes et extraordinaires actions, puisqu'une impératrice était si curieuse d'avoir sa vie par écrit, ce que l'on ne peut nullement dire de Jésus-Christ, ni de ceux qui ont écrit sa vie, car ils n'étaient que des ignorants, gens de la lie du peuple, de pauvres mercenaires, des pêcheurs qui n'avaient pas seulement l'esprit de raconter de suite et par ordre les faits dont ils parlent, et qui se contredisent même très souvent et très grossièrement.

A l'égard de celui dont ils décrivent la vie et les actions, s'il avait véritablement fait les miracles qu'ils lui attribuent, il se serait infailliblement rendu très recommandable par ses belles actions : chacun l'aurait admiré, et on lui aurait érigé des statues, comme on a fait en faveur des dieux; mais au lieu de cela on l'a regardé comme un homme de néant, un fanatique, etc.

Josèphe l'historien, après avoir parlé des plus grands

miracles rapportés en faveur de sa nation et de sa religion, en diminue aussitôt la créance et la rend suspecte, en disant qu'il laisse à chacun la liberté d'en croire ce qu'il voudra : marque bien certaine qu'il n'y ajoutait pas beaucoup de foi. C'est aussi ce qui donne lieu aux plus judicieux de regarder les histoires qui parlent de ces sortes de choses comme des narrations fabuleuses. Voyez Montaigne et l'auteur de l'*Apologie des grands hommes*[1]. On peut aussi voir la relation des missionnaires de l'île de Santorini : il y a trois chapitres de suite sur cette belle matière.

Tout ce que l'on peut dire à ce sujet nous fait clairement voir que les prétendus miracles se peuvent également imaginer en faveur du vice et du mensonge, comme en faveur de la justice et de la vérité.

Je le prouve par le témoignage de ce que nos christicoles mêmes appellent la parole de Dieu, et par le témoignage de celui qu'ils adorent : car leurs livres, qu'ils disent contenir la parole de Dieu, et le Christ lui-même qu'ils adorent comme un Dieu fait homme, nous marquent expressément qu'il y a non seulement de faux prophètes, c'est-à-dire des imposteurs qui se disent envoyés de Dieu et qui parlent en son nom, mais nous marquent expressément encore qu'ils font et qu'ils feront de si grands et si prodigieux miracles que peu s'en faudra que les justes n'en soient séduits. Voyez *Matthieu,* XXIV, 5, 11, 24, et ailleurs.

De plus, ces prétendus faiseurs de miracles veulent qu'on y ajoute foi, et non à ceux que font les autres d'un parti contraire au leur, se détruisant les uns les autres.

Un jour, un de ces prétendus prophètes, nommé Sédécias, se voyant contredit par un autre appelé Michée, celui-là donna un soufflet à celui-ci, et lui dit plaisamment[a] : « Par quelle voie l'esprit de Dieu a-t-il passé de moi pour aller à toi ? » Voyez encore III *Reg.*, XVIII, 40 et autres.

Mais comment ces prétendus miracles seraient-ils des témoignages de vérité, puisqu'il est clair qu'ils n'ont pas été faits ? Car il faudrait savoir : 1° si ceux que l'on dit être les premiers auteurs de ces narrations le sont véritablement; 2° s'ils étaient gens de probité, dignes de foi, sages et éclairés, et s'ils n'étaient point prévenus en faveur de ceux dont ils parlent si avantageusement;

3° s'ils ont bien examiné toutes les circonstances des faits qu'ils rapportent, s'ils les ont bien connues, et s'ils les rapportent bien fidèlement; 4° si les livres ou les histoires anciennes qui rapportent tous ces grands miracles n'ont pas été falsifiés et corrompus dans la suite du temps, comme quantité d'autres l'ont été.

Que l'on consulte Tacite et quantité d'autres célèbres historiens au sujet de Moïse et de sa nation, on verra qu'ils sont regardés comme une troupe de voleurs et de bandits. La magie et l'astrologie étaient pour lors les seules sciences à la mode : et comme Moïse était, dit-on, instruit dans la sagesse des Égyptiens, il ne lui fut pas difficile d'inspirer de la vénération et de l'attachement pour sa personne aux enfants de Jacob, rustiques et ignorants, et de leur faire embrasser, dans la misère où ils étaient, la discipline qu'il voulut leur donner. Voilà qui est bien différent de ce que les juifs et nos christicoles nous en veulent faire accroire. Par quelle règle certaine connaîtra-t-on qu'il faut ajouter foi à ceux-ci plutôt qu'aux autres ? Il n'y en a certainement aucune raison vraisemblable.

Il y a aussi peu de certitude, et même de vraisemblance, sur les miracles du *Nouveau Testament* que sur ceux de l'*Ancien,* pour pouvoir remplir les conditions précédentes.

Il ne servirait de rien de dire que les histoires qui rapportent les faits contenus dans les *Évangiles* ont été regardées comme saintes et sacrées, qu'elles ont toujours été fidèlement conservées sans aucune altération des vérités qu'elles renferment, puisque c'est peut-être par là même qu'elles doivent être plus suspectes, et d'autant plus corrompues par ceux qui prétendent en tirer avantage, ou qui craignent qu'elles ne leur soient pas assez favorables : l'ordinaire des auteurs qui transcrivent ces sortes d'histoires étant d'y ajouter, d'y changer, ou d'en retrancher tout ce que bon leur semble pour servir à leur dessein.

C'est ce que nos christicoles mêmes ne sauraient nier, puisque, sans parler de plusieurs autres graves personnages qui ont reconnu les additions, les retranchements et les falsifications qui ont été faites en différents temps à ce qu'ils appellent leur Écriture sainte, leur saint Jérôme, fameux docteur parmi eux, dit formellement en plusieurs endroits de ses prologues qu'elles ont été corrompues et falsifiées, étant déjà de son temps entre les mains de toutes sortes de personnes qui y ajoutaient et en retranchaient tout ce que bon leur semblait; en sorte qu'il y avait, dit-il, autant d'exemplaires différents qu'il y avait de différentes copies.

Voyez ses prologues à Paulin, sa préface sur Josué, son épître à Galéate[1], sa préface sur Job, celle sur les *Évangiles* au pape Damase, celle sur les psaumes à Paul et à Eustachium, etc.

Touchant les livres de l'*Ancien Testament* en particulier, Esdras, prêtre de la loi, enseigne lui-même avoir corrigé et remis dans leur entier les prétendus livres sacrés de sa loi, qui avaient été en partie perdus et en partie corrompus. Il les distribua en vingt-deux livres, selon le nombre des lettres hébraïques, et composa plusieurs autres livres dont la doctrine ne devait se communiquer qu'aux seuls sages. Si ces livres ont été partie perdus, partie corrompus, comme le témoignent Esdras et le docteur saint Jérôme en tant d'endroits, il n'y a donc aucune certitude sur ce qu'ils contiennent; et quant à ce qu'Esdras dit les avoir corrigés et remis en leur entier par l'inspiration de Dieu même, il n'y a aucune certitude de cela, et il n'y a point d'imposteur qui n'en puisse dire autant.

Tous les livres de la loi de Moïse et des prophètes qu'on put trouver furent brûlés du temps d'Antiochus. Le *Talmud* regardé par les juifs comme un livre saint et sacré, et qui contient toutes les lois divines, avec les sentences et dits notables des rabbins, leur exposition, tant sur les lois divines qu'humaines, et une quantité prodigieuse d'autres secrets et mystères de la langue hébraïque, est regardé par les chrétiens comme un livre farci de rêveries, de fables, d'impostures et d'impiétés. En l'année 1559, ils firent brûler à Rome, par le commandement des inquisiteurs de la foi, douze cents de ces *Talmud* trouvés dans une bibliothèque de la ville de Crémone.

Les pharisiens, qui faisaient parmi les juifs une fameuse secte, ne recevaient que les cinq livres de Moïse, et rejetaient tous les prophètes. Parmi les chrétiens, Marcion et ses sectateurs rejetaient les livres de Moïse et les prophètes, et introduisaient d'autres écritures à la mode; Carpocrate et ses sectateurs en faisaient de même, et rejetaient tout l'*Ancien Testament* et maintenaient que Jésus-Christ n'était qu'un homme comme les autres. Les marcionites et les souverains réprouvaient aussi tout l'*Ancien Testament* comme mauvais, et rejetaient aussi la plus grande partie des quatre *Évangiles,* et les *Épîtres* de saint Paul.

Les ébionites n'admettaient que le seul *Évangile* de saint Matthieu, rejetant les trois autres, et les *Épîtres* de saint Paul. Les marcionites publiaient un *Évangile* sous le nom de saint Mathias pour confirmer leur doctrine. Les apostoliques introduisaient d'autres écritures pour maintenir leurs erreurs, et pour cet effet se servaient de certains actes, qu'ils attribuaient à saint André et à saint Thomas.

Les manichéens (*Chron.*, p. 287) écrivirent un *Évangile* à leur mode, et rejetaient les écrits des prophètes et des apôtres. Les etzäïtes débitaient un certain livre qu'ils disaient être venu du ciel; ils tronçonnaient les autres Écritures à leur fantaisie. Origène même, avec tout son grand esprit, ne laissait pas de corrompre les Écritures, et forgeait à tous coups des allégories hors de propos, et se détournait, par ce moyen, du sens des prophètes et des apôtres, et même avait corrompu quelques-uns des principaux points de la doctrine. Ses livres sont maintenant mutilés et falsifiés : ce ne sont plus que pièces cousues et ramassées par d'autres qui sont venus depuis; aussi y rencontre-t-on des erreurs et des fautes manifestes.

Les allogiens attribuaient à l'hérétique Cérinthus l'*Évangile* et l'*Apocalypse* de saint Jean : c'est pourquoi ils les rejetaient. Les hérétiques de nos derniers siècles rejettent comme apocryphes plusieurs livres que les catholiques romains regardent comme saints et sacrés, comme sont les livres de *Tobie,* de *Judith,* d'*Esther,* de *Baruch,* le *Cantique des trois enfants dans la fournaise,* l'histoire de *Suzanne,* et celle de l'*Idole de Bel,* la *Sapience* de Salomon, l'*Ecclésiastique,* le premier et le second livre des *Macchabées,* auxquels livres incertains et douteux on pourrait encore en ajouter plusieurs que l'on attribuait aux autres apôtres, comme sont, par exemple, les *Actes de saint Thomas,* ses *Circuits,* son *Évangile,* et son *Apocalypse ;* l'*Évangile* de saint Barthélemy, celui de saint

Mathias, celui de saint Jacques, celui de saint Pierre, et celui des apôtres; comme aussi les *Gestes de saint Pierre,* son livre de la *Prédication du Sauveur,* et plusieurs autres de semblable farine, qui sont tous rejetés comme apocryphes par les catholiques romains, même par le pape Gélase et par les saints pères de la communion romaine.

Ce qui confirme d'autant plus qu'il n'y a aucun fondement de certitude touchant l'autorité que l'on prétend donner à ces livres, c'est que ceux qui en maintiennent la divinité sont obligés d'avouer qu'ils n'auraient aucune certitude pour les fixer si leur foi, disent-ils, ne les en assurait, et ne les obligeait absolument de le croire ainsi. Or, comme la foi n'est qu'un principe d'erreur et d'imposture, comment la foi, c'est-à-dire une créance aveugle, peut-elle rendre certains des livres qui sont eux-mêmes le fondement de cette créance aveugle ? Quelle pitié et quelle démence !

Mais voyons si ces livres portent en eux-mêmes quelque caractère particulier de vérité, comme par exemple d'érudition, de sagesse et de sainteté, ou de quelques autres perfections qui ne puissent convenir qu'à un Dieu, et si les miracles qui y sont cités s'accordent avec ce que l'on devrait penser de la grandeur, de la bonté, de la justice et de la sagesse infinie d'un Dieu tout-puissant.

Premièrement, on verra qu'il n'y a aucune érudition, aucune pensée sublime, ni aucune production qui passe les forces ordinaires de l'esprit humain. Au contraire on n'y verra, d'un côté, que des narrations fabuleuses, comme sont celles de la formation de la femme tirée d'une côte de l'homme, du prétendu paradis terrestre, d'un serpent qui parlait, qui raisonnait, et qui était même plus rusé que l'homme; d'une ânesse qui parlait, et qui reprenait son maître de ce qu'il la maltraitait mal à propos; d'un déluge universel, et d'une arche où des animaux de toute espèce étaient renfermés; de la confusion des langues et de la division des nations, sans parler de quantité d'autres vains récits particuliers sur des sujets bas et frivoles, et que des auteurs graves mépriseraient de rapporter. Toutes ces narrations n'ont pas moins l'air de fables que celles que l'on a inventées sur l'industrie de Prométhée, sur la boîte de Pandore, ou sur la guerre des géants contre les dieux, et autres semblables que les poètes ont inventées pour amuser les hommes de leur temps.

D'un autre côté, on n'y verra qu'un mélange de quantité de lois et d'ordonnances, ou de pratiques superstitieuses, touchant les sacrifices, les purifications de l'ancienne loi, le vain discernement des animaux, dont elle suppose les uns purs et les autres impurs. Ces lois ne sont pas plus respectables que celles des nations les plus idolâtres.

On n'y verra encore que de simples histoires, vraies ou fausses, de plusieurs rois, de plusieurs princes ou particuliers qui auront bien ou mal vécu, ou qui auront fait quelques belles ou mauvaises actions, parmi d'autres actions basses et frivoles qui y sont rapportées aussi.

Pour faire tout cela, il est visible qu'il ne fallait pas avoir un grand génie, ni avoir des révélations divines. Ce n'est pas faire honneur à un Dieu.

Enfin, on ne voit, dans ces livres, que les discours, la conduite et les actions de ces renommés prophètes qui se disaient être tout particulièrement inspirés de Dieu. On verra leur manière d'agir et de parler, leurs songes, leurs illusions, leurs rêveries; et il sera facile de juger qu'ils ressemblaient beaucoup plus à des visionnaires et à des fanatiques qu'à des personnes sages et éclairées.

Il y a cependant dans quelques-uns de ces livres plusieurs bons enseignements et de belles maximes de morale, comme dans les *Proverbes* attribués à Salomon, dans le livre de la *Sagesse* et de l'*Ecclésiastique ;* mais ce même Salomon, le plus sage de leurs écrivains, est aussi le plus incrédule. Il doute même de l'immortalité de l'âme, et il conclut ses ouvrages par dire qu'il n'y a rien de bon que de jouir en paix de son labeur, et de vivre avec ce que l'on aime.

D'ailleurs, combien les auteurs qu'on nomme profanes, Xénophon, Platon, Cicéron, l'empereur Julien, Virgile, etc., sont-ils au-dessus de ces livres qu'on nous dit inspirés de Dieu ! Je crois pouvoir dire que quand il n'y aurait, par exemple, que les *Fables* d'Ésope, elles sont certainement beaucoup plus ingénieuses et plus instructives que ne le sont toutes ces grossières et basses paraboles qui sont rapportées dans les *Évangiles*.

Mais ce qui fait encore voir que ces sortes de livres ne peuvent venir d'aucune inspiration divine, c'est qu'outre la bassesse et la grossièreté du style, et le défaut d'ordre dans la narration des faits particuliers qui y sont très mal circonstanciés, on ne voit point que les auteurs s'accordent; ils se contredisent en plusieurs choses; ils n'avaient pas même assez de lumières et de talents naturels pour bien rédiger une histoire.

Voici quelques exemples des contradictions qui se trouvent entre eux. L'évangéliste Matthieu[1] fait descendre Jésus-Christ du roi David par son fils Salomon, jusqu'à Joseph, père au moins putatif de Jésus-Christ; et Luc[2] le fait descendre du même David par son fils Nathan jusqu'à Joseph.

Matthieu dit, parlant de Jésus[3], que le bruit s'étant répandu dans Jérusalem qu'il était né un nouveau roi des Juifs, et que les mages étant venus le chercher pour l'adorer, le roi Hérode, craignant que ce prétendu roi nouveau-né lui otât quelque jour la couronne, fit égorger tous les enfants nouvellement nés depuis deux ans, dans tous les environs de Bethléem, où on lui avait dit que ce nouveau roi devait naître, et que Joseph et la mère de Jésus ayant été avertis en songe, par un ange, de ce mauvais dessein, ils s'enfuirent incontinent en Égypte, où ils demeurèrent jusqu'à la mort d'Hérode, qui n'arriva que plusieurs années après.

Au contraire, Luc[4] marque que Joseph et la mère de Jésus demeurèrent paisiblement durant six semaines dans l'endroit où leur enfant Jésus fut né; qu'il y fut circoncis suivant la loi des Juifs, huit jours après sa naissance, et que lorsque le temps prescrit par cette loi pour la purification de sa mère fut arrivé, elle et Joseph son mari le portèrent à Jérusalem pour le présenter à Dieu dans son temple, et pour offrir en même temps un sacrifice, ce qui était ordonné par la loi de Dieu; après quoi ils s'en retournèrent en Galilée dans leur ville de Nazareth, où leur enfant Jésus croissait tous les jours en grâce et en sagesse; et que son père et sa mère allaient tous les ans à Jérusalem, aux jours solennels de leur fête de Pâques, si bien que Luc ne fait aucune mention de leur fuite en Égypte, ni de la cruauté d'Hérode envers les enfants de la province de Bethléem.

A l'égard de la cruauté d'Hérode, comme les historiens de ce temps-là n'en parlent point, non plus que Josèphe l'historien, qui a écrit la vie de cet Hérode, et que les autres évangélistes n'en font aucune mention, il est évident que le voyage de ces mages conduits par une étoile, ce massacre des petits enfants, et cette fuite en Égypte, ne sont qu'un mensonge absurde : car il n'est pas croyable que Josèphe, qui a blâmé les vices de ce roi, eût passé sous silence une action si noire et si détestable, si ce que cet évangéliste dit eût été vrai.

Sur la durée du temps de la vie publique de Jésus-Christ, suivant ce que disent les trois premiers évangélistes, il ne pouvait y avoir eu guère plus de trois mois depuis son baptême jusqu'à sa mort, en supposant qu'il avait trente ans lorsqu'il fut baptisé par Jean, comme dit Luc, et qu'il fût né le 25 décembre. Car depuis ce baptême, qui fut l'an 15 de Tibère-César, et l'année qu'Anne et Caïphe étaient grands prêtres, jusqu'au premier Pâque suivant, qui était dans le mois de mars, il n'y avait qu'environ trois mois; suivant ce que disent les trois premiers évangélistes, il fut crucifié la veille du premier Pâque suivant, après son baptême, et la première fois qu'il vint à Jérusalem avec ses disciples, car tout ce qu'ils disent de son baptême, de ses voyages, de ses miracles, de ses prédications, et de sa mort et passion, se doit rapporter nécessairement à la même année de son baptême, puisque ces évangélistes ne parlent d'aucune autre année suivante, et qu'il paraît même, par la narration qu'ils font de ses actions, qu'il les a toutes faites immédiatement après son baptême, consécutivement les unes après les autres, et en fort peu de temps, pendant lequel on ne voit qu'un seul intervalle de six jours avant sa transfiguration, pendant les quels six jours on ne voit pas qu'il ait fait aucune chose.

On voit par là qu'il n'aurait vécu, après son baptême, qu'environ trois mois, desquels, si l'on vient à ôter six semaines de quarante jours et quarante nuits qu'il passa dans le désert immédiatement après son baptême, il s'ensuivra que le temps de sa vie publique, depuis ses premières prédications jusqu'à sa mort, n'aura duré qu'environ six semaines; et suivant ce que Jean dit, il aurait au moins duré trois ans et trois mois, parce qu'il paraît, par l'*Évangile* de cet apôtre, qu'il aurait été, pendant le cours de sa vie publique, trois ou quatre fois à Jérusalem à la fête de Pâques, qui n'arrivait qu'une fois l'an.

Or s'il est vrai qu'il y ait été trois ou quatre fois depuis son baptême, comme Jean le témoigne, il est faux qu'il n'ait vécu que trois mois après son baptême, et qu'il ait été crucifié la première fois qu'il alla à Jérusalem.

Si l'on dit que ces trois premiers évangélistes ne parlent effectivement que d'une seule année, mais qu'ils ne marquent pas distinctement les autres qui se sont écoulées depuis son baptême, ou que Jean n'entend parler que d'une seule Pâque, quoiqu'il semble qu'il parle de plusieurs, et que c'est par anticipation qu'il répète plusieurs fois que la fête de Pâques des Juifs était proche, et que Jésus alla à Jérusalem, et par conséquent qu'il n'y a qu'une contrariété apparente sur ce sujet entre ces évangélistes, je le veux bien; mais il est constant que cette contrariété apparente ne viendrait que de ce qu'ils ne s'expliquent pas avec toutes les circonstances qui auraient été à remarquer dans le récit qu'ils font. Quoi qu'il en soit, il y a toujours lieu de tirer cette conséquence qu'ils n'étaient donc pas inspirés de Dieu lorsqu'ils ont écrit leurs histoires.

Autre contradiction au sujet de la première chose que Jésus-Christ fit incontinent après son baptême : car les trois premiers évangélistes disent qu'il fut aussitôt transporté par l'esprit dans un désert, où il jeûna quarante jours et quarante nuits, et où il fut plusieurs fois tenté par le diable; et, suivant ce que dit Jean, il partit deux jours après son baptême pour aller en Galilée, où il fit son premier miracle en y changeant l'eau en vin aux noces de Cana, où il se trouva trois jours après son arrivée en Galilée, à plus de trente lieues de l'endroit où il était.

A l'égard du lieu de sa première retraite après sa sortie du désert, Matthieu dit, chap. IV, vers. 13, qu'il s'en vint en Galilée, et que, laissant la ville de Nazareth, il vint demeurer à Capharnaüm, ville maritime; et Luc, chap. IV, vers. 16 et 31, dit qu'il vint d'abord à Nazareth, et qu'ensuite il vint à Capharnaüm.

Ils se contredisent sur le temps et la manière dont les apôtres se mirent à sa suite : car les trois premiers disent que Jésus passant sur le bord de la mer de Galilée, il vit Simon et André son frère, et qu'un peu plus loin il vit Jacques et Jean son frère avec leur père Zébédée. Jean, au contraire, dit que ce fut André, frère de Simon

Pierre, qui se joignit premièrement à Jésus, avec un autre disciple de Jean-Baptiste, l'ayant vu passer devant eux lorsqu'ils étaient avec leur maître sur les bords du Jourdain.

Au sujet de la cène, les trois premiers évangélistes marquent que Jésus-Christ fit l'institution du sacrement de son corps, et de son sang, sous les espèces et apparences du pain et du vin, comme parlent nos christicoles romains; et Jean ne fait aucune mention de ce mystérieux sacrement. Jean dit, chap. XIII, vers. 5, qu'après cette cène Jésus lava les pieds à ses apôtres, qu'il leur commanda expressément de se faire les uns aux autres la même chose, et rapporte un long discours qu'il leur fit dans ce même temps. Mais les autres évangélistes ne parlent aucunement de ce lavement de pieds, ni d'un long discours qu'il leur fit pour lors. Au contraire, ils témoignent qu'incontinent après cette cène, il s'en alla avec ses apôtres sur la montagne des Oliviers, où il abandonna son âme à la tristesse, et qu'enfin il tomba en agonie, pendant que ces apôtres dormirent un peu plus loin.

Ils se contredisent eux-mêmes sur le jour qu'ils disent qu'il fit cette cène : car d'un côté ils marquent qu'il la fit le soir de la veille de Pâques, c'est-à-dire le soir du premier jour des azymes, ou de l'usage des pains sans levain, comme il est marqué dans l'*Exode,* XII, 18; *Lévit.*, XXIII, 5; dans les *Nomb.*, XXVIII, 16; et d'un autre côté ils disent qu'il fut crucifié le lendemain du jour qu'il fit cette cène, vers l'heure de midi, après que les Juifs lui eurent fait son procès pendant toute la nuit et le matin. Or, suivant leur dire, le lendemain qu'il fit cette cène n'aurait pas dû être la veille de Pâques. Donc, s'il est mort la veille de Pâques vers le midi, ce n'était point le soir de la veille de cette fête qu'il fit cette cène. Donc il y a erreur manifeste.

Ils se contredisent aussi sur ce qu'ils rapportent des femmes, qui avaient suivi Jésus depuis la Galilée, car les trois premiers évangélistes disent que ces femmes, et tous ceux de sa connaissance, entre lesquelles étaient Marie-Magdeleine, et Marie, mère de Jacques et de Josès, et la mère des enfants de Zébédée, regardaient de loin ce qui se passait, lorsqu'il était pendu et attaché à la croix. Jean dit au contraire, XIX, 25, que la mère de

Jésus, et la sœur de sa mère, et Marie-Magdeleine, étaient debout auprès de la croix, avec Jean son apôtre. La contrariété est manifeste : car si ces femmes et ce disciple étaient près de lui, elles n'étaient donc pas éloignées, comme disent les autres.

Ils se contredisent sur les prétendues apparitions qu'ils rapportent que Jésus-Christ fit après sa prétendue résurrection, car Matthieu, chap. XXVIII, vers. 9 et 16, ne parle que de deux apparitions : l'une, lorsqu'il apparut à Marie-Magdeleine et à une autre femme nommée aussi Marie, et lorsqu'il apparut à ses onze disciples, qui s'étaient rendus en Galilée sur la montagne qu'il leur avait marquée pour le voir. Marc parle de trois apparitions : la première, lorsqu'il apparut à Marie-Magdeleine; la seconde lorsqu'il apparut à ses deux disciples, qui allaient à Emmaüs; et la troisième, lorsqu'il apparut à ses onze disciples, à qui il fit reproche de leur incrédulité. Luc ne parle que des deux premières apparitions comme Matthieu; et Jean l'évangéliste parle de quatre apparitions, et ajoute aux trois de Marc celle qu'il fit à sept ou huit de ses disciples, qui pêchaient sur la mer de Tibériade.

Ils se contredisent encore sur le lieu de ces apparitions : car Matthieu dit que ce fut en Galilée, sur une montagne; Marc dit que ce fut lorsqu'ils étaient à table; Luc dit qu'il les mena hors de Jérusalem, et qu'il les mena jusqu'en Béthanie, où il les quitta en s'élevant au ciel; et Jean dit que ce fut dans la ville de Jérusalem, dans une maison dont ils avaient fermé les portes; et une autre fois sur la mer de Tibériade.

Voilà bien de la contrariété dans le récit de ces prétendues apparitions. Ils se contredisent au sujet de sa prétendue ascension au ciel : car Luc et Marc disent positivement qu'il monta au ciel en présence de ses onze apôtres; mais ni Matthieu ni Jean ne font aucune mention de cette prétendue ascension. Bien plus, Matthieu témoigne assez clairement qu'il n'est point monté au ciel, puisqu'il dit positivement que Jésus-Christ assura ses apôtres qu'il serait et qu'il demeurerait toujours avec eux jusqu'à la fin des siècles. « Allez donc, leur dit-il dans cette prétendue apparition, enseignez toutes les nations, et soyez assurés que je serai toujours avec vous jusqu'à la fin des siècles. »

Luc se contredit lui-même sur ce sujet : car dans son *Évangile,* chap. XXIV, v. 50, il dit que ce fut en Béthanie qu'il monta au ciel en présence de ses apôtres; et dans ses *Actes des apôtres,* supposé qu'il en soit l'auteur, il dit que ce fut sur la montagne des Oliviers. Il se contredit encore lui-même dans une autre circonstance de cette ascension : car il marque dans son *Évangile* que ce fut le jour même de sa résurrection, ou la première nuit suivante, qu'il monta au ciel; et dans ses *Actes des apôtres* il dit que ce fut quarante jours après sa résurrection; ce qui ne s'accorde certainement pas.

Si tous les apôtres avaient véritablement vu leur maître monter glorieusement au ciel, comment Matthieu et Jean, qui l'auraient vu comme les autres, auraient-ils passé sous silence un si glorieux mystère, et si avantageux à leur maître, vu qu'ils rapportent quantité d'autres circonstances de sa vie et de ses actions qui sont beaucoup moins considérables que celle-ci ? Comment Matthieu ne fait-il pas mention expresse de cette ascension, et n'explique-t-il pas clairement de quelle manière il demeurerait toujours avec eux, quoiqu'il les quittât visiblement pour monter au ciel ? Il n'est pas facile de comprendre par quel secret il pouvait demeurer avec ceux qu'il quittait.

Je passe sous silence quantité d'autres contradictions : ce que je viens de dire suffit pour faire voir que ces livres ne viennent d'aucune inspiration divine, ni même d'aucune sagesse humaine, et par conséquent qu'ils ne méritent pas qu'on y ajoute aucune foi.

CHAPITRE II

MAIS par quel privilège ces quatre *Évangiles,* et quelques autres semblables livres, passent-ils pour saints et divins, plutôt que plusieurs autres qui ne portent pas moins le titre d'*Évangile,* et qui ont autrefois été, comme les premiers, publiés sous le nom de quelques autres apôtres ? Si l'on dit que les *Évangiles* réfutés sont supposés et faussement attribués aux apôtres, on en peut dire autant des premiers; si l'on suppose les uns falsifiés et corrompus, on en peut supposer autant pour les autres. Ainsi il n'y a point de preuve assurée pour discerner les uns d'avec les autres, en dépit de l'Église, qui veut en décider; elle n'est pas plus croyable.

Pour ce qui est des prétendus miracles rapportés dans le *Vieux Testament,* ils n'auraient été faits que pour marquer, de la part de Dieu, une injuste et odieuse acception de peuples et de personnes, et pour accabler de maux, de propos délibéré, les uns pour favoriser tout particulièrement les autres. La vocation et le choix que Dieu fit des patriarches Abraham, Isaac et Jacob, pour, de leur postérité, se faire un peuple qu'il sanctifierait et bénirait par-dessus tous les autres peuples de la terre, en est une preuve.

Mais, dira-t-on, Dieu est le maître absolu de ses grâces et de ses bienfaits, il peut les accorder à qui bon lui semble, sans qu'on ait droit de s'en plaindre ni de l'accuser d'injustice. Cette raison est vaine, car Dieu, l'auteur de la nature, le père de tous les hommes, doit également les aimer tous, comme ses propres ouvrages, et par conséquent il doit également être leur protecteur et leur bienfaiteur : car celui qui donne l'être doit donner les suites et les conséquences nécessaires pour le bien-être; si ce n'est que nos christicoles veuillent dire que leur Dieu voudrait faire exprès des créatures pour les rendre misérables, ce qu'il serait certainement indigne de penser d'un Être infiniment bon.

De plus, si tous les prétendus miracles tant du *Vieux* que du *Nouveau Testament* étaient véritables, on pourrait dire que Dieu aurait eu plus de soin de pourvoir au moindre bien des hommes qu'à leur plus grand et principal bien; qu'il aurait voulu plus sévèrement punir dans de certaines personnes des fautes légères qu'il n'aurait puni dans d'autres de très grands crimes; et enfin qu'il n'aurait pas voulu se montrer si bienfaisant dans les plus pressants besoins que dans les moindres. C'est ce qu'il est facile de faire voir, tant par les miracles qu'on prétend qu'il a faits que par ceux qu'il n'a pas faits, et qu'il aurait néanmoins plutôt faits qu'aucun autre, s'il était vrai qu'il en eût fait. Par exemple, dire que Dieu aurait eu la complaisance d'envoyer un ange pour consoler et secourir une simple servante, pendant qu'il aurait laissé et qu'il laisse encore tous les jours languir et mourir de misère une infinité d'innocents; qu'il aurait conservé miraculeusement, pendant quarante ans, les habillements et les chaussures d'un misérable peuple, pendant qu'il ne veut pas veiller à la conservation naturelle de tant de biens si utiles et nécessaires pour la subsistance des peuples, et qui se sont néanmoins perdus et se perdent encore tous les jours par différents accidents. Quoi ! il aurait envoyé aux premiers chefs du genre humain, Adam et Ève, un démon, un diable, ou un simple serpent, pour les séduire, et pour perdre par ce moyen tous les hommes ? Cela n'est pas croyable. Quoi ! il aurait voulu, par une grâce spéciale de sa Providence, empêcher que le roi de Gérarïs (Gérare), païen, ne tombât dans une faute légère avec une femme étrangère, faute cependant qui n'aurait eu aucune mauvaise suite; et il n'aurait pas voulu empêcher qu'Adam et Ève ne l'offensassent, et ne tombassent dans le péché de désobéissance, péché qui, selon nos christicoles, devait être fatal, et causer la perte de tout le genre humain ? Cela n'est pas croyable.

Venons aux prétendus miracles du *Nouveau Testament*. Ils consistent, comme on le prétend, en ce que Jésus-Christ et ses apôtres guérissaient divinement toutes sortes de maladies et d'infirmités; en ce qu'ils rendaient, quand ils voulaient, la vue aux aveugles, l'ouïe aux sourds, la parole aux muets, qu'ils faisaient marcher droit les boiteux, qu'ils guérissaient les paralytiques, qu'ils chassaient les démons des corps des possédés, et qu'ils ressuscitaient les morts.

On voit plusieurs de ces miracles dans les *Évangiles ;* mais on en voit beaucoup plus dans les livres que nos christicoles ont faits des vies admirables de leurs saints : car on y lit presque partout que ces prétendus bienheureux guérissaient les maladies et les infirmités, chassaient les démons presque en toute rencontre, et ce au seul nom de Jésus, ou par le seul signe de la croix; qu'ils commandaient, pour ainsi dire, aux éléments; que Dieu les favorisait si fort qu'il leur conservait, même après leur mort, son divin pouvoir, et que ce divin pouvoir se serait communiqué jusqu'au moindre de leurs habillements, et même jusqu'à l'ombre de leurs corps, et jusqu'aux instruments honteux de leur mort. Il est dit que la chaussette de saint Honoré ressuscita un mort au 6 de janvier; que les bâtons de saint Pierre, de saint Jacques et de saint Bernard, opéraient des miracles. On dit de même de la corde de saint François, du bâton de saint Jean de Dieu, et de la ceinture de sainte Mélanie. Il eſt dit de saint Gracilien qu'il fut divinement inſtruit de ce qu'il devait croire et enseigner, et qu'il fit, par le mérite de son oraison, reculer une montagne qui l'empêchait de bâtir une église; que du sépulcre de saint André il en coulait sans cesse une liqueur qui guérissait toutes sortes de maladies; que l'âme de saint Benoît fut vue monter au ciel, revêtue d'un précieux manteau et environnée de lampes ardentes; saint Dominique disait que Dieu ne l'avait jamais éconduit de choses qu'il lui eût demandées; que saint François commandait aux hirondelles, aux cygnes et autres oiseaux, qu'ils lui obéissaient, et que souvent les poissons, les lapins et les lièvres, venaient se mettre en ses mains et dans son giron; que saint Paul et saint Pantaléon, ayant eu la tête tranchée, il en sortit du lait au lieu de sang; que le bienheureux Pierre de Luxembourg, dans les deux premières années d'après sa mort, 1388 et 1389, fit deux mille quatre cents miracles, entre lesquels il y eut quarante-deux morts ressuscités, non compris plus de trois mille autres miracles qu'il a faits depuis, sans ceux qu'il fait encore tous les jours; que les cinquante philosophes que sainte Catherine convertit ayant tous été jetés dans un grand feu, leurs corps furent après trouvés entiers, et pas un seul de leurs cheveux brûlé; que le corps de sainte Catherine fut enlevé par les anges après sa mort, et enterré par eux sur le mont Sinaï; que le jour de la canonisation de saint Antoine de Padoue toutes les cloches de la ville de Lisbonne sonnèrent d'elles-mêmes sans que l'on sût d'où cela venait; que ce saint étant un jour sur le bord de la mer, et ayant appelé les poissons pour les prêcher, ils vinrent devant lui en foule, et, mettant la tête hors de l'eau, ils l'écoutaient attentivement. On ne finirait point s'il fallait rapporter toutes ces balivernes; il n'y a sujet si vain et si frivole, et même si ridicule, où les auteurs de ces *Vies de saints* ne prennent plaisir d'entasser miracles sur miracles, tant ils sont habiles à forger de beaux mensonges. Voyez aussi le sentiment de Naudé sur cette matière, dans son *Apologie des grands hommes,* chap. 1, p. 13[1].

Ce n'eſt pas sans raison, en effet, que l'on regarde ces

choses comme de vains mensonges : car il est facile de voir que tous ces prétendus miracles n'ont été inventés qu'à l'imitation des fables des poètes païens; c'est ce qui paraît assez visiblement par la conformité qu'il y a des uns aux autres.

CHAPITRE III

CONFORMITÉ DES ANCIENS ET NOUVEAUX MIRACLES

Si nos christicoles disent que Dieu donnait véritablement pouvoir à ses saints de faire tous les miracles rapportés dans leurs vies, de même aussi les païens disent que les filles d'Anius, grand prêtre d'Apollon, avaient véritablement reçu du dieu Bacchus la faveur et le pouvoir de changer tout ce qu'elles voudraient en blé, en vin, en huile, etc.; que Jupiter donna aux nymphes, qui eurent soin de son éducation, une corne de la chèvre qui l'avait allaité dans son enfance, avec cette propriété qu'elle leur fournissait abondamment tout ce qui leur venait à souhait.

Si nos christicoles disent que leurs saints avaient le pouvoir de ressusciter les morts, et qu'ils avaient des révélations divines, les païens avaient dit avant eux qu'Athalide, fils de Mercure, avait obtenu de son père le don de pouvoir vivre, mourir et ressusciter quand il voudrait; qu'il avait aussi la connaissance de tout ce qui se faisait au monde, et en l'autre vie; et qu'Esculape, fils d'Apollon, avait ressuscité des morts, et entre autres qu'il ressuscita Hippolyte, fils de Thésée, à la prière de Diane, et qu'Hercule ressuscita aussi Alceste, femme d'Admète, roi de Thessalie, pour la rendre à son mari.

Si nos christicoles disent que leur Christ est né miraculeusement d'une vierge, sans connaissance d'homme, les païens avaient déjà dit avant eux que Remus et Romulus, fondateurs de Rome, étaient miraculeusement nés d'une vierge vestale nommée Ilia, ou Silvia, ou Rhea Silvia; ils avaient déjà dit que Mars, Argé, Vulcain, et autres, avaient été engendrés de la déesse Junon, sans connaissance d'homme, et avaient déjà dit aussi que

Minerve, déesse des sciences, avait été engendrée dans le cerveau de Jupiter, et qu'elle en sortit tout armée, par la force d'un coup de poing, dont ce dieu se frappa la tête.

Si nos christicoles disent que leurs saints faisaient sortir des fontaines d'eau des rochers, les païens disent de même que Minerve fit jaillir une fontaine d'huile, en récompense d'un temple qu'on lui avait dédié.

Si nos christicoles se vantent d'avoir reçu miraculeusement des images du ciel, comme, par exemple, celles de Notre-Dame de Lorette et de Liesse, et plusieurs autres présents du ciel, comme la prétendue sainte ampoule de Reims, comme la chasuble blanche que saint Ildefonse reçut de la vierge Marie, et autres choses semblables, les païens se vantaient avant eux d'avoir reçu un bouclier sacré, pour marque de la conservation de leur ville de Rome; et les Troyens se vantaient avant eux d'avoir reçu miraculeusement du ciel leur Palladium, ou leur simulacre de Pallas, qui vint, disaient-ils, prendre sa place dans le temple qu'on avait édifié à l'honneur de cette déesse.

Si nos christicoles disent que leur Jésus-Christ fut vu par ses apôtres monter glorieusement au ciel, et que plusieurs âmes de leurs prétendus saints furent vues transférées glorieusement au ciel par les anges, les païens romains avaient déjà dit avant eux que Romulus, leur fondateur, fut vu tout glorieux après sa mort; que Ganymède, fils de Tros, roi de Troie, fut, par Jupiter, transporté au ciel pour lui servir d'échanson; que la chevelure de Bérénice, ayant été consacrée au temple de Vénus, fut après transportée au ciel; ils disent la même chose de Cassiopée et d'Andromède, et même de l'âne de Silène.

Si nos christicoles disent que plusieurs corps de leurs saints ont été miraculeusement préservés de corruption après leur mort, et qu'ils ont été retrouvés par des révélations divines, après avoir été un fort long temps perdus sans savoir où ils pouvaient être, les païens en disent de même du corps d'Oreste, qu'ils prétendent avoir été trouvé par l'avertissement de l'oracle, etc.

Si nos christicoles disent que les sept frères dormants dormirent miraculeusement pendant cent soixante-dix-sept ans qu'ils furent enfermés dans une caverne, les païens disent qu'Épiménide le philosophe dormit pendant cinquante-sept ans dans une caverne où il s'était endormi.

Si nos christicoles disent que plusieurs de leurs saints parlaient encore miraculeusement après avoir eu la tête ou la langue coupée, les païens disent que la tête de Gabienus chanta un long poème après avoir été séparée de son corps.

Si nos christicoles se glorifient de ce que leurs temples et églises sont ornés de plusieurs tableaux et riches présents, qui montrent les guérisons miraculeuses qui ont été faites par l'intercession de leurs saints, on voit aussi, ou du moins on voyait autrefois, dans le temple d'Esculape, en Épidaure, quantité de tableaux des cures et guérisons miraculeuses qu'il avait faites.

Si nos christicoles disent que plusieurs de leurs saints ont été miraculeusement conservés dans les flammes ardentes, sans y recevoir aucun dommage dans leurs corps ni dans leurs habits, les païens disaient que les religieuses du temple de Diane marchaient sur les charbons ardents pieds nus, sans se brûler et sans se blesser les pieds, et que les prêtres de la déesse Féronie et de Hirpicus marchaient de même sur des charbons ardents, dans les feux de joie que l'on faisait en l'honneur d'Apollon.

Si les anges bâtirent une chapelle à saint Clément au fond de la mer, la petite maison de Baucis et de Philémon fut miraculeusement changée en un superbe temple, en récompense de leur piété.

Si plusieurs de leurs saints, comme saint Jacques, saint Maurice, etc., ont plusieurs fois paru dans leurs armées, montés et équipés à l'avantage, combattre en leur faveur, Castor et Pollux ont paru plusieurs fois en bataille combattre pour les Romains contre leurs ennemis.

Si un bélier se trouva miraculeusement pour être offert en sacrifice à la place d'Isaac, lorsque son père Abraham le voulait sacrifier, la déesse Vesta envoya aussi une génisse pour lui être sacrifiée à la place de Metella, fille de Metellus; la déesse Diane envoya de même une biche à la place d'Iphigénie, lorsqu'elle était sur le bûcher pour lui être immolée, et par ce moyen Iphigénie fut délivrée.

Si saint Joseph fuit en Égypte sur l'avertissement de

l'ange, Simonides, le poète, évita plusieurs dangers mortels sur un avertissement miraculeux qui lui en fut fait.

Si Moïse fit sortir une source d'eau vive d'un rocher en le frappant de son bâton, le cheval Pégase en fit autant, en frappant de son pied un rocher : il en sortit une fontaine.

Si saint Vincent Ferrier ressuscita un mort haché en pièces, et dont le corps était déjà moitié cuit et moitié rôti, Pélops, fils de Tantale, roi de Phrygie, ayant été mis en pièces par son père pour le faire manger aux dieux, ils en ramassèrent tous les membres, les réunirent, et lui rendirent la vie.

Si plusieurs crucifix et autres images ont miraculeusement parlé et rendu des réponses, les païens disent que leurs oracles ont divinement parlé et rendu des réponses à ceux qui les consultaient, et que la tête d'Orphée et celle de Polycrate rendaient des oracles après leur mort.

Si Dieu fit connaître par une voix du ciel que Jésus-Christ était son fils, comme le citent les évangélistes, Vulcain fit voir, par l'apparition d'une flamme miraculeuse, que Cœculus était véritablement son fils.

Si Dieu a miraculeusement nourri quelques-uns de ses saints, les poètes païens disent que Triptolème fut miraculeusement nourri d'un lait divin par Cérès, qui lui donna aussi un char attelé de deux dragons; et que Phénée, fils de Mars, étant sorti du ventre de sa mère déjà morte, fut néanmoins miraculeusement nourri de son lait.

Si plusieurs saints ont miraculeusement adouci la cruauté et la férocité des bêtes les plus cruelles, il est dit qu'Orphée attirait à lui, par la douceur de son chant et l'harmonie de ses instruments, les lions, les ours et les tigres, et adoucissait la férocité de leur nature; qu'il attirait à lui les rochers, les arbres, et même que les rivières arrêtaient leur cours pour l'entendre chanter.

Enfin, pour abréger, car on en pourrait rapporter bien d'autres, si nos christicoles disent que les murailles de la ville de Jéricho tombèrent par le son des trompettes, les païens disent que les murailles de la ville de Thèbes furent bâties par le son des instruments de musique d'Amphion, les pierres, disent les poètes, s'étant agencées d'elles-mêmes par la douceur de son harmonie; ce qui serait encore bien plus miraculeux et plus admirable que de voir tomber des murailles par terre.

Voilà certainement une grande conformité de miracles de part et d'autre. Comme ce serait une grande sottise d'ajouter foi à ces prétendus miracles du paganisme, ce n'en eſt pas moins une d'en ajouter à ceux du chriſtianisme, puisqu'ils ne viennent tous que d'un même principe d'erreur. C'était pour cela aussi que les manichéens et les ariens, qui étaient vers le commencement du chriſtianisme, se moquaient de ces prétendus miracles, faits par l'invocation des saints, et blâmaient ceux qui les invoquaient après leur mort, et qui honoraient leurs reliques.

Revenons à présent à la principale fin que Dieu se serait proposée en envoyant son Fils au monde, qui se serait fait homme : ç'aurait été, comme il eſt dit, d'ôter les péchés du monde, et de détruire entièrement les œuvres du prétendu démon, etc.; c'eſt ce que nos chriſticoles soutiennent, comme aussi que Jésus-Chriſt aurait bien voulu mourir pour l'amour d'eux, suivant l'intention de Dieu son père, ce qui eſt clairement marqué dans tous les prétendus saints livres.

Quoi ! un Dieu tout-puissant, et qui aurait voulu se faire homme mortel pour l'amour d'eux, et répandre jusqu'à la dernière goutte de son sang pour les sauver tous, aurait voulu borner sa puissance à guérir seulement quelques maladies et quelques infirmités du corps, dans quelques infirmes qu'on lui aurait présentés, et il n'aurait pas voulu employer sa bonté divine à guérir toutes les infirmités de nos âmes, c'eſt-à-dire à guérir tous les hommes de leurs vices et de leurs dérèglements, qui sont pires que les maladies du corps ! Cela n'eſt pas croyable. Quoi ! un Dieu si bon aurait voulu miraculeusement préserver des corps morts de pourriture et de corruption, et il n'aurait pas voulu de même préserver de la contagion et de la corruption du vice et du péché les âmes d'une infinité de personnes qu'il serait venu racheter au prix de son sang, et qu'il devait sanctifier par sa grâce ! Quelle pitoyable contradiction !

CHAPITRE IV

TROISIÈME PREUVE DE LA FAUSSETÉ DE LA RELIGION, TIRÉE DES PRÉTENDUES VISIONS ET RÉVÉLATIONS DIVINES

Venons aux prétendues visions et révélations divines, sur lesquelles nos christicoles fondent et établissent la vérité et la certitude de leur religion.

Pour en donner une juste idée, je ne crois pas qu'on puisse mieux faire que de dire en général qu'elles sont telles que si quelqu'un osait maintenant se vanter d'en avoir de semblables, et qu'il voulût s'en prévaloir, on le regarderait infailliblement comme un fou, un fanatique. Voici quelles furent ces prétendues visions et révélations divines.

Dieu, disent les prétendus saints livres, s'étant pour la première fois apparu à Abraham, lui dit[1] : « Sortez de votre pays (il était alors en Chaldée), quittez la maison de votre père, et allez-vous-en au pays que je vous montrerai. » Cet Abraham y étant allé, Dieu, dit l'histoire, *Gen.*, XII, 7, s'apparut une seconde fois à lui, et lui dit : « Je donnerai tout ce pays-ci où vous êtes à votre postérité. » En reconnaissance de cette gracieuse promesse, Abraham lui dressa un autel.

Après la mort d'Isaac, son fils Jacob allant un jour en Mésopotamie pour chercher une femme qui lui fût convenable, ayant marché tout le jour, se sentant fatigué du chemin, il voulut se reposer sur le soir; couché par terre, sa tête appuyée sur quelques pierres pour s'y reposer, il s'endormit, et pendant son sommeil il vit en songe une échelle dressée de la terre à l'extrémité du ciel, et il lui semblait voir les anges monter et descendre par cette échelle, et qu'il voyait Dieu lui-même s'appuyer sur le plus haut bout, lui disant[2] : « Je suis le Seigneur, le Dieu d'Abraham et le Dieu d'Isaac votre père; je vous donnerai, à vous et à votre postérité, tout le pays où vous dormez; elle sera aussi nombreuse que la poussière de la terre; elle s'étendra depuis l'orient jusqu'à l'occident, et depuis le midi jusqu'au septentrion; je serai votre protecteur partout où vous irez; je vous ramènerai sain et sauf de cette terre, et je ne vous abandonnerai point que je n'aie accompli tout ce que je vous ai promis. » Jacob[1], s'étant éveillé dans ce songe, fut saisi de crainte et dit : « Quoi ! Dieu est vraiment ici, et je n'en savais rien ! Ah, que ce lieu-ci est terrible puisque ce n'est autre chose que la maison de Dieu et la porte du ciel ! » Puis, s'étant levé, il dressa une pierre, sur laquelle il répandit de l'huile en mémoire de ce qui venait de lui arriver, et fit en même temps vœu à Dieu que s'il revenait sain et sauf il lui offrirait la dîme de tout ce qu'il aurait.

Voici encore une autre vision. Gardant les troupeaux de son beau-père Laban, qui lui avait promis[2] que tous les agneaux de diverses couleurs que les brebis produiraient seraient sa récompense, il songea[3] une nuit qu'il voyait les mâles sauter sur les femelles, et qu'elles lui produisaient toutes des agneaux de diverses couleurs. Dans ce beau songe, Dieu lui apparut, et lui dit[4] : « Regardez et voyez comme les mâles montent sur les femelles, et comme ils sont de diverses couleurs; car j'ai vu la tromperie et l'injustice que vous fait Laban votre beau-père : levez-vous donc maintenant; sortez de ce pays-ci, et retournez dans le vôtre. » Comme il s'en retournait avec toute sa famille, et avec ce qu'il avait gagné chez son beau-père, il eut, dit l'histoire, en rencontre, pendant la nuit, un homme inconnu, contre lequel il lui fallut combattre toute la nuit jusqu'au point du jour; et cet homme ne l'ayant pu vaincre, il lui demanda qui il était; Jacob lui dit son nom. « Vous ne serez plus appelé Jacob, mais Israël; car puisque vous avez été fort en combattant contre Dieu, à plus forte raison serez-vous fort en combattant contre les hommes. » (*Gen.*, XXXII, 25, 28.)

Voilà quelles furent en partie les premières de ces prétendues visions et révélations divines. Il ne faut pas juger autrement des autres que de celles-ci. Or, quelle apparence de divinité y a-t-il dans des songes si grossiers et dans des illusions si vaines ? Si quelques personnes venaient maintenant nous conter de pareilles sornettes, et les crussent pour de véritables révélations divines; comme, par exemple, si quelques étrangers, quelques Allemands venus dans notre France, et qui auraient vu toutes les plus belles provinces du royaume, venaient à dire que Dieu leur serait apparu dans leur pays, qu'il leur aurait dit de venir en France, et qu'il leur donnerait à eux et à tous leurs descendants toutes les belles terres, seigneuries et provinces de ce royaume, qui sont depuis les fleuves du Rhin et du Rhône jusqu'à la mer Océane; qu'il ferait une éternelle alliance avec eux, qu'il multiplierait leur race, qu'il rendrait leur postérité aussi nombreuse que les étoiles du ciel et que les grains de sable de la mer, etc.; qui ne rirait de telles sottises, et qui ne regarderait ces étrangers comme des fous ? Il n'y a certainement personne qui ne les regardât comme tels, et qui ne se moquât de toutes ces belles visions et révélations divines.

Or il n'y a aucune raison de juger ni de penser autrement de tout ce qu'on fait dire à ces grands prétendus saints patriarches, Abraham, Isaac et Jacob, sur les prétendues révélations divines qu'ils disaient avoir eues.

A l'égard de l'institution des sacrifices sanglants, les livres sacrés l'attribuent manifestement à Dieu. Comme il serait trop ennuyeux de faire les détails dégoûtants de ces sortes de sacrifices, je renvoie le lecteur à l'*Exode*, chap. XXV, 1; XXVII, 1 et 21; XXVIII, 3; XXIX, 1, etc.

Mais les hommes n'étaient-ils pas bien fous et bien aveuglés de croire faire honneur à Dieu de déchirer, tuer et brûler ses propres créatures, sous prétexte de lui en faire des sacrifices ? Et maintenant encore, comment est-ce que nos christicoles sont si extravagants que de croire faire un plaisir extrême à leur Dieu le Père, de lui offrir éternellement en sacrifice son divin Fils, en mémoire de ce qu'il aurait été honteusement et misérablement pendu à une croix où il serait expiré ? Certainement cela ne peut venir que d'un opiniâtre aveuglement d'esprit.

A l'égard du détail des sacrifices d'animaux, il ne consiste qu'en des vêtements de couleurs, en sang, fressures, foies, jabots, rognons, ongles, peaux, fiente, fumée, gâteaux, certaines mesures d'huile et de vin : le tout offert et infecté de cérémonies sales et aussi pitoyables que des opérations de magie les plus extravagantes.

Ce qu'il y a de plus horrible, c'est que la loi de ce détestable peuple juif ordonnait aussi que l'on sacrifiât des hommes. Les barbares (tels qu'ils soient) qui avaient rédigé cette loi affreuse ordonnaient, *Lévit.*, chap. XXVII, que l'on fît mourir, sans miséricorde, tout homme qui avait été voué au Dieu des Juifs, qu'ils nommaient Adonaï; et c'est selon ce précepte exécrable que Jephté immola sa fille, que Saül voulut immoler son fils.

Mais voici encore une preuve de la fausseté de ces révélations dont nous avons parlé. C'est le défaut d'accomplissement des grandes et magnifiques promesses qui les accompagnaient : car il est constant que ces promesses n'ont jamais été accomplies.

La preuve de cela consiste en trois choses principales : 1° à rendre leur postérité plus nombreuse que tous les autres peuples de la terre, etc.; 2° à rendre le peuple qui viendrait de leur race le plus heureux, le plus saint et le plus triomphant de tous les peuples de la terre, etc.; 3° et aussi à rendre son alliance éternelle, et qu'ils posséderaient à jamais le pays qu'il leur donnerait. Or il est constant que ces promesses n'ont jamais été accomplies.

Premièrement, il est certain que le peuple juif, ou le peuple d'Israël, qui est le seul qu'on puisse regarder comme descendant des patriarches Abraham, Isaac et Jacob, et le seul dans lequel ces promesses auraient dû s'accomplir, n'a jamais été si nombreux pour qu'il puisse être comparable en nombre aux autres peuples de la terre, beaucoup moins, par conséquent, aux grains de sable, etc.; car l'on voit que dans le temps même qu'il a été le plus nombreux et le plus florissant il n'a jamais occupé que les petites provinces stériles de la Palestine et des environs, qui ne sont presque rien en comparaison de la vaste étendue d'une multitude de royaumes florissants qui sont de tous côtés sur la terre.

Secondement, elles n'ont jamais été accomplies touchant les grandes bénédictions dont ils auraient dû être favorisés : car quoiqu'ils aient remporté quelques petites victoires sur de pauvres peuples qu'ils ont pillés, cela n'a pas empêché qu'ils n'aient été le plus souvent vaincus et réduits en servitude, leur royaume détruit aussi bien que leur nation, par l'armée des Romains; et maintenant encore nous voyons que le reste de cette malheureuse nation n'est regardé que comme le peuple le plus vil et le plus méprisable de toute la terre, n'ayant en aucun endroit ni domination ni supériorité.

Troisièmement. Enfin ces promesses n'ont point été non plus accomplies à l'égard de cette alliance éternelle que Dieu aurait dû faire avec eux, puisqu'on ne voit maintenant et que l'on n'a même jamais vu aucune marque de cette alliance; et qu'au contraire ils sont, depuis plusieurs siècles, exclus de la possession du petit pays qu'ils prétendent leur avoir été promis de la part de Dieu pour en jouir à tout jamais. Ainsi toutes ces prétendues promesses n'ayant pas eu leur effet, c'est une marque assurée de leur fausseté : ce qui prouve manifestement encore que ces prétendus saints et sacrés livres qui les contiennent n'ont pas été faits par l'inspiration de Dieu. Donc c'est en vain que nos christicoles prétendent s'en servir comme d'un témoignage infaillible pour prouver la vérité de leur religion.

CHAPITRE V

§ Ier. — DE L'ANCIEN TESTAMENT

Nos christicoles mettent encore au rang des motifs de crédibilité, et des preuves certaines de la vérité de leur religion, les prophéties, qui sont, prétendent-ils, des témoignages assurés de la vérité des révélations ou inspirations de Dieu, n'y ayant que Dieu seul qui puisse certainement prédire les choses futures si longtemps avant qu'elles soient arrivées, comme sont celles qui ont été prédites par les prophètes.

Voyons donc ce que c'est que ces prétendus prophètes, et si l'on en doit faire tant d'état que nos christicoles le prétendent.

Ces hommes n'étaient que des visionnaires et des fanatiques, qui agissaient et parlaient suivant les impulsions ou les transports de leurs passions dominantes, et qui s'imaginaient cependant que c'était par l'esprit de Dieu qu'ils agissaient et qu'ils parlaient; ou bien c'était des imposteurs qui contrefaisaient les prophètes, et qui, pour tromper plus facilement les ignorants et les simples, se vantaient d'agir et de parler par l'esprit de Dieu.

Je voudrais bien savoir comment serait reçu un Ézéchiel qui dit, chap. III et IV, que Dieu lui a fait manger à son déjeuner un livre de parchemin[1]; lui a ordonné de se faire lier comme un fou; lui a prescrit de se coucher trois cent quatre vingt-dix jours sur le côté droit, et quarante sur le gauche; lui a commandé de manger de la merde sur son pain, et ensuite, par accommodement, de la fiente de bœuf ? Je demande comment un pareil extravagant serait reçu chez les plus imbéciles même de tous nos provinciaux ?

Quelle plus grande preuve encore de la fausseté de ces prétendues prédictions que les reproches violents que ces prophètes se faisaient les uns aux autres, de ce qu'ils parlaient faussement au nom de Dieu; reproches même qu'ils se faisaient, disaient-ils, de la part de Dieu ? Voyez *Ézéch.*, XIII, 3; *Sophon.*, III, 4; et *Jérém.*, II, 8.

Ils disent tous : Gardez-vous des faux prophètes, comme les vendeurs de mithridate disent : Gardez-vous des pilules contrefaites.

Ces malheureux font parler Dieu d'une manière dont un crocheteur n'oserait parler. Dieu dit, au vingt-troisième chapitre d'*Ézéchiel,* que la jeune Oolla n'aime que ceux qui ont membre d'âne et sperme de cheval. Comment ces fourbes insensés auraient-ils connu l'avenir ? Nulle prédiction en faveur de leur nation juive n'a été accomplie.

Le nombre des prophéties qui prédisent la félicité et la grandeur de Jérusalem est presque innombrable; aussi, dira-t-on, il est très naturel qu'un peuple vaincu et captif se console dans ses maux réels par des espérances imaginaires; comme il ne s'est pas passé une année depuis la destitution du roi Jacques que les Irlandais de son parti n'aient forgé plusieurs prophéties en sa faveur.

Mais si ces promesses faites aux Juifs se fussent effectivement trouvées véritables, il y aurait déjà longtemps que la nation juive aurait été et serait encore le peuple le plus nombreux, le plus puissant, le plus heureux et le plus triomphant.

§ II. — DU NOUVEAU TESTAMENT

Il faut maintenant examiner les prétendues prophéties contenues dans les *Évangiles*.

Premièrement. Un ange s'étant apparu en songe à un

nommé Joseph, père au moins putatif de Jésus fils de Marie, lui dit : « Joseph, fils de David, ne craignez point de prendre chez vous Marie votre épouse : car ce qui eſt dans elle eſt l'ouvrage du Saint-Esprit[1]. Elle vous enfantera un fils que vous appellerez Jésus, parce que ce sera lui qui délivrera son peuple de ses péchés. »

Cet ange dit aussi à Marie : « Ne craignez point, parce que vous avez trouvé grâce devant Dieu. Je vous déclare que vous concevrez dans votre sein et que vous enfanterez un fils que vous nommerez Jésus. Il sera grand, sera appelé le fils du Très-Haut. Le Seigneur Dieu lui donnera le trône de David son père; il régnera à jamais dans la maison de Jacob, et son règne n'aura point de fin. » (*Matth.*, I, 20 et *Luc*, I, 30.)

Jésus commença à prêcher et à dire : « Faites pénitence, car le royaume du ciel approche. (*Matth.*, IV, 17.) Ne vous mettez pas en peine, et ne dites pas : Que mangerons-nous ou boirons-nous ? ou de quoi serons-nous vêtus ? Car votre père céleſte sait que toutes ces choses vous sont nécessaires. Cherchez donc premièrement le royaume de Dieu et sa juſtice, et toutes ces choses vous seront données par surcroît. » (*Matth.*, VI, 31, 32, 33.)

Or, maintenant que tout homme qui n'a pas perdu le sens commun examine un peu si ce Jésus a été jamais roi, si ses disciples ont eu toutes choses en abondance.

Ce Jésus promet souvent qu'il délivrera le monde du péché. Y a-t-il une prophétie plus fausse, et notre siècle n'en eſt-il pas une preuve parlante ?

Il eſt dit que Jésus eſt venu sauver son peuple. Quelle façon de le sauver ! C'eſt la plus grande partie qui donne la dénomination à une chose : une douzaine ou deux, par exemple, d'Espagnols ou de Français ne sont pas le peuple français ou le peuple espagnol; et si une armée de cent vingt mille hommes était faite prisonnière de guerre par une plus forte armée d'ennemis, et si le chef de cette armée rachetait seulement quelques hommes, comme dix à douze soldats ou officiers, en payant leur rançon, on ne dirait pas pour cela qu'il aurait délivré ou racheté son armée. Qu'eſt-ce donc qu'un dieu qui vient se faire crucifier et mourir pour sauver tout le monde, et qui laisse tant de nations damnées ? Quelle pitié et quelle horreur !

Jésus-Christ dit[1] qu'il n'y a qu'à demander et qu'on recevra, qu'à chercher et qu'on trouvera. Il assure que tout ce qu'on demandera à Dieu en son nom[2] on l'obtiendra; et que si l'on avait seulement la grosseur d'un grain de moutarde de foi[3], l'on ferait, par une seule parole, transporter des montagnes d'un endroit à un autre. Si cette promesse est véritable, rien ne paraîtrait impossible à nos christicoles qui ont la foi à leur Christ. Cependant tout le contraire arrive.

Si Mahomet eût fait de semblables promesses à ses sectateurs que le Christ en a fait aux siens sans aucun succès, que ne dirait-on pas? On crierait : « Ah, le fourbe! Ah, l'imposteur ! Ah, les fous de croire à un tel imposteur! » Les voilà ces christicoles eux-mêmes dans le cas : il y a longtemps qu'ils y sont sans revenir de leur aveuglement; au contraire, ils sont si ingénieux à se tromper qu'ils prétendent que ces promesses ont eu leur accomplissement dès le commencement du christianisme; étant pour lors, disent-ils, nécessaire qu'il y eût des miracles afin de convaincre les incrédules de la vérité de la religion; mais que, cette religion étant suffisamment établie, les miracles n'ont plus été nécessaires : où est donc la certitude de cette proposition ?

D'ailleurs celui qui a fait ces promesses ne les a pas restreintes seulement pour un certain temps, ni pour certains lieux, ni pour certaines personnes en particulier, mais il les a faites généralement à tout le monde. « La foi de ceux qui croiront, dit-il[4], sera suivie de ces miracles-ci : ils chasseront les démons en mon nom; ils parleront diverses langues; ils toucheront les serpents, etc. »

A l'égard du transport des montagnes, il dit positivement que quiconque dira à une montagne[5] : « Ote-toi de là, et te jette dans la mer », pourvu qu'il n'hésite pas en son cœur mais qu'il croie, tout ce qu'il commandera sera fait. Ne sont-ce pas des promesses qui sont tout à fait générales, sans restriction de temps, de lieu, ni de personnes ?

Il est dit que toutes les sectes d'erreurs et d'impostures prendront honteusement fin. Mais si Jésus-Christ entend seulement dire qu'il a fondé et établi une société de sectateurs qui ne tomberaient point dans le vice ni dans l'erreur, ces paroles sont absolument fausses, puisqu'il n'y a dans le christianisme aucune secte, ni société et

Église, qui ne soit pleine d'erreurs et de vices, principalement la secte ou société de l'Église romaine, quoiqu'elle se dise la plus pure et la plus sainte de toutes. Il y a longtemps qu'elle est tombée dans l'erreur; elle y est née; pour mieux dire, elle y a été engendrée et formée; et maintenant elle est même dans des erreurs qui sont contre l'intention, les sentiments et la doctrine de son fondateur, puisqu'elle a, contre son dessein, aboli les lois des Juifs qu'il approuvait, et qu'il était venu lui-même, disait-il, pour les accomplir et non pour les détruire, et qu'elle est tombée dans les erreurs et l'idolâtrie du paganisme, comme il se voit par le culte idolâtrique qu'elle rend à son Dieu de pâte, à ses saints, à leurs images, et à leurs reliques.

Je sais bien que nos christicoles regardent comme une grossièreté d'esprit de vouloir prendre au pied de la lettre les promesses et prophéties comme elles sont exprimées; ils abandonnent le sens littéral et naturel des paroles, pour leur donner un sens qu'ils appellent mystique et spirituel, et qu'ils nomment allégorique et tropologique, disant, par exemple, que par le peuple d'Israël et de Juda, à qui ces promesses ont été faites, il faut entendre, non les Israélites selon la chair, mais les Israélites selon l'esprit, c'est-à-dire les chrétiens, qui sont l'Israël de Dieu, le vrai peuple choisi.

Que par la promesse faite à ce peuple esclave de le délivrer de la captivité, il faut entendre non une délivrance corporelle d'un seul peuple captif, mais la délivrance spirituelle de tous les hommes de la servitude du démon, qui se devait faire par leur divin Sauveur.

Que par l'abondance des richesses et toutes les félicités temporelles promises à ce peuple, il faut entendre l'abondance des grâces spirituelles; et qu'enfin, par la ville de Jérusalem, il faut entendre non la Jérusalem terrestre, mais la Jérusalem spirituelle, qui est l'Église chrétienne.

Mais il est facile de voir que ces sens spirituels et allégoriques n'étant qu'un sens étranger, imaginaire, un subterfuge des interprètes, il ne peut nullement servir à faire voir la vérité ni la fausseté d'une proposition, ni d'une promesse quelconque. Il est ridicule de forger ainsi des sens allégoriques, puisque ce n'est que par rapport au sens naturel et véritable que l'on peut juger de la vérité ou de la fausseté. Une proposition par exemple, une promesse qui se trouve véritable dans le sens propre et naturel des termes dans lesquels elle est conçue, ne deviendra pas fausse en elle-même, sous prétexte qu'on voudrait lui donner un sens étranger qu'elle n'aurait pas; de même que celles qui se trouvent manifestement fausses dans leur sens propre et naturel ne deviendront pas véritables en elles-mêmes sous prétexte qu'on voudrait leur donner un sens étranger qu'elles n'auraient pas.

On peut dire que les prophéties de l'*Ancien Testament,* ajoutées au *Nouveau,* sont des choses bien absurdes et bien puériles. Par exemple, Abraham avait deux femmes, dont l'une, qui n'était que servante, figurait la synagogue, et l'autre, qui était épouse, figurait l'Église chrétienne; et sous prétexte encore que cet Abraham avait eu deux fils, dont l'un, qui était de la servante, figurait le *Vieux Testament,* et l'autre, qui était de son épouse, figurait le *Nouveau Testament.* Qui ne rirait d'une si ridicule doctrine[1] ?

N'est-il pas encore plaisant qu'un morceau de drap rouge exposé par une putain[2] pour servir de signal à des espions, dans l'*Ancien Testament,* soit la figure du sang de Jésus-Christ répandu dans le *Nouveau ?*

Si, suivant cette manière d'interpréter allégoriquement tout ce qui s'est dit, fait et pratiqué dans cette ancienne loi des Juifs, on voulait interpréter de même allégoriquement tous les discours, toutes les actions, et toutes les aventures du fameux don Quichotte de la Manche, on y trouverait certainement autant de mystères et de figures.

C'est néanmoins sur ce ridicule fondement que toute la religion chrétienne subsiste. C'est pourquoi il n'est presque rien dans cette ancienne loi que les docteurs christicoles ne tâchent d'expliquer mystiquement.

La prophétie la plus fausse et la plus ridicule qu'on ait jamais faite est celle de Jésus dans Luc, chap. XXI. Il est prédit qu'il y aura des signes dans le soleil et dans la lune, et que le Fils de l'homme viendra dans une nuée juger les hommes; et il prédit cela pour la génération présente. Cela est-il arrivé ? Le Fils de l'homme est-il venu dans une nuée ?

CHAPITRE VI

QUATRIÈME PREUVE, TIRÉE DES ERREURS DE LA DOCTRINE ET DE LA MORALE

La religion chrétienne, apostolique et romaine, enseigne et oblige de croire qu'il n'y a qu'un seul Dieu, et en même temps qu'il y a trois personnes divines, chacune desquelles est véritablement Dieu; ce qui est manifestement absurde, car s'il y en a trois qui soient véritablement Dieu, ce sont véritablement trois Dieux. Il est faux de dire qu'il n'y ait qu'un seul Dieu, ou, s'il est vrai de le dire, il est faux de dire qu'il y en ait véritablement trois qui soient Dieu, puisqu'un et trois ne se peut véritablement dire d'une seule et même chose.

Il est aussi dit que la première de ces prétendues personnes divines, qu'on appelle le Père, a engendré la seconde personne, qu'on appelle le Fils, et que ces deux premières personnes ensemble ont produit la troisième, que l'on appelle Saint-Esprit, et néanmoins que ces trois prétendues divines personnes ne dépendent point l'une de l'autre, et ne sont pas même plus anciennes l'une que l'autre. Cela est encore manifestement absurde, puisqu'une chose ne peut recevoir son être d'une autre sans quelque dépendance de cette autre, et qu'il faut nécessairement qu'une chose soit pour qu'elle puisse donner l'être à une autre. Si donc la seconde et la troisième personne divine ont reçu leur être de la première, il faut nécessairement qu'elles dépendent, dans leur être, de cette première personne, qui leur aurait donné l'être, ou qui les aurait engendrées; et il faut nécessairement aussi que cette première, qui aurait donné l'être aux deux autres, ait été avant, puisque ce qui n'est point ne peut donner l'être à rien. D'ailleurs, il répugne et est absurde de dire qu'une chose qui aurait été engendrée ou produite n'aurait point eu de commencement. Or, selon nos christicoles, la seconde et la troisième personne ont été engendrées ou produites : donc elles ont eu un commencement; et si elles ont eu un commencement, et que la première personne n'en ait point eu, comme n'ayant point été engendrée, ni produite d'aucune autre, il s'ensuit de nécessité que l'une ait été avant l'autre.

Nos christicoles, qui sentent ces absurdités et qui ne peuvent s'en parer par aucune bonne raison, n'ont point d'autre ressource que de dire qu'il faut pieusement fermer les yeux de la raison humaine, et humblement adorer de si hauts mystères sans vouloir les comprendre; mais comme ce qu'ils appellent foi est ci-devant solidement réfuté, lorsqu'ils nous disent qu'il faut se soumettre, c'est comme s'ils disaient qu'il faut aveuglément croire ce qu'on ne croit pas.

Nos déichristicoles condamnent ouvertement l'aveuglement des anciens païens qui adoraient plusieurs dieux. Ils se raillent de la généalogie de leurs dieux, de leur naissance, de leurs mariages, et de la génération de leurs enfants, et ils ne prennent pas garde qu'ils disent des choses beaucoup plus ridicules et plus absurdes.

Si les païens ont cru qu'il y avait des déesses aussi bien que des dieux, que ces dieux et ces déesses se mariaient, et qu'ils engendraient des enfants, ils ne pensaient en cela rien que de naturel; car ils ne s'imaginaient pas encore que les dieux fussent sans corps ni sentiments; ils croyaient qu'ils en avaient aussi bien que les hommes. Pourquoi n'y en aurait-il point eu de mâle et de femelle ? On ne voit point qu'il y ait plus de raison de nier ou de reconnaître plutôt l'un que l'autre; et, en supposant des dieux et des déesses, pourquoi n'engendreraient-ils pas en la manière ordinaire ? Il n'y aurait certainement rien de ridicule ni d'absurde dans cette doctrine, s'il était vrai que leurs dieux existassent.

Mais, dans la doctrine de nos christicoles, il y a quelque chose de bien plus ridicule et de plus absurde : car, outre ce qu'ils disent d'un Dieu qui en fait trois, et de trois qui n'en font qu'un, ils disent que ce dieu triple et unique n'a ni corps, ni forme, ni figure; que la première personne de ce dieu triple et unique, qu'ils appellent le Père, a engendré toute seule une seconde personne, qu'ils appellent le Fils, et qui est tout semblable à son père, étant comme lui sans corps, sans forme, et sans figure. Si cela est, qu'est-ce qui fait que la première s'appelle le père plutôt que la mère, et que la seconde se nomme plutôt le fils que la fille ? Car si la première est véritablement plutôt père que mère, et si la seconde est plutôt fils que fille, il faut nécessairement qu'il y ait quelque chose dans l'une et dans l'autre de ces deux personnes qui fasse que l'un soit père plutôt que mère, et l'autre plutôt fils que fille. Or qui pourrait faire cela si ce n'est qu'ils seraient tous deux mâles et non femelles ? Mais comment seront-elles plutôt mâles que femelles, puisqu'elles n'ont ni corps, ni forme, ni figure ? Cela n'est pas imaginable, et se détruit de soi-même. N'importe, ils disent toujours que ces deux personnes sans corps, forme, ni figure, et par conséquent sans différence de sexe, sont néanmoins père et fils, et qu'ils ont produit par leur mutuel amour une troisième personne, qu'ils appellent le Saint-Esprit, laquelle personne n'a, non plus que les deux autres, ni corps, ni forme, ni figure. Quel abominable galimatias !

Puisque nos christicoles bornent la puissance de Dieu le père à n'engendrer qu'un fils, pourquoi ne veulent-ils pas que cette seconde personne, aussi bien que la troisième, aient, comme la première, la puissance d'engendrer un fils qui soit semblable à elle ? Si cette puissance d'engendrer un fils est une perfection dans la première personne, c'est donc une perfection et une puissance qui n'est point dans la seconde ni dans la troisième personne. Ainsi ces deux personnes manquant d'une perfection et d'une puissance qui se trouvent dans la première, elles ne seraient certainement pas égales entre elles ; si au contraire ils disent que cette puissance d'engendrer un fils n'est pas une perfection, ils ne devraient donc pas l'attribuer à la première personne non plus qu'aux deux autres, parce qu'il ne faut attribuer que des perfections à un Être qui serait souverainement parfait.

D'ailleurs ils n'oseraient dire que la puissance d'engendrer une divine personne ne soit pas une perfection ; et s'ils disent que cette première personne aurait bien pu engendrer plusieurs fils et plusieurs filles, mais qu'elle n'aurait voulu engendrer que ce seul fils, et que les deux autres personnes pareillement n'en auraient point voulu engendrer d'autres, on pourrait : 1° leur demander d'où ils savent que cela est ainsi, car on ne voit point dans leurs prétendues Écritures saintes qu'aucune de ces divines personnes se soit positivement déclarée là-dessus. Comment donc nos christicoles peuvent-ils savoir ce qui en est ? Ils n'en parlent donc que suivant leurs idées et leurs imaginations creuses; 2° on pourrait dire que si ces prétendues divines personnes avaient la puissance d'engendrer plusieurs enfants, et qu'elles n'en voulussent cependant rien faire, il s'ensuivrait que cette divine puissance demeurerait en elles sans effet. Elle serait tout à fait sans effet dans la troisième personne, qui n'en engendrerait et n'en produirait aucune, et elle serait presque sans effet dans les deux autres, puisqu'elles voudraient la borner à si peu. Ainsi cette puissance qu'elles auraient d'engendrer et de produire quantité d'enfants demeurerait en elles comme oisive et inutile, et qu'il ne serait nullement convenable de dire de divines personnes.

Nos christicoles blâment et condamnent les païens de ce qu'ils attribuaient la divinité à des hommes mortels, et de ce qu'ils les adoraient comme des dieux après leur mort : ils ont raison en cela; mais ces païens ne faisaient que ce que font encore nos christicoles, qui attribuent la divinité à leur Christ, en sorte qu'ils devraient eux-mêmes se condamner aussi, puisqu'ils sont dans la même erreur que ces païens, et qu'ils adorent un homme qui était mortel, et si bien mortel qu'il mourut honteusement sur une croix.

Il ne servirait de rien à nos christicoles de dire qu'il y aurait une grande différence entre leur Jésus-Christ et les dieux des païens, sous prétexte que leur Christ serait, comme ils disent, vrai Dieu et vrai homme tout ensemble, attendu que la Divinité se serait véritablement incarnée en lui; au moyen de quoi la nature divine se trouvant jointe et unie hypostatiquement, comme ils disent, avec la nature humaine, ces deux natures auraient fait dans Jésus-Christ un vrai Dieu et un vrai homme : ce qui ne s'était jamais fait, à ce qu'ils prétendent, dans les dieux des païens.

Mais il est facile de faire voir la faiblesse de cette réponse : car d'un côté, n'aurait-il pas été aussi facile aux païens qu'aux chrétiens de dire que la Divinité se serait incarnée dans les hommes qu'ils adoraient comme dieux ? D'un autre côté, si la Divinité avait voulu s'incarner et s'unir hypostatiquement à la nature humaine dans leur Jésus-Christ, que savent-ils si cette même Divinité n'aurait pas bien voulu aussi s'incarner et s'unir hypóstatiquement à la nature humaine dans ces grands hommes, et dans ces admirables femmes, qui, par leur vertu, par leurs belles qualités, ou par leurs belles actions, ont excellé sur le commun des hommes, et se sont fait ainsi adorer comme dieux et déesses ? Et si nos christicoles ne veulent pas croire que la Divinité se soit jamais incarnée dans ces grands personnages, pourquoi veulent-ils nous persuader qu'elle se soit incarnée dans leur Jésus ? Où en est la preuve ? leur foi et leur créance, qui étaient dans les païens comme dans eux. Ce qui fait voir qu'ils sont également dans l'erreur les uns comme les autres.

Mais ce qu'il y a en cela de plus ridicule dans le christianisme que dans le paganisme, c'est que les païens n'ont ordinairement attribué la divinité qu'à de grands hommes, auteurs des arts et des sciences, et qui avaient excellé dans les vertus utiles à leur patrie; mais nos déichristicoles, à qui attribuent-ils la divinité ? A un homme de néant, vil et méprisable, qui n'avait ni talent ni science, ni adresse, né de pauvres parents, et qui, depuis qu'il a voulu paraître dans le monde et faire parler de lui, n'a passé que pour un insensé et pour un séducteur, qui a été méprisé, moqué, persécuté, fouetté, et enfin qui a été pendu comme la plupart de ceux qui ont voulu jouer le même rôle, quand ils ont été sans courage et sans habileté.

De son temps il y eut encore plusieurs autres semblables imposteurs qui se disaient être le vrai messie promis par la foi; entre autres un certain Judas Galiléen, un Théodore, un Barchon, et autres, qui, sous un vain prétexte, abusaient les peuples, et tâchaient de les faire soulever pour les attirer à eux, mais qui sont tous péris.

Passons à ses discours et à quelques-unes de ses actions, qui sont des plus remarquables et des plus singulières dans leur espèce. « Faites pénitence, disait-il aux peuples, car le royaume du ciel est proche; croyez cette bonne nouvelle[1]. » Et il allait courir toute la Galilée, prêchant ainsi la prétendue venue prochaine du royaume du ciel. Comme personne n'a encore vu aucune apparence de la venue de ce royaume, c'est une preuve parlante qu'il n'était qu'imaginaire.

Mais voyons dans ses autres prédications l'éloge et la description de ce beau royaume.

Voici comme il parlait aux peuples[1] : « Le royaume des cieux est semblable à un homme qui a semé du bon grain dans son champ; mais pendant que les hommes dormaient, son ennemi est venu qui a semé la zizanie parmi le bon grain. Il est semblable[2] à un trésor caché dans un champ; un homme ayant trouvé le trésor, le cache de nouveau, et il a eu tant de joie de l'avoir trouvé qu'il a vendu tout son bien, et il a acheté ce champ. Il est semblable à un marchand qui cherche de belles perles, et qui, en ayant trouvé une d'un grand prix, va vendre tout ce qu'il a et achète cette perle. Il est semblable à un filet qui a été jeté dans la mer[3], et qui renferme toutes sortes de poissons : étant plein, les pêcheurs l'ont retiré, et ont mis les bons poissons ensemble dans les vaisseaux, et jeté dehors les mauvais. Il est semblable à un grain de moutarde qu'un homme a semé dans son champ : il n'y a point de grain si petit que celui-là, néanmoins quand il est crû il est plus grand que tous les légumes, etc. » Ne voilà-t-il pas des discours dignes d'un Dieu ?

On fera encore le même jugement de lui, si l'on examine de près ses actions. Car, 1° courir toute une province, prêchant la venue prochaine d'un prétendu royaume; 2° avoir été transporté par le diable sur une haute montagne, d'où il aurait cru voir tous les royaumes du monde, cela ne peut convenir qu'à un visionnaire, car il est certain qu'il n'y a point de montagne sur la terre d'où l'on puisse voir seulement un royaume entier, si ce n'est le petit royaume d'Yvetot, qui est en France : ce ne fut donc que par imagination qu'il vit tous ces royaumes, et qu'il fut transporté sur cette montagne, aussi bien que sur le pinacle du temple; 3° lorsqu'il guérit le sourd et le muet, dont il est parlé dans saint Marc[4], il est dit qu'il le tira en particulier, qu'il lui mit ses doigts dans les oreilles, et qu'ayant craché, il lui tira la langue; puis jetant les yeux au ciel, il poussa un grand soupir et lui dit : *Epheta*. Enfin qu'on lise tout ce qu'on rapporte de lui, et qu'on juge s'il y a rien au monde de si ridicule.

Ayant mis sous les yeux une partie des pauvretés attribuées à Dieu par les christicoles, continuons à dire quelques mots de leurs mystères. Ils adorent un Dieu en trois personnes, ou trois personnes en un seul Dieu, et ils s'attribuent la puissance de faire des dieux de pâte et de farine, même d'en faire tant qu'ils veulent : car, suivant leurs principes, ils n'ont qu'à dire seulement quatre paroles sur telle quantité de verres de vin, ou de ces petites images de pâte, ils en feront autant de dieux, y en eût-il des millions. Quelle folie ! Avec toute la prétendue puissance de leur Christ, ils ne sauraient faire la moindre mouche, et ils croient pouvoir faire des dieux à milliers. Il faut être frappé d'un étrange aveuglement pour soutenir des choses si pitoyables, et cela sur un si vain fondement que celui des paroles équivoques d'un fanatique.

Ne voient-ils pas, ces docteurs aveuglés, que c'est ouvrir une porte spacieuse à toutes sortes d'idolâtries que de vouloir faire adorer ainsi les images de pâte, sous prétexte que les prêtres auraient le pouvoir de les consacrer et de les faire changer en dieux ? Tous les prêtres des idoles n'auraient-ils pu et ne pourraient-ils pas maintenant se vanter d'avoir un pareil caractère ?

Ne voient-ils pas aussi que les mêmes raisons qui démontrent la vanité des dieux ou des idoles de bois, de pierre, etc., que les païens adoraient, démontrent pareillement la vanité des dieux et des idoles de pâte et de farine que nos déichristicoles adorent ? Par quel endroit se moquent-ils de la fausseté des dieux des païens ? N'est-ce point parce que ce ne sont que des ouvrages de la main des hommes, des images muettes et insensibles ? Et que sont donc nos dieux, que nous tenons enfermés dans des boîtes de peur des souris ?

Quelles seront donc les vaines ressources des christicoles ? Leur morale ? Elle est la même au fond que dans toutes les religions ; mais des dogmes cruels en sont nés, et ont enseigné la persécution et le trouble. Leurs miracles ? Mais quel peuple n'a pas les siens, et quels sages ne méprisent pas ces fables ? Leurs prophéties ? N'en a-t-on pas démontré la fausseté ? Leurs mœurs ? Ne sont-elles pas souvent infâmes ? L'établissement de leur religion ? mais le fanatisme n'a-t-il pas commencé, l'intrigue n'a-t-elle pas élevé, la force n'a-t-elle pas soutenu visiblement cet édifice ? La doctrine ? Mais n'est-elle pas le comble de l'absurdité ?

Je crois, mes chers amis, vous avoir donné un préservatif suffisant contre tant de folies. Votre raison fera plus encore que mes discours : et plût à Dieu que nous n'eussions à nous plaindre que d'être trompés ! Mais le sang humain coule depuis le temps de Constantin pour l'établissement de ces horribles impostures. L'Église romaine, la grecque, la protestante, tant de disputes vaines, et tant d'ambitieux hypocrites, ont ravagé l'Europe, l'Afrique et l'Asie. Joignez, mes amis, aux hommes que ces querelles ont fait égorger, ces multitudes de moines et de nonnes devenus stériles par leur état. Voyez combien de créatures sont perdues, et vous verrez que la religion chrétienne a fait périr la moitié du genre humain.

Je finirai par supplier Dieu, si outragé par cette secte, de daigner nous rappeler à la religion naturelle, dont le christianisme est l'ennemi déclaré; à cette religion sainte que Dieu a mise dans le cœur de tous les hommes, qui nous apprend à ne rien faire à autrui que ce que nous voudrions être fait à nous-mêmes. Alors l'univers serait composé de bons citoyens, de pères justes, d'enfants soumis, d'amis tendres. Dieu nous a donné cette religion en nous donnant la raison. Puisse le fanatisme ne la plus pervertir ! Je vais mourir plus rempli de ces désirs que d'espérances.

Voilà le précis exact du Testament in-fol. de Jean Meslier. Qu'on juge de quel poids est le témoignage d'un prêtre mourant qui demande pardon à Dieu. Ce 15 mars 1742.

IDÉES RÉPUBLICAINES

PAR UN MEMBRE D'UN CORPS[1]

I

Le pur despotisme eſt le châtiment de la mauvaise conduite des hommes. Si une communauté d'hommes eſt maîtrisée par un seul ou par quelques-uns, c'eſt visiblement parce qu'elle n'a eu ni le courage ni l'habileté de se gouverner elle-même.

II

Une société d'hommes gouvernés arbitrairement ressemble parfaitement à une troupe de bœufs mis au joug pour le service du maître. Il ne les nourrit qu'afin qu'ils soient en état de le servir; il ne les panse dans leurs maladies qu'afin qu'ils lui soient utiles en santé; il les engraisse pour se nourrir de leur subſtance; et il se sert de la peau des uns pour atteler les autres à la charrue.

III

Un peuple eſt ainsi subjugué ou par un compatriote habile, qui a profité de son imbécillité et de ses divisions, ou par un voleur appelé conquérant, qui eſt venu avec d'autres voleurs s'emparer de ses terres, qui a tué ceux qui ont résiſté, et qui a fait ses esclaves des lâches auxquels il a laissé la vie.

IV

Ce voleur, qui méritait la roue, s'eſt fait quelquefois dresser des autels. Le peuple asservi a vu dans les enfants du voleur une race de dieux; ils ont regardé l'examen de leur autorité comme un blasphème, et le moindre effort pour la liberté comme un sacrilège.

V

Le plus absurde des despotismes, le plus humiliant pour la nature humaine, le plus contradictoire, le plus funeste, est celui des prêtres; et de tous les empires sacerdotaux, le plus criminel est sans contredit celui des prêtres de la religion chrétienne. C'est un outrage fait à notre Évangile, puisque Jésus dit en vingt endroits : « Il n'y aura parmi vous ni premier ni dernier[1]; mon royaume n'est pas de ce monde[2]; le fils de l'homme n'est pas venu pour être servi, mais pour servir, etc.[3] »

VI

Lorsque notre évêque, fait pour servir, et non pour être servi; fait pour soulager les pauvres, et non pour dévorer leur substance; fait pour catéchiser, et non pour dominer, osa, dans des temps d'anarchie, s'intituler prince de la ville dont il n'était que le pasteur, il fut manifestement coupable de rébellion et de tyrannie.

VII

Ainsi les évêques de Rome, qui avaient donné les premiers cet exemple fatal, rendirent à la fois et leur domination et leur secte odieuses dans la moitié de l'Europe; ainsi plusieurs évêques en Allemagne devinrent quelquefois les oppresseurs des peuples dont ils devaient être les pères.

VIII

Pourquoi est-il dans la nature de l'homme d'avoir plus d'horreur pour ceux qui nous ont subjugués par la fourberie que pour ceux qui nous ont asservis par les armes ? C'est que du moins il y a eu du courage dans les tyrans qui ont dompté les hommes; et il n'y a eu que de la lâcheté dans ceux qui les ont trompés. On hait la valeur des conquérants, mais on l'estime; on hait la fourberie, et on la méprise. La haine jointe au mépris fait secouer tous les jougs possibles.

IX

Quand nous avons détruit dans notre ville une partie des superstitions papistes, comme l'adoration des cadavres, la taxe des péchés, l'outrage fait à Dieu de remettre pour de l'argent les peines dont Dieu menace les crimes, et tant d'autres inventions qui abrutissaient la nature humaine; lorsqu'en brisant le joug de ces erreurs monstrueuses, nous avons renvoyé l'évêque papiste[1] qui osait se dire notre souverain, nous n'avons fait que rentrer dans les droits de la raison et de la liberté dont on nous avait dépouillés.

X

Nous avons repris le gouvernement municipal, tel à peu près qu'il était sous les Romains, et il a été illustré et affermi par cette liberté achetée de notre sang. Nous n'avons point connu cette distinction odieuse et humiliante de nobles et de roturiers, qui dans son origine ne signifie que seigneurs et esclaves. Nés tous égaux, nous sommes demeurés tels; et nous avons donné les dignités, c'est-à-dire les fardeaux publics, à ceux qui nous ont paru les plus propres à les soutenir.

XI

Nous avons institué des prêtres afin qu'ils fussent uniquement ce qu'ils doivent être, des précepteurs de morale pour nos enfants. Ces précepteurs doivent être payés et considérés; mais ils ne doivent prétendre ni juridiction, ni inspection, ni honneurs; ils ne doivent en aucun cas s'égaler à la magistrature. Une assemblée ecclésiastique qui présumerait de faire mettre à genoux un citoyen devant elle jouerait le rôle d'un pédant qui corrige des enfants, ou d'un tyran qui punit des esclaves.

XII

C'eſt insulter la raison et les lois de prononcer ces mots : gouvernement civil et eccléſiaſtique. Il faut dire gouvernement civil et règlements eccléſiaſtiques; et aucun de ces règlements ne doit être fait que par la puissance civile.

XIII

Le gouvernement civil eſt la volonté de tous exécutée par un seul ou par plusieurs, en vertu des lois que tous ont portées.

XIV

Les lois qui conſtituent les gouvernements sont toutes faites contre l'ambition : on a songé partout à élever une digue contre ce torrent qui inonderait la terre. Ainsi, dans les républiques, les premières lois règlent les droits de chaque corps; ainsi les rois jurent à leur couronnement de conserver les privilèges de leurs sujets. Il n'y a que le roi de Danemark dans l'Europe qui, par la loi même, soit au-dessus des lois. Les états assemblés, en 1660, le déclarèrent arbitre absolu. Il semble qu'ils prévirent que le Danemark aurait des rois sages et juſtes pendant plus d'un siècle[1]. Peut-être dans la suite des siècles faudra-t-il changer cette loi.

XV

Des théologiens ont prétendu que les papes avaient, de droit divin, le même pouvoir sur toute la terre que les monarques danois ont sur un petit coin de la terre. Mais ce sont des théologiens; ... l'univers les a sifflés hautement, et le Capitole a murmuré tout bas de voir le moine Hildebrand[2] parler en maître dans le sanctuaire des lois où les Caton, les Scipion, les Cicéron, parlaient en citoyens.

XVI

Les lois qui concernent la justice distributive, la jurisprudence proprement dite, ont été partout insuffisantes, équivoques, incertaines, parce que les hommes qui ont été à la tête des États se sont toujours plus occupés de leur intérêt particulier que de l'intérêt public. Dans les douze grands tribunaux de France, il y a douze jurisprudences différentes. Ce qui est vrai en Aragon devient faux en Castille; ce qui est juste sur les rives du Danube est injuste sur les bords de l'Elbe. Les lois romaines elles-mêmes, qu'on réclame aujourd'hui dans tous les tribunaux, ont été quelquefois contradictoires.

XVII

Lorsqu'une loi est obscure, il faut que tous l'interprètent, parce que tous l'ont promulguée; à moins qu'ils n'aient chargé plusieurs expressément d'interpréter les lois.

XVIII

Quand les temps ont sensiblement changé, il y a des lois qu'il faut changer. Ainsi, lorsque Triptolème apporta l'usage de la charrue dans Athènes, il fallut abolir la police du gland. Dans les temps où les académies n'étaient composées que de prêtres, et qu'eux seuls possédaient le jargon de la science, il était convenable qu'eux seuls nommassent tous les professeurs : c'était la police du gland; mais aujourd'hui que les laïques sont éclairés, la puissance civile doit reprendre son droit de nommer à toutes les chaires.

XIX

La loi qui permettrait d'emprisonner un citoyen sans information préalable et sans formalité juridique serait tolérable dans un temps de trouble et de guerre; elle serait tortionnaire et tyrannique en temps de paix.

XX

Une loi somptuaire, qui est bonne dans une république pauvre et destituée des arts, devient absurde quand la ville est devenue industrieuse et opulente. C'est priver les artistes du gain légitime qu'ils feraient avec les riches; c'est priver ceux qui ont fait des fortunes du droit naturel d'en jouir; c'est étouffer toute industrie, c'est vexer à la fois les riches et les pauvres.

XXI

On ne doit pas plus régler les habits du riche que les haillons du pauvre. Tous deux, également citoyens, doivent être également libres. Chacun s'habille, se nourrit, se loge, comme il peut. Si vous défendez au riche de manger des gelinottes, vous volez le pauvre, qui entretiendrait sa famille du gibier qu'il vendrait au riche. Si vous ne voulez pas que le riche orne sa maison, vous ruinez cent artistes. Le citoyen qui par son faste humilie le pauvre enrichit le pauvre par ce même faste beaucoup plus qu'il ne l'humilie. L'indigence doit travailler pour l'opulence, afin de s'égaler un jour à elle.

XXII

Une loi romaine qui eût dit à Lucullus : « Ne dépensez rien », aurait dit en effet à Lucullus : « Devenez encore plus riche, afin que votre petit-fils puisse acheter la république. »

XXIII

Les lois somptuaires ne peuvent plaire qu'à l'indigent oisif, orgueilleux et jaloux, qui ne veut ni travailler, ni souffrir que ceux qui ont travaillé jouissent.

XXIV

Si une république s'est formée dans des guerres de religion, si dans ces troubles elle a écarté de son territoire les sectes ennemies de la sienne, elle s'est sagement conduite, parce qu'alors elle se regardait comme un pays environné de pestiférés, et qu'elle craignait qu'on ne lui apportât la peste. Mais lorsque ces temps de vertige sont passés, lorsque la tolérance est devenue le dogme dominant de tous les honnêtes gens de l'Europe, n'est-ce pas une barbarie ridicule de demander à un homme qui vient s'établir et apporter ses richesses dans notre pays : « Monsieur, de quelle religion êtes-vous ? » L'or et l'argent, l'industrie, les talents, ne sont d'aucune religion.

XXV

Dans une république digne de ce nom, la liberté de publier ses pensées est le droit naturel du citoyen. Il peut se servir de sa plume comme de sa voix; il ne doit pas être plus défendu d'écrire que de parler, et les délits faits avec la plume doivent être punis comme les délits faits avec la parole : telle est la loi d'Angleterre, pays monarchique, mais où les hommes sont plus libres qu'ailleurs parce qu'ils sont plus éclairés.

XXVI

De toutes les républiques, la plus petite semblerait devoir être la plus heureuse, quand sa liberté est assurée par sa situation, et que l'intérêt de ses voisins est de la conserver. Le mouvement semble devoir être plus facile et plus uniforme dans une petite machine que dans une grande, dont les ressorts sont plus compliqués, et où les frottements plus violents interrompent le jeu de la machine. Mais comme l'orgueil entre dans toutes les têtes, comme la fureur de commander à ses égaux est la passion dominante de l'esprit humain, comme, en se voyant de plus près, on se peut haïr davantage, il arrive quelquefois qu'un petit État est plus troublé qu'un grand.

XXVII

Quel est le remède à ce mal ? La raison, qui se fait entendre à la fin, quand les passions sont lasses de crier. Alors les deux partis relâchent un peu de leurs prétentions dans la crainte de pis; mais il faut du temps.

XXVIII

Dans une petite république le peuple semble devoir être plus écouté que dans une grande, parce qu'il est plus aisé de faire entendre raison à mille personnes assemblées qu'à quarante mille. Ainsi il y aurait eu beaucoup de danger à vouloir gouverner Venise, qui a si longtemps soutenu la guerre contre l'empire ottoman, comme Saint-Marin, qui n'a jamais pu conquérir qu'un moulin, qu'elle a été forcée de rendre.

XXIX

Il paraît bien étrange que l'auteur du *Contrat social*[1] s'avise de dire que tout le peuple anglais devrait siéger en parlement, et qu'il cesse d'être libre quand son droit consiste à se faire représenter au parlement par députés. Voudrait-il que trois millions de citoyens vinssent donner leur voix à Westminster ? Les paysans en Suède comparaissent-ils autrement que par députés ?

XXX

On dit, dans ce même *Contrat social*[2], que « la monarchie ne convient qu'aux nations opulentes; l'aristocratie, aux États médiocres en richesse ainsi qu'en grandeur; la démocratie, aux États petits et pauvres ».

Mais, au XIVe siècle, au XVe, et au commencement du XVIe, les Vénitiens étaient le seul peuple riche : ils ont encore beaucoup d'opulence; cependant Venise n'a jamais été et ne sera jamais une monarchie. La république romaine fut très riche depuis les Scipions jusqu'à

César. Lucques est petite et peu riche, et est une aristocratie; l'opulente et ingénieuse Athènes était un État démocratique.

Nous avons des citoyens très riches, et nous composons un gouvernement mêlé de démocratie et d'aristocratie : ainsi il faut se défier de toutes ces règles générales, qui n'existent que sous la plume des auteurs.

XXXI

Le même écrivain, en parlant des différents systèmes de gouvernement, s'exprime ainsi : « L'un trouve beau qu'on soit craint des voisins; l'autre aime mieux qu'on en soit ignoré. L'un est content quand l'argent circule; l'autre exige que le peuple ait du pain[1]. »

Tout cet article semble puéril et contradictoire. Comment peut-on être ignoré de ses voisins ? Comment est-on en sûreté si vos voisins ignorent qu'il y a du danger à vous attaquer ? Et comment le même État qui pourrait se faire craindre pourrait-il être ignoré ? Et comment le peuple peut-il avoir du pain sans que l'argent circule ? La contradiction est manifeste.

XXXII

« A l'instant que le peuple est légitimement assemblé en corps souverain, toute juridiction du gouvernement cesse, la puissance exécutive est suspendue, etc. » Cette proposition du *Contrat social* serait pernicieuse, si elle n'était d'une fausseté et d'une absurdité évidentes. Lorsqu'en Angleterre le parlement est assemblé nulle juridiction n'est suspendue; et dans le plus petit État, si pendant l'assemblée il se commet un meurtre, un vol, le criminel est et doit être livré aux officiers de la justice. Autrement une assemblée du peuple serait une invitation solennelle au crime.

XXXIII

« Dans un État vraiment libre, les citoyens font tout avec leurs bras, et rien avec de l'argent[2]. » Cette thèse du *Contrat social* n'est qu'extravagante. Il y a un pont à construire, une rue à paver; faudra-t-il que les magistrats, les négociants et les prêtres pavent la rue et construisent le pont ? L'auteur ne voudrait pas assurément passer sur un pont bâti par leurs mains : cette idée est digne d'un précepteur qui, ayant un jeune gentilhomme à élever, lui fit apprendre le métier de menuisier; mais tous les hommes ne doivent pas être manœuvres.

XXXIV

« Les dépositaires de la puissance exécutive ne sont point les maîtres du peuple, mais ses officiers...; il peut les établir et les destituer quand il lui plaît; il n'est point question pour eux de contracter, mais d'obéir[1]. »

Il est vrai que les magistrats ne sont pas les maîtres du peuple : ce sont les lois qui sont maîtresses; mais le reste est absolument faux : il l'est dans tous les États, il l'est chez nous. Nous avons le droit, quand nous sommes convoqués, de rejeter ou d'approuver les magistrats et les lois qu'on nous propose; nous n'avons pas le droit de destituer les officiers de l'État quand il nous plaît : ce droit serait le code de l'anarchie. Le roi de France lui-même, quand il a donné des provisions à un magistrat, ne peut le destituer qu'en lui faisant son procès. Le roi d'Angleterre ne peut ôter une pairie qu'il a donnée. L'empereur ne peut destituer quand il lui plaît un prince qu'il a créé. On ne destitue les magistrats amovibles qu'après le temps de leur exercice. Il n'est pas plus permis de casser un magistrat par caprice que d'emprisonner un citoyen par fantaisie.

XXXV

« C'est une erreur de prendre le gouvernement de Venise pour une véritable aristocratie. Si le peuple n'y a nulle part au gouvernement, la noblesse y est peuple elle-même. Une multitude de pauvres barnabotes n'approcha jamais d'aucune magistrature[2]. »

Tout cela est d'une fausseté révoltante. Voilà la première fois qu'on a dit que le gouvernement de Venise n'était pas entièrement aristocratique : c'est une extravagance à la vérité, mais elle serait sévèrement punie dans l'État vénitien. Il est faux que les sénateurs, que l'auteur ose appeler du terme méprisant de *barnabotes,* n'aient jamais été magistrats; je lui en citerais plus de cinquante qui ont eu les emplois les plus importants.

Ce qu'il dit ensuite, que « nos paysans représentent les sujets de terre ferme de la république de Venise[1] », n'est pas plus vrai. Parmi ces sujets de terre ferme, il se trouve à Vérone, à Vicence, à Brescia, et dans beaucoup d'autres villes, des seigneurs titrés, de la plus ancienne noblesse, dont plusieurs ont commandé les armées.

Tant d'ignorance, jointe avec tant de présomption, indigne tout homme instruit. Lorsque cette ignorance présomptueuse traite avec tant d'outrages des nobles vénitiens, on demande quel est le potentat qui s'est oublié ainsi ? Quand on sait enfin quel est l'auteur de ces inepties, on se contente de rire.

XXXVI

« Ceux qui parviennent dans les monarchies ne sont le plus souvent que de petits brouillons, de petits fripons, de petits intrigants, à qui les petits talents, qui font dans les cours parvenir aux grandes places, ne servent qu'à montrer au public leur ineptie aussitôt qu'ils y sont parvenus[2]. »

Cet amas indécent de petites antithèses cyniques ne convient nullement à un livre sur le gouvernement, qui doit être écrit avec la dignité de la sagesse. Quand un homme, quel qu'il soit, présume assez de lui-même pour donner des leçons sur l'administration publique, il doit paraître prudent et impartial, comme les lois mêmes qu'il fait parler.

Nous avouons avec douleur que, dans les républiques comme dans les monarchies, l'intrigue fait parvenir aux charges. Il y a eu des Verrès, des Milon, des Clodius, des Lépide, à Rome; mais nous sommes forcés de convenir qu'aucune république moderne ne peut se vanter d'avoir produit des ministres tels que les Oxenstiern, les Sully, les Colbert, et les grands hommes qui ont été choisis par Élisabeth d'Angleterre. N'insultons ni les monarchies ni les républiques.

XXXVII

« Le czar Pierre n'avait pas le vrai génie, celui qui crée et fait tout de rien. Quelques-unes des choses qu'il fit étaient bien; la plupart étaient déplacées... Les Tartares ses sujets ou ses voisins deviendront ses maîtres et les nôtres; cette révolution me paraît infaillible[1]. »

Il lui paraît infaillible que des misérables hordes de Tartares, qui sont dans le dernier abaissement, subjugueront incessamment un empire défendu par deux cent mille soldats qui sont au rang des meilleures troupes de l'Europe. L'*Almanach du Courrier boiteux* a-t-il jamais fait de telles prédictions ? La cour de Pétersbourg nous regardera comme de grands astrologues si elle apprend qu'un de nos garçons horlogers a réglé l'heure à laquelle l'empire russe doit être détruit.

XXXVIII

Si on se donnait la peine de lire attentivement ce livre du *Contrat social,* il n'y a pas une page où l'on ne trouvât des erreurs ou des contradictions. Par exemple, dans le chapitre de la religion civile : « Deux peuples étrangers l'un à l'autre et presque toujours ennemis ne purent reconnaître un même Dieu[2]; deux armées se livrant bataille ne sauraient obéir au même chef. Ainsi des divisions nationales résulta le polythéisme, et de là l'intolérance théologique et civile, qui naturellement est la même. »

Autant de mots, autant d'erreurs : les Grecs, les Romains, les peuples de la grande Grèce, reconnaissaient les mêmes dieux en se faisant la guerre; ils adoraient également les dieux *majorum gentium,* Jupiter, Junon, Mars, Minerve, Mercure, etc. Les chrétiens, en se faisant la guerre, adorent le même Dieu. Le polythéisme des Grecs et des Romains ne résulta point de leurs guerres : ils étaient tous polythéistes avant qu'ils eussent rien à démêler ensemble; enfin il n'y eut jamais chez eux ni tolérance civile ni intolérance théologique.

XXXIX

« Une société de vrais chrétiens ne serait plus une société d'hommes, etc.[1] » Une telle assertion est bien bizarre. L'auteur veut-il dire que ce serait une société de bêtes ou une société d'anges ? Bayle[2] a traité fort au long la question si les chrétiens de la primitive Église pouvaient être des philosophes, des politiques, et des guerriers ? Cette question est assez oiseuse. Mais on veut enchérir sur Bayle, on répète ce qu'il a dit; et, dans la crainte de n'être qu'un plagiaire, on se sert de termes hasardés qui, au fond, ne signifient rien : car quels que soient les dogmes des nations, elles feront toujours la guerre.

On a brûlé ce livre chez nous[3]. L'opération de le brûler a été aussi odieuse que celle de le composer. Il y a des choses qu'il faut qu'une administration sage ignore. Si ce livre était dangereux, il fallait le réfuter. Brûler un livre de raisonnement c'est dire : « Nous n'avons pas assez d'esprit pour lui répondre. Ce sont les livres d'injures qu'il faut brûler, et dont il faut punir sévèrement les auteurs parce qu'une injure est un délit. Un mauvais raisonnement n'est un délit que quand il est évidemment séditieux.

XL

Un tribunal doit avoir des lois fixes pour le criminel comme pour le civil; rien ne doit être arbitraire, et encore moins quand il s'agit de l'honneur et de la vie que lorsqu'on ne plaide que pour de l'argent.

XLI

Un code criminel est absolument nécessaire pour les citoyens et pour les magistrats. Les citoyens alors n'auront jamais à se plaindre des jugements, et les magistrats n'auront point à craindre d'encourir la haine : car ce ne sera pas leur volonté qui condamnera, ce sera la loi. Il faut une puissance pour juger par cette loi seule, et une autre puissance pour faire grâce.

XLII

A l'égard des finances, on sait assez que c'est aux citoyens à régler ce qu'ils croient devoir fournir pour les dépenses de l'État; on sait assez que les contributions doivent être ménagées avec économie par ceux qui les administrent, et accordées avec noblesse dans les grandes occasions. Il n'y a sur cet article nul reproche à faire à notre république.

XLIII

Il n'y a jamais eu de gouvernement parfait, parce que les hommes ont des passions; et s'ils n'avaient point de passions, on n'aurait pas besoin de gouvernement. Le plus tolérable de tous est sans doute le républicain, parce que c'est celui qui rapproche le plus les hommes de l'égalité naturelle. Tout père de famille doit être le maître dans sa maison, et non pas dans celle de son voisin. Une société étant composée de plusieurs maisons et de plusieurs terrains qui leur sont attachés, il est contradictoire qu'un seul homme soit le maître de ces maisons et de ces terrains; et il est dans la nature que chaque maître ait sa voix pour le bien de la société.

XLIV

Ceux qui n'ont ni terrain ni maison dans cette société doivent-ils y avoir leur voix? Ils n'en ont pas plus le droit qu'un commis payé par des marchands n'en aurait à régler leur commerce; mais ils peuvent être associés soit pour avoir rendu des services, soit pour avoir payé leur association.

XLV

Ce pays, gouverné en commun, doit être plus riche et plus peuplé que s'il était gouverné par un maître : car chacun, dans une vraie république, étant sûr de la propriété de ses biens et de sa personne, travaille pour soi-même avec confiance; et, en améliorant sa condition, il améliore celle du public. Il peut arriver le contraire sous un maître. Un homme est quelquefois tout étonné d'entendre dire que ni sa personne ni ses biens ne lui appartiennent.

XLVI

Une république protestante doit être d'un douzième plus riche, plus industrieuse, plus peuplée qu'une papiste, en supposant le terrain égal, et également bon, par la raison qu'il y a trente fêtes dans un pays papiste, qui composent trente jours d'oisiveté et de débauches; et trente jours sont la douzième partie de l'année. Si dans ce pays papiste il y a un douzième de prêtres, d'apprentis prêtres, de moines, et de religieuses, comme à Cologne, il est clair qu'un pays protestant, de même étendue, doit être plus peuplé encore d'un douzième.

XLVII

Les registres de la Chambre des Comptes des Pays-Bas, qui sont actuellement à Lille, déposent que Philippe II ne tirait pas quatre-vingt mille écus des sept Provinces-Unies; et par un relevé des revenus de la seule province de Hollande, fait en 1700, ses revenus montaient à vingt-deux millions deux cent quarante et un mille trois cent trente-neuf florins, qui font en argent de France quarante-six millions sept cent six mille huit cent onze livres dix-huit sous. C'est à peu près ce que possédait le roi d'Espagne au commencement du siècle.

XLVIII

Que l'on compare ce que nous étions du temps de notre évêque à ce que nous sommes aujourd'hui. Nous couchions dans des galetas, nous mangions sur des assiettes de bois dans nos cuisines; notre évêque avait seul de la vaisselle d'argent, et marchait avec quarante chevaux dans son diocèse, qu'il appelait ses États.

Aujourd'hui nous avons des citoyens qui ont trois fois son revenu, et nous possédons, à la ville et à la campagne, des maisons beaucoup plus belles que celle qu'il appelait son palais, dont nous avons fait les prisons.

XLIX

La moitié du terrain de la Suisse est composée de rochers et de précipices, l'autre est peu fertile; mais quand des mains libres, conduites enfin par des esprits éclairés, ont cultivé cette terre, elle est devenue florissante. Le pays du pape, au contraire, depuis Orviette jusqu'à Terracine, dans l'espace de plus de cent vingt milles de chemin, est inculte, inhabité, et devenu malsain par la disette; on peut y voyager une journée entière sans y trouver ni hommes ni animaux; il y a plus de prêtres que de cultivateurs; on n'y mange guère d'autre pain que du pain azyme. C'est là ce pays qui était couvert, du temps des anciens Romains, de villes opulentes, de maisons superbes, de moissons, de jardins, et d'amphithéâtres. Ajoutons encore à ce contraste que six régiments suisses s'empareraient en quinze jours de tout l'État du pape. Qui aurait fait cette prédiction à César, lorsqu'en passant il vint battre les Suisses au nombre de près de quatre cent mille, l'aurait bien étonné.

L

Il est peut-être utile qu'il y ait deux partis dans une république, parce que l'un veille sur l'autre, et que les hommes ont besoin de surveillants. Il n'est peut-être pas si honteux qu'on le croit qu'une république ait besoin de médiateurs : cela prouve, à la vérité, qu'il y a de l'opiniâtreté des deux côtés; mais cela prouve aussi qu'il y a de part et d'autre beaucoup d'esprit, beaucoup de lumières, une grande sagacité à interpréter les lois dans les sens différents; et c'est alors qu'il faut nécessairement des arbitres qui éclaircissent les lois contestées, qui les changent s'il est nécessaire, et qui préviennent des changements nouveaux autant qu'il est possible. On a dit mille fois que l'autorité veut toujours croître, et le peuple toujours se plaindre; qu'il ne faut ni céder à toutes ses représentations, ni les rejeter toutes; qu'il faut un frein à l'autorité et à la liberté; qu'on doit tenir la balance égale. Mais où est le point d'appui ? Qui le fixera ? Ce sera le chef-d'œuvre de la raison et de l'impartialité.

LI

Les exemples sont trompeurs, les inductions qu'on en tire sont souvent mal appliquées; les citations pour faire valoir ces inductions sont souvent fausses. « La nature de l'honneur, dit Montesquieu, est de demander des préférences, des distinctions. L'honneur est donc, par la chose même, placé dans le gouvernement monarchique[1]. » L'auteur oublie que dans la république romaine on demandait le consulat, le triomphe, des ovations, des couronnes, des statues. Il n'y a si petite république où l'on ne recherche les honneurs.

LII

Cet homme supérieur dans ses pensées ingénieuses et profondes, brillant d'une lumière qui l'éblouit, n'a pu asservir son génie à l'ordre et à la méthode nécessaires. Son grand feu empêche que les objets ne soient nets et distincts; et quand il cite, il prend presque toujours son imagination pour sa mémoire. Il prétend que, dans le testament attribué au cardinal de Richelieu, il est dit[2] que « si dans le peuple il se trouve quelque malheureux honnête homme, il ne faut point s'en servir, tant il est vrai que la vertu n'est pas le ressort du gouvernement monarchique ».

Le testament faussement attribué au cardinal de Richelieu dit précisément tout le contraire. Voici ses paroles au chapitre IV : « On peut dire hardiment que de deux personnes dont le mérite est égal, celle qui est la plus aisée en ses affaires est préférable à l'autre, étant certain qu'il faut qu'un pauvre magistrat ait l'âme d'une trempe bien forte si elle ne se laisse quelquefois amollir par la considération de ses intérêts. Aussi l'expérience nous apprend que les riches sont moins sujets à concussion que les autres, et que la pauvreté contraint un pauvre officier à être fort soigneux du revenu du sac. »

LIII

Montesquieu, il faut l'avouer, ne cite pas mieux les auteurs grecs que les français. Il leur fait souvent dire à tous le contraire de ce qu'ils ont dit.

Il avance, en parlant de la condition des femmes dans les divers gouvernements, ou plutôt en promettant d'en parler, que chez les Grecs[1], l'amour n'avait qu'une forme que l'on n'ose dire. Il n'hésite pas à prendre Plutarque même pour son garant. Il fait dire à Plutarque que les femmes n'ont aucune part au véritable amour. Il ne fait pas réflexion que Plutarque fait parler plusieurs interlocuteurs; il y a un Protogène qui déclame contre les femmes, mais Daphneus prend leur parti; Plutarque décide pour Daphneus. Il fait un très bel éloge de l'amour céleste et de l'amour conjugal; il finit par rapporter plusieurs exemples de la fidélité et du courage des femmes. C'est même dans ce dialogue qu'on trouve l'histoire de Camma et celle d'Éponine, femme de Sabinus, dont les vertus ont servi de sujet à des pièces de théâtre.

Enfin il est clair que Montesquieu, dans l'*Esprit des lois,* a calomnié l'esprit de la Grèce en prenant une objection que Plutarque réfute pour une loi que Plutarque recommande.

LIV

« Les cadis ont soutenu que le Grand Seigneur n'est point obligé de tenir sa parole et son serment lorsqu'il borne par là son autorité[2]. »

Ricaut, cité en cet endroit, dit seulement, page 18 de l'édition d'Amsterdam, 1671 : « Il y a même de ces gens-là qui soutiennent que le Grand Seigneur peut se dispenser des promesses qu'il a faites avec serment, quand, pour les accomplir, il faut donner des bornes à son autorité. »

Ce discours est bien vague. Le sultan des Turcs ne peut promettre qu'à ses sujets ou aux puissances voisines.

Si ce sont des promesses à ses sujets, il n'y a point de serment; si ce sont des traités de paix, il faut qu'il les tienne comme les autres princes, ou qu'il fasse la guerre. L'*Alcoran* ne dit en aucun endroit qu'on peut violer son serment, et il dit en cent endroits qu'il faut le garder. Il se peut que pour entreprendre une guerre injuste, comme elles le sont presque toutes, le Grand Turc assemble un conseil de conscience, comme ont fait plusieurs princes chrétiens, afin de faire le mal en conscience. Il se peut que quelques docteurs musulmans aient imité les docteurs catholiques qui ont dit qu'il ne faut garder la foi ni aux infidèles, ni aux hérétiques. Mais il reste à savoir si cette jurisprudence est celle des Turcs.

L'auteur de l'*Esprit des lois* donne cette prétendue décision des cadis, comme une preuve du despotisme du sultan. Il semble que ce serait au contraire une preuve qu'il est soumis aux lois, puisqu'il serait obligé de consulter des docteurs pour se mettre au-dessus des lois. Nous sommes voisins des Turcs, nous commerçons avec eux, et nous ne les connaissons pas. Le comte de Marsigli, qui a vécu vingt-cinq ans au milieu d'eux, dit qu'aucun n'a donné une véritable connaissance ni de leur empire, ni de leurs lois. Nous n'avons eu même aucune traduction tolérable de l'*Alcoran* avant celle que nous a donnée M. Sale en 1734. Presque tout ce qu'on a dit de leur religion et de leur jurisprudence est faux; et les conclusions qu'on en tire tous les jours contre eux sont trop peu fondées. On ne doit dans l'examen des lois citer que des lois reconnues.

LV

« Tout le bas commerce était infâme chez les Grecs[1]. » Je ne sais pas ce que l'auteur entend par bas commerce; mais je sais que dans Athènes tous les citoyens commerçaient, que Platon vendit de l'huile, et que le père du démagogue Démosthène était marchand de fer. La plupart des ouvriers étaient des étrangers ou des esclaves. Il nous est important de remarquer que le négoce n'était point incompatible avec les dignités dans les républiques de la Grèce, excepté chez les Spartiates, qui n'avaient aucun commerce.

LVI

« J'ai ouï souvent déplorer, dit-il[1], l'aveuglement du conseil de François Ier, qui rebuta Christophe Colomb qui lui proposait les Indes. » Vous remarquerez que François Ier n'était pas né lorsque Colomb découvrit les îles de l'Amérique.

LVII

Puisqu'il s'agit ici de commerce, observons que l'auteur condamne une ordonnance du conseil d'Espagne, qui défend d'employer l'or et l'argent en dorure : « Un décret pareil, dit-il, serait semblable à celui que feraient les États de Hollande s'ils défendaient la consommation de la cannelle. » Il ne songe pas que les Espagnols, n'ayant point de manufactures, auraient acheté les galons et les étoffes de l'étranger, et que les Hollandais ne pouvaient acheter la cannelle. Ce qui était très raisonnable en Espagne eût été très ridicule en Hollande.

LVIII

C'est, ce me semble, encore un grand abus de citer les lois de Bantam, du Pégu, de Cochin, de Bornéo, pour nous prouver des vérités qui n'ont pas besoin de tels exemples. L'illustre auteur de l'*Esprit des lois* tombe souvent dans cette affectation : il nous dit qu'à « Bantam le roi prend toute la succession d'un père de famille, la maison, la femme et les enfants »; cela se trouve, dit-il, dans un recueil de voyages. Mais la chose est impossible : car en deux générations le roi aurait toutes les maisons et toutes les femmes en propriété. Un voyageur dit souvent des choses qu'un homme qui écrit en législateur ne doit jamais répéter.

LIX

Le même auteur prétend qu'au Tonquin[2] tous les magistrats et les principaux officiers militaires sont eunuques, et que, chez les Lamas, la loi permet aux femmes d'avoir plusieurs maris[3]. Quand ces fables seraient vraies, qu'en résulterait-il ? Nos magistrats voudraient-ils être eunuques, et n'être qu'en quatrième ou en cinquième auprès de mesdames les conseillères ?

LX

Il ne faut, dans un ouvrage de législation, ni conjectures hasardées, ni exemples tirés de peuples inconnus, ni saillies d'esprit, ni digressions étrangères au sujet. Qu'importe à nos lois, à notre administration, « qu'il n'y ait de fleuve navigable en Perse que le Cirus » ? L'auteur ne devait pas sans doute omettre le Tigre, l'Euphrate, l'Araxe, le Phase, l'Oxus. Mais à quoi bon étaler une géographie si erronée, quand on ne doit nous parler que de nos intérêts ?

LXI

Pourquoi perdre son temps à se tromper sur les prétendues flottes de Salomon envoyées d'Ésiongaber en Afrique, et sur les chimériques voyages depuis la mer Rouge jusqu'à celle de Bayonne, et sur les richesses encore plus chimériques de Sofala ? Quel rapport avaient toutes ces digressions erronées avec l'*Esprit des lois ?*

Je m'attendais à voir comment les décrétales changèrent toute la jurisprudence de l'ancien code romain; par quelles lois Charlemagne gouverna son empire; et par quelle anarchie le gouvernement féodal le bouleversa; par quel art et par quelle audace Grégoire VII et ses successeurs écrasèrent les lois des royaumes et des grands fiefs sous l'anneau du pêcheur, et par quelles secousses on est parvenu à détruire la législation papale; j'espérais voir l'origine des bailliages qui rendirent la justice presque partout depuis les Ottons, et celle des tribunaux appelés parlements, ou audiences, ou bancs du roi, ou échiquier; je désirais de connaître l'histoire des lois sous lesquelles nos pères et leurs enfants ont vécu; les motifs qui les ont établies, négligées, détruites, renouvelées; je cherchais un fil dans ce labyrinthe; le fil est cassé presque à chaque article. J'ai été trompé, j'ai trouvé l'esprit de l'auteur, qui en a beaucoup, et rarement l'esprit des lois. Il sautille plus qu'il ne marche;

il amuse plus qu'il n'éclaire; il satirise quelquefois plus qu'il ne juge; et il faut souhaiter qu'un si beau génie eût toujours plus cherché à instruire qu'à étonner.

Ce livre défectueux est plein de choses admirables, dont on a fait de détestables copies. Les fanatiques l'ont insulté par les endroits mêmes qui méritent les remerciements du genre humain.

LXII

Malgré ses défauts, cet ouvrage doit être toujours cher aux hommes, parce que l'auteur a dit sincèrement ce qu'il pense, au lieu que la plupart des écrivains de son pays, à commencer par le grand Bossuet, ont dit souvent ce qu'ils ne pensaient pas. Il a partout fait souvenir les hommes qu'ils sont libres; il présente à la nature humaine ses titres, qu'elle a perdus dans la plus grande partie de la terre; il combat la superstition; il inspire la morale.

LXIII

Sera-ce par des livres qui détruisent la superstition, et qui rendent la vertu aimable, qu'on parviendra à rendre les hommes meilleurs ? Oui; si les jeunes gens lisent ces livres avec attention, ils seront préservés de toute espèce de fanatisme : ils sentiront que la paix est le fruit de la tolérance, et le véritable but de toute société.

LXIV

La tolérance est aussi nécessaire en politique qu'en religion; c'est l'orgueil seul qui est intolérant. C'est lui qui révolte les esprits, en voulant les forcer à penser comme nous; c'est la source secrète de toutes les divisions.

LXV

La politesse, la circonspection, l'indulgence, affermissent l'union entre les amis et dans les familles; elles feront le même effet dans un petit État, qui est une grande famille.

L'AFFAIRE CALAS

PIÈCES ORIGINALES

CONCERNANT LA MORT DES SIEURS CALAS

ET LE JUGEMENT RENDU À TOULOUSE[1]

EXTRAIT D'UNE LETTRE

DE LA DAME VEUVE CALAS

Du 15 juin 1762.

Non, Monsieur, il n'y a rien que je ne fasse pour prouver notre innocence, préférant de mourir justifiée à vivre et à être crue coupable. On continue d'opprimer l'innocence, et d'exercer sur nous et notre déplorable famille une cruelle persécution. On vient encore de me faire enlever, comme vous le savez, mes chères filles, seuls restes de ma consolation, pour les conduire dans deux différents couvents de Toulouse : on les mène dans le lieu qui a servi de théâtre à tous nos affreux malheurs; on les a même séparées. Mais si le roi daigne ordonner qu'on ait soin d'elles, je n'ai qu'à le bénir. Voici exactement le détail de notre malheureuse affaire, tout comme elle s'est passée au vrai.

Le 13 octobre 1761, jour infortuné pour nous, M. Gobert Lavaisse, arrivé de Bordeaux (où il avait resté quelque temps) pour voir ses parents qui étaient pour lors à leur campagne, et cherchant un cheval de louage pour les y aller joindre sur les quatre à cinq heures du soir, vient à la maison; et mon mari lui dit que, puisqu'il ne partait pas, s'il voulait souper avec nous il nous ferait plaisir; à quoi le jeune homme consentit, et il monta me voir dans ma chambre, d'où, contre mon ordinaire, je n'étais pas sortie. Le premier compliment fait, il me dit : « Je soupe avec vous, votre mari m'en a prié. » Je lui en témoignai ma satisfaction, et le quittai quelques moments pour aller donner des ordres à ma servante. En conséquence je fus aussi trouver mon fils aîné, Marc-Antoine, que je trouvai assis tout seul dans la boutique, et fort rêveur, pour le prier d'aller acheter du fromage de Roquefort. Il était ordinairement le pourvoyeur pour cela, parce qu'il s'y connaissait mieux que les autres ; je lui dis donc : « Tiens, va acheter du fromage de Roquefort, voilà de l'argent pour cela, et tu rendras le reste à ton père » ; et je retourne dans ma chambre joindre le jeune homme Lavaisse, que j'y avais laissé. Mais peu d'instants après il me quitta, disant qu'il voulait retourner chez les fenassiers[1] voir s'il y avait quelque cheval d'arrivé, voulant absolument partir le lendemain pour la campagne de son père ; et il sortit.

Lorsque mon fils aîné eut fait l'emplette du fromage, l'heure du souper arrivée[2], tout le monde se rendit pour se mettre à table, et nous nous y plaçâmes. Durant le souper, qui ne fut pas fort long, on s'entretint de choses indifférentes, et entre autres des antiquités de l'hôtel de ville ; et mon cadet, Pierre, voulut en citer quelques-unes, et son frère le reprit, parce qu'il ne les racontait pas bien ni juste.

Lorsque nous fûmes au dessert, ce malheureux enfant, je veux dire mon fils aîné Marc-Antoine, se leva de table, comme c'était sa coutume, et passa à la cuisine[3]. La servante lui dit : « Avez-vous froid, monsieur l'aîné ? Chauffez-vous. » Il lui répondit : « Bien au contraire, je brûle » ; et sortit. Nous restâmes encore quelques moments à table ; après quoi nous passâmes dans cette chambre que vous connaissez, et où vous avez couché, M. Lavaisse, mon mari, mon fils, et moi ; les deux premiers se mirent sur le sofa, mon cadet sur un fauteuil, et moi sur une chaise, et là nous fîmes la conversation tous ensemble. Mon fils cadet s'endormit ; et environ sur les neuf heures trois quarts à dix heures, M. Lavaisse prit congé de nous, et nous réveillâmes mon cadet pour aller accompagner ledit Lavaisse, lui remettant le flambeau à la main pour lui faire lumière ; et ils descendirent ensemble.

Mais lorsqu'ils furent en bas, l'instant d'après nous entendîmes de grands cris d'alarme, sans distinguer ce que l'on disait, auxquels mon mari accourut, et moi, je demeurai tremblante sur la galerie, n'osant descendre, et ne sachant pas ce que ce pouvait être.

Cependant, ne voyant personne venir, je me déterminai de descendre : ce que je fis; mais je trouvai au bas de l'escalier M. Lavaisse, à qui je demandai avec précipitation qu'est-ce qu'il y avait. Il me répondit qu'il me suppliait de remonter, que je le saurais; et il me fit tant d'instances que je remontai avec lui dans ma chambre. Sans doute que c'était pour m'épargner la douleur de voir mon fils dans cet état, et il redescendit; mais l'incertitude où j'étais était un état trop violent pour pouvoir y rester longtemps; j'appelle donc ma servante, et lui dis : « Jeannette, allez voir ce qu'il y a là-bas; je ne sais pas ce que c'est, je suis toute tremblante »; et je lui mis la chandelle à la main, et elle descendit; mais ne la voyant pas remonter pour me rendre compte, je descendis moi-même. Mais grand Dieu ! quelle fut ma douleur et ma surprise, lorsque je vis ce cher fils étendu à terre ! Cependant je ne le crus pas mort, et je courus chercher de l'eau de la reine de Hongrie, croyant qu'il se trouvait mal; et comme l'espérance est ce qui nous quitte le dernier, je lui donnai tous les secours qu'il m'était possible pour le rappeler à la vie, ne pouvant me persuader qu'il fût mort. Nous nous en flattions tous, puisqu'on avait été chercher le chirurgien, et qu'il était auprès de moi, sans que je l'eusse vu ni aperçu que lorsqu'il me dit qu'il était inutile de lui faire rien de plus, qu'il était mort. Je lui soutins alors que cela ne se pouvait pas, et je le priai de redoubler ses attentions et de l'examiner plus exactement, ce qu'il fit inutilement. Cela n'était que trop vrai; et pendant tout ce temps-là mon mari était appuyé sur un comptoir à se désespérer; de sorte que mon cœur était déchiré entre le déplorable spectacle de mon fils mort et la crainte de perdre ce cher mari, de la douleur à laquelle il se livrait tout entier sans entendre aucune consolation; et ce fut dans cet état que la justice nous trouva, lorsqu'elle nous arrêta dans notre chambre où l'on nous avait fait remonter.

Voilà l'affaire tout comme elle s'est passée, mot à mot; et je prie Dieu, qui connaît notre innocence, de me punir éternellement si j'ai augmenté, ni diminué d'un iota, et si je n'ai dit la pure vérité en toutes ses circonstances. Je suis prête à sceller de mon sang cette vérité.

LETTRE DE DONAT CALAS FILS

A LA DAME VEUVE CALAS, SA MÈRE

De Châtelaine, 22 juin 1762.

Ma chère, infortunée et respectable mère, j'ai vu votre lettre du 15 juin entre les mains d'un ami[1] qui pleurait en la lisant; je l'ai mouillée de mes larmes. Je suis tombé à genoux; j'ai prié Dieu de m'exterminer si aucun de ma famille était coupable de l'abominable parricide imputé à mon père, à mon frère, et dans lequel vous, la meilleure et la plus vertueuse des mères, avez été impliquée vous-même.

Obligé d'aller en Suisse depuis quelques mois pour mon petit commerce, c'est là que j'appris le désastre inconcevable de ma famille entière. Je sus d'abord que vous ma mère, mon père, mon frère Pierre Calas, M. Lavaisse, jeune homme connu pour sa probité et pour la douceur de ses mœurs, vous étiez tous aux fers à Toulouse; que mon frère aîné, Marc-Antoine, était mort d'une mort affreuse, et que la haine, qui naît si souvent de la diversité des religions, vous accusait tous de ce meurtre. Je tombai malade dans l'excès de ma douleur, et j'aurais voulu être mort.

On m'apprit bientôt qu'une partie de la populace de Toulouse avait crié à notre porte en voyant mon frère expiré : « C'est son père, c'est sa famille protestante qui l'a assassiné; il voulait se faire catholique[2], il devait abjurer le lendemain; son père l'a étranglé de ses mains, croyant faire une œuvre agréable à Dieu; il a été assisté dans ce sacrifice par son fils Pierre, par sa femme, par le jeune Lavaisse. »

On ajoutait que Lavaisse, âgé de vingt ans, arrivé de Bordeaux, le jour même, avait été choisi, dans une assemblée de protestants, pour être le bourreau de la secte, et pour étrangler quiconque changerait de religion.

On criait dans Toulouse que c'était la jurisprudence ordinaire des réformés.

L'extravagance absurde de ces calomnies me rassurait; plus elles manifestaient de démence, plus j'espérais de la sagesse de vos juges.

Je tremblai, il est vrai, quand toutes les nouvelles m'apprirent qu'on avait commencé par faire ensevelir mon frère Marc-Antoine dans une église catholique, sur cette seule supposition imaginaire qu'il devait changer de religion. On nous apprit que la confrérie des pénitents blancs lui avait fait un service solennel comme à un martyr, qu'on lui avait dressé un mausolée, et qu'on avait placé sur ce mausolée sa figure, tenant dans les mains une palme.

Je ne pressentis que trop les effets de cette précipitation et ce fatal enthousiasme. Je connus que, puisqu'on regardait mon frère Marc-Antoine comme un martyr, on ne voyait dans mon père, dans vous, dans mon frère Pierre, dans le jeune Lavaisse, que des bourreaux. Je restai dans une horreur stupide un mois entier. J'avais beau me dire à moi-même : Je connais mon malheureux frère, je sais qu'il n'avait point le dessein d'abjurer; je sais que s'il avait voulu changer de religion, mon père et ma mère n'auraient jamais gêné sa conscience; ils ont trouvé bon que mon autre frère Louis se fît catholique; ils lui font une pension; rien n'est plus commun, dans les familles de ces provinces, que de voir des frères de religion différente; l'amitié fraternelle n'est point refroidie; la tolérance heureuse, cette sainte et divine maxime dont nous faisons profession, ne nous laisse condamner personne; nous ne savons point prévenir les jugements de Dieu; nous suivons les mouvements de notre conscience sans inquiéter celle des autres.

Il est incompréhensible, disais-je, que mon père et ma mère, qui n'ont jamais maltraité aucun de leurs enfants, en qui je n'ai jamais vu ni colère ni humeur, qui jamais en leur vie n'ont commis la plus légère violence, aient passé tout d'un coup d'une douceur habituelle de trente années à la fureur inouïe d'étrangler de leurs mains leur fils aîné, dans la crainte chimérique qu'il ne quittât une religion qu'il ne voulait point quitter.

Voilà, ma mère, les idées qui me rassuraient; mais à chaque poste c'étaient de nouvelles alarmes. Je voulais venir me jeter à vos pieds et baiser vos chaînes. Vos amis, mes protecteurs, me retinrent par des considérations aussi puissantes que ma douleur.

Ayant passé près de deux mois dans cette incertitude effrayante, sans pouvoir ni recevoir de vos lettres, ni vous faire parvenir les miennes, je vis enfin les mémoires produits pour la justification de l'innocence. Je vis dans deux de ces factums[1] précisément la même chose que vous dites aujourd'hui dans votre lettre du 15 juin, que mon malheureux frère Marc-Antoine avait soupé avec vous avant sa mort, et qu'aucun de ceux qui assistèrent à ce dernier repas de mon frère ne se sépara de la compagnie qu'au moment fatal où l'on s'aperçut de sa fin tragique[2].

Pardonnez-moi si je vous rappelle toutes ces images horribles; il le faut bien. Nos malheurs nouveaux vous retracent continuellement les anciens, et vous ne me pardonneriez pas de ne point rouvrir vos blessures. Vous ne sauriez croire, ma mère, quel effet favorable fit sur tout le monde cette preuve que mon père et vous, et mon frère Pierre, et le sieur Lavaisse, vous ne vous étiez pas quittés un moment dans le temps qui s'écoula entre ce triste souper et votre emprisonnement.

Voici comme on a raisonné dans tous les endroits de l'Europe où notre calamité est parvenue; j'en suis bien informé, et il faut que vous le sachiez. On disait :

Si Marc-Antoine Calas a été étranglé par quelqu'un de sa famille, il l'a été certainement par sa famille entière, et par Lavaisse, et par la servante même : car il est prouvé que cette famille, et Lavaisse, et la servante[3], furent toujours tous ensemble; les juges en conviennent; rien n'est plus avéré. Ou tous les prisonniers sont coupables, ou aucun d'eux ne l'est; il n'y a pas de milieu. Or il n'est pas dans la nature d'une famille jusque-là irréprochable, un père tendre, la meilleure des mères, un frère qui aimait son frère, un ami qui arrivait dans la ville, et qui par hasard avait soupé avec eux, aient pu prendre tous à la fois, et en un moment, sans aucune raison, sans le moindre motif, la résolution inouïe de commettre un parricide. Un tel complot dans de telles circonstances est impossible[4]; l'exécution en est plus impossible encore. Il est donc infiniment probable que les juges répareront l'affront fait à l'innocence.

Ces discours me soutenaient un peu dans mon accablement.

Toutes ces idées de consolation ont été bien vaines. La nouvelle arriva, au mois de mars, du supplice de mon père. Une lettre qu'on voulait me cacher, et que j'arrachai, m'apprit ce que je n'ai pas la force d'exprimer, et ce qu'il vous a fallu si souvent entendre.

Soutenez-moi, ma mère, dans ce moment où je vous écris en tremblant, et donnez-moi votre courage : il est égal à votre horrible situation. Vos enfants dispersés, votre fils aîné mort à vos yeux, votre mari, mon père, expirant du plus cruel des supplices, votre dot perdue, l'indigence et l'opprobre succédant à la considération et à la fortune : voilà donc votre état ! mais Dieu vous reste, il ne vous a pas abandonnée; l'honneur de mon père vous est cher; vous bravez les horreurs de la pauvreté, de la maladie, de la honte même, pour venir de deux cents lieues implorer au pied du trône la justice du roi. Si vous parvenez à vous faire entendre, vous l'obtiendrez sans doute.

Que pourrait-on opposer aux cris et aux larmes d'une mère et d'une veuve, et aux démonstrations de la raison ? Il est prouvé que mon père ne vous a pas quittée, qu'il a été constamment avec vous et avec tous les accusés dans l'appartement d'en haut, tandis que mon malheureux frère était mort au bas de la maison. Cela suffit. On a condamné mon père au dernier et au plus affreux des supplices; mon frère est banni par un second jugement; et, malgré son bannissement, on le met dans un couvent de jacobins de la même ville. Vous êtes hors de cour, Lavaisse hors de cour. Personne n'a conçu ces jugements extraordinaires et contradictoires. Pourquoi mon frère n'est-il que banni, s'il est coupable du meurtre de son frère ? Pourquoi, s'il est banni du Languedoc, est-il enfermé dans un couvent de Toulouse ? On n'y comprend rien. Chacun cherche la raison de ces arrêts et de cette conduite, et personne ne la trouve.

Tout ce que je sais, c'est que les juges, sur des indices trompeurs, voulaient condamner tous les accusés au supplice, et qu'ils se contentèrent de faire périr mon père, dans l'idée où ils étaient que cet infortuné avouerait, en expirant, le crime de toute la famille. Ils furent étonnés, m'a-t-on dit, quand mon père, au milieu des tourments, prit Dieu à témoin de son innocence et de la vôtre, et mourut en priant ce Dieu de miséricorde de faire grâce à ces juges de rigueur que la calomnie avait trompés.

Ce fut alors qu'ils prononcèrent l'arrêt qui vous a rendu la liberté, mais qui ne vous a rendu ni vos biens dissipés, ni votre honneur indignement flétri, si pourtant l'honneur dépend de l'injustice des hommes.

Ce ne sont pas les juges que j'accuse : ils n'ont pas voulu sans doute assassiner juridiquement l'innocence; j'impute tout aux calomnies, aux indices faux, mal exposés, aux rapports de l'ignorance[1], aux méprises extravagantes de quelques déposants, aux cris d'une multitude insensée, et à ce zèle furieux qui veut que ceux qui ne pensent pas comme nous soient capables des plus grands crimes.

Il vous serait aisé sans doute de dissiper les illusions[2] qui ont surpris des juges, d'ailleurs intègres et éclairés : car enfin, puisque mon père a été le seul condamné, il faut que mon père ait commis seul le parricide. Mais comment se peut-il faire qu'un vieillard de soixante et huit ans, que j'ai vu pendant deux ans attaqué d'un rhumatisme sur les jambes, ait seul pendu un jeune homme de vingt-huit ans, dont la force prodigieuse et l'adresse singulière étaient connues ?

Si le mot de ridicule pouvait trouver place au milieu de tant d'horreurs, le ridicule excessif de cette supposition suffirait seul, sans autre examen, pour nous obtenir la réparation qui nous est due. Quels misérables indices, quels discours vagues, quels rapports populaires pourront tenir contre l'impossibilité physique démontrée ?

Voilà où je m'en tiens. Il est impossible que mon père, que même deux personnes aient pu étrangler mon frère; il est impossible, encore une fois, que mon père soit seul coupable, quand tous les accusés ne l'ont pas quitté d'un moment. Il faut donc absolument, ou que les juges aient condamné un innocent, ou qu'ils aient prévariqué, en ne purgeant pas la terre de quatre monstres coupables du plus horrible crime.

Plus je vous aime et vous respecte, ma mère, moins j'épargne les termes. L'excès de l'horreur dont on vous a chargée ne sert qu'à mettre au jour l'excès de votre malheur et de votre vertu. Vous demandez à présent ou la mort ou la justification de mon père ; je me joins à vous, et je demande la mort avec vous si mon père est coupable.

Obtenez seulement que les juges produisent le procès criminel : c'est tout ce que je veux, c'est ce que tout le monde désire, et ce qu'on ne peut refuser. Toutes les nations, toutes les religions y sont intéressées. La justice est peinte un bandeau sur les yeux, mais doit-elle être muette ? Pourquoi, lorsque l'Europe demande compte d'un arrêt si étrange, ne s'empresse-t-on pas à le donner ?

C'est pour le public que la punition des scélérats est décernée : les accusations sur lesquelles on les punit doivent donc être publiques. On ne peut retenir plus longtemps dans l'obscurité ce qui doit paraître au grand jour. Quand on veut donner quelque idée des tyrans de l'antiquité, on dit qu'ils décidaient arbitrairement de la vie des hommes. Les juges de Toulouse ne sont point des tyrans, ils sont les ministres des lois, ils jugent au nom d'un roi juste ; s'ils ont été trompés, c'est qu'ils sont hommes : ils peuvent le reconnaître et devenir eux-mêmes vos avocats auprès du trône.

Adressez-vous donc à monsieur le chancelier[1], à messieurs les ministres avec confiance. Vous êtes timide, vous craignez de parler ; mais votre cause parlera. Ne croyez point qu'à la cour on soit aussi insensible, aussi dur, aussi injuste que l'écrivent d'impudents raisonneurs, à qui les hommes de tous les états sont également inconnus. Le roi rend la justice : c'est la base de son gouvernement ; son conseil n'a certainement nul intérêt que cette justice ne soit pas rendue. Croyez-moi, il y a dans les cœurs de la compassion et de l'équité : les passions turbulentes et les préjugés étouffent souvent en nous ces sentiments, et le conseil du roi n'a certainement ni passion dans cette affaire, ni préjugé qui puisse éteindre ses lumières.

Qu'arrivera-t-il enfin ? Le procès criminel sera-t-il mis sous les yeux du public ? Alors on verra si le rapport contradictoire[2] d'un chirurgien, et quelques méprises frivoles, doivent l'emporter sur les démonstrations les plus évidentes que l'innocence ait jamais produites. Alors on plaindra les juges de n'avoir point vu par leurs yeux dans une affaire si importante, et de s'en être rapportés à l'ignorance ; alors les juges eux-mêmes[3] joindront leurs voix aux nôtres. Refuseront-ils de tirer la vérité de leur greffe ? Cette vérité s'élèvera alors avec plus de force.

Persistez donc, ma mère, dans votre entreprise; laissons là notre fortune : nous sommes cinq enfants sans pain, mais nous avons tous de l'honneur, et nous le préférons comme vous à la vie. Je me jette à vos pieds, je les baigne de mes pleurs; je vous demande votre bénédiction avec un respect que vos malheurs augmentent.

DONAT CALAS.

A MONSEIGNEUR LE CHANCELIER[1]

De Châtelaine, 7 juillet 1762.

MONSEIGNEUR,

S'IL est permis à un sujet d'implorer son roi, s'il est permis à un fils, à un frère, de parler pour son père, pour sa mère et pour son frère, je me jette à vos pieds avec confiance.

Toute ma famille et le fils d'un avocat célèbre, nommé Lavaisse, ont tous été accusés d'avoir étranglé et pendu un de mes frères, pour cause de religion, dans la ville de Toulouse. Le parlement a fait périr mon père par le supplice de la roue. C'était un vieillard de soixante-huit ans, que j'ai vu incommodé des jambes. Vous sentez, Monseigneur, qu'il est impossible qu'il ait pendu seul un jeune homme de vingt-huit ans, dix fois plus fort que lui. Il a protesté devant Dieu de son innocence en expirant. Il est prouvé par le procès-verbal que mon père n'avait pas quitté un instant le reste de sa famille, ni le sieur Lavaisse, pendant qu'on suppose qu'il commettait ce parricide.

Mon frère Pierre Calas, accusé comme mon père, a été banni : ce qui est trop, s'il est innocent, et trop peu, s'il est coupable. Malgré son bannissement on le retient dans un couvent, à Toulouse.

Ma mère, sans autre appui que son innocence, ayant perdu tout son bien dans cette cruelle affaire, ne trouve encore personne qui la présente devant vous. J'ose,

Monseigneur, parler en son nom et au mien; on m'assure que les pièces ci-jointes[1] feront impression sur votre esprit et sur votre cœur, si vous daignez les lire.

Réduit à l'état le plus déplorable, je ne demande autre chose, sinon que la vérité s'éclaire. Tous ceux qui, dans l'Europe entière, ont entendu parler de cette horrible aventure joignent leurs voix à la mienne. Tant que le parlement de Toulouse, qui m'a ravi mon père et mon bien, ne manifestera pas les causes d'un tel malheur, on sera en droit de croire qu'il s'est trompé, et que l'esprit de parti seul a prévalu par les calomnies auprès des juges les plus intègres. Je serai surtout en droit de redemander le sang innocent de mon malheureux père.

Pour mon bien, qui est entièrement perdu, ce n'est pas un objet dont je me plaigne; je ne demande autre chose de votre justice, et de celle du conseil du roi, sinon que la procédure qui m'a ravi mon père, ma mère, mon frère, ma patrie, vous soit au moins communiquée.

Je suis, avec le plus profond respect, etc.

DONAT CALAS.

REQUÊTE AU ROI EN SON CONSEIL

Châtelaine, 7 juillet 1762.

DONAT CALAS, fils de Jean Calas, négociant de Toulouse, et d'Anne-Rose Cabibel, représente humblement :

Que, le 13 octobre 1761, son frère aîné Marc-Antoine Calas se trouva mort dans la maison de son père, vers les dix heures du soir, après souper;

Que la populace, animée par quelques ennemis de la famille, croit que le mort avait été étranglé par sa famille même, en haine de la religion catholique;

Que le père, la mère, et un des frères de l'exposant, le fils d'un avocat nommé Gobert Lavaisse, âgé de vingt ans, furent mis aux fers;

Qu'il fut prouvé que tous les accusés ne s'étaient pas quittés un seul instant pendant que l'on supposait qu'ils avaient commis ce meurtre;

Que Jean Calas, père du plaignant, a été condamné à expirer sur la roue, et qu'il a protesté, en mourant, de son innocence;

Que tous les autres accusés ont été élargis;

Qu'il est physiquement impossible que Jean Calas le père, âgé de soixante-huit ans, ait pu seul pendre Marc-Antoine Calas, son fils, âgé de vingt-huit ans, qui était l'homme le plus robuste de la province;

Qu'aucun des indices trompeurs sur lesquels il a été jugé ne peut balancer cette impossibilité physique;

Que Pierre Calas, frère de l'exposant, accusé de cet assassinat aussi bien que son père, a été condamné au bannissement : ce qui est évidemment trop s'il est innocent, et trop peu s'il est coupable;

Qu'on l'a fait sortir de la ville par une porte, et rentrer par une autre;

Qu'on l'a mis dans un couvent de jacobins;

Que tous les biens de la famille ont été dissipés;

Que l'exposant, qui pour lors était absent, est réduit à la dernière misère;

Que cette horrible aventure est, de part ou d'autre, l'effet du plus horrible fanatisme;

Qu'il importe à Sa Majesté de s'en faire rendre compte :

Que ledit exposant ne demande autre chose, sinon que Sa Majesté se fasse représenter la procédure sur laquelle, tous les accusés étant ou également innocents, ou également coupables, on a roué le père, banni et rappelé le fils, ruiné la mère, mis Lavaisse hors de cour; et comment on a pu rendre des jugements si contradictoires.

Donat Calas se borne à demander que la vérité soit connue; et, quand elle le sera, il ne demande que justice.

MÉMOIRE DE DONAT CALAS

POUR SON PÈRE, SA MÈRE, ET SON FRÈRE[1]

Je commence par avouer que toute notre famille est née dans le sein d'une religion qui n'est pas la dominante. On sait assez combien il en coûte à la probité de changer. Mon père et ma mère ont persévéré dans la religion de leurs pères. On nous a trompés peut-être, mes parents et moi, quand on nous a dit que cette religion est celle que professaient autrefois la France, la Germanie et l'Angleterre, lorsque le concile de Francfort, assemblé par Charlemagne, condamnait le culte des images; lorsque Ratram[1], sous Charles le Chauve, écrivait en cent endroits de son livre, en faisant parler Jésus-Christ même : « Ne croyez pas que ce soit corporellement que vous mangiez ma chair et buviez mon sang »; lorsqu'on chantait dans la plupart des églises cette homélie conservée dans plusieurs bibliothèques : « Nous recevons le corps et le sang de Jésus-Christ, non corporellement, mais spirituellement. »

Quand on se fut fait, m'a-t-on dit, des notions plus relevées de ce mystère; quand on crut devoir changer l'économie de l'Église, plusieurs évêques ne changèrent point : surtout Claude, évêque de Turin, retint les dogmes et le culte que le concile de Francfort avait adoptés, et qu'il crut être ceux de l'Église primitive; il eut toujours un troupeau attaché à ce culte. Le grand nombre prévalut, et prodigua à nos pères les noms de manichéens, de bulgares, de patarins, de lollards, de vaudois, d'albigeois, de huguenots, de calvinistes.

Telles sont les idées acquises par l'examen que ma jeunesse a pu me permettre : je ne les rapporte pas pour étaler une vaine érudition, mais pour tâcher d'adoucir dans l'esprit de nos frères catholiques la haine qui peut les armer contre leurs frères; mes notions peuvent être erronées, mais ma bonne foi n'est point criminelle.

Nous avons fait de grandes fautes, comme tous les autres hommes : nous avons imité les fureurs des Guises; mais nous avons combattu pour Henri IV, si cher à Louis XV. Les horreurs des Cévennes, commises par des paysans insensés, et que la licence des dragons avait fait naître, ont été mises en oubli, comme les horreurs de la Fronde. Nous sommes les enfants de Louis XV, ainsi que ses autres sujets; nous le vénérons; nous chérissons en lui notre père commun; nous obéissons à toutes ses lois; nous payons avec allégresse des impôts nécessaires pour le soutien de sa juste guerre[2]; nous respectons le clergé de France, qui fait gloire d'être soumis comme nous à son autorité royale et paternelle; nous révérons les parlements; nous les regardons comme les défenseurs du trône et de l'État contre les entreprises ultramontaines. C'est dans ces sentiments que j'ai été élevé, et c'est ainsi que pense parmi nous quiconque sait lire et écrire. Si nous avons quelques grâces à demander, nous les espérons en silence de la bonté du meilleur des rois.

Il n'appartient pas à un jeune homme, à un infortuné, de décider laquelle des deux religions est la plus agréable à l'Être suprême; tout ce que je sais, c'est que le fond de la religion est entièrement semblable pour tous les cœurs bien nés; que tous aiment également Dieu, leur patrie et leur roi.

L'horrible aventure dont je vais rendre compte pourra émouvoir la justice de ce roi bienfaisant et de son conseil, la charité du clergé, qui nous plaint en nous croyant dans l'erreur, et la compassion généreuse du parlement même qui nous a plongés dans la plus affreuse calamité où une famille honnête puisse être réduite.

Nous sommes actuellement cinq enfants orphelins : car notre père a péri par le plus grand des supplices, et notre mère poursuit loin de nous, sans secours et sans appui, la justice due à la mémoire de mon père. Notre cause est celle de toutes les familles; c'est celle de la nature : elle intéresse l'État, la religion, et les nations voisines.

Mon père, Jean Calas, était un négociant établi à Toulouse depuis quarante ans. Ma mère est anglaise; mais elle est, par son aïeule, de la maison de La Garde-Montesquieu, et tient à la principale noblesse du Languedoc. Tous deux ont élevé leurs enfants avec tendresse; jamais aucun de nous n'a essuyé d'eux ni coups ni mauvaise humeur : il n'a peut-être jamais été de meilleurs parents.

S'il fallait ajouter à mon témoignage des témoignages étrangers, j'en produirais plusieurs[1].

Tous ceux qui ont vécu avec nous savent que mon père ne nous a jamais gênés sur le choix d'une religion : il s'en est toujours rapporté à Dieu et à notre conscience. Il était si éloigné de ce zèle amer qui indispose les esprits qu'il a toujours eu dans sa maison une servante catholique.

Cette servante très pieuse contribua à la conversion d'un de mes frères, nommé Louis : elle resta auprès de nous après cette action; on ne lui fit aucuns reproches.

Il n'y a point de plus forte preuve de la bonté du cœur de mes parents.

Mon père déclara en présence de son fils Louis, devant M. de Lamotte, conseiller au parlement, que, « pourvu que la conversion de son fils fût sincère, il ne pouvait la désapprouver, parce que de gêner les consciences ne sert qu'à faire des hypocrites ». Ce furent ses propres paroles, que mon frère Louis a consignées dans une déclaration publique, au temps de notre catastrophe.

Mon père lui fit une pension de quatre cents livres, et jamais aucun de nous ne lui a fait le moindre reproche de son changement. Tel était l'esprit de douceur et d'union que mon père et ma mère avaient établi dans notre famille. Dieu la bénissait; nous jouissions d'un bien honnête; nous avions des amis; et pendant quarante ans notre famille n'eut dans Toulouse ni procès ni querelle avec personne. Peut-être quelques marchands, jaloux de la prospérité d'une maison de commerce qui était d'une autre religion qu'eux, excitaient la populace contre nous; mais notre modération constante semblait devoir adoucir leur haine.

Voici comment nous sommes tombés de cet état heureux dans le plus épouvantable désastre. Notre frère aîné Marc-Antoine Calas, la source de tous nos malheurs, était d'une humeur sombre et mélancolique; il avait quelques talents, mais n'ayant pu réussir ni à se faire recevoir licencié en droit, parce qu'il eût fallu faire des actes de catholique, ou acheter des certificats; ne pouvant être négociant, parce qu'il n'y était pas propre; se voyant repoussé dans tous les chemins de la fortune, il se livrait à une douleur profonde. Je le voyais souvent lire des morceaux de divers auteurs sur le suicide, tantôt de Plutarque ou de Sénèque, tantôt de Montaigne : il savait par cœur la traduction en vers du fameux monologue de Hamlet, si célèbre en Angleterre, et des passages d'une tragi-comédie française intitulée *Sidney*[1]. Je ne croyais pas qu'il dût mettre un jour en pratique des leçons si funestes.

Enfin un jour, c'était le 13 octobre 1761 (je n'y étais pas; mais on peut bien croire que je ne suis que trop instruit); ce jour, dis-je, un fils de M. Lavaisse, fameux avocat de Toulouse, arrivé de Bordeaux, veut aller voir son père qui était à la campagne; il cherche partout des chevaux, il n'en trouve point : le hasard fait que mon père et mon frère Marc-Antoine, son ami, le rencontrent et le prient à souper; on se met à table à sept heures, selon l'usage simple de nos familles réglées et occupées, qui finissent leur journée de bonne heure pour se lever avant le soleil. Le père, la mère, les enfants, leur ami, font un repas frugal au premier étage. La cuisine était auprès de la salle à manger; la même servante catholique apportait les plats, entendait et voyait tout. Je ne peux que répéter ici ce qu'a dit ma malheureuse et respectable mère. Mon frère Marc-Antoine se lève de table un peu avant les autres; il passe dans la cuisine; la servante lui dit : « Approchez-vous du feu. — Ah ! répondit-il, je brûle. » Après avoir proféré ces paroles qui n'en disent que trop, il descend en bas, vers le magasin, d'un air sombre, et profondément pensif. Ma famille, avec le jeune Lavaisse, continue une conversation paisible jusqu'à neuf heures trois quarts, sans se quitter un moment. M. Lavaisse se retire; ma mère dit à son second fils, Pierre, de prendre un flambeau et de l'éclairer. Ils descendent; mais quel spectacle s'offre à eux ! Ils voient la porte du magasin ouverte, les deux battants rapprochés, un bâton, fait pour serrer et assujettir les ballots, passé au haut des deux battants, une corde à nœuds coulants, et mon malheureux frère suspendu en chemise, les cheveux arrangés, son habit plié sur le comptoir.

A cet objet ils poussent des cris : « Ah, mon Dieu ! ah, mon Dieu ! » Ils remontent l'escalier; ils appellent le père; la mère suit toute tremblante : ils l'arrêtent; ils la conjurent de rester. Ils volent chez les chirurgiens, chez les magistrats. La mère, effrayée, descend avec la servante; les pleurs et les cris redoublent : que faire ? laissera-t-on le corps de son fils sans secours? Le père embrasse son fils mort; la corde cède au premier effort, parce qu'un des bouts du bâton glissait aisément sur les battants, et que le corps soulevé par le père n'assujettissait plus ce billot. La mère veut faire avaler à son fils des liqueurs spiritueuses; la servante multiplie en vain ses secours; mon frère était mort. Aux cris et aux sanglots de mes parents, la populace environnait déjà la maison : j'ignore quel fanatique imagina le premier que mon frère était un martyr; que sa famille l'avait étranglé pour prévenir son abjuration. Un autre ajoute que cette abjuration devait se faire le lendemain. Un troisième dit que la religion protestante ordonne aux pères et mères d'égorger ou d'étrangler leurs enfants, quand ils veulent se faire catholiques. Un quatrième dit que rien n'est plus vrai; que les protestants ont, dans leur dernière assemblée, nommé un bourreau de la secte; que le jeune Lavaisse, âgé de dix-neuf à vingt ans, est le bourreau; que ce jeune homme, la candeur et la douceur mêmes, est venu de Bordeaux à Toulouse exprès pour pendre son ami. Voilà bien le peuple ! Voilà un tableau trop fidèle de ses excès !

Ces rumeurs volaient de bouche en bouche : ceux qui avaient entendu les cris de mon frère Pierre et du sieur Lavaisse, et les gémissements de mon père et de ma mère, à neuf heures trois quarts, ne manquaient pas d'affirmer qu'ils avaient entendu les cris de mon frère étranglé, et qui était mort deux heures auparavant.

Pour comble de malheur, le capitoul, prévenu par ces clameurs, arrive sur le lieu avec ses assesseurs, et fait transporter le cadavre à l'hôtel de ville. Le procès-verbal se fait à cet hôtel, au lieu d'être dressé dans l'endroit même où l'on a trouvé le mort, comme on m'a dit que la loi l'ordonne[1]. Quelques témoins ont dit que ce procès-verbal, fait à l'hôtel de ville, était daté de la maison du mort; ce serait une grande preuve de l'animosité qui a perdu ma famille. Mais qu'importe que le juge en premier ressort ait commis cette faute ? nous ne prétendons accuser personne; ce n'est pas cette irrégularité seule qui nous a été fatale.

Ces premiers juges ne balançaient pas entre un suicide, qui est rare en ce pays, et un parricide, qui est encore mille fois plus rare. Ils croyaient le parricide; ils le supposaient sur le changement prétendu de religion que le mort devait faire; et on va visiter ses papiers, ses livres, pour voir s'il n'y avait pas quelque preuve de ce changement; on n'en trouve aucune.

Enfin un chirurgien, nommé Lamarque, est nommé pour ouvrir l'estomac de mon frère, et pour faire rapport s'il y a trouvé des restes d'aliments. Son rapport dit que les aliments ont été pris quatre heures avant sa mort. Il se trompait évidemment de plus de deux. Il est clair qu'il voulait se faire valoir en prononçant quel temps il faut pour la digestion, que la diversité des tempéraments rend plus ou moins lente. Cette petite erreur d'un chirurgien devait-elle préparer le supplice de mon père ? La vie des hommes dépend donc d'un mauvais raisonnement !

Il n'y avait point de preuve contre mes parents, et il ne pouvait y en avoir aucune : on eut incontinent recours à un monitoire. Je n'examine pas si ce monitoire était dans les règles; on y supposait le crime, et on demandait la révélation des preuves. On supposait Lavaisse mandé de Bordeaux pour être bourreau, et on supposait l'assemblée tenue pour élire ce bourreau le jour même de l'arrivée de Lavaisse, 13 octobre. On imaginait que quand on étrangle quelqu'un pour cause de religion on le fait mettre à genoux; et on demandait si l'on n'avait pas vu le malheureux Marc-Antoine Calas à genoux devant son père, qui l'étranglait, pendant la nuit, dans un endroit où il n'y avait point de lumière.

On était sûr que mon frère était mort catholique, et l'on demandait des preuves de sa catholicité, quoiqu'il soit bien prouvé que mon frère n'avait point changé de religion, et n'en voulait point changer. On était surtout persuadé que la maxime de tous les protestants est d'étrangler leur fils, dès qu'ils ont le moindre soupçon que leur fils veut être catholique; et ce fanatisme fut porté au point que toute l'Église de Genève se crut obligée d'envoyer une attestation de son horreur pour des idées si abominables et si insensées, et de l'étonnement où elle était qu'un tel soupçon eût jamais pu entrer dans la tête des juges.

Avant que ce monitoire parût, il s'éleva une voix du peuple qui dit que mon frère Marc-Antoine devait entrer le lendemain dans la confrérie des pénitents blancs : aussitôt les capitouls ordonnèrent qu'on enterrât mon frère pompeusement au milieu de l'église de Saint-Étienne. Quarante prêtres et tous les pénitents blancs assistèrent au convoi[1].

Quatre jours après, les pénitents blancs lui firent un service solennel dans leur chapelle; l'église était tendue de blanc; on avait élevé au milieu un catafalque, au haut duquel on voyait un squelette humain qu'un chirurgien avait prêté : ce squelette tenait dans une main un papier où on lisait ces mots : *abjuration contre l'hérésie ;* et de l'autre, une palme, l'emblème de son martyre.

Le lendemain, les cordeliers lui firent un pareil service. On peut juger si un tel éclat acheva d'enflammer tous les esprits; les pénitents blancs et les cordeliers dictaient, sans le savoir, la mort de mon père.

Le parlement saisit bientôt cette affaire. Il cassa d'abord la procédure des capitouls, qui, étant vicieuse dans toutes ses formes, ne pouvait pas subsister; mais le préjugé subsista avec violence. Tous les zélés voulaient déposer; l'un avait vu dans l'obscurité, à travers le trou de la serrure de la porte, des hommes qui couraient; l'autre avait entendu, du fond d'une maison éloignée à l'autre bout de la rue, la voix de Calas, qui se plaignait d'avoir été étranglé.

Un peintre, nommé Matei, dit que sa femme lui avait dit qu'une nommée Mandrille lui avait dit qu'une inconnue lui avait dit avoir entendu les cris de Marc-Antoine Calas à une autre extrémité de la ville.

Mais pour tous les accusés, mon père, ma mère, mon frère Pierre, le jeune Lavaisse, et la servante, ils furent unanimement d'accord sur tous les points essentiels : tous aux fers, tous séparément interrogés, ils soutinrent la vérité, sans jamais varier ni au récolement, ni à la confrontation.

Leur trouble mortel put, à la vérité, faire chanceler leur mémoire sur quelques petites circonstances qu'ils n'avaient aperçues qu'avec des yeux égarés et offusqués par les larmes; mais aucun d'eux n'hésita un moment sur tout ce qui pouvait constater leur innocence. Les cris de la multitude, l'ignorante déposition du chirurgien Lamarque, des témoins auriculaires qui, ayant une fois débité des accusations absurdes, ne voulaient pas s'en dédire, l'emportèrent sur la vérité la plus évidente.

Les juges avaient, d'un côté, ces accusations frivoles sous leurs yeux; de l'autre, l'impossibilité démontrée que mon père, âgé de soixante-huit ans, eût pu seul pendre un jeune homme de vingt-huit ans beaucoup plus robuste que lui, comme on l'a déjà dit ailleurs; ils convenaient bien que ce crime était difficile à commettre, mais ils prétendaient qu'il était encore plus difficile que mon frère Marc-Antoine Calas eût terminé lui-même sa vie.

Vainement Lavaisse et la servante prouvaient l'innocence de mon père, de ma mère, et de mon frère Pierre; Lavaisse et la servante étaient eux-mêmes accusés; le secours de ces témoins nécessaires nous fut ravi contre l'esprit de toutes les lois.

Il eſt clair, et tout le monde en convient, que si Marc-Antoine Calas avait été assassiné, il l'avait été par toute la famille, et par Lavaisse et par la servante, qu'ils étaient ou tous innocents ou tous coupables, puisqu'il était prouvé qu'ils ne s'étaient pas quittés un moment, ni pendant le souper, ni après le souper.

J'ignore par quelle fatalité les juges crurent mon père criminel, et comment la forme l'emporta sur le fond. On m'a assuré que plusieurs d'entre eux soutinrent longtemps l'innocence de mon père, mais qu'ils cédèrent enfin à la pluralité. Cette pluralité croyait toute ma famille et le jeune Lavaisse également coupables. Il eſt certain qu'ils condamnèrent mon malheureux père au supplice de la roue, dans l'idée où ils étaient qu'il ne résiſterait pas aux tourments, et qu'il avouerait les prétendus compagnons de son crime dans l'horreur du supplice.

Je l'ai déjà dit, et je ne peux trop le répéter, ils furent surpris de le voir mourir en prenant à témoin de son innocence le Dieu devant lequel il allait comparaître. Si la voix publique ne m'a pas trompé, les deux dominicains, nommés Bourges et Caldaguès, qu'on lui donna pour l'assiſter dans ces moments cruels, ont rendu témoignage de sa résignation; ils le virent pardonner à ses juges, et les plaindre; ils souhaitèrent enfin de mourir un jour avec des sentiments de piété aussi touchants.

Les juges furent obligés bientôt après d'élargir ma mère, le jeune Lavaisse et la servante; ils bannirent mon frère Pierre; et j'ai toujours dit avec le public : Pourquoi le bannir s'il eſt innocent, et pourquoi se borner au bannissement s'il eſt coupable ?

J'ai toujours demandé pourquoi, ayant été conduit hors de la ville par une porte, on le laissa ou on le fit rentrer sur-le-champ par une autre; pourquoi il fut enfermé trois mois dans un couvent de dominicains. Voulait-on le convertir au lieu de le bannir ? Mettait-on son rappel au prix de son changement ? Punissait-on, faisait-on grâce arbitrairement ? Et le supplice affreux de son père était-il un moyen de persuasion ?

Ma mère, après cette horrible catastrophe, a eu le courage d'abandonner sa dot et son bien; elle est allée à Paris, sans autre secours que sa vertu, implorer la justice du roi : elle ose espérer que le conseil de Sa Majesté se fera représenter la procédure faite à Toulouse. Qui sait même si les juges, touchés de la conduite généreuse de ma mère, n'en verront pas plus évidemment l'innocence, déjà entrevue, de celui qu'ils ont condamné ? N'apercevront-ils pas qu'une femme sans appui n'oserait assurément demander la révision du procès si son mari était criminel ? Aurait-elle fait deux cents lieues pour aller chercher la mort qu'elle mériterait ? cela n'est pas plus dans la nature humaine que le crime dont mon père a été accusé. Car, je le dis encore avec horreur, si mon père a été coupable de ce parricide, ma mère et mon frère Pierre Calas le sont aussi; Lavaisse et la servante ont eu, sans doute, part au crime. Ma mère aurait-elle entrepris ce voyage pour les exposer tous au supplice, et s'y exposer elle-même ?

Je déclare que je pense comme elle, que je me soumets à la mort comme elle, si mon père a commis, contre Dieu, la nature, l'État, et la religion, le crime qu'on lui a imputé.

Je me joins donc à cette vertueuse mère par cet acte légal ou non, mais public et signé de moi. Les avocats qui prendront sa défense pourront mettre au jour les nullités de la procédure : c'est à eux qu'il appartient de montrer que Lavaisse et la servante, quoique accusés, étaient des témoins nécessaires, qui déposaient invinciblement en faveur de mon père. Ils exposeront la nécessité où les juges ont été réduits de supposer qu'un vieillard de soixante et huit ans, que j'ai vu incommodé des jambes, avait seul pendu son propre fils, le plus robuste des hommes, et l'impossibilité absolue d'une telle exécution.

Ils mettront dans la balance, d'un côté cette impossibilité physique, et de l'autre des rumeurs populaires. Ils pèseront les probabilités; ils discuteront les témoignages auriculaires.

Que ne diront-ils pas sur tous les soins que nous avons pris depuis trois mois pour nous faire communiquer la procédure, et sur les refus qu'on nous en a faits ! Le public et le conseil ne seront-ils pas saisis d'indignation et de pitié quand ils apprendront qu'un procureur nous a demandé deux cents louis d'or, à nous, à une famille devenue indigente, pour nous faire avoir cette procédure d'une manière illégale ?

Je ne demande point pardon aux juges d'élever ma voix contre leur arrêt; ils le pardonnent sans doute à la piété filiale; ils me mépriseraient trop si j'avais une autre conduite, et peut-être quelques-uns d'eux mouilleront mon mémoire de leurs larmes.

Cette aventure épouvantable intéresse toutes les religions et toutes les nations; il importe à l'État de savoir de quel côté est le fanatisme le plus dangereux. Je frémis en y pensant, et plus d'un lecteur sensible frémira comme moi-même.

Seul dans un désert, dénué de conseil, d'appui, de consolation, je dis à monseigneur le chancelier et à tout le Conseil d'État : cette requête que je mets à vos pieds est extra-judiciaire; mais rendez-la judiciaire par votre autorité et par votre justice. N'ayez point pitié de ma famille, mais faites paraître la vérité. Que le parlement de Toulouse ait le courage de publier les procédures : l'Europe les demande, et, s'il ne les produit pas, il voit ce que l'Europe décide.

A Châtelaine, 22 juillet 1762.

Signé : DONAT CALAS.

DÉCLARATION DE PIERRE CALAS

EN arrivant chez mon frère Donat Calas pour pleurer avec lui, j'ai trouvé entre ses mains ce mémoire qu'il venait d'achever pour la justification de notre malheureuse famille. Je me joins à ma mère et à lui; je suis prêt d'attester la vérité de tout ce qu'il vient d'écrire; je ratifie tout ce qu'a dit ma mère, et, devenu plus courageux par son exemple, je demande avec elle à mourir si mon père a été criminel.

Je dépose et je promets de déposer juridiquement ce qui suit :

Le jeune Gobert Lavaisse, âgé de dix-neuf à vingt ans, jeune homme des mœurs les plus douces, élevé dans la vertu par son père, célèbre avocat, était l'ami de Marc-Antoine, mon frère; et ce frère était un homme de lettres, qui avait étudié aussi pour être avocat. Lavaisse soupa avec nous, le 13 octobre 1761, comme on l'a dit. Je m'étais un peu endormi après le souper, au temps que le sieur Lavaisse voulut prendre congé. Ma mère me réveilla, et me dit d'éclairer notre ami avec un flambeau.

On peut juger de mon horrible surprise quand je vis mon frère suspendu, en chemise, aux deux battants de la porte de la boutique qui donne dans le magasin. Je poussai des cris affreux; j'appelai mon père; il descend éperdu; il prend à brasse-corps son malheureux fils, en faisant glisser le bâton et la corde qui le soutenaient; il ôte la corde du cou, en élargissant le nœud; il tremblait, il pleurait, il s'écriait dans cette opération funeste : « Va, me dit-il, au nom de Dieu, chez le chirurgien Camoire, notre voisin; peut-être mon pauvre fils n'est pas tout à fait mort. »

Je vole chez le chirurgien; je ne trouve que le sieur Gorse, son garçon, et je l'amène avec moi. Mon père était entre ma mère et un de nos voisins, nommé Delpech, fils d'un négociant catholique, qui pleurait avec eux. Ma mère tâchait en vain de faire avaler à mon frère des eaux spiritueuses, et lui frottait les tempes. Le chirurgien Gorse lui tâte le pouls et le cœur; il le trouve mort et déjà froid; il lui ôte son tour de cou qui était de taffetas noir; il voit l'impression d'une corde, et prononce qu'il est étranglé.

Sa chemise n'était pas seulement froissée, ses cheveux arrangés comme à l'ordinaire, et je vis son habit proprement plié sur le comptoir. Je sors pour aller partout demander conseil. Mon père, dans l'excès de sa douleur, me dit : « Ne va pas répandre le bruit que ton frère s'est défait lui-même; sauve au moins l'honneur de ta misérable famille. » Je cours, tout hors de moi, chez le sieur Caseing, ami de la maison, négociant qui demeurait à la Bourse; je l'amène au logis : il nous conseille d'avertir au plus vite la justice. Je vole chez le sieur Clausade, homme de loi; Lavaisse court chez le greffier des capitouls, chez l'assesseur maître Monier. Je retourne en hâte me rendre auprès de mon père, tandis que Lavaisse et Clausade faisaient relever l'assesseur, qui était déjà couché, et qu'ils vont avertir le capitoul lui-même.

Le capitoul était déjà parti, sur la rumeur publique, pour se rendre chez nous. Il entre avec quarante soldats; j'étais en bas pour le recevoir; il ordonne qu'on me garde.

Dans ce moment même, l'assesseur arrivait avec les sieurs Clausade et Lavaisse. Les gardes ne voulurent point laisser entrer Lavaisse et le repoussèrent : ce ne fut qu'en faisant beaucoup de bruit, en insistant, et en disant qu'il avait soupé avec la famille, qu'il obtint du capitoul qu'on le laissât entrer.

Quiconque aura la moindre connaissance du cœur humain verra bien par toutes ces démarches quelle était notre innocence : comment pouvait-on la soupçonner ? A-t-on quelque exemple, dans les annales du monde et des crimes, d'un pareil parricide, commis sans aucun dessein, sans aucun intérêt, sans aucune cause ?

Le capitoul avait mandé le sieur Latour, médecin, et les sieurs Lamarque et Perronet, chirurgiens; ils visitèrent le cadavre en ma présence, cherchèrent des meurtrissures sur le corps, et n'en trouvèrent point. Ils ne visitèrent point la corde : ils firent un rapport secret, seulement de bouche, au capitoul; après quoi on nous mena tous à l'hôtel de ville, c'est-à-dire mon père, ma mère, le sieur Lavaisse, le sieur Caseing notre ami, la servante, et moi. On prit le cadavre et les habits, qui furent portés aussi à l'hôtel de ville.

Je voulus laisser un flambeau allumé dans le passage, au bas de la maison, pour retrouver de la lumière à notre retour. Telle était ma sécurité et celle de mon père que nous pensions être menés seulement à l'hôtel de ville pour rendre témoignage à la vérité, et que nous nous flattions de revenir coucher chez nous; mais le capitoul, souriant de ma simplicité, fit éteindre le flambeau, en disant que nous ne reviendrions pas sitôt. Mon père et moi fûmes mis dans un cachot noir; ma mère, dans un cachot éclairé, ainsi que Lavaisse, Caseing, et la servante. Le procès-verbal du capitoul, et celui des médecins et chirurgiens, furent faits le lendemain à l'hôtel.

Caseing, qui n'avait point soupé avec nous, fut bientôt élargi; nous fûmes, tous les autres, condamnés à la question, et mis aux fers, le 18 novembre. Nous en appelâmes au parlement, qui cassa la sentence du capitoul, irrégulière en plusieurs points, et qui continua les procédures.

On m'interrogea plus de cinquante fois : on me demanda si mon frère Marc-Antoine devait se faire catholique. Je répondis que j'étais sûr du contraire; mais qu'étant homme de lettres et amateur de la musique, il allait quelquefois entendre les prédicateurs qu'il croyait éloquents, et la musique quand elle était bonne : et que m'eût importé, bon Dieu ! que mon frère Marc-Antoine eût été catholique ou réformé ? En ai-je moins vécu en intelligence avec mon frère Louis, parce qu'il allait à la messe ? N'ai-je pas dîné avec lui ? N'ai-je pas toujours fréquenté les catholiques dans Toulouse ? Aucun s'est-il jamais plaint de mon père et de moi ? N'ai-je pas appris dans le célèbre mandement de M. l'évêque de Soissons[1] qu'il faut traiter les Turcs mêmes comme nos frères : pourquoi aurais-je traité mon frère comme une bête féroce ? Quelle idée ! Quelle démence !

Je fus confronté souvent avec mon père, qui en me voyant éclatait en sanglots, et fondait en larmes. L'excès de ses malheurs dérangeait quelquefois sa mémoire. « Aide-moi », me disait-il; et je le remettais sur la voie concernant des points tout à fait indifférents : par exemple, il lui échappa de dire que nous sortîmes de table tous ensemble. « Eh ! mon père, m'écriai-je, oubliez-vous que mon frère sortit quelque temps avant nous ? — Tu as raison, me dit-il; pardonne, je suis troublé. »

Je fus confronté avec plus de cinquante témoins. Les cœurs se soulèveront de pitié quand ils verront quels étaient ces témoins et ces témoignages. C'était un nommé Popis, garçon passementier, qui, entendant d'une maison voisine les cris que je poussais à la vue de mon frère mort, s'était imaginé entendre les cris de mon frère même; c'était une bonne servante qui, lorsque je m'écriais : *Ah, mon Dieu !* crut que je criais *au voleur ;* c'étaient des ouï-dire d'après des ouï-dire extravagants. Il ne s'agissait guère que de méprises pareilles.

La demoiselle Peyronet déposa qu'elle m'avait vu dans la rue, le 13 octobre, à dix heures du soir, « courant avec un mouchoir, essuyant mes larmes, disant que mon frère était mort d'un coup d'épée ». Non, je ne le dis pas, et si je l'avais dit, j'aurais bien fait de sauver l'honneur de mon cher frère. Les juges auraient-ils fait plus d'attention à la partie fausse de cette déposition qu'à la partie pleine de vérité qui parlait de mon trouble et de mes pleurs ? Et ces pleurs ne s'expliquaient-ils pas d'une manière invincible contre toutes les accusations frivoles sous lesquelles l'innocence la plus pure a succombé ? Il se peut qu'un jour mon père, mécontent de mon frère aîné, qui perdait son temps et son argent au billard, lui ait dit : « Si tu ne changes, je te punirai, ou je te chasserai, ou tu te perdras, tu périras »; mais fallait-il qu'un témoin, fanatique impétueux, donnât une interprétation dénaturée à ces paroles paternelles, et qu'il substituât méchamment aux mots : *Si tu ne changes de conduite,* ces mots cruels : *Si tu changes de religion ?* Fallait-il que les juges, entre un témoin inique et un père accusé, décidassent en faveur de la calomnie contre la nature ?

Il n'y eut contre nous aucun témoin valable; et on s'en apercevra bien à la lecture du procès-verbal, si on peut parvenir à tirer ce procès du greffier, qui a eu défense d'en donner communication.

Tout le reste est exactement conforme à ce que ma mère et mon frère Donat Calas ont écrit. Jamais innocence ne fut plus avérée. Des deux jacobins qui assistèrent au supplice de mon père, l'un, qui était venu de Castres, dit publiquement : « Il est mort un juste. » Sur quoi donc, me dira-t-on, votre père a-t-il été condamné ? Je vais le dire, et on va être étonné.

Le capitoul, l'assesseur M. Monier, le procureur du roi, l'avocat du roi, étaient venus, quelques jours après notre détention, avec un expert, dans la maison où mon frère Marc-Antoine était mort : quel était cet expert ? pourra-t-on le croire ? c'était le bourreau. On lui demanda si un homme pouvait se pendre aux deux battants de la porte du magasin où j'avais trouvé mon frère. Ce misérable, qui ne connaissait que ses opérations, répondit que la chose n'était pas praticable. C'était donc une affaire de physique ? Hélas ! l'homme le moins instruit aurait vu que la chose n'était que trop aisée; et Lavaisse, qu'on peut interroger avec moi, en avait vu de ses yeux la preuve bien évidente.

Le chirurgien Lamarque, appelé pour visiter le cadavre, pouvait être indisposé contre moi parce qu'un jour, dans un de ses rapports juridiques, ayant pris l'œil droit pour l'œil gauche, j'avais relevé sa méprise. Ainsi mon père fut sacrifié à l'ignorance autant qu'aux préjugés. Il s'en fallut bien que les juges fussent unanimes; mais la pluralité l'emporta.

Après cette horrible exécution les juges me firent comparaître; l'un d'eux me dit ces mots : « Nous avons condamné votre père; si vous n'avouez pas, prenez garde à vous. » Grand Dieu ! que pouvais-je avouer, sinon que des hommes trompés avaient répandu le sang innocent ?

Quelques jours après, le P. Bourges, l'un des deux jacobins qu'on avait donnés à mon père pour être les témoins de son supplice et de ses sentiments, vint me trouver dans mon cachot, et me menaça du même genre de mort si je n'abjurais pas. Peut-être qu'autrefois, dans les persécutions exagérées dont on nous parle, un proconsul romain, revêtu d'un pouvoir arbitraire, se serait expliqué ainsi. J'avoue que j'eus la faiblesse de céder à la crainte d'un supplice épouvantable.

Enfin on vint m'annoncer mon arrêt de bannissement; il était resté quatre jours sur le bureau sans être signé. Que d'irrégularités ! que d'incertitudes ! La main des juges devait trembler de signer quelque arrêt que ce fût, après avoir signé la mort de mon père. Le greffier de la geôle me lut seulement deux lignes du mien.

Quant à l'arrêt qui livra mon vertueux père au plus affreux supplice, je ne le vis jamais; il ne fut jamais connu; c'est un mystère impénétrable. Ces jugements sont faits pour le public; ils étaient autrefois envoyés au roi, et n'étaient point exécutés sans son approbation : c'est ainsi qu'on en use encore dans une grande partie de l'Europe. Mais pour le jugement qui a condamné mon père, on a pris, si j'ose m'exprimer ainsi, autant de soin de le dérober à la connaissance des hommes que les criminels en prennent ordinairement pour cacher leurs crimes.

Mon jugement me surprit, comme il a surpris tout le monde : car si mon malheureux frère avait pu être assassiné, il ne pouvait l'avoir été que par moi et par Lavaisse, et non par un vieillard faible. C'est à moi que le plus horrible supplice aurait été dû.

On voit assez qu'il n'y avait point de milieu entre le parricide et l'innocence.

Je fus conduit incontinent à une porte de la ville; un abbé m'y accompagna, et me fit rentrer le moment d'après au couvent des jacobins : le P. Bourges m'attendait à la porte; il me dit qu'on ne ferait aucune attention à mon bannissement si je professais la loi catholique romaine; il me fit demeurer quatre mois dans ce monastère, où je fus gardé à vue.

Je suis échappé enfin de cette prison, prêt à me remettre dans celle que le roi jugera à propos d'ordonner, et disposé à verser mon sang pour l'honneur de mon père et de ma mère.

Le préjugé aveugle nous a perdus; la raison éclairée nous plaint aujourd'hui; le public, juge de l'honneur et de la honte, réhabilite la mémoire de mon père; le conseil confirmera l'arrêt du public, s'il daigne seulement voir les pièces. Ce n'est point ici un de ces procès qu'on laisse dans la poudre d'un greffe, parce qu'il est inutile de les publier; je sens qu'il importe au genre humain qu'on soit instruit jusque dans les derniers détails de tout ce qu'a pu produire le fanatisme, cette peste exécrable du genre humain.

A Châtelaine, 23 juillet 1762.

Signé : PIERRE CALAS.

HISTOIRE D'ÉLISABETH CANNING ET DES CALAS[1]

D'ÉLISABETH CANNING

J'ÉTAIS à Londres, en 1753, quand l'aventure de la jeune Élisabeth Canning fit tant de bruit. Élisabeth avait disparu pendant un mois de la maison de ses parents; elle revint maigre, défaite, et n'ayant que des habits délabrés. « Hé, mon Dieu ! dans quel état vous revenez ! où avez-vous été ? d'où venez-vous ? que vous est-il arrivé ? — Hélas ! ma tante, je passais par Moorfields pour retourner à la maison, lorsque deux bandits vigoureux me jetèrent par terre, me volèrent, et m'emmenèrent dans une maison à dix milles de Londres. »

La tante et les voisines pleurèrent à ce récit. « Ah ! ma chère enfant, n'est-ce pas chez cette infâme Mme Web que ces brigands vous ont menée ? Car c'est juste à dix milles d'ici qu'elle demeure. — Oui, ma tante, chez Mme Web. — Dans cette grande maison à droite ? — Justement, ma tante. » Les voisines dépeignirent alors Mme Web; et la jeune Canning convint que cette femme était faite précisément comme elles le disaient. L'une d'elles apprend à miss Canning qu'on joue toute la nuit chez cette femme, et que c'est un coupe-gorge où tous les jeunes gens vont perdre leur argent. « Ah! un vrai coupe-gorge, répondit Élisabeth Canning. — On y fait bien pis, dit une autre voisine : ces deux brigands, qui sont cousins de Mme Web, vont sur les grands chemins prendre toutes les petites filles qu'ils rencontrent, et les font jeûner au pain et à l'eau jusqu'à ce qu'elles soient obligées de s'abandonner aux joueurs qui se tiennent dans la maison. — Hélas ! ne t'a-t-on pas mise au pain et à l'eau, ma chère nièce ? — Oui, ma tante. » On lui demande si ces deux brigands n'ont point abusé d'elle, et si on ne l'a pas prostituée. Elle répond qu'elle s'est défendue, qu'on l'a accablée de coups, et que sa vie a été en péril. Alors la tante et les voisines recommencèrent à crier et à pleurer.

On mena aussitôt la petite Canning chez un M. Adamson, protecteur de la famille depuis longtemps : c'était un homme de bien qui avait un grand crédit dans sa paroisse. Il monte à cheval avec un de ses amis aussi zélé que lui; ils vont reconnaître la maison de Mme Web; ils ne doutent pas, en la voyant, que la petite n'y ait été enfermée; ils jugent même, en apercevant une petite grange où il y a du foin, que c'est dans cette grange qu'on a tenu Élisabeth en prison. La pitié du bon Adamson en augmente : il fait convenir Élisabeth, à son retour, que c'est là qu'elle a été retenue; il anime tout le quartier; on fait une souscription pour la jeune demoiselle si cruellement traitée.

A mesure que la jeune Canning reprend son embonpoint et sa beauté, tous les esprits s'échauffent pour elle. M. Adamson fait présenter au shérif une plainte au nom de l'innocence outragée. Mme Web et tous ceux de sa maison, qui étaient tranquilles dans leur campagne, sont arrêtés, et mis tous au cachot.

M. le shérif, pour mieux s'instruire de la vérité du fait, commence par faire venir chez lui amicalement une jeune servante de Mme Web, et l'engage par de douces paroles à dire tout ce qu'elle sait. La servante, qui n'avait jamais vu en sa vie miss Canning, ni entendu parler d'elle, répondit d'abord ingénument qu'elle ne savait rien de ce qu'on lui demandait; mais quand le shérif lui eut dit qu'il faudrait répondre devant la justice, et qu'elle serait infailliblement pendue si elle n'avouait pas, elle dit tout ce qu'on voulut : enfin les jurés s'assemblèrent, et neuf personnes furent condamnées à la corde.

Heureusement en Angleterre aucun procès n'est secret, parce que le châtiment des crimes est destiné à être une instruction publique aux hommes, et non pas une vengeance particulière. Tous les interrogatoires se font à portes ouvertes, et tous les procès intéressants sont imprimés dans les journaux.

Il y a plus; on a conservé en Angleterre une ancienne loi de France, qui ne permet pas qu'aucun criminel soit exécuté à mort sans que le procès ait été présenté au roi, et qu'il en ait signé l'arrêt. Cette loi, si sage, si humaine, si nécessaire, a été enfin mise en oubli en France, comme beaucoup d'autres; mais elle eſt observée dans presque toute l'Europe : elle l'eſt aujourd'hui en Russie, elle l'eſt à la Chine, cette ancienne patrie de la morale, qui a publié des lois divines avant que l'Europe eût des coutumes.

Le temps de l'exécution des neuf accusés approchait, lorsque le papier qu'on appelle des sessions tomba entre les mains d'un philosophe nommé M. Ramsay; il lut le procès, et le trouva absurde d'un bout à l'autre. Cette lecture l'indigna; il se mit à écrire une feuille dans laquelle il pose pour principe que le premier devoir des jurés eſt d'avoir le sens commun. Il fit voir que Mme Web, ses deux cousins, et tout le reſte de la maison, étaient formés d'une autre pâte que les autres hommes s'ils faisaient jeûner au pain et à l'eau de petites filles dans le dessein de les proſtituer; qu'au contraire ils devaient les bien nourrir et les parer pour les rendre agréables; que des marchands ne salissent ni ne déchirent la marchandise qu'ils veulent vendre. Il fit voir que jamais miss Canning n'avait été dans cette maison; qu'elle n'avait fait que répéter ce que la bêtise de sa tante lui avait suggéré; que le bonhomme Adamson avait, par excès de zèle, produit cet extravagant procès criminel; qu'enfin il en allait coûter la vie à neuf citoyens, parce que miss Canning était jolie et qu'elle avait menti.

La servante, qui avait avoué amicalement au shérif tout ce qui n'était pas vrai, n'avait pu se dédire juridiquement. Quiconque a rendu un faux témoignage par enthousiasme ou par crainte le soutient d'ordinaire, et ment de peur de passer pour un menteur.

C'eſt en vain, dit M. Ramsay, que la loi veut que deux témoins fassent pendre un accusé. Si M. le chancelier et M. l'archevêque de Cantorbéry déposaient qu'ils m'ont vu assassiner mon père et ma mère, et les manger tout entiers à mon déjeuner en un demi-quart d'heure, il faudrait mettre à Bedlam M. le chancelier et M. l'archevêque, plutôt que de me brûler sur leur beau témoignage. Mettez d'un côté une chose absurde et impossible, et de l'autre mille témoins et mille raisonneurs, l'impossibilité doit démentir les témoignages et les raisonnements.

Cette petite feuille fit tomber les écailles des yeux de M. le shérif et des jurés. Ils furent obligés de revoir le procès : il fut avéré que miss Canning était une petite friponne qui était allée accoucher, pendant qu'elle prétendait avoir été en prison chez Mme Web; et toute la ville de Londres, qui avait pris parti pour elle, fut aussi honteuse qu'elle l'avait été lorsqu'un charlatan proposa de se mettre dans une bouteille de deux pintes, et que deux mille personnes étant venues à ce spectacle, il emporta leur argent, et leur laissa sa bouteille.

Il se peut qu'on se soit trompé sur quelques circonstances de cet événement; mais les principales sont d'une vérité reconnue de toute l'Angleterre.

HISTOIRE DES CALAS

Cette aventure ridicule serait devenue bien tragique s'il ne s'était pas trouvé un philosophe qui lut par hasard les papiers publics. Plût à Dieu que, dans un procès non moins absurde et mille fois plus horrible, il y eût eu dans Toulouse un philosophe au milieu de tant de pénitents blancs! On ne gémirait pas aujourd'hui sur le sang de l'innocence que le préjugé a fait répandre.

Il y eut pourtant à Toulouse un sage qui éleva sa voix contre les cris de la populace effrénée, et contre les préjugés des magistrats prévenus. Ce sage, qu'on ne peut trop bénir, était M. de Lassalle, conseiller au parlement, qui devait être un des juges.

Il s'expliqua d'abord sur l'irrégularité du monitoire; il condamna hautement la précipitation avec laquelle on avait fait trois services solennels à un homme qu'on devait probablement traîner sur la claie : il déclara qu'on ne devait pas ensevelir en catholique et canoniser en martyr un mort qui, selon toutes les apparences, s'était défait lui-même, et qui certainement n'était point catholique. On savait que maître Chalier, avocat au parlement, avait déposé que Marc-Antoine Calas (qu'on supposait devoir faire abjuration le lendemain) avait au contraire le dessein d'aller à Genève se proposer pour être reçu pasteur des églises protestantes.

Le sieur Caseing avait entre les mains une lettre de ce même Marc-Antoine, dans laquelle il traitait de déserteur son frère Louis, devenu catholique : Notre déserteur, disait-il dans cette lettre, nous tracasse. Le curé de Saint-Étienne avait déclaré authentiquement que Marc-Antoine Calas était venu lui demander un certificat de catholicité, et qu'il n'avait pas voulu se charger de la prévarication de donner un certificat de catholicité à un protestant.

M. le conseiller de Lassalle pesait toutes ces raisons; il ajoutait surtout que, selon la disposition des ordonnances et celle du droit romain, suivi dans le Languedoc, « il n'y a ni indice ni présomption, fût-elle de droit, qui puisse faire regarder un père comme coupable de la mort de son fils, et balancer la présomption naturelle et sacrée qui met les pères à l'abri de tout soupçon du meurtre de leurs enfants ».

Enfin ce digne magistrat trouvait que le jeune Lavaisse, étranger à toute cette horrible aventure, et la servante catholique, ne pouvant être accusés du meurtre prétendu de Marc-Antoine Calas, devaient être regardés comme témoins, et que leur témoignage nécessaire ne devait pas être ravi aux accusés.

Fondé sur tant de raisons invincibles, et pénétré d'une juste pitié, M. de Lassalle en parla avec le zèle que donnent la persuasion de l'esprit et la bonté du cœur. Un des juges lui dit : « Ah ! Monsieur, vous êtes tout Calas. — Ah ! Monsieur, vous êtes tout peuple », répondit M. de Lassalle.

Il est bien triste que cette noble chaleur qu'il faisait paraître ait servi au malheur de la famille dont son équité prenait la défense : car, s'étant déclaré avec tant de hauteur et en public, il eut la délicatesse de se récuser, et les Calas perdirent un juge éclairé, qui probablement aurait éclairé les autres.

M. Laborde, au contraire, qui s'était déclaré pour les préjugés populaires, et qui, ayant marqué un zèle que lui-même croyait outré; M. Laborde, qui avait renoncé aussi à juger cette affaire, qui s'était retiré à la campagne près d'Albi, en revint pourtant pour condamner un père de famille à la roue.

Il n'y avait, comme on l'a déjà dit, et comme on le dira toujours, aucune preuve contre cette famille infortunée : on ne s'appuyait que sur des indices; et quels ndices encore ! La raison humaine en rougit.

Le sieur David, capitoul de Toulouse, avait consulté le bourreau sur la manière dont Marc-Antoine Calas avait pu être pendu; et ce fut l'avis du bourreau qui prépara l'arrêt, tandis qu'on négligeait les avis de tous les avocats.

Quand on alla aux opinions, le rapporteur ne délibéra que sur Calas père, et opina que ce père innocent « fût condamné à être d'abord appliqué à la question ordinaire et extraordinaire, pour avoir révélation de ses complices, être ensuite rompu vif, expirer sur la roue, après y avoir demeuré deux heures, et être ensuite brûlé ».

Cet avis fut suivi par six juges; trois autres opinèrent à la question seulement; deux autres furent d'avis qu'on vérifiât sur les lieux s'il était possible que Marc-Antoine Calas eût pu se pendre lui-même; un seul opina à mettre Jean Calas hors de cour.

Enfin, après de très longs débats, la pluralité se trouva pour la question ordinaire et extraordinaire, et pour la roue.

Ce malheureux père de famille, qui n'avait jamais eu de querelle avec personne, qui n'avait jamais battu un seul de ses enfants, ce faible vieillard de soixante-huit ans fut donc condamné au plus horrible des supplices, pour avoir étranglé et pendu de ses débiles mains, en haine de la religion catholique, un fils robuste et vigoureux, qui n'avait pas plus d'inclination pour cette religion catholique que le père lui-même.

Interrogé sur ses complices au milieu des horreurs de la question, il répondit ces propres mots : « Hélas ! où il n'y a point de crime peut-il y avoir des complices ? »

Conduit de la chambre de la question au lieu du supplice, la même tranquillité d'âme l'y accompagna. Tous ses concitoyens, qui le virent passer sur le chariot fatal, en furent attendris; le peuple même, qui depuis quelque temps était revenu de son fanatisme, versait sur son malheur des larmes sincères. Le commissaire qui présidait à l'exécution prit de lui le dernier interrogatoire; il n'eut de lui que les mêmes réponses. Le P. Bourges, religieux jacobin et professeur en théologie, qui, avec le P. Caldaguès, religieux du même ordre, avait été chargé de l'assister dans ses derniers moments, et surtout de l'engager à ne rien celer de la vérité, le trouva tout disposé à offrir à Dieu le sacrifice de sa vie pour l'expiation de ses péchés; mais, autant qu'il marquait de résignation aux décrets de la Providence, autant il fut ferme à défendre son innocence et celle des autres prévenus.

Un seul cri fort modéré lui échappa au premier coup qu'il reçut, les autres ne lui arrachèrent aucune plainte. Placé ensuite sur la roue pour y attendre le moment qui devait finir son supplice et sa vie, il ne tint que des discours remplis de sentiments de christianisme; il ne s'emporta point contre ses juges; sa charité lui fit dire qu'il ne leur imputait pas sa mort, et qu'il fallait qu'ils eussent été trompés par de faux témoins. Enfin lorsqu'il vit le moment où l'exécuteur se disposait à le délivrer de ses peines, ses dernières paroles au P. Bourges furent celles-ci : « Je meurs innocent; Jésus-Christ, qui était l'innocence même, a bien voulu mourir par un supplice plus cruel encore. Je n'ai point de regret à une vie dont la fin va, je l'espère, me conduire à un bonheur éternel. Je plains mon épouse et mon fils; mais ce pauvre étranger à qui je croyais faire politesse en le priant à souper, ce fils de M. Lavaisse, augmente encore mes regrets. »

Il parlait ainsi, lorsque le capitoul, premier auteur de cette catastrophe, qui avait voulu être témoin de son supplice et de sa mort, quoiqu'il ne fût pas nommé commissaire, s'approcha de lui, et lui cria : « Malheureux ! voici le bûcher qui va réduire ton corps en cendres, dis la vérité. » Le sieur Calas ne fit pour toute réponse que détourner un peu la tête, et au même instant l'exécuteur fit son office, et lui ôta la vie.

Quoique Jean Calas soit mort protestant, le P. Bourges et le P. Caldaguès, son collègue, ont donné à sa mémoire les plus grands éloges : « C'est ainsi, ont-ils dit à quiconque a voulu les entendre, c'est ainsi que moururent autrefois nos martyrs »; et même, sur un bruit qui courut que le sieur Calas s'était démenti et avait avoué son prétendu crime, le P. Bourges crut devoir aller lui-même rendre compte aux juges des derniers sentiments de Jean Calas, et les assurer qu'il avait toujours protesté de son innocence et de celle des autres accusés.

Après cette étrange exécution, on commença par juger Pierre Calas le fils; il était regardé comme le plus coupable de ceux qui restaient en vie; voici sur quel fondement.

Un jeune homme du peuple, nommé Cazères, avait été appelé à Montpellier pour déposer dans la continuation d'information; il avait déposé qu'étant en qualité de garçon chez un tailleur nommé Bou, qui occupait une boutique dépendante de la maison du sieur Calas, le sieur Pierre Calas étant entré un jour dans cette boutique, la demoiselle Bou, entendant sonner la bénédiction, ordonna à ses garçons de l'aller recevoir; sur quoi Pierre Calas lui dit : « Vous ne pensez qu'à vos bénédictions; on peut se sauver dans les deux religions; deux de mes frères pensent comme moi : si je savais qu'ils voulussent changer, je serais en état de les poignarder; et si j'avais été à la place de mon père, quand Louis Calas, mon autre frère, se fit catholique, je ne l'aurais pas épargné. »

Pourquoi affecta-t-on de faire venir ce témoin de Montpellier pour déposer d'un fait que ce témoin prétendait s'être passé devant la demoiselle Bou et deux de ses garçons, qui étaient tous à Toulouse ? Pourquoi ne voulut-on pas faire ouïr la demoiselle Bou et ces deux garçons, surtout après qu'il eut été avancé dans les mémoires des Calas que la demoiselle Bou et ces deux garçons soutenaient fortement que tout ce que Cazères avait osé dire n'était qu'un mensonge dicté par des ennemis de l'accusé et par la haine des partis ? Quoi ! le nommé Cazères a entendu publiquement ce qu'on disait à ses maîtres, et ses maîtres et ses compagnons ne l'ont pas entendu ! Et les juges l'écoutent, et ils n'écoutent pas ces compagnons et ces maîtres !

Ne voit-on pas que la déposition de ce misérable était une contradiction dans les termes ? « On peut se sauver dans les deux religions »; c'est-à-dire Dieu a pitié de l'ignorance et de la faiblesse humaine, et moi, je n'aurai pas pitié de mon frère ! Dieu accepte les vœux sincères de quiconque s'adresse à lui, et moi, je tuerai quiconque s'adressera à Dieu d'une manière qui ne me plaira pas ! Peut-on supposer un discours rempli d'une démence si atroce ?

Un autre témoin, mais bien moins important, qui déposa que Pierre Calas parlait mal de la religion romaine, commença par dire : « J'ai une aversion invincible pour tous les protestants. » Voilà certes un témoignage bien recevable !

C'était là tout ce qu'on avait pu rassembler contre Pierre Calas : le rapporteur crut y trouver une preuve assez forte pour fonder une condamnation aux galères perpétuelles; il fut seul de son avis. Plusieurs opinèrent à mettre Pierre hors de cour, d'autres à le condamner au bannissement perpétuel; le rapporteur se réduisit à cet avis, qui prévalut.

On vint ensuite à la veuve Calas, à cette mère vertueuse. Il n'y avait contre elle aucune sorte de preuve, ni de présomption, ni d'indice; le rapporteur opina néanmoins contre elle au bannissement; tous les autres juges furent d'avis de la mettre hors de cour et de procès.

Ce fut après cela le tour du jeune Lavaisse. Les soupçons contre lui étaient absurdes. Comment ce jeune homme de dix-neuf ans, étant à Bordeaux, aurait-il été élu à Toulouse bourreau des protestants ? La mère lui aurait-elle dit : « Vous venez à propos, nous avons un fils aîné à exécuter; vous êtes son ami, vous souperez avec lui pour le pendre; un de nos amis devait être du souper, il nous aurait aidés, mais nous nous passerons bien de lui » ?

Cet excès de démence ne pouvait se soutenir plus longtemps; cependant le rapporteur fut d'avis de condamner Lavaisse au bannissement; tous les autres juges, à l'exception du sieur Darbou, s'élevèrent contre cet avis.

Enfin, quand il fut question de la servante des Calas, le rapporteur opina à son élargissement, en faveur de son ancienne catholicité; et cet avis passa tout d'une voix.

Serait-il possible qu'il y eût à présent dans Toulouse des juges qui ne pleurassent pas l'innocence d'une famille ainsi traitée ? Ils pleurent sans doute, et ils rougissent : et une preuve qu'ils se repentent de cet arrêt cruel, c'est qu'ils ont pendant quatre mois refusé la communication du procès, et même de l'arrêt, à quiconque l'a demandée.

Chacun d'eux se dit aujourd'hui dans le fond de son cœur : « Je vois avec horreur tous ces préjugés, toutes ces suppositions qui font frémir la nature et le sens commun. Je vois que par un arrêt j'ai fait expirer sur la roue un vieillard qui ne pouvait être coupable; et que par un autre arrêt j'ai mis hors de cour tous ceux qui auraient été nécessairement criminels comme lui si le crime eût été possible. Je sens qu'il est évident qu'un de ces arrêts dément l'autre; j'avoue que si j'ai fait mourir le père sur la roue, j'ai eu tort de me borner à bannir le fils, et j'avoue qu'en effet j'ai à me reprocher le bannissement du fils, la mort effroyable du père, et les fers dont j'ai chargé une mère respectable et le jeune Lavaisse pendant six mois.

« Si nous n'avons pas voulu montrer la procédure à ceux qui nous l'ont demandée, c'est qu'elle était effacée par nos larmes; ajoutons à ces larmes la réparation qui est due à une honnête famille que nous avons précipitée dans la désolation et dans l'indigence; je ne dirai pas dans l'opprobre, car l'opprobre n'est pas le partage des innocents; rendons à la mère le bien que ce procès abominable lui a ravi. J'ajouterais : demandons-lui pardon; mais qui de nous oserait soutenir sa présence ?

« Recevons du moins des remontrances publiques, fruit lamentable d'une publique injustice; nous en faisons au roi, quand il demande à son peuple des secours absolument indispensables pour défendre ce même peuple du fer de ses ennemis : ne soyons pas étonnés que la terre entière nous en fasse quand nous avons fait mourir le plus innocent des hommes. Ne voyons-nous pas que ces remontrances sont écrites de son sang ? »

Il est à croire que les juges ont fait plusieurs fois en secret ces réflexions. Qu'il serait beau de s'y livrer ! et qu'ils sont à plaindre si une fausse honte les a étouffées dans leur cœur[1] !

TRAITÉ SUR LA TOLÉRANCE

A L'OCCASION DE LA MORT DE JEAN CALAS[1]

(1763)

CHAPITRE PREMIER

HISTOIRE ABRÉGÉE DE LA MORT DE JEAN CALAS

Le meurtre de Calas, commis dans Toulouse avec le glaive de la justice, le 9 mars 1762, est un des plus singuliers événements qui méritent l'attention de notre âge et de la postérité. On oublie bientôt cette foule de morts qui a péri dans des batailles sans nombre, non seulement parce que c'est la fatalité inévitable de la guerre, mais parce que ceux qui meurent par le sort des armes pouvaient aussi donner la mort à leurs ennemis, et n'ont point péri sans se défendre. Là où le danger et l'avantage sont égaux, l'étonnement cesse, et la pitié même s'affaiblit; mais si un père de famille innocent est livré aux mains de l'erreur, ou de la passion, ou du fanatisme; si l'accusé n'a de défense que sa vertu; si les arbitres de sa vie n'ont à risquer en l'égorgeant que de se tromper; s'ils peuvent tuer impunément par un arrêt, alors le cri public s'élève, chacun craint pour soi-même, on voit que personne n'est en sûreté de sa vie devant un tribunal érigé pour veiller sur la vie des citoyens, et toutes les voix se réunissent pour demander vengeance.

Il s'agissait, dans cette étrange affaire, de religion, de suicide, de parricide; il s'agissait de savoir si un père et une mère avaient étranglé leur fils pour plaire à Dieu, si un frère avait étranglé son frère, si un ami avait étranglé son ami, et si les juges avaient à se reprocher d'avoir fait mourir sur la roue un père innocent, ou d'avoir épargné une mère, un frère, un ami coupables.

Jean Calas, âgé de soixante et huit ans, exerçait la profession de négociant à Toulouse depuis plus de quarante années, et était reconnu de tous ceux qui ont vécu avec lui pour un bon père. Il était protestant, ainsi que sa femme et tous ses enfants, excepté un, qui avait abjuré l'hérésie, et à qui le père faisait une petite pension. Il paraissait si éloigné de cet absurde fanatisme qui rompt tous les liens de la société qu'il approuva la conversion de son fils Louis Calas, et qu'il avait depuis trente ans chez lui une servante zélée catholique, laquelle avait élevé tous ses enfants.

Un des fils de Jean Calas, nommé Marc-Antoine, était un homme de lettres : il passait pour un esprit inquiet, sombre et violent. Ce jeune homme, ne pouvant réussir ni à entrer dans le négoce, auquel il n'était pas propre, ni à être reçu avocat, parce qu'il fallait des certificats de catholicité qu'il ne put obtenir, résolut de finir sa vie, et fit pressentir ce dessein à un de ses amis; il se confirma dans sa résolution par la lecture de tout ce qu'on a jamais écrit sur le suicide.

Enfin, un jour, ayant perdu son argent au jeu, il choisit ce jour-là pour exécuter son dessein. Un ami de sa famille et le sien, nommé Lavaisse, jeune homme de dix-neuf ans, connu par la candeur et la douceur de ses mœurs, fils d'un avocat célèbre de Toulouse, était arrivé de Bordeaux la veille[1]; il soupa par hasard chez les Calas. Le père, la mère, Marc-Antoine leur fils aîné, Pierre leur second fils, mangèrent ensemble. Après le souper on se retira dans un petit salon : Marc-Antoine disparut; enfin, lorsque le jeune Lavaisse voulut partir, Pierre Calas et lui étant descendus trouvèrent en bas, auprès du magasin, Marc-Antoine en chemise, pendu à une porte, et son habit plié sur le comptoir; sa chemise n'était pas seulement dérangée; ses cheveux étaient bien peignés : il n'avait sur le corps aucune plaie, aucune meurtrissure[2].

On passe ici tous les détails dont les avocats ont rendu compte : on ne décrira point la douleur et le désespoir du père et de la mère; leurs cris furent entendus des voisins. Lavaisse et Pierre Calas, hors d'eux-mêmes, coururent chercher des chirurgiens et la justice.

Pendant qu'ils s'acquittaient de ce devoir, pendant que le père et la mère étaient dans les sanglots et dans les larmes, le peuple de Toulouse s'attroupa autour de la maison. Ce peuple est superstitieux et emporté; il regarde comme des monstres ses frères qui ne sont pas de la même religion que lui. C'est à Toulouse qu'on remercia Dieu solennellement de la mort de Henri III, et qu'on fit serment d'égorger le premier qui parlerait de reconnaître le grand, le bon Henri IV. Cette ville solennise encore tous les ans, par une procession et par des feux de joie, le jour où elle massacra quatre mille citoyens hérétiques, il y a deux siècles. En vain six arrêts du conseil ont défendu cette odieuse fête, les Toulousains l'ont toujours célébrée comme les jeux floraux.

Quelque fanatique de la populace s'écria que Jean Calas avait pendu son propre fils Marc-Antoine. Ce cri, répété, fut unanime en un moment; d'autres ajoutèrent que le mort devait le lendemain faire abjuration; que sa famille et le jeune Lavaisse l'avaient étranglé par haine contre la religion catholique : le moment d'après on n'en douta plus; toute la ville fut persuadée que c'est un point de religion chez les protestants qu'un père et une mère doivent assassiner leur fils dès qu'il veut se convertir.

Les esprits une fois émus ne s'arrêtent point. On imagina que les protestants du Languedoc s'étaient assemblés la veille; qu'ils avaient choisi, à la pluralité des voix, un bourreau de la secte; que le choix était tombé sur le jeune Lavaisse; que ce jeune homme, en vingt-quatre heures, avait reçu la nouvelle de son élection, et était arrivé de Bordeaux pour aider Jean Calas, sa femme et leur fils Pierre, à étrangler un ami, un fils, un frère.

Le sieur David, capitoul de Toulouse, excité par ces rumeurs et voulant se faire valoir par une prompte exécution, fit une procédure contre les règles et les ordonnances. La famille Calas, la servante catholique, Lavaisse, furent mis aux fers.

On publia un monitoire non moins vicieux que la procédure. On alla plus loin : Marc-Antoine Calas était mort calviniste, et s'il avait attenté sur lui-même, il devait être traîné sur la claie; on l'inhuma avec la plus grande pompe dans l'église Saint-Étienne, malgré le curé, qui protestait contre cette profanation.

Il y a, dans le Languedoc, quatre confréries de pénitents, la blanche, la bleue, la grise, et la noire. Les confrères portent un long capuce, avec un masque de drap percé de deux trous pour laisser la vue libre : ils ont voulu engager M. le duc de Fitz-James, commandant de la province, à entrer dans leur corps, et il les a refusés. Les confrères blancs firent à Marc-Antoine Calas un service solennel, comme à un martyr. Jamais aucune Église ne célébra la fête d'un martyr véritable avec plus de pompe; mais cette pompe fut terrible. On avait élevé au-dessus d'un magnifique catafalque un squelette qu'on faisait mouvoir, et qui représentait Marc-Antoine Calas, tenant d'une main une palme, et de l'autre la plume dont il devait signer l'abjuration de l'hérésie, et qui écrivait en effet l'arrêt de mort de son père.

Alors il ne manqua plus au malheureux qui avait attenté sur soi-même que la canonisation : tout le peuple le regardait comme un saint; quelques-uns l'invoquaient, d'autres allaient prier sur sa tombe, d'autres lui demandaient des miracles, d'autres racontaient ceux qu'il avait faits. Un moine lui arracha quelques dents pour avoir des reliques durables. Une dévote, un peu sourde, dit qu'elle avait entendu le son des cloches. Un prêtre apoplectique fut guéri après avoir pris de l'émétique. On dressa des verbaux de ces prodiges. Celui qui écrit cette relation possède une attestation qu'un jeune homme de Toulouse est devenu fou pour avoir prié plusieurs nuits sur le tombeau du nouveau saint, et pour n'avoir pu obtenir un miracle qu'il implorait.

Quelques magistrats étaient de la confrérie des pénitents blancs. Dès ce moment la mort de Jean Calas parut infaillible.

Ce qui surtout prépara son supplice, ce fut l'approche de cette fête singulière que les Toulousains célèbrent tous les ans en mémoire d'un massacre de quatre mille huguenots; l'année 1762 était l'année séculaire. On dressait dans la ville l'appareil de cette solennité : cela même allumait encore l'imagination échauffée du peuple; on disait publiquement que l'échafaud sur lequel on rouerait les Calas serait le plus grand ornement de la fête; on disait que la Providence amenait elle-même ces victimes pour être sacrifiées à notre sainte religion. Vingt personnes ont entendu ce discours, et de plus violents encore. Et c'est de nos jours ! et c'est dans un temps où la philosophie a fait tant de progrès ! et c'est lorsque cent académies écrivent pour inspirer la douceur des mœurs ! Il semble que le fanatisme, indigné depuis peu des succès de la raison, se débatte sous elle avec plus de rage.

Treize juges s'assemblèrent tous les jours pour terminer le procès. On n'avait, on ne pouvait avoir aucune preuve contre la famille; mais la religion trompée tenait lieu de preuve. Six juges persistèrent longtemps à condamner Jean Calas, son fils et Lavaisse à la roue, et la femme de Jean Calas au bûcher. Sept autres plus modérés voulaient au moins qu'on examinât. Les débats furent réitérés et longs. Un des juges[1], convaincu de l'innocence des accusés et de l'impossibilité du crime, parla vivement en leur faveur; il opposa le zèle de l'humanité au zèle de la sévérité; il devint l'avocat public des Calas dans toutes les maisons de Toulouse, où les cris continuels de la religion abusée demandaient le sang de ces infortunés. Un autre juge, connu par sa violence[2], parlait dans la ville avec autant d'emportement contre les Calas que le premier montrait d'empressement à les défendre. Enfin l'éclat fut si grand qu'ils furent obligés de se récuser l'un et l'autre; ils se retirèrent à la campagne.

Mais, par un malheur étrange, le juge favorable aux Calas eut la délicatesse de persister dans sa récusation, et l'autre revint donner sa voix contre ceux qu'il ne devait point juger : ce fut cette voix qui forma la condamnation à la roue, car il n'y eut que huit voix contre cinq, un des six juges opposés ayant à la fin, après bien des contestations, passé au parti le plus sévère.

Il semble que, quand il s'agit d'un parricide et de livrer un père de famille au plus affreux supplice, le jugement devrait être unanime, parce que les preuves d'un crime si inouï[3] devraient être d'une évidence sensible à tout le monde : le moindre doute dans un cas pareil doit suffire pour faire trembler un juge qui va signer un arrêt de mort. La faiblesse de notre raison et l'insuffisance de nos lois se font sentir tous les jours; mais dans quelle occasion en découvre-t-on mieux la misère que quand la prépondérance d'une seule voix fait rouer un citoyen ? Il fallait, dans Athènes, cinquante voix au delà de la moitié pour oser prononcer un jugement de mort.

Qu'en résulte-t-il ? Ce que nous savons très inutilement, que les Grecs étaient plus sages et plus humains que nous.

Il paraissait impossible que Jean Calas, vieillard de soixante-huit ans, qui avait depuis longtemps les jambes enflées et faibles, eût seul étranglé et pendu un fils âgé de vingt-huit ans, qui était d'une force au-dessus de l'ordinaire; il fallait absolument qu'il eût été assisté dans cette exécution par sa femme, par son fils Pierre Calas, par Lavaisse et par la servante. Ils ne s'étaient pas quittés un seul moment le soir de cette fatale aventure. Mais cette supposition était encore aussi absurde que l'autre : car comment une servante zélée catholique aurait-elle pu souffrir que des huguenots assassinassent un jeune homme élevé par elle pour le punir d'aimer la religion de cette servante ? Comment Lavaisse serait-il venu exprès de Bordeaux pour étrangler son ami dont il ignorait la conversion prétendue ? Comment une mère tendre aurait-elle mis les mains sur son fils ? Comment tous ensemble auraient-ils pu étrangler un jeune homme aussi robuste qu'eux tous, sans un combat long et violent, sans des cris affreux qui auraient appelé tout le voisinage, sans des coups réitérés, sans des meurtrissures, sans des habits déchirés.

Il était évident que, si le parricide avait pu être commis, tous les accusés étaient également coupables, parce qu'ils ne s'étaient pas quittés d'un moment; il était évident qu'ils ne l'étaient pas; il était évident que le père seul ne pouvait l'être; et cependant l'arrêt condamna ce père seul à expirer sur la roue.

Le motif de l'arrêt était aussi inconcevable que tout le reste. Les juges qui étaient décidés pour le supplice de Jean Calas persuadèrent aux autres que ce vieillard faible ne pourrait résister aux tourments, et qu'il avouerait sous les coups des bourreaux son crime et celui de ses complices. Ils furent confondus, quand ce vieillard, en mourant sur la roue, prit Dieu à témoin de son innocence, et le conjura de pardonner à ses juges.

Ils furent obligés de rendre un second arrêt contradictoire avec le premier, d'élargir la mère, son fils Pierre, le jeune Lavaisse et la servante; mais un des conseillers leur ayant fait sentir que cet arrêt démentait l'autre, qu'ils se condamnaient eux-mêmes, que tous les accusés ayant toujours été ensemble dans le temps qu'on supposait le parricide, l'élargissement de tous les survivants prouvait invinciblement l'innocence du père de famille exécuté, ils prirent alors le parti de bannir Pierre Calas son fils. Ce bannissement semblait aussi inconséquent, aussi absurde que tout le reste : car Pierre Calas était coupable ou innocent du parricide; s'il était coupable, il fallait le rouer comme son père; s'il était innocent, il ne fallait pas le bannir. Mais les juges, effrayés du supplice du père et de la piété attendrissante avec laquelle il était mort, imaginèrent de sauver leur honneur en laissant croire qu'ils faisaient grâce au fils, comme si ce n'eût pas été une prévarication nouvelle de faire grâce; et ils crurent que le bannissement de ce jeune homme pauvre et sans appui, étant sans conséquence, n'était pas une grande injustice, après celle qu'ils avaient eu le malheur de commettre.

On commença par menacer Pierre Calas, dans son cachot, de le traiter comme son père s'il n'abjurait pas sa religion. C'est ce que ce jeune homme[1] atteste par serment.

Pierre Calas, en sortant de la ville, rencontra un abbé convertisseur qui le fit rentrer dans Toulouse; on l'enferma dans un couvent de dominicains, et là on le contraignit à remplir toutes les fonctions de la catholicité : c'était en partie ce qu'on voulait, c'était le prix du sang de son père; et la religion, qu'on avait cru venger, semblait satisfaite.

On enleva les filles à la mère; elles furent enfermées dans un couvent. Cette femme, presque arrosée du sang de son mari, ayant tenu son fils aîné mort entre ses bras, voyant l'autre banni, privée de ses filles, dépouillée de tout son bien, était seule dans le monde, sans pain, sans espérance, et mourante de l'excès de son malheur. Quelques personnes, ayant examiné mûrement toutes les circonstances de cette aventure horrible, en furent si frappées qu'elles firent presser la dame Calas, retirée dans une solitude, d'oser venir demander justice au pied du trône. Elle ne pouvait pas alors se soutenir, elle s'éteignait; et d'ailleurs, étant née Anglaise, transplantée dans une province de France dès son jeune âge, le nom seul de la ville de Paris l'effrayait. Elle s'imaginait que la capitale du royaume devait être encore plus barbare que celle du Languedoc. Enfin le devoir de venger la mémoire de son mari l'emporta sur sa faiblesse. Elle arriva à Paris prête d'expirer. Elle fut étonnée d'y trouver de l'accueil, des secours et des larmes.

La raison l'emporte à Paris sur le fanatisme, quelque grand qu'il puisse être, au lieu qu'en province le fanatisme l'emporte presque toujours sur la raison.

M. de Beaumont, célèbre avocat du parlement de Paris, prit d'abord sa défense, et dressa une consultation qui fut signée de quinze avocats[1]. M. Loiseau, non moins éloquent, composa un mémoire[2] en faveur de la famille. M. Mariette, avocat au conseil, dressa une requête juridique[3] qui portait la conviction dans tous les esprits.

Ces trois généreux défenseurs des lois et de l'innocence abandonnèrent à la veuve le profit des éditions de leurs plaidoyers[4]. Paris et l'Europe entière s'émurent de pitié, et demandèrent justice avec cette femme infortunée. L'arrêt fut prononcé par tout le public longtemps avant qu'il pût être signé par le conseil.

La pitié pénétra jusqu'au ministère, malgré le torrent continuel des affaires, qui souvent exclut la pitié, et malgré l'habitude de voir des malheureux, qui peut endurcir le cœur encore davantage. On rendit les filles à la mère. On les vit toutes les trois, couvertes d'un crêpe et baignées de larmes, en faire répandre à leurs juges.

Cependant cette famille eut encore quelques ennemis, car il s'agissait de religion. Plusieurs personnes, qu'on appelle en France *dévotes*[5], dirent hautement qu'il valait mieux laisser rouer un vieux calviniste innocent que d'exposer huit conseillers de Languedoc à convenir qu'ils s'étaient trompés : on se servit même de cette expression : « Il y a plus de magistrats que de Calas » ; et on inférait de là que la famille Calas devait être immolée à l'honneur de la magistrature. On ne songeait pas que l'honneur des juges consiste, comme celui des autres hommes, à réparer leurs fautes. On ne croit pas en France que le pape, assisté de ses cardinaux, soit infaillible : on pourrait croire de même que huit juges de Toulouse ne le sont pas. Tout le reste des gens sensés et désintéressés disaient que l'arrêt de Toulouse serait cassé dans toute l'Europe, quand même des considérations particulières empêcheraient qu'il fût cassé dans le conseil.

Tel était l'état de cette étonnante aventure, lorsqu'elle

a fait naître à des personnes impartiales, mais sensibles, le dessein de présenter au public quelques réflexions sur la tolérance, sur l'indulgence, sur la commisération, que l'abbé Houtteville appelle *dogme monstrueux,* dans sa déclamation ampoulée et erronée sur des faits, et que la raison appelle l'*apanage de la nature*.

Ou les juges de Toulouse, entraînés par le fanatisme de la populace, ont fait rouer un père de famille innocent, ce qui est sans exemple; ou ce père de famille et sa femme ont étranglé leur fils aîné, aidés dans ce parricide par un autre fils et par un ami, ce qui n'est pas dans la nature. Dans l'un ou dans l'autre cas, l'abus de la religion la plus sainte a produit un grand crime. Il est donc de l'intérêt du genre humain d'examiner si la religion doit être charitable ou barbare.

CHAPITRE II

CONSÉQUENCES DU SUPPLICE DE JEAN CALAS

Si les pénitents blancs furent la cause du supplice d'un innocent, de la ruine totale d'une famille, de sa dispersion et de l'opprobre qui ne devrait être attaché qu'à l'injustice, mais qui l'est au supplice; si cette précipitation des pénitents blancs à célébrer comme un saint celui qu'on aurait dû traîner sur la claie, suivant nos barbares usages, a fait rouer un père de famille vertueux; ce malheur doit sans doute les rendre pénitents en effet pour le reste de leur vie; eux et les juges doivent pleurer, mais non pas avec un long habit blanc et un masque sur le visage qui cacherait leurs larmes.

On respecte toutes les confréries : elles sont édifiantes; mais quelque grand bien qu'elles puissent faire à l'État, égale-t-il ce mal affreux qu'elles ont causé ? Elles semblent instituées par le zèle qui anime en Languedoc les catholiques contre ceux que nous nommons *huguenots*. On dirait qu'on a fait vœu de haïr ses frères, car nous n'en avons pas assez pour aimer et pour secourir. Et que serait-ce si ces confréries étaient gouvernées par des enthousiastes, comme l'ont été autrefois quelques congrégations des artisans et des *messieurs*[1], chez lesquels on réduisait en art et en système l'habitude d'avoir des visions, comme le dit un de nos plus éloquents et savants magistrats ? Que serait-ce si on établissait dans les confréries ces chambres obscures, appelées *chambres de méditation,* où l'on faisait peindre des diables armés de cornes et de griffes, des gouffres de flammes, des croix et des poignards, avec le saint nom de Jésus au-dessus du tableau ? Quel spectacle pour des yeux déjà fascinés, et pour des imaginations aussi enflammées que soumises à leurs directeurs !

Il y a eu des temps, on ne le sait que trop, où des confréries ont été dangereuses. Les frérots, les flagellants, ont causé des troubles. La Ligue commença par de telles associations. Pourquoi se distinguer ainsi des autres citoyens ? S'en croyait-on plus parfait ? Cela même est une insulte au reste de la nation. Voulait-on que tous les chrétiens entrassent dans la confrérie ? Ce serait un beau spectacle que l'Europe en capuchon et en masque, avec deux petits trous ronds au devant des yeux ! Pense-t-on de bonne foi que Dieu préfère cet accoutrement à un justaucorps ? Il y a bien plus : cet habit est un uniforme de controversistes, qui avertit les adversaires de se mettre sous les armes; il peut exciter une espèce de guerre civile dans les esprits, et elle finirait peut-être par de funestes excès si le roi et ses ministres n'étaient aussi sages que les fanatiques sont insensés.

On sait assez ce qu'il en a coûté depuis que les chrétiens disputent sur le dogme : le sang a coulé, soit sur les échafauds, soit dans les batailles, dès le IVe siècle jusqu'à nos jours. Bornons-nous ici aux guerres et aux horreurs que les querelles de la Réforme ont excitées, et voyons quelle en a été la source en France. Peut-être un tableau raccourci et fidèle de tant de calamités ouvrira les yeux de quelques personnes peu instruites, et touchera des cœurs bien faits.

CHAPITRE III

IDÉE DE LA RÉFORME DU XVIe SIÈCLE

Lorsque à la renaissance des lettres les esprits commencèrent à s'éclairer, on se plaignit généralement des abus ; tout le monde avoue que cette plainte était légitime.

Le pape Alexandre VI avait acheté publiquement la tiare, et ses cinq bâtards en partageaient les avantages. Son fils, le cardinal duc de Borgia, fit périr, de concert avec le pape son père, les Vitelli, les Urbino, les Gravina, les Oliveretto, et cent autres seigneurs, pour ravir leurs domaines. Jules II, animé du même esprit, excommunia Louis XII, donna son royaume au premier occupant ; et lui-même, le casque en tête et la cuirasse sur le dos, mit à feu et à sang une partie de l'Italie. Léon X, pour payer ses plaisirs, trafiqua des indulgences comme on vend des denrées dans un marché public. Ceux qui s'élevèrent contre tant de brigandages n'avaient du moins aucun tort dans la morale. Voyons s'ils en avaient contre nous dans la politique.

Ils disaient que Jésus-Christ n'ayant jamais exigé d'annates ni de réserves, ni vendu des dispenses pour ce monde et des indulgences pour l'autre, on pouvait se dispenser de payer à un prince étranger le prix de toutes ces choses. Quand les annates, les procès en cour de Rome, et les dispenses qui subsistent encore aujourd'hui, ne nous coûteraient que cinq cent mille francs par an, il est clair que nous avons payé depuis François Ier, en deux cent cinquante années, cent vingt-cinq millions ; et en évaluant les différents prix du marc d'argent, cette somme en compose une d'environ deux cent cinquante millions d'aujourd'hui. On peut donc convenir sans blasphème que les hérétiques, en proposant l'abolition de ces impôts singuliers dont la postérité s'étonnera, ne faisaient pas en cela un grand mal au royaume, et qu'ils étaient plutôt bons calculateurs que mauvais sujets. Ajoutons qu'ils étaient les seuls qui sussent la langue grecque, et qui connussent l'antiquité. Ne dissimulons point que, malgré leurs erreurs, nous leur devons le développement de l'esprit humain, longtemps enseveli dans la plus épaisse barbarie.

Mais comme ils niaient le purgatoire, dont on ne doit pas douter, et qui d'ailleurs rapportait beaucoup aux moines; comme ils ne révéraient pas des reliques qu'on doit révérer, mais qui rapportaient encore davantage; enfin comme ils attaquaient des dogmes très respectés[1], on ne leur répondit d'abord qu'en les faisant brûler. Le roi, qui les protégeait et les soudoyait en Allemagne, marcha dans Paris à la tête d'une procession après laquelle on exécuta plusieurs de ces malheureux; et voici quelle fut cette exécution. On les suspendait au bout d'une longue poutre qui jouait en bascule sur un arbre debout; un grand feu était allumé sous eux, on les y plongeait, et on les relevait alternativement : ils éprouvaient les tourments et la mort par degrés, jusqu'à ce qu'ils expirassent par le plus long et le plus affreux supplice que jamais ait inventé la barbarie.

Peu de temps avant la mort de François Ier, quelques membres du parlement de Provence, animés par des ecclésiastiques contre les habitants de Mérindol et de Cabrières, demandèrent au roi des troupes pour appuyer l'exécution de dix-neuf personnes de ce pays condamnées par eux; ils en firent égorger six mille, sans pardonner ni au sexe, ni à la vieillesse, ni à l'enfance; ils réduisirent trente bourgs en cendres. Ces peuples, jusqu'alors inconnus, avaient tort, sans doute, d'être nés vaudois; c'était leur seule iniquité. Ils étaient établis depuis trois cents ans dans des déserts et sur des montagnes qu'ils avaient rendus fertiles par un travail incroyable. Leur vie pastorale et tranquille retraçait l'innocence attribuée aux premiers âges du monde. Les villes voisines n'étaient connues d'eux que par le trafic des fruits qu'ils allaient vendre, ils ignoraient les procès et la guerre; ils ne se défendirent pas : on les égorgea comme des animaux fugitifs qu'on tue dans une enceinte[2].

Après la mort de François Ier, prince plus connu cependant par ses galanteries et par ses malheurs que par ses cruautés, le supplice de mille hérétiques, surtout celui du conseiller au parlement Dubourg, et enfin le massacre de Vassy, armèrent les persécutés, dont la secte s'était multipliée à la lueur des bûchers et sous le fer des bourreaux; la rage succéda à la patience; ils imitèrent les cruautés de leurs ennemis : neuf guerres civiles remplirent la France de carnage; une paix plus funeste que la guerre produisit la Saint-Barthélemy, dont il n'y avait aucun exemple dans les annales des crimes.

La Ligue assassina Henri III et Henri IV, par les mains d'un jacobin et d'un monstre qui avait été frère feuillant. Il y a des gens qui prétendent que l'humanité, l'indulgence, et la liberté de conscience, sont des choses horribles; mais, en bonne foi, auraient-elles produit des calamités comparables ?

CHAPITRE IV

SI LA TOLÉRANCE EST DANGEREUSE, ET CHEZ QUELS PEUPLES ELLE EST PERMISE

Quelques-uns ont dit que si l'on usait d'une indulgence paternelle envers nos frères errants qui prient Dieu en mauvais français, ce serait leur mettre les armes à la main; qu'on verrait de nouvelles batailles de Jarnac, de Moncontour, de Coutras, de Dreux, de Saint-Denis, etc. : c'est ce que j'ignore, parce que je ne suis pas un prophète; mais il me semble que ce n'est pas raisonner conséquemment que de dire : « Ces hommes se sont soulevés quand je leur ai fait du mal : donc ils se soulèveront quand je leur ferai du bien. »

J'oserais prendre la liberté d'inviter ceux qui sont à la tête du gouvernement, et ceux qui sont destinés aux grandes places, à vouloir bien examiner mûrement si l'on doit craindre en effet que la douceur produise les mêmes révoltes que la cruauté a fait naître; si ce qui est arrivé dans certaines circonstances doit arriver dans d'autres; si les temps, l'opinion, les mœurs, sont toujours les mêmes.

Les huguenots, sans doute, ont été enivrés de fanatisme et souillés de sang comme nous; mais la génération présente est-elle aussi barbare que leurs pères ? Le temps, la raison qui fait tant de progrès, les bons livres, la douceur de la société, n'ont-ils point pénétré chez ceux qui conduisent l'esprit de ces peuples ? et ne nous apercevons-nous pas que presque toute l'Europe a changé de face depuis environ cinquante années ?

Le gouvernement s'eſt fortifié partout, tandis que les mœurs se sont adoucies. La police générale, soutenue d'armées nombreuses toujours exiſtantes, ne permet pas d'ailleurs de craindre le retour de ces temps anarchiques, où des paysans calviniſtes combattaient des paysans catholiques enrégimentés à la hâte entre les semailles et les moissons.

D'autres temps, d'autres soins. Il serait absurde de décimer aujourd'hui la Sorbonne parce qu'elle présenta requête autrefois pour faire brûler la Pucelle d'Orléans; parce qu'elle déclara Henri III déchu du droit de régner, qu'elle l'excommunia, qu'elle proscrivit le grand Henri IV. On ne recherchera pas sans doute les autres corps du royaume, qui commirent les mêmes excès dans ces temps de frénésie : cela serait non seulement injuſte, mais il y aurait autant de folie qu'à purger tous les habitants de Marseille parce qu'ils ont eu la peſte en 1720.

Irons-nous saccager Rome, comme firent les troupes de Charles Quint, parce que Sixte Quint, en 1585, accorda neuf ans d'indulgence à tous les Français qui prendraient les armes contre leur souverain ? Et n'eſt-ce pas assez d'empêcher Rome de se porter jamais à des excès semblables ?

La fureur qu'inspirent l'esprit dogmatique et l'abus de la religion chrétienne mal entendue a répandu autant de sang, a produit autant de désaſtres, en Allemagne, en Angleterre, et même en Hollande, qu'en France : cependant aujourd'hui la différence des religions ne cause aucun trouble dans ces États; le juif, le catholique, le grec, le luthérien, le calviniſte, l'anabaptiſte, le socinien, le mennonite, le morave, et tant d'autres, vivent en frères dans ces contrées, et contribuent également au bien de la société.

On ne craint plus en Hollande que les disputes d'un Gomar[1] sur la prédeſtination fassent trancher la tête au grand pensionnaire. On ne craint plus à Londres que les querelles des presbytériens et des épiscopaux, pour une liturgie et pour un surplis, répandent le sang d'un roi sur un échafaud. L'Irlande peuplée et enrichie ne verra plus ses citoyens catholiques sacrifier à Dieu pendant deux mois ses citoyens protestants, les enterrer vivants, suspendre les mères à des gibets, attacher les filles au cou de leurs mères, et les voir expirer ensemble; ouvrir le ventre des femmes enceintes, en tirer les enfants à demi formés, et les donner à manger aux porcs et aux chiens; mettre un poignard dans la main de leurs prisonniers garrottés, et conduire leurs bras dans le sein de leurs femmes, de leurs pères, de leurs mères, de leurs filles, s'imaginant en faire mutuellement des parricides, et les damner tous en les exterminant tous. C'est ce que rapporte Rapin-Thoiras, officier en Irlande, presque contemporain; c'est ce que rapportent toutes les annales, toutes les histoires d'Angleterre, et ce qui sans doute ne sera jamais imité. La philosophie, la seule philosophie, cette sœur de la religion, a désarmé des mains que la superstition avait si longtemps ensanglantées; et l'esprit humain, au réveil de son ivresse, s'est étonné des excès où l'avait emporté le fanatisme.

Nous-mêmes, nous avons en France une province opulente où le luthéranisme l'emporte sur le catholicisme. L'université d'Alsace est entre les mains des luthériens; ils occupent une partie des charges municipales : jamais la moindre querelle religieuse n'a dérangé le repos de cette province depuis qu'elle appartient à nos rois. Pourquoi ? C'est qu'on n'y a persécuté personne. Ne cherchez point à gêner les cœurs, et tous les cœurs seront à vous.

Je ne dis pas que tous ceux qui ne sont point de la religion du prince doivent partager les places et les honneurs de ceux qui sont de la religion dominante. En Angleterre, les catholiques, regardés comme attachés au parti du prétendant, ne peuvent parvenir aux emplois : ils payent même double taxe; mais ils jouissent d'ailleurs de tous les droits des citoyens.

On a soupçonné quelques évêques français de penser qu'il n'est ni de leur honneur ni de leur intérêt d'avoir dans leur diocèse des calvinistes, et que c'est là le plus grand obstacle à la tolérance; je ne le puis croire. Le corps des évêques, en France, est composé de gens de qualité qui pensent et qui agissent avec une noblesse digne de leur naissance; ils sont charitables et généreux, c'est une justice qu'on leur rendre; ils doit doivent penser que certainement leurs diocésains fugitifs ne se convertiront pas dans les pays étrangers, et que, retournés auprès de leurs pasteurs, ils pourraient être éclairés par leurs instructions et touchés par leurs exemples : il y aurait de l'honneur à les convertir, le temporel n'y perdrait pas, et plus il y aurait de citoyens, plus les terres des prélats rapporteraient.

Un évêque de Varmie, en Pologne, avait un anabaptiste pour fermier, et un socinien pour receveur; on lui proposa de chasser et de poursuivre l'un, parce qu'il ne croyait pas la consubstantialité, et l'autre, parce qu'il ne baptisait son fils qu'à quinze ans : il répondit qu'ils seraient éternellement damnés dans l'autre monde, mais que, dans ce monde-ci, ils lui étaient très nécessaires.

Sortons de notre petite sphère, et examinons le reste de notre globe. Le Grand Seigneur gouverne en paix vingt peuples de différentes religions; deux cent mille Grecs vivent avec sécurité dans Constantinople; le muphti même nomme et présente à l'empereur le patriarche grec; on y souffre un patriarche latin. Le sultan nomme des évêques latins pour quelques îles de la Grèce[1], et voici la formule dont il se sert : « Je lui commande d'aller résider évêque dans l'île de Chio, selon leur ancienne coutume et leurs vaines cérémonies. » Cet empire est rempli de jacobites, de nestoriens, de monothélites; il y a des cophtes, des chrétiens de Saint-Jean, des juifs, des guèbres, des banians. Les annales turques ne font mention d'aucune révolte excitée par aucune de ces religions.

Allez dans l'Inde, dans la Perse, dans la Tartarie, vous y verrez la même tolérance et la même tranquillité. Pierre le Grand a favorisé tous les cultes dans son vaste empire; le commerce et l'agriculture y ont gagné, et le corps politique n'en a jamais souffert.

Le gouvernement de la Chine n'a jamais adopté, depuis plus de quatre mille ans qu'il est connu, que le culte des noachides, l'adoration simple d'un seul Dieu : cependant il tolère les superstitions de Fô, et une multitude de bonzes qui serait dangereuse si la sagesse des tribunaux ne les avait pas toujours contenus.

Il est vrai que le grand empereur Young-tching, le plus sage et le plus magnanime peut-être qu'ait eu la Chine, a chassé les jésuites; mais ce n'était pas parce qu'il était intolérant, c'était, au contraire, parce que les jésuites l'étaient. Ils rapportent eux-mêmes, dans leurs *Lettres curieuses,* les paroles que leur dit ce bon prince : « Je sais que votre religion est intolérante; je sais ce que vous avez fait aux Manilles et au Japon; vous avez trompé mon père, n'espérez pas me tromper moi-même. » Qu'on lise tout le discours qu'il daigna leur tenir, on le trouvera le plus sage et le plus clément des hommes. Pouvait-il, en effet, retenir des physiciens d'Europe qui, sous le prétexte de montrer des thermomètres et des éolipyles à la cour, avaient soulevé déjà un prince du sang ? Et qu'aurait dit cet empereur, s'il avait lu nos histoires, s'il avait connu nos temps de la Ligue et de la conspiration des poudres ?

C'en était assez pour lui d'être informé des querelles indécentes des jésuites, des dominicains, des capucins, des prêtres séculiers, envoyés du bout du monde dans ses États : ils venaient prêcher la vérité, et ils s'anathématisaient les uns les autres. L'empereur ne fit donc que renvoyer des perturbateurs étrangers; mais avec quelle bonté les renvoya-t-il ! Quels soins paternels n'eut-il pas d'eux pour leur voyage et pour empêcher qu'on ne les insultât sur la route ! Leur bannissement même fut un exemple de tolérance et d'humanité.

Les Japonais[1] étaient les plus tolérants de tous les hommes : douze religions paisibles étaient établies dans leur empire; les jésuites vinrent faire la treizième, mais bientôt, n'en voulant pas souffrir d'autre, on sait ce qui en résulta : une guerre civile, non moins affreuse que celle de la Ligue, désola ce pays. La religion chrétienne fut noyée enfin dans des flots de sang; les Japonais fermèrent leur empire au reste du monde, et ne nous regardèrent que comme des bêtes farouches, semblables à celles dont les Anglais ont purgé leur île. C'est en vain que le ministre Colbert, sentant le besoin que nous avions des Japonais, qui n'ont nul besoin de nous, tenta d'établir un commerce avec leur empire : il les trouva inflexibles.

Ainsi donc notre continent entier nous prouve qu'il ne faut ni annoncer ni exercer l'intolérance.

Jetez les yeux sur l'autre hémisphère; voyez la Caroline, dont le sage Locke fut le législateur : il suffit de sept pères de famille pour établir un culte public approuvé par la loi; cette liberté n'a fait naître aucun désordre. Dieu nous préserve de citer cet exemple pour engager la France à l'imiter ! on ne le rapporte que pour faire voir que l'excès le plus grand où puisse aller la tolérance n'a pas été suivi de la plus légère dissension; mais ce qui est très utile et très bon dans une colonie naissante n'est pas convenable dans un ancien royaume.

Que dirons-nous des primitifs, que l'on a nommés *quakers* par dérision, et qui, avec des usages peut-être ridicules, ont été si vertueux et ont enseigné inutilement la paix au reste des hommes? Ils sont en Pennsylvanie au nombre de cent mille; la discorde, la controverse, sont ignorées dans l'heureuse patrie qu'ils se sont faite, et le nom seul de leur ville de Philadelphie, qui leur rappelle à tout moment que les hommes sont frères, et l'exemple et la honte des peuples qui ne connaissent pas encore la tolérance.

Enfin cette tolérance n'a jamais excité de guerre civile; l'intolérance a couvert la terre de carnage. Qu'on juge maintenant entre ces deux rivales, entre la mère qui veut qu'on égorge son fils et la mère qui le cède pourvu qu'il vive !

Je ne parle ici que de l'intérêt des nations; et en respectant, comme je le dois, la théologie, je n'envisage dans cet article que le bien physique et moral de la société. Je supplie tout lecteur impartial de peser ces vérités, de les rectifier, et de les étendre. Des lecteurs attentifs, qui se communiquent leurs pensées, vont toujours plus loin que l'auteur[1].

CHAPITRE V

COMMENT LA TOLÉRANCE PEUT ÊTRE ADMISE

J'OSE supposer qu'un ministre éclairé et magnanime, un prélat humain et sage, un prince qui sait que son intérêt consiste dans le grand nombre de ses sujets, et sa gloire dans leur bonheur, daigne jeter les yeux sur cet écrit informe et défectueux; il y supplée par ses propres lumières; il se dit à lui-même : Que risquerai-je à voir la terre cultivée et ornée par plus de mains laborieuses, les tributs augmentés, l'État plus florissant ?

L'Allemagne serait un désert couvert des ossements des catholiques, évangéliques, réformés, anabaptistes, égorgés les uns par les autres, si la paix de Westphalie n'avait pas procuré enfin la liberté de conscience.

Nous avons des juifs à Bordeaux, à Metz, en Alsace; nous avons des luthériens, des molinistes, des jansénistes : ne pouvons-nous pas souffrir et contenir des calvinistes à peu près aux mêmes conditions que les catholiques sont tolérés à Londres ? Plus il y a de sectes, moins chacune est dangereuse; la multiplicité les affaiblit, toutes sont réprimées par de justes lois qui défendent les assemblées tumultueuses, les injures, les séditions, et qui sont toujours en vigueur par la force coactive.

Nous savons que plusieurs chefs de famille, qui ont élevé de grandes fortunes dans les pays étrangers, sont prêts à retourner dans leur patrie; ils ne demandent que la protection de la loi naturelle, la validité de leurs mariages, la certitude de l'état de leurs enfants, le droit d'hériter de leurs pères, la franchise de leurs personnes; point de temples publics, point de droit aux charges municipales, aux dignités : les catholiques n'en ont ni à Londres ni en plusieurs autres pays. Il ne s'agit plus de donner des privilèges immenses, des places de sûreté à une faction, mais de laisser vivre un peuple paisible, d'adoucir des édits autrefois peut-être nécessaires, et qui ne le sont plus. Ce n'est pas à nous d'indiquer au ministère ce qu'il peut faire; il suffit de l'implorer pour des infortunés.

Que de moyens de les rendre utiles, et d'empêcher qu'ils ne soient jamais dangereux ! La prudence du ministère et du conseil, appuyée de la force, trouvera bien aisément ces moyens, que tant d'autres nations emploient si heureusement.

Il y a des fanatiques encore dans la populace calviniste; mais il est constant qu'il y en a davantage dans la populace convulsionnaire. La lie des insensés de Saint-Médard est comptée pour rien dans la nation, celle des prophètes calvinistes est anéantie. Le grand moyen de diminuer le nombre des maniaques, s'il en reste, est d'abandonner cette maladie de l'esprit au régime de la raison, qui éclaire lentement, mais infailliblement, les hommes. Cette raison est douce, elle est humaine, elle inspire l'indulgence, elle étouffe la discorde, elle affermit la vertu, elle rend aimable l'obéissance aux lois, plus encore que la force ne les maintient. Et comptera-t-on pour rien le ridicule attaché aujourd'hui à l'enthousiasme par tous les honnêtes gens ? Ce ridicule est une puissante barrière contre les extravagances de tous les sectaires. Les temps passés sont comme s'ils n'avaient jamais été. Il faut toujours partir du point où l'on est, et de celui où les nations sont parvenues.

Il a été un temps où l'on se crut obligé de rendre des arrêts contre ceux qui enseignaient une doctrine contraire aux catégories d'Aristote, à l'horreur du vide, aux quiddités, et à l'universel de la part de la chose. Nous avons en Europe plus de cent volumes de jurisprudence sur la sorcellerie, et sur la manière de distinguer les faux sorciers des véritables. L'excommunication des sauterelles et des insectes nuisibles aux moissons a été très en usage et subsiste encore dans plusieurs rituels. L'usage est passé; on laisse en paix Aristote, les sorciers et les sauterelles. Les exemples de ces graves démences, autrefois si importantes, sont innombrables : il en revient d'autres de temps en temps; mais quand elles ont fait leur effet, quand on en est rassasié, elles s'anéantissent. Si quelqu'un s'avisait aujourd'hui d'être carpocratien, ou eutychéen, ou monothélite, monophysite, nestorien, manichéen, etc., qu'arriverait-il ? On en rirait, comme d'un homme habillé à l'antique, avec une fraise et un pourpoint.

La nation commençait à entrouvrir les yeux lorsque les jésuites Le Tellier et Doucin fabriquèrent la bulle *Unigenitus,* qu'ils envoyèrent à Rome : ils crurent être encore dans ces temps d'ignorance où les peuples adoptaient sans examen les assertions les plus absurdes. Ils osèrent proscrire cette proposition, qui est d'une vérité universelle dans tous les cas et dans tous les temps : « La crainte d'une excommunication injuste ne doit point empêcher de faire son devoir. » C'était proscrire la raison, les libertés de l'Église gallicane, et le fondement de la morale; c'était dire aux hommes : Dieu vous ordonne de ne jamais faire votre devoir, dès que vous craindrez l'injustice. On n'a jamais heurté le sens commun plus effrontément. Les consulteurs de Rome n'y prirent pas garde. On persuada à la cour de Rome que cette bulle était nécessaire, et que la nation la désirait; elle fut signée, scellée, et envoyée : on en sait les suites; certainement, si on les avait prévues, on aurait mitigé la bulle. Les querelles ont été vives; la prudence et la bonté du roi les ont enfin apaisées.

Il en est de même dans une grande partie des points qui divisent les protestants et nous; il y en a quelques-uns qui ne sont d'aucune conséquence; il y en a d'autres plus graves, mais sur lesquels la fureur de la dispute est tellement amortie que les protestants eux-mêmes ne prêchent aujourd'hui la controverse en aucune de leurs églises.

C'est donc ce temps de dégoût, de satiété, ou plutôt de raison, qu'on peut saisir comme une époque et un gage de tranquillité publique. La controverse est une maladie épidémique qui est sur sa fin, et cette peste, dont on est guéri, ne demande plus qu'un régime doux. Enfin l'intérêt de l'État est que des fils expatriés reviennent avec modestie dans la maison de leur père : l'humanité le demande, la raison le conseille, et la politique ne peut s'en effrayer.

CHAPITRE VI

SI L'INTOLÉRANCE EST DE DROIT NATUREL ET DE DROIT HUMAIN

Le droit naturel est celui que la nature indique à tous les hommes. Vous avez élevé votre enfant, il vous doit du respect comme à son père, de la reconnaissance comme à son bienfaiteur. Vous avez droit aux productions de la terre que vous avez cultivée par vos mains. Vous avez donné et reçu une promesse, elle doit être tenue.

Le droit humain ne peut être fondé en aucun cas que sur ce droit de nature; et le grand principe, le principe universel de l'un et de l'autre, est, dans toute la terre : « Ne fais pas ce que tu ne voudrais pas qu'on te fît. » Or on ne voit pas comment, suivant ce principe, un homme pourrait dire à un autre : « Crois ce que je crois, et ce que tu ne peux croire, ou tu périras. » C'est ce qu'on dit en Portugal, en Espagne, à Goa. On se contente à présent, dans quelques autres pays, de dire : « Crois, ou je t'abhorre; crois, ou je te ferai tout le mal que je pourrai; monstre, tu n'as pas ma religion, tu n'as donc point de religion : il faut que tu sois en horreur à tes voisins, à ta ville, à ta province. »

S'il était de droit humain de se conduire ainsi, il faudrait donc que le Japonais détestât le Chinois, qui aurait en exécration le Siamois; celui-ci poursuivrait les Gangarides, qui tomberaient sur les habitants de l'Indus; un Mogol arracherait le cœur au premier Malabare qu'il trouverait; le Malabare pourrait égorger le Persan, qui pourrait massacrer le Turc : et tous ensemble se jetteraient sur les chrétiens, qui se sont si longtemps dévorés les uns les autres.

Le droit de l'intolérance est donc absurde et barbare : c'est le droit des tigres, et il est bien horrible, car les tigres ne déchirent que pour manger, et nous nous sommes exterminés pour des paragraphes.

CHAPITRE VII

SI L'INTOLÉRANCE A ÉTÉ CONNUE DES GRECS

Les peuples dont l'histoire nous a donné quelques faibles connaissances ont tous regardé leurs différentes religions comme des nœuds qui les unissaient tous ensemble : c'était une association entre les dieux comme entre les hommes. Un étranger arrivait-il dans une ville, il commençait par adorer les dieux du pays. On ne manquait jamais de vénérer les dieux même de ses ennemis. Les Troyens adressaient des prières aux dieux qui combattaient pour les Grecs.

Alexandre alla consulter dans les déserts de Libye le dieu Ammon, auquel les Grecs donnèrent le nom de *Zeus,* et les Latins, de *Jupiter,* quoique les uns et les autres eussent leur *Jupiter* et leur *Zeus* chez eux. Lorsqu'on assiégeait une ville, on faisait un sacrifice et des prières aux dieux de la ville pour se les rendre favorables. Ainsi, au milieu même de la guerre, la religion réunissait les hommes, et adoucissait quelquefois leurs fureurs, si quelquefois elle leur commandait des actions inhumaines et horribles.

Je peux me tromper; mais il me paraît que de tous les anciens peuples policés, aucun n'a gêné la liberté de penser. Tous avaient une religion; mais il me semble qu'ils en usaient avec les hommes comme avec leurs dieux : ils reconnaissaient tous un dieu suprême, mais ils lui associaient une quantité prodigieuse de divinités inférieures; ils n'avaient qu'un culte, mais ils permettaient une foule de systèmes particuliers.

Les Grecs, par exemple, quelque religieux qu'ils fussent, trouvaient bon que les épicuriens niassent la Providence et l'existence de l'âme. Je ne parle pas des autres sectes, qui toutes blessaient les idées saines qu'on doit avoir de l'Être créateur, et qui toutes étaient tolérées.

Socrate, qui approcha le plus près de la connaissance du Créateur, en porta, dit-on, la peine, et mourut martyr de la Divinité; c'est le seul que les Grecs aient fait mourir pour ses opinions. Si ce fut en effet la cause de sa condamnation, cela n'est pas à l'honneur de l'intolérance, puisqu'on ne punit que celui qui seul rendit gloire à Dieu, et qu'on honora tous ceux qui donnaient de la Divinité les notions les plus indignes. Les ennemis de la tolérance ne doivent pas, à mon avis, se prévaloir de l'exemple odieux des juges de Socrate.

Il est évident d'ailleurs qu'il fut la victime d'un parti furieux animé contre lui. Il s'était fait des ennemis irréconciliables des sophistes, des orateurs, des poètes, qui enseignaient dans les écoles, et même de tous les précepteurs qui avaient soin des enfants de distinction. Il avoue lui-même, dans son discours rapporté par Platon, qu'il allait de maison en maison prouver à ces précepteurs qu'ils n'étaient que des ignorants. Cette conduite n'était pas digne de celui qu'un oracle avait déclaré le plus sage des hommes. On déchaîna contre lui un prêtre et un conseiller des cinq-cents, qui l'accusèrent; j'avoue que je ne sais pas précisément de quoi, je ne vois que du vague dans son *Apologie ;* on lui fait dire en général qu'on lui imputait d'inspirer aux jeunes gens des maximes contre la religion et le gouvernement. C'est ainsi qu'en usent tous les jours les calomniateurs dans le monde; mais il faut dans un tribunal des faits avérés, des chefs d'accusation précis et circonstanciés : c'est ce que le procès de Socrate ne nous fournit point; nous savons seulement qu'il eut d'abord deux cent vingt voix pour lui. Le tribunal des cinq-cents possédait donc deux cent vingt philosophes : c'est beaucoup; je doute qu'on les trouvât ailleurs. Enfin la pluralité fut pour la ciguë; mais aussi songeons que les Athéniens, revenus à eux-mêmes, eurent les accusateurs et les juges en horreur; que Mélitos, le principal auteur de cet arrêt, fut condamné à mort pour cette injustice; que les autres furent bannis, et qu'on éleva un temple à Socrate. Jamais la philosophie ne fut si bien vengée ni tant honorée. L'exemple de Socrate est au fond le plus terrible argument qu'on puisse alléguer contre l'intolérance. Les Athéniens avaient un autel dédié aux dieux étrangers, aux dieux qu'ils ne pouvaient connaître. Y a-t-il une plus forte preuve non seulement d'indulgence pour toutes les nations, mais encore de respect pour leurs cultes ?

Un honnête homme, qui n'est ennemi ni de la raison, ni de la littérature, ni de la probité, ni de la patrie, en justifiant depuis peu la Saint-Barthélemy, cite la guerre des Phocéens, nommée *la guerre sacrée,* comme si cette guerre avait été allumée pour le culte, pour le dogme, pour des arguments de théologie; il s'agissait de savoir à qui appartiendrait un champ : c'est le sujet de toutes les guerres. Des gerbes de blé ne sont pas un symbole de croyance; jamais aucune ville grecque ne combattit pour des opinions. D'ailleurs, que prétend cet homme modeste et doux ? Veut-il que nous fassions une guerre sacrée[1] ?

CHAPITRE VIII

SI LES ROMAINS ONT ÉTÉ TOLÉRANTS

CHEZ les anciens Romains, depuis Romulus jusqu'aux temps où les chrétiens disputèrent avec les prêtres de l'empire, vous ne voyez pas un seul homme persécuté pour ses sentiments. Cicéron douta de tout, Lucrèce nia tout; et on ne leur en fit pas le plus léger reproche. La licence même alla si loin que Pline le naturaliste commence son livre par nier un Dieu, et par dire qu'il en est un, c'est le soleil. Cicéron dit, en parlant des enfers : « *Non est anus tam excors quae credat ;* il n'y a pas même de vieille imbécile pour les croire[1]. » Juvénal dit : « *Nec pueri credunt* (satire II, vers 152); les enfants n'en croient rien. » On chantait sur le théâtre de Rome :

Post mortem nihil est, ipsaque mors nihil.
(SÉNÈQUE, *Troade ;* chœur à la fin du second acte.)

Rien n'est après la mort, la mort même n'est rien.

Abhorrons ces maximes, et, tout au plus, pardonnons-les à un peuple que les évangiles n'éclairaient pas; elles sont fausses, elles sont impies; mais concluons que les Romains étaient très tolérants, puisqu'elles n'excitèrent jamais le moindre murmure.

Le grand principe du sénat et du peuple romain était : « *Deorum offensae diis curae ;* c'est aux dieux seuls à se soucier des offenses faites aux dieux. » Ce peuple-roi ne songeait qu'à conquérir, à gouverner et à policer l'univers. Ils ont été nos législateurs, comme nos vainqueurs; et jamais César, qui nous donna des fers, des lois, et des jeux, ne voulut nous forcer à quitter nos druides pour lui, tout grand pontife qu'il était d'une nation notre souveraine.

Les Romains ne professaient pas tous les cultes, ils ne donnaient pas à tous la sanction publique; mais ils les permirent tous. Ils n'eurent aucun objet matériel de culte sous Numa, point de simulacres, point de statues; bientôt ils en élevèrent aux dieux *majorum gentium,* que les Grecs leur firent connaître. La loi des douze tables, *Deos peregrinos ne colunto,* se réduisit à n'accorder le culte public qu'aux divinités supérieures approuvées par le sénat. Isis eut un temple dans Rome, jusqu'au temps où Tibère le démolit, lorsque les prêtres de ce temple, corrompus par l'argent de Mundus, le firent coucher dans le temple, sous le nom du dieu Anubis, avec une femme nommée Pauline. Il est vrai que Josèphe est le seul qui rapporte cette histoire; il n'était pas contemporain, il était crédule et exagérateur. Il y a peu d'apparence que, dans un temps aussi éclairé que celui de Tibère, une dame de la première condition eût été assez imbécile pour croire avoir les faveurs du dieu Anubis.

Mais que cette anecdote soit vraie ou fausse, il demeure certain que la superstition égyptienne avait élevé un temple à Rome avec le consentement public. Les Juifs y commerçaient dès le temps de la guerre punique; ils y avaient des synagogues du temps d'Auguste, et ils les conservèrent presque toujours, ainsi que dans Rome moderne. Y a-t-il un plus grand exemple que la tolérance était regardée par les Romains comme la loi la plus sacrée du droit des gens ?

On nous dit qu'aussitôt que les chrétiens parurent, ils furent persécutés par ces mêmes Romains qui ne persécutaient personne. Il me paraît évident que ce fait est très faux; je n'en veux pour preuve que saint Paul lui-même. Les *Actes des apôtres* nous apprennent que[1], saint Paul étant accusé par les Juifs de vouloir détruire la loi mosaïque par Jésus-Christ, saint Jacques proposa à saint Paul de se faire raser la tête, et d'aller se purifier dans le temple avec quatre Juifs, « afin que tout le monde sache que tout ce que l'on dit de vous est faux, et que vous continuez à garder la loi de Moïse ».

Paul, chrétien, alla donc s'acquitter de toutes les cérémonies judaïques pendant sept jours; mais les sept jours n'étaient pas encore écoulés quand des Juifs d'Asie le reconnurent; et, voyant qu'il était entré dans le temple, non seulement avec des Juifs, mais avec des Gentils, ils crièrent à la profanation : on le saisit, on le mena devant le gouverneur Félix, et ensuite on s'adressa au tribunal de Festus. Les Juifs en foule demandèrent sa mort; Festus leur répondit[2] : « Ce n'est point la coutume des Romains de condamner un homme avant que l'accusé ait ses accusateurs devant lui, et qu'on lui ait donné la liberté de se défendre. »

Ces paroles sont d'autant plus remarquables dans ce magistrat romain qu'il paraît n'avoir eu nulle considération pour saint Paul, n'avoir senti pour lui que du mépris : trompé par les fausses lumières de sa raison, il le prit pour un fou; il lui dit à lui-même qu'il était en démence [3]: *Multae te litterae ad insaniam convertunt.* Festus n'écouta donc que l'équité de la loi romaine en donnant sa protection à un inconnu qu'il ne pouvait estimer.

Voilà le Saint-Esprit lui-même qui déclare que les

Romains n'étaient pas persécuteurs, et qu'ils étaient justes. Ce ne sont pas les Romains qui se soulevèrent contre saint Paul, ce furent les Juifs. Saint Jacques, frère de Jésus, fut lapidé par l'ordre d'un Juif saducéen, et non d'un Romain. Les Juifs seuls lapidèrent saint Étienne[1]; et lorsque saint Paul gardait les manteaux des exécuteurs[2], certes il n'agissait pas en citoyen romain.

Les premiers chrétiens n'avaient rien sans doute à démêler avec les Romains; ils n'avaient d'ennemis que les Juifs, dont ils commençaient à se séparer. On sait quelle haine implacable portent tous les sectaires à ceux qui abandonnent leur secte. Il y eut sans doute du tumulte dans les synagogues de Rome. Suétone dit, dans la *Vie de Claude* (chap. XXV) : *Judaeos, impulsore Christo assidue tumultuantes, Roma expulit.* Il se trompait, en disant que c'était à l'instigation du Christ : il ne pouvait pas être instruit des détails d'un peuple aussi méprisé à Rome que l'était le peuple juif; mais il ne se trompait pas sur l'occasion de ces querelles. Suétone écrivait sous Adrien, dans le second siècle; les chrétiens n'étaient pas alors distingués des Juifs aux yeux des Romains. Le passage de Suétone fait voir que les Romains, loin d'opprimer les premiers chrétiens, réprimaient alors les Juifs qui les persécutaient. Ils voulaient que la synagogue de Rome eût pour ses frères séparés la même indulgence que le sénat avait pour elle, et les Juifs chassés revinrent bientôt après; ils parvinrent même aux honneurs, malgré les lois qui les en excluaient : c'est Dion Cassius et Ulpien[3] qui nous l'apprennent. Est-il possible qu'après la ruine de Jérusalem les empereurs eussent prodigué des dignités aux Juifs, et qu'ils eussent persécuté, livré aux bourreaux et aux bêtes des chrétiens qu'on regardait comme une secte de Juifs ?

Néron, dit-on, les persécuta. Tacite nous apprend qu'ils furent accusés de l'incendie de Rome, et qu'on les abandonna à la fureur du peuple. S'agissait-il de leur croyance dans une telle accusation ? non, sans doute. Dirons-nous que les Chinois que les Hollandais égorgèrent, il y a quelques années, dans les faubourgs de Batavia, furent immolés à la religion ? Quelque envie qu'on ait de se tromper, il est impossible d'attribuer à l'intolérance le désastre arrivé sous Néron à quelques malheureux demi-Juifs et demi-chrétiens.

CHAPITRE IX

DES MARTYRS

Il y eut dans la suite des martyrs chrétiens. Il eſt bien difficile de savoir précisément pour quelles raisons ces martyrs furent condamnés; mais j'ose croire qu'aucun ne le fut, sous les premiers Césars, pour sa seule religion : on les tolérait toutes; comment aurait-on pu rechercher et poursuivre des hommes obscurs, qui avaient un culte particulier, dans le temps qu'on permettait tous les autres ?

Les Titus, les Trajan, les Antonin, les Décius, n'étaient pas des barbares : peut-on imaginer qu'ils auraient privé les seuls chrétiens d'une liberté dont jouissait toute la terre ? Les aurait-on seulement osé accuser d'avoir des myſtères secrets, tandis que les myſtères d'Isis, ceux de Mithras, ceux de la déesse de Syrie, tous étrangers au culte romain, étaient permis sans contradiction ? Il faut bien que la persécution ait eu d'autres causes, et que les haines particulières, soutenues par la raison d'État, aient répandu le sang des chrétiens.

Par exemple, lorsque saint Laurent refuse au préfet de Rome, Cornelius Secularis, l'argent des chrétiens qu'il avait en sa garde, il eſt naturel que le préfet et l'empereur soient irrités : ils ne savaient pas que saint Laurent avait diſtribué cet argent aux pauvres, et qu'il avait fait une œuvre charitable et sainte; ils le regardèrent comme un réfractaire, et le firent périr.

Considérons le martyre de saint Polyeucte. Le condamna-t-on pour sa religion seule ? Il va dans le temple, où l'on rend aux dieux des actions de grâces pour la victoire de l'empereur Décius; il y insulte les sacrificateurs, il renverse et brise les autels et les ſtatues : quel eſt le pays au monde où l'on pardonnerait un pareil attentat ? Le chrétien qui déchira publiquement l'édit de l'empereur Dioclétien, et qui attira sur ses frères la grande persécution dans les deux dernières années du règne de ce prince, n'avait pas un zèle selon la science, et il était bien malheureux d'être la cause du désastre de son parti. Ce zèle inconsidéré, qui éclata souvent et qui fut même condamné par plusieurs Pères de l'Église, a été probablement la source de toutes les persécutions.

Je ne compare point sans doute les premiers sacramentaires aux premiers chrétiens : je ne mets point l'erreur à côté de la vérité; mais Farel, prédécesseur de Jean Calvin, fit dans Arles la même chose que saint Polyeucte avait faite en Arménie. On portait dans les rues la statue de saint Antoine l'ermite en procession; Farel tombe avec quelques-uns des siens sur les moines qui portaient saint Antoine, les bat, les disperse, et jette saint Antoine dans la rivière. Il méritait la mort, qu'il ne reçut pas, parce qu'il eut le temps de s'enfuir. S'il s'était contenté de crier à ces moines qu'il ne croyait pas qu'un corbeau eût apporté la moitié d'un pain à saint Antoine l'ermite, ni que saint Antoine eût eu des conversations avec des centaures et des satyres, il aurait mérité une forte réprimande, parce qu'il troublait l'ordre; mais si le soir, après la procession, il avait examiné paisiblement l'histoire du corbeau, des centaures, et des satyres, on n'aurait rien eu à lui reprocher.

Quoi ! les Romains auraient souffert que l'infâme Antinoüs fût mis au rang des seconds dieux, et ils auraient déchiré, livré aux bêtes, tous ceux auxquels on n'aurait reproché que d'avoir paisiblement adoré un juste ! Quoi ! ils auraient reconnu un Dieu suprême[1], un Dieu souverain, maître de tous les dieux secondaires, attesté par cette formule : *Deus optimus maximus ;* et ils auraient recherché ceux qui adoraient un Dieu unique !

Il n'est pas croyable que jamais il y eut une inquisition contre les chrétiens sous les empereurs, c'est-à-dire qu'on soit venu chez eux les interroger sur leur croyance. On ne troubla jamais sur cet article ni Juif, ni Syrien, ni Égyptien, ni bardes, ni druides, ni philosophes. Les martyrs furent donc ceux qui s'élevèrent contre les faux dieux. C'était une chose très sage, très pieuse de n'y pas croire; mais enfin si, non contents d'adorer un Dieu en esprit et en vérité, ils éclatèrent violemment contre le culte reçu, quelque absurde qu'il pût être, on est forcé d'avouer qu'eux-mêmes étaient intolérants.

Tertullien, dans son *Apologétique*[2], avoue qu'on regardait les chrétiens comme des factieux : l'accusation était injuste, mais elle prouvait que ce n'était pas la religion seule des chrétiens qui excitait le zèle des magistrats. Il avoue[1] que les chrétiens refusaient d'orner leurs portes de branches de laurier dans les réjouissances publiques pour les victoires des empereurs : on pouvait aisément prendre cette affectation condamnable pour un crime de lèse-majesté.

La première sévérité juridique exercée contre les chrétiens fut celle de Domitien; mais elle se borna à un exil qui ne dura pas une année : « *Facile coeptum repressit, restitutis etiam quos relegaverat* », dit Tertullien (chap. v). Lactance, dont le style est si emporté, convient que, depuis Domitien jusqu'à Décius, l'Église fut tranquille et florissante[2]. Cette longue paix, dit-il, fut interrompue quand cet exécrable animal Décius opprima l'Église : « *Exstitit enim post annos plurimos exsecrabile animal Decius, qui vexaret Ecclesiam.* » (*Apol.*, chap. IV.)

On ne veut point discuter ici le sentiment du savant Dodwell sur le petit nombre des martyrs[3]; mais si les Romains avaient tant persécuté la religion chrétienne, si le sénat avait fait mourir tant d'innocents par des supplices inusités, s'ils avaient plongé des chrétiens dans l'huile bouillante, s'ils avaient exposé des filles toutes nues aux bêtes dans le cirque, comment auraient-ils laissé en paix tous les premiers évêques de Rome ? Saint Irénée ne compte pour martyr parmi ces évêques que le seul Télesphore, dans l'an 139 de l'ère vulgaire, et on n'a aucune preuve que ce Télesphore ait été mis à mort. Zéphirin gouverna le troupeau de Rome pendant dix-huit années, et mourut paisiblement l'an 219. Il est vrai que, dans les anciens martyrologes, on place presque tous les premiers papes; mais le mot de martyre n'était pris alors que suivant sa véritable signification : *martyre* voulait dire *témoignage,* et non pas *supplice.*

Il est difficile d'accorder cette fureur de persécution avec la liberté qu'eurent les chrétiens d'assembler cinquante-six conciles que les écrivains ecclésiastiques comptent dans les trois premiers siècles.

Il y eut des persécutions; mais si elles avaient été aussi violentes qu'on le dit, il est vraisemblable que Tertullien, qui écrivit avec tant de force contre le culte reçu, ne serait pas mort dans son lit. On sait bien que les empereurs ne lurent pas son *Apologétique ;* qu'un écrit obscur, composé en Afrique, ne parvient pas à ceux qui sont chargés du gouvernement du monde; mais il devait être connu de ceux qui approchaient le proconsul d'Afrique : il devait attirer beaucoup de haine à l'auteur; cependant il ne souffrit point le martyre.

Origène enseigna publiquement dans Alexandrie, et ne fut point mis à mort. Ce même Origène, qui parlait avec tant de liberté aux païens et aux chrétiens, qui annonçait Jésus aux uns, qui niait un Dieu en trois personnes aux autres, avoue expressément, dans son troisième livre contre Celse, « qu'il y a eu très peu de martyrs, et encore de loin en loin. Cependant, dit-il, les chrétiens ne négligent rien pour faire embrasser leur religion par tout le monde; ils courent dans les villes, dans les bourgs, dans les villages. »

Il est certain que ces courses continuelles pouvaient être aisément accusées de sédition par les prêtres ennemis; et pourtant ces missions sont tolérées, malgré le peuple égyptien, toujours turbulent, séditieux et lâche : peuple qui avait déchiré un Romain pour avoir tué un chat, peuple en tout temps méprisable, quoi qu'en disent les admirateurs des pyramides.

Qui devait plus soulever contre lui les prêtres et le gouvernement que saint Grégoire Thaumaturge, disciple d'Origène ? Grégoire avait vu pendant la nuit un vieillard envoyé de Dieu, accompagné d'une femme resplendissante de lumière : cette femme était la sainte Vierge, et ce vieillard était saint Jean l'Évangéliste. Saint Jean lui dicta un symbole que saint Grégoire alla prêcher. Il passa, en allant à Néocésarée, près d'un temple où l'on rendait des oracles et où la pluie l'obligea de passer la nuit; il y fit plusieurs signes de croix. Le lendemain le grand sacrificateur du temple fut étonné que les démons, qui lui répondaient auparavant, ne voulaient plus rendre d'oracles; il les appela : les diables vinrent pour lui dire qu'ils ne viendraient plus; ils lui apprirent qu'ils ne pouvaient plus habiter ce temple, parce que Grégoire y avait passé la nuit, et qu'il y avait fait des signes de croix.

Le sacrificateur fit saisir Grégoire, qui lui répondit : « Je peux chasser les démons d'où je veux, et les faire entrer où il me plaira. — Faites-les donc rentrer dans mon temple », dit le sacrificateur. Alors Grégoire déchira un petit morceau d'un volume qu'il tenait à la main, et y traça ces paroles : « Grégoire à Satan : Je te commande de rentrer dans ce temple. » On mit ce billet sur l'autel : les démons obéirent, et rendirent ce jour-là leurs oracles comme à l'ordinaire; après quoi ils cessèrent, comme on le sait.

C'est saint Grégoire de Nysse qui rapporte ces faits dans la vie de saint Grégoire Thaumaturge. Les prêtres des idoles devaient sans doute être animés contre Grégoire, et, dans leur aveuglement, le déférer au magistrat : cependant leur plus grand ennemi n'essuya aucune persécution.

Il est dit dans l'histoire de saint Cyprien qu'il fut le premier évêque de Carthage condamné à la mort. Le martyre de saint Cyprien est de l'an 258 de notre ère : donc pendant un très long temps aucun évêque de Carthage ne fut immolé pour sa religion. L'histoire ne nous dit point quelles calomnies s'élevèrent contre saint Cyprien, quels ennemis il avait, pourquoi le proconsul d'Afrique fut irrité contre lui. Saint Cyprien écrit à Cornélius, évêque de Rome : « Il arriva depuis peu une émotion populaire à Carthage, et on cria par deux fois qu'il fallait me jeter aux lions. » Il est bien vraisemblable que les emportements du peuple féroce de Carthage furent enfin cause de la mort de Cyprien; et il est bien sûr que ce ne fut pas l'empereur Gallus qui le condamna de si loin pour sa religion, puisqu'il laissait en paix Corneille, qui vivait sous ses yeux.

Tant de causes secrètes se mêlent souvent à la cause apparente, tant de ressorts inconnus servent à persécuter un homme, qu'il est impossible de démêler dans les siècles postérieurs la source cachée des malheurs des hommes les plus considérables, à plus forte raison celle du supplice d'un particulier qui ne pouvait être connu que par ceux de son parti.

Remarquez que saint Grégoire Thaumaturge et saint Denis évêque d'Alexandrie, qui ne furent point suppliciés, vivaient dans le temps de saint Cyprien. Pourquoi, étant aussi connus pour le moins que cet évêque de Carthage, demeurèrent-ils paisibles ? Et pourquoi saint Cyprien fut-il livré au supplice ? N'y a-t-il pas quelque apparence que l'un succomba sous des ennemis personnels et puissants, sous la calomnie, sous le prétexte de la raison d'État, qui se joint si souvent à la religion, et que les autres eurent le bonheur d'échapper à la méchanceté des hommes ?

Il n'eﬆ guère possible que la seule accusation de chriﬆianisme ait fait périr saint Ignace sous le clément et juﬆe Trajan, puisqu'on permit aux chrétiens de l'accompagner et de le consoler, quand on le conduisit à Rome. Il y avait eu souvent des séditions dans Antioche, ville toujours turbulente, où Ignace était évêque secret des chrétiens : peut-être ces séditions, malignement imputées aux chrétiens innocents, excitèrent l'attention du gouvernement, qui fut trompé, comme il eﬆ trop souvent arrivé.

Saint Siméon, par exemple, fut accusé devant Sapor d'être l'espion des Romains. L'hiﬆoire de son martyre rapporte que le roi Sapor lui proposa d'adorer le soleil; mais on sait que les Perses ne rendaient point de culte au soleil : ils le regardaient comme un emblème du bon principe, d'Oromase, ou Orosmade, du Dieu créateur qu'ils reconnaissaient.

Quelque tolérant que l'on puisse être, on ne peut s'empêcher de sentir quelque indignation contre ces déclamateurs qui accusent Dioclétien d'avoir persécuté les chrétiens depuis qu'il fut sur le trône; rapportons-nous-en à Eusèbe de Césarée : son témoignage ne peut être récusé; le favori, le panégyriﬆe de Conﬆantin, l'ennemi violent des empereurs précédents, doit en être cru quand il les juﬆifie. Voici ses paroles[1] : « Les empereurs donnèrent longtemps aux chrétiens de grandes marques de bienveillance; ils leur confièrent des provinces; plusieurs chrétiens demeurèrent dans le palais; ils épousèrent même des chrétiennes. Dioclétien prit pour son épouse Prisca, dont la fille fut femme de Maximien Galère, etc. »

Qu'on apprenne donc de ce témoignage décisif à ne plus calomnier; qu'on juge si la persécution excitée par Galère, après dix-neuf ans d'un règne de clémence et de bienfaits, ne doit pas avoir sa source dans quelque intrigue que nous ne connaissons pas.

Qu'on voie combien la fable de la légion thébaine ou thébéenne, massacrée, dit-on, tout entière pour la religion, eﬆ une fable absurde. Il eﬆ ridicule qu'on ait fait venir cette légion d'Asie par le Grand Saint-Bernard; il eﬆ impossible qu'on l'eût appelée d'Asie pour venir apaiser une sédition dans les Gaules, un an après que cette sédition avait été réprimée; il n'est pas moins impossible qu'on ait égorgé six mille hommes d'infanterie et sept cents cavaliers dans un passage où deux cents hommes pourraient arrêter une armée entière. La relation de cette prétendue boucherie commence par une imposture évidente : « Quand la terre gémissait sous la tyrannie de Dioclétien, le ciel se peuplait de martyrs. » Or cette aventure, comme on l'a dit, est supposée en 286, temps où Dioclétien favorisait le plus les chrétiens, et où l'empire romain fut le plus heureux. Enfin ce qui devrait épargner toutes ces discussions, c'est qu'il n'y eut jamais de légion thébaine : les Romains étaient trop fiers et trop sensés pour composer une légion de ces Égyptiens qui ne servaient à Rome que d'esclaves, *Verna Canopi* : c'est comme s'ils avaient eu une légion juive. Nous avons les noms des trente-deux légions qui faisaient les principales forces de l'empire romain; assurément la légion thébaine ne s'y trouve pas. Rangeons donc ce conte avec les vers acrostiches des sibylles qui prédisaient les miracles de Jésus-Christ, et avec tant de pièces supposées qu'un faux zèle prodigua pour abuser la crédulité.

CHAPITRE X

DU DANGER DES FAUSSES LÉGENDES ET DE LA PERSÉCUTION

Le mensonge en a trop longtemps imposé aux hommes; il est temps qu'on connaisse le peu de vérités qu'on peut démêler à travers ces nuages de fables qui couvrent l'histoire romaine depuis Tacite et Suétone, et qui ont presque toujours enveloppé les annales des autres nations anciennes.

Comment peut-on croire, par exemple, que les Romains, ce peuple grave et sévère de qui nous tenons nos lois, aient condamné des vierges chrétiennes, des filles de qualité, à la prostitution ? C'est bien mal connaître l'austère dignité de nos législateurs, qui punissaient si sévèrement les faiblesses des vestales. Les *Actes sincères*[1] de Ruinart rapportent ces turpitudes; mais doit-on croire aux *Actes* de Ruinart comme aux *Actes des apôtres ?* Ces *Actes sincères* disent, après Bollandus, qu'il y avait dans la ville d'Ancyre sept vierges chrétiennes, d'environ soixante et dix ans chacune, que le gouverneur Théodecte les condamna à passer par les mains des jeunes gens de la ville; mais que ces vierges ayant été épargnées, comme de raison, il les obligea de servir toutes nues aux mystères de Diane, auxquels pourtant on n'assista jamais qu'avec un voile. Saint Théodote, qui, à la vérité, était cabaretier, mais qui n'en était pas moins zélé, pria Dieu ardemment de vouloir bien faire mourir ces saintes filles, de peur qu'elles ne succombassent à la tentation. Dieu l'exauça; le gouverneur les fit jeter dans un lac avec une pierre au cou : elles apparurent aussitôt à Théodote, et le prièrent de ne pas souffrir que leurs corps fussent mangés des poissons; ce furent leurs propres paroles.

Le saint cabaretier et ses compagnons allèrent pendant la nuit au bord du lac gardé par des soldats; un flambeau céleste marcha toujours devant eux, et quand ils furent au lieu où étaient les gardes, un cavalier céleste, armé de toutes pièces, poursuivit ces gardes la lance à la main. Saint Théodote retira du lac les corps des vierges : il fut mené devant le gouverneur; et le cavalier céleste n'empêcha pas qu'on ne lui tranchât la tête. Ne cessons de répéter que nous vénérons les vrais martyrs, mais qu'il est difficile de croire cette histoire de Bollandus et de Ruinart.

Faut-il rapporter ici le conte du jeune saint Romain ? On le jeta dans le feu, dit Eusèbe, et des Juifs qui étaient présents insultèrent à Jésus-Christ qui laissait brûler ses confesseurs, après que Dieu avait tiré Sidrach, Misach, et Abdenago, de la fournaise ardente[1]. A peine les Juifs eurent-ils parlé que saint Romain sortit triomphant du bûcher : l'empereur ordonna qu'on lui pardonnât, et dit au juge qu'il ne voulait rien avoir à démêler avec Dieu; étranges paroles pour Dioclétien ! Le juge, malgré l'indulgence de l'empereur, commanda qu'on coupât la langue à saint Romain, et, quoiqu'il eût des bourreaux, il fit faire cette opération par un médecin. Le jeune Romain, né bègue, parla avec volubilité dès qu'il eut la langue coupée. Le médecin essuya une réprimande, et, pour montrer que l'opération était faite selon les règles de l'art, il prit un passant et lui coupa juste autant de langue qu'il en avait coupé à saint Romain, de quoi le passant mourut sur-le-champ : *car,* ajoute savamment l'auteur, *l'anatomie nous apprend qu'un homme sans langue ne saurait vivre.* En vérité, si Eusèbe a écrit de pareilles fadaises, si on ne les a point ajoutées à ses écrits, quel fond peut-on faire sur son *Histoire ?*

On nous donne le martyre de sainte Félicité et de ses sept enfants, envoyés, dit-on, à la mort par le sage et vieux Antonin, sans nommer l'auteur de la relation.

Il est bien vraisemblable que quelque auteur plus zélé que vrai a voulu imiter l'histoire des Macchabées. C'est ainsi que commence la relation : « Sainte Félicité était Romaine, elle vivait sous le règne d'Antonin »; il est clair, par ces paroles, que l'auteur n'était pas contemporain de sainte Félicité. Il dit que le préteur les jugea sur son tribunal dans le champ de Mars; mais le préfet de Rome tenait son tribunal au Capitole, et non au champ de Mars, qui, après avoir servi à tenir les comices, servait alors aux revues des soldats, aux courses, aux jeux militaires : cela seul démontre la supposition.

Il est dit encore qu'après le jugement, l'empereur commit à différents juges le soin de faire exécuter l'arrêt : ce qui est entièrement contraire à toutes les formalités de ces temps-là et à celles de tous les temps.

Il y a de même un saint Hippolyte, que l'on suppose traîné par des chevaux, comme Hippolyte, fils de Thésée. Ce supplice ne fut jamais connu des anciens Romains, et la seule ressemblance du nom a fait inventer cette fable.

Observez encore que dans les relations des martyres, composées uniquement par les chrétiens mêmes, on voit presque toujours une foule de chrétiens venir librement dans la prison du condamné, le suivre au supplice, recueillir son sang, ensevelir son corps, faire des miracles avec les reliques. Si c'était la religion seule qu'on eût persécutée, n'aurait-on pas immolé ces chrétiens qui assistaient leurs frères condamnés, et qu'on accusait d'opérer des enchantements avec les restes des corps martyrisés ? Ne les aurait-on pas traités comme nous avons traité les vaudois, les albigeois, les hussites, les différentes sectes des protestants ? Nous les avons égorgés, brûlés en foule, sans distinction ni d'âge ni de sexe. Y a-t-il, dans les relations avérées des persécutions anciennes, un seul trait qui approche de la Saint-Barthélemy et des massacres d'Irlande ? Y en a-t-il un seul qui ressemble à la fête annuelle qu'on célèbre encore dans Toulouse, fête cruelle, fête abolissable à jamais, dans laquelle un peuple entier remercie Dieu en procession, et se félicite d'avoir égorgé, il y a deux cents ans, quatre mille de ses concitoyens ?

Je le dis avec horreur, mais avec vérité : c'est nous, chrétiens, c'est nous qui avons été persécuteurs, bourreaux, assassins ! Et de qui ? de nos frères. C'est nous qui avons détruit cent villes, le crucifix ou la *Bible* à la main, et qui n'avons cessé de répandre le sang et d'allumer des bûchers, depuis le règne de Constantin jusqu'aux fureurs des cannibales qui habitaient les Cévennes : fureurs qui, grâces au ciel, ne subsistent plus aujourd'hui.

Nous envoyons encore quelquefois à la potence de pauvres gens du Poitou, du Vivarais, de Valence, de Montauban. Nous avons pendu, depuis 1745, huit personnages de ceux qu'on appelle *prédicants* ou *ministres de l'Évangile,* qui n'avaient d'autre crime que d'avoir prié Dieu pour le roi en patois, et d'avoir donné une goutte de vin et un morceau de pain levé à quelques paysans imbéciles. On ne sait rien de cela dans Paris, où le plaisir est la seule chose importante, où l'on ignore tout ce qui se passe en province et chez les étrangers. Ces procès se font en une heure, et plus vite qu'on ne juge un déserteur. Si le roi en était instruit, il ferait grâce.

On ne traite ainsi les prêtres catholiques en aucun pays protestant. Il y a plus de cent prêtres catholiques en Angleterre et en Irlande; on les connaît, on les a laissés vivre très paisiblement dans la dernière guerre.

Serons-nous toujours les derniers à embrasser les opinions saines des autres nations ? Elles se sont corrigées : quand nous corrigerons-nous ? Il a fallu soixante ans pour nous faire adopter ce que Newton avait démontré; nous commençons à peine à oser sauver la vie à nos enfants par l'inoculation[1]; nous ne pratiquons que depuis très peu de temps les vrais principes de l'agriculture; quand commencerons-nous à pratiquer les vrais principes de l'humanité ? et de quel front pouvons-nous reprocher aux païens d'avoir fait des martyrs, tandis que nous avons été coupables de la même cruauté dans les mêmes circonstances ?

Accordons que les Romains ont fait mourir une multitude de chrétiens pour leur seule religion; en ce cas, les Romains ont été très condamnables. Voudrions-nous commettre la même injustice ? Et quand nous leur reprochons d'avoir persécuté, voudrions-nous être persécuteurs ?

S'il se trouvait quelqu'un assez dépourvu de bonne foi, ou assez fanatique, pour me dire ici : Pourquoi venez-vous développer nos erreurs et nos fautes ? pourquoi détruire nos faux miracles et nos fausses légendes ? Elles sont l'aliment de la piété de plusieurs personnes; il y a des erreurs nécessaires; n'arrachez pas du corps un ulcère invétéré qui entraînerait avec lui la destruction du corps, voici ce que je lui répondrais :

Tous ces faux miracles par lesquels vous ébranlez la foi qu'on doit aux véritables, toutes ces légendes absurdes que vous ajoutez aux vérités de l'Évangile, éteignent la religion dans les cœurs; trop de personnes qui veulent s'instruire, et qui n'ont pas le temps de s'instruire assez, disent : « Les maîtres de ma religion m'ont trompé, il n'y a donc point de religion; il vaut mieux se jeter dans les bras de la nature que dans ceux de l'erreur; j'aime mieux dépendre de la loi naturelle que des inventions des hommes. » D'autres ont le malheur d'aller encore plus loin : ils voient que l'imposture leur a mis un frein, et ils ne veulent pas même du frein de la vérité, ils penchent vers l'athéisme; on devient dépravé parce que d'autres ont été fourbes et cruels.

Voilà certainement les conséquences de toutes les fraudes pieuses et de toutes les superstitions. Les hommes d'ordinaire ne raisonnent qu'à demi; c'est un très mauvais argument que de dire : Voragine, l'auteur de *la Légende dorée*, et le jésuite Ribadeneira, compilateur de *la Fleur des saints*, n'ont dit que des sottises : donc il n'y a point de Dieu; les catholiques ont égorgé un certain nombre de huguenots, et les huguenots à leur tour ont assassiné un certain nombre de catholiques : donc il n'y a point de Dieu; on s'est servi de la confession, de la communion, et de tous les sacrements, pour commettre les crimes les plus horribles : donc il n'y a point de Dieu. Je conclurais au contraire : Donc il y a un Dieu qui, après cette vie passagère, dans laquelle nous l'avons tant méconnu, et tant commis de crimes en son nom, daignera nous consoler de tant d'horribles malheurs : car, à considérer les guerres de religion, les quarante schismes des papes, qui ont presque tous été sanglants; les impostures, qui ont presque toutes été funestes : les haines irréconciliables allumées par les différentes opinions; à voir tous les maux qu'a produits le faux zèle, les hommes ont eu longtemps leur enfer dans cette vie.

CHAPITRE XI

ABUS DE L'INTOLÉRANCE

MAIS quoi ! sera-t-il permis à chaque citoyen de ne croire que sa raison, et de penser ce que cette raison éclairée ou trompée lui dictera ? Il le faut bien[1], pourvu qu'il ne trouble point l'ordre : car il ne dépend pas de l'homme de croire ou de ne pas croire, mais il dépend de lui de respecter les usages de sa patrie; et si vous disiez que c'est un crime de ne pas croire à la religion dominante, vous accuseriez donc vous-même les premiers chrétiens vos pères, et vous justifieriez ceux que vous accusez de les avoir livrés aux supplices.

Vous répondez que la différence est grande, que toutes les religions sont les ouvrages des hommes, et que l'Église catholique, apostolique et romaine, est seule l'ouvrage de Dieu. Mais en bonne foi, parce que notre religion est divine doit-elle régner par la haine, par les fureurs, par les exils, par l'enlèvement des biens, les prisons, les tortures, les meurtres, et par les actions de grâces rendues à Dieu pour ces meurtres ? Plus la religion chrétienne est divine, moins il appartient à l'homme de la commander; si Dieu l'a faite, Dieu la soutiendra sans vous. Vous savez que l'intolérance ne produit que des hypocrites ou des rebelles : quelle funeste alternative ! Enfin voudriez-vous soutenir par des bourreaux la religion d'un Dieu que des bourreaux ont fait périr, et qui n'a prêché que la douceur et la patience ?

Voyez, je vous prie, les conséquences affreuses du droit de l'intolérance. S'il était permis de dépouiller de ses biens, de jeter dans les cachots, de tuer un citoyen qui, sous un tel degré de latitude, ne professerait pas la religion admise sous ce degré, quelle exception exempterait les premiers de l'État des mêmes peines ? La religion lie également le monarque et les mendiants : aussi plus de cinquante docteurs ou moines ont affirmé cette horreur monstrueuse qu'il était permis de déposer, de tuer les souverains qui ne penseraient pas comme l'Église dominante; et les parlements du royaume n'ont cessé de proscrire ces abominables décisions d'abominables théologiens.

Le sang de Henri le Grand fumait encore quand le parlement de Paris donna un arrêt qui établissait l'indépendance de la couronne comme une loi fondamentale. Le cardinal Duperron, qui devait la pourpre à Henri le Grand, s'éleva, dans les états de 1614, contre l'arrêt du parlement, et le fit supprimer. Tous les journaux du temps rapportent les termes dont Duperron se servit dans ses harangues : « Si un prince se faisait arien, dit-il, on serait bien obligé de le déposer. »

Non assurément, monsieur le cardinal. On veut bien adopter votre supposition chimérique qu'un de nos rois, ayant lu l'histoire des conciles et des pères, frappé d'ailleurs de ces paroles : *Mon père est plus grand que moi*[1], les prenant trop à la lettre et balançant entre le concile de Nicée et celui de Constantinople, se déclarât pour Eusèbe de Nicomédie : je n'en obéirai pas moins à mon roi, je ne me croirai pas moins lié par le serment que je lui ai fait; et si vous osiez vous soulever contre lui, et que je fusse un de vos juges, je vous déclarerais criminel de lèse-majesté.

Duperron poussa plus loin la dispute, et je l'abrège. Ce n'est pas ici le lieu d'approfondir ces chimères révoltantes; je me bornerai à dire, avec tous les citoyens, que ce n'est point parce que Henri IV fut sacré à Chartres qu'on lui devait obéissance, mais parce que le droit incontestable de la naissance donnait la couronne à ce prince, qui la méritait par son courage et par sa bonté.

Qu'il soit donc permis de dire que tout citoyen doit hériter, par le même droit, des biens de son père, et qu'on ne voit pas qu'il mérite d'en être privé, et d'être traîné au gibet, parce qu'il sera du sentiment de Ratram contre Paschase Radbert, et de Bérenger contre Scot.

On sait que tous nos dogmes n'ont pas toujours été clairement expliqués et universellement reçus dans notre Église. Jésus-Christ ne nous ayant point dit comment procédait le Saint-Esprit, l'Église latine crut longtemps avec la grecque qu'il ne procédait que du Père : enfin elle ajouta au symbole qu'il procédait aussi du Fils. Je me demande si, le lendemain de cette décision, un citoyen qui s'en serait tenu au symbole de la veille eût été digne de mort ? La cruauté, l'injustice, seraient-elles moins grandes de punir aujourd'hui celui qui penserait comme on pensait autrefois ? Était-on coupable, du temps d'Honorius Ier, de croire que Jésus n'avait pas deux volontés ?

Il n'y a pas longtemps que l'immaculée conception est établie : les dominicains n'y croient pas encore. Dans quel temps les dominicains commenceront-ils à mériter des peines dans ce monde et dans l'autre ?

Si nous devons apprendre de quelqu'un à nous conduire dans nos disputes interminables, c'est certainement des apôtres et des évangélistes. Il y avait de quoi exciter un schisme violent entre saint Paul et saint Pierre. Paul dit expressément dans son *Épître aux Galates* qu'il résista en face à Pierre parce que Pierre était répréhensible, parce qu'il usait de dissimulation aussi bien que Barnabé, parce qu'ils mangeaient avec les Gentils avant l'arrivée de Jacques, et qu'ensuite ils se retirèrent secrètement, et se séparèrent des Gentils de peur d'offenser les circoncis. « Je vis, ajoute-t-il, qu'ils ne marchaient pas droit selon l'Évangile; je dis à Céphas : Si vous, Juif, vivez comme les Gentils, et non comme les Juifs, pourquoi obligez-vous les Gentils à judaïser[1] ? »

C'était là un sujet de querelle violente. Il s'agissait de savoir si les nouveaux chrétiens judaïseraient ou non. Saint Paul alla dans ce temps-là même sacrifier dans le temple de Jérusalem. On sait que les quinze premiers évêques de Jérusalem furent des Juifs circoncis, qui observèrent le sabbat, et qui s'abstinrent de viandes défendues. Un évêque espagnol ou portugais qui se ferait circoncire, et qui observerait le sabbat, serait brûlé dans un *auto-da-fé*. Cependant la paix ne fut altérée, pour cet objet fondamental, ni parmi les apôtres, ni parmi les premiers chrétiens.

Si les évangélistes avaient ressemblé aux écrivains modernes, ils avaient un champ bien vaste pour combattre les uns contre les autres. Saint Matthieu compte vingt-huit générations de David jusqu'à Jésus[1]; saint Luc en compte quarante et une, et ces générations sont absolument différentes[2]. On ne voit pourtant nulle dissension s'élever entre les disciples sur ces contrariétés apparentes, très bien conciliées par plusieurs Pères de l'Église. La charité ne fut point blessée, la paix fut conservée. Quelle plus grande leçon de nous tolérer dans nos disputes, et de nous humilier dans tout ce que nous n'entendons pas !

Saint Paul, dans son *Épître* à quelques juifs de Rome convertis au christianisme, emploie toute la fin du troisième chapitre à dire que la seule foi glorifie, et que les œuvres ne justifient personne. Saint Jacques, au contraire, dans son *Épître* aux douze tribus dispersées par toute la terre, chapitre II, ne cesse de dire qu'on ne peut être sauvé sans les œuvres. Voilà ce qui a séparé deux grandes communions parmi nous, et ce qui ne divisa point les apôtres.

Si la persécution contre ceux avec qui nous disputons était une action sainte, il faut avouer que celui qui aurait fait tuer le plus d'hérétiques serait le plus grand saint du paradis. Quelle figure y ferait un homme qui se serait contenté de dépouiller ses frères, et de les plonger dans des cachots, auprès d'un zélé qui en aurait massacré des centaines le jour de la Saint-Barthélemy ? En voici la preuve.

Le successeur de saint Pierre et son consistoire ne peuvent errer; ils approuvèrent, célébrèrent, consacrèrent, l'action de la Saint-Barthélemy : donc cette action était très sainte; donc de deux assassins égaux en piété, celui qui aurait éventré vingt-quatre femmes grosses huguenotes doit être élevé en gloire du double de celui qui n'en aura éventré que douze. Par la même raison, les fanatiques des Cévennes devaient croire qu'ils seraient élevés en gloire à proportion du nombre des prêtres, des religieux et des femmes catholiques qu'ils auraient égorgés. Ce sont là d'étranges titres pour la gloire éternelle.

CHAPITRE XII

SI L'INTOLÉRANCE FUT DE DROIT DIVIN DANS LE JUDAÏSME, ET SI ELLE FUT TOUJOURS MISE EN PRATIQUE

On appelle, je crois, *droit divin* les préceptes que Dieu a donnés lui-même. Il voulut que les Juifs mangeassent un agneau cuit avec des laitues[1], et que les convives le mangeassent debout, un bâton à la main[2], en commémoration du *Phasé*[3] ; il ordonna que la consécration du grand prêtre se ferait en mettant du sang à son oreille droite[4], à sa main droite et à son pied droit, coutumes extraordinaires pour nous, mais non pas pour l'antiquité; il voulut qu'on chargeât le bouc *Hazazel* des iniquités du peuple[5]; il défendit qu'on se nourrît[6] de poissons sans écailles, de porcs, de lièvres, de hérissons, de hiboux, de griffons, d'ixions, etc.

Il institua les fêtes, les cérémonies. Toutes ces choses, qui semblaient arbitraires aux autres nations, et soumises au droit positif, à l'usage, étant commandées par Dieu même, devenaient un droit divin pour les Juifs, comme tout ce que Jésus-Christ, fils de Marie, fils de Dieu, nous a commandé est de droit divin pour nous.

Gardons-nous de rechercher ici pourquoi Dieu a substitué une loi nouvelle à celle qu'il avait donnée à Moïse, et pourquoi il avait commandé à Moïse plus de choses qu'au patriarche Abraham, et plus à Abraham qu'à Noé. Il semble qu'il daigne se proportionner aux temps et à la population du genre humain : c'est une gradation paternelle; mais ces abîmes sont trop profonds pour notre débile vue. Tenons-nous dans les bornes de notre sujet; voyons d'abord ce qu'était l'intolérance chez les Juifs.

Il est vrai que, dans l'*Exode,* les *Nombres,* le *Lévitique,* le *Deutéronome,* il y a des lois très sévères sur le culte, et des châtiments plus sévères encore. Plusieurs commentateurs ont de la peine à concilier les récits de Moïse avec les passages de Jérémie et d'Amos, et avec le célèbre discours de saint Étienne, rapporté dans les

Actes des apôtres. Amos dit[1] que les Juifs adorèrent toujours dans le désert Moloch, Rempham, et Kium. Jérémie dit expressément[2] que Dieu ne demanda aucun sacrifice à leurs pères quand ils sortirent d'Égypte. Saint Étienne, dans son discours aux Juifs, s'exprime ainsi : « Ils adorèrent l'armée du ciel[3]; ils n'offrirent ni sacrifices ni hosties dans le désert pendant quarante ans; ils portèrent le tabernacle du dieu Moloch, et l'astre de leur dieu Rempham. »

D'autres critiques infèrent du culte de tant de dieux étrangers que ces dieux furent tolérés par Moïse, et ils citent en preuves ces paroles du *Deutéronome*[4] : « Quand vous serez dans la terre de Chanaan, vous ne ferez point comme nous faisons aujourd'hui, où chacun fait ce qui lui semble bon. »

Ils appuient leur sentiment sur ce qu'il n'est parlé d'aucun acte religieux du peuple dans le désert : point de Pâque célébrée, point de Pentecôte, nulle mention qu'on ait célébré la fête des tabernacles, nulle prière publique établie; enfin la circoncision, ce sceau de l'alliance de Dieu avec Abraham, ne fut point pratiquée.

Ils se prévalent encore de l'histoire de Josué. Ce conquérant dit aux Juifs[5] : « L'option vous est donnée : choisissez quel parti il vous plaira, ou d'adorer les dieux que vous avez servis dans le pays des Amorrhéens, ou ceux que vous avez reconnus en Mésopotamie. » Le peuple répond : « Il n'en sera pas ainsi, nous servirons Adonaï. » Josué leur répliqua : « Vous avez choisi vous-mêmes; ôtez donc du milieu de vous les dieux étrangers. » Ils avaient donc eu incontestablement d'autres dieux qu'Adonaï sous Moïse.

Il est très inutile de réfuter ici les critiques qui pensent que le *Pentateuque* ne fut pas écrit par Moïse; tout a été dit dès longtemps sur cette matière; et quand même quelque petite partie des livres de Moïse aurait été écrite du temps des juges ou des pontifes, ils n'en seraient pas moins inspirés et moins divins.

C'est assez, ce me semble, qu'il soit prouvé par la Sainte Écriture que, malgré la punition extraordinaire attirée aux Juifs par le culte d'Apis, ils conservèrent longtemps une liberté entière, peut-être même que le massacre que fit Moïse de vingt-trois mille hommes pour le veau érigé par son frère lui fit comprendre qu'on ne gagnait rien par la rigueur, et qu'il fut obligé de fermer les yeux sur la passion du peuple pour les dieux étrangers.

Lui-même semble bientôt transgresser la loi qu'il a donnée[1]. Il a défendu tout simulacre, cependant il érige un serpent d'airain. La même exception à la loi se trouve depuis dans le temple de Salomon : ce prince fait sculpter[2] douze bœufs qui soutiennent le grand bassin du temple; des chérubins sont posés dans l'arche; ils ont une tête d'aigle et une tête de veau; et c'est apparemment cette tête de veau mal faite, trouvée dans le temple par des soldats romains, qui fit croire longtemps que les Juifs adoraient un âne.

En vain le culte des dieux étrangers est défendu; Salomon est paisiblement idolâtre. Jéroboam, à qui Dieu donna dix parts du royaume, fait ériger deux veaux d'or[3], et règne vingt-deux ans, en réunissant en lui les dignités de monarque et de pontife. Le petit royaume de Juda dresse sous Roboam[4] des autels étrangers et des statues. Le saint roi Asa ne détruit point les hauts lieux[5]. Le grand prêtre Urias érige dans le temple, à la place de l'autel des holocaustes, un autel du roi de Syrie[6]. On ne voit, en un mot, aucune contrainte sur la religion. Je sais que la plupart des rois juifs s'exterminèrent, s'assassinèrent les uns les autres; mais ce fut toujours pour leur intérêt, et non pour leur croyance.

Il est vrai[7] que parmi les prophètes il y en eut qui intéressèrent le ciel à leur vengeance : Élie fit descendre le feu céleste pour consumer les prêtres de Baal; Élisée fit venir des ours[8] pour dévorer quarante-deux petits enfants qui l'avaient appelé *tête chauve ;* mais ce sont des miracles rares, et des faits qu'il serait un peu dur de vouloir imiter.

On nous objecte encore que le peuple juif fut très ignorant et très barbare. Il est dit[9] que, dans la guerre qu'il fit aux Madianites[10], Moïse ordonna de tuer tous les enfants mâles et toutes les mères, et de partager le butin. Les vainqueurs trouvèrent dans le camp[11] six cent soixante-quinze mille brebis, soixante-douze mille bœufs, soixante et un mille ânes, et trente-deux mille jeunes filles; ils en firent le partage, et tuèrent tout le reste. Plusieurs commentateurs même prétendent que trente-deux filles furent immolées au Seigneur : « *Cesserunt in partem Domini triginta duae animae*[12]. »

En effet, les Juifs immolaient des hommes à la Divinité, témoin le sacrifice de Jephté, témoin le roi Agag coupé en morceaux par le prêtre Samuel. Ézéchiel même leur promet, pour les encourager, qu'ils mangeront de la chair humaine : « Vous mangerez, dit-il, le cheval et le cavalier; vous boirez le sang des princes[1] .» Plusieurs commentateurs appliquent deux versets de cette prophétie aux Juifs mêmes, et les autres aux animaux carnassiers. On ne trouve, dans toute l'hiſtoire de ce peuple, aucun trait de générosité, de magnanimité, de bienfaisance; mais il s'échappe toujours, dans le nuage de cette barbarie si longue et si affreuse, des rayons d'une tolérance universelle.

Jephté, inspiré de Dieu, et qui lui immola sa fille, dit aux Ammonites[2] : « Ce que votre dieu Chamos vous a donné ne vous appartient-il pas de droit ? Souffrez donc que nous prenions la terre que notre Dieu nous a promise. » Cette déclaration eſt précise : elle peut mener bien loin; mais au moins elle eſt une preuve évidente que Dieu tolérait Chamos. Car la Sainte Écriture ne dit pas : Vous pensez avoir droit sur les terres que vous dites vous avoir été données par le dieu Chamos; elle dit positivement : « Vous avez droit, *tibi jure debentur* »; ce qui eſt le vrai sens de ces paroles hébraïques *Otho thirasch*.

L'hiſtoire de Michas et du lévite, rapportée aux XVIIe et XVIIIe chapitres du livre des *Juges*, eſt bien encore une preuve inconteſtable de la tolérance et de la liberté la plus grande, admise alors chez les Juifs. La mère de Michas, femme fort riche d'Éphraïm, avait perdu onze cents pièces d'argent : son fils les lui rendit; elle voua cet argent au Seigneur, et en fit faire des idoles; elle bâtit une petite chapelle. Un lévite desservit la chapelle, moyennant dix pièces d'argent, une tunique, un manteau par année, et sa nourriture; et Michas s'écria[3] : « C'eſt maintenant que Dieu me fera du bien, puisque j'ai chez moi un prêtre de la race de Lévi. »

Cependant six cents hommes de la tribu de Dan, qui cherchaient à s'emparer de quelque village dans le pays, et à s'y établir, mais n'ayant point de prêtre lévite avec eux, et en ayant besoin pour que Dieu favorisât leur entreprise, allèrent chez Michas, et prirent son éphod, ses idoles; et son lévite, malgré les remontrances de ce prêtre, et malgré les cris de Michas et de sa mère. Alors ils allèrent avec assurance attaquer le village nommé Laïs, et y mirent tout à feu et à sang selon leur coutume. Ils donnèrent le nom de Dan à Laïs, en mémoire de leur victoire; ils placèrent l'idole de Michas sur un autel; et, ce qui est bien le plus remarquable, Jonathan, petit-fils de Moïse, fut le grand prêtre de ce temple, où l'on adorait le Dieu d'Israël et l'idole de Michas.

Après la mort de Gédéon, les Hébreux adorèrent Baal-bérith pendant près de vingt ans, et renoncèrent au culte d'Adonaï, sans qu'aucun chef, aucun juge, aucun prêtre, criât vengeance. Leur crime était grand, je l'avoue; mais si cette idolâtrie même fut tolérée, combien les différences dans le vrai culte ont-elles dû l'être !

Quelques-uns donnent pour une preuve d'intolérance que le Seigneur lui-même ayant permis que son arche fût prise par les Philistins dans un combat, il ne punit les Philistins qu'en les frappant d'une maladie secrète ressemblant aux hémorroïdes, en renversant la statue de Dagon, et en envoyant une multitude de rats dans leurs campagnes; mais, lorsque les Philistins, pour apaiser sa colère, eurent renvoyé l'arche attelée de deux vaches qui nourrissaient leurs veaux, et offert à Dieu cinq rats d'or, et cinq anus d'or, le Seigneur fit mourir soixante et dix anciens d'Israël et cinquante mille hommes du peuple pour avoir regardé l'arche. On répond que le châtiment du Seigneur ne tombe point sur une croyance, sur une différence dans le culte, ni sur aucune idolâtrie.

Si le Seigneur avait voulu punir l'idolâtrie, il aurait fait périr tous les Philistins qui osèrent prendre son arche, et qui adoraient Dagon; mais il fit périr cinquante mille soixante et dix hommes de son peuple, pour avoir regardé l'arche qu'ils ne devaient pas regarder : tant les lois, les mœurs de ce temps, l'économie judaïque, diffèrent de tout ce que nous connaissons; tant les voies inscrutables de Dieu sont au-dessus des nôtres. « La rigueur exercée, dit le judicieux dom Calmet, contre ce grand nombre d'hommes ne paraîtra excessive qu'à ceux qui n'ont pas compris jusqu'à quel point Dieu voulait être craint et respecté parmi son peuple, et qui ne jugent des vues et des desseins de Dieu qu'en suivant les faibles lumières de leur raison. »

Dieu ne punit donc pas un culte étranger, mais une

profanation du sien, une curiosité indiscrète, une désobéissance, peut-être même un esprit de révolte. On sent bien que de tels châtiments n'appartiennent qu'à Dieu dans la théocratie judaïque. On ne peut trop redire que ces temps et ces mœurs n'ont aucun rapport aux nôtres.

Enfin, lorsque, dans les siècles postérieurs, Naaman l'idolâtre demanda à Élisée s'il lui était permis de suivre son roi dans le temple de Remnon, *et d'y adorer avec lui,* ce même Élisée, qui avait fait dévorer les enfants par les ours, ne lui répondit-il pas : *Allez en paix*[1] ?

Il y a bien plus; le Seigneur ordonna à Jérémie de se mettre des cordes au cou, des colliers, et des jougs, de les envoyer aux roitelets ou melchim de Moab, d'Ammon, d'Édom, de Tyr, de Sidon; et Jérémie leur fait dire par le Seigneur : « J'ai donné toutes vos terres à Nabuchodonosor, roi de Babylone, mon serviteur[2]. » Voilà un roi idolâtre déclaré serviteur de Dieu et son favori.

Le même Jérémie, que le melk ou roitelet juif Sedecias avait fait mettre au cachot, ayant obtenu son pardon de Sedecias, lui conseille, de la part de Dieu, de se rendre au roi de Babylone[3] : « Si vous allez vous rendre à ses officiers, dit-il, votre âme vivra. » Dieu prend donc enfin le parti d'un roi idolâtre; il lui livre l'arche, dont la seule vue avait coûté la vie à cinquante mille soixante et dix Juifs; il lui livre le Saint des saints, et le reste du temple, qui avait coûté à bâtir cent huit mille talents d'or, un million dix-sept mille talents en argent, et dix mille drachmes d'or, laissés par David et ses officiers pour la construction de la maison du Seigneur : ce qui, sans compter les deniers employés par Salomon, monte à la somme de dix-neuf milliards soixante-deux millions, ou environ, au cours de ce jour. Jamais idolâtrie ne fut plus récompensée. Je sais que ce compte est exagéré, qu'il y a probablement erreur de copiste; mais réduisez la somme à la moitié, au quart, au huitième même, elle vous étonnera encore. On n'est guère moins surpris des richesses qu'Hérodote dit avoir vues dans le temple d'Éphèse. Enfin les trésors ne sont rien aux yeux de Dieu, et le nom de son serviteur, donné à Nabuchodonosor, est le vrai trésor inestimable.

Dieu ne favorise pas moins le *Kir*[4], ou *Koresh,* ou *Kosroès,* que nous appelons *Cyrus ;* il l'appelle *son christ, son oint,* quoiqu'il ne fût pas oint, selon la signification commune de ce mot, et qu'il suivît la religion de Zoroastre; il l'appelle *son pasteur,* quoiqu'il fût usurpateur aux yeux des hommes : il n'y a pas dans toute la Sainte Écriture une plus grande marque de prédilection.

Vous voyez dans *Malachie*[1] que « du levant au couchant le nom de Dieu est grand dans les nations, et qu'on lui offre partout des oblations pures ». Dieu a soin des Ninivites idolâtres comme des Juifs; il les menace, et il leur pardonne. Melchisédech, qui n'était point Juif, était sacrificateur de Dieu. Balaam, idolâtre, était prophète. L'Écriture nous apprend donc que non seulement Dieu tolérait tous les autres peuples, mais qu'il en avait un soin paternel : et nous osons être intolérants !

CHAPITRE XIII

EXTRÊME TOLÉRANCE DES JUIFS

Ainsi donc, sous Moïse, sous les juges, sous les rois, vous voyez toujours des exemples de tolérance. Il y a bien plus : Moïse dit plusieurs fois que « Dieu punit les pères dans les enfants jusqu'à la quatrième génération[2] »; cette menace était nécessaire à un peuple à qui Dieu n'avait révélé ni l'immortalité de l'âme, ni les peines et les récompenses dans une autre vie. Ces vérités ne lui furent annoncées ni dans le *Décalogue,* ni dans aucune loi du *Lévitique* et du *Deutéronome.* C'étaient les dogmes des Perses, des Babyloniens, des Égyptiens, des Grecs, des Crétois; mais ils ne constituaient nullement la religion des Juifs. Moïse ne dit point : « Honore ton père et ta mère, si tu veux aller au ciel »; mais : « Honore ton père et ta mère, afin de vivre longtemps sur la terre[3]. » Il ne les menace que de maux corporels[4], de la gale sèche, de la gale purulente, d'ulcères malins dans les genoux et dans les gras des jambes, d'être exposés aux infidélités de leurs femmes, d'emprunter à usure des étrangers, et de ne pouvoir prêter à usure; de périr de famine, et d'être obligés de manger leurs enfants; mais en aucun lieu il ne leur dit que leurs âmes immortelles subiront des tourments après la mort, ou goûteront des félicités. Dieu, qui conduisait lui-même son peuple, le punissait ou le récompensait immédiatement après ses bonnes ou ses mauvaises actions. Tout était temporel, et c'est une vérité dont Warburton abuse pour prouver que la loi des Juifs était divine : parce que Dieu même étant leur roi, rendant justice immédiatement après la transgression ou l'obéissance, n'avait pas besoin de leur révéler une doctrine qu'il réservait au temps où il ne gouvernerait plus son peuple. Ceux qui, par ignorance, prétendent que Moïse enseignait l'immortalité de l'âme ôtent au *Nouveau Testament* un de ses plus grands avantages sur l'*Ancien*. Il est constant que la loi de Moïse n'annonçait que des châtiments temporels jusqu'à la quatrième génération. Cependant, malgré l'énoncé précis de cette loi, malgré cette déclaration expresse de Dieu qu'il punirait jusqu'à la quatrième génération, Ézéchiel annonce tout le contraire aux Juifs, et leur dit[1] que le fils ne portera point l'iniquité de son père; il va même jusqu'à faire dire à Dieu qu'il leur avait donné[2] « des préceptes qui n'étaient pas bons[3] ».

Le livre d'Ézéchiel n'en fut pas moins inséré dans le canon des auteurs inspirés de Dieu : il est vrai que la synagogue n'en permettait pas la lecture avant l'âge de trente ans, comme nous l'apprend saint Jérôme; mais c'était de peur que la jeunesse n'abusât des peintures trop naïves qu'on trouve dans les chapitres XVI et XXIII du libertinage des deux sœurs Oolla et Ooliba. En un mot, son livre fut toujours reçu, malgré sa contradiction formelle avec Moïse.

Enfin, lorsque l'immortalité de l'âme fut un dogme reçu, ce qui probablement avait commencé dès le temps de la captivité de Babylone, la secte des saducéens persista toujours à croire qu'il n'y avait ni peines ni récompenses après la mort, et que la faculté de sentir et de penser périssait avec nous, comme la force active, le pouvoir de marcher et de digérer. Ils niaient l'existence des anges. Ils différaient beaucoup plus des autres Juifs que les protestants ne diffèrent des catholiques; ils n'en demeurèrent pas moins dans la communion de leurs frères : on vit même des grands prêtres de leur secte.

Les pharisiens croyaient à la fatalité[4] et à la métempsycose[5]. Les esséniens pensaient que les âmes des justes allaient dans les îles fortunées[6], et celles des méchants dans une espèce de Tartare. Ils ne faisaient point de sacrifice;

ils s'assemblaient entre eux dans une synagogue particulière. En un mot, si l'on veut examiner de près le judaïsme, on sera étonné de trouver la plus grande tolérance au milieu des horreurs les plus barbares. C'est une contradiction; il est vrai; presque tous les peuples se sont gouvernés par des contradictions. Heureuse celle qui amène des mœurs douces quand on a des lois de sang!

CHAPITRE XIV

SI L'INTOLÉRANCE A ÉTÉ ENSEIGNÉE PAR JÉSUS-CHRIST

VOYONS maintenant si Jésus-Christ a établi des lois sanguinaires, s'il a ordonné l'intolérance, s'il fit bâtir les cachots de l'Inquisition, s'il institua les bourreaux des *auto-da-fé*.

Il n'y a, si je ne me trompe, que peu de passages dans les *Évangiles* dont l'esprit persécuteur ait pu inférer que l'intolérance, la contrainte, sont légitimes. L'un est la parabole dans laquelle le royaume des cieux est comparé à un roi qui invite des convives aux noces de son fils; ce monarque leur fait dire par ses serviteurs[1] : « J'ai tué mes bœufs et mes volailles; tout est prêt, venez aux noces. » Les uns, sans se soucier de l'invitation, vont à leurs maisons de campagne, les autres à leur négoce; d'autres outragent les domestiques du roi, et les tuent. Le roi fait marcher ses armées contre ces meurtriers, et détruit leur ville; il envoie sur les grands chemins convier au festin tous ceux qu'on trouve : un d'eux s'étant mis à table sans avoir mis la robe nuptiale est chargé de fers, et jeté dans les ténèbres extérieures.

Il est clair que cette allégorie ne regardant que le royaume des cieux, nul homme assurément ne doit en prendre le droit de garrotter ou de mettre au cachot son voisin qui serait venu souper chez lui sans avoir un habit de noces convenable, et je ne connais dans l'histoire aucun prince qui ait fait pendre un courtisan pour un pareil sujet; il n'est pas non plus à craindre que, quand l'empereur, ayant tué ses volailles, enverra des pages à des princes de l'empire pour les prier à souper, ces princes tuent ces pages. L'invitation au festin signifie la prédication du salut; le meurtre des envoyés du prince figure la persécution contre ceux qui prêchent la sagesse et la vertu.

L'autre parabole[1] est celle d'un particulier qui invite ses amis à un grand souper, et lorsqu'il est prêt de se mettre à table, il envoie son domestique les avertir. L'un s'excuse sur ce qu'il a acheté une terre, et qu'il va la visiter : cette excuse ne paraît pas valable, ce n'est pas pendant la nuit qu'on va voir sa terre; un autre dit qu'il a acheté cinq paires de bœufs, et qu'il les doit éprouver : il a le même tort que l'autre, on n'essaye pas des bœufs à l'heure du souper; un troisième répond qu'il vient de se marier, et assurément son excuse est très recevable. Le père de famille, en colère, fait venir à son festin les aveugles et les boiteux, et, voyant qu'il reste encore des places vides, il dit à son valet[2] : « Allez dans les grands chemins et le long des haies, et contraignez les gens d'entrer. »

Il est vrai qu'il n'est pas dit expressément que cette parabole soit une figure du royaume des cieux. On n'a que trop abusé de ces paroles : *Contrains-les d'entrer*; mais il est visible qu'un seul valet ne peut contraindre par la force tous les gens qu'il rencontre à venir souper chez son maître; et d'ailleurs, des convives ainsi forcés ne rendraient pas le repas fort agréable. *Contrains-les d'entrer* ne veut dire autre chose, selon les commentateurs les plus accrédités, sinon : priez, conjurez, pressez, obtenez. Quel rapport, je vous prie, de cette prière et de ce souper à la persécution ?

Si on prend les choses à la lettre, faudra-t-il être aveugle, boiteux, et conduit par force, pour être dans le sein de l'Église ? Jésus dit dans la même parabole[3] : « Ne donnez à dîner ni à vos amis ni à vos parents riches »; en a-t-on jamais inféré qu'on ne dût point en effet dîner avec ses parents et ses amis dès qu'ils ont un peu de fortune ?

Jésus-Christ, après la parabole du festin, dit[4] : « Si quelqu'un vient à moi, et ne hait pas son père, sa mère, ses frères, ses sœurs, et même sa propre âme, il ne peut être mon disciple, etc. Car qui est celui d'entre vous qui, voulant bâtir une tour, ne suppute pas auparavant la dépense ? » Y a-t-il quelqu'un, dans le monde, assez dénaturé pour conclure qu'il faut haïr son père et sa mère ? Et ne comprend-on pas aisément que ces paroles signifient : Ne balancez pas entre moi et vos plus chères affections ?

On cite le passage de saint Matthieu[1] : « Qui n'écoute point l'Église soit comme un païen et comme un receveur de la douane »; cela ne dit pas absolument qu'on doive persécuter les païens et les fermiers des droits du roi : ils sont maudits, il est vrai, mais ils ne sont point livrés au bras séculier. Loin d'ôter à ces fermiers aucune prérogative de citoyen, on leur a donné les plus grands privilèges; c'est la seule profession qui soit condamnée dans l'Écriture, et c'est la plus favorisée par les gouvernements. Pourquoi donc n'aurions-nous pas pour nos frères errants autant d'indulgence que nous prodiguons de considération à nos frères les traitants ?

Un autre passage dont on a fait un abus grossier est celui de saint Matthieu[2] et de saint Marc[3], où il est dit que Jésus, ayant faim le matin, approcha d'un figuier où il ne trouva que des feuilles, car ce n'était pas le temps des figues : il maudit le figuier, qui se sécha aussitôt.

On donne plusieurs explications différentes de ce miracle; mais y en a-t-il une seule qui puisse autoriser la persécution ? Un figuier n'a pu donner des figues vers le commencement de mars, on l'a séché : est-ce une raison pour faire sécher nos frères de douleur dans tous les temps de l'année ? Respectons dans l'Écriture tout ce qui peut faire naître des difficultés dans nos esprits curieux et vains, mais n'en abusons pas pour être durs et implacables.

L'esprit persécuteur, qui abuse de tout, cherche encore sa justification dans l'expulsion des marchands du temple, et dans la légion de démons envoyée du corps d'un possédé dans le corps de deux mille animaux immondes. Mais qui ne voit que ces deux exemples ne sont autre chose qu'une justice que Dieu daigne faire lui-même d'une contravention à la loi ? C'était manquer de respect à la maison du Seigneur que de changer son parvis en une boutique de marchands. En vain le sanhédrin et les prêtres permettaient ce négoce pour la commodité des sacrifices : le Dieu auquel on sacrifiait pouvait sans doute, quoique caché sous la figure humaine, détruire cette profanation; il pouvait de même punir ceux qui introduisaient dans le pays des troupeaux entiers défendus par une loi dont il daignait lui-même être l'observateur. Ces exemples n'ont pas le moindre rapport aux persécutions sur le dogme. Il faut que l'esprit d'intolérance soit appuyé sur de bien mauvaises raisons, puisqu'il cherche partout les plus vains prétextes.

Presque tout le reste des paroles et des actions de Jésus-Christ prêche la douceur, la patience, l'indulgence. C'est le père de famille qui reçoit l'enfant prodigue[1]; c'est l'ouvrier qui vient à la dernière heure[2], et qui est payé comme les autres; c'est le samaritain charitable[3]; lui-même justifie ses disciples de ne pas jeûner[4]; il pardonne à la pécheresse[5]; il se contente de recommander la fidélité à la femme adultère[6]; il daigne même condescendre à l'innocente joie des convives de Cana[7], qui, étant déjà échauffés de vin, en demandent encore; il veut bien faire un miracle en leur faveur, il change pour eux l'eau en vin.

Il n'éclate pas même contre Judas, qui doit le trahir; il ordonne à Pierre de ne se jamais servir de l'épée[8]; il réprimande[9] les enfants de Zébédée, qui, à l'exemple d'Élie, voulaient faire descendre le feu du ciel sur une ville qui n'avait pas voulu le loger.

Enfin il meurt victime de l'envie. Si l'on ose comparer le sacré avec le profane, et un Dieu avec un homme, sa mort, humainement parlant, a beaucoup de rapport avec celle de Socrate. Le philosophe grec périt par la haine des sophistes, des prêtres, et des premiers du peuple : le législateur des chrétiens succomba sous la haine des scribes, des pharisiens et des prêtres. Socrate pouvait éviter la mort, et il ne le voulut pas : Jésus-Christ s'offrit volontairement. Le philosophe grec pardonna non seulement à ses calomniateurs et à ses juges iniques, mais il les pria de traiter un jour ses enfants comme lui-même, s'ils étaient assez heureux pour mériter leur haine comme lui : le législateur des chrétiens, infiniment supérieur, pria son père de pardonner à ses ennemis[10].

Si Jésus-Christ sembla craindre la mort, si l'angoisse qu'il ressentit fut si extrême qu'il en eut une sueur mêlée de sang[11], ce qui est le symptôme le plus violent et le plus rare, c'est qu'il daigna s'abaisser à toute la faiblesse du corps humain, qu'il avait revêtu. Son corps tremblait, et son âme était inébranlable; il nous apprenait que la vraie force, la vraie grandeur, consistent à supporter des maux sous lesquels notre nature succombe. Il y a un extrême courage à courir à la mort en la redoutant.

Socrate avait traité les sophistes d'ignorants, et les avait convaincus de mauvaise foi : Jésus, usant de ses droits divins, traita les scribes[1] et les pharisiens d'hypocrites, d'insensés, d'aveugles, de méchants, de serpents, de race de vipères.

Socrate ne fut point accusé de vouloir fonder une secte nouvelle : on n'accusa point Jésus-Christ d'en avoir voulu introduire une[2]. Il est dit que les princes des prêtres et tout le conseil cherchaient un faux témoignage contre Jésus pour le faire périr.

Or, s'ils cherchaient un faux témoignage, ils ne lui reprochaient donc pas d'avoir prêché publiquement contre la loi. Il fut en effet soumis à la loi de Moïse depuis son enfance jusqu'à sa mort. On le circoncit le huitième jour, comme tous les autres enfants. S'il fut depuis baptisé dans le Jourdain, c'était une cérémonie consacrée chez les Juifs, comme chez tous les peuples de l'Orient. Toutes les souillures légales se nettoyaient par le baptême; c'est ainsi qu'on consacrait les prêtres : on se plongeait dans l'eau à la fête de l'expiation solennelle, on baptisait les prosélytes.

Jésus observa tous les points de la loi : il fêta tous les jours de sabbat; il s'abstint des viandes défendues; il célébra toutes les fêtes, et même, avant sa mort, il avait célébré la pâque; on ne l'accusa ni d'aucune opinion nouvelle, ni d'avoir observé aucun rite étranger. Né Israélite, il vécut constamment en Israélite.

Deux témoins qui se présentèrent l'accusèrent d'avoir dit[3] « qu'il pourrait détruire le temple et le rebâtir en trois jours ». Un tel discours était incompréhensible pour les Juifs charnels; mais ce n'était pas une accusation de vouloir fonder une nouvelle secte.

Le grand prêtre l'interrogea, et lui dit[4] : « Je vous commande par le Dieu vivant de nous dire si vous êtes le Christ fils de Dieu. » On ne nous apprend point ce que le grand prêtre entendait par fils de Dieu. On se servait quelquefois de cette expression pour signifier un juste[5], comme on employait les mots de *fils de Bélial* pour signifier un méchant. Les Juifs grossiers n'avaient aucune idée du mystère sacré d'un fils de Dieu, Dieu lui-même, venant sur la terre.

Jésus lui répondit[1] : « Vous l'avez dit; mais je vous dis que vous verrez bientôt le fils de l'homme assis à la droite de la vertu de Dieu, venant sur les nuées du ciel. »

Cette réponse fut regardée par le sanhédrin irrité comme un blasphème. Le sanhédrin n'avait plus le droit du glaive; ils traduisirent Jésus devant le gouverneur romain de la province, et l'accusèrent calomnieusement d'être un perturbateur du repos public, qui disait qu'il ne fallait pas payer le tribut à César, et qui de plus se disait roi des Juifs. Il est donc de la plus grande évidence qu'il fut accusé d'un crime d'État.

Le gouverneur Pilate, ayant appris qu'il était Galiléen, le renvoya d'abord à Hérode, tétrarque de Galilée. Hérode crut qu'il était impossible que Jésus pût aspirer à se faire chef de parti, et prétendre à la royauté; il le traita avec mépris, et le renvoya à Pilate, qui eut l'indigne faiblesse de le condamner pour apaiser le tumulte excité contre lui-même, d'autant plus qu'il avait essuyé déjà une révolte des Juifs, à ce que nous apprend Josèphe. Pilate n'eut pas la même générosité qu'eut depuis le gouverneur Festus[2].

Je demande à présent si c'est la tolérance ou l'intolérance qui est de droit divin ? Si vous voulez ressembler à Jésus-Christ, soyez martyrs, et non pas bourreaux.

CHAPITRE XV

TÉMOIGNAGES CONTRE L'INTOLÉRANCE

C'EST une impiété d'ôter, en matière de religion, la liberté aux hommes, d'empêcher qu'ils ne fassent choix d'une divinité : aucun homme, aucun dieu, ne voudrait d'un service forcé. (*Apologétique,* chap. XXIV.)

Si on usait de violence pour la défense de la foi, les évêques s'y opposeraient. (Saint Hilaire, liv. Ier.)

La religion forcée n'est plus religion : il faut persuader, et non contraindre. La religion ne se commande point. (Lactance, liv. III.)

C'est une exécrable hérésie de vouloir attirer par la force, par les coups, par les emprisonnements, ceux qu'on n'a pu convaincre par la raison. (Saint Athanase, liv. Ier.)

Rien n'est plus contraire à la religion que la contrainte. (Saint Justin, martyr, liv. V.)

Persécuterons-nous ceux que Dieu tolère? dit saint Augustin, avant que sa querelle avec les donatistes l'eût rendu trop sévère.

Qu'on ne fasse aucune violence aux Juifs. (*Quatrième concile de Tolède,* cinquante-sixième canon.)

Conseillez, et ne forcez pas. (Lettre de saint Bernard.)

Nous ne prétendons point détruire les erreurs par la violence. (*Discours du clergé de France à Louis XIII.*)

Nous avons toujours désapprouvé les voies de rigueur. (*Assemblée du clergé,* 11 auguste 1560.)

Nous savons que la foi se persuade et ne se commande point. (Fléchier, évêque de Nîmes, *Lettre 19.*)

On ne doit pas même user de termes insultants. (L'évêque Du Bellay, dans une *Instruction pastorale.*)

Souvenez-vous que les maladies de l'âme ne se guérissent point par contrainte et par violence. (Le cardinal Le Camus, *Instruction pastorale* de 1688.)

Accordez à tous la tolérance civile. (Fénelon, archevêque de Cambrai, *au duc de Bourgogne.*)

L'exaction forcée d'une religion est une preuve évidente que l'esprit qui la conduit est un esprit ennemi de la vérité. (Dirois, docteur de Sorbonne, livre VI, chap. IV.)

La violence peut faire des hypocrites; on ne persuade point quand on fait retentir partout les menaces. (Tillemont, *Histoire ecclésiastique,* t. VI.)

Il nous a paru conforme à l'équité et à la droite raison de marcher sur les traces de l'ancienne Église, qui n'a point usé de violence pour établir et étendre la religion. (*Remontrance du parlement de Paris à Henri II.*)

L'expérience nous apprend que la violence est plus capable d'irriter que de guérir un mal qui a sa racine dans l'esprit, etc. (De Thou, *Épître dédicatoire à Henri IV.*)

La foi ne s'inspire pas à coups d'épée. (Cerisiers, *Sur les règnes de Henri IV et de Louis XIII.*)

C'est un zèle barbare que celui qui prétend planter la religion dans les cœurs, comme si la persuasion pouvait être l'effet de la contrainte. (Boulainvilliers, *État de la France.*)

Il en eſt de la religion comme de l'amour : le commandement n'y peut rien, la contrainte encore moins; rien de plus indépendant que d'aimer et de croire. (Amelot de La Houssaie, sur les *Lettres du cardinal d'Ossat.*)

Si le ciel vous a assez aimés pour vous faire voir la vérité, il vous a fait une grande grâce; mais eſt-ce aux enfants qui ont l'héritage de leur père, de haïr ceux qui ne l'ont pas eu ? (*Esprit des lois,* liv. XXV.)

On pourrait faire un livre énorme, tout composé de pareils passages. Nos hiſtoires, nos discours, nos sermons, nos ouvrages de morale, nos catéchismes, respirent tous, enseignent tous aujourd'hui ce devoir sacré de l'indulgence. Par quelle fatalité, par quelle inconséquence démentirions-nous dans la pratique une théorie que nous annonçons tous les jours ? Quand nos actions démentent notre morale, c'eſt que nous croyons qu'il y a quelque avantage pour nous à faire le contraire de ce que nous enseignons; mais certainement il n'y a aucun avantage à persécuter ceux qui ne sont pas de notre avis, et à nous en faire haïr. Il y a donc, encore une fois, de l'absurdité dans l'intolérance. Mais, dira-t-on, ceux qui ont intérêt à gêner les consciences ne sont point absurdes. C'eſt à eux que s'adresse le chapitre suivant.

CHAPITRE XVI

DIALOGUE ENTRE UN MOURANT ET UN HOMME QUI SE PORTE BIEN

Un citoyen était à l'agonie dans une ville de province; un homme en bonne santé vint insulter à ses derniers moments, et lui dit :

Misérable ! pense comme moi tout à l'heure : signe cet écrit, confesse que cinq propositions sont dans un livre que ni toi ni moi n'avons jamais lu; sois tout à l'heure du sentiment de Lanfranc contre Bérenger, de saint Thomas contre saint Bonaventure; embrasse le second concile de Nicée contre le concile de Francfort;

explique-moi dans l'instant comment ces paroles : « Mon Père est plus grand que moi »[1] signifient expressément : « Je suis aussi grand que lui. »

Dis-moi comment le Père communique tout au Fils, excepté la paternité, ou je vais faire jeter ton corps à la voirie; tes enfants n'hériteront point de toi, ta femme sera privée de sa dot, et ta famille mendiera du pain, que mes pareils ne lui donneront pas.

LE MOURANT

J'entends à peine ce que vous me dites; les menaces que vous me faites parviennent confusément à mon oreille, elles troublent mon âme, elles rendent ma mort affreuse. Au nom de Dieu, ayez pitié de moi.

LE BARBARE

De la pitié ! je n'en puis avoir si tu n'es pas de mon avis en tout.

LE MOURANT

Hélas ! vous sentez qu'à ces derniers moments tous mes sens sont flétris, toutes les portes de mon entendement sont fermées, mes idées s'enfuient, ma pensée s'éteint. Suis-je en état de disputer ?

LE BARBARE

Hé bien, si tu ne peux pas croire ce que je veux, dis que tu le crois, et cela me suffit.

LE MOURANT

Comment puis-je me parjurer pour vous plaire ? Je vais paraître dans un moment devant le Dieu qui punit le parjure.

LE BARBARE

N'importe; tu auras le plaisir d'être enterré dans un cimetière, et ta femme, tes enfants, auront de quoi vivre. Meurs en hypocrite; l'hypocrisie est une bonne chose; c'est, comme on dit, un hommage que le vice rend à la vertu[2]. Un peu d'hypocrisie, mon ami, qu'est-ce que cela coûte ?

LE MOURANT

Hélas ! Vous méprisez Dieu, ou vous ne le reconnaissez pas, puisque vous me demandez un mensonge à l'article de la mort, vous qui devez bientôt recevoir votre jugement de lui, et qui répondrez de ce mensonge.

LE BARBARE

Comment, insolent ! je ne reconnais point Dieu !

LE MOURANT

Pardon, mon frère, je crains que vous n'en connaissiez pas. Celui que j'adore ranime en ce moment mes forces pour vous dire d'une voix mourante que, si vous croyez en Dieu, vous devez user envers moi de charité. Il m'a donné ma femme et mes enfants, ne les faites pas périr de misère. Pour mon corps, faites-en ce que vous voudrez : je vous l'abandonne; mais croyez en Dieu, je vous en conjure.

LE BARBARE

Fais, sans raisonner, ce que je t'ai dit; je le veux, je te l'ordonne.

LE MOURANT

Et quel intérêt avez-vous à me tant tourmenter ?

LE BARBARE

Comment ! quel intérêt ? Si j'ai ta signature, elle me vaudra un bon canonicat.

LE MOURANT

Ah ! mon frère ! voici mon dernier moment; je meurs, je vais prier Dieu qu'il vous touche et qu'il vous convertisse.

LE BARBARE

Au diable soit l'impertinent, qui n'a point signé ! Je vais signer pour lui et contrefaire son écriture.

La lettre suivante est une confirmation de la même morale.

CHAPITRE XVII

LETTRE ÉCRITE AU JÉSUITE LE TELLIER, PAR UN BÉNÉFICIER, LE 6 MAI 1714[1]

Mon Révérend Père,

J'obéis aux ordres que Votre Révérence m'a donnés de lui présenter les moyens les plus propres de délivrer Jésus et sa Compagnie de leurs ennemis. Je crois qu'il ne reste plus que cinq cent mille huguenots dans le royaume, quelques-uns disent un million, d'autres quinze cent mille; mais en quelque nombre qu'ils soient, voici mon avis, que je soumets très humblement au vôtre, comme je le dois.

1° Il est aisé d'attraper en un jour tous les prédicants et de les pendre tous à la fois dans une même place, non seulement pour l'édification publique, mais pour la beauté du spectacle.

2° Je ferais assassiner dans leur lit tous les pères et mères, parce que si on les tuait dans les rues, cela pourrait causer quelque tumulte; plusieurs même pourraient se sauver, ce qu'il faut éviter sur toute chose. Cette exécution est un corollaire nécessaire de nos principes : car, s'il faut tuer un hérétique, comme tant de grands théologiens le prouvent, il est évident qu'il faut les tuer tous.

3° Je marierais le lendemain toutes les filles à de bons catholiques, attendu qu'il ne faut pas dépeupler trop l'État après la dernière guerre; mais à l'égard des garçons de quatorze et quinze ans, déjà imbus de mauvais principes, qu'on ne peut se flatter de détruire, mon opinion est qu'il faut les châtrer tous, afin que cette engeance ne soit jamais reproduite. Pour les autres petits garçons, ils seront élevés dans vos collèges, et on les fouettera jusqu'à ce qu'ils sachent par cœur les ouvrages de Sanchez et de Molina.

4° Je pense, sauf correction, qu'il en faut faire autant à tous les luthériens d'Alsace, attendu que, dans l'année 1704, j'aperçus deux vieilles de ce pays-là qui riaient le jour de la bataille d'Hochstedt.

5° L'article des jansénistes paraîtra peut-être un peu plus embarrassant : je les crois au nombre de six millions au moins; mais un esprit tel que le vôtre ne doit pas s'en effrayer. Je comprends parmi les jansénistes tous les parlements, qui soutiennent si indignement les libertés de l'Église gallicane. C'est à Votre Révérence de peser, avec sa prudence ordinaire, les moyens de vous soumettre tous ces esprits revêches. La conspiration des poudres n'eut pas le succès désiré, parce qu'un des conjurés eut l'indiscrétion de vouloir sauver la vie à son ami; mais, comme vous n'avez point d'ami, le même inconvénient n'est point à craindre : il vous sera fort aisé de faire sauter tous les parlements du royaume avec cette invention du moine Schwartz, qu'on appelle *pulvis pyrius*. Je calcule qu'il faut, l'un portant l'autre, trente-six tonneaux de poudre pour chaque parlement, et ainsi, en multipliant douze parlements par trente-six tonneaux, cela ne compose que quatre cent trente-deux tonneaux, qui, à cent écus pièce, font la somme de cent vingt-neuf mille six cents livres : c'est une bagatelle pour le révérend père général.

Les parlements une fois sautés, vous donnerez leurs charges à vos congréganistes, qui sont parfaitement instruits des lois du royaume.

6° Il sera aisé d'empoisonner M. le cardinal de Noailles, qui est un homme simple, et qui ne se défie de rien.

Votre Révérence emploiera les mêmes moyens de conversion auprès de quelques évêques rénitents; leurs évêchés seront mis entre les mains des jésuites, moyennant un bref du pape : alors tous les évêques étant du parti de la bonne cause, et tous les curés étant habilement choisis par les évêques, voici ce que je conseille, sous le bon plaisir de Votre Révérence.

7° Comme on dit que les jansénistes communient au moins à Pâques, il ne serait pas mal de saupoudrer les hosties de la drogue dont on se servit pour faire justice de l'empereur Henri VII. Quelque critique me dira peut-être qu'on risquerait, dans cette opération, de donner aussi la mort-aux-rats aux molinistes : cette objection est forte; mais il n'y a point de projet qui n'ait des inconvénients, point de système qui ne menace ruine par quelque endroit. Si on était arrêté par ces petites difficultés, on ne viendrait jamais à bout de rien; et d'ailleurs, comme il s'agit de procurer le plus grand bien qu'il soit possible, il ne faut pas se scandaliser si ce grand bien entraîne après lui quelques mauvaises suites, qui ne sont de nulle considération.

Nous n'avons rien à nous reprocher : il est démontré que tous les prétendus réformés, tous les jansénistes, sont dévolus à l'enfer; ainsi ne faisons-nous que hâter le moment où ils doivent entrer en possession.

Il n'est pas moins clair que le paradis appartient de droit aux molinistes : donc, en les faisant périr par mégarde et sans aucune mauvaise intention, nous accélérons leur joie; nous sommes dans l'un et l'autre cas les ministres de la Providence.

Quant à ceux qui pourraient être un peu effarouchés du nombre, Votre Paternité pourra leur faire remarquer que depuis les jours florissants de l'Église jusqu'à 1707, c'est-à-dire depuis environ quatorze cents ans, la théologie a procuré le massacre de plus de cinquante millions d'hommes; et que je ne propose d'en étrangler, ou égorger, ou empoisonner, qu'environ six millions cinq cent mille.

On nous objectera peut-être encore que mon compte n'est pas juste, et que je viole la règle de trois : car, dira-t-on, si en quatorze cents ans il n'a péri que cinquante millions d'hommes pour des distinctions, des dilemmes et des antilemmes théologiques, cela ne fait par année que trente-cinq mille sept cent quatorze personnes avec fraction, et qu'ainsi je tue six millions quatre cent soixante-quatre mille deux cent quatre-vingt-cinq personnes de trop avec fraction pour la présente année.

Mais, en vérité, cette chicane est bien puérile; on peut même dire qu'elle est impie : car ne voit-on pas, par mon procédé, que je sauve la vie à tous les catholiques jusqu'à la fin du monde ? On n'aurait jamais fait, si on voulait répondre à toutes les critiques. Je suis avec un profond respect de Votre Paternité,

Le très humble, très dévot et très doux R[1]...
natif d'Angoulême, préfet de la Congrégation.

Ce projet ne put être exécuté, parce que le P. Le Tellier trouva quelques difficultés, et que Sa Paternité fut exilée l'année suivante. Mais comme il faut examiner le pour et le contre, il paraît qu'il est bon de rechercher dans quel cas on pourrait légitimement suivre en partie les vues du correspondant du P. Le Tellier. Il paraît qu'il serait dur d'exécuter ce projet dans tous ses points; mais il faut voir dans quelles occasions on doit rouer ou pendre, ou mettre aux galères les gens qui ne sont pas de notre avis : c'est l'objet de l'article suivant.

CHAPITRE XVIII

SEULS CAS OÙ L'INTOLÉRANCE EST DE DROIT HUMAIN

POUR qu'un gouvernement ne soit pas en droit de punir les erreurs des hommes, il est nécessaire que ces erreurs ne soient pas des crimes; elles ne sont des crimes que quand elles troublent la société : elles troublent cette société dès qu'elles inspirent le fanatisme; il faut donc que les hommes commencent par n'être pas fanatiques pour mériter la tolérance.

Si quelques jeunes jésuites, sachant que l'Église a les réprouvés en horreur, que les jansénistes sont condamnés par une bulle, qu'ainsi les jansénistes sont réprouvés, s'en vont brûler une maison des Pères de l'Oratoire parce que Quesnel l'oratorien était janséniste, il est clair qu'on sera bien obligé de punir ces jésuites.

De même, s'ils ont débité des maximes coupables, si leur institut est contraire aux lois du royaume, on ne peut s'empêcher de dissoudre leur compagnie, et d'abolir les jésuites pour en faire des citoyens; ce qui au fond est un mal imaginaire, et un bien réel pour eux, car où est le mal de porter un habit court au lieu d'une soutane, et d'être libre au lieu d'être esclave ? On réforme à la paix des régiments entiers, qui ne se plaignent pas : pourquoi les jésuites poussent-ils de si hauts cris quand on les réforme pour avoir la paix ?

Que les cordeliers, transportés d'un saint zèle pour la vierge Marie, aillent démolir l'église des jacobins, qui pensent que Marie eſt née dans le péché originel, on sera obligé alors de traiter les cordeliers à peu près comme les jésuites.

On en dira autant des luthériens et des calviniſtes. Ils auront beau dire : Nous suivons les mouvements de notre conscience, il vaut mieux obéir à Dieu qu'aux hommes[1]; nous sommes le vrai troupeau, nous devons exterminer les loups; il eſt évident qu'alors ils sont loups eux-mêmes.

Un des plus étonnants exemples de fanatisme a été une petite secte en Danemark, dont le principe était le meilleur du monde. Ces gens-là voulaient procurer le salut éternel à leurs frères; mais les conséquences de ce principe étaient singulières. Ils savaient que tous les petits enfants qui meurent sans baptême sont damnés, et que ceux qui ont le bonheur de mourir immédiatement après avoir reçu le baptême jouissent de la gloire éternelle : ils allaient égorgeant les garçons et les filles nouvellement baptisés qu'ils pouvaient rencontrer; c'était sans doute leur faire le plus grand bien qu'on pût leur procurer : on les préservait à la fois du péché, des misères de cette vie, et de l'enfer; on les envoyait infailliblement au ciel. Mais ces gens charitables ne considéraient pas qu'il n'eſt pas permis de faire un petit mal pour un grand bien; qu'ils n'avaient aucun droit sur la vie de ces petits enfants; que la plupart des pères et mères sont assez charnels pour aimer mieux avoir auprès d'eux leurs fils et leurs filles que de les voir égorger pour aller en paradis, et qu'en un mot, le magiſtrat doit punir l'homicide, quoiqu'il soit fait à bonne intention.

Les Juifs sembleraient avoir plus de droit que personne de nous voler et de nous tuer : car bien qu'il y ait cent exemples de tolérance dans l'*Ancien Teſtament,* cependant il y a aussi quelques exemples et quelques lois de rigueur. Dieu leur a ordonné quelquefois de tuer les idolâtres, et de ne réserver que les filles nubiles : ils nous regardent comme idolâtres, et, quoique nous les tolérions aujourd'hui, ils pourraient bien, s'ils étaient les maîtres, ne laisser au monde que nos filles.

Ils seraient surtout dans l'obligation indispensable d'assassiner tous les Turcs, cela va sans difficulté : car les Turcs possèdent le pays des Éthéens, des Jébuséens, des Amorrhéens, Jersénéens, Hévéens, Aracéens, Cinéens,

Hamatéens, Samaréens : tous ces peuples furent dévoués à l'anathème; leur pays, qui était de plus de vingt-cinq lieues de long, fut donné aux Juifs par plusieurs pactes consécutifs; ils doivent rentrer dans leur bien; les mahométans en sont les usurpateurs depuis plus de mille ans.

Si les Juifs raisonnaient ainsi aujourd'hui, il est clair qu'il n'y aurait d'autre réponse à leur faire que de les mettre aux galères.

Ce sont à peu près les seuls cas où l'intolérance paraît raisonnable.

CHAPITRE XIX

RELATION D'UNE DISPUTE DE CONTROVERSE A LA CHINE

Dans les premières années du règne du grand empereur Kang-hi, un mandarin de la ville de Kanton entendit de sa maison un grand bruit qu'on faisait dans la maison voisine : il s'informa si l'on ne tuait personne; on lui dit que c'était l'aumônier de la compagnie danoise, un chapelain de Batavia, et un jésuite qui disputaient; il les fit venir, leur fit servir du thé et des confitures, et leur demanda pourquoi ils se querellaient.

Le jésuite lui répondit qu'il était bien douloureux pour lui, qui avait toujours raison, d'avoir affaire à des gens qui avaient toujours tort; que d'abord il avait argumenté avec la plus grande retenue, mais qu'enfin la patience lui avait échappé.

Le mandarin leur fit sentir, avec toute la discrétion possible, combien la politesse est nécessaire dans la dispute, leur dit qu'on ne se fâchait jamais à la Chine, et leur demanda de quoi il s'agissait.

Le jésuite lui répondit : « Monseigneur, je vous en fais juge; ces deux messieurs refusent de se soumettre aux décisions du concile de Trente.

— Cela m'étonne », dit le mandarin. Puis se tournant vers les deux réfractaires : « Il me paraît, leur dit-il, Messieurs, que vous devriez respecter les avis d'une grande assemblée; je ne sais pas ce que c'est que le concile de Trente; mais plusieurs personnes sont toujours plus instruites qu'une seule. Nul ne doit croire qu'il en sait plus que les autres, et que la raison n'habite que dans sa tête ; c'est ainsi que l'enseigne notre grand Confucius; et si vous m'en croyez, vous ferez très bien de vous en rapporter au concile de Trente. »

Le Danois prit alors la parole, et dit : « Monseigneur parle avec la plus grande sagesse; nous respectons les grandes assemblées comme nous le devons; aussi sommes-nous entièrement de l'avis de plusieurs assemblées qui se sont tenues avant celle de Trente.

— Oh ! si cela est ainsi, dit le mandarin, je vous demande pardon, vous pourriez bien avoir raison. Çà, vous êtes donc du même avis, ce Hollandais et vous, contre ce pauvre jésuite ?

— Point du tout, dit le Hollandais; cet homme-ci a des opinions presque aussi extravagantes que celles de ce jésuite, qui fait ici le doucereux avec vous; il n'y a pas moyen d'y tenir.

— Je ne vous conçois pas, dit le mandarin; n'êtes-vous pas tous trois chrétiens ? Ne venez-vous pas tous trois enseigner le christianisme dans notre empire ? Et ne devez-vous pas par conséquent avoir les mêmes dogmes ?

— Vous voyez, Monseigneur, dit le jésuite; ces deux gens-ci sont ennemis mortels, et disputent tous deux contre moi : il est donc évident qu'ils ont tous les deux tort, et que la raison n'est que de mon côté.

— Cela n'est pas si évident, dit le mandarin; il se pourrait faire à toute force que vous eussiez tort tous trois; je serais curieux de vous entendre l'un après l'autre. »

Le jésuite fit alors un assez long discours, pendant lequel le Danois et le Hollandais levaient les épaules; le mandarin n'y comprit rien. Le Danois parla à son tour; ses deux adversaires le regardèrent en pitié, et le mandarin n'y comprit pas davantage. Le Hollandais eut le même sort. Enfin ils parlèrent tous trois ensemble, ils se dirent de grosses injures. L'honnête mandarin eut bien de la peine à mettre le holà, et leur dit : « Si vous voulez qu'on tolère ici votre doctrine, commencez par n'être ni intolérants ni intolérables. »

Au sortir de l'audience, le jésuite rencontra un missionnaire jacobin; il lui apprit qu'il avait gagné sa cause, l'assurant que la vérité triomphait toujours. Le jacobin lui dit : « Si j'avais été là, vous ne l'auriez pas gagnée; je vous aurais convaincu de mensonge et d'idolâtrie. » La querelle s'échauffa; le jacobin et le jésuite se prirent aux cheveux. Le mandarin, informé du scandale, les envoya tous deux en prison. Un sous-mandarin dit au juge : « Combien de temps Votre Excellence veut-elle qu'ils soient aux arrêts ? — Jusqu'à ce qu'ils soient d'accord, dit le juge. — Ah ! dit le sous-mandarin, ils seront donc en prison toute leur vie. — Hé bien ! dit le juge, jusqu'à ce qu'ils se pardonnent. — Ils ne se pardonneront jamais, dit l'autre; je les connais bien. — Hé bien ! donc, dit le mandarin, jusqu'à ce qu'ils fassent semblant de se pardonner. »

CHAPITRE XX

S'IL EST UTILE D'ENTRETENIR LE PEUPLE DANS LA SUPERSTITION

Telle est la faiblesse du genre humain, et telle est sa perversité, qu'il vaut mieux sans doute pour lui d'être subjugué par toutes les superstitions possibles, pourvu qu'elles ne soient pas meurtrières, que de vivre sans religion. L'homme a toujours eu besoin d'un frein, et quoiqu'il fût ridicule de sacrifier aux faunes, aux sylvains, aux naïades, il était bien plus raisonnable et plus utile d'adorer ces images fantastiques de la Divinité que de se livrer à l'athéisme. Un athée qui serait raisonneur, violent et puissant, serait un fléau aussi funeste qu'un superstitieux sanguinaire.

Quand les hommes n'ont pas de notions saines de la Divinité, les idées fausses y suppléent, comme dans les temps malheureux on trafique avec de la mauvaise monnaie, quand on n'en a pas de bonne. Le païen craignait de commettre un crime, de peur d'être puni par les faux dieux; le Malabare craint d'être puni par sa pagode. Partout où il y a une société établie, une religion est nécessaire; les lois veillent sur les crimes connus, et la religion sur les crimes secrets.

Mais lorsqu'une fois les hommes sont parvenus à embrasser une religion pure et sainte, la superstition devient non seulement inutile, mais très dangereuse. On ne doit pas chercher à nourrir de gland ceux que Dieu daigne nourrir de pain.

La superstition est à la religion ce que l'astrologie est à l'astronomie, la fille très folle d'une mère très sage. Ces deux filles ont longtemps subjugué toute la terre.

Lorsque, dans nos siècles de barbarie, il y avait à peine deux seigneurs féodaux qui eussent chez eux un *Nouveau Testament,* il pouvait être pardonnable de présenter des fables au vulgaire, c'est-à-dire à ces seigneurs féodaux, à leurs femmes imbéciles, et aux brutes leurs vassaux; on leur faisait croire que saint Christophe avait porté l'enfant Jésus du bord d'une rivière à l'autre; on les repaissait d'histoires de sorciers et de possédés; ils imaginaient aisément que saint Genou guérissait de la goutte, et que sainte Claire guérissait les yeux malades. Les enfants croyaient au loup-garou, et les pères au cordon de saint François. Le nombre des reliques était innombrable.

La rouille de tant de superstitions a subsisté encore quelque temps chez les peuples, lors même qu'enfin la religion fut épurée. On sait que quand M. de Noailles, évêque de Châlons, fit enlever et jeter au feu la prétendue relique du saint nombril de Jésus-Christ, toute la ville de Châlons lui fit un procès; mais il eut autant de courage que de piété, et il parvint bientôt à faire croire aux Champenois qu'on pouvait adorer Jésus-Christ en esprit et en vérité, sans avoir son nombril dans une église.

Ceux qu'on appelait *jansénistes* ne contribuèrent pas peu à déraciner insensiblement dans l'esprit de la nation la plupart des fausses idées qui déshonoraient la religion chrétienne. On cessa de croire qu'il suffisait de réciter l'oraison des trente jours à la vierge Marie pour obtenir tout ce qu'on voulait et pour pécher impunément.

Enfin la bourgeoisie a commencé à soupçonner que ce n'était pas sainte Geneviève qui donnait ou arrêtait la pluie, mais que c'était Dieu lui-même qui disposait des éléments. Les moines ont été étonnés que leurs saints ne fissent plus de miracles; et si les écrivains de la *Vie de saint François Xavier* revenaient au monde, ils n'oseraient pas écrire que ce saint ressuscita neuf morts, qu'il se trouva en même temps sur mer et sur terre, et que son crucifix étant tombé dans la mer un cancre vint le lui rapporter.

Il en a été de même des excommunications. Nos historiens nous disent que lorsque le roi Robert eut été excommunié par le pape Grégoire V, pour avoir épousé la princesse Berthe sa commère, ses domestiques jetaient par les fenêtres les viandes qu'on avait servies au roi, et que la reine Berthe accoucha d'une oie en punition de ce mariage incestueux. On doute aujourd'hui que les maîtres d'hôtel d'un roi de France excommunié jetassent son dîner par la fenêtre, et que la reine mît au monde un oison en pareil cas.

S'il y a quelques convulsionnaires dans un coin d'un faubourg[1], c'est une maladie pédiculaire dont il n'y a que la plus vile populace qui soit attaquée. Chaque jour la raison pénètre en France, dans les boutiques des marchands comme dans les hôtels des seigneurs. Il faut donc cultiver les fruits de cette raison, d'autant plus qu'il est impossible de les empêcher d'éclore. On ne peut gouverner la France, après qu'elle a été éclairée par les Pascal, les Nicole, les Arnauld, les Bossuet, les Descartes, les Gassendi, les Bayle, les Fontenelle, etc., comme on la gouvernait du temps des Garasse et des Menot.

Si les maîtres d'erreurs, je dis les grands maîtres, si longtemps payés et honorés pour abrutir l'espèce humaine, ordonnaient aujourd'hui de croire que le grain doit pourrir pour germer[2]; que la terre est immobile sur ses fondements, qu'elle ne tourne point autour du soleil; que les marées ne sont pas un effet naturel de la gravitation, que l'arc-en-ciel n'est pas formé par la réfraction et la réflexion des rayons de la lumière, etc., et s'ils se fondaient sur des passages mal entendus de la Sainte Écriture pour appuyer leurs ordonnances, comment seraient-ils regardés par tous les hommes instruits ? Le terme de *bêtes* serait-il trop fort ? Et si ces sages maîtres se servaient de la force et de la persécution pour faire régner leur ignorance insolente, le terme de *bêtes farouches* serait-il déplacé ?

Plus les superstitions des moines sont méprisées, plus les évêques sont respectés, et les curés considérés; ils ne font que du bien, et les superstitions monacales ultramontaines feraient beaucoup de mal. Mais de toutes les superstitions, la plus dangereuse, n'est-ce pas celle de haïr son prochain pour ses opinions ? Et n'est-il pas évident qu'il serait encore plus raisonnable d'adorer le saint nombril, le saint prépuce, le lait et la robe de la vierge Marie, que de détester et de persécuter son frère ?

CHAPITRE XXI

VERTU VAUT MIEUX QUE SCIENCE

Moins de dogmes, moins de disputes ; et moins de disputes, moins de malheurs : si cela n'est pas vrai, j'ai tort.

La religion est instituée pour nous rendre heureux dans cette vie et dans l'autre. Que faut-il pour être heureux dans la vie à venir ? être juste.

Pour être heureux dans celle-ci, autant que le permet la misère de notre nature, que faut-il ? être indulgent.

Ce serait le comble de la folie de prétendre amener tous les hommes à penser d'une manière uniforme sur la métaphysique. On pourrait beaucoup plus aisément subjuguer l'univers entier par les armes que subjuguer tous les esprits d'une seule ville.

Euclide est venu aisément à bout de persuader à tous les hommes les vérités de la géométrie : pourquoi ? parce qu'il n'y en a pas une qui ne soit un corollaire évident de ce petit axiome : *deux et deux font quatre*. Il n'en est pas tout à fait de même dans le mélange de la métaphysique et de la théologie.

Lorsque l'évêque Alexandre et le prêtre Arios ou Arius commencèrent à disputer sur la manière dont le *Logos* était une émanation du Père, l'empereur Constantin leur écrivit d'abord ces paroles rapportées par Eusèbe et par Socrate : « Vous êtes de grands fous de disputer sur des choses que vous ne pouvez entendre. »

Si les deux partis avaient été assez sages pour convenir que l'empereur avait raison, le monde chrétien n'aurait pas été ensanglanté pendant trois cents années.

Qu'y a-t-il en effet de plus fou et de plus horrible que de dire aux hommes : « Mes amis, ce n'est pas assez d'être des sujets fidèles, des enfants soumis, des pères tendres, des voisins équitables, de pratiquer toutes les vertus, de cultiver l'amitié, de fuir l'ingratitude, d'adorer Jésus-Christ en paix : il faut encore que vous sachiez comment on est engendré de toute éternité; et si vous ne savez pas distinguer l'*omoousion* dans l'hypostase, nous vous dénonçons que vous serez brûlés à jamais; et, en attendant, nous allons commencer par vous égorger » ?

Si on avait présenté une telle décision à un Archimède, à un Posidonius, à un Varron, à un Caton, à un Cicéron, qu'auraient-ils répondu ?

Constantin ne persévéra point dans sa résolution d'imposer silence aux deux partis : il pouvait faire venir les chefs de l'ergotisme dans son palais; il pouvait leur demander par quelle autorité ils troublaient le monde : « Avez-vous les titres de la famille divine ? Que vous importe que le *Logos* soit fait ou engendré, pourvu qu'on lui soit fidèle, pourvu qu'on prêche une bonne morale, et qu'on la pratique si on peut ? J'ai commis bien des fautes dans ma vie, et vous aussi; vous êtes ambitieux, et moi aussi; l'empire m'a coûté des fourberies et des cruautés; j'ai assassiné presque tous mes proches; je m'en repens : je veux expier mes crimes en rendant l'empire romain tranquille, ne m'empêchez pas de faire le seul bien qui puisse faire oublier mes anciennes barbaries; aidez-moi à finir mes jours en paix. » Peut-être n'aurait-il rien gagné sur les disputeurs; peut-être fut-il flatté de présider à un concile en long habit rouge, la tête chargée de pierreries.

Voilà pourtant ce qui ouvrit la porte à tous ces fléaux qui vinrent de l'Asie inonder l'Occident. Il sortit de chaque verset contesté une furie armée d'un sophisme et d'un poignard, qui rendit tous les hommes insensés et cruels. Les Huns, les Hérules, les Goths et les Vandales, qui survinrent, firent infiniment moins de mal, et le plus grand qu'ils firent fut de se prêter enfin eux-mêmes à ces disputes fatales.

CHAPITRE XXII

DE LA TOLÉRANCE UNIVERSELLE

Il ne faut pas un grand art, une éloquence bien recherchée, pour prouver que des chrétiens doivent se tolérer les uns les autres. Je vais plus loin : je vous dis qu'il faut regarder tous les hommes comme nos frères. Quoi ! mon frère le Turc ? mon frère le Chinois ? le Juif ? le Siamois ? Oui, sans doute; ne sommes-nous pas tous enfants du même père, et créatures du même Dieu ?

Mais ces peuples nous méprisent; mais ils nous traitent d'idolâtres ! Hé bien ! je leur dirai qu'ils ont grand tort. Il me semble que je pourrais étonner au moins l'orgueilleuse opiniâtreté d'un iman ou d'un talapoin, si je leur parlais à peu près ainsi :

« Ce petit globe, qui n'est qu'un point, roule dans l'espace, ainsi que tant d'autres globes; nous sommes perdus dans cette immensité. L'homme, haut d'environ cinq pieds, est assurément peu de chose dans la création. Un de ces êtres imperceptibles dit à quelques-uns de ses voisins, dans l'Arabie ou dans la Cafrerie : « Écoutez-« moi, car le Dieu de tous ces mondes m'a éclairé : il y « a neuf cents millions de petites fourmis comme nous « sur la terre, mais il n'y a que ma fourmilière qui soit « chère à Dieu; toutes les autres lui sont en horreur de « toute éternité; elle sera seule heureuse, et toutes les « autres seront éternellement infortunées. »

Ils m'arrêteraient alors, et me demanderaient quel est le fou qui a dit cette sottise. Je serais obligé de leur répondre : « C'est vous-mêmes. » Je tâcherais ensuite de les adoucir; mais cela serait bien difficile.

Je parlerais maintenant aux chrétiens, et j'oserais dire, par exemple, à un dominicain inquisiteur pour la foi : « Mon frère, vous savez que chaque province d'Italie a son jargon, et qu'on ne parle point à Venise et à Bergame comme à Florence. L'Académie de la Crusca a fixé la langue; son dictionnaire est une règle dont on ne doit pas s'écarter, et la *Grammaire* de Buonmattei est un guide infaillible qu'il faut suivre; mais croyez-vous que le consul de l'Académie, et en son absence Buonmattei, auraient pu en conscience faire couper la langue à tous les Vénitiens et à tous les Bergamasques qui auraient persisté dans leur patois ? »

L'inquisiteur me répond : « Il y a bien de la différence; il s'agit ici du salut de votre âme : c'est pour votre bien que le directoire de l'Inquisition ordonne qu'on vous saisisse sur la déposition d'une seule personne, fût-elle infâme et reprise de justice; que vous n'ayez point d'avocat pour vous défendre; que le nom de votre accusateur ne vous soit pas seulement connu; que l'inquisiteur vous promette grâce, et ensuite vous condamne; qu'il vous applique à cinq tortures différentes, et qu'ensuite vous soyez ou fouetté, ou mis aux galères, ou brûlé en cérémonie. Le P. Ivonet, le docteur Cuchalon, Zanchinus, Campegius, Roias, Felynus, Gomarus, Diabarus, Gemelinus[1], y sont formels, et cette pieuse pratique ne peut souffrir de contradiction. »

Je prendrais la liberté de lui répondre : « Mon frère, peut-être avez-vous raison; je suis convaincu du bien que vous voulez me faire; mais ne pourrais-je pas être sauvé sans tout cela ? »

Il est vrai que ces horreurs absurdes ne souillent pas tous les jours la face de la terre; mais elles ont été fréquentes, et on en composerait aisément un volume beaucoup plus gros que les évangiles qui les réprouvent. Non seulement il est bien cruel de persécuter dans cette courte vie ceux qui ne pensent pas comme nous, mais je ne sais s'il n'est pas bien hardi de prononcer leur damnation éternelle. Il me semble qu'il n'appartient guère à des atomes d'un moment, tels que nous sommes, de prévenir ainsi les arrêts du Créateur. Je suis bien loin de combattre cette sentence : « Hors de l'Église point de salut »; je la respecte, ainsi que tout ce qu'elle enseigne, mais, en vérité, connaissons-nous toutes les voies de Dieu et toute l'étendue de ses miséricordes ? N'est-il pas permis d'espérer en lui autant que de le craindre ? N'est-ce pas assez d'être fidèles à l'Église ? Faudra-t-il que chaque particulier usurpe les droits de la Divinité, et décide avant elle du sort éternel de tous les hommes ?

Quand nous portons le deuil d'un roi de Suède, ou de Danemark, ou d'Angleterre, ou de Prusse, disons-nous que nous portons le deuil d'un réprouvé qui brûle éternellement en enfer ? Il y a dans l'Europe quarante millions d'habitants qui ne sont pas de l'Église de Rome, dirons-nous à chacun d'eux : « Monsieur, attendu que vous êtes infailliblement damné, je ne veux ni manger, ni contracter, ni converser avec vous » ?

Quel est l'ambassadeur de France qui, étant présenté à l'audience du Grand Seigneur, se dira dans le fond de son cœur : Sa Hautesse sera infailliblement brûlée pendant toute l'éternité, parce qu'elle est soumise à la circoncision ? S'il croyait réellement que le Grand Seigneur est l'ennemi mortel de Dieu, et l'objet de sa vengeance, pourrait-il lui parler ? devrait-il être envoyé vers lui ? Avec quel homme pourrait-on commercer, quel devoir de la vie civile pourrait-on jamais remplir, si en effet on était convaincu de cette idée que l'on converse avec des réprouvés ?

O sectateurs d'un Dieu clément ! si vous aviez un cœur cruel; si, en adorant celui dont toute la loi consistait en ces paroles : « Aimez Dieu et votre prochain »[1], vous aviez surchargé cette loi pure et sainte de sophismes et de disputes incompréhensibles; si vous aviez allumé la discorde, tantôt pour un mot nouveau, tantôt pour une seule lettre de l'alphabet; si vous aviez attaché des peines éternelles à l'omission de quelques paroles, de quelques cérémonies que d'autres peuples ne pouvaient connaître, je vous dirais, en répandant des larmes sur le genre humain : « Transportez-vous avec moi au jour où tous les hommes seront jugés, et où Dieu rendra à chacun selon ses œuvres.

« Je vois tous les morts des siècles passés et du nôtre comparaître en sa présence. Êtes-vous bien sûrs que notre Créateur et notre Père dira au sage et vertueux Confucius, au législateur Solon, à Pythagore, à Zaleucus, à Socrate, à Platon, aux divins Antonins, au bon Trajan, à Titus, les délices du genre humain, à Épictète, à tant d'autres hommes, les modèles des hommes : Allez, monstres, allez subir des châtiments infinis en intensité et en durée; que votre supplice soit éternel comme moi ! Et vous, mes bien-aimés, Jean Châtel, Ravaillac, Damiens, Cartouche, etc., qui êtes morts avec les formules prescrites, partagez à jamais à ma droite mon empire et ma félicité. »

Vous reculez d'horreur à ces paroles; et, après qu'elles me sont échappées, je n'ai plus rien à vous dire.

CHAPITRE XXIII

PRIÈRE A DIEU

Ce n'eſt donc plus aux hommes que je m'adresse; c'eſt à toi, Dieu de tous les êtres, de tous les mondes et de tous les temps : s'il eſt permis à de faibles créatures perdues dans l'immensité, et imperceptibles au reſte de l'univers, d'oser te demander quelque chose, à toi qui as tout donné, à toi dont les décrets sont immuables comme éternels, daigne regarder en pitié les erreurs attachées à notre nature; que ces erreurs ne fassent point nos calamités. Tu ne nous as point donné un cœur pour nous haïr, et des mains pour nous égorger; fais que nous nous aidions mutuellement à supporter le fardeau d'une vie pénible et passagère; que les petites différences entre les vêtements qui couvrent nos débiles corps, entre tous nos langages insuffisants, entre tous nos usages ridicules, entre toutes nos lois imparfaites, entre toutes nos opinions insensées, entre toutes nos conditions si disproportionnées à nos yeux, et si égales devant toi; que toutes ces petites nuances qui diſtinguent les atomes appelés *hommes* ne soient pas des signaux de haine et de persécution; que ceux qui allument des cierges en plein midi pour te célébrer supportent ceux qui se contentent de la lumière de ton soleil; que ceux qui couvrent leur robe d'une toile blanche pour dire qu'il faut t'aimer ne déteſtent pas ceux qui disent la même chose sous un manteau de laine noire; qu'il soit égal de t'adorer dans un jargon formé d'une ancienne langue, ou dans un jargon plus nouveau; que ceux dont l'habit eſt teint en rouge ou en violet, qui dominent sur une petite parcelle d'un petit tas de la boue de ce monde, et qui possèdent quelques fragments arrondis d'un certain métal, jouissent sans orgueil de ce qu'ils appellent *grandeur* et *richesse,* et que les autres les voient sans envie : car tu sais qu'il n'y a dans ces vanités ni de quoi envier, ni de quoi s'enorgueillir.

Puissent tous les hommes se souvenir qu'ils sont frères ! Qu'ils aient en horreur la tyrannie exercée sur les âmes, comme ils ont en exécration le brigandage qui ravit par la force le fruit du travail et de l'industrie paisible ! Si les fléaux de la guerre sont inévitables, ne nous haïssons pas, ne nous déchirons pas les uns les autres dans le sein de la paix, et employons l'instant de notre existence à bénir également en mille langages divers, depuis Siam jusqu'à la Californie, ta bonté qui nous a donné cet instant.

CHAPITRE XXIV

POST-SCRIPTUM

TANDIS qu'on travaillait à cet ouvrage, dans l'unique dessein de rendre les hommes plus compatissants et plus doux, un autre homme écrivait dans un dessein tout contraire : car chacun a son opinion. Cet homme faisait imprimer un petit code de persécution, intitulé l'*Accord de la religion et de l'humanité* (c'est une faute de l'imprimeur : lisez *de l'inhumanité*)[1].

L'auteur du saint libelle s'appuie sur saint Augustin, qui, après avoir prêché la douceur, prêcha enfin la persécution, attendu qu'il était alors le plus fort, et qu'il changeait souvent d'avis. Il cite aussi l'évêque de Meaux, Bossuet, qui persécuta le célèbre Fénelon, archevêque de Cambrai, coupable d'avoir imprimé que Dieu vaut bien la peine qu'on l'aime pour lui-même.

Bossuet était éloquent, je l'avoue; l'évêque d'Hippone, quelquefois inconséquent, était plus disert que ne sont les autres Africains, je l'avoue encore; mais je prendrai la liberté de dire à l'auteur de ce saint libelle, avec Armande, dans *les Femmes savantes* :

> Quand sur une personne on prétend se régler,
> C'est par les beaux côtés qu'il lui faut ressembler.
>
> (Acte I, scène I.)

Je dirai à l'évêque d'Hippone : Monseigneur, vous avez changé d'avis, permettez-moi de m'en tenir à votre première opinion; en vérité, je la crois meilleure.

Je dirai à l'évêque de Meaux : Monseigneur, vous

êtes un grand homme : je vous trouve aussi savant, pour le moins, que saint Augustin, et beaucoup plus éloquent; mais pourquoi tant tourmenter votre confrère, qui était aussi éloquent que vous dans un autre genre, et qui était plus aimable ?

L'auteur du saint libelle sur l'inhumanité n'est ni un Bossuet ni un Augustin; il me paraît tout propre à faire un excellent inquisiteur : je voudrais qu'il fût à Goa à la tête de ce beau tribunal. Il est, de plus, homme d'État, et il étale de grands principes de politique. « S'il y a chez vous, dit-il, beaucoup d'hétérodoxes, ménagez-les, persuadez-les; s'il n'y en a qu'un petit nombre, mettez en usage la potence et les galères, et vous vous en trouverez fort bien »; c'est ce qu'il conseille, à la page 89 et 90.

Dieu merci, je suis bon catholique, je n'ai point à craindre ce que les huguenots appellent *le martyre ;* mais si cet homme est jamais premier ministre, comme il paraît s'en flatter dans son libelle, je l'avertis que je pars pour l'Angleterre le jour qu'il aura ses lettres patentes.

En attendant, je ne puis que remercier la Providence de ce qu'elle permet que les gens de son espèce soient toujours de mauvais raisonneurs. Il va jusqu'à citer Bayle parmi les partisans de l'intolérance : cela est sensé et adroit; et de ce que Bayle accorde qu'il faut punir les factieux et les fripons, notre homme en conclut qu'il faut persécuter à feu et à sang les gens de bonne foi qui sont paisibles.

Presque tout son livre est une imitation de l'*Apologie de la Saint-Barthélemy*[1]. C'est cet apologiste ou son écho. Dans l'un ou dans l'autre cas, il faut espérer que ni le maître ni le disciple ne gouverneront l'État.

Mais s'il arrive qu'ils en soient les maîtres, je leur présente de loin cette requête, au sujet de deux lignes de la page 93 du saint libelle :

« Faut-il sacrifier au bonheur du vingtième de la nation le bonheur de la nation entière ? »

Supposé qu'en effet il y ait vingt catholiques romains en France contre un huguenot, je ne prétends point que le huguenot mange les vingt catholiques; mais aussi pourquoi ces vingt catholiques mangeraient-ils ce huguenot, et pourquoi empêcher ce huguenot de se marier ? N'y a-t-il pas des évêques, des abbés, des moines, qui ont des terres en Dauphiné, dans le Gévaudan, devers

Agde, devers Carcassonne ? Ces évêques, ces abbés, ces moines, n'ont-ils pas de fermiers qui ont le malheur de ne pas croire à la transsubstantiation ? N'est-il pas de l'intérêt des évêques, des abbés, des moines et du public, que ces fermiers aient de nombreuses familles ? N'y aura-t-il que ceux qui communieront sous une seule espèce à qui il sera permis de faire des enfants ? En vérité cela n'est ni juste ni honnête.

« La révocation de l'édit de Nantes n'a point autant produit d'inconvénients qu'on lui en attribue », dit l'auteur.

Si en effet on lui en attribue plus qu'elle n'en a produit, on exagère, et le tort de presque tous les historiens est d'exagérer; mais c'est aussi le tort de tous les controversistes de réduire à rien le mal qu'on leur reproche. N'en croyons ni les docteurs de Paris ni les prédicateurs d'Amsterdam.

Prenons pour juge M. le comte d'Avaux, ambassadeur en Hollande, depuis 1685 jusqu'en 1688. Il dit, page 181, tome V[1], qu'un seul homme avait offert de découvrir plus de vingt millions que les persécutés faisaient sortir de France. Louis XIV répond à M. d'Avaux : « Les avis que je reçois tous les jours d'un nombre infini de conversions ne me laissent plus douter que les plus opiniâtres ne suivent l'exemple des autres. »

On voit, par cette lettre de Louis XIV, qu'il était de très bonne foi sur l'étendue de son pouvoir. On lui disait tous les matins : « Sire, vous êtes le plus grand roi de l'univers; tout l'univers fera gloire de penser comme vous dès que vous aurez parlé. » Pellisson, qui s'était enrichi dans la place de premier commis des finances; Pellisson, qui avait été trois ans à la Bastille comme complice de Fouquet; Pellisson, qui de calviniste était devenu diacre et bénéficier, qui faisait imprimer des prières pour la messe et des bouquets à Iris, qui avait obtenu la place des économats et de convertisseur; Pellisson, dis-je, apportait tous les trois mois une grande liste d'abjurations à sept ou huit écus la pièce, et faisait accroire à son roi que, quand il voudrait, il convertirait tous les Turcs au même prix. On se relayait pour le tromper; pouvait-il résister à la séudction ?

Cependant le même M. d'Avaux mande au roi qu'un nommé Vincent maintient plus de cinq cents ouvriers auprès d'Angoulême, et que sa sortie causera du préjudice : tome V, page 194.

Le même M. d'Avaux parle de deux régiments que le prince d'Orange fait déjà lever par les officiers français réfugiés; il parle de matelots qui désertèrent de trois vaisseaux pour servir sur ceux du prince d'Orange. Outre ces deux régiments, le prince d'Orange forme encore une compagnie de cadets réfugiés, commandés par deux capitaines, page 240. Cet ambassadeur écrit encore, le 9 mai 1686, à M. de Seignelai, « qu'il ne peut lui dissimuler la peine qu'il a de voir les manufactures de France s'établir en Hollande, d'où elles ne sortiront jamais ».

Joignez à tous ces témoignages ceux de tous les intendants du royaume en 1699, et jugez si la révocation de l'édit de Nantes n'a pas produit plus de mal que de bien, malgré l'opinion du respectable auteur de l'*Accord de la religion et de l'inhumanité*.

Un maréchal de France connu par son esprit supérieur disait, il y a quelques années : « Je ne sais pas si la dragonnade a été nécessaire; mais il est nécessaire de n'en plus faire. »

J'avoue que j'ai cru aller un peu trop loin, quand j'ai rendu publique la lettre du correspondant du P. Le Tellier, dans laquelle ce congréganiste propose des tonneaux de poudre. Je me disais à moi-même : On ne m'en croira pas, on regardera cette lettre comme une pièce supposée. Mes scrupules heureusement ont été levés quand j'ai lu dans l'*Accord de la religion et de l'inhumanité*, page 149, ces douces paroles :

« L'extinction totale des protestants en France n'affaiblirait pas plus la France qu'une saignée n'affaiblit un malade bien constitué. »

Ce chrétien compatissant, qui a dit tout à l'heure que les protestants composent le vingtième de la nation, veut donc qu'on répande le sang de cette vingtième partie, et ne regarde cette opération que comme une saignée d'une palette ! Dieu nous préserve avec lui des trois vingtièmes !

Si donc cet honnête homme propose de tuer le vingtième de la nation, pourquoi l'ami du P. Le Tellier n'aurait-il pas proposé de faire sauter en l'air, d'égorger et d'empoisonner le tiers ? Il est donc très vraisemblable que la lettre au P. Le Tellier a été réellement écrite.

Le saint auteur finit enfin par conclure que l'intolérance eſt une chose excellente, « parce qu'elle n'a pas été, dit-il, condamnée expressément par Jésus-Chriſt ». Mais Jésus-Chriſt n'a pas condamné non plus ceux qui mettraient le feu aux quatre coins de Paris; eſt-ce une raison pour canoniser les incendiaires ?

Ainsi donc, quand la nature fait entendre d'un côté sa voix douce et bienfaisante, le fanatisme, cet ennemi de la nature, pousse des hurlements; et lorsque la paix se présente aux hommes, l'intolérance forge ses armes. O vous, arbitre des nations, qui avez donné la paix à l'Europe, décidez entre l'esprit pacifique et l'esprit meurtrier !

CHAPITRE XXV

SUITE ET CONCLUSION

Nous apprenons que le 7 mars 1763, tout le conseil d'État assemblé à Versailles, les miniſtres d'État y assiſtant, le chancelier y présidant, M. de Crosne, maître des requêtes, rapporta l'affaire des Calas avec l'impartialité d'un juge, l'exactitude d'un homme parfaitement inſtruit, l'éloquence simple et vraie d'un orateur homme d'État, la seule qui convienne dans une telle assemblée. Une foule prodigieuse de personnes de tout rang attendait dans la galerie du château la décision du conseil. On annonça bientôt au roi que toutes les voix, sans excepter une, avaient ordonné que le parlement de Toulouse enverrait au conseil les pièces du procès, et les motifs de son arrêt qui avait fait expirer Jean Calas sur la roue. Sa Majeſté approuva le jugement du conseil.

Il y a donc de l'humanité et de la juſtice chez les hommes, et principalement dans le conseil d'un roi aimé et digne de l'être. L'affaire d'une malheureuse famille de citoyens obscurs a occupé Sa Majeſté, ses miniſtres, le chancelier et tout le conseil, et a été discutée avec un examen aussi réfléchi que les plus grands objets de la guerre et de la paix peuvent l'être. L'amour de l'équité, l'intérêt du genre humain, ont conduit tous les juges. Grâces en soient rendues à ce Dieu de clémence, qui seul inspire l'équité et toutes les vertus !

Nous attestons que nous n'avons jamais connu ni cet infortuné Calas que les huit juges de Toulouse firent périr sur les indices les plus faibles, contre les ordonnances de nos rois, et contre les lois de toutes les nations; ni son fils Marc-Antoine, dont la mort étrange a jeté ces huit juges dans l'erreur; ni la mère, aussi respectable que malheureuse; ni ces innocentes filles, qui sont venues avec elle de deux cents lieues mettre leur désastre et leur vertu au pied du trône.

Ce Dieu sait que nous n'avons été animés que d'un esprit de justice, de vérité, et de paix, quand nous avons écrit ce que nous pensons de la tolérance, à l'occasion de Jean Calas, que l'esprit d'intolérance a fait mourir.

Nous n'avons pas cru offenser les huit juges de Toulouse en disant qu'ils se sont trompés, ainsi que tout le conseil l'a présumé : au contraire, nous leur avons ouvert une voie de se justifier devant l'Europe entière. Cette voie est d'avouer que des indices équivoques et les cris d'une multitude insensée ont surpris leur justice; de demander pardon à la veuve, et de réparer, autant qu'il est en eux, la ruine entière d'une famille innocente, en se joignant à ceux qui la secourent dans son affliction. Ils ont fait mourir le père injustement : c'est à eux de tenir lieu de père aux enfants, supposé que ces orphelins veuillent bien recevoir d'eux une faible marque d'un très juste repentir. Il sera beau aux juges de l'offrir, et à la famille de la refuser.

C'est surtout au sieur David, capitoul de Toulouse, s'il a été le premier persécuteur de l'innocence, à donner l'exemple des remords. Il insulte un père de famille mourant sur l'échafaud. Cette cruauté est bien inouïe; mais puisque Dieu pardonne, les hommes doivent aussi pardonner à qui répare ses injustices.

On m'a écrit du Languedoc cette lettre du 20 février 1763.

. . . .

« Votre ouvrage sur la tolérance me paraît plein d'humanité et de vérité; mais je crains qu'il ne fasse plus de mal que de bien à la famille des Calas. Il peut ulcérer les huit juges qui ont opiné à la roue; ils demanderont au parlement qu'on brûle votre livre, et les fanatiques (car il y en a toujours) répondront par des cris de fureur à la voix de la raison, etc. »

Voici ma réponse :

« Les huit juges de Toulouse peuvent faire brûler mon livre, s'il est bon; il n'y a rien de plus aisé : on a bien brûlé les *Lettres provinciales,* qui valaient sans doute beaucoup mieux; chacun peut brûler chez lui les livres et papiers qui lui déplaisent.

« Mon ouvrage ne peut faire ni bien ni mal aux Calas, que je ne connais point. Le conseil du roi, impartial et ferme, juge suivant les lois, suivant l'équité, sur les pièces, sur les procédures, et non sur un écrit qui n'est point juridique, et dont le fond est absolument étranger à l'affaire qu'il juge.

« On aurait beau imprimer des in-folio pour ou contre les huit juges de Toulouse, et pour ou contre la tolérance, ni le conseil, ni aucun tribunal ne regardera ces livres comme des pièces du procès.

« Cet écrit sur la tolérance est une requête que l'humanité présente très humblement au pouvoir et à la prudence. Je sème un grain qui pourra un jour produire une moisson. Attendons tout du temps, de la bonté du roi, de la sagesse de ses ministres, et de l'esprit de raison qui commence à répandre partout sa lumière.

« La nature dit à tous les hommes : Je vous ai tous fait naître faibles et ignorants, pour végéter quelques minutes sur la terre et pour l'engraisser de vos cadavres. Puisque vous êtes faibles, secourez-vous; puisque vous êtes ignorants, éclairez-vous et supportez-vous. Quand vous seriez tous du même avis, ce qui certainement n'arrivera jamais, quand il n'y aurait qu'un seul homme d'un avis contraire, vous devriez lui pardonner : car c'est moi qui le fais penser comme il pense. Je vous ai donné des bras pour cultiver la terre, et une petite lueur de raison pour vous conduire; j'ai mis dans vos cœurs un germe de compassion pour vous aider les uns les autres à supporter la vie. N'étouffez pas ce germe, ne le corrompez pas, apprenez qu'il est divin, et ne substituez pas les misérables fureurs de l'école à la voix de la nature.

« C'est moi seule qui vous unis encore malgré vous

par vos besoins mutuels, au milieu même de vos guerres cruelles si légèrement entreprises, théâtre éternel des fautes, des hasards, et des malheurs. C'est moi seule qui, dans une nation, arrête les suites funestes de la division interminable entre la noblesse et la magistrature, entre ces deux corps et celui du clergé, entre le bourgeois même et le cultivateur. Ils ignorent toutes les bornes de leurs droits; mais ils écoutent tous malgré eux, à la longue, ma voix qui parle à leur cœur. Moi seule je conserve l'équité dans les tribunaux, où tout serait livré sans moi à l'indécision et aux caprices, au milieu d'un amas confus de lois faites souvent au hasard et pour un besoin passager, différentes entre elles de province en province, de ville en ville, et presque toujours contradictoires entre elles dans le même lieu. Seule je peux inspirer la justice, quand les lois n'inspirent que la chicane. Celui qui m'écoute juge toujours bien; et celui qui ne cherche qu'à concilier des opinions qui se contredisent est celui qui s'égare.

« Il y a un édifice immense dont j'ai posé le fondement de mes mains : il était solide et simple, tous les hommes pouvaient y entrer en sûreté; ils ont voulu y ajouter les ornements les plus bizarres, les plus grossiers, et les plus inutiles; le bâtiment tombe en ruine de tous les côtés; les hommes en prennent les pierres, et se les jettent à la tête; je leur crie : Arrêtez, écartez ces décombres funestes qui sont votre ouvrage, et demeurez avec moi en paix dans l'édifice inébranlable qui est le mien. »

ARTICLE NOUVELLEMENT AJOUTÉ, DANS LEQUEL ON REND COMPTE DU DERNIER ARRÊT RENDU EN FAVEUR DE LA FAMILLE CALAS[1]

DEPUIS le 7 mars 1763 jusqu'au jugement définitif, il se passa encore deux années : tant il est facile au fanatisme d'arracher la vie à l'innocence, et difficile à la raison de lui faire rendre justice. Il fallut essuyer des longueurs inévitables, nécessairement attachées aux formalités. Moins ces formalités avaient été observées dans la condamnation de Calas, plus elles devaient l'être rigoureusement par le conseil d'État. Une année entière ne suffit pas pour forcer le parlement de Toulouse à faire parvenir au conseil toute la procédure, pour en faire l'examen, pour le rapporter. M. de Crosne fut encore chargé de ce travail pénible. Une assemblée de près de quatre-vingts juges cassa l'arrêt de Toulouse, et ordonna la révision entière du procès.

D'autres affaires importantes occupaient alors presque tous les tribunaux du royaume. On chassait les jésuites; on abolissait leur société en France : ils avaient été intolérants et persécuteurs; ils furent persécutés à leur tour.

L'extravagance des billets de confession, dont on les crut les auteurs secrets, et dont ils étaient publiquement les partisans, avait déjà ranimé contre eux la haine de la nation. Une banqueroute immense d'un de leurs missionnaires[1], banqueroute que l'on crut en partie frauduleuse, acheva de les perdre. Ces seuls mots de *missionnaires* et de *banqueroutiers,* si peu faits pour être joints ensemble, portèrent dans tous les esprits l'arrêt de leur condamnation. Enfin les ruines de Port-Royal et les ossements de tant d'hommes célèbres insultés par eux dans leurs sépultures, et exhumés au commencement du siècle par des ordres que les jésuites seuls avaient dictés, s'élevèrent tous contre leur crédit expirant. On peut voir l'histoire de leur proscription dans l'excellent livre intitulé *Sur la destruction des jésuites en France*[2], ouvrage impartial, parce qu'il est d'un philosophe, écrit avec la finesse et l'éloquence de Pascal, et surtout avec une supériorité de lumières qui n'est pas offusquée, comme dans Pascal, par des préjugés qui ont quelquefois séduit de grands hommes.

Cette grande affaire, dans laquelle quelques partisans des jésuites disaient que la religion était outragée, et où le plus grand nombre la croyait vengée, fit pendant plusieurs mois perdre de vue au public le procès des Calas; mais le roi ayant attribué au tribunal qu'on appelle *les requêtes de l'hôtel* le jugement définitif, le même public, qui aime à passer d'une scène à l'autre, oublia les jésuites, et les Calas saisirent toute son attention.

La chambre des requêtes de l'hôtel est une cour souveraine composée de maîtres des requêtes, pour juger les procès entre les officiers de la cour et les causes que le roi leur renvoie. On ne pouvait choisir un tribunal plus instruit de l'affaire : c'étaient précisément les mêmes magistrats qui avaient jugé deux fois les préliminaires de la révision, et qui étaient parfaitement instruits du fond et de la forme. La veuve de Jean Calas, son fils, et le sieur de Lavaisse, se remirent en prison : on fit venir du fond du Languedoc cette vieille servante catholique qui n'avait pas quitté un moment ses maîtres et sa maîtresse, dans le temps qu'on supposait, contre toute vraisemblance, qu'ils étranglaient leur fils et leur frère. On délibéra enfin sur les mêmes pièces qui avaient servi à condamner Jean Calas à la roue, et son fils Pierre au bannissement.

Ce fut alors que parut un nouveau mémoire de l'éloquent M. de Beaumont, et un autre du jeune M. de Lavaisse, si injustement impliqué dans cette procédure criminelle par les juges de Toulouse, qui, pour comble de contradiction, ne l'avaient pas déclaré absous. Ce jeune homme fit lui-même un factum qui fut jugé digne par tout le monde de paraître à côté de celui de M. de Beaumont. Il avait le double avantage de parler pour lui-même et pour une famille dont il avait partagé les fers. Il n'avait tenu qu'à lui de briser les siens et de sortir des prisons de Toulouse s'il avait voulu seulement dire qu'il avait quitté un moment les Calas dans le temps qu'on prétendait que le père et la mère avaient assassiné leur fils. On l'avait menacé du supplice; la question et la mort avaient été présentées à ses yeux; un mot lui aurait pu rendre sa liberté : il aima mieux s'exposer au supplice que de prononcer ce mot, qui aurait été un mensonge. Il exposa tout ce détail dans son factum, avec une candeur si noble, si simple, si éloignée de toute ostentation, qu'il toucha tous ceux qu'il ne voulait que convaincre, et qu'il se fit admirer sans prétendreà la réputation.

Son père, fameux avocat, n'eut aucune part à cet ouvrage : il se vit tout d'un coup égalé par son fils, qui n'avait jamais suivi le barreau.

Cependant les personnes de la plus grande considération venaient en foule dans la prison de Mme Calas, où ses filles s'étaient renfermées avec elle. On s'y attendrissait jusqu'aux larmes. L'humanité, la générosité, leur prodiguaient des secours. Ce qu'on appelle la charité ne leur en donnait aucun. La charité, qui d'ailleurs est si souvent mesquine et insultante, est le partage des dévots, et les dévots tenaient encore contre les Calas.

Le jour arriva (9 mars 1765) où l'innocence triompha pleinement. M. de Bacquencourt ayant rapporté toute la procédure, et ayant instruit l'affaire jusque dans les moindres circonstances, tous les juges, d'une voix unanime, déclarèrent la famille innocente, tortionnairement et abusivement jugée par le parlement de Toulouse. Ils réhabilitèrent la mémoire du père. Ils permirent à la famille de se pourvoir devant qui il appartiendrait pour prendre ses juges à partie, et pour obtenir les dépens, dommages et intérêts que les magistrats toulousains auraient dû offrir d'eux-mêmes.

Ce fut dans Paris une joie universelle : on s'attroupait dans les places publiques, dans les promenades; on accourait pour voir cette famille si malheureuse et si bien justifiée; on battait des mains en voyant passer les juges, on les comblait de bénédictions. Ce qui rendait encore ce spectacle plus touchant, c'est que ce jour, neuvième mars, était le jour même où Calas avait péri par le plus cruel supplice (trois ans auparavant).

Messieurs les maîtres des requêtes avaient rendu à la famille Calas une justice complète, et en cela ils n'avaient fait que leur devoir. Il est un autre devoir, celui de la bienfaisance, plus rarement rempli par les tribunaux, qui semblent se croire faits pour être seulement équitables. Les maîtres des requêtes arrêtèrent qu'ils écriraient en corps à Sa Majesté pour la supplier de réparer par ses dons la ruine de la famille. La lettre fut écrite. Le roi y répondit en faisant délivrer trente-six mille livres à la mère et aux enfants; et de ces trente-six mille livres, il y en eut trois mille pour cette servante vertueuse qui avait constamment défendu la vérité en défendant ses maîtres.

Le roi, par cette bonté, mérita, comme par tant d'autres actions, le surnom que l'amour de la nation lui a donné. Puisse cet exemple servir à inspirer aux hommes la tolérance, sans laquelle le fanatisme désolerait la terre, ou du moins l'attristerait toujours ! Nous savons qu'il ne s'agit ici que d'une seule famille et que la rage des sectes en a fait périr des milliers; mais aujourd'hui qu'une ombre de paix laisse reposer toutes les sociétés chrétiennes, après des siècles de carnage, c'est dans ce temps de tranquillité que le malheur des Calas doit faire une plus grande impression, à peu près comme le tonnerre qui tombe dans la sérénité d'un beau jour. Ces cas sont rares, mais ils arrivent, et ils sont l'effet de cette sombre superstition qui porte les âmes faibles à imputer des crimes à quiconque ne pense pas comme elles.

CATÉCHISME
DE L'HONNÊTE HOMME
(1763)
OU
DIALOGUE ENTRE UN CALOYER ET UN HOMME DE BIEN

Traduit du grec vulgaire par D.J.J.R.C.D.C.D.G.[1]

LE CALOYER[2]

Puis-je vous demander, Monsieur, de quelle religion vous êtes dans Alep, au milieu de cette foule de sectes qui sont ici reçues, et qui servent toutes à faire fleurir cette grande ville ? Êtes-vous mahométan du rite d'Omar ou de celui d'Ali ? Suivez-vous les dogmes des anciens parsis, ou de ces sabéens si antérieurs aux parsis, ou des brames, qui se vantent d'une antiquité encore plus reculée ? Seriez-vous juif ? Êtes-vous chrétien du rite grec, ou de celui des Arméniens, ou des cophtes ou des Latins ?

L'HONNÊTE HOMME

J'adore Dieu, je tâche d'être juste, et je cherche à m'instruire.

LE CALOYER

Mais ne donnez-vous pas la préférence aux livres juifs sur le *Zend-Avesta,* sur le *Veidam,* sur l'*Alcoran ?*

L'HONNÊTE HOMME

Je crains de n'avoir pas assez de lumières pour bien juger des livres, et je sens que j'en ai assez pour voir, dans le grand livre de la nature, qu'il faut adorer et aimer son maître.

LE CALOYER

Y a-t-il quelque chose qui vous embarrasse dans les livres juifs ?

L'HONNÊTE HOMME

Oui, j'avoue que j'ai de la peine à concevoir ce qu'ils rapportent. J'y vois quelques incompatibilités dont ma faible raison s'étonne.

1° Il me semblait difficile que Moïse ait écrit dans un désert le *Pentateuque*, qu'on lui attribue. Si son peuple venait d'Égypte, où il avait demeuré, dit l'auteur, quatre cents ans (quoiqu'il se trompe de deux cents), ce livre eût été probablement écrit en égyptien; et on nous dit qu'il l'était en hébreu.

Il devait être gravé sur la pierre ou sur le bois; on n'avait, du temps de Moïse, d'autre manière d'écrire. C'était un art fort difficile, qui demandait de longs préparatifs; il fallait polir le bois ou la pierre. Il n'y a pas d'apparence que cet art pût être exercé dans un désert où, selon ce livre même, la horde juive n'avait pas de quoi se faire des habits et des souliers, et où Dieu fut obligé de faire un miracle continuel pendant quarante années pour leur conserver leurs vêtements et leurs chaussures sans dépérissement[1]. Il est si vrai qu'on n'écrivait que sur la pierre que l'auteur du livre de Josué dit[2] que le *Deutéronome* fut écrit sur un autel de pierres brutes enduites de mortier. Apparemment que Josué n'avait pas intention que ce livre fût durable[3].

2° Les hommes les plus versés dans l'antiquité pensent que ces livres ont été écrits plus de sept cents ans après Moïse. Ils se fondent sur ce qu'il y est parlé des rois, et qu'il n'y eut de rois que longtemps après Moïse; sur la position des villes, qui est fausse si le livre fut écrit dans le désert, et vraie s'il fut écrit à Jérusalem; sur les noms de villes ou de bourgades dont il est parlé, et qui ne furent fondées ou appelées du nom qu'on leur donne qu'après plusieurs siècles, etc.

3° Ce qui peut un peu effaroucher dans les écrits attribués à Moïse, c'est que l'immortalité de l'âme, les récompenses et les peines après la mort sont entièrement inconnues dans l'énoncé de ses lois. Il eſt étrange qu'il ordonne la manière dont on doit faire ses déjections, et ne parle en nul endroit de l'immortalité de l'âme. Serait-il possible que Moïse[1], inspiré de Dieu, eût préféré nos derrières à nos esprits[2]; qu'il eût prescrit la façon d'aller à la garde-robe dans le camp israélite, et qu'il n'eût pas dit un seul mot de la vie éternelle ? Zoroaſtre, antérieur au législateur juif, dit : « Honorez, aimez vos parents si vous voulez avoir la vie éternelle; et le *Décalogue* dit[3] : « Honore père et mère, si tu veux vivre longtemps sur la terre »; il me semble que Zoroaſtre parle en homme divin, et Moïse en homme terreſtre.

4° Les événements racontés dans le *Pentateuque* étonnent ceux qui ont le malheur de ne juger que par leur raison, et dans qui cette raison aveugle n'eſt pas éclairée par une grâce particulière. Le premier chapitre de la *Genèse* eſt si au-dessus de nos conceptions qu'il fut défendu chez les Juifs de le lire avant vingt-cinq ans.

On voit avec un peu de surprise que Dieu vienne se promener tous les jours à midi dans le jardin d'Éden; que les sources de quatre fleuves, éloignées prodigieusement les unes des autres, forment une fontaine dans ce même jardin; que le serpent parle à Ève, attendu qu'il eſt le plus subtil des animaux, et qu'une ânesse[4], qui ne passe pas pour si subtile, parle aussi plusieurs siècles après[5]; que Dieu ait séparé la lumière des ténèbres, comme si les ténèbres étaient quelque chose de réel; qu'il ait fait la lumière, qui émane du soleil avant le soleil lui-même; qu'après avoir fait l'homme et la femme, il ait ensuite tiré la femme d'une côte de l'homme, qu'il ait mis de la chair à la place de cette côte; qu'il ait condamné Adam à la mort, et toute sa poſtérité à l'enfer pour une pomme; qu'il ait mis un signe de sauvegarde à Caïn, qui avait assassiné son frère, et que ce Caïn ait craint d'être tué par les hommes qui peuplaient alors la terre, tandis que, selon le texte, le genre humain était borné à la famille d'Adam; que de prétendues cataractes dans le ciel aient inondé la terre; que tous les animaux soient venus s'enfermer un an dans un coffre[6].

Après ce nombre prodigieux de fables qui semblent toutes plus absurdes que les *Métamorphoses* d'Ovide, on n'eſt pas moins surpris que Dieu délivre de la servitude en Égypte six cent mille combattants de son peuple, sans compter les vieillards, les enfants et les femmes; que ces six cent mille combattants, après les plus éclatants miracles, égalés pourtant par les magiciens d'Égypte, s'enfuient au lieu de combattre leurs ennemis; qu'en fuyant ils ne prennent pas le chemin du pays où Dieu les conduit; qu'ils se trouvent entre Memphis et la mer Rouge; que Dieu leur ouvre cette mer, et la leur fasse passer à pied sec pour les faire périr dans des déserts affreux, au lieu de les mener dans la terre qu'il leur a promise; que ce peuple, sous la main et sous les yeux de Dieu même, demande au frère de Moïse un veau d'or pour l'adorer; que ce veau d'or soit jeté en fonte en un seul jour; que Moïse réduise cet or en poudre impalpable, et la fasse avaler au peuple; que vingt-trois mille hommes de ce peuple se laissent égorger par les lévites, en punition d'avoir érigé ce veau d'or, et qu'Aaron, qui l'a jeté en fonte, soit déclaré grand prêtre[1] pour récompense; qu'on ait brûlé deux cent cinquante hommes d'une part, et quatorze mille sept cents hommes de l'autre, qui avaient disputé l'encensoir à Aaron; et que, dans une autre occasion, Moïse ait encore fait tuer vingt-quatre mille hommes de son peuple.

5º Si l'on s'en tient aux plus simples connaissances de la physique, et qu'on ne s'élève pas jusqu'au pouvoir divin, il sera difficile de penser qu'il y ait eu une eau qui ait fait crever les femmes adultères, et qui ait respecté les femmes fidèles.

On voit encore avec plus d'étonnement un vrai prophète parmi les idolâtres, dans la personne de Balaam.

6º On est encore plus surpris que, dans un village du petit pays de Madiam, le peuple juif trouve six cent soixante-quinze mille brebis, soixante-douze mille bœufs, soixante et un mille ânes, trente-deux mille pucelles; et on frissonne d'horreur quand on lit que les Juifs, par ordre du Seigneur, massacrèrent tous les mâles et toutes les veuves, les épouses et les mères, et ne gardèrent que les petites filles.

7º Le soleil qui s'arrête[2] en plein midi pour donner plus de temps aux Juifs de tuer les Amorrhéens, déjà écrasés par une pluie de pierres tombées du ciel; le Jourdain qui ouvre son lit comme la mer Rouge pour laisser passer ces Juifs qui pouvaient passer si aisément à gué; les murailles de Jéricho qui tombent au son des trompettes : tant de prodiges de toute espèce exigent, pour être crus, le sacrifice de la raison et la foi la plus vive. Enfin à quoi aboutissent tant de miracles opérés par Dieu même pendant des siècles en faveur de son peuple ? A le rendre presque toujours l'esclave des autres nations.

8º Toute l'histoire de Samson[1] et de ses amours, et de ses cheveux, et de son lion, et de ses trois cents renards, semble plus faite pour amuser l'imagination que pour édifier l'esprit. Celles de Josué et de Jephté semblent barbares.

9º L'histoire des Rois est un tissu de cruautés et d'assassinats qui fait saigner le cœur. Presque tous les faits sont incroyables. Le premier roi juif Saül ne trouve chez son peuple que deux épées, et son successeur David laisse plus de vingt milliards d'argent comptant. Vous dites que ces livres sont écrits par Dieu même; vous savez que Dieu ne peut mentir : donc si un seul fait est faux, tout le livre est une imposture.

10º Les prophètes ne sont pas moins révoltants pour un homme qui n'a pas le don de pénétrer le sens caché et allégorique des prophéties. Il voit avec peine Jérémie se charger d'un bât et d'un collier, et se faire lier avec des cordes[2]; Osée, à qui Dieu commande, en termes formels[3], de faire des fils de putain à une fille publique, d'en faire ensuite à une femme adultère; Isaïe, qui marche tout nu[4] dans la place publique; Ézéchiel[5], qui se couche trois cent quatre-vingt-dix jours sur le côté gauche, et quarante sur le côté droit, qui mange un livre de parchemin, qui couvre son pain d'excréments d'hommes, et ensuite de bouse de vache; Oolla et Ooliba, qui établissent un bordel[6], et à qui Dieu dit qu'elles n'aiment que les membres d'un âne et le sperme d'un cheval. Certainement si le lecteur n'est pas instruit des usages du pays et de la manière de prophétiser, il peut craindre d'être scandalisé; et quand il voit Élisée faire dévorer quarante[7] enfants par des ours, pour l'avoir appelé tête chauve, un châtiment si peu proportionné à l'offense peut lui inspirer plus d'horreur que de respect.

Pardonnez-moi donc si les livres juifs m'ont causé quelque embarras. Je ne veux pas avilir l'objet de votre vénération; j'avoue même que je peux me tromper sur les choses de bienséance et de justice, qui ne sont peut-être pas les mêmes dans tous les temps; je me dis que nos mœurs sont différentes de celles de ces siècles reculés; mais peut-être aussi la préférence que vous avez donnée au *Nouveau Testament* sur l'*Ancien* peut servir à justifier mes scrupules. Il faut bien que la loi des Juifs ne vous ait pas paru bonne, puisque vous l'avez abandonnée : car si elle était réellement bonne, pourquoi ne l'auriez-vous pas toujours suivie ? et, si elle était mauvaise, comment était-elle divine ?

LE CALOYER

L'*Ancien Testament* a ses difficultés. Mais vous m'avouez donc que le *Nouveau Testament* ne fait pas naître en vous les mêmes doutes et les mêmes scrupules que l'*Ancien ?*

L'HONNÊTE HOMME

Je les ai lus tous deux avec attention; mais souffrez que je vous expose les inquiétudes où me jette mon ignorance. Vous les plaindrez et vous les calmerez.

Je me trouve ici avec des chrétiens arméniens qui disent qu'il n'est pas permis de manger du lièvre; avec des Grecs qui assurent que le Saint-Esprit ne procède point du Fils; avec des nestoriens qui nient que Marie soit mère de Dieu; avec quelques Latins qui se vantent qu'au bout de l'Occident les chrétiens d'Europe pensent tout autrement que ceux d'Asie et d'Afrique. Je sais que dix ou douze sectes en Europe s'anathématisent les unes les autres; les musulmans qui m'entourent regardent d'un œil de mépris tous ces chrétiens que cependant ils tolèrent. Les Juifs ont également en exécration les chrétiens et les musulmans; les guèbres les méprisent tous; et le peu qui reste des sabéens ne voudraient manger avec aucun de ceux que je vous ai nommés; le brame ne peut souffrir ni sabéens, ni guèbres, ni chrétiens, ni mahométans, ni juifs.

J'ai cent fois souhaité que Jésus-Christ, en venant s'incarner en Judée, eût réuni toutes ces sectes sous ses lois. Je me suis demandé pourquoi, étant Dieu, il n'a pas usé des droits de la divinité; pourquoi, en venant nous délivrer du péché, il nous a laissés dans le péché; pourquoi, en venant éclairer tous les hommes, il a laissé presque tous les hommes dans l'erreur ?

Je sais que je ne suis rien, je sais que du fond de mon

néant je ne dois pas interroger l'Être des êtres; mais il m'est permis, comme à Job, d'élever mes respectueuses plaintes du sein de ma misère.

Que voulez-vous que je pense quand je vois deux généalogies[1] de Jésus directement contraires l'une de l'autre; et que ces généalogies, qui sont si différentes dans les noms et dans le nombre de ses ancêtres, ne sont pourtant pas la sienne, mais celle de son père Joseph, qui n'est pas son père ?

Je donne la torture à mon esprit pour comprendre comment un Dieu est mort. Je lis les livres sacrés et les profanes de ces temps-là; un seul de ces livres sacrés[2] me dit qu'une étoile nouvelle parut en Orient, et conduisit des mages aux pieds de Dieu, qui venait de naître. Aucun profane ne parle de cet événement à jamais mémorable, qui semble devoir avoir été aperçu par la terre entière, et marqué dans les fastes de tous les États. Un évangéliste[3] me dit qu'un roi nommé Hérode, à qui les Romains, maîtres du monde connu, avaient donné la Judée, entendit dire que l'enfant qui venait de naître dans une étable devait être roi des Juifs; mais comment, et à qui, et sur quel fondement entendit-il dire cette étrange nouvelle ? Est-il possible que ce roi, qui n'avait pas perdu le sens, ait imaginé de faire égorger tous les petits enfants du pays pour envelopper dans le massacre un enfant obscur ? Y a-t-il un exemple sur la terre d'une fureur si abominable et si insensée ?

Je vois que les *Évangiles* qui nous restent se contredisent presque à chaque page. J'ouvre l'histoire de Josèphe, auteur presque contemporain; Josèphe, parent de Mariamne, sacrifiée par Hérode; Josèphe, ennemi naturel de ce prince; il ne dit pas un mot de cette aventure; il est Juif, et il ne parle pas même de ce Jésus né chez les Juifs.

Que d'incertitudes m'accablent dans la recherche importante de ce que je dois adorer et de ce que je dois croire ! Je lis les Écritures, et je n'y vois nulle part que Jésus, reconnu depuis pour Dieu, se soit jamais appelé Dieu; je vois même tout le contraire : il dit[4] que son père est plus grand que lui, que le père seul sait ce que le fils ignore[5]. Et comment encore ces mots de père et de fils se doivent-ils entendre chez un peuple où, par les fils de Bélial, on voulait dire les méchants, et par les fils de

Dieu, on désignait les hommes justes ? J'adopte quelques maximes de la morale de Jésus; mais quel législateur enseigna jamais une mauvaise morale ? Dans quelle religion l'adultère, le larcin, le meurtre, l'imposture, ne sont-ils pas défendus; le respect pour les parents, l'obéissance aux lois, la pratique de toutes les vertus, expressément ordonnés ?

Plus je lis, plus mes peines redoublent. Je cherche des prodiges dignes d'un Dieu, attestés par l'univers. J'ose dire, avec cette naïveté douloureuse qui craint de blasphémer, que les diables envoyés dans le corps d'un troupeau de cochons[1], de l'eau changée en vin en faveur de gens qui étaient ivres[2], un figuier séché pour n'avoir pas porté de figues avant le temps[3], etc., ne remplissent pas l'idée que je m'étais faite du maître de la nature, annonçant et prouvant la vérité par des miracles éclatants et utiles. Puis-je adorer ce maître de la nature dans un Juif qu'on dit transporté par le diable sur le haut d'une montagne dont on découvre tous les royaumes de la terre ?

Je lis les paroles qu'on rapporte de lui; j'y vois une prochaine arrivée du royaume des cieux figuré par un grain de moutarde[4], par un filet à prendre des poissons[5], par de l'argent mis à usure[6], par un souper auquel on fait entrer par force des borgnes et des boiteux[7]. Jésus dit qu'on ne met point de vin nouveau dans de vieux tonneaux[8], que l'on aime mieux le vin vieux que le nouveau[9]. Est-ce ainsi que Dieu parle ?

Enfin comment puis-je reconnaître Dieu dans un Juif de la populace, condamné au dernier supplice pour avoir mal parlé des magistrats à cette populace, et suant d'une sueur de sang[10] dans l'angoisse et dans la frayeur que lui inspirait la mort ? Est-ce là Platon ? Est-ce là Socrate, ou Antonin, ou Épictète, ou Zaleucus, ou Solon, ou Confucius ? Qui de tous ces sages n'a écrit, n'a parlé d'une manière plus conforme aux idées que nous avons de la sagesse ? Et comment pouvons-nous juger autrement que par nos idées ?

Quand je vous ai dit que j'adoptais quelques maximes de Jésus, vous avez dû sentir que je ne puis les adopter toutes. J'ai été affligé en lisant[11] : « Je suis venu apporter le glaive, et non la paix; je suis venu diviser le fils et le père, la fille, la mère, et les parents. » Je vous avoue que ces paroles m'ont saisi de douleur et d'effroi; et si je regardais ces paroles comme une prophétie, je croirais en voir l'accomplissement dans les querelles qui ont divisé les chrétiens dès les premiers temps, dans les guerres civiles qui leur ont mis les armes à la main pendant tant de siècles, dans les assassinats de tant de princes, dans les horribles malheurs de tant de familles.

J'avoue encore que des mouvements d'indignation et de pitié se sont élevés dans mon cœur, quand j'ai vu Pierre faire apporter à ses pieds l'argent de ses sectateurs. Ananie et Saphire[1] ont gardé quelque chose pour eux du prix de leur champ; ils ne l'ont pas dit, et Pierre les punit en faisant mourir subitement le mari et la femme. Hélas ! ce n'était pas là le miracle que j'attendais de ceux qui disent qu'ils ne veulent pas la mort du pécheur, mais sa conversion. J'ai osé penser que si Dieu faisait des miracles, ce serait pour guérir les hommes, et non pour les tuer; ce serait pour les corriger, et non pour les perdre; qu'il est un Dieu de miséricorde, et non un tyran homicide. Ce qui m'a le plus révolté dans cette histoire, c'est que Pierre, ayant fait mourir Ananie, et voyant venir Saphire sa femme, ne l'avertit pas, ne lui dit pas : « Gardez-vous de réserver pour vous quelques oboles; si vous en avez, avouez tout, donnez tout, craignez le sort de votre mari »; au contraire, il la fait tomber dans le piège; il semble qu'il se réjouisse de frapper une seconde victime. Je vous avoue que cette aventure m'a toujours fait dresser les cheveux, et que je ne me suis consolé que quand j'en ai vu l'impossibilité et le ridicule.

Puisque vous me permettez de vous expliquer mes pensées, je continue, et je dis que je n'ai trouvé aucune trace du christianisme dans l'histoire de Jésus. Les quatre *Évangiles* qui nous restent sont en opposition sur plusieurs faits; mais ils attestent uniformément que Jésus fut soumis à la loi de Moïse depuis le moment de sa naissance jusqu'à celui de sa mort. Tous ses disciples fréquentèrent la synagogue : ils prêchaient une réforme; mais ils n'annonçaient pas une religion différente; les chrétiens ne furent absolument séparés des Juifs que longtemps après. Dans quel temps précis Dieu voulut-il qu'on cessât d'être Juif et qu'on fût chrétien? qui ne voit que le temps a tout fait, que tous les dogmes sont venus les uns après les autres ?

Si Jésus avait voulu établir une Église chrétienne, n'en

eût-il pas enseigné les lois ? N'aurait-il pas lui-même établi tous les rites ? N'aurait-il pas annoncé les sept sacrements, dont il ne parle pas ? N'aurait-il pas dit : Je suis Dieu, engendré et non fait; le Saint-Esprit procède de mon Père sans être engendré; j'ai deux volontés et une personne; ma mère eſt mère de Dieu ? Au contraire, il dit à sa mère[1] : « Femme, qu'y a-t-il entre vous et moi ? » Il n'établit ni dogme, ni rite, ni hiérarchie; ce n'eſt donc pas lui qui a fait sa religion.

Quand les premiers dogmes commencèrent à s'établir, je vois les chrétiens soutenir ces dogmes par des livres supposés; ils imputent aux sibylles des vers acroſtiches sur le chriſtianisme; ils forgent des hiſtoires, des prodiges, dont l'absurdité eſt palpable. Telle eſt, par exemple, l'hiſtoire de la nouvelle ville de Jérusalem bâtie dans l'air, dont les murailles avaient cinq cents lieues de tour et de hauteur, qui se promenait sur l'horizon pendant toute la nuit, et qui disparaissait au point du jour; telle eſt la querelle de Pierre et de Simon le Magicien devant Néron; tels sont cent contes non moins absurdes.

Que de miracles puérils on a forgés ! Que de faux martyres, que de légendes ridicules ! *Portenta judaica rides.*

Comment celui qui a écrit la légende de Luc, sous le nom de bonne nouvelle, a-t-il eu le front de dire, au chap. XXI, que la génération dans laquelle il vivait ne passerait pas sans que les vertus des cieux fussent ébranlées; sans qu'il y eût des signes dans le soleil, dans la lune, et dans les étoiles; sans qu'enfin Jésus vînt dans les nuées avec une grande puissance et une grande majeſté ? Certainement il n'y eut ni signe dans le soleil, dans la lune, et dans les étoiles, ni de vertu des cieux ébranlée, ni de Jésus venant majeſtueusement dans les nuées.

Comment le fanatique qui rédigea les *Épîtres* de Paul eſt-il assez téméraire pour lui faire dire[2] : « J'ai appris de Jésus que nous qui vivons nous sommes réservés pour son avènement; sitôt que le signal aura été donné par latrompette, ceux qui sont morts en Jésus ressusciteront les premiers; puis nous autres qui sommes vivants nous serons emportés avec eux dans l'air pour aller au-devant de Jésus » ?

Cette belle prédiction s'eſt-elle accomplie ? Paul et les Juifs chrétiens allèrent-ils dans l'air au-devant de Jésus au son de la trompette ? Et où, s'il vous plaît, Paul avait-il appris de Jésus ces merveilleuses choses, lui qui ne l'avait jamais vu, qui lui avait servi de satellite et de bourreau contre ses disciples, lui qui avait aidé à lapider Étienne ? Avait-il parlé à Jésus quand il fut ravi au troisième ciel ? Et qu'est-ce que ce troisième ciel ? est-ce Mercure ou Mars ? En vérité, si on lisait avec attention on serait saisi d'horreur et de pitié à chaque page.

LE CALOYER

Mais si ce livre fait un tel effet sur les lecteurs, comment a-t-on pu croire à ce livre ? Comment a-t-il converti tant de milliers d'hommes ?

L'HONNÊTE HOMME

C'est qu'on ne lisait pas. Est-ce par la lecture qu'on persuade à dix millions de paysans que trois font un, que Dieu est dans un morceau de pâte, que cette pâte disparaît, et que c'est Dieu lui-même qui est fait sur-le-champ par un homme ? C'est par la conversation, par la prédication, par les cabales; c'est en séduisant des femmes et des enfants; c'est par des impostures, par des récits miraculeux, qu'on vient aisément à bout d'établir un petit troupeau. Les livres des premiers chrétiens étaient très rares; il était défendu de les communiquer aux catéchumènes; on était initié secrètement aux mystères des chrétiens comme à ceux de Cérès. Le petit peuple courait avidement après des gens qui lui persuadaient que non seulement tous les hommes étaient égaux, mais qu'un chrétien était bien supérieur à un empereur romain.

Toute la terre était alors divisée en petites associations, égyptiennes, grecques, syriennes, romaines, juives, etc. La secte des chrétiens eut tous les avantages possibles dans la populace. Il suffisait de trois ou quatre têtes échauffées comme celle de Paul pour attirer la canaille. Bientôt après vinrent des hommes adroits, qui se mirent à sa tête. Presque toutes les sectes se sont ainsi établies, excepté celle de Mahomet, la plus brillante de toutes, qui seule, entre tant d'établissements humains, sembla être en naissant sous la protection de Dieu, puisqu'elle ne dut son existence qu'à des victoires.

Encore la religion musulmane est-elle après douze cents ans ce qu'elle fut sous son fondateur : on n'y a rien changé. Les lois écrites par Mahomet lui-même subsistent dans toute leur intégrité. Son *Alcoran* est autant respecté en Perse qu'en Turquie, autant dans l'Afrique que dans les Indes; on l'observe partout à la lettre; on n'est divisé que sur le droit de succession entre Ali et Omar. Le christianisme, au contraire, est différent en tout de la religion de Jésus. Ce Jésus, fils d'un charpentier de village, n'écrivit jamais rien; et probablement il ne savait ni lire ni écrire. Il naquit, vécut, mourut Juif, dans l'observance de tous les rites juifs; circoncis, sacrifiant suivant la loi mosaïque, mangeant l'agneau pascal avec des laitues, s'abstenant de manger du porc, de l'ixion, et du griffon, comme aussi du lièvre, parce qu'il rumine et qu'il n'a pas le pied fendu, selon la loi mosaïque[1]. Vous autres, au contraire, vous osez croire que le lièvre a le pied fendu et qu'il ne rumine pas, vous en mangez hardiment; vous faites rôtir un ixion et un griffon quand vous en trouvez; vous n'êtes point circoncis; vous ne sacrifiez point; aucune de vos fêtes ne fut instituée par votre Jésus. Que pouvez-vous avoir de commun avec lui ?

LE CALOYER

J'avoue que je serais un imposteur bien effronté si j'osais vous soutenir que le christianisme d'aujourd'hui ressemble à celui des premiers siècles, et celui de ces premiers siècles à la religion de Jésus. Mais vous m'avouerez aussi que Dieu a pu ordonner toutes ces variations.

L'HONNÊTE HOMME

Dieu varier ! Dieu changer ! cette idée me paraît un blasphème. Quoi ! le soleil de Dieu est toujours le même, et sa religion serait une suite de vicissitudes ! Quoi ! vous le feriez ressembler à ces gouvernements misérables qui donnent tous les jours des édits nouveaux et contradictoires ! Il aurait donné un édit à Adam, un autre à Seth, un troisième à Noé, un quatrième à Abraham, un cinquième à Moïse, un sixième à Jésus, et de nouveaux édits encore à chaque concile; et tout aurait changé, depuis la défense de manger du fruit de l'arbre de la science du bien et du mal, jusqu'à la bulle *Unigenitus* du jésuite Le Tellier ! Croyez-moi, tremblez d'outrager

Dieu en l'accusant de tant d'inconstance, de faiblesse, de contradiction, de ridicule, et même de méchanceté.

LE CALOYER

Si toutes ces variations sont l'ouvrage des hommes, convenez que la morale au moins est de Dieu, puisqu'elle est toujours la même.

L'HONNÊTE HOMME

Tenons-nous-en donc à cette morale; mais que les chrétiens l'ont corrompue ! Qu'ils ont cruellement violé la loi naturelle enseignée par tous les législateurs, et gravée au cœur de tous les hommes !

Si Jésus a parlé de cette loi aussi ancienne que le monde, de cette loi établie chez le Huron comme chez le Chinois : Aime ton prochain comme toi-même[1], la loi des chrétiens a été : Déteste ton prochain comme toi-même. Athanasiens, persécutez les eusébiens, et soyez persécutés; cyrilliens, écrasez les enfants des nestoriens contre les murs; guelfes et gibelins, faites une guerre civile de cinq cents années pour savoir si Jésus a ordonné au prétendu successeur de Simon Barjone de détrôner les empereurs et les rois, et si Constantin a cédé l'empire au pape Silvestre. Papistes, suspendez à des potences hautes de trente pieds, déchirez, brûlez des malheureux qui ne croient pas qu'un morceau de pâte soit changé en Dieu à la voix d'un capucin ou d'un récollet, pour être mangé sur l'autel par des souris si on laisse le ciboire ouvert. Poltrot, Balthazar Gérard[2], Jacques Clément, Châtel, Guignard, Ravaillac, aiguisez vos sacrés poignards, chargez vos saints pistolets. Europe, nage dans le sang, tandis que le vicaire de Dieu, Alexandre VI, souillé de meurtres et d'empoisonnements, dort dans les bras de sa fille Lucrèce; que Léon X nage dans les plaisirs, que Paul III enrichit son bâtard des dépouilles des nations, que Jules III fait son porte-singe cardinal (dignité plus convenable encore au singe[3] qu'au porteur); tandis que Pie IV fait étrangler le cardinal Caraffe, que Pie V fait gémir les Romains sous les rapines de son bâtard Buon Compagno; que Clément VIII donne le fouet au grand Henri IV sur les fesses des cardinaux d'Ossat et Duperron. Mêlez partout le ridicule de vos farces italiennes à l'horreur de vos brigandages : et puis envoyez frère Trigaut et frère Bouvet prêcher la bonne nouvelle à la Chine.

LE CALOYER

Je ne puis condamner votre zèle. La vérité, contre laquelle on se débat en vain, me force de convenir d'une partie de ce que vous dites; mais enfin convenez aussi que, parmi tant de crimes, il y a eu de grandes vertus. Faut-il que les abus vous aigrissent, et que les bonnes lois ne vous touchent pas ? Ajoutez à ces bonnes lois des miracles qui sont la preuve de la divinité de Jésus-Christ.

L'HONNÊTE HOMME

Des miracles ? juste ciel ! et quelle religion n'a pas ses miracles ? Tout est prodige dans l'antiquité. Quoi ! vous ne croyez pas aux miracles rapportés par les Hérodote et les Tite-Live, par cent auteurs respectés des nations, et vous croyez à des aventures de la Palestine racontées, dit-on, par Jean et par Marc, dans des livres ignorés pendant trois cents ans chez les Grecs et chez les Romains, dans des livres faits sans doute longtemps après la destruction de Jérusalem, comme il est prouvé par ces livres mêmes, qui fourmillent de contradictions à chaque page ! Par exemple, il est dit dans l'*Évangile* de saint Matthieu que le sang de Zacharie, fils de Barac, massacré entre le temple et l'autel, retombera sur les Juifs[1]; or on voit dans l'histoire de Flavius Josèphe que ce Zacharie fut tué en effet entre le temple et l'autel pendant le siège de Jérusalem par Titus[2] : donc cet *Évangile* ne fut écrit qu'après Titus. Et pourquoi Dieu aurait-il fait ces miracles ? Pour être condamné à la potence chez les Juifs ! Quoi ! il aurait ressuscité des morts, et il n'en eût recueilli d'autre fruit que de mourir lui-même, et de mourir du dernier supplice ! S'il eût opéré ces prodiges, c'eût été pour faire connaître sa divinité. Songez-vous bien ce que c'est que d'accuser Dieu de s'être fait homme inutilement, et d'avoir ressuscité des morts pour être pendu ? Quoi ! Des milliers de miracles en faveur des Juifs pour les rendre esclaves, et des miracles de Jésus pour faire mourir Jésus en croix ! Il y a de l'imbécillité à le croire, et une fureur bien criminelle à l'enseigner quand on ne le croit pas.

LE CALOYER

Je ne nie pas que vos objections ne soient fondées, et je sens que vous raisonnez de bonne foi; mais enfin convenez qu'il faut une religion aux hommes.

L'HONNÊTE HOMME

Sans doute, l'âme demande cette nourriture; mais pourquoi la changer en poison ? Pourquoi étouffer la simple vérité dans un amas d'indignes mensonges ? Pourquoi soutenir ces mensonges par le fer et par les flammes ? Quelle horreur infernale ! Ah ! si votre religion était de Dieu, la soutiendriez-vous par des bourreaux ? Le géomètre a-t-il besoin de dire : Crois, ou je te tue ? La religion entre l'homme et Dieu est l'adoration et la vertu; c'est entre le prince et ses sujets une affaire de police; ce n'est que trop souvent d'homme à homme qu'un commerce de fourberie. Adorons Dieu sincèrement, simplement, et ne trompons personne. Oui, il faut une religion; mais il la faut pure, raisonnable, universelle : elle doit être comme le soleil, qui est pour tous les hommes et non pas pour quelque petite province privilégiée. Il est absurde, odieux, abominable, d'imaginer que Dieu éclaire tous les yeux, et qu'il plonge presque toutes les âmes dans les ténèbres. Il n'y a qu'une probité commune à tout l'univers; il n'y a donc qu'une religion. Et quelle est-elle ? Vous le savez : c'est d'adorer Dieu et d'être juste.

LE CALOYER

Mais comment croyez-vous donc que ma religion s'est établie ?

L'HONNÊTE HOMME

Comme toutes les autres. Un homme d'une imagination forte se fait suivre par quelques personnes d'une imagination faible. Le troupeau s'augmente : le fanatisme commence; la fourberie achève. Un homme puissant vient; il voit une foule qui s'est mis une selle sur le dos et un mors à la bouche; il monte sur elle et la conduit. Quand une fois la religion nouvelle est reçue dans l'État, le gouvernement n'est plus occupé qu'à proscrire tous les moyens par lesquels elle s'est établie. Elle a commencé par des assemblées secrètes; on les défend.

Les premiers apôtres ont été expressément envoyés pour chasser les diables : on défend les diables; les apôtres se faisaient apporter de l'argent des prosélytes : celui qui est convaincu de prendre ainsi de l'argent est puni; ils disaient qu'il vaut mieux obéir à Dieu qu'aux hommes[1], et sur ce prétexte ils bravaient les lois : le gouvernement maintient que suivre les lois c'est obéir à Dieu. Enfin la politique tâche sans cesse de concilier l'erreur reçue et le bien public.

LE CALOYER

Mais vous allez en Europe; vous serez obligé de vous conformer à quelqu'un des cultes reçus.

L'HONNÊTE HOMME

Quoi donc ! Ne pourrai-je faire en Europe comme ici : adorer paisiblement le Créateur de tous les mondes, le Dieu de tous les hommes, celui qui a mis dans mon cœur l'amour de la vérité et de la justice ?

LE CALOYER

Non, vous risqueriez trop; l'Europe est divisée en factions, il faudra en choisir une.

L'HONNÊTE HOMME

Des factions, quand il s'agit de la vérité universelle, quand il s'agit de Dieu !

LE CALOYER

Tel est le malheur des hommes. On est obligé de faire comme eux, ou de les fuir; je vous demande la préférence pour l'Église grecque.

L'HONNÊTE HOMME

Elle est esclave.

LE CALOYER

Voulez-vous vous soumettre à l'Église romaine ?

L'HONNÊTE HOMME

Elle est tyrannique. Je ne veux ni d'un patriarche simoniaque qui achète sa honteuse dignité d'un grand vizir, ni d'un prêtre qui s'est cru pendant sept cents ans le maître des rois.

LE CALOYER

Il n'appartient pas à un religieux tel que je le suis de vous proposer la religion protestante.

L'HONNÊTE HOMME

C'est peut-être celle de toutes que j'adopterais le plus volontiers, si j'étais réduit au malheur d'entrer dans un parti.

LE CALOYER

Pourquoi ne lui pas préférer une religion plus ancienne?

L'HONNÊTE HOMME

Elle me paraît bien plus ancienne que la romaine.

LE CALOYER

Comment pouvez-vous supposer que saint Pierre ne soit pas plus ancien que Luther, Zwingle, Œcolampade, Calvin, et les réformateurs d'Angleterre, de Danemark, de Suède, etc. ?

L'HONNÊTE HOMME

Il me semble que la religion protestante n'est inventée ni par Luther ni par Zwingle. Il me semble qu'elle se rapproche plus de sa source que la religion romaine, qu'elle n'adopte que ce qui se trouve expressément dans l'*Évangile* des chrétiens, tandis que les Romains ont chargé le culte de cérémonies et de dogmes nouveaux. Il n'y a qu'à ouvrir les yeux pour voir que le législateur des chrétiens n'institua point de fêtes, n'ordonna point qu'on adorât des images et des os de morts, ne vendit point d'indulgences, ne reçut point d'annates, ne conféra point de bénéfices, n'eut aucune dignité temporelle, n'établit point une Inquisition pour soutenir ses lois, ne maintint point son autorité par le fer des bourreaux. Les protestants réprouvent toutes ces nouveautés scandaleuses et funestes; ils sont partout soumis aux magistrats, et l'Église romaine lutte depuis huit cents ans contre les magistrats. Si les protestants se trompent comme les autres dans le principe, ils ont moins d'erreurs dans les conséquences; et, puisqu'il faut traiter avec les hommes, j'aime à traiter avec ceux qui trompent le moins.

LE CALOYER

Il semble que vous choisissiez une religion comme on achète des étoffes chez les marchands : vous allez chez celui qui vend le moins cher.

L'HONNÊTE HOMME

Je vous ai dit ce que je préférais s'il me fallait faire un choix selon les règles de la prudence humaine; mais ce n'est point aux hommes que je dois m'adresser, c'est à Dieu seul : il parle à tous les cœurs; nous avons tous un droit égal à l'entendre. La conscience qu'il a donnée à tous les hommes est leur loi universelle. Les hommes sentent d'un pôle à l'autre qu'on doit être juste, honorer son père et sa mère, aider ses semblables, tenir ses promesses : ces lois sont de Dieu, les simagrées sont des mortels. Toutes les religions diffèrent comme les gouvernements; Dieu permet les uns et les autres. J'ai cru que la manière extérieure dont on l'adore ne peut le flatter ni l'offenser, pourvu que cette adoration ne soit ni superstitieuse envers lui, ni barbare envers les hommes.

N'est-ce pas, en effet, offenser Dieu que de penser qu'il choisisse une petite nation chargée de crimes pour sa favorite, afin de damner toutes les autres; que l'assassin d'Uriel soit son bien-aimé, et que le pieux Antonin lui soit en horreur ? N'est-ce pas la plus grande absurdité de penser que l'Être suprême punira à jamais un caloyer pour avoir mangé du lièvre, ou un Turc pour avoir mangé du porc ? Il y a eu des peuples qui ont mis, dit-on, les oignons au rang des dieux; il y en a d'autres qui ont prétendu qu'un morceau de pâte était changé en autant de dieux que de miettes. Ces deux extrêmes de la démence humaine font également pitié; mais que ceux qui adoptent ces rêveries osent persécuter ceux qui ne les croient pas, c'est là ce qui est horrible. Les anciens parsis, les sabéens, les Égyptiens, les Grecs, ont admis un enfer : cet enfer est sur la terre, et ce sont les persécuteurs qui en sont les démons.

LE CALOYER

Je déteste la persécution, la contrainte, autant que vous; et, grâce au ciel, je vous ai déjà dit que les Turcs, sous qui je vis en paix, ne persécutent personne.

L'HONNÊTE HOMME

Ah ! puissent tous les peuples d'Europe suivre l'exemple des Turcs !

LE CALOYER

Mais j'ajoute qu'étant caloyer je ne puis vous proposer d'autre religion que celle que je professe au mont Athos.

L'HONNÊTE HOMME

Et moi, j'ajoute qu'étant homme je vous propose la religion qui convient à tous les hommes, celle de tous les patriarches, et de tous les sages de l'antiquité, l'adoration d'un Dieu, la justice, l'amour du prochain, l'indulgence pour toutes les erreurs et la bienfaisance dans toutes les occasions de la vie. C'est cette religion, digne de Dieu, que Dieu a gravée dans tous les cœurs; mais certes il n'y a pas gravé que trois font un, qu'un morceau de pain est l'Éternel, et que l'ânesse de Balaam a parlé.

LE CALOYER

Ne m'empêchez pas d'être caloyer.

L'HONNÊTE HOMME

Ne m'empêchez pas d'être honnête homme.

LE CALOYER

Je sers Dieu selon l'usage de mon couvent.

L'HONNÊTE HOMME

Et moi, selon ma conscience. Elle me dit de le craindre, d'aimer les caloyers, les derviches, les bonzes et les talapoins, et de regarder tous les hommes comme mes frères.

LE CALOYER

Allez, allez, tout caloyer que je suis, je pense comme vous.

L'HONNÊTE HOMME

Mon Dieu, bénissez ce bon caloyer !

LE CALOYER

Mon Dieu, bénissez cet honnête homme !

DIALOGUE
DU DOUTEUR ET DE L'ADORATEUR
PAR M. L'ABBÉ TILLADET[1]

LE DOUTEUR

COMMENT me prouverez-vous l'existence de Dieu ?

L'ADORATEUR

Comme on prouve l'existence du soleil, en ouvrant les yeux.

LE DOUTEUR

Vous croyez donc aux causes finales ?

L'ADORATEUR

Je crois une cause admirable quand je vois des effets admirables. Dieu me garde de ressembler à ce fou qui disait qu'une horloge ne prouve point un horloger, qu'une maison ne prouve point un architecte, et qu'on ne pouvait démontrer l'existence de Dieu que par une formule d'algèbre, encore était-elle erronée !

LE DOUTEUR

Quelle est votre religion ?

L'ADORATEUR

C'est non seulement celle de Socrate, qui se moquait des fables des Grecs, mais celle de Jésus, qui confondait les pharisiens.

LE DOUTEUR

Si vous êtes de la religion de Jésus, pourquoi n'êtes-vous pas de celle des jésuites, qui possèdent trois cents lieues de pays en long et en large au Paraguay ? Pourquoi ne croyez-vous pas aux prémontrés, aux bénédictins, à qui Jésus a donné tant de riches abbayes ?

L'ADORATEUR

Jésus n'a institué ni les bénédictins, ni les prémontrés, ni les jésuites.

LE DOUTEUR

Pensez-vous qu'on puisse servir Dieu en mangeant du mouton le vendredi, et en n'allant point à la messe ?

L'ADORATEUR

Je le crois fermement, attendu que Jésus n'a jamais dit la messe, et qu'il mangeait gras le vendredi, et même le samedi.

LE DOUTEUR

Vous pensez donc qu'on a corrompu la religion simple et naturelle de Jésus, qui était apparemment celle de tous les sages de l'antiquité ?

L'ADORATEUR

Rien ne paraît plus évident. Il fallait bien qu'au fond il fût un sage, puisqu'il déclamait contre les prêtres imposteurs, et contre les superstitions; mais on lui impute des choses qu'un sage n'a pu ni faire ni dire. Un sage ne peut chercher des figues au commencement de mars sur un figuier, et le maudire parce qu'il n'a point de figues. Un sage ne peut changer l'eau en vin en faveur de gens déjà ivres. Un sage ne peut envoyer des diables dans le corps de deux mille cochons, dans un pays où il n'y a point de cochons. Un sage ne se transfigure point pendant la nuit pour avoir un habit blanc. Un sage n'est pas transporté par le diable[1]. Un sage, quand il dit que Dieu est son père, entend sans doute que Dieu est le père de tous les hommes : le sens dans lequel on a voulu l'entendre est impie et blasphématoire.

Il paraît que les paroles et les actions de ce sage ont été très mal recueillies; que parmi plusieurs histoires de sa vie, écrites quatre-vingt-dix ans après lui, on a choisi les plus improbables, parce qu'on les crut les plus importantes pour des sots. Chaque écrivain se piquait de rendre cette histoire merveilleuse. Chaque petite société chrétienne avait son *Évangile* particulier. C'est la raison démonstrative pour laquelle ces *Évangiles* ne s'accordent presque en rien. Si vous croyez à un *Évangile,* vous êtes obligé de renoncer à tous les autres. Voilà une plaisante marque de vérité qu'une contradiction perpétuelle; voilà une plaisante sagesse que des folies qui se combattent.

Il est donc démontré que des fanatiques ont séduit d'abord des hommes simples qui en ont ensuite séduit d'autres. Les derniers ont encore enchéri sur les premiers. L'histoire véritable de Jésus n'était probablement que celle d'un homme juste qui avait repris les vices des pharisiens, et que les pharisiens firent mourir. On en fit ensuite un prophète, et au bout de trois cents ans on en fit un Dieu : voilà la marche de l'esprit humain.

Il est reconnu par les fanatiques, même les plus entêtés, que les premiers chrétiens employèrent les fraudes les plus honteuses pour soutenir leur secte naissante. Tout le monde avoue qu'ils forgèrent de fausses prédictions, de fausses histoires, de faux miracles. Le fanatisme s'étendit de tous côtés, et enfin, dès qu'il a été dominant, il n'a soutenu que par des bourreaux ce qu'il avait établi par l'imposture et par la démence. Chaque siècle a tellement corrompu la religion de Jésus que celle des chrétiens lui est toute contraire.

Si on a fait dire à Jésus que son royaume n'est pas de ce monde, ceux qui prétendent être les successeurs de ses premiers disciples ont été, autant qu'ils l'ont pu, les tyrans du monde, et ont marché sur la tête des rois. Si Jésus a vécu pauvre, ses étranges successeurs ont ravi nos biens et le prix de nos sueurs.

Considérez les fêtes que Jésus observa; elles étaient toutes juives, et nous faisons brûler ceux qui célèbrent des fêtes juives. Jésus a-t-il dit qu'il y avait en lui deux natures ? Non; et nous lui donnons deux natures. Jésus a-t-il dit que Marie était mère de Dieu ? Non; et nous la faisons mère de Dieu. Jésus a-t-il dit qu'il était trin[1] et consubstantiel ? Non; et nous l'avons fait consubstantiel et trin. Montrez-moi un seul rite que vous ayez observé précisément comme lui; dites-moi un seul de vos dogmes qui soit précisément le sien; je vous en défie.

LE DOUTEUR

Mais, Monsieur, en parlant ainsi, vous n'êtes pas chrétien.

L'ADORATEUR

Je suis chrétien comme l'était Jésus, dont on a changé la doctrine céleste en doctrine infernale. S'il s'est contenté d'être juste, on en a fait un insensé qui courait les champs dans une petite province juive, en comparant les cieux à un grain de moutarde.

LE DOUTEUR

Que pensez-vous de Paul, meurtrier d'Étienne, persécuteur des premiers galiléens, depuis galiléen lui-même et persécuté ? Pourquoi rompit-il avec Gamaliel, son maître ? Est-ce, comme le disent quelques Juifs, parce que Gamaliel lui refusa sa fille en mariage parce qu'il avait les jambes torses, la tête chauve, et les sourcils joints, ainsi qu'il est rapporté dans les *Actes* de Thècle, sa favorite ? A-t-il écrit enfin les épîtres qu'on a mises sous son nom?

L'ADORATEUR

Il est assez reconnu que Paul n'est point l'auteur de l'*Épître aux Hébreux* dans laquelle il est dit : « Jésus est autant élevé au-dessus des anges que le nom qu'il a reçu est plus excellent que le leur. » (Chap. I, v. 4.)

Et dans un autre endroit il est dit que « Dieu l'a rendu pour quelque temps inférieur aux anges ». (Chap. II, v. 7.)

Et dans ses autres épîtres il parle presque toujours de Jésus comme d'un simple homme chéri de Dieu, élevé en gloire.

Tantôt il dit que « les femmes peuvent prier, parler, prêcher, prophétiser, pourvu qu'elles aient la tête couverte, car une femme sans voile déshonore sa tête ». (*I aux Cor.*, chap. XI, v. 5.)

Tantôt il dit que « les femmes ne doivent point parler dans l'église ». (*Ibid.*, chap. XIV, v. 34.)

Il se brouille avec Pierre, parce que Pierre « ne judaïse pas avec les étrangers, et qu'ensuite Pierre judaïse avec les Juifs ». Mais ce même Paul va judaïser lui-même pendant huit jours dans le temple de Jérusalem, et y amène des étrangers, pour faire croire aux Juifs qu'il n'est pas chrétien. Il est accusé d'avoir souillé le temple; le grand prêtre lui donne un soufflet; il est traduit devant le tribun romain. Que fait-il pour se tirer d'affaire ? Il fait deux mensonges impudents au tribun et au sanhédrin; il leur dit : Je suis pharisien et fils de pharisien, quand il était chrétien; il leur dit : On me persécute parce que je crois à la résurrection des morts. Il n'en avait point été question; et par ce mensonge, trop aisé pourtant à reconnaître, il prétendait commettre ensemble et diviser les juges du sanhédrin, dont la moitié croyait la résurrection, et l'autre ne la croyait pas.

Voilà, je vous l'avoue, un singulier apôtre; c'est pourtant le même homme qui ose dire « qu'il a été ravi au troisième ciel, et qu'il y a entendu des paroles qu'il n'est pas permis de rapporter ». (*II Cor.*, chap. XII, v. 2, 4.)

Le voyage d'Astolphe dans la lune est plus vraisemblable, puisque le chemin est plus court. Mais pourquoi veut-il faire accroire aux imbéciles auxquels il écrit qu'il a été ravi au troisième ciel ? C'est pour établir son autorité parmi eux; c'est pour satisfaire son ambition d'être chef de parti; c'est pour donner du poids à ces paroles insolentes et tyranniques : « Si je viens encore une fois vers vous, je ne pardonnerai ni à ceux qui auront péché ni à tous les autres. » (*II Cor.*, chap. XIII, v. 2.)

Il est aisé de voir dans le galimatias de Paul qu'il conserve toujours son premier esprit persécuteur, esprit affreux qui n'a fait que trop de prosélytes. Je sais qu'il ne commandait qu'à des gueux; mais c'est la passion des hommes de vouloir s'élever au-dessus de leurs semblables, et de vouloir les opprimer : c'est la passion des tyrans. Quoi ! Paul, Juif, faiseur de tentes, tu oses écrire à des Corinthiens que tu puniras ceux même qui n'auront pas péché ! Néron, Attila, le pape Alexandre VI, ont-ils jamais proféré de si abominables paroles ? Si Paul écrivit ainsi, il méritait un châtiment exemplaire. Si des faussaires ont forgé ces épîtres, ils en méritaient un plus grand.

Hélas ! c'est ainsi que la plupart des sectes populaires commencent : un imposteur harangue la lie du peuple dans un grenier, et les imposteurs qui lui succèdent habitent bientôt des palais.

LE DOUTEUR

Vous n'avez que trop ram'avoir ditison; mais, après ce que vous pensez de ce fanatique, moitié juif, moitié chrétien, nommé Paul, que pensez-vous des anciens Juifs ?

L'ADORATEUR

Ce que les gens sensés de toutes les nations en pensent, et ce que les Juifs raisonnables en pensent eux-mêmes.

LE DOUTEUR

Vous ne croyez donc pas que le Dieu de toute la nature ait abandonné et proscrit le reste des hommes pour se faire roi d'une misérable petite nation ? Vous ne croyez pas qu'un serpent ait parlé à une femme ? que Dieu ait planté un arbre dont les fruits donnaient la connaissance du bien et du mal ? que Dieu ait défendu à l'homme et à la femme de manger de ce fruit, lui qui devait plutôt leur en présenter pour leur faire connaître ce bien et ce mal, connaissance absolument nécessaire à l'espèce humaine ? Vous ne croyez pas qu'il ait conduit son peuple chéri dans des déserts, et qu'il ait été obligé de leur conserver pendant quarante ans leurs vieilles sandales et leurs vieilles robes ? Vous ne croyez pas qu'il ait fait des miracles, égalés par les miracles des mages de Pharaon, pour faire passer la mer à pied sec à ses enfants chéris, en larrons et en lâches, et pour les tirer misérablement de l'Égypte au lieu de leur donner cette fertile Égypte ?

Vous ne croyez pas qu'il ait ordonné à son peuple de massacrer tout ce qu'il rencontrerait, afin de rendre ce peuple presque toujours esclave des nations ? Vous ne croyez pas que l'ânesse de Balaam ait parlé ? Vous ne croyez pas que Samson ait attaché ensemble trois cents renards par la queue ? Vous ne croyez pas que les habitants de Sodome aient voulu violer deux anges ? Vous ne croyez pas ?...

L'ADORATEUR

Non, sans doute, je ne crois pas ces horreurs impertinentes, l'opprobre de l'esprit humain. Je crois que les Juifs avaient des fables, ainsi que toutes les autres nations; mais des fables beaucoup plus sottes, plus absurdes, parce qu'ils étaient les plus grossiers des Asiatiques, comme les Thébains étaient les plus grossiers des Grecs.

LE DOUTEUR

J'avoue que la religion juive était absurde et abominable; mais enfin Jésus, que vous aimez, était Juif : il accomplit toujours la loi juive; il en observa toutes les cérémonies.

L'ADORATEUR

C'est, encore une fois, une grande contradiction qu'il ait été Juif, et que ses disciples ne le soient pas. Je n'adopte de lui que sa morale quand elle ne se contredit point. Je ne peux souffrir qu'on lui fasse dire : « Je ne suis pas venu apporter la paix, mais le glaive »; ces paroles sont affreuses. Un homme sage, encore un coup, n'a pu dire que le royaume des cieux est semblable à un grain de moutarde, à des noces, à de l'argent qu'on fait valoir par usure; ces paroles sont ridicules. J'adopte cette sentence : « Aimez Dieu et votre prochain. » C'est la loi éternelle de tous les hommes, c'est la mienne; c'est ainsi que je suis ami de Jésus; c'est ainsi que je suis chrétien. S'il a été un adorateur de Dieu, ennemi des mauvais prêtres, persécuté par des fripons, je m'unis à lui, je suis son frère.

LE DOUTEUR

Il n'y a jamais eu de religion qui n'en ait dit autant que Jésus, qui n'ait recommandé la vertu comme Jésus.

L'ADORATEUR

Eh bien donc ! je suis de la religion de tous les hommes, de celle de Socrate, de Platon, d'Aristide, de Cicéron, de Caton, de Titus, de Trajan, d'Antonin, de Marc Aurèle, d'Épictète, de Jésus.

Je dirai avec Épictète : « C'est Dieu qui m'a créé, Dieu est au-dedans de moi, je le porte partout; pourquoi le souillerais-je par des pensées obscènes, par des actions basses, par d'infâmes désirs ? Je réunis en moi des qualités dont chacune m'impose un devoir; homme, citoyen du monde, enfant de Dieu, frère de tous les hommes, fils, mari, père; tous ces noms me disent : N'en déshonore aucun. »

« Mon devoir est de louer Dieu de tout, de le remercier de tout, de ne cesser de le bénir qu'en cessant de vivre. »

Cent maximes de cette espèce valent bien le sermon de la montagne et cette belle maxime : « Bienheureux les pauvres d'esprit. » Enfin j'adorerai Dieu, et non les fourberies des hommes; je servirai Dieu, et non un concile de Chalcédoine, ou un concile *in trullo*[1]; je détesterai l'infâme superstition, et je serai sincèrement attaché à la vraie religion jusqu'au dernier soupir de ma vie.

DIALOGUE

DU CHAPON ET DE LA POULARDE[1]

(1763)

LE CHAPON

Eh, mon Dieu ! ma poule, te voilà bien trişte, qu'as-tu ?

LA POULARDE

Mon cher ami, demande-moi plutôt ce que je n'ai plus. Une maudite servante m'a prise sur ses genoux, m'a plongé une longue aiguille dans le cul, a saisi ma matrice, l'a roulée autour de l'aiguille, l'a arrachée et l'a donnée à manger à son chat. Me voilà incapable de recevoir les faveurs du chantre du jour, et de pondre.

LE CHAPON

Hélas ! ma bonne, j'ai perdu plus que vous; ils m'ont fait une opération doublement cruelle : ni vous ni moi n'aurons plus de consolation dans ce monde; ils vous ont faite poularde, et moi chapon. La seule idée qui adoucit mon état déplorable, c'eşt que j'entendis ces jours passés, près de mon poulailler, raisonner deux abbés italiens à qui on avait fait le même outrage afin qu'ils pussent chanter devant le pape avec une voix plus claire. Ils disaient que les hommes avaient commencé par circoncire leurs semblables et qu'ils finissaient par les châtrer : ils maudissaient la deştinée et le genre humain.

LA POULARDE

Quoi ! c'eşt donc pour que nous ayons une voix plus claire qu'on nous a privés de la plus belle partie de nous-mêmes ?

LE CHAPON

Hélas ! ma pauvre poularde, c'est pour nous engraisser, et pour nous rendre la chair plus délicate.

LA POULARDE

Eh bien ! quand nous serons plus gros, le seront-ils davantage ?

LE CHAPON

Oui, car ils prétendent nous manger.

LA POULARDE

Nous manger ! ah, les monstres !

LE CHAPON

C'est leur coutume; ils nous mettent en prison pendant quelques jours, nous font avaler une pâtée dont ils ont le secret, nous crèvent les yeux pour que nous n'ayons point de distraction; enfin, le jour de la fête étant venu, ils nous arrachent les plumes, nous coupent la gorge, et nous font rôtir. On nous apporte devant eux dans une large pièce d'argent; chacun dit de nous ce qu'il pense; on fait notre oraison funèbre : l'un dit que nous sentons la noisette; l'autre vante notre chair succulente; on loue nos cuisses, nos bras, notre croupion; et voilà notre histoire dans ce bas monde finie pour jamais.

LA POULARDE

Quels abominables coquins ! je suis prête à m'évanouir. Quoi ! on m'arrachera les yeux ! on me coupera le cou ! je serai rôtie et mangée ! Ces scélérats n'ont donc point de remords ?

LE CHAPON

Non, m'amie; les deux abbés dont je vous ai parlé disaient que les hommes n'ont jamais de remords des choses qu'ils sont dans l'usage de faire.

LA POULARDE

La détestable engeance ! Je parie qu'en nous dévorant ils se mettent encore à rire et à faire des contes plaisants, comme si de rien n'était.

LE CHAPON

Vous l'avez deviné; mais sachez pour votre consolation (si c'en eſt une) que ces animaux, qui sont bipèdes comme nous, et qui sont fort au-dessous de nous puisqu'ils n'ont point de plumes, en ont usé ainsi fort souvent avec leurs semblables. J'ai entendu dire à mes deux abbés que tous les empereurs chrétiens et grecs ne manquaient jamais de crever les deux yeux à leurs cousins et à leurs frères; que même, dans le pays où nous sommes, il y avait un nommé Débonnaire qui fit arracher les yeux à son neveu Bernard. Mais pour ce qui eſt de rôtir des hommes, rien n'a été plus commun parmi cette espèce. Mes deux abbés disaient qu'on en avait rôti plus de vingt mille pour de certaines opinions qu'il serait difficile à un chapon d'expliquer, et qui ne m'importent guère.

LA POULARDE

C'était apparemment pour les manger qu'on les rôtissait.

LE CHAPON

Je n'oserais pas l'assurer; mais je me souviens bien d'avoir entendu clairement qu'il y a bien des pays, et entre autres celui des Juifs, où les hommes sont quelquefois mangés les uns par les autres.

LA POULARDE

Passe pour cela. Il eſt juſte qu'une espèce si perverse se dévore elle-même, et que la terre soit purgée de cette race. Mais moi qui suis paisible, moi qui n'ai jamais fait de mal, moi qui ai même nourri ces monſtres en leur donnant mes œufs, être châtrée, aveuglée, décollée, et rôtie ! Nous traite-t-on ainsi dans le reſte du monde ?

LE CHAPON

Les deux abbés disent que non. Ils assurent que dans un pays nommé l'Inde, beaucoup plus grand, plus beau, plus fertile que le nôtre, les hommes ont une loi sainte qui depuis des milliers de siècles leur défend de nous manger; que même un nommé Pythagore, ayant voyagé chez ces peuples juſtes, avait rapporté en Europe cette loi humaine, qui fut suivie par tous ses disciples. Ces bons abbés lisaient Porphyre le Pythagoricien, qui a écrit un beau livre contre les broches[1].

O le grand homme ! le divin homme que ce Porphyre ! Avec quelle sagesse, quelle force, quel respect tendre pour la Divinité il prouve que nous sommes les alliés et les parents des hommes ; que Dieu nous donna les mêmes organes, les mêmes sentiments, la même mémoire, le même germe inconnu d'entendement qui se développe dans nous jusqu'au point déterminé par les lois éternelles, et que ni les hommes ni nous ne passons jamais ! En effet, ma chère poularde, ne serait-ce pas un outrage à la Divinité de dire que nous avons des sens pour ne point sentir, une cervelle pour ne point penser ? Cette imagination digne, à ce qu'ils disaient, d'un fou nommé Descartes, ne serait-elle pas le comble du ridicule et la vaine excuse de la barbarie ?

Aussi les plus grands philosophes de l'antiquité ne nous mettaient jamais à la broche. Ils s'occupaient à tâcher d'apprendre notre langage, et de découvrir nos propriétés si supérieures à celles de l'espèce humaine. Nous étions en sûreté avec eux comme dans l'âge d'or. Les sages ne tuent point les animaux, dit Porphyre ; il n'y a que les barbares et les prêtres qui les tuent et les mangent. Il fit cet admirable livre pour convertir un de ses disciples qui s'était fait chrétien par gourmandise.

LA POULARDE

Eh bien ! dressa-t-on des autels à ce grand homme qui enseignait la vertu au genre humain, et qui sauvait la vie au genre animal ?

LE CHAPON

Non, il fut en horreur aux chrétiens qui nous mangent, et qui détestent encore aujourd'hui sa mémoire ; ils disent qu'il était impie, et que ses vertus étaient fausses, attendu qu'il était païen.

LA POULARDE

Que la gourmandise a d'affreux préjugés ! J'entendais l'autre jour, dans cette espèce de grange qui est près de notre poulailler, un homme qui parlait seul devant d'autres hommes qui ne parlaient point ; il s'écriait que « Dieu avait fait un pacte avec nous et avec ces autres animaux appelés *hommes ;* que Dieu leur avait défendu de se nourrir de notre sang et de notre chair ». Comment peuvent-ils ajouter à cette défense positive la permission de dévorer nos membres bouillis ou rôtis ? Il est impossible, quand ils nous ont coupé le cou, qu'il ne reste beaucoup de sang dans nos veines; ce sang se mêle nécessairement à notre chair; ils désobéissent donc visiblement à Dieu en nous mangeant. De plus, n'est-ce pas un sacrilège de tuer et de dévorer des gens avec qui Dieu a fait un pacte ? Ce serait un étrange traité que celui dont la seule clause serait de nous livrer à la mort. Ou notre créateur n'a point fait de pacte avec nous, ou c'est un crime de nous tuer et de nous faire cuire : il n'y a pas de milieu.

LE CHAPON

Ce n'est pas la seule contradiction qui règne chez ces monstres, nos éternels ennemis. Il y a longtemps qu'on leur reproche qu'ils ne sont d'accord en rien. Ils ne font des lois que pour les violer; et, ce qu'il y a de pis, c'est qu'ils les violent en conscience. Ils ont inventé cent subterfuges, cent sophismes pour justifier leurs transgressions. Ils ne se servent de la pensée que pour autoriser leurs injustices, et n'emploient les paroles que pour déguiser leurs pensées. Figure-toi que, dans le petit pays où nous vivons, il est défendu de nous manger deux jours de la semaine; ils trouvent bien moyen d'éluder la loi; d'ailleurs cette loi, qui te paraît favorable, est très barbare; elle ordonne que ces jours-là on mangera les habitants des eaux : ils vont chercher des victimes au fond des mers et des rivières. Ils dévorent des créatures dont une seule coûte souvent plus de la valeur de cent chapons : ils appellent cela *jeûner, se mortifier*. Enfin je ne crois pas qu'il soit possible d'imaginer une espèce plus ridicule à la fois et plus abominable, plus extravagante et plus sanguinaire.

LA POULARDE

Eh, mon Dieu ! ne vois-je pas venir ce vilain marmiton de cuisine avec son grand couteau ?

LE CHAPON

C'en est fait, m'amie, notre dernière heure est venue; recommandons notre âme à Dieu.

LA POULARDE

Que ne puis-je donner au scélérat qui me mangera une indigestion qui le fasse crever ! Mais les petits se vengent des puissants par de vains souhaits, et les puissants s'en moquent.

LE CHAPON

Aïe ! on me prend par le cou. Pardonnons à nos ennemis.

LA POULARDE

Je ne puis; on me serre, on m'emporte. Adieu, mon cher chapon.

LE CHAPON

Adieu, pour toute l'éternité, ma chère poularde.

DISCOURS AUX WELCHES[1]

O WELCHES[2], mes compatriotes ! si vous êtes supérieurs aux anciens Grecs et aux anciens Romains, ne mordez jamais le sein de vos nourrices, n'insultez jamais à vos maîtres, soyez modestes dans vos triomphes; voyez qui vous êtes et d'où vous venez.

Vous avez eu l'honneur, il est vrai, d'être subjugués par Jules César, qui fit pendre tout votre parlement de Vannes, vendit le reste des habitants, fit couper les mains à ceux du Quercy, et vous gouverna ensuite fort doucement. Vous restâtes plus de cinq cents ans sous les lois de l'empire romain; vos druides, qui vous traitaient en esclaves et en bêtes, qui vous brûlaient pieusement dans des paniers d'osier, n'eurent plus le même crédit quand vous devîntes province de l'empire. Mais convenez que vous fûtes toujours un peu barbares.

Dans le cinquième de votre ère vulgaire, des Vandales, que vous avez appelés du nom sonore de Bourgonsions ou de Bourguignons, gens d'esprit d'ailleurs et fort propres, qui oignaient leurs cheveux avec du beurre fort, comme le dit Sidonius Apollinaris, *infundens acido comam butyro*[3] ; ces gens-là, dis-je, vous firent esclaves, depuis le territoire de votre ville de Vienne jusqu'aux sources de votre rivière de Seine; et c'est un reste glorieux de ces temps illustres que des moines et chanoines aient encore des serfs dans ce pays[4]. Cette belle prérogative de l'espèce humaine subsiste parmi vous comme un témoignage de votre sagesse.

Une partie de vos autres provinces, que vous appelâtes si longtemps les provinces d'*Oc,* et que vous distinguâtes si noblement des provinces de *Oui,* furent envahies par les Visigoths; et quant à vos provinces de *Oui,* elles vous furent prises par un Sicambre nommé Hildovic[5], dont les grands-pères avaient été condamnés aux bêtes à Trèves par l'empereur Constantin. Ce Sicambre, honoré du titre de *patrice romain,* vous réduisit en servitude avec une poignée de Francs sortis des marais du Rhin, du Main, et de la Meuse. Les belles expéditions de ce grand homme furent d'assassiner trois roitelets, ses parents et ses amis, l'un vers le bourg de Boulogne-sur-Mer, l'autre vers le village de Cambrai, et le troisième vers le village du Mans, que vos chroniques appellent *villes* : ce fut alors que la contrée des Welches porta le nom mélodieux de Frankreich, ancien nom de la France, en commémoration de ses vainqueurs, et vous fûtes la première nation de l'univers, car vous aviez l'oriflamme à Saint-Denis.

Des pirates du Nord vinrent quelque temps après vous mettre à rançon, et vous prirent la province qu'on nomma depuis Normandie. Vous fûtes ensuite divisés en plusieurs petites nations sous différents maîtres, et chaque nation avait ses lois particulières comme son jargon.

La moitié de votre pays appartint bientôt aux peuples de l'île appelée Britain, ou England dans leur idiome, qui était aussi harmonieux que le vôtre. La Normandie, la Bretagne, l'Anjou, le Maine, le Poitou, la Saintonge, la Guyenne, la Gascogne, l'Angoumois, le Périgord, le Rouergue, l'Auvergne, furent longtemps entre les mains de cette nation des Angles, tandis que vous n'aviez ni Lyon, ni Marseille, ni le Dauphiné, ni la Provence, ni le Languedoc.

Malgré cet état misérable, vos compilateurs, que vous prenez pour des historiens, vous appellent souvent *le premier peuple de l'univers,* et votre royaume *le premier royaume*. Cela n'est pas civil pour les autres nations. Vous êtes un peuple brillant et aimable, et si vous joignez la modestie à vos grâces, le reste de l'Europe sera fort content de vous.

Remerciez bien Dieu de ce que les divisions de la rose rouge et de la rose blanche vous délivrèrent des Angles, et remerciez-le surtout de ce que les guerres civiles d'Allemagne empêchèrent Charles Quint d'engloutir votre pays, et d'en faire une province de l'empire.

Vous avez eu un moment bien brillant sous Louis XIV; mais n'allez pas pour cela vous croire supérieurs en tout aux anciens Romains et aux Grecs.

Songez que, pendant six cents ans, presque personne parmi vous, hors quelques-uns de vos druides, ne sut ni lire ni écrire. Votre extrême ignorance vous livra au *flamen* de Rome et à ses consorts, comme des enfants que des pédagogues gouvernent et corrigent à leur gré. Vos contrats de mariage, quand vous faisiez des contrats, ce qui était rare, étaient écrits en mauvais latin par des clercs. Vous ignoriez ce que vous aviez stipulé, et quand vous aviez eu des enfants, il venait un tonsuré de Rome qui vous prouvait que votre femme n'était point votre femme, qu'elle était votre cousine au septième degré, que votre mariage était un sacrilège, que vos enfants étaient bâtards, et que vous étiez damné si vous ne faisiez pas toucher à la chambre nommée *apostolique* la moitié de votre bien, sans délai ni remise.

Vos *Basileis* n'étaient pas mieux traités que vous : vous en avez eu neuf d'excommuniés, si je ne me trompe, par le serviteur des serviteurs de Dieu sous l'anneau du pêcheur. L'excommunication emportait nécessairement la confiscation des biens : de sorte que vos *Basileis* perdaient de droit leur couronne, dont le pêcheur romain faisait présent, selon son bon plaisir et son équité, au premier de ses amis.

Vous me direz, mes chers Welches, que les peuples de l'île Britain ou England, et même les empereurs teutoniques, ont été encore plus maltraités que vous, et qu'ils étaient aussi ignorants : cela est vrai; mais cela ne vous justifie pas, et si la nation britannique a été abrutie pour être pendant quelque temps province feudataire d'un druide ultramontain, vous m'avouerez qu'elle s'en est bien vengée : tâchez de l'imiter si vous pouvez.

Vous eûtes autrefois un roi[1] qui, quoique malheureux dans tous ses desseins et dans toutes ses expéditions, est pourtant recommandable pour vous avoir appris à lire et à écrire; il fit même venir d'Italie des gens qui vous enseignèrent le grec, et d'autres qui vous apprirent à dessiner et à tailler une figure en pierre; mais il se passa plus de cent années avant que vous eussiez un bon peintre et un bon sculpteur, et pour ceux qui apprirent le grec, et même l'hébreu, on les brûla presque tous, parce qu'ils étaient soupçonnés de lire l'original de quelques livres judaïques, ce qui était bien dangereux.

Je veux bien convenir avec vous, mes chers Welches, que votre pays est la première contrée de l'univers : cependant vous ne possédez pas le plus grand domaine dans la plus petite des quatre parties du monde. Considérez que l'Espagne eſt un peu plus étendue, que l'Allemagne l'eſt bien davantage, que la Pologne et la Suède sont plus grandes, et qu'il y a des provinces en Russie dont le pays des Welches ne ferait pas la quatrième partie.

Je souhaite que vous soyez le premier royaume de l'univers par la fertilité de votre terrain; mais, de grâce, songez à vos quarantes lieues de landes vers Bordeaux, à cette partie de votre Champagne que vous avez nommée si noblement *pouilleuse*, à des provinces entières où le peuple ne se nourrit que de châtaignes, à d'autres où il n'a guère que du pain d'avoine; remarquez bien la défense qui vous eſt faite de sortir les blés de votre pays, défense fondée nécessairement sur votre disette, et peut-être encore sur votre caractère, qui vous porterait à vendre au plus vite tout ce que vous avez pour le racheter fort cher trois mois après, semblables en cela à certains habitants de l'Amérique qui vendent leur lit le matin, oubliant qu'ils voudront se coucher le soir.

D'ailleurs la dépense que la plus brillante partie de la nation fait en fine farine pour poudrer ses têtes, soit que vous soyez coiffés à l'oiseau royal, soit que vous portiez vos cheveux étalés comme Clodion et les conseillers à la cour, cette dépense eſt si universelle qu'on fait très bien d'empêcher de porter à l'étranger une denrée dont vous faites un si bel usage.

Premier peuple de l'univers, songez que vous avez dans votre royaume de Frankreich environ deux millions de personnes qui marchent en sabots six mois de l'année, et qui sont nu-pieds les autres six mois.

Êtes-vous le premier peuple de l'univers pour le commerce et pour la marine ?... Hélas !

J'entends dire, mais je ne puis le croire, que vous êtes la seule nation du monde chez qui on achète le droit de juger les hommes, et même de les mener tuer à la guerre. On m'assure que vous faites passer par cinquante mains l'argent du trésor public; et quand il eſt arrivé à travers toutes ces filières, il se trouve réduit tout au plus au cinquième.

Vous me répondrez que vous réussissez beaucoup à l'opéra-comique : j'en conviens; mais, de bonne foi, votre opéra-comique, ainsi que votre opéra sérieux, ne vous vient-il pas d'Italie ?

Vous avez inventé quelques modes, je l'avoue, quoique vous preniez aujourd'hui presque toutes celles des peuples de Britain; mais n'est-ce pas un Génois qui a découvert la quatrième partie du monde où vous possédez enfin deux ou trois petites îles ? N'est-ce pas un Portugais qui vous a ouvert le chemin des Indes orientales, où vous venez de perdre vos pauvres comptoirs ?

Vous êtes peut-être le premier peuple du monde pour les inventions des arts; cependant n'est-ce pas Jean Goia de Melfi à qui l'on doit la boussole ? N'est-ce pas l'Allemand Schwartz qui donna le secret de la poudre inflammable ? L'imprimerie, dont vous faites tant d'usage, n'est-elle pas encore le fruit du travail ingénieux d'un Allemand ?

Quand vous voulez lire les brochures nouvelles qui font de vous un peuple si savant, vous vous servez quelquefois de lunettes; remerciez-en François Spina, sans lequel vous n'auriez jamais pu lire les petits caractères. Vous avez des télescopes; remerciez-en Jacques Mettius le Hollandais, et Galilei Galileo le Florentin.

Si vous vous divertissez quelquefois avec des baromètres et des thermomètres, à qui en avez-vous l'obligation ? à Torricelli, qui inventa les premiers; à Drebellius, qui inventa les seconds.

Plusieurs d'entre vous étudient le vrai système du monde planétaire : c'est un homme de la Prusse polonaise qui devina ce secret du Créateur. On vous aide dans vos calculs avec des logarithmes : c'est au prodigieux travail de milord Neper et de ses associés que vous en avez l'obligation. C'est Guericke de Magdebourg que vous devez remercier de la machine pneumatique.

C'est ce même Galilée dont je viens de vous parler qui découvrit le premier les satellites de Jupiter, les taches du soleil, et sa rotation sur son axe. Le Hollandais Huyghens vit l'anneau de Saturne, un Italien vit ses satellites[1], lorsque vous n'aperceviez rien encore.

Enfin c'est le grand Newton qui vous a montré ce que c'est que la lumière, et qui vous a dévoilé la grande loi qui fait mouvoir les astres, et qui dirige les corps pesants vers le centre de la terre.

Premier peuple du monde, vous aimez à orner vos cabinets : vous y mettez de jolies estampes; mais songez que le Florentin Finiguerra eſt le père de cet art qui éternise ce que le pinceau ne peut conserver. Vous avez de belles pendules, c'eſt encore une invention du Hollandais Huyghens.

Vous portez quelques brillants au doigt, songez que c'eſt à Venise que l'on commença à les tailler, ainsi qu'à imiter les perles.

Vous vous regardez quelquefois au miroir, c'eſt encore à Venise que vous devez les glaces.

Je voudrais donc que, dans vos livres, vous témoignassiez quelquefois un peu de reconnaissance pour vos voisins. Vous n'en usez pas, à la vérité, comme Rome, qui met à l'Inquisition tous ceux qui lui apportent une vérité de quelque genre que ce puisse être, et qui fait jeûner Galilée au pain et à l'eau pour lui avoir appris que les planètes tournent autour du soleil; mais que faites-vous ? dès qu'une découverte utile illuſtre une autre nation, vous la combattez, et même très longtemps. Newton fait voir aux hommes étonnés les sept rayons primitifs et inaltérables de la lumière : vous niez l'expérience pendant vingt années, au lieu de la faire. Il vous démontre la gravitation, et vous lui opposez pendant quarante ans le roman impertinent des tourbillons de Descartes. Vous ne vous rendez enfin que quand l'Europe entière rit de votre obſtination.

La méthode de l'inoculation sauve ailleurs la vie à des milliers d'hommes : vous employez plus de quarante années à tâcher de décrier cet usage salutaire. Si quelquefois, en portant au tombeau vos femmes, vos enfants morts de la petite vérole naturelle, vous sentez un moment de remords (comme vous avez un moment de douleur et de regrets); si vous vous repentez alors de n'avoir pas imité la pratique des nations plus sages que vous et plus hardies; si vous vous promettez d'oser faire ce qui eſt si simple chez elles, ce mouvement passe bien vite; le préjugé et la légèreté reprennent chez vous leur empire ordinaire.

Vous ignorez, ou vous feignez d'ignorer, que dans le relevé des hôpitaux de Londres, deſtinés à la petite vérole naturelle et artificielle, la quatrième partie des hommes y meurt de la petite vérole ordinaire, et qu'à peine meurt-il une personne sur quatre cents qui ont été inoculées.

Vous laissez donc périr la quatrième partie de vos concitoyens, et quand vous êtes effrayés de ce calcul qui vous déclare si imprudents et si coupables, que faites-vous ? Vous consultez des licenciés fondés ou non fondés par Robert Sorbon : vous présentez des réquisitoires ! C'est ainsi que vous soutîntes des thèses contre Harvey, quand il eut découvert la circulation du sang. C'est ainsi qu'on a rendu des arrêts par lesquels on condamnait aux galères ceux qui disputaient contre les catégories d'Aristote.

O premier peuple du monde ! quand serez-vous raisonnable ? Vous êtes obligé de convenir de tout ce que j'ai l'honneur de vous dire. Vous me répondez que toutes vos sottises n'empêchent pas que Mlle Duchapt[1] ne vende ses ajustements de femmes dans tout le Nord, et qu'on ne parle votre langue à Copenhague, à Stockholm, et à Moscou. Je n'entrerai point dans l'importance du premier de ces avantages; le second seul est le sujet de mon discours.

Vous vous applaudissez de voir votre langue presque aussi universelle que le furent autrefois le grec et le latin : à qui en êtes-vous redevables, je vous prie ? A une vingtaine de bons écrivains que vous avez presque tous ou négligés, ou persécutés, ou harcelés pendant leur vie. Vous devez surtout ce triomphe de votre langue dans les pays étrangers à cette foule d'émigrants qui furent obligés de quitter leur patrie vers l'an 1685. Les Bayle, les Leclerc, les Basnage, les Bernard, les Rapin-Thoiras, les Beausobre, les Lenfant, et tant d'autres, allèrent illustrer la Hollande et l'Allemagne; le commerce des livres fut alors un des plus grands avantages des Provinces-Unies, et une perte pour vous. Ce sont les malheurs de vos compatriotes qui ont étendu votre langue chez tant de nations : les Racine, les Corneille, les Molière, les Boileau, les Quinault, les La Fontaine, et vos bons écrivains en prose, ont, sans doute, beaucoup contribué à répandre ailleurs votre langue et votre gloire : c'est un grand avantage; mais il ne vous donne pas le droit de croire l'emporter en tout sur les Grecs et sur les Latins.

Ayez d'abord la bonté de considérer que vous n'avez aucun art, aucune science dont vous ne deviez la connaissance aux Grecs. Les noms mêmes de ces sciences et de ces arts l'attestent assez : la logique, la dialectique, la géométrie, la métaphysique, la poésie, la géographie, la théologie même, si c'est une science, tout vous annonce la source où vous avez puisé.

Il n'y a point de femme qui ne parle grec sans s'en douter : car, si elle dit qu'elle a vu une tragédie, une comédie, qu'on lui a récité une ode, qu'un de ses parents est tombé en apoplexie ou en paralysie, qu'il a une esquinancie, un anthrax, qu'un chirurgien l'a saigné à la veine céphalique, qu'elle a été à l'église, qu'un diacre a chanté les litanies; si elle parle d'évêques, de prêtres, d'archidiacre, de pape, de liturgie, d'antienne, d'eucharistie, de baptême, de mystère, de décalogue, d'évangile, de hiérarchie, etc., il est bien certain qu'elle n'a pas prononcé un seul mot qui ne soit grec.

Il est vrai qu'on peut tirer presque toutes ses expressions d'une langue étrangère, et en faire un si heureux usage que les disciples surpassent enfin les maîtres; mais lorsque avec le temps vous avez composé votre langue des débris du grec et du latin, mêlés avec vos anciens mots welches et tudesques, parvîntes-vous alors à faire un langage assez abondant, assez expressif, assez harmonieux ? Votre stérilité n'est-elle pas attestée par ces mots secs et barbares que vous employez à tout : *Bout du pied, bout du doigt, bout d'oreille, bout du nez, bout du fil, bout du pont,* etc. ? tandis que les Grecs expriment toutes ces différentes choses par des termes énergiques et pleins d'harmonie. On vous a déjà reproché de dire *un bras de rivière, un bras de mer, un cul d'artichaut, un cul-de-lampe, un cul-de-sac*. A peine vous permettez-vous de parler d'un vrai cul devant des matrones respectables; et cependant vous n'employez point d'autre expression pour signifier des choses auxquelles un cul n'a nul rapport. Jérôme Carré vous a proposé le mot d'*impasse* pour vos rues sans issue[1] : ce mot est noble et significatif; cependant, à votre honte, votre *Almanach royal* imprime toujours que l'un de vous demeure dans le cul-de-sac de Menars, et l'autre dans le cul des Blancs-Manteaux. Fi ! n'avez-vous pas de honte ? Les Romains appelaient ces chemins sans issue *angiportus ;* ils n'imaginaient point qu'un cul pût ressembler à une rue.

Que dirai-je du mot *trou,* que vous appliquez encore à tant et de si nobles usages ?

Ne trouvez-vous pas que les noms de vos portes, de vos rues, de vos temples, feraient un bel effet dans un poème épique ? On aime à voir Hector courir du temple de Pallas à la porte de Scée. L'oreille est aussi flattée que l'imagination amusée, quand les Grecs avancent de Ténédos aux rivages de Troie sur les rives du Simoïs et du Scamandre; mais, en vérité, pourrait-on peindre vos héros partant de l'église de Saint-Pierre-aux-Bœufs, ou de Saint-Jacques-du-Haut-Pas, avançant fièrement par la rue du Pet-au-Diable, et par la rue Trousse-Vache, s'embarquant sur la galiote de Saint-Cloud, et allant combattre dans la place de Longjumeau ?

Vos curieux conservent des *Mémoires* innombrables depuis la mort de Henri II jusqu'à celle de Henri IV. Ce sont des monuments de grossièreté enfantés par la rage d'écrire; c'est un amas de satires sur des événements affreux transmis à la postérité dans le langage des halles : vous n'eûtes alors qu'un bon historien, et il fut obligé d'écrire en latin.

Enfin vous avez nettoyé votre langue de cette rouille barbare et de cette crasse bourgeoise; vous avez fait quelques bons livres; mais avez-vous alors surpassé Cicéron et Démosthène ? Avez-vous mieux écrit que Tite-Live, Tacite, Thucydide et Xénophon ? Quel auteur au-dessus du médiocre a écrit jusqu'ici vos annales ?

Sied-il bien à Daniel de dire dès la première page de son histoire : « Ce ne fut que sous le grand Clovis que les Français se rendirent maîtres pour toujours de ces *grandes* provinces » ? Certainement le grand Clovis ne s'en rendit pas maître *pour toujours,* puisque ses successeurs perdirent tout le pays qui s'étend de Cologne à la Franche-Comté. Ce Daniel vous dit, d'après le romancier Grégoire de Tours, que les soldats de Clovis, après la bataille de Tolbiac, *s'écrièrent comme de concert :* « Nous renonçons aux dieux mortels; nous ne voulons plus adorer que l'immortel; nous ne reconnaissons plus d'autre Dieu que celui que le saint évêque Remi nous prêche. »

En vérité, il n'est pas possible que toute une armée de France ait prononcé *de concert* cette phrase et ces antithèses de mortel et d'immortel. Votre Daniel ressemble à votre Lamotte, qui, dans une abréviation d'Homère, fait dire une pointe à toute l'armée grecque, et lui fait prononcer ce vers quand Achille se réconcilie avec Agamemnon :

Que ne vaincra-t-il point, il s'est vaincu lui-même.

Comment l'armée des Francs pouvait-elle renoncer à des dieux mortels ? Adorait-elle des hommes ? Le Thaut, l'Irminsul, l'Odin, la Fridda, que ces barbares révéraient, n'étaient-ils pas des immortels à leurs yeux ? Daniel ne devait pas ignorer que tous les peuples du Nord adoraient un Dieu suprême qui présidait à toutes ces divinités secondaires; il n'avait qu'à consulter l'ancien livre de l'Edda, cité par le savant Huet, évêque d'Avranches[1]; il n'avait qu'à lire ce que Tacite dit expressément dans son *Traité des mœurs des Germains : Regnator omnium Deus*. Ce Dieu s'appelait God ou Goth, Got le Bon, et on ne peut assez admirer que des barbares eussent donné à la Divinité un titre si digne d'elle. Daniel ne devait donc pas mettre une pareille sottise dans la bouche de toute une armée, sottise convenable tout au plus au *Pédagogue chrétien*[2]. Mais en quelle langue, s'il vous plaît, prêchait Remi à ces Bructères et à ces Sicambres ? Il parlait ou latin ou welche; et les Sicambres parlaient l'ancien tudesque. Remi apparemment renouvela le miracle de la Pentecôte : *Et unusquisque intendebat linguam suam*. Si vous examinez de près Mézerai, que de fables, que de confusion, et quel style ! Méritez des Tite-Live, et vous en aurez.

Je veux croire que chez vous l'éloquence du barreau et de la chaire a été portée aussi loin qu'elle peut l'être. Les divisions de vos sermons en trois points, quand il n'y a rien à diviser, un *Ave* à la vierge Marie qui précède ces divisions, un long discours welche sur un texte latin qu'on accommode comme on peut à ce discours, et enfin des lieux communs mille fois répétés, sont des chefs-d'œuvre sans doute; les plaidoyers de vos avocats sur les coutumes du Hurepoix ou du Gâtinais passeront à la dernière postérité, mais je doute qu'ils fassent oublier l'éloquence grecque et romaine.

Je suis bien loin de nier que Pascal, Bossuet, Fénelon, aient été très éloquents. C'est lorsque ces génies parurent que vous cessâtes d'être Welches, et que vous fûtes Français; mais ne comparez pas les *Lettres provinciales* aux *Philippiques*. Considérez d'abord que l'importance du sujet est quelque chose. Les noms de Philippe et de Marc Antoine sont un peu au-dessus des noms du P. Annat, d'Escobar, et de Tambourini. Les intérêts de la Grèce et les guerres civiles de Rome sont des objets plus considérables que la grâce suffisante qui ne suffit pas, la grâce coopérante qui n'opère point, et la grâce efficace qui est sans efficacité.

Le grand attrait des *Lettres provinciales* périt avec les jésuites; mais les *Oraisons* de Démosthène et de Cicéron instruisent encore l'Europe, quand les objets de ces harangues ne subsistent plus, quand les Grecs ne sont que des esclaves, et que les Romains ne sont plus que tonsurés.

Je sais, encore une fois, que les *Oraisons funèbres* de Bossuet sont belles, qu'il y a même du sublime. Mais, entre nous, qu'est-ce qu'une oraison funèbre ? un discours d'appareil, une déclamation, un lieu commun, et souvent une atteinte à la vérité. Faudra-t-il mettre ces harangues poétiques à côté des discours solides de Cicéron et de Démosthène ?

Votre Fénelon, admirateur des anciens, et nourri de leurs ouvrages, alluma sa bougie à leurs flammes immortelles : vous n'oserez pas prétendre que sa Calypso, abandonnée par Télémaque, approche de la Didon de Virgile; la froide et inutile passion de ce Télémaque, que Mentor jette d'un coup de poing dans la mer pour le guérir de son amour, ne semble pas une invention des plus sublimes. Et oserez-vous dire que la prose de cet ouvrage soit comparable à la poésie d'Homère et de Virgile ? O mes Welches ! qu'est-ce qu'un poème en prose, sinon un aveu de son impuissance ? Ignorez-vous qu'il est plus aisé de faire dix tomes de prose passable que dix bons vers dans votre langue, dans cette langue embarrassée d'articles, dépourvue d'inversions, pauvre en termes poétiques, stérile en tours hardis, asservie à l'éternelle monotonie de la rime, et manquant pourtant de rimes dans les sujets nobles ?

Souvenez-vous enfin que lorsque Louis XIV, qu'on s'obstinait à reconnaître dans Idoménée, ne fut plus au monde, quand on eut oublié Louvois, dont on reconnaissait le caractère dans celui de Protésilas; lorsqu'on n'envia plus la marquise Scarron de Maintenon, qu'on avait comparée à la vieille Astarbé, alors le *Télémaque* perdit beaucoup de son prix. Mais le *Tu Marcellus eris* de l'*Énéide* sera toujours dans la mémoire des hommes; on citera toujours avec attendrissement ces vers et tous ceux qui les précèdent :

Ter sese attollens cubitoque innixa levavit,
Ter revoluta toro est ; oculisque errantibus, alto
Quaesivit coelo lucem, ingemuitque reperta[1].

On a cité dans une traduction en prose de Virgile (car il vous est impossible de le traduire en vers, et vous n'avez pas même encore réussi à rendre en prose le sens de l'auteur latin), on a cité, dis-je, une imitation de cet admirable discours de Didon :

Exoriare aliquis nostris ex ossibus ultor,
Qui face Dardanios ferroque sequare colonos.
Nunc, olim, quocumque dabunt se tempore vires :
Littora littoribus contraria, fluctibus undas
Imprecor, arma armis : pugnent ipsique nepotes[2].

Voici la prétendue imitation de Virgile, qu'on donne pour une copie fidèle de ce grand tableau :

Puisse après mon trépas s'élever de ma cendre
Un feu qui sur la terre aille au loin se répandre !
Excités par mes vœux, puissent mes successeurs
Jurer dès le berceau qu'ils seront mes vengeurs,
Et, du nom des Troyens ennemis implacables,
Attaquer en tous lieux ces rivaux redoutables !
Que l'univers en proie à ces deux nations
Soit le théâtre affreux de leurs dissensions;
Que tout serve à nourrir cette haine invincible;
Qu'elle croisse toujours jusqu'au moment terrible
Que l'un ou l'autre cède aux armes du vainqueur;
Que ses derniers efforts signalent sa fureur !

Voyez, je vous prie, combien cette copie prétendue est faible, vicieuse, forcée, languissante :

Puisse après mon trépas s'élever de ma cendre
Un feu qui sur la terre aille au loin se répandre !

Que veut dire ce feu qui ira se répandre au loin sur la terre ? Retrouve-t-on dans ces vers hérissés de chevilles le moindre mot qui rappelle les idées de douleur, de terreur, de vengeance, qui respirent dans ce vers frappant :

Exoriare aliquis nostris ex ossibus ultor ?

Il s'agit d'un vengeur; et le plat imitateur nous parle d'un feu *qui ira au loin se répandre*. Que ces rimes en épithètes, *implacables, redoutables, invincibles, terribles,* énervent la peinture de Virgile ! Que toute épithète qui n'ajoute rien au sens est puérile !

Je ne sais pas de qui sont ces vers[1]; mais je sais que quand on oppose ainsi les rimailleries d'un poète welche aux plus beaux morceaux de l'antiquité, on ne lui rend pas un bon office.

O Français ! je me fais un plaisir d'admirer avec vous vos grands poètes : ce sont eux principalement qui ont porté votre langue jusque sous le cercle polaire, et qui ont forcé des Italiens et des Espagnols même à l'apprendre. Je commence par votre naïf et aimable La Fontaine : la plupart de ses fables sont prises chez Ésope le Phrygien, et chez Phèdre le Romain. Il y en a environ cinquante qui sont des chefs-d'œuvre pour le naturel, pour les grâces, et pour la diction. Ce genre même est inconnu aux autres nations modernes. J'aurais souhaité, je l'avoue, que, dans le reste de ses fables, cet homme unique eût été moins négligé, qu'il eût parlé plus purement cette langue qu'il a rendue si familière aux peuples voisins; que son style eût été plus châtié, plus précis; qu'en surpassant de bien loin Phèdre en délicatesse, il l'eût égalé dans la pureté de l'élocution. Je suis fâché de le voir débuter par une petite dédicace à un prince, dans laquelle il lui dit :

Et si de t'agréer je n'emporte le prix,
J'aurai du moins l'honneur de l'avoir entrepris.

Voilà un plaisant honneur, d'*entreprendre d'agréer ;* et qu'est-ce que le prix d'agréer ? Phèdre ne parle point ainsi. Phèdre ne fait point dire à la fourmi :

Ni mon grenier, ni mon armoire,
Ne se remplit à babiller...

Le renard, chez Phèdre, dit :

Ils sont trop verts...

et il n'ajoute point :

... Et bons pour des goujats.

Je suis affligé quand je vois :

La cigale ayant chanté
Tout l'été,

à qui la fourmi dit :

Vous chantiez ! J'en suis fort aise,
Eh bien ! dansez maintenant.

Le loup peut dire au chien d'attache qu'il ne voudrait pas de ses bons repas au prix de sa liberté; mais ce loup me fait de la peine quand il ajoute :

Je ne voudrais pas même à ce prix un trésor :
Cela dit, maître loup s'enfuit et court encor.

Un loup n'a jamais désiré l'or et l'argent.

L'homme qui souffle dans ses doigts parce qu'il a froid, et sur sa soupe parce qu'elle eſt trop chaude, a très grande raison : il ne mérite point du tout qu'on dise de lui :

Arrière ceux dont la bouche
Souffle le chaud et le froid !

C'eſt abuser d'un proverbe trivial qui n'eſt pas ici appliqué avec juſtesse. Mais ces petites taches n'empêcheront pas que les fables de La Fontaine ne soient un ouvrage immortel.

Ses contes sont sans doute les meilleurs que nous ayons; ce mérite, si c'en eſt un, eſt inconnu à l'antiquité grecque et romaine. La Fontaine, en ce genre, a surpassé Rabelais, et souvent égalé la naïveté et la précision qui se rencontrent dans trois ou quatre ouvrages de Marot; vous trouverez dans ses meilleurs contes cette aménité, ce naturel de Passerat, qui vivait sous Henri II, et qui nous a laissé la *Métamorphose du coucou,* ouvrage trop peu connu, qui ne sent en rien la grossièreté du temps, et qu'on croirait fait par La Fontaine même. Voici comme Passerat finit le conte de ce malheureux jaloux qui, étant changé en coucou,

S'envole au bois, au bois se tient caché.
Honteux d'avoir sa femme tant cherché;
Et néanmoins, quand le printemps renflamme
Nos cœurs d'amour, il cherche encor sa femme;
Parle aux passants, et ne peut dire qu'*où ;*
Rien que ce mot ne retint le coucou

D'humain parler; mais par œuvres il montre
Qu'onc en oubli ne mit sa malencontre,
Se souvenant qu'on vint pondre chez lui,
Venge ce tort, et pond au nid d'autrui.
Voilà comment sa douleur il allège.
Heureux ceux-là qui ont ce privilège !

Voilà le style sur lequel La Fontaine se forma : car tous vos poètes du siècle de Louis XIV ont commencé par imiter leurs prédécesseurs. Corneille imita d'abord le style de Mairet et de Rotrou, Boileau celui de Régnier.

Le grand défaut peut-être des contes de La Fontaine est qu'ils roulent presque tous sur le même sujet : c'est toujours une fille ou une femme dont on vient à bout. Le style n'en est pas toujours correct et élégant; les négligences, les longueurs, les façons de parler proverbiales et communes, le défigurent. Il paraît au-dessous de l'Arioste dans les contes qu'il a empruntés de lui. Non seulement l'Arioste a le mérite de l'invention, mais il a jeté ces petites aventures dans un long poème, où elles sont racontées à propos. Le style en est toujours pur; aucune longueur, aucune faute contre la langue, point d'ornements étrangers. Enfin il est peintre, et très grand peintre : c'est là le premier mérite de la poésie, et c'est ce que La Fontaine a négligé. Voyez, dans la *Joconde* de l'Arioste, ce jeune Grec qui vient trouver la *Fiammetta* dans son lit, tandis qu'elle est couchée entre le roi Astolphe et Joconde.

Viene all'uscio, e lo spinge ; e quel gli cede ;
Entra pian piano, e va a tenton col piede.

Fa lunghi i passi, e sempre in quel di dietro
Tutto si ferma, e l'altro par che muova
A guisa che di dar tema nel vetro
Non che'l terreno abbia a calcar, ma l'uova ;
E tien la mano innanzi simil metro,
Va brancolando in fin che'l letto trova ;
E di là gli altri avean le piante,
Tacito si caccio col capo innante.

(c. XXVIII, st. 62-63.)

Il est étrange que votre Boileau, dans son jugement sur la *Joconde* de l'Arioste et sur celui de La Fontaine, reproche à l'auteur italien certaines familiarités : il ne songe pas que c'est un hôtelier qui parle; chacun doit garder son caractère. L'Arioste, en observant ce costume, ne laisse échapper aucun mot qui ne soit du toscan le plus pur : mérite prodigieux dans un ouvrage de si longue haleine, écrit tout entier en stances dont les rimes sont redoublées.

C'est trop vous parler peut-être de ce petit genre qui, tout petit qu'il est, contribue pourtant à la gloire des lettres : « *In tenui labor, at tenuis non gloria.* »

Je m'étendrais sur le mérite supérieur de votre théâtre, auquel il ne manque que d'être assez tragique, si ce sujet n'avait pas été traité tant de fois.

J'imagine qu'Euripide serait honteux de sa gloire, qu'il irait se cacher, s'il voyait la *Phèdre* et l'*Iphigénie* de Racine. Les tragédies de Racine et plusieurs scènes de Corneille sont ce que vous avez de plus beau dans votre langue. Plus d'une scène de Quinault est admirable dans un genre que l'antiquité ne connut pas plus que celui des *Contes* de La Fontaine. Votre Molière l'emporte sur Térence et sur Plaute. Je vous accorderai encore que l'*Art poétique* de Boileau est plus poétique que celui d'Horace, qu'il donna l'exemple avec le précepte; et que c'est une copie supérieure à son original. Voilà votre gloire, ne la perdez pas.

C'est dans ces seuls genres que vous êtes supérieurs; vous avez des rivaux ou des maîtres dans tous les autres. Vous avez même été si pénétrés du charme des vers qu'aujourd'hui vos écrits sur la physique et sur la métaphysique respirent malheureusement la poésie, et que, ne pouvant plus faire de vers, comme on en faisait dans le siècle de Louis XIV, vous avez trouvé seulement le secret de gâter la prose.

Vous êtes menacés d'un autre fléau. J'apprends qu'il s'élève parmi vous une secte de gens durs qui se disent solides, d'esprits sombres qui prétendent au jugement parce qu'ils sont dépourvus d'imagination, d'hommes lettrés ennemis des lettres, qui veulent proscrire la belle antiquité et la fable. Gardez-vous bien de les croire, ô Français ! vous redeviendriez Welches.

L'Imagination, fille du ciel, bâtit autrefois en Grèce un temple de marbre transparent; elle peignit de sa main sur les murs du temple la nature entière en tableaux allégoriques. On y vit Jupiter, le maître des dieux et des hommes, faire éclore de son cerveau la déesse de la sagesse. Celle de la beauté est aussi sa fille; mais ce n'est pas de son cerveau qu'elle a dû naître. Cette Beauté est la mère de l'Amour. Pour que cette Beauté enchante les cœurs, il faut (vous le savez) qu'elle ne soit jamais sans les trois Grâces. Et quelles sont ces trois compagnes nécessaires de la Beauté ? c'est Aglaé, par qui tout brille; Euphrosine, qui répand la douce joie dans les cœurs; Thalie, qui jette des fleurs sur les pas de la déesse : voilà ce que leurs trois noms signifient. Les Muses enseignent tous les beaux-arts : elles sont filles de Mémoire, et leur naissance vous apprend que, sans la mémoire, l'homme ne peut rien inventer, ne peut combiner deux idées.

Voilà donc ce que des barbares veulent détruire; et que substitueront-ils à ces emblèmes divins ? Les *Plaidoyers* de Lemaistre, les *Enluminures*[1] et les chamillardes[2] ? la harangue de maître Étienne Ledain, prononcée du côté du greffe ?

O Welches ! si Janus au double front, représentant l'année qui finit et qui commence, a chez vous encore le nom grossier et inintelligible de *Janvier ;* si votre *avril,* qui ne signifie rien, est chez les anciens le mois consacré à cette Aphrodite, à cette Vénus, au principe qui rajeunit la nature; si les noms iroquois de *vendredi* et de *mercredi* rappellent encore l'idée de Vénus et de Mercure; si tout le ciel dans ses constellations est encore plein des fables de la Grèce; respectez vos maîtres, vous dis-je : à moins que vous ne vouliez ressembler à ce savant welche qui prétendait que les douze patriarches, fils de Jacob, avaient inventé les douze signes du zodiaque; que le bélier était celui d'Isaac; les gémeaux, Jacob et Ésaü; la vierge, Rébecca; le verseau, la cruche de Rébecca; et qu'on avait falsifié les autres signes.

Croyez, mes frères, que vous ne ferez pas mal de vous en tenir aux belles inventions profanes de vos prédécesseurs.

SUPPLÉMENT

DU DISCOURS AUX WELCHES[1]

AVEC UNE LETTRE DU LIBRAIRE DE L'ANNÉE LITTÉRAIRE

A M. DE V.

ET LA RÉPONSE DE M. DE V. A CETTE LETTRE

AVERTISSEMENT

Tout le monde sait que Guillaume et Antoine Vadé étaient frères, et cependant d'esprit et de caractère très différents. Guillaume était gai, plaisant, et léger, ainsi que le témoignent ses opéras-comiques, et qu'on le verra dans le *Vadiana*[2], qu'un de nos plus illustres académiciens rédige actuellement, dans le goût du *Fontenelliana*, et qui ne sera pas moins intéressant.

Antoine, au contraire, était grave, profond, et sérieux, comme le prouve son *Discours aux Welches ;* il n'aimait à s'occuper que de choses utiles. La gloire de la nation et le bien public l'intéressaient par-dessus tout; il s'affligeait des abus qui empêchent l'un et l'autre, et plus encore de ce que ceux qui voulaient les réformer ne commençaient pas par se réformer eux-mêmes. Il disait que quiconque veut corriger les autres doit se souvenir de l'oracle d'Apollon, et qu'il ne sied pas, lorsqu'on laisse brûler sa maison, de dire des injures à son voisin parce que le feu prend à la sienne.

On ajoute même qu'il travaillait, depuis plusieurs années, à un grand ouvrage sur les dangers de la libre sortie des grains à l'étranger, dans lequel il prouvait invinciblement qu'il en doit être des blés du pays de Frankreich comme il en était autrefois des figues d'Athènes, et qu'il vaut infiniment mieux, pour les Welches, mourir de faim sur les blés entassés par monceaux que de souffrir qu'ils soient achetés, payés, et mangés par les étrangers.

On ne peut assez regretter la perte de cet ouvrage, qui était fort avancé lorsque Antoine Vadé eſt mort. Il serait d'un grand secours aujourd'hui pour désabuser certains esprits de travers, entichés des avantages de cette liberté, et qui croient qu'il ne peut y avoir aucun inconvénient à permettre qu'une nation s'enrichisse par le commerce des productions de son sol; mais malheureusement Mlle Catherine Vadé, qui en a trouvé le manuscrit, ne sachant pas ce que c'était, en a fait des patrons de manchettes, et ne nous a donné que le *Discours aux Welches*.

C'eſt à l'occasion de ce *Discours* qu'un de mes amis, qui l'a toujours été, comme il le dit lui-même, de la famille Vadé, m'a envoyé le récit suivant d'une conversation à laquelle il s'eſt trouvé, et qui peut servir de supplément au *Discours*.

Les Welches qui ne sont pas Welches ne seront point fâchés de voir ce supplément, et peut-être inspirera-t-il à ceux qui le sont encore le désir de cesser de l'être.

Au reſte, Mlle Catherine Vadé assure que son cousin Antoine pensait que les Welches étaient les ennemis de la raison et du mérite, les fanatiques, les sots, les intolérants, les persécuteurs et les calomniateurs; que les philosophes, la bonne compagnie, les véritables gens de lettres, les artiſtes, les gens aimables enfin, étaient les Français, et que c'était à eux à se moquer des autres, quoiqu'ils ne fussent pas les plus nombreux. Cette déclaration doit juſtifier pleinement la mémoire de notre illuſtre auteur des reproches qu'on lui faisait de nous avoir dit nos vérités avec trop peu de ménagement.

SUPPLÉMENT DU DISCOURS AUX WELCHES

J'AI toujours été fort attaché à la famille des Vadé, et surtout à Mlle Catherine Vadé, chez qui je me trouvais avec quelques amis, le jour que feu Antoine Vadé nous lut son *Discours aux Welches*. « Vous avez bien de l'humeur, mon cousin, lui dit Catherine. — Il eſt vrai que je suis en colère, répondit Antoine; je trouverai toujours un *cul-de-sac* horriblement welche, et je ne m'apaiserai que quand on aura substitué quelque mot français honnête à cette expression grossière. Et comment voulez-vous qu'une nation puisse subsister avec honneur quand on imprime *je croyois, j'octroyois,* et qu'on prononce, *je croyais, j'octroyais ?* Comment un étranger pourra-t-il deviner que le premier *o* se prononce comme un *o,* et le second comme un *a ?* Pourquoi ne pas écrire comme on parle ? Cette contradiction ne se trouve ni dans l'espagnol, ni dans l'italien, ni dans l'allemand; c'est ce qui m'a le plus choqué : car il m'importe peu que ce soit un Allemand ou un Chinois qui ait inventé la poudre, et que je doive des remerciements à Goia de Melfi ou à Roger Bacon pour les lunettes que je porte sur le nez; mais un *cul-de-sac,* et tous ces termes populaires qui défigurent une langue, me donnent un mortel chagrin. »

Catherine Vadé, voyant qu'il s'échauffait, lui promit que le gouvernement mettrait ordre à ces abus, et qu'il ne se passerait pas trois cents ans avant qu'ils fussent réformés. Cela consola le bon Antoine. Il était comme l'abbé de Saint-Pierre, qui se croyait payé de toutes ses peines quand on lui laissait entrevoir qu'un de ses projets pourrait être exécuté dans sept ou huit siècles. Jérôme Carré, le voyant apaisé, lui dit : « Mon cher Antoine, ne vous plaignez plus que les belles inventions ne viennent pas de vos compatriotes : nous avons un excellent citoyen qui a promis de dessaler l'eau de la mer[1], et quand il n'y parviendrait pas, il serait toujours beau de le tenter. Un autre a inventé un carrosse suspendu par l'impériale, ce qui sera aussi commode qu'agréable. Un grand naturaliste est venu à bout, au commencement du siècle, de faire une paire de gants avec une toile d'araignée. Ce n'est qu'avec le temps que les arts se perfectionnent. » Le visage d'Antoine, à ce discours, parut resplendir d'une joie douce et sereine, car il aimait tendrement sa patrie; et s'il était un peu fâché contre des auteurs trop préoccupés qui appelaient leur nation *la première nation de l'univers,* c'était par la crainte que les autres nations ne fussent choquées de cette petite rodomontade.

Ce fut alors que toute la compagnie traita cette grande

question : « Lequel vaut le mieux, de l'esprit inventif ou de l'esprit aimable ? ». M. Laffichard[1], dont le nom est si connu dans la république des lettres, ami de tout temps, comme moi, de la famille Vadé, soutint que le génie de l'invention est le premier de tous, et que celui qui a trouvé le secret de faire les épingles est infiniment au-dessus de tous ceux qui ont fait parmi nous de jolies chansons, et même des opéras. Mlle Vadé, au contraire, prétendit que celle qui attachait une épingle avec grâce l'emportait infiniment sur l'inventeur. Ces opinions furent débattues avec toute la sagacité et toute la profondeur qu'elles méritaient; et je suis bien fâché de n'avoir retenu qu'une faible partie des raisons de Catherine. « Celui qui sait plaire, disait-elle, est au-dessus d'Archimède. Imaginez une ville d'inventeurs : l'un fera une machine pneumatique, l'autre cherchera les propriétés d'une courbe, celui-ci fera un chariot à roues et à voiles, celui-là inventera le vertugadin pour les dames; ils ne converseront avec personne; ils ne s'entendront pas même entre eux : la ville des inventeurs sera la plus triste du monde entier. Auprès de cette ville d'ateliers, placez-en une où l'on ne cherche que le plaisir : qu'arrivera-t-il à la longue ? tous les habitants de la première se réfugieront dans la seconde. »

Catherine appuya cette supposition de raisonnements si fins, et de tours si délicats, que toute la compagnie fut de son avis. Ce succès l'enhardit, et, voyant qu'Antoine était de bonne humeur, elle tourna la conversation sur des choses plus sérieuses. « Vous vous désolez, dit-elle, mon pauvre Antoine, de ce qu'on appelle une partie de la Champagne, où vous êtes né, *pouilleuse*. — Ah ! le mot est ignoble, et odieux, dit Antoine. — Vous avez raison, mon cousin; mais quel est le pays qui n'ait pas des terrains rebelles et incultivables ? Vous vous plaignez des landes de Bordeaux; mais sachez qu'on va les défricher, et qu'une compagnie s'y est déjà ruinée. Vous vous affligez que dans certaines provinces vos compatriotes portent des sabots : ils auront des souliers avant qu'il soit peu; ils ne payeront pas même le trop bu, et ils auront soif impunément; c'est à quoi l'on travaille dès à présent avec une application merveilleuse. — Est-il possible ? dit Antoine avec transport. — Il n'y a rien de plus vrai, dit Catherine; prenez donc courage, et que votre esprit ne soit point abattu parce que les Cimbres sont venus autrefois à Dijon, les Visigoths à Toulouse, et les Normands à Rouen, comme les Maures sont venus en Espagne. Tous les peuples ont éprouvé des révolutions; mais la nation avec laquelle on aime le mieux vivre eﬆ celle qui mérite la préférence. »

Je pris la liberté de parler à mon tour dans cette savante assemblée. Je voulus prouver que chaque peuple sur la terre avait été conquérant ou conquis, ou absurde, ou induﬆrieux, ou ignorant, selon qu'il avait suivi plus ou moins certains principes que j'expliquai fort au long; et je m'aperçus même, en les approfondissant, que j'ennuyais beaucoup la compagnie. Heureusement je fus interrompu par Jérôme Carré : « J'avais, dit-il, il y a quelques années, une cousine fort jolie qui voulait m'épouser : on me demanda sept mille et deux cents livres que je devais envoyer par delà les monts pour impétrer la liberté d'aimer loyalement ma cousine; je manquai cette grande affaire faute de cinq cents écus. Mon frère, qui n'avait rien, ayant obtenu un petit bénéfice, s'eﬆ ruiné en empruntant d'un juif de quoi payer aussi par delà les monts la première année de son revenu. Ces abus, mon cher, sont insupportables : il ne s'agit point ici de philosophie et de théologie, il eﬆ queﬆion d'argent comptant, et je n'entends pas raillerie là-dessus. »

M. Laffichard, à ce propos, rêva profondément selon sa coutume, et se laissant aller ensuite à son enthousiasme : « Eh bien ! dit-il, nous cherchons quelle eﬆ la première nation de l'univers; c'eﬆ celle-là, sans doute, qui a forcé longtemps toutes les autres à lui apporter leur argent, et qui n'en donne à personne. »

Alors on calcula combien de temps cet abus durerait, et l'on trouva, par l'évaluation des probabilités, que les ridicules qui ne coûtent rien augmenteraient toujours, et que les ridicules pour lesquels il faut payer diminueraient bien vite. On établit enfin qu'il y a entre les nations, comme entre les particuliers, une compensation de grandeur et de faiblesse, de science et d'ignorance, de bons et de mauvais usages, d'induﬆrie et de nonchalance, d'esprit et d'absurdité, qui les rend toutes à la longue à peu près égales.

Le résultat de cette savante conversation fut qu'on

devait donner le nom de *Francs* aux pillards, le nom de *Welches* aux pillés et aux sots, et celui de *Français* à tous les gens aimables.

LETTRE DE M. PANCKOUCKE A M. DE V.[1]

Paris, le 16 mai 1764.

J'ai trouvé dans le fonds de M. Lambert une partie d'édition d'un *Recueil* de vos romans, en trois volumes in-douze. Ce recueil contient *Candide, Zadig, Micromégas,* etc. Comme cette édition est presque consommée, je désirerais en donner une nouvelle au public, en y joignant les contes qui sont à la tête de Guillaume Vadé. J'ornerai cette édition d'estampes, de culs-de-lampe. Quoique j'aie acquis, Monsieur, par la cession de M. Lambert, le droit de réimprimer le *Recueil* de ces romans, je crois devoir vous en demander la permission, et je recevrai comme une grâce celle que vous voudrez m'accorder. Il y a bien de l'imprudence, sans doute, au libraire de *l'Année littéraire* de vous demander des grâces; mais je vous ai prié de croire, Monsieur, que je suis bien loin d'approuver tout ce que fait M. Fréron.

Il vous a donné sans doute bien des raisons de le haïr, et cependant lui, il ne vous hait point; personne n'a de vous une si haute estime; personne n'a plus lu vos ouvrages, et n'en sait davantage. Ces jours derniers, dans la chaleur de la conversation, il trahissait son secret, et disait du fond de son cœur que vous étiez le plus grand homme de notre siècle. Quand il lit vos immortels ouvrages, il est ensuite obligé de se déchirer les flancs pour en dire le mal qu'il n'en pense pas; mais vous l'avez martyrisé tout vivant par vos répliques, et ce qui doit lui être plus sensible, c'est que vous l'avez déshonoré dans la postérité; tous vos écrits resteront. Pensez-vous, Monsieur, que dans le secret il n'ait pas à gémir des rôles que vous lui faites jouer ? J'ai souvent désiré pour votre repos, pour ma satisfaction particulière et pour la tranquillité de M. Fréron, de voir la fin de ces querelles. Mais comment parler de paix dans une guerre continuelle ? Il faudrait au moins une trêve de deux mois; et si vous daigniez prendre confiance en moi, vous verriez,

Monsieur, que celui que vous regardez comme votre plus cruel ennemi, que vous traitez ainsi, deviendrait de votre admirateur secret votre admirateur public, etc.

RÉPONSE DE M. DE V.

AU SIEUR PANCKOUCKE, LIBRAIRE DE L'ANNÉE LITTÉRAIRE

Du 12 mai 1764, aux Délices.

Vous me mandez, Monsieur, que vous imprimez mes romans, et je vous réponds que si j'ai fait des romans, j'en demande pardon à Dieu; mais au moins je n'y ai jamais mis mon nom, pas plus qu'à mes autres sottises. On n'a jamais, Dieu merci, rien vu de moi contresigné et paraphé : *Cortiat*[1], *secrétaire*. Vous me dites que vous ornerez votre édition de *culs-de-lampe*. Remerciez Dieu, Monsieur, de ce qu'Antoine Vadé n'est plus au monde; il vous appellerait Welche, sans difficulté, et vous prouverait qu'un ornement, un fleuron, un petit cartouche, une petite vignette, ne ressemble ni à un *cul*, ni à une *lampe*.

Vous me proposez la paix avec maître Aliboron, dit Fréron, et vous me dites que c'est vous qui voulez bien lui faire sa litière; vous ajoutez qu'il m'a toujours estimé, et qu'il m'a toujours outragé. Vraiment voilà un bon petit caractère ! c'est-à-dire que quand il dira du bien de quelqu'un, on peut compter qu'il le méprise. Vous voyez bien qu'il n'a pu faire de moi qu'un ingrat, et il n'est guère possible que j'aie pour lui des sentiments dont vous dites qu'ils m'honorent.

PAIX EN TERRE AUX HOMMES DE BONNE VOLONTÉ; mais vous m'apprenez que maître Aliboron a toujours été de volonté très maligne; je n'ai jamais lu son *Année littéraire*, je vous en crois seulement sur votre parole.

Pour vous, Monsieur, je vois que vous êtes de la meilleure volonté du monde, et je suis très persuadé que vous n'avez imprimé contre moi rien que de fort plaisant pour réjouir la cour; ainsi je suis très pacifiquement, Monsieur, votre, etc.

CONFORMEZ-VOUS AUX TEMPS[1]

FEU M. de Montampui[2], mon bon ami, recteur de l'Université de Paris, eut envie un jour d'aller à une représentation de *Zaïre,* pièce très sainte, dans laquelle l'héroïne ne donne un rendez-vous que pour se faire baptiser.

M. le recteur n'avait d'autre parti à prendre que celui d'aller en fiacre de son collège à la Comédie, vêtu de son habit ordinaire, comme en usent tous les honnêtes gens de Paris; mais il crut, comme le P. Castel[3], que l'univers avait les yeux sur lui, et il le crut avec d'autant plus de raison qu'étant recteur de l'Université il avait, suivant la force du mot, inspection sur l'univers, lequel, par conséquent, le regardait continuellement. Il sentit que l'univers apprendrait avec étonnement qu'un nommé Montampui avait été à la comédie, et que tous les siècles en seraient scandalisés.

Montampui, ne voulant ni faire cette peine à l'univers, ni se priver de la comédie, prit le parti de se déguiser en femme. Il avait dans une vieille armoire un ajustement de sa grand'mère, décédée du temps de la Fronde. Le voilà qui s'affuble d'un cotillon de drap rouge, et d'un manteau feuille-morte. Il couvre sa vieille tête de recteur d'une coiffure à triple étage, surmontée d'un gros nœud de rubans rose-sèche.

Une paire d'engageantes rousses et déchirées laisse paraître dans tout leur avantage ses bras carrés et velus. Notre recteur, ainsi troussé, sort par une porte secrète du collège et court à celle de la Comédie.

Cette étrange figure attroupa le monde; on eut peu de respect pour madame; elle fut tiraillée, reconnue pour un vilain homme, et menée en prison, où elle demeura jusqu'à ce qu'elle eût avoué qu'elle était le recteur de l'Université de Paris, la fille aînée de nos rois. Si M. de Montampui avait eu dans la tête ce bel axiome : *Conformez-vous aux temps,* il n'aurait pas donné cette scène à l'univers.

Ce n'eſt pas la peine de recommander cette maxime aux courtisans : ils l'ont toujours fidèlement observée avec les hommes en place, *serviebant tempori,* comme dit Tacite. Les dames et les petits-maîtres ont toujours aussi révéré la mode, et même enchéri sur elle : ce n'eſt pas à ceux qui vont selon le temps, c'eſt à ceux que la deſtinée a mis à la tête des gouvernements que s'adresse ce petit discours.

Rois d'Angleterre, vous ne faites plus semblant de guérir des écrouelles depuis que votre peuple s'eſt aperçu que vous n'êtes pas médecins. La Société royale de Londres a vu clairement qu'il n'y a nul rapport physique ni métaphysique entre les prérogatives de la couronne d'Angleterre et des humeurs froides. Vous avez retranché cette cérémonie; vous vous êtes conformés aux temps.

Je suis persuadé qu'il y avait de très belles lois dans Athènes sur la récolte du gland, avant que Triptolème eût enseigné aux Grecs à semer du blé; mais quand les Athéniens eurent commencé à manger du pain, et à trouver cette nourriture meilleure que l'autre, alors toutes les lois sur le gland s'abolirent d'elles-mêmes, et les archontes furent obligés d'encourager l'agriculture.

Archevêque de Naples, le temps viendra où le sang de monsieur saint Janvier ou Gennaro ne bouillira plus quand on l'approchera de sa tête. Les gentilshommes napolitains et les bourgeois en sauront assez dans quelques siècles pour conclure que ce tour de passe-passe ne leur a pas valu un ducat; qu'il eſt absolument inutile à la prospérité du royaume et au bien-être des citoyens; que Dieu ne fait point de miracles à jour nommé, qu'il ne change point les lois qu'il a imposées à la nature. Quand ces notions seront descendues des nobles aux citadins, et de ceux-ci à la portion du peuple qui eſt capable de raison, alors on verra dans Naples ce qu'on vit dans la petite ville Egnatia, où du temps d'Horace l'encens brûlait de lui-même sans qu'on l'approchât du feu. Horace tourna le miracle en ridicule, et il ne se fit plus. C'eſt ainsi qu'on s'eſt défait du saint nombril de Jésus dans la ville de Châlons; c'eſt ainsi que les miracles sont partis de la moitié de l'Europe avec les reliques. Dès que la raison vient, les miracles s'en vont.

Tribunal ancien ou nouveau, qui siégez dans une grande ville irrégulière[1] composée de palais et de chaumières, dégoûtante et magnifique, habitée tour à tour par des sauvages, des demi-sauvages, des Welches, des Romains, des Francs, et enfin par des Français, il y a bien longtemps que vous n'avez promené dans les rues la prétendue carcasse de la bergère de Nanterre, et que Marcel et Geneviève ne se sont rencontrés sur le pont Notre-Dame pour nous donner de la pluie et du beau temps. Vous avez su que les bons bourgeois de Paris commençaient à soupçonner que ce n'eſt pas une petite fille de village qui dispose des saisons; mais que le Dieu qui arrangea la matière et qui forma les éléments eſt le seul maître absolu des airs et de la terre; et bientôt Geneviève, honorée modeſtement dans sa nouvelle église[2], ne partagera plus avec Dieu le domaine suprême de la nature.

Vous ne rendrez plus d'arrêts ni en faveur d'Ariſtote, ni contre l'émétique; on ne vous présentera plus de réquisitoire pour empêcher que l'inoculation ne conserve la vie de nos princes et de nos citoyens : vous vous conformerez aux temps.

Les temps approchent où l'on se lassera d'envoyer de l'argent à trois cents lieues de chez soi pour posséder en sûreté dans sa patrie des prés et des vignes accordés par le souverain.

On verra qu'il n'appartient pas plus à un Italien de se mêler de ce que pense un Français qu'il n'appartient à ce Français de prescrire à cet Italien ce qu'il doit penser. On sentira l'énorme et dangereux ridicule d'avoir dans un État un corps considérable de citoyens dépendants d'un maître étranger. Ce corps comprendra lui-même qu'il serait plus honoré, plus cher à la nation, si, réclamant son indépendance naturelle, il cessait d'employer à ses dépens une espèce de simonie pour se rendre esclave. Il se fortifiera dans cette idée sage et noble par l'exemple d'une île voisine. Alors vous ferez servir votre influence et votre pouvoir à briser des liens dont la nation s'indigne. Vous vous conformerez aux temps.

Il eſt plus beau, sans doute, de les préparer que de s'y conformer : car il y a peu de mérite à se nourrir des fruits que l'arrière-saison fait naître; mais c'en eſt un grand de préparer sa terre, par une sage culture, à porter de bonne heure les productions dont on n'aurait eu qu'une jouissance tardive.

L'opinion gouverne le monde; mais ce sont les sages qui à la longue dirigent cette opinion.

Quand ces sages ont enfin éclairé les hommes, il ne faut pas traiter avec eux comme on usait du temps de Pierre Lombard, de Scot et de Gilbert de La Porée[1].

Une société insociable, étrangère dans sa patrie, composée de gens de mérite, de sots, de fanatiques, de fripons, portait d'un bout de l'univers à l'autre l'étendard d'un homme qui prétend commander de droit divin à l'univers; elle avait fabriqué dans un coin, au nom de cet homme, cent et une flèches dont elle perçait dévotement ses ennemis : elle voulut persuader que ces flèches étaient d'or, et qu'elles étaient tombées du ciel.

Pour appuyer cette opinion, elle employa une espèce de magie. Les incrédules qui voulaient prouver que ces flèches n'étaient que de plomb se trouvaient tout d'un coup, sans savoir comment, à trois cents, à cinq cents milles de chez eux, ou dans un château voisin, obscur et mal meublé, dont ils ne sortaient point qu'ils n'eussent signé que les cent et une flèches étaient d'or très pur.

Vous avez enfin purgé le pays de ces magiciens; vous avez enfin vu de loin le temps où l'exécration publique les aurait exterminés. Non seulement vous vous êtes conformés aux temps, mais vous avez prévenu les temps.

Ne gâtez pas cette bonne œuvre, en écrasant le fanatisme d'une main, et en poursuivant la raison de l'autre.

Quand vous voyez cette raison faire des progrès si prodigieux, regardez-la comme une alliée qui peut venir à votre secours, et non comme une ennemie qu'il faut attaquer. Croyez qu'à la longue elle sera plus puissante que vous; osez la chérir, et non la craindre. Conformez-vous aux temps.

DE L'HORRIBLE DANGER DE LA LECTURE[1]

(1765)

Nous Joussouf-Chéribi, par la grâce de Dieu mouphti du Saint-Empire ottoman, lumière des lumières, élu entre les élus, à tous les fidèles qui ces présentes verront, sottise et bénédiction.

Comme ainsi soit que Saïd Effendi, ci-devant ambassadeur de la Sublime-Porte vers un petit État nommé Frankrom[2], situé entre l'Espagne et l'Italie, a rapporté parmi nous le pernicieux usage de l'imprimerie[3], ayant consulté sur cette nouveauté nos vénérables frères les cadis et imans de la ville impériale de Stamboul, et surtout les fakirs connus par leur zèle contre l'esprit, il a semblé bon à Mahomet et à nous de condamner, proscrire, anathématiser ladite infernale invention de l'imprimerie, pour les causes ci-dessous énoncées.

1. Cette facilité de communiquer ses pensées tend évidemment à dissiper l'ignorance, qui est la gardienne et la sauvegarde des États bien policés.

2. Il est à craindre que, parmi les livres apportés d'Occident, il ne s'en trouve quelques-uns sur l'agriculture et sur les moyens de perfectionner les arts mécaniques, lesquels ouvrages pourraient à la longue, ce qu'à Dieu ne plaise, réveiller le génie de nos cultivateurs et de nos manufacturiers, exciter leur industrie, augmenter leurs richesses, et leur inspirer un jour quelque élévation d'âme, quelque amour du bien public, sentiments absolument opposés à la saine doctrine.

3. Il arriverait à la fin que nous aurions des livres d'histoire dégagés du merveilleux qui entretient la nation dans une heureuse stupidité. On aurait dans ces livres l'imprudence de rendre justice aux bonnes et aux mauvaises actions, et de recommander l'équité et l'amour de la patrie, ce qui est visiblement contraire aux droits de notre placce.

4. Il se pourrait, dans la suite des temps, que de misérables philosophes, sous le prétexte spécieux, mais punissable, d'éclairer les hommes et de les rendre meilleurs, viendraient nous enseigner des vertus dangereuses dont le peuple ne doit jamais avoir de connaissance.

5. Ils pourraient, en augmentant le respect qu'ils ont pour Dieu, et en imprimant scandaleusement qu'il remplit tout de sa présence, diminuer le nombre des pèlerins de la Mecque, au grand détriment du salut des âmes.

6. Il arriverait sans doute qu'à force de lire les auteurs occidentaux qui ont traité des maladies contagieuses, et de la manière de les prévenir, nous serions assez malheureux pour nous garantir de la peste, ce qui serait un attentat énorme contre les ordres de la Providence.

A ces causes et autres, pour l'édification des fidèles et pour le bien de leurs âmes, nous leur défendons de jamais lire aucun livre, sous peine de damnation éternelle. Et, de peur que la tentation diabolique ne leur prenne de s'instruire, nous défendons aux pères et aux mères d'enseigner à lire à leurs enfants. Et, pour prévenir toute contravention à notre ordonnance, nous leur défendons expressément de penser, sous les mêmes peines; enjoignons à tous les vrais croyants de dénoncer à notre officialité quiconque aurait prononcé quatre phrases liées ensemble, desquelles on pourrait inférer un sens clair et net. Ordonnons que dans toutes les conversations on ait à se servir de termes qui ne signifient rien, selon l'ancien usage de la Sublime-Porte.

Et pour empêcher qu'il n'entre quelque pensée en contrebande dans la sacrée ville impériale, commettons spécialement le premier médecin de Sa Hautesse[1], né dans un marais de l'Occident septentrional; lequel médecin, ayant déjà tué quatre personnes augustes de la famille ottomane[2], est intéressé plus que personne à prévenir toute introduction de connaissances dans le pays; lui donnons pouvoir, par ces présentes, de faire saisir toute idée qui se présenterait par écrit ou de bouche aux portes de la ville, et nous amener ladite idée pieds et poings liés, pour lui être infligé par nous tel châtiment qu'il nous plaira.

Donné dans notre palais de la stupidité, le 7 de la lune de Muharem, l'an 1143 de l'hégire.

SENTIMENT DES CITOYENS[1]

APRÈS les *Lettres de la campagne* sont venues celles *de la montagne*. Voici les sentiments de la ville :

On a pitié d'un fou; mais quand la démence devient fureur, on le lie. La tolérance, qui eﬆt une vertu, serait alors un vice.

Nous avons plaint Jean-Jacques Rousseau, ci-devant citoyen de notre ville, tant qu'il s'eﬆt borné dans Paris au malheureux métier d'un bouffon qui recevait des nasardes à l'Opéra, et qu'on proﬆituait marchant à quatre pattes sur le théâtre de la Comédie.

A la vérité, ces opprobres retombaient en quelque façon sur nous : il était triﬆe pour un Genevois arrivant à Paris de se voir humilié par la honte d'un compatriote. Quelques-uns de nous l'avertirent, et ne le corrigèrent pas. Nous avons pardonné à ses romans, dans lesquels la décence et la pudeur sont aussi peu ménagées que le bon sens; notre ville n'était connue auparavant que par des mœurs pures et par des ouvrages solides qui attiraient les étrangers à notre Académie : c'eﬆ pour la première fois qu'un de nos citoyens l'a fait connaître par des livres qui alarment les mœurs, que les honnêtes gens méprisent, et que la piété condamne.

Lorsqu'il mêla l'irréligion à ses romans, nos magiﬆrats furent indispensablement obligés d'imiter ceux de Paris et de Berne[2], dont les uns le décrétèrent et les autres le chassèrent. Mais le conseil de Genève, écoutant encore sa compassion dans sa juﬆice, laissait une porte ouverte au repentir d'un coupable égaré qui pouvait revenir dans sa patrie et y mériter sa grâce.

Aujourd'hui la patience n'eﬆ-elle pas lassée quand il ose publier un nouveau libelle dans lequel il outrage avec fureur la religion chrétienne, la réformation qu'il professe, tous les miniﬆres du saint Évangile, et tous les corps de l'État ? La démence ne peut plus servir d'excuse quand elle fait commettre des crimes.

Il aurait beau dire à présent : « Reconnaissez ma maladie du cerveau à mes inconséquences et à mes contradictions », il n'en demeurera pas moins vrai que cette folie l'a poussé jusqu'à insulter à Jésus-Christ, jusqu'à imprimer que « l'*Évangile* est un livre scandaleux, téméraire, impie, dont la morale est d'apprendre aux enfants à renier leur mère et leurs frères, etc.[1] ». Je ne répéterai pas les autres paroles, elles font frémir. Il croit en déguiser l'horreur en les mettant dans la bouche d'un contradicteur; mais il ne répond point à ce contradicteur imaginaire. Il n'y en a jamais eu d'assez abandonné pour faire ces infâmes objections et pour tordre si méchamment le sens naturel et divin des paraboles de notre Sauveur. Figurons-nous, ajoute-t-il, une âme infernale analysant ainsi l'*Évangile*. Eh ! qui l'a jamais ainsi analysé ? Où est cette âme infernale[a] ? Lamettrie, dans son *Homme-machine,* dit qu'il a connu un dangereux athée dont il rapporte les raisonnements sans les réfuter. On voit assez qui était cet athée; il n'est pas permis assurément d'étaler de tels poisons sans présenter l'antidote.

Il est vrai que Rousseau, dans cet endroit même, se compare à Jésus-Christ avec la même humilité qu'il a dit que nous lui devions dresser une statue. On sait que cette comparaison est un des accès de sa folie. Mais une folie qui blasphème à ce point peut-elle avoir d'autre médecin que la même main qui a fait justice de ses autres scandales ?

S'il a cru préparer dans son style obscur une excuse à ses blasphèmes, en les attribuant à un délateur imaginaire, il n'en peut avoir aucune pour la manière dont il parle des miracles de notre Sauveur. Il dit nettement, sous son propre nom : « Il y a des miracles dans l'*Évangile* qu'il n'est pas possible de prendre au pied de la lettre sans renoncer au bon sens »; il tourne en ridicule tous les prodiges que Jésus daigna opérer pour établir la religion.

Nous avouons encore ici la démence qu'il a de se dire chrétien quand il sape le premier fondement du christianisme; mais cette folie ne le rend que plus criminel. Être chrétien et vouloir détruire le christianisme n'est pas seulement d'un blasphémateur, mais d'un traître.

Après avoir insulté Jésus-Christ, il n'est pas surprenant qu'il outrage les ministres de son saint Évangile.

Il traite une de leurs professions de foi d'amphigouri, terme bas et de jargon qui signifie déraison. Il compare leur déclaration aux plaidoyers de Rabelais[1] : « Ils ne savent, dit-il, ni ce qu'ils croient, ni ce qu'ils veulent, ni ce qu'ils disent. »

« On ne sait, dit-il ailleurs[2], ni ce qu'ils croient, ni ce qu'ils ne croient pas, ni ce qu'ils font semblant de croire. »

Le voilà donc qui les accuse de la plus noire hypocrisie sans la moindre preuve, sans le moindre prétexte. C'est ainsi qu'il traite ceux qui lui ont pardonné sa première apostasie, et qui n'ont pas eu la moindre part à la punition de la seconde, quand ses blasphèmes, répandus dans un mauvais roman, ont été livrés au bourreau. Y a-t-il un seul citoyen parmi nous qui, en pesant de sang-froid cette conduite, ne soit indigné contre le calomniateur ?

Est-il permis à un homme né dans notre ville d'offenser à ce point nos pasteurs, dont la plupart sont nos parents et nos amis, et qui sont quelquefois nos consolateurs ? Considérons qui les traite ainsi : est-ce un savant qui dispute contre des savants ? Non, c'est l'auteur d'un opéra et de deux comédies sifflées. Est-ce un homme de bien qui, trompé par un faux zèle, fait des reproches indiscrets à des hommes vertueux ? Nous avouons avec douleur et en rougissant que c'est un homme qui porte encore les marques funestes de ses débauches, et qui, déguisé en saltimbanque, traîne avec lui de village en village, et de montagne en montagne, la malheureuse dont il fit mourir la mère, et dont il a exposé les enfants à la porte d'un hôpital en rejetant les soins qu'une personne charitable voulait avoir d'eux, et en abjurant tous les sentiments de la nature comme il dépouille ceux de l'honneur et de la religion[3].

C'est donc là celui qui ose donner des conseils à nos concitoyens (nous verrons bientôt quels conseils) ! C'est donc là celui qui parle des devoirs de la société !

Certes il ne remplit pas ces devoirs quand, dans le même libelle, trahissant la confiance d'un ami[4], il fait imprimer une de ses lettres pour brouiller ensemble trois pasteurs. C'est ici qu'on peut dire, avec un des premiers hommes de l'Europe, de ce même écrivain, auteur d'un roman d'éducation, que, pour élever un jeune homme, il faut commencer par avoir été bien élevé[1].

Venons à ce qui nous regarde particulièrement, à notre ville, qu'il voudrait bouleverser parce qu'il y a été repris de justice. Dans quel esprit rapporte-t-il nos troubles assoupis ? Pourquoi réveille-t-il nos anciennes querelles et nous parle-t-il de nos malheurs ? Veut-il que nous nous égorgions[2] parce qu'on a brûlé un mauvais livre à Paris et à Genève ? Quand notre liberté et nos droits seront en danger, nous les défendrons bien sans lui. Il est ridicule qu'un homme de sa sorte, qui n'est plus notre concitoyen, nous dise :

« Vous n'êtes ni des Spartiates[3], ni des Athéniens; vous êtes des marchands, des artisans, des bourgeois, occupés de vos intérêts privés et de votre gain. » Nous n'étions pas autre chose quand nous résistâmes à Philippe II et au duc de Savoie; nous avons acquis notre liberté par notre courage et au prix de notre sang, et nous la maintiendrons de même.

Qu'il cesse de nous appeler esclaves, nous ne le serons jamais. Il traite de tyrans les magistrats de notre république, dont les premiers sont élus par nous-mêmes. « On a toujours vu[4], dit-il, dans le conseil des deux-cents, peu de lumières, et encore moins de courage. » Il cherche par des mensonges accumulés à exciter les deux-cents contre le petit conseil; les pasteurs contre ces deux corps, et enfin tous contre tous, pour nous exposer au mépris et à la risée de nos voisins. Veut-il nous animer en nous outrageant ? Veut-il renverser notre constitution en la défigurant, comme il veut renverser le christianisme, dont il ose faire profession ? Il suffit d'avertir que la ville qu'il veut troubler le désavoue avec horreur. S'il a cru que nous tirerions l'épée pour le roman d'*Émile,* il peut mettre cette idée dans le nombre de ses ridicules et de ses folies. Mais il faut lui apprendre que si on châtie légèrement un romancier impie, on punit capitalement un vil séditieux.

CONVERSATION
DE LUCIEN, ÉRASME ET RABELAIS
DANS LES CHAMPS-ÉLYSÉES[1]

Lucien fit, il y a quelque temps, connaissance avec Érasme, malgré sa répugnance pour tout ce qui venait des frontières de l'Allemagne. Il ne croyait pas qu'un Grec dût s'abaisser à parler avec un Batave; mais ce Batave lui ayant paru un mort de bonne compagnie, ils eurent ensemble cet entretien.

LUCIEN

Vous avez donc fait dans un pays barbare le même métier que je faisais dans le pays le plus poli de la terre; vous vous êtes moqué de tout ?

ÉRASME

Hélas ! je l'aurais bien voulu; c'eût été une grande consolation pour un pauvre théologien tel que je l'étais; mais je ne pouvais prendre les mêmes libertés que vous avez prises.

LUCIEN

Cela m'étonne : les hommes aiment assez qu'on leur montre leurs sottises en général, pourvu qu'on ne désigne personne en particulier; chacun applique alors à son voisin ses propres ridicules, et tous les hommes rient aux dépens les uns des autres. N'en était-il donc pas de même chez vos contemporains ?

ÉRASME

Il y avait une énorme différence entre les gens ridicules de votre temps et ceux du mien : vous n'aviez affaire qu'à des dieux qu'on jouait sur le théâtre, et à des philosophes qui avaient encore moins de crédit que les dieux; mais, moi, j'étais entouré de fanatiques, et j'avais besoin d'une grande circonspection pour n'être pas brûlé par les uns ou assassiné par les autres.

LUCIEN

Comment pouviez-vous rire dans cette alternative ?

ÉRASME

Aussi je ne riais guère; et je passai pour être beaucoup plus plaisant que je ne l'étais : on me crut fort gai et fort ingénieux, parce qu'alors tout le monde était triste. On s'occupait profondément d'idées creuses qui rendaient les hommes atrabilaires. Celui qui pensait qu'un corps peut être en deux endroits à la fois était prêt d'égorger celui qui expliquait la même chose d'une manière différente. Il y avait bien pis : un homme de mon état qui n'eût point pris de parti entre ces deux factions eût passé pour un monstre.

LUCIEN

Voilà d'étranges hommes que les barbares avec qui vous viviez ! De mon temps, les Gètes et les Massagètes étaient plus doux et plus raisonnables; et quelle était donc votre profession dans l'horrible pays que vous habitiez ?

ÉRASME

J'étais moine hollandais.

LUCIEN

Moine ! quelle est cette profession-là ?

ÉRASME

C'est celle de n'en avoir aucune, de s'engager par un serment inviolable à être inutile au genre humain, à être absurde et esclave, et à vivre aux dépens d'autrui.

LUCIEN

Voilà un bien vilain métier ! Comment avec tant d'esprit aviez-vous pu embrasser un état qui déshonore la nature humaine ? Passe encore pour vivre aux dépens d'autrui, mais faire vœu de n'avoir pas le sens commun et de perdre sa liberté !

ÉRASME

C'eſt qu'étant fort jeune, et n'ayant ni parents ni amis, je me laissai séduire par des gueux qui cherchaient à augmenter le nombre de leurs semblables.

LUCIEN

Quoi ! il y avait beaucoup d'hommes de cette espèce ?

ÉRASME

Ils étaient en Europe environ six à sept cent mille.

LUCIEN

Juſte ciel ! le monde eſt donc devenu bien sot et bien barbare depuis que je l'ai quitté ! Horace l'avait bien dit que tout irait en empirant !

Progeniem vitiosiorem.

(Liv. III, od. VI, 5 dern.)

ÉRASME

Ce qui me console, c'eſt que tous les hommes, dans le siècle où j'ai vécu, étaient montés au dernier échelon de la folie; il faudra bien qu'ils en descendent, et qu'il y en ait quelques-uns parmi eux qui retrouvent enfin un peu de raison.

LUCIEN

C'eſt de quoi je doute fort. Dites-moi, je vous prie, quelles étaient les principales folies de votre temps.

ÉRASME

Tenez, en voici une liſte que je porte toujours avec moi; lisez.

LUCIEN

Elle eſt bien longue.

Lucien lit, et éclate de rire ; Rabelais survient.

RABELAIS

Messieurs, quand on rit je ne suis pas de trop; de quoi s'agit-il ?

LUCIEN ET ÉRASME

D'extravagances.

RABELAIS

Ah ! je suis votre homme.

LUCIEN, *à Érasme.*

Quel eſt cet original ?

ÉRASME

C'eſt un homme qui a été plus hardi que moi et plus plaisant; mais il n'était que prêtre, et pouvait prendre plus de liberté que moi, qui étais moine.

LUCIEN, *à Rabelais.*

Avais-tu fait, comme Érasme, vœu de vivre aux dépens d'autrui ?

RABELAIS

Doublement, car j'étais prêtre et médecin. J'étais né fort sage, je devins aussi savant qu'Érasme; et, voyant que la sagesse et la science ne menaient communément qu'à l'hôpital ou au gibet; voyant même que ce demi-plaisant d'Érasme était quelquefois persécuté, je m'avisai d'être plus fou que tous mes compatriotes ensemble; je composai un gros livre de contes à dormir debout, rempli d'ordures, dans lequel je tournai en ridicule toutes les superſtitions, toutes les cérémonies, tout ce qu'on révérait dans mon pays, toutes les conditions, depuis celle de roi et de grand pontife jusqu'à celle de docteur en théologie, qui eſt la dernière de toutes : je dédiai mon livre à un cardinal[1], et je fis rire jusqu'à ceux qui me méprisent.

LUCIEN

Qu'eſt-ce qu'un cardinal, Érasme ?

ÉRASME

C'eſt un prêtre vêtu de rouge, à qui on donne cent mille écus de rente pour ne rien faire du tout.

LUCIEN

Vous m'avouerez du moins que ces cardinaux-là étaient raisonnables. Il faut bien que tous vos concitoyens ne fussent pas si fous que vous le dites.

ÉRASME

Que M. Rabelais me permette de prendre la parole. Les cardinaux avaient une autre espèce de folie : c'était celle de dominer; et comme il est plus aisé de subjuguer des sots que des gens d'esprit, ils voulurent assommer la raison, qui commençait à lever la tête. M. Rabelais, que vous voyez, imita le premier Brutus, qui contrefit l'insensé pour échapper à la défiance et à la tyrannie des Tarquins.

LUCIEN

Tout ce que vous me dites me confirme dans l'opinion qu'il valait mieux vivre dans mon siècle que dans le vôtre. Ces cardinaux dont vous me parlez étaient donc les maîtres du monde entier, puisqu'ils commandaient aux fous ?

RABELAIS

Non; il y avait un vieux fou au-dessus d'eux.

LUCIEN

Comment s'appelait-il ?

RABELAIS

Un papegaut. La folie de cet homme consistait à se dire infaillible, et à se croire le maître des rois; et il l'avait tant dit, tant répété, tant fait crier par les moines, qu'à la fin presque toute l'Europe en fut persuadée.

LUCIEN

Ah ! que vous l'emportez sur nous en démence ! Les fables de Jupiter, de Neptune, et de Pluton, dont je me suis tant moqué, étaient des choses respectables en comparaison des sottises dont votre monde a été infatué. Je ne saurais comprendre comment vous avez pu parvenir à tourner en ridicule, avec sécurité, des gens qui devaient craindre le ridicule encore plus qu'une conspiration. Car enfin on ne se moque pas de ses maîtres impunément, et j'ai été assez sage pour ne pas dire un seul mot des empereurs romains. Quoi ! votre nation adorait un papegaut ! Vous donniez à ce papegaut tous les ridicules imaginables, et votre nation le souffrait ! Elle était donc bien patiente ?

RABELAIS

Il faut que je vous apprenne ce que c'était que ma nation. C'était un composé d'ignorance, de superstition, de bêtise, de cruauté, et de plaisanterie. On commença par faire pendre et par faire cuire tous ceux qui parlaient sérieusement contre les papegauts et les cardinaux. Le pays des Welches, dont je suis natif, nagea dans le sang; mais dès que ces exécutions étaient faites, la nation se mettait à danser, à chanter, à faire l'amour, à boire et à rire. Je pris mes compatriotes par leur faible; je leur parlai de boire, je dis des ordures, et avec ce secret tout me fut permis. Les gens d'esprit y entendirent finesse, et m'en surent gré; les gens grossiers ne virent que les ordures, et les savourèrent; tout le monde m'aima, loin de me persécuter.

LUCIEN

Vous me donnez une grande envie de voir votre livre. N'en auriez-vous point un exemplaire dans votre poche ? Et vous, Érasme, pourriez-vous aussi me prêter vos facéties ?

Ici Érasme et Rabelais donnent leurs ouvrages à Lucien, qui en lit quelques morceaux, et, pendant qu'il lit, ces deux philosophes s'entretiennent.

RABELAIS, *à Érasme.*

J'ai lu vos écrits, et vous n'avez pas lu les miens, parce que je suis venu un peu après vous. Vous avez peut-être été trop réservé dans vos railleries, et moi trop hardi dans les miennes; mais à présent nous pensons tous deux de même. Pour moi, je ris quand je vois un docteur arriver dans ce pays-ci.

ÉRASME

Et moi, je le plains; je dis : Voilà un malheureux qui s'est fatigué toute sa vie à se tromper, et qui ne gagne rien ici à sortir d'erreur.

RABELAIS

Comment donc ! n'est-ce rien d'être détrompé ?

ÉRASME

C'est peu de chose quand on ne peut plus détromper les autres. Le grand plaisir est de montrer le chemin à ses amis qui s'égarent, et les morts ne demandent leur chemin à personne.

Érasme et Rabelais raisonnèrent assez longtemps. Lucien revint après avoir lu le chapitre des Torcheculs[1], et quelques pages de l'*Éloge de la Folie*. Ensuite, ayant rencontré le docteur Swift, ils allèrent tous quatre souper ensemble.

DES PAÏENS
ET DES SOUS-FERMIERS[1]

Un jour le cardinal de Fleury, en présentant au roi les fermiers généraux qui venaient signer un bail : « Voilà, dit-il, Sire, les quarante colonnes de l'État[2]. »

Quelques jours après, un sous-fermier, nommé Blaise Rabau (car il y avait alors des sous-fermiers), alla le dimanche au sermon de la paroisse dans sa terre près de Beaugency, pour édifier ses vassaux; le prédicateur avait pris pour texte : « Qui n'écoute pas l'Église soit regardé comme un païen ou comme un publicain[3] ! »

M. Rabau, accompagné de ses amis, sortit en colère, et emmena sa compagnie, aussi indignée que lui. Le prédicateur du village, qui n'y entendait point finesse, alla se présenter à souper chez son seigneur, selon sa coutume : « Vous êtes bien insolent, lui dit M. Rabau, de m'insulter en chaire, et de m'appeler païen ! Je vous ferai condamner par la chambre de Valence. Apprenez que si les fermiers sont les colonnes de l'État, j'en suis au moins un chapiteau. Où avez-vous pêché, s'il vous plaît, les injures que vous me dites ?

— Monseigneur, réplique le prédicateur, je vous demande pardon, ce n'est pas ma faute, le texte est de l'Écriture.

— Qu'on la réforme, dit M. Rabau; je vous en charge, et vous en répondrez à mes commis. »

Le prédicateur restait muet et confus. Un énorme receveur des tailles, qui était assis auprès du seigneur, prit alors la parole et dit : « Je ne lis jamais que des édits du roi sur les finances; je ne sais ce que c'est que païen et publicain; s'il y a en effet un livre où il soit mal parlé des receveurs de tailles, c'est un livre contre l'État et les bonnes mœurs; j'en parlerai à M. l'intendant, qui certainement fera condamner le livre au premier concile. » Toute la compagnie parla avec la même énergie.

« Quoi ! disait M. Blaise Rabau, je vous paye pour venir prêcher dans ma paroisse, et votre texte me dit des injures ! Quel rapport, s'il vous plaît, entre un païen et un fermier des aides et gabelles ? Ne suis-je pas un homme nécessaire à l'État ? La société peut-elle subsister sans qu'il y ait des citoyens chargés du recouvrement des deniers publics ? Ceux qui les percevaient chez les Romains n'étaient-ils pas chevaliers ? non pas chevaliers de Saint-Michel, mais chevaliers avec un gros anneau d'or. Ne formaient-ils pas le second ordre de la république, comme je l'ai ouï dire à un savant de l'Académie des Inscriptions et Belles-Lettres, qui vient dîner chez moi tous les mardis, et qui s'en va dès qu'il a mangé ? Il ne m'a jamais dit que ces gens-là fussent damnés à Rome. Un fermier général ne peut avoir été mis dans le rang des païens que par des gueux qui n'ont pas de quoi payer, et qui veulent plaire à la populace. Remarquez que tous ces drôles qui déclament contre les riches n'ont jamais eu de pot-au-feu, et viennent nous demander à souper. Ne manquez pas de m'apporter votre rétractation par écrit, afin que je la paraphe.

— Monseigneur, lui répliqua le révérend père prédicateur, il me vient une idée : on pourrait accommoder les choses ; il est vrai que les publicains sont toujours mis dans l'Écriture avec les païens ; mais vous n'êtes point païen, donc vous n'êtes point publicain. »

Blaise Rabau, après avoir rêvé, lui dit : « Père, qu'entendez-vous donc par publicain ?

— Il me semble, dit l'orateur, que publicain vient de public, et qu'il n'y a de damnés que ceux qui lèvent les deniers publics. »

A cette fatale réponse, une juste colère transporta toute l'assemblée ; on allait jeter le père par les fenêtres, quand il leur dit : « Messieurs, cette sentence éternelle ne vous regarde pas ; encore une fois, vous n'êtes pas publicains.

— Comment cela, maraud ? dit M. Rabau, qui ne se possédait plus.

— C'est, dit le prédicateur, que les publicains, chez les Grecs et chez les Romains, étaient ceux qui recevaient les deniers du public : ils en rendaient compte au public, et c'est pour cela qu'ils étaient excommuniés ; mais vous, Messieurs, vous percevez les deniers du roi, vous ne rendez point compte au public : ainsi l'anathème ne peut être pour vous, et vous ne trouverez nulle part que les sous-fermiers du roi soient excommuniés.

— Ah ! mon Révérend Père, que vous êtes un galant homme ! s'écria M. Rabau. Mais si vous étiez à Venise, où les trésoriers rendent compte de leur maniement à la république, comment expliqueriez-vous votre texte ?

— Oh ! dit le père, rien n'est plus aisé; je ferais voir évidemment que l'anathème n'est prononcé que contre les fermiers d'un royaume : et c'est ainsi que nous expliquons tous les textes. »

LES ANCIENS ET LES MODERNES

OU

LA TOILETTE DE MADAME DE POMPADOUR[1]

(1765)

MADAME DE POMPADOUR

Quelle est donc cette dame au nez aquilin, aux grands yeux noirs, à la taille si haute et si noble, à la mine si fière et en même temps si coquette, qui entre à ma toilette sans se faire annoncer, et qui fait la révérence en religieuse ?

TULLIA

Je suis Tullia, née à Rome, il y a environ dix-huit cents ans; je fais la révérence à la romaine, et non à la française; je suis venue je ne sais d'où pour voir votre pays, votre personne et votre toilette.

MADAME DE POMPADOUR

Ah ! Madame, faites-moi l'honneur de vous asseoir. Un fauteuil à madame Tullia.

TULLIA

Qui ? Moi, Madame, que je m'asseye sur cette espèce de petit trône incommode, pour que mes jambes pendent à terre et deviennent toutes rouges.

MADAME DE POMPADOUR

Comment vous asseyez-vous donc, Madame ?

TULLIA

Sur un bon lit, Madame.

MADAME DE POMPADOUR

Ah ! j'entends; vous voulez dire sur un bon canapé. En voilà un sur lequel vous pouvez vous étendre fort à votre aise.

TULLIA

J'aime à voir que les Françaises sont aussi bien meublées que nous.

MADAME DE POMPADOUR

Ah ! Ah ! Madame, vous n'avez point de bas : vos jambes sont nues ! Vraiment elles sont ornées d'un ruban fort joli, en forme de brodequin.

TULLIA

Nous ne connaissons point les bas; c'est une invention agréable et commode que je préfère à nos brodequins.

MADAME DE POMPADOUR

Dieu me pardonne ! Madame, je crois que vous n'avez point de chemise !

TULLIA

Non, Madame, nous n'en portions point de notre temps.

MADAME DE POMPADOUR

Et dans quel temps viviez-vous, Madame ?

TULLIA

Du temps de Sylla, de Pompée, de César, de Caton, de Catilina, de Cicéron, dont j'ai l'honneur d'être la fille; de ce Cicéron qu'un de vos protégés a fait parler en vers barbares[1]. J'allai hier à la Comédie de Paris; on y jouait *Catilina* et tous les personnages de mon temps : je n'en reconnus pas un. Mon père m'exhortait à faire des avances à Catilina; je fus bien surprise. Mais, Madame, il me semble que vous avez là de beaux miroirs, votre chambre en est pleine. Nos miroirs n'étaient pas la sixième partie des vôtres. Sont-ils d'acier ?

MADAME DE POMPADOUR

Non, Madame; ils sont faits avec du sable, et rien n'est si commun parmi nous.

TULLIA

Voilà un bel art; j'avoue que cet art nous manquait. Ah ! le joli tableau que vous avez là !

MADAME DE POMPADOUR

Ce n'est point un tableau, c'est une estampe : cela n'est fait qu'avec du noir de fumée; on en tire cent copies en un jour, et ce secret éternise les tableaux que le temps consume.

TULLIA

Ce secret est admirable : nos Romains n'ont jamais eu rien de pareil.

UN SAVANT, *qui assistait à la toilette, prit alors la parole, et dit à Tullia en tirant un livre de sa poche :*

Vous serez bien plus étonnée, Madame, quand vous saurez que ce livre n'est point écrit à la main, qu'il est imprimé à peu près comme ces estampes, et que cette invention éternise aussi les ouvrages de l'esprit.

Le savant présenta son livre à Tullia; c'était un recueil de vers pour Mme la marquise : Tullia en lut une page, admira les caractères, et dit à l'auteur :

TULLIA

Monsieur, l'impression est une belle chose; et si elle peut immortaliser de pareils vers, cela me paraît le plus grand effort de l'art. Mais n'auriez-vous pas du moins employé cette invention à imprimer les ouvrages de mon père ?

LE SAVANT

Oui, Madame; mais on ne les lit plus. J'en suis fâché pour monsieur votre père; mais aujourd'hui nous ne connaissons guère que son nom.

Alors on apporta du chocolat, du thé, du café, des glaces. Tullia fut étonnée de voir en été de la crème et des groseilles gelées. On lui dit que ces boissons figées avaient été composées en six minutes par le moyen du salpêtre dont on les avait entourées, et que c'était avec du mouvement qu'on avait produit cette fixation et ce froid glaçant. Elle demeura interdite d'admiration. La noirceur du chocolat et du café lui inspira quelque dégoût; elle demanda comment ces liqueurs étaient extraites des plantes du pays. Un duc et pair qui se trouva là lui répondit :

Les fruits dont ces boissons sont composées viennent d'un autre monde, et du fond de l'Arabie.

TULLIA

Pour l'Arabie, je la connais; mais je n'avais jamais entendu parler de ce que vous appelez café; et pour l'autre monde, je ne connais que celui d'où je viens : je vous assure qu'il n'y a point de chocolat dans ce monde-là.

M. LE DUC

Le monde dont on vous parle, Madame, est un continent nommé l'Amérique, presque aussi grand que l'Asie, l'Europe et l'Afrique ensemble, et dont on a des nouvelles beaucoup plus certaines que de celui d'où vous venez.

TULLIA

Comment ! Nous qui nous appelions les maîtres de l'univers, nous n'en aurions donc possédé que la moitié ! Cela est humiliant.

LE SAVANT, *piqué de ce que Mme Tullia avait trouvé ses vers mauvais, lui répliqua brusquement :*

Vos Romains, qui se vantaient d'être les maîtres de l'univers, n'en avaient pas conquis la vingtième partie. Nous avons à présent au bout de l'Europe un empire qui est plus vaste lui seul que l'empire romain; encore est-il gouverné par une femme qui a plus d'esprit que vous, qui est plus belle que vous, et qui porte des chemises. Si elle lisait mes vers, je suis sûr qu'elle les trouverait bons.

Mme la marquise fit taire le savant qui manquait de respect à une dame romaine, à la fille de Cicéron. M. le duc expliqua comment on avait découvert l'Amérique; et, tirant sa montre, à laquelle pendait galamment une petite boussole, il lui fit voir que c'était avec une aiguille qu'on était arrivé dans un autre hémisphère. La surprise de la Romaine redoublait à chaque mot qu'on lui disait et à chaque chose qu'elle voyait; elle s'écria enfin :

TULLIA

Je commence à craindre que les modernes ne l'emportent sur les anciens; j'étais venue pour m'en éclaircir, et je sens que je vais rapporter de tristes nouvelles à mon père.

Voici ce que lui répondit M. LE DUC :

Consolez-vous, Madame; nul homme n'approche parmi nous de votre illustre père, pas même l'auteur de la *Gazette ecclésiastique,* ou celui du *Journal chrétien ;* nul homme n'approche de César, avec qui vous avez vécu, ni de vos Scipions, qui l'avaient précédé. Il se peut que la nature forme aujourd'hui, comme autrefois, de ces âmes sublimes; mais ce sont de beaux germes qui ne viennent point à maturité dans un mauvais terrain.

Il n'en est pas de même des arts et des sciences; le temps et d'heureux hasards les ont perfectionnés. Il nous est plus aisé, par exemple, d'avoir des Sophocle et des Euripide que des personnages semblables à monsieur votre père, parce que nous avons des théâtres, et que nous ne pouvons avoir de tribune aux harangues. Vous avez sifflé la tragédie de *Catilina ;* mais quand vous verrez jouer *Phèdre,* vous conviendrez peut-être que le rôle de Phèdre, dans Racine, est prodigieusement supérieur au modèle que vous connaissez dans Euripide. J'espère que vous conviendrez que notre Molière l'emporte sur votre Térence. J'aurai l'honneur, si vous le permettez, de vous donner la main à l'Opéra, et vous serez étonnée d'entendre chanter en parties. C'est encore là un art qui vous était inconnu.

Voici, Madame, une petite lunette; ayez la bonté d'appliquer votre œil à ce verre, regardez cette maison qui est à une lieue.

TULLIA

Par les dieux immortels, cette maison est au bout de ma lunette, et beaucoup plus grande qu'elle ne paraissait !

M. LE DUC

Eh bien ! Madame, c'est avec ce joujou que nous avons vu de nouveaux cieux, comme c'est avec une aiguille que nous avons connu un nouvel hémisphère. Voyez-vous cet autre instrument verni dans lequel il y a un petit tuyau de verre proprement enchâssé ? C'est cette bagatelle qui nous a fait découvrir la quantité juste de la pesanteur de l'air.

Enfin, après bien des tâtonnements, il est venu un homme qui a découvert le premier ressort de la nature, la cause de la pesanteur, et qui a démontré que les astres pèsent sur la terre, et la terre sur les astres. Il a parfilé la lumière du soleil, comme nos dames parfilent une étoffe d'or.

TULLIA

Qu'est-ce que parfiler, Monsieur ?

M. LE DUC

Madame, l'équivalent de ce mot ne se trouve pas dans les oraisons de Cicéron. C'est effiler une étoffe, la détisser fil à fil, et en séparer l'or : c'est ce que Newton a fait des rayons du soleil; les astres lui ont été soumis, et un nommé Locke en a fait autant de l'entendement humain.

TULLIA

Vous en savez beaucoup pour un duc et pair; vous me paraissez plus savant que ce savant qui veut que je trouve ses vers bons, et vous êtes beaucoup plus poli que lui.

M. LE DUC

Madame, c'est que j'ai été mieux élevé; mais pour ma science, elle est très commune : les jeunes gens, en sortant des écoles, en savent plus que tous vos philosophes de l'antiquité. C'est dommage seulement que nous ayons, dans notre Europe, substitué une demi-douzaine de jargons très imparfaits à la belle langue latine dont votre père fit un si admirable usage; mais avec des instruments grossiers nous n'avons pas laissé de faire de très bons ouvrages, même dans les belles-lettres.

TULLIA

Il faut que les nations qui ont succédé à l'empire romain aient toujours vécu dans une paix profonde, et qu'il y ait eu une suite continue de grands hommes depuis mon père jusqu'à vous, pour qu'on ait pu inventer tant d'arts nouveaux, et que l'on soit parvenu à connaître si bien le ciel et la terre ?

M. LE DUC

Point du tout, Madame; nous sommes des barbares qui sommes venus presque tous de la Scythie détruire votre empire, et les arts, et les sciences. Nous avons vécu sept à huit cents ans comme des sauvages; et, pour comble de barbarie, nous avons été inondés d'une espèce d'hommes, nommés les moines, qui ont abruti, dans l'Europe, le genre humain, que vous aviez éclairé et subjugué. Ce qui vous étonnera, c'est que, dans les derniers siècles de cette barbarie, c'est parmi ces moines mêmes, parmi ces ennemis de la raison, que la nature a suscité des hommes utiles. Les uns ont inventé l'art de secourir la vue affaiblie par l'âge[1]; les autres ont pétri du salpêtre avec du charbon[2], et cela nous a valu des instruments de guerre avec lesquels nous aurions exterminé les Scipion, Alexandre, et César, et la phalange macédonienne, et toutes vos légions : ce n'est pas que nous soyons plus grands capitaines que les Scipion, les Alexandre, et les César; mais c'est que nous avons de meilleures armes.

TULLIA

Je vois toujours en vous la politesse d'un grand seigneur avec l'érudition d'un homme d'État; vous auriez été digne d'être sénateur romain.

M. LE DUC

Ah ! Madame, vous êtes bien plus digne d'être à la tête de notre cour.

MADAME DE POMPADOUR

Madame aurait été trop dangereuse pour moi.

TULLIA

Consultez vos beaux miroirs faits avec du sable, et vous verrez que vous n'aurez rien à craindre. Eh bien ! Monsieur, vous disiez donc le plus poliment du monde que vous en savez beaucoup plus que nous ?

M. LE DUC

Je disais, Madame, que les derniers siècles sont toujours plus instruits que les premiers, à moins qu'il n'y ait eu quelque révolution générale qui ait absolument détruit tous les monuments de l'antiquité. Nous avons eu des révolutions horribles, mais passagères; et dans ces orages on a été assez heureux pour conserver les ouvrages de votre père, et ceux de quelques autres grands hommes : ainsi le feu sacré n'a jamais été totalement éteint, et il a produit à la fin une lumière presque universelle. Nous sifflons les scolastiques barbares qui ont régné longtemps parmi nous; mais nous respectons Cicéron et tous les anciens qui nous ont appris à penser. Si nous avons d'autres lois de physique que celles de votre temps, nous n'avons point d'autre règle d'éloquence; et voilà peut-être de quoi terminer la querelle entre les anciens et les modernes.

Toute la compagnie fut de l'avis de M. le duc. On alla ensuite à l'opéra de *Castor et Pollux*. Tullia fut très contente des paroles et de la musique, quoi qu'on die. Elle avoua qu'un tel spectacle valait mieux qu'un combat de gladiateurs.

LES DERNIÈRES PAROLES
D'ÉPICTÈTE A SON FILS[1]

ÉPICTÈTE

Je vais mourir; j'attends de vous un souvenir tendre, et non des larmes inutiles; je meurs content, puisque je vous laisse vertueux.

LE FILS

Vous m'avez enseigné à l'être, mais vous savez quel trouble m'agite. Une nouvelle secte de la Palestine cherche à me donner des remords.

ÉPICTÈTE

Des remords ! il n'appartient qu'aux scélérats d'en éprouver. Vos mains et votre âme sont pures. Je vous ai enseigné la vertu, et vous l'avez pratiquée.

LE FILS

Oui; mais cette nouvelle secte annonce une nouvelle vertu que je ne connaissais pas.

ÉPICTÈTE

Quelle est donc cette secte ?

LE FILS

Elle est composée de ces Juifs qui vendent des haillons et des philtres, et qui rognent les espèces à Rome.

ÉPICTÈTE

La vertu qu'ils enseignent est apparemment de la fausse monnaie.

LE FILS

Ils disent qu'il est impossible d'être vertueux sans s'être fait couper un peu de prépuce, ou sans s'être plongé dans l'eau au nom du père par le fils. Il est vrai qu'ils ne sont pas d'accord en cela : les uns veulent du prépuce, les autres n'en veulent point; ceux-ci croient l'eau nécessaire, comme Pindare qui la dit merveilleuse; ceux-là s'en passent. Mais tous disent qu'il leur faut donner de l'argent.

ÉPICTÈTE

Comment, de l'argent ! Sans doute on doit secourir de son superflu les pauvres qui ne peuvent travailler, payer ceux qui peuvent gagner leur vie, et partager son nécessaire avec ses amis. C'eſt notre loi, c'eſt notre morale : c'eſt ce que j'ai fait depuis qu'Épaphrodite m'affranchit, et c'eſt ce que je vous ai vu faire avec une satisfaction qui rend mes derniers moments heureux.

LE FILS

Les philosophes dont je vous parle exigent bien autre chose : ils veulent qu'on apporte à leurs pieds tout ce qu'on a, jusqu'à la dernière obole.

ÉPICTÈTE

S'il eſt ainsi, ce sont des voleurs, et vous êtes obligé de les déférer au préteur ou aux centumvirs.

LE FILS

Oh non, ce ne sont point des voleurs, ce sont des marchands qui vous donnent la meilleure denrée du monde pour votre argent, car ils vous promettent la vie éternelle; et si, en mettant votre argent à leurs pieds, comme ils l'ordonnent, vous gardez seulement de quoi manger, ils ont le pouvoir de vous faire mourir subitement.

ÉPICTÈTE

Ce sont donc des assassins dont il faut au plus tôt purger la société.

LE FILS

Non, vous dis-je, ce sont des mages qui ont des secrets admirables, et qui tuent avec des paroles. Le père, disent-ils, leur a fait cette grâce par le fils. Un de leurs prosélytes, qui pue horriblement, mais qui prêche dans les greniers avec beaucoup de succès, me disait hier qu'un de leurs parents, nommé Ananiah[1], ayant vendu sa métairie pour plaire au fils au nom du père, porta tout l'argent aux pieds d'un mage nommé Barjone, mais qu'ayant gardé en secret de quoi acheter le nécessaire pour son petit enfant, il fut puni de mort sur-le-champ. Sa femme vint ensuite; Barjone la fit mourir de même en prononçant une seule parole.

ÉPICTÈTE

Mon fils, voilà d'abominables gens. Si la chose était vraie, ils seraient les plus infâmes criminels de la terre. On vous a conté des histoires ridicules; vous êtes un bon enfant, mais j'ai peur que vous ne soyez un imbécile, et cela me fâche.

LE FILS

Mais, mon père, si on gagne la vie éternelle en donnant tout son bien à Simon Barjone, il est clair qu'on fait un bon marché.

ÉPICTÈTE

Mon fils, la vie éternelle, la communication avec l'Être suprême n'a rien de commun, croyez-moi, avec votre Simon Barjone. Le Dieu très bon et très grand, *Deus optimus maximus*, qui anima les Caton, les Scipion, les Cicéron, les Paul-Émile, les Camille, le père des dieux et des hommes, n'a pas, sans doute, remis son pouvoir entre les mains d'un Juif. Je savais que ces misérables étaient au rang des plus superstitieux peuples de la Syrie, mais je ne savais pas qu'ils osassent porter leur démence jusqu'à se dire les premiers ministres de Dieu.

LE FILS

Mais, mon père, ils font continuellement des miracles. *(Ici le bonhomme Épictète ricane.)* Vous ricanez, mon père, vous levez les épaules.

ÉPICTÈTE

Hélas ! un mourant n'a guère envie de rire, mais tu m'y forces, mon pauvre enfant. As-tu vu des miracles ?

LE FILS

Non, mais j'ai parlé à des hommes qui avaient parlé à des femmes qui disaient que leurs commères en avaient vu. Et puis la belle morale que la morale des Juifs, qui sont sans prépuce, et qu'on lave depuis les pieds jusqu'à la tête !

ÉPICTÈTE

Et quels sont donc les préceptes moraux de ces gens-là ?

LE FILS

C'est premièrement qu'un homme riche ne peut être un homme de bien, et qu'il lui est plus difficile de gagner le royaume des cieux ou le jardin qu'à un chameau de passer par le trou d'une aiguille, moyennant quoi tous les riches doivent donner leurs biens aux gueux qui prêchent ce royaume ou ce jardin;

2º Qu'il n'y a d'heureux que les sots, les pauvres d'esprit;

3º Que quiconque n'écoute pas l'assemblée des gueux doit être détesté comme un receveur des impôts;

4º Que si l'on ne hait pas son père, sa mère et ses frères, on n'a point de part au royaume ou au jardin;

5º Qu'il faut apporter le glaive et non la paix;

6º Que quand on fait un festin de noces, il faut forcer tous les passants à venir aux noces, et jeter dans un cul-de-basse-fosse extérieure ceux qui n'auront pas la robe nuptiale[1].

ÉPICTÈTE

Hélas ! mon sot enfant, j'étais tout à l'heure sur le point de mourir de rire, et je sens à présent que tu me feras mourir d'indignation et de douleur. Si les malheureux dont tu me parles séduisent le fils d'Épictète, ils en séduiront bien d'autres. Je prévois des malheurs épouvantables sur la terre. Ces énergumènes sont-ils nombreux ?

LE FILS

Leur nombre augmente de jour en jour; ils ont une caisse commune dont ils payent quelques Grecs qui écrivent pour eux. Ils ont inventé des mystères; ils exigent un secret inviolable; ils ont institué des inspirés qui décident de tous leurs intérêts, et qui ne souffrent pas que les gens de la secte plaident jamais devant les magistrats.

ÉPICTÈTE

Imperium in imperio[2]. Mon fils, tout est perdu.

MANDEMENT

DU RÉVÉRENDISSIME PÈRE EN DIEU, ALEXIS[1]

Deutera-ton-pia-nepsiou[2].

MES FRÈRES,

NOUS avons appris avec une grande édification que le dicastère de la nation franke, nommé aujourd'hui le parlement des Français, aurait fait brûler[3] il y a quelques semaines, par son juré bourreau, au pied de son grand escalier, la lettre circulaire de l'assemblée du clergé frank, comme fanatique et séditieuse, en présence de Dagobert-Étienne Isabeau.

Et quoique nous ignorions quelle espèce de saint est ce Dagobert, nous, après avoir lu ladite lettre circulaire et les actes de l'assemblée générale dudit clergé, et après avoir invoqué les lumières du Saint-Esprit, déclarons qu'il a semblé bon au Saint-Esprit et à nous d'adhérer pleinement au jugement rendu par le susdit dicastère, lequel, dans tous les temps à nous connus, a soutenu et vengé les droits des rois franks et de la nation gallo-franke contre les usurpations de l'Église hérule, gothe et lombarde, nommée par abus Église romaine, lesquels droits des rois franks et de la nation gallo-franke sont les droits naturels de tous les rois et de toutes les nations.

Tout le système de l'assemblée du clergé frank roule sur ces paroles de je ne sais quel papa transalpin, nommé Gélas :

« Deux puissances sont établies pour gouverner les hommes : l'autorité sacrée des pontifes[4], et celle des rois. »

Mes frères, notre obéissance aux lois de notre vaste empire, la vérité et l'humilité chrétienne, exigent que nous vous instruisions sur la nature de ces deux puissances, sur l'abus de ces mots inconnus dans toute notre

Église, et que nous nous hâtions de vous prémunir contre ces erreurs pernicieuses, nées dans les ténèbres de l'Occident, comme disait notre grand patriarche Photius.

DES DEUX PUISSANCES

Il faut d'abord, mes frères, savoir ce que c'est que puissance : car si on ne définit les mots, on ne s'entend jamais, et l'équivoque que les Grecs nomment logomachie est l'origine de toutes disputes, et les disputes ont produit le trouble dans tous les temps.

Puissance, chez les hommes, signifie faculté convenue de faire des lois, et de les appuyer par la force.

Ainsi, depuis près de cinq mille ans, nos voisins les empereurs de la Chine ont eu légitimement la puissance; notre auguste impératrice jouit du même droit; le monarque frank a les mêmes prérogatives; le roi d'Angleterre jouit du même pouvoir quand il est d'accord avec ses états généraux nommés parlement; mais jamais chez aucun peuple de l'antiquité, ni à la Chine, ni dans l'empire romain d'Orient ou d'Occident, on n'entendit parler de deux puissances dans un État : c'est une imagination pernicieuse, c'est une espèce de manichéisme qui, établissant deux principes, livrerait l'univers à la discorde.

Pendant les premiers siècles du christianisme, cette distinction séditieuse de deux puissances fut entièrement ignorée, et par cela seul elle est condamnable. Il suffit d'avoir lu l'*Évangile* pour savoir que le royaume de Jésus-Christ n'est point de ce monde; que dans ce royaume il n'y a ni premier ni dernier; que le Fils de l'homme est venu, non pas pour être servi, mais pour servir.

Ce sont, mes frères, les propres paroles émanées de la bouche de notre divin Sauveur, paroles sacrées dont le sens clair et naturel ne pourra jamais être perverti, ni par aucune usurpation, ni par aucune citation tronquée et captieuse d'un texte malignement interprété.

Notre Seigneur Jésus-Christ donna puissance à ses disciples : quelle fut cette puissance ? Celle de chasser les démons des corps des possédés, de manier les serpents impunément, de parler plusieurs langues à la fois sans les avoir apprises, de guérir les malades, ou par leur ombre, ou en leur imposant les mains.

Nos papas grecs, africains, égyptiens, qui fondèrent seuls l'Église chrétienne, qui seuls écrivaient dans les premiers siècles, qui seuls furent appelés Pères de l'Église, perdirent cette puissance, et ne prétendirent point la remplacer par des honneurs, par un crédit, par des richesses, par une ambition que la religion condamne et que le monde abhorre.

Aucun évêque parmi nous ne s'intitula prince ou comte; aucun ne prétendit d'autre puissance que celle d'exhorter les pécheurs, et de prier Dieu pour eux. Quand quelque patriarche voulut abuser de sa place, et lutter contre le trône, il fut sévèrement puni, et tout l'empire approuva son châtiment.

On sait qu'il n'en fut pas ainsi dans l'Église d'Occident; elle ne s'était formée que très longtemps après la nôtre : nos *Évangiles* grecs, écrits dans Alexandrie et dans Antioche, furent à peine connus de ces barbares; ils en firent enfin une assez mauvaise traduction dans le temps de la décadence de la langue latine; mais d'ailleurs, comme nous l'avons déjà remarqué, il n'y eut aucun Père de l'Église né à Rome.

Ils suppléèrent à leur ignorance par des contes absurdes, qu'ils firent croire aisément à des peuples aussi absurdes qu'eux. Ne pouvant se faire valoir par leur science, ils supposèrent que l'apôtre Pierre, dont la mission était uniquement pour les Juifs, avait trahi sa vocation pour aller à Rome.

Voyez, mes frères, sur quels fondements ils bâtirent cette fable. Il y eut, disent-ils, dès le premier siècle, un nommé Abdias qui prétendit être évêque secret des premiers chrétiens à Babylone, quoiqu'il soit avéré que ce ne fut qu'au second siècle qu'il y eut de véritables évêques attachés à un troupeau, et qu'on vit une hiérarchie certaine établie : cet Abdias passa pour avoir écrit en hébreu une histoire des douze apôtres, et Jule Africain la traduisit depuis, ou du moins quelqu'un prit le nom de Jule Africain.

C'est cet Abdias qui le premier écrivit que Pierre avait fait le voyage de la Syrie à Rome; qu'il rencontra, à la cour de Néron, Simon le Magicien, avec lequel il fit assaut de miracles. Un jeune seigneur, parent de Néron, mourut. Simon et Pierre disputèrent à qui lui rendrait la vie : Simon ne le ressuscita qu'à moitié; mais Pierre le ressuscita tout à fait, et gagna le prix. Simon voulut prendre sa revanche; il envoya un chien à Pierre lui faire des compliments de sa part, et le défier à qui volerait le plus haut dans les airs en présence de l'empereur. Le chien de Simon s'acquitta parfaitement de sa commission. Pierre aussitôt envoya son chien chez Simon pour le complimenter à son tour et pour accepter le défi : les deux champions comparurent; Simon vola; Pierre pria Dieu avec tant de larmes que Dieu, touché de pitié, fit tomber Simon, qui se cassa les jambes; et Néron, irrité, fit crucifier Pierre la tête en bas. Hégésippe et Marcel racontent la même histoire : ce sont là les Pères de l'Église de Rome.

Cette Église prétend que Pierre fut vingt-cinq ans évêque de la capitale, ce qui ne s'accorde nullement avec la chronologie; mais les Latins ne s'effrayent pas pour si peu de chose : ils ont eu le front d'assurer que Pierre avait écrit une lettre de Babylone où il était avec Abdias; ce mot de Babylone signifiait Rome, et voilà en vérité toute la preuve qu'ils apportent du prétendu épiscopat de Pierre. Nous savons que plusieurs Pères adoptèrent ces contes longtemps après; mais nous savons aussi par quelles raisons victorieuses Spanheim et Laroque les ont réfutés. C'est donc sur cette fable et un ou deux passages de l'*Évangile,* interprétés d'une étrange manière, que les Latins ont établi l'empire du pape, et sa domination sur tous les rois.

Jamais l'Église grecque ne se souilla par des entreprises si criminelles : elle fut toujours soumise à ses souverains, suivant la parole de Jésus-Christ même; mais l'Église romaine s'emporta jusqu'à une rébellion ouverte sur la fin du VIIIe siècle; et enfin, au commencement de l'année 800, un pape, nommé Léon III, osa transférer l'empire d'Occident à Charlemagne.

Dès ce moment, quelle foule d'usurpations, de meurtres, de sacrilèges, et de guerres civiles ! Est-il un royaume, depuis le Danemark jusqu'au Portugal, dont les papes n'aient prétendu disposer plus d'une fois ? Qui ne sait que l'empereur Henri IV fut forcé de demander pardon, pieds nus et à genoux, à l'évêque de Rome Grégoire VII; qu'il mourut détrôné et réduit à l'indigence; que son fils Henri V fit déterrer le corps de son père comme celui d'un excommunié, et qu'ayant osé enfin soutenir ses droits contre Rome il fut obligé de céder, de peur d'être traité comme son père ?

Les malheurs des empereurs Frédéric Barberousse et Frédéric II sont connus de toute la terre. Sept rois de France excommuniés, deux morts assassinés, sont d'effroyables exemples qui doivent instruire tous les princes. Un des meilleurs rois qu'aient eus les Franks est Louis XII; que n'essuya-t-il pas de ce pape Alexandre VI, de ce vicaire de Jésus-Christ, qui, environné de sa maîtresse et de ses cinq bâtards, faisait mourir par le poison, par le poignard, ou par la corde, vingt seigneurs dont il ravissait le patrimoine, et leur donnait encore l'absolution à l'article de la mort !

Nous faisons gloire de n'être pas d'une communion souillée de tant de crimes. Dieu nous préserve surtout de nous élever jamais contre la jurisprudence de notre chère patrie et contre le trône ! Nous regardons comme notre premier devoir d'être entièrement soumis à nos augustes souverains : ces seuls mots *les deux puissances* nous paraissent le cri de la rébellion.

Nous adhérons aux maximes du parlement de France, qui, comme notre sénat, ne reconnaît qu'une seule puissance, fondée sur les lois. Nous plaignons les malheurs et les troubles intestins où la France a été plongée depuis près de soixante ans par trois moines jésuites. Nous sommes assez instruits de l'histoire de nos alliés les Franks pour savoir que ces trois jésuites, Le Tellier, Doucin et Lallemand, fabriquèrent dans Paris, au collège de Louis le Grand, une bulle dans laquelle le pape devait condamner cent trois passages tirés pour la plupart de nos saints Pères, et surtout de saint Augustin l'Africain, et de saint Paul de Tarsis, apôtre de Jésus. Nous savons que l'évêque de Rome et son consistoire, pour faire accroire qu'ils avaient jugé en connaissance de cause, retranchèrent deux propositions condamnées, et réduisirent le tout à cent et un anathèmes.

Nous n'ignorons pas que le nonce qui fit recevoir cette bulle en France[1], malgré les cris de toute la nation indignée, prit pour maîtresse une actrice de l'Opéra, qu'on appela la Constitution, et qu'il en eut une fille qu'on appela la Légende.

Nous savons que presque toutes les affaires ecclésiastiques se sont ainsi traitées, et que quand le scandale des mauvaises mœurs ne s'est pas joint aux erreurs de cette Église latine, le fanatisme, mille fois plus dangereux que les filles de l'Opéra, a fait naître plus de troubles que tous les bâtards des papes et des nonces n'en ont jamais produit.

Nous avons été instruit de tout le mal qui a résulté de la détestable invention des billets de confession, et de tout le bien qu'a fait la chrétienne et vigoureuse résistance du parlement de Paris. Quoique nous ne soyons pas de la communion de l'Église gallicane, cependant, en qualité de chrétien indépendant de l'usurpation romaine, nous nous unissons à cette Église gallicane pour l'exhorter à nous imiter, à soutenir ses libertés, à ne pas souffrir que jamais un évêque transalpin ose déléguer des juges chez elle.

Puissent ses évêques ne plus s'avilir jusqu'à s'intituler évêques par la grâce d'un évêque transalpin, ne plus payer en tribut à cet Italien la première année d'un revenu qu'ils ne tiennent que de la libéralité de leur monarque !

Grand Dieu ! seriez-vous descendu sur la terre, y auriez-vous vécu dans la pauvreté, l'auriez-vous recommandée à vos apôtres, l'auraient-ils embrassée, pour qu'un de leurs successeurs traitât ses confrères en tributaires et marchât sur les têtes des princes, à qui vous obéissiez, vous, mon Dieu, quand vous étiez en Judée ?

Nous reconnaissons que le parlement de Paris, et tous ceux du pays des Franks, se sont toujours opposés à ces innovations odieuses, à ces simonies transalpines, qui ont leur source dans le fatal système des *deux puissances*.

Nous devons d'autant plus, mes frères, vous donner un préservatif contre ces opinions détestables que nous sommes instruit des fréquents voyages que nos seigneurs russes font dans la capitale des Franks : ils pourraient nous apporter la mode des *deux puissances* et des billets de confession, avec les autres modes.

Nous vous exhortons à ne vous laisser séduire par aucune nouveauté, à demeurer fidèlement attachés à notre ancienne Église grecque, mère de la latine, et mère d'une fille dénaturée; et dans cette espérance nous vous donnons notre sainte bénédiction, au nom du Père, qui a engendré le Fils, au nom du Fils, qui n'a pas la puissance d'engendrer, et au nom du Saint-Esprit, qui procède uniquement du Père.

Le tout, avec la permission de notre auguste impératrice Catherine II, sans laquelle nous ne pouvons ni ne devons donner aucune instruction pastorale.

Signé : ALEXIS.

Permis d'imprimer :

Christophe BORKEROI,
Lieutenant de police de Novogorod-la-Grande.

PETIT COMMENTAIRE
SUR L'ÉLOGE DU DAUPHIN DE FRANCE
COMPOSÉ PAR M. THOMAS[1]
(1766)

Je viens de lire, dans l'éloquent discours de M. Thomas, ces paroles remarquables :

« Le dauphin lisait avec plaisir ces livres où la douce humanité lui peignait tous les hommes, et même ceux qui s'égarent, comme un peuple de frères. Aurait-il donc été lui-même ou persécuteur ou cruel ? Aurait-il adopté la férocité de ceux qui comptent l'erreur parmi les crimes, et veulent tourmenter pour instruire ? ah ! dit-il plus d'une fois, ne persécutons point. »

Ces mots ont pénétré dans mon cœur; je me suis écrié : Quel sera le malheureux qui osera être persécuteur, quand l'héritier d'un grand royaume a déclaré qu'il ne faut pas l'être ? Ce prince savait que la persécution n'a jamais produit que du mal; il avait lu beaucoup : la philosophie avait percé jusqu'à lui. Le plus grand bonheur d'un État monarchique est que le prince soit éclairé. Henri IV ne l'était point par les livres, car, excepté Montaigne, qui n'a rien d'arrêté, et qui n'apprend qu'à douter, il n'y avait alors que de misérables livres de controverse, indignes d'être lus par un roi. Mais Henri IV était instruit par l'adversité, par l'expérience de la vie privée et de la vie publique, enfin par ses propres lumières. Ayant été persécuté, il ne fut point persécuteur. Il était plus philosophe qu'il ne pensait, au milieu du tumulte des armes, des factions du royaume, des intrigues de la cour, et de la rage des deux sectes ennemies. Louis XIII ne lut rien, ne sut rien, et ne vit rien; il laissa persécuter.

Louis XIV avait un grand sens, un amour de la gloire qui le portait au bien, un esprit juste, un cœur noble; mais malheureusement le cardinal Mazarin ne cultiva point un si beau caractère. Il méritait d'être instruit, il fut ignorant; ses confesseurs enfin le subjuguèrent : il persécuta, il fit du mal. Quoi ! les Sacy, les Arnauld, et tant d'autres grands hommes emprisonnés, exilés, bannis ! Et pourquoi ? parce qu'ils ne pensaient pas comme deux jésuites de la cour[1]; et enfin son royaume en feu pour une bulle ! Il faut avouer, le fanatisme et la friponnerie demandèrent la bulle, l'ignorance l'accepta, l'opiniâtreté la combattit. Rien de tout cela ne serait arrivé sous un prince en état d'apprécier ce que vaut une grâce efficace, une grâce suffisante, et même encore versatile.

Je ne suis pas étonné qu'autrefois le cardinal de Lorraine ait persécuté des gens assez malavisés pour vouloir ramener les choses à la première institution de l'Église; le cardinal aurait perdu sept évêchés et de très grosses abbayes dont il était en possession. Voilà une très bonne raison de poursuivre ceux qui ne sont pas de notre avis. Personne assurément ne mérite mieux d'être excommunié que ceux qui veulent nous ôter nos rentes. Il n'y a pas d'autre sujet de guerre chez les hommes : chacun défend son bien autant qu'il le peut.

Mais que dans le sein de la paix il s'élève des guerres intestines pour des billevesées incompréhensibles de pure métaphysique; qu'on ait, sous Louis XIII, en 1624, défendu, sous peine de galères, de penser autrement qu'Aristote; qu'on ait anathématisé les idées innées de Descartes, pour les admettre ensuite; que de plus d'une question digne de Rabelais on ait fait une question d'État : cela est barbare et absurde.

On a demandé souvent pourquoi, depuis Romulus jusqu'au temps où les papes ont été puissants, jamais les Romains n'ont persécuté un seul philosophe pour ses opinions. On ne peut répondre autre chose sinon que les Romains étaient sages.

Cicéron était très puissant. Il dit dans une de ses lettres : « Voyez à qui vous voulez que je fasse tomber les Gaules en partage. » Il était très attaché à la secte des académiciens; mais on ne voit pas qu'il lui soit jamais tombé dans la tête de faire exiler un stoïcien, d'exclure des charges un épicurien, de molester un pythagoricien.

Et toi, malheureux Jurieu, fugitif de ton village, tu voulus opprimer le fugitif Bayle dans son asile et dans le tien; tu laissas en paix Spinoza, dont tu n'étais point jaloux, mais tu voulais accabler ce respectable Bayle, qui écrasait ta petite réputation par sa renommée éclatante.

Le descendant et l'héritier de trente rois a dit : Ne persécutons point; et un bourgeois d'une ville ignorée, un habitué de paroisse, un moine dirait : Persécutons !

Ravir aux hommes la liberté de penser ! juste ciel ! Tyrans fanatiques, commencez donc par nous couper les mains, qui peuvent écrire; arrachez-nous la langue, qui parle contre vous; arrachez-nous l'âme, qui n'a pour vous que des sentiments d'horreur.

Il y a des pays où la superstition, également lâche et barbare, abrutit l'espèce humaine; il y en a d'autres où l'esprit de l'homme jouit de tous ses droits. Entre ces deux extrémités, l'une céleste, l'autre infernale, il est un peuple mitoyen chez qui la philosophie est tantôt accueillie, et tantôt proscrite; chez qui Rabelais a été imprimé avec privilège, mais qui a laissé mourir le grand Arnauld de faim dans un village étranger; un peuple qui a vécu dans des ténèbres épaisses depuis le temps de ses druides jusqu'au temps où quelques rayons de lumière tombèrent sur lui de la tête de Descartes. Depuis ce temps, le jour lui est venu d'Angleterre. Mais croira-t-on bien que Locke était à peine connu de ce peuple il y a environ trente ans ? Croira-t-on bien que, lorsqu'on lui fit connaître la sagesse de ce grand homme, des ignorants en place opprimèrent violemment celui qui apporta le premier ces vérités de l'île des philosophes dans le pays des frivolités ?

Si on a poursuivi ceux qui éclairaient les âmes, on a poussé la manie jusqu'à s'élever contre ceux qui sauvaient les corps. En vain il est démontré que l'inoculation peut conserver la vie à vingt-cinq mille personnes par année dans un grand royaume; il n'a pas tenu aux ennemis de la nature humaine qu'on n'ait traité ses bienfaiteurs d'empoisonneurs publics. Si on avait eu le malheur de les écouter, que serait-il arrivé ? les peuples voisins auraient conclu que la nation était sans raison et sans courage.

Heureusement les persécutions sont passagères; elles sont personnelles, elles dépendent du caprice de trois ou quatre énergumènes qui voient toujours ce que les autres ne verraient pas si on ne corrompait pas leur entendement : ils cabalent, ils ameutent, on crie quelque temps; ensuite on est étonné d'avoir crié, et puis on oublie tout.

Un homme ose dire, non seulement après tous les physiciens, mais après tous les hommes, que si la Providence ne nous avait pas accordé des mains, il n'y aurait sur la terre ni artistes ni arts[1]. Un vinaigrier[2] devenu maître d'école dénonce cette proposition comme impie : il prétend que l'auteur attribue tout à nos mains, et rien à notre intelligence. Un singe n'oserait intenter une telle accusation dans le pays des singes; cette accusation réussit chez les hommes. L'auteur est persécuté avec fureur; au bout de trois mois, on n'y pense plus. Il en est de la plupart des livres philosophiques comme des *Contes* de La Fontaine; on commença par les brûler, on a fini par les représenter à l'Opéra-Comique. Pourquoi en permet-on les représentations ? c'est qu'on s'est aperçu enfin qu'il n'y avait là que de quoi rire. Pourquoi le même livre qu'on a proscrit reste-t-il paisiblement entre les mains des lecteurs ? c'est qu'on s'est aperçu que ce livre n'a troublé en rien la société; qu'aucune pensée abstraite, ni même aucune plaisanterie, n'a ôté à aucun citoyen la moindre prérogative; qu'il n'a point fait renchérir les denrées; que les moines mendiants n'en ont pas moins rempli leur besace; que le train du monde n'a changé en rien, et que le livre n'a servi précisément qu'à occuper le loisir de quelques lecteurs.

En vérité, quand on persécute, c'est pour le plaisir de persécuter.

Passons de l'oppression passagère que la philosophie a essuyée mille fois parmi nous à l'oppression théologique qui est plus durable. Dès les premiers siècles on dispute, les deux partis contraires s'anathématisent. Qui a raison des deux ? c'est le plus fort. Des conciles combattent contre des conciles, jusqu'à ce qu'enfin l'autorité et le temps décident. Alors les deux partis réunis persécutent un troisième parti qui s'élève, et celui-ci en opprime un quatrième. On ne sait que trop que le sang a coulé pendant quinze cents ans pour ces disputes mais ce qu'on ne sait pas assez, c'est que, si on n'avait jamais persécuté, il n'y aurait jamais eu de guerres de religion.

Répétons donc mille fois avec un dauphin tant regretté : Ne persécutons personne.

RELATION DE LA MORT

DU CHEVALIER DE LA BARRE

PAR M. CASSEN, AVOCAT AU CONSEIL DU ROI, A MONSIEUR LE MARQUIS DE BECCARIA[1]

Il semble, Monsieur, que toutes les fois qu'un génie bienfaisant cherche à rendre service au genre humain, un démon funeste s'élève aussitôt pour détruire l'ouvrage de la raison.

A peine eûtes-vous instruit l'Europe par votre excellent livre sur les délits et les peines qu'un homme, qui se dit jurisconsulte, écrivit contre vous en France. Vous aviez soutenu la cause de l'humanité, et il fut l'avocat de la barbarie. C'est peut-être ce qui a préparé la catastrophe du jeune chevalier de La Barre, âgé de dix-neuf ans, et du fils du président d'Étallonde, qui n'en avait pas encore dix-huit.

Avant que je vous raconte, Monsieur, cette horrible aventure qui a indigné l'Europe entière (excepté peut-être quelques fanatiques ennemis de la nature humaine), permettez-moi de poser ici deux principes que vous trouverez incontestables.

1° Quand une nation est encore assez plongée dans la barbarie pour faire subir aux accusés le supplice de la torture, c'est-à-dire pour leur faire souffrir mille morts au lieu d'une, sans savoir s'ils sont innocents ou coupables, il est clair au moins qu'on ne doit point exercer cette énorme fureur contre un accusé quand il convient de son crime, et qu'on n'a plus besoin d'aucune preuve.

2° Il est aussi absurde que cruel de punir les violations des usages reçus dans un pays, les délits commis contre l'opinion régnante, et qui n'ont opéré aucun mal physique, du même supplice dont on punit les parricides et les empoisonneurs.

Si ces deux règles ne sont pas démontrées, il n'y a

plus de lois, il n'y a plus de raison sur la terre; les hommes sont abandonnés à la plus capricieuse tyrannie, et leur sort est fort au-dessus de celui des bêtes.

Ces deux principes établis, je viens, Monsieur, à la funeste histoire que je vous ai promise.

Il y avait dans Abbeville, petite cité de Picardie, une abbesse[1], fille d'un conseiller d'État très estimé; c'est une dame aimable, de mœurs très régulières, d'une humeur douce et enjouée, bienfaisante, et sage sans superstition.

Un habitant d'Abbeville, nommé Belleval, âgé de soixante ans, vivait avec elle dans une grande intimité, parce qu'il était chargé de quelques affaires du couvent : il est lieutenant d'une espèce de petit tribunal qu'on appelle l'élection, si on peut donner le nom de tribunal à une compagnie de bourgeois uniquement préposés pour régler l'assise de l'impôt appelé la taille. Cet homme devint amoureux de l'abbesse, qui ne le repoussa d'abord qu'avec sa douceur ordinaire, mais qui fut ensuite obligée de marquer son aversion et son mépris pour ses importunités trop redoublées.

Elle fit venir chez elle dans ce temps-là, en 1764, le chevalier de La Barre, son neveu, petit-fils d'un lieutenant général des armées, mais dont le père avait dissipé une fortune de plus de quarante mille livres de rentes : elle prit soin de ce jeune homme comme de son fils, et elle était prête de lui faire obtenir une compagnie de cavalerie; il fut logé dans l'extérieur du couvent, et madame sa tante lui donnait souvent à souper, ainsi qu'à quelques jeunes gens de ses amis. Le sieur Belleval, exclu de ces soupers, se vengea en suscitant à l'abbesse quelques affaires d'intérêt.

Le jeune La Barre prit vivement le parti de sa tante, et parla à cet homme avec une hauteur qui le révolta entièrement. Belleval résolut de se venger; il sut que le chevalier de La Barre et le jeune d'Étallonde, fils du président de l'élection, avaient passé depuis peu devant une procession sans ôter leur chapeau : c'était au mois de juillet 1765. Il chercha dès ce moment à faire regarder cet oubli momentané des bienséances comme une insulte préméditée faite à la religion. Tandis qu'il ourdissait secrètement cette trame, il arriva malheureusement que, le 9 août de la même année, on s'aperçut que le crucifix de bois posé sur le pont neuf d'Abbeville était endommagé, et l'on soupçonna que des soldats ivres avaient commis cette insolence impie.

Je ne puis m'empêcher, Monsieur, de remarquer ici qu'il eſt peut-être indécent et dangereux d'exposer sur un pont ce qui doit être révéré dans un temple catholique; les voitures publiques peuvent aisément le briser ou le renverser par terre. Des ivrognes peuvent l'insulter au sortir d'un cabaret, sans savoir même quel excès ils commettent. Il faut remarquer encore que ces ouvrages grossiers, ces crucifix de grand chemin, ces images de la vierge Marie, ces enfants Jésus qu'on voit dans des niches de plâtre au coin des rues de plusieurs villes, ne sont pas un objet d'adoration tels qu'ils le sont dans nos églises : cela eſt si vrai qu'il eſt permis de passer devant ces images sans les saluer. Ce sont des monuments d'une piété mal éclairée; et, au jugement de tous les hommes sensés, ce qui eſt saint ne doit être que dans le lieu saint.

Malheureusement l'évêque d'Amiens, étant aussi évêque d'Abbeville[1], donna à cette aventure une célébrité et une importance qu'elle ne méritait pas. Il fit lancer des monitoires; il vint faire une procession solennelle auprès de ce crucifix, et on ne parla dans Abbeville que de sacrilèges pendant une année entière. On disait qu'il se formait une nouvelle secte qui brisait tous les crucifix, qui jetait par terre toutes les hoſties et les perçait à coups de couteau. On assurait qu'elles avaient répandu beaucoup de sang. Il y eut des femmes qui crurent en avoir été témoins. On renouvela tous les contes calomnieux répandus contre les Juifs dans tant de villes de l'Europe. Vous connaissez, Monsieur, à quel excès la populace porte la crédulité et le fanatisme, toujours encouragé par les moines.

Le sieur Belleval, voyant les esprits échauffés, confondit malicieusement ensemble l'aventure du crucifix et celle de la procession, qui n'avaient aucune connexité. Il rechercha toute la vie du chevalier de La Barre : il fit venir chez lui valets, servantes, manœuvres; il leur dit d'un ton d'inspiré qu'ils étaient obligés, en vertu des monitoires, de révéler tout ce qu'ils avaient pu apprendre à la charge de ce jeune homme : ils répondirent tous qu'ils n'avaient jamais entendu dire que le chevalier de La Barre eût la moindre part à l'endommagement du crucifix.

On ne découvrit aucun indice touchant cette mutilation, et même alors il parut fort douteux que le crucifix eût été mutilé exprès. On commença à croire (ce qui était assez vraisemblable) que quelque charrette chargée de bois avait causé cet accident.

« Mais, dit Belleval, à ceux qu'il voulait faire parler, si vous n'êtes pas sûrs que le chevalier de La Barre ait mutilé un crucifix en passant sur le pont, vous savez au moins que cette année, au mois de juillet, il a passé dans une rue avec deux de ses amis à trente pas d'une procession sans ôter son chapeau. Vous avez ouï dire qu'il a chanté une fois des chansons libertines; vous êtes obligés de l'accuser sous peine de péché mortel. »

Après les avoir ainsi intimidés, il alla lui-même chez le premier juge de la sénéchaussée d'Abbeville. Il y déposa contre son ennemi, il força ce juge à entendre les dénonciateurs.

La procédure une fois commencée, il y eut une foule de délations. Chacun disait ce qu'il avait vu ou cru voir, ce qu'il avait entendu ou cru entendre. Mais quel fut, Monsieur, l'étonnement de Belleval, lorsque les témoins qu'il avait suscités lui-même contre le chevalier de La Barre dénoncèrent son propre fils comme un des principaux complices des impiétés secrètes qu'on cherchait à mettre au grand jour ! Belleval fut frappé comme d'un coup de foudre : il fit incontinent évader son fils; mais, ce que vous croirez à peine, il n'en poursuivit pas avec moins de chaleur cet affreux procès.

Voici, Monsieur, quelles sont les charges.

Le 13 août 1765, six témoins déposent qu'ils ont vu passer trois jeunes gens à trente pas d'une procession, que les sieurs de La Barre et d'Étallonde avaient leur chapeau sur la tête, et le sieur Moinel le chapeau sous le bras.

Dans une addition d'information, une Élisabeth Lacrivel dépose avoir entendu dire à un de ses cousins que ce cousin avait entendu dire au chevalier de La Barre qu'il n'avait pas ôté son chapeau.

Le 26 septembre, une femme du peuple, nommée Ursule Gondalier, dépose qu'elle a entendu dire que le chevalier de La Barre, voyant une image de saint Nicolas en plâtre chez la sœur Marie, tourière du couvent, il demanda à cette tourière si elle avait acheté cette image pour avoir celle d'un homme chez elle.

Le nommé Bauvalet dépose que le chevalier de La Barre a proféré un mot impie en parlant de la vierge Marie.

Claude, dit Sélincourt, témoin unique, dépose que l'accusé lui a dit que les commandements de Dieu ont été faits par des prêtres; mais à la confrontation, l'accusé soutient que Sélincourt est un calomniateur, et qu'il n'a été question que des commandements de l'Église.

Le nommé Héquet, témoin unique, dépose que l'accusé lui a dit ne pouvoir comprendre comment on avait adoré un dieu de pâte. L'accusé, dans la confrontation, soutient qu'il a parlé des Égyptiens.

Nicolas Lavallée dépose qu'il a entendu chanter au chevalier de La Barre deux chansons libertines de corps de garde. L'accusé avoue qu'un jour, étant ivre, il les a chantées avec le sieur d'Étallonde, sans savoir ce qu'il disait; que dans cette chanson on appelle, à la vérité, sainte Marie-Magdeleine putain, mais qu'avant sa conversion elle avait mené une vie débordée : il est convenu d'avoir récité l'*Ode à Priape* du sieur Piron.

Le nommé Héquet dépose encore, dans une addition, qu'il a vu le chevalier de La Barre faire une petite génuflexion devant les livres intitulés *Thérèse philosophe,* la *Tourière des carmélites,* et le *Portier des chartreux*. Il ne désigne aucun autre livre, mais au récolement et à la confrontation il dit qu'il n'est pas sûr que ce fût le chevalier de La Barre qui fit ces génuflexions.

Le nommé Lacour dépose qu'il a entendu dire à l'accusé au *nom du c..*, au lieu de dire *au nom du Père,* etc. Le chevalier, dans son interrogatoire sur la sellette, a nié ce fait.

Le nommé Pétignot dépose qu'il a entendu l'accusé réciter les litanies du *c..* telles à peu près qu'on les trouve dans Rabelais[1], et que je n'ose rapporter ici. L'accusé le nie dans son interrogatoire sur la sellette : il avoue qu'il a en effet prononcé *c..*, mais il nie tout le reste.

Voilà, Monsieur, toutes les accusations portées contre le chevalier de La Barre, le sieur Moinel, le sieur d'Étallonde, Jean-François Douville, de Maillefeu, et le fils du nommé Belleval, auteur de toute cette tragédie.

Il est constaté qu'il n'y avait eu aucun scandale public, puisque La Barre et Moinel ne furent arrêtés que sur des monitoires lancés à l'occasion de la mutilation du crucifix, mutilation scandaleuse et publique, dont ils ne furent chargés par aucun témoin. On rechercha toutes les actions de leur vie, leurs conversations secrètes, des paroles échappées un an auparavant; on accumula des choses qui n'avaient aucun rapport ensemble, et en cela même la procédure fut très vicieuse.

Sans ces monitoires et sans les mouvements violents que se donna Belleval, il n'y aurait jamais eu de la part de ces enfants infortunés ni scandale ni procès criminel : le scandale public n'a été que dans le procès même.

Le monitoire d'Abbeville fit précisément le même effet que celui de Toulouse contre les Calas; il troubla les cervelles et les consciences. Les témoins, excités par Belleval comme ceux de Toulouse l'avaient été par le capitoul David, rappelèrent, dans leur mémoire, des faits, des discours vagues, dont il n'était guère possible qu'on pût se rappeler exactement les circonstances, ou favorables ou aggravantes.

Il faut avouer, Monsieur, que s'il y a quelques cas où un monitoire est nécessaire, il y en a beaucoup d'autres où il est très dangereux. Il invite les gens de la lie du peuple à porter des accusations contre les personnes élevées au-dessus d'eux, dont ils sont toujours jaloux. C'est alors un ordre intimé par l'Église de faire le métier infâme de délateur. Vous êtes menacés de l'enfer si vous ne mettez pas votre prochain en péril de sa vie.

Il n'y a peut-être rien de plus illégal dans les tribunaux de l'Inquisition; et une grave preuve de l'illégalité de ces monitoires, c'est qu'ils n'émanent point directement des magistrats, c'est le pouvoir ecclésiastique qui les décerne. Chose étrange qu'un ecclésiastique, qui ne peut juger à mort, mette ainsi dans la main des juges le glaive qu'il lui est défendu de porter !

Il n'y eut d'interrogés que le chevalier et le sieur Moinel, enfant d'environ quinze ans. Moinel, tout intimidé et entendant prononcer au juge le mot d'attentat contre la religion, fut si hors de lui qu'il se jeta à genoux et fit une confession générale comme s'il eût été devant un prêtre. Le chevalier de La Barre, plus instruit et d'un esprit plus ferme, répondit toujours avec beaucoup de raison, et disculpa Moinel, dont il avait pitié. Cette conduite, qu'il eut jusqu'au dernier moment, prouve qu'il avait une belle âme. Cette preuve aurait dû être comptée pour beaucoup aux yeux de juges intelligents, et ne lui servit de rien.

Dans ce procès, Monsieur, qui a eu des suites si affreuses, vous ne voyez que des indécences, et pas une action noire; vous n'y trouvez pas un seul de ces délits qui sont des crimes chez toutes les nations, point de meurtre, point de brigandage, point de violence, point de lâcheté : rien de ce qu'on reproche à ces enfants ne serait même un délit dans les autres communions chrétiennes. Je suppose que le chevalier de La Barre et M. d'Étallonde aient dit que l'on ne doit pas adorer un dieu de pâte, c'est précisément et mot à mot ce que disent tous ceux de la religion réformée.

Le chancelier d'Angleterre prononcerait ces mots en plein parlement sans qu'ils fussent relevés par personne. Lorsque milord Lockhart était ambassadeur à Paris, un habitué de paroisse porta furtivement l'eucharistie dans son hôtel à un domestique malade qui était catholique; milord Lockhart, qui le sut, chassa l'habitué de sa maison; il dit au cardinal Mazarin qu'il ne souffrirait pas cette insulte. Il traita en propres termes l'eucharistie de dieu de pâte et d'idolâtrie. Le cardinal Mazarin lui fit des excuses.

Le grand archevêque Tillotson, le meilleur prédicateur de l'Europe, et presque le seul qui n'ait point déshonoré l'éloquence par de fades lieux communs ou par de vaines phrases fleuries comme Cheminais, ou par de faux raisonnements comme Bourdaloue, l'archevêque Tillotson, dis-je, parle précisément de notre eucharistie comme le chevalier de La Barre. Les mêmes paroles respectées dans milord Lockhart à Paris, et dans la bouche de milord Tillotson à Londres, ne peuvent donc être en France qu'un délit local, un délit de lieu et de temps, un mépris de l'opinion vulgaire, un discours échappé au hasard devant une ou deux personnes. N'est-ce pas le comble de la cruauté de punir ces discours secrets du même supplice dont on punirait celui qui aurait empoisonné son père et sa mère, et qui aurait mis le feu aux quatre coins de sa ville?

Remarquez, Monsieur, je vous en supplie, combien on a deux poids et deux mesures. Vous trouverez dans la *vingt-quatrième Lettre persane* de M. de Montesquieu, président à mortier du parlement de Bordeaux, de l'Académie française, ces propres paroles : « Ce magicien s'appelle pape; tantôt il fait croire que trois ne font qu'un, que le pain qu'on mange n'est pas du pain, ou que le vin qu'on boit n'est pas du vin, et mille autres choses de cette espèce. »

M. de Fontenelle s'était exprimé de la même manière dans sa relation de Rome et de Genève sous le nom de *Méro* et d'*Énegu*. Il y avait dix mille fois plus de scandale dans ces paroles de MM. de Fontenelle et de Montesquieu, exposées, par la lecture, aux yeux de dix mille personnes, qu'il n'y en avait dans deux ou trois mots échappés au chevalier de La Barre devant un seul témoin, paroles perdues dont il ne restait aucune trace. Les discours secrets doivent être regardés comme des pensées; c'est un axiome dont la plus détestable barbarie doit convenir.

Je vous dirai plus, Monsieur; il n'y a point en France de loi expresse qui condamne à mort pour des blasphèmes. L'ordonnance de 1666 prescrit une amende pour la première fois, le double pour la seconde, etc., et le pilori pour la sixième récidive.

Cependant les juges d'Abbeville, par une ignorance et une cruauté inconcevables, condamnèrent le jeune d'Étallonde, âgé de dix-huit ans :

1º A souffrir le supplice de l'amputation de la langue jusqu'à la racine, ce qui s'exécute de manière que si le patient ne présente pas la langue lui-même, on la lui tire avec des tenailles de fer, et on la lui arrache.

2º On devait lui couper la main droite à la porte de la principale église.

3º Ensuite il devait être conduit dans un tombereau à la place du marché, être attaché à un poteau avec une chaîne de fer, et être brûlé à petit feu. Le sieur d'Étallonde avait heureusement épargné, par la fuite, à ses juges l'horreur de cette exécution.

Le chevalier de La Barre étant entre leurs mains, ils eurent l'humanité d'adoucir la sentence, en ordonnant qu'il serait décapité avant d'être jeté dans les flammes; mais s'ils diminuèrent le supplice d'un côté, ils l'augmentèrent de l'autre, en le condamnant à subir la question ordinaire et extraordinaire, pour lui faire déclarer ses complices; comme si des extravagances de jeune homme, des paroles emportées dont il ne reste pas le moindre vestige, étaient un crime d'État, une conspiration. Cette étonnante sentence fut rendue le 28 février de cette année 1766.

La jurisprudence de France est dans un si grand chaos, et conséquemment l'ignorance des juges est si grande, que ceux qui portèrent cette sentence se fondèrent sur une déclaration de Louis XIV, émanée en 1682, à l'occasion des prétendus sortilèges et des empoisonnements réels commis par la Voisin, la Vigoureux, et les deux prêtres nommés Vigoureux et Le Sage. Cette ordonnance de 1682 prescrit à la vérité la peine de mort pour le sacrilège joint à la superstition; mais il n'est question, dans cette loi, que de magie et de sortilège, c'est-à-dire de ceux qui, en abusant de la crédulité du peuple et en se disant magiciens, sont à la fois profanateurs et empoisonneurs : voilà la lettre et l'esprit de la loi : il s'agit, dans cette loi, de faits criminels pernicieux à la société, et non pas de vaines paroles, d'imprudences, de légèretés, de sottises commises sans aucun dessein prémédité, sans aucun complot, sans même aucun scandale public.

Les juges de la ville d'Abbeville péchaient donc visiblement contre la loi autant que contre l'humanité, en condamnant à des supplices aussi épouvantables que recherchés un gentilhomme et un fils d'une très honnête famille, tous deux dans un âge où l'on ne pouvait regarder leur étourderie que comme un égarement qu'une année de prison aurait corrigé. Il y avait même si peu de corps de délit que les juges, dans leur sentence, se servent de ces termes vagues et ridicules employés par le petit peuple : « pour avoir chanté des chansons abominables et exécrables contre la vierge Marie, les saints et saintes ». Remarquez, Monsieur, qu'ils n'avaient chanté ces « chansons abominables et exécrables contre les saints et saintes » que devant un seul témoin, qu'ils pouvaient récuser légalement. Ces épithètes sont-elles de la dignité de la magistrature ? Une ancienne chanson de table n'est après tout qu'une chanson. C'est le sang humain légèrement répandu, c'est la torture, c'est le supplice de la langue arrachée, de la main coupée, du corps jeté dans les flammes, qui est abominable et exécrable.

La sénéchaussée d'Abbeville ressortit au parlement de Paris. Le chevalier de La Barre y fut transféré, son procès y fut instruit. Dix des plus célèbres avocats de Paris signèrent une consultation par laquelle ils démontrèrent l'illégalité des procédures, et l'indulgence qu'on doit à des enfants mineurs, qui ne sont accusés ni d'un complot, ni d'un crime réfléchi; le procureur général, versé dans la jurisprudence, conclut à casser la sentence d'Abbeville : il y avait vingt-cinq juges, dix acquiescèrent aux conclusions du procureur général[1]; mais des circonstances singulières, que je ne puis mettre par écrit, obligèrent les quinze autres à confirmer cette sentence étonnante, le 4 juin 1766.

Est-il possible, Monsieur, que, dans une société qui n'est pas sauvage, cinq voix de plus sur vingt-cinq suffisent pour arracher la vie à un accusé, et très souvent à un innocent? Il faudrait dans un tel cas de l'unanimité; il faudrait au moins que les trois quarts des voix fussent pour la mort, encore, en ce dernier cas, le quart des juges qui mitigerait l'arrêt devrait, dans l'opinion des cœurs bien faits, l'emporter sur les trois quarts de ces bourgeois cruels, qui se jouent impunément de la vie de leurs concitoyens sans que la société en retire le moindre avantage.

La France entière regarda ce jugement avec horreur. Le chevalier de La Barre fut renvoyé à Abbeville pour y être exécuté. On fit prendre aux archers qui le conduisaient des chemins détournés; on craignait que le chevalier de La Barre ne fût délivré sur la route par ses amis; mais c'était ce qu'on devait souhaiter plutôt que craindre.

Enfin, le 1er juillet de cette année, se fit dans Abbeville cette exécution trop mémorable : cet enfant fut d'abord appliqué à la torture. Voici quel est ce genre de tourment.

Les jambes du patient sont serrées entre des ais; on enfonce des coins de fer ou de bois entre les ais et les genoux, les os en sont brisés. Le chevalier s'évanouit, mais il revint bientôt à lui à l'aide de quelques liqueurs spiritueuses, et déclara, sans se plaindre, qu'il n'avait point de complices.

On lui donna pour confesseur et pour assistant un dominicain[2], ami de sa tante l'abbesse, avec lequel il avait souvent soupé dans le couvent. Ce bon homme pleurait, et le chevalier le consolait. On leur servit à dîner. Le dominicain ne pouvait manger. « Prenons un peu de nourriture, lui dit le chevalier; vous aurez besoin de force autant que moi pour soutenir le spectacle que je vais donner. »

Le spectacle en effet était terrible : on avait envoyé de Paris cinq bourreaux pour cette exécution. Je ne puis dire en effet si on lui coupa la langue et la main. Tout ce que je sais par les lettres d'Abbeville, c'est qu'il monta sur l'échafaud avec un courage tranquille, sans plainte, sans colère, et sans ostentation : tout ce qu'il dit au religieux qui l'assistait se réduit à ces paroles : « Je ne croyais pas qu'on pût faire mourir un gentilhomme pour si peu de chose. »

Il serait devenu certainement un excellent officier : il étudiait la guerre par principes; il avait fait des remarques sur quelques ouvrages du roi de Prusse et du maréchal de Saxe, les deux plus grands généraux de l'Europe.

Lorsque la nouvelle de sa mort fut reçue à Paris, le nonce dit publiquement qu'il n'aurait point été traité ainsi à Rome, et que s'il avait avoué ses fautes à l'Inquisition d'Espagne, ou du Portugal, il n'eût été condamné qu'à une pénitence de quelques années.

Je laisse, Monsieur, à votre humanité et à votre sagesse le soin de faire des réflexions sur un événement si affreux, si étrange, et devant lequel tout ce qu'on nous conte des prétendus supplices des premiers chrétiens doit disparaître. Dites-moi quel est le plus coupable, ou un enfant qui chante deux chansons réputées impies dans sa seule secte, et innocentes dans tout le reste de la terre, ou un juge qui ameute ses confrères pour faire périr cet enfant indiscret par une mort affreuse.

Le sage et éloquent marquis de Vauvenargues a dit : « Ce qui n'offense pas la société n'est pas du ressort de sa justice[1]. » Cette vérité doit être la base de tous les codes criminels; or certainement le chevalier de La Barre n'avait pas nui à la société en disant une parole imprudente à un valet, à une tourière, en chantant une chanson. C'étaient des imprudences secrètes dont on ne se souvenait plus; c'étaient des légèretés d'enfant oubliées depuis plus d'une année, et qui ne furent tirées de leur obscurité que par le moyen d'un monitoire qui les fit révéler, monitoire fulminé pour un autre objet, monitoire qui forma des délateurs, monitoire tyrannique, fait pour troubler la paix de toutes les familles.

Il est si vrai qu'il ne faut pas traiter un jeune homme imprudent comme un scélérat consommé dans le crime que le jeune M. d'Étallonde, condamné par les mêmes juges à une mort encore plus horrible, a été accueilli par le roi de Prusse et mis au nombre de ses officiers; il est regardé par tout le régiment comme un excellent sujet : qui sait si un jour il ne viendra pas se venger de l'affront qu'on lui a fait dans sa patrie ?

L'exécution du chevalier de La Barre consterna tellement tout Abbeville, et jeta dans les esprits une telle horreur, que l'on n'osa pas poursuivre le procès des autres accusés.

Vous vous étonnez sans doute, Monsieur, qu'il se passe tant de scènes si tragiques dans un pays qui se vante de la douceur de ses mœurs, et où les étrangers mêmes venaient en foule chercher les agréments de la société. Mais je ne vous cacherai point que s'il y a toujours un certain nombre d'esprits indulgents et aimables, il reste encore dans plusieurs autres un ancien caractère de barbarie que rien n'a pu effacer. Vous retrouverez encore ce même esprit qui fit mettre à prix la tête d'un cardinal premier ministre, et qui conduisait l'archevêque de Paris, un poignard à la main, dans le sanctuaire de la justice. Certainement la religion était plus outragée par ces deux actions que par les étourderies du chevalier de La Barre; mais voilà comme va le monde :

Ille crucem sceleris pretium tulit, hic diadema.

(Juvén., *sat.* XIII, v. 105.)

Quelques juges ont dit que, dans les circonstances présentes, la religion avait besoin de ce funeste exemple. Ils se sont bien trompés; rien ne lui a fait plus de tort. On ne subjugue pas ainsi les esprits; on les indigne et on les révolte.

J'ai entendu dire malheureusement à plusieurs personnes qu'elles ne pouvaient s'empêcher de détester une secte qui ne se soutenait que par des bourreaux. Ces discours publics et répétés m'ont fait frémir plus d'une fois.

On a voulu faire périr, par un supplice réservé aux empoisonneurs et aux parricides, des enfants accusés d'avoir chanté d'anciennes chansons blasphématoires, et cela même a fait prononcer plus de cent mille blasphèmes. Vous ne sauriez croire, Monsieur, combien cet événement rend notre religion catholique romaine exécrable à tous les étrangers. Les juges disent que la politique les a forcés à en user ainsi. Quelle politique imbécile et barbare ! Ah ! Monsieur, quel crime horrible contre la justice de prononcer un jugement par politique, surtout un jugement de mort ! et encore de quelle mort !

L'attendrissement et l'horreur qui me saisissent ne me permettent pas d'en dire davantage.

J'ai l'honneur d'être, etc.

COMMENTAIRE
SUR LE LIVRE
DES DÉLITS ET DES PEINES
PAR UN AVOCAT DE PROVINCE[1]
(1766)

I

OCCASION DE CE COMMENTAIRE

J'ÉTAIS plein de la lecture du petit livre *Des Délits et des Peines,* qui est en morale ce que sont en médecine le peu de remèdes dont nos maux pourraient être soulagés. Je me flattais que cet ouvrage adoucirait ce qui reste de barbare dans la jurisprudence de tant de nations; j'espérais quelque réforme dans le genre humain, lorsqu'on m'apprit qu'on venait de pendre, dans une province, une fille de dix-huit ans, belle et bien faite, qui avait des talents utiles, et qui était d'une très honnête famille.

Elle était coupable de s'être laissé faire un enfant; elle l'était encore davantage d'avoir abandonné son fruit. Cette fille infortunée, fuyant la maison paternelle, est surprise des douleurs de l'enfantement; elle est délivrée seule et sans secours auprès d'une fontaine. La honte, qui est dans le sexe une passion violente, lui donna assez de force pour revenir à la maison de son père, et pour y cacher son état. Elle laisse son enfant exposé, on le trouve mort le lendemain; la mère est découverte, condamnée à la potence, et exécutée.

La première faute de cette fille, ou doit être renfermée dans le secret de sa famille, ou ne mérite que la protection des lois, parce que c'est au séducteur à réparer le mal qu'il a fait, parce que la faiblesse a droit à l'indulgence, parce que tout parle en faveur d'une fille dont la grossesse connue flétrit sa réputation, et que la difficulté d'élever son enfant est encore un grand malheur de plus.

La seconde faute est plus criminelle : elle abandonne le fruit de sa faiblesse, et l'expose à périr.

Mais parce qu'un enfant est mort, faut-il absolument faire mourir la mère ? Elle ne l'avait pas tué; elle se flattait que quelque passant prendrait pitié de cette créature innocente; elle pouvait même être dans le dessein d'aller retrouver son enfant, et de lui faire donner les secours nécessaires. Ce sentiment est si naturel qu'on doit le présumer dans le cœur d'une mère. La loi est positive contre la fille dans la province dont je parle; mais cette loi n'est-elle pas injuste, inhumaine, et pernicieuse ? Injuste parce qu'elle n'a pas distingué entre celle qui tue son enfant et celle qui l'abandonne; inhumaine, en ce qu'elle fait périr cruellement une infortunée à qui on ne peut reprocher que sa faiblesse et son empressement à cacher son malheur; pernicieuse, en ce qu'elle ravit à la société une citoyenne qui devait donner des sujets à l'État, dans une province où l'on se plaint de la dépopulation.

La charité n'a point encore établi dans ce pays des maisons secourables où les enfants exposés soient nourris. Là où la charité manque, la loi est toujours cruelle. Il valait bien mieux prévenir ces malheurs, qui sont assez ordinaires, que se borner à les punir. La véritable jurisprudence est d'empêcher les délits, et non de donner la mort à un sexe faible, quand il est évident que sa faute n'a pas été accompagnée de malice, et qu'elle a coûté à son cœur.

Assurez, autant que vous le pourrez, une ressource à quiconque sera tenté de mal faire, et vous aurez moins à punir.

II

DES SUPPLICES

Ce malheur et cette loi si dure, dont j'ai été sensiblement frappé, m'ont fait jeter les yeux sur le code criminel des nations. L'auteur humain des *Délits et des Peines* n'a que trop raison de se plaindre que la punition soit trop souvent au-dessus du crime, et quelquefois pernicieuse à l'État, dont elle doit faire l'avantage.

Les supplices recherchés, dans lesquels on voit que l'esprit humain s'eﬆ épuisé à rendre la mort affreuse, semblent plutôt inventés par la tyrannie que par la juﬆice.

Le supplice de la roue fut introduit en Allemagne dans les temps d'anarchie, où ceux qui s'emparaient des droits régaliens voulaient épouvanter, par l'appareil d'un tourment inouï, quiconque oserait attenter contre eux. En Angleterre on ouvrait le ventre d'un homme atteint de haute trahison, on lui arrachait le cœur, on lui en battait les joues, et le cœur était jeté dans les flammes. Mais quel était souvent ce crime de haute trahison? c'était, dans les guerres civiles, d'avoir été fidèle à un roi malheureux, et quelquefois de s'être expliqué sur le droit douteux du vainqueur. Enfin les mœurs s'adoucirent; il eﬆ vrai qu'on a continué d'arracher le cœur, mais c'eﬆ toujours après la mort du condamné. L'appareil eﬆ affreux, mais la mort eﬆ douce, si elle peut l'être.

III

DES PEINES CONTRE LES HÉRÉTIQUES

Ce fut surtout la tyrannie qui la première décerna la peine de mort contre ceux qui différaient de l'Église dominante dans quelques dogmes. Aucun empereur chrétien n'avait imaginé, avant le tyran Maxime, de condamner un homme au supplice uniquement pour des points de controverse. Il est bien vrai que ce furent deux évêques espagnols qui poursuivirent la mort des priscillianistes auprès de Maxime; mais il n'est pas moins vrai que ce tyran voulait plaire au parti dominant en versant le sang des hérétiques. La barbarie et la justice lui étaient également indifférentes. Jaloux de Théodose, Espagnol comme lui, il se flattait de lui enlever l'empire d'Orient, comme il avait déjà envahi celui d'Occident. Théodose était haï pour ses cruautés; mais il avait su gagner tous les chefs de la religion. Maxime voulait déployer le même zèle, et attacher les évêques espagnols à sa faction. Il flattait également l'ancienne religion et la nouvelle; c'était un homme aussi fourbe qu'inhumain, comme tous ceux qui dans ce temps-là prétendirent ou parvinrent à l'empire. Cette vaste partie du monde était gouvernée comme l'est Alger aujourd'hui. La milice faisait et défaisait les empereurs; elle les choisissait très souvent parmi les nations réputées barbares. Théodose lui opposait alors d'autres barbares de la Scythie. Ce fut lui qui remplit les armées de Goths, et qui éleva Alaric, le vainqueur de Rome. Dans cette confusion horrible, c'était donc à qui fortifierait le plus son parti par tous les moyens possibles.

Maxime venait de faire assassiner à Lyon l'empereur Gratien, collègue de Théodose; il méditait la perte de Valentinien II, nommé successeur de Gratien à Rome dans son enfance. Il assemblait à Trèves une puissante armée, composée de Gaulois et d'Allemands. Il faisait lever des troupes en Espagne, lorsque deux évêques espagnols, Idacio et Ithacus ou Itacius[1], qui avaient alors beaucoup de crédit, vinrent lui demander le sang de Priscillien et de tous ses adhérents, qui disaient que les âmes sont des émanations de Dieu, que la Trinité ne contient point trois hypostases, et qui, de plus, poussaient le sacrilège jusqu'à jeûner le dimanche. Maxime, moitié païen, moitié chrétien, sentit bientôt toute l'énormité de ces crimes. Les saints évêques Idacio et Itacius obtinrent qu'on donnât d'abord la question à Priscillien et à ses complices avant qu'on les fît mourir : ils y furent présents, afin que tout se passât dans l'ordre, et s'en retournèrent en bénissant Dieu, et en plaçant Maxime, le défenseur de la foi, au rang des saints. Mais Maxime ayant été défait par Théodose, et ensuite assassiné aux pieds de son vainqueur, il ne fut point canonisé.

Il faut remarquer que saint Martin, évêque de Tours, véritablement homme de bien, sollicita la grâce de Priscillien; mais les évêques l'accusèrent lui-même d'être hérétique, et il s'en retourna à Tours, de peur qu'on ne lui fît donner la question à Trèves.

Quant à Priscillien, il eut la consolation, après avoir été pendu, qu'il fut honoré de sa secte comme un martyr. On célébra sa fête, et on le fêterait encore s'il y avait des priscillianistes.

Cet exemple fit frémir toute l'Église, mais bientôt après il fut imité et surpassé. On avait fait périr des priscillianistes par le glaive, par la corde, et par la lapidation. Une jeune dame de qualité, soupçonnée d'avoir jeûné le dimanche, n'avait été que lapidée dans Bordeaux[1]. Ces supplices parurent trop légers; on prouva que Dieu exigeait que les hérétiques fussent brûlés à petit feu. La raison péremptoire qu'on en donnait, c'était que Dieu les punit ainsi dans l'autre monde, et que tout prince, tout lieutenant du prince, enfin le moindre magistrat, est l'image de Dieu dans ce monde-ci.

Ce fut sur ce principe qu'on brûla partout des sorciers, qui étaient visiblement sous l'empire du diable, et les hétérodoxes, qu'on croyait encore plus criminels et plus dangereux que les sorciers.

On ne sait pas bien précisément quelle était l'hérésie des chanoines que le roi Robert, fils de Hugues, et Constance sa femme, allèrent faire brûler en leur présence à Orléans en 1022. Comment le saurait-on ? Il n'y avait alors qu'un très petit nombre de clercs et de moines qui eussent l'usage de l'écriture. Tout ce qui est constaté, c'est que Robert et sa femme rassasièrent leurs yeux de ce spectacle abominable. L'un des sectaires avait été le confesseur de Constance; cette reine ne crut pas pouvoir mieux réparer le malheur de s'être confessée à un hérétique qu'en le voyant dévorer par les flammes.

L'habitude devient loi; et depuis ce temps jusqu'à nos jours, c'est-à-dire pendant plus de sept cents années, on a brûlé ceux qui ont été ou qui ont paru être souillés du crime d'une opinion erronée.

IV

DE L'EXTIRPATION DES HÉRÉSIES

Il faut, ce me semble, distinguer dans une hérésie l'opinion et la faction. Dès les premiers temps du christianisme, les opinions furent partagées. Les chrétiens d'Alexandrie ne pensaient pas, sur plusieurs points, comme ceux d'Antioche. Les Achaïens étaient opposés aux Asiatiques. Cette diversité a duré dans tous les temps, et durera vraisemblablement toujours. Jésus-Christ, qui pouvait réunir tous ses fidèles dans le même sentiment, ne l'a pas fait : il est donc à présumer qu'il ne l'a pas voulu, et que son dessein était d'exercer toutes ses Églises à l'indulgence et à la charité en leur permettant des systèmes différents, qui tous se réunissaient à le reconnaître pour leur chef et leur maître. Toutes ces sectes, longtemps tolérées par les empereurs, ou cachées à leurs yeux, ne pouvaient se persécuter et se proscrire les unes les autres, puisqu'elles étaient également soumises aux magistrats romains; elles ne pouvaient que disputer. Quand les magistrats les poursuivirent, elles réclamèrent toutes également le droit de la nature. Elles dirent : Laissez-nous adorer Dieu en paix; ne nous ravissez pas la liberté, que vous accordez aux Juifs. Toutes les sectes aujourd'hui peuvent tenir le même discours à ceux qui les oppriment. Elles peuvent dire aux peuples qui ont donné des privilèges aux Juifs : Traitez-nous comme vous traitez ces enfants de Jacob; laissez-nous prier Dieu, comme eux, selon notre conscience; notre opinion ne fait pas plus de tort à votre État que n'en fait le judaïsme. Vous tolérez les ennemis de Jésus-Christ; tolérez-nous donc, nous qui adorons Jésus-Christ, et qui ne différons de vous que sur des subtilités de théologie; ne vous privez pas vous-mêmes de sujets utiles. Il vous importe qu'ils travaillent à vos manufactures, à votre marine, à la culture de vos terres; et il ne vous importe point qu'ils aient quelques autres articles de foi que vous. C'est de leurs bras que vous avez besoin, et non de leur catéchisme.

La faction est une chose toute différente. Il arrive toujours, et nécessairement, qu'une secte persécutée dégénère en faction. Les opprimés se réunissent et s'encouragent. Ils ont plus d'industrie pour fortifier leur parti que la secte dominante n'en a pour l'exterminer. Il faut, ou qu'ils soient écrasés, ou qu'ils écrasent. C'est ce qui arriva après la persécution excitée en 303 par le césar Galérius, les deux dernières années de l'empire de Dioclétien. Les chrétiens, ayant été favorisés par Dioclétien pendant dix-huit années entières, étaient devenus trop nombreux et trop riches pour être exterminés : ils se donnèrent à Constance Chlore; ils combattirent pour Constantin son fils, et il y eut une révolution entière dans l'empire.

On peut comparer les petites choses aux grandes, quand c'est le même esprit qui les dirige. Une pareille révolution est arrivée en Hollande, en Écosse, en Suisse. Quand Ferdinand et Isabelle chassèrent d'Espagne les Juifs, qui y étaient établis, non seulement avant la maison régnante, mais avant les Maures et les Goths, et même avant les Carthaginois, les Juifs auraient fait une révolution en Espagne s'ils avaient été aussi guerriers que riches, et s'ils avaient pu s'entendre avec les Arabes.

En un mot, jamais secte n'a changé le gouvernement que quand le désespoir lui a fourni des armes. Mahomet lui-même n'a réussi que pour avoir été chassé de la Mecque, et parce qu'on y avait mis sa tête à prix.

Voulez-vous donc empêcher qu'une secte ne bouleverse un État, usez de tolérance; imitez la sage conduite que tiennent aujourd'hui l'Allemagne, l'Angleterre, la Hollande. Il n'y a d'autre parti à prendre en politique, avec une secte nouvelle, que de faire mourir sans pitié les chefs et les adhérents, hommes, femmes, enfants, sans en excepter un seul, ou de les tolérer quand la secte est nombreuse. Le premier parti est d'un monstre, le second est d'un sage.

Enchaînez à l'État tous les sujets de l'État par leur intérêt; que le Quaker et le Turc trouvent leur avantage à vivre sous vos lois. La religion est de Dieu à l'homme; la loi civile est de vous à vos peuples.

V

DES PROFANATIONS

Louis IX, roi de France, placé par ses vertus au rang des saints, fit d'abord une loi contre les blasphémateurs. Il les condamnait à un supplice nouveau : on leur perçait la langue avec un fer ardent. C'était une espèce de talion; le membre qui avait péché en souffrait la peine. Mais il était fort difficile de décider ce qui est un blasphème. Il échappe dans la colère, ou dans la joie, ou dans la simple conversation, des expressions qui ne sont, à proprement parler, que des explétives, comme le *sela* et le *vah* des Hébreux; le *pol* et l'*edepol* des Latins; et comme le *per deos immortales,* dont on se servait à tout propos, sans faire réellement un serment par les dieux immortels.

Ces mots, qu'on appelle jurements, blasphèmes, sont communément des termes vagues qu'on interprète arbitrairement. La loi qui les punit semble prise de celle des Juifs, qui dit : « Tu ne prendras point le nom de Dieu en vain[1]. » Les plus habiles interprètes croient que cette loi défend le parjure; et ils ont d'autant plus raison que le mot *shavé,* qu'on a traduit par en vain, signifie proprement le parjure. Or quel rapport le parjure peut-il avoir avec ces mots qu'on adoucit par *cadélis, sangbleu, ventrebleu, corbleu*[2]?

Les Juifs juraient par la vie de Dieu : *Vivit Dominus.* C'était une formule ordinaire. Il n'était donc défendu que de mentir au nom de Dieu, qu'on attestait.

Philippe Auguste, en 1181, avait condamné les nobles de son domaine qui prononceraient *têtebleu, ventrebleu, corbleu, sangbleu,* à payer une amende, et les roturiers à être noyés. La première partie de cette ordonnance parut puérile; la seconde était abominable. C'était outrager la nature que de noyer des citoyens pour la même faute que les nobles expiaient pour deux ou trois sous de ce temps-là. Aussi cette étrange loi resta sans exécution, comme tant d'autres, surtout quand le roi fut excommunié et son royaume mis en interdit par le pape Célestin III.

Saint Louis, transporté de zèle, ordonna indifféremment qu'on perçât la langue, ou qu'on coupât la lèvre supérieure à quiconque aurait prononcé ces termes indécents. Il en coûta la langue à un gros bourgeois de Paris, qui s'en plaignit au pape Innocent IV. Ce pontife remontra fortement au roi que la peine était trop forte pour le délit. Le roi s'abstint désormais de cette sévérité. Il eût été heureux pour la société humaine que les papes n'eussent jamais affecté d'autre supériorité sur les rois.

L'ordonnance de Louis XIV, de l'année 1666, statue : « Que ceux qui seront convaincus d'avoir juré et blasphémé le saint nom de Dieu, de sa très sainte mère ou de ses saints, seront condamnés : pour la première fois, à une amende; pour la seconde, tierce et quatrième fois, à une amende double, triple et quadruple; pour la cinquième fois, au carcan; pour la sixième fois, au pilori, et auront la lèvre supérieure coupée; et la septième fois auront la langue coupée tout juste. »

Cette loi paraît sage et humaine; elle n'inflige une peine cruelle qu'après six rechutes qui ne sont pas présumables.

Mais pour des profanations plus grandes qu'on appelle sacrilèges, nos collections de jurisprudence criminelle, dont il ne faut pas prendre les décisions pour des lois, ne parlent que du vol fait dans les églises, et aucune loi positive ne prononce même la peine du feu; elles ne s'expliquent pas sur les impiétés publiques, soit qu'elles n'aient pas prévu de telles démences, soit qu'il fût trop difficile de les spécifier. Il est donc réservé à la prudence des juges de punir ce délit. Cependant la justice ne doit rien avoir d'arbitraire.

Dans un cas aussi rare, que doivent faire les juges ? Consulter l'âge des délinquants, la nature de leur faute, le degré de leur méchanceté, de leur scandale, de leur obstination, le besoin que le public peut avoir ou n'avoir pas d'une punition terrible. « *Pro qualitate personae, proque rei conditione et temporis et aetatis et sexus, vel severius vel clementius statuendum*[1]. » Si la loi n'ordonne point expressément la mort pour ce délit, quel juge se croira obligé de la prononcer ? S'il faut une peine, si la loi se tait, le juge doit, sans difficulté, prononcer la peine la plus douce, parce qu'il est homme.

Les profanations sacrilèges ne sont jamais commises que par de jeunes débauchés : les punirez-vous aussi sévèrement que s'ils avaient tué leurs frères ? Leur âge plaide en leur faveur : ils ne peuvent disposer de leurs biens, parce qu'ils ne sont point supposés avoir assez de maturité dans l'esprit pour voir les conséquences d'un mauvais marché ; ils n'en ont donc pas eu assez pour voir la conséquence de leur emportement impie.

Traitez-vous un jeune dissolu qui, dans son aveuglement, aura profané une image sacrée, sans la voler, comme vous avez traité la Brinvilliers, qui avait empoisonné son père et sa famille ? Il n'y a point de loi expresse contre ce malheureux ; et vous en feriez une pour le livrer au plus grand supplice ! Il mérite un châtiment exemplaire ; mais mérite-t-il des tourments qui effrayent la nature et une mort épouvantable ?

Il a offensé Dieu ; oui, sans doute, et très gravement. Usez-en avec lui comme Dieu même. S'il fait pénitence, Dieu lui pardonne. Imposez-lui une pénitence forte, et pardonnez-lui.

Votre illustre Montesquieu a dit : « Il faut honorer la Divinité, et non la venger[1]. » Pesons ces paroles : elles ne signifient pas qu'on doive abandonner le maintien de l'ordre public ; elles signifient, comme le dit le judicieux auteur des *Délits et des Peines,* qu'il est absurde qu'un insecte croie venger l'Être suprême. Ni un juge de village, ni un juge de ville, ne sont des Moïse et des Josué.

VI

INDULGENCE DES ROMAINS SUR CES OBJETS

D'un bout de l'Europe à l'autre, le sujet de la conversation des honnêtes gens instruits roule souvent sur cette différence prodigieuse entre les lois romaines et tant d'usages barbares qui leur ont succédé, comme les immondices d'une ville superbe qui couvrent ses ruines.

Certes le sénat romain avait un aussi profond respect que nous pour le Dieu suprême, et autant pour les dieux immortels et secondaires, dépendants de leur maître éternel, que nous en montrons pour nos saints.

Ab Jove principium...,

(Virg., *Buc.* III, 12.)

était la formule ordinaire. Pline, dans le panégyrique du bon Trajan, commence par attester que les Romains ne manquèrent jamais d'invoquer Dieu en commençant leurs affaires ou leurs discours[1]. Cicéron, Tite-Live, l'attestent. Nul peuple ne fut plus religieux; mais aussi il était trop sage et trop grand pour descendre à punir de vains discours ou des opinions philosophiques. Il était incapable d'infliger des supplices barbares à ceux qui doutaient des augures, comme Cicéron, augure lui-même, en doutait; ni à ceux qui disaient en plein sénat, comme César, que les dieux ne punissent point les hommes après la mort.

On a cent fois remarqué que le sénat permit que sur le théâtre de Rome le chœur chantât dans la *Troade :*

« Il n'est rien après le trépas, et le trépas n'est rien. Tu demandes en quel lieu sont les morts ? au même lieu où ils étaient avant de naître. »

S'il y eut jamais des profanations, en voilà sans doute; et depuis Ennius jusqu'à Ausone tout est profanation, malgré le respect pour le culte. Pourquoi donc le sénat romain ne les réprimait-il pas ? C'est qu'elles n'influaient en rien sur le gouvernement de l'État; c'est qu'elles ne troublèrent aucune institution, aucune cérémonie religieuse. Les Romains n'en eurent pas moins une excellente police, et ils n'en furent pas moins les maîtres absolus de la plus belle partie du monde jusqu'à Théodose II.

La maxime du sénat, comme on l'a dit ailleurs, était : « *Deorum offensae diis curae.* — Les offenses contre les dieux ne regardent que les dieux. » Les sénateurs étant à la tête de la religion, par l'institution la plus sage, n'avaient point à craindre qu'un collège de prêtres les forçât à servir sa vengeance, sous prétexte de venger le ciel. Ils ne disaient point : Déchirons les impies, de peur de passer pour impies nous-mêmes; prouvons aux prêtres que nous sommes aussi religieux qu'eux, en étant cruels.

Notre religion est plus sainte que celle des anciens

Romains. L'impiété, parmi nous, est un plus grand crime que chez eux. Dieu la punira ; c'est aux hommes à punir ce qu'il y a de criminel dans le désordre public que cette impiété a causé. Or, si dans une impiété il ne s'est pas volé un mouchoir, si personne n'a reçu la moindre injure, si les rites religieux n'ont pas été troublés, punirons-nous (il faut le dire encore) cette impiété comme un parricide ? La maréchale d'Ancre avait fait tuer un coq blanc dans la pleine lune; fallait-il pour cela brûler la maréchale d'Ancre ?

Et modus in rebus, sunt certi denique fines.

(Hor., liv. I, sat. I, 108).

Ne scutica dignum horribili sectere flagello.

(Hor., liv. I, sat. III, 119.)

VII

DU CRIME DE LA PRÉDICATION, ET D'ANTOINE

Un prédicant calviniste qui vient prêcher secrètement ses ouailles dans certaines provinces est puni de mort s'il est découvert, et ceux qui lui ont donné à souper et à coucher sont envoyés aux galères perpétuelles.

Dans d'autres pays, un jésuite qui vient prêcher est pendu. Est-ce Dieu qu'on a voulu venger en faisant pendre ce prédicant et ce jésuite ? S'est-on des deux côtés appuyé sur cette loi de l'*Évangile* : « Quiconque n'écoute point l'assemblée soit traité comme un païen et comme un receveur des deniers publics[1] » ? Mais l'*Évangile* n'ordonna pas qu'on tuât ce païen et ce receveur.

S'est-on fondé sur ces paroles du *Deutéronome*[2] : « S'il s'élève un prophète, ... et que ce qu'il a prédit arrive, ... et qu'il vous dise : Suivons des dieux étrangers; ... et si votre frère ou votre fils, ou votre chère femme, ou l'ami de votre cœur vous dit : Allons, servons des dieux étrangers,... tuez-le aussitôt; frappez le premier, et tout le peuple après vous » ? Mais ni ce jésuite ni ce calviniste ne vous ont dit : Allons, suivons des dieux étrangers.

Le conseiller Dubourg, le chanoine Jehan Chauvin dit Calvin, le médecin Servet, espagnol, le Calabrois Gentilis, servaient le même Dieu. Cependant le président Minard fit pendre le conseiller Dubourg; et les amis de Dubourg firent assassiner Minard; et Jehan Calvin fit brûler le médecin Servet à petit feu, et eut la consolation de contribuer beaucoup à faire trancher la tête au Calabrois Gentilis; et les successeurs de Jean Calvin firent brûler Antoine. Est-ce la raison, la piété, la justice, qui ont commis tous ces meurtres ?

L'histoire d'Antoine est une des plus singulières dont le souvenir se soit conservé dans les annales de la démence. Voici ce que j'en ai lu dans un manuscrit très curieux, et qui est rapporté en partie par Jacob Spon. Antoine était né à Briey en Lorraine, de père et mère catholiques, et avait étudié à Pont-à-Mousson chez les jésuites. Le *prédicant* Ferry[1] l'engagea dans la religion protestante à Metz. Étant retourné à Nancy, on lui fit son procès comme à un hérétique, et si un ami ne l'avait fait sauver, il allait périr par la corde. Réfugié à Sedan, on le soupçonna d'être papiste, et on voulut l'assassiner.

Voyant par quelle étrange fatalité sa vie n'était en sûreté ni chez les protestants ni chez les catholiques, il alla se faire juif à Venise. Il se persuada très sincèrement, et il soutint jusqu'au dernier moment de la vie que la religion juive était la seule véritable, et que, puisqu'elle l'avait été autrefois, elle devait l'être toujours. Les juifs ne le circoncirent point, de peur de se faire des affaires avec le magistrat; mais il n'en fut pas moins juif intérieurement. Il n'en fit point profession ouverte, et même, étant allé à Genève, en qualité de prédicant, il y fut premier régent du collège, et enfin il devint ce qu'on appelle ministre.

Le combat perpétuel qui s'excitait dans son cœur entre la secte de Calvin, qu'il était obligé de prêcher, et la religion mosaïque à laquelle seule il croyait, le rendit longtemps malade. Il tomba dans une mélancolie et dans une maladie cruelle; troublé par ses douleurs, il s'écria qu'il était juif. Des ministres vinrent le visiter, et tâchèrent de le faire rentrer en lui-même; il leur répondit qu'il n'adorait que le Dieu d'Israël, qu'il était impossible que Dieu changeât, que Dieu ne pouvait avoir donné lui-même et gravé de sa main une loi pour l'abolir. Il parla contre le christianisme; ensuite il se dédit; il écrivit une profession de foi pour échapper à la condamnation; mais après l'avoir écrite, la malheureuse persuasion où il était ne lui permit pas de la signer. Le conseil de la ville assembla les prédicants pour savoir ce qu'il devait faire de cet infortuné. Le petit nombre de ces prêtres opina qu'on devait avoir pitié de lui, qu'il fallait plutôt tâcher de guérir sa maladie du cerveau que de la punir. Le plus grand nombre décida qu'il méritait d'être brûlé, et il le fut. Cette aventure est de 1632[1]. Il faut cent ans de raison et de vertu pour expier un pareil jugement[2].

VIII

HISTOIRE DE SIMON MORIN

La fin tragique de Simon Morin n'effraye pas moins que celle d'Antoine. Ce fut au milieu des fêtes d'une cour brillante, parmi les amours et les plaisirs, ce fut même dans le temps de la plus grande licence, que ce malheureux fut brûlé à Paris, en 1663. C'était un insensé qui croyait avoir eu des visions, et qui poussa la folie jusqu'à se croire envoyé de Dieu, et à se dire incorporé à Jésus-Christ.

Le parlement le condamna très sagement à être enfermé aux Petites-Maisons. Ce qui est extrêmement singulier, c'est qu'il y avait dans le même hôpital un autre fou qui se disait le Père éternel, de qui même la démence a passé en proverbe. Simon Morin fut si frappé de la folie de son compagnon qu'il reconnut la sienne. Il parut rentrer pour quelque temps dans son bon sens; il exposa son repentir aux magistrats; et, malheureusement pour lui, il obtint son élargissement.

Quelque temps après il retomba dans ses accès; il dogmatisa. Sa mauvaise destinée voulut qu'il fît connaissance avec Saint-Sorlin Desmarets[3], qui fut pendant plusieurs mois son ami, mais qui bientôt, par jalousie de métier, devint son plus cruel persécuteur.

Ce Desmarets n'était pas moins visionnaire que Morin : ses premières inepties furent, à la vérité, innocentes : c'étaient les tragi-comédies d'*Érigone* et de *Mirame,* imprimées avec une traduction des psaumes; c'étaient le roman d'*Ariane* et le poème de *Clovis* à côté de l'office de la Vierge mis en vers; c'étaient des poésies dithyrambiques enrichies d'invectives contre Homère et Virgile. De cette espèce de folie, il passa à une autre plus sérieuse; on le vit s'acharner contre Port-Royal; et après avoir avoué qu'il avait engagé des femmes dans l'athéisme, il s'érigea en prophète. Il prétendit que Dieu lui avait donné, de sa main, la clef du trésor de l'*Apocalypse ;* qu'avec cette clef il ferait une réforme de tout le genre humain, et qu'il allait commander une armée de cent quarante mille hommes contre les jansénistes.

Rien n'eût été plus raisonnable et plus juste que de le mettre dans la même loge que Simon Morin; mais pourra-t-on s'imaginer qu'il trouva beaucoup de crédit auprès du jésuite Annat[1], confesseur du roi ? Il lui persuada que ce pauvre Simon Morin établissait une secte presque aussi dangereuse que le jansénisme même. Enfin, ayant porté l'infamie jusqu'à se rendre délateur, il obtint du lieutenant criminel un décret de prise de corps contre son malheureux rival. Osera-t-on le dire ? Simon Morin fut condamné à être brûlé vif.

Lorsqu'on allait le conduire au supplice, on trouva dans un de ses bas un papier dans lequel il demandait pardon à Dieu de toutes ses erreurs : cela devait le sauver; mais la sentence était confirmée, il fut exécuté sans miséricorde.

De telles aventures font dresser les cheveux. Et dans quel pays n'a-t-on pas vu des événements aussi déplorables ? Les hommes oublient partout qu'ils sont frères, et ils se persécutent jusqu'à la mort. Il faut se flatter, pour la consolation du genre humain, que ces temps horribles ne reviendront plus.

IX

DES SORCIERS

En 1749, on brûla une femme de l'évêché de Vurtzbourg, convaincue d'être sorcière. C'est un grand phénomène dans le siècle où nous sommes. Mais est-il possible que des peuples qui se vantaient d'être réformés, et de fouler aux pieds les superstitions, qui pensaient enfin avoir perfectionné leur raison, aient pourtant cru aux sortilèges, aient fait brûler de pauvres femmes accusées d'être sorcières, et cela plus de cent années après la prétendue réforme de leur raison?

Dans l'année 1652 une paysanne du petit territoire de Genève, nommée Michelle Chaudron, rencontra le diable en sortant de la ville. Le diable lui donna un baiser, reçut son hommage, et imprima sur sa lèvre supérieure et à son téton droit la marque qu'il a coutume d'appliquer à toutes les personnes qu'il reconnaît pour ses favorites. Ce sceau du diable est un petit seing qui rend la peau insensible, comme l'affirment tous les jurisconsultes démonographes de ce temps-là.

Le diable ordonna à Michelle Chaudron d'ensorceler deux filles. Elle obéit à son seigneur ponctuellement. Les parents des filles l'accusèrent juridiquement de diablerie. Les filles furent interrogées et confrontées avec la coupable : elles attestèrent qu'elles sentaient continuellement une fourmilière dans certaines parties de leur corps, et qu'elles étaient possédées. On appela les médecins, ou du moins ceux qui passaient alors pour médecins. Ils visitèrent les filles. Ils cherchèrent sur le corps de Michelle le sceau du diable, que le procès-verbal appelle les marques sataniques. Ils y enfoncèrent une longue aiguille, ce qui était déjà une torture douloureuse. Il en sortit du sang, et Michelle fit connaître, par ses cris, que les marques sataniques ne rendent point insensible. Les juges, ne voyant point de preuve complète que Michelle Chaudron fût sorcière, lui firent donner la question, qui produit infailliblement ces preuves : cette malheureuse, cédant à la violence des tourments, confessa enfin tout ce qu'on voulut.

Les médecins cherchèrent encore la marque satanique. Ils la trouvèrent à un petit seing noir sur une de ses cuisses. Ils y enfoncèrent l'aiguille. Les tourments de la question avaient été si horribles que cette pauvre créature expirante sentit à peine l'aiguille : elle ne cria point; ainsi le crime fut avéré. Mais comme les mœurs commençaient à s'adoucir, elle ne fut brûlée qu'après avoir été pendue et étranglée.

Tous les tribunaux de l'Europe chrétienne retentissaient alors de pareils arrêts. Les bûchers étaient allumés partout pour les sorciers, comme pour les hérétiques. Ce qu'on reprochait le plus aux Turcs, c'était de n'avoir ni sorciers ni possédés parmi eux. On regardait cette privation de possédés comme une marque infaillible de la fausseté d'une religion.

Un homme zélé pour le bien public, pour l'humanité, pour la vraie religion, a publié, dans un de ses écrits en faveur de l'innocence, que les tribunaux chrétiens ont condamné à la mort plus de cent mille prétendus sorciers. Si on joint à ces massacres juridiques le nombre infiniment supérieur d'hérétiques immolés, cette partie du monde ne paraîtra qu'un vaste échafaud couvert de bourreaux et de victimes, entouré de juges, de sbires, et des spectateurs.

X

DE LA PEINE DE MORT

On a dit, il y a longtemps, qu'un homme pendu n'est bon à rien, et que les supplices inventés pour le bien de la société doivent être utiles à cette société. Il est évident que vingt voleurs vigoureux, condamnés à travailler aux ouvrages publics toute leur vie, servent l'État par leur supplice, et que leur mort ne fait de bien qu'au bourreau, que l'on paye pour tuer les hommes en public. Rarement les voleurs sont-ils punis de mort en Angleterre; on les transporte dans les colonies. Il en est de même dans les vastes États de la Russie; on n'a exécuté aucun criminel sous l'empire de l'autocratrice Élisabeth. Catherine II, qui lui a succédé, avec un génie très supérieur, suit la même maxime. Les crimes ne se sont point multipliés par cette humanité, et il arrive presque toujours que les coupables relégués en Sibérie y deviennent gens de bien. On remarque la même chose dans les colonies anglaises. Ce changement heureux nous étonne; mais rien n'est plus naturel. Ces condamnés sont forcés à un travail continuel pour vivre. Les occasions du vice leur manquent : ils se marient, ils peuplent. Forcez les hommes au travail, vous les rendrez honnêtes gens. On sait assez que ce n'est pas à la campagne que se commettent les grands crimes, excepté peut-être quand il y a trop de fêtes, qui forcent l'homme à l'oisiveté, et le conduisent à la débauche.

On ne condamnait un citoyen romain à mourir que pour des crimes qui intéressaient le salut de l'État. Nos maîtres, nos premiers législateurs, ont respecté le sang de leurs compatriotes; nous prodiguons celui des nôtres.

On a longtemps agité cette question délicate et funeste, s'il est permis aux juges de punir de mort quand la loi ne prononce pas expressément le dernier supplice. Cette difficulté fut solennellement débattue devant l'empereur Henri VI. Il jugea et décida qu'aucun juge ne peut avoir ce droit[1].

Il y a des affaires criminelles, ou si imprévues, ou si compliquées, ou accompagnées de circonstances si bizarres, que la loi elle-même a été forcée dans plus d'un pays d'abandonner ces cas singuliers à la prudence des juges. Mais s'il se trouve en effet une cause dans laquelle la loi permette de faire mourir un accusé qu'elle n'a pas condamné, il se trouvera mille causes dans lesquelles l'humanité, plus forte que loi, doit épargner la vie de ceux que la loi elle-même a dévoués à la mort.

L'épée de la justice est entre nos mains; mais nous devons plus souvent l'émousser que la rendre plus tranchante. On la porte dans son fourreau devant les rois, c'est pour nous avertir de la tirer rarement.

On a vu des juges qui aimaient à faire couler le sang; tel était Jeffreys, en Angleterre; tel était, en France, un homme à qui l'on donna le surnom de *coupe-tête*[2]. De tels hommes n'étaient pas nés pour la magistrature; la nature les fit pour être bourreaux.

XI

DE L'EXÉCUTION DES ARRÊTS

FAUT-IL aller au bout de la terre, faut-il recourir aux lois de la Chine, pour voir combien le sang des hommes doit être ménagé ? Il y a plus de quatre mille ans que les tribunaux de cet empire existent, et il y a aussi plus de quatre mille ans qu'on n'exécute pas un villageois à l'extrémité de l'empire sans envoyer son procès à l'empereur, qui le fait examiner trois fois par un de ses tribunaux; après quoi il signe l'arrêt de mort, ou le changement de peine, ou de grâce entière[1].

Ne cherchons pas des exemples si loin, l'Europe en eſt pleine. Aucun criminel en Angleterre n'eſt mis à mort que le roi n'ait signé la sentence; il en eſt ainsi en Allemagne et dans presque tout le Nord. Tel était autrefois l'usage de la France, tel il doit être chez toutes les nations policées. La cabale, le préjugé, l'ignorance, peuvent dicter des sentences loin du trône. Ces petites intrigues, ignorées à la cour, ne peuvent faire impression sur elle : les grands objets l'environnent. Le conseil suprême eſt plus accoutumé aux affaires, et plus au-dessus du préjugé; l'habitude de voir tout en grand l'a rendu moins ignorant et plus sage; il voit mieux qu'une juſtice subalterne de province si le corps de l'État a besoin ou non d'exemples sévères. Enfin, quand la juſtice inférieure a jugé sur la lettre de la loi, qui peut être rigoureuse, le conseil mitige l'arrêt suivant l'esprit de toute loi, qui eſt de n'immoler les hommes que dans une nécessité évidente.

XII

DE LA QUESTION

Tous les hommes étant exposés aux attentats de la violence ou de la perfidie détestent les crimes dont ils peuvent être les victimes. Tous se réunissent à vouloir la punition des principaux coupables et de leurs complices; et tous cependant, par une pitié que Dieu a mise dans nos cœurs, s'élèvent contre les tortures qu'on fait souffrir aux accusés dont on veut arracher l'aveu. La loi ne les a pas encore condamnés, et on leur inflige, dans l'incertitude où l'on eſt de leur crime, un supplice beaucoup plus affreux que la mort qu'on leur donne, quand on eſt certain qu'ils la méritent. Quoi! j'ignore encore si tu es coupable, et il faudra que je te tourmente pour m'éclairer; et si tu es innocent, je n'expierai point envers toi ces mille morts que je t'ai fait souffrir, au lieu d'une seule que je te préparais ! Chacun frissonne à cette idée. Je ne dirai point ici que saint Augustin s'élève contre la question dans sa *Cité de Dieu*. Je ne dirai point qu'à Rome on ne la faisait subir qu'aux esclaves; et que cependant Quintilien, se souvenant que les esclaves sont hommes, réprouve cette barbarie.

Quand il n'y aurait qu'une nation sur la terre qui eût aboli l'usage de la torture, s'il n'y a pas plus de crimes chez cette nation que chez une autre, si d'ailleurs elle est plus éclairée, plus florissante depuis cette abolition, son exemple suffit au reste du monde entier. Que l'Angleterre seule instruise les autres peuples; mais elle n'est pas la seule : la torture est proscrite dans d'autres royaumes, et avec succès. Tout est donc décidé. Des peuples qui se piquent d'être polis ne se piqueront-ils pas d'être humains ? s'obstineront-ils dans une pratique inhumaine, sur le seul prétexte qu'elle est d'usage ? Réservez au moins cette cruauté pour des scélérats avérés qui auront assassiné un père de famille ou le père de la patrie; recherchez leurs complices, mais qu'une jeune personne qui aura commis quelques fautes qui ne laissent aucune trace après elles subisse la même torture qu'un parricide, n'est-ce pas une barbarie inutile ? J'ai honte d'avoir parlé sur ce sujet après ce qu'en a dit l'auteur des *Délits et des Peines*. Je dois me borner à souhaiter qu'on relise souvent l'ouvrage de cet amateur de l'humanité.

XIII

DE QUELQUES TRIBUNAUX DE SANG

CROIRAIT-ON qu'il y ait eu autrefois un tribunal suprême plus horrible que l'Inquisition, et que ce tribunal ait été établi par Charlemagne ? C'était le jugement de Vestphalie, autrement appelé la cour *veimique*. La sévérité ou plutôt la cruauté de cette cour allait jusqu'à punir de mort tout Saxon qui avait rompu le jeûne en carême. La même loi fut établie en Flandre et en Franche-Comté au commencement du XVIIe siècle.

Les archives d'un petit coin de pays appelé Saint-Claude, dans les plus affreux rochers de la comté de Bourgogne, conservent la sentence et le procès-verbal d'exécution d'un pauvre gentilhomme, nommé Claude Guillon, auquel on trancha la tête le 28 juillet 1629. Il était réduit à la misère, et, pressé d'une faim dévorante, il mangea, un jour maigre, un morceau d'un cheval qu'on avait tué dans un pré voisin. Voilà son crime. Il fut condamné comme un sacrilège. S'il eût été riche, et qu'il se fût fait servir à souper pour deux cents écus de marée, en laissant mourir de faim les pauvres, il aurait été regardé comme un homme qui remplissait tous ses devoirs.

Voici le prononcé de la sentence du juge :

« Nous, après avoir vu toutes les pièces du procès et ouï l'avis des docteurs en droit, déclarons ledit Claude Guillon dûment atteint et convaincu d'avoir emporté de la viande d'un cheval tué dans le pré de cette ville, d'avoir fait cuire ladite viande le 31 mars, jour de samedi, et d'en avoir mangé, etc. »

Quels docteurs que ces docteurs en droit qui donnèrent leur avis ! Est-ce chez les Topinambous et chez les Hottentots que ces aventures sont arrivées ? La cour veimique était bien plus horrible : elle déléguait secrètement des commissaires qui allaient, sans être connus, dans toutes les villes d'Allemagne, prenaient des informations sans les dénoncer aux accusés, les jugeaient sans les entendre; et souvent, quand ils manquaient de bourreaux, le plus jeune des juges en faisait l'office, et pendait lui-même le condamné. Il fallut, pour se soustraire aux assassinats de cette chambre, obtenir des lettres d'exemption, des sauvegardes des empereurs; encore furent-elles souvent inutiles. Cette cour de meurtriers ne fut pleinement dissoute que par Maximilien Ier; elle aurait dû l'être dans le sang des juges; le tribunal des Dix à Venise était, en comparaison, un institut de miséricorde.

Que penser de ces horreurs, et de tant d'autres ? Est-ce assez de gémir sur la nature humaine ? Il y eut des cas où il fallut la venger.

XIV

DE LA DIFFÉRENCE DES LOIS POLITIQUES ET DES LOIS NATURELLES

J'APPELLE lois naturelles celles que la nature indique dans tous les temps, à tous les hommes, pour le maintien de cette justice que la nature, quoi qu'on en dise, a gravée dans nos cœurs. Partout le vol, la violence, l'homicide, l'ingratitude envers les parents bienfaiteurs, le parjure commis pour nuire et non pour secourir un innocent, la conspiration contre sa patrie, sont des délits évidents, plus ou moins sévèrement réprimés, mais toujours justement.

J'appelle lois politiques ces lois faites selon le besoin présent, soit pour affermir la puissance, soit pour prévenir des malheurs.

On craint que l'ennemi ne reçoive des nouvelles d'une ville : on ferme les portes, on défend de s'échapper par les remparts, sous peine de mort.

On redoute une secte nouvelle, qui, se parant en public de son obéissance aux souverains, cabale en secret pour se soustraire à cette obéissance; qui prêche que tous les hommes sont égaux, pour les soumettre également à ses nouveaux rites; qui enfin, sous prétexte qu'il vaut mieux obéir à Dieu qu'aux hommes[1], et que la secte dominante est chargée de superstitions et de cérémonies ridicules, veut détruire ce qui est consacré par l'État; on statue la peine de mort contre ceux qui, en dogmatisant publiquement en faveur de cette secte, peuvent porter le peuple à la révolte.

Deux ambitieux disputent un trône, le plus fort l'emporte : il décerne peine de mort contre les partisans du plus faible. Les juges deviennent les instruments de la vengeance du nouveau souverain, et les appuis de son autorité. Quiconque était en relation, sous Hugues Capet, avec Charles de Lorraine risquait d'être condamné à mort, s'il n'était puissant.

Lorsque Richard III, meurtrier de ses deux neveux, eut été reconnu roi d'Angleterre, le grand jury fit écarteler le chevalier Guillaume Colingbourne[1], coupable d'avoir écrit à un ami du comte de Richemond, qui levait alors des troupes, et qui régna depuis sous le nom de Henri VII; on trouva deux lignes de sa main qui étaient d'un ridicule grossier : elles suffirent pour faire périr ce chevalier par un affreux supplice. Les histoires sont pleines de pareils exemples de justice.

Le droit de représailles est encore une de ces lois reçues des nations. Votre ennemi a fait pendre un de vos braves capitaines qui a tenu quelque temps dans un petit château ruiné contre une armée entière; un de ses capitaines tombe entre vos mains; c'est un homme vertueux que vous estimez et que vous aimez : vous le pendez par représailles. C'est la loi, dites-vous; c'est-à-dire que si votre ennemi s'est souillé d'un crime énorme, il faut que vous en commettiez un autre !

Toutes ces lois d'une politique sanguinaire n'ont qu'un temps, et l'on voit bien que ce ne sont pas de véritables lois, puisqu'elles sont passagères. Elles ressemblent à la nécessité où l'on s'est trouvé quelquefois, dans une extrême famine, de manger des hommes; on ne les mange plus dès qu'on a du pain.

XV

DU CRIME DE HAUTE TRAHISON. DE TITUS OATES, ET DE LA MORT D'AUGUSTE DE THOU

On appelle haute trahison un attentat contre la patrie ou contre le souverain qui la représente. Il est regardé comme un parricide : donc on ne doit pas l'étendre jusqu'aux délits qui n'approchent pas du parricide, car, si vous traitez de haute trahison un vol dans une maison de l'État, une concussion, ou même des paroles séditieuses, vous diminuez l'horreur que le crime de haute trahison ou de lèse-majesté doit inspirer.

Il ne faut pas qu'il y ait rien d'arbitraire dans l'idée qu'on se forme des grands crimes. Si vous mettez un vol fait à un père par son fils, une imprécation d'un fils contre son père, dans le rang des parricides, vous brisez les liens de l'amour filial. Le fils ne regardera plus son père que comme un maître terrible. Tout ce qui eſt outré dans les lois tend à la deſtruction des lois.

Dans les crimes ordinaires, la loi d'Angleterre eſt favorable à l'accusé; mais dans celui de haute trahison, elle lui eſt contraire. L'ex-jésuite Titus Oates, ayant été juridiquement interrogé dans la chambre des communes, et ayant assuré par serment qu'il n'avait plus rien à dire, accusa cependant ensuite le secrétaire du duc d'York, depuis Jacques II, et plusieurs autres personnes, de haute trahison, et sa délation fut reçue; il jura d'abord devant le conseil du roi qu'il n'avait point vu ce secrétaire; et ensuite il jura qu'il l'avait vu. Malgré ces illégalités et ces contradictions, le secrétaire fut exécuté.

Ce même Oates et un autre témoin déposèrent que cinquante jésuites avaient comploté d'assassiner le roi Charles II, et qu'ils avaient vu des commissions du P. Oliva, général des jésuites, pour les officiers qui devaient commander une armée de rebelles. Ces deux témoins suffirent pour faire arracher le cœur à plusieurs accusés, et leur en battre les joues. Mais, en bonne foi, eſt-ce assez de deux témoins pour faire périr ceux qu'ils veulent perdre ? Il faut au moins que ces deux délateurs ne soient pas des fripons avérés; il faut encore qu'ils ne déposent pas des choses improbables.

Il eſt bien évident que si les deux plus intègres magistrats du royaume accusaient un homme d'avoir conspiré avec le muphti pour circoncire tout le conseil d'État, le parlement, la chambre des comptes, l'archevêque et la Sorbonne, en vain ces deux magiſtrats jureraient qu'ils ont vu les lettres du muphti : on croirait plutôt qu'ils sont devenus fous qu'on n'aurait de foi à leur déposition. Il était tout aussi extravagant de supposer que le général des jésuites levait une armée en Angleterre qu'il le serait de croire que le muphti envoie circoncire la cour de France. Cependant on eut le malheur de croire Titus Oates, afin qu'il n'y eût aucune sorte de folie atroce qui ne fût entrée dans la tête des hommes.

Les lois d'Angleterre ne regardent pas comme coupables d'une conspiration ceux qui en sont inſtruits et qui ne la révèlent pas : elles ont supposé que le délateur eſt aussi infâme que le conspirateur eſt coupable. En France, ceux qui savent une conspiration et ne la dénoncent pas sont punis de mort. Louis XI, contre lequel on conspirait souvent, porta cette loi terrible. Un Louis XII, un Henri IV ne l'eût jamais imaginée.

Cette loi non seulement force un homme de bien à être délateur d'un crime qu'il pourrait prévenir par de sages conseils et par sa fermeté, mais elle l'expose encore à être puni comme calomniateur, parce qu'il est très aisé que les conjurés prennent tellement leurs mesures qu'il ne puisse les convaincre.

Ce fut précisément le cas du respectable François-Auguste de Thou, conseiller d'État, fils du seul bon historien dont la France pouvait se vanter, égal à Guichardin par ses lumières, et supérieur peut-être par son impartialité.

La conspiration était tramée beaucoup plus contre le cardinal de Richelieu que contre Louis XIII. Il ne s'agissait point de livrer la France à des ennemis : car le frère du roi, principal auteur de ce complot, ne pouvait avoir pour but de livrer un royaume dont il se regardait encore comme l'héritier présomptif, ne voyant entre le trône et lui qu'un frère aîné mourant et deux enfants au berceau.

De Thou n'était coupable ni devant Dieu ni devant les hommes. Un des agents de Monsieur, frère unique du roi, du duc de Bouillon, prince souverain de Sedan, et du grand écuyer d'Effiat Cinq-Mars, avait communiqué de bouche le plan du complot au conseiller d'État. Celui-ci alla trouver le grand écuyer Cinq-Mars, et fit ce qu'il put pour le détourner de cette entreprise; il lui en remontra les difficultés. S'il eût alors dénoncé les conspirateurs, il n'avait aucune preuve contre eux; il eût été accablé par la dénégation de l'héritier présomptif de la couronne, par celle d'un prince souverain, par celle du favori du roi, enfin par l'exécration publique. Il s'exposait à être puni comme un lâche calomniateur.

Le chancelier Séguier même en convint en confrontant de Thou avec le grand écuyer. Ce fut dans cette confrontation que de Thou dit à Cinq-Mars ces propres paroles, mentionnées au procès-verbal : « Souvenez-vous, Monsieur, qu'il ne s'est point passé de journée que je ne vous aie parlé de ce traité pour vous en dissuader. » Cinq-Mars reconnut cette vérité. De Thou méritait donc une récompense plutôt que la mort au tribunal de l'équité humaine. Il méritait au moins que le cardinal de

Richelieu l'épargnât; mais l'humanité n'était pas sa vertu. C'est bien ici le cas de quelque chose de plus que *summum jus, summa injuria*. L'arrêt de mort de cet homme de bien porte : « Pour avoir eu connaissance et participation desdites conspirations »; il ne dit point : pour ne les avoir pas révélées. Il semble que le crime soit d'être instruit d'un crime, et qu'on soit digne de mort pour avoir des yeux et des oreilles.

Tout ce qu'on peut dire peut-être d'un tel arrêt, c'est qu'il ne fut pas rendu par justice, mais par des commissaires. La lettre de la loi meurtrière était précise. C'est non seulement aux jurisconsultes mais à tous les hommes de prononcer si l'esprit de la loi ne fut pas perverti. C'est une triste contradiction qu'un petit nombre d'hommes fasse périr comme criminel celui que toute une nation juge innocent et digne d'estime.

XVI

DE LA RÉVÉLATION PAR LA CONFESSION

Jaurigny[1] et Balthazar Gérard, assassins du prince d'Orange Guillaume Ier, le dominicain Jacques Clément, Châtel, Ravaillac, et tous les autres parricides de ce temps-là, se confessèrent avant de commettre leurs crimes. Le fanatisme, dans ces siècles déplorables, était parvenu à un tel excès que la confession n'était qu'un engagement de plus à consommer leur scélératesse; elle devenait sacrée, par cette raison que la confession est un sacrement.

Strada dit lui-même que Jaurigny « *non ante facinus aggredi sustinuit, quam expiatam noxis animam apud dominicanum sacerdotem coelesti pane firmaverit*. — Jaurigny n'osa entreprendre cette action sans avoir fortifié par le pain céleste son âme, purgée par la confession aux pieds d'un dominicain. »

On voit, dans l'interrogatoire de Ravaillac, que ce malheureux, sortant des feuillants, et voulant entrer chez les jésuites, s'était adressé au jésuite d'Aubigny; qu'après lui avoir parlé de plusieurs apparitions qu'il avait eues, il montra à ce jésuite un couteau sur la lame duquel un cœur et une croix étaient gravés, et qu'il dit ces propres mots au jésuite : « Ce cœur indique que le cœur du roi doit être porté à faire la guerre aux huguenots. »

Peut-être si d'Aubigny avait eu assez de zèle et de prudence pour faire instruire le roi de ces paroles, peut-être s'il avait dépeint l'homme qui les avait prononcées, le meilleur des rois n'aurait pas été assassiné.

Le vingtième auguste ou août, l'année 1610, trois mois après la mort de Henri IV, dont les blessures saignaient dans le cœur de tous les Français, l'avocat général Servin, dont la mémoire est encore illustre, requit qu'on fît signer aux jésuites les quatre articles suivants :

1° Que le concile est au-dessus du pape;

2° Que le pape ne peut priver le roi d'aucun de ses droits par l'excommunication;

3° Que les ecclésiastiques sont entièrement soumis au roi comme les autres;

4° Qu'un prêtre qui sait par la confession une conspiration contre le roi et l'État doit la révéler aux magistrats.

Le 22, le parlement rendit un arrêt par lequel il défendait aux jésuites d'enseigner la jeunesse avant d'avoir signé ces quatre articles; mais la cour de Rome était alors si puissante, et celle de France si faible, que cet arrêt fut inutile.

Un fait qui mérite d'être observé, c'est que cette même cour de Rome, qui ne voulait pas qu'on révélât la confession quand il s'agissait de la vie des souverains, obligeait les confesseurs à dénoncer aux inquisiteurs ceux que leurs pénitentes accusaient en confession de les avoir séduites, et d'avoir abusé d'elles. Paul IV, Pie IV, Clément VIII, Grégoire XV[1], ordonnèrent ces révélations. C'était un piège bien embarrassant pour les confesseurs et pour les pénitentes. C'était faire d'un sacrement un greffe de délations et même de sacrilèges : car, par les anciens canons, et surtout par le concile de Latran tenu sous Innocent III, tout prêtre qui révèle une confession, de quelque nature que ce puisse être, doit être interdit et condamné à une prison perpétuelle.

Mais il y a bien pis; voilà quatre papes aux XVIe et XVIIe siècles, qui ordonnent la révélation d'un péché d'impureté, et qui ne permettent pas celle d'un parricide. Une femme avoue ou suppose dans le sacrement, devant un carme, qu'un cordelier l'a séduite : le carme doit dénoncer le cordelier. Un assassin fanatique, croyant servir Dieu en tuant son prince, vient consulter un confesseur sur ce cas de conscience : le confesseur devient sacrilège s'il sauve la vie à son souverain.

Cette contradiction absurde et horrible est une suite malheureuse de l'opposition continuelle qui règne depuis tant de siècles entre les lois ecclésiastiques et les lois civiles. Le citoyen se trouve pressé dans cent occasions entre le sacrilège et le crime de haute trahison; et les règles du bien et du mal sont ensevelies dans un chaos dont on ne les a pas encore tirées.

La confession de ses fautes a été autorisée de tout temps chez presque toutes les nations. On s'accusait dans les mystères d'Orphée, d'Isis, de Cérès, de Samothrace. Les Juifs faisaient l'aveu de leurs péchés le jour de l'expiation solennelle, et ils sont encore dans cet usage. Un pénitent choisit son confesseur, qui devient son pénitent à son tour; et chacun l'un après l'autre reçoit de son compagnon trente-neuf coups de fouet pendant qu'il récite trois fois la formule de confession, qui ne consiste qu'en treize mots, et qui, par conséquent, n'articule rien de particulier.

Aucune de ces confessions n'entre jamais dans les détails, aucune ne servit de prétexte à ces consultations secrètes que des pénitents fanatiques ont faites quelquefois pour avoir droit de pécher impunément, méthode pernicieuse qui corrompt une institution salutaire. La confession, qui était le plus grand frein des crimes, est souvent devenue, dans des temps de sédition et de trouble, un encouragement au crime même; et c'est probablement pour toutes ces raisons que tant de sociétés chrétiennes ont aboli une pratique sainte qui leur a paru aussi dangereuse qu'utile.

XVII

DE LA FAUSSE MONNAIE

Le crime de faire de la fausse monnaie est regardé comme haute trahison au second chef, et avec justice : c'est trahir l'État que voler tous les particuliers de l'État. On demande si un négociant qui fait venir des lingots d'Amérique, et qui les convertit chez lui en bonne monnaie, est coupable de haute trahison, et s'il mérite la mort. Dans presque tous les royaumes on les condamne au dernier supplice; il n'a pourtant volé personne : au contraire, il a fait le bien de l'État en lui procurant une plus grande circulation d'espèces. Mais il s'est arrogé le droit du souverain, il le vole en s'attribuant le petit bénéfice que le roi fait sur les monnaies. Il a fabriqué de bonnes espèces, mais il expose ses imitateurs à la tentation d'en faire de mauvaises. C'est beaucoup que la mort. J'ai connu un jurisconsulte qui voulait qu'on condamnât ce coupable, comme un homme habile et utile, à travailler à la monnaie du roi, les fers aux pieds.

XVIII

DU VOL DOMESTIQUE

Dans les pays où un petit vol domestique est puni par la mort, ce châtiment disproportionné n'est-il pas très dangereux à la société ? n'est-il pas une invitation même au larcin ? car s'il arrive qu'un maître livre son serviteur à la justice pour un vol léger, et qu'on ôte la vie à ce malheureux, tout le voisinage a ce maître en horreur; on sent alors que la nature est en contradiction avec la loi, et que par conséquent la loi ne vaut rien.

Qu'arrive-t-il donc ? les maîtres volés, ne voulant pas se couvrir d'opprobre, se contentent de chasser leurs domestiques, qui vont voler ailleurs, et qui s'accoutument au brigandage. La peine de mort étant la même pour un petit larcin que pour un vol considérable, il est évident qu'ils chercheront à voler beaucoup. Ils pourront même devenir assassins quand ils croiront que c'est un moyen de n'être pas découverts.

Mais si la peine est proportionnée au délit, si le voleur domestique est condamné à travailler aux ouvrages publics, alors le maître dénoncera sans scrupule; il n'y aura plus de honte attachée à la dénonciation; le vol sera moins fréquent. Tout prouve cette grande vérité, qu'une loi rigoureuse produit quelquefois les crimes.

XIX

DU SUICIDE

Le fameux Duverger de Hauranne, abbé de Saint-Cyran, regardé comme le fondateur de Port-Royal, écrivit, vers l'an 1608, un traité sur le suicide, qui est devenu un des livres les plus rares de l'Europe[1].

Le *Décalogue,* dit-il, ordonne de ne point tuer. L'homicide de soi-même ne semble pas moins compris dans ce précepte que le meurtre du prochain. Or, s'il est des cas où il est permis de tuer son prochain, il est aussi des cas où il est permis de se tuer soi-même; on ne doit attenter sur la vie qu'après avoir consulté la raison.

L'autorité publique, qui tient la place de Dieu, peut disposer de notre vie. La raison de l'homme peut aussi tenir lieu de la raison de Dieu; c'est un rayon de la lumière éternelle.

Saint-Cyran étend beaucoup cet argument, qu'on peut prendre pour un pur sophisme; mais quand il vient à l'explication et aux détails, il est plus difficile de lui répondre. On peut, dit-il, se tuer pour le bien de son prince, pour celui de sa patrie, pour celui de ses parents.

On ne voit pas en effet qu'on puisse condamner les Codrus et les Curtius. Il n'y a point de souverain qui osât punir la famille d'un homme qui se serait dévoué pour lui; que dis-je ? il n'en est point qui osât ne la pas récompenser. Saint Thomas avant Saint-Cyran avait dit la même chose. Mais on n'a besoin ni de Thomas, ni de Bonaventure, ni de Hauranne, pour savoir qu'un homme qui meurt pour sa patrie est digne de nos éloges.

L'abbé de Saint-Cyran conclut qu'il est permis de faire pour soi-même ce qu'il est beau de faire pour un autre. On sait assez tout ce qui est allégué dans Plutarque, dans Sénèque, dans Montaigne, et dans cent autres philosophes, en faveur du suicide. C'est un lieu commun épuisé. Je ne prétends point ici faire l'apologie d'une action que les lois condamnent; mais ni l'*Ancien Testament* ni le *Nouveau* n'ont jamais défendu à l'homme de sortir de la vie quand il ne peut plus la supporter. Aucune loi romaine n'a condamné le meurtre de soi-même. Au contraire, voici la loi de l'empereur Marc-Antonin, qui ne fut jamais révoquée.

« Si[1] votre père ou votre frère, n'étant prévenu d'aucun crime, se tue ou pour se soustraire aux douleurs, ou par ennui de la vie, ou par désespoir, ou par démence, que son testament soit valable, ou que ses héritiers succèdent par intestat. »

Malgré cette loi humaine de nos maîtres, nous traînons encore sur la claie, nous traversons d'un pieu le cadavre d'un homme qui est mort volontairement; nous rendons sa mémoire infâme; nous déshonorons sa famille autant qu'il est en nous; nous punissons le fils d'avoir perdu son père, et la veuve d'être privée de son mari. On confisque même le bien du mort; ce qui est en effet ravir le patrimoine des vivants, auxquels il appartient. Cette coutume, comme plusieurs autres, est dérivée de notre droit canon, qui prive de la sépulture ceux qui meurent d'une mort volontaire. On conclut de là qu'on ne peut hériter d'un homme qui est censé n'avoir point d'héritage au ciel. Le droit canon, au titre *De Poenitentia,* assure que Judas commit un plus grand péché en s'étranglant qu'en vendant notre Seigneur Jésus-Christ.

XX

D'UNE ESPÈCE DE MUTILATION

On trouve dans le *Digeste* une loi d'Adrien[2] qui prononce peine de mort contre les médecins qui font des eunuques, soit en leur arrachant les testicules, soit en les froissant. On confisquait aussi par cette loi les biens de ceux qui se faisaient ainsi mutiler. On aurait pu punir Origène, qui se soumit à cette opération, ayant interprété rigoureusement ce passage de saint Matthieu : « Il en est qui se sont châtrés eux-mêmes pour le royaume des cieux. »

Les choses changèrent sous les empereurs suivants, qui adoptèrent le luxe asiatique, et surtout dans le bas-empire de Constantinople, où l'on vit des eunuques devenir patriarches et commander des armées.

Aujourd'hui à Rome, l'usage est qu'on châtre les enfants pour les rendre dignes d'être musiciens du pape, de sorte que *castrato* et *musico del papa* sont devenus synonymes. Il n'y a pas longtemps qu'on voyait à Naples en gros caractères, au-dessus de la porte de certains barbiers : *Qui si castrano maravigliosamente i putti.*

XXI

DE LA CONFISCATION ATTACHÉE A TOUS LES DÉLITS DONT ON A PARLÉ

C'EST une maxime reçue au barreau : « Qui confisque le corps confisque les biens »; maxime en vigueur dans les pays où la coutume tient lieu de loi. Ainsi comme nous venons de le dire, on y fait mourir de faim les enfants de ceux qui ont terminé volontairement leurs tristes jours, comme les enfants des meurtriers. Ainsi une famille entière est punie dans tous les cas pour la faute d'un seul homme.

Ainsi lorsqu'un père de famille aura été condamné aux galères perpétuelles par une sentence arbitraire[1], soit pour avoir donné retraite chez soi à un prédicant, soit pour avoir écouté son sermon dans quelque caverne ou dans quelque désert, la femme et les enfants sont réduits à mendier leur pain.

Cette jurisprudence, qui consiste à ravir la nourriture aux orphelins, et à donner à un homme le bien d'autrui, fut inconnue dans tout le temps de la république romaine. Sylla l'introduisit dans ses proscriptions. Il faut avouer qu'une rapine inventée par Sylla n'était pas un exemple à suivre. Aussi cette loi, qui semblait n'être dictée que par l'humanité et l'avarice, ne fut suivie ni par César, ni par le bon empereur Trajan, ni par les Antonins, dont toutes les nations prononcent encore le nom avec respect et avec amour. Enfin, sous Justinien, la confiscation n'eut lieu que pour le crime de lèse-majesté.

Il semble que, dans les temps de l'anarchie féodale, les princes et les seigneurs des terres, étant très peu riches, cherchassent à augmenter leur trésor par les condamnations de leurs sujets, et qu'on voulût leur faire un revenu du crime. Les lois, chez eux, étant arbitraires, et la jurisprudence romaine ignorée, les coutumes ou bizarres ou cruelles prévalurent. Mais aujourd'hui que la puissance des souverains eſt fondée sur des richesses immenses et assurées, leur trésor n'a pas besoin de s'enfler des faibles débris d'une famille malheureuse; ils sont abandonnés pour l'ordinaire au premier qui les demande. Mais eſt-ce à un citoyen à s'engraisser des reſtes du sang d'un autre citoyen ?

La confiscation n'eſt point admise dans les pays où le droit romain eſt établi, excepté le ressort du parlement de Toulouse. Elle ne l'eſt point dans quelques pays coutumiers, comme le Bourbonnais, le Berry, le Maine, le Poitou, la Bretagne où au moins elle respecte les immeubles. Elle était établie autrefois à Calais, et les Anglais l'abolirent lorsqu'ils en furent les maîtres. Il eſt assez étrange que les habitants de la capitale vivent sous une loi plus rigoureuse que ceux des petites villes; tant il eſt vrai que la jurisprudence a été souvent établie au hasard, sans régularité, sans uniformité, comme on bâtit des chaumières dans un village.

Qui croirait que, l'an 1673, dans le beau siècle de la France, l'avocat général Omer Talon ait parlé ainsi en plein parlement, au sujet d'une demoiselle de Canillac[1] ?

« Au chapitre XIII du *Deutéronome* Dieu dit : Si tu te rencontres dans une ville et dans un lieu où règne l'idolâtrie, mets tout au fil de l'épée, sans exception d'âge, de sexe, ni de condition. Rassemble dans les places publiques toutes les dépouilles de la ville; brûle-la tout entière avec ses dépouilles, et qu'il ne reſte qu'un monceau de cendres de ce lieu d'abomination. En un mot, fais-en un sacrifice au Seigneur, et qu'il ne demeure rien en tes mains des biens de cet anathème.

« Ainsi, dans le crime de lèse-majeſté, le roi était maître des biens, et les enfants en étaient privés. Le procès ayant été fait à Naboth, *quia maledixerat regi,* le roi Achab se mit en possession de son héritage, David, étant averti que Miphiboseth s'était engagé dans la rébellion, donna tous ses biens à Siba, qui lui en apporta la nouvelle : *Tua sint ominia quae fuerunt Miphiboseth*[2]. »

Il s'agit de savoir qui héritera des biens de Mlle de Canillac, biens autrefois confisqués sur son père, abandonnés par le roi à un garde du trésor royal, et donnés ensuite par le garde du trésor royal à la testatrice. Et c'est sur ce procès d'une fille d'Auvergne qu'un avocat général s'en rapporte à Achab, roi d'une partie de la Palestine, qui confisqua la vigne de Naboth après avoir assassiné le propriétaire par le poignard de la justice : action abominable qui est passée en proverbe pour inspirer aux hommes l'horreur de l'usurpation. Assurément la vigne de Naboth n'avait aucun rapport avec l'héritage de Mlle de Canillac. Le meurtre et la confiscation des biens de Miphiboseth, petit-fils du roi Saül, et fils de Jonatas, ami et protecteur de David, n'ont pas une plus grande affinité avec le testament de cette demoiselle.

C'est avec cette pédanterie, avec cette démence de citations étrangères au sujet, avec cette ignorance des premiers principes de la nature humaine, avec ces préjugés mal conçus et mal appliqués, que la jurisprudence a été traitée par des hommes qui ont eu de la réputation dans leur sphère. On laisse aux lecteurs à se dire ce qu'il est superflu qu'on leur dise.

XXII

DE LA PROCÉDURE CRIMINELLE, ET DE QUELQUES AUTRES FORMES

Si un jour des lois humaines adoucissent en France quelques usages trop rigoureux, sans pourtant donner des facilités au crime, il est à croire qu'on réformera aussi la procédure dans les articles où les rédacteurs ont paru se livrer à un zèle trop sévère. L'ordonnance criminelle, en plusieurs points, semble n'avoir été dirigée qu'à la perte des accusés. C'est la seule loi qui soit uniforme dans tout le royaume; ne devrait-elle pas être aussi favorable à l'innocent que terrible au coupable ? En Angleterre, un simple emprisonnement fait mal à propos est réparé par le ministre qui l'a ordonné; mais en France, l'innocent qui a été plongé dans les cachots, qui a été appliqué à la torture, n'a nulle consolation à espérer, nul dommage à répéter contre personne; il reste flétri pour jamais dans la société. L'innocent flétri ! et pourquoi ? parce qu'il a été disloqué ! il ne devrait exciter que la pitié et le respect. La recherche des crimes exige des rigueurs, c'est une guerre que la justice humaine fait à la méchanceté; mais il y a de la générosité et de la compassion jusque dans la guerre. Le brave est compatissant; faudrait-il que l'homme fût barbare ?

Comparons seulement ici, en quelques points, la procédure criminelle des Romains avec la nôtre.

Chez les Romains, les témoins étaient entendus publiquement, en présence de l'accusé, qui pouvait leur répondre, les interroger lui-même, ou leur mettre en tête un avocat. Cette procédure était noble et franche, elle respirait la magnanimité romaine.

Chez nous tout se fait secrètement. Un seul juge, avec son greffier, entend chaque témoin l'un après l'autre. Cette pratique, établie par François Ier, fut autorisée par les commissaires qui rédigèrent l'ordonnance de Louis XIV, en 1670. Une méprise seule en fut la cause.

On s'était imaginé, en lisant le code *de Testibus,* que ces mots *testes intrare judicii secretum* signifiaient que les témoins étaient interrogés en secret. Mais *secretum* signifie ici le cabinet du juge. *Intrare secretum,* pour dire parler secrètement, ne serait pas latin. Ce fut un solécisme qui fit cette partie de notre jurisprudence.

Les déposants sont, pour l'ordinaire, des gens de la lie du peuple, et à qui le juge, enfermé avec eux, peut faire dire tout ce qu'il voudra. Ces témoins sont entendus une seconde fois, toujours en secret, ce qui s'appelle récolement. Et si, après ce récolement, ils se rétractent dans leurs dépositions, ou s'ils les changent dans des circonstances essentielles, ils sont punis comme faux témoins. De sorte que lorsqu'un homme d'un esprit simple, et ne sachant pas s'exprimer, mais ayant le cœur droit, et se souvenant qu'il en a dit trop ou trop peu, qu'il a mal entendu le juge, ou que le juge l'a mal entendu, révoque ce qu'il a dit par un principe de justice, il est puni comme un scélérat, et il est forcé souvent de soutenir un faux témoignage, par la seule crainte d'être traité en faux témoin.

En fuyant, il s'expose à être condamné, soit que le crime ait été prouvé, soit qu'il ne l'ait pas été. Quelques jurisconsultes, à la vérité, ont assuré que le contumax ne devait pas être condamné si le crime n'était pas clairement prouvé; mais d'autres jurisconsultes, moins éclairés, et peut-être plus suivis, ont eu une opinion contraire : ils ont osé dire que la fuite de l'accusé était une preuve du crime; que le mépris qu'il marquait pour la justice, en refusant de comparaître, méritait le même châtiment que s'il était convaincu. Ainsi, suivant la secte des jurisconsultes que le juge aura embrassée, l'innocent sera absous ou condamné.

C'est un grand abus, dans la jurisprudence française, que l'on prenne souvent pour loi les rêveries et les erreurs, quelquefois cruelles, d'hommes sans aveu qui ont donné leurs sentiments pour des lois.

Sous le règne de Louis XIV on a fait deux ordonnances qui sont uniformes dans tout le royaume. Dans la première, qui a pour objet la procédure civile, il est défendu aux juges de condamner, en matière civile, sur défaut, quand la demande n'est pas prouvée; mais dans la seconde, qui règle la procédure criminelle, il n'est point dit que, faute de preuves, l'accusé sera renvoyé. Chose étrange ! la loi dit qu'un homme à qui on demande quelque argent ne sera condamné par défaut qu'au cas que la dette soit avérée; mais s'il est question de la vie, c'est une controverse au barreau de savoir si l'on doit condamner le contumax quand le crime n'est pas prouvé; et la loi ne résout pas la difficulté.

Quand l'accusé a pris la fuite, vous commencez par saisir et annoter tous ses biens; vous n'attendez pas seulement que la procédure soit achevée. Vous n'avez encore aucune preuve, vous ne savez pas encore s'il est innocent ou coupable, et vous commencez par lui faire des frais immenses !

C'est une peine, dites-vous, dont vous punissez sa désobéissance au décret de prise de corps. Mais l'extrême rigueur de votre pratique criminelle ne le force-t-elle pas à cette désobéissance ?

Un homme est-il accusé d'un crime, vous l'enfermez d'abord dans un cachot affreux; vous ne lui permettez communication avec personne; vous le chargez de fers, comme si vous l'aviez déjà jugé coupable. Les témoins qui déposent contre lui sont entendus secrètement : il ne les voit qu'un moment à la confrontation; avant d'entendre leurs dépositions, il doit alléguer les moyens de reproches qu'il a contre eux; il faut les circonstancier; il faut qu'il nomme au même instant toutes les personnes qui peuvent appuyer ces moyens; il n'est plus admis aux reproches après la lecture des dépositions. S'il montre aux témoins, ou qu'ils ont exagéré les faits, ou qu'ils en ont omis d'autres, ou qu'ils se sont trompés sur des détails, la crainte du supplice les fera persister dans leur parjure. Si des circonstances que l'accusé aura énoncées dans son interrogatoire sont rapportées différemment par les témoins, c'en sera assez à des juges, ou ignorants, ou prévenus, pour condamner un innocent.

Quel est l'homme que cette procédure n'épouvante pas ? quel est l'homme juste qui puisse être sûr de n'y pas succomber ? O juges ! Voulez-vous que l'innocent accusé ne s'enfuie pas, facilitez-lui les moyens de se défendre.

La loi semble obliger le magistrat à se conduire envers l'accusé plutôt en ennemi qu'en juge. Ce juge est le maître d'ordonner[1] la confrontation du prévenu avec le témoin, ou de l'omettre. Comment une chose aussi nécessaire que la confrontation peut-elle être arbitraire ?

L'usage semble en ce point contraire à la loi, qui est équivoque; il y a toujours confrontation, mais le juge ne confronte pas toujours tous les témoins; il omet souvent ceux qui ne lui semblent pas faire une charge considérable; cependant tel témoin qui n'a rien dit contre l'accusé dans l'information peut déposer en sa faveur à la confrontation. Le témoin peut avoir oublié des circonstances favorables au prévenu; le juge même peut n'avoir pas senti d'abord la valeur de ces circonstances, et ne les avoir pas rédigées. Il est donc très important que l'on confronte tous les témoins avec le prévenu, et qu'en ce point la confrontation ne soit pas arbitraire.

S'il s'agit d'un crime, le prévenu ne peut avoir d'avocat; alors il prend le parti de la fuite : c'est ce que toutes les maximes du barreau lui conseillent; mais, en fuyant, il peut être condamné, soit que le crime ait été prouvé, soit qu'il ne l'ait pas été. Ainsi donc un homme à qui l'on demande quelque argent n'est condamné par défaut qu'au cas que la dette soit avérée; mais s'il est question de sa vie, on peut le condamner par défaut quand le crime n'est pas constaté. Quoi donc ! La loi aurait fait plus de cas de l'argent que de la vie ? O juges ! consultez le pieux Antonin et le bon Trajan; ils défendent que les absents soient condamnés.

Quoi ! votre loi permet qu'un concussionnaire, un banqueroutier frauduleux ait recours au ministère d'un avocat; et très souvent un homme d'honneur est privé de ce secours ! S'il peut se trouver une seule occasion où un innocent serait justifié par le ministère d'un avocat, n'est-il pas clair que la loi qui l'en prive est injuste ?

Le premier président de Lamoignon disait contre cette loi que « l'avocat ou conseil qu'on avait accoutumé de donner aux accusés n'est point un privilège accordé par les ordonnances ni par les lois : c'est une liberté acquise par le droit naturel, qui est plus ancien que toutes les lois humaines. La nature enseigne à tout homme qu'il doit avoir recours aux lumières des autres quand il n'en a pas assez pour se conduire, et emprunter du secours quand il ne se sent pas assez fort pour se défendre. Nos ordonnances ont retranché aux accusés tant d'avantages qu'il est bien juste de leur conserver ce qui leur reste, et principalement l'avocat qui en fait la partie la plus essentielle. Que si l'on veut comparer notre procédure à celle des Romains et des autres nations, on trouvera qu'il n'y en a point de si rigoureuse que celle que l'on observe en France, particulièrement depuis l'ordonnance de 1539. »

Cette procédure est bien plus rigoureuse depuis l'ordonnance de 1670. Elle eût été plus douce, si le plus grand nombre des commissaires eût pensé comme M. de Lamoignon.

Le parlement de Toulouse a un usage bien singulier dans les preuves par témoins. On admet ailleurs des demi-preuves, qui au fond ne sont que des doutes : car on sait qu'il n'y a point de demi-vérités; mais à Toulouse on admet des quarts et des huitièmes de preuves. On y peut regarder, par exemple, un ouï-dire comme un quart, un autre ouï-dire plus vague comme un huitième; de sorte que huit rumeurs qui ne sont qu'un écho d'un bruit mal fondé peuvent devenir une preuve complète; et c'est à peu près sur ce principe que Jean Calas fut condamné à la roue. Les lois romaines exigeaient des preuves *luce meridiana clariores*.

XXIII

IDÉE DE QUELQUE RÉFORME

La magistrature est si respectable que le seul pays de la terre où elle est vénale fait des vœux pour être délivré de cet usage. On souhaite que le jurisconsulte puisse parvenir par son mérite à rendre la justice qu'il a défendue par ses veilles, par sa voix et par ses écrits. Peut-être alors on verrait naître, par d'heureux travaux, une jurisprudence régulière et uniforme.

Jugera-t-on toujours différemment la même cause en province et dans la capitale ? Faut-il que le même homme ait raison en Bretagne, et tort en Languedoc? Que dis-je? il y a autant de jurisprudences que de villes; et dans le même parlement la maxime d'une chambre n'est pas celle de la chambre voisine[1].

Quelle prodigieuse contrariété entre les lois du même royaume ! A Paris, un homme qui a été domicilié dans la ville un an et un jour est réputé bourgeois. En Franche-Comté, un homme libre qui a demeuré un an et un jour dans une maison mainmortable devient esclave; ses collatéraux n'hériteraient pas de ce qu'il aurait acquis ailleurs, et ses propres enfants sont réduits à la mendicité s'ils ont passé un an loin de la maison où le père est mort. La province est nommée franche, mais quelle franchise !

Quand on veut poser des limites entre l'autorité civile et les usages ecclésiastiques, quelles disputes interminables ! Où sont ces limites ? Qui conciliera les éternelles contradictions du fisc et de la jurisprudence ? Enfin, pourquoi, dans certains pays, les arrêts ne sont-ils jamais motivés ? Y a-t-il quelque honte à rendre raison de son jugement ? Pourquoi ceux qui jugent au nom du souverain ne présentent-ils pas au souverain leurs arrêts de mort avant qu'on les exécute ?

De quelque côté qu'on jette les yeux, on trouve la contrariété, la dureté, l'incertitude, l'arbitraire. Nous cherchons dans ce siècle à tout perfectionner; cherchons donc à perfectionner les lois dont nos vies et nos fortunes dépendent.

AVIS AU PUBLIC

SUR LES PARRICIDES

IMPUTÉS AUX CALAS ET AUX SIRVEN[1]

VOILÀ donc en France deux accusations de parricide pour cause de religion dans la même année, et deux familles juridiquement immolées par le fanatisme ! Le même préjugé qui étendait Calas sur la roue, à Toulouse, traînait à la potence la famille entière de Sirven, dans une juridiction de la même province; et le même défenseur de l'innocence, M. Élie de Beaumont, avocat au parlement de Paris, qui a justifié les Calas, vient de justifier les Sirven par un mémoire signé de plusieurs avocats, mémoire qui démontre que le jugement contre les Sirven est encore plus absurde que l'arrêt contre les Calas.

Voici en peu de mots le fait, dont le récit servira d'instruction pour les étrangers qui n'auront pu lire encore le factum de l'éloquent M. de Beaumont.

En 1761, dans le temps même que la famille protestante des Calas était dans les fers, accusée d'avoir assassiné Marc-Antoine Calas, qu'on supposait vouloir embrasser la religion catholique, il arriva qu'une fille du sieur Paul Sirven[2], commissaire à terrier du pays de Castres, fut présentée à l'évêque de Castres par une femme qui gouverne sa maison. L'évêque, apprenant que cette fille était d'une famille calviniste, la fait enfermer à Castres, dans une espèce de couvent qu'on appelle la *maison des régentes*. On instruit à coups de fouet cette jeune fille dans la religion catholique, on la meurtrit de coups, elle devient folle, elle sort de sa prison, et, quelque temps après, elle va se jeter dans un puits, au milieu de la campagne, loin de la maison de son père, vers un village nommé Mazamet. Aussitôt le juge du village raisonne ainsi : On va rouer, à Toulouse, Calas, et brûler sa femme, qui sans doute ont pendu leur fils de peur qu'il n'allât à la messe; je dois donc, à l'exemple de mes supérieurs, en faire autant des Sirven, qui sans doute ont noyé leur fille pour la même cause. Il eſt vrai que je n'ai aucune preuve que le père, la mère et les deux sœurs de cette fille l'aient assassinée; mais j'entends dire qu'il n'y a pas plus de preuves contre les Calas; ainsi je ne risque rien. Peut-être c'en serait trop pour un juge de village de rouer et de brûler : j'aurai au moins le plaisir de pendre toute une famille huguenote, et je serai payé de mes vacations sur leurs biens confisqués. Pour plus de sûreté, ce fanatique imbécile fait visiter le cadavre par un médecin aussi savant en physique que le juge l'eſt en jurisprudence. Le médecin, tout étonné de ne point trouver l'eſtomac de la fille rempli d'eau, et ne sachant pas qu'il eſt impossible que l'eau entre dans un corps dont l'air ne peut sortir, conclut que la fille a été assommée, et ensuite jetée dans le puits. Un dévot du voisinage assure que toutes les familles proteſtantes sont dans cet usage. Enfin, après bien des procédures aussi irrégulières que les raisonnements étaient absurdes, le juge décrète de prise de corps le père, la mère, les sœurs de la décédée. A cette nouvelle Sirven assemble ses amis : tous sont certains de son innocence; mais l'aventure des Calas remplissait toute la province de terreur : ils conseillent à Sirven de ne point s'exposer à la démence du fanatisme; il fuit avec sa femme et ses filles; c'était dans une saison rigoureuse. Cette troupe d'infortunés eſt dans la nécessité de traverser à pied des montagnes couvertes de neige; une des filles de Sirven, mariée depuis un an, accouche sans secours dans le chemin, au milieu des glaces. Il faut que, toute mourante qu'elle eſt, elle emporte son enfant mourant dans ses bras. Enfin, une des premières nouvelles que cette famille apprend quand elle eſt en lieu de sûreté, c'eſt que le père et la mère sont condamnés au dernier supplice, et que les deux sœurs, déclarées également coupables, sont bannies à perpétuité; que leur bien eſt confisqué, et qu'il ne leur reſte plus rien au monde que l'opprobre et la misère.

C'eſt ce qu'on peut voir plus au long dans le chef-d'œuvre de M. de Beaumont, avec les preuves complètes de la plus pure innocence et de la plus déteſtable injuſtice.

La Providence, qui a permis que les premières tentatives qui ont produit la juſtification de Calas, mort sur la roue, en Languedoc, vinssent du fond des montagnes et des déserts voisins de la Suisse, a voulu encore que la vengeance des Sirven vînt des mêmes solitudes. Les enfants de Calas s'y réfugièrent; la famille de Sirven y chercha un asile dans le même temps. Les hommes compatissants et vraiment religieux qui ont eu la consolation de servir ces deux familles infortunées, et qui les premiers ont respecté leurs désastres et leur vertu, ne purent alors faire présenter des requêtes pour les Sirven comme pour les Calas, parce que le procès criminel contre les Sirven s'instruisit plus lentement, et dura plus longtemps. Et puis comment une famille errante, à quatre cents milles de sa patrie, pouvait-elle recouvrer les pièces nécessaires à sa justification ? Que pouvaient un père accablé, une femme mourante, et qui en effet est morte de sa douleur, et deux filles aussi malheureuses que le père et la mère ? Il fallait demander juridiquement la copie de leur procès; des formes peut-être nécessaires, mais dont l'effet est souvent d'opprimer l'innocent et le pauvre, ne le permettaient pas. Leurs parents, intimidés, n'osaient même leur écrire; tout ce que cette famille put apprendre dans un pays étranger, c'est qu'elle avait été condamnée au supplice dans sa patrie. Si on savait combien il a fallu de soins et de peines pour arracher enfin quelques preuves juridiques en leur faveur, on en serait effrayé. Par quelle fatalité est-il si aisé d'opprimer, et si difficile de secourir ?

On n'a pu employer pour les Sirven les mêmes formes de justice dont on s'est servi pour les Calas, parce que les Calas avaient été condamnés par un parlement, et que les Sirven ne l'ont été que par des juges subalternes, dont la sentence ressortit à ce même parlement. Nous ne répéterons rien ici de ce qu'a dit l'éloquent et généreux M. de Beaumont; mais, ayant considéré combien ces deux aventures sont étroitement unies à l'intérêt du genre humain, nous avons cru qu'il est du même intérêt d'attaquer dans sa source le fanatisme qui les a produites. Il ne s'agit que de deux familles obscures; mais, quand la créature la plus ignorée meurt de la même contagion qui a longtemps désolé la terre, elle avertit le monde entier que ce poison subsiste encore. Tous les hommes doivent se tenir sur leurs gardes; et, s'il est quelques médecins, ils doivent chercher les remèdes qui peuvent détruire les principes de la mortalité universelle.

Il se peut encore que les formes de la jurisprudence ne permettent pas que la requête des Sirven soit admise au conseil du roi de France, mais elle l'est par le public : ce juge de tous les juges a prononcé. C'est donc à lui que nous nous adressons; c'est d'après lui que nous allons parler.

EXEMPLES DU FANATISME EN GÉNÉRAL

Le genre humain a toujours été livré aux erreurs : toutes n'ont pas été meurtrières. On a pu ignorer que notre globe tourne autour du soleil; on a pu croire aux diseurs de bonne aventure, aux revenants; on a pu croire que les oiseaux annoncent l'avenir; qu'on enchante les serpents; que l'on peut faire naître des animaux bigarrés en présentant aux mères des objets diversement colorés; on a pu se persuader que dans le décours de la lune la moelle des os diminue; que les graines doivent pourrir pour germer[1], etc. Ces inepties au moins n'ont produit ni persécutions, ni discordes, ni meurtres.

Il est d'autres démences qui ont troublé la terre, d'autres folies qui l'ont inondée de sang. On ne sait point assez, par exemple, combien de misérables ont été livrés aux bourreaux par des juges ignorants, qui les condamnèrent aux flammes tranquillement et sans scrupule sur une accusation de sorcellerie. Il n'y a point eu de tribunal dans l'Europe chrétienne qui ne se soit souillé très souvent par de tels assassinats juridiques pendant quinze siècles entiers; et, quand je dirai que parmi les chrétiens il y a eu plus de cent mille victimes de cette jurisprudence idiote et barbare, et que la plupart étaient des femmes et des filles innocentes, je ne dirai pas encore assez.

Les bibliothèques sont remplies de livres concernant la jurisprudence de la sorcellerie; toutes les décisions de ces juges y sont fondées sur l'exemple des magiciens de Pharaon, de la pythonisse d'Endor, des possédés dont il est parlé dans l'*Évangile,* et des apôtres envoyés expressément pour chasser les diables des corps des possédés. Personne n'osait seulement alléguer, par pitié pour le genre humain, que Dieu a pu permettre autrefois les possessions et les sortilèges, et ne les permettre plus aujourd'hui : cette distinction aurait paru criminelle; on voulait absolument des victimes. Le christianisme fut toujours souillé de cette absurde barbarie; tous les Pères de l'Église crurent à la magie; plus de cinquante conciles prononcèrent anathème contre ceux qui faisaient entrer le diable dans le corps des hommes par la vertu de leurs paroles. L'erreur universelle était sacrée; les hommes d'État qui pouvaient détromper les peuples n'y pensèrent pas; ils étaient trop entraînés par le torrent des affaires; ils craignaient le pouvoir du préjugé; ils voyaient que ce fanatisme était né du sein de la religion même; ils n'osaient frapper ce fils dénaturé, de peur de blesser la mère : ils aimèrent mieux s'exposer à être eux-mêmes les esclaves de l'erreur populaire que la combattre.

Les princes, les rois, ont payé chèrement la faute qu'ils ont faite d'encourager la superstition du vulgaire. Ne fit-on pas croire au peuple de Paris que le roi Henri III employait les sortilèges dans ses dévotions ? et ne se servit-on pas longtemps d'opérations magiques pour lui ôter une malheureuse vie que le couteau d'un jacobin[1] trancha plus sûrement que n'eût fait tout l'enfer évoqué par des conjurations ?

Des fourbes ne voulurent-ils pas conduire à Rome Marthe Brossier, la possédée, pour accuser Henri IV, au nom du diable, de n'être pas bon catholique ? Chaque année, dans ces temps à demi sauvages auxquels nous touchons, était marquée par de semblables aventures. Tout ce qui restait de la Ligue à Paris ne publia-t-il pas que le diable avait tordu le cou à la belle Gabrielle d'Estrées ?

On ne devrait pas, dit-on, reproduire aujourd'hui ces histoires si honteuses pour la nature humaine; et moi, je dis qu'il en faut parler mille fois, qu'il faut les rendre sans cesse présentes à l'esprit des hommes. Il faut répéter que le malheureux prêtre Urbain Grandier fut condamné aux flammes par des juges ignorants et vendus à un ministre sanguinaire. L'innocence de Grandier était évidente; mais des religieuses assuraient qu'il les avait ensorcelées, et c'en était assez. On oubliait Dieu pour ne parler que du diable. Il arrivait nécessairement que les prêtres ayant fait un article de foi du commerce des hommes avec le diable, et les juges regardant ce prétendu crime comme aussi réel et aussi commun que le larcin, il se trouva parmi nous plus de sorciers que de voleurs.

UNE MAUVAISE JURISPRUDENCE MULTIPLIE LES CRIMES

Ce furent donc nos rituels et notre jurisprudence, fondée sur les décrets de Gratien, qui formèrent en effet des magiciens. Le peuple imbécile disait : Nos prêtres excommunient, exorcisent ceux qui ont fait des pactes avec le diable; nos juges les font brûler : il est donc très certain qu'on peut faire des marchés avec le diable; or, si ces marchés sont secrets, si Belzébuth nous tient parole, nous serons enrichis en une seule nuit; il ne nous en coûtera que d'aller au sabbat; la crainte d'être découverts ne doit pas l'emporter sur l'espérance des biens infinis que le diable peut nous faire. D'ailleurs Belzébuth, plus puissant que nos juges, nous peut secourir contre eux. Ainsi raisonnaient ces misérables; et plus les juges fanatiques allumaient de bûchers, plus il se trouvait d'idiots qui les affrontaient.

Mais il y avait encore plus d'accusateurs que de criminels. Une fille devenait-elle grosse sans que l'on connût son amant, c'était le diable qui lui avait fait un enfant. Quelques laboureurs s'étaient-ils procuré par leur travail une récolte plus abondante que celle de leurs voisins, c'est qu'ils étaient sorciers : l'Inquisition les brûlait, et vendait leur bien à son profit. Le pape déléguait dans toute l'Allemagne et ailleurs des juges qui livraient les victimes au bras séculier, de sorte que les laïques ne furent très longtemps que les archers et les bourreaux des prêtres. Il en est encore ainsi en Espagne et en Portugal.

Plus une province était ignorante et grossière, plus l'empire du diable y était reconnu. Nous avons un recueil des arrêts rendus en Franche-Comté contre les sorciers, fait en 1607, par un grand juge de Saint-Claude, nommé Boguet[1], et approuvé par plusieurs évêques. On mettrait aujourd'hui dans l'hôpital des fous un homme qui écrirait un pareil ouvrage; mais alors tous les autres juges étaient aussi cruellement insensés que lui. Chaque province eut un pareil regiſtre. Enfin, lorsque la philosophie a commencé à éclairer un peu les hommes, on a cessé de poursuivre les sorciers, et ils ont disparu de la terre.

DES PARRICIDES

J'OSE dire qu'il en eſt ainsi des parricides. Que les juges du Languedoc cessent de croire légèrement que tout père de famille proteſtant commence par assassiner ses enfants dès qu'il soupçonne qu'ils ont quelque penchant pour la créance romaine, et alors il n'y aura plus de procès de parricides. Ce crime eſt encore plus rare en effet que celui de faire un pacte avec le diable : car il se peut que des femmes imbéciles, à qui leur curé aura fait accroire dans son prône qu'on peut aller coucher avec un bouc au sabbat, conçoivent par ce prône même l'envie d'aller au sabbat, et d'y coucher avec un bouc. Il eſt dans la nature que, s'étant frottées d'onguent, elles rêvent pendant la nuit qu'elles ont eu les faveurs du diable; mais il n'eſt pas dans la nature que les pères et les mères égorgent leurs enfants pour plaire à Dieu, et cependant si l'on continuait à soupçonner qu'il eſt ordinaire aux proteſtants d'assassiner leurs enfants de peur qu'ils ne se fassent catholiques, on leur rendrait enfin la religion catholique si odieuse qu'on pourrait venir à bout d'étouffer la nature dans quelques malheureux pères fanatiques, et leur donner la tentation de commettre le crime qu'on suppose si légèrement.

Un auteur italien rapporte qu'en Calabre un moine s'avisa d'aller prêcher de village en village contre la beſtialité, et en fit des peintures si vives qu'il se trouva, trois mois après, plus de cinquante femmes accusées de cette horreur.

LA TOLÉRANCE PEUT SEULE RENDRE LA SOCIÉTÉ SUPPORTABLE

C'EST une passion bien terrible que cet orgueil qui veut forcer les hommes à penser comme nous; mais n'est-ce pas une extrême folie de croire les ramener à nos dogmes en les révoltant continuellement par les calomnies les plus atroces, en les persécutant, en les traînant aux galères, à la potence, sur la roue et dans les flammes ?

Un prêtre irlandais a écrit depuis peu, dans une brochure à la vérité ignorée, mais enfin il a écrit, et il a entendu dire à d'autres, que nous venons cent ans trop tard pour élever nos voix contre l'intolérance, que la barbarie a fait place à la douceur, qu'il n'est plus temps de se plaindre. Je répondrai à ceux qui parlent ainsi : Voyez ce qui se passe sous vos yeux, et si vous avez un cœur humain vous joindrez votre compassion à la nôtre. On a pendu en France huit malheureux prédicants, depuis l'année 1745. Les billets de confession ont excité mille troubles; enfin un malheureux fanatique de la lie du peuple, ayant assassiné son roi en 1757[1], a répondu devant le parlement, à son premier interrogatoire, qu'il avait commis ce parricide par principe de religion, et il a ajouté ces mots funestes : « Qui n'est bon que pour soi n'est bon à rien. » De qui les tenait-il ? qui faisait parler ainsi un cuistre de collège, un misérable valet ? Il a soutenu à la torture, non seulement que son assassinat était « une œuvre méritoire », mais qu'il l'avait entendu dire à tous les prêtres dans la grand-salle du Palais où l'on rend la justice.

La contagion du fanatisme subsiste donc encore. Ce poison est si peu détruit qu'un prêtre[2] du pays des Calas et des Sirven a fait imprimer, il y a quelques années, l'apologie de la Saint-Barthélemy. Un autre a publié la justification des meurtriers du curé Urbain Grandier; et quand le *Traité* aussi utile qu'humain *de la Tolérance* a paru en France, on n'a pas osé en permettre le débit publiquement. Ce traité a fait à la vérité quelque bien; il a dissipé quelques préjugés; il a inspiré de l'horreur pour les persécutions et pour le fanatisme; mais, dans ce tableau des barbaries religieuses, l'auteur a omis bien des traits qui auraient rendu le tableau plus terrible, et l'instruction plus frappante.

On a reproché à l'auteur d'avoir été un peu trop loin lorsque, pour montrer combien la persécution est détestable et insensée, il introduit un parent de Ravaillac, proposant au jésuite Le Tellier d'empoisonner tous les jansénistes. Cette fiction pourrait en effet paraître trop outrée à quiconque ne sait pas jusqu'où peut aller la rage folle du fanatisme. On sera bien surpris quand on apprendra que ce qui est une fiction dans le *Traité de la Tolérance* est une vérité historique.

On voit en effet dans l'*Histoire de la réformation de Suisse* que, pour prévenir le grand changement qui était près d'éclater, des prêtres subornèrent à Genève, en 1536, une servante pour empoisonner trois principaux auteurs de la réforme, et que le poison n'ayant pas été assez fort, ils en mirent un plus violent dans le pain et le vin de la communion publique, afin d'exterminer en un seul matin tous les nouveaux réformés, et de faire triompher l'Église de Dieu[1].

L'auteur du *Traité de la Tolérance* n'a point parlé des supplices horribles dans lesquels on a fait périr tant de malheureux aux vallées du Piémont. Il a passé sous silence le massacre de six cents habitants de la Valteline, hommes, femmes, enfants, que les catholiques égorgèrent un dimanche, au mois de septembre 1620. Je ne dirai pas que ce fut avec l'aveu et avec le secours de l'archevêque de Milan, Charles Borromée, dont on a fait un saint. Quelques écrivains passionnés ont assuré ce fait, que je suis très loin de croire; mais je dis qu'il n'y a guère dans l'Europe de ville et de bourg où le sang n'ait coulé pour des querelles de religion; je dis que l'espèce humaine en a sensiblement diminué, parce qu'on massacrait les femmes et les filles aussi bien que les hommes; je dis que l'Europe serait plus peuplée d'un tiers s'il n'y avait point eu d'arguments théologiques. Je dis enfin que, loin d'oublier ces temps abominables, il faut les remettre fréquemment sous nos yeux pour en inspirer une horreur éternelle, et que c'est à notre siècle à faire amende honorable, par la tolérance, pour ce long amas de crimes que l'intolérance a fait commettre pendant seize siècles de barbarie.

Qu'on ne dise donc point qu'il ne reste plus de traces du fanatisme affreux de l'intolérantisme : elles sont encore partout, elles sont dans les pays mêmes qui passent pour les plus humains. Les prédicants luthériens et calvinistes, s'ils étaient les maîtres, seraient peut-être aussi impitoyables, aussi durs, aussi insolents, qu'ils reprochent à leurs antagonistes de l'être. La loi barbare qu'aucun catholique ne peut demeurer plus de trois jours dans certains pays protestants n'est point encore révoquée. Un Italien, un Français, un Autrichien, ne peut posséder une maison, un arpent de terre, dans leur territoire, tandis qu'au moins on permet en France qu'un citoyen inconnu de Genève ou de Schaffouse achète des terres seigneuriales. Si un Français, au contraire, voulait acheter un domaine dans les républiques protestantes dont je parle, et si le gouvernement fermait sagement les yeux, il y a encore des âmes de boue qui s'élèveraient contre cette humanité tolérante.

DE CE QUI FOMENTE PRINCIPALEMENT L'INTOLÉRANCE, LA HAINE ET L'INJUSTICE

Un des grands aliments de l'intolérance, et de la haine des citoyens contre leurs compatriotes, est ce malheureux usage de perpétuer les divisions par des monuments et par des fêtes. Telle est la procession annuelle de Toulouse[1], dans laquelle on remercie Dieu solennellement de quatre mille meurtres : elle a été défendue par plusieurs ordonnances de nos rois, et n'a point encore été abolie. On insulte dévotement, chaque année, la religion et le trône par cette cérémonie barbare; l'insulte redouble à la fin du siècle avec la solennité. Ce sont là les jeux séculaires de Toulouse; elle demande alors une indulgence plénière au pape en faveur de la procession. Elle a besoin sans doute d'indulgence; mais on n'en mérite pas quand on éternise le fanatisme.

La dernière cérémonie séculaire se fit en 1762, au temps même où l'on fit expirer Calas sur la roue. On remerciait Dieu d'un côté, et de l'autre on massacrait l'innocence.

La postérité pourra-t-elle croire à quel excès se porte de nos jours la superstition dans cette malheureuse solennité ?

D'abord les savetiers, en habit de cérémonie, portent la tête du premier évêque de Toulouse, prince du Péloponnèse, qui siégeait incontestablement à Toulouse avant la mort de Jésus-Christ. Ensuite viennent les couvreurs, chargés des os de tous les enfants qu'Hérode fit égorger, il y a dix-sept cent soixante et six ans; et quoique ces enfants aient été enterrés à Éphèse, comme les onze mille vierges à Cologne, au vu et su de tout le monde, ils n'en sont pas moins enchâssés à Toulouse. Les fripiers étalent un morceau de la robe de la Vierge. Les reliques de saint Pierre et de saint Paul sont portées par les frères tailleurs. Trente corps morts paraissent ensuite dans cette marche. Plût à Dieu qu'on s'en tînt à ces spectacles ! La piété trompée n'en est pas moins pitié. Le sot peuple peut à toute force remplir ses devoirs (surtout quand la police est exacte), quoiqu'il porte en procession les os de quatorze mille enfants tués par l'ordre censé d'Hérode dans Bethléem. Mais tant de corps morts, qui ne servent en ce jour qu'à renouveler la mémoire de quatre mille citoyens égorgés en 1562, ne peuvent faire sur les cerveaux des vivants qu'une impression funeste. Ajoutez que les pénitents blancs et noirs, marchant à cette procession avec un masque de drap sur le visage, ressemblent à des revenants qui augmentent l'horreur de cette fête lugubre. On en sort la tête remplie de fantômes, le cœur saisi de l'esprit de fanatisme, et rempli de fiel contre ses frères, que cette procession outrage. C'est ainsi qu'on sortait autrefois de la chambre des méditations chez les jésuites : l'imagination s'enflamme à ces objets, l'âme devient atroce et implacable.

Malheureux humains ! ayez des fêtes qui adoucissent les mœurs, qui portent à la clémence, à la douceur, à la charité. Célébrez la journée de Fontenoy, où tous les ennemis blessés furent portés avec les nôtres dans les mêmes maisons, dans les mêmes hôpitaux, où ils furent traités, soignés avec le même empressement.

Célébrez la générosité des Anglais qui firent une souscription en faveur de nos prisonniers dans la dernière guerre.

Célébrez les bienfaits dont Louis XV a comblé la

famille Calas, et que cette fête soit une éternelle réparation de l'injuﬅice !

Célébrez les inﬅitutions bienfaisantes et utiles des Invalides, des demoiselles de Saint-Cyr, des gentilshommes de l'École militaire. Que vos fêtes soient les commémorations des actions vertueuses, et non de la haine, de la discorde, de l'abrutissement, du meurtre, et du carnage !

CAUSES ÉTRANGES DE L'INTOLÉRANCE

Je suppose qu'on raconte toutes ces choses à un Chinois, à un Indien de bon sens, et qu'il ait la patience de les écouter; je suppose qu'il veuille s'informer pourquoi on a tant persécuté en Europe, pourquoi des haines si invétérées éclatent encore, d'où sont partis tant d'anathèmes réciproques, tant d'inﬅructions paﬅorales qui ne sont que des libelles diffamatoires, tant de lettres de cachet qui sous Louis XIV ont rempli les prisons et les déserts, il faudra bien qu'on lui réponde. On lui dira donc en rougissant : Les uns croient à la grâce versatile, les autres à la grâce efficace. On dit dans Avignon que Jésus eﬅ mort pour tous, et dans un faubourg de Paris qu'il eﬅ mort pour plusieurs. Là on assure que le mariage eﬅ le signe visible d'une chose invisible; ici on prétend qu'il n'y a rien d'invisible dans cette union. Il y a des villes où les apparences de la matière peuvent subsiﬅer sans que la matière exiﬅe, et où un corps peut être en mille endroits différents; il y a d'autres villes où l'on croit la matière pénétrable; et pour comble enfin, il y a dans ces villes de grands édifices où l'on enseigne une chose, et d'autres édifices où il faut croire une chose toute contraire. On a une différente manière d'argumenter, selon qu'on porte une robe blanche, grise ou noire, ou selon qu'on eﬅ affublé d'un manteau ou d'une chasuble. Ce sont là les raisons de cette intolérance réciproque qui rend éternellement ennemis les sujets d'un même État, et par un renversement d'esprit inconcevable on laisse subsiﬅer ces semences de discorde.

Certainement l'Indien ou le Chinois ne pourra comprendre qu'on se soit persécuté, égorgé si longtemps pour de telles raisons. Il pensera d'abord que cet horrible acharnement ne peut avoir d'autre source que dans des principes de morale entièrement opposés. Il sera bien surpris quand il apprendra que nous avons tous la même morale, la même qu'on professa de tout temps à la Chine et dans les Indes, la même qui a gouverné tous les peuples. Qu'il devra nous plaindre alors et nous mépriser, en voyant que cette morale uniforme et éternelle n'a pu ni nous réunir ni nous adoucir, et que les subtilités scolastiques ont fait des monstres de ceux qui, en s'attachant simplement à cette même morale, auraient été des frères.

Tout ce que je dis ici à l'occasion des Calas et des Sirven, on aurait dû le dire pendant quinze cents années, depuis les querelles d'Athanase et d'Arius, que l'empereur Constantin traita d'abord d'insensées, jusqu'à celles du jésuite Le Tellier et du janséniste Quesnel, et des billets de confession. Non, il n'y a pas une seule dispute théologique qui n'ait eu des suites funestes. On en compilerait vingt volumes; mais je veux finir par celle des cordeliers et des jacobins, qui prépara la réformation de la puissante république de Berne. C'est, de mille histoires de cette nature, la plus horrible, la plus sacrilège, et en même temps la plus avérée.

DIGRESSION SUR LES SACRILÈGES QUI AMENÈRENT LA RÉFORMATION DE BERNE

On sait assez que les cordeliers ou franciscains, et les jacobins ou dominicains, se détestaient réciproquement depuis leur fondation. Ils étaient divisés sur plusieurs points de théologie, autant que sur l'intérêt de leur besace. Leur principale querelle roulait sur l'état de Marie avant qu'elle fût née. Les frères cordeliers assuraient que Marie n'avait pas péché dans le ventre de sa mère; les frères jacobins le niaient : il n'y eut jamais peut-être de question plus ridicule, et ce fut cela même qui rendit ces deux ordres de moines irréconciliables.

Un cordelier, prêchant à Francfort, en 1503, sur l'immaculée conception de Marie, vit entrer dans l'église un dominicain nommé Vigam : *Sainte Vierge,* s'écria-t-il, *je te remercie de n'avoir pas permis que je fusse d'une secte qui te déshonore, toi et ton fils !* Vigam lui répondit qu'il en avait menti : le cordelier descendit de sa chaire, un crucifix de fer à la main; il en frappa si rudement le jacobin Vigam qu'il le laissa presque mort sur la place, après quoi il acheva son sermon sur la Vierge.

Les jacobins s'assemblèrent en chapitre pour se venger, et, dans l'espérance d'humilier davantage les cordeliers, ils résolurent de faire des miracles. Après plusieurs essais infructueux, ils trouvèrent enfin une occasion favorable dans Berne.

Un de leurs moines confessait un jeune tailleur imbécile, nommé Jetser, très dévot d'ailleurs à la vierge Marie et à sainte Barbe. Cet idiot leur parut un excellent sujet à miracles. Son confesseur lui persuada que la Vierge et sainte Barbe lui ordonnaient expressément de se faire jacobin, et de donner tout son argent au couvent. Jetser obéit; il prit l'habit. Quand on eut bien éprouvé sa vocation, quatre jacobins, dont les noms sont au procès, se déguisèrent plusieurs fois comme ils purent, l'un en ange, l'autre en âme du purgatoire, un troisième en vierge Marie, et le quatrième en sainte Barbe.

Le résultat de toutes ces apparitions, qui seraient trop ennuyeuses à décrire, fut qu'enfin la Vierge lui avoua qu'elle était née dans le péché originel; qu'elle aurait été damnée si son fils, qui n'était pas encore au monde, n'avait pas eu l'attention de la régénérer immédiatement après qu'elle fut née; que les cordeliers étaient des impies qui offensaient grièvement son fils en prétendant que sa mère avait été conçue sans péché mortel, et qu'elle le chargeait d'annoncer cette nouvelle à tous les serviteurs de Dieu et de Marie dans Berne.

Jetser n'y manqua pas. Marie, pour le remercier, lui apparut encore, accompagnée de deux anges robustes et vigoureux; elle lui dit qu'elle venait lui imprimer les saints stigmates de son fils pour preuve de sa mission et pour sa récompense. Les deux anges le lièrent; la Vierge lui enfonça les clous dans les pieds et dans les mains. Le lendemain on exposa publiquement sur l'autel frère Jetser, tout sanglant des faveurs célestes qu'il avait reçues. Les dévotes vinrent en foule baiser ses plaies. Il fit autant de miracles qu'il voulut; mais les apparitions continuant toujours, Jetser reconnut enfin la voix du sous-prieur sous le masque qui le cachait; il cria, il menaça de tout révéler; il suivit le sous-prieur jusque dans sa cellule; il y trouva son confesseur, sainte Barbe, et les deux anges qui buvaient avec des filles.

Les moines, découverts, n'avaient plus d'autre parti à prendre que celui de l'empoisonner. Ils saupoudrèrent une hostie de sublimé corrosif; Jetser la trouva d'un si mauvais goût qu'il ne put l'avaler; il s'enfuit hors de l'église, en criant aux empoisonneurs et aux sacrilèges. Le procès dura deux ans; il fallut plaider devant l'évêque de Lausanne, car il n'était pas permis alors à des séculiers d'oser juger des moines. L'évêque prit le parti des dominicains; il jugea que les apparitions étaient véritables, et que le pauvre Jetser était un imposteur : il eut même la barbarie de faire mettre cet innocent à la torture; mais les dominicains ayant ensuite eu l'imprudence de le dégrader, et de lui ôter l'habit d'un ordre si saint, Jetser étant devenu séculier par cette manœuvre, le conseil de Berne s'assura de sa personne, reçut ses dépositions, et vérifia ce long tissu de crimes. Il fallut faire venir des juges ecclésiastiques de Rome; il les força, par l'évidence de la vérité, à livrer les coupables au bras séculier; ils furent brûlés le 31 mai 1509, à la porte de Marsilly. Tout le procès est encore dans les archives de Berne, et il a été imprimé plusieurs fois.

DES SUITES DE L'ESPRIT DE PARTI ET DU FANATISME

Si une simple dispute de moines a pu produire de si étranges abominations, ne soyons point étonnés de la foule de crimes que l'esprit de parti a fait naître entre tant de sectes rivales : craignons toujours les excès où conduit le fanatisme. Qu'on laisse ce monstre en liberté, qu'on cesse de couper ses griffes et de briser ses dents, que la raison si souvent persécutée se taise, on verra les mêmes horreurs qu'aux siècles passés ; le germe subsiste : si vous ne l'étouffez pas, il couvrira la terre.

Jugez donc enfin, lecteurs sages, lequel vaut le mieux, d'adorer Dieu avec simplicité, de remplir tous les devoirs de la société sans agiter des questions aussi funestes qu'incompréhensibles, et d'être justes et bienfaisants sans être d'aucune faction, que de vous livrer à des opinions fantastiques, qui conduisent les âmes faibles à un enthousiasme destructeur et aux plus détestables atrocités.

Je ne crois point m'être écarté de mon sujet en rapportant tous ces exemples, en recommandant aux hommes la religion qui les unit, et non pas celle qui les divise ; la religion qui n'est d'aucun parti, qui forme des citoyens vertueux, et non d'imbéciles scolastiques ; la religion qui tolère, et non celle qui persécute ; la religion qui dit que toute la loi consiste à aimer Dieu et son prochain et non celle qui fait de Dieu un tyran, et de son prochain un amas de victimes.

Ne faisons point ressembler la religion à ces nymphes de la fable, qui s'accouplèrent avec des animaux et qui enfantèrent des monstres.

Ce sont les moines surtout qui ont perverti les hommes. Le sage et profond Leibnitz l'a prouvé évidemment. Il a fait voir que le Xe siècle, qu'on appelle le siècle de fer, était bien moins barbare que le XIIIe et les suivants, où naquirent ces multitudes de gueux qui firent vœu de vivre aux dépens des laïques, et de tourmenter les laïques. Ennemis du genre humain, ennemis les uns des autres et d'eux-mêmes, incapables de connaître les douceurs de la société, il fallait bien qu'ils la haïssent. Ils déploient entre eux une dureté dont chacun d'eux gémit, et que chacun d'eux redouble. Tout moine secoue la chaîne qu'il s'est donnée, en frappe son confrère, et en est frappé à son tour. Malheureux dans leurs sacrés repaires, ils voudraient rendre malheureux les autres hommes. Leurs cloîtres sont le séjour du repentir, de la discorde, et de la haine. Leur juridiction secrète est celle de Maroc et d'Alger. Ils enterrent pour la vie dans des cachots ceux de leurs frères qui peuvent les accuser. Enfin ils ont inventé l'Inquisition.

Je sais que dans la multitude de ces misérables qui infectent la moitié de l'Europe, et que la séduction, l'ignorance, la pauvreté, ont précipités dans des cloîtres à l'âge de quinze ans, il s'est trouvé des hommes d'un rare mérite, qui se sont élevés au-dessus de leur état, et qui ont rendu service à leur patrie; mais j'ose assurer que tous les grands hommes dont le mérite a percé du cloître dans le monde ont tous été persécutés par leurs confrères. Tout savant, tout homme de génie y essuie plus de dégoûts, plus de traits de l'envie, qu'il n'en aurait éprouvé dans le monde. L'ignorant et le fanatique, qui soutiennent les intérêts de la besace, y ont plus de considération que n'en aurait le plus grand génie de l'Europe; l'horreur qui règne dans ces cavernes paraît rarement aux yeux des séculiers, et quand elle éclate, c'est par des crimes qui étonnent. On a vu, au mois de mai de cette année, huit de ces malheureux qu'on nomme capucins accusés d'avoir égorgé leur supérieur dans Paris.

Cependant, par une fatalité étrange, des pères, des mères, des filles, disent à genoux tous leurs secrets à ces hommes, le rebut de la nature, qui, tout souillés de crimes, se vantent de remettre les péchés des hommes, au nom du Dieu qu'ils font de leurs propres mains.

Combien de fois ont-ils inspiré à ceux qu'ils appellent leurs pénitents toute l'atrocité de leur caractère! C'est par eux que sont fomentées principalement ces haines religieuses qui rendent la vie si amère. Les juges qui ont condamné les Calas et les Sirven se confessent à des moines : ils ont donné deux moines à Calas pour l'accompagner au supplice. Ces deux hommes, moins barbares que leurs confrères, avouèrent que Calas, en expirant sur la roue, avait invoqué Dieu avec la résignation de l'innocence; mais, quand nous leur avons demandé une attestation de ce fait, ils l'ont refusée : ils ont craint d'être punis par leurs supérieurs pour avoir dit la vérité.

Enfin, qui le croirait? après le jugement solennel rendu en faveur des Calas, il s'est trouvé un jésuite irlandais qui, dans la plus insipide des brochures, a osé dire que les défenseurs des Calas, et les maîtres des requêtes qui ont rendu justice à leur innocence, étaient des ennemis de la religion.

Les catholiques répondent à tous ces reproches que les protestants en méritent d'aussi violents. Les meurtres de Servet et de Barneveldt, disent-ils, valent bien ceux du conseiller Dubourg. On peut opposer la mort de

Charles Ier à celle de Henri III. Les sombres fureurs des presbytériens d'Angleterre, la rage des cannibales des Cévennes, ont égalé les horreurs de la Saint-Barthélemy.

Comparez les sectes, comparez les temps, vous trouverez partout, depuis seize cents années, une mesure à peu près égale d'absurdités et d'horreurs, partout des races d'aveugles se déchirent les uns les autres dans la nuit qui les environne. Quel livre de controverse n'a pas été écrit avec le fiel ? et quel dogme théologique n'a pas fait répandre du sang ? C'était la suite nécessaire de ces terribles paroles : « Quiconque n'écoute pas l'Église soit regardé comme un païen et un publicain[1]. » Chaque parti prétendait être l'Église; chaque parti a donc dit toujours : Nous abhorrons les commis de la douane; il nous est enjoint de traiter quiconque n'est pas de notre avis comme les contrebandiers traitent les commis de la douane quand ils sont les plus forts. Ainsi partout le premier dogme a été celui de la haine.

Lorsque le roi de Prusse entra pour la première fois dans la Silésie[2], une bourgade protestante, jalouse d'un village catholique, vint demander humblement au roi la permission de tout tuer dans ce village. Le roi répondit aux députés : « Si ce village venait me demander la permission de vous égorger, trouveriez-vous bon que je la lui accordasse ? — O gracieuse Majesté ! répliquèrent les députés, cela est bien différent; nous sommes la véritable Église. »

REMÈDES CONTRE LA RAGE DES ÂMES

La rage du préjugé qui nous porte à croire coupables tous ceux qui ne sont pas de notre avis, la rage de la superstition, de la persécution, de l'inquisition, est une maladie épidémique qui a régné en divers temps, comme la peste; voici les préservatifs reconnus pour les plus salutaires. Faites-vous rendre compte d'abord des lois romaines jusqu'à Théodose, vous ne trouverez pas un seul édit pour mettre à la torture, ou crucifier, ou rouer ceux qui ne sont accusés que de penser différemment de vous, et qui ne troublent point la société par des actions de désobéissance, et par des insultes au culte public autorisé par les lois civiles. Cette première réflexion adoucira un peu les symptômes de la rage.

Rassemblez plusieurs passages de Cicéron, et commencez par celui-ci : « *Superstitio instat et urget, et quocumque te verteris, persequitur,* etc. — Si vous laissez entrer chez vous la superstition, elle vous poursuivra partout; elle ne vous laissera point de relâche[1]. » Cette précaution sera très utile contre la maladie qu'il faut traiter.

N'oubliez pas Sénèque, qui, dans sa XCVe épître, s'exprime ainsi : « Voulez-vous avoir Dieu propice ? soyez justes : on l'honore assez quand on l'imite. — *Vis Deos propitiare ? bonus esto : satis illos coluit quisquis imitatus est.* »

Quand vous aurez choisi de quoi faire une provision de ces remèdes antiques qui sont innombrables, passez ensuite au bon évêque Synésius qui dit à ceux qui voulaient le consacrer : « Je vous avertis que je ne veux ni tromper ni forcer la conscience de personne; je souffrirai que chacun demeure paisiblement dans son opinion, et je demeurerai dans les miennes. Je n'enseignerai rien de ce que je ne crois pas. Si vous voulez me consacrer à ces conditions, j'y consens; sinon, je renonce à l'évêché. »

Descendez aux modernes; prenez des préservatifs dans l'archevêque Tillotson, le plus sage et le plus éloquent prédicateur de l'Europe.

« Toutes les sectes, dit-il, s'échauffent avec d'autant plus de fureur, que les objets de leur emportement sont moins raisonnables. — *All sects are commonly most hot and furious for those things for which there is least reason*[2]. »

« Il vaudrait mieux, dit-il ailleurs, être sans révélation; il vaudrait mieux s'abandonner aux sages principes de la nature, qui inspirent la douceur, l'humanité, la paix, et qui font le bonheur de la société, que d'être guidé par une religion qui porte dans les âmes une fureur si sauvage. — *Better it were that there were no reveal'd religion ; and that human nature were left to the conduct of its own principles mild and mercifull and conducive to the happiness of society than to be acted by a religion which inspires men with so wild a fury.* » Remarquez bien ces paroles mémorables : elles ne veulent pas dire que la raison humaine est préférable à la révélation; elles signifient que s'il n'y avait point de milieu entre la raison et l'abus d'une révélation qui ne ferait que des fanatiques, il vaudrait cent fois mieux se livrer à la nature qu'à une religion tyrannique et persécutrice.

Je vous recommande encore ces vers que j'ai lus dans un ouvrage qui est à la fois très pieux et très philosophique :

A la religion discrètement fidèle
Sois doux, compatissant, sage, indulgent comme elle,
Et sans noyer autrui songe à gagner le port :
La clémence a raison, et la colère a tort.
Dans nos jours passagers de peines, de misères,
Enfants du même Dieu, vivons au moins en frères;
Aidons-nous l'un et l'autre à porter nos fardeaux.
Nous marchons tous courbés sous le poids de nos maux;
Mille ennemis cruels assiègent notre vie,
Toujours par nous maudite, et toujours si chérie;
Notre cœur égaré, sans guide et sans appui,
Est brûlé de désirs, ou glacé par l'ennui,
Nul de nous n'a vécu sans connaître les larmes.
De la société les secourables charmes
Consolent nos douleurs au moins quelques instants :
Remède encor trop faible à des maux si constants.
Ah ! n'empoisonnons pas la douceur qui nous reste.
Je crois voir des forçats dans un cachot funeste,
Se pouvant secourir, l'un sur l'autre acharnés,
Combattre avec les fers dont ils sont enchaînés[1].

Quand vous aurez nourri votre esprit de cent passages pareils, faites encore mieux : mettez-vous au régime de penser par vous-même. Examinez ce qui vous revient de vouloir dominer sur les consciences. Vous serez suivi de quelques imbéciles, et vous serez en horreur à tous les esprits raisonnables. Si vous êtes persuadé, vous êtes un tyran d'exiger que les autres soient persuadés comme vous; si vous ne croyez pas, vous êtes un monstre d'enseigner ce que vous méprisez, et de persécuter ceux mêmes dont vous partagez les opinions. En un mot, la tolérance mutuelle est l'unique remède aux erreurs qui pervertissent l'esprit des hommes d'un bout de l'univers à l'autre.

Le genre humain est semblable à une foule de voyageurs qui se trouvent dans un vaisseau; ceux-là sont à la poupe, d'autres à la proue, plusieurs à fond de cale, et dans la sentine. Le vaisseau fait eau de tous côtés, l'orage est continuel : misérables passagers qui seront tous engloutis ! faut-il qu'au lieu de nous porter les uns aux autres les secours nécessaires qui adouciraient le passage, nous rendions notre navigation affreuse ! Mais celui-ci est nestorien, cet autre est juif; en voilà un qui croit à un Picard, un autre à un natif d'Islèbe[1]; ici est une famille d'ignicoles, là sont des musulmans, à quatre pas voilà des anabaptistes. Hé ! qu'importent leurs sectes ? Il faut qu'ils travaillent tous à calfater le vaisseau, et que chacun, en assurant la vie de son voisin pour quelques moments, assure la sienne; mais ils se querellent, et ils périssent.

CONCLUSION

Après avoir montré aux lecteurs cette chaîne de superstitions qui s'étend de siècle en siècle jusqu'à nos jours, nous implorons les âmes nobles et compatissantes, faites pour servir d'exemple aux autres; nous les conjurons de daigner se mettre à la tête de ceux qui ont entrepris de justifier et de secourir la famille des Sirven. L'aventure effroyable des Calas, à laquelle l'Europe s'est intéressée, n'aura point épuisé la compassion des cœurs sensibles; et puisque la plus horrible injustice s'est multipliée, la pitié vertueuse redoublera.

On doit dire, à la louange de notre siècle et à celle de la philosophie, que les Calas n'ont reçu les secours qui ont réparé leur malheur que des personnes instruites et sages qui foulent le fanatisme à leurs pieds. Pas un de ceux qu'on appelle *dévots,* je le dis avec douleur, n'a essuyé leurs larmes ni rempli leur bourse. Il n'y a que les esprits raisonnables qui pensent noblement; des têtes couronnées, des âmes dignes de leur rang, ont donné à cette occasion de grands exemples : leurs noms seront marqués dans les fastes de la philosophie, qui consiste dans l'horreur de la superstition, et dans cette charité universelle que Cicéron recommande, *caritas humani generis :* charité dont la théologie s'est approprié le nom, comme s'il n'appartient qu'à elle, mais dont elle a proscrit trop souvent la réalité; charité, amour du genre humain, vertu inconnue aux trompeurs, aux pédants qui argumentent, aux fanatiques qui persécutent.

LETTRE
AU DOCTEUR PANSOPHE[1]

Quoi que vous en disiez, docteur Pansophe, je ne suis certainement pas la cause de vos malheurs : j'en suis affligé, et vos livres ne méritent pas de faire tant de scandale et tant de bruit; mais cependant ne devenez pas calomniateur, ce serait là le plus grand mal. J'ai lu, dans le dernier ouvrage que vous avez mis en lumière, une belle prosopopée où vous faites entendre, en plaisantant mal à propos, que je ne crois pas en Dieu. Le reproche est aussi étonnant que votre génie. Le jésuite Garasse, le jésuite Hardouin, et d'autres menteurs publics, trouvaient partout des athées; mais le jésuite Garasse, le jésuite Hardouin, ne sont pas bons à imiter. Docteur Pansophe, je ne suis athée ni dans mon cœur, ni dans mes livres; les honnêtes gens qui nous connaissent l'un et l'autre disent, en voyant votre article : Hélas ! le docteur Pansophe est méchant comme les autres hommes; c'est bien dommage.

Judicieux admirateur de la bêtise et de la brutalité des sauvages, vous avez crié contre les sciences, et cultivé les sciences. Vous avez traité les auteurs et les philosophes de charlatans; et, pour prouver d'exemple, vous avez été auteur. Vous avez écrit contre la comédie avec la dévotion d'un capucin, et vous avez fait de méchantes comédies. Vous avez regardé comme une chose abominable qu'un satrape ou un duc eût du superflu, et vous avez copié de la musique pour des satrapes ou des ducs qui vous payaient avec ce superflu. Vous avez barbouillé un roman ennuyeux, où un pédagogue suborne honnêtement sa pupille en lui enseignant la vertu; et la fille modeste couche honnêtement avec le pédagogue; et elle souhaite de tout son cœur qu'il lui fasse un enfant; et elle parle toujours de sagesse avec son doux ami; et elle devient femme, mère, et la plus tendre amie d'un époux qu'elle n'aime pourtant pas; et elle vit et meurt en raisonnant, mais sans vouloir prier Dieu. Docteur Pansophe, vous vous êtes fait le précepteur d'un certain Émile, que vous formez insensiblement par des moyens impraticables; et pour faire un bon chrétien, vous détruisez la religion chrétienne. Vous professez partout un sincère attachement à la révélation, en prêchant le déisme, ce qui n'empêche pas que chez vous les déistes et les philosophes conséquents ne soient des athées? J'admire, comme je le dois, tant de candeur et de justesse d'esprit; mais permettez-moi, de grâce, de croire en Dieu. Vous pouvez être un sophiste, un mauvais raisonneur, et par conséquent un écrivain pour le moins inutile, sans que je sois un athée. L'Être souverain nous jugera tous deux; attendons humblement son arrêt. Il me semble que j'ai fait de mon mieux pour soutenir la cause de Dieu et de la vertu, mais avec moins de bile et d'emportement que vous. Ne craignez-vous pas que vos inutiles calomnies contre les philosophes et contre moi ne vous rendent désagréable aux yeux de l'Être suprême, comme vous l'êtes déjà aux yeux des hommes?

Vos *Lettres de la montagne* sont pleines de fiel; cela n'est pas bien, Jean-Jacques. Si votre patrie vous a proscrit injustement, il ne faut pas la maudire ni la troubler. Vous avez certes raison de dire que vous n'êtes point philosophe. Le sage philosophe Socrate but la ciguë en silence; il ne fit pas de libelles contre l'aréopage ni même contre le prêtre Anitus, son ennemi déclaré; sa bouche vertueuse ne se souilla pas par des imprécations : il mourut avec toute sa gloire et sa patience; mais vous n'êtes pas un Socrate ni un philosophe.

Docteur Pansophe, permettez qu'on vous donne ici trois leçons, que le philosophe vous aurait apprises : une leçon de bonne foi, une leçon de bon sens, et une leçon de modestie.

Pourquoi dites-vous que le bonhomme si mal nommé Grégoire le Grand, quoiqu'il soit un saint, était un pape illustre, parce qu'il était bête et intrigant? J'ai vu constamment dans l'histoire que la bêtise et l'ignorance n'ont jamais fait de bien, mais au contraire toujours beaucoup de mal. Grégoire même bénit et loua les crimes de Phocas, qui avait assassiné et détrôné son maître, l'infortuné Maurice. Il bénit et loua les crimes de

Brunehaut, qui est la honte de l'histoire de France. Si les arts et les sciences n'ont pas absolument rendu les hommes meilleurs, du moins ils sont méchants avec plus de discrétion; et quand ils font le mal, ils cherchent des prétextes, ils temporisent, ils se contiennent : on peut les prévenir, et les grands crimes sont rares. Il ya dix siècles, vous auriez été non seulement excommunié avec les chenilles, les sauterelles et les sorciers, mais brûlé ou pendu, ainsi que quantité d'honnêtes gens qui cultivent aujourd'hui les lettres en paix, et avouez que le temps présent vaut mieux. C'est à la philosophie que vous devez votre salut, et vous l'assassinez : mettez-vous à genoux, ingrat, et pleurez sur votre folie. Nous ne sommes plus esclaves de ces tyrans spirituels et temporels qui désolaient toute l'Europe; la vie est plus douce, les mœurs plus humaines, et les États plus tranquilles.

Vous parlez, docteur Pansophe, de la vertu des sauvages : il me semble pourtant qu'ils sont *magis extra vitia quam cum virtutibus*. Leur vertu est négative, elle consiste à n'avoir ni bons cuisiniers, ni bons musiciens, ni beaux meubles, ni luxe, etc. La vertu, voyez-vous, suppose des lumières, des réflexions, de la philosophie, quoique, selon vous, tout homme qui réfléchit soit un animal dépravé; d'où il s'ensuivrait en bonne logique que la vertu est impossible. Un ignorant, un sot complet n'est pas plus susceptible de vertu qu'un cheval ou qu'un singe; vous n'avez certes jamais vu cheval vertueux, ni singe vertueux. Quoique maître Aliboron tienne que votre prose est une prose brûlante, le public se plaint que vous n'avez jamais fait un bon syllogisme. Écoutez, docteur Pansophe : la bonne Xanthippe grondait sans cesse, et vigoureusement, contre la philosophie et la raison de Socrate; mais la bonne Xanthippe était une folle, comme tout le monde sait. Corrigez-vous.

Illustre Pansophe ! la rage de blâmer vos contemporains vous fait louer à leurs dépens des sauvages anciens et modernes sur des choses qui ne sont point du tout louables.

Pourquoi, s'il vous plaît, faites-vous dire à Fabricius que le seul talent digne de Rome est de conquérir la terre, puisque les conquêtes des Romains, et les conquêtes en général, sont des crimes, et que vous blâmez si fortement ces crimes dans votre plan ridicule d'une paix perpétuelle. Il n'y a certainement pas de vertu à conquérir la terre. Pourquoi, s'il vous plaît, faites-vous dire à Curius, comme une maxime respectable, qu'il aimait mieux commander à ceux qui avaient de l'or que d'avoir de l'or ? C'est une chose en elle-même indifférente d'avoir de l'or; mais c'est un crime de vouloir, comme Curius, commander injustement à ceux qui en ont. Vous n'avez pas senti tout cela, docteur Pansophe, parce que vous aimez mieux faire de bonne prose que de bons raisonnements. Repentez-vous de cette mauvaise morale, et apprenez la logique.

Mon ami Jean-Jacques, ayez de la bonne foi. Vous qui attaquez ma religion, dites-moi, je vous prie, quelle est la vôtre ? Vous vous donnez, avec votre modestie ordinaire, pour le restaurateur du christianisme en Europe; vous dites que la religion, décréditée en tout lieu, avait perdu son ascendant jusque sur le peuple, etc. Vous avez en effet décrié les miracles de Jésus, comme l'abbé de Prades, pour relever le crédit de la religion. Vous avez dit que l'on ne pouvait s'empêcher de croire l'*Évangile* de Jésus, parce qu'il était incroyable ! ainsi Tertullien disait hardiment qu'il était sûr que le Fils de Dieu était mort, parce que cela était impossible : *Mortuus est Dei Filius ; hoc certum est quia impossibile*. Ainsi, par un raisonnement similaire, un géomètre pourrait dire qu'il est évident que les trois angles d'un triangle ne sont pas égaux à deux droits, parce qu'il est évident qu'ils le sont. Mon ami Jean-Jacques, apprenez la logique, et ne prenez pas, comme Alcibiade, les hommes pour autant de têtes de chou.

C'est sans contredit un fort grand malheur de ne pas croire à la religion chrétienne, qui est la seule vraie entre mille autres qui prétendent aussi l'être : toutefois, celui qui a ce malheur peut et doit croire en Dieu. Les fanatiques, les bonnes femmes, les enfants et le docteur Pansophe ne mettent point de distinction entre l'athée et le déiste. O Jean-Jacques ! vous avez tant promis à Dieu et à la vérité de ne pas mentir; pourquoi mentez-vous contre votre conscience ? Vous êtes, à ce que vous dites, le seul auteur de votre siècle et de plusieurs autres qui ait écrit de bonne foi. Vous avez écrit sans doute de bonne foi que la loi chrétienne est, au fond, plus nuisible qu'utile à la forte constitution d'un État; que les vrais chrétiens sont faits pour être esclaves, et sont lâches; qu'il ne faut pas apprendre le catéchisme aux enfants, parce qu'ils n'ont pas l'esprit de croire en Dieu, etc. Demandez à tout le monde si ce n'est pas le déisme tout pur : donc vous êtes athée ou chrétien comme les déistes, ainsi qu'il vous plaira, car vous êtes un homme inexplicable. Mais, encore une fois, apprenez la logique, et ne vous faites plus brûler mal à propos. Respectez, comme vous le devez, des honnêtes gens qui n'ont pas du tout envie d'être athées ni mauvais raisonneurs, ni calomniateurs. Si tout citoyen oisif est un fripon, voyez quel titre mérite un citoyen faussaire qui est arrogant avec tout le monde, et qui veut être possesseur exclusif de toute la religion, la vertu et la raison qu'il y a en Europe. *Vae misero! Lilia nigra videntur, pallentesque rosae.* Soyez chrétien, Jean-Jacques, puisque vous vous vantez de l'être à toute force; mais, au nom du bon sens et de la vérité, ne vous croyez le seul maître en Israël.

Docteur Pansophe, soyez modeste, s'il vous plaît! Autre leçon importante : pourquoi dire à l'archevêque de Paris que vous êtes né avec quelques talents? Vous n'êtes sûrement pas né avec le talent de l'humilité ni de la justesse d'esprit. Pourquoi dire au public que vous avez refusé l'éducation d'un prince, et avertir fièrement qui il appartiendra de ne pas vous faire dorénavant de pareilles propositions? Je crois que cet avis au public est plus vain qu'utile : quand même Diogène, une fois connu, dirait aux passants : Achetez votre maître, on le laisserait dans son tonneau avec tout son orgueil et toute sa folie. Pourquoi dire que la mauvaise profession de foi du Vicaire allobroge est le meilleur écrit qui ait paru dans ce siècle? Vous mentez fièrement, Jean-Jacques : un bon écrit est celui qui éclaire les hommes et les confirme dans le bien; et un mauvais écrit est celui qui épaissit le nuage qui leur cache la vérité, qui les plonge dans de nouveaux doutes, et les laisse sans principes. Pourquoi répéter continuellement, avec une arrogance sans exemple, que vous bravez vos sots lecteurs et le sot public? Le public n'est pas sot : il brave à son tour la démence qui vit et médit à ses dépens. Pourquoi, ô docteur Pansophe! dites-vous bonnement qu'un État sensé aurait élevé des statues à l'auteur d'*Émile*? C'est que l'auteur d'*Émile* est comme un enfant, qui, après avoir soufflé des bulles de savon, ou fait des ronds en crachant dans un puits, se regarde comme un être très important. Au reste, docteur, si on ne vous a pas élevé de statues, on vous a gravé; tout le monde peut contempler votre visage et votre gloire au coin des rues. Il me semble que c'en est bien assez pour un homme qui ne veut pas être philosophe, et qui en effet ne l'est pas. *Quam pulchrum est digito monstrari, et diceri : Hic est !* Pourquoi mon ami Jean-Jacques vante-t-il à tout propos sa vertu, son mérite et ses talents ? C'est que l'orgueil de l'homme peut devenir aussi fort que la bosse des chameaux de l'Idumée, ou que la peau des onagres du désert. Jésus disait qu'il était doux et humble de cœur; Jean-Jacques, qui prétend être son écolier, mais un écolier mutin qui chicane souvent avec son maître, n'est ni doux ni humble de cœur. Mais ce ne sont pas là mes affaires. Il pourrait cependant apprendre que le vrai mérite ne consiste pas à être singulier, mais à être raisonnable. L'Allemand Corneille Agrippa a aboyé longtemps avant lui contre les sciences et les savants; malgré cela il n'était point du tout un grand homme.

Docteur Pansophe, on m'a dit que vous vouliez aller en Angleterre. C'est le pays des belles femmes et des bons philosophes. Ces belles femmes et ces bons philosophes seront peut-être curieux de vous voir, et vous vous ferez voir. Les gazetiers tiendront un registre exact de tous vos faits et gestes, et parleront du grand Jean-Jacques comme de l'éléphant du roi et du zèbre de la reine : car les Anglais s'amusent des productions rares de toutes espèces, quoiqu'il soit rare qu'ils estiment. On vous montrera du doigt à la comédie, si vous y allez; et on dira : Le voilà cet éminent génie qui nous reproche de n'avoir pas un bon naturel, et qui dit que les sujets de Sa Majesté ne sont pas libres ! C'est là ce prophète du lac de Genève, qui a prédit au verset 45e de son apocalypse nos malheurs et notre ruine parce que nous sommes riches. On vous examinera avec surprise depuis les pieds jusqu'à la tête, en réfléchissant sur la folie humaine. Les Anglaises, qui sont, vous dis-je, très belles, riront lorsqu'on leur dira que vous voulez que les femmes ne soient que des femmes, des femelles d'animaux; qu'elles s'occupent uniquement du soin de faire la cuisine pour leurs maris, de raccommoder leurs chemises et leur donner, dans le sein d'une vertueuse ignorance, du plaisir et des enfants. La belle et spirituelle duchesse d'A...r, miladys de ..., de ..., de ... lèveront les épaules et les hommes vous oublieront en admirant leur visage et leur esprit. L'ingénieux lord W...e, le savant lord L...n, les philosophes milord C...d, le duc de G...n; sir F...x; sir C...d, et tant d'autres, jetteront un coup d'œil sur vous, et iront de là travailler au bien public, ou cultiver les belles-lettres, loin du bruit et du peuple, sans être pour cela des animaux dépravés. Voilà, mon ami Jean-Jacques, ce que j'ai lu dans le grand livre du destin; mais vous en serez quitte pour mépriser souverainement les Anglais, comme vous avez méprisé les Français, et votre mauvaise humeur les fera rire. Il y aurait cependant un parti à prendre pour soutenir votre crédit et vous faire peut-être, à la longue, élever des statues : ce serait de fonder une église de votre religion, que personne ne comprend; mais ce n'est pas là une affaire. Au lieu de prouver votre mission par des miracles, qui vous déplaisent, ou par raison, que vous ne connaissez pas, vous en appellerez au sentiment intérieur, à cette voix divine qui parle si haut dans le cœur des illuminés, et que personne n'entend. Vous deviendrez puissant en œuvres et en paroles, comme George Fox, le révérend Whitfield, etc., sans avoir à craindre l'animadversion de la police, car les Anglais ne punissent point ces folies-là. Après avoir prêché et exhorté vos disciples, dans votre style apocalyptique, vous les mènerez brouter l'herbe dans Hyde Park, ou manger du gland dans la forêt de Windsor, en leur recommandant toutefois de ne pas se battre comme les autres sauvages, pour une pomme ou une racine, parce que la police corrompue des Européens ne vous permet pas de suivre votre système dans toute son étendue. Enfin lorsque vous aurez consommé ce grand ouvrage, et que vous sentirez les approches de la mort, vous vous traînerez à quatre pattes dans l'assemblée des bêtes, et vous leur tiendrez, ô Jean-Jacques, le langage suivant :

« Au nom de la sainte vertu, Amen. Comme ainsi soit, mes frères, que j'ai travaillé sans relâche à vous rendre sots et ignorants, je meurs avec la consolation d'avoir réussi, et de n'avoir point jeté mes paroles en l'air. Vous savez que j'ai établi des cabarets pour y noyer votre raison, mais point d'académie pour la cultiver : car, encore une fois, un ivrogne vaut mieux que tous les philosophes de l'Europe. N'oubliez jamais mon histoire du régiment de Saint-Gervais, dont tous les officiers et les soldats ivres dansaient avec édification dans la place publique de Genève, comme un saint roi juif dansa autrefois devant l'arche. Voilà les honnêtes gens. Le vin et l'ignorance sont le sommaire de toute la sagesse. Les hommes sobres sont fous; les ivrognes sont francs et vertueux. Mais je crains ce qui peut arriver, c'est-à-dire que la science, cette mère de tous les crimes et de tous les vices, ne se glisse parmi vous. L'ennemi rôde autour de vous; il a la subtilité du serpent et la force du lion; il vous menace. Peut-être, hélas ! bientôt le luxe, les arts, la philosophie, la bonne chère, les auteurs, les perruquiers, les prêtres et les marchands de mode, vous empoisonneront et ruineront mon ouvrage. O sainte vertu ! détourne tous ces maux ! Mes petits enfants, obstinez-vous dans votre ignorance et votre simplicité; c'est-à-dire, soyez toujours vertueux, car c'est la même chose. Soyez attentif à mes paroles; que ceux qui ont des oreilles entendent. Les mondains vous ont dit : Nos institutions sont bonnes; elles nous rendent heureux; et moi, je vous dis que leurs institutions sont abominables et les rendent malheureux. Le vrai bonheur de l'homme est de vivre seul, de manger des fruits sauvages, de dormir sur la terre nue ou dans le creux d'un arbre, et de ne jamais penser. Les mondains vous ont dit : Nous ne sommes pas des bêtes féroces; nous faisons du bien à nos semblables; nous punissons les vices, et nous nous aimons les uns les autres; et moi, je vous dis que tous les Européens sont des bêtes féroces ou des fripons, que toute l'Europe ne sera bientôt qu'un affreux désert; que les mondains ne font du bien que pour faire du mal; qu'ils se haïssent tous et qu'ils récompensent le vice. O sainte vertu ! Les mondains vous ont dit : Vous êtes des fous; l'homme est fait pour vivre en société, et non pour manger du gland dans les bois; et moi, je vous dis que vous êtes les seuls sages, et qu'ils sont fous et méchants; l'homme n'est pas plus fait pour la société, qui est nécessairement l'école du crime, que pour aller voler sur les grands chemins. O mes petits enfants, restez dans les bois, c'est la place de l'homme. O sainte vertu ! Émile, mon premier disciple, est selon mon cœur; il me succédera. Je lui ai appris à lire et à écrire, et à parler beaucoup; c'en est assez pour vous gouverner. Il vous lira quelquefois la Bible, l'excellente histoire de Robinson Crusoé, et mes ouvrages; il n'y a que cela de bon. La religion que je vous ai donnée est fort simple : adorez un Dieu; mais ne parlez pas de lui à vos enfants; attendez qu'ils devinent d'eux-mêmes qu'il y en a un. Fuyez les médecins des âmes comme ceux des corps; ce sont des charlatans : quand l'âme est malade, il n'y a point de guérison à espérer, parce que j'ai dit clairement que le retour à la vertu est impossible; cependant les homélies éloquentes ne sont pas inutiles; il est bon de désespérer les méchants et de les faire sécher de honte ou de douleur, en leur montrant la beauté de la vertu, qu'ils ne peuvent plus aimer. J'ai cependant dit le contraire dans d'autres endroits; mais cela n'est rien. Mes petits enfants, je vous répète encore ma grande leçon, bannissez d'entre vous la raison et la philosophie, comme elles sont bannies de mes livres. Soyez machinalement vertueux; ne pensez jamais, ou que très rarement; rapprochez-vous sans cesse de l'état des bêtes, qui est votre état naturel. A ces causes, je vous recommande la sainte vertu. Adieu, mes petits enfants; je meurs. Que Dieu vous soit en aide ! Amen. »

Docteur Pansophe, écoutez à présent ma profession de foi; vous l'avez rendue nécessaire. La voici telle que je l'offrirai hardiment au public, qui est mon juge et le vôtre :

J'adore un Dieu créateur, intelligent, vengeur et rémunérateur; je l'aime et le sers le mieux que je puis dans les hommes mes semblables. O Dieu ! qui vois mon cœur et ma raison, pardonne-moi mes offenses, comme je pardonne celles de Jean-Jacques Pansophe, et fais que je t'honore toujours dans mes semblables.

Pour le reste, je crois qu'il fait jour en plein midi, et que les aveugles ne s'en aperçoivent point. Sur ce, grand docteur Pansophe, je prie Dieu qu'il vous ait en sa sainte garde, et suis philosophiquement votre ami et votre serviteur.

V***

(Avril 1766.)

LETTRE
DE M. DE VOLTAIRE A M. HUME

Ferney, 24 octobre 1766.

J'AI lu, Monsieur, les pièces du procès[1] que vous avez eu à soutenir par-devant le public contre votre ancien protégé. J'avoue que la grande âme de Jean-Jacques a mis au jour la noirceur avec laquelle vous l'avez comblé de bienfaits; et c'est en vain qu'on a dit que c'est le procès de l'ingratitude contre la bienfaisance.

Je me trouve impliqué dans cette affaire. Le sieur Rousseau m'accuse de lui avoir écrit en Angleterre une lettre dans laquelle je me moque de lui. Il a accusé M. d'Alembert du même crime.

Quand nous serions coupables au fond de notre cœur, M. d'Alembert et moi, de cette énormité, je vous jure que je ne le suis point de lui avoir écrit. Il y a sept ans que je n'ai eu cet honneur; je ne connais point la lettre dont il parle, et je vous jure que si j'avais fait quelque mauvaise plaisanterie sur M. Jean-Jacques Rousseau, je ne la désavouerais pas.

Il m'a fait l'honneur de me mettre au nombre de ses ennemis et de ses persécuteurs. Intimement persuadé qu'on doit lui élever une statue, comme il le dit dans la lettre polie et décente de Jean-Jacques Rousseau, citoyen de Genève, à Christophe de Beaumont, archevêque de Paris, il pense que la moitié de l'univers est occupée à dresser cette statue sur son piédestal, et l'autre moitié à la renverser.

Non seulement il m'a cru iconoclaste, mais il s'est imaginé que j'avais conspiré contre lui avec le conseil de Genève, pour faire décréter sa propre personne de prise de corps, et ensuite avec le conseil de Berne pour le faire chasser de la Suisse.

Il a persuadé ces belles choses aux protecteurs qu'il avait alors à Paris, et il m'a fait passer dans leur esprit pour un homme qui persécutait en lui la sagesse et la modeſtie. Voici, Monsieur, comment je l'ai persécuté.

Quand j'ai su qu'il avait beaucoup d'ennemis à Paris, qu'il aimait comme moi la retraite, et que je présumai qu'il pouvait rendre quelques services à la philosophie, je lui fis proposer, par M. Marc Chapuis, citoyen de Genève, dès l'an 1759, une maison de campagne appelée l'Ermitage, que je venais d'acheter.

Il fut si touché de mes offres qu'il m'écrivit ces propres mots :

« Monsieur, je ne vous aime point; vous corrompez ma république en donnant des spectacles dans votre château de Tournay, etc. »

Cette lettre, de la part d'un homme qui venait de donner à Paris un grave opéra et une comédie[1], n'était cependant pas datée des Petites-Maisons. Je n'y fis point de réponse, comme vous le croyez bien, et je priai M. Tronchin, le médecin, de vouloir bien lui envoyer une ordonnance pour cette maladie. M. Tronchin me répondit que, puisqu'il ne pouvait pas me guérir de la manie de faire encore des pièces de théâtre à mon âge, il désespérait de guérir Jean-Jacques. Nous reſtâmes l'un et l'autre fort malades, chacun de notre côté.

En 1762, le conseil de Genève entreprit sa cure, et donna une espèce d'ordre de s'assurer de lui pour le mettre dans les remèdes. Jean-Jacques, décrété à Paris et à Genève, convaincu qu'un corps ne peut être en deux lieux à la fois, s'enfuit dans un troisième. Il conclut, avec sa prudence ordinaire, que j'étais son ennemi mortel puisque je n'avais pas répondu à sa lettre obligeante. Il supposa qu'une partie du conseil genevois était venue dîner chez moi pour conjurer sa perte, et que la minute de son arrêt avait été écrite sur ma table, à la fin du repas. Il persuada une chose si vraisemblable à quelques-uns de ses concitoyens. Cette accusation devint si sérieuse que je fus obligé enfin d'écrire au conseil de Genève une lettre très forte, dans laquelle je lui dis que, s'il y avait un seul homme dans ce corps qui m'eût jamais parlé du moindre dessein contre le sieur Rousseau, je consentais qu'on le regardât comme un scélérat, et moi aussi, et que je déteſtais trop les persécuteurs pour l'être.

Le conseil me répondit, par un secrétaire d'État, que je n'avais jamais eu, ni dû avoir, ni pu avoir la moindre part, ni directement, ni indirectement, à la condamnation du sieur Jean-Jacques.

Les deux lettres sont dans les archives du conseil de Genève.

Cependant M. Rousseau, retiré dans les délicieuses vallées de Moutiers-Travers, ou Môtiers-Travers, au comté de Neufchâtel, n'ayant pas eu, depuis un grand nombre d'années, le plaisir de communier sous les deux espèces, demanda instamment au prédicant de Moutiers-Travers, homme d'un esprit fin et délicat, la consolation d'être admis à la sainte table; il lui dit que son intention était : 1° de combattre l'Église romaine; 2° de s'élever contre l'ouvrage infernal *De l'Esprit,* qui établit évidemment le matérialisme; 3° de foudroyer les nouveaux philosophes vains et présomptueux. Il écrivit et signa cette déclaration, et elle est encore entre les mains de M. de Montmolin, prédicant de Moutiers-Travers et de Boveresse.

Dès qu'il eut communié, il se sentit le cœur dilaté, il s'attendrit jusqu'aux larmes. Il le dit au moins dans sa lettre du 8 d'auguste 1765.

Il se brouilla bientôt avec le prédicant et les prêchés de Moutiers-Travers et de Boveresse. Les petits garçons et les petites filles lui jetèrent des pierres; il s'enfuit sur les terres de Berne; et, ne voulant plus être lapidé, il supplia Messieurs de Berne de vouloir bien avoir la bonté de le faire enfermer le reste de ses jours dans quelqu'un de leurs châteaux, ou tel autre lieu de leur État qu'il leur semblerait bon de choisir. Sa lettre est du 20 octobre 1765.

Depuis Mme la comtesse de Pimbesche, à qui l'on conseillait de se faire lier[1], je ne crois pas qu'il soit venu dans l'esprit de personne de faire une pareille requête. Messieurs de Berne aimèrent mieux le chasser que de se charger de son logement.

Le judicieux Jean-Jacques ne manqua pas de conclure que c'était moi qui le privais de la douce consolation d'être dans une prison perpétuelle, et que même j'avais tant de crédit chez les prêtres que je le faisais excommunier par les chrétiens de Moutiers-Travers et de Boveresse.

Ne pensez pas que je plaisante, Monsieur. Il écrit, dans une lettre du 24 de juin 1765 : « Être excommunié de la façon de M. de V. m'amusera fort aussi. » Et, dans sa lettre du 23 mars, il dit : « M. de V. doit avoir écrit à Paris qu'il se fait fort de faire chasser Rousseau de sa nouvelle patrie. »

Le bon de l'affaire est qu'il a réussi à faire croire, pendant quelque temps, cette folie à quelques personnes; et la vérité est que, si, au lieu de la prison qu'il demandait à Messieurs de Berne, il avait voulu se réfugier dans la maison de campagne que je lui avais offerte, je lui aurais donné alors cet asile, où j'aurais eu soin qu'il eût de bons bouillons et des potions rafraîchissantes, bien persuadé qu'un homme dans son état mérite beaucoup plus de compassion que de colère.

Il est vrai qu'à la sagesse toujours conséquente de sa conduite et de ses écrits il a joint des traits qui ne sont pas d'une bonne âme. J'ignore si vous savez qu'il a écrit des *Lettres de la montagne*. Il se rend, dans la cinquième lettre, formellement délateur contre moi : cela n'est pas bien. Un homme qui a communié sous les deux espèces, un sage à qui l'on doit élever des statues, semble dégrader un peu son caractère par une telle manœuvre; il hasarde son salut et sa réputation.

Aussi la première chose qu'ont faite Messieurs les médiateurs de France, de Zurich, et de Berne, a été de déclarer solennellement les *Lettres de la montagne* un libelle calomnieux. Il n'y a plus moyen que j'offre une maison à Jean-Jacques, depuis qu'il a été affiché calomniateur au coin des rues.

Mais, en faisant le métier de délateur et d'homme un peu brouillé avec la vérité, il faut avouer qu'il a toujours conservé son caractère de modestie.

Il me fit l'honneur de m'écrire, avant que la médiation arrivât à Genève, ces propres mots :

« Monsieur, si vous avez dit que je n'ai pas été secrétaire d'ambassade à Venise, vous avez menti; et si je n'ai pas été secrétaire d'ambassade, et si je n'en ai pas eu les honneurs, c'est moi qui ai menti. »

J'ignorais que M. Jean-Jacques eût été secrétaire d'ambassade; je n'en avais jamais dit un seul mot parce que je n'en avais jamais entendu parler.

Je montrai cette agréable lettre à un homme véridique, fort au fait des affaires étrangères, curieux et exact; ces gens-là sont dangereux pour ceux qui citent au hasard. Il déterra les lettres originales écrites de la main de Jean-

Jacques, du 9 et du 13 d'auguste 1743, à M. du Theil, premier commis des affaires étrangères, alors son protecteur. On y voit ces propres paroles :

« J'ai été deux ans le domestique de M. le comte de Montaigu (ambassadeur à Venise)... j'ai mangé son pain...; il m'a chassé honteusement de sa maison...; il m'a menacé de me faire jeter par la fenêtre...; et de pis, si je restais plus longtemps dans Venise... etc. »

Voilà un secrétaire d'ambassade assez peu respecté, et la fierté d'une grande âme peu ménagée. Je lui conseille de faire graver au bas de sa statue les paroles de l'ambassadeur au secrétaire d'ambassade.

Vous voyez, Monsieur, que ce pauvre homme n'a jamais pu se maintenir sous aucun maître, ni se conserver aucun ami, attendu qu'il est contre la dignité de son être d'avoir un maître, et que l'amitié est une faiblesse dont un sage doit repousser les atteintes.

Vous dites qu'il fait l'histoire de sa vie; elle a été trop utile au monde et remplie de trop grands événements pour qu'il ne rende pas à la postérité le service de la publier. Son goût pour la vérité ne lui permettra pas de déguiser la moindre de ces anecdotes, pour servir à l'éducation des princes qui voudront être menuisiers comme Émile.

A vrai dire, Monsieur, toutes ces petites misères ne méritent pas qu'on s'en occupe deux minutes; tout cela tombe bientôt dans un éternel oubli. On ne s'en soucie pas plus que des baisers âcres de *la Nouvelle Héloïse,* et de son faux germe, et de son doux ami, et des lettres de Vernet à un lord qu'il n'a jamais vu[1]. Les folies de Jean-Jacques, et son ridicule orgueil, ne feront nul tort à la véritable philosophie, et les hommes respectables qui la cultivent en France, en Angleterre, et en Allemagne, n'en seront pas moins estimés.

Il y a des sottises et des querelles dans toutes les conditions de la vie. Quelques ex-jésuites ont fourni à des évêques des libelles diffamatoires sous le nom de *Mandements ;* les parlements les ont fait brûler; cela s'est oublié au bout de quinze jours. Tout passe rapidement, comme les figures grotesques de la lanterne magique.

L'archevêque de Novogorod, à la tête d'un synode, a condamné l'évêque de Rostov à être dégradé et enfermé le reste de sa vie dans un couvent, pour avoir soutenu qu'il y a deux puissances, la sacerdotale et la royale. L'impératrice a fait grâce du couvent à l'évêque de Rostov. A peine cet événement a-t-il été connu en Allemagne et dans le reste de l'Europe.

Les détails des guerres les plus sanglantes périssent avec les soldats qui en ont été les victimes. Les critiques mêmes des pièces de théâtre nouvelles, et surtout leurs éloges, sont ensevelis le lendemain dans le néant avec elles, et avec les feuilles périodiques qui en parlent. Il n'y a que les dragées du sieur Kayser qui se soient un peu soutenues.

Dans ce torrent immense qui nous emporte et qui nous engloutit tous, qu'y a-t-il à faire ? Tenons-nous-en au conseil que M. Horace Walpole donne à Jean-Jacques, d'être sage et heureux. Vous êtes l'un, Monsieur, et vous méritez d'être l'autre, etc., etc.

NOTES

SUR LA LETTRE DE VOLTAIRE A M. HUME

PAGE 859 : *Intimement persuadé qu'on doit lui élever une statue.*

M. de Voltaire aurait dû citer le passage où Jean-Jacques dit qu'il lui faut une statue. C'est à la page 127 de sa lettre à monsieur l'archevêque de Paris, imprimée à Amsterdam chez Marc-Michel Rey, en 1763. Voici les propres paroles :

« Oui, je ne crains point de le dire, s'il existait en Europe un seul gouvernement vraiment éclairé, un gouvernement dont les vues fussent vraiment utiles et saines, il m'eût rendu les honneurs publics, il m'eût élevé des statues. »

Ainsi M. de Voltaire se trompe en disant que Jean-Jacques croit que la moitié de l'univers est occupée à lui dresser des statues. M. Jean-Jacques semble dire positivement le contraire, car il prétend qu'il n'y a qu'un gouvernement éclairé qui doive le faire sculpter en marbre ou en bronze; et comme il dit du mal de tous les gouvernements à tort et à travers, on voit bien que, s'il est sculpté, ce doit être dans la posture où l'on ne voit que la tête et les mains d'un homme dans la machine de bois élevée au milieu du marché de Londres.

PAGE 859 : *Aux protecteurs qu'il avait alors à Paris.*

Jean-Jacques Rousseau fut accueilli à Paris avec quelque bonté; mais il se brouilla bientôt avec presque tous ceux auxquels il avait obligation. On sait comment il sortit de la maison qu'un fermier général et madame sa femme lui avaient accordée au village de Montmorency, maison dans laquelle il était nourri, chauffé, éclairé à leurs dépens, et où l'on avait la délicatesse de lui laisser ignorer tant de bienfaits, ou du moins on lui fournissait le prétexte de feindre de l'ignorer.

Il s'attira tellement la haine de tous les honnêtes gens qu'il est obligé de l'avouer dans sa lettre à monsieur l'archevêque de Paris. « Je me suis vu, dit-il, dans la même année, recherché, fêté même à la cour, puis insulté, menacé, détesté, maudit. Les soirs, on m'attendait pour m'assassiner dans les rues; les matins, on m'annonçait une lettre de cachet. »

On demande comment il se pourrait faire qu'il fût généralement maudit, détesté, sans avoir fait du moins quelque chose de détestable ?

PAGE 860 : *Qui venait de donner à Paris un grave opéra et une comédie.*

Cette comédie dont on parle est intitulée *l'Amant de soi-même*. Elle fut sifflée. Il eut le courage et la modestie de la faire imprimer. Voici comme il parle dans sa préface : « Il est vrai qu'on pourra dire un jour : Cet ennemi si déclaré des sciences et des arts fit pourtant et publia des pièces de théâtre; et ce discours sera, je l'avoue, une satire très amère, non de moi, mais de mon siècle. » L'opéra fut mieux reçu. On a dit à Lyon que le musicien Gautier était l'auteur de la musique qu'on avait trouvée dans ses papiers, et qui fut ajustée ensuite par Jean-Jacques aux paroles. Cet opéra était dans le goût des opéras-comiques. Au reste, c'est aux amis et aux parents du feu sieur Gautier à dire si cette musique est de lui, ce qui importe fort peu.

PAGE 861 : *Au prédicant de Moutiers-Travers, homme d'un esprit fin et délicat.*

On a très mal instruit M. de Voltaire si on lui a dit que M. de Montmolin se piquait de finesse et de délicatesse; c'est un homme très simple et très uni, à qui l'on n'a reproché que de s'être laissé séduire trop longtemps par Rousseau.

Non seulement la déclaration de Jean-Jacques Rousseau contre le livre *De l'Esprit,* et contre ses amis, est entre les mains de M. de Montmolin, mais elle est imprimée dans un écrit de M. de Montmolin, intitulé *Réfutation d'un libelle*. Ce trait de Jean-Jacques n'est pas seulement d'un hypocrite qui se moque de ce qu'il y a de plus sacré, ce n'est pas seulement le délire d'un extravagant qui a changé trois fois de secte, et qui avait fait abjuration de la religion catholique à Genève pour aller vivre en France; c'est une basse ingratitude mêlée d'une envie secrète contre M. Helvétius, l'un de ses bienfaiteurs; c'est une calomnie infâme : car jamais M. Helvétius n'enseigna le matérialisme; il se déclara hautement contre cette opinion; il désavoua comme le grand Fénelon, archevêque de Cambrai, tout ce qu'on avait trouvé de répréhensible dans son ouvrage. Il se rétracta avec la simplicité d'une âme respectable, il força ses persécuteurs à l'estimer. C'était une atrocité abominable au sieur Jean-Jacques de rouvrir des plaies qui saignaient encore, et de se rendre l'accusateur d'un homme qui avait eu pour lui les plus grandes bontés. Peut-il s'étonner après cela d'avoir été détesté et maudit ?

PAGE 861 : *Les petits garçons et les petites filles lui jetèrent des pierres.*

Il est vrai qu'on jeta quelques pierres à Jean-Jacques Rousseau et à la nommée Levasseur, qu'il traîne partout avec lui, et qui était apparemment la confidente de Mme de Volmar. Cela pouvait avoir causé du scandale à Moutiers-Travers, et avoir été l'occasion de cette grêle de pierres, qui n'a pourtant pas été considérable, et dont aucune n'atteignit le sieur Jean-Jacques ni la Levasseur. Il est naturel que l'extrême laideur de cette créature et la figure grotesque de Jean-Jacques déguisé en Arménien aient induit ces petits garçons à faire des huées et à jeter quelques cailloux; mais il est faux que Jean-Jacques ait couru le moindre danger.

La requête que le sieur Jean-Jacques Rousseau présenta pour être enfermé ne fut point adressée précisément à Leurs Excellences du conseil de Berne, mais à monsieur le bailli, gouverneur de l'île Saint-Pierre, où Jean-Jacques était alors caché; il prie ce magistrat d'obtenir pour lui cette grâce. Il aurait été en effet très à plaindre d'être réduit à cette extrémité, si ses fureurs orgueilleuses et extravagantes ne l'avaient pas rendu indigne de toute pitié.

La condamnation des *Lettres de la montagne*, qualifiées de calomnies atroces par les seigneurs plénipotentiaires, est du 25 juillet 1766.

Ces *Lettres de la montagne* sont un ouvrage encore plus insensé, s'il est possible, que la profession de foi qu'il signa entre les mains de M. de Montmolin. L'objet de ces lettres est d'animer une partie des citoyens de sa patrie contre l'autre. Mais dans les cinq premières lettres, il ne parle que d'un roman qu'il a fait, intitulé *Émile*. Il n'est occupé qu'à justifier son roman; il ne parle que de lui-même, et après avoir dit à l'archevêque de Paris qu'il est le seul auteur qui ait jamais dit la vérité, et qu'on lui doit des statues, il dit aux bourgeois de Genève qu'il a fait des miracles tout comme notre Seigneur, qu'il n'a tenu qu'à lui d'être prophète.

Il appelle Cicéron un rhéteur. Ainsi le bonhomme, se croyant plus grand orateur que Cicéron, et plus puissant en œuvres que Jésus-Christ, il n'est pas étonnant qu'on lui ait proposé de bon bouillon et des herbes rafraîchissantes.

Ces *Lettres de la montagne* sont d'ailleurs d'un mortel ennui pour quiconque n'est pas au fait des discussions de Genève. Elles sont assez mal écrites.

Le petit nombre de gens qui se sont intéressés quelque temps à ces querelles passagères sait que le sieur Jean-Jacques Rousseau a fait un roman sur l'éducation. L'auteur de ce roman d'*Émile* a oublié que, pour bien élever un jeune homme, il faudrait avoir été soi-même honnêtement élevé.

Ce livre est une compilation indigeste de passages tirés de Plutarque, de Montaigne, de Saint-Évremond, du *Dictionnaire encyclopédique,* et de trente autres auteurs. Il s'est trouvé un pédant qui s'est donné la peine de faire un gros recueil, non seulement de tous les passages que Rousseau a copiés, mais encore de ceux qui n'ont qu'une très légère ressemblance avec les siens. Il a intitulé ce livre *les Plagiats de Jean-Jacques Rousseau ;* il est imprimé à Paris chez Durand[1]. On convient que ce livre est fait avec beaucoup de mauvaise foi et de grossièreté, comme la plupart des livres de pure critique. L'auteur s'acharne sans goût et sans esprit contre des choses très innocentes, et on l'a comparé à un chien affamé qui aboie aux passants en rongeant les os de Rousseau : aussi cet ouvrage a-t-il eu le sort de tous ceux de son espèce, d'être anéanti à sa naissance. Il est d'un homme assez méprisé dans la littérature. Mais, quoique cette critique soit mauvaise, le livre de Rousseau n'en eſt pas meilleur.

La chose dont il eſt le moins parlé dans l'ouvrage de Rousseau sur l'éducation, c'eſt l'éducation même. Il y fait l'éloge des sauvages, il y fait la satire de tous ceux qui servent la société. Il suppose qu'il eſt chargé de former un jeune seigneur; et, au lieu de s'y prendre comme on fait dans l'École militaire, qui eſt le plus beau monument du règne de Louis XV, il fait apprendre le métier de menuisier à son pupille, et voici comme il juſtifie cette belle inſtitution :

« Que des coquins, dit-il, mènent les grandes affaires, peu vous importe; vous entrez dans la première boutique du métier que vous avez appris : Maître, j'ai besoin d'ouvrage. — Compagnon, mettez-vous là, travaillez; avant que l'heure du dîner soit venue, vous aurez gagné votre dîner. »

Ce n'eſt point ainsi, ce me semble, que s'exprimait le grand Fénelon, et ce n'eſt point ainsi que Mentor élevait son Télémaque. M. Jean-Jacques veut que son élève soit ignorant jusqu'à l'âge de quinze ans, et qu'il sache raboter au lieu d'apprendre la géométrie, l'hiſtoire, la tactique et les belles-lettres.

Son élève demande à sa mère comment on fait les enfants; la mère répond que c'eſt en pissant douloureusement; et Jean-Jacques trouve cette réponse sublime.

L'auteur sentit dans le fond de son cœur que cet ouvrage pourrait ennuyer. Que fit-il pour le rendre un peu piquant ? Il feignit d'avoir un gentilhomme chrétien à élever; il ajoute à son livre un volume entier contre le chriſtianisme, volume rempli de contradictions selon l'usage de l'auteur. Il raconte à son jeune homme que lui, Jean-Jacques, s'enfuit autrefois de la boutique de ses parents, qu'il alla en Savoie se faire catholique pour avoir du pain; qu'il eut le bonheur d'être reçu dans un hôpital; qu'il contracta dès lors la noble habitude de se brouiller avec ses bienfaiteurs; qu'il s'enfuit de cet hospice, qu'il alla demander l'aumône à un vicaire de village, et que ce vicaire lui apprit que le chriſtianisme eſt ridicule. Voici comme il fait parler ce prêtre :

« L'idée de création confond. Qu'un être que je ne conçois pas donne l'exiſtence à d'autres êtres, cela n'eſt qu'obscur et incompréhensible; mais que l'être et le néant se convertissent l'un dans l'autre, c'est une claire absurdité. »

Après un tel galimatias il compile tout ce qu'on a dit contre notre religion. Il pille les Herbert, les Bolingbroke, les Shaftesbury, les Bayle, les Boulainvilliers, les d'Argens, les Fréret, les Boulanger, les Colins, les Wolston, les Maillet, les Meslier, les Tilladet, les Lamettrie, les Dumarsais, et même Spinoza.

Voilà ce qui a donné quelque vogue à ce livre, et quelques protecteurs à l'auteur. Il s'est trouvé même des personnes assez simples pour croire que ce livre est bien écrit. Si cela est, le *Télémaque* l'est donc bien mal. Il n'y a guère de pages, dans le roman d'*Émile,* où l'on ne trouve des fautes contre la langue : le style est tantôt bas et tantôt violent. Les injures qu'il prodigue aux rois, aux ministres, aux riches, ont pu séduire des lecteurs cyniques qui ont pris de l'audace pour de l'éloquence, et une basse envie pour de l'esprit philosophique.

Il est vrai qu'il y a dans le discours du vicaire savoyard une douzaine de pages éloquentes; mais en général, si ce style décousu, inégal, confus et sans harmonie, prenait le dessus, c'en serait fait de la littérature française.

M. de Voltaire se trompe sur la date des lettres de Rousseau, écrites de Venise à M. du Theil. Il y en a trois, du 8, du 15 août, et du 24 octobre 1744, et non pas 1743. Elles sont encore plus humiliantes que M. de Voltaire ne le dit, et la troisième finit par une délation ménagée artificieusement contre M. le comte de Montaigu son maître; cela n'est pas philosophe.

M. du Theil n'honora point Rousseau d'une réponse; plusieurs personnes parmi nous ont vu l'original de ces lettres écrites et signées de la main de Rousseau.

EXTRAITS

DES LETTRES DU SIEUR JEAN-JACQUES ROUSSEAU, EMPLOYÉ DANS LA MAISON DE M. LE COMTE DE MONTAIGU, ÉCRITES, EN L'AN 1744, A M. DU THEIL, PREMIER COMMIS DES AFFAIRES ÉTRANGÈRES. CES LETTRES ONT ÉTÉ CONSERVÉES PAR HASARD CHEZ LES HÉRITIERS DE M. DU THEIL

PREMIÈRE LETTRE

DU 8 AOÛT, REÇUE LE 23

« J'ose porter jusqu'à vous mes justes et très respectueuses plaintes contre un ambassadeur du roi et contre un maître dont j'ai mangé le pain... Il y a quatorze mois que je suis entré chez M. le comte de Montaigu en qualité de secrétaire... Monsieur l'ambassadeur... voulut avant-hier me faire mon compte... Son Excellence, ne pouvant m'obliger à consentir à passer ce compte comme elle le voulait, me proposa en termes très nets d'y souscrire, ou de sauter par la fenêtre, etc... Il m'ordonna, en me voyant sortir, de vider son palais, et de n'y jamais remettre les pieds... Pardonnez, Monsieur, la liberté que je prends d'implorer votre protection contre les traitements que monsieur l'ambassadeur exerce sur le plus zélé et le plus fidèle domestique qu'il aura jamais... Je sais, Monsieur, combien de préjugés sont contre moi; je sais que dans les démêlés entre le maître et le domestique, c'est toujours ce dernier qui a tort... Votre générosité et mon bon droit sont mes seuls protecteurs...

« J'ai l'honneur d'être avec un profond respect, Monsieur, votre très humble et très obéissant serviteur. »

A Venise, le 8 août 1744.

AUTRE LETTRE,

DU 15 AOÛT, REÇUE LE 29

« MONSIEUR,

« Depuis la lettre que j'eus l'honneur de vous écrire le 8 de ce mois, monsieur l'ambassadeur m'a menacé de me faire périr sous le bâton : il m'a envoyé sept ou huit fois son gentilhomme avec le solde du compte, m'intimant l'ordre de partir sur-le-champ de Venise, sous peine d'être assommé de coups de bâton matin et soir. »

LA TROISIÈME LETTRE

EST DU 11 OCTOBRE 1744, REÇUE AU VIEUX-BRISACH LE 16, ET DATÉE DE PARIS A L'HÔTEL D'ORLÉANS, RUE DU CHANTRE, PRÈS LE PALAIS-ROYAL

Elle dit à peu près les mêmes choses; il ajoute seulement : « J'implore votre protection et quelques marques de votre bonté, qui me réhabilitent aux yeux du public. »

Il s'imaginait dès lors que le public avait les yeux fixés sur lui. Toutes ces lettres sont signées Rousseau, avec paraphe. Il ne paraît pas qu'on trouvât ses plaintes bien fondées; et Jean-Jacques Rousseau, pour se réhabiliter, alla chercher ailleurs des maîtres qui lui donnassent des gages. Il faut avouer que voilà un plaisant secrétaire d'ambassade; il a reçu de grands honneurs, et sa vanité est tout à fait bien placée !

La nouvelle *Julie,* ou *la Nouvelle Héloïse,* est un roman en six volumes, imprimé à Amsterdam chez Marc-Michel Rey, en 1761. Ce roman est un recueil de lettres que s'écrivent deux amants suisses, à l'imitation des romans anglais de *Pamela* et de *Clarisse*. Mais l'imitation est si mauvaise que ce roman est aujourd'hui entièrement oublié. Il n'y a ni exposition, ni nœud, ni dénouement, ni aventures intéressantes, ni raison, ni esprit. C'est un précepteur lâche et insolent qui fait un enfant à sa pupille, et qui en reçoit de l'argent; qui veut se battre contre un pair d'Angleterre, et qui en reçoit l'aumône. La pupille, grosse du précepteur, épouse un Russe dans un village de Suisse; et, pour se tirer d'affaire, elle accouche d'un faux germe.

Comme les auteurs se peignent assez dans leurs ouvrages, le précepteur va fréquenter à Paris les mauvais lieux. C'est de ces honnêtes retraites qu'il insulte les dames de la cour, c'est de là qu'il écrit à sa Julie des invectives contre la musique de Rameau, et qu'il dit que ses airs ressemblent à la course d'une oie grasse, ou à une vache qui galope.

Le héros de ce roman moral prononce devant sa chaste Suissesse de ces mots trop usités par la canaille; et sa maîtresse lui dit qu'elle a entendu quelquefois ces paroles dans la bouche des portefaix. Il peint noblement des valets qui polissonnent dans une cour. Il dit que les âmes humaines veulent être accouplées; qu'on mesure à Paris ses maximes à la toise, que les dîners de Paris ne diffèrent pas beaucoup des tables d'auberge. Ce n'était pas sur ce ton que Mme de La Fayette écrivait la *Princesse de Clèves* et *Zaïde*.

Jean-Jacques conseille ailleurs au dauphin de France, au prince de Galles, et à l'archiduc, d'épouser la fille du bourreau si elle est belle et honnête, car c'est toujours l'honnêteté qui dirige Jean-Jacques.

Ce qu'on peut remarquer dans ce roman, c'est le commencement de la préface. « Il faut, dit l'auteur, des spectacles dans les grandes villes, et des romans aux peuples corrompus. J'ai vu les mœurs de mon temps, et j'ai publié ces lettres. »

Il est assez étrange qu'un homme qui s'avoue publiquement un corrupteur ait voulu faire ensuite le législateur; mais il instruit les hommes comme il dirige les filles.

Ce maître fou quitta, en 1762, les lieux honnêtes où il allait penser à Julie avec des officiers suisses, pour enseigner à l'Europe les Principes du droit politique, ou *Contrat social*, qu'on a nommé le Contrat insocial. C'est un ouvrage obscur, mal digéré, plein de contradictions et d'erreurs. Les satires mêmes, dont il fourmille, n'ont pu lui donner de la vogue. Il a beau dire (p. 163) que ceux qui parviennent dans les monarchies ne sont le plus souvent que de petits brouillons, de petits fripons, de petits intrigants, à qui les petits talents, qui font parvenir aux grandes places, ne servent qu'à montrer leur ineptie aussitôt qu'ils y sont parvenus...

On eſt si accoutumé à ces lieux communs d'impertinences qu'ils n'ont pas fait la plus légère sensation. Ce ſtyle insolent et violent qu'on a voulu mettre à la mode n'eſt plus de mode; on commence à revenir à la raison; on sent enfin que la sagesse et la décence doivent conduire la plume de tout écrivain qui veut mériter l'approbation des honnêtes gens. *Sapere eſt et principium et fons*[1].

Il eſt dit dans cet ouvrage qu'il n'y a qu'un pays dans l'Europe capable de législation, et que ce pays eſt l'île de Corse. C'eſt là qu'il eſt dit que les Tartares subjugueront bientôt infailliblement la Russie, l'Allemagne et la France. C'eſt là qu'il eſt dit que le peuple anglais pense être libre, mais qu'il eſt esclave, et qu'il le mérite bien.

Il n'a pas apparemment envie d'aller chercher un asile à Venise. Il dit que la noblesse y eſt peuple, que c'eſt une multitude de Barnabotes; que la bourgeoisie de Genève représente exactement le patriciat vénitien, et que les paysans de Genève représentent les sujets de terre ferme. Il ignore que parmi les sujets de terre ferme, à Padoue, à Vicence, à Vérone, à Brescia, à Bergame, à Crèmone, etc., il y a mille familles de la plus ancienne noblesse.

Ainsi, en insultant toutes les nations, toutes les conditions de la vie, tous les arts qu'il a voulu lui-même cultiver, et tous les hommes avec lesquels il a vécu, cet écrivain s'eſt flatté d'usurper, par une insolence cynique, une réputation qu'on n'acquiert jamais que par le génie. Il a calomnié les philosophes qui l'avaient reçu, protégé et inſtruit; ingrat envers ses maîtres, envers ses amis, envers ses bienfaiteurs; recevant l'aumône d'un bourgeois inconnu parce qu'il croit qu'on n'en saura rien, et la refusant de la main d'un prince parce qu'il croit qu'on le saura : il s'eſt imaginé que ses bizarreries lui feraient un nom.

Il appelle M. Tronchin jongleur, dans sa lettre à

M. Hume, tandis que lui-même pousse le charlatanisme jusqu'à s'habiller à l'orientale à Paris et en Angleterre, pour attirer sur lui les regards de la populace, qui le dédaigne.

Il parle de mœurs et de décence, et de la sainte vertu. Cela s'accorde mal avec les suites des récréations philosophiques qu'il prenait dans ces lieux honnêtes où il oubliait la Suissesse russe, Mme de Volmar. Celui qu'il traite de jongleur lui a fourni le chirurgien dont la main, tout habile qu'elle est, n'a pas plus guéri son corps par ses opérations gratuites que les remontrances de ses amis n'ont pu guérir son cœur.

Il a mis le trouble dans sa patrie avant d'en sortir, comme un incendiaire qui s'enfuit après avoir allumé la mèche. Celui-là, certes, a eu raison qui a dit que Jean-Jacques descendait en droite ligne du barbet de Diogène accouplé avec une des couleuvres de la Discorde.

On n'aurait pas reproché à d'autres sans doute ces opprobres ou connus ou secrets, dont on est forcé de montrer ici la turpitude. Il y a des faiblesses et des humiliations qu'on doit laisser dans les ténèbres, quand les affligés restent dans une obscurité modeste, quand ils ne lèvent point une tête audacieuse, quand ils ne distillent point le fiel et l'outrage. Mais c'est ici un procès personnel qui exclut tous les égards; et puisqu'il est permis à un Diogène subalterne et manqué d'appeler jongleur le premier médecin de monseigneur le duc d'Orléans, un médecin qui a été son ami, qui l'a visité, traité, qui a été au rang de ses bienfaiteurs, il est permis à un ami de M. Tronchin de faire voir ce que c'est que le personnage qui ose l'insulter. On peut, sur le fumier où il est couché et où il grince des dents contre le genre humain, lui jeter du pain s'il en a besoin; mais il a fallu le faire connaître, et mettre ceux qui peuvent le nourrir à l'abri de ses morsures.

Finissons par faire sentir qu'un charlatan qui a lassé la pitié de ses bienfaiteurs et l'indignation publique n'a pu déshonorer que lui-même, et non pas la littérature.

DÉCLARATION DE L'ÉDITEUR

CES REMARQUES SONT D'UN MAGISTRAT.
LA LETTRE AU DOCTEUR PANSOPHE N'EST POINT
DE M. DE VOLTAIRE. VOICI SON DÉSAVEU :

Je n'ai jamais écrit la *Lettre au docteur Pansophe*. Je m'en ferais honneur si elle était de moi. J'ai dû écrire celle que j'ai adressée à M. Hume, comme M. Walpole et M. d'Alembert ont dû écrire de leur côté. Je méprise comme eux Rousseau. Les faits que j'ai cités sont vrais, et j'ai fait mon devoir en les citant. Je me suis trompé sur les dates. L'auteur des remarques a raison en tout. Il n'y a jamais que l'agresseur et que l'imposteur qui aient tort; et dans des affaires qui intéressent la société, ceux qui confondent les offenseurs avec les offensés n'ont pas raison.

Fait au château de Ferney en Bourgogne, le 1er décembre 1766.

VOLTAIRE.

LE PHILOSOPHE IGNORANT[1]

(1766)

PREMIÈRE QUESTION

Qui es-tu ? d'où viens-tu ? que fais-tu ? que deviendras-tu ? C'est une question qu'on doit faire à tous les êtres de l'univers, mais à laquelle nul ne nous répond. Je demande aux plantes quelle vertu les fait croître, et comment le même terrain produit des fruits si divers. Ces êtres insensibles et muets, quoique enrichis d'une faculté divine, me laissent à mon ignorance et à mes vaines conjectures.

J'interroge cette foule d'animaux différents, qui tous ont le mouvement et le communiquent, qui jouissent des mêmes sensations que moi, qui ont une mesure d'idées et de mémoire avec toutes les passions. Ils savent encore moins que moi ce qu'ils sont, pourquoi ils sont, et ce qu'ils deviennent.

Je soupçonne, j'ai même lieu de croire que les planètes qui roulent autour des soleils innombrables qui remplissent l'espace sont peuplées d'êtres sensibles et pensants; mais une barrière éternelle nous sépare, et aucun de ces habitants des autres globes ne s'est communiqué à nous.

Monsieur le prieur, dans *le Spectacle de la nature*[2], a dit à monsieur le chevalier que les astres étaient faits pour la terre, et la terre, ainsi que les animaux, pour l'homme. Mais comme le petit globe de la terre roule avec les autres planètes autour du soleil; comme les mouvements réguliers et proportionnels des astres peuvent éternellement subsister sans qu'il y ait des hommes; comme il y a sur notre petite planète infiniment plus d'animaux que de mes semblables, j'ai pensé que monsieur le prieur avait un peu trop d'amour-propre en se flattant que tout avait été fait pour lui; j'ai vu que l'homme, pendant sa vie, eſt dévoré par tous les animaux s'il eſt sans défense, et que tous le dévorent encore après sa mort. Ainsi j'ai eu de la peine à concevoir que monsieur le prieur et monsieur le chevalier fussent les rois de la nature. Esclave de tout ce qui m'environne, au lieu d'être roi, resserré dans un point, et entouré de l'immensité, je commence par me chercher moi-même.

II. — NOTRE FAIBLESSE

Je suis un faible animal; je n'ai en naissant ni force, ni connaissance, ni inſtinct; je ne peux même me traîner à la mamelle de ma mère, comme font tous les quadrupèdes; je n'acquiers quelques idées que comme j'acquiers un peu de force, quand mes organes commencent à se développer. Cette force augmente en moi jusqu'au temps où, ne pouvant plus s'accroître, elle diminue chaque jour. Ce pouvoir de concevoir des idées augmente de même jusqu'à son terme, et ensuite s'évanouit insensiblement par degrés.

Quelle eſt cette mécanique qui accroît de moment en moment les forces de mes membres jusqu'à la borne prescrite? Je l'ignore; et ceux qui ont passé leur vie à chercher cette cause n'en savent pas plus que moi.

Quel eſt cet autre pouvoir qui fait entrer des images dans mon cerveau, qui les conserve dans ma mémoire? Ceux qui sont payés pour le savoir l'ont inutilement cherché; nous sommes tous dans la même ignorance des premiers principes où nous étions dans notre berceau.

III. — COMMENT PUIS-JE PENSER?

Les livres faits depuis deux mille ans m'ont-ils appris quelque chose? Il nous vient quelquefois des envies de savoir comment nous pensons, quoiqu'il nous prenne rarement l'envie de savoir comment nous digérons, comment nous marchons. J'ai interrogé ma raison, je lui ai demandé ce qu'elle est : cette question l'a toujours confondue.

J'ai essayé de découvrir par elle si les mêmes ressorts qui me font digérer, qui me font marcher, sont ceux par lesquels j'ai des idées. Je n'ai jamais pu concevoir comment et pourquoi ces idées s'enfuyaient quand la faim faisait languir mon corps, et comment elles renaissaient quand j'avais mangé.

J'ai vu une si grande différence entre des pensées et la nourriture, sans laquelle je ne penserais point, que j'ai cru qu'il y avait en moi une substance qui raisonnait, et une autre substance qui digérait. Cependant, en cherchant toujours à me prouver que nous sommes deux, j'ai senti grossièrement que je suis un seul; et cette contradiction m'a toujours fait une extrême peine.

J'ai demandé à quelques-uns de mes semblables, qui cultivent la terre, notre mère commune, avec beaucoup d'industrie, s'ils sentaient qu'ils étaient deux, s'ils avaient découvert par leur philosophie qu'ils possédaient en eux une substance immortelle, et cependant formée de rien, existante sans étendue, agissant sur leurs nerfs sans y toucher, envoyée expressément dans le ventre de leur mère six semaines après leur conception; ils ont cru que je voulais rire, et ont continué à labourer leurs champs sans me répondre.

IV. — M'EST-IL NÉCESSAIRE DE SAVOIR ?

Voyant donc qu'un nombre prodigieux d'hommes n'avait pas seulement la moindre idée des difficultés qui m'inquiètent, et ne se doutait pas de ce qu'on dit, dans les écoles, de l'être en général, de la matière, de l'esprit, etc.; voyant même qu'ils se moquaient souvent de ce que je voulais le savoir, j'ai soupçonné qu'il n'était point du tout nécessaire que nous le sussions. J'ai pensé que la nature a donné à chaque être la portion qui lui convient; et j'ai cru que les choses auxquelles nous ne pouvions atteindre ne sont pas notre partage. Mais, malgré ce désespoir, je ne laisse pas de désirer d'être instruit, et ma curiosité trompée est toujours insatiable.

V. — ARISTOTE, DESCARTES ET GASSENDI

Aristote commence par dire que l'incrédulité est la source de la sagesse; Descartes a délayé cette pensée, et tous deux m'ont appris à ne rien croire de ce qu'ils me disent. Ce Descartes, surtout, après avoir fait semblant de douter, parle d'un ton si affirmatif de ce qu'il n'entend point; il est si sûr de son fait quand il se trompe grossièrement en physique; il a bâti un monde si imaginaire; ses tourbillons et ses trois éléments sont d'un si prodigieux ridicule, que je dois me méfier de tout ce qu'il me dit sur l'âme, après qu'il m'a tant trompé sur les corps. Qu'on fasse son éloge, à la bonne heure, pourvu qu'on ne fasse pas celui de ses romans philosophiques, méprisés aujourd'hui pour jamais dans toute l'Europe.

Il croit ou il feint de croire que nous naissons avec des pensées métaphysiques. J'aimerais autant dire qu'Homère naquit avec l'*Iliade* dans la tête. Il est bien vrai qu'Homère, en naissant, avait un cerveau tellement construit qu'ayant ensuite acquis des idées poétiques, tantôt belles, tantôt incohérentes, tantôt exagérées, il en composa enfin l'*Iliade*. Nous apportons, en naissant, le germe de tout ce qui se développe en nous; mais nous n'avons pas réellement plus d'idées innées que Raphaël et Michel-Ange n'apportèrent, en naissant, de pinceaux et de couleurs.

Descartes, pour tâcher d'accorder les parties éparses de ses chimères, supposa que l'homme pense toujours; j'aimerais autant imaginer que les oiseaux ne cessent jamais de voler, ni les chiens de courir, parce que ceux-ci ont la faculté de courir, et ceux-là de voler.

Pour peu que l'on consulte son expérience et celle du genre humain, on est bien convaincu du contraire. Il n'y a personne d'assez fou pour croire fermement qu'il ait pensé toute sa vie, le jour et la nuit sans interruption, depuis qu'il était fœtus jusqu'à sa dernière maladie. La ressource de ceux qui ont voulu défendre ce roman a été de dire qu'on pensait toujours, mais qu'on ne s'en apercevait pas. Il vaudrait autant dire qu'on boit, qu'on mange, et qu'on court à cheval sans le savoir. Si vous ne vous apercevez pas que vous avez des idées, comment pouvez-vous affirmer que vous en avez ? Gassendi se moqua comme il le devait de ce système extravagant. Savez-vous ce qui en arriva ? On prit Gassendi et Descartes pour des athées, parce qu'ils raisonnaient.

VI. — LES BÊTES

De ce que les hommes étaient supposés avoir continuellement des idées, des perceptions, des conceptions, il suivait naturellement que les bêtes en avaient toujours aussi : car il est incontestable qu'un chien de chasse a l'idée de son maître auquel il obéit, et du gibier qu'il lui rapporte. Il est évident qu'il a de la mémoire, et qu'il combine quelques idées. Ainsi donc, si la pensée de l'homme était aussi l'essence de son âme, la pensée du chien était aussi l'essence de la sienne, et si l'homme avait toujours des idées, il fallait bien que les animaux en eussent toujours. Pour trancher cette difficulté, le fabricateur des tourbillons et de la matière cannelée osa dire que les bêtes étaient de pures machines qui cherchaient à manger sans avoir d'appétit, qui avaient toujours les organes du sentiment pour n'éprouver jamais la moindre sensation, qui criaient sans douleur, qui témoignaient leur plaisir sans joie, qui possédaient un cerveau pour n'y pas recevoir l'idée la plus légère, et qui étaient ainsi une contradiction perpétuelle de la nature.

Ce système était aussi ridicule que l'autre; mais, au lieu d'en faire voir l'extravagance, on le traita d'impie : on prétendit que ce système répugnait à l'Écriture sainte, qui dit, dans la *Genèse,* que « Dieu a fait un pacte avec les animaux, et qu'il leur redemandera le sang des hommes qu'ils auront mordus et mangés »[1]; ce qui suppose manifestement dans les bêtes l'intelligence, la connaissance du bien et du mal.

VII. — L'EXPÉRIENCE

Ne mêlons jamais l'Écriture sainte dans nos disputes philosophiques : ce sont des choses trop hétérogènes, et qui n'ont aucun rapport. Il ne s'agit ici que d'examiner ce que nous pouvons savoir par nous-mêmes, et cela se réduit à bien peu de choses. Il faut avoir renoncé au sens commun pour ne pas convenir que nous ne savons rien au monde que par l'expérience; et certainement si nous ne parvenons que par l'expérience, et par une suite de tâtonnements et de longues réflexions, à nous donner quelques idées faibles et légères du corps, de l'espace, du temps, de l'infini, de Dieu même, ce n'est pas la peine que l'Auteur de la nature mette ces idées dans la cervelle de tous les fœtus, afin qu'il n'y ait ensuite qu'un très petit nombre d'hommes qui en fassent usage.

Nous sommes tous, sur les objets de notre science, comme les amants ignorants Daphnis et Chloé, dont Longus nous a dépeint les amours et les vaines tentatives. Il leur fallut beaucoup de temps pour deviner comment ils pouvaient satisfaire leurs désirs, parce que l'expérience leur manquait. La même chose arriva à l'empereur Léopold et au fils de Louis XIV; il fallut les instruire. S'ils avaient eu des idées innées, il est à croire que la nature ne leur eût pas refusé la principale et la seule nécessaire à la conservation de l'espèce humaine.

VIII. — SUBSTANCE

Ne pouvant avoir aucune notion que par expérience, il est impossible que nous puissions jamais savoir ce que c'est que la matière. Nous touchons, nous voyons les propriétés de cette substance; mais ce mot même *substance*, ce qui est dessous, nous avertit assez que ce dessous nous sera inconnu à jamais : quelque chose que nous découvrions de ses apparences, il restera toujours ce dessous à découvrir. Par la même raison, nous ne saurons jamais par nous-mêmes ce que c'est qu'esprit. C'est un mot qui originairement signifie souffle, et dont nous nous sommes servis pour tâcher d'exprimer vaguement et grossièrement ce qui nous donne des pensées. Mais quand même, par un prodige qui n'est pas à supposer, nous aurions quelque légère idée de la substance de cet esprit, nous ne serions pas plus avancés; nous ne pourrions jamais deviner comment cette substance reçoit des sentiments et des pensées. Nous savons bien que nous avons un peu d'intelligence, mais comment l'avons-nous ? C'est le secret de la nature, elle ne l'a dit à nul mortel.

IX. — BORNES ÉTROITES

Notre intelligence est très bornée, ainsi que la force de notre corps. Il y a des hommes beaucoup plus robustes que les autres; il y a aussi des Hercules en fait de pensées, mais au fond cette supériorité est fort peu de choses. L'un soulèvera dix fois plus de matière que moi; l'autre pourra faire de tête, et sans papier, une division de quinze chiffres, tandis que je ne pourrai en diviser que trois ou quatre avec une extrême peine : c'est à quoi se réduira cette force tant vantée; mais elle trouvera bien vite sa borne; et c'est pourquoi, dans les jeux de combinaison, nul homme, après s'y être formé par toute son application et par un long usage, ne parvient jamais, quelque effort qu'il fasse, au delà du degré qu'il a pu atteindre; il a frappé à la borne de son intelligence. Il faut même absolument que cela soit ainsi, sans quoi nous irions, de degré en degré, jusqu'à l'infini.

X. — DÉCOUVERTES IMPOSSIBLES

Dans ce cercle étroit où nous sommes renfermés, voyons donc ce que nous sommes condamnés à ignorer, et ce que nous pouvons un peu connaître. Nous avons déjà vu qu'aucun premier ressort, aucun premier principe ne peut être saisi par nous.

Pourquoi mon bras obéit-il à ma volonté ? Nous sommes si accoutumés à ce phénomène incompréhensible que très peu y font attention; et quand nous voulons rechercher la cause d'un effet si commun, nous trouvons qu'il y a réellement l'infini entre notre volonté et l'obéissance de notre membre, c'est-à-dire qu'il n'y a nulle proportion de l'une à l'autre, nulle raison, nulle apparence de cause; et nous sentons que nous y penserions une éternité sans pouvoir imaginer la moindre lueur de vraisemblance.

XI. — DÉSESPOIR FONDÉ

Ainsi arrêtés dès le premier pas, et nous repliant vainement sur nous-mêmes, nous sommes effrayés de nous chercher toujours, et de ne nous trouver jamais. Nul de nos sens n'est explicable.

Nous savons bien à peu près, avec le secours des triangles, qu'il y a environ trente millions de nos grandes lieues géométriques de la terre au soleil; mais qu'est-ce que le soleil ? et pourquoi tourne-t-il sur son axe ? et pourquoi en un sens plutôt qu'en un autre ? et pourquoi Saturne et nous tournons-nous autour de cet astre plutôt d'occident en orient que d'orient en occident ? Non seulement nous ne satisferons jamais à cette question, mais nous n'entreverrons jamais la moindre possibilité d'en imaginer seulement une cause physique. Pourquoi ? c'est que le nœud de cette difficulté est dans le premier principe des choses.

Il en est de ce qui agit au dedans de nous comme de ce qui agit dans les espaces immenses de la nature. Il y a dans l'arrangement des astres et dans la conformation d'un ciron et de l'homme un premier principe dont l'accès doit nécessairement nous être interdit. Car si nous pouvions connaître notre premier ressort, nous en serions les maîtres, nous serions des dieux. Éclaircissons cette idée, et voyons si elle est vraie.

Supposons que nous trouvions en effet la cause de nos

sensations, de nos pensées, de nos mouvements, comme nous avons seulement découvert dans les astres la raison des éclipses et des différentes phases de la lune et de Vénus; il est clair que nous prédirions alors nos sensations, nos pensées et nos désirs résultants de ces sensations, comme nous prédisons les phases et les éclipses. Connaissant donc ce qui devrait se passer demain dans notre intérieur, nous verrions clairement, par le jeu de cette machine, de quelle manière ou agréable ou funeste nous devrions être affectés. Nous avons une volonté qui dirige, ainsi qu'on en convient, nos mouvements intérieurs en plusieurs circonstances. Par exemple, je me sens disposé à la colère, ma réflexion et ma volonté en répriment les accès naissants. Je verrais, si je connaissais mes premiers principes, toutes les affections auxquelles je suis disposé pour demain, toute la suite des idées qui m'attendent; je pourrais avoir sur cette suite d'idées et de sentiments la même puissance que j'exerce quelquefois sur les sentiments et sur les pensées actuelles que je détourne et que je réprime. Je me trouverais précisément dans le cas de tout homme qui peut retarder et accélérer à son gré le mouvement d'une horloge, celui d'un vaisseau, celui de toute machine connue.

Dans cette supposition, étant le maître des idées qui me sont destinées demain, je le serais pour le jour suivant, je le serais pour le reste de ma vie; je pourrais donc être toujours tout-puissant sur moi-même, je serais le dieu de moi-même. Je sens assez que cet état est incompatible avec ma nature; il est donc impossible que je puisse rien connaître du premier principe qui me fait penser et agir.

XII. — FAIBLESSE DES HOMMES

Ce qui est impossible à ma nature si faible, si bornée, et qui est d'une durée si courte, est-il impossible dans d'autres globes, dans d'autres espèces d'êtres ? Y a-t-il des intelligences supérieures, maîtresses de toutes leurs idées, qui pensent et qui sentent tout ce qu'elles veulent ? Je n'en sais rien; je ne connais que ma faiblesse, je n'ai aucune notion de la force des autres.

XIII. — SUIS-JE LIBRE ?

Ne sortons point encore du cercle de notre existence; continuons à nous examiner nous-mêmes autant que nous le pouvons. Je me souviens qu'un jour, avant que j'eusse fait toutes les questions précédentes, un raisonneur voulut me faire raisonner. Il me demanda si j'étais libre; je lui répondis que je n'étais point en prison, que j'avais la clef de ma chambre, que j'étais parfaitement libre. « Ce n'est pas cela que je vous demande, me répondit-il; croyez-vous que votre volonté ait la liberté de vouloir ou de ne vouloir pas vous jeter par la fenêtre ? pensez-vous, avec l'ange de l'école, que le libre arbitre soit une puissance appétitive, et que le libre arbitre se perde par le péché ? » Je regardai mon homme fixement, pour tâcher de lire dans ses yeux s'il n'avait pas l'esprit égaré, et je lui répondis que je n'entendais rien à son galimatias.

Cependant cette question sur la liberté de l'homme m'intéressa vivement; je lus des scolastiques, je fus comme eux dans les ténèbres; je lus Locke, et j'aperçus des traits de lumière; je lus le *Traité* de Collins, qui me parut Locke perfectionné; et je n'ai jamais rien lu depuis qui m'ait donné un nouveau degré de connaissance. Voici ce que ma faible raison a conçu, aidée de ces deux grands hommes, les seuls, à mon avis, qui se soient entendus eux-mêmes en écrivant sur cette matière, et les seuls qui se soient fait entendre aux autres.

Il n'y a rien sans cause. Un effet sans cause n'est qu'une parole absurde. Toutes les fois que je veux, ce ne peut être qu'en vertu de mon jugement bon ou mauvais; ce jugement est nécessaire, donc ma volonté l'est aussi. En effet, il serait bien singulier que toute la nature, tous les astres obéissent à des lois éternelles, et qu'il y eût un petit animal haut de cinq pieds qui, au mépris de ces lois, pût agir toujours comme il lui plairait au seul gré de son caprice. Il agirait au hasard, et on sait que le hasard n'est rien. Nous avons inventé ce mot pour exprimer l'effet connu de toute cause inconnue.

Mes idées entrent nécessairement dans mon cerveau;

comment ma volonté, qui en dépend, serait-elle à la fois nécessitée et absolument libre ? Je sens en mille occasions que cette volonté ne peut rien; ainsi, quand la maladie m'accable, quand la passion me transporte, quand mon jugement ne peut atteindre aux objets qu'on me présente, etc., je dois donc penser que les lois de la nature étant toujours les mêmes, ma volonté n'est pas plus libre dans les choses qui me paraissent les plus indifférentes que dans celles où je me sens soumis à une force invincible.

Être véritablement libre, c'est pouvoir. Quand je peux faire ce que je veux, voilà ma liberté; mais je veux nécessairement ce que je veux; autrement je voudrais sans raison, sans cause, ce qui est impossible. Ma liberté consiste à marcher quand je veux marcher et que je n'ai point la goutte.

Ma liberté consiste à ne point faire une mauvaise action quand mon esprit se la représente nécessairement mauvaise; à subjuguer une passion quand mon esprit m'en fait sentir le danger, et que l'horreur de cette action combat puissamment mon désir. Nous pouvons réprimer nos passions, comme je l'ai déjà annoncé nombre XI, mais alors nous ne sommes pas plus libres en réprimant nos désirs qu'en nous laissant entraîner à nos penchants : car, dans l'un et l'autre cas, nous suivons irrésistiblement notre dernière idée, et cette dernière idée est nécessaire; donc je fais nécessairement ce qu'elle me dicte. Il est étrange que les hommes ne soient pas contents de cette mesure de liberté, c'est-à-dire du pouvoir qu'ils ont reçu de la nature de faire en plusieurs cas ce qu'ils veulent; les astres ne l'ont pas : nous la possédons et notre orgueil nous fait croire quelquefois que nous en possédons encore plus. Nous nous figurons que nous avons le don incompréhensible et absurde de vouloir, sans autre raison, sans autre motif que celui de vouloir. Voyez le nombre XXIX.

Non, je ne puis pardonner au docteur Clarke d'avoir combattu avec mauvaise foi ces vérités dont il sentait la force, et qui semblaient s'accommoder mal avec ses systèmes. Non, il n'est pas permis à un philosophe tel que lui d'avoir attaqué Collins en sophiste, et d'avoir détourné l'état de la question en reprochant à Collins d'appeler l'homme *un agent nécessaire*. Agent ou patient, qu'importe? agent quand il se meut volontairement, patient quand il reçoit des idées. Qu'est-ce que le nom fait à la chose? L'homme est en tout un être dépendant, comme la nature entière est dépendante, et il ne peut être excepté des autres êtres.

Le prédicateur, dans Samuel Clarke, a étouffé le philosophe; il distingue la nécessité physique et la nécessité morale. Et qu'est-ce qu'une nécessité morale? Il vous paraît vraisemblable qu'une reine d'Angleterre qu'on couronne et que l'on sacre dans une église ne se dépouillera pas de ses habits royaux pour s'étendre toute nue sur l'autel, quoiqu'on raconte une pareille aventure d'une reine de Congo. Vous appelez cela *une nécessité morale* dans une reine de nos climats; mais c'est au fond une nécessité physique, éternelle, liée à la constitution des choses. Il est aussi sûr que cette reine ne fera pas cette folie qu'il est sûr qu'elle mourra un jour. La nécessité morale n'est qu'un mot, tout ce qui se fait est absolument nécessaire. Il n'y a point de milieu entre la nécessité et le hasard; et vous savez qu'il n'y a point de hasard : donc tout ce qui arrive est nécessaire.

Pour embarrasser la chose davantage, on a imaginé de distinguer encore entre nécessité et contrainte; mais, au fond, la contrainte est-elle autre chose qu'une nécessité dont on s'aperçoit? et la nécessité n'est-elle pas une contrainte dont on ne s'aperçoit point? Archimède est également nécessité à rester dans sa chambre quand on l'y enferme, et quand il est si fortement occupé d'un problème qu'il ne reçoit pas l'idée de sortir.

Ducunt volentem fata, nolentem trahunt.

L'ignorant qui pense ainsi n'a pas toujours pensé de même, mais il est enfin contraint de se rendre.

XIV. — TOUT EST-IL ÉTERNEL?

Asservi à des lois éternelles comme tous les globes qui remplissent l'espace, comme les éléments, les animaux, les plantes, je jette des regards étonnés sur tout ce qui m'environne; je cherche quel est mon auteur, et celui de cette machine immense dont je suis à peine une roue imperceptible.

Je ne suis pas venu de rien, car la substance de mon père, et de ma mère qui m'a porté neuf mois dans sa matrice, est quelque chose. Il m'est évident que le germe qui m'a produit n'a pu être produit de rien : car comment le néant produirait-il l'existence ? Je me sens subjugué par cette maxime de toute l'antiquité : « Rien ne vient du néant, rien ne peut retourner au néant. » Cet axiome porte en lui une force si terrible qu'il enchaîne tout mon entendement sans que je puisse me débattre contre lui. Aucun philosophe ne s'en est écarté; aucun législateur, quel qu'il soit, ne l'a contesté. Le *Cahut* des Phéniciens, le *Chaos* des Grecs, le *Tohu-bohu* des Chaldéens et des Hébreux, tout nous atteste qu'on a toujours cru l'éternité de la matière. Ma raison, trompée par cette idée si ancienne et si générale, me dit : Il faut bien que la matière soit éternelle, puisqu'elle existe; si elle était hier, elle était auparavant. Je n'aperçois aucune vraisemblance qu'elle ait commencé à être, aucune cause pour laquelle elle n'ait pas été, aucune cause pour laquelle elle ait reçu l'existence dans un temps plutôt que dans un autre. Je cède donc à cette conviction, soit fondée, soit erronée, et je me range du parti du monde entier, jusqu'à ce qu'ayant avancé dans mes recherches je trouve une lumière supérieure au jugement de tous les hommes, qui me force à me rétracter malgré moi.

Mais si, comme tant de philosophes de l'antiquité l'ont pensé, l'Être éternel a toujours agi, que deviendront le *Cahut* et l'*Éreb* des Phéniciens, le *Tohu-bohu* des Chaldéens, le *Chaos* d'Hésiode? Il restera dans les fables. Le *Chaos* est impossible aux yeux de la raison, car il est impossible que, l'intelligence étant éternelle, il y ait jamais eu quelque chose d'opposé aux lois de l'intelligence : or le *Chaos* est précisément l'opposé de toutes les lois de la nature. Entrez dans la caverne la plus horrible des Alpes, sous ces débris de rochers, de glace, de sable, d'eaux, de cristaux, de minéraux informes, tout y obéit à la gravitation et aux lois de l'hydrostatique. Le *Chaos* n'a jamais été que dans nos têtes, et n'a servi qu'à faire composer de beaux vers à Hésiode et à Ovide.

Si notre sainte Écriture a dit que le *Chaos* existait, si le *Tohu-bohu* a été adopté par elle, nous le croyons sans doute, et avec la foi la plus vive. Nous ne parlons ici que suivant les lueurs trompeuses de notre raison. Nous nous sommes bornés, comme nous l'avons dit, à voir ce que nous pouvons soupçonner par nous-mêmes. Nous sommes des enfants qui essayons de faire quelques pas sans lisières : nous marchons, nous tombons, et la foi nous relève.

XV. — INTELLIGENCE

Mais, en apercevant l'ordre, l'artifice prodigieux, les lois mécaniques et géométriques qui règnent dans l'univers, les moyens, les fins innombrables de toutes choses, je suis saisi d'admiration et de respect. Je juge incontinent que si les ouvrages des hommes, les miens mêmes, me forcent à reconnaître en nous une intelligence, je dois en reconnaître une bien supérieurement agissante dans la multitude de tant d'ouvrages. J'admets cette intelligence suprême sans craindre que jamais on puisse me faire changer d'opinion. Rien n'ébranle en moi cet axiome : « Tout ouvrage démontre un ouvrier. »

XVI. — ÉTERNITÉ

Cette intelligence est-elle éternelle ? Sans doute, car soit que j'aie admis ou rejeté l'éternité de la matière, je ne peux rejeter l'existence éternelle de son artisan suprême; et il est évident que, s'il existe aujourd'hui, il a existé toujours.

XVII. — INCOMPRÉHENSIBILITÉ

Je n'ai fait encore que deux ou trois pas dans cette vaste carrière; je veux savoir si cette intelligence divine est quelque chose d'absolument distinct de l'univers, à peu près comme le sculpteur est distingué de la statue, ou si cette âme du monde est unie au monde, et le pénètre; à peu près encore comme ce que j'appelle *mon âme* est uni à moi, et selon cette idée de l'antiquité si bien exprimée dans Virgile :

Mens agitat molem, et magno se corpore miscet.

(*Énéide,* lib. VI, v. 727.)

Et dans Lucain :

Jupiter est quodcumque vides, quocumque moveris.

(L. IX, v. 580.)

Je me vois arrêté tout à coup dans ma vaine curiosité. Misérable mortel, si je ne puis sonder ma propre intelligence, si je ne puis savoir ce qui m'anime, comment connaîtrai-je l'intelligence ineffable qui préside visiblement à la matière entière ? Il y en a une, tout me le démontre; mais où est la boussole qui me conduira vers sa demeure éternelle et ignorée ?

XVIII. — INFINI

Cette intelligence est-elle infinie en puissance et en immensité, comme elle est incontestablement infinie en durée ? Je n'en puis rien savoir par moi-même. Elle existe, donc elle a toujours existé, cela est clair. Mais quelle idée puis-je avoir d'une puissance infinie ? Comment puis-je concevoir un infini actuellement existant ? comment puis-je imaginer que l'intelligence suprême est dans le vide ? Il n'en est pas de l'infini en étendue comme de l'infini en durée. Une durée infinie s'est écoulée au moment que je parle, cela est sûr; je ne peux rien ajouter à cette durée passée, mais je peux toujours ajouter à l'espace que je conçois, comme je peux ajouter aux nombres que je conçois. L'infini en nombre et en étendue est hors de la sphère de mon entendement. Quelque chose qu'on me dise, rien ne m'éclaire dans cet abîme. Je sens heureusement que mes difficultés et mon ignorance ne peuvent préjudicier à la morale; on aura beau ne pas concevoir, ni l'immensité de l'espace remplie, ni la puissance infinie qui a tout fait, et qui cependant peut encore faire : cela ne servira qu'à prouver de plus en plus la faiblesse de notre entendement, et cette faiblesse ne nous rendra que plus soumis à l'Être éternel dont nous sommes l'ouvrage.

XIX. — MA DÉPENDANCE

Nous sommes son ouvrage. Voilà une vérité intéressante pour nous : car de savoir par la philosophie en quel temps il fit l'homme, ce qu'il faisait auparavant; s'il est dans la matière, s'il est dans le vide, s'il est dans un point, s'il agit toujours ou non, s'il agit partout, s'il agit hors de lui ou dans lui; ce sont des recherches qui redoublent en moi le sentiment de mon ignorance profonde.

Je vois même qu'à peine il y a eu une douzaine d'hommes en Europe qui aient écrit sur ces choses abstraites avec un peu de méthode; et quand je supposerais qu'ils ont parlé d'une manière intelligible, qu'en résultera-t-il ? Nous avons déjà reconnu (*question* IV) que les choses que si peu de personnes peuvent se flatter d'entendre sont inutiles au reste du genre humain. Nous sommes certainement l'ouvrage de Dieu, c'est là ce qu'il m'est utile de savoir : aussi la preuve en est-elle palpable. Tout est moyen et fin dans mon corps; tout est ressort, poulie, force mouvante, machine hydraulique, équilibre de liqueurs, laboratoire de chimie. Il est donc arrangé par une intelligence (*question* XV). Ce n'est pas l'intelligence de mes parents à qui je dois cet arrangement, car assurément ils ne savaient ce qu'ils faisaient quand ils m'ont mis au monde; ils n'étaient que les aveugles instruments de cet éternel fabricateur qui anime le ver de terre, et qui fait tourner le soleil sur son axe.

XX. — ÉTERNITÉ ENCORE

Né d'un germe venu d'un autre germe, y a-t-il eu une succession continuelle, un développement sans fin de ces germes, et toute la nature a-t-elle toujours existé par une suite nécessaire de cet Être suprême qui existait de lui-même ? Si je n'en croyais que mon faible entendement, je dirais : Il me paraît que la nature a toujours été animée. Je ne puis concevoir que la cause qui agit continuellement et visiblement sur elle, pouvant agir dans tous les temps, n'ait pas agi toujours. Une éternité d'oisiveté dans l'être agissant et nécessaire me semble incompatible. Je suis porté à croire que le monde est toujours émané de cette cause primitive et nécessaire, comme la lumière émane du soleil. Par quel enchaînement d'idées me vois-je toujours entraîné à croire éternelles les œuvres de l'Être éternel ? Ma conception, toute pusillanime qu'elle est, a la force d'atteindre à l'être nécessaire existant par lui-même, et n'a pas la force de concevoir le néant. L'existence d'un seul atome me semble prouver l'éternité de l'existence; mais rien ne me prouve le néant. Quoi ! il y aurait eu le *rien* dans l'espace où est aujourd'hui quelque chose ? Cela me paraît incompréhensible. Je ne puis admettre ce *rien,* à moins que la révélation ne vienne fixer mes idées, qui s'emportent au delà des temps.

Je sais bien qu'une succession infinie d'êtres qui n'auraient point d'origine est aussi absurde : Samuel Clarke le démontre assez; mais il n'entreprend pas seulement d'affirmer que Dieu n'ait pas tenu cette chaîne de toute éternité; il n'ose pas dire qu'il ait été si longtemps impossible à l'Être éternellement actif de déployer son action. Il est évident qu'il l'a pu; et s'il l'a pu, qui sera assez hardi pour me dire qu'il ne l'a pas fait ? La révélation seule, encore une fois, peut m'apprendre le contraire; mais nous n'en sommes pas encore à cette révélation, qui écrase toute philosophie, à cette lumière devant qui toute lumière s'évanouit.

XXI. — MA DÉPENDANCE ENCORE

CET Être éternel, cette cause universelle me donne mes idées : car ce ne sont pas les objets qui me les donnent. Une matière brute ne peut envoyer des pensées dans ma tête; mes pensées ne viennent pas de moi, car elles arrivent malgré moi, et souvent s'enfuient de même.

On sait assez qu'il n'y a nulle ressemblance, nul rapport entre les objets et nos idées et nos sensations. Certes il y avait quelque chose de sublime dans ce Malebranche, qui osait prétendre que nous voyons tout dans Dieu même; mais n'y avait-il rien de sublime dans les stoïciens, qui pensaient que c'est Dieu qui agit en nous, et que nous possédons un rayon de sa substance ? Entre le rêve de Malebranche et le rêve des stoïciens, où est la réalité ? Je retombe (*question* II) dans l'ignorance, qui est l'apanage de ma nature; et j'adore le Dieu par qui je pense, sans savoir comment je pense.

XXII. — NOUVELLE QUESTION

Convaincu par mon peu de raison qu'il y a un être nécessaire, éternel, intelligent, de qui je reçois mes idées, sans pouvoir deviner ni le comment, ni le pourquoi, je demande ce que c'est que cet être, s'il a la forme des espèces intelligentes et agissantes supérieures à la mienne dans d'autres globes ? J'ai déjà dit que je n'en savais rien (*question* I). Néanmoins je ne puis affirmer que cela soit impossible, car j'aperçois des planètes très supérieures à la mienne en étendue, entourées de plus de satellites que la terre. Il n'est point du tout contre la vraisemblance qu'elles soient peuplées d'intelligences très supérieures à moi, et de corps plus robustes, plus agiles, et plus durables. Mais leur existence n'ayant nul rapport à la mienne, je laisse aux poètes de l'antiquité le soin de faire descendre Vénus de son prétendu troisième ciel, et Mars du cinquième; je ne dois rechercher que l'action de l'être nécessaire sur moi-même.

XXIII. — UN SEUL ARTISAN SUPRÊME

Une grande partie des hommes, voyant le mal physique et le mal moral répandus sur ce globe, imagina deux êtres puissants, dont l'un produisait tout le bien, et l'autre tout le mal. S'ils existaient, ils seraient nécessaires;

ils seraient éternels, indépendants, ils occuperaient tout l'espace; ils existeraient donc dans le même lieu; ils se pénétreraient donc l'un l'autre : cela est absurde. L'idée de ces deux puissances ennemies ne peut tirer son origine que des exemples qui nous frappent sur la terre; nous y voyons des hommes doux et des hommes féroces, des animaux utiles et des animaux nuisibles, de bons maîtres et des tyrans. On imagina ainsi deux pouvoirs contraires qui présidaient à la nature; ce n'est qu'un roman asiatique. Il y a dans toute la nature une unité de dessein manifeste; les lois du mouvement et de la pesanteur sont invariables; il est impossible que deux artisans suprêmes, entièrement contraires l'un à l'autre, aient suivi les mêmes lois. Cela seul, à mon avis, renverse le système manichéen, et l'on n'a pas besoin de gros volumes pour le combattre.

Il est donc une puissance unique, éternelle, à qui tout est lié, de qui tout dépend, mais dont la nature m'est incompréhensible. Saint Thomas nous dit que « Dieu est un pur acte, une forme, qui n'a ni genre ni prédicat; qu'il est la nature et le suppôt, qu'il existe essentiellement, participativement, et nuncupativement ». Lorsque les dominicains furent les maîtres de l'Inquisition, ils auraient fait brûler un homme qui aurait nié ces belles choses; je ne les aurais pas niées, mais je ne les aurais pas entendues.

On me dit que Dieu est simple; j'avoue humblement que je n'entends pas la valeur de ce mot davantage. Il est vrai que je ne lui attribuerai pas des parties grossières que je puisse séparer; mais je ne puis concevoir que le principe et le maître de tout ce qui est dans l'étendue ne soit pas dans l'étendue. La simplicité, rigoureusement parlant, me paraît trop semblable au non-être. L'extrême faiblesse de mon intelligence n'a point d'instrument assez fin pour saisir cette simplicité. Le point mathématique est simple, me dira-t-on; mais le point mathématique n'existe pas réellement.

On dit encore qu'une idée est simple, mais je n'entends pas cela davantage. Je vois un cheval, j'en ai l'idée, mais je n'ai vu en lui qu'un assemblage de choses. Je vois une couleur, j'ai l'idée de couleur; mais cette couleur est étendue. Je prononce les noms abstraits de *couleur en général,* de *vice,* de *vertu,* de *vérité en général ;* mais c'est que j'ai eu connaissance de choses colorées, de choses qui m'ont paru vertueuses ou vicieuses, vraies ou fausses : j'exprime tout cela par un mot, mais je n'ai point de connaissance claire de la simplicité ; je ne sais pas plus ce que c'est que je ne sais ce que c'est qu'un infini en nombres actuellement existant.

Déjà convaincu que, ne connaissant pas ce que je suis, je ne puis connaître ce qu'est mon auteur, mon ignorance m'accable à chaque instant, et je me console en réfléchissant sans cesse qu'il n'importe pas que je sache si mon maître est ou non dans l'étendue, pourvu que je ne fasse rien contre la conscience qu'il m'a donnée. De tous les systèmes que les hommes ont inventés sur la Divinité, quel sera donc celui que j'embrasserai ? Aucun, sinon celui de l'adorer.

XXIV. — SPINOZA

Après m'être plongé avec Thalès dans l'eau dont il faisait son premier principe, après m'être roussi auprès du feu d'Empédocle, après avoir couru dans le vide en ligne droite avec les atomes d'Épicure, supputé des nombres avec Pythagore, et avoir entendu sa musique ; après avoir rendu mes devoirs aux androgynes de Platon, et ayant passé par toutes les régions de la métaphysique et de la folie, j'ai voulu enfin connaître le système de Spinoza.

Il n'est pas absolument nouveau ; il est imité de quelques anciens philosophes grecs, et même de quelques Juifs ; mais Spinoza a fait ce qu'aucun philosophe grec, encore moins aucun Juif, n'a fait : il a employé une méthode géométrique imposante pour se rendre un compte net de ses idées. Voyons s'il ne s'est pas égaré méthodiquement avec le fil qui le conduit.

Il établit d'abord une vérité incontestable et lumineuse : Il y a quelque chose, donc il existe éternellement un être nécessaire. Ce principe est si vrai que le profond Samuel Clarke s'en est servi pour prouver l'existence de Dieu.

Cet être doit se trouver partout où est l'existence, car qui le bornerait ?

Cet être nécessaire est donc tout ce qui existe : il n'y a donc réellement qu'une seule substance dans l'univers.

Cette substance n'en peut créer une autre : car, puisqu'elle remplit tout, où mettre une substance nouvelle, et comment créer quelque chose du néant ? comment créer l'étendue sans la placer dans l'étendue même, laquelle existe nécessairement ?

Il y a dans le monde la pensée et la matière; la substance nécessaire que nous appelons Dieu est donc la pensée et la matière. Toute pensée et toute matière est donc comprise dans l'immensité de Dieu : il ne peut y avoir rien hors de lui; il ne peut agir que dans lui; il comprend tout, il est tout.

Ainsi tout ce que nous appelons *substances différentes* n'est en effet que l'universalité des différents attributs de l'Être suprême, qui pense dans le cerveau des hommes, éclaire dans la lumière, se meut sur les vents, éclate dans le tonnerre, parcourt l'espace dans tous les astres, et vit dans toute la nature.

Il n'est point, comme un vil roi de la terre, confiné dans son palais, séparé de ses sujets; il est intimement uni à eux; ils sont des parties nécessaires de lui-même; s'il en était distingué, il ne serait plus l'être nécessaire, il ne serait plus universel, il ne remplirait point tous les lieux, il serait un être à part comme un autre.

Quoique toutes les modalités changeantes dans l'univers soient l'effet de ses attributs, cependant, selon Spinoza, il n'a point de parties : car, dit-il, l'infini n'en a point de proprement dites; s'il en avait, on pourrait en ajouter d'autres, et alors il ne serait plus infini. Enfin Spinoza prononce qu'il faut aimer ce Dieu nécessaire, infini, éternel; et voici ses propres paroles, page 45 de l'édition de 1731 :

« A l'égard de l'amour de Dieu, loin que cette idée le puisse affaiblir, j'estime qu'aucune autre n'est plus propre à l'augmenter, puisqu'elle me fait connaître que Dieu est intime à mon être, qu'il me donne l'existence et toutes mes propriétés, mais qu'il me les donne libéralement, sans reproche, sans intérêt, sans m'assujettir à autre chose qu'à ma propre nature. Elle bannit la crainte, l'inquiétude, la défiance, et tous les défauts d'un amour vulgaire ou intéressé. Elle me fait sentir que c'est un bien que je ne puis perdre, et que je possède d'autant mieux que je le reconnais et que je l'aime. »

Ces idées séduisirent beaucoup de lecteurs; il y en eut même qui, ayant d'abord écrit contre lui, se rangèrent à son opinion.

On reprocha au savant Bayle d'avoir attaqué durement Spinoza sans l'entendre : durement, j'en conviens; injustement, je ne le crois pas. Il serait étrange que Bayle ne l'eût pas entendu. Il découvrit aisément l'endroit faible de ce château enchanté; il vit qu'en effet Spinoza compose son Dieu de parties, quoiqu'il soit réduit à s'en dédire, effrayé de son propre système. Bayle vit combien il est insensé de faire Dieu astre et citrouille, pensée et fumier, battant et battu. Il vit que cette fable est fort au-dessous de celles de Protée. Peut-être Bayle devait-il s'en tenir au mot de *modalités* et non pas de *parties,* puisque c'est ce mot de *modalités* que Spinoza emploie toujours. Mais il est également impertinent, si je ne me trompe, que l'excrément d'un animal soit une modalité ou une partie de l'Être suprême.

Il ne combattit point, il est vrai, les raisons par lesquelles Spinoza soutient l'impossibilité de la création; mais c'est que la création proprement dite est un objet de foi et non de philosophie; c'est que cette opinion n'est nullement particulière à Spinoza; c'est que toute l'antiquité avait pensé comme lui. Il n'attaque que l'idée absurde d'un Dieu simple composé de parties, d'un Dieu qui se mange et qui se digère lui-même, qui aime et qui hait la même chose en même temps, etc. Spinoza se sert toujours du mot Dieu, Bayle le prend par ses propres paroles.

Mais, au fond, Spinoza ne reconnaît point de Dieu; il n'a probablement employé cette expression, il n'a dit qu'il faut servir et aimer Dieu que pour ne point effaroucher le genre humain. Il paraît athée dans toute la force de ce terme; il n'est point athée comme Épicure, qui reconnaissait des dieux inutiles et oisifs; il ne l'est point comme la plupart des Grecs et des Romains, qui se moquaient des dieux du vulgaire : il l'est parce qu'il ne reconnaît nulle Providence, parce qu'il n'admet que l'éternité, l'immensité, et la nécessité des choses; il l'est comme Straton, comme Diagoras; il ne doute pas comme Pyrrhon : il affirme, et qu'affirme-t-il ? qu'il n'y a qu'une seule substance, qu'il ne peut y en avoir deux, que cette substance est étendue et pensante; et c'est ce que n'ont jamais dit les philosophes grecs et asiatiques qui ont admis une âme universelle.

Il ne parle en aucun endroit de son livre des desseins marqués qui se manifestent dans tous les êtres. Il n'examine point si les yeux sont faits pour voir, les oreilles pour entendre, les pieds pour marcher, les ailes pour voler; il ne considère ni les lois du mouvement dans les animaux et dans les plantes, ni leur structure adaptée à ces lois, ni la profonde mathématique qui gouverne le cours des astres : il craint d'apercevoir que tout ce qui existe atteste une Providence divine; il ne remonte point des effets à leur cause; mais, se mettant tout d'un coup à la tête de l'origine des choses, il bâtit son roman, comme Descartes a construit le sien, sur une supposition. Il supposait le plein avec Descartes, quoiqu'il soit démontré, en rigueur, que tout mouvement est impossible dans le plein. C'est là principalement ce qui lui fit regarder l'univers comme une seule substance. Il a été la dupe de son esprit géométrique. Comment Spinoza, ne pouvant douter que l'intelligence et la matière existent, n'a-t-il pas examiné au moins si la Providence n'a pas tout arrangé ? comment n'a-t-il pas jeté un coup d'œil sur ces ressorts, sur ces moyens dont chacun a son but, et recherché s'ils prouvent un artisan suprême ? Il fallait qu'il fût ou un physicien bien ignorant, ou un sophiste gonflé d'un orgueil bien stupide, pour ne pas reconnaître une Providence toutes les fois qu'il respirait et qu'il sentait son cœur battre : car cette respiration et ce mouvement du cœur sont des effets d'une machine si industrieusement compliquée, arrangée avec un art si puissant, dépendante de tant de ressorts concourant tous au même but, qu'il est impossible de l'imiter, et impossible à un homme de bon sens de ne la pas admirer.

Les spinosistes modernes répondent : Ne vous effarouchez pas des conséquences que vous nous imputez; nous trouvons comme vous une suite d'effets admirables dans les corps organisés et dans toute la nature. La cause éternelle est dans l'intelligence éternelle que nous admettons, et qui, avec la matière, constitue l'universalité des choses qui est Dieu. Il n'y a qu'une seule substance qui agit par la même modalité de sa pensée sur sa modalité de la matière, et qui constitue ainsi l'univers qui ne fait qu'un tout inséparable.

On réplique à cette réponse : Comment pouvez-vous nous prouver que la pensée qui fait mouvoir les astres, qui anime l'homme, qui fait tout, soit une modalité, et que les déjections d'un crapaud et d'un ver soient une autre modalité de ce même être souverain ? Oseriez-vous dire qu'un si étrange principe vous est démontré ? Ne couvrez-vous pas votre ignorance par des mots que vous n'entendez point ? Bayle a très bien démêlé les sophismes de votre maître dans les détours et dans les obscurités du style prétendu géométrique, et réellement très confus, de ce maître. Je vous renvoie à lui; des philosophes ne doivent pas récuser Bayle.

Quoi qu'il en soit, je remarquerai de Spinoza qu'il se trompait de très bonne foi. Il me semble qu'il n'écartait de son système les idées qui pouvaient lui nuire que parce qu'il était trop plein des siennes; il suivait sa route sans regarder rien de ce qui pouvait la traverser, et c'est ce qui nous arrive trop souvent. Il y a plus, il renversait tous les principes de la morale, en étant lui-même d'une vertu rigide : sobre jusqu'à ne boire qu'une pinte de vin en un mois; désintéressé jusqu'à remettre aux héritiers de l'infortuné Jean de Witt une pension de deux cents florins que lui faisait ce grand homme; généreux jusqu'à donner son bien; toujours patient dans ses maux et dans sa pauvreté, toujours uniforme dans sa conduite.

Bayle, qui l'a si maltraité, avait à peu près le même caractère. L'un et l'autre ont cherché la vérité toute leur vie par des routes différentes. Spinoza fait un système spécieux en quelques points, et bien erroné dans le fond. Bayle a combattu tous les systèmes : qu'est-il arrivé des écrits de l'un et de l'autre ? Ils ont occupé l'oisiveté de quelques lecteurs : c'est à quoi tous les écrits se réduisent; et depuis Thalès jusqu'aux professeurs de nos universités, et jusqu'aux plus chimériques raisonneurs, et jusqu'à leurs plagiaires, aucun philosophe n'a influé seulement sur les mœurs de la rue où il demeurait. Pourquoi ? parce que les hommes se conduisent par la coutume et non par la métaphysique. Un seul homme éloquent, habile, et accrédité, pourra beaucoup sur les hommes, cent philosophes n'y pourront rien s'ils ne sont que philosophes.

XXV. — ABSURDITÉS

Voilà bien des voyages dans des terres inconnues; ce n'est rien encore. Je me trouve comme un homme qui, ayant erré sur l'Océan et apercevant les îles Maldives dont la mer Indienne est semée, veut les visiter toutes. Mon grand voyage ne m'a rien valu; voyons si je ferai quelque gain dans l'observation de ces petites îles, qui ne semblent servir qu'à embarrasser la route.

Il y a une centaine de cours de philosophie où l'on m'explique des choses dont personne ne peut avoir la moindre notion. Celui-ci veut me faire comprendre la Trinité par la physique; il me dit qu'elle ressemble aux trois dimensions de la matière. Je le laisse dire, et je passe vite. Celui-là prétend me faire toucher au doigt la transsubstantiation, en me montrant, par les lois du mouvement, comme un accident peut exister sans sujet, et comment un même corps peut être en deux endroits à la fois. Je me bouche les oreilles, et je passe plus vite encore.

Pascal, Blaise Pascal lui-même, l'auteur des *Lettres provinciales,* profère ces paroles : « Croyez-vous qu'il soit impossible que Dieu soit infini et sans parties ? Je veux donc vous faire voir une chose indivisible et infinie : c'est un point, se mouvant partout d'une vitesse infinie, car il est en tous lieux, tout entier dans chaque endroit. »

Un point mathématique qui se meut ! juste ciel ! un point qui n'existe que dans la tête du géomètre, qui est partout et en même temps, et qui a une vitesse infinie, comme si la vitesse infinie actuelle pouvait exister ! Chaque mot est une folie, et c'est un grand homme qui a dit ces folies !

Votre âme est simple, incorporelle, intangible, me dit cet autre; et comme aucun corps ne peut la toucher, je vais vous prouver par la physique d'Albert le Grand qu'elle sera brûlée physiquement si vous n'êtes pas de mon avis; et voici comme je vous le prouve *a priori,* en fortifiant Albert par les syllogismes d'Abelli[1]. Je lui réponds que je n'entends pas son *a priori ;* que je trouve son compliment très dur; que la révélation, dont il ne s'agit pas entre nous, peut seule m'apprendre une chose si incompréhensible; que je lui permets de n'être pas de mon avis, sans lui faire aucune menace; et je m'éloigne de lui, de peur qu'il ne me joue un mauvais tour, car cet homme me paraît bien méchant.

Une foule de sophistes de tous pays et de toutes sectes m'accable d'arguments inintelligibles sur la nature des choses, sur la mienne, sur mon état passé, présent et futur. Si on leur parle de manger et de boire, de vêtements, de logement, des denrées nécessaires, de l'argent avec lequel on se les procure, tous s'entendent à merveille; s'il y a quelques pistoles à gagner, chacun d'eux s'empresse, personne ne se trompe d'un denier; et quand il s'agit de tout notre être ils n'ont pas une idée nette; le sens commun les abandonne. De là je reviens à ma première conclusion (*question* IV), que ce qui ne peut être d'un usage universel, ce qui n'est pas à la portée du commun des hommes, ce qui n'est pas entendu par ceux qui ont le plus exercé leur faculté de penser, n'est pas nécessaire au genre humain.

XXVI. — DU MEILLEUR DES MONDES

En courant de tous côtés pour m'instruire, je rencontrai des disciples de Platon. « Venez avec nous, me dit l'un d'eux[1]; vous êtes dans le meilleur des mondes; nous avons bien surpassé notre maître. Il n'y avait de son temps que cinq mondes possibles, parce qu'il n'y a que cinq corps réguliers; mais actuellement qu'il y a une infinité d'univers possibles, Dieu a choisi le meilleur; venez, et vous vous en trouverez bien. » Je lui répondis humblement : « Les mondes que Dieu pouvait créer étaient ou meilleurs, ou parfaitement égaux, ou pires : il ne pouvait prendre le pire; ceux qui étaient égaux, supposé qu'il y en eût, ne valaient pas la préférence : ils étaient entièrement les mêmes; on n'a pu choisir entre eux : prendre l'un c'est prendre l'autre. Il est donc impossible qu'il ne prît pas le meilleur. Mais comment les autres étaient-ils possibles, quand il était impossible qu'ils existassent ? »

Il me fit de très belles distinctions, assurant toujours, sans m'entendre, que ce monde-ci est le meilleur de tous les mondes réellement impossibles. Mais, me sentant alors tourmenté de la pierre, et souffrant des douleurs insupportables, les citoyens du meilleur des mondes me conduisirent à l'hôpital voisin. Chemin faisant, deux de ces bienheureux habitants furent enlevés par des créatures, leurs semblables : on les chargea de fers, l'un pour quelques dettes, l'autre sur un simple soupçon. Je ne sais pas si je fus conduit dans le meilleur des hôpitaux possibles; mais je fus entassé avec deux ou trois mille misérables qui souffraient comme moi. Il y avait là plusieurs défenseurs de la patrie qui m'apprirent qu'ils avaient été trépanés et disséqués vivants, qu'on leur avait coupé des bras, des jambes, et que plusieurs milliers de leurs généreux compatriotes avaient été massacrés dans l'une des trente batailles données dans la dernière guerre, qui est environ la cent millième guerre depuis que nous connaissons des guerres. On voyait aussi, dans cette maison, environ mille personnes des deux sexes, qui ressemblaient à des spectres hideux, et qu'on frottait d'un certain métal parce qu'ils avaient suivi la loi de la nature, et parce que la nature avait, je ne sais comment, pris la précaution d'empoisonner en eux la source de la vie. Je remerciai mes deux conducteurs.

Quand on m'eut plongé un fer bien tranchant dans la vessie, et qu'on eut tiré quelques pierres de cette carrière; quand je fus guéri, et qu'il ne me resta plus que quelques incommodités douloureuses pour le reste de mes jours, je fis mes représentations à mes guides, je pris la liberté de leur dire qu'il y avait du bon dans ce monde, puisqu'on m'avait tiré quatre cailloux du sein de mes entrailles déchirées; mais que j'aurais encore mieux aimé que les vessies eussent été des lanternes que non pas qu'elles fussent des carrières. Je leur parlai des calamités et des crimes innombrables qui couvrent cet excellent monde. Le plus intrépide d'entre eux, qui était un Allemand, mon compatriote[1], m'apprit que tout cela n'est qu'une bagatelle.

« Ce fut, dit-il, une grande faveur du ciel envers le genre humain que Tarquin violât Lucrèce, et que Lucrèce se poignardât : parce qu'on chassa les tyrans, et que le viol, le suicide, et la guerre, établirent une république qui fit le bonheur des peuples conquis. » J'eus peine à convenir de ce bonheur. Je ne conçus pas d'abord quelle était la félicité des Gaulois et des Espagnols, dont on dit que César fit périr trois millions. Les dévastations et les rapines me parurent aussi quelque chose de désagréable; mais le défenseur de l'optimisme n'en démordit point; il me disait toujours comme le geôlier de don Carlos : *Paix, paix, c'est pour votre bien.* Enfin, étant poussé à bout, il me dit qu'il ne fallait pas prendre garde à ce globule de la terre, où tout va de travers, mais que dans l'étoile de Sirius, dans Orion, dans l'œil du Taureau, et ailleurs, tout est parfait. « Allons-y donc », lui dis-je.

Un petit théologien me tira alors par le bras; il me confia que ces gens-là étaient des rêveurs, qu'il n'était point du tout nécessaire qu'il y eût du mal sur la terre, qu'elle avait été formée exprès pour qu'il n'y eût jamais que du bien. « Et pour vous le prouver, sachez, me dit-il, que les choses se passèrent ainsi autrefois pendant dix ou douze jours. — Hélas ! lui répondis-je, c'est bien dommage, mon révérend père, que cela n'ait pas continué. »

XXVII. — DES MONADES, ETC.

Le même Allemand se ressaisit alors de moi; il m'endoctrina, m'apprit clairement ce que c'est que mon âme. « Tout est composé de monades dans la nature; votre âme est une monade; et comme elle a des rapports avec toutes les autres monades du monde, elle a nécessairement des idées de tout ce qui s'y passe; ces idées sont confuses, ce qui est très utile; et votre monade, ainsi que la mienne, est un miroir concentré de cet univers.

« Mais ne croyez pas que vous agissiez en conséquence de vos pensées. Il y a une harmonie préétablie entre la monade de votre âme et toutes les monades de votre corps, de façon que, quand votre âme a une idée, votre corps a une action, sans que l'une soit la suite de l'autre. Ce sont deux pendules qui vont ensemble; ou, si vous voulez, cela ressemble à un homme qui prêche tandis qu'un autre fait les gestes. Vous concevez aisément qu'il faut que cela soit ainsi dans le meilleur des mondes. Car... »

XXVIII. — DES FORMES PLASTIQUES

Comme je ne comprenais rien du tout à ces admirables idées, un Anglais, nommé Cudworth[1], s'aperçut de mon ignorance à mes yeux fixes, à mon embarras, à ma tête baissée. « Ces idées, me dit-il, vous semblent profondes parce qu'elles sont creuses. Je vais vous apprendre nettement comment la nature agit. Premièrement, il y a la nature en général, ensuite il y a des natures plastiques qui forment tous les animaux et toutes les plantes; vous entendez bien ? — Pas un mot, Monsieur. — Continuons donc.

« Une nature plastique n'est pas une faculté du corps, c'est une substance immatérielle qui agit sans savoir ce qu'elle fait, qui est entièrement aveugle, qui ne sent, ni ne raisonne, ni ne végète; mais la tulipe a sa forme plastique qui la fait végéter; le chien a sa forme plastique qui le fait aller à la chasse, et l'homme a la sienne qui le fait raisonner. Ces formes sont les agents immédiats de la Divinité; il n'y a point de ministres plus fidèles au monde, car elles donnent tout, et ne retiennent rien pour elles. Vous voyez bien que ce sont là les vrais principes des choses, et que les natures plastiques valent bien l'harmonie préétablie et les monades, qui sont les miroirs concentrés de l'univers. » Je lui avouai que l'un valait bien l'autre.

XXIX. — DE LOCKE

Après tant de courses malheureuses, fatigué, harassé, honteux d'avoir cherché tant de vérités, et d'avoir trouvé tant de chimères, je suis revenu à Locke, comme l'enfant prodigue qui retourne chez son père; je me suis rejeté entre les bras d'un homme modeste, qui ne feint jamais de savoir ce qu'il ne sait pas; qui, à la vérité, ne possède pas des richesses immenses, mais dont les fonds sont bien assurés, et qui jouit du bien le plus solide sans aucune ostentation. Il me confirme dans l'opinion que j'ai toujours eue, que rien n'entre dans notre entendement que par nos sens;

Qu'il n'y a point de notions innées;

Que nous ne pouvons avoir l'idée ni d'un espace infini, ni d'un nombre infini;

Que je ne pense pas toujours, et que par conséquent la pensée n'est pas l'essence, mais l'action de mon entendement;

Que je suis libre quand je peux faire ce que je veux;

Que cette liberté ne peut consister dans ma volonté, puisque, lorsque je demeure volontairement dans ma chambre, dont la porte est fermée, et dont je n'ai pas la clef, je n'ai pas la liberté d'en sortir; puisque je souffre quand je veux ne pas souffrir; puisque très souvent je ne peux rappeler mes idées quand je veux les rappeler;

Qu'il est donc absurde au fond de dire : *la volonté est libre,* puisqu'il est absurde de dire : *je veux vouloir cette chose ;* car c'est précisément comme si on disait : *je désire de la désirer, je crains de la craindre ;* qu'enfin la volonté n'est pas plus libre qu'elle n'est bleue ou carrée (voyez la *question* XIII);

Que je ne puis vouloir qu'en conséquence des idées reçues dans mon cerveau; que je suis nécessité à me déterminer en conséquence de ces idées, puisque, sans cela, je me déterminerais sans raison, et qu'il y aurait un effet sans cause;

Que je ne puis avoir une idée positive de l'infini, puisque je suis très fini;

Que je ne puis connaître aucune substance, parce que je ne puis avoir d'idées que de leurs qualités, et que mille qualités d'une chose ne peuvent me faire connaître la nature intime de cette chose, qui peut avoir cent mille autres qualités ignorées;

Que je ne suis la même personne qu'autant que j'ai de la mémoire, et le sentiment de ma mémoire : car n'ayant pas la moindre partie du corps qui m'appartenait dans mon enfance, et n'ayant pas le moindre souvenir des idées qui m'ont affecté à cet âge, il est clair que je ne suis pas plus ce même enfant que je ne suis Confucius ou Zoroastre. Je suis réputé la même personne par ceux qui m'ont vu croître, et qui ont toujours demeuré avec moi; mais je n'ai en aucune façon la même existence; je ne suis plus l'ancien moi-même; je suis une nouvelle identité, et de là quelles singulières conséquences !

Qu'enfin, conformément à la profonde ignorance dont je me suis convaincu sur les principes des choses, il est impossible que je puisse connaître quelles sont les substances auxquelles Dieu daigne accorder le don de sentir et de penser. En effet y a-t-il des substances dont l'essence soit de penser, qui pensent toujours, et qui pensent par elles-mêmes ? En ce cas ces substances, quelles qu'elles soient, sont des dieux : car elles n'ont nul besoin de l'Être éternel et formateur, puisqu'elles ont leurs essences sans lui, puisqu'elles pensent sans lui.

Secondement, si l'Être éternel a fait le don de sentir et de penser à des êtres, il leur a donné ce qui ne leur appartenait pas essentiellement; il a donc pu donner cette faculté à tout être, quel qu'il soit.

Troisièmement, nous ne connaissons aucun être à fond : donc il est impossible que nous sachions si un être est incapable ou non de recevoir le sentiment et la pensée. Les mots de *matière* et d'*esprit* ne sont que des mots; nous n'avons nulle notion complète de ces deux choses : donc au fond il y a autant de témérité à dire qu'un corps organisé par Dieu même ne peut recevoir la pensée de Dieu même qu'il serait ridicule de dire que l'esprit ne peut penser.

Quatrièmement, je suppose qu'il y ait des substances purement spirituelles qui n'aient jamais eu l'idée de la matière et du mouvement; seront-elles bien reçues à nier que la matière et le mouvement puissent exister ?

Je suppose que la savante congrégation qui condamna Galilée comme impie et comme absurde, pour avoir démontré le mouvement de la terre autour du soleil, eût eu quelque connaissance des idées du chancelier Bacon, qui proposait d'examiner si l'attraction est donnée à la matière; je suppose que le rapporteur de ce tribunal eût remontré à ces graves personnages qu'il y avait des gens assez fous en Angleterre pour soupçonner que Dieu pouvait donner à toute la matière, depuis Saturne jusqu'à notre petit tas de boue, une tendance vers un centre, une attraction, une gravitation, laquelle serait absolument indépendante de toute impulsion, puisque l'impulsion donnée par un fluide en mouvement agit en raison des surfaces, et que cette gravitation agit en raison des solides. Ne voyez-vous pas ces juges de la raison humaine, et de Dieu même, dicter aussitôt leurs arrêts, anathématiser cette gravitation que Newton a démontrée depuis; prononcer que cela est impossible à Dieu, et déclarer que la gravitation vers un centre est un blasphème? Je suis coupable, ce me semble, de la même témérité, quand j'ose assurer que Dieu ne peut faire sentir et penser un être organisé quelconque.

Cinquièmement, je ne puis douter que Dieu n'ait accordé des sensations, de la mémoire, et par conséquent des idées, à la matière organisée dans les animaux. Pourquoi donc nierai-je qu'il puisse faire le même présent à d'autres animaux? On l'a déjà dit, la difficulté consiste moins à savoir si la matière organisée peut penser qu'à savoir comment un être, quel qu'il soit, pense.

La pensée a quelque chose de divin; oui sans doute, et c'est pour cela que je ne saurai jamais ce que c'est que l'être pensant. Le principe du mouvement est divin, et je ne saurai jamais la cause de ce mouvement dont tous mes membres exécutent les lois.

L'enfant d'Aristote, étant en nourrice, attirait dans sa bouche le téton qu'il suçait, en formant précisément avec sa langue, qu'il retirait, une machine pneumatique, en pompant l'air, en formant du vide, tandis que son père ne savait rien de tout cela, et disait au hasard que la nature abhorre le vide.

L'enfant d'Hippocrate, à l'âge de quatre ans, prouvait la circulation du sang en passant son doigt sur sa main, et Hippocrate ne savait pas que le sang circulât.

Nous sommes ces enfants, tous tant que nous sommes; nous opérons des choses admirables, et aucun des philosophes ne sait comment elles s'opèrent.

Sixièmement, voilà les raisons, ou plutôt les doutes, que me fournit ma faculté intellectuelle sur l'assertion modeste de Locke. Je ne dis point, encore une fois, que c'est la matière qui pense en nous; je dis avec lui qu'il ne nous appartient pas de prononcer qu'il soit impossible à Dieu de faire penser la matière, qu'il est absurde de le prononcer, et que ce n'est pas à des vers de terre à borner la puissance de l'Être suprême.

Septièmement, j'ajoute que cette question est absolument étrangère à la morale, parce que, soit que la matière puisse penser ou non, quiconque pense doit être juste, parce que l'atome à qui Dieu aura donné la pensée peut mériter ou démériter, être puni ou récompensé, et durer éternellement, aussi bien que l'être inconnu appelé autrefois *souffle* et aujourd'hui *esprit,* dont nous avons encore moins de notion que d'un atome.

Je sais bien que ceux qui ont cru que l'être nommé *souffle* pouvait seul être susceptible de sentir et de penser ont persécuté ceux qui ont pris le parti du sage Locke, et qui n'ont pas osé borner la puissance de Dieu à n'animer que ce souffle. Mais quand l'univers entier croyait que l'âme était un corps léger, un souffle, une substance de feu, aurait-on bien fait de persécuter ceux qui sont venus nous apprendre que l'âme est immatérielle ? Tous les Pères de l'Église, qui ont cru l'âme un corps délié, auraient-ils eu raison de persécuter les autres Pères qui ont apporté aux hommes l'idée de l'immatérialité parfaite ? Non sans doute, car le persécuteur est abominable : donc ceux qui admettent l'immatérialité parfaite sans la comprendre ont dû tolérer ceux qui la rejetaient parce qu'ils ne la comprenaient pas. Ceux qui ont refusé à Dieu le pouvoir d'animer l'être inconnu appelé *matière* ont dû tolérer aussi ceux qui n'ont pas osé dépouiller Dieu de ce pouvoir : car il est bien malhonnête de se haïr pour des syllogismes.

XXX. — QU'AI-JE APPRIS JUSQU'A PRÉSENT ?

J'AI donc compté avec Locke et avec moi-même, et je me suis trouvé possesseur de quatre ou cinq vérités, dégagé d'une centaine d'erreurs, et chargé d'une immense quantité de doutes. Je me suis dit ensuite à moi-même : Ce peu de vérités que j'ai acquises par ma raison sera entre mes mains un bien stérile, si je n'y puis trouver quelque principe de morale. Il est beau à un aussi chétif animal que l'homme de s'être élevé à la connaissance du maître de la nature; mais cela ne me servira pas plus que la science de l'algèbre, si je n'en tire quelque règle pour la conduite de ma vie.

XXXI.— Y A-T-IL UNE MORALE ?

Plus j'ai vu des hommes différents par le climat, les mœurs, le langage, les lois, le culte, et par la mesure de leur intelligence, et plus j'ai remarqué qu'ils ont tous le même fond de morale; ils ont tous une notion grossière du juste et de l'injuste, sans savoir un mot de théologie; ils ont tous acquis cette même notion dans l'âge où la raison se déploie, comme ils ont tous acquis naturellement l'art de soulever des fardeaux avec des bâtons, et de passer un ruisseau sur un morceau de bois, sans avoir appris les mathématiques.

Il m'a donc paru que cette notion du juste et de l'injuste leur était nécessaire, puisque tous s'accordaient en ce point dès qu'ils pouvaient agir et raisonner. L'intelligence suprême qui nous a formés a donc voulu qu'il y eût de la justice sur la terre, pour que nous puissions y vivre un certain temps. Il me semble que n'ayant ni instinct pour nous nourrir comme les animaux, ni armes naturelles comme eux, et végétant plusieurs années dans l'imbécillité d'une enfance exposée à tous les dangers, le peu qui serait resté d'hommes échappés aux dents des bêtes féroces, à la faim, à la misère, se seraient occupés à se disputer quelque nourriture et quelques peaux de bêtes, et qu'ils se seraient bientôt détruits comme les enfants du dragon de Cadmus, sitôt qu'ils auraient pu se servir de quelque arme. Du moins il n'y aurait eu aucune société, si les hommes n'avaient conçu l'idée de quelque justice, qui est le lien de toute société.

Comment l'Égyptien qui élevait des pyramides et des obélisques, et le Scythe errant qui ne connaissait pas même les cabanes, auraient-ils eu les mêmes notions fondamentales du juste et de l'injuste, si Dieu n'avait donné de tout temps à l'un et à l'autre cette raison qui, en se développant, leur fait apercevoir les mêmes principes nécessaires, ainsi qu'il leur a donné des organes qui, lorsqu'ils ont atteint le degré de leur énergie, perpétuent nécessairement et de la même façon la race du Scythe et de l'Égyptien ? Je vois une horde barbare, ignorante, superstitieuse, un peuple sanguinaire et usurier, qui n'avait pas même de terme dans son jargon pour signifier la géométrie et l'astronomie : cependant ce peuple a les mêmes lois fondamentales que le sage chaldéen qui a connu les routes des astres, et que le Phénicien plus savant encore, qui s'est servi de la connaissance des astres pour aller fonder des colonies aux bornes de l'hémisphère où l'Océan se confond avec la Méditerranée. Tous ces peuples assurent qu'il faut respecter son père et sa mère; que le parjure, la calomnie, l'homicide, sont abominables. Ils tirent donc tous les mêmes conséquences du même principe de leur raison développée.

XXXII. — UTILITÉ RÉELLE. NOTION DE LA JUSTICE

La notion de quelque chose de juste me semble si naturelle, si universellement acquise par tous les hommes, qu'elle est indépendante de toute loi, de tout pacte, de toute religion. Que je redemande à un Turc, à un Guèbre, à un Malabare, l'argent que je lui ai prêté pour se nourrir et pour se vêtir, il ne lui tombera jamais dans la tête de me répondre : Attendez que je sache si Mahomet, Zoroastre ou Brama, ordonnent que je vous rende votre argent. Il conviendra qu'il est juste qu'il me paye, et s'il n'en fait rien, c'est que sa pauvreté ou son avarice l'emporteront sur la justice qu'il reconnaît.

Je mets en fait qu'il n'y a aucun peuple chez lequel il soit juste, beau, convenable, honnête de refuser la nourriture à son père et à sa mère quand on peut leur en donner; que nulle peuplade n'a jamais pu regarder la calomnie comme une bonne action, non pas même une compagnie de bigots fanatiques.

L'idée de justice me paraît tellement une vérité du premier ordre, à laquelle tout l'univers donne son assentiment, que les plus grands crimes qui affligent la société humaine sont tous commis sous un faux prétexte de justice. Le plus grand des crimes, du moins le plus destructif, et par conséquent le plus opposé au but de la nature, est la guerre; mais il n'y a aucun agresseur qui ne colore ce forfait du prétexte de la justice.

Les déprédateurs romains faisaient déclarer toutes leurs invasions justes par des prêtres nommés *Feciales*. Tout brigand qui se trouve à la tête d'une armée commence ses fureurs par un manifeste, et implore le dieu des armées.

Les petits voleurs eux-mêmes, quand ils sont associés, se gardent bien de dire : Allons voler, allons arracher à la veuve et à l'orphelin leur nourriture; ils disent : Soyons justes, allons reprendre notre bien des mains des riches qui s'en sont emparés. Ils ont entre eux un dictionnaire qu'on a même imprimé dès le XVIe siècle[1]; et dans ce vocabulaire, qu'ils appellent *argot,* les mots de *vol, larcin, rapine,* ne se trouvent point; ils se servent des termes qui répondent à *gagner, reprendre.*

Le mot d'injustice ne se prononce jamais dans un conseil d'État où l'on se propose le meurtre le plus injuste; les conspirateurs, même les plus sanguinaires, n'ont jamais dit : Commettons un crime. Ils ont tous dit : Vengeons la patrie des crimes du tyran; punissons ce qui nous paraît une injustice. En un mot, flatteurs lâches, ministres barbares, conspirateurs odieux, voleurs plongés dans l'iniquité, tous rendent hommage, malgré eux, à la vertu même, qu'ils foulent aux pieds.

J'ai toujours été étonné que, chez les Français, qui sont éclairés et polis, on ait souffert sur le théâtre ces maximes aussi affreuses que fausses qui se trouvent dans la première scène de *Pompée,* et qui sont beaucoup plus outrées que celles de Lucain dont elles sont imitées :

> La justice et le droit sont de vaines idées...
> Le droit des rois consiste à ne rien épargner.

Et on met ces abominables paroles dans la bouche de Photin, ministre du jeune Ptolémée. Mais c'est précisément parce qu'il est ministre qu'il devait dire tout le contraire; il devait représenter la mort de Pompée comme un malheur nécessaire et juste.

Je crois donc que les idées du juste et de l'injuste sont aussi claires, aussi universelles, que les idées de santé et de maladie, de vérité et de fausseté, de convenance et de disconvenance. Les limites du juste et de l'injuste sont très difficiles à poser; comme l'état mitoyen entre la santé et la maladie, entre ce qui est convenance et la disconvenance des choses, entre le faux et le vrai, est difficile à marquer. Ce sont des nuances qui se mêlent, mais les couleurs tranchantes frappent tous les yeux. Par exemple, tous les hommes avouent qu'on doit rendre ce qu'on nous a prêté; mais si je sais certainement que celui à qui je dois deux millions s'en servira pour asservir ma patrie, dois-je lui rendre cette arme funeste ? Voilà où les sentiments se partagent; mais en général je dois observer mon serment quand il n'en résulte aucun mal : c'est de quoi personne n'a jamais douté.

XXXIII. — CONSENTEMENT UNIVERSEL EST-IL PREUVE DE VÉRITÉ ?

On peut m'objecter que le consentement des hommes de tous les temps et de tous les pays n'est pas une preuve de la vérité. Tous les peuples ont cru à la magie, aux sortilèges, aux démoniaques, aux apparitions, aux influences des astres, à cent autres sottises pareilles : ne pourrait-il pas en être ainsi du juste et de l'injuste ?

Il me semble que non. Premièrement, il est faux que tous les hommes aient cru à ces chimères. Elles étaient, à la vérité, l'aliment de l'imbécillité du vulgaire, et il y a le vulgaire des grands et le vulgaire du peuple; mais une multitude de sages s'en est toujours moquée : ce grand nombre de sages, au contraire, a toujours admis le juste et l'injuste, tout autant, et même encore plus que le peuple.

La croyance aux sorciers, aux démoniaques, etc., est bien éloignée d'être nécessaire au genre humain; la croyance à la justice est d'une nécessité absolue : donc elle est un développement de la raison donnée de Dieu, et l'idée des sorciers et des possédés, etc., est au contraire un pervertissement de cette même raison.

XXXIV. — CONTRE LOCKE

Locke, qui m'instruit et qui m'apprend à me défier de moi-même, ne se trompe-t-il pas quelquefois comme moi-même ? Il veut prouver la fausseté des idées innées; mais n'ajoute-t-il pas une bien mauvaise raison à de fort bonnes ? Il avoue qu'il n'est pas juste de faire bouillir son prochain dans une chaudière et de le manger. Il dit que cependant il y a eu des nations d'anthropophages, et que ces êtres pensants n'auraient pas mangé des hommes s'ils avaient eu les idées du juste et de l'injuste, que je suppose nécessaires à l'espèce humaine. (Voyez la *question* XXXVI.)

Sans entrer ici dans la question s'il y a eu en effet des nations d'anthropophages, sans examiner les relations du voyageur Dampier[1], qui a parcouru toute l'Amérique et qui n'y en a jamais vu, mais qui au contraire a été reçu chez tous les sauvages avec la plus grande humanité, voici ce que je réponds :

Des vainqueurs ont mangé leurs esclaves pris à la guerre : ils ont cru faire une action très juste; ils ont cru avoir sur eux droit de vie et de mort; et comme ils avaient peu de bons mets pour leur table, ils ont cru qu'il leur était permis de se nourrir du fruit de leur victoire. Ils ont été en cela plus justes que les triomphateurs romains, qui faisaient étrangler sans aucun fruit les princes esclaves qu'ils avaient enchaînés à leur char de triomphe. Les Romains et les sauvages avaient une très fausse idée de la justice, je l'avoue; mais enfin les uns et les autres croyaient agir justement, et cela est si vrai que les mêmes sauvages, quand ils avaient admis leurs captifs dans leur société, les regardaient comme leurs enfants, et que ces mêmes anciens Romains ont donné mille exemples de justice admirables.

XXXV. — CONTRE LOCKE

Je conviens, avec le sage Locke, qu'il n'y a point de notion innée, point de principe de pratique inné : c'eſt une vérité si conſtante qu'il eſt évident que les enfants auraient tous une notion claire de Dieu s'ils étaient nés avec cette idée, et que tous les hommes s'accorderaient dans cette même notion, accord que l'on n'a jamais vu. Il n'eſt pas moins évident que nous ne naissons point avec des principes développés de morale, puisqu'on ne voit pas comment une nation entière pourrait rejeter un principe de morale qui serait gravé dans le cœur de chaque individu de cette nation.

Je suppose que nous soyons tous nés avec le principe moral bien développé qu'il ne faut persécuter personne pour sa manière de penser : comment des peuples entiers auraient-ils été persécuteurs ? Je suppose que chaque homme porte en soi la loi évidente qui ordonne qu'on soit fidèle à son serment : comment tous ces hommes réunis en corps auront-ils ſtatué qu'il ne faut pas garder sa parole à des hérétiques ? Je répète encore qu'au lieu de ces idées innées chimériques, Dieu nous a donné une raison qui se fortifie avec l'âge, et qui nous apprend à tous, quand nous sommes attentifs, sans passion, sans préjugé, qu'il y a un Dieu, et qu'il faut être juſte; mais je ne puis accorder à Locke les conséquences qu'il en tire. Il semble trop approcher du syſtème de Hobbes, dont il eſt pourtant très éloigné.

Voici ses paroles, au premier livre de *l'Entendement humain* : « Considérez une ville prise d'assaut, et voyez s'il paraît dans le cœur des soldats, animés au carnage et au butin, quelque égard pour la vertu, quelque principe de morale, quelques remords de toutes les injuſtices qu'ils commettent. » Non, ils n'ont point de remords; et pourquoi ? c'eſt qu'ils croient agir juſtement. Aucun d'eux n'a supposé injuſte la cause du prince pour lequel il va combattre : ils hasardent leur vie pour cette cause; ils tiennent le marché qu'ils ont fait; ils pouvaient être tués à l'assaut : donc ils croient être en droit de tuer; ils pouvaient être dépouillés : donc ils pensent qu'ils peuvent dépouiller. Ajoutez qu'ils sont dans l'enivrement de la fureur, qui ne se raisonne pas; et, pour vous prouver qu'ils n'ont point rejeté l'idée du juste et de l'honnête, proposez à ces mêmes soldats beaucoup plus d'argent que le pillage de la ville ne peut leur en procurer, de plus belles filles que celles qu'ils ont violées, pourvu seulement qu'au lieu d'égorger, dans leur fureur, trois ou quatre mille ennemis qui font encore résistance, et qui peuvent les tuer, ils aillent égorger leur roi, son chancelier, ses secrétaires d'État, et son grand aumônier : vous ne trouverez pas un de ces soldats qui ne rejette vos offres avec horreur. Vous ne leur proposez cependant que six meurtres au lieu de quatre mille, et vous leur présentez une récompense très forte. Pourquoi vous refusent-ils ? c'est qu'ils croient juste de tuer quatre mille ennemis, et que le meurtre de leur souverain, auquel ils ont fait serment, leur paraît abominable.

Locke continue, et, pour mieux prouver qu'aucune règle de pratique n'est innée, il parle des Mingréliens, qui se font un jeu, dit-il, d'enterrer leurs enfants tout vifs, et des Caraïbes, qui châtrent les leurs pour les mieux engraisser, afin de les manger.

On a déjà remarqué ailleurs que ce grand homme a été trop crédule en rapportant ces fables; Lambert[1], qui seul impute aux Mingréliens d'enterrer leurs enfants tout vifs pour leur plaisir, n'est pas un auteur assez accrédité.

Chardin, voyageur qui passe pour véridique, et qui a été rançonné en Mingrélie, parlerait de cette horrible coutume si elle existait; et ce ne serait pas assez qu'il le dît pour qu'on le crût; il faudrait que vingt voyageurs, de nations et de religions différentes, s'accordassent à confirmer un fait si étrange, pour qu'on en eût une certitude historique.

Il en est de même des femmes des îles Antilles, qui châtraient leurs enfants pour les manger : cela n'est pas dans la nature d'une mère.

Le cœur humain n'est point ainsi fait; châtrer des enfants est une opération très délicate, très dangereuse, qui, loin de les engraisser, les amaigrit au moins une année entière, et qui souvent les tue. Ce raffinement n'a jamais été en usage que chez des grands qui, pervertis par l'excès du luxe et par la jalousie, ont imaginé d'avoir des eunuques pour servir leurs femmes et leurs concubines. Il n'a été adopté qu'en Italie, et à la chapelle du pape, que pour avoir des musiciens dont la voix fût plus belle que celle des femmes. Mais dans les îles Antilles il n'est guère à présumer que des sauvages aient inventé le raffinement de châtrer les petits garçons pour en faire un bon plat; et puis qu'auraient-ils fait de leurs petites filles ?

Locke allègue encore des saints de la religion mahométane, qui s'accouplent dévotement avec leurs ânesses pour n'être point tentés de commettre la moindre fornication avec les femmes du pays. Il faut mettre ces contes avec celui du perroquet qui eut une si belle conversation en langue brasilienne avec le prince Maurice, conversation que Locke a la simplicité de rapporter, sans se douter que l'interprète du prince avait pu se moquer de lui. C'est ainsi que l'auteur de *l'Esprit des lois* s'amuse à citer de prétendues lois de Tonquin, de Bantam, de Bornéo, de Formose, sur la foi de quelques voyageurs, ou menteurs ou mal instruits. Locke et lui sont deux grands hommes en qui cette simplicité ne me semble pas excusable.

XXXVI. — NATURE PARTOUT LA MÊME

En abandonnant Locke en ce point, je dis avec le grand Newton : « *Natura est semper sibi consona ;* la nature est toujours semblable à elle-même. » La loi de la gravitation qui agit sur un astre agit sur tous les astres, sur toute la matière : ainsi la loi fondamentale de la morale agit également sur toutes les nations bien connues. Il y a mille différences dans les interprétations de cette loi, en mille circonstances; mais le fond subsiste toujours le même, et ce fond est l'idée du juste et de l'injuste. On commet prodigieusement d'injustices dans les fureurs de ses passions, comme on perd sa raison dans l'ivresse; mais quand l'ivresse est passée, la raison revient, et c'est, à mon avis, l'unique cause qui fait subsister la société humaine, cause subordonnée au besoin que nous avons les uns des autres.

Comment donc avons-nous acquis l'idée de la justice ? comme nous avons acquis celle de la prudence, de la vérité, de la convenance : par le sentiment et par la raison. Il est impossible que nous ne trouvions pas très imprudente l'action d'un homme qui se jetterait dans le feu pour se faire admirer, et qui espérerait d'en réchapper. Il est impossible que nous ne trouvions pas très injuste l'action d'un homme qui en tue un autre dans sa colère. La société n'est fondée que sur ces notions, qu'on n'arrachera jamais de notre cœur; et c'est pourquoi toute société subsiste, à quelque superstition bizarre et horrible qu'elle se soit asservie.

Quel est l'âge où nous connaissons le juste et l'injuste ? L'âge où nous connaissons que deux et deux font quatre.

XXXVII. — DE HOBBES

PROFOND et bizarre philosophe, bon citoyen, esprit hardi, ennemi de Descartes, toi qui t'es trompé comme lui, toi dont les erreurs en physique sont grandes, et pardonnables parce que tu étais venu avant Newton, toi qui as dit des vérités qui ne compensent pas tes erreurs, toi qui le premier fis voir quelle est la chimère des idées innées, toi qui fus le précurseur de Locke en plusieurs choses, mais qui le fus aussi de Spinoza, c'est en vain que tu étonnes tes lecteurs en réussissant presque à leur prouver qu'il n'y a aucunes lois dans le monde que des lois de convention; qu'il n'y a de juste et d'injuste que ce qu'on est convenu d'appeler tel dans un pays. Si tu t'étais trouvé seul avec Cromwell dans une île déserte, et que Cromwell eût voulu te tuer pour avoir pris le parti de ton roi dans l'île d'Angleterre, cet attentat ne t'aurait-il pas paru aussi injuste dans ta nouvelle île qu'il te l'aurait paru dans ta patrie ?

Tu dis que, dans la loi de nature, « tous ayant droit à tout, chacun a droit sur la vie de son semblable ». Ne confonds-tu pas la puissance avec le droit ? Penses-tu qu'en effet le pouvoir donne le droit, et qu'un fils robuste n'ait rien à se reprocher pour avoir assassiné son père languissant et décrépit ? Quiconque étudie la morale doit commencer à réfuter ton livre dans son cœur, mais ton propre cœur te réfutait encore davantage : car tu fus vertueux ainsi que Spinoza, et il ne te manqua, comme à lui, que d'enseigner les vrais principes de la vertu, que tu pratiquais et que tu recommandais aux autres.

XXXVIII. — MORALE UNIVERSELLE

La morale me paraît tellement universelle, tellement calculée par l'Être universel qui nous a formés, tellement destinée à servir de contrepoids à nos passions funestes, et à soulager les peines inévitables de cette courte vie, que, depuis Zoroastre jusqu'au lord Shaftesbury, je vois tous les philosophes enseigner la même morale, quoiqu'ils aient tous des idées différentes sur les principes des choses. Nous avons vu que Hobbes, Spinoza, et Bayle lui-même, qui ont ou nié les premiers principes, ou qui en ont douté, ont cependant recommandé fortement la justice et toutes les vertus.

Chaque nation eut des rites religieux particuliers, et très souvent d'absurdes et de révoltantes opinions en métaphysique, en théologie; mais s'agit-il de savoir s'il faut être juste, tout l'univers est d'accord, comme nous l'avons dit à la *question* XXXVI, et comme on ne peut trop le répéter.

XXXIX. — DE ZOROASTRE

Je n'examine point en quel temps vivait Zoroastre, à qui les Perses donnèrent neuf mille ans d'antiquité, ainsi que Platon aux anciens Athéniens. Je vois seulement que ses préceptes de morale se sont conservés jusqu'à nos jours : ils sont traduits de l'ancienne langue des mages dans la langue vulgaire des Guèbres, et il paraît bien aux allégories puériles, aux observances ridicules, aux idées fantastiques dont ce recueil est rempli, que la religion de Zoroastre est de l'antiquité la plus haute. C'est là qu'on trouve le nom de *jardin* pour exprimer la récompense des justes; on y voit le mauvais principe sous le nom de Satan, que les Juifs adoptèrent aussi. On y trouve le monde formé en six saisons ou en six temps. Il y est ordonné de réciter un *Abunavar* et un *Ashim vuhu* pour ceux qui éternuent.

Mais enfin, dans ce recueil de cent portes ou préceptes tirés du livre du *Zend,* et où l'on rapporte même les propres paroles de l'ancien Zoroastre, quels devoirs moraux sont prescrits ?

Celui d'aimer, de secourir son père et sa mère, de faire l'aumône aux pauvres, de ne jamais manquer à sa parole, de s'abstenir, quand on est dans le doute si l'action qu'on va faire est juste ou non. (*Porte* 30.)

Je m'arrête à ce précepte, parce que nul législateur n'a jamais pu aller au delà; et je me confirme dans l'idée que plus Zoroastre établit de superstitions ridicules en fait de culte, plus la pureté de sa morale fait voir qu'il n'était pas en lui de la corrompre; que plus il s'abandonnait à l'erreur dans ses dogmes, plus il lui était impossible d'errer en enseignant la vertu.

XL. — DES BRACHMANES

Il est vraisemblable que les brames ou brachmanes existaient longtemps avant que les Chinois eussent leurs *cinq kings ;* et ce qui fonde cette extrême probabilité, c'est qu'à la Chine les antiquités les plus recherchées sont indiennes, et que dans l'Inde il n'y a point d'antiquités chinoises.

Ces anciens brames étaient sans doute d'aussi mauvais métaphysiciens, d'aussi ridicules théologiens que les Chaldéens et les Perses, et toutes les nations qui sont à l'occident de la Chine. Mais quelle sublimité dans la morale ! Selon eux la vie n'était qu'une mort de quelques années, après laquelle on vivrait avec la Divinité. Ils ne se bornaient pas à être justes envers les autres, mais ils étaient rigoureux envers eux-mêmes ; le silence, l'abstinence, la contemplation, le renoncement à tous les plaisirs, étaient leurs principaux devoirs. Aussi tous les sages des autres nations allaient chez eux apprendre ce qu'on appelait *la sagesse*.

XLI. — DE CONFUCIUS

Les Chinois n'eurent aucune superstition, aucun charlatanisme à se reprocher comme les autres peuples. Le gouvernement chinois montrait aux hommes, il y a fort au delà de quatre mille ans, et leur montre encore qu'on peut les régir sans les tromper ; que ce n'est pas par le mensonge qu'on sert le Dieu de vérité ; que la superstition est non seulement inutile, mais nuisible à la religion. Jamais l'adoration de Dieu ne fut si pure et si sainte qu'à la Chine *(à la révélation près)*. Je ne parle pas des sectes du peuple, je parle de la religion du prince, et de celle de tous les tribunaux et de tout ce qui n'est pas populace. Quelle est la religion de tous les honnêtes gens à la Chine, depuis tant de siècles ? la voici : *Adorez le ciel, et soyez juste*. Aucun empereur n'en a eu d'autre.

On place souvent le grand Confutzée, que nous nommons Confucius, parmi les anciens législateurs, parmi les fondateurs de religions : c'est une grande inadvertance. Confutzée est très moderne ; il ne vivait que six cent cinquante ans avant notre ère. Jamais il n'institua aucun culte, aucun rite ; jamais il ne se dit ni inspiré ni prophète ; il ne fit que rassembler en un corps les anciennes lois de la morale.

Il invite les hommes à pardonner les injures et à ne se souvenir que des bienfaits ;

A veiller sans cesse sur soi-même, à corriger aujourd'hui les fautes d'hier ;

A réprimer ses passions, et à cultiver l'amitié ; à donner sans faste, et à ne recevoir que l'extrême nécessaire sans bassesse.

Il ne dit point qu'il ne faut pas faire à autrui ce que nous ne voulons pas qu'on fasse à nous-mêmes : ce n'eſt que défendre le mal; il fait plus, il recommande le bien : « Traite autrui comme tu veux qu'on te traite. »

Il enseigne non seulement la modeſtie, mais encore l'humilité; il recommande toutes les vertus.

XLII. — DES PHILOSOPHES GRECS, ET D'ABORD DE PYTHAGORE

TOUS les philosophes grecs ont dit des sottises en physique et en métaphysique. Tous sont excellents dans la morale; tous égalent Zoroaſtre, Confutzée, et les brachmanes. Lisez seulement les *Vers dorés* de Pythagore, c'eſt le précis de sa doctrine; il n'importe de quelle main ils soient. Dites-moi si une seule vertu y eſt oubliée.

XLIII. — DE ZALEUCUS

RÉUNISSEZ tous vos lieux communs, prédicateurs grecs, italiens, espagnols, allemands, français, etc.; qu'on diſtille toutes vos déclamations, en tirera-t-on un extrait qui soit plus pur que l'exorde des lois de Zaleucus ?

« Maîtrisez votre âme, purifiez-la, écartez toute pensée criminelle. Croyez que Dieu ne peut être bien servi par les pervers; croyez qu'il ne ressemble pas aux faibles mortels, que les louanges et les présents séduisent : la vertu seule peut lui plaire. »

Voilà le précis de toute morale et de toute religion.

XLIV. — D'ÉPICURE

DES pédants de collège, des petits-maîtres de séminaire, ont cru, sur quelques plaisanteries d'Horace et de Pétrone, qu'Épicure avait enseigné la volupté par les préceptes et par l'exemple. Épicure fut toute sa vie un philosophe sage, tempérant, et juſte. Dès l'âge de douze à treize ans, il fut sage : car lorsque le grammairien qui l'instruisait lui récita ce vers d'Hésiode :

Le chaos fut produit le premier de tous les êtres,

« Hé ! qui le produisit, dit Épicure, puisqu'il était le premier ? — Je n'en sais rien, dit le grammairien; il n'y a que les philosophes qui le sachent. — Je vais donc m'instruire chez eux », repartit l'enfant; et depuis ce temps jusqu'à l'âge de soixante et douze ans il cultiva la philosophie. Son testament, que Diogène Laërce nous a conservé tout entier, découvre une âme tranquille et juste; il affranchit les esclaves qu'il croit avoir mérité cette grâce; il recommande à ses exécuteurs testamentaires de donner la liberté à ceux qui s'en rendront dignes. Point d'ostentation, point d'injuste préférence; c'est la dernière volonté d'un homme qui n'en a jamais eu que de raisonnables. Seul de tous les philosophes, il eut pour amis tous ses disciples, et sa secte fut la seule où l'on sut aimer, et qui ne se partagea point en plusieurs autres.

Il paraît, après avoir examiné sa doctrine et ce qu'on a écrit pour et contre lui, que tout se réduit à la dispute entre Malebranche et Arnauld. Malebranche avouait que le plaisir rend heureux, Arnauld le niait; c'était une dispute de mots, comme tant d'autres disputes où la philosophie et la théologie apportent leur incertitude, chacune de son côté.

XLV. — DES STOÏCIENS

Si les épicuriens rendirent la nature humaine aimable, les stoïciens la rendirent presque divine. Résignation à l'Être des êtres, ou plutôt élévation de l'âme jusqu'à cet Être; mépris du plaisir, mépris même de la douleur, mépris de la vie et de la mort, inflexibilité dans la justice : tel était le caractère des vrais stoïciens, et tout ce qu'on a pu dire contre eux, c'est qu'ils décourageaient le reste des hommes.

Socrate, qui n'était pas de leur secte, fit voir qu'on pouvait pousser la vertu aussi loin qu'eux sans être d'aucun parti; et la mort de ce martyr de la Divinité est l'éternel opprobre d'Athènes, quoiqu'elle s'en soit repentie.

Le stoïcien Caton est, d'un autre côté, l'éternel honneur de Rome. Épictète, dans l'esclavage, est peut-être supérieur à Caton, en ce qu'il est toujours content de sa misère. « Je suis, dit-il, dans la place où la Providence a voulu que je fusse : m'en plaindre, c'est l'offenser. »

Dirai-je que l'empereur Antonin est encore au-dessus d'Épictète, parce qu'il triompha de plus de séductions, et qu'il était bien plus difficile à un empereur de ne se pas corrompre qu'à un pauvre de ne pas murmurer ? Lisez les *Pensées* de l'un et de l'autre, l'empereur et l'esclave vous paraîtront également grands.

Oserai-je parler ici de l'empereur Julien ? Il erra sur le dogme, mais certes il n'erra pas sur la morale. En un mot, nul philosophe dans l'antiquité qui n'ait voulu rendre les hommes meilleurs.

Il y a eu des gens parmi nous qui ont dit que toutes les vertus de ces grands hommes n'étaient que des péchés illustres. Puisse la terre être couverte de tels coupables !

XLVI. — PHILOSOPHIE ET VERTU

Il y eut des sophistes qui furent aux philosophes ce que les singes sont aux hommes. Lucien se moqua d'eux; on les méprisa : ils furent à peu près ce qu'ont été les moines mendiants dans les universités. Mais n'oublions jamais que tous les philosophes ont donné de grands exemples de vertu, et que les sophistes, et même les moines, ont tous respecté la vertu dans leurs écrits.

XLVII. — D'ÉSOPE

Je placerai Ésope parmi ces grands hommes, et même à la tête de ces grands hommes, soit qu'il ait été le Pilpai des Indiens, ou l'ancien précurseur de Pilpai, ou le Lokman des Perses, ou le Hakym des Arabes, ou le

Hakam des Phéniciens, il n'importe; je vois que ses fables ont été en vogue chez toutes les nations orientales, et que l'origine s'en perd dans une antiquité dont on ne peut sonder l'abîme. A quoi tendent ces fables aussi profondes qu'ingénues, ces apologues qui semblent visiblement écrits dans un temps où l'on ne doutait pas que les bêtes n'eussent un langage ? Elles ont enseigné presque tout notre hémisphère. Ce ne sont point des recueils de sentences fastidieuses, qui lassent plus qu'elles n'éclairent; c'est la vérité elle-même avec le charme de la fable. Tout ce qu'on a pu faire, c'est d'y ajouter des embellissements dans nos langues modernes. Cette ancienne sagesse est simple et nue dans le premier auteur. Les grâces naïves dont on l'a ornée en France n'en ont point caché le fond respectable. Que nous apprennent toutes ces fables ? Qu'il faut être juste.

XLVIII. — DE LA PAIX NÉE DE LA PHILOSOPHIE

Puisque tous les philosophes avaient des dogmes différents, il est clair que le dogme et la vertu sont d'une nature entièrement hétérogène. Qu'ils crussent ou non que Téthys était la déesse de la mer, qu'ils fussent persuadés ou non de la guerre des géants et de l'âge d'or, de la boîte de Pandore et de la mort du serpent Python, etc., ces doctrines n'avaient rien de commun avec la morale. C'est une chose admirable dans l'antiquité que la théogonie n'ait jamais troublé la paix des nations.

XLIX. — AUTRES QUESTIONS

Ah ! si nous pouvions imiter l'antiquité ! si nous faisions enfin à l'égard des disputes théologiques ce que nous avons fait au bout de dix-sept siècles dans les belles-lettres !

Nous sommes revenus au goût de la saine antiquité, après avoir été plongés dans la barbarie de nos écoles. Jamais les Romains ne furent assez absurdes pour imaginer qu'on pût persécuter un homme parce qu'il croyait le vide ou le plein, parce qu'il prétendait que les accidents ne peuvent pas subsister sans sujet, parce qu'ils expliquaient en un sens un passage d'un auteur, qu'un autre entendait dans un sens contraire.

Nous avons recours tous les jours à la jurisprudence des Romains; et quand nous manquons de lois (ce qui nous arrive si souvent), nous allons consulter le *Code* et le *Digeste*. Pourquoi ne pas imiter nos maîtres dans leur sage tolérance ?

Qu'importe à l'État qu'on soit du sentiment des réaux ou des nominaux; qu'on tienne pour Scot ou pour Thomas, pour Œcolampade ou pour Mélanchthon; qu'on soit du parti d'un évêque d'Ypres[1] qu'on n'a point lu, ou d'un moine espagnol qu'on a lu moins encore[2] ? N'est-il pas clair que tout cela doit être aussi indifférent au véritable intérêt d'une nation que de traduire bien ou mal un passage de Lycophron ou d'Hésiode ?

L. — AUTRES QUESTIONS

Je sais que les hommes sont quelquefois malades du cerveau. Nous avons eu un musicien[3] qui est mort fou parce que sa musique n'avait pas paru assez bonne. Des gens ont cru avoir un nez de verre; mais s'il y en avait d'assez attaqués pour penser, par exemple, qu'ils ont toujours raison, y aurait-il assez d'ellébore pour une si étrange maladie ?

Et si ces malades, pour soutenir qu'ils ont toujours raison, menaçaient du dernier supplice quiconque pense qu'ils peuvent avoir tort; s'ils établissaient des espions pour découvrir les réfractaires; s'ils décidaient qu'un père, sur le témoignage de son fils, une mère, sur celui de sa fille, doit périr dans les flammes, etc., ne faudrait-il pas lier ces gens-là, et les traiter comme ceux qui sont attaqués de la rage ?

LI. — IGNORANCE

Vous me demandez à quoi bon tout ce sermon si l'homme n'eſt pas libre ? D'abord je ne vous ai point dit que l'homme n'eſt pas libre; je vous ai dit que sa liberté consiſte dans son pouvoir d'agir, et non pas dans le pouvoir chimérique de *vouloir vouloir*. Ensuite je vous dirai que, tout étant lié dans la nature, la Providence éternelle me prédeſtinait à écrire ces rêveries, et prédeſtinait cinq ou six lecteurs à en faire leur profit, et cinq ou six autres à les dédaigner, et à les laisser dans la foule immense des écrits inutiles.

Si vous me dites que je ne vous ai rien appris, souvenez-vous que je me suis annoncé comme un ignorant.

LII. — AUTRES IGNORANCES

Je suis si ignorant que je ne sais pas même les faits anciens dont on me berce; je crains toujours de me tromper de sept à huit cents années au moins quand je cherche en quel temps ont vécu ces antiques héros qu'on dit avoir exercé les premiers le vol et le brigandage dans une grande étendue de pays; et ces premiers sages qui adorèrent des étoiles, ou des poissons, ou des serpents, ou des morts, ou des êtres fantaſtiques.

Quel eſt celui qui le premier imagina les six Gahambars[1], et le pont de Tshinavar, et le Dardaroth, et le lac de Karon ? En quel temps vivaient le premier Bacchus, le premier Hercule, le premier Orphée ?

Toute l'antiquité eſt si ténébreuse jusqu'à Thucydide et Xénophon que je suis réduit à ne savoir presque pas un mot de ce qui s'eſt passé sur le globe que j'habite, avant le court espace d'environ trente siècles; et dans ces trente siècles, encore, que d'obscurités, que d'incertitudes, que de fables !

LIII. — PLUS GRANDE IGNORANCE

MON ignorance me pèse bien davantage, quand je vois que ni moi, ni mes compatriotes, nous ne savons absolument rien de notre patrie. Ma mère m'a dit que j'étais né sur les bords du Rhin; je le veux croire. J'ai demandé à mon ami, le savant Apédeutès, natif de Courlande, s'il avait connaissance des anciens peuples du Nord ses voisins, et de son malheureux petit pays : il m'a répondu qu'il n'en avait pas plus de notions que les poissons de la mer Baltique.

Pour moi, tout ce que je sais de mon pays, c'est que César dit, il y a environ dix-huit cents ans, que nous étions des brigands qui étions dans l'usage de sacrifier des hommes à je ne sais quels dieux pour obtenir d'eux quelque bonne proie, et que nous n'allions jamais en course qu'accompagnés de vieilles sorcières qui faisaient ces beaux sacrifices.

Tacite, un siècle après, dit quelques mots de nous, sans nous avoir jamais vus; il nous regarde comme les plus honnêtes gens du monde en comparaison des Romains, car il assure que quand nous n'avions personne à voler, nous passions les jours et les nuits à nous enivrer de mauvaise bière dans nos cabanes.

Depuis ce temps de notre âge d'or, c'est un vide immense jusqu'à l'histoire de Charlemagne. Quand je suis arrivé à ces temps connus, je vois dans Goldast[1] une charte de Charlemagne, datée d'Aix-la-Chapelle, dans laquelle ce savant empereur parle ainsi :

« Vous savez que, chassant un jour auprès de cette ville, je trouvai les thermes et le palais que Granus, frère de Néron et d'Agrippa, avait autrefois bâtis. »

Ce Granus et cet Agrippa, frères de Néron, me font voir que Charlemagne était aussi ignorant que moi, et cela soulage.

LIV. — IGNORANCE RIDICULE

L'HISTOIRE de l'Église de mon pays ressemble à celle de Granus, frère de Néron et d'Agrippa, et est bien plus merveilleuse. Ce sont de petits garçons ressuscités, des dragons pris avec une étole comme des lapins avec un lacet; des hosties qui saignent d'un coup de couteau qu'un juif leur donne; des saints qui courent après leurs têtes quand on les leur a coupées. Une des légendes les plus avérées dans notre histoire ecclésiastique d'Allemagne est celle du bienheureux Pierre de Luxembourg, qui, dans les deux années 1388 et 89, après sa mort, fit deux mille quatre cents miracles, et, les années suivantes, trois mille de compte fait, parmi lesquels on ne nomme pourtant que quarante-deux morts ressuscités.

Je m'informe si les autres États de l'Europe ont des histoires ecclésiastiques aussi merveilleuses et aussi authentiques. Je trouve partout la même sagesse et la même certitude.

LV. — PIS QU'IGNORANCE

J'AI vu ensuite pour quelles sottises inintelligibles les hommes s'étaient chargés les uns les autres d'imprécations, s'étaient détestés, persécutés, égorgés, pendus, roués, et brûlés; et j'ai dit : S'il y avait eu un sage dans ces abominables temps, il aurait donc fallu que ce sage vécût et mourût dans les déserts.

LVI. — COMMENCEMENT DE LA RAISON

JE vois qu'aujourd'hui, dans ce siècle qui est l'aurore de la raison, quelques têtes de cette hydre du fanatisme renaissent encore. Il paraît que leur poison est moins mortel, et leurs gueules moins dévorantes. Le sang n'a pas coulé pour la grâce versatile, comme il coula si longtemps pour les indulgences plénières qu'on vendait au marché; mais le monstre subsiste encore : quiconque recherchera la vérité risquera d'être persécuté. Faut-il rester oisif dans les ténèbres ? ou faut-il allumer un flambeau auquel l'envie et la calomnie rallumeront leurs torches ? Pour moi, je crois que la vérité ne doit pas plus se cacher devant ces monstres que l'on ne doit s'abstenir de prendre de la nourriture dans la crainte d'être empoisonné.

ANDRÉ DESTOUCHES A SIAM[1]

André Destouches était un musicien très agréable dans le beau siècle de Louis XIV, avant que la musique eût été perfectionnée par Rameau, et gâtée par ceux qui préfèrent la difficulté surmontée au naturel et aux grâces.

Avant d'avoir exercé ses talents il avait été mousquetaire; et avant d'être mousquetaire, il fit, en 1688, le voyage de Siam avec le jésuite Tachard, qui lui donna beaucoup de marques particulières de tendresse pour avoir un amusement sur le vaisseau; et Destouches parla toujours avec admiration du P. Tachard le reste de sa vie.

Il fit connaissance, à Siam, avec un premier commis du barcalon[2]; ce premier commis s'appelait Croutef, et il mit par écrit la plupart des questions qu'il avait faites à Croutef, avec les réponses de ce Siamois. Les voici telles qu'on les a trouvées dans ses papiers :

ANDRÉ DESTOUCHES

Combien avez-vous de soldats ?

CROUTEF

Quatre-vingt mille, fort médiocrement payés.

ANDRÉ DESTOUCHES

Et de talapoins ?

CROUTEF

Cent vingt mille, tous fainéants et très riches. Il est vrai que, dans la dernière guerre, nous avons été bien battus; mais, en récompense, nos talapoins ont fait très grande chère, bâti de belles maisons, et entretenu de très jolies filles.

ANDRÉ DESTOUCHES

Il n'y a rien de plus sage et de mieux avisé. Et vos finances, en quel état sont-elles ?

CROUTEF

En fort mauvais état. Nous avons pourtant quatre-vingt-dix mille hommes employés pour les faire fleurir; et s'ils n'en ont pu venir à bout, ce n'est pas leur faute, car il n'y a aucun d'eux qui ne prenne honnêtement tout ce qu'il peut prendre, et qui ne dépouille les cultivateurs pour le bien de l'État.

ANDRÉ DESTOUCHES

Bravo ! Et votre jurisprudence, est-elle aussi parfaite que tout le reste de votre administration ?

CROUTEF

Elle est bien supérieure; nous n'avons point de lois, mais nous avons cinq ou six mille volumes sur les lois. Nous nous conduisons d'ordinaire par des coutumes, car on sait qu'une coutume ayant été établie au hasard est toujours ce qu'il y a de plus sage. Et de plus, chaque coutume ayant nécessairement changé dans chaque province, comme les habillements et les coiffures, les juges peuvent choisir à leur gré l'usage qui était en vogue il y a quatre siècles, ou celui qui régnait l'année passée; c'est une variété de législation que nos voisins ne cessent d'admirer; c'est une fortune assurée pour les praticiens, une ressource pour tous les plaideurs de mauvaise foi, et un agrément infini pour les juges, qui peuvent, en sûreté de conscience, décider les causes sans les entendre.

ANDRÉ DESTOUCHES

Mais pour le criminel, vous avez du moins des lois constantes ?

CROUTEF

Dieu nous en préserve ! nous pouvons condamner au bannissement, aux galères, à la potence, ou renvoyer hors de cour, selon que la fantaisie nous en prend. Nous nous plaignons quelquefois du pouvoir arbitraire de monsieur le barcalon; mais nous voulons que tous nos jugements soient arbitraires.

ANDRÉ DESTOUCHES

Cela eſt juſte. Et de la queſtion, en usez-vous ?

CROUTEF

C'eſt notre plus grand plaisir; nous avons trouvé que c'eſt un secret infaillible pour sauver un coupable qui a les muscles vigoureux, les jarrets forts et souples, les bras nerveux et les reins doubles; et nous rouons gaiement tous les innocents à qui la nature a donné des organes faibles. Voici comme nous nous y prenons avec une sagesse et une prudence merveilleuses. Comme il y a des demi-preuves, c'eſt-à-dire des demi-vérités, il eſt clair qu'il y a des demi-innocents et des demi-coupables. Nous commençons donc par leur donner une demi-mort, après quoi nous allons déjeuner; ensuite vient la mort tout entière, ce qui donne dans le monde une grande considération, qui eſt le revenu du prix de nos charges.

ANDRÉ DESTOUCHES

Rien n'eſt plus prudent et plus humain, il faut en convenir. Apprenez-moi ce que deviennent les biens des condamnés.

CROUTEF

Les enfants en sont privés : car vous savez que rien n'eſt plus équitable que de punir tous les descendants d'une faute de leur père.

ANDRÉ DESTOUCHES

Oui, il y a longtemps que j'ai entendu parler de cette jurisprudence.

CROUTEF

Les peuples de Lao, nos voisins, n'admettent ni la queſtion, ni les peines arbitraires, ni les coutumes différentes, ni les horribles supplices qui sont parmi nous en usage; aussi nous les regardons comme des barbares qui n'ont aucune idée d'un bon gouvernement. Toute l'Asie convient que nous dansons beaucoup mieux qu'eux, et que par conséquent il eſt impossible qu'ils approchent de nous en jurisprudence, en commerce, en finances, et surtout dans l'art militaire.

ANDRÉ DESTOUCHES

Dites-moi, je vous prie, par quels degrés on parvient dans Siam à la magiſtrature.

CROUTEF

Par de l'argent comptant. Vous sentez qu'il serait impossible de bien juger si on n'avait pas trente ou quarante mille pièces d'argent toutes prêtes. En vain on saurait par cœur toutes les coutumes, en vain on aurait plaidé cinq cents causes avec succès, en vain on aurait un esprit rempli de juſtesse et un cœur plein de juſtice; on ne peut parvenir à aucune magiſtrature sans argent. C'eſt encore ce qui nous diſtingue de tous les peuples de l'Asie, et surtout de ces barbares de Lao, qui ont la manie de récompenser tous les talents, et de ne vendre aucun emploi.

André Deſtouches, qui était un peu diſtrait, comme le sont tous les musiciens, répondit au Siamois que la plupart des airs qu'il venait de chanter lui paraissaient un peu discordants, et voulut s'informer à fond de la musique siamoise; mais Croutef, plein de son sujet, et passionné pour son pays, continua en ces termes :

Il m'importe fort peu que nos voisins qui habitent par delà nos montagnes aient de meilleure musique que nous, et de meilleurs tableaux, pourvu que nous ayons toujours des lois sages et humaines. C'eſt dans cette partie que nous excellons. Par exemple, il y a mille circonſtances où, une fille étant accouchée d'un enfant mort, nous réparons la perte de l'enfant en faisant pendre la mère, moyennant quoi elle eſt manifeſtement hors d'état de faire une fausse couche.

Si un homme a volé adroitement trois ou quatre cent mille pièces d'or, nous le respectons et nous allons dîner chez lui; mais si une pauvre servante s'approprie maladroitement trois ou quatre pièces de cuivre qui étaient dans la cassette de sa maîtresse, nous ne manquons pas de tuer cette servante en place publique : premièrement, de peur qu'elle ne se corrige; secondement, afin qu'elle ne puisse donner à l'État des enfants en grand nombre, parmi lesquels il s'en trouverait peut-être un ou deux qui pourraient voler trois ou quatre petites pièces de cuivre, ou devenir de grands hommes; troisièmement, parce qu'il est juste de proportionner la peine au crime, et qu'il serait ridicule d'employer dans une maison de force, à des ouvrages utiles, une personne coupable d'un forfait si énorme.

Mais nous sommes encore plus justes, plus cléments, plus raisonnables, dans les châtiments que nous infligeons à ceux qui ont l'audace de se servir de leurs jambes pour aller où ils veulent. Nous traitons si bien nos guerriers qui nous vendent leur vie, nous leur donnons un si prodigieux salaire, ils ont une part si considérable à nos conquêtes, qu'ils sont sans doute les plus criminels de tous les hommes lorsque, s'étant enrôlés dans un moment d'ivresse, ils veulent s'en retourner chez leurs parents dans un moment de raison. Nous leur faisons tirer à bout portant douze balles de plomb dans la tête pour les faire rester en place, après quoi ils deviennent infiniment utiles à leur patrie.

Je ne vous parle pas de la quantité innombrable d'excellentes institutions qui ne vont pas, à la vérité, jusqu'à verser le sang des hommes, mais qui rendent la vie si douce et si agréable qu'il est impossible que les coupables ne deviennent gens de bien. Un cultivateur n'a-t-il point payé à point nommé une taxe qui excédait ses facultés, nous vendons sa marmite et son lit pour le mettre en état de mieux cultiver la terre quand il sera débarrassé de son superflu.

ANDRÉ DESTOUCHES

Voilà ce qui est tout à fait harmonieux, cela fait un beau concert.

CROUTEF

Pour faire connaître notre profonde sagesse, sachez que notre base fondamentale consiste à reconnaître pour notre souverain, à plusieurs égards, un étranger tondu qui demeure à neuf cent mille pas de chez nous. Quand nous donnons nos plus belles terres à quelques-uns de nos talapoins, ce qui est très prudent, il faut que ce talapoin siamois paye la première année de son revenu à ce tondu tartare, sans quoi il est clair que nous n'aurions point de récolte.

Mais où est le temps, l'heureux temps, où ce tondu faisait égorger une moitié de la nation par l'autre pour décider si *Sammonocodom*[1] avait joué au cerf-volant ou au trou-madame; s'il s'était déguisé en éléphant ou en vache; s'il avait dormi trois cent quatre-vingt-dix jours sur le côté droit ou sur le gauche[2] ? Ces grandes questions, qui tiennent si essentiellement à la morale, agitaient alors tous les esprits : elles ébranlaient le monde; le sang coulait pour elles : on massacrait les femmes sur les corps de leurs maris; on écrasait leurs petits enfants sur la pierre[3] avec une dévotion, une onction, une componction angéliques. Malheur à nous, enfants dégénérés de nos pieux ancêtres, qui ne faisons plus de ces saints sacrifices ! Mais au moins il nous reste, grâces au ciel, quelques bonnes âmes qui les imiteraient si on les laissait faire.

ANDRÉ DESTOUCHES

Dites-moi, je vous prie, Monsieur, si vous divisez à Siam le ton majeur en deux commas et deux semi-commas, et si le progrès de son fondamental se fait par 1, 3, et 9.

CROUTEF

Par Sammonocodom, vous vous moquez de moi. Vous n'avez point de tenue; vous m'avez interrogé sur la forme de notre gouvernement, et vous me parlez de musique.

ANDRÉ DESTOUCHES

La musique tient à tout; elle était le fondement de toute la politique des Grecs. Mais, pardon; puisque vous avez l'oreille dure, revenons à notre propos. Vous disiez donc que pour faire un accord parfait...

CROUTEF

Je vous disais qu'autrefois le Tartare tondu prétendait disposer de tous les royaumes de l'Asie, ce qui était fort loin de l'accord parfait; mais il en résultait un grand bien : on était beaucoup plus dévot à Sammonocodom et à son éléphant que dans nos jours où tout le monde se mêle de prétendre au sens commun avec une indiscrétion qui fait pitié. Cependant tout va; on se réjouit, on danse, on joue, on dîne, on soupe, on fait l'amour : cela fait frémir tous ceux qui ont de bonnes intentions.

ANDRÉ DESTOUCHES

Et que voulez-vous de plus ? Il ne vous manque qu'une bonne musique. Quand vous l'aurez, vous pourrez hardiment vous dire la plus heureuse nation de la terre.

ANECDOTE
SUR BÉLISAIRE[1]
(1767)

« JE vous connais, vous êtes un scélérat. Vous voudriez que tous les hommes aimassent un Dieu, père de tous les hommes. Vous vous êtes imaginé, sur la parole de saint Ambroise, qu'un jeune Valentinien, qui n'avait pas été baptisé, n'en avait pas moins été sauvé. Vous avez eu l'insolence de croire, avec saint Jérôme, que plusieurs païens ont vécu saintement. Il est vrai que, tout damné que vous êtes, vous n'avez pas osé aller si loin que saint Jean Chrysostome, qui, dans une de ses homélies, dit que les préceptes de Jésus-Christ sont si légers que plusieurs ont été au delà par la seule raison : *Praecepta ejus adeo levia sunt ut multi philosophica tantum ratione excesserint*[2].

« Vous avez même attiré à vous saint Augustin, sans songer combien de fois il s'est rétracté. On voit bien que vous êtes de son avis quand il dit : « Depuis le commen- « cement du genre humain, tous ceux qui ont cru en un « seul Dieu, et qui ont entendu sa voix selon leur pou- « voir, qui ont vécu avec piété et justice selon ses pré- « ceptes, en quelque endroit et en quelque temps qu'ils « aient vécu, ils ont été sans doute sauvés par lui. »

« Mais ce qu'il y a de pis, déiste et athée que vous êtes, c'est qu'il semble que vous ayez copié mot pour mot saint Paul dans son *Épître aux Romains*[3] : « Gloire, honneur et « gloire à quiconque fait le bien; premièrement aux « Juifs, et puis aux Gentils : car lorsque les Gentils, qui « n'ont pas la loi, font naturellement ce que la loi « commande, n'ayant point notre loi, ils sont leur loi « à eux-mêmes. » Et après ces paroles, il reproche aux Juifs de Rome l'usure, l'adultère, et le sacrilège.

« Enfin, détestable enfant de Bélial, vous avez osé

prononcer de vous-même ces paroles impies sous le nom de Bélisaire : « Ce qui m'attache le plus à ma religion, « c'est qu'elle me rend meilleur, et plus humain. S'il « fallait qu'elle me rendît farouche, dur, et impitoyable, « je l'abandonnerais, et je dirais à Dieu, dans la fatale « alternative d'être incrédule ou méchant : Je fais le « choix qui t'offense le moins. » J'ai vu d'indignes femmes de bien, des militaires trop instruits, de vils magistrats qui ne connaissent que l'équité, des gens de lettres malheureusement plus remplis de goût et de sentiment que de théologie, admirer avec attendrissement tes sottes paroles, et tout ce qui les suit.

« Malheureux ! vous apprendrez ce que c'est que de choquer l'opinion des licenciés de ma licence ; vous, et tous vos damnés de philosophes, vous voudriez bien que Confucius et Socrate ne fussent pas éternellement en enfer ; vous seriez fâchés que le primat d'Angleterre ne fût pas sauvé aussi bien que le primat des Gaules. Cette impiété mérite une punition exemplaire. Apprenez votre catéchisme. Sachez que nous damnons tout le monde, quand nous sommes sur les bancs ; c'est là notre plaisir. Nous comptons environ six cents millions d'habitants sur la terre. A trois générations par siècle, cela fait environ deux milliards ; et en ne comptant seulement que depuis quatre mille années, le calcul nous donne quatre-vingts milliards de damnés, sans compter tout ce qui l'a été auparavant, et tout ce qui doit l'être après. Il est vrai que, sur ces quatre-vingts milliards, il faut ôter deux ou trois mille élus, qui font le beau petit nombre ; mais c'est une bagatelle, et il est bien doux de pouvoir se dire en sortant de table : « Mes « amis, réjouissons-nous ; nous avons au moins quatre- « vingts milliards de nos frères dont les âmes toutes « spirituelles sont pour jamais à la broche, en attendant « qu'on retrouve leurs corps pour les faire rôtir avec « elles. »

« Apprenez, monsieur le réprouvé, que votre grand Henri IV, que vous aimez tant, est damné pour avoir fait tout le bien dont il fut capable ; et que Ravaillac, purgé par le sacrement de pénitence, jouit de la gloire éternelle : voilà la vraie religion. Où est le temps où je vous aurais fait cuire avec Jean Hus, et Jérôme de Prague, avec Arnauld de Bresse, avec le conseiller

Dubourg, et avec tous les infâmes qui n'étaient pas de notre avis dans ces siècles du bon sens où nous étions les maîtres de l'opinion des hommes, de leur bourse, et quelquefois de leur vie ? »

Qui proférait ces douces paroles ? C'était un moine sortant de sa licence. A qui les adressait-il ? C'était à un académicien de la première Académie de France[1]. Cette scène se passait chez un magistrat homme de lettres[2] que le licencié était venu solliciter pour un procès, dans lequel il était accusé de simonie. Et dans quel temps se tenait cette conférence à laquelle j'assistai ? C'était après boire, car nous avions dîné avec le magistrat, et le moine avec les valets de chambre; et le moine était fort échauffé.

« Mon révérend père, lui dit l'académicien, pardonnez-moi, je suis un homme du monde qui n'ai jamais lu les ouvrages de vos docteurs. J'ai fait parler un vieux soldat romain comme aurait parlé notre Du Guesclin, notre chevalier Bayard, ou notre Turenne. Vous savez qu'à nous autres gens du siècle il nous échappe bien des sottises; mais vous les corrigez, et un mot d'un seul de vos bacheliers répare toutes nos fautes. Mais comme Bélisaire n'a pas dit un seul mot du bénéfice que vous demandez, et qu'il n'a point sollicité contre vous, j'espère que vous vous apaiserez, et que vous voudrez bien pardonner à un pauvre ignorant qui a fait le mal sans malice.

— A d'autres, dit le moine; vous êtes une troupe de coquins qui ne cessez de prêcher la bienfaisance, la douceur, l'indulgence, et qui poussez la méchanceté jusqu'à vouloir que Dieu soit bon. En vérité, nous ne vous passerons pas vos petites conspirations. Vous avez affaire au révérend P. Hayer, à l'abbé Dinouart[3], et à moi, et nous verrons comment vous vous en tirerez. Nous savons bien que dans le siècle où la raison, que nous avions partout proscrite, commençait à renaître dans nos climats septentrionaux, ce fut Érasme qui renouvela cette erreur dangereuse; Érasme, qui était tenté de dire : *Sancte Socrates, ora pro nobis ;* Érasme, à qui on éleva une statue. Le Vayer, le précepteur de Monsieur, et même de Louis XIV, recueillit tous ces blasphèmes dans son livre de *la Vertu des païens.* Il eut l'insolence d'imprimer que des marauds tels que Confucius, Socrate,

Caton, Épictète, Titus, Trajan, les Antonins, Julien, avaient fait quelques actions vertueuses. Nous ne pûmes le brûler, ni lui ni son livre, parce qu'il était conseiller d'État. Mais vous, qui n'êtes qu'académicien, je vous réponds que vous ne serez pas épargné. »

Le magistrat prit alors la parole, et demanda grâce pour le coupable. « Point de grâce, dit le moine; l'Écriture le défend. « *Orabat scelestus ille veniam quam non erat consecuturus*[1]; le scélérat demandait un pardon qu'il ne devait pas obtenir. » *Oportet aliquem mori pro populo*[2]. Toute l'Académie pense comme lui; il faut qu'il soit puni avec l'Académie.

— Ah ! frère Triboulet, dit le magistrat (car Triboulet est le nom du docteur), ce que vous avancez là est bien chrétien, mais n'est pas tout à fait juste. Voudriez-vous que la Sorbonne entière répondît pour vous, comme le P. Bauny se rendait pleige pour la bonne mère, et comme toute la Société de Jésus était pleige pour le P. Bauny ? Il ne faut jamais accuser un corps des erreurs des particuliers. Voudriez-vous abolir aujourd'hui la Sorbonne parce qu'un nombre de ses membres adhérèrent au plaidoyer du docteur Jean Petit, cordelier, en faveur de l'assassinat du duc d'Orléans ? parce que trente-six docteurs de Sorbonne, avec frère Martin, inquisiteur pour la foi, condamnèrent la Pucelle d'Orléans à être brûlée vive pour avoir secouru son roi et sa patrie ? parce que soixante et onze docteurs de Sorbonne déclarèrent Henri III déchu du trône ? parce que quatre-vingts docteurs excommunièrent, au 1er novembre 1592, les bourgeois de Paris qui avaient osé présenter requête pour l'admission de Henri IV dans sa capitale, et qu'ils défendirent qu'on priât Dieu pour ce *mauvais prince ?* Voudriez-vous, frère Triboulet, être puni aujourd'hui du crime de vos pères ? L'âme de quelqu'un de ces sages maîtres a-t-elle passé dans la vôtre *per modum traducis ?* Un peu d'équité, frère. Si vous êtes coupable de simonie, comme votre partie adverse vous en accuse, la cour vous fera mettre au pilori; mais vous y serez seul, et les moines de votre couvent (puisqu'il y a encore des moines) ne seront pas condamnés avec vous. Chacun répond de ses faits, et, comme l'a dit un certain philosophe, il ne faut pas purger les petits-fils pour la maladie de leur grand-père. Chacun pour soi, et Dieu pour tous. Il n'y a que le loup qui dise à l'agneau :

Si ce n'eſt toi, c'eſt donc ton frère.

« Allez, respeƈtez l'Académie, composée des premiers hommes de l'État et de la littérature. Laissez Bélisaire parler en brave soldat et en bon citoyen; n'insultez point un excellent écrivain; continuez à faire de mauvais livres, et laissez-nous lire les bons. »

Frère Triboulet sortit, la queue entre les jambes; et son adversaire reſta la tête haute.

Quand le magiſtrat et le philosophe, ou plutôt quand les deux philosophes purent parler en liberté : « N'admirez-vous pas ce moine ? dit le magiſtrat; il y a quelques jours qu'il était entièrement de votre avis. Savez-vous pourquoi il a si cruellement changé ? c'eſt qu'il eſt blessé de votre réputation.

— Hélas ! dit l'homme de lettres; tout le monde pense comme moi dans le fond de son cœur, et je n'ai fait que développer l'opinion générale. Il y a des pays où personne n'ose établir publiquement ce que tout le monde pense en secret. Il y en a d'autres où le secret n'eſt plus gardé. L'auguſte impératrice de Russie vient d'établir la tolérance dans deux mille lieues de pays. Elle a écrit de sa propre main : *malheur aux persécuteurs !* Elle a fait grâce à l'évêque de Roſtov, condamné par le synode pour avoir soutenu l'opinion des *deux puissances,* et pour n'avoir pas su que l'autorité eccléſiaſtique n'eſt qu'une autorité de persuasion; que c'eſt la puissance de la vérité, et non la puissance de la force. Elle permet qu'on lise les lettres qu'elle a écrites sur ce sujet important.

— Comme les choses changent selon le temps ! dit le magiſtrat.

— Conformons-nous aux temps », dit l'homme de lettres.

SECONDE ANECDOTE
SUR BÉLISAIRE

Frère Triboulet, de l'ordre de frère Montepulciano[1], de frère Jacques Clément, de frère Ridicous[2], etc., etc., et de plus docteur de Sorbonne, chargé de rédiger la censure de la fille aînée du roi, appelée le *concile perpétuel des Gaules,* contre Bélisaire, s'en retournait à son couvent tout pensif. Il rencontra dans la rue des Maçons la petite Fanchon, dont il est le directeur, fille du cabaretier qui a l'honneur de fournir du vin pour le *prima mensis* de messieurs les maîtres.

Le père de Fanchon est un peu théologien, comme le sont tous les cabaretiers du quartier de la Sorbonne. Fanchon est jolie, et frère Triboulet entra pour... boire un coup.

Quand Triboulet eut bien bu, il se mit à feuilleter les livres d'un habitué de paroisse, frère cabaretier, homme curieux, qui possède une bibliothèque assez bien fournie.

Il consulta tous les passages par lesquels on prouve évidemment que tous ceux qui n'avaient pas demeuré dans le quartier de la Sorbonne, comme, par exemple, les Chinois, les Indiens, les Scythes, les Grecs, les Romains, les Germains, les Africains, les Américains, les blancs, les noirs, les jaunes, les rouges, les têtes à laine, les têtes à cheveux, les mentons barbus, les mentons imberbes, étaient tous damnés sans miséricorde, comme cela est juste, et qu'il n'y a qu'une âme atroce et abominable qui puisse jamais penser que Dieu ait pu avoir pitié d'un seul de ces bonnes gens.

Il compilait, compilait, compilait, quoique ce ne soit plus la mode de compiler; et Fanchon lui donnait de temps en temps de petits soufflets sur ses grosses joues; et frère Triboulet écrivait; et Fanchon chantait, lorsqu'ils entendirent dans la rue la voix du docteur Tamponet, et de frère Bonhomme, cordelier à la grande manche, et du grand couvent, qui argumentaient vivement l'un contre l'autre, et qui ameutaient les passants. Fanchon mit la tête à la fenêtre; elle est fort connue de ces deux docteurs, et ils entrèrent aussi pour... boire.

« Pourquoi faisiez-vous tant de bruit dans la rue ? dit Fanchon. — C'est que nous ne sommes pas d'accord, dit frère Bonhomme. — Est-ce que vous avez jamais été d'accord en Sorbonne ? dit Fanchon. — Non, dit Tamponet; mais nous donnons toujours des décrets; et nous fixons à la pluralité des voix ce que l'univers doit penser. — Et si l'univers s'en moque, ou n'en sait rien ? dit Fanchon. — Tant pis pour l'univers, dit Tamponet. — Mais de quoi diable vous mêlez-vous ? dit Fanchon. — Comment, ma petite ! dit frère Triboulet, il s'agit de savoir si le cabaretier qui logeait dans ta maison, il y a deux mille ans, a pu être sauvé ou non. — Cela ne me fait rien, dit Fanchon. — Ni à moi non plus, dit Tamponet; mais certainement nous donnerons un décret. »

Frère Triboulet lut alors tous les passages qui appuyaient l'opinion que Dieu n'a jamais pu faire grâce qu'à ceux qui ont pris leurs degrés en Sorbonne, ou à ceux qui pensaient comme s'ils avaient pris leurs degrés; et Fanchon riait, et frère Triboulet la laissait rire. Tamponet était entièrement de l'avis du jacobin; mais le cordelier Bonhomme était un peu plus indulgent. Il pensait que Dieu pouvait à toute force faire grâce à un homme de bien qui aurait le malheur d'ignorer notre théologie, soit en lui dépêchant un ange, soit en lui envoyant un cordelier pour l'instruire.

« Cela est impossible, s'écria Triboulet; car tous les grands hommes de l'antiquité étaient des paillards. Dieu aurait pu, je l'avoue, leur envoyer des cordeliers; mais certainement il ne leur aurait jamais député des anges. Et pour vous prouver, frère Bonhomme, par vos propres docteurs, que tous les héros de l'antiquité sont damnés sans exception, lisez ce qu'un de vos plus grands docteurs séraphiques déclare expressément dans un livre que Mlle Fanchon m'a prêté. Voici les paroles de l'auteur :

Le cordelier, plein d'une sainte horreur,
Baise à genoux l'ergot de son seigneur;
Puis d'un air morne il jette au loin la vue
Sur cette vaste et brûlante étendue,

Séjour de feu qu'habitent pour jamais
L'affreuse Mort, les Tourments, les Forfaits;
Trône éternel ou sied l'esprit immonde,
Abîme immense ou s'engloutit le monde;
Sépulcre où gît la docte antiquité,
Esprit, amour, savoir, grâce, beauté,
Et cette foule immortelle, innombrable,
D'enfants du ciel créés tous pour le diable.
Tu sais, lecteur, qu'en ces feux dévorants
Les meilleurs rois sont avec les tyrans.
Nous y plaçons Antonin, Marc Aurèle,
Ce bon Trajan, des princes le modèle;
Ce doux Titus, l'amour de l'univers;
Les deux Catons, ces fléaux des pervers;
Ce Scipion, maître de son courage,
Lui qui vainquit et l'amour et Carthage.
Vous y grillez, sage et docte Platon,
Divin Homère, éloquent Cicéron;
Et vous, Socrate, enfant de la sagesse,
Martyr de Dieu dans la profane Grèce;
Juste Aristide, et vertueux Solon :
Tous malheureux morts sans confession. »

(*Pucelle,* chant V, vers 64 et suiv.)

Tamponet écoutait ce passage avec des larmes de joie. « Cher frère Triboulet, dans quel Père de l'Église as-tu trouvé cette brave décision ? — Cela est de l'abbé Trithême, répondit Triboulet; et pour vous le prouver *a posteriori,* d'une manière invincible, voici la déclaration expresse du modeste traducteur, au chapitre XVI de sa *Moelle théologique :*

Cette prière est de l'abbé Trithême,
Non pas de moi : car mon œil effronté
Ne peut percer jusqu'à la cour suprême;
Je n'aurais pas tant de témérité[1]. »

Frère Bonhomme prit le livre pour se convaincre par ses propres yeux, et ayant lu quelques pages avec beaucoup d'édification : « Ah ! ah ! dit-il au jacobin, vous ne vous vantiez pas de tout. C'est un cordelier en enfer qui parle; mais vous avez oublié qu'il y rencontre saint Dominique, et que ce saint est damné pour avoir été persécuteur, ce qui est bien pis que d'avoir été païen. »

Frère Triboulet, piqué, lui reprocha beaucoup de bonnes aventures de cordeliers. Bonhomme ne demeura pas en reste : il reprocha aux jacobins de croire à l'immaculation en Sorbonne, et d'avoir obtenu des papes une permission de n'y pas croire dans leur couvent. La querelle s'échauffa, ils allaient se gourmer. Fanchon les apaisa en leur donnant à chacun un gros baiser. Tamponet leur remontra qu'ils ne devaient dire des injures qu'aux profanes, et leur cita ces deux vers qu'il dit avoir lus autrefois dans les ouvrages d'un licencié nommé Molière :

N'apprêtons point à rire aux hommes
En nous disant nos vérités[1].

Enfin, ils minutèrent tous trois le décret, qui fut ensuite signé par tous les sages maîtres.

« Nous, assemblés extraordinairement dans la ville des Facéties, et dans les mêmes écoles où nous recommandâmes, au nombre de soixante et onze, à tous les sujets de garder leur serment de fidélité à leur roi Henri III, et, en l'année 1592, recommandâmes, pareillement de prier Dieu pour Henri IV, etc., etc.

« Animés du même esprit qui nous guide toujours, nous donnons à tous les diables un nommé Bélisaire, général d'armée, en son vivant, d'un nommé Justinien, lequel Bélisaire, outrepassant ses pouvoirs, aurait méchamment et proditoirement conseillé audit Justinien d'être bon et indulgent, et aurait insinué avec malice que Dieu était miséricordieux; condamnons cette proposition comme blasphématoire, impie, hérétique, sentant l'hérésie; défendons sous peine de damnation éternelle, selon le droit que nous en avons, de lire ledit livre sentant l'hérésie, et enjoignons à tous les fidèles de nous rapporter les exemplaires dudit livre, lesquels ne valaient précédemment qu'un écu, et que nous revendrons un louis d'or avec le décret ci-joint. »

A peine ce décret fut-il signé qu'on apprit que tous les jésuites avaient été chassés d'Espagne; et ce fut une si grande joie dans Paris qu'on ne pensa plus à la Sorbonne.

LES QUESTIONS DE ZAPATA

TRADUITES PAR LE SIEUR TAMPONET, DOCTEUR DE SORBONNE[1]

Le licencié Zapata, nommé professeur en théologie dans l'université de Salamanque, présenta ces questions à la junta des docteurs en 1629. Elles furent supprimées. L'exemplaire espagnol est dans la bibliothèque de Brunsvick.

Sages Maîtres,

1° Comment dois-je m'y prendre pour prouver que les Juifs, que nous faisons brûler par centaines, furent, pendant quatre mille ans, le peuple chéri de Dieu ?

2° Pourquoi Dieu, qu'on ne peut sans blasphème regarder comme injuste, a-t-il pu abandonner la terre entière pour la petite horde juive, et ensuite abandonner sa petite horde pour une autre, qui fut pendant deux cents ans beaucoup plus petite et plus méprisée ?

3° Pourquoi a-t-il fait une foule de miracles incompréhensibles, en faveur de cette chétive nation, avant les temps qu'on nomme historiques ? Pourquoi n'en fait-il plus depuis quelques siècles ? et pourquoi n'en voyons-nous jamais, nous qui sommes le peuple de Dieu ?

4° Si Dieu est le Dieu d'Abraham, pourquoi brûlez-vous les enfants d'Abraham ? et si vous les brûlez, pourquoi récitez-vous leurs prières, même en les brûlant ? Comment, vous qui adorez le livre de leur loi, les faites-vous mourir pour avoir suivi leur loi ?

5° Comment concilierai-je la chronologie des Chinois, des Chaldéens, des Phéniciens, des Égyptiens, avec celle des Juifs ? et comment accorderai-je entre elles quarante manières différentes de supputer les temps chez les commentateurs ? Je dirai que Dieu dicta ce livre; et on me répondra que Dieu ne sait donc pas la chronologie.

6° Par quels arguments prouverai-je que les livres attribués à Moïse furent écrits par lui dans le désert ? A-t-il pu dire qu'il écrivait au delà du Jourdain, quand il n'a jamais passé le Jourdain ? On me répondra que Dieu ne sait donc pas la géographie.

7° Le livre intitulé *Josué* dit que Josué fit graver le *Deutéronome* sur des pierres enduites de mortier : ce passage de *Josué* et ceux des anciens auteurs prouvent évidemment que, du temps de Moïse et de Josué, les peuples orientaux gravaient sur la pierre et sur la brique leurs lois et leurs observations. Le *Pentateuque* nous dit que le peuple juif manquait, dans le désert, de nourriture et de vêtements; il était peu probable qu'on eût des gens assez habiles pour graver un gros livre, lorsqu'on n'avait ni tailleurs ni cordonniers. Mais comment conserva-t-on ce gros ouvrage gravé sur du mortier ?

8° Quelle est la meilleure manière de réfuter les objections des savants, qui trouvent dans le *Pentateuque* des noms de villes qui n'existaient pas alors, des préceptes pour les rois que les Juifs avaient alors en horreur, et qui ne gouvernèrent que sept cents ans après Moïse; enfin, des passages où l'auteur, très postérieur à Moïse, se trahit lui-même en disant : « Le lit d'Og qu'on voit encore aujourd'hui à Ramatha... Le Chananéen était alors dans le pays... » etc., etc., etc.[1] ?

Ces savants, fondés sur des difficultés et sur des contradictions qu'ils imputent aux chroniques juives, pourraient faire quelque peine à un licencié.

9° Le livre de la *Genèse* est-il physique ou allégorique ? Dieu ôta-t-il en effet une côte à Adam pour en faire une femme ? et comment est-il dit auparavant qu'il le créa mâle et femelle ? comment Dieu créa-t-il la lumière avant le soleil ? comment divisa-t-il la lumière des ténèbres, puisque les ténèbres ne sont autre chose que la privation de la lumière ? comment fit-il le jour avant que le soleil fût fait ? comment le firmament fut-il formé au milieu des eaux, puisqu'il n'y a point de firmament, et que cette fausse notion d'un firmament n'est qu'une imagination des anciens Grecs ? Il y a des gens qui conjecturent que la *Genèse* ne fut écrite que quand les

Juifs eurent quelque connaissance de la philosophie erronée des autres peuples, et j'aurai la douleur d'entendre dire que Dieu ne sait pas plus la physique que la chronologie et la géographie.

10° Que dirai-je du jardin d'Éden, dont il sortait un fleuve qui se divisait en quatre fleuves : le Tigre; l'Euphrate; le Phison, qu'on croit le Phase; le Gehon, qui coule dans le pays d'Éthiopie, et qui par conséquent ne peut être que le Nil, et dont la source est distante de mille lieues de la source de l'Euphrate ? On me dira encore que Dieu est un mauvais géographe.

11° Je voudrais de tout mon cœur manger du fruit qui pendait à l'arbre de la science, et il me semble que la défense d'en manger est étrange : car Dieu ayant donné la raison à l'homme, il devait l'encourager à s'instruire. Voulait-il n'être servi que par un sot ? Je voudrais savoir quelle langue il parlait. L'empereur Julien, ce grand philosophe, le demanda au grand Cyrille, qui ne put satisfaire à cette question, mais qui répondit à ce sage empereur : « C'est vous qui êtes le serpent. » Saint Cyrille n'était pas poli; mais vous remarquerez qu'il ne répondit cette impertinence théologique que quand Julien fut mort.

La *Genèse* dit que le serpent mange de la terre; vous savez que la *Genèse* se trompe, et que la terre seule ne nourrit personne. A l'égard de Dieu, qui venait se promener familièrement tous les jours à midi dans le jardin, et qui s'entretenait avec Adam et Ève et avec le serpent, il serait fort doux d'être en quatrième. Mais comme je vous crois plus faits pour la compagnie que Joseph et Marie avaient dans l'étable de Bethléem, je ne vous proposerai point un voyage au jardin d'Éden, surtout depuis que la porte en est gardée par un chérubin armé jusqu'aux dents. Il est vrai que, selon les rabbins, *chérubin* signifie bœuf. Voilà un étrange portier. De grâce, dites-moi au moins ce que c'est qu'un *chérubin*.

12° Comment expliquerai-je l'histoire des anges qui devinrent amoureux des filles des hommes, et qui engendrèrent les géants ? Ne m'objectera-t-on pas que ce trait est tiré des fables païennes ? Mais puisque les Juifs inventèrent tout dans le désert, et qu'ils étaient fort ingénieux, il est clair que toutes les autres nations ont pris d'eux leur science. Homère, Platon, Cicéron, Virgile, n'ont rien su que par les Juifs. Cela n'est-il pas démontré ?

13° Comment me tirerai-je du déluge, des cataractes du ciel, qui n'a point de cataractes, de tous les animaux arrivés du Japon, de l'Afrique, de l'Amérique et des terres australes, enfermés dans un grand coffre avec leurs provisions pour boire et pour manger pendant un an, sans compter le temps où la terre, trop humide encore, ne put rien produire pour leur nourriture ? Comment le petit ménage de Noé put-il suffire à donner à tous ces animaux leurs aliments convenables ? Il n'était composé que de huit personnes.

14° Comment rendrai-je l'histoire de la tour de Babel vraisemblable ? Il faut bien que cette tour fût plus haute que les pyramides d'Égypte, puisque Dieu laissa bâtir les pyramides. Allait-elle jusqu'à Vénus, ou du moins jusqu'à la lune ?

15° Par quel art justifierai-je les deux mensonges d'Abraham, le père des croyants, qui, à l'âge de cent trente-cinq ans à bien compter, fit passer la belle Sara pour sa sœur en Égypte et à Gérare, afin que les rois de ce pays-là en fussent amoureux, et lui fissent des présents ? Fi ! qu'il est vilain de vendre sa femme !

16° Donnez-moi des raisons qui m'expliquent pourquoi Dieu ayant ordonné à Abraham que toute sa postérité fût circoncise, elle ne le fut point sous Moïse.

17° Puis-je par moi-même savoir si les trois anges à qui Sara servit un veau tout entier à manger avaient un corps, ou s'ils en empruntaient un ? et comment il se peut faire que, Dieu ayant envoyé deux anges à Sodome, les Sodomites voulussent commettre certain péché avec ces anges ? Ils devaient être bien jolis. Mais pourquoi Loth le juste offrit-il ses deux filles à la place des deux anges aux Sodomites ? Quelles commères ! elles couchèrent un peu avec leur père. Ah ! sages maîtres, cela n'est pas honnête !

18° Mon auditoire me croira-t-il quand je lui dirai que la femme de Loth fut changée en une statue de sel ? Que répondrai-je à ceux qui me diront que c'est peut-être une imitation grossière de l'ancienne fable d'Eurydice, et que la statue de sel ne pouvait pas tenir à la pluie ?

19° Que dirai-je quand il faudra justifier les bénédictions tombées sur Jacob le juste, qui trompa Isaac son père, et qui vola Laban son beau-père? Comment expliquerai-je que Dieu lui apparut au haut d'une échelle? et comment Jacob se battit-il toute la nuit contre un ange? etc., etc.

20° Comment dois-je traiter le séjour des Juifs en Égypte, et leur évasion? L'*Exode* dit qu'ils restèrent quatre cents ans en Égypte; et en faisant le compte juste, on ne trouve que deux cent cinq ans. Pourquoi la fille de Pharaon se baignait-elle dans le Nil, où l'on ne se baigne jamais à cause des crocodiles? etc., etc.

21° Moïse ayant épousé la fille d'un idolâtre, comment Dieu le prit-il pour son prophète sans lui en faire des reproches? Comment les magiciens de Pharaon firent-ils les mêmes miracles que Moïse, excepté ceux de couvrir le pays de poux et de vermine? Comment changèrent-ils en sang toutes les eaux qui étaient déjà changées en sang par Moïse? Comment Moïse, conduit par Dieu même, et se trouvant à la tête de six cent trente mille combattants, s'enfuit-il avec son peuple, au lieu de s'emparer de l'Égypte, dont tous les premiers-nés avaient été mis à mort par Dieu même? L'Égypte n'a jamais pu rassembler une armée de cent mille hommes, depuis qu'il est fait mention d'elle dans les temps historiques. Comment Moïse, en s'enfuyant avec ces troupes de la terre de Gessen, au lieu d'aller en droite ligne dans le pays de Chanaan, traversa-t-il la moitié de l'Égypte, et remonta-t-il jusque vis-à-vis de Memphis, entre Baal-Séphon et la mer Rouge? Enfin, comment Pharaon put-il le poursuivre avec toute sa cavalerie, puisque, dans la cinquième plaie de l'Égypte, Dieu venait de faire périr tous les chevaux et toutes les bêtes, et que d'ailleurs l'Égypte, coupée par tant de canaux, eut toujours très peu de cavalerie?

22° Comment concilierai-je ce qui est dit dans l'*Exode* avec le discours de saint Étienne dans les *Actes des Apôtres,* et avec les passages de Jérémie et d'Amos? L'*Exode* dit qu'on sacrifia à Jéhovah pendant quarante ans dans le désert; Jérémie, Amos, et saint Étienne, disent qu'on n'offrit ni sacrifice ni hostie pendant tout ce temps-là. L'*Exode* dit qu'on fit le tabernacle dans lequel était l'arche de l'alliance; et saint Étienne, dans les *Actes,* dit qu'on portait le tabernacle de Moloch et de Remphan.

23° Je ne suis pas assez bon chimiste pour me tirer

heureusement du veau d'or, que l'*Exode* dit avoir été formé en un seul jour, et que Moïse réduisit en cendre. Sont-ce deux miracles ? Sont-ce deux choses possibles à l'art humain ?

24° Est-ce encore un miracle que le conducteur d'une nation dans un désert ait fait égorger vingt-trois mille hommes de cette nation par une seule des douze tribus, et que vingt-trois mille hommes se soient laissé massacrer sans se défendre ?

25° Dois-je encore regarder comme un miracle, ou comme un acte de justice ordinaire, qu'on fit mourir vingt-quatre mille Hébreux parce qu'un d'entre eux avait couché avec une Madianite, tandis que Moïse lui-même avait pris une Madianite pour femme ? et ces Hébreux, qu'on nous peint si féroces, n'étaient-ils pas de bonnes gens de se laisser ainsi égorger pour des filles ? Et à propos de filles, pourrai-je tenir mon sérieux quand je dirai que Moïse trouva trente-deux mille pucelles dans le camp madianite, avec soixante et un mille ânes ? Ce n'est pas deux ânes par pucelle.

26° Quelle explication donnerai-je à la loi qui défend de manger du lièvre, « parce qu'il rumine et qu'il n'a pas le pied fendu »[1], tandis que les lièvres ont le pied fendu, et ne ruminent pas ? Nous avons déjà vu que ce beau livre a fait de Dieu un mauvais géographe, un mauvais chronologiste, un mauvais physicien; il ne le fait pas meilleur naturaliste. Quelles raisons donnerai-je de plusieurs autres lois non moins sages, comme celle des eaux de jalousie, et de la punition de mort contre un homme qui a couché avec sa femme dans le temps qu'elle a ses règles ? etc., etc. Pourrai-je justifier ces lois barbares et ridicules, qu'on dit émanées de Dieu même ?

27° Que répondrai-je à ceux qui seront étonnés qu'il ait fallu un miracle pour faire passer le Jourdain, qui, dans sa plus grande largeur, n'a pas plus de quarante-cinq pieds, qu'on pouvait si aisément franchir avec le moindre radeau, et qui était guéable en tant d'endroits, témoin les quarante-deux mille Éphraïmites égorgés à un gué de ce fleuve par leurs frères ?

28° Que répondrai-je à ceux qui demanderont comment les murs de Jéricho tombèrent au seul son des trompettes, et pourquoi les autres villes ne tombèrent pas de même ?

29° Comment excuserai-je l'action de la courtisane Rahab, qui trahit Jéricho sa patrie ? En quoi cette trahison était-elle nécessaire, puisqu'il suffisait de sonner de la trompette pour prendre la ville ? Et comment sonderai-je la profondeur des décrets divins, qui ont voulu que notre divin Sauveur Jésus-Christ naquît de cette courtisane Rahab, aussi bien que de l'inceste que Thamar commit avec Juda son beau-père, et de l'adultère de David et de Bethsabée ? Tant les voies de Dieu sont incompréhensibles !

30° Quelle approbation pourrai-je donner à Josué, qui fit pendre trente et un roitelets, dont il usurpa les petits États, c'est-à-dire les villages ?

31° Comment parlerai-je de la bataille de Josué contre les Amorrhéens à Béthoron sur le chemin de Gabaon ? Le Seigneur fait pleuvoir du ciel de grosses pierres, depuis Béthoron jusqu'à Azéca : il y a cinq lieues de Béthoron à Azéca; ainsi les Amorrhéens furent exterminés par des rochers qui tombaient du ciel pendant l'espace de cinq lieues. L'Écriture dit qu'il était midi; pourquoi donc Josué commande-t-il au soleil et à la lune de s'arrêter au milieu du ciel pour donner le temps d'achever la défaite d'une petite troupe qui était déjà exterminée ? Pourquoi dit-il à la lune de s'arrêter à midi ? comment le soleil et la lune restèrent-ils un jour à la même place ? A quel commentateur aurai-je recours pour expliquer cette vérité extraordinaire ?

32° Que dirai-je de Jephté, qui immola sa fille et qui fit égorger quarante-deux mille Juifs de la tribu d'Éphraïm, qui ne pouvaient pas prononcer *shiboleth ?*

33° Dois-je avouer ou nier que la loi des Juifs n'annonce en aucun endroit des peines ou des récompenses après la mort ? Comment se peut-il que ni Moïse ni Josué n'aient parlé de l'immortalité de l'âme, dogme connu des anciens Égyptiens, des Chaldéens, des Persans, et des Grecs, dogme qui ne fut un peu en vogue chez les Juifs qu'après Alexandre, et que les saducéens réprouvèrent toujours, parce qu'il n'est pas dans le *Pentateuque ?*

34° Quelle couleur faudra-t-il que je donne à l'histoire du lévite qui, étant venu sur son âne à Gabaa, ville des Benjamites, devint l'objet de la passion sodomitique de tous les Gabaonites, qui voulurent le violer ? Il leur abandonna sa femme, avec laquelle les Gabaonites couchèrent pendant la nuit : elle en mourut le lendemain. Si les Sodomites avaient accepté les deux filles de Loth au lieu des deux anges, en seraient-elles mortes ?

35° J'ai besoin de vos enseignements pour entendre ce verset 19 du premier chapitre des *Juges* : « Le Seigneur accompagna Juda, et il se rendit maître des montagnes; mais il ne put défaire les habitants de la vallée, parce qu'ils avaient une grande quantité de chariots armés de faux. » Je ne puis comprendre par mes faibles lumières comment le Dieu du ciel et de la terre, qui avait changé tant de fois l'ordre de la nature, et suspendu les lois éternelles en faveur de son peuple juif, ne put venir à bout de vaincre les habitants d'une vallée, parce qu'ils avaient des chariots. Serait-il vrai, comme plusieurs savants le prétendent, que les Juifs regardassent alors leur Dieu comme une divinité locale et protectrice, qui tantôt était plus puissante que les dieux ennemis, et tantôt était moins puissante ? Et cela n'est-il pas encore prouvé par cette réponse de Jephté : « Vous possédez de droit ce que votre dieu Chamos vous a donné; souffrez donc que nous prenions ce que notre dieu Adonaï nous a promis.[1] » ?

36° J'ajouterai encore qu'il est difficile de croire qu'il y eût tant de chariots armés de faux dans un pays de montagnes, où l'Écriture dit en tant d'endroits que la grande magnificence était d'être monté sur un âne.

37° L'histoire d'Aod me fait beaucoup plus de peine. Je vois les Juifs presque toujours asservis, malgré le secours de leur Dieu, qui leur avait promis avec serment de leur donner tout le pays qui est entre le Nil, la mer et l'Euphrate. Il y avait dix-huit ans qu'ils étaient sujets d'un roitelet nommé Églon, lorsque Dieu suscita en leur faveur Aod, fils de Géra, qui se servait de la main gauche comme de la main droite. Aod, fils de Géra, s'étant fait faire un poignard à deux tranchants, le cacha sous son manteau, comme firent depuis Jacques Clément et Ravaillac. Il demande au roitelet une audience secrète; il dit qu'il a un mystère de la dernière importance à lui communiquer de la part de Dieu. Églon se lève respectueusement, et Aod, de la main gauche, lui enfonce son poignard dans le ventre. Dieu favorisa en tout cette action, qui dans la morale de toutes les nations de la terre paraît un peu dure. Apprenez-moi quel est l'assassinat le plus divin, ou celui de ce saint Aod, ou de ce saint David, qui fit assassiner son cocu Uriah, ou du bienheureux Salomon, qui, ayant sept cents femmes et trois cents concubines, assassina son frère Adonias parce qu'il lui en demandait une, etc., etc., etc., etc.

38° Je vous prie de me dire par quelle adresse Samson prit trois cents renards, les lia les uns aux autres par la queue, et leur attacha des flambeaux allumés au cul pour mettre le feu aux moissons des Philistins. Les renards n'habitent guère que les pays couverts de bois. Il n'y avait point de forêt dans ce canton, et il semble assez difficile de prendre trois cents renards en vie, et de les attacher par la queue. Il est dit ensuite qu'il tua mille Philistins avec une mâchoire d'âne, et que d'une des dents de cette mâchoire il sortit une fontaine. Quand il s'agit de mâchoires d'âne, vous me devez des éclaircissements.

39° Je vous demande les mêmes instructions sur le bonhomme Tobie, qui dormait les yeux ouverts, et qui fut aveuglé par une chiasse d'hirondelle; sur l'ange qui descendit exprès de ce qu'on appelle l'empyrée pour aller chercher avec Tobie fils de l'argent que le juif Gabel devait à Tobie père; sur la femme à Tobie fils, qui avait eu sept maris à qui le diable avait tordu le cou; et sur la manière de rendre la vue aux aveugles avec le fiel d'un poisson. Ces histoires sont curieuses, et il n'y a rien de plus digne d'attention, après les romans espagnols; on ne peut leur comparer que les histoires de Judith et d'Esther. Mais pourrai-je bien interpréter le texte sacré, qui dit que la belle Judith descendait de Siméon, fils de Ruben, quoique Siméon soit frère de Ruben, selon le même texte sacré, qui ne peut mentir ?

J'aime fort Esther, et je trouve le prétendu roi Assuérus fort sensé d'épouser une Juive, et de coucher avec elle six mois sans savoir qui elle est; et comme tout le reste est de cette force, vous m'aiderez, s'il vous plaît, vous qui êtes mes sages maîtres.

40° J'ai besoin de votre secours dans l'histoire des Rois, autant pour le moins que dans celle des Juges, et de Tobie, et de son chien, et d'Esther, et de Judith, et de Ruth, etc., etc. Lorsque Saül fut déclaré roi, les Juifs étaient esclaves des Philistins. Leurs vainqueurs ne leur permettaient pas d'avoir des épées ni des lances; ils étaient même obligés d'aller chez les Philistins pour faire aiguiser le soc de leurs charrues et leurs cognées. Cependant Saül donne une bataille aux Philistins, et remporte sur eux la victoire; et dans cette bataille il est à la tête de trois cents mille soldats, dans un petit pays qui ne peut pas nourrir trente mille âmes : car il n'avait alors que le tiers de la Terre Sainte tout au plus, et ce pays stérile ne nourrit pas aujourd'hui vingt mille habitants. Le surplus était obligé d'aller gagner sa vie à faire le métier de courtier à Balk, à Damas, à Tyr, à Babylone.

41° Je ne sais comment je justifierai l'action de Samuel, qui trancha en morceaux le roi Agag, que Saül avait fait prisonnier, et qu'il avait mis à rançon.

Je ne sais si notre roi Philippe, ayant pris un roi maure prisonnier, et ayant composé avec lui, serait bien reçu à couper en pièces ce roi prisonnier.

42° Nous devons un grand respect à David, qui était un homme selon le cœur de Dieu; mais je craindrai de manquer de science pour justifier, par les lois ordinaires, la conduite de David, qui s'associe quatre cents hommes de mauvaise vie, et accablés de dettes, comme dit l'Écriture[1]; qui marche pour aller saccager la maison de Nabal, serviteur du roi, et qui, huit jours après, épouse sa veuve; qui va offrir ses services à Achis, ennemi de son roi, et qui met à feu et à sang les terres des alliés d'Achis, sans pardonner ni au sexe ni à l'âge; qui, dès qu'il est sur le trône, prend de nouvelles concubines; et qui, non content encore de ses concubines, ravit Bethsabée à son mari, et fait tuer celui qu'il déshonore. J'ai quelque peine encore à imaginer que Dieu naisse ensuite en Judée de cette femme adultère et homicide que l'on compte entre les aïeules de l'Être éternel. Je vous ai déjà prévenus sur cet article, qui fait une peine extrême aux âmes dévotes.

43° Les richesses de David et de Salomon, qui se montent à plus de cinq milliards de ducats d'or, paraissent difficiles à concilier avec la pauvreté du pays, et avec l'éclat où étaient réduits les Juifs sous Saül, quand ils n'avaient pas de quoi faire aiguiser leurs socs et leurs cognées. Nos colonels de cavalerie lèveront les épaules, si je leur dis que Salomon avait quatre cent mille chevaux dans un petit pays où l'on n'eut jamais et où il n'y a encore que des ânes, comme j'ai déjà eu l'honneur de vous le représenter.

44° S'il me faut parcourir l'histoire des cruautés effroyables de presque tous les rois de Juda et d'Israël, je crains de scandaliser les faibles plutôt que de les édifier. Tous ces rois-là s'assassinent un peu trop souvent les uns les autres. C'est une mauvaise politique, si je ne me trompe.

45° Je vois ce petit peuple presque toujours esclave sous les Phéniciens, sous les Babyloniens, sous les Perses, sous les Syriens, sous les Romains; et j'aurai peut-être quelque peine à concilier tant de misères avec les magnifiques promesses de leurs prophètes.

46° Je sais que toutes les nations orientales ont eu des prophètes, mais je ne sais comment interpréter ceux des Juifs. Que dois-je entendre par la vision d'Ézéchiel, fils de Buzi, près du fleuve Chobar; par quatre animaux qui avaient chacun quatre faces et quatre ailes avec des pieds de veau; par une roue qui avait quatre faces; par un firmament au-dessus de la tête des animaux? Comment expliquer l'ordre de Dieu donné à Ézéchiel de manger un livre de parchemin, de se faire lier, de demeurer couché sur le côté gauche pendant trois cent quatre-vingt-dix jours, et sur le côté droit pendant quarante jours, et de manger son pain couvert de ses excréments? Je ne peux pénétrer le sens caché de ce que dit Ézéchiel au chapitre XVI : « Lorsque votre gorge s'est formée, et que vous avez eu du poil, je me suis étendu sur vous, j'ai couvert votre nudité, je vous ai donné des robes, des chaussures, des ceintures, des ornements, des pendants d'oreilles; mais ensuite vous vous êtes bâti un b...., et vous vous êtes prostituée dans les places publiques »; et au chapitre XXIII le prophète dit : « Qu'Ooliba a désiré avec fureur la couche de ceux qui ont le membre viril comme les ânes, et qui répandent leur semence comme les chevaux. » Sages maîtres, dites-moi si vous êtes dignes des faveurs d'Ooliba.

47° Mon devoir sera d'expliquer la grande prophétie d'Isaïe qui regarde notre Seigneur Jésus-Christ; c'est, comme vous savez, au chapitre VII. Razin, roi de Syrie, et Phacée, roitelet d'Israël, assiégeaient Jérusalem. Achaz, roitelet de Jérusalem, consulte le prophète Isaïe sur l'événement du siège; Isaïe lui répond : « Dieu vous donnera un signe; une fille ou femme concevra et enfantera un fils qui s'appellera Emmanuel. Il mangera du beurre et du miel avant qu'il soit en âge de discerner le mal et le bien. Et avant qu'il soit en état de rejeter le mal et de choisir le bien, le pays sera délivré des deux rois..., et le Seigneur sifflera aux mouches qui sont à l'extrémité des fleuves d'Égypte, et aux abeilles du pays d'Assur... et dans ce jour le Seigneur prendra un rasoir de louage dans ceux qui sont au delà du fleuve, et rasera la tête et le poil du pénil et toute la barbe du roi d'Assyrie. »

Ensuite, au chapitre VIII, le prophète, pour accomplir la prophétie, couche avec la prophétesse : elle enfanta un fils et le Seigneur dit à Isaïe : « Vous appellerez ce fils Maher-Salal-has-bas, hâtez-vous de prendre les dépouilles, courez vite au butin; et avant que l'enfant sache nommer son père et sa mère, la puissance de Damas sera renversée. » Je ne puis sans votre secours expliquer nettement cette prophétie.

48° Comment dois-je entendre l'histoire de Jonas, envoyé à Ninive pour y prêcher la pénitence ? Ninive n'était point israélite, et il semble que Jonas devait l'instruire de la loi judaïque avant de l'induire à cette pénitence. Le prophète, au lieu d'obéir au Seigneur, s'enfuit à Tharsis; une tempête s'élève, les matelots jettent Jonas dans la mer pour apaiser l'orage. Dieu envoie un grand poisson qui avale Jonas; il demeure trois jours et trois nuits dans le ventre du poisson. Dieu commande au poisson de rendre Jonas : le poisson obéit; Jonas débarque sur le rivage de Joppé. Dieu lui ordonne d'aller dire à Ninive que dans quarante jours elle sera renversée si elle ne fait pénitence. De Joppé à Ninive il y a plus de quatre cents milles. Toutes ces histoires ne demandent-elles pas des connaissances supérieures qui me manquent ? Je voudrais bien confondre les savants qui prétendent que cette fable est tirée de la fable de l'ancien Hercule. Cet Hercule fut enfermé trois jours dans le ventre d'une baleine; mais il y fit bonne chère car il mangea sur le gril le foie de la baleine. Jonas ne fut pas si adroit.

49° Enseignez-moi l'art de faire entendre les premiers versets du prophète Osée. Dieu lui ordonne expressément de prendre une p..., et de lui faire des fils de p...[1].

Le prophète obéit ponctuellement; il s'adresse à la dona Gomer, fille de don Debelaïm; il la garde trois ans, et lui fait trois enfants, ce qui est un type. Ensuite Dieu veut un autre type. Il lui ordonne de coucher avec une autre cantonera qui soit mariée, et qui ait déjà planté cornes au front de son mari. Le bonhomme Osée, toujours obéissant, n'a pas de peine à trouver une belle dame de ce caractère, et il ne lui en coûte que quinze drachmes et une mesure d'orge. Je vous prie de vouloir bien m'enseigner combien la drachme valait alors chez le peuple juif, et ce que vous donnez aujourd'hui aux filles par ordres du Seigneur.

50° J'ai encore plus besoin de vos sages instructions sur le *Nouveau Testament;* j'ai peur de ne savoir que dire quand il faudra concorder les deux généalogies de Jésus. Car on me dira que Matthieu donne Jacob pour père à Joseph, et que Luc le fait fils d'Héli, et que cela est impossible, à moins qu'on ne change he en ja, et li en cob. On me demandera comment l'un compte cinquante-six générations, et comment l'autre n'en compte que quarante-deux, et pourquoi ces générations sont toutes différentes, et encore pourquoi, dans les quarante-deux qu'on a promises, il ne s'en trouve que quarante et une; et enfin, pourquoi cet arbre généalogique est celui de Joseph, qui n'était pas le père de Jésus? J'ai peur de ne répondre que des sottises, comme ont fait tous mes prédécesseurs. J'espère que vous me tirerez de ce labyrinthe. Êtes-vous de l'avis de saint Ambroise, qui dit que l'ange fit à Marie un enfant par l'oreille, *Maria per aurem impraegnata est;* ou de l'avis du R. P. Sanchez, qui dit que la Vierge répandit de la semence dans sa copulation avec le Saint-Esprit? La question est curieuse; le sage Sanchez ne doute pas que le Saint-Esprit et la Sainte Vierge n'aient fait tous deux une émission de semence au même moment : car il pense que cette rencontre simultanée des deux semences est nécessaire pour la génération. On voit bien que Sanchez sait plus sa théologie que sa physique, et que le métier de faire des enfants n'est pas celui des jésuites.

51° Si j'annonce, d'après Luc, qu'Auguste avait ordonné un dénombrement de toute la terre quand Marie fut grosse, et que Cyrénius ou Quirinus, gouverneur de Syrie, publia ce dénombrement, et que Joseph et Marie allèrent à Bethléem pour s'y faire dénombrer; et si on me rit au nez; si les antiquaires m'apprennent qu'il n'y eut jamais de dénombrement de l'Empire romain; que c'était Quintilius Varus, et non pas Cyrénius, qui était alors gouverneur de la Syrie; que Cyrénius ne gouverna la Syrie que dix ans après la naissance de Jésus; je serai très embarrassé, et sans doute vous éclaircirez cette petite difficulté. Car, s'il y avait un seul mensonge dans un livre sacré, ce livre serait-il sacré ?

52° Quand j'enseignerai que la famille alla en Égypte selon Matthieu, on me répondra que cela n'est pas vrai, et qu'elle resta en Judée selon les autres évangélistes; et si alors j'accorde qu'elle resta en Judée, on me soutiendra qu'elle a été en Égypte. N'est-il pas plus court de dire que l'on peut être en deux endroits à la fois, comme cela est arrivé à saint François Xavier, et à plusieurs autres saints ?

53° Les astronomes pourront bien se moquer de l'étoile des trois rois qui les conduisit dans une étable. Mais vous êtes de grands astrologues; vous rendez raison de ce phénomène. Dites-moi surtout combien d'or ces rois offrirent : car vous êtes accoutumés à en tirer beaucoup des rois et des peuples. Et à l'égard du quatrième roi, qui était Hérode, pourquoi craignait-il que Jésus, né dans cette étable, devînt roi des Juifs ? Hérode n'était roi que par la grâce des Romains; c'est l'affaire d'Auguste. Le massacre des innocents est un peu bizarre. Je suis fâché qu'aucun historien romain n'ait parlé de ces choses. Un ancien martyrologe très véridique (comme ils le sont tous) compte quatorze mille enfants martyrisés. Si vous voulez que j'en ajoute encore quelques milliers, vous n'avez qu'à dire.

54° Vous me direz comment le diable emporta Dieu et le percha sur une colline de Galilée, d'où l'on découvrait tous les royaumes de la terre. Le diable qui promet tous ces royaumes à Dieu, pourvu que Dieu adore le diable, pourra scandaliser beaucoup d'honnêtes gens, pour lesquels je vous demande un mot de recommandation.

55° Je vous prie, quand vous irez à la noce, de me dire de quelle manière Dieu, qui allait aussi à la noce, s'y prenait pour changer l'eau en vin en faveur de gens qui étaient déjà ivres.

56° En mangeant des figues à votre déjeuner à la fin de juillet, je vous supplie de me dire pourquoi Dieu, ayant faim, chercha des figues au commencement du mois de mars, quand ce n'était pas le temps des figues.

57° Après avoir reçu vos instructions sur tous les prodiges de cette espèce, il faudra que je dise que Dieu a été condamné à être pendu pour le péché originel. Mais si on me répond que jamais il ne fut question du péché originel, ni dans l'*Ancien Testament,* ni dans le *Nouveau ;* qu'il est seulement dit qu'Adam fut condamné à mourir le jour qu'il aurait mangé de l'arbre de la science, mais qu'il n'en mourut pas; et qu'Augustin, évêque d'Hippone, ci-devant manichéen, est le premier qui ait établi le système du péché originel, je vous avoue que, n'ayant pas pour auditeurs des gens d'Hippone, je pourrais me faire moquer de moi en parlant beaucoup sans rien dire. Car, lorsque certains disputeurs sont venus me remontrer qu'il était impossible que Dieu fût supplicié pour une pomme mangée quatre mille ans avant sa mort, impossible qu'en rachetant le genre humain il ne le rachetât pas, et le laissât encore tout entier entre les griffes du diable, à quelques élus près; je ne répondais à cela que du verbiage, et j'allais me cacher de honte.

58° Communiquez-moi vos lumières sur la prédiction que fait notre Seigneur dans saint Luc, au chap. XXI. Jésus y dit expressément « qu'il viendra dans les nuées avec une grande puissance et une grande majesté, avant que la génération à laquelle il parle soit passée ». Il n'en a rien fait, il n'est point venu dans les nuées; s'il est venu dans quelques brouillards, nous n'en savons rien; dites-moi ce que vous en savez. Paul, apôtre, dit aussi à ses disciples thessaloniciens[1] « qu'ils iront dans les nuées avec lui au-devant de Jésus ». Pourquoi n'ont-ils pas fait ce voyage ? en coûte-t-il plus d'aller dans les nuées qu'au troisième ciel ? Je vous demande pardon, mais j'aime mieux les *Nuées* d'Aristophane que celles de Paul.

59° Dirai-je avec Luc que Jésus est monté au ciel, du petit village de Béthanie ? Insinuerai-je, avec Matthieu, que ce fut de la Galilée, où les disciples le virent pour la dernière fois ? En croirai-je un grave docteur qui dit que Jésus avait un pied en Galilée et l'autre à Béthanie ? Cette opinion me paraît la plus probable, mais j'attendrai sur cela votre décision.

60° On me demandera ensuite si Pierre a été à Rome; je répondrai, sans doute, qu'il y a été pape vingt-cinq ans, et la grande raison que j'en rapporterai, c'est que nous avons une épître de ce bonhomme, qui ne savait ni lire ni écrire, et que cette lettre est datée de Babylone; il n'y a pas de réplique à cela, mais je voudrais quelque chose de plus fort.

61° Instruisez-moi pourquoi le *Credo,* qu'on appelle le Symbole des apôtres, ne fut fait que du temps de Jérôme et de Rufin, quatre cents ans après les apôtres ? Dites-moi pourquoi les premiers Pères de l'Église ne citent jamais que les évangiles appelés aujourd'hui apocryphes ? N'est-ce pas une preuve évidente que les quatre canoniques n'étaient pas encore faits ?

62° N'êtes-vous pas fâchés comme moi que les premiers chrétiens aient forgé tant de mauvais vers, qu'ils attribuèrent aux sibylles; qu'ils aient forgé des lettres de saint Paul à Sénèque, des lettres de Jésus, des lettres de Marie, des lettres de Pilate; et qu'ils aient ainsi établi leur secte par cent crimes de faux qu'on punirait dans tous les tribunaux de la terre ? Ces fraudes sont aujourd'hui reconnues de tous les savants. On est réduit à les appeler pieuses. Mais n'est-il pas triste que notre vérité ne soit fondée que sur des mensonges ?

63° Dites-moi pourquoi Jésus n'ayant point institué sept sacrements, nous avons sept sacrements ? Pourquoi Jésus n'ayant jamais dit qu'il est trin, qu'il y a deux natures avec deux volontés et une personne, nous le faisons trin avec une personne et deux natures ? Pourquoi avec deux volontés n'a-t-il pas eu celle de nous instruire des dogmes de la religion chrétienne ?

Et pourquoi, lorsqu'il a dit que parmi ses disciples il n'y aurait ni premiers ni derniers, monsieur l'archevêque de Tolède a-t-il un million de ducats de rente, tandis que je suis réduit à une portion congrue ?

64° Je sais bien que l'Église est infaillible; mais est-ce l'Église grecque, ou l'Église latine, ou celle d'Angleterre, ou celle de Danemark et de Suède, ou celle de la superbe ville de Neufchâtel, ou celle des primitifs appelés quakers, ou celle des anabaptistes, ou celle des moraves ? L'Église turque a aussi du bon, mais on dit que l'Église chinoise est beaucoup plus ancienne.

65° Le pape est-il infaillible quand il couche avec sa

maîtresse ou avec sa propre fille, et qu'il apporte à souper une bouteille de vin empoisonnée pour le cardinal Adriano di Corneto[1] ?

Quand deux conciles s'anathématisent l'un l'autre, comme il eſt arrivé vingt fois, quel eſt le concile infaillible ?

66° Enfin ne vaudrait-il pas mieux ne point s'enfoncer dans ces labyrinthes, et prêcher simplement la vertu ? Quand Dieu nous jugera, je doute fort qu'il nous demande si la grâce eſt versatile ou concomitante; si le mariage eſt le signe visible d'une chose invisible; si nous croyons qu'il y ait dix chœurs d'anges ou neuf; si le pape eſt au-dessus du concile, ou le concile au-dessus du pape. Sera-ce un crime à ses yeux de lui avoir adressé des prières en espagnol quand on ne sait pas le latin ? Serons-nous les objets de son éternelle colère pour avoir mangé pour la valeur de douze maravédis de mauvaise viande un certain jour ? Et serons-nous récompensés à jamais si nous avons mangé avec vous, sages maîtres, pour cent piaſtres de turbots, de soles et d'eſturgeons ? Vous ne le croyez pas dans le fond de vos cœurs; vous pensez que Dieu nous jugera selon nos œuvres, et non selon les idées de Thomas ou de Bonaventure.

Ne rendrai-je pas service aux hommes en ne leur annonçant que la morale ? Cette morale eſt si pure, si sainte, si universelle, si claire, si ancienne, qu'elle semble venir de Dieu même, comme la lumière qui passe parmi nous pour son premier ouvrage. N'a-t-il pas donné aux hommes l'amour-propre, pour veiller à leur conservation; la bienveillance, la bienfaisance, la vertu, pour veiller sur l'amour-propre; les besoins mutuels, pour former la société; le plaisir, pour en jouir; la douleur, qui avertit de jouir avec modération; les passions, qui nous portent aux grandes choses, et la sagesse, qui met un frein à ces passions ?

N'a-t-il pas enfin inspiré à tous les hommes réunis en société d'idée d'un Être suprême, afin que l'adoration qu'on doit à cet Être soit le plus fort lien de la société ? Les sauvages qui errent dans les bois n'ont pas besoin de cette connaissance : les devoirs de la société qu'ils ignorent ne les regardent point; mais sitôt que les hommes sont rassemblés, Dieu se manifeſte à leur raison : ils ont besoin de juſtice, ils adorent en lui le principe de toute justice. Dieu, qui n'a que faire de leurs vaines adorations, les reçoit comme nécessaires pour eux et non pour lui. Et de même qu'il leur donne le génie des arts, sans lesquels toute société périt, il leur donne l'esprit de religion, la première des sciences et la plus naturelle : science divine dont le principe est certain, quoiqu'on en tire tous les jours des conséquences incertaines. Me permettez-vous d'annoncer ces vérités aux nobles Espagnols ?

67° Si vous voulez que je cache cette vérité; si vous m'ordonnez absolument d'annoncer les miracles de Saint-Jacques en Galice, et de Notre-Dame d'Atocha, et de Marie d'Agréda qui montrait son cul aux petits garçons dans ses extases, dites-moi comment j'en dois user avec les réfractaires qui oseront douter : faudra-t-il que je leur fasse donner, avec édification, la question ordinaire et extraordinaire ? Quand je rencontrerai des filles juives, dois-je coucher avec elles avant de les faire brûler ? et lorsqu'on les mettra au feu, n'ai-je pas le droit d'en prendre une cuisse ou une fesse pour mon souper avec des filles catholiques ?

J'attends l'honneur de votre réponse.

DOMINICO ZAPATA,

Y verdadero, y honrado, y caritativo.

Zapata, n'ayant point eu de réponse, se mit à prêcher Dieu tout simplement. Il annonça aux hommes le père des hommes, rémunérateur, punisseur, et pardonneur. Il dégagea la vérité des mensonges, et sépara la religion du fanatisme; il enseigna et il pratiqua la vertu. Il fut doux, bienfaisant, modeste; et fut rôti à Valladolid, l'an de grâce 1631. Priez Dieu pour l'âme de frère Zapata.

LES HONNÊTETÉS LITTÉRAIRES[1]

(1767)

On a déjà dit[2] qu'il est ridicule de défendre sa prose et ses vers, quand ce ne sont que des vers et de la prose; en fait d'ouvrages de goût, il faut faire, et ensuite se taire.

Térence se plaint, dans ses prologues, d'un vieux poète qui suscitait des cabales contre lui, qui tâchait d'empêcher qu'on ne jouât ses pièces, ou de les faire siffler quand on les jouait. Térence avait tort, ou je me trompe. Il devait, comme l'a dit César, joindre plus de chaleur et plus de comique au naturel charmant et à l'élégance de ses ouvrages. C'était la meilleure façon de répondre à son adversaire.

Corneille disait de ses critiques : « S'ils me disent *pois,* je leur répondrai *fèves.* » En conséquence, il fit contre le modeste Scudéri ce rondeau un peu immodeste :

Qu'il fasse mieux ce jeune jouvencel,
A qui *le Cid* donne tant de martel,
Que d'entasser injure sur injure,
Rimer de rage une lourde imposture,
Et se cacher ainsi qu'un criminel.
Chacun connaît son jaloux naturel,
Le montre au doigt comme un fou solennel,
Et ne croit pas, en sa bonne écriture,
Qu'il fasse mieux.

Paris entier ayant vu son cartel,
L'envoie au diable, et sa muse au b......
Moi, j'ai pitié des peines qu'il endure;
Et comme ami je le prie et conjure,
S'il veut ternir un ouvrage immortel,
Qu'il fasse mieux.

Il eut ensuite le malheur de répondre à l'abbé d'Aubignac, prédicateur du roi, qui faisait des tragédies comme il prêchait, et qui, pour se consoler des sifflets dont on avait régalé sa *Zénobie,* se mit à dire des injures à l'auteur de *Cinna.* Corneille eût mieux fait de s'envelopper dans sa gloire et dans sa modestie que de répondre *fèves* à l'abbé d'Aubignac qui lui avait dit *pois.*

Racine, dans quelques-unes de ses préfaces, a fait sentir l'aiguillon à ses critiques; mais il était bien pardonnable d'être un peu fâché contre ceux qui envoyaient leurs laquais battre des mains à la *Phèdre* de Pradon, et qui retenaient les loges à la *Phèdre* de Racine pour les laisser vides, et pour faire accroire qu'elle était tombée. C'étaient là de grands protecteurs des lettres : c'étaient le duc Zoïle, le comte Bavius, et le marquis Mévius.

Molière s'y prit d'une autre façon. Cotin, Ménage, Boursault, l'avaient attaqué; il mit Boursault, Cotin et Ménage sur le théâtre.

La Fontaine, qui a tant embelli la vérité dans plusieurs de ses fables, fit de très mauvais vers contre Furetière, qui le lui rendit bien. Il en fit de fort médiocres contre Lulli, qui n'avait pas voulu mettre en musique son détestable opéra de *Daphné,* et qui se moqua de son opéra et de sa satire. « J'aimerais mieux, dit-il, mettre en musique sa satire que son opéra. »

Rousseau le poète fit quelques bons vers et beaucoup de mauvais contre tous les poètes de son temps, qui le payèrent en même monnaie.

Pour les auteurs qui, dans les discours préliminaires de leurs tragédies ou comédies tombées dans un éternel oubli, entrent amicalement dans tous les détails de leurs pièces, vous prouvent que l'endroit le plus sifflé est le meilleur; que le rôle qui a le plus fait bâiller est le plus intéressant; que leurs vers durs, hérissés de barbarismes et de solécismes, sont des vers dignes de Virgile et de Racine; ces messieurs sont utiles en un point : c'est qu'ils font voir jusqu'où l'amour-propre peut mener les hommes, et cela sert à la morale.

M. de Voltaire écrivit un jour : « *La Henriade* vous déplaît, ne la lisez pas. *Zaïre, Brutus, Alzire, Mérope, Sémiramis, Mahomet, Tancrède,* vous ennuient; n'y allez pas. Le *Siècle de Louis XIV* vous paraît d'un style ridicule, à la bonne heure; vous écrivez bien mieux, et j'en suis fort aise. Je vous jure que je ne serai jamais assez sot pour prendre le parti de ma manière d'écrire contre la vôtre.

« Mais si vous accusez de mauvaise foi et de mensonges imprimés un historien impartial, amateur de la vérité et des hommes; si vous imprimez et réimprimez vous-mêmes des mensonges, soit par la noble envie qui ronge votre belle âme, soit pour tirer dix écus d'un libraire, je tiens qu'alors il faut éclaircir les faits. Il est bon que le public soit instruit, il s'agit ici de son intérêt. J'ai fort bien fait de produire le certificat du roi Stanislas, qui atteste la vérité de tous les faits rapportés dans l'*Histoire de Charles XII*. Les aboyeurs folliculaires sont confondus alors, et le public est éclairé.

« Si votre zèle pour la vérité et pour les mœurs va jusqu'à la calomnie la plus atroce, jusqu'à certaines impostures capables de perdre un pauvre auteur auprès du gouvernement et du monarque, il est clair alors que c'est un procès criminel que vous lui faites, et que le malheureux sifflé, opprimé, que vous voudriez encore faire pendre, doit au moins défendre sa cause avec toute la circonspection possible. »

Je pense entièrement comme M. de Voltaire.

Il me semble d'ailleurs que, dans notre Europe occidentale, tout est procès par écrit. Les puissances ont-elles une querelle à démêler; elles plaident d'abord par-devant les gazetiers, qui les jugent en premier ressort, et ensuite elles appellent de ce tribunal à celui de l'artillerie.

Deux citoyens ont-ils un différend sur une clause d'un contrat ou d'un testament; on imprime des factums, et des dupliques, et des mémoires nouveaux. Nous avons des procès de quelques bourgeois plus volumineux que l'*Histoire* de Tacite et de Suétone. Dans ces énormes factums, et même à l'audience, le demandeur soutient que l'intimé est un homme de mauvaise foi, de mauvaises mœurs, un chicaneur, un faussaire; l'intimé répond avec la même politesse. Le procès de Mlle La Cadière et du R. P. Girard contient sept gros volumes[1], et l'*Énéide* n'en contient qu'un petit.

Il est donc permis à un malheureux auteur de bagatelles de plaider par-devant trois ou quatre douzaines de gens oisifs qui se portent pour juges des bagatelles, et qui forment la bonne compagnie, pourvu que ce soit honnêtement, et surtout qu'on ne soit point ennuyeux : car si, dans ces querelles, l'agresseur a tort, l'ennuyeux l'a bien davantage.

J'ai lu autrefois une *Épître sur la Calomnie*[1] *:* j'en ignore l'auteur, et je ne sais si son style n'est pas un peu familier; mais les derniers vers m'ont paru faits pour le sujet que je traite :

Voici le point sur lequel je me fonde;
On entre en guerre en entrant dans le monde.
Homme privé, vous avez vos jaloux,
Rampant dans l'ombre, inconnus comme vous,
Obscurément tourmentant votre vie :
Homme public, c'est la publique envie
Qui contre vous lève son front altier.
Le coq jaloux se bat sur son fumier,
L'aigle dans l'air, le taureau dans la plaine.
Tel est l'état de la nature humaine.
La jalousie et tous ses noirs enfants
Sont au théâtre, au conclave, aux couvents.
Montez au ciel : trois déesses rivales
Y vont porter leur haine et leurs scandales,
Et le beau ciel de nous autres chrétiens
Tout comme l'autre eut aussi ses vauriens.
Ne voit-on pas, chez cet atrabilaire
Qui d'Olivier fut un temps secrétaire,
Ange contre ange, Uriel et Nisroc,
Contre Ariac, Asmodée et Moloc,
Couvrant de sang les célestes campagnes,
Lançant des rocs, ébranlant des montagnes;
De purs esprits qu'un fendant coupe en deux,
Et du canon tiré de près sur eux;
Et le Messie allant, dans une armoire,
Prendre sa lance, instrument de sa gloire ?
Vous voyez bien que la guerre est partout.
Point de repos, cela me pousse à bout.
Hé quoi, toujours alerte, en sentinelle !
Que devient donc la paix universelle
Qu'un grand ministre en rêvant proposa,
Et qu'Irénée aux sifflets exposa,
Et que Jean-Jacque orna de sa faconde,
Quand il faisait la guerre à tout le monde ?
O Patouillet ! ô Nonotte, et consorts !
O mes amis, la paix est chez les morts !
Chrétiennement mon cœur vous la souhaite.
Chez les vivants où trouver sa retraite ?
Où fuir ? que faire ? à quel saint recourir ?
Je n'en sais point : il faut savoir souffrir.

Mais, dit-on, Bernard de Fontenelle, après avoir fait quelques épigrammes assez plates contre Nicolas Boileau et contre Racine, ne répondit rien au mauvais livre du R. P. Balthus[1], de la Société de Jésus, qui l'accusait d'athéisme pour avoir rédigé en bon français et avec grâce le livre latin très savant, mais un peu pesant, de Van Dale[2]; c'eſt que les RR. PP. Lallemant et Doucin, de la Société de Jésus, firent dire à M. de Fontenelle, par M. l'abbé de Tilladet, que s'il répondait on le mettrait à la Baſtille; c'eſt que, plus de vingt ans après, le R. P. Le Tellier persécuta Fontenelle, qu'il accusa d'avoir engagé Dumarsais à répondre; c'eſt que Dumarsais était perdu sans le président de Maisons, et Fontenelle sans M. d'Argenson, comme on l'a déjà dit ailleurs, et comme Fontenelle le fait entendre lui-même dans le bel éloge de M. d'Argenson le garde des sceaux.

Mais à présent que le R. P. Le Tellier ne diſtribue plus de lettres de cachet, je pose qu'il n'eſt pas absolument défendu à un barbouilleur de papier, soit mauvais poète, soit plat prosateur, du nombre desquels j'ai l'honneur d'être, d'exposer les petites erreurs dans lesquelles des gens de bien sont depuis peu tombés, soit en inventant, soit en rapportant des calomnies absurdes, soit en falsifiant des écrits, soit en contrefaisant le ſtyle et jusqu'au nom de leurs confrères qu'ils ont voulu perdre; soit en les accusant d'hérésie, de déisme, d'athéisme, à propos d'une recherche d'anatomie, ou de quelques vers de cinq pieds, ou de quelque point de géographie. M. Jean-George Lefranc, évêque du Puy, dit, par exemple, dans une paſtorale, à la page 6, « qu'on s'eſt armé contre le chriſtianisme dans la grammaire ». On n'avait pas encore entendu dire que le subſtantif et l'adjeſtif, quand ils s'accordent en genre, en nombre et en cas, conduisent droit à nier l'exiſtence de Dieu.

Je vais, pour l'édification du public, rassembler, preuves en main, quelques tours de passe-passe dans ce goût, qui ont illuſtré en dernier lieu la littérature. Ce petit morceau pourra être utile à ceux qui entrent dans la carrière heureuse des lettres. C'eſt un *compendium* de traits d'érudition, de droiture, et de charité, qui me fut envoyé, il y a quelque temps, par un bon ami, sous le titre de *Nouvelles Honnêtetés littéraires*.

PREMIÈRE HONNÊTETÉ

Il y a des sottises convenues qu'on réimprime tous les jours sans conséquence, et qui servent même à l'éducation de la jeunesse. La *Géographie* d'Hubner est mise entre les mains des enfants, depuis Moscou jusqu'à Strasbourg. On y trouve, dès la première page, que Jupiter se changea en taureau pour enlever Europe, treize cents ans avant Jésus-Christ, jour pour jour; mais que les habitants de l'Europe sont enfants de Japhet; qu'ils sont au nombre de trente millions, quoique la seule Allemagne possède environ ce nombre d'habitants. Il affirme ensuite qu'on ne peut trouver en Europe un terrain d'une lieue d'étendue qui ne soit habité, quoiqu'il y ait vingt lieues de pays dans les landes de Bordeaux où l'on ne trouve absolument personne; quoique dans les États du pape, depuis Orviette jusqu'à Terracine, il y ait beaucoup de terrains abandonnés, et quoi qu'il y ait des marécages immenses dans la Pologne, et des déserts dans la Russie, et par tout pays des landes.

Il est dit, dans ce livre, que le roi de France a toujours quarante mille Suisses à sa solde, quoiqu'il n'en ait environ que douze mille.

M. Hubner, en parlant de Marseille, dit que le château de Notre-Dame de la Garde est très bien fortifié. Si M. Hubner avait ou vu Marseille, ou lu le *Voyage de Bachaumont et de Chapelle,* il aurait eu une connaissance plus exacte de Notre-Dame de la Garde.

Gouvernement commode et beau,
A qui suffit pour toute garde
Un Suisse avec sa hallebarde
Peint sur la porte du château.

M. Hubner assure qu'à Orange il parut une couronne d'or au ciel en plein midi, lorsque Guillaume, prince d'Orange, depuis roi d'Angleterre, reçut l'hommage des habitants de cette ville, « et que c'est pourquoi il eut toujours beaucoup de bienveillance pour elle ».

On cite ici le livre d'Hubner parmi cent autres, parce qu'on a été obligé par hasard d'en lire quelque chose, ainsi que du *Spectacle de la nature*[1], où il est dit que Moïse est un grand physicien; que la lumière arrive des étoiles sur la terre en sept minutes, et que le chien de monsieur le chevalier s'appelle Moufflar.

Ces inepties nombreuses ne font nul mal, ne portent préjudice à personne, et sont aisément rectifiées par les instituteurs qui instruisent la jeunesse. Mais qu'un historien anglais, dans les *Annales du siècle,* assure que le dernier empereur de la maison d'Autriche, Charles VI, a été empoisonné par un de ses pages, lequel page s'est réfugié paisiblement à Milan; qu'il dise que le roi de France, à la bataille de Fontenoy, ne passa jamais l'Escaut, lorsqu'il est avéré qu'il était au delà du pont de Calonne à la vue des deux armées; qu'il dise que les Français empoisonnèrent les balles de leurs fusils en les mâchant, et en y mêlant des morceaux de verre; qu'il dise que le duc de Cumberland envoya au roi de France un coffret rempli de ces balles; que ces absurdes mensonges soient répétés encore dans d'autres livres : voilà, ce me semble, des honnêtetés qu'il est juste de relever, et que l'auteur du *Siècle de Louis XIV* n'a pas passées sous silence.

DEUXIÈME HONNÊTETÉ

Après que l'espion turc[1] eut voyagé en France sous Louis XIV, Dufresny fit voyager un Siamois. Quand ce Siamois fut parti, le président de Montesquieu donna la place vacante à un Persan, qui avait beaucoup plus d'esprit que l'on n'en a à Siam et en Turquie.

Cet exemple encouragea un nouvel introducteur des ambassadeurs, qui, dans la guerre de 1741, fit les honneurs de la France à un espion turc, lequel se trouva le plus sot de tous.

Quand la paix fut faite, M. le chevalier Goudard fit les honneurs de presque toute l'Europe à un espion chinois qui résidait à Cologne, et qui parut en six petits volumes.

Il dit, page 17 du premier volume, que le roi de France est le roi des gueux; que si l'univers était submergé, Paris serait l'arche où l'on trouverait en hommes et en femmes toutes sortes de bêtes.

Il assure qu'une nation naïve et gaie qui *chambre ensemble* ne doit pas être de mauvaise humeur contre les femmes, et que les auteurs un peu polis ne les invectivent plus dans leurs ouvrages; cependant sa politesse ne l'empêche pas de les traiter fort mal.

Il dit que le peuple de Lyon est d'un degré plus stupide que celui de Paris, et de deux degrés moins bon.

Passe encore, dira-t-on, que l'auteur, pour vendre son livre, attaque les rois, les ministres, les généraux, et les gros bénéficiers : ou ils n'en savent rien; ou, s'ils en savent quelque chose, ils s'en moquent. Il est assez doux d'avoir ses courtisans dans son antichambre, tandis que les écrivains frondeurs sont dans la rue. Mais les pauvres gens de lettres qui n'ont point d'antichambre sont quelquefois fâchés de se voir calomniés par un lettré de la Chine, qui probablement n'a pas plus d'antichambre qu'eux.

Il y a surtout beaucoup de dames nommées par le lettré chinois, lequel proteste toujours de son respect pour le beau sexe. C'est un sûr moyen de vendre son livre. Les dames, à la vérité, ont de quoi se consoler; mais les malheureux auteurs vilipendés n'ont pas les mêmes ressources.

TROISIÈME HONNÊTETÉ

Le gazetier ecclésiastique outrage pendant trente ans, une fois par semaine, les plus savants hommes de l'Europe, des prélats, des ministres, quelquefois le roi lui-même; mais le tout en citant l'Écriture sainte. Il meurt inconnu, ses ouvrages meurent aussi; et il a un successeur.

QUATRIÈME HONNÊTETÉ

Un autre gazetier joue dans la littérature le même rôle que l'écrivain des nouvelles ecclésiastiques a joué dans l'Église de Dieu; c'est l'abbé Desfontaines, chassé pour ses mœurs de cette Société de Jésus, chassée de

France pour ses intrigues. Il met en vers des psaumes, et on ne lit point ses vers; il meurt de faim, et il déchire pour vivre tous ceux qui se font lire, et il le déclare; il est enfermé à Bicêtre, et il fait des feuilles à Bicêtre; enfin il a un successeur aussi. Ce successeur est l'Élisée de cet Élie, chassé comme lui des jésuites, mis à Bicêtre comme lui, passant de Bicêtre au Fort-l'Évêque et au Châtelet, couvert d'opprobres publics et secrets, osant écrire et n'osant se montrer. Le nom de Fréron est devenu une injure; et cependant il aura aussi un successeur, dont les sots liront les feuilles en province pour se former l'esprit et le cœur.

CINQUIÈME HONNÊTETÉ

L'ABBÉ DE CAVEYRAC, dans sa belle apologie de la révocation de l'Édit de Nantes, et dans celle de la Saint-Barthélemy, traite comme des coquins environ douze cent mille personnes qui vivent paisiblement en France sous le nom de nouveaux convertis. Il tombe ensuite sur les avocats; il déchire les gens de lettres; il calomnie le ministère. Il se ferait beaucoup d'amis s'il n'avait pas trop peu de lecteurs.

SIXIÈME HONNÊTETÉ

UN homme de province sollicite une place dans un corps respectable d'une capitale, et l'obtient; et pour tout remerciement, il dit à ses confrères qu'eux et tous ceux qui aspirent à l'être sont des extravagants, des ennemis de l'État et de la religion, et même des gens sans goût, qui ne lisent point ses cantiques.

Mon correspondant ne me dit point dans quel pays s'est passée cette aventure. Je soupçonne que c'est en Amérique. Il ajoute que ce discours du récipiendaire produisit quelques mauvaises plaisanteries, qu'il faut pardonner aux intéressés. Heureux ceux qui, lorsqu'ils sont outragés, se contentent de rire ! Vous savez, mon cher lecteur, que le public est alerte sur les fautes des gens de lettres comme sur l'orgueil, l'avarice, et les petites paillardises qu'on a quelquefois reprochées aux moines. Plus un état exige de circonspection, plus les faiblesses sont remarquées; et si les moines ont fait vœu de chasteté, d'humilité, et de pauvreté, les gens de lettres semblent avoir fait vœu de raison.

SEPTIÈME HONNÊTETÉ

LORSQUE le R. P. La Valette, alias Duclos, alias Lefèvre, eut fait sa première banqueroute, *ad majorem Societatis gloriam ;* lorsque des imprimeurs huguenots eurent rafraîchi les premières pages d'une vieille édition du R. P. Busembaum, que l'on fit passer pour nouvelle, et qu'ils eurent ainsi jeté, sans le savoir, la première pierre qui a servi à lapider la Société de Jésus; lorsque ces Pères écrivaient en faveur de leur corps tant de petits livres qu'on ne lit plus; lorsque quelques prélats, s'imaginant que la Société de Jésus était immortelle et invulnérable, lui firent leur cour très maladroitement par quelques écrits; lorsque le bourreau brûla, selon son usage, une belle lettre du révérendissime père en Dieu Jean-George Lefranc, évêque du Puy en Velay[1], il y eut alors une inondation de brochures, et autant d'injures de part et d'autre qu'il y avait de jésuites en France...

La principale honnêteté fut entre les révérends pères dominicains et les révérends pères jésuites. Les jésuites, dans un écrit intitulé *Lettre d'un homme du monde à un théologien,* page 4, complimentèrent les jacobins sur leur frère Politien de Montepulciano, qui, dit-on, empoisonna avec une hostie le méchant empereur Henri VII; sur le bienheureux Jacques Clément, ainsi nommé par la Ligue; sur Edmond Bourgoin son prieur; sur frères Pierre Argier et Ridicouse, roués tous deux à Paris.

Les jacobins répondirent à ce compliment par une longue énumération des martyrs de la Société; et cette liste ne finissait point. Les deux partis appelèrent à leur secours saint Thomas d'Aquin. Il s'agissait de le bien entendre, et c'est là le grand effort de la théologie. Les uns et les autres convenaient des paroles. Ils avouaient que saint Thomas a dit, liv. II, quest. 42, art. 2 :

Que ceux qui délivrent la multitude d'un méchant roi sont très louables;

Que le mauvais prince est le seul séditieux;

Qu'il y a des cas où celui qui le tue mérite récompense;

Que, selon le même saint Thomas d'Aquin, liv. II, quest. 12, un prince qui a apostasié n'a plus de droit sur ses sujets;

Que, s'il est excommunié, ses sujets sont *ipso facto* délivrés de leur serment de fidélité, *ejus subditi juramento fidelitatis liberati sunt ;*

Que comme il est permis de résister aux larrons, il est permis de résister aux mauvais princes; *ut sicut licet resistere latronibus, ita licet in tali casu resistere malis principibus.* (Liv. II, quest. 69.)

Tout cela se trouve, avec beaucoup d'autres choses également édifiantes, dans l'*Appel à la raison* imprimé en 1762, sous le titre de Bruxelles.

On prétend que chez les jacobins, quand il meurt un docteur en théologie, on met une bible de saint Thomas dans sa bière. Des profanes, ayant lu ces grandes questions dans saint Thomas d'Aquin, ont prétendu qu'il eût été à désirer, pour la tranquillité publique, que toutes les *Sommes* de ce bonhomme eussent été enterrées avec tous les jacobins. Mais ce sentiment me paraît un peu trop dur.

Après cette dispute, qui intéressa vivement dix ou douze lecteurs, il en survint une autre entre les mêmes combattants, au sujet du livre *De Matrimonio,* du révérend père Sanchez, regardé en Espagne et par tous les jésuites du monde comme un Père de l'Église. Cette dispute se trouve à la page 262 du *Nouvel Appel à la Raison,* et il faut avouer que la raison doit être bien étonnée qu'on soumette un pareil procès à son tribunal.

On y discute trois questions tout à fait intéressantes : la première, *quando vas innaturale usurpatur ;* la seconde, *quando seminatio non est simultanea ;* la troisième, *quando seminatio est extra vas.* Ma pudeur et mon grand respect pour les dames m'empêchent de traduire en Français cette dispute théologique. J'ai prétendu me borner à faire voir combien les théologiens sont quelquefois honnêtes.

HUITIÈME HONNÊTETÉ

Un homme d'un génie vaste, d'une érudition immense, d'un travail infatigable, et dont le nom perce dans l'Europe du sein de la retraite la plus profonde, entreprend le plus grand et le plus difficile ouvrage dont la littérature ait jamais été honorée; le meilleur géomètre de la France se joint à lui. Ce géomètre, qui unit à la délicatesse de Fontenelle la force que Fontenelle n'a pas, donne un plan de cette célèbre entreprise, et ce plan vaut lui seul une *Encyclopédie*. Un homme d'un nom illustre, qui s'est consacré aux lettres toute sa vie, physicien exact, métaphysicien profond, très versé dans l'histoire et dans les autres genres, fait lui seul près du quart de cet ouvrage utile[1]; des hommes savants, des hommes de génie, s'y dévouent; d'anciens militaires, d'anciens magistrats, d'habiles médecins, des artistes même, y travaillent avec succès, et tous dans la vue de laisser à l'Europe le dépôt des sciences et des arts, sans aucun intérêt, sans vain amour-propre. Ce n'est que malgré eux que le libraire a publié leurs noms. M. de Voltaire surtout avait prié que son nom ne parût point. Quelle a été la reconnaissance de certains hommes, soi-disant gens de lettres, pour une entreprise si avantageuse à eux-mêmes ? Celle de la décrier, de diffamer les auteurs, de les poursuivre, de les accuser d'irréligion et de lèse-majesté.

NEUVIÈME HONNÊTETÉ

Maître Abraham Chaumeix (je ne sais qui c'est), ayant demandé à travailler à ce grand ouvrage, et ayant été éconduit, comme de raison, ne manqua pas de dénoncer juridiquement les auteurs. Il soupçonne que celui qui a principalement contribué à le faire refuser a composé l'article *Ame*, et que puisqu'il est son ennemi il est athée; il le dénonce donc juridiquement comme tel.

Il se trouve que l'auteur de l'article est un bon docteur de Sorbonne très pieux[1]. Il est très étonné d'apprendre qu'il est accusé de nier l'existence de Dieu et celle de l'âme; et il conclut que si Abraham Chaumeix a une âme, elle est un peu dure et fort ignorante.

Abraham, pour se dépiquer, va se faire maître d'école à Moscou. Que son âme y repose en paix !

DIXIÈME HONNÊTETÉ

Un gentilhomme de Bretagne, qui a fait des comédies charmantes, nous a donné des anecdotes très curieuses sur la ville de Paris et sur l'histoire de France, imprimées avec privilège, et surtout avec celui de l'approbation publique; aussitôt les auteurs de je ne sais quelles feuilles[2] (car je ne lis point les feuilles) écrivent dans ces feuilles, dédiées à la cour, à douze sous par mois, que l'auteur est incontestablement déiste ou athée, et qu'il est impossible que cela ne soit pas, puisqu'il a dit que Maugiron, Quélus, et Saint-Mégrin, tués sous le règne de Henri III, furent enterrés dans l'église de Saint-Paul, et qu'on n'avait pas voulu inhumer une vieille femme dans la rue de l'Arbre-Sec avant qu'on eût vu son testament.

Le Breton, qui n'entend point la raillerie, fait assigner au Châtelet les auteurs des feuilles, par-devant le lieutenant criminel, en réparation d'honneur et de conscience, au mois de juin 1763. Les folliculaires civilisent l'affaire, et sont forcés de demander pardon de leur incivilité.

ONZIÈME HONNÊTETÉ

Un auteur[3], qui n'aimait pas ceux du grand et utile ouvrage dont on a déjà parlé, les prostitue sur le théâtre, et les introduit volant dans la poche. Ce n'est pas ainsi que Molière a peint Trissotin et Vadius. On me dira pue des galériens du temps du roi Charles VII, condamnés pour crime de faux, ayant obtenu leur grâce de leur bon roi, lui volèrent tout son bagage, comme il eſt rapporté dans l'abbé Trithême[1], page 329; mais on m'avouera que ceux qui font aujourd'hui honneur à la littérature française ne sont point des coupeurs de bourses, et que d'ailleurs ce trait n'eſt pas assez plaisant.

DOUZIÈME HONNÊTETÉ

Des folliculaires à la petite semaine ont imprimé que M. d'Alembert eſt un Rabzacès, un Philiſtin, un Amorrhéen, une bête puante : je ne sais pas précisément pourquoi; mais Rabzacès signifie grand échanson en syriaque. Or M. d'Alembert n'eſt pas un grand échanson, c'eſt même l'homme du monde qui verse le moins à boire. Il ne peut être à la fois Rabzacès, Syrien, Philiſtin ou Amorrhéen; il n'eſt ni bête ni puant; je sais seulement qu'il eſt un des plus grands géomètres, un des plus beaux esprits et une des plus belles âmes de l'Europe : ce qu'on n'a jamais dit de Rabzacès.

TREIZIÈME HONNÊTETÉ

Les folliculaires ont eu d'aussi étranges honnêtetés pour M. de Montesquieu et pour M. de Buffon. On a écrit contre l'un des lettres du Pérou[2], qui n'ont pas dû être un Pérou pour l'auteur. On a prouvé à l'autre qu'il était déiſte ou athée, cela eſt égal, parce qu'il avait loué les ſtoïciens; et on l'a prouvé tout comme le révérend père Hardouin, de la Société de Jésus, avait démontré que Pascal, Nicole, Arnauld, et Malebranche, n'ont jamais cru en Dieu.

Qui méprise Cotin n'eſtime point son roi,
Et n'a, selon Cotin, ni Dieu, ni foi, ni loi.

QUATORZIÈME HONNÊTETÉ

En voici une d'un goût nouveau : Jean-Jacques Rousseau, qui ne passe ni pour le plus judicieux, ni pour le plus conséquent des hommes, ni pour le plus modeste, ni pour le plus reconnaissant, est mené en Angleterre par un protecteur qui épuise son crédit pour lui faire obtenir une pension secrète du roi. Jean-Jacques trouve la pension secrète un affront. Aussitôt il écrit une lettre, dans laquelle il sacrifie l'éloquence et le goût à son ressentiment contre son bienfaiteur. Il pousse trois arguments contre ce bienfaiteur, M. Hume, et à chaque argument il finit par ces mots : « Premier soufflet, second soufflet, troisième soufflet sur la joue de mon patron. » Ah ! Jean-Jacques, trois soufflets pour une pension ! c'est trop !

Tudieu, l'ami, sans nous rien dire,
Comme vous baillez des soufflets !

(*Amphitryon,* acte I, scène II.)

Un Genevois qui donne trois soufflets à un Écossais ! Cela fait trembler pour les suites. Si le roi d'Angleterre avait donné la pension, Sa Majesté aurait eu le quatrième soufflet. C'est un terrible homme que ce Jean-Jacques ! Il prétend, dans je ne sais quel roman intitulé *Héloïse* ou *Aloïsia,* s'être battu contre un seigneur anglais de la chambre haute, dont il reçut ensuite l'aumône. Il a fait, on le sait, des miracles à Venise; mais il ne fallait pas calomnier les gens de lettres à Paris. Il y a de ces gens de lettres qui n'attaquent jamais personne, mais qui font une guerre bien vive quand ils sont attaqués, et Dieu est toujours pour la bonne cause. Un des offensés s'amusa à le dessiner par les coups de crayon que voici :

Cet ennemi du genre humain,
Singe manqué de l'Arétin,
Qui se croit celui de Socrate;
Ce charlatan trompeur et vain,
Changeant vingt fois son mithridate;

Ce basset hargneux et mutin,
Bâtard du chien de Diogène,
Mordant également la main
Ou qui le fesse, ou qui l'enchaîne,
Ou qui lui présente du pain.

Les honnêtetés de Jean-Jacques lui ont attiré, comme on le voit, de très grandes honnêtetés. Il y a de la justice dans le monde, et, pour peu que vous soyez poli, vous trouvez à coup sûr des gens fort polis qui ne sont pas en reste avec vous. Cela compose une société charmante.

QUINZIÈME HONNÊTETÉ

Une honnêteté nouvelle, et dont on ne s'était pas encore avisé dans la littérature, c'est d'imprimer des lettres sous le nom d'un auteur connu, ou de falsifier celles qui ont couru dans le monde par la trop grande facilité de quelques amis, et d'insérer dans ces lettres les plus énormes platitudes avec les calomnies les plus insolentes. C'est ainsi qu'en dernier lieu on a imprimé à Amsterdam, sous le titre de Genève, de prétendues *Lettres secrètes de l'auteur de la Henriade ;* lesquelles lettres, si elles étaient secrètes, ne devaient pas être publiques. Il y a surtout dans ces lettres secrètes un correspondant nommé le comte de Bar-sur-Aube, qui est un homme sûr; mais, comme il n'y a jamais eu de comte de Bar-sur-Aube, on ne peut pas avoir grande foi à ces *Lettres secrètes.*

Ensuite le nommé Schneider, libraire d'Amsterdam, a débité, sous le nom de Genève, les *Lettres du même homme à ses amis du Parnasse :* c'est là le titre. Il se trouve que ces amis du Parnasse sont le roi de Pologne, le roi de Prusse, l'électeur palatin, le duc de Bouillon, etc. Outre la décence de ce titre, on fait dire, dans ces lettres, à l'auteur de *la Henriade* et du *Siècle de Louis XIV,* qu'à la cour de France il y a d'agréables commères qui aiment Jean-Jacques Rousseau comme leur toutou. On ajoute à ces gentillesses des notes infâmes contre des personnes respectables; et il y a surtout trois lettres à un chevalier de Bruan qui n'a jamais existé, et qu'on appelle mon cher

Philinte. L'éditeur doute si ces trois lettres sont de M. de Montesquieu ou de M. de Voltaire, quoique aucun de leurs laquais n'eût voulu les avoir écrites[1]. On a déjà dit ailleurs que ces bêtises se vendent à la foire de Leipsick; comme on vend du vin d'Orléans pour du vin de Pontac. Il est bon d'en avertir ceux qui ne sont pas gourmets.

SEIZIÈME HONNÊTETÉ

Il est encore plus utile d'avertir ici que le style simple, sage et noble, orné, mais non surchargé de fleurs, qui caractérisait les bons auteurs du siècle de Louis XIV, paraît aujourd'hui trop froid et trop rampant aux petits auteurs de nos jours; ils croient être éloquents, lorsqu'ils écrivent avec une violence effrénée; ils pensent être des Montesquieu, quand ils ont à tort et à travers insulté quelques cours et quelques ministres du fond de leurs greniers, et qu'ils ont entassé sans esprit injure sur injure; ils croient être des Tacite, lorsqu'ils ont lancé quelques solécismes audacieux à des hommes dont les valets de chambre dédaigneraient de leur parler; ils s'érigent en Catons et en Brutus la plume à la main. Les bons écrivains du siècle de Louis XIV ont eu de la force; aujourd'hui, on cherche des contorsions.

Qui croirait qu'un gredin ait imprimé en 1752, dans un livre intitulé *Mes Pensées,* les mots que voici, et qu'il croyait dans le vrai goût de Montesquieu ?

« Une république qui ne serait formée que de scélérats du premier ordre produirait bientôt un peuple de sages, de conquérants et de héros. Une république fondée par Cartouche aurait eu de plus sages lois que la république de Solon.

« La mort de Charles Ier a fait plus de bien à l'Angleterre que n'en aurait fait le règne le plus glorieux de ce prince.

« Les forfaits de Cromwell sont si beaux que l'enfant bien né n'entend point prononcer le nom de ce grand homme sans joindre les mains d'admiration. »

Ces pensées ont été pourtant réimprimées, et l'auteur, à la seconde édition, mettait au titre septième édition, pour encourager à lire son livre. Il le dédiait à son frère. Il signait Gonia Palaios. Gonia signifie angle; Palaios, vieux. Son nom en effet eſt l'Angle-vieux[1]. Il s'eſt fait appeler La Beaumelle. C'eſt lui qui a falsifié les *Lettres* de Mme de Maintenon, et qui a rempli les *Mémoires* de Maintenon de contes absurdes et des anecdotes les plus fausses.

DIX-SEPTIÈME HONNÊTETÉ

On connaît l'hiſtoire du *Siècle de Louis XIV*. Tout impartial qu'eſt ce livre, il eſt consacré à la gloire de la nation française, et à celle des arts, et c'eſt même parce qu'il eſt impartial qu'il affermit cette gloire. Il a été bien reçu chez tous les peuples de l'Europe, parce qu'on aime partout la vérité. Louis XV, qui a daigné le lire plus d'une fois, en a marqué publiquement sa satisfaction. Je ne parle pas du ſtyle, qui sans doute ne vaut rien; je parle des faits.

Ce même La Beaumelle, dont il a bien fallu déjà faire mention, ci-devant précepteur du fils d'un gentilhomme qui a vendu Ferney à l'auteur du *Siècle de Louis XIV*[2]; chassé de la maison de ce gentilhomme, réfugié en Danemark; chassé du Danemark, réfugié à Berlin; chassé de Berlin, réfugié à Gotha; chassé de Gotha, réfugié à Francfort : cet homme, dis-je, s'avise de faire à Francfort l'action du monde la plus honorable à la littérature.

Il vend pour dis-sept louis d'or au libraire Eslinger une édition du *Siècle de Louis XIV*, qu'il a soin de falsifier en plusieurs endroits importants, et qu'il enrichit de notes de sa main; dans ces notes, il outrage tous les généraux, tous les miniſtres, le roi même et la famille royale; mais c'eſt avec ce ton de supériorité et de fierté qui sied si bien à un homme de son état, consommé dans la connaissance de l'hiſtoire.

Il dit très savamment que les filles hériteraient aujourd'hui de la partie de la Navarre réunie à la couronne; il assure que le maréchal de Vauban n'était qu'un plagiaire; il décide que la Pologne ne peut produire un grand homme; il dit que les savants danois sont tous des ignorants, tous les gentilshommes des imbéciles, et il fait du brave comte de Plélo un portrait ridicule. Il ajoute qu'il ne se fit tuer à Dantzick que parce qu'il s'ennuyait à périr à Copenhague. Non content de tant d'insolences, qui ne pouvaient être lues que parce qu'elles étaient des insolences, il attaque la mémoire du maréchal de Villeroi; il rapporte à son sujet des contes de la populace; il s'égaye aux dépens du maréchal de Villars. Un La Beaumelle donner des ridicules au maréchal de Villars ! Il outrage le marquis de Torcy, le marquis de La Vrillière, deux ministres chers à la nation par leur probité. Il exhorte tous les auteurs à sévir contre M. Chamillard; ce sont ses termes.

Enfin il calomnie Louis XIV au point de dire qu'il empoisonna le marquis de Louvois; et, après cette criminelle démence, qui l'exposait aux châtiments les plus sévères, il vomit les mêmes calomnies contre le frère et le neveu de Louis XIV.

Qu'arrive-t-il d'un tel ouvrage ? De jeunes provinciaux, de jeunes étrangers, cherchent chez des libraires *le Siècle de Louis XIV*. Le libraire demande si on veut ce livre avec des notes savantes. L'acheteur répond qu'il veut sans doute l'ouvrage complet. On lui vend celui de La Beaumelle.

Les donneurs de conseils vous disent : « Méprisez cette infamie, l'auteur ne vaut pas la peine qu'on en parle. » Voilà un plaisant avis. C'est-à-dire qu'il faut laisser triompher l'imposture. Non, il faut la faire connaître. On punit très souvent ce qu'on méprise; et même, à proprement parler, on ne punit que cela, car tout délit est honteux.

Cependant cet honnête homme ayant osé se montrer à Paris, on s'est contenté de l'enfermer pendant quelque temps à Bicêtre; après quoi on l'a confiné dans son village, près de Montpellier.

Ce La Beaumelle est le même qui a depuis fait imprimer des lettres falsifiées de M. de Voltaire, à Amsterdam, à Avignon, accompagnées de notes infâmes contre les premiers de l'État.

On a toujours du goût pour son premier métier[1].

On demande, après de pareils exemples, s'il ne vaut pas mille fois mieux être laquais dans une honnête maison que d'être le bel esprit des laquais; et on demande si l'auteur d'un petit poème intitulé *le Pauvre Diable* n'a pas eu raison de dire :

J'estime plus ces honnêtes enfants
Qui de Savoie arrivent tous les ans,
Et dont la main légèrement essuie
Ces longs canaux engorgés par la suie;
J'estime plus celle qui, dans un coin,
Tricote en paix les bas dont j'ai besoin;
Le cordonnier qui vient de ma chaussure
Prendre à genoux la forme et la mesure,
Que le métier de tes obscurs Frérons;
Maître Abraham et ses vils compagnons
Sont une espèce encor plus odieuse.
Quant aux catins, j'en fais assez de cas :
Leur art est doux, et leur vie est joyeuse;
Si quelquefois leurs dangereux appas
A l'hôpital mènent un pauvre diable,
Un grand benêt qui fait l'homme agréable,
Je leur pardonne : il l'a bien mérité[1].

Je cite ces vers pour faire voir combien ce métier de petits barbouilleurs, de petits folliculaires, de petits calomniateurs, de petits falsificateurs du coin de la rue, est abominable : car, pour celui des belles demoiselles qui ruinent un sot, je n'en fais pas tout à fait le même cas que l'auteur du *Pauvre Diable ;* on doit avoir de l'honnêteté pour elles sans doute, mais avec quelques restrictions.

DIX-HUITIÈME HONNÊTETÉ

Le fils d'un laquais de M. de Maucroix, lequel fils fut laquais aussi quelque temps, et qui servit souvent à boire à l'abbé d'Olivet, s'est élevé par son mérite; et nous sommes bien loin de lui reprocher son premier emploi dont ce mérite l'a tiré, puisque nous avons approuvé la maxime qu'il vaut mieux être le laquais d'un bel esprit que le bel esprit des laquais. Un jeune homme sans fortune sert fidèlement un bon maître; il s'instruit, il prend un état : il n'y a dans tout cela aucune indignité, rien dont la vertu et l'honneur doivent rougir. Le pape Adrien IV avait été mendiant; Sixte Quint avait été gardeur de porcs. Quiconque s'élève a du moins cette espèce de mérite qui contribue à la fortune; et pourvu que vous ne soyez ni insolent ni méchant, tout le monde honore en vous cette fortune qui est votre ouvrage.

Cet homme nommé d'Étrée, parce que son père était du village d'Étrée, ayant cultivé les belles-lettres au lieu de cultiver son jardin, fut d'abord folliculaire, ensuite faiseur d'almanachs, et il mit au jour *l'Année merveilleuse,* pour laquelle il fut incarcéré[1]; puis il se fit prêtre, puis il se fit généalogiste; il travailla chez M. d'Hozier, et en sortit... je ne veux pas dire pourquoi; enfin il obtint un petit prieuré dans le fond d'une province. Monsieur le prieur alla se faire reconnaître dans sa seigneurie en 1763; et, comme il est généalogiste, il se fit passer, mais avec circonspection, pour un neveu du cardinal d'Estrées. Il reçut en cette qualité une fête assez belle d'une dame qui a une terre dans le voisinage, et fut traité en homme qui devait être cardinal un jour.

Comme il n'y a point de maison dans son prieuré, il tenait sa cour dans un cabaret du voisinage. Il écrivit une lettre pleine de dignité et de bonté au seigneur de la paroisse, qui se mêle de prose et de vers tout comme l'abbé d'Étrée. Il avertissait ce voisin qu'un jeune homme de sa maison avait osé chasser sur les terres du prieuré, qui ont, je crois, cent toises d'étendue; qu'il accorderait volontiers le droit de chasse à la seule personne du voisin en qualité de littérateur, parce qu'il avait soixante et onze ans, et qu'il était à peu près aveugle; mais nul autre ne devait effaroucher le gibier de monsieur le prieur, qui n'a pas plus de gibier que de basse-cour. Le jeune homme qui avait imprudemment tiré à deux ou trois cents pas des terres de l'Église était un gentilhomme qui ne crut point devoir de réparation. Autre lettre de monsieur le prieur au voisin; pas plus de réponse à cette seconde qu'à la première.

Mon homme part en méditant une noble vengeance. Il va en Picardie chez un seigneur à la généalogie duquel il travaillait. Un magistrat considérable du parlement de Paris était dans le voisinage. M. l'abbé d'Étrée accuse auprès de ce magistrat celui qui n'avait pu lui écrire une lettre

> D'avoir fait un gros livre, un livre abominable,
> Un livre à mériter la dernière rigueur,
> Dont le fourbe a le front de le faire l'auteur[1].
>
> (Voyez *le Misanthrope,* acte V, 1.)

Voilà monsieur le prieur qui triomphe, et qui écrit à un intendant de ses États : « Il est perdu, il ne s'en relèvera pas, son affaire est faite. » Il se trompa; mais on a lieu d'espérer qu'il réussira mieux une autre fois.

Pauvres gens de lettres, voyez ce que vous vous attirez, soit que vous écriviez, soit que vous n'écriviez pas. Il faut non seulement faire son devoir, *taliter, qualiter,* comme dit Rabelais, et dire toujours du bien de monsieur le prieur; mais il faut encore répondre aux lettres qu'il vous écrit. Cette négligence a ulcéré quelquefois plus d'un grand cœur; et vous voyez avec quelle noblesse un prieur se venge.

DIX-NEUVIÈME HONNÊTETÉ

L'AUTEUR de l'*Histoire de Charles XII* l'avait publiée environ vingt ans avant que le P. Barre donnât son *Histoire d'Allemagne ;* cependant le P. Barre jugea à propos de fondre dans son ouvrage presque tout *Charles XII,* batailles, sièges, discours, caractères, bons mots même. Quelques journalistes ayant entendu parler à quelques lecteurs de cette singulière ressemblance, ne songeant pas à la date des éditions, et n'ayant pas même lu le P. Barre, qu'on ne lit guère, ne doutèrent pas que M. de Voltaire n'eût volé le P. Barre, ou du moins feignirent de n'en pas douter, et appelèrent l'auteur de *Charles XII* plagiaire; mais c'est une bagatelle qui ne mérite pas d'être relevée. Ces petits mensonges sont le profit des folliculaires; il faut que tout le monde vive.

VINGTIÈME HONNÊTETÉ

C'est encore un secret admirable que celui de déterrer un poème manuscrit qu'on attribue à un auteur auquel on veut donner des marques de souvenir, et de remplir ce poème de vers dignes du postillon du cocher de Vertamon; d'y insérer des tirades contre Charlemagne et contre Saint Louis; d'y introduire au XVe siècle Calvin et Luther, qui sont du XVIe; d'y glisser quelques vers contre des ministres d'État; et enfin de parler d'amour comme on en parle dans un corps de garde. Les éditeurs espèrent qu'ils vendront avantageusement ces beaux vers et libelles de taverne, et que l'auteur à qui ils les imputent sera infailliblement perdu à la cour.

> Nos galants y voyaient double profit à faire :
> Leur bien premièrement, et puis le mal d'autrui[1].

Vous vous trompez, Messieurs, on a plus de discernement à Versailles et à Paris que vous ne croyez; et ceux *quibus est aequus et pater et res*[2] ne sont pas vos dupes. On n'imputera jamais à l'auteur d'*Alzire* des vers :

> Chandos, suant et soufflant comme un bœuf,
> Cherche du doigt si Jeanne est une fille;
> « Au diable soit, dit-il, la sotte aiguille ! »
> Bientôt le diable emporte l'étui neuf,
> Il veut encor secouer sa guenille...
> Chacun avait son trot et son allure,
> Chacun piquait à l'envi sa monture, etc.[3].

On a pris la peine de faire environ trois cents vers dans ce goût, et de les attribuer à l'auteur de *la Henriade :* il y a des vers pour la bonne compagnie, il n'y en a pour la canaille, et cela est absolument égal pour quelques libraires de Hollande et d'Avignon.

Pour mieux connaître de quoi la basse littérature est capable, il faut savoir que les auteurs de ces gentillesses, ayant manqué leur coup, firent à Liège une nouvelle édition du même ouvrage, dans lequel ils insérèrent les injures qu'ils crurent les plus piquantes contre Mme de Pompadour. Ils lui en firent tenir un exemplaire, qu'elle jeta au feu; ils lui écrivirent des lettres anonymes, qu'elle renvoya à l'homme qu'ils voulaient perdre. C'est une grande ressource que celle des lettres anonymes, et fort usitée chez les âmes généreuses qui disent hardiment la vérité : les gueux de la littérature y sont fort sujets, et celui qui écrit ces mémoires instructifs conserve quatre-vingt-quatorze lettres anonymes qu'il a reçues de ces messieurs.

VINGT-UNIÈME HONNÊTETÉ

L'ex-révérend père ex-jésuite Nonotte, aussi amateur de la vérité que Varillas, ou Maimbourg, ou Caveyrac, etc., n'étant pas content apparemment de sa portion congrue, mais suffisante, qu'on donne aux ci-devant frères de la Société de Jésus, se mit en tête, il y a quatre ans, de gagner quelque argent en vendant à un libraire d'Avignon, nommé Fez, une critique des œuvres de Voltaire, ou attribuées à Voltaire.

Mais Nonotte, aimant mieux encore l'argent que la vérité, fit proposer à M. de Voltaire de lui vendre pour mille écus son édition, ne doutant pas que M. de Voltaire, craignant un aussi grand adversaire que Nonotte, ne se hâtât de se racheter par cette petite somme; après quoi Nonotte et consorts ne manqueraient pas de faire une nouvelle édition de leur libelle, corrigée et augmentée.

J'ai, par malheur pour le petit Nonotte, la lettre de Fez en original. Voici la copie mot pour mot :

« Monsieur,

« Avant que de mettre en vente un ouvrage qui vous est relatif, j'ai cru devoir décemment vous en donner avis. Le titre porte : *Erreurs de M. de Voltaire sur les faits historiques, dogmatiques, etc.*, en deux volumes in-12, par un auteur anonyme. En conséquence, je prends la liberté de vous proposer un parti; le voici. Je vous offre mon édition de quinze cents exemplaires à deux livres en feuille, montant à trois mille livres. L'ouvrage est désiré universellement. Je vous l'offre, dis-je, cette édition, de bon cœur, et je ne la ferai paraître que je n'aie auparavant reçu quelque ordre de votre part.

« J'ai l'honneur d'être, avec le respect le plus profond,

« Monsieur,

« Votre très humble et très obéissant serviteur,

« FEZ

Imprim.-libr., à Avignon.

« *Avignon, 30 avril 1762.* »

M. de Voltaire, accoutumé à de telles propositions de la part des polissons de la littérature, fut trop équitable pour acheter une édition aussi considérable à si vil prix. Il fit au libraire Fez son compte net. Il lui fit voir combien Nonotte et Fez perdraient à ce beau marché. Cette lettre fut imprimée par ceux qui impriment tout : on dit qu'elle est plaisante; je ne me connais pas en raillerie, je ne cherche ici que la simple vérité.

VINGT-DEUXIÈME HONNÊTETÉ

FORT ORDINAIRE

JE reviens à toi, mon cher Nonotte, et ex-compagnon de Jésus; il faut montrer à quel point tu es honnête et charitable, combien tu connais la vérité, combien tu l'aimes, et avec quel noble zèle tu te joins à un tas de gredins qui jettent de loin leurs ordures à ceux qui cultivent les lettres avec succès.

As-tu gagné par tes deux volumes les mille écus que tu voulais escamoter à M. de Voltaire par ton libraire Fez ? Je t'en fais mon compliment; Garasse n'en savait pas tant que toi, et le contrat mohatra n'approche pas du marché que tu avais proposé. Mais, cher Nonotte, ce n'est pas assez de faire de bons marchés; il faut avoir raison quelquefois.

1° En attaquant un *Essai sur les mœurs et l'esprit des*

nations, tu ne devais pas commencer par dire que Trajan, si connu par ses vertus, était un barbare et un persécuteur. Et sur quoi le trouves-tu cruel ? Parce qu'il ordonne qu'on ne fasse pas de recherches des chrétiens, et qu'il permet qu'on les dénonce.

Mais il était très juste de dénoncer ceux qui, emportés par un zèle indiscret comme Polyeucte, auraient brisé les statues des temples, battu les prêtres, et troublé l'ordre public. Ces fanatiques étaient condamnés par les saints conciles. Un roi aussi bon que Trajan pourrait aujourd'hui, sans être cruel, punir légèrement le chrétien Nonotte s'il était dénoncé comme calomniateur, s'il était convaincu d'avoir publié ses erreurs sous le nom des erreurs d'un autre; d'avoir mis le titre d'Amsterdam, au mépris des ordonnances royales; et d'avoir méchamment et proditoirement médit de son prochain.

2° On t'a déjà dit que tu manquais de bonne foi quand tu reprochais à l'auteur de l'*Essai sur les mœurs,* etc., ces paroles que tu cites de lui : « L'ignorance chrétienne se représente d'ordinaire Dioclétien comme un ennemi armé sans cesse contre les fidèles. » On a averti, et on avertit encore, que ces mots *l'ignorance chrétienne* ne sont dans aucune des éditions de cet ouvrage, pas même dans l'édition furtive de Jean Neaulme. Que dirais-tu, si tu trouvais dans un bon livre l'*ignorance de Nonotte ?* Mettrais-tu à la place l'*ignorance chrétienne de Nonotte ?* Ne t'exposerais-tu pas aux soupçons qu'on aurait que ce Nonotte, ex-jésuite, est un fort mauvais chrétien puisqu'il calomnie ?

Tu réponds que ce sont des chrétiens mal instruits qui ont dit que Dioclétien avait toujours persécuté, et que par conséquent on peut appeler leur erreur une ignorance chrétienne.

Mon ami, voilà de ta part une ignorance un peu jésuitique. Tu fais là une plaisante distinction; tu allègues une direction d'intention fort comique : il fallait ne point corrompre le texte, avouer ton tort, et te taire.

3° Tu continues à canoniser l'action du centurion Marcel, qui jeta son ceinturon, son épée, sa baguette, à la tête de sa troupe, et qui déclara devant l'armée qu'il ne fallait pas servir son empereur. Mon ami, prends garde, le ministre de la guerre veut que le service se fasse; ton Marcel est de mauvais exemple. Sois bon chrétien si tu peux; mais point de sédition, je t'en prie : souviens-toi de frère Guignard, et sois sage.

Tu loues encore le bon chrétien qui déchire l'édit de l'empereur. Nonotte, cela est fort. Prends garde à toi, te dis-je; le roi n'aime pas qu'on déchire ses édits, il le trouverait mauvais. Sais-tu bien que c'est un crime de lèse-majesté au second chef ? Tu apportes pour raison que cet édit était injuste. Était-ce donc à ce chrétien à décider de la légitimité d'un arrêt du conseil ? Où en serions-nous si chaque jésuite ou chaque janséniste prenait cette liberté ?

4° Petit Nonotte, rabâcheras-tu toujours les contes de la légion thébaine, et du petit Romanus, né bègue, dont on ne put arrêter le caquet dès qu'on lui eut coupé la langue ? Faut-il encore t'apprendre qu'il n'y a jamais eu de légion thébaine, que les empereurs romains n'avaient pas plus de légion égyptienne que de légion juive; que nous avons les noms de toutes les légions dans la notice de l'empire, et qu'il n'y est nullement question de Thébains; mais qu'il y avait d'ordinaire trois légions romaines en Égypte ?

Faut-il te redire que les faits, les dates et les lieux, déposent contre cette histoire digne de Rabelais ? Faut-il te répéter qu'on ne martyrise point six mille hommes armés dans une gorge de montagne où il n'en peut tenir trois cents ? Crois-moi, Nonotte, marions les six mille soldats thébains aux onze mille vierges, ce sera à peu près deux filles pour chacun; ils seront bien pourvus. Et à l'égard de la langue du petit Romanus, je te conseille de retenir la tienne, et pour cause.

5° Sois persuadé comme moi que David laissa en mourant vingt-cinq milliards d'argent comptant dans sa ville d'Hershalaïm, j'y consens; obtiens que ta portion congrue soit assignée sur ce trésor royal; cours après les trois cents renards que Samson attacha par la queue; dîne du poisson qui avala Jonas; sers de monture à Balaam, et parle, j'y consens encore; mais, par saint Ignace, ne fais pas le panégyrique d'Aod, qui assassina le roi Églon, et de Samuel qui hacha en morceaux le roi Agag parce qu'il était trop gras : ce n'est pas là une raison. Vois-tu ? J'aime les rois, je les respecte, je ne veux pas qu'on les mette en hachis, et les parlements pensent comme moi : entends-tu, Nonotte ?

6° Tu trouves qu'on n'a pas assez tué d'Albigeois et de calvinistes; tu approuves le supplice de Jean Hus et de Jérôme de Prague, et celui d'Urbain Grandier, et tu ne dis rien de la mort édifiante du R. P. Malagrida, du R. P. Guignard, du R. P. Garnet, du R. P. Oldcorn, du R. P. Creton. Hé, mon ami, un peu de justice !

7° Ne t'enfonce plus dans la discussion de la donation de Pépin; doute, ami Nonotte, doute; et, jusqu'à ce qu'on t'ait montré l'original de la cession de Ravenne, doute, dis-je. Sais-tu bien que Ravenne en ce temps-là était une place plus considérable que Rome, un beau port de mer, et qu'on peut céder des domaines utiles en s'en réservant la propriété ? Sais-tu bien qu'Anastase le bibliothécaire est le premier qui ait parlé de cette propriété ? Croira-t-on de bonne foi que Charlemagne eût parlé, dans son testament, de Rome et de Ravenne comme de villes à lui appartenantes si le pape en avait été le maître absolu ?

J'avoue que saint Pierre écrivit une belle lettre à Pépin du haut du ciel, et que le saint pape envoya la lettre au bon Pépin, qui en fut fort touché; j'avoue que le pape Étienne vint en France pour sacrer Pépin, qui ravissait la couronne à son maître, et qui s'était déjà fait sacrer par un autre saint; j'avoue que le pape Étienne étant tombé malade à Saint-Denis fut guéri par saint Pierre et par saint Paul, qui lui apparurent avec saint Denis, suivi d'un diacre et d'un sous-diacre; j'avoue même, avec l'abbé de Vertot, que le pape, qui avait enfermé dans un couvent Carloman, frère de Pépin, dépouillé par ce bon Pépin, fut soupçonné d'avoir empoisonné ce Carloman pour prévenir toute discussion entre les deux frères.

J'avoue encore qu'un autre pape trouva depuis, sur l'autel de la cathédrale de Ravenne, une lettre de Pépin qui donnait Ravenne au saint-siège; mais cela n'empêche pas que Charlemagne n'ait gouverné Ravenne et Rome. Les domaines que les archevêques ont dans Reims, dans Rouen, dans Lyon, n'empêchent pas que nos rois ne soient les souverains de Reims, de Rouen, et de Lyon.

Apprends que tous les bons publicistes d'Allemagne mettent aujourd'hui la donation de la souveraineté de l'exarchat par Pépin avec la donation de Constantin. Apprends que la méprise vient de ce que les premiers écrivains, aussi exacts que toi, ont confondu *patrimonium*

Petri et Pauli avec *Dominium imperiale.* Tu dois savoir, ex-jésuite Nonotte, ce que c'est qu'une équivoque.

8º Hé bien ! parleras-tu encore des bigames et trigames de la première race ? Un jésuite ferme-t-il la bouche à un autre jésuite ? Suffira-t-il de Daniel pour confondre Nonotte ? Lis donc ton Daniel, quoiqu'il soit bien sec. Lis la page 110 du premier volume in-quarto; lis, Nonotte, lis, et tu trouveras que le grand Théodebert épousa la belle Deuterie, quoique la belle Deuterie eût un mari, et que le grand Théodebert eût une femme, et que cette femme s'appelait Visigarde, et que cette Visigarde était fille d'un roi des Lombards nommé Vacon, fort peu connu dans l'histoire; tu verras que Théodebert imitait en cette bigamerie ou bigamie son oncle Clotaire; et voici les propres mots de Daniel :

« Théodebert ne faisait en cela rien de pis que son oncle Clotaire, qui avait épousé la femme de Clodomir son frère, peu de temps après la mort de ce prince, quoiqu'il eût déjà une autre femme; et il en eut trois pendant quelque temps, dont deux étaient sœurs. »

Cela n'est pas trop bien écrit, et tu ne pourras approuver ce style, à moins que tu n'aimes ton prochain comme toi-même; mais, mon ami, si Daniel écrit mal, il dit au moins ici la vérité, et c'est la différence qui est entre vous deux.

Je veux te conter une anecdote au sujet des bigames. Le lord Cowper, grand chancelier d'Angleterre, épousa deux femmes qui vécurent avec lui très cordialement dans sa maison. Ce fut le meilleur ménage du monde. Ce bigame écrivit un petit livre sur la légitimité de ses deux mariages, et prouva son livre par les faits. M. de Voltaire s'était trompé en racontant cette bigamie; il avait pris le lord Cowper pour le lord Trevor. La famille Trevor l'a redressé avec une extrême politesse; ce n'est pas comme toi, Nonotte, qui te trompes très impoliment.

9º Mais, mon cher Nonotte, quand tu as fait deux volumes de tes erreurs, que tu appelles les erreurs d'un autre, as-tu pensé qu'on perdrait son temps à répondre à toutes tes bévues ? Le public s'amuserait-il beaucoup d'un gros livre intitulé *les Erreurs de Nonotte ?* Je ne veux te présenter qu'un petit bouquet, mais j'ai peine à choisir les fleurs. Voici, en passant, quelques fleurs pour Nonotte.

« Il n'y a point, dis-tu, de couvent en France où les religieux aient deux cent mille livres de rente. » Il eſt vrai, les pauvres moines n'ont rien; mais les abbés réguliers ou irréguliers de Cîteaux et de Clairvaux les ont, ces deux cent mille livres; et je te conseille d'être leur fermier, tu y gagneras plus qu'avec le libraire Fez. L'abbé de Cîteaux a commencé un bâtiment dont l'architecte m'a montré le devis : il monte à dix-sept cent mille livres. Nonotte ! il y a là de quoi faire de bons marchés.

10° Sache que c'eſt M. Damilaville, connu des principaux gens de lettres de Paris, s'il ne l'eſt pas de Nonotte, qui, ayant été indigné de l'insolence et de l'absurdité de ton libelle intitulé *les Erreurs,* a daigné imprimer ce qu'il en pensait; c'eſt lui surtout qui a montré qu'il n'y a point de contradiction à dire que Cromwell fut quelque temps un fanatique, puis un politique profond, et enfin un grand homme, et qu'on peut dire la même chose de Mahomet. Sache que Cromwell rançonna, pilla, saccagea, pendant la guerre, et qu'il fit observer les lois pendant la paix; qu'il ne mit point de nouveaux impôts; « qu'il couvrit par les qualités d'un grand roi les crimes d'un usurpateur »; qu'il craignait avec très grande raison d'être assassiné; et qu'après avoir pris toutes les précautions pour ne le pas être, il n'en mourut pas moins avec une fermeté connue de tout le monde. M. Damilaville a dit qu'il n'y a rien dans tout cela d'incompatible, et que Nonotte n'a pas le sens commun. A-t-il tort ?

11° Que tu es ignorant dans les choses les plus connues ! Tu trouves mauvais que le véridique auteur de l'*Essai sur les mœurs,* etc., dise que le célèbre Guillaume de Nassau, fondateur de la république de Hollande, était comte de l'empire au même titre que Philippe II était seigneur d'Anvers. Tu es tout étonné que ce fameux prince d'Orange soit mis en parallèle avec *la maeſta del re don Phelippo el discreto.* Tu as raison; Philippe II n'était pas comparable à un héros. Ils étaient tous deux d'une famille impériale; ces deux maisons étaient également descendues de braves gentilshommes. Eſt-ce parce que l'assassin du défenseur de la liberté se confessa et communia avant d'exécuter son crime que tu trouves Guillaume coupable ? Eſt-ce parce que ce héros résiſta à toute la puissance d'un poltron hypocrite ? Eſt-ce parce qu'il rendit sept provinces libres que le petit Franc-Comtois Nonotte insulte à sa mémoire ?

12° Que tu es ignorant ! te dis-je. Tu ne sais pas que le bourg de Livron en Dauphiné était une ville du temps de la Ligue; qu'elle fut détruite comme tant d'autres petites villes. Et quand on t'a prouvé qu'elle fut assiégée par Henri III en personne, que le maréchal de camp de Bellegarde conduisit le siège avec vingt-deux pièces de canon en 1574, tu réponds, avec une direction d'intention, que « tu voulais parler de l'état où est Livron aujourd'hui, et non de l'état où elle était alors ». Il s'agit bien de l'état où est Livron aujourd'hui ! et tu ajoutes savamment : « J'ai nommé le commandant Montbrun, qui refusa de rendre la place. » Tu excuses ton ignorance par une nouvelle erreur; ce n'était pas Montbrun qui commandait dans cette ville : c'était de Roësses, comme le dit de Thou, liv. XLIX. Tu as tort quand tu critiques; tu as plus de tort quand tu dis des injures dignes de ton éducation; et tort encore peut-être quand tu espères qu'on ne te punira pas.

13° Avec quelle audace peux-tu dire que M. de Voltaire n'a jamais lu la taxe de la chancellerie de Rome ? Viens dans sa bibliothèque, mon ami, les laquais te laisseront entrer pour cette fois-là, et même te feront sortir par la porte. Tu verras deux exemplaires de ce livre, qu'on ne te prêtera point.

14° Tu fais le savant, Nonotte; tu dis, à propos de théologie, que l'amiral Drake a découvert la terre d'Yesso. Apprends que Drake n'alla jamais au Japon, encore moins à la terre d'Yesso; apprends qu'il mourut en 1596, en allant à Porto-Bello; apprends que ce fut quarante-huit ans après la mort de Drake que les Hollandais découvrirent les premiers cette terre d'Yesso, en 1644; apprends jusqu'au nom du capitaine Martin Jéritson, et de son vaisseau qui s'appelait *le Castrécom*. Crois-tu donner quelque crédit à la théologie en faisant le marin ? Tu te trompes sur terre et sur mer; et tu t'applaudis de ton livre, parce que tes fautes sont en deux volumes !

15° Voyons si tu entends la théologie mieux que la marine. L'auteur de l'*Essai sur les mœurs*, etc., a dit que, selon saint Thomas d'Aquin, il était permis aux séculiers de confesser dans les cas urgents; que ce n'est pas tout à fait un sacrement, mais que c'est comme sacrement. Il a cité l'édition et la page de la *Somme* de saint Thomas; et là-dessus tu viens dire que tous les critiques conviennent que cette partie de la *Somme* de saint Thomas n'est pas de lui. Et moi, je te dis qu'aucun vrai critique n'a pu fournir cette défaite. Je te défie de montrer une seule *Somme* de Thomas d'Aquin où ce monument ne se trouve pas. La *Somme* était en telle vénération qu'on n'eût pas osé y coudre l'ouvrage d'un autre. Elle fut un des premiers livres qui sortirent des presses de Rome, dès l'an 1474; elle fut imprimée à Venise en 1484. Ce n'est que dans des éditions de Lyon qu'on commença à douter que la troisième partie de la *Somme* fût de lui. Mais il est aisé de reconnaître sa méthode et son style, qui sont absolument les mêmes.

Au reste, Thomas ne fit que recueillir les opinions de son temps, et nous avons bien d'autres preuves que les laïques avaient le droit de s'entendre en confession les uns les autres, témoin le fameux passage de Joinville, dans lequel il rapporte qu'il confessa le connétable de Chypre. Un jésuite du moins devrait savoir ce que le jésuite Tolet a dit dans son livre de l'*Instruction sacerdotale*, livre I, chap. XVI : ni femme, ni laïque ne peut absoudre sans privilège; *nec femina, nec laicus, absolvere possunt sine privilegio*. Le pape peut donc permettre aux filles de confesser les hommes, cela sera assez plaisant : tu réjouiras fort Besançon en confessant tes fredaines à la vieille fille que tu fréquentes et que tu endoctrines. Auras-tu l'absolution ?

Je veux t'instruire en t'apprenant que cette ancienne coutume, cette dévotion de se confesser mutuellement, vient de la Syrie. Tu sauras donc, Nonotte, que les bons Juifs se confessaient quelquefois les uns aux autres. Le confesseur et le confessé, quand ils étaient bien pénitents, s'appliquaient tour à tour trente-neuf coups de lanière sur les épaules. Confesse-toi souvent, Nonotte; mais si tu t'adresses à un jacobin, ne va pas lui dire que la *Somme* de saint Thomas n'est pas de lui; on ne se bornerait pas à trente-neuf coups d'étrivières. Confesse ta fille, confesse-toi à elle, et elle te fessera plus doucement qu'un jacobin, comme Girard fessait La Cadière, *et vice versa*.

16° Il me prend envie de t'instruire sur l'*Histoire de la*

Pucelle d'Orléans, car j'aime cette pucelle, et bien d'autres l'aiment aussi[1]. Mais je te renvoie à une dissertation imprimée dans un ouvrage très connu.

Apprends, Nonotte, comme il faut étudier l'histoire quand on ose en parler. Ne fais plus de Jeanne d'Arc une inspirée, mais une idiote hardie qui se croyait inspirée; une héroïne de village, à qui on fit jouer un grand rôle; une brave fille, que des inquisiteurs et des docteurs firent brûler avec la plus lâche cruauté. Corrige tes erreurs, et ne les mets plus sur le compte des autres. Souviens-toi du capucin, qui, étant monté en chaire, dit à ses auditeurs : « Mes frères, mon dessein était de vous parler de l'immaculée conception; mais j'ai vu affiché à la porte de l'église : Réflexions sur les défauts d'autrui, par le révérend père de Villiers, de la Société de Jésus[2]. Hé, mon ami ! fais des réflexions sur les tiens. Je vous parlerai donc de l'humilité. »

Tu crèves de vanité, Nonotte : on t'a fait l'honneur de répondre; mais, pour t'inspirer un peu de modestie, sache que l'illustre Montesquieu daigna répondre à l'auteur des *Nouvelles ecclésiastiques,* à peu près comme le maréchal de La Feuillade battit une fois un fiacre qui lui barrait le chemin quand il allait en bonne fortune.

17° Oh ! oh ! Nonotte, tu veux brouiller l'auteur du *Siècle de Louis XIV* avec le clergé de France. Ceci passe la raillerie. « Il n'y a point, dis-tu à la page 224, d'hommes aussi méprisables que ceux qui forment ce corps nombreux. » Et, après avoir proféré ces abominables paroles, tu les imputes à l'auteur du *Siècle de Louis XIV !* Sens-tu bien tout ce que tu mérites, calomniateur Nonotte ?

L'auteur du *Siècle de Louis XIV* a toujours révéré le clergé en citoyen; il l'a défendu contre les imputations de ceux qui disent au hasard qu'il a le tiers des revenus du royaume; il a prouvé, dans son chapitre XXXV, que toute l'Église gallicane, séculière et régulière, ne possède pas au delà de quatre-vingt-dix millions de revenus en fonds et en casuel. Il remarque que le clergé a secouru l'État d'environ quatre millions par an l'un dans l'autre. Il n'a perdu aucune occasion de rendre justice à ce corps.

On trouve, au chapitre IV du *Traité de la Tolérance,* ces paroles :

« Le corps des évêques en France est presque tout composé de gens de qualité, qui pensent et qui agissent avec une noblesse digne de leur naissance. » Est-ce là insulter les évêques de France comme tu les outrages ?

Insulte-t-il les évêques quand il parle de l'évêque de Marseille, dans une ode *sur le Fanatisme ?*

Belsunce, pasteur vénérable,
Sauvait son peuple périssant;
Langeron, guerrier secourable,
Bravait un trépas renaissant;
Tandis que vos lâches cabales,
Dans la mollesse et les scandales,
Occupaient votre oisiveté
De la dispute ridicule
Et sur Quesnel et sur la bulle,
Qu'oubliera la postérité.

O ex-jésuite ! c'était rendre justice au digne évêque de Marseille; il vous l'a rendue à vous, anciens confrères de Nonotte, à vous, Le Tellier, Lallemant, et Doucin, qui faisiez attendre des évêques dans la salle basse, avec le frère Vadblé, tandis que vous fabriquiez la bulle qui vous a enfin exterminés.

O Nonotte ! tu oses dire que l'auteur du *Siècle de Louis XIV* n'a jamais cherché qu'à tourner les papes en ridicule et à les rendre odieux.

Mais vois les éloges qu'il donne à la sagesse d'Adrien Ier; vois comme il justifie le pape Honorius, tant accusé d'hérésie; vois ce qu'il dit de Léon IV au tome Ier de l'*Essai sur les mœurs et l'esprit des nations.*

« Le pape Léon IV, prenant dans ce danger une autorité que les généraux de l'empereur Lothaire semblaient abandonner, se montra digne, en défendant Rome, d'y commander en souverain. Il avait employé les richesses de l'Église à réparer les murailles, à élever des tours, à tendre des chaînes sur le Tibre. Il arma les milices à ses dépens, engagea les habitants de Naples et de Gaéte à venir défendre les côtes et le port d'Ostie, sans manquer à la sage précaution de prendre deux des otages, sachant bien que ceux qui sont assez puissants pour nous secourir le sont assez pour nous nuire. Il visita lui-même tous les postes et reçut les Sarrasins à leur descente, non pas en équipage de guerrier, ainsi qu'en avait usé Goslin, évêque de Paris, dans une occasion encore plus pressante, mais comme un pontife qui exhortait un peuple chrétien, et comme un roi qui veillait à la sûreté de ses sujets. Il était né Romain. Le courage des premiers âges de la république revivait en lui dans un temps de lâcheté et de corruption, tel qu'un des beaux monuments de l'ancienne Rome, qu'on trouve quelquefois dans les ruines de la nouvelle. »

Il a poussé l'amour de la vérité jusqu'à justifier la mémoire d'un Alexandre VI contre cette foule d'accusateurs qui prétendent que ce pape mourut du poison préparé par lui-même pour faire périr tous les cardinaux ses convives. Il n'a pas craint de heurter l'opinion publique, et de rayer un crime du nombre des crimes dont ce pontife fut convaincu. Il n'a jamais considéré, n'a chéri, n'a dit, que le vrai; il l'a cherché cinquante ans, et tu ne l'as pas trouvé.

Tu es fâché que le pape Benoît XIV lui ait écrit des lettres agréables, et lui ait envoyé des médailles d'or et des agnus par douzaines ! Tu es fâché que son successeur[1] l'ait gratifié, par la protection et par les mains d'un grand ministre de belles reliques pour orner l'église paroissiale qu'il a bâtie ! Console-toi, Nonotte, et viens-y servir la messe d'un de tes confrères qui est l'aumônier du château. Il est vrai que le maître ne marchera pas à la procession derrière un jeune jésuite, comme on a fait dans un beau village de Montauban : il n'est pas de ce goût; mais enfin vous serez deux jésuites.

Saepe premente deo fert deus alter opem.

(OVID., *Trist.*, liv. I, él. II, I.)

Enfin, Nonotte, tu emploies l'artillerie des Garasse et des Hardouin, *ultima ratio jesuitarum, et aliquando jansenistarum*. Tu traites d'athée l'adorateur le plus résigné de la Divinité; tu intentes cette accusation horrible contre l'auteur de *la Henriade*, poème qui est le triomphe de la religion catholique; tu l'intentes contre l'auteur de *Zaïre* et d'*Alzire*, dont cette même religion est la base; contre celui qui, ayant adopté la nièce du grand Corneille, ne la reçut dans une de ses maisons, située sur le territoire de Genève, qu'à condition qu'elle aurait toutes les facilités d'exercer la religion catholique. Tu le sais, puisque tes complices, pour gagner quelque argent, ont fait imprimer la lettre où il est dit expressément que cette demoiselle aura sur le territoire des protestants tous les secours nécessaires pour l'exercice de sa religion. Tu ne songeais pas que tu donnais ainsi des armes contre toi et tes consorts.

C'est ainsi que les Nonotte, les Patouillet, et autres Welches, ont traité d'athées les principaux magistrats français, et les plus éloquents : les Monclar, les Chauvelin, les La Chalotais, les Duché, les Castillon, et plusieurs autres. Mais aussi il faut considérer que ces messieurs leur ont fait plus de mal que M. de Voltaire.

Après l'exposé des bévues, des insolences, et des injures atroces prodiguées par Nonotte et par ses aides, quelques lecteurs seront bien aises de savoir quels sont les auteurs de ce libelle, et de tant d'autres libelles contre la magistrature de France. Voici la lettre d'un homme en place, écrite de Besançon, le 9 janvier 1767; elle peut instruire.

« Jacques Nonotte, âgé de cinquante-quatre ans[1], est né, à Besançon, d'un pauvre homme qui était fendeur de bois et crocheteur. Il paraît à son style et à ses injures qu'il n'a pas dégénéré. Sa mère était blanchisseuse. Le petit Jacques, ayant fait le métier de son père à la porte des jésuites, et ayant montré quelque disposition pour l'étude, fut recueilli par eux, et fut jésuite à l'âge de vingt ans. Il était placé à Avignon en 1759. Ce fut là qu'il commença à compiler, avec quelques-uns de ses confrères, son libelle contre l'*Essai sur les mœurs,* etc., et contre vous.

« L'imprimeur Fez en tira douze cents exemplaires. Le débit n'ayant pas répondu à leurs espérances, Fez se plaignit amèrement, et les jésuites furent obligés de prendre l'édition pour leur compte. Vous daignâtes, Monsieur, vous abaisser à répondre à ce mauvais livre : cela le fit connaître, et a enhardi Nonotte et ses associés à en faire une seconde édition pleine d'injures les plus méprisables à la fois et les plus punissables. Le parti jésuitique a fait imprimer cette édition clandestine à Lyon, au mépris des ordonnances.

« Nonotte est actuellement toléré et ignoré dans notre ville. Il demeure à un troisième étage, et il gouverne despotiquement une vieille fille imbécile qui vous a écrit une lettre anonyme. Il dit qu'il s'occupe à un *Dictionnaire antiphilosophique*[2] qui doit paraître cette année. Je crois en effet qu'il en fera un antiraisonnable. Vous voyez que les membres épars de la vipère coupée en morceaux ont encore du venin. Ce misérable eſt un excrément de collège qu'on ne décrassera jamais, etc. »

Nous conservons l'original de cette lettre.

Si Nonotte a ses censeurs, il a aussi des gens de bon goût pour partisans. M. de Voltaire a reçu une lettre datée de Hennebon en Bretagne, le 18 novembre 1766, signée le chevalier Brûlé. Il a bien voulu nous la communiquer; la voici : elle eſt en beaux vers.

L'orgueil du philosophe avait bercé Voltaire
Dans la flatteuse idée, mais par trop téméraire,
De mériter un nom par-dessus tous les noms.
Le voilà bien déchu de sa présomption;
David avec sa fronde a terrassé Goliath.

Et puis qu'on dise qu'il n'y a plus de Welches en France. Le chevalier de Brûlé eſt apparemment un disciple de Nonotte. Les jésuites n'élevaient-ils pas bien la jeunesse ?

PETITE DIGRESSION

QUI CONTIENT UNE RÉFLEXION UTILE SUR UNE PARTIE DES VINGT-DEUX HONNÊTETÉS PRÉCÉDENTES

Quelle eſt la source de cette rage de tant de petits auteurs, ou ex-jésuites, ou convulsionniſtes, ou précepteurs chassés, ou petits collets sans bénéfices, ou prieurs, ou argumentant en théologie, ou travaillant pour la comédie, ou étalant une boutique de feuilles, ou vendant des mandements et des sermons ? D'où vient qu'ils attaquent les premiers hommes de la littérature avec une fureur si folle ? Pourquoi appellent-ils toujours les Pascal *porte d'enfer ;* les Nicole, *loup ravissant,* et les d'Alembert, *bête puante ?* Pourquoi, lorsqu'un ouvrage réussit, crient-ils toujours à l'hérétique, au déiſte, à l'athée ? La prétention au bel esprit eſt la grande cause de cette maladie épidémique.

Ce n'eſt certainement pas pour rendre service à la religion catholique, apoſtolique et romaine, qu'ils crient partout que les premiers mathématiciens du siècle, les premiers philosophes, les plus grands poètes et orateurs, les plus exacts historiens, les magistrats les plus consommés dans les lois, tous les officiers d'armée qui s'instruisent, ne croient pas à la religion catholique, apostolique et romaine, contre laquelle les portes de l'enfer ne prévaudront jamais. On sent bien que les portes de l'enfer prévaudraient s'il était vrai que tout ce qu'il y a de plus éclairé dans l'Europe déteste en secret cette religion. Ces malheureux lui rendent donc un funeste service, en disant qu'elle a des ennemis dans tous ceux qui pensent.

Ils veulent eux-mêmes la décrier en cherchant des noms célèbres qui la décrient. Il est dit dans *les Erreurs de Nonotte,* renforcées par un autre homme de bien qui l'a aidé, page 118, « qu'à la vérité M. de Voltaire n'attaque point l'autorité des livres divins, qu'il montre même pour eux du respect; mais que cela n'empêche point qu'il ne s'en moque dans son cœur »; et de là il conclut que tout le monde en fait autant, et que lui Nonotte pourrait bien s'en moquer aussi avec une direction d'intention.

Ah ! impie Nonotte ! blasphémateur Nonotte ! Prions Dieu, mes frères, pour sa conversion.

Ce qui damne principalement Nonotte, Patouillet, et consorts, est précisément ce qui a traduit frère Berthier en purgatoire : c'est la rage du bel esprit. Croiriez-vous bien, mes frères, que Nonotte, dans son libelle théologique, trouve mauvais que l'auteur du *Siècle de Louis XIV* ait mis Quinault au rang des grands hommes ? Nonotte trouve Quinault plat; quoi ! tu n'aimes pas l'auteur d'*Atys* et d'*Armide !* tant pis, Nonotte; cela prouve que tu as l'âme dure, et point d'oreille, ou trop d'oreille.

Non sa quel che sia amor, non sa che vaglia
La caritade, e quindi avvien che i Preti
Sono si ingordi e si crudel canaglia.

(ARIOSTE, *Satire sur le Mariage.*)

Voilà donc l'ex-révérend Nonotte qui, dans un livre dogmatique, pèse le mérite de Quinault dans sa balance. Monsieur l'évêque du Puy en Velay[1] adresse aux habitants du Puy en Velay une énorme pastorale, dans laquelle il leur parle de belles-lettres : *Soyez donc philosophes, mes chers frères,* dit-il aux chaudronniers du Velay, à la page 229. Mais remarquez qu'il ne leur parle ainsi, par l'organe de *Cortiat, secrétaire,* qu'après leur avoir parlé de Perrault, de Lamotte, de l'abbé Terrasson, de Boindin; après avoir outragé la cendre de Fontenelle; après avoir cité Bacon, Galilée, Descartes, Malebranche, Leibnitz, Newton, et Locke. La bonne compagnie du Puy en Velay a pris tous ces gens-là pour des Pères de l'Église. *Cortiat, secrétaire,* examine, page 23, si Boileau n'était qu'un versificateur; et, page 77, si les corps gravitent vers un centre. Dans le mandement, sous le nom de J. F.[1], archevêque d'Auch, on examine si un poète doit se borner à un seul talent, ou en cultiver plusieurs.

Ah ! Messieurs, *non erat his locus*. Vos troupeaux d'Auch et du Velay ne se mêlent ni de vers ni de philosophie; ils ne savent pas plus que vous ce que c'est qu'un poète et qu'un orateur. Parlez le langage de vos brebis. Vous voulez passer pour de beaux esprits, vous cessez d'être pasteurs; vous avertissez le monde de ne plus respecter votre caractère. On vous juge comme on jugeait Lamotte et Terrasson dans un café. Voulez-vous être évêque, imitez saint Paul : il ne parle ni d'Homère, ni de Lycophron; il ne discute point si Xénophon l'emporte sur Thucydide; il parle de la charité. *La charité,* dit-il, *est patiente ;* êtes-vous patients ? *elle est bénigne ;* êtes-vous bénins ? *elle n'est point ambitieuse ;* n'avez-vous point eu l'envie de vous élever par votre style ? *elle n'est point méchante*[2] *;* n'avez-vous mis ou laissé mettre aucune malignité dans vos pastorales ?

Beaux pasteurs ! paissez vos ouailles en paix; et revenons à nos moutons, à nos honnêtetés littéraires.

VINGT-TROISIÈME HONNÊTETÉ

DES PLUS FORTES

Un ex-jésuite, nommé Patouillet (déjà célébré dans cette diatribe), homme doux et pacifique, décrété de prise de corps à Paris, pour un libelle très profond contre le parlement, se réfugie à Auch, chez l'archevêque, avec un de ses confrères. Tous deux fabriquent une pastorale en 1764, et séduisent l'archevêque jusqu'à lui faire signer de son nom J. F. cet écrit apostolique qui attaque tous les parlements du royaume; et voici surtout comme la pastorale s'explique sur eux, page 48 : « Ces ennemis des deux puissances mille fois abattus par leur concert, toujours relevés par de sourdes intrigues, toujours animés de la rage la plus noire, etc. » Il n'y a presque point de page ou ces deux jésuites n'exhalent contre les parlements une rage qui paraît d'un noir plus foncé. Ce libelle diffamatoire a été condamné, à la vérité, à être brûlé par la main du bourreau; on a recherché les auteurs, mais ils ont échappé à la justice humaine.

Il faut savoir que ces deux faiseurs de pastorales s'étaient imaginé qu'un officier de la maison du roi, très vieux et très malade, retiré depuis treize ans dans ses terres, avait contribué du coin de son feu à la destruction des jésuites. La chose n'était pas fort vraisemblable, mais ils la crurent, et ils ne manquèrent pas de dire dans le mandement, selon l'usage ordinaire, que ce malin vieillard était déiste ou athée, que c'était un *vagabond,* qui à la vérité ne sortait guère de son lit, mais que dans le fond il aimait à courir; que *c'était un vil mercenaire,* qui mariait plusieurs filles de son bien, mais qui avait gagné depuis douze ans quatre cent mille francs avec les éditeurs auxquels il a donné ses ouvrages, et avec les comédiens de Paris, auxquels il a abandonné le profit entier *mammonae iniquitatis.*

Enfin monsieur J.-F. d'Auch traita ce seigneur de plusieurs paroisses, qui sont assez loin de son diocèse, et très bien gouvernées, comme le plus vil des hommes, comme s'il était à ses yeux membre d'un parlement. Un parent de l'archevêque, auquel cet officier du roi daignait prêter de l'argent dans ce temps-là même, écrivit à monsieur d'Auch qu'il s'était laissé surprendre, qu'il se déshonorait, qu'il devait faire une réparation authentique; que lui, son parent, n'oserait plus paraître devant l'offensé : « Je ne suis pas en état, disait-il dans sa lettre, de lui rendre ce qu'il m'a si généreusement prêté. Payez-moi donc ce que vous me devez depuis si longtemps, afin que je sois en état de satisfaire à mon devoir. »

Monsieur d'Auch fut si honteux de son procédé qu'il se tut. La famille nombreuse de l'offensé répondit à son silence par cette lettre, qui fut envoyée de Paris à monsieur d'Auch.

RÉFLEXION MORALE

C'est une chose digne de l'examen d'un sage que la fureur avec laquelle les jésuites ont combattu les jansénistes, et la même fureur que ces deux partis, ruinés l'un par l'autre, exhalent contre les gens de lettres. Ce sont des soldats réformés qui deviennent voleurs de grand chemin. Le jésuite chassé de son collège, le convulsionnaire échappé de l'hôpital, errant chacun de leur côté, et ne pouvant plus se mordre, se jettent sur les passants.

Cette manie ne leur est pas particulière : c'est une maladie des écoles; c'est la vérole de la théologie. Les malheureux argumentants n'ont point de profession honnête. Un bon menuisier, un sculpteur, un tailleur, un horloger, sont utiles; ils nourrissent leur famille de leur art. Le père de Nonotte était un brave et renommé crocheteur de Besançon. Ne vaudrait-il pas mieux pour son fils scier du bois honnêtement que d'aller de libraire en libraire chercher quelque dupe qui imprime ses libelles ? On avait besoin de Nonotte père, et point du tout de Nonotte fils. Dès qu'on s'est mêlé de controverse, on n'est plus bon à rien, on est forcé de croupir dans son ordure le reste de sa vie; et, pour peu qu'on trouve quelque vieille idiote qu'on ait séduite, on se croit un Chrysostome, un Ambroise, pendant que les petits garçons se moquent de vous dans la rue. O frère Nonotte ! frère Pichon ! frère Duplessis ! votre temps est passé; vous ressemblez à de vieux acteurs chassés des chœurs de l'Opéra, qui vont fredonnant de vieux airs sur le Pont-Neuf pour obtenir quelque aumône. Croyez-moi, pauvres gens, un meilleur moyen pour obtenir du pain serait de ne plus chanter.

VINGT-QUATRIÈME HONNÊTETÉ

DES PLUS MÉDIOCRES

Un abbé Guyon, qui a écrit une *Histoire du Bas-Empire* dans un style convenable au titre, dégoûté d'écrire l'histoire, se mit, il y a peu d'années, à faire un roman[1].

Il alla, dit-il, dans un château qui n'existe point; il y fut très bien reçu : accueil auquel il n'est pas apparemment accoutumé. Le maître de la maison, qu'il n'a jamais vu, lui confia, immédiatement après le dîner, tous ses secrets. Il lui avoua que M. B. est un hérétique; M. C., un déiste; M. D., un socinien; M. F., un athée, et M. G., quelque chose de pis; et que, pour lui, seigneur du château, il avait l'honneur d'être l'Antéchrist, et qu'il lui offrait un drapeau dans ses troupes sous les ordres de MM. Da, De, Di, Do, Du, ses capitaines. Il dit qu'il fit très bonne chère chez l'Antéchrist : c'est en effet un des caractères de ce seigneur, que nous attendons, et c'est par là en partie qu'il séduira les élus.

L'abbé Guyon parle ensuite de Louis XIV : il dit que ce monarque « n'allait à la guerre qu'accompagné de plusieurs cours brillantes; mais que son médaillon a deux faces »; il ajoute que, dans les dernières années de ce prince, il n'y a rien d'intéressant, « sinon les quatre-vingt mille livres de pension qu'obtint Mme de Maintenon à la mort de ce monarque ». Voilà la manière dont ledit Guyon veut qu'on écrive l'histoire. Laissons-le faire la fonction d'aumônier auprès de l'Antéchrist, et n'en parlons plus.

VINGT-CINQUIÈME HONNÊTETÉ

FORT MINCE

Cette vingt-cinquième honnêteté est celle d'un nommé Larnet[1], prédicant d'un village près de Carcassonne en Languedoc. Ce prédicant a fait un libelle de *Lettres* en deux volumes, contre sept ou huit personnes qu'il ne connaît pas, dédié à un grand seigneur qu'il connaît encore moins. Ces écrivains de lettres ont toujours des correspondants, comme les poètes ont des *Philis* et des *Amarantes* en l'air. Larnet commence par dire, page 80, que c'est le pape qui est l'Antéchrist. Oh! accordez-vous donc, Messieurs; car l'abbé Guyon assure qu'il a vu l'Antéchrist dans son château auprès de Lausanne. Or l'Antéchrist ne peut pas siéger à Lausanne et à Rome : il faut opter; il n'appartient pas à l'Antéchrist d'être en plusieurs lieux à la fois.

Le prédicant appelle à son secours le pauvre Michel Servet, qui assurait que l'Antéchrist siège à Rome. Si c'était le sentiment du sage Servet, il ne fallait donc pas que de sages prédicants le fissent brûler; mais,

> Ami, Servet est mort, laissons en paix sa cendre.
> Que m'importe qu'on grille ou Servet ou Larnet ?

Tout cela m'est fort égal. Il est un peu ennuyeux, à ce qu'on dit, ce Larnet, prédicant de Carcassonne en Languedoc. Cependant il a quelques amis. M. Robert Covelle, qui joue, comme on sait, un grand rôle dans la littérature, lui est fort attaché. Dans le dernier voyage que M. Robert fit à Carcassonne, il dédia à son ami Larnet une petite pièce de poésie intitulée *Maître Guignard, ou de l'Hypocrisie*. Cette épître n'est pas limée. M. Covelle est un homme de bonne compagnie, qui hait le travail, et qui peut dire avec Chapelle :

> Tout bon fainéant du Marais
> Fait des vers qui ne coûtent guère :
> Pour moi c'est ainsi que j'en fais;
> Et si je les voulais mieux faire,
> Je les ferais bien plus mauvais[1].

VINGT-SIXIÈME HONNÊTETÉ

« Vous êtes un impudent, un menteur, un faussaire, un traître, qui imputez à des Anglais de mauvais vers que vous dites avoir traduits en français. Vous êtes le seul auteur de ces vers abominables; et, de plus, vous n'avez jamais entendu ni Locke ni Newton : car frère Berthier a dit que vous cherchiez la trisection de l'angle par la géométrie ordinaire. »

Ce sont à peu près les paroles des Nonotte, Patouillet, Guyon, etc., à ce pauvre vieillard qui est hors d'état de leur répondre. Je prends toujours son parti comme je le dois. La plupart des gens de lettres abandonnent leurs amis pillés et vexés; ils ressemblent à ces animaux qu'on dit amis de l'homme, et qui, quand ils voient un de leurs camarades mort de ses blessures dans un grand chemin, lèchent son sang, et passent sans se soucier du défunt. Je ne suis pas de ce caractère. Je défends mon ami *unguibus et rostro*.

M. Middleton, à qui nous devons la vie de Cicéron, et des morceaux de littérature très curieux, voyageant en France, dans sa jeunesse, fit des vers charmants sur ce qu'il avait vu dans notre patrie; les voici d'après le recueil où ils sont imprimés. Ceux qui entendent l'anglais les liront sans doute avec plaisir.

A nation here I pity and admire,
Whom noblest sentiments of glory fire ;
Yet taught by custom's force, and bigot fear,
To serve with pride, and boast the yoke they bear :
Whose nobles born to cringe and to command,
In courts a mean, in camps a gen'rous band ;
From priests and stock-jobbers content receive
Those laws their dreaded arms to Europe give :
Whose people vain in want, in bondage blest ;
Tho' plunder'd gay ; industrious, tho opprest ;
With happy follies rise above their fate ;
The jest and envy of a wiser state.

Yet here the muses deign'd a while to sport
In the short sun-shine of a fav'ring court ;
Here Boileau, strong in sense, and sharp in wit,
Who from the ancients, like the ancients writ,
Permission gain'd inferior vice to blame,
By lying incense to his master's fame.

With more delight those pleasing shades I view,
Where Condé from an envious court withdrew,
Where sick of glory, faction, power and pride,
Sure judge how empty all, who all had try'd,
Beneath his palms, the wary chief repos'd,
And life's great scene in quiet virtue clos'd.

Voici comme M. de Voltaire, mon ami, traduit assez fidèlement tout cet excellent morceau, autant qu'une traduction en vers peut être fidèle :

Tel est l'esprit français; je l'admire et le plains.
Dans son abaissement quel excès de courage !
La tête sous le joug, les lauriers dans les mains,
Il chérit à la fois la gloire et l'esclavage.

Ses exploits et sa honte ont rempli l'univers[1].
Vainqueur dans les combats, enchaîné par ses maîtres,
Pillé par des traitants, aveuglé par des prêtres;
Dans la disette il chante, il danse avec ses fers.
Fier dans la servitude, heureux dans sa folie,
De l'Anglais libre et sage il eſt encor l'envie.

Les muses cependant ont habité ces bords,
Lorsque à leurs favoris prodiguant ses trésors,
Louis encourageait l'imitateur d'Horace :
Ce Boileau plein de sel encor plus que de grâce,
Courtisan satirique, ayant le double emploi
De censeur des Cotin, et de flatteur du roi.

Mais je t'aime encor mieux, ô respectable asile !
Chantilly, des héros séjour noble et tranquille,
Lieux où l'on vit Condé, fuyant de vains honneurs,
Lassé de factions, de gloire, et de grandeurs,
Caché sous ses lauriers, dérobant sa vieillesse
Aux dangers d'une cour infidèle et traîtresse,
Ayant éprouvé tout, dire avec vérité :
Rien ne remplit le cœur, et tout eſt vanité.

J'avoue que ces vers français peuvent n'avoir pas toute l'énergie anglaise. Hélas ! c'eſt le sort des traducteurs en toute langue d'être au-dessous de leurs originaux.

J'avoue qu'il y a quelques vers de Middleton injurieux à la nation française. M. de Voltaire a souvent repoussé toutes ces injures modeſtement, selon sa coutume.

En voilà assez pour ce qui regarde les vers. Quant à la trisection de l'angle, cela pourrait ennuyer les dames, dont il faut toujours ménager la délicatesse.

S'il se passe quelques nouvelles honnêtetés dans la turbulente république des lettres, on n'a qu'à nous en avertir : nous en ferons bonne et briève juſtice.

LETTRE A L'AUTEUR

DES HONNÊTETÉS LITTÉRAIRES

SUR LES MÉMOIRES DE MADAME DE MAINTENON

PUBLIÉS PAR LA BEAUMELLE

On ne peut lire sans quelque indignation les *Mémoires pour servir à l'Hiſtoire de madame de Maintenon et à celle du siècle passé*. Ce sont cinq volumes d'antithèses et de mensonges. Et l'auteur eſt encore plus coupable que ridicule, puisque, ayant fait imprimer les *Lettres de madame de Maintenon,* dont il avait escroqué une copie, il ne tenait qu'à lui de faire une hiſtoire vraie, fondée sur ces mêmes lettres, et sur les Mémoires accrédités que nous avons. Mais la littérature étant devenue le vil objet d'un vil commerce, l'auteur n'a songé qu'à enfler son ouvrage, et à gagner de l'argent aux dépens de la vérité. Il faut regarder son livre comme les *Mémoires de Gatien de Courtilz,* et comme tant d'autres libelles qui se sont débités dans leur temps, et qui sont tombés dans le dernier mépris. L'auteur commence par un portrait de la société de Mme Scarron, comme s'il avait vécu avec elle. Il met de cette société M. de Charleval, qu'il appelle le plus élégant de nos poètes négligés, et dont nous n'avons que trois ou quatre petites pièces qui sont au rang des plus médiocres; il y associe le comte de Coligny, qu'il dit « avoir été à Paris le prosélyte de Ninon, et à la cour l'émule de Condé ». En quoi le comte de Coligny pouvait-il être l'émule du prince de Condé ? quelle rivalité de rang, de gloire et de crédit, pouvait être entre le premier prince du sang, célèbre dans l'Europe par trois viƈtoires, et un gentilhomme qui s'était à peine diſtingué alors ? Il ajoute à cette prétendue société « le marquis de La Sablière, qui avait, dit-il, dans ses propos toute la légèreté d'une femme ». La Sablière était un citoyen de Paris qui n'a jamais été marquis. Qui a dit à l'auteur que ce La Sablière était si léger dans ses propos ?

Sied-il bien à cet écrivain de dire que « les assemblées qui se tenaient chez Scarron ne ressemblaient point à ces coteries littéraires dans qui la marquise de Lambert avait formé le projet de détruire le bon goût » ? Cet homme a-t-il connu Mme de Lambert, qui était une femme très respectable ? A-t-il jamais approché d'elle ? Est-ce à lui de parler de goût ?

Pourquoi dit-il que dans la maison de Scarron on cassait souvent les arrêts de l'Académie ? Il n'y a pas dans tous les ouvrages de Scarron un seul trait dont l'Académie ait pu se plaindre. Ne découvre-t-on pas dans ces réflexions satiriques, si étrangères à son sujet, un jeune étourdi de province qui croit se faire valoir en affectant des mépris pour un corps composé des premiers hommes de l'État et des premiers de la littérature ?

Comment a-t-il assez peu de pudeur pour répéter une chanson infâme de Scarron contre sa femme, dans un ouvrage qu'il prétend avoir entrepris à la gloire de cette même femme, et pour mériter l'approbation de la maison de Saint-Cyr ? Il attribue aussi à Mme de Maintenon plusieurs vers qu'on sait être de l'abbé Têtu, et d'autres qui sont de M. de Fieubet. On voit à chaque page un homme qui parle au hasard d'un pays qu'il n'a jamais connu, et qui ne songe qu'à faire un roman.

« Mlle de La Vallière, dans un déshabillé léger, s'était jetée dans un fauteuil; là elle pensait à loisir à son amant; souvent le jour la retrouvait assise sur une chaise, accoudée sur une table, l'œil fixe dans l'extase de l'amour. » Hé, mon ami ! l'as-tu vue dans ce déshabillé léger ? L'as-tu vue accoudée sur cette table ? Est-il permis d'écrire ainsi l'histoire ?

Ce romancier, sous prétexte d'écrire les *Mémoires de madame de Maintenon,* parle de tous les événements auxquels Mme de Maintenon n'a jamais eu la moindre part : il grossit ses prétendus Mémoires des aventures de Mademoiselle avec le comte de Lauzun. Pourrait-on croire qu'il a l'audace de citer les *Mémoires de Mademoiselle,* et de supposer des faits qui ne se trouvent pas dans ces Mémoires ? Il atteste les paroles de Mademoiselle : « Elle lui déclara sa passion, dit-il, par un billet qu'elle lui remit entre les mains au milieu du Louvre, à la face de ses dieux domestiques, en 1671 »; il y lut ces mots : « C'est M. le comte de Lauzun que j'aime, et que je veux épouser. » Il cite les *Mémoires de Montpensier,* tome VI, page 53. Il n'y a pas un mot de cela dans les *Mémoires de Montpensier*. Mademoiselle écrivit seulement sur un papier : *C'est vous,* et rien de plus. Il faut en croire cette princesse plutôt que La Beaumelle. La présence des *dieux domestiques* est fort convenable et du vrai style de l'histoire.

Ce qui révolte presque à chaque page, ce sont les conversations que l'auteur suppose entre le roi, Mme de Montespan, et la veuve de Scarron, comme s'il y avait été présent. « Louis, dit-il, n'eût point aimé la vérité dans une bouche ridicule en *pie-grièche,* que Mme de Maintenon savait envelopper dans des paroles de soie.

« Mme de Maintenon savait, dit-il, que les amours et les craintes de Mme de Montespan avaient sauvé la Hollande. » Où a-t-il lu que Mme de Montespan sauva la Hollande, qui allait être entièrement envahie si les Hollandais n'avaient pas eu le temps de rompre leurs digues et d'inonder le pays ?

Comment ose-t-il dire que lorsque Mme de Maintenon mena le duc du Maine à Barèges, elle dit au maréchal d'Albert, en voyant le château-Trompette : « Voilà où j'ai été élevée; mais je connais une plus rude prison, et mon lit n'est pas meilleur que mon berceau » ? Tout le monde sait qu'elle était née à Niort et non pas à Bordeaux, et qu'elle n'avait jamais été élevée au château-Trompette. Comment peut-on accumuler tant de sottises et de mensonges ?

Il fait dire par Mme de Maintenon à Mme de Montespan : « J'ai rêvé que nous étions l'une et l'autre sur le grand escalier de Versailles; je montais, vous descendiez; je m'élevai jusqu'aux nues, et vous allâtes à Fontevrault. » Il est difficile de s'élever jusqu'aux nues par un escalier. Ce conte est imité d'une ancienne anecdote du duc d'Épernon, qui, montant l'escalier de Saint-Germain, rencontra le cardinal de Richelieu, dont le pouvoir commençait à s'affermir. Le cardinal lui demanda s'il ne savait point quelques nouvelles. Oui, lui dit-il; *vous montez, et je descends*. Notre romancier cite les *Lettres de madame de Sévigné ;* et il n'y a pas un mot, dans ces lettres, de la prétendue réponse de Mme de Maintenon.

Il faut être bien hardi, et croire ses lecteurs bien imbéciles, pour oser dire qu'en 1681 le duc de Lorraine envoya à Mademoiselle un agent secret déguisé en pauvre, qui, en lui demandant l'aumône dans l'église, lui donna une lettre de ce prince par laquelle il la demandait en mariage. On sait assez que ce conte est tiré de l'*Histoire de Clotilde,* histoire presque aussi fausse en tout que les *Mémoires de Maintenon.* On sait assez que Mademoiselle n'aurait point omis un événement si singulier dans ses Mémoires, et qu'elle n'en dit pas un seul mot. On sait que si le duc de Lorraine avait eu de telles propositions à faire, il le pouvait très aisément sans le secours d'un homme déguisé en mendiant. Enfin, en 1681, Charles, duc de Lorraine, était marié avec Marie-Éléonore, fille de l'empereur Ferdinand III, veuve de Michel, roi de Pologne. On ne peut guère imprimer des impostures plus sottes et plus grossières.

Il fait dire à Mme d'Aiguillon : « Mes neveux vont de mal en pis : l'aîné épouse la veuve d'un homme que personne ne connaît; le second, la fille d'une servante de la reine; j'espère que le troisième épousera la fille du bourreau. » Est-il possible qu'un homme de la lie du peuple écrive du fond de sa province des choses si extravagantes et si outrageantes contre une maison si respectable, et cela sans la moindre vraisemblance, et avec une insolence dont aucun libelle n'a encore approché ? Cet homme, aussi ignorant que dépourvu de bon sens, dit, pour justifier le goût de Louis XIV pour Mme de Maintenon, que « Cléopâtre déjà vieille enchaîna Auguste, et que Henri II brûla pour la maîtresse de son père ». Il n'y a rien de si connu dans l'histoire romaine que la conduite d'Auguste et de Cléopâtre, qu'il voulait mener à Rome en triomphe à la suite de son char. Aucun historien ne le soupçonna d'avoir la moindre faiblesse pour Cléopâtre; et à l'égard de Henri II, qui brûla pour la duchesse de Valentinois, aucun historien sérieux n'assure qu'elle ait été la maîtresse de François Ier. On soupçonna à la vérité, et Mézerai le dit assez légèrement, que « Saint-Vallier eut sa grâce sur l'échafaud pour la beauté de Diane, sa fille unique »; mais elle n'avait alors que quatorze ans; et, si elle avait été en effet maîtresse du roi, Brantôme n'aurait pas omis cette anecdote.

Ce falsificateur de toute l'histoire cite Gourville, qui

reproche au prince d'Orange d'avoir livré la bataille de Saint-Denis ayant la paix dans sa poche; mais il oublie que ce même Gourville dit, page 222 de ses *Mémoires*, que « le prince d'Orange ne reçut le traité que le lendemain de la bataille ».

Il nous dit hardiment que « les jurisconsultes d'Angleterre avaient proposé cette question du temps de la fuite de Jacques II : un peuple a-t-il droit de se révolter contre l'autorité qui veut le forcer à croire ? » Jamais on ne proposa cette question; on ne la trouve nulle part. La question était de savoir si le roi d'Angleterre avait le droit de dispenser des lois portées contre les non-conformistes. C'est précisément tout le contraire de ce que dit l'auteur.

Il s'avise de rapporter une prétendue lettre de Louis XIV, écrite vers l'an 1698 au prince d'Orange, depuis roi d'Angleterre, conçue en ces termes : « J'ai reçu la lettre par laquelle vous me demandez mon amitié : je vous l'accorderai quand vous en serez digne; sur ce, je prie Dieu qu'il vous ait en sa sainte garde. » Quel ministre, quel historien, quel homme instruit a jamais rapporté une pareille lettre de Louis XIV ? Est-ce là le ton de sa politesse et de sa prudence ? Est-ce ainsi qu'on s'exprime après avoir conclu un traité ? Est-ce ainsi qu'on parle à un prince d'une maison impériale qui a gagné des batailles ? Lui parle-t-on de sainte garde ? Cette lettre n'est assurément ni dans les archives de la maison d'Orange, ni dans celles de France; elle n'est que chez l'imposteur.

C'est avec la même audace qu'il prétend que Louis XIV, pendant le siège de Lille, dit à Mme de Maintenon : « Vos prières sont exaucées, Madame; Vendôme tient mes ennemis, vous serez reine de France. » Si un prince du sang avait entendu ces paroles, à peine pourrait-on le croire. Et c'est un polisson nommé La Beaumelle qui les rapporte sans citer le moindre garant ! Le roi pouvait-il supposer que le duc de Vendôme tînt ses ennemis pendant qu'ils étaient victorieux et qu'ils assiégeaient Lille ? Quel rapport y avait-il entre la levée du siège de Lille et le couronnement de Mme de Maintenon déclarée reine ?

Qui lui a dit que Mme la duchesse de Bourgogne eut le crédit d'empêcher le roi de déclarer reine Mme de Maintenon ? Dans quelle bibliothèque à papier bleu a-t-il trouvé que les Impériaux et les Anglais jetaient de leur camp des billets dans Lille, et que ces billets portaient : « Rassurez-vous, Français, la Maintenon ne sera pas votre reine; nous ne lèverons pas le siège. » Comment ces assiégeants savaient-ils que Louis XIV devait faire Mme de Maintenon reine quand le siège serait levé ? Peut-on entasser tant de sottises avec un ton de confiance que l'homme le plus important du royaume n'oserait prendre, s'il faisait des Mémoires pleins de vérité et de raison ?

L'hiſtoire du prétendu mariage de monseigneur le dauphin avec Mlle Chouin eſt digne de toutes ces pauvretés, et n'a de fondement que des bruits adoptés par la canaille.

On lève les épaules quand on voit un tel homme prêter continuellement ses idées et ses discours à Louis XIV, à Mme de Maintenon, au roi d'Espagne, à la princesse des Ursins, au duc d'Orléans, etc. Mme de Maintenon assure, selon lui, que le prince de Conti ne commandera jamais les armées, « parce que le roi a toujours été résolu de ne les point confier à un prince du sang ». Et cependant le Grand Condé et le duc d'Orléans les ont commandées.

C'eſt avec le même jugement et la même vérité que, pendant le siège de Toulon, il fait dire à Charles XII, occupé du soin de poursuivre le czar à cinq cents lieues de là : « Si Toulon eſt pris, je l'irai reprendre. »

De tous les princes qu'il attaque avec une étourderie qui serait très punissable si elle n'était pas méprisée, M. le duc d'Orléans, régent du royaume, eſt celui qu'il ose calomnier avec la violence la plus cynique et la plus absurde. Il commence par dire qu'en 1713 le duc d'Orléans traversait le mariage du duc de Bourbon et de la princesse de Conti, et que le roi lui dit tête à tête dans son cabinet : « Je suis surpris qu'après vous avoir pardonné une chose où il allait de votre vie, vous ayez l'insolence de cabaler chez moi contre moi. » La Beaumelle était sans doute caché dans le cabinet du roi quand il entendit ces paroles. Ce mot d'insolence eſt surtout dans les mœurs de Louis XIV, et bien appliqué à l'héritier présomptif du royaume ! Tout ce qu'il dit de ce prince eſt aussi bien fondé.

Il faut avouer qu'il eſt très bien inſtruit, quand il dit

que le duc d'Orléans fut reconnu régent au parlement, « malgré le président de Lubert, et le président de Maisons, et plusieurs membres de l'assemblée », etc. Le président de Lubert était un président des enquêtes qui ne se mêlait de rien. M. de Maisons n'a jamais été premier président; il était très attaché au régent, et il allait être garde des sceaux lorsqu'il mourut presque subitement; et il n'y eut pas un membre du parlement, pas un pair, qui ne donnât sa voix d'un concours unanime. Autant de mots, autant d'erreurs grossières dans ce narré de La Beaumelle, sur lequel il lui était si aisé de s'instruire, pour peu qu'il eût parlé seulement à un colporteur de ce temps-là, ou au portier d'une maison.

Je ne parlerai point des calomnies odieuses et méprisées que ce La Beaumelle a vomies contre la maison d'Orléans dans plus d'un ouvrage. Il en a été puni, et il ne faut pas renouveler ces horreurs ensevelies dans un oubli éternel.

Mais comment peut-il être assez ignorant des usages du monde, et en même temps assez téméraire, pour dire que « la duchesse de Berry avoua qu'elle était mariée à M. le comte de Riom, et que sur-le-champ M. de Mouchy demanda la charge de grand maître de la garde-robe de ce gentilhomme » ? M. de Riom avoir un grand maître de la garde-robe ! quelle pitié ! le premier prince du sang n'en a point : cette charge n'est connue que chez le roi. Enfin tout cet ouvrage n'est qu'un tissu d'impostures ridicules, dont aucune n'a la plus légère vraisemblance. C'est un livre d'un petit huguenot élevé pour être prédicant, qui n'a jamais rien vu; qui a parlé comme s'il avait tout vu; qui a écrit dans un style aussi audacieux qu'impertinent pour avoir du pain; qui n'en méritait pas, et qui n'aurait été digne que de la corde, s'il ne l'avait pas été des Petites-Maisons.

Il se peut que quelques provinciaux, qui n'avaient aucune connaissance des affaires publiques, aient été trompés quelque temps par les faussetés que ce misérable calomniateur débite avec tant d'assurance. Mais son livre a été regardé à Paris avec autant d'horreur que de dédain. Il est au rang de ces productions mercenaires qu'on tâche de rendre satiriques pour les débiter, ne pouvant les rendre raisonnables, et qui sont enfin oubliées pour jamais.

EXAMEN IMPORTANT
DE MILORD BOLINGBROKE
OU
LE TOMBEAU DU FANATISME[1]

Écrit sur la fin de 1736

AVIS DES ÉDITEURS

Nous donnons une nouvelle édition du livre le plus éloquent, le plus profond, et le plus fort qu'on ait encore écrit contre le fanatisme. Nous nous sommes fait un devoir devant Dieu de multiplier ces secours contre le monstre qui dévore la substance d'une partie du genre humain. Ce précis de la doctrine de milord Bolingbroke, recueillie tout entière dans les six volumes de ses œuvres posthumes, fut adressé par lui, peu d'années avant sa mort, à milord Cornsbury. Cette édition est beaucoup plus ample que la première ; nous l'avons collationnée avec le manuscrit.

Nous supplions les sages, à qui nous faisons parvenir cet ouvrage si utile, d'avoir autant de discrétion que de sagesse, et de répandre la lumière sans dire de quelle main cette lumière leur est parvenue. Grand Dieu ! protégez les sages ; confondez les délateurs et les persécuteurs.

AVANT-PROPOS

L'ambition de dominer sur les esprits est une des plus fortes passions. Un théologien, un missionnaire, un homme de parti veut conquérir comme un prince; et il y a beaucoup plus de sectes dans le monde qu'il n'y a de souverainetés. A qui soumettrai-je mon âme ? Serai-je chrétien, parce que je serai de Londres ou de Madrid? Serai-je musulman, parce que je serai né en Turquie ? Je ne dois penser que par moi-même et pour moi-même; le choix d'une religion est mon plus grand intérêt. Tu adores un Dieu par Mahomet; et toi, par le grand lama; et toi, par le pape. Eh, malheureux ! adore un Dieu par ta propre raison.

La stupide indolence dans laquelle la plupart des hommes croupissent sur l'objet le plus important semblerait prouver qu'ils sont de misérables machines animales, dont l'instinct ne s'occupe que du moment présent. Nous traitons notre intelligence comme notre corps; nous les abandonnons souvent l'un et l'autre pour quelque argent à des charlatans. La populace meurt, en Espagne, entre les mains d'un vil moine et d'un empirique; et la nôtre, à peu près de même. Un vicaire, un dissenter, assiègent leurs derniers moments.

Un très petit nombre d'hommes examine; mais l'esprit de parti, l'envie de se faire valoir les préoccupe. Un grand homme, parmi nous, n'a été chrétien que parce qu'il était ennemi de Collins; notre Whiston n'était chrétien que parce qu'il était arien. Grotius ne voulait que confondre les gomaristes. Bossuet soutint le papisme contre Claude, qui combattait pour la secte calviniste. Dans les premiers siècles, les ariens combattaient contre les athanasiens. L'empereur Julien et son parti combattaient contre ces deux sectes; et le reste de la terre contre les chrétiens, qui disputaient avec les juifs. A qui croire ? Il faut donc examiner : c'est un devoir que personne ne révoque en doute. Un homme qui reçoit sa religion sans examen ne diffère pas d'un bœuf qu'on attelle.

Cette multitude prodigieuse de sectes dans le christianisme forme déjà une grande présomption que toutes sont des systèmes d'erreur. L'homme sage se dit à lui-même : Si Dieu avait voulu me faire connaître son culte, c'est que ce culte serait nécessaire à notre espèce. S'il était nécessaire, il nous l'aurait donné à tous lui-même, comme il a donné à tous deux yeux et une bouche. Il serait partout uniforme, puisque les choses nécessaires à tous les hommes sont uniformes. Les principes de la raison universelle sont communs à toutes les nations policées, toutes reconnaissent un Dieu; elles peuvent donc se flatter que cette connaissance est une vérité. Mais chacune d'elles a une religion différente; elles peuvent donc conclure qu'ayant raison d'adorer un Dieu, elles ont tort dans tout ce qu'elles ont imaginé au delà.

Si le principe dans lequel l'univers s'accorde paraît vraisemblable, les conséquences diamétralement opposées qu'on en tire paraissent bien fausses; il est naturel de s'en défier. La défiance augmente quand on voit que le but de tous ceux qui sont à la tête des sectes est de dominer et de s'enrichir autant qu'ils le peuvent, et que, depuis les daïris du Japon jusqu'aux évêques de Rome, on ne s'est occupé que d'élever à un pontife un trône fondé sur la misère des peuples, et souvent cimenté de leur sang.

Que les Japonais examinent comment les daïris les ont longtemps subjugués; que les Tartares se servent de leur raison pour juger si le grand lama est immortel; que les Turcs jugent leur *Alcoran,* mais, nous autres chrétiens, examinons notre *Évangile.*

Dès là que je veux sincèrement examiner, j'ai droit d'affirmer que je ne me tromperai pas : ceux qui n'ont écrit que pour prouver leur sentiment me sont suspects.

Pascal commence par révolter ses lecteurs, dans ses pensées informes qu'on a recueillies : « Que ceux qui combattent la religion chrétienne, dit-il, apprennent à la connaître, etc. » Je vois à ces mots un homme de parti qui veut subjuguer.

On m'apprend qu'un curé, en France, nommé Jean Meslier, mort depuis peu, a demandé pardon à Dieu, en mourant, d'avoir enseigné le christianisme. Cette disposition d'un prêtre à l'article de la mort fait sur moi plus d'effet que l'enthousiasme de Pascal. J'ai vu en Dorsetshire, diocèse de Bristol, un curé renoncer à une cure de deux cents livres sterling, et avouer à ses paroissiens que sa conscience ne lui permettait pas de leur prêcher les absurdes horreurs de la secte chrétienne. Mais ni le *testament* de Jean Meslier, ni la déclaration de ce digne curé, ne sont pour moi des preuves décisives. Le juif Uriel Acosta renonça publiquement à l'*Ancien Testament* dans Amsterdam; mais je ne croirai pas plus le juif Acosta que le curé Meslier. Je dois lire les pièces du procès avec une attention sévère, ne me laisser séduire par aucun des avocats, peser devant Dieu les raisons des deux partis, et décider suivant ma conscience. C'est à moi de discuter les arguments de Wollaston et de Clarke, mais je ne puis en croire que ma raison.

J'avertis d'abord que je ne veux pas toucher à notre Église anglicane, en tant qu'elle est établie par actes de parlement. Je la regarde d'ailleurs comme la plus savante et la plus régulière de l'Europe. Je ne suis point de l'avis du *Whig indépendant,* qui semble vouloir abolir tout sacerdoce, et le remettre aux mains des pères de famille, comme du temps des patriarches. Notre société, telle qu'elle est, ne permet pas un pareil changement. Je pense qu'il est nécessaire d'entretenir des prêtres, pour être les maîtres des mœurs et pour offrir à Dieu nos prières. Nous verrons s'ils doivent être des joueurs de gobelets, des trompettes de discorde, et des persécuteurs sanguinaires. Commençons d'abord par m'instruire moi-même.

CHAPITRE PREMIER

DES LIVRES DE MOÏSE

Le christianisme est fondé sur le judaïsme : voyons donc si le judaïsme est l'ouvrage de Dieu. On me donne à lire les livres de Moïse, je dois m'informer d'abord si ces livres sont de lui.

1° Est-il vraisemblable que Moïse ait fait graver le *Pentateuque,* ou du moins les livres de la loi, sur la pierre, et qu'il ait eu des graveurs et des polisseurs de pierre dans un désert affreux, où il est dit que son peuple n'avait ni tailleurs, ni faiseurs de sandales, ni d'étoffes pour se vêtir, ni de pain pour manger, et où Dieu fut obligé de faire un miracle continuel pendant quarante années pour conserver les vêtements de ce peuple, et pour le nourrir ?

2° Il est dit dans le livre de *Josué* que l'on écrivit le *Deutéronome* sur un autel de pierres brutes enduites de mortier. Comment écrivit-on tout un livre sur du mortier ? comment ces lettres ne furent-elles pas effacées par le sang qui coulait continuellement sur cet autel ? et comment cet autel, ce monument du *Deutéronome,* subsista-t-il dans le pays où les Juifs furent si longtemps réduits à un esclavage que leurs brigandages avaient tant mérité ?

3° Les fautes innombrables de géographie, de chronologie, et les contradictions qui se trouvent dans le *Pentateuque,* ont forcé plusieurs Juifs et plusieurs chrétiens à soutenir que le *Pentateuque* ne pouvait être de Moïse. Le savant Leclerc, une foule de théologiens, et même notre grand Newton, ont embrassé cette opinion; elle est donc au moins très vraisemblable.

4° Ne suffit-il pas du simple sens commun pour juger qu'un livre qui commence par ces mots : « Voici les paroles que prononça Moïse au delà du Jourdain », ne peut être que d'un faussaire maladroit, puisque le même livre assure que Moïse ne passa jamais le Jourdain ? La réponse d'Abbadie, qu'on peut entendre en deçà par au delà, n'est-elle pas ridicule ? et doit-on croire à un prédicant mort fou en Irlande, plutôt qu'à Newton, le plus grand homme qui ait jamais été ?

De plus, je demande à tout homme raisonnable s'il y a quelque vraisemblance que Moïse eût donné dans le désert des préceptes aux rois juifs, qui ne vinrent que tant de siècles après lui, et s'il est possible que, dans ce même désert, il eût assigné[1] quarante-huit villes avec leurs faubourgs pour la seule tribu des lévites, indépendamment des décimes que les autres tribus devaient leur payer ? Il est sans doute très naturel que des prêtres aient tâché d'engloutir tout; mais il ne l'est pas qu'on leur ait donné quarante-huit villes dans un petit canton où il y avait à peine alors deux villages : il eût fallu au moins autant de villes pour chacune des autres hordes juives; le total aurait monté à quatre cent quatre-vingts villes avec leurs faubourgs. Les Juifs n'ont pas écrit autrement leur histoire. Chaque trait est une hyperbole ridicule, un mensonge grossier, une fable absurde.

CHAPITRE II

DE LA PERSONNE DE MOÏSE

Y a-t-il eu un Moïse ? Tout est si prodigieux en lui depuis sa naissance jusqu'à sa mort qu'il paraît un personnage fantastique, comme notre enchanteur Merlin. S'il avait existé, s'il avait opéré les miracles épouvantables qu'il est supposé avoir faits en Égypte, serait-il possible qu'aucun auteur égyptien n'eût parlé de ces miracles, que les Grecs, ces amateurs du merveilleux, n'en eussent pas dit un seul mot ? Flavius Josèphe, qui, pour faire valoir sa nation méprisée, recherche tous les témoignages des auteurs égyptiens qui ont parlé des Juifs, n'a pas le front d'en citer un seul qui fasse mention des prodiges de Moïse. Ce silence universel n'est-il pas une présomption que Moïse est un personnage fabuleux ?

Pour peu qu'on ait étudié l'antiquité, on sait que les anciens Arabes furent les inventeurs de plusieurs fables qui, avec le temps, ont eu cours chez les autres peuples. Ils avaient imaginé l'histoire de l'ancien Bacchus, qu'on supposait très antérieur au temps où les Juifs disent que parut Moïse. Ce Bacchus ou Back, né dans l'Arabie, avait écrit ses lois sur deux tables de pierre; on l'appela Misem, nom qui ressemble fort à celui de Moïse; il avait été sauvé des eaux dans un coffre, et ce nom signifiait *sauvé des eaux ;* il avait une baguette avec laquelle il opérait des miracles; cette verge se changeait en serpent quand il voulait. Ce même Misem passa la mer Rouge à pied sec, à la tête de son armée; il divisa les eaux de l'Oronte et de l'Hydaspe, et les suspendit à droite et à gauche; une colonne de feu éclairait son armée pendant la nuit. Les anciens vers orphiques qu'on chantait dans les orgies de Bacchus célébraient une partie de ces extravagances. Cette fable était si ancienne que les Pères de l'Église ont cru que ce Misem, ce Bacchus, était leur Noé.

N'est-il pas de la plus grande vraisemblance que les Juifs adoptèrent cette fable, et qu'ensuite ils l'écrivirent quand ils commencèrent à avoir quelque connaissance des lettres sous leurs rois ? Il leur fallait du merveilleux comme aux autres peuples; mais ils n'étaient pas inventeurs : jamais plus petite nation ne fut plus grossière; tous leurs mensonges étaient des plagiats, comme toutes leurs cérémonies étaient visiblement une imitation des Phéniciens, des Syriens, et des Égyptiens.

Ce qu'ils ont ajouté d'eux-mêmes paraît d'une grossièreté et d'une absurdité si révoltante qu'elle excite l'indignation et la pitié. Dans quel ridicule roman souffrirait-on un homme qui change toutes les eaux en sang, d'un coup de baguette, au nom d'un dieu inconnu, et des magiciens qui en font autant au nom des dieux du pays? La seule supériorité qu'ait Moïse sur les sorciers du roi, c'est qu'il fit naître des poux, ce que les sorciers ne purent faire : sur quoi un grand prince a dit que les Juifs, en fait de poux, en savaient plus que tous les magiciens du monde.

Comment un ange du Seigneur vient-il tuer tous les animaux d'Égypte? Et comment, après cela, le roi d'Égypte a-t-il une armée de cavalerie? Et comment cette cavalerie entre-t-elle dans le fond de la mer Rouge?

Comment le même ange du Seigneur vient-il couper le cou pendant la nuit à tous les aînés des familles égyptiennes? C'était bien alors que le prétendu Moïse devait s'emparer de ce beau pays, au lieu de s'enfuir en lâche et en coquin avec deux ou trois millions d'hommes parmi lesquels il avait, dit-on, six cent trente mille combattants. C'est avec cette prodigieuse multitude qu'il fuit devant les cadets de ceux que l'ange avait tués. Il s'en va errer dans les déserts, où l'on ne trouve pas seulement de l'eau à boire, et, pour lui faciliter cette belle expédition, son dieu divise les eaux de la mer, en fait deux montagnes à droite et à gauche, afin que son peuple favori aille mourir de faim et de soif.

Tout le reste de l'histoire de Moïse est également absurde et barbare. Ses cailles, sa manne, ses entretiens avec Dieu; vingt-trois mille hommes de son peuple égorgés à son ordre par des prêtres; vingt-quatre mille massacrés une autre fois; six cent trente mille combattants dans un désert où il n'y a jamais eu deux mille hommes : tout cela paraît assurément le comble de l'extravagance; et quelqu'un a dit que l'*Orlando furioso* et *Don Quichotte* sont des livres de géométrie en comparaison des livres hébreux. S'il y avait seulement quelques actions honnêtes et naturelles dans la fable de Moïse, on pourrait croire à toute force que ce personnage a existé.

On a le front de nous dire que la fête de Pâque chez les Juifs est une preuve du passage de la mer Rouge. On remerciait le Dieu des Juifs, à cette fête, de la bonté avec laquelle il avait égorgé tous les premiers-nés d'Égypte : donc, dit-on, rien n'était plus vrai que cette sainte et divine boucherie.

Conçoit-on bien, dit le déclamateur et le mauvais raisonneur Abbadie, que « Moïse ait pu instituer des mémoriaux sensibles d'un événement reconnu pour faux par plus de six cent mille témoins » ? Pauvre homme ! tu devais dire par plus de deux millions de témoins, car six cent trente mille combattants, fugitifs ou non, supposent assurément plus de deux millions de personnes. Tu dis donc que Moïse lut son *Pentateuque* à ces deux ou trois millions de Juifs ! Tu crois donc que ces deux ou trois millions d'hommes auraient écrit contre Moïse, s'ils avaient découvert quelque erreur dans son *Pentateuque,* et qu'ils eussent fait insérer leurs remarques dans les journaux du pays ! Il ne te manque plus que de dire que ces trois millions d'hommes ont signé comme témoins, et que tu as vu leur signature.

Tu crois donc que les temples et les rites institués en l'honneur de Bacchus, d'Hercule, et de Persée, prouvent évidemment que Persée, Hercule et Bacchus, étaient fils de Jupiter, et que, chez les Romains, le temple de Castor et de Pollux était une démonstration que Castor et Pollux avaient combattu pour les Romains ! C'est ainsi qu'on suppose toujours ce qui est en question; et les trafiquants en controverse débitent sur la cause la plus importante au genre humain des arguments que lady Blackacre[1] n'oserait pas hasarder dans la salle de *common plays.* C'est là ce que des fous ont écrit, ce que des imbéciles commentent, ce que des fripons enseignent, ce qu'on fait apprendre par cœur aux petits enfants; et on appelle blasphémateur le sage qui s'indigne et qui s'irrite des plus abominables inepties qui aient jamais déshonoré la nature humaine !

CHAPITRE III

DE LA DIVINITÉ ATTRIBUÉE AUX LIVRES JUIFS

Comment a-t-on osé supposer que Dieu choisit une horde d'Arabes voleurs pour être son peuple chéri, et pour armer cette horde contre toutes les autres nations ? Et comment, en combattant à sa tête, a-t-il souffert que son peuple fût si souvent vaincu et esclave ?

Comment, en donnant des lois à ces brigands, a-t-il oublié de contenir ce petit peuple de voleurs par la croyance de l'immortalité de l'âme et des peines après la mort, tandis que toutes les grandes nations voisines, Chaldéens, Égyptiens, Syriens, Phéniciens, avaient embrassé depuis si longtemps cette croyance utile ?

Est-il possible que Dieu eût pu prescrire aux Juifs la manière d'aller à la selle dans le désert, et leur cacher le dogme d'une vie future ? Hérodote nous apprend que le fameux temple de Tyr était bâti deux mille trois cents ans avant lui. On dit que Moïse conduisait sa troupe dans le désert environ seize cents ans avant notre ère. Hérodote écrivait cinq cents ans avant cette ère vulgaire : donc le temple des Phéniciens subsistait douze cents ans avant Moïse; donc la religion phénicienne était établie depuis plus longtemps encore. Cette religion annonçait l'immortalité de l'âme, ainsi que les Chaldéens et les Égyptiens. La horde juive n'eut jamais ce dogme pour fondement de sa secte. C'était, dit-on, un peuple grossier auquel Dieu se proportionnait. Dieu se proportionner ! Et à qui ? à des voleurs juifs ! Dieu être plus grossier qu'eux ! N'est-ce pas un blasphème ?

CHAPITRE IV

QUI EST L'AUTEUR DU PENTATEUQUE ?

On me demande qui est l'auteur du *Pentateuque* : j'aimerais autant qu'on me demandât qui a écrit *les Quatre Fils Aymon, Robert le Diable,* et l'histoire de l'enchanteur Merlin.

Newton, qui s'est avili jusqu'à examiner sérieusement cette question, prétend que ce fut Samuel qui écrivit ces rêveries, apparemment pour rendre les rois odieux à la horde juive, que ce détestable prêtre voulait gouverner. Pour moi, je pense que les Juifs ne surent lire et écrire que pendant leur captivité chez les Chaldéens, attendu que leurs lettres furent d'abord chaldaïques, et ensuite syriaques; nous n'avons jamais connu d'alphabet purement hébreu.

Je conjecture qu'Esdras forgea tous ces *Contes du Tonneau*[1] au retour de la captivité. Il les écrivit en lettres chaldéennes, dans le jargon du pays, comme des paysans du nord d'Irlande écriraient aujourd'hui en caractères anglais.

Les Cuthéens, qui habitaient le pays de Samarie, écrivirent ce même *Pentateuque* en lettres phéniciennes, qui étaient le caractère courant de leur nation, et nous avons encore aujourd'hui ce *Pentateuque*.

Je crois que Jérémie put contribuer beaucoup à la composition de ce roman. Jérémie était fort attaché, comme on sait, aux rois de Babylone; il est évident, par ses rapsodies, qu'il était payé par les Babyloniens et qu'il trahissait son pays; il veut toujours qu'on se rende au roi de Babylone. Les Égyptiens étaient alors les ennemis des Babyloniens. C'est pour faire sa cour au grand roi maître d'Hershalaïm Kedusha, nommé par nous Jérusalem, que Jérémie, et ensuite Esdras, inspirent tant d'horreur aux Juifs pour les Égyptiens. Ils se gardent bien de rien dire contre les peuples de l'Euphrate. Ce sont des esclaves qui ménagent leurs maîtres. Ils avouent bien que la horde juive a presque toujours été asservie; mais ils respectent ceux qu'ils servaient alors.

Que d'autres Juifs aient écrit les faits et gestes de leurs roitelets, c'est ce qui m'importe aussi peu que l'histoire des chevaliers de la Table ronde et des douze pairs de Charlemagne; et je regarde comme la plus futile de toutes les recherches celle de savoir le nom de l'auteur d'un livre ridicule.

Qui a écrit le premier l'histoire de Jupiter, de Neptune, et de Pluton ? Je n'en sais rien, et je ne me soucie pas de le savoir.

Il y a une très ancienne vie de Moïse écrite en hébreu[2], mais qui n'a point été insérée dans le canon judaïque. On en ignore l'auteur, ainsi qu'on ignore les auteurs des autres livres juifs; elle est écrite dans ce style des *Mille et une Nuits* qui est celui de toute l'antiquité asiatique. En voici quelques échantillons.

L'an 130 après la transmigration des Juifs en Égypte, soixante ans après la mort de Joseph, le pharaon, pendant son sommeil, vit en songe un vieillard qui tenait en ses mains une balance. Dans l'un des bassins étaient tous les Égyptiens avec leurs enfants et leurs femmes; dans l'autre, un seul enfant à la mamelle, qui pesait plus que toute l'Égypte entière. Le roi fit aussitôt appeler tous ses magiciens, qui furent tous saisis d'étonnement et de crainte. Un des conseillers du roi devina qu'il y aurait un enfant hébreu qui serait la ruine de l'Égypte. Il conseilla au roi de faire tuer tous les petits garçons de la nation juive.

L'aventure de Moïse sauvé des eaux est à peu près la même que dans l'*Exode*. On appela d'abord Moïse Schabar, et sa mère Jéchotiel. À l'âge de trois ans, Moïse, jouant avec Pharaon, prit sa couronne et s'en couvrit la tête. Le roi voulut le faire tuer, mais l'ange Gabriel descendit du ciel, et pria le roi de n'en rien faire. « C'est un enfant, lui dit-il, qui n'y a pas entendu malice. Pour vous prouver combien il est simple, montrez-lui une escarboucle et un charbon ardent, vous verrez qu'il choisira le charbon. » Le roi en fit l'expérience; le petit Moïse ne manqua pas de choisir l'escarboucle; mais l'ange Gabriel l'escamota, et mit le charbon ardent à la place; le petit Moïse se brûla la main jusqu'aux os. Le roi lui pardonna, le croyant un sot. Ainsi Moïse, ayant été sauvé par l'eau, fut encore une fois sauvé par le feu.

Tout le reste de l'histoire est sur le même ton. Il est difficile de décider lequel est le plus admirable, de cette fable de Moïse ou de la fable du *Pentateuque*. Je laisse cette question à ceux qui ont plus de temps à perdre que moi. Mais j'admire surtout les pédants, comme Grotius, Abbadie, et même cet abbé Houteville, longtemps entremetteur d'un fermier général à Paris, ensuite secrétaire de ce fameux cardinal Dubois, à qui j'ai entendu dire qu'il défiait tous les cardinaux d'être plus athées que lui. Tous ces gens-là se distillent le cerveau pour faire accroire (ce qu'ils ne croient point) que le *Pentateuque* est de Moïse. Eh ! mes amis, que prouveriez-vous là ?

que Moïse était un fou. Il est bien sûr que je ferais enfermer à Bedlam[1] un homme qui écrirait aujourd'hui de pareilles extravagances.

CHAPITRE V

QUE LES JUIFS ONT TOUT PRIS DES AUTRES NATIONS

On l'a déjà dit souvent, c'est le petit peuple asservi qui tâche d'imiter ses maîtres ; c'est la nation faible et grossière qui se conforme grossièrement aux usages de la grande nation. C'est Cornouailles qui est le singe de Londres, et non pas Londres qui est le singe de Cornouailles. Est-il rien de plus naturel que les Juifs aient pris ce qu'ils ont pu du culte, des lois, des coutumes de leurs voisins ?

Nous sommes déjà certains que leur dieu prononcé par nous Jéhovah, et par eux Jaho, était le nom ineffable du dieu des Phéniciens et des Égyptiens ; c'était une chose connue dans l'antiquité. Clément d'Alexandrie, au premier livre de ses *Stromates*, rapporte que ceux qui entraient dans les temples d'Égypte étaient obligés de porter sur eux une espèce de talisman composé de ce mot Jaho ; et quand on savait prononcer ce mot d'une certaine façon, celui qui l'entendait tombait roide mort, ou du moins évanoui. C'était du moins ce que les charlatans des temples tâchaient de persuader aux superstitieux.

On sait assez que la figure du serpent, les chérubins, la cérémonie de la vache rousse, les ablutions nommées depuis baptême, les robes de lin réservées aux prêtres, les jeûnes, l'abstinence du porc et d'autres viandes, la circoncision, le bouc émissaire, tout enfin fut imité de l'Égypte.

Les Juifs avouent qu'ils n'ont eu un temple que fort tard, et plus de cinq cents ans après leur Moïse, selon leur chronologie toujours erronée. Ils envahirent enfin une petite ville dans laquelle ils bâtirent un temple à l'imitation des grands peuples. Qu'avaient-ils auparavant ? un coffre. C'était l'usage des nomades et des peuples chananéens de l'intérieur des terres, qui étaient pauvres. Il y avait une ancienne tradition chez la horde juive, que lorsqu'elle fut nomade, c'est-à-dire lorsqu'elle fut errante dans les déserts de l'Arabie Pétrée, elle portait un coffre où était le simulacre grossier d'un dieu nommé Remphan, ou une espèce d'étoile taillée en bois. Vous verrez des traces de ce culte dans quelques prophètes, et surtout dans les prétendus discours que les *Actes des apôtres* mettent dans la bouche d'Étienne.

Selon les Juifs mêmes, les Phéniciens (qu'ils appellent Philistins) avaient le temple de Dagon avant que la troupe judaïque eût une maison. Si la chose est ainsi, si tout leur culte dans le désert consista dans un coffre à l'honneur du dieu Remphan, qui n'était qu'une étoile révérée par les Arabes, il est clair que les Juifs n'étaient autre chose, dans leur origine, qu'une bande d'Arabes vagabonds qui s'établirent par le brigandage dans la Palestine, et qui enfin se firent une religion à leur mode, et se composèrent une histoire toute pleine de fables. Ils prirent une partie de la fable de l'ancien *Back* ou *Bacchus,* dont ils firent leur *Moïse.* Mais que ces fables soient révérées par nous ; que nous en ayons fait la base de notre religion, et que ces fables mêmes aient encore un certain crédit dans le siècle de la philosophie, c'est là surtout ce qui indigne les sages. L'Église chrétienne chante les prières juives, et fait brûler quiconque judaïse. Quelle pitié ! quelle contradiction ! et quelle horreur !

CHAPITRE VI

DE LA GENÈSE

Tous les peuples dont les Juifs étaient entourés avaient une *Genèse,* une *Théogonie,* une *Cosmogonie,* longtemps avant que ces Juifs existassent. Ne voit-on pas évidemment que la *Genèse* des Juifs était prise des anciennes fables de leurs voisins ?

Jaho, l'ancien dieu des Phéniciens, débrouilla le

chaos, le Khaütereb; il arrangea Muth, la matière; il forma l'homme de son souffle, Calpi; il lui fit habiter un jardin, Aden ou Éden; il le défendit contre le grand serpent Ophionée, comme le dit l'ancien fragment de Phérécide. Que de conformité avec la *Genèse* juive ! N'est-il pas naturel que le petit peuple grossier ait, dans la suite des temps, emprunté les fables du grand peuple inventeur des arts ?

C'était encore une opinion reçue dans l'Asie que Dieu avait formé le monde en six temps, appelés chez les Chaldéens, si antérieurs aux Juifs, les *six gahambârs*.

C'était aussi une opinion des anciens Indiens. Les Juifs, qui écrivirent la *Genèse,* ne sont donc que des imitateurs; ils mêlèrent leurs propres absurdités à ces fables, et il faut avouer qu'on ne peut s'empêcher de rire quand on voit un serpent parlant familièrement à Ève, Dieu parlant au serpent, Dieu se promenant chaque jour à midi dans le jardin d'Éden, Dieu faisant une culotte pour Adam et un pagne à sa femme Ève. Tout le reste paraît aussi insensé; plusieurs Juifs eux-mêmes en rougirent; ils traitèrent dans la suite ces imaginations de fables allégoriques. Comment pourrions-nous prendre au pied de la lettre ce que les Juifs ont regardé comme des contes ?

Ni l'histoire des *Juges,* ni celle des *Rois,* ni aucun prophète, ne cite un seul passage de la *Genèse*. Nul n'a parlé ni de la côte d'Adam, tirée de sa poitrine pour en pétrir une femme, ni de l'arbre de la science du bien et du mal, ni du serpent qui séduisit Ève, ni du péché originel, ni enfin d'aucune de ces imaginations. Encore une fois, est-ce à nous de les croire ?

Leurs rapsodies démontrent qu'ils ont pillé toutes leurs idées chez les Phéniciens, les Chaldéens, les Égyptiens, comme ils ont pillé leurs biens quand ils l'ont pu. Le nom même d'Israël, ils l'ont pris chez les Chaldéens, comme Philon l'avoue dans la première page du récit de sa députation auprès de Caligula; et nous serions assez imbéciles dans notre Occident pour penser que tout ce que ces barbares d'Orient avaient volé leur appartenait en propre !

CHAPITRE VII

DES MŒURS DES JUIFS

Si nous passons des fables des Juifs aux mœurs de ce peuple, ne sont-elles pas aussi abominables que leurs contes sont absurdes ? C'est, de leur aveu, un peuple de brigands qui emportent dans un désert tout ce qu'ils ont volé aux Égyptiens. Leur chef Josué passe le Jourdain par un miracle semblable au miracle de la mer Rouge; pourquoi ? pour aller mettre à feu et à sang une ville qu'il ne connaissait pas, une ville dont son Dieu fait tomber les murs au son du cornet.

Les fables des Grecs étaient plus humaines. Amphion bâtissait des villes au son de la flûte, Josué les détruit; il livre au fer et aux flammes vieillards, femmes, enfants et bestiaux : y a-t-il une horreur plus insensée ? Il ne pardonne qu'à une prostituée qui avait trahi sa patrie; quel besoin avait-il de la perfidie de cette malheureuse, puisque son cornet faisait tomber les murs, comme celui d'Astolphe faisait fuir tout le monde ? Et remarquons en passant que cette femme, nommée Rahab la paillarde, est une des aïeules de ce Juif dont nous avons fait depuis un dieu, lequel dieu compte encore parmi celles dont il est né l'incestueuse Thamar, l'impudente Ruth, et l'adultère Bethsabée.

On nous conte ensuite que ce même Josué fit pendre trente et un rois du pays, c'est-à-dire trente et un capitaines de village qui avaient combattu pour leurs foyers contre cette troupe d'assassins. Si l'auteur de cette histoire avait formé le dessein de rendre les Juifs exécrables aux autres nations, s'y serait-il pris autrement ? L'auteur, pour ajouter le blasphème au brigandage et à la barbarie, ose dire que toutes ces abominations se commettaient au nom de Dieu, par ordre exprès de Dieu, et étaient autant de sacrifices de sang humain offerts à Dieu.

C'est là le peuple saint ! Certes, les Hurons, les Canadiens, les Iroquois, ont été des philosophes pleins d'humanité, comparés aux enfants d'Israël; et c'est en faveur de ces monstres qu'on fait arrêter le soleil[1] et la lune au plein midi ! et pourquoi ? pour leur donner le temps de poursuivre et d'égorger de pauvres Amorrhéens déjà écrasés par une pluie de grosses pierres que Dieu avait lancées sur eux du haut des airs pendant cinq grandes lieues de chemin. Est-ce l'histoire de Gargantua ? est-ce celle du peuple de Dieu ? Et qu'y a-t-il ici de plus insupportable, ou l'excès de l'horreur, ou l'excès du ridicule ? Ne serait-ce pas même un autre ridicule que de s'amuser à combattre ce détestable amas de fables qui outragent également le bon sens, la vertu, la nature, et la Divinité ? Si malheureusement une seule des aventures de ce peuple était vraie, toutes les nations se seraient réunies pour l'exterminer; si elles sont fausses, on ne peut mentir plus sottement.

Que dirons-nous d'un Jephté qui immole sa propre fille à son Dieu sanguinaire, et de l'ambidextre Aod qui assassine Églon son roi au nom du Seigneur, et de la divine Jahel, qui assassine le général Sizara avec un clou qu'elle lui enfonce dans la tête; et du débauché Samson, que Dieu favorise de tant de miracles, grossière imitation de la fable d'Hercule ?

Parlerons-nous d'un lévite qui vient sur son âne avec sa concubine, et de la paille et du foin, dans Gabaa, de la tribu de Benjamin ? et voilà les Benjamites qui veulent commettre le péché de sodomie avec ce vilain prêtre, comme les Sodomites avaient voulu le commettre avec des anges. Le lévite compose avec eux, et leur abandonne sa maîtresse ou sa femme, dont ils jouissent toute la nuit, et qui en meurt le lendemain matin. Le lévite coupe sa concubine en douze morceaux avec son couteau, ce qui n'est pourtant pas une chose si aisée, et de là s'ensuit une guerre civile.

Les onze tribus[1] arment quatre cent mille soldats contre la tribu de Benjamin. Quatre cent mille soldats, grand Dieu ! dans un territoire qui n'était pas alors de quinze lieues de longueur sur cinq ou six de largeur. Le Grand Turc n'a jamais eu la moitié d'une telle armée. Ces Israélites exterminent la tribu de Benjamin, vieillards, jeunes gens, femmes, filles, selon leur louable coutume. Il échappe six cents garçons. Il ne faut pas qu'une des tribus périsse : il faut donner six cents filles au moins à ces six cents garçons. Que font les Israélites ? Il y avait dans le voisinage une petite ville nommé Jabès; ils la surprennent, tuent tout, massacrent tout, jusqu'aux animaux, réservent quatre cents filles pour quatre cents Benjamites. Deux cents garçons restent à pourvoir; on convient avec eux qu'ils raviront deux cents filles de Silo, quand elles iront danser aux portes de Silo. Allons, Abbadie, Sherlockh, Houteville et consorts, faites des phrases pour justifier ces fables de cannibales; prouvez que tout cela est un type, une figure qui nous annonce Jésus-Christ.

CHAPITRE VIII

DES MŒURS DES JUIFS SOUS LEURS MELCHIM OU ROITELETS, ET SOUS LEURS PONTIFES, JUSQU'A LA DESTRUCTION DE JÉRUSALEM PAR LES ROMAINS

Les Juifs ont un roi malgré le prêtre Samuel, qui fait ce qu'il peut pour conserver son autorité usurpée[1]; et il a la hardiesse de dire que *c'est renoncer à Dieu que d'avoir un roi*. Enfin, un pâtre qui cherchait des ânesses est élu roi par le sort. Les Juifs étaient alors sous le joug des Chananéens; ils n'avaient jamais eu de temple; leur sanctuaire, comme nous l'avons vu, était un coffre qu'on mettait dans une charrette : les Chananéens leur avaient pris leur coffre; Dieu, qui en fut très irrité, l'avait pourtant laissé prendre; mais, pour se venger, il avait donné des hémorroïdes aux vainqueurs et envoyé des rats dans leurs champs. Les vainqueurs l'apaisèrent en lui renvoyant son coffre accompagné de cinq rats d'or et de cinq trous du cul aussi d'or. Il n'y a point de vengeance ni d'offrande plus digne du Dieu des Juifs. Il pardonne aux Chananéens, mais il fait mourir cinquante mille et soixante et dix hommes des siens pour avoir regardé son coffre.

C'est dans ces belles circonstances que Saül est élu roi des Juifs. Il n'y avait dans leur petit pays ni épée ni lance; les Chananéens ou Philistins ne permettaient pas aux Juifs, leurs esclaves, d'aiguiser seulement les socs de leurs charrues et leurs cognées; ils étaient obligés d'aller aux ouvriers philistins pour ces faibles secours : et cependant on nous conte que le roi Saül eut d'abord une armée de trois cent mille hommes, avec lesquels il gagna une grande bataille. Notre Gulliver a de pareilles fables, mais non de telles contradictions.

Ce Saül, dans une autre bataille, reçoit le prétendu roi Agag à composition. Le prophète Samuel arrive de la part du Seigneur, et lui dit : *Pourquoi n'avez-vous pas tout tué*[1] ? Et il prend un saint couperet, et il hache en morceaux le roi Agag. Si une telle action est véritable, quel peuple était le peuple juif, et quels prêtres étaient ses prêtres !

Saül, réprouvé du Seigneur pour n'avoir pas lui-même haché en pièces le roi Agag son prisonnier, va enfin combattre contre les Philistins après la mort du doux prophète Samuel. Il consulte sur le succès de la bataille une femme qui a un esprit de Python : on sait que les femmes qui ont un esprit de Python font apparaître des ombres. La pythonisse montre à Saül l'ombre de Samuel, qui sortait de terre. Mais ceci ne regarde que la belle philosophie du peuple juif : venons à sa morale.

Un joueur de harpe, pour qui l'Éternel avait pris une tendre affection, s'est fait sacrer roi pendant que Samuel vivait encore; il se révolte contre son souverain; il ramasse quatre cents malheureux, et, comme dit la sainte Écriture, « tous ceux qui avaient de mauvaises affaires, qui étaient perdus de dettes, et d'un esprit méchant, s'assemblèrent avec lui[2] ».

C'était un homme *selon le cœur de Dieu ;* aussi la première chose qu'il veut faire est d'assassiner un tenancier nommé Nabal, qui lui refuse des contributions : il épouse sa veuve; il épouse dix-huit femmes, sans compter les concubines; il s'enfuit chez le roi Achis, ennemi de son pays; il y est bien reçu, et pour récompense il va saccager les villages des alliés d'Achis : il égorge tout, sans épargner les enfants à la mamelle, comme l'ordonne toujours le rite juif, et il fait accroire au roi Achis qu'il a saccagé les villages hébreux. Il faut avouer que nos voleurs de grand chemin ont été moins coupables aux yeux des hommes; mais les voies du Dieu des Juifs ne sont pas les nôtres.

Le bon roi David ravit le trône à Isboseth, fils de Saül.

Il fait assassiner Miphiboseth, fils de son protecteur Jonathas. Il livre aux Gabaonites deux enfants de Saül et cinq de ses petits-enfants, pour les faire tous pendre. Il assassine Urie pour couvrir son adultère avec Bethsabée; et c'est encore cette abominable Bethsabée, mère de Salomon, qui est une aïeule de Jésus-Christ.

La suite de l'*Histoire juive* n'est qu'un tissu de forfaits consacrés. Salomon commence par égorger son frère Adonias. Si Dieu accorda à ce Salomon le don de la sagesse, il paraît qu'il lui refusa ceux de l'humanité, de la justice, de la continence, et de la foi. Il a sept cents femmes et trois cents concubines. Le cantique qu'on lui impute est dans le goût de ces livres érotiques qui font rougir la pudeur. Il n'y est parlé que de tétons, de baisers sur la bouche, de ventre qui est semblable à un monceau de froment, d'attitudes voluptueuses, de doigts mis dans l'ouverture, de tressaillements; et enfin il finit par dire : « Que ferons-nous de notre petite sœur ? Elle n'a point encore de tétons; si c'est un mur, bâtissons dessus; si c'est une porte, fermons-la. » Telles sont les mœurs que lui imputent avec respect de misérables rabbins et des théologiens chrétiens encore plus absurdes.

Enfin, pour joindre l'excès du ridicule à cet excès d'impureté, la secte des papistes a décidé que le ventre de la Sulamite et son ouverture, ses tétons et ses baisers sur la bouche, sont l'emblème, le type du mariage de Jésus-Christ avec son Église.

De tous les rois de Juda et de Samarie, il y en a très peu qui ne soient assassins ou assassinés, jusqu'à ce qu'enfin ce ramas de brigands qui se massacraient les uns les autres dans les places publiques et dans le temple, pendant que Titus les assiégeait, tombe sous le fer, et dans les chaînes des Romains avec le reste de ce petit peuple de Dieu, dont dix douzièmes avaient été dispersés depuis si longtemps en Asie, et soit vendu dans les marchés des villes romaines, chaque tête juive étant évaluée au prix d'un porc, animal moins impur que cette nation même, si elle fut telle que ses historiens et ses prophètes le racontent.

Personne ne peut nier que les Juifs n'aient écrit ces abominations. Quand on les rassemble ainsi sous les yeux, le cœur se soulève. Ce sont donc les hérauts de la providence, les précurseurs du règne de Jésus ! Toute l'histoire juive, dites-vous, ô Abbadie ! est la prédiction de l'Église; tous les prophètes ont prédit Jésus; examinons donc les prophètes.

CHAPITRE IX

DES PROPHÈTES

PROPHÈTE, *nabi, roëh, parlant, voyant, devin,* c'est la même chose. Tous les anciens auteurs conviennent que les Égyptiens, les Chaldéens, toutes les nations asiatiques, avaient leurs prophètes, leurs devins. Ces nations étaient bien antérieures au petit peuple juif, qui, lorsqu'il eut composé une horde dans un coin de terre, n'eut d'autre langage que celui de ses voisins, et qui, comme on l'a dit ailleurs, emprunta des Phéniciens jusqu'au nom de Dieu Eloha, Jehova, Adonaï, Sadaï; qui enfin prit tous les rites, tous les usages des peuples dont il était environné, en déclamant toujours contre ces mêmes peuples.

Quelqu'un a dit que le premier devin, le premier prophète fut le premier fripon qui rencontra un imbécile; ainsi la prophétie est de l'antiquité la plus haute. Mais à la fraude ajoutons encore le fanatisme; ces deux monstres habitent aisément ensemble dans les cervelles humaines. Nous avons vu arriver à Londres par troupes, du fond du Languedoc et du Vivarais, des prophètes, tout semblables à ceux des Juifs, joindre le plus horrible enthousiasme aux plus dégoûtants mensonges. Nous avons vu Jurieu prophétiser en Hollande. Il y eut de tout temps de tels imposteurs, et non seulement des misérables qui faisaient des prédictions, mais d'autres misérables qui supposaient des prophéties faites par d'anciens personnages.

Le monde a été plein de sibylles et de Nostradamus. L'*Alcoran* compte deux cent vingt-quatre mille prophètes. L'évêque Épiphane, dans ses notes sur le canon prétendu des apôtres, compte soixante et treize prophètes juifs et dix prophétesses. Le métier de prophète chez les Juifs n'était ni une dignité, ni un grade, ni une profession dans l'État; on n'était point reçu prophète comme on est reçu docteur à Oxford ou à Cambridge : prophétisait qui voulait; il suffisait d'avoir, ou de croire avoir, ou de feindre d'avoir la vocation et l'esprit de Dieu. On annonçait l'avenir en dansant et en jouant du psaltérion. Saül, tout réprouvé qu'il était, s'avisa d'être prophète. Chaque parti dans les guerres civiles avait ses prophètes, comme nous avons nos écrivains de Grub-street[1]. Les deux partis se traitaient réciproquement de fous, de visionnaires, de menteurs, de fripons, et en cela seul ils disaient la vérité. *Scitote Israel stultum prophetam, insanum virum spiritualem,* dit Osée, selon la *Vulgate*[2].

Les prophètes de Jérusalem sont des extravagants, des hommes sans foi, dit Sophoniah, prophète de Jérusalem. Ils sont tous comme notre apothicaire Moore, qui met dans nos gazettes : *Prenez de mes pilules, gardez-vous des contrefaites.*

Le prophète Michée prédisant des malheurs aux rois de Samarie et de Juda, le prophète Sédékias lui applique un énorme soufflet, en lui disant : *Comment l'esprit de Dieu est-il passé par moi pour aller à toi*[3] *?*

Jérémie, qui prophétisait en faveur de Nabuchodonosor, tyran des Juifs, s'était mis des cordes au cou et un bât ou un joug sur le dos, car c'était un type; et il devait envoyer ce type aux petits roitelets voisins, pour les inviter à se soumettre à Nabuchodonosor. Le prophète Hananias, qui regardait Jérémie comme un traître, lui arrache ses cordes, les rompt, et jette son bât à terre.

Ici, c'est Osée à qui Dieu ordonne de prendre une p... et d'avoir des fils de p...[4] : *Vade, sume tibi uxorem fornicationum, et fac tibi filios fornicationum,* dit la *Vulgate*. Osée obéit ponctuellement; il prend Gomer, fille d'Ébalaïm; il en a trois enfants : ainsi cette prophétie et ce putanisme durèrent au moins trois années. Cela ne suffit pas au Dieu des Juifs; il veut qu'Osée couche avec une femme qui ait déjà fait son mari cocu. Il n'en coûte au prophète que quinze drachmes et un boisseau et demi d'orge : c'est assez bon marché pour un adultère. Il en avait coûté encore moins au patriarche Juda pour son inceste avec sa bru Thamar.

Là, c'est Ézéchiel qui, après avoir reçu de Dieu l'ordre de dormir trois cent nonante jours sur le côté gauche, et quarante sur le côté droit, d'avaler un livre de parchemin, de manger un *sir reverend* sur son pain, introduit

Dieu lui-même, le créateur du monde, parlant ainsi à la jeune Oolla : « Tu es devenue grande, tes tétons ont paru, ton petit poil à commencé à croître ; je t'ai couverte, mais tu t'es bâti un mauvais lieu ; tu as ouvert tes cuisses à tous les passants... Ta sœur Ooliba s'est prostituée avec plus d'emportement ; elle a recherché ceux qui ont le membre d'un âne, et qui déchargent comme des chevaux[1]. »

Notre ami le général Withers, à qui on lisait un jour ces prophéties, demanda dans quel b... on avait fait l'Écriture sainte.

On lit rarement les prophéties ; il est difficile de soutenir la lecture de ces longs et énormes galimatias. Les gens du monde, qui ont lu *Gulliver* et l'*Atlantis*, ne connaissent ni Osée ni Ézéchiel.

Quand on fait voir à des personnes sensées ces passages exécrables, noyés dans le fatras des prophéties, elles ne reviennent point de leur étonnement. Elles ne peuvent concevoir qu'un Isaïe marche tout nu au milieu de Jérusalem, qu'un Ézéchiel coupe sa barbe en trois portions, qu'un Jonas soit trois jours dans le ventre d'une baleine, etc. Si elles lisaient ces extravagances et ces impuretés dans un des livres qu'on appelle profanes, elles jetteraient le livre avec horreur. C'est la Bible : elles demeurent confondues ; elles hésitent, elles condamnent ces abominations, et n'osent d'abord condamner le livre qui les contient. Ce n'est qu'avec le temps qu'elles osent faire usage de leur sens commun ; elles finissent enfin par détester ce que des fripons et des imbéciles leur ont fait adorer.

Quand ces livres sans raison et sans pudeur ont-ils été écrits ? Personne n'en sait rien. L'opinion la plus vraisemblable est que la plupart des livres attribués à Salomon, à Daniel, et à d'autres, ont été faits dans Alexandrie ; mais qu'importe, encore une fois, le temps et le lieu ? Ne suffit-il pas de voir avec évidence que ce sont des monuments de la folie la plus outrée et de la plus infâme débauche ?

Comment donc les Juifs ont-ils pu les vénérer ? C'est qu'ils étaient des Juifs. Il faut donc considérer que tous ces monuments d'extravagance ne se conservaient guère que chez les prêtres et les scribes. On sait combien les livres étaient rares dans tous les pays où l'imprimerie, inventée par les Chinois, ne parvint que si tard. Nous serons encore plus étonnés quand nous verrons les Pères de l'Église adopter ces rêveries dégoûtantes, ou les alléguer en preuve de leur secte.

Venons enfin de l'*Ancien Testament* au *Nouveau.* Venons à Jésus, et à l'établissement du christianisme; et, pour y arriver, passons par-dessus les assassinats de tant de rois, et par-dessus les enfants jetés au milieu des flammes dans la vallée de Tophet, ou écrasés dans des torrents sous des pierres. Glissons sur cette suite affreuse et non interrompue d'horreurs sacrilèges. Misérables Juifs ! c'est donc chez vous que naquit un homme de la lie du peuple qui portait le nom très commun de Jésus ! Voyons quel était ce Jésus.

CHAPITRE X

DE LA PERSONNE DE JÉSUS

JÉSUS naquit dans un temps où le fanatisme dominait encore, mais où il y avait un peu plus de décence. Le long commerce des Juifs avec les Grecs et les Romains avait donné aux principaux de la nation des mœurs un peu moins déraisonnables et moins grossières. Mais la populace, toujours incorrigible, conservait son esprit de démence. Quelques Juifs, opprimés sous les rois de Syrie et sous les Romains, avaient imaginé alors que leur Dieu leur enverrait quelque jour un libérateur, un messie. Cette attente devait naturellement être remplie par Hérode. Il était leur roi, il était l'allié des Romains, il avait rebâti leur temple, dont l'architecture surpassait de beaucoup celle du temple de Salomon, puisqu'il avait comblé un précipice sur lequel cet édifice était établi. Le peuple ne gémissait plus sous une domination étrangère; il ne payait d'impôts qu'à son monarque; le culte juif florissait, les lois antiques étaient respectées; Jérusalem, il faut l'avouer, était au temps de sa plus grande splendeur.

L'oisiveté et la superstition firent naître plusieurs factions ou sociétés religieuses, saducéens, pharisiens, esséniens, judaïtes, thérapeutes, joannistes ou disciples de Jean; à peu près comme les papistes ont des molinistes, des jansénistes, des jacobins, et des cordeliers. Mais personne alors ne parlait de l'attente du messie. Ni Flavius Josèphe, ni Philon, qui sont entrés dans de si grands détails sur l'histoire juive, ne disent qu'on se flattait alors qu'il viendrait un christ, un oint, un libérateur, un rédempteur, dont ils avaient moins besoin que jamais; et s'il y en avait un, c'était Hérode. En effet, il y eut un parti, une secte, qu'on appela les hérodiens, et qui reconnut Hérode pour l'envoyé de Dieu.

De tout temps ce peuple avait donné le nom d'oint, de messie, de christ, à quiconque leur avait fait un peu de bien : tantôt à leurs pontifes, tantôt aux princes étrangers. Le Juif qui compila les rêveries d'Isaïe lui fait dire, par une lâche flatterie bien digne d'un Juif esclave : « Ainsi a dit l'Éternel à Cyrus, son oint, son messie, duquel j'ai pris la main droite, afin que je terrasse les nations devant lui[1]. » Le quatrième livre des *Rois* appelle le scélérat Jehu oint, messie. Un prophète annonce à Hazaël, roi de Damas, qu'il est messie et oint du Très-Haut. Ézéchiel dit au roi de Tyr : « Tu es un chérubin, un oint, un messie, le sceau de la ressemblance de Dieu[2]. » Si ce roi de Tyr avait su qu'on lui donnait ces titres en Judée, il ne tenait qu'à lui de se faire une espèce de dieu; il y avait un droit assez apparent, supposé qu'Ézéchiel eût été inspiré. Les évangélistes n'en ont pas tant dit de Jésus.

Quoi qu'il en soit, il est certain que nul Juif n'espérait, ne désirait, n'annonçait un oint, un messie, du temps d'Hérode le Grand, sous lequel on dit que naquit Jésus. Lorsque après la mort d'Hérode le Grand la Judée fut gouvernée en province romaine, et qu'un autre Hérode fut établi par les Romains tétrarque du petit canton barbare de Galilée, plusieurs fanatiques s'ingérèrent de prêcher le bas peuple, surtout dans cette Galilée, où les Juifs étaient plus grossiers qu'ailleurs. C'est ainsi que Fox, un misérable paysan, établit de nos jours la secte des quakers parmi les paysans d'une de nos provinces. Le premier qui fonda en France une église calviniste fut un cardeur de laine nommé Jean Leclerc. C'est ainsi que Muncer, Jean de Leyde, et d'autres, fondèrent l'anabaptisme dans le bas peuple de quelques cantons d'Allemagne.

J'ai vu en France les convulsionnaires instituer une

petite secte parmi la canaille d'un faubourg de Paris. Tous les sectaires commencent ainsi dans toute la terre. Ce sont pour la plupart des gueux qui crient contre le gouvernement, et qui finissent ou par être chefs de parti, ou par être pendus. Jésus fut pendu à Jérusalem sans avoir été oint. Jean le baptiseur y avait déjà été condamné au supplice. Tous deux laissèrent quelques disciples dans la lie du peuple. Ceux de Jean s'établirent vers l'Arabie, où ils sont encore. Ceux de Jésus furent d'abord très obscurs; mais quand ils se furent associés à quelques Grecs, ils commencèrent à être connus.

Les Juifs ayant, sous Tibère, poussé plus loin que jamais leurs friponneries ordinaires, ayant surtout séduit et volé Fulvia, femme de Saturninus, furent chassés de Rome, et ils n'y furent rétablis qu'en donnant beaucoup d'argent. On les punit encore sévèrement sous Caligula et sous Claude.

Leurs désastres enhardirent le peu de Galiléens qui composaient la secte nouvelle à se séparer de la communion juive. Ils trouvèrent enfin quelques gens un peu lettrés qui se mirent à leur tête, et qui écrivirent en leur faveur contre les Juifs. Ce fut ce qui produisit cette énorme quantité d'*Évangiles,* mot grec qui signifie *bonne nouvelle*. Chacun donnait une *Vie de Jésus ;* aucunes n'étaient d'accord, mais toutes se ressemblaient par la quantité de prodiges incroyables qu'ils attribuaient à l'envi à leur fondateur.

La synagogue, de son côté, voyant qu'une secte nouvelle, née dans son sein, débitait une *Vie de Jésus* très injurieuse au sanhédrin et à la nation, rechercha quel était cet homme auquel elle n'avait point fait d'attention jusqu'alors. Il nous reste encore un mauvais ouvrage de ce temps-là, intitulé *Sepher Toldos Jeschut*. Il paraît qu'il est fait plusieurs années après le supplice de Jésus, dans le temps que l'on compilait les *Évangiles*. Ce petit livre est rempli de prodiges, comme tous les livres juifs et chrétiens; mais, tout extravagant qu'il est, on est forcé de convenir qu'il y a des choses beaucoup plus vraisemblables que dans nos *Évangiles*.

Il est dit, dans le *Toldos Jeschut,* que Jésus était le fils d'une nommée Mirja, mariée dans Bethléem à un pauvre homme nommé Jocanam. Il y avait dans le voisinage un soldat dont le nom était Joseph Panther, homme d'une riche taille, et d'une assez grande beauté; il devient amoureux de Mirja ou Maria (car les Hébreux, n'exprimant point les voyelles, prenaient souvent un A pour un I).

Mirja devint grosse de la façon de Panther; Jocanam, confus et désespéré, quitta Bethléem, et alla se cacher dans la Babylonie, où il y avait encore beaucoup de Juifs. La conduite de Mirja la déshonora; son fils Jésu ou Jeschut fut déclaré bâtard par les juges de la ville. Quand il fut parvenu à l'âge d'aller à l'école publique, il se plaça parmi les enfants légitimes; on le fit sortir de ce rang : de là son animosité contre les prêtres, qu'il manifesta quand il eut atteint l'âge mûr; il leur prodigua les injures les plus atroces, les appelant *races de vipères, sépulcres blanchis*. Enfin, ayant pris querelle avec le Juif Judas sur quelque matière d'intérêt, comme sur des points de religion, Judas le dénonça au sanhédrin; il fut arrêté, se mit à pleurer, demanda pardon, mais en vain : on le fouetta, on le lapida, et ensuite on le pendit.

Telle est la substance de cette histoire. On y ajouta depuis des fables insipides, des miracles impertinents, qui firent grand tort au fond; mais le livre était connu dans le second siècle; Celse le cita, Origène le réfuta; il nous est parvenu fort défiguré.

Ce fond que je viens de citer est certainement plus croyable, plus naturel, plus conforme à ce qui se passe tous les jours dans le monde qu'aucun des cinquante *Évangiles* des christicoles. Il est plus vraisemblable que Joseph Panther avait fait un enfant à Mirja qu'il ne l'est qu'un ange soit venu par les airs faire un compliment de la part de Dieu à la femme d'un charpentier, comme Jupiter envoya Mercure auprès d'Alcmène.

Tout ce qu'on nous conte de ce Jésus est digne de l'*Ancien Testament* et de Bedlam. On fait venir je ne sais quel *agion pneuma,* un saint souffle, un Saint-Esprit dont on n'avait jamais entendu parler, et dont on a fait depuis la tierce partie de Dieu, Dieu lui-même, Dieu le créateur du monde; il engrosse Marie, ce qui a donné lieu au jésuite Sanchez d'examiner, dans sa *Somme théologique,* si Dieu eut beaucoup de plaisir avec Maria, s'il répandit de la semence, et si Maria répandit aussi de sa semence.

Jésus devient donc un fils de Dieu et d'une Juive, non encore Dieu lui-même, mais une créature supérieure. Il fait des miracles. Le premier qu'il opère, c'est de se faire emporter par le diable sur le haut d'une montagne de Judée, d'où l'on découvre tous les royaumes de la terre. Ses vêtements paraissent tout blancs; quel miracle ! il change l'eau en vin dans un repas où tous les convives étaient déjà ivres. Il fait sécher un figuier qui ne lui a pas donné de figues à son déjeuner à la fin de février; et l'auteur de ce conte a l'honnêteté du moins de remarquer que ce n'était pas le temps des figues.

Il va souper chez des filles, et puis chez les douaniers; et cependant, on prétend, dans son histoire, qu'il regarde ces douaniers, ces publicains, comme des gens abominables. Il entre dans le temple, c'est-à-dire dans cette grande enceinte où demeuraient les prêtres, dans cette cour où de petits marchands étaient autorisés par la loi à vendre des poules, des pigeons, des agneaux, à ceux qui venaient sacrifier. Il prend un grand fouet, en donne sur les épaules de tous les marchands, les chasse à coups de lanières, eux, leurs poules, leurs pigeons, leurs moutons et leurs bœufs même, jette tout leur argent par terre, et on le laisse faire ! Et si l'on en croit le livre attribué à Jean, on se contente de lui demander un miracle pour prouver qu'il a droit de faire un pareil tapage dans un lieu si respectable.

C'était déjà un fort grand miracle que trente ou quarante marchands se laissassent fesser par un seul homme, et perdissent leur argent sans rien dire. Il n'y a rien dans *Don Quichotte* qui approche de cette extravagance. Mais au lieu de faire le miracle qu'on lui demande, il se contente de dire : *Détruisez ce temple, et je le rebâtirai en trois jours*. Les Juifs repartent, selon Jean : *On a mis quarante-six ans à bâtir ce temple, comment en trois jours le rebâtiras-tu ?*

Il était bien faux qu'Hérode eût employé quarante-six ans à bâtir le temple de Jérusalem. Les Juifs ne pouvaient pas répondre une pareille fausseté. Et, pour le dire en passant, cela fait bien voir que les *Évangiles* ont été écrits par des gens qui n'étaient au fait de rien.

Tous ces miracles semblent faits par nos charlatans de Smithfields. Notre Toland et notre Woolston les ont traités comme ils le méritent. Le plus beau de tous, à mon gré, est celui par lequel Jésus envoie le diable dans le corps de deux mille cochons, dans un pays où il n'y avait point de cochons.

Après cette belle équipée on fait prêcher Jésus dans les villages. Quels discours lui fait-on tenir ? Il compare le royaume des cieux à un grain de moutarde, à un morceau de levain mêlé dans trois mesures de farine, à un filet avec lequel on pêche de bon et de mauvais poisson, à un roi qui a tué ses volailles pour les noces de son fils, et qui envoie ses domestiques prier les voisins à la noce. Les voisins tuent les gens qui viennent les prier à dîner; le roi tue ceux qui ont tué ses gens et brûle leurs villes; il envoie prendre les gueux qu'on rencontre sur le grand chemin pour venir dîner avec lui. Il aperçoit un pauvre convive qui n'avait point de robe, et au lieu de lui en donner une, il le fait jeter dans un cachot. Voilà ce que c'est que le royaume des cieux selon Matthieu.

Dans les autres sermons, le royaume des cieux est toujours comparé à un usurier qui veut absolument avoir cent pour cent de bénéfice. On m'avouera que notre archevêque Tillotson prêche dans un autre goût.

Par où finit l'histoire de Jésus ? par l'aventure qui est arrivée chez nous et dans le reste du monde à bien des gens qui ont voulu ameuter la populace, sans être assez habiles, ou pour armer cette populace, ou pour se faire de puissants protecteurs; ils finissent la plupart par être pendus. Jésus le fut en effet pour avoir appelé ses supérieurs races de vipères et sépulcres blanchis. Il fut exécuté publiquement, mais il ressuscita en secret. Ensuite il monta au ciel en présence de quatre-vingts de ses disciples, sans qu'aucune autre personne de la Judée le vît monter dans les nuées : ce qui était pourtant fort aisé à voir, et qui aurait fait dans le monde une assez grande nouvelle.

Notre symbole, que les papistes appellent le *Credo,* symbole attribué aux apôtres, et évidemment fabriqué plus de quatre cents ans après ces apôtres, nous apprend que Jésus, avant de monter au ciel, était allé faire un tour aux enfers. Vous remarquerez qu'il n'en est pas dit un seul mot dans les *Évangiles,* et cependant c'est un des principaux articles de la foi des christicoles; on n'est point chrétien si on ne croit pas que Jésus est allé aux enfers.

Qui donc a imaginé le premier ce voyage ? Ce fut Athanase, environ trois cent cinquante ans après; c'est dans son traité contre Apollinaire, sur l'incarnation du

Seigneur, qu'il dit que l'âme de Jésus descendit en enfer, tandis que son corps était dans le sépulcre. Ces paroles sont dignes d'attention, et font voir avec quelle sagacité et quelle sagesse Athanase raisonnait. Voici ses propres paroles :

« Il fallait qu'après sa mort ses parties essentiellement diverses eussent diverses fonctions ; que son corps reposât dans le sépulcre pour détruire la corruption, et que son âme allât aux enfers pour vaincre la mort. »

L'Africain Augustin est du sentiment d'Athanase dans une lettre qu'il écrivit à Évode : *Quis ergo nisi infidelis negaverit fuisse apud inferos Christum ?* Jérôme, son contemporain, fut à peu près du même avis, et ce fut du temps d'Augustin et de Jérôme que l'on composa ce symbole, ce *Credo,* qui passe chez les ignorants pour le symbole des apôtres.

Ainsi s'établissent les opinions, les croyances, les sectes. Mais comment ces détestables fadaises ont-elles pu s'accréditer ? comment ont-elles renversé les autres fadaises des Grecs et des Romains, et enfin l'empire même ? comment ont-elles causé tant de maux, tant de guerres civiles, allumé tant de bûchers, et fait couler tant de sang ? C'est de quoi nous rendrons un compte exact.

CHAPITRE XI

QUELLE IDÉE IL FAUT SE FORMER DE JÉSUS ET DE SES DISCIPLES

Jésus est évidemment un paysan grossier de la Judée, plus éveillé, sans doute, que la plupart des habitants de son canton. Il voulut, sans savoir, à ce qu'il paraît, ni lire ni écrire, former une petite secte pour l'opposer à celles des récabites, des judaïtes, des thérapeutes, des esséniens, des pharisiens, des saducéens, des hérodiens : car tout était secte chez les malheureux Juifs, depuis leur établissement dans Alexandrie. Je l'ai déjà comparé à notre Fox, qui était comme lui un ignorant de la lie du peuple, prêchant quelquefois comme lui une bonne morale, et prêchant surtout l'égalité, qui flatte tant la canaille. Fox établit comme lui une société qui s'écarta peu de temps après de ses principes, supposé qu'il en eût. La même chose était arrivée à la secte de Jésus. Tous deux parlèrent ouvertement contre les prêtres de leur temps; mais les lois étant plus humaines en Angleterre qu'en Judée, tout ce que les prêtres purent obtenir des juges, c'est qu'on mît Fox au pilori; mais les prêtres juifs forcèrent le président Pilate à faire fouetter Jésus, et à le faire pendre à une potence en forme de croix, comme un coquin d'esclave. Cela est barbare; chaque nation a ses mœurs. De savoir si on lui cloua les pieds et les mains, c'est ce dont il faut peu s'embarrasser. Il est, ce me semble, assez difficile de trouver sur-le-champ un clou assez long pour percer deux pieds l'un sur l'autre, comme on le prétend; mais les Juifs étaient bien capables de cette abominable atrocité.

Les disciples demeurèrent aussi attachés à leur patriarche pendu que les quakers l'ont été de leur patriarche pilorié. Les voilà qui s'avisent, au bout de quelque temps, de répandre le bruit que leur maître est ressuscité en secret. Cette imagination fut d'autant mieux reçue chez les confrères que c'était précisément le temps de la grande querelle élevée entre les sectes juives pour savoir si la résurrection était possible ou non. Le platonisme, qui était fort en vogue dans Alexandrie, et que plusieurs Juifs étudièrent, secourut bientôt la secte naissante; et de là tous les mystères, tous les dogmes absurdes dont elle fut farcie. C'est ce que nous allons développer.

CHAPITRE XII

DE L'ÉTABLISSEMENT DE LA SECTE CHRÉTIENNE ET PARTICULIÈREMENT DE PAUL

QUAND les premiers Galiléens se répandirent parmi la population des Grecs et des Romains, ils trouvèrent cette populace infectée de toutes les traditions absurdes qui peuvent entrer dans des cervelles ignorantes qui aiment les fables; des dieux déguisés en taureaux, en chevaux, en cygnes, en serpents, pour séduire des femmes et des filles. Les magistrats, les principaux citoyens, n'admettaient pas ces extravagances; mais la populace s'en nourrissait, et c'était la canaille juive qui parlait à la canaille païenne. Il me semble voir chez nous les disciples de Fox disputer contre les disciples de Brown. Il n'était pas difficile à des énergumènes juifs de faire croire leurs rêveries à des imbéciles qui croyaient des rêveries non moins impertinentes. L'attrait de la nouveauté attirait des esprits faibles, lassés de leurs anciennes sottises, et qui couraient à de nouvelles erreurs, comme la populace de la foire de Barthélemy[1], dégoûtée d'une ancienne farce qu'elle a trop souvent entendue, demande une farce nouvelle.

Si l'on en croit les propres livres des christicoles, Pierre, fils de Jone, demeurait à Joppé, chez Simon le corroyeur, dans un galetas où il ressuscita la couturière Dorcas.

Voyez le chapitre de Lucien, intitulé *Philopatris,* dans lequel il parle de ce *Galiléen au front chauve et au grand nez, qui fut enlevé au troisième ciel.* Voyez comme il traite une assemblée de chrétiens où il se trouva. Nos presbytériens d'Écosse, et les gueux de Saint-Médard de Paris, sont précisément la même chose. Des hommes déguenillés, presque nus, au regard farouche, à la démarche d'énergumènes, poussant des soupirs, faisant des contorsions, jurant par le Fils *qui est sorti du Père,* prédisaient mille malheurs à l'empire, blasphémaient contre l'empereur. Tels étaient ces premiers chrétiens.

Celui qui avait donné le plus de vogue à la secte était ce Paul au grand nez et au front chauve, dont Lucien se moque. Il suffit, ce me semble, des écrits de ce Paul, pour voir combien Lucien avait raison. Quel galimatias quand il écrit à la société des chrétiens qui se formait à Rome dans la fange juive ! « La circoncision vous est profitable si vous observez la loi; mais si vous êtes prévaricateurs de la loi, votre circoncision devient prépuce, etc. Détruisons-nous donc la loi par la foi ? à Dieu ne plaise ! mais nous établissons la foi... Si Abraham a été justifié par ses œuvres, il a de quoi se glorifier, mais non devant Dieu[2]. » Ce Paul, en s'exprimant ainsi, parlait évidemment en juif, et non en chrétien; mais il parlait encore plus en énergumène insensé qui ne peut pas mettre deux idées cohérentes à côté l'une de l'autre.

Quel discours aux Corinthiens ! *Nos pères ont été baptisés en Moïse dans la nuée et dans la mer.* Le cardinal Bembo n'avait-il pas raison d'appeler ces épîtres *epistolaccie,* et de conseiller de ne les point lire ?

Que penser d'un homme qui dit aux Thessaloniciens : *Je ne permets point aux femmes de parler dans l'église ;* et qui dans la même épître annonce qu'elles doivent parler et prophétiser avec un voile ?

Sa querelle avec les autres apôtres est-elle d'un homme sage et modéré ? Tout ne décèle-t-il pas en lui un homme de parti ? Il s'est fait chrétien, il enseigne le christianisme, et il va sacrifier sept jours de suite dans le temple de Jérusalem par le conseil de Jacques, afin de ne point passer pour chrétien. Il écrit aux Galates : « Je vous dis, moi Paul, que si vous vous faites circoncire, Jésus-Christ ne vous servira de rien. » Et ensuite il circoncit son disciple Timothée, que les Juifs prétendent être fils d'un Grec et d'une prostituée. Il est intrus parmi les apôtres, et il se vante aux Corinthiens, Ire épître, chap. IX, d'être aussi apôtre que les autres : « Ne suis-je pas apôtre ? n'ai-je pas vu notre Seigneur Jésus-Christ ? n'êtes-vous pas mon ouvrage ? Quand je ne serais pas apôtre à l'égard des autres, je le suis au moins à votre égard. N'avons-nous pas le droit d'être nourris à vos dépens ? n'avons-nous pas le droit de mener avec nous une femme qui soit notre sœur (ou si l'on veut, une sœur qui soit notre femme), comme font les autres apôtres et les frères de notre Seigneur ? Qui est-ce qui va jamais à la guerre à ses dépens ? etc. »

Que de choses dans ce passage ! le droit de vivre aux dépens de ceux qu'il a subjugués, le droit de leur faire payer les dépenses de sa femme ou de sa sœur, et la présomption que Marie ou Mirja était accouchée plus d'une fois.

Je voudrais bien savoir de qui il parle encore dans la seconde lettre aux Corinthiens, chap. XI : « Ce sont de faux apôtres... mais ce qu'ils osent, je l'ose aussi. Sont-ils Hébreux ? je le suis aussi. Sont-ils de la race d'Abraham ? j'en suis aussi. Sont-ils ministres de Jésus-Christ ? quand ils devraient m'accuser d'impudence, je le suis encore plus qu'eux. J'ai plus travaillé qu'eux; j'ai été plus repris de justice, plus souvent enfermé dans les cachots qu'eux. J'ai reçu trente-neuf coups de fouet cinq fois; des coups de bâton trois fois; j'ai été lapidé une fois; j'ai été un jour et une nuit au fond de la mer. »

Voilà donc ce Paul qui a été vingt-quatre heures au fond de la mer sans être noyé : c'eșt le tiers de l'aventure de Jonas. Mais n'eșt-il pas clair qu'il manifeste ici sa basse jalousie contre Pierre et les autres apôtres, et qu'il veut l'emporter sur eux pour avoir été plus repris de justice et plus fouetté qu'eux ?

La fureur de la domination ne paraît-elle pas dans toute son insolence quand il dit aux mêmes Corinthiens : « Je viens à vous pour la troisième fois; je jugerai tout par deux ou trois témoins; je ne pardonnerai à aucun de ceux qui ont péché, ni aux autres » ? (IIe épître, chap. XIII.) A quels imbéciles et quels cœurs abrutis de la vile populace écrivait-il ainsi en maître tyrannique ? à ceux auxquels il osait dire qu'il avait été ravi au troisième ciel. Lâche et impudent imposteur ! où est ce troisième ciel dans lequel tu as voyagé ? est-ce dans Vénus ou dans Mars ? Nous rions de Mahomet quand ses commentateurs prétendent qu'il alla visiter sept cieux tout de suite dans une nuit. Mais Mahomet au moins ne parle pas dans son *Alcoran* d'une telle extravagance qu'on lui impute; et Paul ose dire qu'il a fait près de la moitié de ce voyage !

Quel était donc ce Paul qui fait encore tant de bruit, et qui est cité tous les jours à tort et à travers ? Il dit qu'il était citoyen romain; j'ose affirmer qu'il ment impudemment. Aucun Juif ne fut citoyen romain que sous les Décius et les Philippe. S'il était de Tarsis, Tarsis ne fut colonie romaine, cité romaine, que plus de cent ans après Paul. S'il était de Giscale, comme le dit Jérôme, ce village était en Galilée; et jamais les Galiléens n'eurent assurément l'honneur d'être citoyens romains.

Il fut élevé aux pieds de Gamaliel[1], c'est-à-dire qu'il fut domestique de Gamaliel. En effet, on remarque qu'il gardait les manteaux de ceux qui lapidèrent Étienne, ce qui est l'emploi d'un valet, et d'un valet de bourreau. Les Juifs prétendirent qu'il voulait épouser la fille de Gamaliel. On voit quelque trace de cette aventure dans l'ancien livre qui contient l'histoire de Thècle. Il n'est pas étonnant que la fille de Gamaliel n'ait pas voulu d'un petit valet chauve, dont les sourcils se joignaient sur un nez difforme, et qui avait les jambes crochues : c'est ainsi que les *Actes de Thècle* le dépeignent. Dédaigné par Gamaliel et par sa fille, comme il méritait de l'être, il se joignit à la secte naissante de Céphas, de Jacques, de Matthieu, de Barnabé, pour mettre le trouble chez les Juifs.

Pour peu qu'on ait une étincelle de raison, on jugera que cette cause de l'apostasie de ce malheureux Juif est plus naturelle que celle qu'on lui attribue. Comment se persuadera-t-on qu'une lumière céleste l'ait fait tomber de cheval en plein midi, qu'une voix céleste se soit fait entendre à lui, que Dieu lui ait dit : « Saul, Saul, pourquoi me persécutes-tu ? » Ne rougit-on pas d'une telle sottise ?

Si Dieu avait voulu empêcher que les disciples de Jésus ne fussent persécutés, n'aurait-il point parlé aux princes de la nation plutôt qu'à un valet de Gamaliel ? En ont-ils moins été châtiés depuis que Saul tomba de cheval ? Saul Paul ne fut-il pas châtié lui-même ? à quoi bon ce ridicule miracle ? Je prends le ciel et la terre à témoin (s'il est permis de se servir de ces mots impropres, le ciel et la terre) qu'il n'y a jamais eu de légende plus folle, plus fanatique, plus dégoûtante, plus digne d'horreur et de mépris.

CHAPITRE XIII

DES ÉVANGILES

Dès que les sociétés de demi-juifs demi-chrétiens se furent insensiblement établies dans le bas peuple à Jérusalem, à Antioche, à Éphèse, à Corinthe, dans Alexandrie, quelque temps après Vespasien, chacun de ces petits troupeaux voulut faire son *Évangile*. On en compta cinquante-quatre, et il y en eut beaucoup davantage. Tous se contredisent, comme on le sait, et cela ne pouvait être autrement, puisque tous étaient forgés dans des lieux différents. Tous conviennent seulement que leur Jésus était fils de Maria ou Mirja, et qu'il fut pendu : et tous lui attribuent d'ailleurs autant de prodiges qu'il y en a dans les *Métamorphoses* d'Ovide.

Luc lui dresse une généalogie absolument différente

de celle que Matthieu lui forge; et aucun d'eux ne songe à faire la généalogie de Marie, de laquelle seule on le fait naître. L'enthousiaste Pascal s'écrie : « Cela ne s'est pas fait de concert. » Non, sans doute, chacun a écrit des extravagances à sa fantaisie pour sa petite société. De là vient qu'un évangéliste prétend que le petit Jésus fut élevé en Égypte; un autre dit qu'il fut toujours élevé à Bethléem; celui-ci le fait aller une seule fois à Jérusalem, celui-là trois fois. L'un fait arriver trois mages que nous nommons les trois rois, conduits par une étoile nouvelle, et fait égorger tous les petits enfants du pays par le premier Hérode, qui était alors près de sa fin. L'autre passe sous silence et l'étoile, et les mages, et le massacre des innocents.

On a été obligé enfin, pour expliquer cette foule de contradictions, de faire une concordance; et cette concordance est encore moins concordante que ce qu'on a voulu concorder. Presque tous ces *Évangiles,* que les chrétiens ne communiquaient qu'à leurs petits troupeaux, ont été visiblement forgés après la prise de Jérusalem : on en a une preuve bien sensible dans celui qui est attribué à Matthieu. Ce livre met dans la bouche de Jésus ces paroles aux Juifs : « Vous rendrez compte de tout le sang répandu depuis le juste Abel jusqu'à Zacharie, fils de Barachie, que vous avez tué entre le temple et l'autel[1]. »

Un faussaire se découvre toujours par quelque endroit. Il y eut, pendant le siège de Jérusalem, un Zacharie, fils d'un Barachie, assassiné entre le temple et l'autel par la faction des zélés. Par là l'imposture est facilement découverte; mais pour la découvrir alors, il eût fallu lire toute la *Bible*. Les Grecs et les Romains ne la lisaient guère : ces fadaises et les *Évangiles* leur étaient entièrement inconnus; on pouvait mentir impunément.

Une preuve évidente que l'*Évangile* attribué à Matthieu n'a été écrit que très longtemps après lui, par quelque malheureux demi-juif demi-chrétien helléniste, c'est ce passage fameux : « S'il n'écoute pas l'Église, qu'il soit à vos yeux comme un païen et un publicain[2]. » Il n'y avait point d'Église du temps de Jésus et de Matthieu. Ce mot *église* est grec. L'assemblée du peuple d'Athènes s'appelait *ecclesia*. Cette expression ne fut adoptée par les chrétiens que dans la suite des temps, quand il y eut quelque forme de gouvernement. Il est donc clair qu'un faussaire prit le nom de Matthieu pour écrire cet *Évangile* en très mauvais grec. J'avoue qu'il serait assez comique que Matthieu, qui avait été publicain, comparât les païens aux publicains. Mais quel que soit l'auteur de cette comparaison ridicule, ce ne peut être qu'un écervelé de la boue du peuple qui regarde un chevalier romain, chargé de recouvrer les impôts établis par le gouvernement, comme un homme abominable. Cette idée seule est destructive de toute administration, et non seulement indigne d'un homme inspiré de Dieu, mais indigne du laquais d'un honnête citoyen.

Il y a deux *Évangiles de l'enfance* : le premier nous raconte qu'un jeune gueux donna une tape sur le derrière au petit Jésus son camarade, et que le petit Jésus le fit mourir sur-le-champ, καὶ παραχρῆμα πεσῶν ἀπέθανεν. Une autre fois, il faisait des petits oiseaux de terre glaise, et ils s'envolaient. La manière dont il apprenait son alphabet était encore tout à fait divine. Ces contes ne sont pas plus ridicules que ceux de l'enlèvement de Jésus par le diable, de la transfiguration sur le Thabor, de l'eau changée en vin, des diables envoyés dans un troupeau de cochons. Aussi cet *Évangile de l'enfance* fut longtemps en vénération.

Le second livre de l'enfance n'est pas moins curieux. Marie, emmenant son fils en Égypte, rencontre des filles désolées de ce que leur frère avait été changé en mulet : Marie et le petit ne manquèrent pas de rendre à ce mulet sa forme d'homme, et l'on ne sait si ce malheureux gagna au marché. Chemin faisant, la famille errante rencontre deux voleurs, l'un nommé Dumachus, et l'autre Titus. Dumachus voulait absolument voler la sainte Vierge, et lui faire pis. Titus prit le parti de Marie, et donna quarante drachmes à Dumachus pour l'engager à laisser passer la famille sans lui faire de mal. Jésus déclara à la sainte Vierge que Dumachus serait le mauvais larron, et Titus le bon larron; qu'ils seraient un jour pendus avec lui, que Titus irait en paradis, et Dumachus à tous les diables.

L'*Évangile selon saint Jacques,* frère aîné de Jésus, ou *selon Pierre Barjone,* Évangile reconnu et vanté par Tertullien et par Origène, fut encore en plus grande recommandation. On l'appelait *protevangelion,* premier Évangile. C'est peut-être le premier qui ait parlé de la nouvelle étoile, de l'arrivée des mages, et des petits enfants que le premier Hérode fit égorger.

Il y a encore une espèce d'*Évangile,* ou d'*Actes de Jean,* dans lequel on fait danser Jésus avec ses apôtres la veille de sa mort; et la chose est d'autant plus vraisemblable que les thérapeutes étaient en effet dans l'usage de danser en rond, ce qui doit plaire beaucoup au Père céleste.

Pourquoi le chrétien le plus scrupuleux rit-il aujourd'hui sans remords de tous ces *Évangiles,* de tous ces *Actes,* qui ne sont plus dans le canon, et n'ose-t-il rire de ceux qui sont adoptés par l'Église ? Ce sont à peu près les mêmes contes; mais le fanatique adore sous un nom ce qui lui paraît le comble du ridicule sous un autre.

Enfin on choisit quatre *Évangiles ;* et la grande raison, au rapport de saint Irénée, c'est qu'il n'y a que quatre vents cardinaux; c'est que Dieu est assis sur les chérubins, et que les chérubins ont quatre formes. Saint Jérôme ou Hiéronyme, dans sa préface sur l'*Évangile de Marc,* ajoute aux quatre vents et aux quatre animaux les quatre anneaux qui servaient aux bâtons sur lesquels on portait le coffre appelé l'arche.

Théophile d'Antioche prouve que le Lazare ayant été mort pendant quatre jours, on ne pouvait conséquemment admettre que quatre *Évangiles.* Saint Cyprien prouve la même chose par les quatre fleuves qui arrosaient le paradis terrestre. Il faudrait être bien impie pour ne pas se rendre à de telles raisons.

Mais avant qu'on eût donné quelque préférence à ces quatre *Évangiles,* les Pères des deux premiers siècles ne citaient presque jamais que les *Évangiles* nommés aujourd'hui apocryphes. C'est une preuve incontestable que nos quatre *Évangiles* ne sont pas de ceux à qui on les attribue.

Je veux qu'ils en soient; je veux, par exemple, que Luc ait écrit celui qui est sous son nom. Je dirais à Luc : Comment oses-tu avancer que Jésus naquit sous le gouvernement de Cyrinus ou Quirinus, tandis qu'il est avéré que Quirinus ne fut gouverneur de Syrie que plus de dix ans après ? Comment as-tu le front de dire qu'Auguste avait ordonné le *dénombrement de toute la terre,* et que Marie alla à Bethléem pour se faire dénombrer ? Le dénombrement de toute la terre ! quelle expression ! Tu as ouï dire qu'Auguste avait un livre de raison qui contenait le détail des forces de l'empire et de ses finances; mais un dénombrement de tous les sujets de l'empire ! c'est à quoi il ne pensa jamais; encore moins un dénombrement de la terre entière; aucun écrivain romain, ou grec, ou barbare, n'a jamais dit cette extravagance. Te voilà donc convaincu par toi-même du plus énorme mensonge; et il faudra qu'on adore ton livre !

Mais qui a fabriqué ces quatre *Évangiles ?* n'est-il pas très probable que ce sont des chrétiens hellénistes, puisque l'*Ancien Testament* n'y est presque jamais cité que suivant la version des *Septante,* version inconnue en Judée ? Les apôtres ne savaient pas plus le grec que Jésus ne l'avait su. Comment auraient-ils cité les *Septante ?* Il n'y a que le miracle de la Pentecôte qui ait pu enseigner le grec à des Juifs ignorants.

Quelle foule de contrariétés et d'impostures est restée dans ces quatre *Évangiles !* N'y en eût-il qu'une seule, elle suffirait pour démontrer que c'est un ouvrage de ténèbres. N'y eût-il que le conte qu'on trouve dans Luc, que Jésus naquit sous le gouvernement de Cyrinus, lorsque Auguste fit faire le dénombrement de tout l'empire, que cette seule fausseté ne suffirait-elle pas pour faire jeter le livre avec mépris ? 1° Il n'y eut jamais de tel dénombrement, et aucun auteur n'en parle. 2° Cyrinus ne fut gouverneur de Syrie que dix ans après l'époque de la naissance de ce Jésus. Autant de mots, autant d'erreurs dans les *Évangiles.* Et c'est ainsi qu'on réussit avec le peuple.

CHAPITRE XIV

COMMENT LES PREMIERS CHRÉTIENS SE CONDUISIRENT AVEC LES ROMAINS, ET COMMENT ILS FORGÈRENT DES VERS ATTRIBUÉS AUX SIBYLLES, ETC.

Des gens de bon sens demandent comment ce tissu de fables qui outragent si platement la raison, et de blasphèmes qui imputent tant d'horreurs à la Divinité, put trouver quelque créance. Ils devraient en effet être bien étonnés si les premiers sectaires chrétiens avaient persuadé la cour des empereurs et le sénat de Rome; mais une canaille abjecte s'adressait à une populace non moins méprisable. Cela est si vrai que l'empereur Julien dit dans son discours aux christicoles : « C'était d'abord assez pour vous de séduire quelques servantes, quelques gueux comme Corneille et Serge. Qu'on me regarde comme le plus effronté des imposteurs si, parmi ceux qui embrassèrent votre secte sous Tibère et sous Claude, il y a eu un seul homme de naissance ou de mérite. »

Les premiers raisonneurs chrétiens disaient donc dans les carrefours et dans les auberges, aux païens qui se mêlaient de raisonner : — Ne soyez point effarouchés de nos mystères; vous recourez aux expiations pour vous purger de vos crimes; nous avons une expiation bien plus salutaire. Vos oracles ne valent pas les nôtres; et pour vous convaincre que notre secte est la seule bonne, c'est que vos propres oracles ont prédit tout ce que nous vous enseignons, et tout ce qu'a fait notre Seigneur Jésus-Christ. N'avez-vous pas entendu parler des sibylles? — Oui, répondent les disputeurs païens aux disputeurs galiléens; toutes les sibylles ont été inspirées par Jupiter même; leurs prédictions sont toutes véritables. — Eh bien, repartent les galiléens, nous vous montrerons des vers de sibylles qui annoncent clairement Jésus-Christ, et alors il faudra bien vous rendre.

Aussitôt les voilà qui se mettent à forger les plus mauvais vers grecs qu'on ait jamais composés, des vers semblables à ceux de notre Grub-street, de Blackmore, et de Gibson. Ils les attribuent aux sibylles, et pendant plus de quatre cents ans ils ne cessent de fonder le christianisme sur cette preuve, qui était également à la portée des trompeurs et des trompés. Ce premier pas étant fait, on vit ces faussaires puérils mettre sur le compte des sibylles jusqu'à des vers acrostiches qui commençaient tous par les lettres qui composent le nom de Jésus-Christ.

Lactance nous a conservé une grande partie de ces rapsodies, comme des pièces authentiques. A ces fables ils ajoutaient des miracles, qu'ils faisaient même quelquefois en public. Il est vrai qu'ils ne ressuscitaient point de morts comme Élisée; ils n'arrêtaient pas le soleil comme Josué; ils ne passaient point la mer à pied sec comme Moïse; ils ne se faisaient pas transporter par le diable comme Jésus sur le haut d'une petite montagne de Galilée, d'où l'on découvrait toute la terre; mais ils guérissaient la fièvre quand elle était sur son déclin, et même la gale, lorsque le galeux avait été baigné, saigné, purgé, frotté. Ils chassaient surtout les démons : c'était le principal objet de la mission des apôtres. Il eſt dit, dans plus d'un *Évangile,* que Jésus les envoya exprès pour les chasser.

C'était une ancienne prérogative du peuple de Dieu. Il y avait, comme on sait, des exorciſtes à Jérusalem qui guérissaient les possédés en leur mettant sous le nez un peu de la racine nommée *barath,* et en marmottant quelques paroles tirées de la *Clavicule* de Salomon. Jésus lui-même avoue que les Juifs avaient ce pouvoir. Rien n'était plus aisé au diable que d'entrer dans le corps d'un gueux, moyennant un ou deux schellings. Un Juif ou un Galiléen un peu à son aise pouvait chasser dix diables par jour pour une guinée. Les diables n'osaient jamais s'emparer d'un gouverneur de province, d'un sénateur, pas même d'un centurion : il n'y eut jamais que ceux qui ne possédaient rien du tout qui fussent possédés.

Si le diable dut se saisir de quelqu'un, c'était de Pilate; cependant il n'osa jamais en approcher. On a longtemps exorcisé la canaille en Angleterre, et encore plus ailleurs; mais quoique la secte chrétienne soit précisément établie pour cet usage, il eſt aboli presque partout, excepté dans les États de l'obédience du pape, et dans quelques grossiers pays d'Allemagne, malheureusement soumis à des évêques et à des moines.

Ce qu'ont enfin pu faire de mieux tous les gouvernements a été d'abolir tous les premiers usages du chriſtianisme : baptême des filles adultes toutes nues, dans des cuves, par des hommes; baptême abominable des morts; exorcisme, possessions du diable, inspirations; agapes qui produisaient tant d'impuretés : tout cela eſt détruit, et cependant la secte demeure.

Les chrétiens s'accréditèrent ainsi dans le petit peuple pendant tout un siècle. On les laissa faire; on les regarda comme une secte de Juifs, et les Juifs étaient tolérés. On ne persécutait ni pharisiens, ni saducéens, ni thérapeutes, ni esséniens, ni judaïtes; à plus forte raison laissait-on ramper dans l'obscurité ces chrétiens qu'on ignorait. Ils étaient si peu de chose que ni Flavius Josèphe, ni Philon, ni Plutarque, ne daignent en parler; et si Tacite en veut bien dire un mot, c'eſt en les confondant avec les Juifs et en leur marquant le plus profond mépris. Ils eurent donc la plus grande facilité d'étendre leur secte. On les recherche un peu sous Domitien; quelques-uns furent punis sous Trajan, et ce fut alors qu'ils commencèrent à mêler mille faux actes de martyres à quelques-uns qui n'étaient que trop véritables.

CHAPITRE XV

COMMENT LES CHRÉTIENS SE CONDUISIRENT AVEC LES JUIFS. LEUR EXPLICATION RIDICULE DES PROPHÈTES

Les chrétiens ne purent jamais prévaloir auprès des Juifs comme auprès de la populace des Gentils. Tandis qu'ils continuèrent à vivre selon la loi mosaïque, comme avait fait Jésus toute sa vie, à s'abstenir des viandes prétendues impures, et qu'ils ne proscrivirent point la circoncision, ils ne furent regardés que comme une société particulière de Juifs, telle que celle des saducéens, des esséniens, des thérapeutes. Ils disaient qu'on avait eu tort de pendre Jésus, que c'était un saint homme envoyé de Dieu, et qu'il était ressuscité.

Ces discours, à la vérité, étaient punis dans Jérusalem : il en coûta même la vie à Étienne, à ce qu'ils disent; mais ailleurs cette scission ne produisit que des altercations entre les Juifs rigides et les demi-chrétiens. On disputait; les chrétiens crurent trouver dans les Écritures quelques passages qu'on pouvait tordre en faveur de leur cause. Ils prétendirent que les prophètes juifs avaient prédit Jésus-Christ; ils citaient Isaïe, qui disait au roi Achaz :

« Une fille, ou une jeune femme *(alma)* sera grosse, et accouchera d'un fils qui s'appellera Emmanuel; il mangera du beurre et du miel, afin qu'il sache rejeter le mal et choisir le bien. La terre que vous détestez sera délivrée de ses deux rois, et le Seigneur sifflera aux mouches qui sont à l'extrémité des fleuves d'Égypte, et aux abeilles du pays d'Assur. Et il prendra un rasoir de louage, et il rasera la tête, le poil du pénil et la barbe du roi d'Assur[1]. »

« Et le Seigneur me dit : Prenez un grand livre, et écrivez en lettres lisibles : *Maher — salal — has — bas,* prenez vite les dépouilles. Et j'allai coucher avec la prophétesse, et elle fut grosse, et elle mit au monde un fils, et le Seigneur me dit : Appelez-le *Maher-salal-has-bas,* prenez vite les dépouilles. »

Vous voyez bien, disaient les chrétiens, que tout cela signifie évidemment l'avènement de Jésus-Christ. La fille qui fait un enfant, c'est la vierge Marie; *Emmanuel* et *prenez vite les dépouilles,* c'est notre Seigneur Jésus. Pour le rasoir de louage avec lequel on rase le poil du pénil du roi d'Assur, c'est une autre affaire. Toutes ces explications ressemblent parfaitement à celle de milord Pierre dans *le Conte du Tonneau* de notre cher doyen Swift.

Les Juifs répondaient : Nous ne voyons pas si clairement que vous que *prenez les dépouilles* et *Emmanuel* signifient Jésus, que la jeune femme d'Isaïe soit une vierge, et qu'*alma,* qui exprime également *fille* ou *jeune femme,* signifie *Maria ;* et ils riaient au nez des chrétiens.

Quand les chrétiens disaient : Jésus est prédit par le patriarche Juda, car le patriarche Juda *devait lier son ânon à la vigne, et laver son manteau dans le sang de la vigne ;* et Jésus est entré dans Jérusalem sur un âne, donc Juda est la figure de Jésus : alors les Juifs riaient encore plus fort de Jésus et de son âne.

S'ils prétendaient que Jésus était le Silo qui devait venir quand le sceptre ne serait plus dans Juda, les Juifs les confondaient en disant que, depuis la captivité en Babylone, le sceptre ou la verge d'entre les jambes n'avait jamais été dans Juda, et que, du temps même de Saül, la verge n'était pas dans Juda. Ainsi les chrétiens, loin de convertir les Juifs, en furent méprisés, détestés, et le sont encore. Ils furent regardés comme des bâtards qui voulaient dépouiller le fils de la maison, en prétextant de faux titres. Ils renoncèrent donc à l'espérance d'attirer les Juifs à eux, et s'adressèrent uniquement aux Gentils.

CHAPITRE XVI

DES FAUSSES CITATIONS ET DES FAUSSES PRÉDICTIONS DANS LES ÉVANGILES

Pour encourager les premiers catéchumènes, il était bon de citer d'anciennes prophéties et d'en faire de nouvelles. On cita donc dans les *Évangiles* les anciennes prophéties à tort et à travers. Matthieu, ou celui qui prit son nom, dit : « Joseph habita dans une ville qui s'appelle Nazareth, pour accomplir ce qui a été prédit par les prophètes : Il s'appellera Nazaréen. » Aucun prophète n'avait dit ces paroles; Matthieu parlait donc au hasard. Luc ose dire, au chapitre XXI : « Il y aura des signes dans la lune et dans les étoiles; des bruits de la mer et des flots; les hommes séchant de crainte attendront ce qui doit arriver à l'univers entier. Les vertus des cieux seront ébranlées, et alors il verront le Fils de l'homme venant dans une nuée avec grande puissance et grande majesté. En vérité, je vous dis que la génération présente ne passera point que tout cela ne s'accomplisse. »

La génération passa, et si rien de tout cela n'arriva, ce n'est pas ma faute. Paul en dit à peu près autant dans son épître à ceux de Thessalonique : « Nous qui vivons et qui vous parlons, nous serons emportés dans les nuées pour aller au-devant du Seigneur au milieu de l'air. »

Que chacun s'interroge ici; qu'il voie si l'on peut pousser plus loin l'imposture et la bêtise du fanatisme. Quand on vit qu'on avait mis en avant des mensonges si grossiers, les Pères de l'Église ne manquèrent pas de dire que Luc et Paul avaient entendu, par ces prédictions, la ruine de Jérusalem. Mais quel rapport, je vous prie, de la prise de Jérusalem avec Jésus venant dans les nuées avec grande puissance et grande majesté ?

Il y a dans l'*Évangile* attribué à Jean un passage qui fait bien voir que ce livre ne fut pas composé par un Juif. Jésus dit : « Je vous fais un commandement nouveau, c'est que vous vous aimiez mutuellement. » Ce commandement, loin d'être nouveau, se trouve expressément, et d'une manière bien plus forte, dans le *Lévitique* : « Tu aimeras ton prochain comme toi-même. »

Enfin, quiconque se donnera la peine de lire avec attention ne trouvera, dans tous les passages où l'on allègue l'*Ancien Testament,* qu'un manifeste abus de paroles, et le sceau du mensonge presque à chaque page.

CHAPITRE XVII

DE LA FIN DU MONDE, ET DE LA JÉRUSALEM NOUVELLE

Non seulement on a introduit Jésus sur la scène prédisant la fin du monde pour le temps même où il vivait; mais ce fanatisme fut celui de tous ceux qu'on nomme apôtres et disciples. Pierre Barjone, dans la premièré épître qu'on lui attribue, dit que « l'Évangile a été prêche aux morts, et que la fin du monde approche ».

Dans la seconde épître : « Nous attendons de nouveaux cieux et une nouvelle terre. »

La première épître attribuée à Jean dit formellement : « Il y a dès à présent plusieurs Antéchrists : ce qui nous fait connaître que voici la dernière heure. »

L'épître qu'on met sur le compte de ce Thadée surnommé Jude annonce la même folie : « Voilà le Seigneur qui va venir avec des millions de saints pour juger les hommes. »

Cette ridicule idée subsista de siècle en siècle. Si le monde ne finit pas sous Constantin, il devait finir sous Théodose; si la fin n'arrivait pas sous Théodose, elle devait arriver sous Attila. Et jusqu'au XIIe siècle cette opinion enrichit tous les couvents; car, pour raisonner conséquemment selon les moines, dès qu'il n'y aura plus ni hommes ni terres, il faut bien que toutes les terres appartiennent à ces moines.

Enfin, c'est sur cette démence qu'on fonda cette autre démence d'une autre ville de Jérusalem qui devait descendre du ciel. L'*Apocalypse*[1] annonça cette prochaine aventure : tous les christicoles la crurent. On fit de nouveaux vers sibyllins dans lesquels cette Jérusalem était prédite; elle parut même cette ville nouvelle où les christicoles devaient loger pendant mille ans après l'embrasement du monde. Elle descendit du ciel pendant quarante nuits consécutives. Tertullien la vit de ses yeux. Un temps viendra où tous les honnêtes gens diront : Est-il possible qu'on ait perdu son temps à réfuter ce *conte du Tonneau !*

Voilà donc pour quelles opinions la moitié de la terre a été ravagée ! voilà ce qui a valu des principautés, des royaumes, à des prêtres imposteurs, et ce qui précipite encore tous les jours des imbéciles dans les cachots des cloîtres chez les papistes ! C'est avec ces toiles d'araignée qu'on a tissu les liens qui nous serrent; on a trouvé le secret de les changer en chaînes de fer. Grand Dieu ! c'est pour ces sottises que l'Europe a nagé dans le sang, et que notre roi Charles Ier est mort sur un échafaud ! O destinée ! quand des demi-juifs écrivaient leurs plates impertinences dans leurs greniers, prévoyaient-ils qu'ils préparaient un trône pour l'abominable Alexandre VI, et pour ce brave scélérat de Cromwell ?

CHAPITRE XVIII

DES ALLÉGORIES

Ceux qu'on appelle Pères de l'Église s'avisèrent d'un tour assez singulier pour confirmer leurs catéchumènes dans leur nouvelle créance. Il se trouva avec le temps des disciples qui raisonnèrent un peu : on prit le parti de leur dire que tout l'*Ancien Testament* n'est qu'une figure du *Nouveau*. Le petit morceau de drap rouge que mettait la paillarde Rahab à sa fenêtre pour avertir les espions de Josué signifie le sang de Jésus répandu pour nos péchés. Sara et sa servante Agar, Lia la chassieuse, et la belle Rachel, sont la synagogue et l'Église. Moïse levant les mains quand il donne la bataille aux Amalécites, c'est évidemment la croix, car on a la figure d'une croix quand on étend les bras à droite et à gauche. Joseph vendu par ses frères, c'est Jésus-Christ; la manne, c'est l'eucharistie; les quatre vents sont les quatre *Évangiles ;* les baisers que donne la Sulamite sur la bouche, etc., dans le *Cantique des cantiques*, sont visiblement le mariage de Jésus-Christ avec son Église. La mariée n'avait pas encore de dot, elle n'était pas encore bien établie.

On ne savait ce qu'on devait croire; aucun dogme précis n'était encore constaté. Jésus n'avait jamais rien écrit. C'était un étrange législateur qu'un homme de la main duquel on n'avait pas une ligne. Il fallut donc écrire pour lui; on s'abandonna donc à ces *bonnes nouvelles*, à ces *Évangiles*, à ces actes dont nous avons déjà parlé, et on tourna tout l'*Ancien Testament* en allégories du *Nouveau*. Il n'est pas étonnant que des catéchumènes fascinés par ceux qui voulaient former un parti se laissassent séduire par ces images qui plaisent toujours au peuple. Cette méthode contribua plus que toute autre chose à la propagation du christianisme, qui s'étendait secrètement d'un bout de l'empire à l'autre, sans qu'alors les magistrats daignassent presque y prendre garde.

Plaisante et folle imagination, de faire de toute l'histoire d'une troupe de gueux la figure et la prophétie de tout ce qui devait arriver au monde entier dans la suite des siècles !

CHAPITRE XIX

DES FALSIFICATIONS, ET DES LIVRES SUPPOSÉS

Pour mieux séduire les catéchumènes des premiers siècles, on ne manqua point de supposer que la secte avait été respectée par les Romains et par les empereurs eux-mêmes. Ce n'était pas assez de forger mille écrits qu'on attribuait à Jésus, on fit encore écrire Pilate. Justin, Tertullien, citent ces actes; on les inséra dans l'*Évangile de Nicodème*. Voici quelques passages de la première lettre de Pilate à Tibère; ils sont curieux.

« Il est arrivé depuis peu, et je l'ai vérifié, que les Juifs par leur envie se sont attiré une cruelle condamnation : leur Dieu leur ayant promis de leur envoyer son saint du haut du ciel, qui serait leur roi à bien juste titre, et ayant promis qu'il serait fils d'une vierge, le dieu des Hébreux l'a envoyé en effet, moi étant président en

Judée. Les principaux des Juifs me l'ont dénoncé comme un magicien; je l'ai cru; je l'ai fait bien fouetter; je le leur ai abandonné : ils l'ont crucifié; ils ont mis des gardes auprès de sa fosse; il eſt ressuscité le troisième jour. »

Cette lettre très ancienne eſt fort importante, en ce qu'elle fait voir qu'en ces premiers temps les chrétiens n'osaient encore imaginer que Jésus fût Dieu; ils l'appelaient seulement envoyé de Dieu. S'il avait été Dieu alors, Pilate, qu'ils font parler, n'eût pas manqué de le dire.

Dans la seconde lettre, il dit que, s'il n'avait pas craint une sédition, peut-être ce *noble Juif* vivrait encore; *fortasse vir ille nobilis viveret.* On forgea encore une relation de Pilate plus circonſtanciée.

Eusèbe de Césarée, au livre VII de son *Hiſtoire ecclésiaſtique,* assure que l'hémorroïsse guérie par Jésus-Chriſt était citoyenne de Césarée : il a vu sa ſtatue aux pieds de celle de Jésus-Chriſt. Il y a autour de la base des herbes qui guérissent toutes sortes de maladies. On a conservé une requête de cette hémorroïsse, dont le nom était, comme on sait, Véronique; elle y rend compte à Hérode du miracle que Jésus-Chriſt a opéré sur elle. Elle demande à Hérode la permission d'ériger une ſtatue à Jésus; mais ce n'eſt pas dans Césarée, c'eſt dans la ville de Paniade, et cela eſt triſte pour Eusèbe.

On fit courir un prétendu édit de Tibère pour mettre Jésus au rang des dieux. On supposa des lettres de Paul à Sénèque, et de Sénèque à Paul. Empereurs, philosophes, apôtres, tout fut mis à contribution; c'eſt une suite non interrompue de fraudes : les unes sont seulement fanatiques, les autres sont politiques. Un mensonge fanatique, par exemple, eſt d'avoir écrit, sous le nom de Jean, l'*Apocalypse,* qui n'eſt qu'absurde; un mensonge politique eſt le livre des conſtitutions attribué aux apôtres. On veut, au chapitre XXV du livre II, que les évêques recueillent les décimes et les prémices. On y appelle les évêques *rois* au chapitre XXVI : *Qui episcopus eſt, hic veſter rex et dynaſtes.*

Il faut, chap. XXVIII, quand on fait le repas des agapes, envoyer les meilleurs plats à l'évêque, s'il n'eſt pas à table. Il faut donner double portion au prêtre et au diacre. Les portions des évêques ont bien augmenté, et surtout celle de l'évêque de Rome.

Au chap. XXXIV, on met les évêques bien au-dessus des empereurs et des rois, précepte dont l'Église s'est écartée le moins qu'elle a pu : *Quanto animus praestat corpore, tantum sacerdotium regno.* C'est là l'origine cachée de cette terrible puissance que les évêques de Rome ont usurpée pendant tant de siècles. Tous ces livres supposés, tous ces mensonges qu'on a osé nommer pieux, n'étaient qu'entre les mains des fidèles. C'était un péché énorme de les communiquer aux Romains, qui n'en eurent presque aucune connaissance pendant deux cents ans; ainsi le troupeau grossissait tous les jours.

CHAPITRE XX

DES PRINCIPALES IMPOSTURES DES PREMIERS CHRÉTIENS

UNE des plus anciennes impostures de ces novateurs énergumènes fut le *Testament des douze patriarches*, que nous avons encore tout entier en grec de la traduction de Jean surnommé saint Chrysostome. Cet ancien livre, qui est du premier siècle de notre ère, est visiblement d'un chrétien, puisqu'on y fait dire à Lévi, à l'article 8 de son Testament : « Le troisième aura un nom nouveau, parce qu'il sera un roi de Juda, et qu'il sera peut-être d'un nouveau sacerdoce pour toutes les nations, etc. »; ce qui désigne leur Jésus-Christ, qui n'a jamais pu être désigné que par de telles impostures. On fait encore prédire clairement ce Jésus dans tout l'article 18, après avoir fait dire à Lévi, dans l'article 17, que les prêtres des Juifs font le péché de la chair avec des bêtes.

On supposa le testament de Moïse, d'Énoch, et de Joseph, leur ascension ou assomption dans le ciel, celle de Moïse, d'Abraham, d'Elda, de Moda, d'Élie, de Sophonie, de Zacharie, d'Habacuc.

On forgea, dans le même temps, le fameux livre d'Énoch, qui est le seul fondement de tout le mystère du christianisme, puisque c'est dans ce seul livre qu'on trouve l'histoire des anges révoltés qui ont péché en paradis et sont devenus diables en enfer. Il est démontré que les écrits attribués aux apôtres ne furent composés qu'après cette fable d'Énoch, écrite en grec par quelque chrétien d'Alexandrie : Jude, dans son épître, cite cet Énoch plus d'une fois; il rapporte ses propres paroles; il est assez dépourvu de sens pour assurer qu'Énoch, *septième homme après Adam, a écrit des prophéties*.

Voici donc ici deux impostures grossières avérées : celle du chrétien qui suppose des livres d'Énoch, et celle du chrétien qui suppose l'épître de Jude, dans laquelle les paroles d'Énoch sont rapportées; il n'y eut jamais un mensonge plus grossier.

Il est très inutile de rechercher quel fut le principal auteur de ces mensonges accrédités insensiblement; mais il y a quelque apparence que ce fut un nommé Hégésippe dont les fables eurent beaucoup de cours, et qui est cité par Tertullien, et ensuite copié par Eusèbe. C'est cet Hégésippe qui rapporte que Jude était de la race de David, que ses petits-fils vivaient sous l'empereur Domitien. Cet empereur, si on le croit, fut très effrayé d'apprendre qu'il y avait des descendants de ce grand roi David, lesquels avaient un droit incontestable au trône de Jérusalem, et par conséquent au trône de l'univers entier. Il fit venir devant lui ces illustres princes; mais ayant vu ce qu'ils étaient, des gueux de l'ostière, il les renvoya sans leur faire de mal.

Pour Jude, leur grand-père, qu'on met au rang des apôtres, on l'appelle tantôt Thadée, et tantôt Lebbée, comme nos coupeurs de bourse, qui ont toujours deux ou trois noms de guerre.

La prétendue lettre de Jésus-Christ à un prétendu roitelet de la ville d'Édesse, qui n'avait point alors de roitelet, le voyage de ce même Thadée auprès de ce roitelet, furent quatre cents ans en vogue chez les premiers chrétiens.

Quiconque écrivait un Évangile, ou quiconque se mêlait d'enseigner son petit troupeau naissant imputait à Jésus des discours et des actions dont nos quatre *Évangiles* ne parlent pas. C'est ainsi que dans les *Actes des apôtres,* au chapitre XX (verset 35), Paul cite ces paroles de Jésus : « Μακάριον ἔστι διδόναι μᾶλλον ἢ λαμβάνειν; il vaut mieux donner que recevoir. » Ces paroles ne se trouvent ni dans Matthieu, ni dans Marc, ni dans Luc, ni dans Jean.

Les Voyages de Pierre, l'Apocalypse de Pierre, les Actes de Pierre, les Actes de Paul, de Thècle, les Lettres de Paul à Sénèque et de Sénèque à Paul, les Actes de Pilate, les Lettres de Pilate, sont assez connus des savants; et ce n'est pas la peine de fouiller dans ces archives du mensonge et de l'ineptie.

On a poussé le ridicule jusqu'à écrire l'histoire de Claudia Procula, femme de Pilate.

Un malheureux nommé Abdias, qui passa incontestablement pour avoir vécu avec Jésus-Christ, et pour avoir été un des plus fameux disciples des apôtres, est celui qui nous a fourni l'histoire du combat de Pierre avec Simon, le prétendu magicien, si célèbre chez les premiers chrétiens. C'est sur cette seule imposture que s'est établie la croyance que Pierre est venu à Rome; c'est à cette fable que les papes doivent toute leur grandeur, si honteuse pour le genre humain; et cela seul rendrait cette grandeur précaire bien ridicule, si une foule de crimes ne l'avait rendue odieuse.

Voici donc ce que raconte cet Abdias, qui se prétend témoin oculaire. Simon Pierre Barjone étant venu à Rome sous Néron, Simon le Magicien y vint aussi. Un jeune homme, proche parent de Néron, mourut; il fallait bien ressusciter un parent de l'empereur; les deux Simon s'offrirent pour cette affaire. Simon le Magicien y mit la condition qu'on ferait mourir celui des deux qui ne pourrait pas réussir. Simon Pierre l'accepta, et l'autre Simon commença ses opérations; le mort branla la tête : tout le peuple jeta des cris de joie. Simon Pierre demanda qu'on fît silence, et dit : « Messieurs, si le défunt est en vie, qu'il ait la bonté de se lever, de marcher, et de causer avec nous »; le mort s'en donna bien de garde; alors Pierre lui dit de loin : « Mon fils, levez-vous, notre Seigneur Jésus-Christ vous guérit. » Le jeune homme se leva, parla et marcha; et Simon Barjone le rendit à sa mère. Simon, son adversaire, alla se plaindre à Néron, et lui dit que Pierre n'était qu'un misérable charlatan et un ignorant. Pierre comparut devant l'empereur, et lui dit à l'oreille : « Croyez-moi, j'en sais plus que lui, et, pour vous le prouver, faites-moi donner secrètement deux pains d'orge; vous verrez que je devinerai ses pensées, et qu'il ne devinera pas les miennes. » On apporte à Pierre ces deux pains, il les cache dans sa manche. Aussitôt Simon fit paraître deux gros chiens, qui étaient ses anges tutélaires : ils voulurent dévorer

Pierre, mais le madré leur jeta ses deux pains; les chiens les mangèrent et ne firent nul mal à l'apôtre. « Eh bien, dit Pierre, vous voyez que je connaissais ses pensées, et qu'il ne connaissait pas les miennes. »

Le magicien demanda sa revanche; il promit qu'il volerait dans les airs comme Dédale; on lui assigna un jour : il vola en effet; mais saint Pierre pria Dieu avec tant de larmes que Simon tomba et se cassa le cou. Néron, indigné d'avoir perdu un si bon machiniste par les prières de Simon Pierre, ne manqua pas de faire crucifier ce Juif la tête en bas.

Qui croirait que cette histoire est contée non seulement par Abdias, mais par deux autres chrétiens contemporains, Hégésippe, dont nous avons déjà parlé, et Marcel ? Mais ce Marcel ajoute de belles particularités de sa façon. Il ressemble aux écrivains d'évangile, qui se contredisent les uns les autres. Ce Marcel met Paul de la partie; il ajoute seulement que Simon le Magicien, pour convaincre l'empereur de son savoir-faire, dit à ce prince : « Faites-moi le plaisir de me couper la tête, je vous promets de ressusciter le troisième jour. » L'empereur essaya la chose; on coupa la tête au magicien, qui reparut le troisième jour devant Néron avec la plus belle tête du monde sur ses épaules.

Que le lecteur maintenant fasse une réflexion avec moi : je suppose que les trois imbéciles Abdias, Hégésippe, et Marcel, qui racontent ces pauvretés, eussent été moins maladroits, qu'ils eussent inventé des contes plus vraisemblables sur les deux Simon, ne seraient-ils pas regardés aujourd'hui comme des Pères de l'Église irréfragables ? Tous nos docteurs ne les citeraient-ils pas tous les jours comme d'irréprochables témoins ? Ne prouverait-on pas à Oxford et en Sorbonne la vérité de leurs écrits par leur conformité avec les *Actes des apôtres,* et la vérité des *Actes des apôtres* par ces mêmes écrits d'Abdias, d'Hégésippe, et de Marcel ? Leurs histoires sont assurément aussi authentiques que les *Actes des apôtres* et les *Évangiles ;* elles sont parvenues jusqu'à nous de siècle en siècle par la même voie, et il n'y a pas plus de raison de rejeter les unes que les autres.

Je passe sous silence le reste de cette histoire, les beaux faits d'André, de Jacques le Majeur, de Jean, de Jacques le Mineur, de Matthieu, et de Thomas. Lira qui voudra ces inepties. Le même fanatisme, la même imbécillité, les ont toutes dictées; mais un ridicule trop long est trop insipide.

CHAPITRE XXI

DES DOGMES ET DE LA MÉTAPHYSIQUE DES CHRÉTIENS DES PREMIERS SIÈCLES. DE JUSTIN

Justin, qui vivait sous les Antonins, est un des premiers qui aient eu quelque teinture de ce qu'on appelait philosophie : il fut aussi un des premiers qui donnèrent du crédit aux oracles des sibylles, à la Jérusalem nouvelle, et au séjour que Jésus-Christ devait faire sur la terre pendant mille ans. Il prétendit que toute la science des Grecs venait des Juifs. Il certifie, dans sa seconde apologie pour les chrétiens, que les dieux n'étaient que des diables qui venaient, en forme d'incubes et de succubes, coucher avec les hommes et avec les femmes, et que Socrate ne fut condamné à la ciguë que pour avoir prêché aux Athéniens cette vérité.

On ne voit pas que personne avant lui ait parlé du mystère de la Trinité, comme on en parle aujourd'hui. Si l'on n'a pas falsifié son ouvrage, il dit nettement, dans son exposition de la foi, « qu'au commencement il n'y eut qu'un Dieu en trois personnes, qui sont le Père, le Fils, et le Saint-Esprit; que le Père n'est pas engendré, et que le Saint-Esprit procède ». Mais, pour expliquer cette Trinité d'une manière différente de Platon, il compare la Trinité à Adam. Adam, dit-il, ne fut point engendré; Adam s'identifie avec ses descendants : ainsi le Père s'identifie avec le Fils et le Saint-Esprit. Ensuite ce Justin écrivit contre Aristote; et on peut assurer que si Aristote ne s'entendait pas, Justin ne l'entendait pas davantage.

Il assure, dans l'article XLIII de ses réponses aux orthodoxes, que les hommes et les femmes ressusciteront avec les parties de la génération, attendu que ces parties les feront continuellement souvenir que sans elles ils n'auraient jamais connu Jésus-Christ, puisqu'ils ne seraient pas nés. Tous les Pères, sans exception, ont raisonné à peu près comme Justin; et pour mener le vulgaire il ne faut pas de meilleurs raisonnements. Locke et Newton n'auraient point fait de religion.

Au reste ce Justin, et tous les Pères qui le suivirent, croyaient, comme Platon, à la préexistence des âmes; et en admettant que l'âme est spirituelle, une espèce de vent, de souffle, d'air invisible, ils la faisaient en effet un composé de matière subtile. « L'âme est manifestement composée, dit Tatien dans son *Discours aux Grecs ;* car comment pourrait-elle se faire connaître sans corps ? » Arnobe parle encore bien plus positivement de la corporalité des âmes. « Qui ne voit, dit-il, que ce qui est immortel et simple ne peut souffrir aucune douleur ? L'âme n'est autre chose que le ferment de la vie, l'électuaire d'une chose dissoluble; *fermentum vitae, rei dissociabilis glutinum.* »

CHAPITRE XXII

DE TERTULLIEN

L'Africain Tertullien parut après Justin. Le métaphysicien Malebranche, homme célèbre dans son pays, lui donne sans détour l'épithète de fou, et les écrits de cet Africain justifient Malebranche. Le seul ouvrage de Tertullien qu'on lise aujourd'hui est son *Apologie pour la religion chrétienne*. Abbadie, Houteville, la regardent comme un chef-d'œuvre, sans qu'ils en citent aucun passage. Ce chef-d'œuvre consiste à injurier les Romains au lieu de les adoucir; à leur imputer des crimes, et à produire avec pétulance des assertions dont il n'apporte pas la plus légère preuve.

Il reproche aux Romains (chapitre IX) que les peuples de Carthage immolaient encore quelquefois en secret des enfants à Saturne, malgré les défenses expresses des empereurs sous peine de la vie. C'était une occasion de louer la sagesse romaine, et non pas de l'insulter. Il leur reproche les combats des gladiateurs qu'on faisait combattre contre des animaux farouches, en avouant qu'on n'exposait ainsi que des criminels condamnés à mort. C'était un moyen qu'on leur donnait de sauver leur vie par leur courage. Il fallait encore en louer les Romains : c'était les combats des gladiateurs volontaires qu'il eût dû condamner, et c'est de quoi il ne parle pas.

Il s'emporte (chapitre XXIII) jusqu'à dire : « Amenez-moi votre vierge céleste qui promet des pluies, et votre Esculape qui conserve la vie à ceux qui la doivent perdre quelque temps après : s'ils ne confessent pas qu'ils sont des diables (n'osant mentir devant un chrétien), versez le sang de ce chrétien téméraire; qu'y a-t-il de plus manifeste ? qu'y a-t-il de plus prouvé ? »

A cela tout lecteur sage répond : Qu'y a-t-il de plus extravagant et de plus fanatique que ce discours ? Comment des statues auraient-elles avoué au premier chrétien venu qu'elles étaient des diables ? En quel temps, en quel lieu, a-t-on vu un pareil prodige ? Il fallait que Tertullien fût bien sûr que les Romains ne liraient pas sa ridicule apologie, et qu'on ne lui donnerait pas des statues d'Esculape à exorciser, pour qu'il osât avancer de telles absurdités.

Son chapitre XXXIIe, qu'on n'a jamais remarqué, est très remarquable. « *Nous prions Dieu,* dit-il, pour les empereurs et pour l'empire; mais c'est que nous savons que la dissolution générale qui menace l'univers et la consommation des siècles en sera retardée. »

Misérable ! tu n'aurais donc pas prié pour tes maîtres, si tu avais su que le monde dût subsister encore !

Que Tertullien veut-il dire dans son latin barbare ? Entend-il le règne de mille ans ? entend-il la fin du monde annoncée par Luc et par Paul, et qui n'était point arrivée ? entend-il qu'un chrétien peut, par sa prière, empêcher Dieu de mettre fin à l'univers, quand Dieu a résolu de briser son ouvrage ? N'est-ce pas là l'idée d'un énergumène, quelque sens qu'on puisse lui donner.

Une observation beaucoup plus importante, c'est qu'à la fin du second siècle il y avait déjà des chrétiens très riches. Il n'est pas étonnant qu'en deux cents années leurs missionnaires ardents et infatigables eussent attiré enfin à leur parti des gens d'honnêtes familles. Exclus des dignités, parce qu'ils ne voulaient pas assister aux cérémonies instituées pour la prospérité de l'empire, ils exerçaient le négoce comme les presbytériens et autres non-conformistes ont fait en France et font chez nous; ils s'enrichissaient. Leurs agapes étaient de grands festins. On leur reprochait déjà le luxe et la bonne chère. Tertullien en convient (chapitre XXXIX) : « Oui, dit-il; mais dans les mystères d'Athènes et d'Égypte, ne fait-on pas bonne chère aussi ? Quelque dépense que nous fassions, elle est utile et pieuse, puisque les pauvres en profitent. *Quantiscumque sumptibus constet, lucrum est pietatis, siquidem inopes refrigerio isto juvamus.* »

Enfin le fougueux Tertullien se plaint de ce qu'on ne persécute pas les philosophes, et de ce qu'on réprime les chrétiens (chapitre XLVI). « Y a-t-il quelqu'un, dit-il, qui force un philosophe à sacrifier, à jurer par vos dieux ? *Quis enim philosophum sacrificare aut dejerare,* etc. » Cette différence prouve évidemment que les philosophes n'étaient pas dangereux, et que les chrétiens l'étaient. Les philosophes se moquaient, avec tous les magistrats, des superstitions populaires; mais ils ne faisaient pas un parti, une faction dans l'empire, et les chrétiens commençaient à composer une faction si dangereuse qu'à la fin elle contribua à la destruction de l'empire romain. On voit, par ce seul trait, qu'ils auraient été les plus cruels persécuteurs s'ils avaient été les maîtres : leur secte, insociable, intolérante, n'attendait que le moment d'être en pleine liberté pour ravir la liberté au reste du genre humain.

Déjà Rutilius, préfet de Rome, disait de cette faction demi-juive et demi-chrétienne :

Atque utinam nunquam Judaea subacta fuisset
Pompeii bellis, imperioque Titi !
Latius excisae pestis contagia serpunt,
Victoresque suos natio victa premit[1].

Plût aux dieux que Titus, plût aux dieux que Pompée,
N'eussent jamais dompté cette infâme Judée !
Ses poisons parmi nous en sont plus répandus :
Les vainqueurs opprimés vont céder aux vaincus.

On voit par ces vers que les chrétiens osaient étaler le dogme affreux de l'intolérance : ils criaient partout qu'il fallait détruire l'ancienne religion de l'empire, et on entrevoyait qu'il n'y avait plus de milieu entre la nécessité de les exterminer, ou d'être bientôt exterminé par eux. Cependant telle fut l'indulgence du sénat qu'il y eut très peu de condamnations à mort, comme l'avoue Origène dans sa réponse à Celse, au livre III.

Nous ne ferons pas ici une analyse des autres écrits de Tertullien : nous n'examinerons point son livre qu'il intitule *le Scorpion,* parce que les gnostiques piquent, à ce qu'il prétend, comme des scorpions; ni son livre sur les manteaux, dont Malebranche s'est assez moqué. Mais ne passons pas sous silence son ouvrage sur l'âme : non seulement il cherche à prouver qu'elle est matérielle, comme l'ont pensé tous les Pères des trois premiers siècles; non seulement il s'appuie sur l'autorité du grand poète Lucrèce,

Tangere enim ac tangi, nisi corpus, nulla potest res ;

(Lib. I, v. 305.)

mais il assure que l'âme est figurée et colorée : voilà les champions de l'Église, voilà ses Pères. Au reste, n'oublions pas qu'il était prêtre et marié : ces deux états n'étaient pas encore des sacrements, et les évêques de Rome ne défendirent le mariage aux prêtres que quand ils furent assez puissants et assez ambitieux pour avoir, dans une partie de l'Europe, une milice qui, étant sans famille et sans patrie, fût plus soumise à ses ordres.

CHAPITRE XXIII

DE CLÉMENT D'ALEXANDRIE

Clément, prêtre d'Alexandrie, appelle toujours les chrétiens *gnostiques.* Était-il d'une de ces sectes qui divisèrent les chrétiens et qui les diviseront toujours ? ou bien les chrétiens prenaient-ils alors le titre de *gnostiques ?* Quoi qu'il en soit, la seule chose qui puisse instruire et plaire dans ses ouvrages, c'est cette profusion de vers d'Homère, et même d'Orphée, de Musée, d'Hésiode, de Sophocle, d'Euripide, et de Ménandre, qu'il cite à la vérité mal à propos, mais qu'on relit toujours avec plaisir. C'est le seul des Pères des trois premiers siècles qui ait écrit dans ce goût; il étale, dans son *Exhortation aux nations* et dans ses *Stromates,* une grande connaissance des anciens livres grecs, et des rites asiatiques et égyptiens; il ne raisonne guère, et c'est tant mieux pour le lecteur.

Son plus grand défaut est de prendre toujours des fables inventées par des poètes et par des romanciers pour le fond de la religion des Gentils, défaut commun aux autres Pères, et à tous les écrivains polémistes. Plus on impute de sottises à ses adversaires, plus on croit en être exempt; ou plutôt on fait compensation de ridicule. On dit : Si vous trouvez mauvais que notre Jésus soit fils de Dieu, vous avez votre Bacchus, votre Hercule, votre Persée, qui sont fils de Dieu; si notre Jésus a été transporté par le diable sur une montagne, vos géants ont jeté des montagnes à la tête de Jupiter. Si vous ne voulez pas croire que notre Jésus ait changé l'eau en vin dans une noce de village, nous ne croirons pas que les filles d'Anius aient changé tout ce qu'elles touchaient en blé, en vin, et en huile.

Le parallèle est très long et très exact des deux côtés.

Le plus singulier miracle de toute l'antiquité païenne, que rapporte Clément d'Alexandrie dans son *Exhortation,* c'est celui de Bacchus aux enfers. Bacchus ne savait pas le chemin; un nommé Prosymnus, que Pausanias et Hygin appellent autrement, s'offrit à le lui enseigner, à condition qu'à son retour Bacchus (qui était fort joli) le payerait en faveurs, et qu'il souffrirait de lui ce que Jupiter fit à Ganymède, et Apollon à Hyacinthe. Bacchus accepta le marché, il alla aux enfers; mais à son retour il trouva Prosymnus mort; il ne voulut pas manquer à sa promesse, et, rencontrant un figuier auprès du tombeau de Prosymnus, il tailla une branche bien proprement en priape, il se l'enfonça, au nom de son bienfaiteur, dans la partie destinée à remplir sa promesse, et n'eut rien à se reprocher.

De pareilles extravagances, communes à presque toutes les anciennes religions, prouvent invinciblement que quiconque s'est écarté de la vraie religion, de la vraie philosophie, qui est l'adoration d'un Dieu sans aucun mélange, quiconque, en un mot, s'est pu livrer aux superstitions n'a pu dire que des choses insensées.

Mais, en bonne foi, ces fables milésiennes étaient-elles la religion romaine ? Le sénat a-t-il jamais élevé un temple à Bacchus se sodomisant lui-même ? à Mercure voleur ? Ganymède a-t-il eu des temples ? Adrien, à la vérité, fit ériger un temple à son ami Antinoüs, comme Alexandre à Éphestion; mais les honorait-on en qualité de gitons ? Y a-t-il une médaille, un monument, dont l'inscription fût à Antinoüs pédéraste ? Les Pères de l'Église s'égayaient aux dépens de ceux qu'ils appelaient Gentils; mais que les Gentils avaient de représailles à faire ! et qu'un prétendu Joseph mis dans la grande confrérie par un ange, et qu'un Dieu charpentier dont les aïeules étaient des adultères, des incestueuses, des prostituées, et qu'un Paul voyageant au troisième ciel, et qu'un mari[1] et sa femme frappés de mort pour n'avoir pas donné tout leur bien à Simon Barjone, fournissaient aux Gentils de terribles armes ! Les anges de Sodome ne valent-ils pas bien Bacchus et Prosymnus, ou la fable d'Apollon et d'Hyacinthe ?

Le bon sens est le même dans ce Clément que dans tous ses confrères[2]. Dieu, selon lui, a fait le monde en six jours, et s'est reposé le septième, parce qu'il y a sept étoiles errantes; parce que la petite Ourse est composée de sept étoiles, ainsi que les Pléiades; parce qu'il y a sept principaux anges; parce que la lune change de face tous les sept jours; parce que le septième jour est critique dans les maladies. C'est là ce qu'ils appellent la vraie philosophie, τὴν ἀληθῆ φιλοσοφίαν γνωστικὴν. Voilà, encore une fois, les gens qui se préfèrent à Platon et à Cicéron; et il nous faudra révérer aujourd'hui tous ces obscurs pédants, que l'indulgence des Romains laissait débiter leurs rêveries fanatiques dans Alexandrie, où les dogmes du christianisme se formèrent principalement !

CHAPITRE XXIV

D'IRÉNÉE

Irénée, à la vérité, n'a ni science, ni philosophie, ni éloquence : il se borne presque toujours à répéter ce que disaient Justin, Tertullien, et les autres; il croit avec eux que l'âme est une figure légère et aérienne; il est persuadé du règne de mille ans dans une nouvelle Jérusalem descendue du ciel en terre. On voit dans son cinquième livre, chapitre XXXIII, quelle énorme quantité de farine produira chaque grain de blé, et combien de futailles il faudra pour chaque grappe de raisin dans cette belle ville; il attend l'Antéchrist au bout de ces mille années, et explique merveilleusement le chiffre 666, qui est la marque de la bête. Nous avouons qu'en tout cela il ne diffère point des autres Pères de l'Église.

Mais une chose assez importante, et qu'on n'a peut-être pas assez relevée, c'est qu'il assure que Jésus est mort à cinquante ans passés, et non pas à trente et un, ou à trente-trois, comme on peut l'inférer des *Évangiles*.

Irénée atteste les *Évangiles*[1] pour garants de cette opinion; il prend à témoin tous les vieillards qui ont vécu avec Jean, et avec les autres apôtres; il déclare positivement qu'il n'y a que ceux qui sont venus trop tard pour connaître les apôtres qui puissent être d'une opinion contraire. Il ajoute même, contre sa coutume, à ces preuves de fait un raisonnement assez concluant.

L'*Évangile de Jean* fait dire à Jésus : « Votre père Abraham a été exalté pour voir mes jours : il les a vus, et il s'en est bien réjoui[2] »; et les Juifs lui répondirent : « Es-tu fou ? tu n'as pas encore cinquante ans, et tu te vantes d'avoir vu notre père Abraham[3] ? »

Irénée conclut de là que Jésus était près de sa cinquantième quand les Juifs lui parlaient ainsi. En effet, si ce Jésus avait été alors âgé de trente années au plus, on ne lui aurait pas parlé de cinquante années. Enfin, puisque Irénée appelle en témoignage tous les *Évangiles* et tous les vieillards qui avaient ces écrits entre les mains, les *Évangiles* de ce temps-là n'étaient donc pas ceux que nous avons aujourd'hui. Ils ont été altérés comme tant d'autres livres. Mais, puisqu'on les changea, on devait donc les rendre un peu plus raisonnables.

CHAPITRE XXV

D'ORIGÈNE, ET DE LA TRINITÉ

CLÉMENT D'ALEXANDRIE avait été le premier savant parmi les chrétiens. Origène fut le premier raisonneur. Mais quelle philosophie que celle de son temps !

Il fut au rang des enfants célèbres, et enseigna de très bonne heure dans cette grande ville d'Alexandrie, où les chrétiens tenaient une école publique : les chrétiens n'en avaient point à Rome. Et en effet, parmi ceux qui prenaient le titre d'évêques de Rome, on ne compte pas un seul homme illustre : ce qui est très remarquable. Cette Église, qui devint ensuite si puissante et si fière, tint tout des Égyptiens et des Grecs.

Il y avait sans doute une grande dose de folie dans la philosophie d'Origène, puisqu'il s'avisa de se couper les testicules. Épiphane a écrit qu'un préfet d'Alexandrie lui avait donné l'alternative, de servir de Ganymède à un Éthiopien, ou de sacrifier aux dieux, et qu'il avait sacrifié pour n'être point sodomisé par un vilain Éthiopien[1].

Si c'est là ce qui le détermina à se faire eunuque, ou si ce fut une autre raison, c'est ce que je laisse à examiner aux savants qui entreprendront l'histoire des eunuques; je me borne ici à l'histoire des sottises de l'esprit humain.

Il fut le premier qui donna de la vogue au *nonsense,* au galimatias de la Trinité, qu'on avait oublié depuis Justin. On commençait dès lors chez les chrétiens à oser regarder le fils de Marie comme Dieu, comme une émanation du Père, comme le premier *Éon,* comme identifié en quelque sorte avec le Père; mais on n'avait pas fait encore un Dieu du Saint-Esprit. On ne s'était pas avisé de falsifier je ne sais quelle épître attribuée à Jean, dans laquelle on inséra ces paroles ridicules : « Il y en a trois qui donnent témoignage dans le ciel, le Père, le Verbe, et l'Esprit Saint[2]. » Serait-ce ainsi qu'on devrait parler de trois substances ou personnes divines, composant ensemble le Dieu créateur du monde ? dirait-on qu'ils donnent témoignage ? D'autres exemples portent ces paroles plus ridicules encore : « Il y en a trois qui rendent témoignage en terre, l'esprit, l'eau, et le sang, et ces trois ne sont qu'un. » On ajouta encore dans d'autres copies : *et ces trois sont un en Jésus.* Aucun de ces passages, tous différents les uns des autres, ne se trouve dans les anciens manuscrits; aucun des Pères des trois premiers siècles ne les cite; et d'ailleurs quel fruit en pourraient recueillir ceux qui admettent ces falsifications ? comment pourront-ils entendre que l'esprit, l'eau, et le sang, font la Trinité, et ne sont qu'un ? est-ce parce qu'il est dit que Jésus sua sang et eau, et qu'il rendit l'esprit ?

Quel rapport de ces trois choses à un Dieu en trois hypostases ?

La trinité de Platon était d'une autre espèce; on ne la connaît guère : la voici telle qu'on peut la découvrir dans son *Timée*. Le Demiourgos éternel est la première cause de tout ce qui existe; son idée archétype est la seconde; l'âme universelle, qui est son ouvrage, est la troisième. Il y a quelque sens dans cette opinion de Platon. Dieu conçoit l'idée du monde, Dieu le fait, Dieu l'anime; mais jamais Platon n'a été assez fou pour dire que cela composait trois personnes en Dieu. Origène était platonicien; il prit ce qu'il put de Platon, il fit une trinité à sa mode. Ce système resta si obscur dans les premiers siècles que Lactance, du temps de l'empereur Constantin, parlant au nom de tous les chrétiens, expliquant la créance de l'Église, et s'adressant à l'empereur même, ne dit pas un mot de la Trinité; au contraire, voici comment il parle, au chapitre XXIX du livre IV de ses *Institutions* : « Peut-être quelqu'un me demandera comment nous adorons un seul Dieu, quand nous assurons qu'il y en a deux, le Père et le Fils; mais nous ne les distinguons point parce que le Père ne peut pas être sans son Fils, et le Fils sans son Père. »

Le Saint-Esprit fut entièrement oublié par Lactance, et quelques années après on n'en fit qu'une commémoration fort légère, et par manière d'acquit, au concile de Nicée : car après avoir fait la déclaration aussi solennelle qu'inintelligible de ce dogme son ouvrage, que le Fils est consubstantiel au Père, le concile se contente de dire simplement : *Nous croyons aussi au Saint-Esprit*.

On peut dire qu'Origène jeta les premiers fondements de cette métaphysique chimérique qui n'a été qu'une source de discorde, et qui était absolument inutile à la morale. Il est évident qu'on pouvait être aussi honnête homme, aussi sage, aussi modéré, avec une hypostase qu'avec trois, et que ces inventions théologiques n'ont rien de commun avec nos devoirs.

Origène attribue un corps délié à Dieu, aussi bien qu'aux anges et à toutes les âmes; et il dit que Dieu le père et Dieu le fils sont deux substances différentes; que le Père est plus grand que le Fils, le Fils plus grand que le Saint-Esprit, et le Saint-Esprit plus grand que les anges. Il dit que le Père est bon par lui-même; mais que le Fils n'est pas bon par lui-même; que le Fils n'est pas la vérité par rapport à son Père, mais l'image de la vérité par rapport à nous; qu'il ne faut pas adorer le Fils, mais le Père; que c'est au Père seul qu'on doit adresser ses prières; que le Fils apporta du ciel la chair dont il se revêtit dans le sein de Marie, et qu'en montant au ciel il laissa son corps dans le soleil.

Il avoue que la vierge Marie, en accouchant du Fils de Dieu, se délivra d'un arrière-faix comme une autre; ce qui l'obligea de se purifier dans le temple juif : car on sait bien que rien n'est si impur qu'un arrière-faix. Le dur et pétulant Jérôme lui a reproché aigrement, environ cent cinquante années après sa mort, beaucoup d'opinions semblables qui valent bien les opinions de Jérôme : car dès que les premiers chrétiens se mêlèrent d'avoir des dogmes, ils se dirent de grosses injures, et annoncèrent de loin les guerres civiles qui devaient désoler le monde pour des arguments.

N'oublions pas qu'Origène se signala plus que tout autre en tournant tous les faits de l'Écriture en allégories; et il faut avouer que ces allégories sont fort plaisantes. La graisse des sacrifices est l'âme de Jésus-Christ; la queue des animaux sacrifiés est la persévérance dans les bonnes œuvres. S'il est dit dans l'*Exode,* chapitre XXXIII, que Dieu met Moïse dans la fente d'un rocher afin que Moïse voie les fesses de Dieu, mais non pas son visage, cette fente du rocher est Jésus-Christ, au travers duquel on voit Dieu le père par derrière.

En voilà je pense, assez, pour faire connaître les Pères, et pour faire voir sur quels fondements on a bâti l'édifice le plus monstrueux qui ait jamais déshonoré la raison. Cette raison a dit à tous les hommes : La religion doit être claire, simple, universelle, à la portée de tous les esprits, parce qu'elle est faite pour tous les cœurs; sa morale ne doit point être étouffée sous le dogme, rien d'absurde ne doit la défigurer. En vain la raison a tenu ce langage; le fanatisme a crié plus haut qu'elle. Et quels maux n'a pas produits ce fanatisme ?

CHAPITRE XXVI

DES MARTYRS

Pourquoi les Romains ne persécutèrent-ils jamais pour leur religion aucun de ces malheureux Juifs abhorrés, ne les obligèrent-ils jamais à renoncer à leurs superstitions, leur laissèrent-ils leurs rites et leurs lois, et leur permirent-ils des synagogues dans Rome, les comptèrent-ils même parmi les citoyens à qui on faisait des largesses de blé ? Et d'où vient que ces mêmes Romains, si indulgents, si libéraux envers ces malheureux Juifs, furent-ils, vers le IIIe siècle, plus sévères envers les adorateurs d'un Juif ? N'est-ce point parce que les Juifs, occupés de vendre des chiffons et des philtres, n'avaient pas la rage d'exterminer la religion de l'empire, et que les chrétiens intolérants étaient possédés de cette rage ?

On punit en effet au IIIe siècle quelques-uns des plus fanatiques; mais en si petit nombre qu'aucun historien romain n'a daigné en parler. Les Juifs, révoltés sous Vespasien, sous Trajan, sous Adrien, furent toujours cruellement châtiés comme ils le méritaient : on leur défendit même d'aller dans leur petite ville de Jérusalem, dont on abolit jusqu'au nom, parce qu'elle avait été toujours le centre de la révolte; mais il leur fut permis de circoncire leurs enfants sous les murs du Capitole, et dans toutes les provinces de l'empire.

Les prêtres d'Isis furent punis à Rome sous Tibère. Leur temple fut démoli, parce que ce temple était un marché de prostitution, et un repaire de brigands; mais on permit aux prêtres et prêtresses d'Isis d'exercer leur métier partout ailleurs. Leurs troupes allaient impunément en procession de ville en ville; ils faisaient des miracles, guérissaient les maladies, disaient la bonne aventure, dansaient la danse d'Isis avec des castagnettes. C'est ce qu'on peut voir amplement dans Apulée. Nous observerons ici que ces mêmes processions se sont perpétuées jusqu'à nos jours. Il y a encore en Italie quelques restes de ces anciens vagabonds, qu'on appelle *Zingari,* et chez nous *Gipsies,* qui est l'abrégé d'Égyptiens, et qu'on a, je crois, nommés Bohèmes en France. La seule différence entre eux et les Juifs, c'est que les Juifs, ayant toujours exercé le commerce comme les Banians, se sont maintenus ainsi que les Banians, et que les troupes d'Isis, étant en très petit nombre, sont presque anéanties.

Les magistrats romains, qui donnaient tant de liberté aux Isiaques et aux Juifs, en usaient de même avec toutes les autres sectes du monde. Chaque dieu était bienvenu à Rome :

Dignus Roma locus, quo deus omnis eat.

(Ovide, *Fast.*, lib. IV, v. 270.)

Tous les dieux de la terre étaient devenus citoyens de Rome. Aucune secte n'était assez folle pour vouloir subjuguer les autres; ainsi toutes vivaient en paix.

La secte chrétienne fut la seule qui, sur la fin du second siècle de notre ère, osât dire qu'elle voulait donner l'exclusion à tous les rites de l'empire, et qu'elle devait non seulement dominer, mais écraser toutes les religions : les christicoles ne cessaient de dire que leur Dieu était un Dieu jaloux : belle définition de l'Être des êtres, que de lui imputer le plus lâche des vices !

Les enthousiastes, qui prêchaient dans leurs assemblées, formaient un peuple de fanatiques. Il était impossible que parmi tant de têtes échauffées il ne se trouvât des insensés qui insultassent les prêtres des dieux, qui troublassent l'ordre public, qui commissent des indécences punissables. C'est ce que nous avons vu arriver chez tous les sectaires de l'Europe, qui tous, comme nous le prouverons, ont eu infiniment plus de martyrs égorgés par nos mains que les chrétiens n'en ont jamais eu sous les empereurs.

Les magistrats romains, excités par les plaintes du peuple, purent s'emporter quelquefois à des cruautés indignes; ils purent envoyer des femmes à la mort, quoique assurément cette barbarie ne soit point prouvée. Mais qui osera reprendre les Romains d'avoir été trop sévères, quand on voit le chrétien Marcel, centurion, jeter sa ceinture militaire et son bâton de commandement au milieu des aigles romaines, en criant d'une voix séditieuse : « Je ne veux servir que Jésus-Christ, le roi éternel; je renonce aux empereurs » ? Dans quelle armée aurait-on laissé impunie une insolence si pernicieuse ? Je ne l'aurais pas soufferte assurément dans le temps que j'étais secrétaire d'État de la guerre, et le duc de Marlborough ne l'eût pas soufferte plus que moi.

S'il est vrai que Polyeucte en Arménie, le jour où l'on rendait grâces aux dieux dans le temple pour une victoire signalée, ait choisi ce moment pour renverser les statues, pour jeter l'encens par terre, n'est-ce pas en tout pays le crime d'un insensé ?

Quand le diacre Laurent refuse au préfet de Rome de contribuer aux charges publiques ; quand, ayant promis de donner quelque argent du trésor des chrétiens, qui était considérable, il n'amène que des gueux au lieu d'argent, n'est-ce pas visiblement insulter l'empereur, n'est-ce pas être criminel de lèse-majesté ? Il est fort douteux qu'on ait fait faire un gril de six pieds pour cuire Laurent, mais il est certain qu'il méritait punition.

L'ampoulé Grégoire de Nysse fait l'éloge de saint Théodore, qui s'avisa de brûler dans Amazée le temple de Cybèle, comme on dit qu'Érostrate avait brûlé le temple de Diane. On a osé faire un saint de cet incendiaire, qui certainement méritait le plus grand supplice. On nous fait adorer ce que nous punissons par le dernier supplice.

Tous les martyres d'ailleurs, que tant d'écrivains ont copiés de siècle en siècle, ressemblent tellement à la *Légende dorée* qu'en vérité il n'y a pas un seul de ces contes qui ne fasse pitié. Un de ces premiers contes est celui de Perpétue et de Félicité. Perpétue vit une échelle d'or qui allait jusqu'au ciel. (Jacob n'en avait vu qu'une de bois : cela marque la supériorité de la loi nouvelle.) Perpétue monte à l'échelle : elle voit dans un jardin un grand berger blanc qui trayait ses brebis, et qui lui donne une cuillerée de lait caillé. Après trois ou quatre visions pareilles, on expose Perpétue et Félicité à un ours et à une vache.

Un bénédictin français, nommé Ruinart, croyant répondre à notre savant compatriote Dodwell, a recueilli de prétendus actes de martyrs, qu'il appelle les *Actes sincères*. Ruinart commence par le martyre de Jacques, frère aîné de Jésus, rapporté dans l'*Histoire ecclésiastique* d'Eusèbe, trois cent années après l'événement.

Ne cessons jamais d'observer que Dieu avait des

frères hommes. Ce frère aîné, dit-on, était un Juif très dévot; il ne cessait de prier ni de sacrifier dans le temple juif, même après la descente du Saint-Esprit; il n'était donc pas chrétien. Les Juifs l'appelaient *Oblia le juste ;* on le prie de monter sur la plate-forme du temple pour déclarer que Jésus était un imposteur : ces Juifs étaient donc bien sots de s'adresser au frère de Jésus. Il ne manqua pas de déclarer sur la plate-forme que son cadet était le sauveur du monde, et il fut lapidé.

Que dirons-nous de la conversation d'Ignace avec l'empereur Trajan, qui lui dit : *Qui es-tu, esprit impur ?* et de la bienheureuse Symphorose, qui fut dénoncée à l'empereur Adrien par ses dieux lares ? et de Polycarpe, à qui les flammes d'un bûcher n'osèrent toucher, mais qui ne put résister au tranchant du glaive ? et du soulier de la martyre sainte Épipode, qui guérit un gentilhomme de la fièvre ?

Et de saint Cassien, maître d'école, qui fut fessé par ses écoliers ? et de sainte Potamienne, qui, n'ayant pas voulu coucher avec le gouverneur d'Alexandrie, fut plongée trois heures entières dans la poix-résine bouillante, et en sortit avec la peau la plus blanche et la plus fine ?

Et de Pionius, qui resta sain et sauf au milieu des flammes, et qui en mourut je ne sais comment ?

Et du comédien Genest, qui devint chrétien en jouant une farce devant l'empereur Dioclétien, et qui fut condamné par cet empereur dans le temps qu'il favorisait le plus les chrétiens ? Et d'une légion thébaine, laquelle fut envoyée d'Orient en Occident pour aller réprimer la sédition des Bagaudes, qui était déjà réprimée, et qui fut martyrisée tout entière dans un temps où l'on ne martyrisait plus personne, et dans un lieu où il n'est pas possible de mettre quatre cents hommes en bataille; et qui enfin fut transmise au public par écrit, deux cents ans après cette belle aventure ?

Ce serait un ennui insupportable de rapporter tous ces prétendus martyres. Cependant je ne peux m'empêcher de jeter encore un coup d'œil sur quelques martyrs des plus célèbres.

Nilus, témoin oculaire à la vérité, mais qui est inconnu (et c'est grand dommage), assure que son ami saint Théodote, cabaretier de son métier, faisait tous les miracles qu'il voulait. C'était à lui de changer l'eau en vin; mais il aimait mieux guérir les malades en les touchant du bout du doigt. Le cabaretier Théodote rencontra un curé de la ville d'Ancyre dans un pré; ils trouvèrent ce pré tout à fait propre à y bâtir une chapelle dans un temps de persécution : « Je le veux bien, dit le prêtre, mais il me faut des reliques. — Qu'à cela ne tienne, dit le saint, vous en aurez bientôt; et voilà ma bague que je vous donne en gage. » Il était bien sûr de son fait, comme vous l'allez voir.

On condamna bientôt sept vierges chrétiennes d'Ancyre, de soixante et dix ans chacune, à être livrées aux brutales passions des jeunes gens de la ville. La légende ne manque pas de remarquer que ces demoiselles étaient très ridées; et ce qui est fort étonnant, c'est que ces jeunes gens ne leur firent pas la moindre avance, à l'exception d'un seul qui, ayant en sa personne de quoi négliger ce point-là, voulut tenter l'aventure, et s'en dégoûta bientôt. Le gouverneur, extrêmement irrité que ces vieilles n'eussent pas subi le supplice qu'il leur destinait, les fit prêtresses de Diane : ce que ces vierges chrétiennes acceptèrent sans difficulté. Elles furent nommées pour aller laver la statue de Diane dans le lac voisin; elles étaient toutes nues, car c'était sans doute l'usage que la chaste Diane ne fût jamais servie que par des filles nues, quoiqu'on n'approchât jamais d'elle qu'avec un grand voile. Deux chœurs de ménades et de bacchantes, armées de thyrses, précédaient le char, selon la remarque judicieuse de l'auteur, qui prend ici Diane pour Bacchus; mais, comme il a été témoin oculaire, il n'y a rien à lui dire.

Saint Théodote tremblait que ces sept vierges ne succombassent à quelques tentations : il était en prières, lorsque sa femme vint lui apprendre qu'on venait de jeter les sept vieilles dans le lac; il remercia Dieu d'avoir ainsi sauvé leur pudicité. Le gouverneur fit faire une garde exacte autour du lac, pour empêcher les chrétiens, qui avaient coutume de marcher sur les eaux, de venir enlever leurs corps. Le saint cabaretier était au désespoir : il allait d'église en église, car tout était plein de belles églises pendant ces affreuses persécutions; mais les païens, rusés, avaient bouché toutes les portes. Le cabaretier prit alors le parti de dormir : l'une des vieilles lui apparut dans son premier sommeil; c'était, ne vous déplaise, sainte Thécuse, qui lui dit en propres mots : « Mon cher Théodote, souffrirez-vous que nos corps soient mangés par des poissons ? »

Théodote s'éveille, il résolut de repêcher les saintes du fond du lac au péril de sa vie. Il fait tant qu'au bout de trois jours, ayant donné aux poissons le temps de les manger, il court au lac par une nuit noire avec deux braves chrétiens.

Un cavalier céleste se met à leur tête, portant un grand flambeau devant eux pour empêcher les gardes de les découvrir : le cavalier prend sa lance, fond sur les gardes, les met en fuite; c'était, comme chacun sait, saint Soziandre, ancien ami de Théodote, lequel avait été martyrisé depuis peu. Ce n'est pas tout; un orage violent mêlé de foudres et d'éclairs et accompagné d'une pluie prodigieuse avait mis le lac à sec. Les sept vieilles sont repêchées et proprement enterrées.

Vous croyez bien que l'attentat de Théodote fut bientôt découvert; le cavalier céleste ne put l'empêcher d'être fouetté et appliqué à la question. Quand Théodote eut été bien étrillé, il cria aux chrétiens et aux idolâtres : « Voyez, mes amis, de quelles grâces notre Seigneur Jésus comble ses serviteurs ! il les fait fouetter jusqu'à ce qu'ils n'aient plus de peau, et leur donne la force de supporter tout cela »; enfin il est pendu.

Son ami Fronton le curé fit bien voir alors que le saint était cabaretier : car en ayant reçu précédemment quelques bouteilles d'excellent vin, il enivra les gardes, et emporta le pendu, lequel lui dit : « Monsieur le curé, je vous avais promis des reliques, je vous ai tenu parole. »

Cette histoire admirable est une des plus avérées. Qui pourrait en douter après le témoignage du jésuite Bollandus et du bénédictin Ruinart ?

Ces contes de vieilles me dégoûtent; je n'en parlerai pas davantage. J'avoue qu'il y eut en effet quelques chrétiens suppliciés en divers temps, comme des séditieux qui avaient l'insolence d'être intolérants et d'insulter le gouvernement. Ils eurent la couronne du martyre, et la méritaient bien. Ce que je plains, c'est de pauvres femmes imbéciles, séduites par ces non-conformistes. Ils étaient bien capables d'abuser de la facilité de ces faibles créatures, et d'en faire des énergumènes; mais les juges qui en firent mourir quelques-unes étaient des barbares.

Dieu merci, il y eut peu de ces exécutions. Les païens furent bien loin d'exercer sur ces énergumènes les cruautés que nous avons depuis si longtemps déployées les uns contre les autres. Il semble que surtout les papistes aient forgé tant de martyres imaginaires dans les premiers siècles pour justifier les massacres dont leur Église s'est souillée.

Une preuve bien forte qu'il n'y eut jamais de grandes persécutions contre les premiers chrétiens, c'est qu'Alexandrie, qui était le centre, le chef-lieu de la secte, eut toujours publiquement une école du christianisme ouverte, comme le Lycée, le Portique et l'Académie d'Athènes. Il y eut une suite de professeurs chrétiens. Pantène succéda publiquement à un Marc, qu'on a pris mal à propos pour Marc l'apôtre. Après Pantène vient Clément d'Alexandrie, dont la chaire fut ensuite occupée par Origène, qui laissa une foule de disciples. Tant qu'ils se bornèrent à ergoter, ils furent paisibles; mais lorsqu'ils s'élevèrent contre les lois et la police publique, ils furent punis. On les réprima surtout sous l'empire de Décius; Origène même fut mis en prison. Cyprien, évêque de Carthage, ne dissimule pas que les chrétiens s'étaient attiré cette persécution. « Chacun d'eux, dit-il dans son livre *Des Tombés,* court après les biens et les honneurs avec une fureur insatiable. Les évêques sont sans religion, les femmes sans pudeur; la friponnerie règne; on jure, on se parjure; les animosités divisent les chrétiens; les évêques abandonnent les chaires pour courir aux foires, et pour s'enrichir par le négoce; enfin nous nous plaisons à nous seuls, et nous déplaisons à tout le monde. »

Il n'est pas étonnant que ces chrétiens eussent de violentes querelles avec les partisans de la religion de l'empire, que l'intérêt entrât dans ces querelles, qu'elles causassent souvent des troubles violents, et qu'enfin ils s'attirassent une persécution. Le fameux jurisconsulte Ulpien avait regardé la secte comme une faction très dangereuse, et qui pouvait un jour servir à la ruine de l'État; en quoi il ne se trompa point.

CHAPITRE XXVII

DES MIRACLES

Après les merveilles orientales de l'*Ancien Testament ;* après que, dans le *Nouveau,* Dieu, emporté sur une montagne par le diable, en est descendu pour changer des cruches d'eau en cruches de vin; qu'il a séché un figuier, parce que ce figuier n'avait pas de figues sur la fin de l'hiver; qu'il a envoyé des diables dans le corps de deux mille cochons; après, dis-je, qu'on a vu toutes ces belles choses, il n'est pas étonnant qu'elles aient été imitées.

Pierre Simon Barjone a très bien fait de ressusciter la couturière Dorcas : c'est bien le moins qu'on puisse faire pour une fille qui raccommodait gratis les tuniques des fidèles. Mais je ne passe point à Simon Pierre Barjone d'avoir fait mourir de mort subite Ananie et sa femme Saphire, deux bonnes créatures, qu'on suppose avoir été assez sottes pour donner tous leurs biens aux apôtres. Leur crime était d'avoir retenu de quoi subvenir à leurs besoins pressants.

O Pierre ! O apôtres désintéressés ! quoi ! déjà vous persuadez à vos dirigés de vous donner leur bien ! De quel droit ravissez-vous ainsi toute la fortune d'une famille ? Voilà donc le premier exemple de la rapine de votre secte, et de la rapine la plus punissable ? Venez à Londres faire le même manège, et vous verrez si les héritiers de Saphire et d'Ananie ne vous feront pas rendre gorge, et si le grand juré vous laissera impunis. — Mais ils ont donné leur argent de bon gré ! — Mais vous les avez séduits pour les dépouiller de leur bon gré. — Ils ont retenu quelque chose pour eux ! — Lâches ravisseurs, vous osez leur faire un crime d'avoir gardé de quoi ne pas mourir de faim ! Ils ont menti, dites-vous. Étaient-ils obligés de vous dire leur secret? Si un escroc vient me dire : Avez-vous de l'argent ? Je ferai très bien de lui répondre : Je n'en ai point. Voilà en un mot le plus abominable miracle qu'on puisse trouver dans la légende des miracles. Aucun de tous ceux qu'on a faits depuis n'en approche; et si la chose était vraie, ce serait la plus exécrable des choses vraies.

Il eſt doux d'avoir le don des langues; il serait plus doux d'avoir le sens commun. Les Pères de l'Église eurent du moins le don de la langue, car ils parlèrent beaucoup; mais il n'y eut parmi eux qu'Origène et Jérôme qui sussent l'hébreu. Auguſtin, Ambroise, Jean Chryſoſtome, n'en savaient pas un mot.

Nous avons déjà vu les beaux miracles des martyrs, qui se laissaient toujours couper la tête pour dernier prodige. Origène à la vérité, dans son premier livre contre Celse, dit que les chrétiens ont des visions, mais il n'ose prétendre qu'ils ressuscitent des morts.

Le chriſtianisme opéra toujours de grandes choses dans les premiers siècles. Saint Jean, par exemple, enterré dans Éphèse, remuait continuellement dans sa fosse; ce miracle utile dura jusqu'au temps de l'évêque d'Hippone, Auguſtin. Les prédiċtions, les exorcismes, ne manquaient jamais; Lucien même en rend témoignage. Voici comme il rend gloire à la vérité dans le chapitre de la mort du chrétien Pérégrinus, qui eut la vanité de se brûler : « Dès qu'un joueur de gobelets habile se fait chrétien, il eſt sûr de faire fortune aux dépens des sots fanatiques auxquels il a affaire. »

Les chrétiens faisaient tous les jours des miracles, dont aucun Romain n'entendit jamais parler. Ceux de Grégoire le thaumaturge, ou le merveilleux, sont en effet dignes de ce surnom. Premièrement, un beau vieillard descend du ciel pour lui diċter le catéchisme qu'il doit enseigner. Chemin faisant il écrit une lettre au diable; la lettre parvient à son adresse, et le diable ne manque pas de faire ce que Grégoire lui ordonne.

Deux frères se disputent un étang; Grégoire sèche l'étang, et le fait disparaître pour apaiser la noise. Il rencontre un charbonnier[1], et le fait évêque. C'eſt apparemment depuis ce temps-là que la foi du charbonnier eſt passée en proverbe. Mais ce miracle n'eſt pas grand; j'ai vu quelques évêques dans mes voyages qui n'en savaient pas plus que le charbonnier de Grégoire. Un miracle plus rare, c'eſt qu'un jour les païens couraient après Grégoire et son diacre pour leur faire un mauvais parti; les voilà qui se changent tous les deux en arbres. Ce thaumaturge était un vrai Protée. Mais quel nom donnera-t-on à ceux qui ont écrit ces inepties ? et comment se peut-il que Fleury les ait copiées dans son *Histoire ecclésiastique ?* Est-il possible qu'un homme qui avait quelque sens, et qui raisonnait tolérablement sur d'autres sujets, ait rapporté sérieusement que Dieu rendit folle une vieille pour empêcher qu'on ne découvrît saint Félix de Nole pendant la persécution ?

On me répondra que Fleury s'est borné à transcrire, et moi je répondrai qu'il ne fallait pas transcrire des bêtises injurieuses à la Divinité; qu'il a été coupable s'il les a copiées sans les croire, et qu'il a été imbécile s'il les a crues.

CHAPITRE XXVIII

DES CHRÉTIENS DEPUIS DIOCLÉTIEN JUSQU'A CONSTANTIN

Les chrétiens furent bien plus souvent tolérés et même protégés qu'ils n'essuyèrent de persécutions. Le règne de Dioclétien fut, pendant dix-huit années entières, un règne de paix et de faveurs signalées pour eux. Les deux principaux officiers du palais, Gorgonius et Dorothée, étaient chrétiens. On n'exigeait plus qu'ils sacrifiassent aux dieux de l'empire pour entrer dans les emplois publics. Enfin, Prisca, femme de Dioclétien, était chrétienne; aussi jouissaient-ils des plus grands avantages. Ils bâtissaient des temples superbes, après avoir tous dit, dans les premiers siècles, qu'il ne fallait ni temples ni autels à Dieu; et, passant de la simplicité d'une église pauvre et cachée à la magnificence d'une église opulente et pleine d'ostentation, ils étalaient des vases d'or et des ornements éblouissants; quelques-uns de leurs temples s'élevaient sur les ruines d'anciens périptères païens abandonnés. Leur temple, à Nicomédie, dominait sur le palais impérial; et, comme le remarque Eusèbe, tant de prospérité avait produit l'insolence, l'usure, la mollesse, et la dépravation des mœurs. On ne voyait, dit Eusèbe, qu'envie, médisance, discorde, et sédition.

Ce fut cet esprit de sédition qui lassa la patience du César Galère-Maximien. Les chrétiens l'irritèrent précisément dans le temps que Dioclétien venait de publier des édits fulminants contre les manichéens. Un des édits de cet empereur commence ainsi : « Nous avons appris depuis peu que des manichéens, sortis de la Perse, notre ancienne ennemie, inondent notre monde. »

Ces manichéens n'avaient encore causé aucun trouble : ils étaient nombreux dans Alexandrie et dans l'Afrique; mais ils ne disputaient que contre les chrétiens, et il n'y a jamais eu le moindre monument d'une querelle entre la religion des anciens Romains et la secte de Manès. Les différentes sectes des chrétiens, au contraire, gnostiques, marcionistes, valentiniens, ébionites, galiléens, opposées les unes aux autres, et toutes ennemies de la religion dominante, répandaient la confusion dans l'empire.

N'est-il pas bien vraisemblable que les chrétiens eurent assez de crédit au palais pour obtenir un édit de l'empereur contre le manichéisme ? Cette secte, qui était un mélange de l'ancienne religion des mages et du christianisme, était très dangereuse, surtout en Orient, pour l'Église naissante. L'idée de réunir ce que l'Orient avait de plus sacré avec la secte des chrétiens faisait déjà beaucoup d'impression.

La théologie obscure et sublime des mages, mêlée avec la théologie non moins obscure des chrétiens platoniciens, était bien propre à séduire des esprits romanesques qui se payaient de paroles. Enfin, puisque au bout d'un siècle le fameux pasteur d'Hippone, Augustin, fut manichéen, il est bien sûr que cette secte avait des charmes pour les imaginations allumées. Manès avait été crucifié en Perse, si l'on en croit Chondemir; et les chrétiens, amoureux de leur crucifié, n'en voulaient pas un second.

Je sais que nous n'avons aucune preuve que les chrétiens obtinrent l'édit contre le manichéisme; mais enfin il y en eut un sanglant; et il n'y en avait point contre les chrétiens. Quelle fut donc ensuite la cause de la disgrâce des chrétiens, les deux dernières années du règne d'un empereur assez philosophe pour abdiquer l'empire, pour vivre en solitaire, et pour ne s'en repentir jamais ?

Les chrétiens étaient attachés à Constance le Pâle, père du célèbre Constantin, qu'il eut d'une servante de sa maison nommée Hélène[1].

Constance les protégea toujours ouvertement. On ne sait si le césar Galérius fut jaloux de la préférence que les chrétiens donnaient sur lui à Constance le Pâle, ou s'il eut quelque autre sujet de se plaindre d'eux; mais il trouva fort mauvais qu'ils bâtissent une église qui offusquait son palais. Il sollicita longtemps Dioclétien de faire abattre cette église et de prohiber l'exercice de la religion chrétienne. Dioclétien résista; il assembla enfin un conseil composé des principaux officiers de l'empire. Je me souviens d'avoir lu dans l'*Histoire ecclésiastique* de Fleury que « cet empereur avait la malice de ne point consulter quand il voulait faire du bien, et de consulter quand il s'agissait de faire du mal ». Ce que Fleury appelle malice, je l'avoue, me paraît le plus grand éloge d'un souverain. Y a-t-il rien de plus beau que de faire le bien par soi-même ? Un grand cœur alors ne consulte personne; mais dans les actions de rigueur, un homme juste et sage ne fait rien sans conseil.

L'église de Nicomédie fut enfin démolie en 303; mais Dioclétien se contenta de décerner que les chrétiens ne seraient plus élevés aux dignités de l'empire : c'était retirer ses grâces, mais ce n'était point persécuter. Il arriva qu'un chrétien eut l'insolence d'arracher publiquement l'édit de l'empereur, de le déchirer, et de le fouler aux pieds. Ce crime fut puni, comme il méritait de l'être, par la mort du coupable. Alors Prisca, femme de l'empereur, n'osa plus protéger des séditieux; elle quitta même la religion chrétienne, quand elle vit qu'elle ne conduisait qu'au fanatisme et à la révolte. Galérius fut alors en pleine liberté d'exercer sa vengeance.

Il y avait en ce temps beaucoup de chrétiens dans l'Arménie et dans la Syrie : il s'y fit des soulèvements; les chrétiens même furent accusés d'avoir mis le feu au palais de Galérius. Il était bien naturel de croire que des gens qui avaient déchiré publiquement les édits, et qui avaient brûlé des temples comme ils l'avaient fait souvent, avaient aussi brûlé le palais; cependant il est très faux qu'il y eût une persécution générale contre eux. Il faut bien qu'on n'eût sévi que légalement contre les réfractaires, puisque Dioclétien ordonna qu'on enterrât les suppliciés, ce qu'il n'aurait point fait si l'on avait persécuté sans forme de procès. On ne trouve aucun édit qui condamne à la mort uniquement pour faire profession de christianisme. Cela eût été aussi insensé et aussi horrible que la Saint-Barthélemy, que les massacres d'Irlande, et que la croisade contre les Albigeois : car alors un cinquième ou un sixième de l'empire était chrétien. Une telle persécution eût forcé cette sixième partie de l'empire de courir aux armes, et le désespoir qui l'eût armée l'aurait rendue terrible.

Des déclamateurs, comme Eusèbe de Césarée et ceux qui l'ont suivi, disent en général qu'il y eut une quantité incroyable de chrétiens immolés. Mais d'où vient que l'historien Zosime n'en dit pas un seul mot ? Pourquoi Zonare, chrétien, ne nomme-t-il aucun de ces fameux martyrs ? D'où vient que l'exagération ecclésiastique ne nous a pas conservé les noms de cinquante chrétiens livrés à la mort ?

Si on examinait avec des yeux critiques ces prétendus massacres que la légende impute vaguement à Dioclétien, il y aurait prodigieusement à rabattre, ou plutôt on aurait le plus profond mépris pour ces impostures, et on cesserait de regarder Dioclétien comme un persécuteur.

C'est en effet sous ce prince qu'on place la ridicule aventure du cabaretier Théodote, la prétendue légion thébaine immolée, le petit Romain né bègue, qui parle avec une volubilité incroyable sitôt que le médecin de l'empereur, devenu bourreau, lui a coupé la langue; et vingt autres aventures pareilles que les vieilles radoteuses de Cornouailles auraient honte aujourd'hui de débiter à leurs petits enfants.

CHAPITRE XXIX

DE CONSTANTIN

Quel est l'homme qui, ayant reçu une éducation tolérable, puisse ignorer ce que c'était que Constantin ? Il se fait reconnaître empereur au fond de l'Angleterre par une petite armée d'étrangers : avait-il plus de droits à l'empire que Maxence, élu par le sénat ou par les armées romaines ?

Quelque temps après, il vient en Gaule et ramasse des soldats chrétiens attachés à son père; il passe les Alpes, grossissant toujours son armée; il attaque son rival, qui tombe dans le Tibre au milieu de la bataille. On ne manque pas de dire qu'il y a eu du miracle dans sa victoire, et qu'on a vu dans les nuées un étendard et une croix céleste où chacun pouvait lire en lettres grecques : Tu vaincras par ce signe. Car les Gaulois, les Bretons, les Allobroges, les Insubriens, qu'il traînait à sa suite, entendaient tous le grec parfaitement, et Dieu aimait mieux leur parler grec que latin.

Cependant, malgré ce beau miracle qu'il fit lui-même divulguer, il ne se fit point encore chrétien; il se contenta, en bon politique, de donner liberté de conscience à tout le monde, et il fit une profession si ouverte du paganisme qu'il prit le titre de grand pontife : ainsi il est démontré qu'il ménageait les deux religions; en quoi il se conduisait très prudemment dans les premières années de sa tyrannie. Je me sers ici du mot de tyrannie, sans aucun scrupule, car je ne me suis pas accoutumé à reconnaître pour souverain un homme qui n'a d'autres droits que la force; et je me sens trop humain pour ne pas appeler tyran un barbare qui a fait assassiner son beau-père Maximien-Hercule à Marseille, sous le prétexte le plus spécieux, et l'empereur Licinius, son beau-frère, à Thessalonique, par la plus lâche perfidie.

J'appelle tyran sans doute celui qui fait égorger son fils Crispus, étouffer sa femme Fausta, et qui, souillé de meurtres et de parricides, étalant le faste le plus révoltant, se livrait à tous les plaisirs dans la plus infâme mollesse.

Que de lâches flatteurs ecclésiastiques lui prodiguent des éloges, même en avouant ses crimes; qu'ils voient, s'ils veulent, en lui un grand homme, un saint, parce qu'il s'est fait plonger trois fois dans une cuve d'eau; un homme de ma nation et de mon caractère, et qui a servi une souveraine vertueuse, ne s'avilira jamais jusqu'à prononcer le nom de Constantin sans horreur.

Zosime rapporte, et cela est bien vraisemblable, que Constantin, aussi faible que cruel, mêlant la superstition aux crimes, comme tant d'autres princes, crut trouver dans le christianisme l'expiation de ses forfaits. A la bonne heure que les évêques intéressés lui aient fait croire que le Dieu des chrétiens lui pardonnerait tout, et lui saurait un gré infini de leur avoir donné de l'argent et des honneurs; pour moi, je n'aurais point trouvé de Dieu qui eût reçu en grâce un cœur si fourbe et si inhumain; il n'appartient qu'à des prêtres de canoniser l'assassin d'Urie chez les Juifs, et le meurtrier de sa femme et de son fils chez les chrétiens.

Le caractère de Constantin, son faste et ses cruautés, sont assez bien exprimés dans ces deux vers, qu'un de ses malheureux courtisans, nommé Ablavius, afficha à la porte du palais :

Saturni aurea secla quis requirat ?
Sunt haec gemmea, sed Neroniana.

Qui peut regretter le siècle d'or de Saturne ?
Celui-ci est de pierreries, mais il est de Néron.

Mais qu'aurait dû dire cet Ablavius du zèle charitable des chrétiens, qui, dès qu'ils furent mis par Constantin en pleine liberté, assassinèrent Candidien, fils de l'empereur Galérius, un fils de l'empereur Maximien, âgé de huit ans, sa fille, âgée de sept, et noyèrent leur mère dans l'Oronte ? Ils poursuivirent longtemps la vieille impératrice Valérie, veuve de Galérius, qui fuyait leur vengeance. Ils l'atteignirent à Thessalonique, la massacrèrent, et jetèrent son corps dans la mer. C'est ainsi qu'ils signalèrent leur douceur évangélique; et ils se plaignent d'avoir eu des martyrs ?

CHAPITRE XXX

DES QUERELLES CHRÉTIENNES AVANT CONSTANTIN ET SOUS SON RÈGNE

Avant, pendant et après Constantin, la secte chrétienne fut toujours divisée en plusieurs sectes, en plusieurs factions, et en plusieurs schismes. Il était impossible que des gens qui n'avaient aucun système suivi, qui n'avaient pas même ce petit *Credo* si faussement imputé depuis aux apôtres, différant entre eux de nation, de langage, et de mœurs, fussent réunis dans la même créance.

Saturnin, Basilide, Carpocrate, Euphrate, Valentin, Cerdon, Marcion, Hermogène, Hermas, Justin, Tertullien, Origène, eurent tous des opinions contraires; et tandis que les magistrats romains tâchaient quelquefois de réprimer les chrétiens, on les voyait tous, acharnés les uns contre les autres, s'excommunier, s'anathématiser réciproquement, et se combattre du fond de leurs cachots : c'était bien là le plus sensible et le plus déplorable effet du fanatisme.

La fureur de dominer ouvrit une autre source de discorde : on se disputa ce qu'on appelait une dignité d'évêque, avec le même emportement et les mêmes fraudes qui signalèrent depuis les schismes de quarante antipapes. On était aussi jaloux de commander à une petite populace obscure que les Urbain, les Jean, l'ont été de donner des ordres à des rois.

Novat disputa la première place chrétienne dans Carthage à Cyprien, qui fut élu. Novatien disputa l'évêché de Rome à Corneille : chacun d'eux reçut l'imposition des mains par les évêques de son parti. Ils osaient déjà troubler Rome, et les compilateurs théologiques osent s'étonner aujourd'hui que Décius ait fait punir quelques-uns de ces perturbateurs ! Cependant Décius, sous lequel Cyprien fut supplicié, ne punit ni Novatien ni Corneille; on laissa ces rivaux obscurs se déclarer la guerre, comme on laisse des chiens se battre dans une basse-cour, pourvu qu'ils ne mordent pas leurs maîtres.

Du temps de Constantin il y eut un pareil schisme à Carthage; deux antipapes africains, ou antiévêques, Cécilien et Majorin, se disputèrent la chaire, qui commençait à devenir un objet d'ambition. Il y avait des femmes dans chaque parti. Donat succéda à Majorin, et forma le premier des schismes sanglants qui devaient souiller le christianisme. Eusèbe rapporte qu'on se battait avec des massues, parce que Jésus, dit-on, avait ordonné à Pierre de remettre son épée[1] dans le fourreau. Dans la suite on fut moins scrupuleux; les donatistes et les cyprianistes se battirent avec le fer. Il s'ouvrait dans le même temps une scène de trois cents ans de carnage pour la querelle d'Alexandre et d'Arius, d'Athanase et d'Eusèbe, pour savoir si Jésus était précisément de la même substance que Dieu, ou d'une substance semblable à Dieu.

CHAPITRE XXXI

ARIANISME ET ATHANASIANISME

Qu'un Juif nommé Jésus ait été semblable à Dieu, ou consubstantiel à Dieu, cela est également absurde et impie.

Qu'il y ait trois personnes dans une substance, cela est également absurde.

Qu'il y ait trois dieux dans un dieu, cela est également absurde.

Rien de tout cela n'était un système chrétien, puisque rien de toute cette doctrine ne se trouve dans aucun Évangile, seul fondement reconnu du christianisme. Ce ne fut que quand on voulut platoniser qu'on se perdit dans ces idées chimériques. Plus le christianisme s'étendit, plus ses docteurs se fatiguèrent à le rendre incompréhensible. Les subtilité sauvèrent ce que le fond avait de bas et de grossier.

Mais à quoi servent toutes ces imaginations métaphysiques ? Qu'importe à la société humaine, aux mœurs, aux devoirs, qu'il y ait en Dieu une personne ou trois ou quatre mille ? En sera-t-on plus homme de bien pour prononcer des mots qu'on n'entend pas ? La religion, qui est la soumission à la Providence, et l'amour de la vertu, a-t-elle donc besoin de devenir ridicule pour être embrassée ?

Il y avait déjà longtemps qu'on disputait sur la nature du *Logos,* du verbe inconnu, quand Alexandre, pape d'Alexandrie, souleva contre lui l'esprit de plusieurs papes, en prêchant que la Trinité était une monade. Au reste, ce nom de pape était donné indistinctement alors aux évêques et aux prêtres. Alexandre était évêque; le prêtre Arius se mit à la tête des mécontents : il se forma deux partis violents; et la question ayant bientôt changé d'objet, comme il arrive souvent, Arius soutint que Jésus avait été créé, et Alexandre qu'il avait été engendré.

Cette dispute creuse ressemblait assez à celle qui a divisé depuis Constantinople, pour savoir si la lumière que les moines voyaient à leur nombril était celle du

Thabor, et si la lumière du Thabor et de leur nombril était créée ou éternelle.

Il ne fut plus question de trois hypostases entre les disputants. Le Père et le Fils occupèrent les esprits, et le Saint-Esprit fut négligé.

Alexandre fit excommunier Arius par son parti. Eusèbe, évêque de Nicomédie, protecteur d'Arius, assembla un petit concile où l'on déclare erronée la doctrine qui est aujourd'hui l'orthodoxe; la querelle devint violente; l'évêque Alexandre, et le diacre Athanase, qui se signalait déjà par son inflexibilité et par ses intrigues, remuèrent toute l'Égypte. L'empereur Constantin était despotique et dur; mais il avait du bon sens : il sentit tout le ridicule de la dispute.

On connaît assez cette fameuse lettre qu'il fit porter par Osius aux chefs des deux factions. « Ces questions, dit-il, ne viennent que de votre oisiveté curieuse; vous êtes divisés pour un sujet bien mince. Cette conduite est basse et puérile, indigne d'hommes sensés. » La lettre les exhortait à la paix; mais il ne connaissait pas encore les théologiens.

Le vieil Osius conseilla à l'empereur d'assembler un concile nombreux. Constantin, qui aimait l'éclat et le faste, convoqua l'assemblée à Nicée. Il y parut comme en triomphe avec la robe impériale, la couronne en tête, et couvert de pierreries. Osius y présida comme le plus ancien des évêques. Les écrivains de la secte papiste ont prétendu depuis que cet Osius n'avait présidé qu'au nom du pape de Rome Silvestre. Cet insigne mensonge, qui doit être placé à côté de la donation de Constantin, est assez confondu par les noms des députés de Silvestre, Titus et Vincent, chargés de sa procuration. Les papes romains étaient à la vérité regardés comme les évêques de la ville impériale, et comme les métropolitains des villes suburbicaires dans la province de Rome; mais ils étaient bien loin d'avoir aucune autorité sur les évêques de l'Orient et de l'Afrique.

Le concile, à la plus grande pluralité des voix, dressa un formulaire dans lequel le nom de Trinité n'est pas seulement prononcé. « Nous croyons en un seul Dieu et en un seul Seigneur Jésus-Christ, fils unique de Dieu, engendré du Père, et non fait consubstantiel au Père. » Après ces mots inexplicables, on met, par surérogation :

« Nous croyons aussi au Saint-Esprit », sans dire ce que c'est que ce Saint-Esprit, s'il est engendré, s'il est fait, s'il est créé; s'il procède, s'il est consubstantiel. Ensuite on ajoute : « Anathème à ceux qui disent qu'il y a eu un temps où le Fils n'était pas. »

Mais ce qu'il y eut de plus plaisant au concile de Nicée, ce fut la décision sur quelques livres canoniques. Les Pères étaient fort embarrassés sur le choix des *Évangiles* et des autres écrits. On prit le parti de les entasser tous sur un autel, et de prier le Saint-Esprit de jeter à terre tous ceux qui n'étaient pas légitimes. Le Saint-Esprit ne manqua pas d'exercer sur-le-champ la requête des Pères. Une centaine de volumes tombèrent d'eux-mêmes sous l'autel; c'est un moyen infaillible de connaître la vérité, et c'est ce qui est rapporté dans l'*Appendix* des actes de ce concile : c'est un des faits de l'histoire ecclésiastique les mieux avérés.

Notre savant et sage Middleton a découvert une chronique d'Alexandrie, écrite par deux patriarches d'Égypte, dans laquelle il est dit que non seulement dix-sept évêques, mais encore deux mille prêtres, protestèrent contre la décision du concile.

Les évêques vainqueurs obtinrent de Constantin qu'il exilât Arius et trois ou quatre évêques vaincus; mais ensuite Athanase ayant été élu évêque d'Alexandrie, et ayant trop abusé du crédit de sa place, les évêques et Arius exilés furent rappelés, et Athanase exilé à son tour. De deux choses l'une, ou les deux partis avaient également tort, ou Constantin était très injuste. Le fait est que les disputeurs de ce temps-là étaient des cabaleurs comme ceux de ce temps-ci, et que les princes du IVe siècle ressemblaient à ceux du nôtre, qui n'entendent rien à la matière, ni eux, ni leurs ministres, et qui exilent à tort et à travers. Heureusement nous avons ôté à nos rois le pouvoir d'exiler; et si nous n'avons pu guérir dans nos prêtres la rage de cabaler, nous avons rendu cette rage inutile.

Il y eut un concile à Tyr, où Arius fut réhabilité, et Athanase condamné. Eusèbe de Nicomédie allait faire entrer pompeusement son ami Arius dans l'église de Constantinople; mais un saint catholique, nommé Macaire, pria Dieu avec tant de ferveur et de larmes de faire mourir Arius d'apoplexie que Dieu, qui est bon, l'exauça.

Ils disent que tous les boyaux d'Arius lui sortirent par le fondement; cela est difficile : ces gens-là n'étaient pas anatomistes. Mais saint Macaire ayant oublié de demander la paix de l'Église chrétienne, Dieu ne la donna jamais. Constantin, quelque temps après, mourut entre les bras d'un prêtre arien; apparemment que saint Macaire avait encore oublié de prier Dieu pour le salut de Constantin.

CHAPITRE XXXII

DES ENFANTS DE CONSTANTIN, ET DE JULIEN LE PHILOSOPHE, SURNOMMÉ L'APOSTAT PAR LES CHRÉTIENS

Les enfants de Constantin furent aussi chrétiens, aussi ambitieux et aussi cruels que leur père; ils étaient trois qui partagèrent l'empire, Constantin II, Constantius, et Constant. L'empereur Constantin Ier avait laissé un frère, nommé Jule, et deux neveux, auxquels il avait donné quelques terres. On commença par égorger le père, pour arrondir la part des nouveaux empereurs. Ils furent d'abord unis par le crime, et bientôt désunis. Constant fit assassiner Constantin, son frère aîné, et il fut ensuite tué lui-même.

Constantius, demeuré seul maître de l'empire, avait exterminé presque tout le reste de la famille impériale. Ce Jule, qu'il avait fait mourir, laissait deux enfants, l'un nommé Gallus, et l'autre le célèbre Julien. On tua Gallus, et on épargna Julien, parce qu'ayant du goût pour la retraite et pour l'étude on jugea qu'il ne serait jamais dangereux.

S'il est quelque chose de vrai dans l'histoire, il est vrai que ces premiers empereurs chrétiens, Constantin, et Constantius son fils, furent des monstres de despotisme et de cruauté. Il se peut, comme nous l'avons déjà insinué, que, dans le fond de leur cœur, ils ne crussent aucun Dieu; et que, se moquant également des superstitions païennes et du fanatisme chrétien, ils se persuadassent malheureusement que la Divinité n'existe pas, parce que ni Jupiter le Crétois, ni Hercule le Thébain, ni Jésus le Juif, ne sont des dieux.

Il est possible aussi que des tyrans, qui joignent presque toujours la lâcheté à la barbarie, aient été séduits et encouragés au crime par la croyance où étaient alors tous les chrétiens sans exception que trois immersions dans une cuve d'eau avant la mort effaçaient tous les forfaits, et tenaient lieu de toutes les vertus. Cette malheureuse croyance a été plus funeste au genre humain que les passions les plus noires.

Quoi qu'il en soit, Constantius se déclara orthodoxe, c'est-à-dire arien, car l'arianisme prévalait alors dans tout l'Orient contre la secte d'Athanase; et les ariens, auparavant persécutés, étaient dans ce temps-là persécuteurs.

Athanase fut condamné dans un concile de Sardique, dans un autre tenu dans la ville d'Arles, dans un troisième tenu à Milan : il parcourait tout l'empire romain, tantôt suivi de ses partisans, tantôt exilé, tantôt rappelé. Le trouble était dans toutes les villes pour ce seul mot consubstantiel. C'était un fléau que jamais on n'avait connu jusque-là dans l'histoire du monde. L'ancienne religion de l'empire, qui subsistait encore avec quelque splendeur, tirait de toutes ces divisions un grand avantage contre le christianisme.

Cependant Julien, dont Constantius avait assassiné le frère et toute la famille, fut obligé d'embrasser à l'extérieur le christianisme, comme notre reine Élisabeth fut quelque temps forcée de dissimuler sa religion sous le règne tyrannique de notre infâme Marie, et comme, en France, Charles IX força le grand Henri IV d'aller à la messe après la Saint-Barthélemy. Julien était stoïcien, de cette secte ensemble philosophique et religieuse qui produisit tant de grands hommes, et qui n'en eut jamais un méchant, secte plus divine qu'humaine, dans laquelle on voit la sévérité des brachmanes et de quelques moines, sans qu'elle en eût la superstition : la secte enfin des Caton, des Marc Aurèle, et des Épictète.

Ce fut une chose honteuse et déplorable que ce grand homme se vît réduit à cacher tous ses talents sous Constantius, comme le premier des Brutus sous Tarquin. Il feignit d'être chrétien et presque imbécile pour sauver sa vie. Il fut même forcé d'embrasser quelque temps la vie monastique. Enfin Constantius, qui n'avait point d'enfants, déclara Julien césar; mais il l'envoya dans les Gaules comme dans une espèce d'exil; il y était presque sans troupes et sans argent, environné de surveillants, et presque sans autorité.

Différents peuples de la Germanie passaient souvent le Rhin et venaient ravager les Gaules, comme ils avaient fait avant César, et comme ils firent souvent depuis, jusqu'à ce qu'enfin ils les envahirent, et que la seule petite nation des Francs subjugua sans peine toutes ces provinces.

Julien forma des troupes, les disciplina, s'en fit aimer; il les conduisit jusqu'à Strasbourg, passa le Rhin sur un pont de bateaux, et, à la tête d'une armée très faible en nombre, mais animée de son courage, il défit une multitude prodigieuse de barbares, prit leur chef prisonnier, les poursuivit jusqu'à la forêt Hercynienne, se fit rendre tous les captifs romains et gaulois, toutes les dépouilles qu'avaient prises les barbares, et leur imposa des tributs.

A cette conduite de César il joignit les vertus de Titus et de Trajan, faisant venir de tous côtés du blé pour nourrir des peuples dans des campagnes dévastées, faisant défricher ces campagnes, rebâtissant les villes, encourageant la population, les arts et les talents par des privilèges, s'oubliant lui-même, et travaillant jour et nuit au bonheur des hommes.

Constantius, pour récompense, voulut lui ôter les Gaules, où il était trop aimé; il lui demanda d'abord deux légions que lui-même avait formées. L'armée, indignée, s'y opposa : elle proclama Julien empereur malgré lui. La terre fut alors délivrée de Constantius, lorsqu'il allait marcher contre les Perses.

Julien le stoïcien, si sottement nommé l'Apostat par des prêtres, fut reconnu unanimement empereur par tous les peuples de l'Orient et de l'Occident.

La force de la vérité est telle que les historiens chrétiens sont obligés d'avouer qu'il vécut sur le trône comme il avait fait dans les Gaules. Jamais sa philosophie ne se démentit. Il commença par réformer dans le palais de Constantinople le luxe de Constantin et de Constantius. Les empereurs, à leur couronnement, recevaient de pesantes couronnes d'or de toutes les villes; il réduisit presque à rien ces présents onéreux. La frugale simplicité du philosophe n'ôta rien à la majesté et à la justice du souverain. Tous les abus et tous les brigandages de la cour furent réformés; mais il n'y eut que deux concussionnaires publics d'exécutés à mort.

Il renonça, il est vrai, à son baptême; mais il ne renonça jamais à la vertu. On lui reproche de la superstition : donc au moins, par ce reproche, on avoue qu'il avait de la religion. Pourquoi n'aurait-il pas choisi celle de l'empire romain ? pourquoi aurait-il été coupable de se conformer à celle des Scipion et des César plutôt qu'à celle des Grégoire de Nazianze et des Théodoret ? Le paganisme et le christianisme partageaient l'empire. Il donna la préférence à la secte de ses pères, et il avait grande raison en politique, puisque, sous l'ancienne religion, Rome avait triomphé de la moitié de la terre, et que, sous la nouvelle, tout tombait en décadence.

Loin de persécuter les chrétiens, il voulut apaiser leurs indignes querelles. Je ne veux pour preuve que sa cinquante-deuxième lettre. « Sous mon prédécesseur plusieurs chrétiens ont été chassés, emprisonnés, persécutés; on a égorgé une grande multitude de ceux qu'on nomme hérétiques, à Samosate, en Paphlagonie, en Bithynie, en Galacie, en plusieurs autres provinces; on a pillé, on a ruiné des villes. Sous mon règne, au contraire, les bannis ont été rappelés, les biens confisqués ont été rendus. Cependant ils sont venus à ce point de fureur qu'ils se plaignent de ce qu'il ne leur est plus permis d'être cruels, et de se tyranniser les uns les autres. »

Cette seule lettre ne suffirait-elle pas pour confondre les calomnies dont les prêtres chrétiens l'accablèrent ?

Il y avait dans Alexandrie un évêque nommé George, le plus séditieux et le plus emporté des chrétiens; il se faisait suivre par des satellites; il battait les païens de ses mains; il démolissait leurs temples. Le peuple d'Alexandrie le tua. Voici comment Julien parle aux Alexandrins dans son épître dixième :

« Quoi ! au lieu de me réserver la connaissance de vos outrages, vous vous êtes laissé emporter à la colère ! vous vous êtes livrés aux mêmes excès que vous reprochez à vos ennemis ! George méritait d'être traité ainsi, mais ce n'était pas à vous d'être ses exécuteurs. Vous avez des lois, il fallait demander justice, etc. »

Je ne prétends point répéter ici et réfuter tout ce qui est écrit dans l'*Histoire ecclésiastique,* que l'esprit de parti et de faction a toujours dicté. Je passe à la mort de Julien, qui vécut trop peu pour la gloire et pour le bonheur de l'empire. Il fut tué au milieu de ses victoires contre les Perses, après avoir passé le Tigre et l'Euphrate, à l'âge de trente et un ans, et mourut comme il avait vécu, avec la résignation d'un stoïcien, remerciant l'Être des êtres, qui allait rejoindre son âme à l'âme universelle et divine.

On est saisi d'indignation quand on lit dans Grégoire de Nazianze et dans Théodoret que Julien jeta tout son sang vers le ciel en disant : Galiléen, tu as vaincu. Quelle misère ! quelle absurdité ! Julien combattait-il contre Jésus ? et Jésus était-il le Dieu des Perses ?

On ne peut lire sans horreur les discours que le fougueux Grégoire de Nazianze prononça contre lui après sa mort. Il est vrai que, si Julien avait vécu, le christianisme courait risque d'être aboli. Certainement Julien était un plus grand homme que Mahomet, qui a détruit la secte chrétienne dans toute l'Asie et dans toute l'Afrique; mais tout cède à la destinée, et un Arabe sans lettres a écrasé la secte d'un Juif sans lettres, ce qu'un grand empereur et un philosophe n'a pu faire. Mais c'est que Mahomet vécut assez, et Julien trop peu.

Les christicoles ont osé dire que Julien n'avait vécu que trente et un ans, en punition de son impiété; et ils ne songent pas que leur prétendu Dieu n'a pas vécu davantage.

CHAPITRE XXXIII

CONSIDÉRATIONS SUR JULIEN

Julien, stoïcien de pratique, et d'une vertu supérieure à celle de sa secte même, était platonicien de théorie : son esprit sublime avait embrassé la sublime idée de Platon, prise des anciens Chaldéens, que Dieu existant de toute éternité avait créé des êtres de toute éternité. Ce Dieu immuable, pur, immortel, ne put former que des êtres semblables à lui, des images de sa splendeur, auxquels il ordonna de créer les substances mortelles : ainsi Dieu fit les dieux, et les dieux firent les hommes.

Ce magnifique système n'était pas prouvé; mais une telle imagination vaut sans doute mieux qu'un jardin dans lequel on a établi les sources du Nil et de l'Euphrate, qui sont à huit cents grandes lieues l'une de l'autre; un arbre qui donne la connaissance du bien et du mal; une femme tirée de la côte d'un homme; un serpent qui parle, un chérubin qui garde la porte; et toutes les dégoûtantes rêveries dont la grossièreté juive a farci cette fable, empruntée des Phéniciens. Aussi faut-il voir, dans Cyrille, avec quelle éloquence Julien confondit ces absurdités. Cyrille eut assez d'orgueil pour rapporter les raisons de Julien, et pour croire lui répondre.

Julien daigne faire voir combien il répugne à la nature de Dieu d'avoir mis dans le jardin d'Éden des fruits qui donnaient la connaissance du bien et du mal, et d'avoir défendu d'en manger. Il fallait, au contraire, comme nous l'avons déjà remarqué, recommander à l'homme de se nourrir de ce fruit nécessaire. La distinction du bien et du mal, du juste et de l'injuste, était le lait dont Dieu devait nourrir les créatures sorties de ses mains. Il aurait mieux valu leur crever les deux yeux que leur boucher l'entendement.

Si le rédacteur de ce roman asiatique de la *Genèse* avait eu la moindre étincelle d'esprit, il aurait supposé deux arbres dans le paradis : les fruits de l'un nourrissaient l'âme, et faisaient connaître et aimer la justice; les fruits de l'autre enflammaient le cœur de passions funestes. L'homme négligea l'arbre de la science, et s'attacha à celui de la cupidité.

Voilà du moins une allégorie juste, une image sensible du fréquent abus que les hommes font de leur raison. Je m'étonne que Julien ne l'ait pas proposée; mais il dédaignait trop ce livre pour descendre à le corriger.

C'est avec très grande raison que Julien méprise ce fameux *Décalogue* que les Juifs regardaient comme un code divin : c'était en effet une plaisante législation, en comparaison des lois romaines, de défendre le vol, l'adultère et l'homicide. Chez quel peuple barbare la nature n'a-t-elle pas dicté ces lois avec beaucoup plus d'étendue ? Quelle pitié de faire descendre Dieu au milieu des éclairs et des tonnerres, sur une petite montagne pelée, pour enseigner qu'il ne faut pas être voleur! encore peut-on dire que ce n'était pas à ce Dieu qui avait ordonné aux Juifs de voler les Égyptiens, et qui leur proposait l'usure avec les étrangers comme leur plus digne récompense, et qui avait récompensé le voleur Jacob; que ce n'était pas, dis-je, à ce Dieu de défendre le larcin.

C'est avec beaucoup de sagacité que ce digne empereur détruit les prétendues prophéties juives, sur lesquelles les christicoles appuyaient leurs rêveries, et la verge de Juda qui ne manquerait point entre les jambes, et la fille ou la femme qui fera un enfant, et surtout ces paroles attribuées à Moïse[1], lesquelles regardent Josué, et qu'on applique si mal à propos à Jésus : « Dieu vous suscitera un prophète semblable à moi. » Certainement un prophète semblable à Moïse ne veut pas dire Dieu et fils de Dieu. Rien n'est si palpable, rien n'est si fort à la portée des esprits les plus grossiers.

Mais Julien croyait, ou feignait de croire, par politique, aux divinations, aux augures, à l'efficacité des sacrifices : car enfin les peuples n'étaient pas philosophes; il fallait opter entre la démence des christicoles et celle des païens.

Je pense que si ce grand homme eût vécu, il eût, avec le temps, dégagé la religion des superstitions les plus grossières, et qu'il eût accoutumé les Romains à reconnaître un Dieu formateur des dieux et des hommes, et à lui adresser tous les hommages.

Mais Cyrille et Grégoire, et les autres prêtres chrétiens, profitèrent de la nécessité où il semblait être de professer publiquement la religion païenne, pour le décrier chez les fanatiques. Les ariens et les athanasiens se réunirent contre lui, et le plus grand homme qui peut-être ait jamais été devint inutile au monde.

CHAPITRE XXXIV[2]

DES CHRÉTIENS JUSQU'À THÉODOSE

Après la mort de Julien, les ariens et les athanasiens, dont il avait réprimé la fureur, recommencèrent à troubler tout l'empire. Les évêques des deux partis ne furent plus que des chefs de séditieux. Des moines fanatiques sortirent des déserts de la Thébaïde pour souffler le feu de la discorde, ne parlant que de miracles extravagants, tels qu'on les trouve dans l'histoire des papas du désert; insultant les empereurs, et montrant de loin ce que devaient être un jour des moines.

Il y eut un empereur sage, qui, pour éteindre, s'il se pouvait, toutes ces querelles, donna une liberté entière de conscience, et la prit pour lui-même : ce fut Valentinien Ier. De son temps toutes les sectes vécurent au moins quelques années dans une paix extérieure, se bornant à s'anathématiser sans s'égorger; païens, juifs, athanasiens, ariens, macédoniens, donatistes, cyprianistes, manichéens, apollinaristes, tous furent étonnés de leur tranquillité. Valentinien apprit à tous ceux qui sont nés pour gouverner que si deux sectes déchirent un État, trente sectes tolérées laissent l'État en repos.

Théodose ne pensa pas ainsi, et fut sur le point de tout perdre : il fut le premier qui prit parti pour les athanasiens, et il fit renaître la discorde par son intolérance. Il persécuta les païens et les aliéna. Il se crut obligé de donner lâchement des provinces entières aux Goths, sur la rive droite du Danube; et par cette malheureuse précaution, prise contre ses peuples, il prépara la chute de l'empire romain.

Les évêques, à l'imitation de l'empereur, s'abandonnèrent à la fureur de la persécution. Il y avait un tyran qui, ayant détrôné et assassiné un collègue de Théodose, nommé Gratien, s'était rendu maître de l'Angleterre, des Gaules et de l'Espagne. Je ne sais quel Priscillien en Espagne, ayant dogmatisé comme tant d'autres, et ayant dit que les âmes étaient des émanations de Dieu, quelques évêques espagnols, qui ne savaient pas plus que Priscillien d'où venaient les âmes, le déférèrent, lui et ses principaux sectateurs, au tyran Maxime. Ce monstre, pour faire sa cour aux évêques, dont il avait besoin pour se maintenir dans son usurpation, fit condamner à mort Priscillien et sept de ses partisans. Un évêque, nommé Itace, fut assez barbare pour leur faire donner la question en sa présence. Le peuple, toujours sot et toujours cruel quand on lâche la bride à sa superstition, assomma, dans Bordeaux, à coups de pierres, une femme de qualité qu'on disait être priscillianiste.

Ce jugement de Priscillien est plus avéré que celui de

tous les martyrs, dont les chrétiens avaient fait tant de bruit sous les premiers empereurs. Les malheureux croyaient plaire à Dieu en se souillant des crimes dont ils s'étaient plaints. Les chrétiens, depuis ce temps, furent comme des chiens qu'on avait mis en curée : ils furent avides de carnage, non pas en défendant l'empire, qu'ils laissèrent envahir par vingt nations barbares, mais en persécutant tantôt les sectateurs de l'antique religion romaine, et tantôt leurs frères qui ne pensaient pas comme eux.

Y a-t-il rien de plus horrible et de plus lâche que l'action des prêtres de l'évêque Cyrille, que les chrétiens appellent saint Cyrille ? Il y avait dans Alexandrie une fille célèbre par sa beauté et par son esprit; son nom était Hypatie. Élevée par le philosophe Théon, son père, elle occupait, en 415, la chaire qu'il avait eue, et fut applaudie pour sa science autant qu'honorée pour ses mœurs; mais elle était païenne. Les dogues tonsurés de Cyrille, suivis d'une troupe de fanatiques, l'assaillirent dans la rue lorsqu'elle revenait de dicter ses leçons, la traînèrent par les cheveux, la lapidèrent et la brûlèrent, sans que Cyrille le saint leur fît la plus légère réprimande, et sans que Théodose le Jeune et la dévote Pulchérie, sa sœur, qui le gouvernait et partageait l'empire avec lui, condamnassent cet excès d'inhumanité. Un tel mépris des lois en cette circonstance eût paru moins étonnant sous le règne de leur aïeul Théodose Ier, qui s'était souillé si lâchement du sang des peuples de Thessalonique.

CHAPITRE XXXV

DES SECTES ET DES MALHEURS DES CHRÉTIENS JUSQU'A L'ÉTABLISSEMENT DU MAHOMÉTISME

Les disputes, les anathèmes, les persécutions, ne cessèrent d'inonder l'Église chrétienne. Ce n'était pas assez d'avoir uni dans Jésus la nature divine avec la nature humaine : on s'avisa d'agiter la question si Marie était mère de Dieu. Ce titre de mère de Dieu parut un blasphème à Nestorius, évêque de Constantinople. Son sentiment était le plus probable; mais, comme il avait été persécuteur, il trouva des évêques qui le persécutèrent. On le chassa de son siège au concile d'Éphèse; mais aussi trente évêques de ce même concile déposèrent ce saint Cyrille, l'ennemi mortel de Nestorius; et tout l'Orient fut partagé.

Ce n'était pas assez; il fallut savoir précisément si ce Jésus avait eu deux natures, deux personnes, deux âmes, deux volontés; si, quand il faisait les fonctions animales de l'homme, la partie divine s'en mêlait ou ne s'en mêlait pas. Toutes ces questions ne méritaient d'être traitées que par Rabelais, ou par notre cher doyen Swift, ou par Punch[1]. Celà fit trois partis dans l'empire par le fanatisme d'un Eutychès, misérable moine ennemi de Nestorius, et combattu par d'autres moines. On voyait, dans toutes ces disputes, monastères opposés à monastères, dévotes à dévotes, eunuques à eunuques, conciles à conciles, et souvent empereurs à empereurs.

Pendant que les descendants des Camille, des Brutus, des Scipion, des Caton, mêlés aux Grecs et aux barbares, barbotaient ainsi dans la fange de la théologie, et que l'esprit de vertige était répandu sur la face de l'empire romain, des brigands du Nord, qui ne savaient que combattre, vinrent démembrer ce grand colosse devenu faible et ridicule.

Quand ils eurent vaincu, il fallut gouverner des peuples fanatiques; il fallut prendre leur religion, et mener ces bêtes de somme par les licous qu'elles s'étaient faits d'elles-mêmes.

Les évêques de chaque secte tâchèrent de séduire leurs vainqueurs; ainsi les princes ostrogoths, visigoths et bourguignons, se firent ariens; les princes francs furent athanasiens.

L'empire romain d'Occident détruit fut partagé en provinces ruisselantes de sang, qui continuèrent à s'anathématiser avec une sainteté réciproque. Il y eut autant de confusion et une abjection aussi misérable dans la religion que dans l'empire.

Les méprisables empereurs de Constantinople affectèrent de prétendre toujours sur l'Italie, et sur les autres provinces qu'ils n'avaient plus, les droits qu'ils croyaient avoir. Mais au VIIe siècle il s'éleva une religion nouvelle qui ruina bientôt les sectes chrétiennes dans l'Asie, dans l'Afrique, et dans une grande partie de l'Europe.

Le mahométisme était sans doute plus sensé que le christianisme. On n'y adorait point un Juif en abhorrant les Juifs; on n'y appelait point une Juive mère de Dieu; on n'y tombait point dans le blasphème extravagant de dire que trois dieux font un dieu; enfin on n'y mangeait pas ce dieu qu'on adorait, et on n'allait pas rendre à la selle son créateur. Croire un seul Dieu tout-puissant était le seul dogme, et si on n'y avait pas ajouté que Mahomet est son prophète, c'eût été une religion aussi pure, aussi belle que celle des lettrés chinois. C'était le simple théisme, la religion naturelle, et par conséquent la seule véritable. Mais on peut dire que les musulmans étaient en quelque sorte excusables d'appeler Mahomet l'organe de Dieu, puisque en effet il avait enseigné aux Arabes qu'il n'y a qu'un Dieu.

Les musulmans, par les armes et la parole, firent taire le christianisme jusqu'aux portes de Constantinople; et les chrétiens, resserrés dans quelques provinces d'Occident, continuèrent à disputer et à se déchirer.

CHAPITRE XXXVI

DISCOURS SOMMAIRE DES USURPATIONS PAPALES

Ce fut un état bien déplorable que celui où l'inondation des barbares réduisit l'Europe. Il n'y eut que le temps de Théodoric et de Charlemagne qui fut signalé par quelques bonnes lois; encore Charlemagne, moitié Franc, moitié Germain, exerça des barbaries dont aucun souverain n'oserait se souiller aujourd'hui. Il n'y a que de lâches écrivains de la secte romaine qui puissent louer ce prince d'avoir égorgé la moitié des Saxons pour convertir l'autre.

Les évêques de Rome, dans la décadence de la famille de Charlemagne, commencèrent à tenter de s'attribuer un pouvoir souverain et de ressembler aux califes, qui réunissaient les droits du trône et de l'autel. Les divisions des princes et l'ignorance des peuples favorisèrent bientôt leur entreprise. L'évêque de Rome Grégoire VII fut celui qui étala ces desseins audacieux avec le plus d'insolence. Heureusement pour nous, Guillaume de Normandie, qui avait usurpé notre trône, ne distinguant plus la gloire de notre nation de la sienne propre, réprima l'insolence de Grégoire VII, et empêcha quelque temps que nous ne payassions le denier de saint Pierre, que nous avions donné d'abord comme une aumône, et que les évêques de Rome exigeaient comme un tribut.

Tous nos rois n'eurent pas la même fermeté, et lorsque les papes, si peu puissants par leur petit territoire, devinrent les maîtres de l'Europe par les croisades et par les moines; lorsqu'ils eurent déposé tant d'empereurs et de rois, et qu'ils eurent fait de la religion une arme terrible qui perçait tous les souverains, notre île vit le misérable roi Jean sans Terre se déclarer à genoux vassal du pape, faire serment de fidélité aux pieds du légat Pandolfe, s'obliger, lui et ses successeurs, à payer aux évêques de Rome un tribut annuel de mille marcs : ce qui faisait presque le revenu de la couronne. Comme un de mes ancêtres eut le malheur de signer ce traité, le plus infâme des traités, je dois en parler avec plus d'horreur qu'un autre : c'est une amende honorable que je dois à la dignité de la nature humaine avilie.

CHAPITRE XXXVII

DE L'EXCÈS ÉPOUVANTABLE DES PERSÉCUTIONS CHRÉTIENNES

Il ne faut pas douter que les nouveaux dogmes inventés chaque jour ne contribuassent beaucoup à fortifier les usurpations des papes. Le *hocus pocus*[1], ou la transsubstantiation, dont le nom seul est ridicule, s'établit peu à peu, après avoir été inconnu aux premiers siècles du christianisme. On peut se figurer quelle vénération s'attirait un prêtre, un moine, qui faisait un Dieu avec quatre paroles, et non seulement un dieu, mais autant de dieux qu'il voulait : avec quel respect voisin de l'adoration ne devait-on pas regarder celui qui s'était rendu le maître absolu de tous ces faiseurs de dieux ? Il était le souverain des prêtres, il l'était des rois; il était dieu lui-même, et à Rome encore, quand le pape officie, on dit : Le vénérable porte le vénérable.

Cependant, au milieu de cette fange dans laquelle l'espèce humaine était plongée en Europe, il s'éleva toujours des hommes qui protestèrent contre ces nouveautés : ils savaient que, dans les premiers siècles de l'Église, on n'avait jamais prétendu changer du pain en dieu dans le souper du Seigneur; que la cène faite par Jésus avait été un agneau cuit avec des laitues, que cela ne ressemblait nullement à la communion de la messe; que les premiers chrétiens avaient eu les images en horreur; que même encore sous Charlemagne, le fameux concile de Francfort les avait proscrites.

Plusieurs autres articles les révoltaient; ils osaient même douter quelquefois que le pape, tout dieu qu'il était, pût de droit divin déposer un roi pour avoir épousé sa commère ou sa parente au septième degré. Ils rejetaient donc secrètement quelques points de la créance chrétienne, et ils en admettaient d'autres non moins absurdes : semblables aux animaux, qu'on prétendit autrefois être formés du limon du Nil, et qui avaient la vie dans une partie de leur corps, tandis que l'autre n'était encore que de la boue.

Mais quand ils voulurent parler, comment furent-ils traités ? On avait, dans l'Orient, employé dix siècles de persécutions à exterminer les manichéens, et sous la régence d'une impératrice Théodora, dévote et barbare, on en avait fait périr plus de cent mille dans les supplices. Les Occidentaux, entendant confusément parler de ces boucheries, s'accoutumèrent à nommer manichéens tous ceux qui combattaient quelques dogmes de l'Église papiste, et à les poursuivre avec la même barbarie. C'est ainsi qu'un Robert de France fit brûler à ses yeux le confesseur de sa femme et plusieurs prêtres.

Quand les Vaudois et les Albigeois parurent, on les appela manichéens, pour les rendre plus odieux. Qui ne connaît les cruautés horribles exercées dans les provinces méridionales de France, contre ces malheureux dont le crime était de nier qu'on pût faire Dieu avec des paroles ?

Lorsque ensuite les disciples de notre Wiclef, de Jean Hus, et enfin ceux de Luther et de Zwingle, voulurent secouer le joug papal, on sait que l'Europe presque entière fut bientôt partagée en deux espèces, l'une de bourreaux, et l'autre de suppliciés. Les réformés firent ensuite ce qu'avaient fait les chrétiens des IVe et Ve siècles : après avoir été persécutés, ils devinrent persécuteurs à leur tour. Si on voulait compter les guerres civiles que les disputes sur le christianisme ont excitées, on verrait qu'il y en a plus de cent. Notre Grande-Bretagne a été saccagée : les massacres d'Irlande sont comparables à ceux de la Saint-Barthélemy, et je ne sais s'il y eut plus d'abominations commises, plus de sang répandu en France qu'en Irlande. La femme de Sir Henri Spotswood, sœur de ma bisaïeule, fut égorgée avec deux de ses filles. Ainsi, dans cet examen, j'ai toujours à venger le genre humain et moi-même.

Que dirai-je du tribunal de l'Inquisition, qui subsiste encore ? Les sacrifices de sang humain qu'on reproche aux anciennes nations ont été plus rares que ceux dont les Espagnols et les Portugais se sont souillés dans leurs actes de foi.

Est-il quelqu'un maintenant qui veuille comparer ce long amas de destruction et de carnage au martyre de sainte Potamienne, de sainte Barbe, de saint Pionius, et de saint Eustache ? Nous avons nagé dans le sang comme des tigres acharnés pendant des siècles, et nous osons flétrir les Trajan et les Antonin du nom de persécuteurs !

Il m'est arrivé quelquefois de représenter à des prêtres l'énormité de toutes ces désolations dont nos aïeux ont été les victimes : ils me répondaient froidement que c'était un bon arbre qui avait produit de mauvais fruits ; je leur disais que c'était un blasphème de prétendre qu'un arbre qui avait porté tant et de si horribles poisons a été planté des mains de Dieu-même. En vérité, il n'y a point de prêtre qui ne doive baisser les yeux et rougir devant un honnête homme.

CHAPITRE XXXVIII

EXCÈS DE L'ÉGLISE ROMAINE

Ce n'est que dans l'Église romaine incorporée avec la férocité des descendants des Huns, des Goths, et des Vandales, qu'on voit cette série continue de scandales et de barbaries inconnues chez tous les prêtres des autres religions du monde.

Les prêtres ont partout abusé, parce qu'ils sont hommes. Il fut même, et il est encore chez les brames des fripons et des scélérats, quoique cette ancienne secte soit sans contredit la plus honnête de toutes. L'Église romaine l'a emporté en crimes sur toutes les sectes du monde, parce qu'elle a eu des richesses et du pouvoir.

Elle l'a emporté en débauches obscènes, parce que, pour mieux gouverner les hommes, elle s'est interdit le mariage, qui est le plus grand frein à l'impudicité vulgivague et à la pédérastie. Je m'en tiens à ce que j'ai vu de mes yeux, et à ce qui s'est passé peu d'années avant ma naissance. Y eut-il jamais un brigand qui respectât moins la foi publique, le sang des hommes, et l'honneur des femmes, que ce Bernard Van Galen, évêque de Munster, qui se faisait soudoyer tantôt par les Hollandais contre ses voisins, tantôt par Louis XIV contre les Hollandais ? Il s'enivra de vin et de sang toute sa vie. Il passait du lit de ses concubines aux champs du meurtre, comme une bête en rut et carnassière. Le sot peuple cependant se mettait à genoux devant lui, et recevait humblement sa bénédiction.

J'ai vu un de ses bâtards, qui, malgré sa naissance, trouva le moyen d'être chanoine d'une collégiale; il était plus méchant que son père, et beaucoup plus dissolu : je sais qu'il assassina une de ses maîtresses.

Je demande s'il n'est pas probable que l'évêque, marié à une Allemande femme de bien, et son fils, né en légitime mariage et bien élevé, auraient mené l'un et l'autre une vie moins abominable. Je demande s'il y a quelque chose au monde plus capable de modérer nos fureurs que les regards d'une épouse et d'une mère respectée, si les devoirs d'un père de famille n'ont pas étouffé mille crimes dans leur germe.

Combien d'assassinats commis par des prêtres n'ai-je pas vus en Italie, il n'y a pas quarante ans ? Je n'exagère point; il y avait peu de jours où un prêtre corse n'allât, après avoir dit la messe, arquebuser son ennemi ou son rival derrière un buisson; et quand l'assassiné respirait encore, le prêtre lui offrait de le confesser et de lui donner l'absolution. C'est ainsi que ceux que le pape Alexandre VI faisait égorger pour s'emparer de leur bien lui demandaient *unam indulgentiam in articulo mortis.*

Je lisais hier ce qui est rapporté dans nos histoires d'un évêque de Liège, du temps de notre Henri V. Cet évêque n'est appelé que Jean sans pitié. Il avait un prêtre qui lui servait de bourreau; et après l'avoir employé à pendre, à rouer, à éventrer plus de deux mille personnes, il le fit pendre lui-même.

Que dirai-je de l'archevêque d'Upsal, nommé Troll, qui, de concert avec le roi de Danemark, Christian II, fit massacrer devant lui quatre-vingt-quatorze sénateurs, et livra la ville de Stockholm au pillage, une bulle du pape à la main ?

Il n'y a point d'État chrétien où les prêtres n'aient étalé des scènes à peu près semblables.

On me dira que je ne parle que des crimes ecclésiastiques, et que je passe sous silence ceux des séculiers. C'est que les abominations des prêtres, et surtout des prêtres papistes, font un plus grand contraste avec ce qu'ils enseignent au peuple; c'est qu'ils joignent à la foule de leurs forfaits un crime non moins affreux, s'il est possible, celui de l'hypocrisie; c'est que plus leurs mœurs doivent être pures, plus ils sont coupables. Ils insultent au genre humain; ils persuadent à des imbéciles de s'enterrer vivants dans un monastère. Ils prêchent une vêture, ils administrent leurs huiles, et au sortir de là ils vont se plonger dans la volupté ou dans le carnage : c'est ainsi que l'Église fut gouvernée depuis les fureurs d'Athanase et d'Arius jusqu'à nos jours.

Qu'on me parle avec la même bonne foi que je m'explique; pense-t-on qu'il y ait eu un seul de ces monstres qui ait cru les dogmes impertinents qu'ils ont prêchés ? Y a-t-il eu un seul pape qui, pour peu qu'il ait eu de sens commun, ait cru l'incarnation de Dieu, la mort de Dieu, la résurrection de Dieu, la Trinité de Dieu, la transsubstantiation de la farine en Dieu, et toutes ces odieuses chimères qui ont mis les chrétiens au-dessous des brutes ? Certes ils n'en ont rien cru, et parce qu'ils ont senti l'horrible absurdité du christianisme ils se sont imaginé qu'il n'y a point de Dieu; prenons-y garde, c'est l'absurdité des dogmes chrétiens qui fait les athées.

CONCLUSION

Je conclus que tout homme sensé, tout homme de bien, doit avoir la secte chrétienne en horreur. Le grand nom de théiste, qu'on ne révère pas assez, est le seul nom qu'on doive prendre. Le seul Évangile qu'on doive lire, c'est le grand livre de la nature, écrit de la main de Dieu, et scellé de son cachet. La seule religion qu'on doive professer est celle d'adorer Dieu et d'être honnête homme. Il est aussi impossible que cette religion pure et éternelle produise du mal qu'il était impossible que le fanatisme chrétien n'en fît pas.

On ne pourra jamais faire dire à la religion naturelle : je suis venue apporter, non pas la paix, mais le glaive. Au lieu que c'est la première confession de foi qu'on met dans la bouche du Juif qu'on a nommé le Christ.

Les hommes sont bien aveugles et bien malheureux de préférer une secte absurde, sanguinaire, soutenue par des bourreaux, et entourée de bûchers; une secte qui ne peut être approuvée que par ceux à qui elle donne du pouvoir et des richesses; une secte particulière qui n'est reçue que dans une petite partie du monde; à une religion simple et universelle qui, de l'aveu même des christicoles, était la religion du genre humain du temps de Seth, d'Énoch, de Noé. Si la religion de leurs premiers patriarches est vraie, certes la secte de Jésus est fausse. Les souverains se sont soumis à cette secte, croyant qu'ils en seraient plus chers à leurs peuples, en se chargeant eux-mêmes du joug que leurs peuples portaient. Ils n'ont pas vu qu'ils se faisaient les premiers esclaves des prêtres, et ils n'ont pu encore parvenir dans la moitié de l'Europe à se rendre indépendants.

Et quel roi, je vous prie, quel magistrat, quel père de famille, n'aimera pas mieux être le maître chez lui que d'être l'esclave d'un prêtre ?

Quoi ! le nombre innombrable des citoyens molestés, excommuniés, réduits à la mendicité, égorgés, jetés à la voirie, le nombre des princes détrônés et assassinés, n'a pas encore ouvert les yeux des hommes ! Et si on les entrouvre, on n'a pas encore renversé cette idole funeste !

Que mettrons-nous à la place ? dites-vous. Quoi ! un animal féroce a sucé le sang de mes proches, je vous dis de vous défaire de cette bête, et vous me demandez ce qu'on mettra à sa place ! Vous me le demandez ! vous, cent fois plus odieux que les pontifes païens, qui se contentaient tranquillement de leurs cérémonies et de leurs sacrifices, qui ne prétendaient point enchaîner les esprits par des dogmes, qui ne disputèrent jamais aux magistrats leur puissance, qui n'introduisirent point la discorde chez les hommes. Vous avez le front de demander ce qu'il faut mettre à la place de vos fables ! Je vous réponds : Dieu, la vérité, la vertu, des lois, des peines, et des récompenses. Prêchez la probité, et non le dogme. Soyez les prêtres de Dieu, et non d'un homme.

Après avoir pesé devant Dieu le christianisme dans les balances de la vérité, il faut le peser dans celles de la politique. Telle est la misérable condition humaine que le vrai n'est pas toujours avantageux. Il y aurait du danger et peu de raison à vouloir faire tout d'un coup du christianisme ce qu'on a fait du papisme. Je tiens que, dans notre île, on doit laisser subsister la hiérarchie établie par un acte de parlement, en la soumettant toujours à la législation civile, et en l'empêchant de nuire. Il serait sans doute à désirer que l'idole fût renversée, et qu'on offrît à Dieu des hommages plus purs; mais le peuple n'en est pas encore digne. Il suffit, pour le présent, que notre Église soit contenue dans ses bornes. Plus les laïques seront éclairés, moins les prêtres pourront faire de mal. Tâchons de les éclairer eux-mêmes, de les faire rougir de leurs erreurs, et de les amener peu à peu jusqu'à être citoyens.

HOMÉLIES
PRONONCÉES A LONDRES EN 1765
DANS UNE ASSEMBLÉE PARTICULIÈRE[1]

PREMIÈRE HOMÉLIE

SUR L'ATHÉISME

MES FRÈRES,

PUISSENT mes paroles passer de mon cœur dans le vôtre ! Puissé-je écarter les vaines déclamations, et n'être point un comédien en chaire qui cherche à faire applaudir sa voix, ses gestes et sa fausse éloquence ! Je n'ai pas l'insolence de vous instruire; j'examine avec vous la vérité. Ce n'est ni l'espérance des richesses et des honneurs, ni l'attrait de la considération, ni la passion effrénée de dominer sur les esprits qui anime ma faible voix. Choisi par vous pour m'éclairer avec vous, et non pour parler en maître, voyons ensemble, dans la sincérité de nos cœurs, ce que la raison, de concert avec l'intérêt du genre humain, nous ordonne de croire et de pratiquer. Nous devons commencer par l'existence d'un Dieu. Ce sujet a été traité chez toutes les nations; il est épuisé : c'est par cette raison-là même que je vous en parle, car vous préviendrez tout ce que je vous dirai; nous nous affermirons ensemble dans la connaissance de notre premier devoir; nous sommes ici des enfants assemblés pour nous entretenir de notre père.

C'est une belle démarche de l'esprit humain, un élancement divin de notre raison, si j'ose ainsi parler, que cet ancien argument : J'existe, donc quelque chose existe de toute éternité. C'est embrasser tous les temps du premier pas et du premier coup d'œil. Rien n'est plus grand; mais rien n'est plus simple. Cette vérité est aussi démontrée que les propositions les plus claires de l'arithmétique et de la géométrie : elle peut étonner un moment un esprit inattentif; mais elle le subjugue invinciblement le moment d'après. Enfin, elle n'a été niée par personne, car, à l'instant qu'on réfléchit, on voit évidemment que si rien n'existait de toute éternité, tout serait produit par le néant : notre existence n'aurait nulle cause, ce qui est une contradiction absurde.

Nous sommes intelligents : donc il y a une intelligence éternelle. L'univers ne nous atteste-t-il pas qu'il est l'ouvrage de cette intelligence ? Si une simple maison bâtie sur la terre, ou un vaisseau qui fait sur les mers le tour de notre petit globe, prouve invinciblement l'existence d'un ouvrier, le cours des astres et toute la nature démontrent l'existence de leur auteur.

Non, me répond un partisan de Straton ou de Zénon, le mouvement est essentiel à la matière; toutes les combinaisons sont possibles avec le mouvement : donc, dans un mouvement éternel, il fallait absolument que la combinaison de l'univers actuel eût sa place. Jetez mille dés pendant l'éternité, il faudra que la chance de mille surfaces semblables arrive, et on assigne même ce qu'on doit parier pour et contre.

Ce sophisme a souvent étonné des esprits sages, et confondu les superficiels; mais voyons s'il n'est pas une illusion trompeuse.

Premièrement, il n'y a nulle preuve que le mouvement soit essentiel à la matière; au contraire, tous les sages conviennent qu'elle est indifférente au mouvement et au repos, et un seul atome ne remuant pas de sa place détruit l'opinion de ce mouvement essentiel.

Secondement, quand même il serait nécessaire que la matière fût en motion, comme il est nécessaire qu'elle soit figurée, cela ne prouverait rien contre l'intelligence qui dirige son mouvement, et qui modèle ses diverses figures.

Troisièmement, l'exemple de mille dés qui amènent une chance est bien plus étranger à la question qu'on ne croit. Il ne s'agit pas de savoir si le mouvement rangera différemment des cubes; il est sans doute très possible que mille dés amènent mille six ou mille as, quoique cela soit très difficile. Ce n'est là qu'un arrangement de matière sans aucun dessein, sans organisation, sans utilité; mais que le mouvement seul produise des êtres pourvus d'organes, dont le jeu eſt incompréhensible; que ces organes soient toujours proportionnés les uns aux autres; que des efforts innombrables produisent des effets innombrables dans une régularité qui ne se dément jamais; que tous les êtres vivants produisent leurs semblables; que le sentiment de la vue, qui, au fond, n'a rien de commun avec les yeux, s'exerce toujours quand les yeux reçoivent les rayons qui partent des objets; que le sentiment de l'ouïe, qui eſt totalement étranger à l'oreille, nous fasse à tous entendre les mêmes sons quand l'oreille eſt frappée des vibrations de l'air : c'eſt là le véritable nœud de la queſtion; c'eſt là ce que nulle combinaison ne peut opérer sans un artisan. Il n'y a nul rapport des mouvements de la matière au sentiment, encore moins à la pensée. Une éternité de tous les mouvements possibles ne donnera jamais ni une sensation, ni une idée; et, qu'on me le pardonne, il faut avoir perdu le sens ou la bonne foi pour dire que le seul mouvement de la matière fait des êtres sentants et pensants.

Aussi Spinoza, qui raisonnait méthodiquement, avouait-il qu'il y a dans le monde une intelligence universelle.

Cette intelligence, dit-il avec plusieurs philosophes, exiſte nécessairement avec la matière : elle en eſt l'âme; l'une ne peut être sans l'autre. L'intelligence universelle brille dans les aſtres, nage dans les éléments, pense dans les hommes, végète dans les plantes.

Mens agitat molem, et magno se corpore miscet.

(Virg., *Æn.*, VI, 727.)

Ils sont donc forcés de reconnaître une intelligence suprême; mais ils la font aveugle et purement mécanique : ils ne la reconnaissent point comme un principe libre, indépendant et puissant.

Il n'y a selon eux qu'une seule subſtance, et une subſtance n'en peut produire une autre. Cette subſtance eſt l'universalité des choses, qui eſt à la fois pensante, sentante, étendue, figurée.

Mais raisonnons de bonne foi : n'apercevons-nous pas un choix dans tout ce qui exiſte ? Pourquoi y a-t-il un certain nombre d'espèces ? Ne pourrait-il pas évidemment en exiſter moins ? Ne pourrait-il pas en exiſter davantage ? Pourquoi, dit le judicieux Clarke, les planètes tournent-elles en un sens plutôt qu'en un autre ? J'avoue que, parmi d'autres arguments plus forts, celui-ci me frappe vivement ; il y a un choix : donc il y a un maître qui agit par sa volonté.

Cet argument eѕt encore combattu par nos adversaires ; vous les entendez dire tous les jours : Ce que vous voyez eѕt nécessaire, puisqu'il exiѕte. — Eh bien, leur répondrai-je, tout ce qu'on pourra déduire de votre supposition, c'eѕt que, pour former le monde, il était nécessaire que l'intelligence suprême fît un choix : ce choix eѕt fait ; nous sentons, nous pensons en vertu des rapports que Dieu a mis entre nos perceptions et nos organes. Examinez, d'un côté, des nerfs et des fibres ; de l'autre, des pensées sublimes, et avouez qu'un Être suprême peut seul allier des choses si dissemblables.

Quel eѕt cet Être ? Exiѕte-t-il dans l'immensité ? L'espace eѕt-il un des attributs ? Eѕt-il dans un lieu, ou en tous lieux, ou hors d'un lieu ? Puisse-t-il me préserver à jamais d'entrer dans ces subtilités métaphysiques ! J'abuserais trop de ma faible raison, si je cherchais à comprendre pleinement l'Être qui, par sa nature et par la mienne, doit m'être incompréhensible. Je ressemblerais à un insensé qui, sachant qu'une maison a été bâtie par un architecte, croirait que cette seule notion suffit pour connaître à fond sa personne.

Bornons donc notre insatiable et inutile curiosité ; attachons-nous à notre véritable intérêt. L'artisan suprême qui a fait le monde et nous eѕt-il notre maître ? Eѕt-il bienfaisant ? Lui devons-nous de la reconnaissance ?

Il eѕt notre maître sans doute : nous sentons à tous moments un pouvoir aussi invisible qu'irrésiѕtible. Il eѕt notre bienfaiteur, puisque nous vivons. Notre vie eѕt un bienfait, puisque nous aimons tous la vie, quelque misérable qu'elle puisse devenir. Le soutien de cette vie nous a été donné par cet Être suprême et incompréhensible, puisque nul de nous ne peut former la moindre des plantes, dont nous tirons la nourriture qu'il nous donne, et puisque même nul de nous ne sait comment ces végétaux se forment.

L'ingrat peut dire qu'il fallait absolument que Dieu nous fournît des aliments, s'il voulait que nous exiѕtassions un certain temps. Il dira : Nous sommes des machines qui se succèdent les unes aux autres, et dont la plupart tombent brisées et fracassées dès les premiers pas de leur carrière. Tous les éléments conspirent à nous détruire, et nous allons par les souffrances à la mort. Tout cela n'est que trop vrai; mais aussi il faut convenir que s'il n'y avait qu'un seul homme qui eût reçu de la nature un corps sain et robuste, un sens droit, un cœur honnête, cet homme aurait de grandes grâces à rendre à son auteur. Or, certainement, il y a beaucoup d'hommes à qui la nature a fait ces dons : ceux-là du moins doivent regarder Dieu comme bienfaisant.

A l'égard de ceux que le concours des lois éternelles, établies par l'Être des êtres, a rendus misérables, que pouvons-nous faire, sinon les secourir ? Que pouvons-nous dire, sinon que nous ne savons pas pourquoi ils sont misérables ?

Le mal inonde la terre. Qu'en inférerons-nous par nos faibles raisonnements ? Qu'il n'y a point de Dieu ? Mais il nous a été démontré qu'il existe. Dirons-nous que ce Dieu est méchant ? Mais cette idée est absurde, horrible, contradictoire. Soupçonnerons-nous que Dieu est impuissant, et que celui qui a si bien organisé tous les astres n'a pu bien organiser tous les hommes ? Cette supposition n'est pas moins intolérable. Dirons-nous qu'il y a un mauvais principe qui altère les ouvrages d'un principe bienfaisant, ou qui en produit d'exécrables ? Mais pourquoi ce mauvais principe ne dérange-t-il pas le cours du reste de la nature ? Pourquoi s'acharnerait-il à tourmenter quelques faibles animaux sur un globe si chétif, pendant qu'il respecterait les autres ouvrages de son ennemi ? Comment n'attaquerait-il pas Dieu dans ces millions de mondes qui roulent régulièrement dans l'espace ? Comment deux dieux ennemis l'un de l'autre seraient-ils également l'Être nécessaire ? Comment subsisteraient-ils ensemble ?

Prendrons-nous le parti de l'optimiste ? Ce n'est au fond que celui d'une fatalité désespérante. Le lord Shaftesbury, l'un des plus hardis philosophes d'Angleterre, accrédita le premier ce triste système. « Les lois, dit-il, du pouvoir central et de la végétation ne seront point changées pour l'amour d'un chétif et faible animal qui, tout protégé qu'il est par ces mêmes lois, sera bientôt réduit par elles en poussière. »

L'illustre lord Bolingbroke est allé beaucoup plus loin; et le célèbre Pope a osé redire que le bien général est composé de tous les maux particuliers.

Le seul exposé de ce paradoxe en démontre la fausseté. Il serait aussi raisonnable de dire que la vie est le résultat d'un nombre infini de morts, que le plaisir est formé de toutes les douleurs, et que la vertu est la somme de tous les crimes.

Le mal physique et le mal moral sont l'effet de la constitution de ce monde, sans doute; et cela ne peut être autrement. Quand on dit que tout est bien, cela ne veut dire autre chose sinon que tout est arrangé suivant des lois physiques; mais assurément tout n'est pas bien pour la foule innombrable des êtres qui souffrent, et de ceux qui font souffrir les autres. Tous les moralistes l'avouent dans leurs discours; tous les hommes le crient dans les maux dont ils sont les victimes.

Quel exécrable soulagement prétendez-vous donner à des malheureux persécutés et calomniés, expirant dans les tourments, en leur disant : *Tout est bien ; vous n'avez rien à espérer de mieux ?* Ce serait un discours à tenir à ces êtres qu'on suppose éternellement coupables, et qu'on dit nécessairement condamnés avant le temps à des supplices éternels.

Le stoïcien[1] qu'on prétend avoir dit dans un violent accès de goutte : *Non, la goutte n'est point un mal,* avait un orgueil moins absurde que ces prétendus philosophes, qui, dans la pauvreté, dans la persécution, dans le mépris, dans toutes les horreurs de la vie la plus misérable, ont encore la vanité de crier : *Tout est bien.* Qu'ils aient de la résignation, à la bonne heure, puisqu'ils feignent de ne vouloir pas de compassion; mais qu'en souffrant, et en voyant presque toute la terre souffrir, ils disent : *Tout est bien, sans aucune espérance de mieux,* c'est un délire déplorable.

Supposerons-nous enfin qu'un Être suprême nécessairement bon abandonne la terre à quelque être subalterne qui la ravage, à un geôlier qui nous met à la torture ? Mais c'est faire de Dieu un tyran lâche, qui, n'osant commettre le mal par lui-même, le fait continuellement commettre par ses esclaves.

Quel parti nous reste-t-il donc à prendre ? N'est-ce pas celui que tous les sages de l'antiquité embrassèrent dans les Indes, dans la Chaldée, dans l'Égypte, dans la Grèce, dans Rome ? Celui de croire que Dieu nous fera passer de cette malheureuse vie à une meilleure, qui sera le développement de notre nature ? Car enfin il est clair que nous avons éprouvé déjà différentes sortes d'existences. Nous étions avant qu'un nouvel assemblage d'organes nous contînt dans la matrice; notre être pendant neuf mois fut très différent de ce qu'il était auparavant; l'enfance ne ressembla point à l'embryon; l'âge mûr n'eut rien de l'enfance; la mort peut nous donner une manière différente d'exister.

Ce n'est là qu'une espérance, me crient des infortunés qui sentent et qui raisonnent; vous nous renvoyez à la boîte de Pandore; le mal est réel, et l'espérance peut n'être qu'une illusion : le malheur et le crime assiègent la vie que nous avons, et vous nous parlez d'une vie que nous n'avons pas, que nous n'aurons peut-être pas, et dont nous n'avons aucune idée. Il n'est aucun rapport de ce que nous sommes aujourd'hui avec ce que nous étions dans le sein de nos mères; quel rapport pourrions-nous avoir dans le sépulcre avec notre existence présente ?

Les Juifs, que vous dites avoir été conduits par Dieu même, ne connurent jamais cette autre vie. Vous dites que Dieu leur donna des lois, et dans ces lois il ne se trouve pas un seul mot qui annonce les peines et les récompenses après la mort. Cessez donc de présenter une consolation chimérique à des calamités trop véritables.

Mes frères, ne répondons point encore en chrétiens à ces objections douloureuses; il n'est pas encore temps. Commençons à les réfuter avec les sages, avant de les confondre par le secours de ceux qui sont au-dessus des sages mêmes.

Nous ignorons ce qui pense en nous, et par conséquent nous ne pouvons savoir si cet être inconnu ne survivra pas à notre corps. Il se peut physiquement qu'il y ait en nous une monade indestructible, une flamme cachée, une particule du feu divin, qui subsiste éternellement sous des apparences diverses. Je ne dirai pas que cela soit démontré; mais, sans vouloir tromper les hommes, on peut dire que nous avons autant de raison de croire que de nier l'immortalité de l'être qui pense. Si les Juifs ne l'ont point connue autrefois, ils l'admettent aujourd'hui. Toutes les nations policées sont d'accord sur ce point.

Cette opinion si ancienne et si générale est la seule peut être qui puisse justifier la Providence. Il faut reconnaître un Dieu rémunérateur et vengeur, ou n'en point reconnaître du tout. Il ne paraît pas qu'il y ait de milieu : ou il n'y a point de Dieu, ou Dieu est juste. Nous avons une idée de la justice, nous, dont l'intelligence est si bornée; comment cette justice ne serait-elle pas dans l'intelligence suprême ? Nous sentons combien il serait absurde de dire que Dieu est ignorant, qu'il est faible, qu'il est menteur : oserons-nous dire qu'il est cruel ? Il vaudrait mieux s'en tenir à la nécessité fatale des choses, il vaudrait mieux n'admettre qu'un destin invincible que d'admettre un Dieu qui aurait fait une seule créature pour la rendre malheureuse.

On me dit que la justice de Dieu n'est pas la nôtre. J'aimerais autant qu'on me dît que l'égalité de deux fois deux et quatre n'est pas la même pour Dieu et pour moi. Ce qui est vrai l'est à mes yeux comme aux siens. Toutes les propositions mathématiques sont démontrées pour l'être fini comme pour l'être infini. Il n'y a pas en cela deux différentes sortes de vrai. La seule différence est probablement que l'intelligence suprême comprend toutes les vérités à la fois, et que nous nous traînons à pas lents vers quelques-unes. S'il n'y a pas deux sortes de vérité dans la même proposition, pourquoi y aurait-il deux sortes de justice dans la même action ? Nous ne pouvons comprendre la justice de Dieu que par l'idée que nous avons de la justice. C'est en qualité d'êtres pensants que nous connaissons le juste et l'injuste. Dieu infiniment pensant doit être infiniment juste.

Voyons du moins, mes frères, combien cette croyance est utile, combien nous sommes intéressés à la graver dans tous les cœurs.

Nulle société ne peut subsister sans récompense et sans châtiment. Cette vérité est si sensible et si reconnue que les anciens Juifs admettaient au moins des peines temporelles. « Si vous prévariquez, dit leur loi[1], le Seigneur vous enverra la faim et la pauvreté, de la poussière au lieu de pluie... des démangeaisons incurables au fondement... des ulcères malins dans les genoux... et dans les jambes... Vous épouserez une femme afin qu'un autre couche avec elle, etc. »

Ces malédictions pouvaient contenir un peuple grossier dans le devoir; mais il pouvait arriver aussi qu'un homme coupable des plus grands crimes n'eût point d'ulcères dans les jambes, et ne languît point dans la pauvreté et dans la famine. Salomon devint idolâtre, et il n'est point dit qu'il fut puni par aucun de ces fléaux. On sait assez que la terre est couverte de scélérats heureux et d'innocents opprimés. Il fallut donc nécessairement recourir à la théologie des nations plus nombreuses et plus policées, qui longtemps auparavant avaient posé pour fondement de leur religion des peines et des récompenses, dans le développement de la nature humaine, qui est probablement une vie nouvelle.

Il semble que cette doctrine soit un cri de la nature, que tous les anciens peuples avaient écouté, et qui ne fut étouffé qu'un temps chez les Juifs, pour retentir ensuite dans toute sa force.

Il y a, chez tous les peuples qui font usage de leur raison, des opinions universelles qui paraissent empreintes par le maître de nos cœurs. Telle est la persuasion de l'existence d'un Dieu et de sa justice miséricordieuse; tels sont les premiers principes de morale, communs aux Chinois, aux Indiens, et aux Romains, et qui n'ont jamais varié, tandis que notre globe a été bouleversé mille fois.

Ces principes sont nécessaires à la conservation de l'espèce humaine. Otez aux hommes l'opinion d'un Dieu vengeur et rémunérateur, Sylla et Marius se baignent alors avec délices dans le sang de leurs concitoyens; Auguste, Antoine et Lépide surpassent les fureurs de Sylla; Néron ordonne de sang-froid le meurtre de sa mère. Il est certain que la doctrine d'un Dieu vengeur était éteinte alors chez les Romains; l'athéisme dominait, et il ne serait pas difficile de prouver par l'histoire que l'athéisme peut causer quelquefois autant de mal que les superstitions les plus barbares.

Pensez-vous en effet qu'Alexandre VI reconnût un Dieu, quand, pour agrandir le fils de son inceste, il employait tour à tour la trahison, la force ouverte, le stylet, la corde, le poison; et qu'insultant encore à la superstitieuse faiblesse de ceux qu'il assassinait, il leur donnait une absolution et des indulgences au milieu des convulsions de la mort ? Certes, il insultait la Divinité, dont il se moquait, en même temps qu'il exerçait sur les hommes ces épouvantables barbaries. Avouons tous, quand nous lisons l'histoire de ce monstre et de son abominable fils, que nous souhaitons qu'ils soient châtiés. L'idée d'un Dieu vengeur est donc nécessaire.

Il se peut, et il arrive trop souvent, que la persuasion de la justice divine n'est pas un frein à l'emportement d'une passion. On est alors dans l'ivresse; les remords ne viennent que quand la raison a repris ses droits; mais enfin ils tourmentent le coupable. L'athée peut sentir, au lieu de remords, cette horreur secrète et sombre qui accompagne les grands crimes. La situation de son âme est importune et cruelle; un homme souillé de sang n'est plus sensible aux douceurs de la société; son âme, devenue atroce, est incapable de toutes les consolations de la vie; il rugit en furieux, mais il ne se repent pas. Il ne craint point qu'on lui demande compte des proies qu'il a déchirées; il sera toujours méchant, il s'endurcira dans ses férocités. L'homme, au contraire, qui croit en Dieu rentrera en lui-même. Le premier est un monstre pour toute sa vie, le second n'aura été barbare qu'un moment. Pourquoi ? C'est que l'un a un frein, l'autre n'a rien qui l'arrête.

Nous ne lisons point que l'archevêque Troll, qui fit égorger sous ses yeux tous les magistrats de Stockholm, ait jamais daigné seulement feindre d'expier son crime par la moindre pénitence. L'athée fourbe, ingrat, calomniateur, brigand, sanguinaire, raisonne et agit conséquemment, s'il est sûr de l'impunité de la part des hommes. Car, s'il n'y a point de Dieu, ce monstre est son Dieu à lui-même; il s'immole tout ce qu'il désire, ou tout ce qui lui fait obstacle. Les prières les plus tendres, les meilleurs raisonnements, ne peuvent pas plus sur lui que sur un loup affamé de carnage.

Lorsque le pape Sixte IV faisait assassiner les deux Médicis dans l'église de la Reparade, au moment où l'on élevait aux yeux du peuple le Dieu que ce peuple adorait, Sixte IV, tranquille dans son palais, n'avait rien à craindre, soit que la conjuration réussît, soit qu'elle échouât; il était sûr que les Florentins n'oseraient se venger, qu'il les excommunierait en pleine liberté, et qu'ils lui demanderaient pardon à genoux d'avoir osé se plaindre.

Il est très vraisemblable que l'athéisme a été la philosophie de tous les hommes puissants qui ont passé leur vie dans ce cercle de crimes que les imbéciles appellent politique, coup d'État, art de gouverner.

On ne me persuadera jamais qu'un cardinal[1], ministre célèbre, crût agir en la présence de Dieu lorsqu'il faisait condamner à mort un des grands de l'État par douze meurtriers en robe, esclaves à ses gages, dans sa propre maison de campagne, et pendant qu'il se plongeait dans la dissolution avec ses courtisanes, à côté de l'appartement où ses valets, décorés du nom de juges, menaçaient de la torture un maréchal de France dont il savourait déjà la mort.

Quelques-uns de vous, mes frères, m'ont demandé si un prince juif[2] avait une véritable notion de la Divinité quand, à l'article de la mort, au lieu de demander pardon à Dieu de ses adultères, de ses homicides, de ses cruautés sans nombre, il persiste dans la soif du sang, et dans la fureur atroce des vengeances; quand, d'une bouche prête à se fermer pour jamais, il recommande à son successeur de faire assassiner le vieillard Sémel son ministre[3], et son général Joab ?

J'avoue avec vous que cette action, dont saint Ambroise voulut en vain faire l'apologie, est la plus horrible peut-être qu'on puisse lire dans les annales des nations. Le moment de la mort est pour tous les hommes le moment du repentir et de la clémence : vouloir se venger en mourant, et ne l'oser; charger un autre par ses dernières paroles d'être un infâme meurtrier, c'est le comble de la lâcheté et de la fureur réunies.

Je n'examinerai point ici si cette histoire révoltante est vraie, ni en quel temps elle fut écrite. Je ne discuterai point avec vous s'il faut regarder les chroniques des Juifs du même œil dont on lit les commandements de leur loi; si on a eu tort, dans des temps d'ignorance et de superstition, de confondre ce qui était sacré chez les Juifs avec leurs livres profanes. Les lois de Numa furent sacrées chez les Romains, et leurs historiens ne le furent pas. Mais si un Juif a été barbare jusqu'à son dernier moment, que nous importe ? Sommes-nous Juifs ? Quel rapport les absurdités et les horreurs de ce petit peuple ont-elles avec nous ? On a consacré des crimes chez presque tous les peuples du monde : que devons-nous faire ? Les détester, et adorer le Dieu qui les condamne.

Il est reconnu que les Juifs crurent Dieu corporel. Est-ce une raison pour que nous ayons cette idée de l'Être suprême ?

S'il est avéré qu'ils crurent Dieu corporel, il n'est pas moins clair qu'ils reconnaissaient un Dieu formateur de l'univers.

Longtemps avant qu'ils vinssent dans la Palestine, les Phéniciens avaient leur Dieu unique Jaho, nom qui fut sacré chez eux, et qui le fut ensuite chez les Égyptiens et chez les Hébreux. Ils donnaient à l'Être suprême un nom plus commun, El. Ce nom était originairement chaldéen. C'est de là que la ville appelée par nous Babylone fut nommée Babel, la porte de Dieu. C'est de là que le peuple hébreu, quand il vint, dans la suite des temps, s'établir en Palestine, prit le surnom d'Israël, qui signifie voyant Dieu, comme nous l'apprend Philon, dans son *Traité des récompenses et des peines,* et comme nous le dit l'historien Josèphe dans sa réponse à Appien.

Les Égyptiens reconnurent un Dieu suprême malgré toutes leurs superstitions; ils le nommaient Knef, et ils le représentaient sous la forme d'un globe.

L'ancien Zerdust, que nous nommons Zoroastre, n'enseignait qu'un seul Dieu, auquel le mauvais principe était subordonné. Les Indiens, qui se vantent d'être la plus antique société de l'univers, ont encore leurs anciens livres, qu'ils prétendent avoir été écrits il y a quatre mille huit cent soixante et six ans. L'ange Brama ou Habrama, disent-ils, l'envoyé de Dieu, le ministre de l'Être suprême, dicta ce livre dans la langue du sanscrit. Ce livre saint se nomme *Shastabad,* et il est beaucoup plus ancien que le *Veidam* même, qui est depuis si longtemps le livre sacré sur les bords du Gange.

Ces deux volumes, qui sont la loi de toutes les sectes des brames, l'*Ezour-Veidam,* qui est le commencement du *Veidam,* ne parlent jamais que d'un Dieu unique.

Le ciel a voulu qu'un de nos compatriotes, qui a résidé trente années à Bengale, et qui sait parfaitement la langue des anciens brames, nous ait donné un extrait de ce *Shastabad,* écrit mille années avant le *Veidam*. Il est divisé en cinq chapitres. Le premier traite de Dieu et de ses attributs, et il commence ainsi : « Dieu est un; il a formé tout ce qui est; il est semblable à une sphère parfaite sans fin ni commencement. Il gouverne tout par une sagesse générale. Tu ne chercheras point son essence et sa nature, cette entreprise serait vaine et criminelle. Qu'il te suffise d'admirer jour et nuit ses ouvrages, sa sagesse, sa puissance, sa bonté. Sois heureux en l'adorant. »

Le second chapitre traite de la création des intelligences célestes ;

Le troisième, de la chute de ces dieux secondaires ;

Le quatrième, de leur punition ;

Le cinquième, de la clémence de Dieu.

Les Chinois, dont les histoires et les rites attestent une antiquité si reculée, mais moins ancienne que celle des Indiens, ont toujours adoré le Tien, le Chang-ti, la Vertu céleste. Tous leurs livres de morale, tous les édits des empereurs, recommandent de se rendre agréable au Tien, au Chang-ti, et de mériter ses bienfaits.

Confucius n'a point établi de religion chez les Chinois, comme les ignorants le prétendent. Longtemps avant lui les empereurs allaient au temple quatre fois par année présenter au Chang-ti les fruits de la terre.

Ainsi vous voyez que tous les peuples policés, Indiens, Chinois, Égyptiens, Persans, Chaldéens, Phéniciens, reconnurent un Dieu suprême. Je ne nierai pas que, chez ces nations si antiques, il n'y ait eu des athées ; je sais qu'il y en a beaucoup à la Chine ; nous en voyons en Turquie, il y en a dans notre patrie et chez toutes les nations de l'Europe. Mais pourquoi leur erreur ébranlerait-elle notre croyance ? Les sentiments erronés de tous les philosophes sur la lumière nous empêcheront-ils de croire fermement aux découvertes de Newton sur cet élément incompréhensible ? La mauvaise physique des Grecs et leurs ridicules sophismes détruiront-ils dans nous la science intuitive que nous donne la physique expérimentale ?

Il y a eu des athées chez tous les peuples connus ; mais je doute beaucoup que cet athéisme ait été une persuasion pleine, une conviction lumineuse, dans laquelle l'esprit se repose sans aucun doute, comme dans une démonstration géométrique. N'était-ce pas plutôt une demi-persuasion fortifiée par la rage d'une passion violente, et par l'orgueil, qui tiennent lieu d'une conviction entière ? Les Phalaris, les Busiris (et il y en a dans toutes les conditions), se moquaient avec raison des fables de

Cerbère et des Euménides : ils voyaient bien qu'il était ridicule d'imaginer que Thésée fût éternellement assis sur une escabelle, et qu'un vautour déchirât toujours le foie renaissant de Prométhée. Ces extravagances, qui déshonoraient la Divinité, l'anéantissaient à leurs yeux. Ils disaient confusément dans leur cœur : On ne nous a jamais dit que des inepties sur la Divinité; cette Divinité n'est donc qu'une chimère. Ils foulaient aux pieds une vérité consolante et terrible, parce qu'elle était entourée de mensonges.

O malheureux théologiens de l'école, que cet exemple vous apprenne à ne pas annoncer Dieu ridiculement ! C'est vous qui, par vos platitudes, répandez l'athéisme que vous combattez : c'est vous qui faites les athées de cour, auxquels il suffit d'un argument spécieux pour justifier toutes les horreurs. Mais si le torrent des affaires et celui de leurs passions funestes leur avaient laissé le temps de rentrer en eux-mêmes, ils auraient dit : Les mensonges des prêtres d'Isis et des prêtres de Cybèle ne doivent m'irriter que contre eux, et non pas contre la Divinité, qu'ils outragent. Si le Phlégéton et le Cocyte n'existent point, cela n'empêche pas que Dieu existe. Je veux mépriser les fables, et adorer la vérité. Si on m'a peint Dieu comme un tyran ridicule, je ne le croirai pas moins sage et moins juste. Je ne dirai pas avec Orphée que les ombres des hommes vertueux se promènent dans les Champs Élysées; je n'admettrai point la métempsycose des pharisiens, encore moins l'anéantissement de l'âme avec les saducéens. Je reconnaîtrai une providence éternelle, sans oser deviner quels seront les moyens et les effets de sa miséricorde et de sa justice. Je n'abuserai point de la raison que Dieu m'a donnée; je croirai qu'il y a du vice et de la vertu, comme il y a de la santé et de la maladie; et enfin, puisqu'un pouvoir invisible dont je sens continuellement l'influence, m'a fait un être pensant et agissant, je conclurai que mes pensées et mes actions doivent être dignes de ce pouvoir qui m'a fait naître.

Ne nous dissimulons point ici qu'il y a eu des athées vertueux. La secte d'Épicure a produit de très honnêtes gens : Épicure était lui-même un homme de bien, je l'avoue. L'instinct de la vertu, qui consiste dans un tempérament doux et éloigné de toute violence, peut très bien subsister avec une philosophie erronée. Les épicuriens et les plus fameux athées de nos jours, occupés des agréments de la société, de l'étude et du soin de posséder leur âme en paix, ont fortifié cet instinct qui les porte à ne jamais nuire, en renonçant au tumulte des affaires qui bouleversent l'âme, et à l'ambition qui la pervertit. Il y a des lois dans la société qui sont plus rigoureusement observées que celles de l'État et de la religion. Quiconque a payé les services de ses amis par une noire ingratitude, quiconque a calomnié un honnête homme, quiconque aura mis dans sa conduite une indécence révoltante, ou qui sera connu par une avarice sordide et impitoyable, ne sera point puni par les lois, mais il le sera par la société des honnêtes gens, qui porteront contre lui un arrêt irrévocable de bannissement; il ne sera jamais reçu parmi eux. Ainsi donc un athée de mœurs douces et agréables, retenu d'ailleurs par le frein que la société des hommes impose, peut très bien mener une vie innocente, heureuse, honorée. On en a vu des exemples de siècle en siècle, depuis le célèbre Atticus, également ami de César et de Cicéron, jusqu'au fameux magistrat Des Barreaux, qui, ayant fait attendre trop longtemps un plaideur dont il rapportait le procès, lui paya de son argent la somme dont il s'agissait.

On me citera encore, si l'on veut, le sophiste géométrique Spinoza, dont la modération, le désintéressement et la générosité ont été dignes d'Épictète. On me dira que le célèbre athée Lamettrie était un homme doux et aimable dans la société, honoré, pendant sa vie et après sa mort, des bontés d'un grand roi[1], qui, sans faire attention à ses sentiments philosophiques, a récompensé en lui les vertus. Mais mettez ces doux et tranquilles athées dans de grandes places; jetez-les dans les factions; qu'ils aient à combattre un César Borgia, ou un Cromwell, ou même un cardinal de Retz; pensez-vous qu'alors ils ne deviendront pas aussi méchants que leurs adversaires ? Voyez dans quelle alternative vous les jetez; ils seront des imbéciles s'ils ne sont pas des pervers. Leurs ennemis les attaquent par des crimes; il faut bien qu'ils se défendent avec les mêmes armes, ou qu'ils périssent. Certainement leurs principes ne s'opposeront point aux assassinats, aux empoisonnements, qui leur paraîtront nécessaires.

Il est donc démontré que l'athéisme peut tout au plus

laisser subsister les vertus sociales dans la tranquille apathie de la vie privée; mais qu'il doit porter à tous les crimes dans les orages de la vie publique.

Une société particulière d'athées, qui ne se disputent rien, et qui perdent doucement leurs jours dans les amusements de la volupté, peut durer quelque temps sans trouble; mais, si le monde était gouverné par des athées, il vaudrait autant être sous l'empire immédiat de ces êtres infernaux qu'on nous peint acharnés contre leurs victimes. En un mot, des athées qui ont en main le pouvoir seraient aussi funestes au genre humain que des superstitieux. Entre ces deux monstres la raison nous tend les bras : et ce sera l'objet de mon second discours.

DEUXIÈME HOMÉLIE

SUR LA SUPERSTITION

Mes frères,

Vous savez assez que toutes les nations bien connues ont établi un culte public. Si les hommes s'assemblèrent de tout temps pour traiter de leurs intérêts, pour se communiquer leurs besoins, il était bien naturel qu'ils commençassent ces assemblées par les témoignages de respect et d'amour qu'ils doivent à l'auteur de la vie. On a comparé ces hommages à ceux que des enfants présentent à un père, et des sujets à un souverain. Ce sont des images trop faibles du culte de Dieu : les relations d'homme à homme n'ont aucune proportion avec la relation de la créature à l'Être suprême; l'infini les sépare. Ce serait même un blasphème que de rendre hommage à Dieu sous l'image d'un monarque. Un souverain de la terre entière, s'il en pouvait exister un, si tous les hommes étaient assez malheureux pour être subjugués par un homme, ne serait au fond qu'un ver de terre commandant à d'autres vers de terre, et serait encore infiniment moins devant la Divinité. Et puis, dans les républiques, qui sont incontestablement antérieures à toute monarchie, comment aurait-on pu concevoir Dieu sous l'image d'un roi ? S'il fallait se faire de Dieu une image sensible, celle d'un père, toute défectueuse qu'elle est, paraîtrait peut-être la plus convenable à notre faiblesse.

Mais les emblèmes de la Divinité furent une des premières sources de la superstition. Dès que nous eûmes fait Dieu à notre image, le culte divin fut perverti. Ayant osé représenter Dieu sous la figure d'un homme, notre misérable imagination, qui ne s'arrête jamais, lui attribua tous les vices des hommes. Nous ne le regardâmes que comme un maître puissant, et nous le chargeâmes de tous les abus de la puissance; nous le célébrâmes comme fier, jaloux, colère, vindicatif, bienfaiteur, capricieux, destructeur impitoyable, dépouillant les uns pour enrichir les autres, sans autre raison que sa volonté. Nous n'avons d'idée que de proche en proche; nous ne concevons presque rien que par similitude : ainsi, quand la terre fut couverte de tyrans, on fit Dieu le premier des tyrans. Ce fut bien pis quand la Divinité fut annoncée par des emblèmes tirés des animaux et des plantes. Dieu devint bœuf, serpent, crocodile, singe, chat, et agneau, broutant, sifflant, bêlant, dévorant, et dévoré.

La superstition a été si horrible chez presque toutes les nations que s'il n'en existait pas encore des monuments, il ne serait pas possible de croire ce qu'on nous en raconte. L'histoire du monde est celle du fanatisme.

Mais parmi les superstitions monstrueuses qui ont couvert la terre, y en a-t-il eu d'innocentes ? Ne pourrons-nous point distinguer entre les poisons dont on a su faire des remèdes et des poisons qui ont conservé leur nature meurtrière ? Cet examen mérite, si je ne me trompe, toute l'attention des esprits raisonnables.

Un homme fait du bien aux hommes ses frères, celui-là détruit des animaux carnassiers, celui-ci invente des arts par la force de son génie. On les voit par conséquent plus favorisés de Dieu que le vulgaire; on imagine qu'ils sont enfants de Dieu, on en fait des demi-dieux après leur mort, des dieux secondaires. On les propose non seulement pour modèle au reste des hommes, mais pour objet de leur culte. Celui qui adore Hercule et Persée s'excite à les imiter. Des autels deviennent le prix du génie et du courage. Je ne vois là qu'une erreur dont il résulte du bien. Les hommes ne sont trompés alors que pour leur avantage. Si les anciens Romains n'avaient mis au rang des dieux secondaires que des Scipion, des Titus, des Trajan, des Marc Aurèle, qu'aurions-nous à leur reprocher ?

Il y a l'infini entre Dieu et un homme : d'accord; mais si, dans le système des anciens on a regardé l'âme humaine comme une portion finie de l'intelligence infinie, qui se replonge dans le grand tout sans l'augmenter; si on suppose que Dieu habita dans l'âme de Marc Aurèle, si cette âme fut supérieure aux autres par la vertu pendant sa vie, pourquoi ne pas supposer qu'elle est encore supérieure quand elle est dégagée de son corps mortel ?

Nos frères les catholiques romains (car tous les hommes sont nos frères) ont peuplé le ciel de demi-dieux qu'ils appellent saints. S'ils avaient toujours fait d'heureux choix, avouons sans détour que leur erreur eût été un service rendu à la nature humaine. Nous leur prodiguons les injures et le mépris quand ils fêtent un Ignace, chevalier de la Vierge; un Dominique, persécuteur; un François, fanatique en démence, qui marche tout nu, qui parle aux bêtes, qui catéchise un loup, qui se fait une femme de neige. Nous ne pardonnons pas à Jérôme, traducteur, savant, mais fautif, de livres juifs, d'avoir, dans son *Histoire des Pères du désert,* exigé nos respects pour un saint Pacôme qui allait faire ses visites monté sur un crocodile. Nous sommes surtout saisis d'indignation en voyant qu'à Rome on a canonisé Grégoire VII, l'incendiaire de l'Europe.

Mais il n'en est pas ainsi du culte qu'on rend, en France, au roi Louis IX, qui fut juste et courageux. Et si c'est trop que de l'invoquer, ce n'est pas trop de le révérer; c'est seulement dire aux autres princes : Imitez ses vertus.

Je vais plus loin : je suppose qu'on ait placé dans une basilique la statue du roi Henri IV, qui conquit son royaume avec la valeur d'Alexandre et la clémence de Titus, qui fut bon et compatissant, qui sut choisir les meilleurs ministres, et fut son premier ministre lui-même; je suppose que, malgré ses faiblesses, on lui paye des hommages au-dessus des respects qu'on rend à la mémoire des grands hommes, quel mal pourra-t-il en résulter ? Il vaudrait certainement mieux fléchir le genou devant lui que devant cette multitude de saints inconnus, dont les noms mêmes sont devenus un sujet d'opprobre et de ridicule. Ce serait une superstition, j'en conviens, mais une superstition qui ne pourrait nuire, un enthousiasme patriotique, et non un fanatisme pernicieux. Si l'homme est né pour l'erreur, souhaitons-lui des erreurs vertueuses.

La superstition qu'il faut bannir de la terre est celle qui, faisant de Dieu un tyran, invite les hommes à être tyrans. Celui qui dit le premier qu'on doit avoir les réprouvés en horreur mit le poignard à la main de tous ceux qui osèrent se croire fidèles; celui qui le premier défendit toute communication avec ceux qui n'étaient pas de son avis sonna le tocsin des guerres civiles dans toute la terre.

Je crois ce qui paraît impossible à ma raison, c'est-à-dire je crois ce que je ne crois pas : donc je dois haïr ceux qui se vantent de croire une absurdité contraire à la mienne. Telle est la logique des superstitieux, ou plutôt telle est leur exécrable démence. Adorer l'Être suprême, l'aimer, le servir, être utile aux hommes, ce n'est rien : c'est même, selon quelques-uns, une fausse vertu qu'ils appellent un *péché splendide*. Ainsi, depuis qu'on se fit un devoir sacré de disputer sur ce qu'on ne peut entendre; depuis qu'on plaça la vertu dans la prononciation de quelques paroles inexplicables que chacun voulut expliquer, les pays chrétiens furent un théâtre de discorde et de carnage.

Vous me direz qu'on doit imputer cette peste universelle à la rage de l'ambition plutôt qu'à celle du fanatisme. Je vous répondrai qu'on en est redevable à l'une et à l'autre. La soif de la domination s'est abreuvée du sang des imbéciles. Je n'aspire point à guérir les hommes puissants de cette passion furieuse d'asservir les esprits : c'est une maladie incurable. Tout homme voudrait que les autres s'empressassent à le servir, et, pour être servi mieux, il leur fera croire, s'il peut, que leur devoir et leur bonheur consistent à être ses esclaves. Allez trouver un homme qui jouit de quinze à seize millions de revenu, et qui a dans l'Europe quatre ou cinq cent mille sujets dispersés, lesquels ne lui coûtent rien, sans compter ses gardes et sa milice; remontrez-lui que le Christ, dont il se dit le vicaire et l'imitateur, a vécu dans la pauvreté et dans l'humilité : il vous répond que les temps sont changés; et, pour vous le prouver, il vous condamne à périr dans les flammes. Vous n'avez corrigé ni cet homme, ni un cardinal de Lorraine, possesseur de sept évêchés à la fois. Que fait-on alors ? On s'adresse aux peuples, et on leur parle, et, tout abrutis qu'ils sont, ils écoutent, ils ouvrent à demi les yeux; ils secouent une partie du joug le plus avilissant qu'on ait jamais porté; ils se défont de quelques erreurs, ils reprennent un peu de leur liberté, cet apanage ou plutôt cette essence de l'homme, dont on les avait dépouillés. Si on ne peut guérir les puissants de l'ambition, on peut donc guérir les peuples de la superstition; on peut donc, en parlant, en écrivant, rendre les hommes plus éclairés et meilleurs.

Il est bien aisé de leur faire voir ce qu'ils ont souffert pendant quinze cents années. Peu de personnes lisent; mais toutes peuvent entendre. Écoutez donc, mes chers frères, et voyez les calamités qui accablèrent les générations passées.

A peine les chrétiens, respirant en liberté sous Constantin, avaient trempé leurs mains dans le sang de la vertueuse Valérie, fille, femme, et mère de césars, et dans le sang du jeune Candidien son fils, l'espérance de l'empire; à peine avaient-ils égorgé[1] le fils de l'empereur Maximin, âgé de huit ans, et sa fille, âgée de sept; à peine ces hommes qu'on nous dépeint si patients pendant deux siècles avaient ainsi signalé leurs fureurs au commencement du quatrième, que la controverse fit naître des discordes civiles qui, se succédant les unes aux autres sans aucun moment de relâche, agitent encore l'Europe. Quels sont les sujets de ces querelles sanguinaires ? Des subtilités, mes frères, dont on ne trouve pas le moindre mot dans l'*Évangile*. On veut savoir si le Fils est engendré, ou fait; s'il est engendré dans le temps, ou avant le temps; s'il est consubstantiel ou semblable au Père; si la *monade de Dieu,* comme dit Athanase, est trine en trois hypostases; si le Saint-Esprit est engendré, ou procédant, ou s'il procède du Père seul, ou du Père et du Fils; si Jésus eut deux volontés ou une, une ou deux natures, une ou deux personnes.

Enfin, depuis la *consubstantialité* jusqu'à la *transsubstantiation,* termes aussi difficiles à prononcer qu'à comprendre, tout a été sujet de dispute, et toute dispute a fait couler des torrents de sang.

Vous savez combien en fit verser notre superstitieuse Marie, fille du tyran Henri VIII, et digne épouse du tyran espagnol Philippe II. Le trône de Charles Ier fut changé en échafaud, et ce roi périt par le dernier supplice, après que plus de deux cent mille hommes eurent été égorgés pour une liturgie.

Vous connaissez les guerres civiles de France. Une troupe de théologiens fanatiques, appelée *la Sorbonne,* déclare le roi Henri III déchu du trône, et soudain un apprenti théologien[1] l'assassine. Elle déclare le grand Henri IV, notre allié, incapable de régner, et vingt meurtriers se succèdent les uns aux autres, jusqu'à ce qu'enfin, sur la seule nouvelle que ce héros va protéger ses anciens alliés contre les adhérents du pape, un moine feuillant[2], un maître d'école, plonge le couteau dans le cœur du plus vaillant des rois et du meilleur des hommes, au milieu de sa capitale, aux yeux de son peuple, et dans les bras de ses amis; et, par une contradiction inconcevable, sa mémoire est à jamais adorée, et la troupe de Sorbonne, qui le proscrivit, qui l'excommunia, qui excommunia ses sujets fidèles, et qui n'a droit d'excommunier personne, subsiste encore à la honte de la France.

Ce ne sont pas les peuples, mes frères, ce ne sont pas les cultivateurs, les artisans ignorants et paisibles, qui ont élevé ces querelles ridicules et funestes, sources de tant d'horreurs et tant de parricides. Il n'en est malheureusement aucune dont les théologiens n'aient été les auteurs. Des hommes nourris de vos travaux, dans une heureuse oisiveté, enrichis de vos sueurs et de votre misère, combattirent à qui aurait le plus de partisans et le plus d'esclaves; ils vous inspirèrent un fanatisme destructeur, pour être vos maîtres; ils vous rendirent superstitieux, non pas pour que vous craignissiez Dieu davantage, mais afin que vous les craignissiez.

L'*Évangile* n'a pas dit à Jacques et Pierre, à Barthélemy : Nagez dans l'opulence, pavanez-vous dans les honneurs, marchez entourés de gardes. Il ne leur a pas dit non plus : Troublez le monde par vos questions incompréhensibles. Jésus, mes frères, n'agita aucune de ces questions. Voudrions-nous être plus théologien que celui que vous reconnaissez pour votre unique maître ? Quoi ! il vous a dit : Tout consiste à aimer Dieu et son prochain; et vous rechercheriez autre chose ?

Y a-t-il quelqu'un parmi vous ? que dis-je ! y a-t-il quelqu'un sur la terre qui puisse penser que Dieu le jugera sur des points de théologie, et non pas sur ses actions ?

Qu'est-ce qu'une opinion théologique ? C'est une idée qui peut être vraie ou fausse, sans que la morale y soit intéressée. Il est bien évident que vous devez être vertueux, soit que le Saint-Esprit procède du Fils par spiration, ou qu'il procède du Père et du Fils. Il n'est pas moins évident que vous ne comprendrez jamais aucune proposition de cette espèce. Vous n'aurez jamais la plus légère notion comment Jésus avait deux natures et deux volontés dans une personne. S'il avait voulu que vous en fussiez informés, il vous l'aurait dit. Je choisis ces exemples entre cent autres, et je passe sous silence d'autres disputes, pour ne pas réveiller des plaies qui saignent encore.

Dieu vous a donné l'entendement; il ne peut vouloir que vous le pervertissiez. Comment une proposition dont vous ne pouvez jamais avoir l'idée pourrait-elle vous être nécessaire ? Que Dieu, qui donne tout, ait donné à un homme plus de lumières, plus de talents qu'à un autre, cela se voit tous les jours. Qu'il ait choisi un homme pour s'unir de plus près à lui qu'aux autres hommes; qu'il en ait fait le modèle de la raison et de la vertu, cela ne révolte point notre bon sens. Personne ne doit nier qu'il soit possible à Dieu de verser ses plus beaux dons sur un de ses ouvrages. On peut donc croire en Jésus, qui a enseigné la vertu et qui l'a pratiquée; mais craignons qu'en voulant aller trop au delà nous ne renversions tout l'édifice.

Le superstitieux verse du poison sur les aliments les plus salutaires; il est son propre ennemi et celui des hommes. Il se croira l'objet des vengeances éternelles s'il a mangé de la viande un certain jour; il pense qu'une longue robe grise, avec un capuce pointu et une grande barbe, est beaucoup plus agréable à Dieu qu'un visage rasé et une tête qui porte ses cheveux; il s'imagine que son salut est attaché à des formules latines qu'il n'entend point. Il a élevé sa fille dans ces principes : elle s'enterre dans un cachot dès qu'elle est nubile; elle trahit la postérité pour plaire à Dieu, plus coupable envers le genre humain que l'Indienne qui se précipite dans le bûcher de son mari après lui avoir donné des enfants.

Anachorètes des parties méridionales de l'Europe, condamnés par vous-mêmes à une vie aussi abjecte qu'affreuse, ne vous comparez pas aux pénitents des bords du Gange : vos austérités n'approchent pas de leurs supplices volontaires; mais ne pensez pas que Dieu approuve dans vous ce que vous avouez qu'il condamne dans eux.

Le superstitieux est son propre bourreau : il est encore celui de quiconque ne pense pas comme lui. La délation la plus infâme, il l'appelle *correction fraternelle ;* il accuse la naïve innocence qui n'est pas sur ses gardes, et qui, dans la simplicité de son cœur, n'a pas mis le sceau sur ses lèvres. Il la dénonce à ces tyrans des âmes, qui rient en même temps de l'accusé et de l'accusateur.

Enfin le superstitieux devient fanatique, et c'est alors que son zèle est capable de tous les crimes au nom du Seigneur.

Nous ne sommes plus, il est vrai, dans ces temps abominables où les parents et les amis s'égorgeaient, où cent batailles rangées couvraient la terre de cadavres pour quelques arguments de l'école; mais des cendres de ce vaste incendie il renaît tous les jours quelques étincelles : les princes ne marchent plus aux combats à la voix d'un prêtre ou d'un moine; mais les citoyens se persécutent encore dans le sein des villes, et la vie privée est souvent empoisonnée de la peste de la superstition. Que diriez-vous d'une famille qui serait toujours prête à se battre pour deviner de quelle manière il faut saluer son père ? Eh, mes enfants, il s'agit de l'aimer : vous le saluerez comme vous pourrez. N'êtes-vous frères que pour être divisés, et faudra-t-il que ce qui doit vous unir soit toujours ce qui vous sépare ?

Je ne connais pas une seule guerre civile entre les Turcs pour la religion. Que dis-je ! une guerre civile ? L'histoire n'a remarqué aucune sédition, aucun trouble parmi eux, excité par la controverse. Est-ce parce qu'ayant moins de dogmes, ils ont moins de prétextes de disputes ? Est-ce parce qu'ils sont nés moins inquiets et plus sages que nous ? Ils ne s'informent pas de quelle secte vous êtes, pourvu que vous payiez exactement un tribut léger. Chrétiens latins, chrétiens grecs, jacobites, monothélites, cophtes, protestants, réformés, tout est bien venu chez eux, tandis qu'il n'y a pas trois nations chez les chrétiens qui exercent cette humanité.

Enfin, mes frères, Jésus ne fut point superstitieux; il ne fut point intolérant; il communiquait avec les Samaritains; il n'a pas proféré une seule parole contre le culte des Romains, dont sa patrie était environnée. Imitons son indulgence, et méritons qu'on en ait pour nous.

Ne nous effrayons pas de cet argument barbare si souvent répété. Le voici, je crois, dans toute sa force. « Vous croyez qu'un homme de bien peut trouver grâce devant l'Être des êtres, devant le Dieu de justice et de miséricorde, dans quelque temps, dans quelque lieu, dans quelque religion qu'il ait consumé sa courte vie; et nous, au contraire, nous affirmons qu'on ne peut plaire à Dieu qu'en étant né parmi nous, ou ayant été enseigné par nous : il nous est démontré que nous sommes les seuls dans le monde qui ayons raison. Nous savons que Dieu étant venu sur la terre, et étant mort du dernier supplice pour tous les hommes, il ne veut pourtant avoir pitié que de notre petite assemblée, et que même, dans cette assemblée, il n'y a que fort peu de personnes qui pourront échapper à des peines éternelles. Prenez donc le parti le plus sûr; entrez dans notre petite assemblée, et tâchez d'être élu chez nous. »

Remercions nos frères qui nous tiennent ce langage; félicitons-les d'être certains que tout l'univers est damné, hors un petit nombre d'entre eux, et croyons que notre secte vaut mieux que la leur, par cela seul qu'elle est plus raisonnable et plus compatissante. Quiconque me dit : *Pense comme moi, ou Dieu te damnera,* me dira bientôt : *Pense comme moi, ou je t'assassinerai.* Prions Dieu qu'il adoucisse ces cœurs atroces, et qu'il inspire à tous ses enfants des sentiments de frères. Nous voilà dans notre île où la secte épiscopale domine depuis Douvres jusqu'à la petite rivière de Tweed. De là jusqu'à la dernière des Orcades le presbytérianisme est en crédit, et, sous ces deux religions régnantes, il y en a dix ou douze autres particulières. Allez en Italie, vous trouverez le despotisme papiste sur le trône. Ce n'est plus la même chose en France; elle est traitée à Rome de demi-hérétique.

Passez en Suisse, en Allemagne, vous couchez aujourd'hui dans une ville calviniste, demain dans une papiste, après-demain dans une luthérienne. Allez jusqu'en Russie, vous ne voyez plus rien de tout cela. C'est une secte toute différente. La cour y est éclairée, à la vérité, par une impératrice philosophe. L'auguste Catherine a mis la raison sur le trône, comme elle y a placé la magnificence et la générosité; mais le peuple de ses provinces déteste encore également et luthériens, et calvinistes, et papistes. Il ne voudrait ni manger avec aucun d'eux, ni boire dans le même verre. Or, je vous demande, mes frères, ce qui arriverait si, dans une assemblée de tous ces sectaires, chacun se croyait autorisé par l'esprit divin à faire triompher son opinion ? Ne voyez-vous pas les épées tirées, les potences dressées, les bûchers allumés d'un bout de l'Europe à l'autre ? Quel est donc celui qui a raison dans ce chaos de disputes ? Le tolérant, le bienfaisant. Ne dites pas qu'en prêchant la tolérance nous prêchons l'indifférence. Non, mes frères; celui qui adore Dieu et qui fait du bien aux hommes n'est point indifférent. Ce nom convient bien davantage au superstitieux, qui pense que Dieu lui saura gré d'avoir proféré des formules inintelligibles, tandis qu'il est en effet très indifférent sur le sort de son frère, qu'il laisse périr sans secours, ou qu'il abandonne dans la disgrâce, ou qu'il flatte dans la prospérité, ou qu'il persécute s'il est d'une autre secte, s'il est sans appui et sans protection. Plus le superstitieux se concentre dans des pratiques et dans des croyances absurdes, plus il a d'indifférence pour les vrais devoirs de l'humanité. Souvenons-nous à jamais d'un de nos charitables compatriotes. Il fondait un hôpital pour les vieillards, dans sa province; on lui demandait si c'était pour des papistes, des luthériens, des presbytériens, des quakers, des sociniens, des anabaptistes, des méthodistes, des mennonites. Il répondit : « Pour des hommes. »

O mon Dieu ! écarte de nous l'erreur de l'athéisme, qui nie ton existence; et délivre-nous de la superstition, qui outrage ton existence et qui rend la nôtre affreuse.

TROISIÈME HOMÉLIE

SUR L'INTERPRÉTATION DE L'ANCIEN TESTAMENT

Mes frères,

Les livres gouvernent le monde, ou du moins toutes les nations qui ont l'usage de l'écriture; les autres ne méritent pas qu'on les compte. Le *Zend-Avesta,* attribué au premier Zoroastre, fut la loi des Persans. Le *Veidam* et le *Shastabad* sont encore celles des brames. Les Égyptiens furent régis par les livres du Thaut, qu'on appela le *Premier Mercure.* L'*Alcoran* ou le *Koran* gouverne aujourd'hui l'Afrique, l'Égypte, l'Arabie, les Indes, une partie de la Tartarie, la Perse entière, la Scythie dans la Chersonèse, l'Asie Mineure, la Syrie, la Thrace, la Thessalie, et toute la Grèce jusqu'au détroit qui sépare Naples de l'Épire. Le *Pentateuque* gouverne les Juifs, et, par une singulière providence, il est aujourd'hui notre règle. Notre devoir est de lire ensemble cet ouvrage divin, qui est le fondement de notre foi.

« Au commencement Dieu créa les cieux et la terre. Et la terre était sans forme et vide; les ténèbres étaient sur la face de l'abîme, et l'esprit de Dieu se mouvait sur le dessus des eaux. Et Dieu dit : Que la lumière soit; et la lumière fut. Et Dieu vit que la lumière était bonne, et Dieu sépara la lumière d'avec les ténèbres. Et Dieu nomma la lumière *jour,* et les ténèbres *nuit.* Ainsi fut le soir, ainsi fut le matin : ce fut le premier jour. Puis Dieu dit : Qu'il y ait une étendue entre les eaux, et qu'elle sépare les eaux d'avec les eaux. Dieu donc fit l'étendue, et sépara les eaux qui sont au-dessous de l'étendue d'avec celles qui sont au-dessus de l'étendue; et il fut ainsi. Et Dieu nomma l'étendue *cieux.* Ainsi fut le soir, ainsi fut le matin : ce fut le second jour. Puis Dieu dit : Que les eaux qui sont au-dessous des cieux soient rassemblées en un lieu, et que le sec paraisse; et il fut ainsi, etc. »

Nous savons, mes frères, que Dieu, en parlant ainsi aux Juifs, daigna se proportionner à leur intelligence encore grossière. Personne n'ignore que notre terre n'est qu'un point en comparaison de l'espace que nous nommons improprement le *ciel,* dans lequel brille cette prodigieuse quantité de soleils, autour desquels roulent des planètes très supérieures à la nôtre. On sait que la lumière n'a pas été faite avant le jour, et que notre lumière vient du soleil. On sait que l'étendue solide entre les eaux supérieures et les inférieures, étendue qui, à la lettre, signifie *firmament,* est une erreur de l'ancienne physique adoptée par les Grecs. Mais, puisque Dieu parlait aux Juifs, il daignait s'abaisser à parler leur langage. Personne ne l'aurait certainement entendu dans le désert d'Horeb, s'il avait dit : « J'ai mis le soleil au centre de votre monde; le petit globe de la terre roule avec les autres planètes autour de ce grand astre, par qui toutes les planètes sont illuminées; et la lune tourne en un mois autour de la terre. Ces autres astres que vous voyez sont autant de soleils qui président à d'autres mondes, etc. »

Si l'éternel géomètre s'était exprimé ainsi, il aurait parlé dignement, il est vrai, en maître qui connaît son ouvrage; mais nul Juif n'aurait compris un mot à ces sublimes vérités. Ce peuple était d'un col roide, et dur d'entendement. Il fallut donner des aliments grossiers à un peuple grossier, qui ne pouvait être nourri que par de tels aliments. Il semble que ce premier chapitre de la *Genèse* fut une allégorie proposée par l'Esprit saint pour être expliquée un jour par ceux que Dieu daignerait remplir de ses lumières. C'est du moins l'idée qu'en eurent les principaux Juifs, puisqu'il fut défendu de lire ce livre avant vingt-cinq ans, afin que l'esprit des jeunes gens, disposé par les maîtres, pût lire l'ouvrage avec plus d'intelligence et de respect.

Les docteurs prétendaient donc qu'à la lettre le Nil, l'Euphrate, le Tigre, et l'Araxe, n'avaient pas en effet leurs sources dans le paradis terrestre; mais que ces quatre fleuves qui l'arrosaient signifiaient évidemment quatre vertus nécessaires à l'homme. Il était visible, selon eux, que la femme formée de la côte de l'homme était l'allégorie la plus frappante de la concorde inaltérable qui doit régner dans le mariage; et que les âmes des époux doivent être unies comme leurs corps. C'est le symbole de la paix et de la fidélité qui doivent régner dans leur société.

Le serpent qui séduisit Ève, et qui était *le plus rusé de*

tous les animaux de la terre, est, si nous en croyons Philon lui-même et plusieurs Pères, une expression figurée qui peint sensiblement nos désirs corrompus. L'usage de la parole, que l'Écriture lui prête, est la voix de nos passions qui parle à nos cœurs. Dieu emploie l'allégorie du serpent, qui était très commune dans tout l'Orient. Il passait pour subtil, parce qu'il se dérobe avec vitesse à ceux qui le poursuivent, et qu'il s'élance avec adresse sur ceux qui l'attaquent. Son changement de peau était le symbole de l'immortalité. Les Égyptiens portaient un serpent d'argent dans leurs processions. Les Phéniciens, voisins des déserts des Hébreux, avaient depuis longtemps la fable allégorique d'un serpent qui avait fait la guerre à l'homme et à Dieu. Enfin, le serpent qui tenta Ève a été reconnu pour le diable, qui veut toujours nous tenter et nous perdre.

Il est vrai que la doctrine du diable tombé du ciel, et devenu l'ennemi du genre humain, ne fut connue des Juifs que dans la suite des siècles; mais le divin auteur, qui savait bien que cette doctrine serait un jour répandue, daignait en jeter la semence dans les premiers chapitres de la *Genèse*.

Nous ne connaissons, à la vérité, l'histoire de la chute des mauvais anges que par ce peu de mots de l'*Épître* de saint Jude[1] : « Des étoiles errantes, à qui l'obscurité des ténèbres est réservée éternellement, desquelles Énoch, septième homme après Adam, a prophétisé. » On a cru que ces étoiles errantes étaient les anges transformés en démons malfaisants, et on supplée aux prophéties d'Énoch, septième homme après Adam, lesquelles nous n'avons plus. Mais dans quelque labyrinthe que se perdent les savants pour expliquer ces choses incompréhensibles, il en résulte toujours que nous devons entendre dans un sens édifiant tout ce qui ne peut être entendu à la lettre.

Les anciens brachmanes avaient, comme nous l'avons dit, cette théologie plusieurs siècles avant que la nation juive existât. Les anciens Persans avaient donné des noms au diable longtemps avant les Juifs. Et vous savez que, dans le *Pentateuque,* on ne trouve le nom d'aucun bon ou mauvais ange. On ne connut ni Gabriel, ni Raphaël, ni Satan, ni Asmodée, dans les livres juifs, que très longtemps après, et lorsque ce petit peuple eut appris ces noms dans son esclavage à Babylone. Tout cela prouve au moins que la doctrine des êtres célestes et des êtres infernaux a été commune à de grandes nations. Vous la retrouverez dans le livre de *Job,* précieux monument de l'antiquité. Job est un personnage arabe; et c'est en arabe que cette allégorie fut écrite. Il reste encore dans la traduction hébraïque des phrases entières arabes. Voilà donc les Indiens, les Persans, les Arabes et les Juifs, qui, les uns après les autres, admettent à peu près la même théologie. Elle est donc digne d'une grande attention.

Mais ce qui en est bien plus digne, c'est la morale qui doit résulter de toute cette théologie antique. Les hommes, qui ne sont point nés pour être meurtriers, puisque Dieu ne les a point armés comme les lions et les tigres; qui ne sont point nés pour l'imposture, puisqu'ils aiment tous nécessairement la vérité; qui ne sont point nés pour être des brigands ravisseurs, puisque Dieu leur a donné également à tous les fruits de la terre et les toisons des brebis, mais qui cependant sont devenus ravisseurs, parjures et homicides, sont réellement les anges transformés en démons.

Cherchons toujours, mes frères, dans la Sainte Écriture, ce qui nous enseigne la morale et non la physique. Que l'ingénieux Calmet emploie sa profonde sagacité et sa pénétrante dialectique à trouver la place du paradis terrestre; contentons-nous de mériter, si nous pouvons, le paradis céleste, par la justice, par la tolérance, par la bienfaisance.

« Et quant à l'arbre de la science du bien et du mal, tu n'en mangeras point : car le jour où tu en mangeras tu mourras de mort[1]. »

Les interprètes avouent qu'on n'a jamais connu aucun arbre qui donnât de la science. Adam ne mourut point de mort le jour qu'il en mangea; il vécut encore neuf cent trente années, dit la Sainte Écriture. Hélas ! que sont neuf siècles entre deux éternités ! ce n'est pas même une minute dans le temps, et nos jours passent comme l'ombre. Mais cette allégorie ne nous dit-elle pas clairement que la science mal entendue est capable de nous perdre ? L'arbre de la science porte sans doute des fruits bien amers, puisque tant de savants théologiens ont été persécuteurs ou persécutés, et que plusieurs sont morts d'une mort épouvantable. Ah ! mes frères, l'Esprit Saint a voulu nous faire voir combien une fausse science est dangereuse, combien elle enfle le cœur, et à quel point un docteur est souvent absurde.

C'est de ce passage que saint Augustin conclut l'imputation faite à tous les hommes de la désobéissance du premier. C'est lui qui développa la doctrine du péché originel, soit que la souillure de ce péché ait corrompu nos corps, soit que les âmes qui entrent dans nos corps en soient abreuvées, mystère en tout point incompréhensible, mais qui nous avertit du moins de ne point vivre dans le crime, si nous sommes nés dans le crime.

« Et l'Éternel mit une marque sur Caïn, afin que quiconque le trouverait ne le tuât point[1]. » C'est ici surtout, mes frères, que les Pères sont opposés les uns aux autres. La famille d'Adam n'était pas encore nombreuse; l'Écriture ne lui donne d'autres enfants qu'Abel et Caïn, dans le temps que ce premier fut assassiné par son frère. Comment Dieu est-il obligé de donner une sauvegarde à Caïn contre tous ceux qui pourront le punir ? Remarquons seulement que Dieu pardonne à Caïn un fratricide, après lui avoir donné sans doute des remords. Profitons de cette leçon; ne condamnons pas nos frères aux plus épouvantables supplices pour des causes légères. Quand Dieu daigne avoir de l'indulgence pour un meurtre abominable, imitons le Dieu de miséricorde. On nous objecte que Dieu, en pardonnant à un cruel meurtrier, damne à jamais tous les hommes pour la transgression d'Adam, qui n'était coupable que d'avoir mangé un fruit défendu. Il semble à notre faible raison que Dieu soit injuste en flétrissant éternellement tous les enfants de ce coupable, non pas pour expier un fratricide, mais pour une désobéissance qui semble excusable. C'est, dit-on, une contradiction intolérable qu'on ne peut admettre dans l'Être infiniment bon; mais cette contradiction n'est qu'apparente. Dieu, en nous livrant, nous, nos pères, et nos enfants, aux flammes pour la désobéissance d'Adam, nous envoie, quatre mille ans après, Jésus-Christ pour nous délivrer, et il conserve la vie à Caïn pour peupler la terre; ainsi il est partout le Dieu de justice et de miséricorde. Saint Augustin appelle la faute d'Adam une faute heureuse; mais celle de Caïn fut plus heureuse encore, puisque Dieu prit soin de lui mettre lui-même un signe qui était une marque de sa protection.

« Tu feras le comble de l'arche d'une coudée de hauteur, etc.[1]. » Nous voici parvenus au plus grand des miracles, devant lequel il faut que la raison s'humilie et que le cœur se brise. Nous savons assez avec quelle audace dédaigneuse les incrédules s'élèvent contre le prodige d'un déluge universel.

C'est en vain qu'ils objectent que, dans les années les plus pluvieuses, il ne tombe pas trente pouces d'eau sur la terre pendant une année; que même, pendant cette année, il y a autant de terrains qui n'ont point reçu la pluie qu'il y en a d'inondés; que la loi de la gravitation empêche l'Océan de franchir ses bornes; que s'il couvrait la terre il laisserait son lit à sec; qu'en couvrant la terre il ne pourrait surpasser le sommet des montagnes de quinze coudées; que les animaux qui entraient dans l'arche ne pouvaient venir d'Amérique ni des terres australes; que sept paires d'animaux purs, et deux paires d'animaux impurs pour chaque espèce, n'auraient pu être contenues seulement dans vingt arches; que ces vingt arches n'auraient pu contenir tout le fourrage qu'il leur fallait, non seulement pendant dix mois, mais pendant l'année suivante, année pendant laquelle la terre, trop abreuvée, ne pouvait rien produire; que les animaux voraces qui se nourrissent de chair seraient péris faute de nourriture; que huit personnes qui étaient dans l'arche n'auraient pu suffire à distribuer aux animaux leur pâture journalière. Enfin ils ne tarissent point sur les difficultés; mais on lève toutes ces difficultés en leur faisant voir que ce grand événement est un miracle : et dès lors toute dispute est finie.

« Or çà, bâtissons une ville et une tour de laquelle le sommet soit jusqu'aux cieux, et acquérons-nous de la réputation, de peur que nous ne soyons dispersés par toute la terre[2]. »

Les incrédules prétendent qu'on peut avoir de la réputation et être dispersés. Ils demandent si les hommes ont pu jamais être assez insensés pour vouloir bâtir une tour qui s'élevât jusqu'au ciel. Ils disent que cette tour ne s'élève que dans l'air, et que si par l'air on entend le ciel, elle sera nécessairement dans le ciel, ne fût-elle haute que de vingt pieds; que si tous les hommes alors parlaient la même langue, ce qu'ils pouvaient faire de plus sage était de se réunir dans la même ville, et de prévenir la corruption de leur langage. Ils étaient apparemment tous dans leur patrie, puisqu'ils étaient tous d'accord pour y bâtir. Les chasser de leur patrie est tyrannique; leur faire parler de nouvelles langues tout d'un coup est absurde. Par conséquent, disent-ils, on ne peut regarder l'histoire de la tour de Babel que comme un conte oriental.

Je réponds à ce blasphème que ce miracle, étant écrit par un auteur qui a rapporté tant d'autres miracles, doit être cru comme les autres. Les œuvres de Dieu ne doivent ressembler en rien aux œuvres des hommes. Les siècles des patriarches et des prophètes ne doivent tenir en rien des siècles des hommes ordinaires. Dieu, qui ne descend plus sur la terre, y descendait alors souvent pour voir lui-même ses ouvrages. C'est la tradition de toutes les grandes nations anciennes. Les Grecs, qui n'eurent aucune connaissance des livres juifs que longtemps après la traduction faite dans Alexandrie par les Juifs hellénistes; les Grecs avaient cru, avant Homère et Hésiode, que le grand Zeus et tous les autres dieux descendaient de l'air pour visiter la terre. Quel fruit pouvons-nous tirer de cette idée généralement établie ? que nous sommes toujours en présence de Dieu, et que nous ne devons nous livrer à aucune action, à aucune pensée, qui ne soit conforme à sa justice. En un mot, la tour de Babel n'est pas plus extraordinaire que tout le reste. Le livre est également authentique dans toutes ses parties : on ne peut nier un fait sans nier tous les autres; il faut soumettre sa raison orgueilleuse, soit qu'on lise cette histoire comme véridique, soit qu'on la regarde comme un emblème.

« Et en ce jour le Seigneur traita alliance avec Abraham, en disant : J'ai donné à ta postérité ce pays, depuis le fleuve d'Égypte jusqu'à l'Euphrate[1]. »

Les incrédules triomphent de voir que les Juifs n'ont jamais possédé qu'une partie de ce que Dieu leur a promis. Ils trouvent même injuste que le Seigneur leur ait donné cette portion. Ils disent que les Juifs n'y avaient pas le moindre droit; qu'un voyage fait autrefois par un Chaldéen, dans un pays barbare, ne pouvait être un prétexte légitime d'envahir ce petit pays; qu'un homme qui se dirait aujourd'hui descendant de saint Patrick serait mal reçu à venir saccager l'Irlande, en disant qu'il en a reçu l'ordre de Dieu. Mais considérons toujours combien les temps sont changés; respectons les livres juifs, en nous gardant d'imiter jamais ce peuple. Dieu ne commande plus ce qu'il commandait autrefois.

On demande quel est cet Abraham, et pourquoi on fait remonter le peuple juif à un Chaldéen fils d'un potier idolâtre, qui n'avait aucun rapport avec les gens du pays de Chanaan, et qui ne pouvait entendre leur idiome. Ce Chaldéen va jusqu'à Memphis avec sa femme, courbée sous le poids des ans et cependant belle encore. Pourquoi de Memphis ce couple se transporte-t-il dans le désert de Gérare ? Comment y a-t-il un roi dans cet horrible désert ? Comment le roi d'Égypte et le roi de Gérare sont-ils tous deux amoureux de la vieille épouse d'Abraham ? Ce ne sont là que des difficultés historiques : l'essentiel est d'obéir à Dieu. La Sainte Écriture nous représente toujours Abraham comme soumis sans réserve aux volontés du Très-Haut; songeons à l'imiter plutôt qu'à disputer.

Or sur le soir deux anges vinrent à Sodome, etc.[1]. C'est ici une pierre de scandale pour les examinateurs qui n'écoutent que leur raison. Deux anges, c'est-à-dire deux créatures spirituelles, deux ministres célestes de Dieu, qui ont un corps terrestre, qui inspirent des désirs infâmes à toute une ville, et même aux vieillards; un père de famille qui veut prostituer ses deux filles pour sauver l'honneur de ces deux anges; une ville changée en un lac par le feu; une femme métamorphosée en une statue de sel; deux filles qui trompent et qui enivrent leur père pour commettre un inceste avec lui, de peur, disent-elles, que sa race ne périsse, tandis qu'elles ont tous les habitants de la ville de Thsoar parmi lesquels elles peuvent choisir ! Tous ces événements rassemblés forment une image révoltante; mais si nous sommes raisonnables, nous conviendrons avec saint Clément d'Alexandrie, et avec tous les Pères qui l'ont suivi, que tout est ici allégorique.

Souvenons-nous que c'était la manière d'écrire de tout l'Orient. Les paraboles furent si longtemps en usage que l'auteur de toute vérité, quand il vint sur la terre, ne parla aux Juifs qu'en paraboles.

Les paraboles composent toute la théologie profane de l'antiquité. Saturne, qui dévore ses enfants, est visiblement le temps, qui détruit ses propres ouvrages. Minerve est la sagesse; elle est formée dans la tête du maître des dieux. Les flèches de l'enfant Cupidon et son bandeau ne sont que des figures trop sensibles. La chute de Phaéton est un emblème admirable des ambitieux. Tout n'est pas allégorie dans la théologie païenne, tout ne l'est pas non plus dans l'histoire sacrée du peuple juif. Les Pères distinguent tout ce qui est purement historique, ou purement parabole, et ce qui est mêlé de l'un et de l'autre. Il est difficile, j'en conviens, de marcher dans ces chemins escarpés; mais pourvu que nous apprenions à nous conduire dans le chemin de la vertu, qu'importe celui de la science ?

Le crime que Dieu punit ici est horrible; que cela nous suffise. La femme de Loth est changée en statue de sel pour avoir regardé derrière elle. Modérons les emportements de notre curiosité : en un mot, que toutes les histoires de l'Écriture servent à nous rendre meilleurs, si elles ne nous rendent pas plus éclairés.

Il y a, ce me semble, mes frères, deux manières d'interpréter figurément et dans un sens mystique les Saintes Écritures. La première, qui est incontestablement la meilleure, est celle de tirer de tous les faits des instructions pour la conduite de la vie. Si Jacob fait une cruelle injustice à son frère Ésaü, s'il trompe son beau-père Laban, conservons la paix dans nos familles, et agissons avec justice envers nos parents. Si le patriarche Ruben déshonore le lit de son père Jacob, ayons cet inceste en horreur. Si le patriarche Juda commet un inceste encore plus odieux avec Thamar sa belle-fille, n'en ayons que plus d'aversion pour ces iniquités. Quand David ravit la femme d'Uriah et qu'il assassine son mari; quand Salomon assassine son frère; quand presque tous les petits rois juifs sont des meurtriers barbares, adoucissons nos mœurs en lisant cette suite affreuse de crimes. Lisons enfin toute la *Bible* dans cet esprit : elle inquiète celui qui veut être savant, elle console celui qui ne veut être qu'homme de bien.

L'autre manière de développer le sens caché des Écritures est celle de regarder chaque événement comme un emblème historique et physique. C'est la méthode qu'ont employée saint Clément, le grand Origène, le respectable saint Augustin, et tant d'autres Pères. Selon eux, le morceau de drap rouge que la prostituée Rahab pend à sa fenêtre est le sang de Jésus-Christ. Moïse étendant les bras annonce le signe de la croix. Juda liant son ânon à la vigne figure l'entrée de Jésus-Christ dans Jérusalem. Saint Augustin compare l'arche de Noé à Jésus. Saint Ambroise, dans son livre septième *De Arca,* dit que la petite porte de dégagement, pratiquée dans l'arche, signifie l'ouverture par laquelle l'homme jette la partie grossière des aliments. Quand même toutes ces explications seraient vraies, quel fruit en pourrions-nous retirer ? Les hommes en seront-ils plus justes, quand ils sauront ce que signifie la petite porte de l'arche ? Cette méthode d'expliquer l'Écriture sainte n'est qu'une subtilité de l'esprit, et elle peut nuire à la simplicité du cœur.

Écartons tous les sujets de dispute qui divisent les nations, et pénétrons-nous des sentiments qui les réunissent. La soumission à Dieu, la résignation, la justice, la bonté, la compassion, la tolérance, voilà les grands principes. Puissent tous les théologiens de la terre vivre ensemble comme les commerçants, qui, sans examiner dans quel pays ils sont nés, dans quelles pratiques ils ont été nourris, suivent entre eux les règles inviolables de l'équité, de la fidélité, de la confiance réciproque ! Ils sont par ces principes les liens de toutes les nations; mais ceux qui ne connaissent que leurs opinions, et qui condamnent toutes les autres; ceux qui croient que la lumière ne luit que pour eux, et que les autres hommes marchent dans les ténèbres; ceux qui se feraient un scrupule de communiquer avec les religions étrangères, ceux-là ne méritent-ils pas le titre d'ennemis du genre humain ?

Je ne dissimulerai point que les plus savants hommes assurent que le *Pentateuque* n'est point de Moïse. Newton, le grand Newton, qui seul a découvert le premier principe de la nature, qui seul a connu la lumière, cet étonnant génie qui avait tant approfondi l'histoire ancienne, attribue le *Pentateuque* à Samuel. D'autres savants respectables croient qu'il fut fait du temps d'Osias par le scribe Saphan; d'autres enfin prétendent qu'Esdras en fut l'auteur, au retour de la captivité. Tous s'accordent avec quelques Juifs modernes à ne point croire que cet ouvrage soit de Moïse. Cette grande objection n'est pas si terrible qu'elle le paraît. Nous révérons certainement le *Décalogue,* par quelque main qu'il ait été écrit. Nous sommes en dispute sur la date de plusieurs lois que les uns attribuent à Édouard III, les autres à Édouard II; mais nous n'en adoptons pas moins ces lois, parce que nous les trouvons justes et utiles. Si même, dans le préambule, il y a des faits qu'on révoque en doute, si nos compatriotes rejettent ces faits, ils ne rejettent point la loi qui subsiste.

Distinguons toujours l'histoire du dogme, et le dogme de la morale, de cette morale éternelle que tous les législateurs ont enseignée, et que tous les peuples ont reçue.

O morale sainte ! ô mon Dieu qui en êtes le créateur ! je ne vous enfermerai point dans les limites d'une province; vous régnez sur tous les êtres pensants et sensibles. Vous êtes le Dieu de Jacob; mais vous êtes le Dieu de l'univers.

Je ne puis finir ce discours, mes chers frères, sans vous parler des prophètes. C'est un des grands objets sur lesquels nos ennemis pensent nous accabler : ils disent que, dans l'antiquité, tout peuple avait ses prophètes, ses devins, ses voyants; mais si les Égyptiens, par exemple, avaient anciennement de faux prophètes, s'ensuit-il que les Juifs ne pussent en avoir de véritables ? On prétend qu'ils n'avaient aucune mission, aucun grade, aucune autorisation légale : cela est vrai, mais ne pouvaient-ils pas être autorisés par Dieu même? Ils s'anathématisaient les uns les autres; ils se traitaient réciproquement de fourbes et d'insensés, et le prophète Sédékia[1] ose même donner un soufflet au prophète Michée en présence du roi Josaphat : nous n'en disconvenons pas. Les *Paralipomènes* rapportent ce fait; mais un ministère est-il moins saint quand les ministres le déshonorent ? Et nos prêtres n'ont-ils pas fait cent fois pis que de donner des soufflets ?

Dieu ordonne à Ézéchiel de manger un livre de parchemin; de mettre des excréments humains sur son pain; de partager ensuite ses cheveux en trois parties, et d'en jeter une dans le feu; de se faire lier; de coucher trois cent quatre-vingt-dix jours sur le côté gauche, et quarante sur le côté droit. Dieu commande expressément au prophète Osée de prendre une fille de fornication, et d'en avoir des enfants de fornication. Dieu veut ensuite qu'Osée couche avec une femme adultère, pour quinze drachmes et un boisseau et demi d'orge. Tous ces commandements de Dieu scandalisent les esprits qui se disent sages; mais ne seront-ils pas plus sages s'ils voient que ce sont des allégories, des types, des paraboles, conformes aux mœurs des Israélites; qu'il ne faut ni demander compte à un peuple de ses usages, ni demander compte à Dieu des ordres qu'il a donnés en conséquence de ces usages reçus ?

Dieu n'a pu ordonner sans doute à un prophète d'être débauché et adultère; mais il a voulu faire connaître qu'il réprouvait les crimes et les adultères de son peuple chéri. Si nous ne lisions pas la Bible dans cet esprit, hélas ! nous serions révoltés et indignés à chaque page.

Édifions-nous de ce qui fait le scandale des autres; tirons une nourriture salutaire de ce qui leur sert de poison. Quand le sens propre et littéral d'un passage paraît conforme à notre raison, tenons-nous-en à ce sens naturel. Quand il paraît contraire à la vérité, aux bonnes mœurs, cherchons un sens caché dans lequel la vérité et les bonnes mœurs se concilient avec la Sainte Écriture. C'est ainsi qu'en ont usé tous les Pères de l'Église; c'est ainsi que nous agissons tous les jours dans le commerce de la vie : nous interprétons toujours favorablement les discours de nos amis et de nos partisans; traiterons-nous avec plus de dureté les saints livres des Juifs, qui sont l'objet de notre foi ? Enfin, lisons les livres juifs pour être chrétiens; et s'ils ne nous rendent pas plus savants, qu'ils servent au moins à nous rendre meilleurs.

QUATRIÈME HOMÉLIE

SUR L'INTERPRÉTATION DU NOUVEAU TESTAMENT

Mes frères,

Il est dans le *Nouveau Testament,* comme dans l'*Ancien,* des profondeurs qu'on ne peut sonder, et des sublimités où la faible raison ne peut atteindre. Je ne prétends ici ni concilier les *Évangiles* qui semblent quelquefois se contredire, ni expliquer des mystères qui, de cela même qu'ils sont mystères, doivent être inexplicables. Que des hommes plus savants que moi examinent si la sainte Famille se transporta en Égypte après le massacre des enfants de Bethléem, selon saint Matthieu; ou si elle resta en Judée, selon saint Luc; qu'ils recherchent si le père de Joseph s'appelait Jacob, son grand-père Mathan, son bisaïeul Éléazar; ou bien si son bisaïeul était Lévi, son grand-père Mathat, et son père Héli; qu'ils disposent, selon leurs lumières, de cet arbre généalogique : c'est une étude que je respecte. J'ignore si elle éclairera mon esprit, mais je sais bien qu'elle ne peut parler à mon cœur. La science n'est pas la vertu. Paul, apôtre, dit lui-même, dans sa première *Épître à Timothée,* qu'il ne faut pas s'occuper des généalogies. Nous n'en serons pas plus gens de bien quand nous saurons précisément quels étaient les aïeux de Joseph, dans quelle année Jésus vint au monde, et si Jacques était son frère ou son cousin germain. Que nous servira d'avoir consulté tout ce qui nous reste des annales romaines, pour voir si en effet Auguste ordonna qu'on fît un dénombrement des peuples de toute la terre quand Marie était enceinte de Jésus, quand Quirinus était gouverneur de la Syrie, et qu'Hérode régnait encore en Judée ? Quirinus, que saint Luc appelle Cyrinus (disent les savants), ne fut gouverneur de Syrie que dix ans après : ce n'était pas du temps d'Hérode, c'était du temps d'Archélaüs, et jamais Auguste n'ordonna un dénombrement de l'empire romain.

On nous crie que l'*Épître aux Hébreux,* attribuée à Paul, n'est point de Paul; que ni l'*Apocalypse* ni l'*Évangile de Jean* ne sont de Jean; que le premier chapitre de cet Évangile est évidemment d'un Grec platonicien; qu'il est impossible que ce livre soit d'un Juif; que jamais un Juif n'aurait fait prononcer ces paroles à Jésus[1] : « Je vous fais un commandement nouveau; c'est que vous vous aimiez les uns les autres. » Certes, disent-ils, ce commandement n'était point nouveau. Il est énoncé expressément et en termes plus énergiques dans les lois du *Lévitique :* « Tu aimeras ton Dieu plus que toute autre chose et, ton prochain comme toi-même. » Un homme tel que Jésus-Christ, un homme savant dans les Écritures, et qui confondait les docteurs à l'âge de douze ans; un homme qui parlait toujours de la loi, ne pouvait ignorer la loi; et son disciple bien-aimé ne peut lui avoir imputé une erreur si palpable.

Mes frères, ne nous troublons point, songeons que Jésus parlait un idiome peu intelligible aux Grecs, composé du syriaque et du phénicien; que nous n'avons l'*Évangile de saint Jean* qu'en grec; que cet évangile fut écrit plus de cinquante ans après la mort de Jésus, que les copistes peuvent aisément avoir altéré le texte; qu'il est plus probable que le texte portait : « Je vous fais un commandement qui n'est pas nouveau » qu'il n'est probable qu'il portât en effet ces mots : « Je vous fais un commandement nouveau. » Enfin revenons à notre grand principe : le précepte est bon; c'est à nous de le suivre si nous pouvons, soit que Zoroastre l'ait annoncé le premier, soit que Moïse l'ait écrit, soit que Jésus l'ait renouvelé.

Irons-nous pénétrer dans les plus épaisses ténèbres de l'antiquité pour voir si les ténèbres qui couvrirent toute la terre à la mort de Jésus furent une éclipse de soleil dans la pleine lune; si un astronome nommé Phlégon, que nous n'avons plus, a parlé de ce phénomène, ou si quelque autre a jamais observé l'étoile des trois mages? Ces difficultés peuvent occuper un antiquaire; mais en consumant un temps précieux à débrouiller ce chaos, il ne l'aura pas employé en bonnes œuvres; il aura plus de doutes que de piété. Mes frères, celui qui partage son pain avec le pauvre vaut mieux que celui qui a comparé le texte hébreu avec le grec, et l'un et l'autre avec le samaritain.

Ce qui ne regarde que l'histoire fait naître mille disputes; ce qui concerne nos devoirs n'en souffre aucune. Vous ne comprendrez jamais comment le diable emporta Dieu dans le désert; comment il le tenta pendant quarante jours; comment il le transporta au haut d'une colline d'où l'on découvrait tous les royaumes de la terre. Le diable qui offre à Dieu tous ces royaumes, pourvu que Dieu l'adore, pourra révolter votre esprit; vous chercherez quel mystère est caché sous ces paroles et sous tant d'autres; votre entendement se fatiguera en vain; chaque parole vous plongera dans l'incertitude et dans les angoisses d'une curiosité inquiète, qui ne peut se satisfaire. Mais si vous vous bornez à la morale, cet orage se dissipe, vous reposez dans le sein de la vertu.

J'ose me flatter, mes frères, que si les plus grands ennemis de la religion chrétienne nous entendaient dans ce temple écarté où l'amour de la vertu nous rassemble; si les lords Herbert, Shaftesbury, Bolingbroke; si les

Tindal, les Toland, les Collins, les Whiston, les Trenchard, les Gordon, les Swift, étaient témoins de notre douce et innocente simplicité, ils auraient pour nous moins de mépris et d'horreur. Ils ne cessent de nous reprocher un fanatisme absurde. Nous ne sommes point fanatiques en étant de la religion de Jésus; il adorait un Dieu, et nous l'adorons; il méprisait de vaines cérémonies, et nous les méprisons. Aucun Évangile n'a dit que sa mère fût mère de Dieu; aucun n'a dit qu'il fût consubstantiel à Dieu, ni qu'il eût deux natures et deux volontés dans une même personne, ni que le Saint-Esprit procédât du Père et du Fils. Vous ne trouverez dans aucun Évangile que les disciples de Jésus doivent s'arroger le titre de *saint Père,* de *milord,* de *monseigneur ;* que douze mille pièces d'or doivent être le revenu d'un prêtre qui demeure à Lambeth, tandis que tant de cultivateurs utiles ont à peine de quoi ensemencer les trois ou quatre acres de terre qu'ils labourent, et qu'ils arrosent de pleurs. L'Évangile n'a point dit aux évêques de Rome : Forgez une donation de Constantin pour vous emparer de la ville des Scipions et des Césars, pour oser être suzerains du royaume de Naples; évêques allemands, profitez d'un temps d'anarchie pour envahir la moitié de l'Allemagne. Jésus fut un pauvre qui prêcha des pauvres. Que dirions-nous des disciples de Penn et de Fox, ennemis du faste, ennemis des honneurs, amoureux de la paix, s'ils marchaient une mitre d'or en tête, entourés de soldats; s'ils ravissaient la substance des peuples; s'ils voulaient commander aux rois; si leurs satellites, suivis de bourreaux, criaient à haute voix : Nations imbéciles, croyez à Fox et à Penn, ou vous allez expirer dans les supplices ?

Vous savez mieux que moi quel funeste contraste tous les siècles ont vu entre l'humilité de Jésus et l'orgueil de ceux qui se sont parés de son nom; entre leur avarice et sa pauvreté; entre leurs débauches et sa chasteté; entre sa soumission et leur sanguinaire tyrannie.

De toutes ses paroles, mes frères, j'avoue que rien ne m'a plus fait d'impression que ce qu'il répondit à ceux qui eurent la brutalité de le frapper avant qu'on le conduisît au supplice : « Si j'ai mal dit, rendez témoignage du mal; et si j'ai bien dit, pourquoi me frappez-vous[1] ? » Voilà ce qu'on a dû dire à tous les persécuteurs.

Si j'ai une opinion différente de la vôtre sur des choses qu'il eſt impossible d'entendre; si je vois la miséricorde de Dieu là où vous ne voulez voir que sa puissance; si j'ai dit que tous les disciples de Jésus étaient égaux, quand vous avez cru les devoir fouler à vos pieds; si je n'ai adoré que Dieu seul, quand vous lui avez donné des associés; enfin, si j'ai mal dit en n'étant pas de votre avis, rendez témoignage du mal; et si j'ai bien dit, pourquoi m'accablez-vous d'injures et d'opprobres ? pourquoi me poursuivez-vous, me jetez-vous dans les fers, me livrez-vous aux tortures, aux flammes, m'insultez-vous encore après ma mort ? Hélas ! si j'avais mal dit, vous ne deviez que me plaindre et m'inſtruire. Vous êtes sûrs que vous êtes infaillibles; que votre opinion eſt divine; que les portes de l'enfer ne pourront jamais prévaloir contre elle; que toute la terre embrassera un jour votre opinion; que le monde vous sera soumis; que vous régnerez du mont Atlas aux îles du Japon : en quoi mon opinion peut-elle donc vous nuire ? Vous ne me craignez pas, et vous me persécutez ! vous me méprisez, et vous me faites périr !

Que répondre, mes frères, à ces modeſtes et puissants reproches ? Ce que répond le loup à l'agneau : « Tu as troublé l'eau que je bois. » C'eſt ainsi que les hommes se sont traités les uns les autres, l'Évangile et le fer à la main; prêchant le désintéressement, et accumulant des trésors; annonçant l'humilité, et marchant sur les têtes des princes proſternés; recommandant la miséricorde, et faisant couler le sang humain.

Si ces barbares trouvent dans l'Évangile quelque parabole dont le sens puisse être détourné en leur faveur par quelque interprétation frauduleuse, ils s'en saisissent comme d'une enclume sur laquelle ils forgent leurs armes meurtrières.

Eſt-il parlé de deux glaives suspendus à un plafond, ils s'arment de cent glaives pour frapper. S'il eſt dit qu'un roi a tué ses bêtes engraissées; a forcé des aveugles, des eſtropiés, de venir à son feſtin, et a jeté celui qui n'avait pas sa robe nuptiale dans les ténèbres extérieures, eſt-ce une raison, mes frères, qui les mette en droit de vous enfermer dans des cachots comme ce convive, de vous disloquer les membres dans les tortures, de vous arracher les yeux pour vous rendre aveugles comme ceux qui ont été traînés à ce festin; de vous tuer, comme ce roi a tué ses bêtes engraissées ? C'est pourtant sur de telles équivoques que l'on s'est fondé si souvent pour désoler une grande partie de la terre.

Ces terribles paroles : « Je ne suis pas venu apporter la paix, mais le glaive », ont fait périr plus de chrétiens que la seule ambition n'en a jamais immolé.

Les Juifs dispersés et malheureux se consolent de leur abjection quand ils nous voient toujours opposés les uns aux autres depuis les premiers jours du christianisme, toujours en guerre ou publique ou secrète, persécutés et persécuteurs, oppresseurs et opprimés; ils sont unis entre eux, et ils rient de nos querelles éternelles. Il semble que nous n'ayons été occupés que du soin de les venger.

Misérables que nous sommes ! nous insultons aux païens, et ils n'ont jamais connu nos querelles théologiques; ils n'ont jamais versé une goutte de sang pour expliquer un dogme; et nous en avons inondé la terre. Je vous dirai surtout, dans l'amertume de mon cœur : Jésus a été persécuté; quiconque pensera comme lui sera persécuté comme lui. Car enfin, qu'était Jésus aux yeux des hommes, qui ne pouvaient certainement soupçonner sa divinité ? C'était un homme de bien, qui, né dans la pauvreté, parlait aux pauvres contre la superstition des riches pharisiens et des prêtres insolents; c'était le Socrate de la Galilée. Vous savez qu'il dit à ces pharisiens[1] : « Malheur à vous, guides aveugles, qui coulez le moucheron et qui avalez le chameau ! Malheur à vous, parce que vous nettoyez les dehors de la coupe et du plat, et que vous êtes au dedans pleins de rapines et d'impuretés ! »

Il les appelle souvent *sépulcres blanchis, races de vipères*. Ils étaient pourtant des hommes constitués en dignité. Ils se vengèrent par le dernier supplice. Arnaud de Brescia, Jean Hus, Jérôme de Prague, en dirent beaucoup moins des pontifes de leurs jours, et ils furent suppliciés de même. Ne choquez jamais la superstition dominante, si vous n'êtes assez puissants pour lui résister, ou assez habiles pour échapper à sa poursuite. La fable de Notre-Dame de Lorette est plus extravagante que toutes les métamorphoses d'Ovide, il est vrai; le miracle de San Genaro à Naples est plus ridicule que celui d'Egnatia dont parle Horace, j'en conviens; mais dites hautement à Naples, à Lorette, ce que vous pensez de ces absurdités, il vous en coûtera la vie. Il n'en eſt pas ainsi chez les quelques nations plus éclairées : le peuple y a ses erreurs, mais moins grossières; et le peuple le moins superſtitieux eſt toujours le plus tolérant.

Rejetons donc toute superſtition afin de devenir plus humains; mais en parlant contre le fanatisme, n'irritons point les fanatiques : ce sont des malades en délire qui veulent battre leurs médecins. Adoucissons leurs maux, ne les aigrissons jamais, et faisons couler goutte à goutte dans leur âme ce baume divin de la tolérance, qu'ils rejetteraient avec horreur si on le leur présentait à pleine coupe.

LA DÉFENSE DE MON ONCLE

AVERTISSEMENT ESSENTIEL OU INUTILE SUR *LA DÉFENSE DE MON ONCLE*[1]

LORSQUE je *mis la plume à la main* pour défendre *unguibus et rostro* la mémoire de mon cher oncle contre un libelle inconnu, intitulé *Supplément à la Philosophie de l'histoire,* je crus d'abord n'avoir à faire qu'à un jeune abbé dissolu qui, pour s'égayer, avait parlé dans sa diatribe des filles de joie de Babylone, de l'usage des garçons, de l'inceste, et de la bestialité. Mais lorsque je travaillais en digne neveu, j'ai appris que le libelle anonyme est du sieur *Larcher,* ancien répétiteur de belles-lettres au collège Mazarin. Je lui demande très humblement pardon de l'avoir pris pour un jeune homme, et j'espère qu'il me pardonnera d'avoir rempli mon devoir en écoutant le cri du sang qui parlait à mon cœur, et la voix de la vérité qui m'a ordonné de *mettre la plume à la main*[2].

Il est question ici de grands objets; il ne s'agit pas moins que des mœurs et des lois depuis Pékin jusqu'à Rome, et même des aventures de l'Océan et des montagnes. On trouvera aussi dans ce petit ouvrage une furieuse sortie contre l'évêque *Warburton ;* mais le lecteur judicieux pardonnera à la chaleur de mon zèle, quand il saura que cet évêque est un hérétique.

J'aurais pu relever toutes les fautes de M. *Larcher,* mais il aurait fallu faire un livre aussi gros que le sien. Je n'insisterai que sur son impiété. Il est bien douloureux pour des yeux chrétiens de lire dans son ouvrage, page 298, *que les écrivains sacrés ont pu se tromper comme les autres.* Il eſt vrai qu'il ajoute, pour déguiser le poison, *dans ce qui n'eſt pas du dogme.*

Mais, notre ami, il n'y a presque point de dogme dans les livres hébreux; tout y eſt hiſtoire, ou ordonnance légale, ou cantique, ou prophétie, ou morale. La Genèse, l'Exode, Josué, les Juges, les Rois, Esdras, les Machabées, sont hiſtoriques; le Lévitique et le Deutéronome sont des lois. Les Psaumes sont des cantiques; les livres d'Isaïe, Jérémie, etc., sont prophétiques; la Sagesse, les Proverbes, l'Eccléſiaſte, l'Eccléſiaſtique, sont de la morale. Nul dogme dans tout cela. On ne peut même appeler *dogme* les dix commandements; ce sont des lois. *Dogme* eſt une *proposition* qu'il faut croire. JÉSUS-CHRIST eſt consubſtantiel à DIEU, *Marie* eſt mère de DIEU, le CHRIST a deux natures et deux volontés dans une personne, l'euchariſtie est le corps et le sang de JÉSUS-CHRIST sous les apparences d'un pain qui n'exiſte plus; voilà des dogmes. Le *Credo,* qui fut fait du temps de *Jérôme* et d'*Auguſtin,* eſt une profession de dogmes. A peine y a-t-il trois de ces dogmes dans le nouveau teſtament. DIEU a voulu qu'ils fussent tirés par notre Sainte-Église du germe qui les contenait.

Vois donc quel eſt ton blasphème ! Tu oses dire que les auteurs des livres sacrés ont pu se tromper dans tout ce qui n'eſt pas dogme.

Tu prétends donc que le Saint-Esprit, qui a dicté ces livres, a pu se tromper depuis le premier verset de la Genèse jusqu'au dernier des Actes des apôtres; et après une telle impiété, tu as l'insolence d'accuser d'impiété des citoyens dont tu n'as jamais approché, chez qui tu ne peux être reçu, et qui ignoreraient ton exiſtence, si tu ne les avais pas outragés.

Que les gens de bien se réunissent pour imposer silence à ces malheureux qui, dès qu'il paraît un bon livre, crient à l'impie, comme les fous des petites-maisons du fond de leurs loges se plaisent à jeter leur ordure au nez des hommes les plus parés, par ce secret inſtinct de jalousie qui subsiſte encore dans leur démence.

Et vous, *pusille grex*[1], qui lirez *la Défense de mon oncle,* daignez commencer par jeter des yeux attentifs sur la table des chapitres, et choisissez pour vous amuser le sujet qui sera le plus de votre goût.

EXORDE

Un des premiers devoirs est d'aider son père, et le second est d'aider son oncle. Je suis neveu de feu M. l'abbé *Bazing,* à qui un philosophe ignorant a ôté impitoyablement un *g,* qui le distinguait des *Bazins* de Thuringe, à qui *Childéric* enleva la reine *Bazine*[1]. Mon oncle était un profond théologien, qui fut aumônier de l'ambassade que l'empereur *Charles VI* envoya à Constantinople après la paix de Belgrade. Mon oncle savait parfaitement le grec, l'arabe et le cophte. Il voyagea en Égypte, et dans tout l'Orient, et enfin s'établit à Pétersbourg en qualité d'interprète chinois. Mon grand amour pour la vérité ne me permet pas de dissimuler que, malgré sa piété, il était quelquefois un peu railleur. Quand M. de *Guignes* fit descendre les Chinois des Égyptiens[2]; quand il prétendit que l'empereur de la Chine *Yu* était visiblement le roi d'Égypte *Menès,* en changeant *nès* en *u,* et *me* en *y* (quoique *Menès* ne soit pas un nom égyptien, mais grec), mon oncle alors se permit une petite raillerie innocente, laquelle d'ailleurs ne devait point affaiblir l'esprit de charité entre deux interprètes chinois. Car au fond mon oncle estimait fort M. de *Guignes.*

L'abbé *Bazin* aimait passionnément la vérité et son prochain. Il avait écrit la *Philosophie de l'histoire* dans un de ses voyages en Orient; son grand but était de juger par le sens commun de toutes les fables de l'antiquité, fables pour la plupart contradictoires. Tout ce qui n'est pas dans la nature, lui paraissait absurde, excepté ce qui concerne la foi. Il respectait *saint Matthieu* autant qu'il se moquait de *Ctésias,* et quelquefois d'*Hérodote ;* de plus, très respectueux pour les dames, ami de la bienséance, et zélé pour les lois. Tel était M. l'abbé *Ambroise Bazing* nommé, par l'erreur des typographes, *Bazin.*

CHAPITRE PREMIER

DE LA PROVIDENCE

Un cruel vient de troubler sa cendre par un prétendu *Supplément à la Philosophie de l'histoire*. Il a intitulé ainsi sa scandaleuse satire, croyant que ce titre seul, de *Supplément aux idées de mon oncle,* lui attirerait des lecteurs. Mais dès la page 33 de sa préface, on découvre ses intentions perverses. Il accuse le pieux abbé *Bazin* d'avoir dit que la providence envoie la famine et la peste sur la terre. Quoi ! mécréant, tu oses le nier ? et de qui donc viennent les fléaux qui nous éprouvent, et les châtiments qui nous punissent ? Dis-moi qui est le maître de la vie et de la mort ? dis-moi donc qui donna le choix à *David*[1]*,* de la peste, de la guerre, ou de la famine ? Dieu ne fit-il pas périr soixante et dix mille Juifs en un quart d'heure, et ne mit-il pas ce frein à la fausse politique du fils de Jessé, qui prétendait connaître à fond la population de son pays ? ne punit-il pas d'une mort subite cinquante mille soixante et dix bethsamites[2] qui avaient osé regarder l'arche ? La révolte de *Coré, Dathan* et *Abiron,* ne coûta-t-elle pas la vie à quatorze mille sept cents Israélites[3], sans compter deux cent cinquante engloutis dans la terre avec leurs chefs ? L'ange exterminateur ne descendit-il pas à la voix de l'Éternel, armé du glaive de la mort, tantôt pour frapper les premiers nés de toute l'Égypte, tantôt pour exterminer l'armée de *Sennacherib ?*

Que dis-je ? il ne tombe pas un cheveu de nos têtes sans l'ordre du maître des choses et des temps. La providence fait tout ; providence tantôt terrible, et tantôt favorable, devant laquelle il faut également se prosterner dans la gloire ou dans l'opprobre, dans la jouissance délicieuse de la vie, et sur le bord du tombeau. Ainsi pensait mon oncle, ainsi pensent tous les sages. Malheur au mécréant qui contredit ces grandes vérités dans sa fatale préface.

CHAPITRE II

L'APOLOGIE DES DAMES DE BABYLONE

L'ENNEMI de mon oncle commence son étrange livre par dire : *Voilà les raisons qui m'ont fait mettre la plume à la main.*

Mettre la plume à la main ! mon ami, quelle expression ? mon oncle, qui avait presque oublié sa langue dans ses longs voyages, parlait mieux français que toi.

Je te laisse déraisonner et dire des injures à propos de Khamos, et de Ninive, et d'Assur. Trompe-toi tant que tu voudras sur la distance de Ninive à Babylone; cela ne fait rien aux dames pour qui mon oncle avait un si profond respect, et que tu outrages si barbarement.

Tu veux absolument que, du temps d'*Hérodote,* toutes les dames de la ville immense de Babylone vinssent religieusement se prostituer dans le temple au premier venu, et même pour de l'argent. Et tu le crois, parce qu'*Hérodote* l'a dit.

O que mon oncle était éloigné d'imputer aux dames une telle infamie ! Vraiment il ferait beau voir nos princesses, nos duchesses, madame la chancelière, madame la première présidente, et toutes les dames de Paris, donner dans l'église Notre-Dame leurs faveurs pour un écu au premier batelier, au premier fiacre, qui se sentirait du goût pour cette auguste cérémonie !

Je sais que les mœurs asiatiques diffèrent des nôtres, et je le sais mieux que toi, puisque j'ai accompagné mon oncle en Asie : mais la différence en ce point est que les Orientaux ont toujours été plus sévères que nous. Les femmes, en Orient, ont toujours été renfermées, ou du moins elles ne sont jamais sorties de la maison qu'avec un voile. Plus les passions sont vives dans ces climats, plus on a gêné les femmes. C'est pour les garder qu'on a imaginé les eunuques. La jalousie inventa l'art de mutiler les hommes, pour s'assurer de la fidélité des femmes et de l'innocence des filles. Les eunuques étaient déjà très communs dans les temps où les Juifs étaient en république. On voit que *Samuel*[1], voulant conserver son autorité, et détourner les Juifs de prendre un roi, leur dit que ce roi aura des eunuques à son service.

Peut-on croire que dans Babylone, dans la ville la mieux policée de l'Orient, des hommes si jaloux de leurs femmes les aient envoyées toutes se prostituer dans un temple aux plus vils étrangers[2] ? que tous les époux et tous les pères aient étouffé ainsi l'honneur et la jalousie ? que toutes les femmes et toutes les filles aient foulé aux pieds la pudeur si naturelle à leur sexe ? Le faiseur de contes *Hérodote* a pu amuser les Grecs de cette extravagance, mais nul homme sensé n'a dû le croire.

Le détracteur de mon oncle et du beau sexe veut que la chose soit vraie; et sa grande raison, c'est que quelquefois les Gaulois ou Welches ont immolé des hommes (et probablement des captifs) à leur vilain dieu *Teutatès*. Mais de ce que des barbares ont fait des sacrifices de sang humain; de ce que les Juifs immolèrent au Seigneur trente-deux pucelles[3], des trente-deux mille pucelles trouvées dans le camp des Madianites avec soixante et un mille ânes; et de ce qu'enfin, dans nos derniers temps, nous avons immolé tant de Juifs dans nos autodafés, ou plutôt dans nos autodafés à Lisbonne, à Goa, à Madrid; s'ensuit-il que toutes les belles Babyloniennes couchassent avec des palefreniers étrangers, dans la cathédrale de Babylone ? La religion de *Zoroastre* ne permettait pas aux femmes de manger avec les étrangers; leur aurait-elle permis de coucher avec eux ?

L'ennemi de mon oncle, qui me paraît avoir ses raisons pour que cette belle coutume s'établisse dans les grandes villes, appelle le prophète *Baruch* au secours d'*Hérodote ;* et il cite le sixième chapitre de la prophétie de ce sublime *Baruch ;* mais il ne sait peut-être pas que ce sixième chapitre est précisément celui de tout le livre qui est le plus évidemment supposé. C'est une lettre prétendue de *Jérémie* aux pauvres Juifs qu'on menait enchaînés à Babylone; *saint Jérôme* en parle avec le dernier mépris. Pour moi, je ne méprise rien de ce qui est inséré dans les livres juifs. Je sais tout le respect qu'on doit à cet admirable peuple, qui se convertira un jour, et qui sera le maître de toute la terre.

Voici ce qui est dit dans cette lettre supposée : *On voit dans Babylone des femmes qui ont des ceintures de cordelettes (ou de rubans), assises dans les rues, et brûlant des noyaux d'olives. Les passants les choisissent ; et celle qui a eu la préférence se moque de sa compagne qui a été négligée, et dont on n'a pas délié la ceinture.*

Je veux bien avouer qu'une mode à peu près semblable s'est établie à Madrid, et dans le quartier du Palais-Royal à Paris. Elle est fort en vogue dans les rues de Londres; et les musicaux d'Amsterdam ont eu une grande réputation.

L'histoire générale des b...... peut être fort curieuse. Les savants n'ont encore traité ce grand sujet que par parties détachées. Les b...... de Venise et de Rome commencent un peu à dégénérer, parce que tous les beaux-arts tombent en décadence. C'était sans doute la plus belle institution de l'esprit humain avant le voyage de *Christophoro Colombo* aux îles Antilles. La vérole, que la providence avait reléguée dans ces îles, a inondé depuis toute la chrétienté; et ces beaux b...... consacrés à la déesse *Astarté,* ou *Décerto,* ou *Milita,* ou *Aphrodite,* ou *Vénus,* ont perdu aujourd'hui toute leur splendeur. Je crois bien que l'ennemi de mon oncle les fréquente encore comme des restes des mœurs antiques; mais enfin, ce n'est pas une raison pour qu'il affirme que la superbe Babylone n'était qu'un vaste b....., et que la loi du pays ordonnait aux femmes et aux filles des satrapes, voire même aux filles du roi, d'attendre les passants dans les rues. C'est bien pis que si on disait que les femmes et les filles des bourgmestres d'Amsterdam sont obligées, par la religion calviniste, de se donner dans les musicaux aux matelots hollandais qui reviennent des grandes Indes.

Voilà comme les voyageurs prennent probablement tous les jours un abus de la loi pour la loi même, une grossière coutume du bas peuple pour un usage de la cour. J'ai entendu souvent mon oncle parler sur ce grand sujet avec une extrême édification. Il disait que sur mille quintaux pesant de relations et d'anciennes histoires, on ne trierait pas dix onces de vérités.

Remarquez, s'il vous plaît, mon cher lecteur, la malice du paillard qui outrage si clandestinement la mémoire de mon oncle; il ajoute au texte sacré de *Baruch ;* il le falsifie pour établir son b..... dans la cathédrale de Babylone même. Le texte sacré de l'apocryphe *Baruch*[1] porte dans la Vulgate : *Mulieres autem circumdatæ funibus in viis sedent*. Notre ennemi sacrilège traduit : *Des femmes environnées de cordes sont assises dans les allées du temple*. Le mot *temple* n'est nulle part dans le texte.

Peut-on pousser la débauche au point de vouloir qu'on paillarde ainsi dans les églises ? il faut que l'ennemi de mon oncle soit bien un vilain homme.

S'il avait voulu justifier la paillardise par de grands exemples, il aurait pu choisir ce fameux droit de prélibation, de marquette, de jambage, de cuissage, que quelques seigneurs de châteaux s'étaient arrogé dans la chrétienté, dans le commencement du beau gouvernement féodal. Des barons, des évêques, des abbés, devinrent législateurs; et ordonnèrent que dans tous les mariages autour de leurs châteaux, la première nuit des noces serait pour eux. Il est bien difficile de savoir jusqu'où ils poussaient leur législation; s'ils se contentaient de mettre une cuisse dans le lit de la mariée, comme quand on épousait une princesse par procureur; ou s'ils y mettaient les deux cuisses. Mais ce qui est avéré, c'est que ce droit de cuissage, qui était d'abord un droit de guerre, a été vendu enfin aux vassaux par les seigneurs, soit séculiers, soit réguliers, qui ont sagement compris qu'ils pourraient, avec l'argent de ce rachat, avoir des filles plus jolies.

Mais surtout, remarquez, mon cher lecteur, que ces coutumes bizarres, établies sur une frontière par quelques brigands, n'ont rien de commun avec les lois des grandes nations; que jamais le droit de cuissage n'a été approuvé par nos tribunaux; et jamais les ennemis de mon oncle, tout acharnés qu'ils sont, ne trouveront une loi babylonienne qui ait ordonné à toutes les dames de la cour de coucher avec les passants.

CHAPITRE III

DE L'ALCORAN

NOTRE infâme débauché cherche un subterfuge chez les Turcs pour justifier les dames de Babylone. Il prend la comédie d'*Arlequin Ulla*[1] pour une loi des

Turcs. *Dans l'Orient,* dit-il, *si un mari répudie sa femme, il ne peut la reprendre que lorsqu'elle a épousé un autre homme qui passe la nuit avec elle,* etc.[1]. Mon paillard ne sait pas plus son Alcoran que son Baruch. Qu'il lise le chapitre II du grand livre arabe donné par l'ange *Gabriel,* et le 45e paragraphe de la *Sonna;* c'est dans ce chapitre II, intitulé *la Vache,* que le prophète, qui a toujours grand soin des dames, donne des lois sur leur mariage et sur leur douaire : *Ce ne sera pas un crime,* dit-il, *de faire divorce avec vos femmes, pourvu que vous ne les ayez pas encore touchées, et que vous n'ayez pas encore assigné leur douaire; et si vous vous séparez d'elles avant de les avoir touchées, et après avoir établi leur douaire, vous serez obligé de leur payer la moitié de leur douaire, et à moins que le nouveau mari ne veuille pas le recevoir.*

KISRON HECBALAT DOROMFET ERNAM RABOLA ISRON TAMON ERG BEMIN OULDEG EBORI CARAMOUFEN[2], etc.

Il n'y a peut-être point de loi plus sage : on en abuse quelquefois chez les Turcs, comme on abuse de tout. Mais en général on peut dire que les lois des Arabes, adoptées par les Turcs leurs vainqueurs, sont bien aussi sensées pour le moins que les coutumes de nos provinces, qui sont toujours en opposition les unes avec les autres.

Mon oncle faisait grand cas de la jurisprudence turque. Je m'aperçus bien, dans mon voyage à Constantinople, que nous connaissons très peu ce peuple dont nous sommes si voisins. Nos moines ignorants n'ont cessé de le calomnier. Ils appellent toujours sa religion *sensuelle ;* il n'y en a point qui mortifie plus les sens. Une religion qui ordonne cinq prières par jour, l'abstinence du vin, le jeûne le plus rigoureux; qui défend tous les jeux de hasard; qui ordonne, sous peine de damnation, de donner deux et demi pour cent de son revenu aux pauvres, n'est certainement pas une religion voluptueuse, et ne flatte pas, comme on l'a tant dit, la cupidité et la mollesse[3]. On s'imagine chez nous que chaque bacha a un sérail de sept cents femmes, de trois cents concubines, d'une centaine de jolis pages, et d'autant d'eunuques noirs. Ce sont des fables dignes de nous. Il faut jeter au feu tout ce qu'on a dit jusqu'ici sur les musulmans. Nous prétendons qu'ils font autant de *Sardanapales,* parce qu'ils ne croient qu'un seul DIEU. Un savant turc[4] de mes amis, nommé *Notmig,* travaille à présent à l'histoire de son pays; on la traduit à mesure : le public sera bientôt détrompé de toutes les erreurs débitées jusqu'à présent sur les fidèles croyants.

CHAPITRE IV

DES ROMAINS

Que M. l'abbé *Bazin* était chaste ! qu'il avait la pudeur en recommandation ! Il dit dans un endroit de son savant livre, page 52 : *J'aimerais autant croire Dion Cassius, qui assure que les graves sénateurs de* Rome *proposèrent un décret, par lequel César, âgé de cinquante-sept ans, aurait le droit de jouir de toutes les femmes qu'il voudrait.*

Qu'y a-t-il donc de si extraordinaire dans un tel décret, s'écrie notre effronté censeur ? il trouve cela tout simple; il présentera bientôt une pareille requête au parlement : je voudrais bien savoir quel âge il a. Tudieu quel homme ! Ce *Salomon,* possesseur de sept cents femmes et trois cents concubines, n'approchait pas de lui.

CHAPITRE V

DE LA SODOMIE

Mon oncle, toujours discret, toujours sage, toujours persuadé que jamais les lois n'ont pu violer les mœurs, s'exprime ainsi dans la *Philosophie de l'histoire,* page 53 : « Je ne croirai pas davantage *Sextus Empiricus,* qui prétend que chez les Perses la pédérastie était ordonnée. Quelle pitié ! Comment imaginer que les hommes eussent fait une loi, qui, si elle avait été exécutée, aurait détruit la race des hommes ? La pédérastie, au contraire, était expressément défendue dans le livre du Zend; et c'eſt ce qu'on voit dans l'abrégé du Zend, le Sadder, où il eſt dit (porte 9) *qu'il n'y a point de plus grand péché.* »

Qui croirait, mon cher lecteur, que l'ennemi de ma famille ne se contente pas de vouloir que toutes les femmes couchent avec le premier venu, mais qu'il veuille encore insinuer adroitement l'amour des garçons ? *Les jésuites,* dit-il, *n'ont rien à démêler ici.* Hé, mon cher enfant, mon oncle n'a point parlé des jésuites. Je sais bien qu'il était à Paris, lorsque le révérend père *Marsi,* et le révérend père *Fréron,* furent chassés du collège de *Louis le Grand* pour leurs fredaines; mais cela n'a rien de commun avec *Sextus Empiricus ;* cet écrivain doutait de tout, mais personne ne doute de l'aventure de ces deux révérends pères.

Pourquoi troubler mal à propos leurs mânes ? dis-tu, dans l'apologie que tu fais du péché de Sodome. Il eſt vrai que frère *Marsi* eſt mort, mais frère *Fréron* vit encore. Il n'y a que ses ouvrages qui soient morts; et quand on dit de lui qu'il eſt *ivre mort* presque tous les jours, c'eſt par catachrèse, ou si l'on veut, par une espèce de métonymie.

Tu te complais à citer la dissertation de feu M. *Jean-Matthieu Gesner,* qui a pour titre, *Socrates sanctus pederaſta,* Socrate le saint b...[1]. En vérité cela eſt intolérable; il pourra bien t'arriver pareille aventure qu'à feu M. *Deschaufour ;* l'abbé *Desfontaines* l'esquiva.

C'eſt une chose bien remarquable dans l'hiſtoire de l'esprit humain, que tant d'écrivains folliculaires soient sujets à caution. J'en ai cherché souvent la raison; il m'a paru que les folliculaires sont pour la plupart des crasseux chassés des collèges, qui n'ont jamais pu parvenir à être reçus dans la compagnie des dames : ces pauvres gens, pressés de leurs vilains besoins, se satisfont avec les petits garçons qui leur apportent de l'imprimerie la feuille à corriger, ou avec les petits décrotteurs du quartier; c'eſt ce qui était arrivé à l'ex-jésuite *Desfontaines,* prédécesseur de l'ex-jésuite *Fréron*[2].

N'es-tu pas honteux, notre ami, de rappeler toutes ces ordures dans un *Supplément à la Philosophie de l'hiſtoire ?* Quoi ! tu veux faire l'hiſtoire de la sodomie ? *Il aura,* dit-il, *occasion encore d'en parler dans un autre ouvrage.* Il va chercher jusqu'à un Syrien nommé *Bardezane,* qui a dit que chez les Welches tous les petits garçons faisaient cette infamie, *Para de gallois oi neoi gamontai.* Fi, vilain !

oses-tu bien mêler ces turpitudes à la sage bienséance dont mon oncle s'est tant piqué ? oses-tu outrager ainsi les dames, et manquer de respect, à ce point, à l'auguste impératrice de Russie, à qui j'ai dédié le livre instructif et sage de feu M. l'abbé *Bazin* ?

CHAPITRE VI

DE L'INCESTE

Il ne suffit pas au cruel ennemi de mon oncle d'avoir nié la Providence, d'avoir pris le parti des ridicules fables d'*Hérodote* contre la droite raison, d'avoir falsifié Baruch et l'Alcoran, d'avoir fait l'apologie des b...... et de la sodomie; il veut encore canoniser l'inceste. M. l'abbé *Bazin* a toujours été convaincu que l'inceste au premier degré, c'est-à-dire entre le père et la fille, entre la mère et le fils, n'a jamais été permis chez les nations policées. L'autorité paternelle, le respect filial, en souffriraient trop. La nature, fortifiée par une éducation honnête, se révolterait avec horreur.

On pouvait épouser sa sœur chez les Juifs, j'en conviens. Lorsque *Ammon,* fils de *David,* viola sa sœur *Thamar,* fille de *David, Thamar* lui dit[1] en propres mots : *Ne me faites pas des sottises, car je ne pourrais supporter cet opprobre, et vous passerez pour un fou ; mais demandez-moi au roi mon père en mariage, et il ne vous refusera pas.*

Cette coutume est un peu contradictoire avec le Lévitique : mais les contradictoires se concilient souvent. Les Athéniens épousaient leurs sœurs de père, les Lacédémoniens leurs sœurs utérines, les Égyptiens leurs sœurs de père et de mère. Cela n'était pas permis aux Romains; ils ne pouvaient même se marier avec leurs nièces. L'empereur *Claude* fut le seul qui obtint cette grâce du sénat. Chez nous autres remués de barbares, on peut épouser sa nièce avec la permission du pape, moyennant la taxe ordinaire, qui va, je crois, à quarante mille petits écus en comptant les menus frais. J'ai toujours entendu dire qu'il n'en avait coûté que quatre-vingt mille francs à M. de *Montmartel.* J'en connais qui ont couché avec leurs nièces à bien meilleur marché[1]. Enfin il eſt inconteſtable que le pape a de droit divin la puissance de dispenser de toutes les lois. Mon oncle croyait même que, dans un cas pressant, sa sainteté pouvait permettre à un frère d'épouser sa sœur, surtout s'il s'agissait évidemment de l'avantage de l'Église ; car mon oncle était très grand serviteur du pape.

A l'égard de la dispense, pour épouser son père ou sa mère, il croyait le cas très embarrassant ; et il doutait, si j'ose le dire, que le droit du divin Saint-Père pût s'étendre jusque-là. Nous n'en avons, ce me semble, aucun exemple dans l'hiſtoire moderne.

Ovide, à la vérité, dit dans ses belles *Métamorphoses :*

> . . . . Gentes tamen esse feruntur
> In quibus et nato genitrix et nata parenti
> Jungitur, et pietas geminato crescit amore.

Ovide avait sans doute en vue les Persans babyloniens, que les Romains leurs ennemis accusaient de cette infamie.

Le partisan des péchés de la chair, qui a écrit contre mon oncle, le défie de trouver un autre passage que celui de *Catulle.* Hé bien, qu'en résulterait-il ? qu'on n'aurait trouvé qu'un accusateur contre les Perses, et que par conséquent on ne doit point les juger coupables. Mais c'eſt assez qu'un auteur ait donné crédit à une fausse rumeur, pour que vingt auteurs en soient les échos. Les Hongrois aujourd'hui font aux Turcs mille reproches qui ne sont pas mieux fondés.

Grotius lui-même, dans son assez mauvais livre sur la religion chrétienne, va jusqu'à citer la fable du pigeon de *Mahomet.* On tâche toujours de rendre ses ennemis odieux et ricidules.

Notre ennemi n'a pas lu sans doute un extrait du Zenda-Veſta de *Zoroaſtre,* communiqué dans Surate à *Lordius,* par un de ces mages qui subsiſtent encore. Les ignicoles ont toujours eu la permission d'avoir cinq femmes : mais il eſt dit expressément qu'il leur a toujours été défendu d'épouser leurs cousines. Voilà qui eſt positif. *Tavernier,* dans son livre IV, avoue que cette vérité lui a été confirmée par un autre mage.

Pourquoi donc notre incestueux adversaire trouve-t-il mauvais que M. l'abbé *Bazin* ait défendu les anciens Perses ? pourquoi dit-il qu'il était d'usage de coucher avec sa mère ? Que gagne-t-il à cela ? Veut-il introduire cet usage dans nos familles ? Ah ! qu'il se contente des bonnes fortunes de Babylone.

CHAPITRE VII

DE LA BESTIALITÉ, ET DU BOUC DU SABBAT

Il ne manquait plus au barbare ennemi de mon oncle que le péché de bestialité; il en est enfin convaincu. M. l'abbé *Bazin* avait étudié à fond l'histoire de la sorcellerie depuis *Jannès* et *Mambrès*[1], conseillers du roi, sorciers, à la cour de *Pharaon,* jusqu'au révérend père *Girard,* accusé juridiquement d'avoir endiablé la damoiselle *Cadière* en soufflant sur elle. Il savait parfaitement tous les différents degrés par lesquels le sabbat et l'adoration du bouc avaient passé. C'est bien dommage que ses manuscrits soient perdus. Il dit un mot de ses grands secrets dans sa *Philosophie de l'histoire*. *Le bouc avec lequel les sorcières étaient supposées s'accoupler, vient de cet ancien commerce que les Juifs eurent avec les boucs dans le désert ; ce qui leur est reproché dans le Lévitique.*

Remarquez, s'il vous plaît, la discrétion et la pudeur de mon oncle. Il ne dit pas que les sorcières s'accouplent avec un bouc; il dit qu'elles sont supposées s'accoupler.

Et là-dessus, voilà mon homme qui s'échauffe comme un Calabrais pour sa chèvre, et qui vous parle à tort et à travers de fornication avec des animaux, et qui vous cite *Pindare* et *Plutarque* pour vous prouver que les dames de la dynastie de Mendès couchaient publiquement avec des boucs. Voyez comme il veut justifier les Juifs par les Mendésiennes. Jusqu'à quand outragera-t-il les dames ? Ce n'est pas assez qu'il prostitue les princesses de Babylone aux muletiers, il donne des boucs pour amants aux princesses de Mendès. Je l'attends aux Parisiennes.

Il eſt très vrai, et je l'avoue en soupirant, que le Lévitique fait ce reproche aux dames juives qui erraient dans le désert. Je dirai pour leur juſtification qu'elles ne pouvaient se laver dans un pays qui manque d'eau absolument, et où l'on eſt encore obligé d'en faire venir à dos de chameau. Elles ne pouvaient changer d'habits, ni de souliers, puisqu'elles conservèrent quarante ans leurs mêmes habits par un miracle spécial. Elles n'avaient point de chemise. Les boucs du pays purent très bien les prendre pour des chèvres à leur odeur. Cette conformité put établir quelque galanterie entre les deux espèces : mon oncle prétendait que ce cas avait été très rare dans le désert, comme il avait vérifié qu'il eſt assez rare en Calabre, malgré tout ce qu'on en dit. Mais enfin il lui paraissait évident que quelques dames juives étaient tombées dans ce péché. Ce que dit le Lévitique ne permet guère d'en douter. On ne leur aurait pas reproché des intrigues amoureuses dont elles n'auraient pas été coupables.

Et qu'ils n'offrent plus aux velus avec lesquels ils ont forniqué. Lévitique, chap. XVII.

Les femmes ne forniqueront point avec les bêtes. Chap. XIX.

La femme qui aura servi de succube à une bête sera punie avec la bête, et leur sang retombera sur eux. Chap. XX.

Cette expression remarquable, *leur sang retombera sur eux,* prouve évidemment que les bêtes passaient alors pour avoir de l'intelligence. Non seulement le serpent et l'ânesse avaient parlé, mais DIEU, après le déluge, avait fait un pacte, une alliance avec les bêtes. C'eſt pourquoi de très illuſtres commentateurs trouvent la punition des bêtes, qui avaient subjugué des femmes, très analogue à tout ce qui eſt dit des bêtes dans la sainte Écriture. Elles étaient capables de bien et de mal. Quant aux velus, on croit dans tout l'Orient que ce sont des singes. Mais il eſt sûr que les Orientaux se sont trompés en cela, car il n'y a point de singes dans l'Arabie déserte. Ils sont trop avisés pour venir dans un pays aride où il faut faire venir de loin le manger et le boire. Par les velus il faut absolument entendre les boucs.

Il eſt conſtant que la cohabitation des sorcières avec un bouc, la coutume de le baiser au derrière, qui eſt passée en proverbe, la danse ronde qu'on exécute autour de lui, les petits coups de verveine dont on le frappe, et toutes les cérémonies de cette orgie, viennent des Juifs qui les tenaient des Égyptiens; car les Juifs n'ont jamais rien inventé.

Je possède un manuscrit juif, qui a, je crois, plus de deux mille ans d'antiquité; il me paraît que l'original doit être du temps du premier ou du second *Ptolémée* : c'est un détail de toutes les cérémonies de l'adoration du bouc; et c'est probablement sur un exemplaire de cet ouvrage, que ceux qui se sont adonnés à la magie, ont composé ce qu'on appelle le *grimoire*. Un grand d'Espagne m'en a offert cent louis d'or, je ne l'aurais pas donné pour deux cents. Jamais le bouc n'est appelé que le *velu* dans cet ouvrage. Il confondrait bien toutes les mauvaises critiques de l'ennemi de feu mon oncle.

Au reste, je suis bien aise d'apprendre à la dernière postérité, qu'un savant d'une grande sagacité, ayant vu dans ce chapitre que M. *** est convaincu de *bestialité*, a mis en marge, lisez *bêtise*[1].

CHAPITRE VIII

D'ABRAHAM ET DE NINON LENCLOS

MONSIEUR l'abbé *Bazin* était persuadé avec *Onkelos*, et avec tous les Juifs orientaux, qu'*Abraham* était âgé d'environ cent trente-cinq ans quand il quitta la Chaldée. Il importe fort peu de savoir précisément quel âge avait le père des croyants. Quand DIEU nous jugera tous dans la vallée de Josaphat, il est probable qu'il ne nous punira pas d'avoir été de mauvais chronologistes comme le détracteur de mon oncle. Il sera puni pour avoir été vain, insolent, grossier, et calomniateur; et non pour avoir manqué d'esprit, et avoir ennuyé les dames.

Il est bien vrai qu'il est dit dans la Genèse[2] qu'*Abraham* sortit d'Aran en Mésopotamie, âgé de soixante et quinze ans, après la mort de son père *Tharé* le potier ; mais il est dit aussi dans la Genèse[3] que *Tharé* son père l'ayant engendré à soixante et dix ans, vécut jusqu'à deux cent cinq. Il faut donc absolument expliquer l'un des deux par l'autre. Si *Abraham* sortit de la Chaldée après la mort de *Tharé* âgé de deux cent cinq ans, et si *Tharé* l'avait eu à l'âge de soixante et dix, il est clair qu'*Abraham* avait juste cent trente-cinq ans lorsqu'il se mit à voyager. Notre lourd adversaire propose un autre système pour esquiver la difficulté; il appelle *Philon* le Juif à son secours, et il croit donner le change à mon cher lecteur en disant que la ville d'Aran est la même que Carrès. Je suis bien sûr du contraire, et je l'ai vérifié sur les lieux. Mais quel rapport, je vous prie, la ville de Carrès a-t-elle avec l'âge d'*Abraham* et de *Sara ?*

On demandait encore à mon oncle comment *Abraham,* venu de Mésopotamie, pouvait se faire entendre à Memphis ? Mon oncle répondait qu'il n'en savait rien, qu'il ne s'en embarrassait guère; qu'il croyait tout ce qui se trouve dans la sainte Écriture, sans vouloir l'expliquer, et que c'était l'affaire de messieurs de sorbonne, qui ne se sont jamais trompés.

Ce qui est bien plus important, c'est l'impiété avec laquelle notre mortel ennemi compare *Sara,* la femme du père des croyants, avec la fameuse *Ninon Lenclos.* Il se demande comment il se peut faire que *Sara,* âgée de soixante et quinze ans, allant de Sichem à Memphis sur son âne pour chercher du blé, enchantât le cœur du roi de la superbe Égypte, et fît ensuite le même effet sur le petit roi de Gérar dans l'Arabie déserte. Il répond à cette difficulté par l'exemple de *Ninon. On sait,* dit-il, *qu'à l'âge de quatre-vingts ans, Ninon sut inspirer à l'abbé Gédoin des sentiments qui ne sont faits que pour la jeunesse ou l'âge viril.* Avouez, mon cher lecteur, que voilà une plaisante manière d'expliquer l'Écriture sainte; il veut s'égayer, il croit que c'est là le bon ton. Il veut imiter mon oncle; mais, quand certain animal à longues oreilles veut donner la patte comme le petit chien[1], vous savez comme on le renvoie.

Il se trompe sur l'histoire moderne comme sur l'ancienne. Personne n'est plus en état que moi de rendre compte des dernières années de Mlle de *Lenclos,* qui ne ressemblait en rien à *Sara.* Je suis son légataire. Je l'ai vue les dernières années de sa vie. Elle était sèche comme une momie. Il est vrai qu'on lui présenta l'abbé *Gédoin* qui sortait alors des jésuites, mais non pas pour les mêmes raisons que les *Desfontaines* et les *Frérons* en sont sortis. J'allais quelquefois chez elle avec cet abbé qui n'avait d'autre maison que la nôtre. Il était fort éloigné de sentir des désirs pour une décrépite ridée, qui n'avait sur les os qu'une peau jaune tirant sur le noir.

Ce n'était point l'abbé *Gédoin* à qui on imputait cette folie; c'était à l'abbé de *Châteauneuf*, frère de celui qui avait été ambassadeur à Constantinople. *Châteauneuf* avait eu en effet la fantaisie de coucher avec elle vingt ans auparavant. Elle était encore assez belle à l'âge de près de soixante années. Elle lui donna en riant un rendez-vous pour un certain jour du mois. Et pourquoi ce jour-là plutôt qu'un autre ? lui dit l'abbé de *Châteauneuf*. C'est que j'aurai alors soixante ans juste, lui dit-elle. Voilà la vérité de cette historiette qui a tant couru, et que l'abbé de *Châteauneuf*, mon bon parrain, à qui je dois mon baptême, m'a racontée souvent dans mon enfance, pour me former l'esprit et le cœur[1]; mais Mlle *Lenclos* ne s'attendait pas d'être un jour comparée à *Sara*, dans un libelle fait contre mon oncle.

Quoique *Abraham* ne m'ait point mis sur son testament, et que *Ninon Lenclos* m'ait mis sur le sien, cependant je la quitte ici pour le père des croyants. Je suis obligé d'apprendre à l'abbé *Fou....*[2], détracteur de mon oncle, ce que pensent d'*Abraham* tous les Guèbres que j'ai vus dans mes voyages. Ils l'appellent *Ebrahim*, et lui donnent le surnom de *Zer ateukt ;* c'est notre *Zoroastre*. Il est constant que ces Guèbres dispersés, et qui n'ont jamais été mêlés avec les autres nations, dominaient dans l'Asie avant l'établissement de la horde juive, et qu'*Abraham* était de Chaldée, puisque le Pentateuque le dit. M. l'abbé *Bazin* avait approfondi cette matière; il me disait souvent : Mon neveu, on ne connaît pas assez les Guèbres; on ne connaît pas assez *Ebrahim ;* croyez-moi, lisez avec attention le Zenda-Vesta et le Veidam.

CHAPITRE IX

DE THÈBES, DE BOSSUET, ET DE ROLLIN

Mon oncle, comme je l'ai déjà dit[1], aimait le merveilleux, la fiction en poésie; mais il les détestait dans l'histoire. Il ne pouvait souffrir qu'on mît des conteurs de fables à côté des *Tacites,* ni des *Grégoires de Tours* auprès des *Rapin-Thoyras.* Il fut séduit dans sa jeunesse par le style brillant du discours de *Bossuet* sur l'*Histoire universelle.* Mais quand il eut un peu étudié l'histoire et les hommes, il vit que la plupart des auteurs n'avaient voulu écrire que des mensonges agréables, et étonner leurs lecteurs par d'incroyables aventures. Tout fut écrit comme les *Amadis.* Mon oncle riait quand il voyait *Rollin* copier *Bossuet* mot à mot, et *Bossuet* copier les anciens, qui ont dit que dix mille combattants sortaient par chacune des cent portes de Thèbes, et encore deux cents chariots armés en guerre par chaque porte : cela ferait un million de soldats dans une seule ville, sans compter les cochers et les guerriers qui étaient sur les chariots, ce qui ferait encore quarante mille hommes de plus, à deux personnes seulement par chariot.

Mon oncle remarquait très justement[2] qu'il eût fallu au moins cinq ou six millions d'habitants dans cette ville de Thèbes pour fournir ce nombre de guerriers. Il savait qu'il n'y a pas aujourd'hui plus de trois millions de têtes en Égypte; il savait que *Diodore de Sicile* n'en admettait pas davantage de son temps : ainsi il rabattait beaucoup de toutes les exagérations de l'Antiquité.

Il doutait qu'il y eût eu un *Sésostris* qui partît d'Égypte pour aller conquérir le monde entier avec six cent mille hommes et vingt-sept mille chars de guerre. Cela lui paraissait digne de *Picrocole* dans *Rabelais.* La manière dont cette conquête du monde entier fut préparée, lui paraissait encore plus ridicule. Le père de *Sésostris* avait destiné son fils à cette belle expédition, sur la foi d'un songe; car les songes alors étaient des avis certains envoyés par le ciel, et le fondement de toutes les entreprises. Le bon homme, dont on ne dit pas même le nom, s'avisa de destiner tous les enfants qui étaient nés le même jour que son fils, à l'aider dans la conquête de la terre; et pour en faire autant de héros, il ne leur donnait à déjeuner qu'après les avoir fait courir cent quatre-vingts stades tout d'une haleine : c'est bien courir dans un pays fangeux où l'on enfonce jusqu'à mi-jambe, et où presque tous les messages se font par bateau sur les canaux.

Que fait l'impitoyable censeur de mon oncle ? au lieu de sentir tout le ridicule de cette histoire, il s'avise d'évaluer le grand et le petit stade; et il croit prouver que les petits enfants destinés à vaincre toute la terre, ne couraient que trois de nos grandes lieues et demie pour avoir à déjeuner.

Il s'agit bien vraiment de savoir au juste si *Sésostris* comptait par grand ou petit stade, lui qui n'avait jamais entendu parler de stade qui est une mesure grecque. Voilà le ridicule de presque tous les commentateurs, des scoliastes; ils s'attachent à l'explication arbitraire d'un mot inutile, et négligent le fond des choses. Il est question ici de détromper les hommes sur les fables dont on les a bercés depuis tant de siècles. Mon oncle pèse les probabilités dans la balance de la raison; il rappelle les lecteurs au bon sens, et on vient nous parler de grands et de petits stades !

J'avouerai encore que mon oncle levait les épaules quand il lisait dans *Rollin,* que *Xerxès* avait fait donner trois cents coups de fouet à la mer; qu'il avait fait jeter dans l'Hellespont une paire de menottes pour l'enchaîner; qu'il avait écrit une lettre menaçante au mont Athos; et qu'enfin lorsqu'il arriva au pas des Thermopiles, où deux hommes de front ne peuvent passer, il était suivi de cinq millions deux cent quatre-vingt-trois mille deux cent vingt personnes, comme le dit le véridique et exact *Hérodote*.

Mon oncle disait toujours, serrez, serrez, en lisant ces contes de ma mère l'oie. Il disait : *Hérodote* a bien fait d'amuser et de flatter des Grecs par ces romans, et *Rollin* a mal fait de ne les pas réduire à leur juste valeur, en écrivant pour des Français du dix-huitième siècle.

CHAPITRE X

DES PRÊTRES OU PROPHÈTES OU SCHOEN D'ÉGYPTE

Oui, barbare, les prêtres d'Égypte s'appelaient *Schoen,* et la Genèse ne leur donne pas d'autre nom; la Vulgate même rend ce nom par *Sacerdos*. Mais qu'importe les noms ? Si tu avais su profiter de la philosophie de mon oncle, tu aurais recherché quelles étaient les fonctions de ces schoen, leurs sciences, leurs impostures; tu aurais tâché d'apprendre si un schoen était toujours en Égypte un homme constitué en dignité, comme parmi nous un évêque, et même un archidiacre; ou si quelquefois on s'arrogeait le titre de *Schoen,* comme on s'appelle parmi nous *Monsieur l'abbé,* sans abbaye; si un schoen, pour avoir été précepteur d'un grand seigneur[1], et pour être nourri dans sa maison, avait le droit d'attaquer impunément les vivants et les morts, et d'écrire sans esprit contre des Égyptiens qui passaient pour en avoir.

Je ne doute pas qu'il n'y ait eu des schoen fort savants; par exemple, ceux qui firent assaut de prodiges avec *Moïse,* qui changèrent toutes les eaux de l'Égypte en sang, qui couvrirent tout le pays de grenouilles, qui firent naître jusqu'à des poux, mais qui ne purent les chasser; car il y a dans le texte hébreu : *Ils firent ainsi, mais pour chasser les poux, ils ne le purent.* La Vulgate[2] les traite plus durement : elle dit qu'ils ne purent même produire des poux.

Je ne sais si tu es schoen, et si tu fais ces beaux prodiges, car on dit que tu es fort initié dans les mystères des schoen de Saint-Médard; mais je préférerai toujours un schoen doux, modeste, honnête, à un schoen qui dit des injures à son prochain; à un schoen qui cite souvent à faux, et qui raisonne comme il cite; à un schoen qui pousse l'horreur jusqu'à dire que M. l'abbé *Bazin* entendait mal le grec, parce que son typographe a oublié un sigma, et a mis un *oi* pour un *ei*[3].

Ah ! mon fils, quand on a calomnié ainsi les morts, il faut faire pénitence le reste de sa vie.

CHAPITRE XI

DU TEMPLE DE TYR

Je passe sous silence une infinité de menues méprises du schoen enragé contre mon oncle; mais je vous demande, mon cher lecteur, la permission de vous faire remarquer comme il est malin. M. l'abbé *Bazin* avait dit que le temple d'*Hercule* à Tyr n'était pas des plus anciens. Les jeunes dames qui sortent de l'opéra-comique pour aller chanter à table les jolies chansons de M. *Collé ;* les jeunes officiers, les conseillers, même de grand'chambre, messieurs les fermiers généraux, enfin tout ce qu'on appelle à Paris la *bonne compagnie,* se soucieront peut-être fort peu de savoir en quelle année le temple d'*Hercule* fut bâti. Mon oncle le savait. Son implacable persécuteur se contente de dire vaguement qu'il était aussi ancien que la ville : ce n'est pas là répondre; il faut dire en quel temps la ville fût bâtie. C'est un point trop intéressant dans la situation présente de l'Europe. Voici les propres paroles de l'abbé *Bazin :*

« Il est dit dans les annales de la Chine que les premiers empereurs sacrifiaient dans un temple. Celui d'*Hercule* à Tyr ne paraît pas être des plus anciens. *Hercule* ne fut jamais chez aucun peuple qu'une divinité secondaire; cependant le temple de Tyr est très antérieur à celui de Judée. *Hiram* en avait un magnifique lorsque *Salomon aidé par Hiram* bâtit le sien. *Hérodote,* qui voyagea chez les Tyriens, dit que de son temps les archives de Tyr ne donnaient à ce temple que deux mille trois cents ans d'antiquité. »

Il est clair par là que le temple de Tyr n'était antérieur à celui de *Salomon* que d'environ douze cents années. Ce n'est pas là une antiquité bien reculée, comme tous les sages en conviendront. Hélas ! presque toutes nos antiquités ne sont que d'hier; il n'y a que quatre mille six cents ans qu'on éleva un temple dans Tyr. Vous sentez, ami lecteur, combien quatre mille six cents ans sont peu de chose dans l'étendue des siècles, combien nous sommes peu de chose, et surtout combien un pédant orgueilleux eſt peu de chose.

Quant au divin *Hercule,* dieu de Tyr, qui dépucela cinquante demoiselles en une nuit, mon oncle ne l'appelle que *dieu secondaire.* Ce n'eſt pas qu'il eût trouvé quelque autre dieu des gentils qui en eût fait davantage; mais il avait de très bonnes raisons pour croire que tous les dieux de l'antiquité, ceux mêmes *majorum gentium,* n'étaient que des dieux du second ordre, auxquels présidait le dieu formateur, le maître de l'univers, le *Deus optimus* des Romains, le *Knef* des Égyptiens, l'*Iaho* des Phéniciens, le *Mithra* des Babyloniens, le *Zeus* des Grecs, maître des dieux et des hommes, l'*Iezad* des anciens Persans. Mon oncle, adorateur de la Divinité, se complaisait à voir l'univers entier adorer un dieu unique, malgré les superſtitions abominables dans lesquelles toutes les nations anciennes, excepté les lettrés chinois, se sont plongées.

CHAPITRE XII

DES CHINOIS

Quel eſt donc cet acharnement de notre adversaire contre les Chinois, et contre tous les gens sensés de l'Europe qui rendent juſtice aux Chinois ? Le barbare n'hésite point à dire, *que les petits philosophes ne donnent une si haute antiquité à la Chine que pour décréditer l'Écriture.*

Quoi ! c'eſt pour décréditer l'Écriture sainte que l'archevêque *Navarette, Gonzales de Mendoza, Hennengius, Louis de Gusman, Semmedo,* et tous les missionnaires, sans en excepter un seul, s'accordent à faire voir que les Chinois doivent être rassemblés en corps de peuple depuis plus de cinq mille années ? Quoi ! c'eſt pour insulter à la religion chrétienne qu'en dernier lieu le père *Parennin* a réfuté avec tant d'évidence la chimère d'une prétendue colonie envoyée d'Égypte à la Chine ? Ne se lassera-t-on jamais au bout de nos terres occidentales de conteſter aux peuples de l'Orient leurs titres, leurs arts, et leurs usages ? Mon oncle était fort irrité contre cette témérité absurde. Mais comment accorderons-nous le texte hébreu avec le samaritain ? Hé morbleu, comme vous pourrez, disait mon oncle : mais ne vous faites pas moquer des Chinois; laissez-les en paix comme ils vous y laissent.

Écoute, cruel ennemi de feu mon cher oncle; tâche de répondre à l'argument qu'il poussa vigoureusement dans sa brochure en quatre volumes de l'*Essai sur les mœurs et l'esprit des nations*. Mon oncle était aussi savant que toi, mais il était mieux savant, comme dit *Montaigne*[1] *;* ou si tu veux il était aussi ignorant que toi (car en vérité que savons-nous ?), mais il raisonnait, il ne compilait pas. Or voici comme il raisonne puissamment dans le premier volume de cet *Essai sur les mœurs, etc.*, pages 253 et 254, où il se moque de beaucoup d'histoires :

« Qu'importe, après tout, que ces livres renferment, ou non, une chronologie toujours sûre ? Je veux que nous ne sachions pas en quel temps précisément vécut *Charlemagne :* dès qu'il est certain qu'il a fait de vastes conquêtes avec de grandes armées, il est clair qu'il est né chez une nation nombreuse, formée en corps de peuple par une longue suite de siècles. Puis donc que l'empereur *Hiao,* qui vivait incontestablement plus de deux mille quatre cents ans avant notre ère, conquit tout le pays de la Corée, il est indubitable que son peuple était de l'antiquité la plus reculée. De plus, les Chinois inventèrent un cycle, un comput, qui commence deux mille six cents ans avant le nôtre. Est-ce à nous à leur contester une chronologie unanimement reçue chez eux; à nous qui avons soixante systèmes différents pour compter les temps anciens, et qui ainsi n'en avons pas un ?

« Les hommes ne multiplient pas aussi aisément qu'on le pense : le tiers des enfants est mort au bout de dix ans. Les calculateurs de la propagation de l'espèce humaine, ont remarqué qu'il faut des circonstances favorables et rares pour qu'une nation s'accroisse d'un vingtième au bout de cent années; et très souvent il arrive que la peuplade diminue, au lieu d'augmenter. De savants chronologistes ont supputé qu'une seule famille après le déluge, toujours occupée à peupler, et ses enfants s'étant occupés de même, il se trouva en deux cent cinquante ans beaucoup plus d'habitants que n'en contient aujourd'hui l'univers. Il s'en faut beaucoup que le *Talmud* et les *Mille et une nuits* aient inventé rien de plus absurde. On ne fait point ainsi des enfants à coups de plume. Voyez nos colonies; voyez ces archipels immenses de l'Asie, dont il ne sort personne. Les Maldives, les Philippines, les Moluques, n'ont pas le nombre d'habitants nécessaires. Tout cela est encore une nouvelle preuve de la prodigieuse antiquité de la population de la Chine. »

Il n'y a rien à répondre, mon ami.

Voici encore comme mon oncle raisonnait. *Abraham* s'en va chercher du blé avec sa femme en Égypte, l'année qu'on dit être la 1917e avant notre ère, il y a tout juste trois mille sept cent quatorze ans; c'était quatre cent vingt-huit ans après le déluge universel. Il va trouver le pharaon, le roi d'Égypte; il trouve des rois partout, à Sodome, à Gomorrhe, à Gérar, à Salem : déjà même on avait bâti la tour de Babel environ trois cent quatorze ans avant le voyage d'*Abraham* en Égypte. Or, pour qu'il y ait tant de rois, et qu'on bâtisse de si belles tours, il est clair qu'il faut bien des siècles. L'abbé *Bazin* s'en tenait là; il laissait le lecteur tirer ses conclusions.

O l'homme discret que feu M. l'abbé *Bazin !* aussi avait-il vécu familièrement avec *Jérôme Carré*[1], *Guillaume Vadé*[2], feu M. *Ralph*[3], auteur de *Candide,* et plusieurs autres grands personnages du siècle. Dis-moi qui tu hantes, et je te dirai qui tu es.

CHAPITRE XIII

DE L'INDE ET DU VEIDAM

L'ABBÉ *Bazin,* avant de mourir, envoya à la bibliothèque du roi le plus précieux manuscrit qui soit dans tout l'Orient. C'est un ancien commentaire d'un brame nommé *Shumontou*[4] sur le Veidam, qui est le livre sacré des anciens brachmanes. Ce manuscrit est incontestablement du temps où l'ancienne religion des gymnosophistes commençait à se corrompre; c'est après nos livres sacrés le monument le plus respectable de la croyance de l'unité de Dieu. Il est intitulé Ezour-Veidam; comme qui dirait le vrai Veidam, le Veidam expliqué, le pur Veidam. On ne peut pas douter qu'il n'ait été écrit avant l'expédition d'*Alexandre* dans les Indes, puisque longtemps avant *Alexandre,* l'ancienne religion bramine ou abramine, l'ancien culte enseigné par *Brama,* avait été corrompu par des superstitions et par des fables. Ces superstitions même avaient pénétré jusqu'à la Chine du temps de *Confutzée,* qui vivait environ trois cents ans avant *Alexandre.* L'auteur de l'Ezour-Veidam combat toutes ces superstitions qui commençaient à naître de son temps. Or, pour qu'elles aient pu pénétrer de l'Inde à la Chine, il faut un assez grand nombre d'années : ainsi, quand nous supposerons que ce rare manuscrit a été écrit environ quatre cents ans avant la conquête d'une partie de l'Inde par *Alexandre,* nous ne nous éloignerons pas beaucoup de la vérité.

Shumontou combat toutes les espèces d'idolâtrie dont les Indiens commençaient alors à être infectés; et ce qui est extrêmement important, c'est qu'il rapporte les propres paroles du Veidam, dont aucun homme en Europe jusqu'à présent n'avait connu un seul passage. Voici donc ces propres paroles du Veidam attribué à *Brama,* citées dans l'Ezour-Veidam :

C'est l'être suprême qui a tout créé, le sensible et l'insensible : il y a eu quatre âges différents : tout périt à la fin de chaque âge, tout est submergé, et le déluge est un passage d'un âge à l'autre, etc.

Lorsque Dieu *existait seul, et que nul autre être n'existait avec lui, il forma le dessein de créer le monde. Il créa d'abord le temps, ensuite l'eau et la terre ; et du mélange de cinq éléments, à savoir, la terre, l'eau, le feu, l'air et la lumière, il en forma les différents corps, et leur donna la terre pour leur base. Il fit ce globe que nous habitons en forme ovale comme un œuf. Au milieu de la terre est la plus haute de toutes les montagnes nommée Mérou (c'est l'Immaüs). Adimo (c'est le nom du premier homme) sortit des mains de* Dieu. *Pocriti est le nom de son épouse. D'Adimo naquit Brama, qui fut le législateur des nations et le père des brames.*

Une preuve non moins forte que ce livre fut écrit longtemps avant *Alexandre,* c'est que les noms des fleuves et des montagnes de l'Inde sont les mêmes que dans le Hanscrit, qui eſt la langue sacrée des brachmanes. On ne trouve pas dans l'Ezour-Veidam un seul des noms que les Grecs donnèrent aux pays qu'ils subjuguèrent. L'Inde s'appelle *Zomboudipo,* le Gange *Zanoubi,* le mont Immaüs *Mérou,* etc.

Notre ennemi jaloux des services que l'abbé *Bazin* a rendus aux lettres, à la religion, et à la patrie, se ligue avec le plus implacable ennemi de notre chère patrie, de nos lettres, et de notre religion, le docteur *Warburton,* devenu, je ne sais comment, évêque de Gloceſtre[1], commentateur de *Shakespeare,* et auteur d'un gros fatras contre l'immortalité de l'âme, sous le nom de la divine légation de *Moïse ;* il rapporte une objection de ce brave prêtre hérétique contre l'opinion de l'abbé *Bazin,* bon catholique; et contre l'évidence que l'Ezour-Veidam a été écrit avant *Alexandre.* Voici l'objection de l'évêque.

« Cela eſt aussi judicieux qu'il le serait d'observer que les annales des Sarrazins et des Turcs ont été écrites avant les conquêtes d'*Alexandre,* parce que nous n'y remarquons point les noms que les Grecs imposèrent aux rivières, aux villes, et aux contrées, qu'ils conquirent dans l'Asie mineure; et qu'on n'y lit que les noms anciens qu'elles avaient depuis les premiers temps. Il n'eſt jamais entré dans la tête de ce poète que les Indiens et les Arabes pouvaient exactement avoir la même envie de rendre les noms primitifs aux lieux d'où les Grecs avaient été chassés. »

Warburton ne connaît pas plus les vraisemblances que les bienséances. Les Turcs et les Grecs modernes ignorent aujourd'hui les anciens noms du pays que les uns habitent en vainqueurs et les autres en esclaves. Si nous déterrions un ancien manuscrit grec, dans lequel Stamboul fut appelé Conſtantinople; l'Atméïdam, Hippodrome; Scutari, le faubourg de Chalcédoine; le cap Janissari, Promontoire de Sigée; Cara Denguis, le Pont-Euxin, etc., nous conclurions que ce manuscrit eſt d'un temps qui a précédé *Mahomet II,* et nous jugerions ce manuscrit très ancien, s'il ne contenait que les dogmes de la primitive Église.

Il eſt donc très vraisemblable que le brachmane qui écrivait dans le Zomboudipo, c'eſt-à-dire dans l'Inde, écrivait avant *Alexandre* qui donna un autre nom au Zomboudipo; et cette probabilité devient une certitude, lorsque ce brachmane écrit dans les premiers temps de la corruption de sa religion, époque évidemment antérieure à l'expédition d'*Alexandre*.

Warburton, de qui l'abbé *Bazin* avait relevé quelques fautes avec sa circonspection ordinaire[1], s'en est vengé avec toute l'âcreté du pédantisme. Il s'est imaginé, selon l'ancien usage, que des injures étaient des raisons; et il a poursuivi l'abbé *Bazin* avec toute la fureur que l'Angleterre entière lui reproche. On n'a qu'à s'informer dans Paris à un ancien membre du Parlement de Londres, qui vient d'y fixer son séjour, du caractère de cet évêque *Warburton,* commentateur de *Shakespeare,* et calomniateur de *Moïse ;* on saura ce qu'on doit penser de cet homme; et l'on apprendra comment les savants d'Angleterre, et surtout le célèbre évêque *Lowth,* ont réprimé son orgueil et confondu ses erreurs.

CHAPITRE XIV

QUE LES JUIFS HAÏSSAIENT TOUTES LES NATIONS

L'AUTEUR du *Supplément à la Philosophie de l'histoire* croit accabler l'abbé *Bazin,* en répétant les injures atroces que lui dit *Warburton* au sujet des Juifs. Mon oncle était lié avec les plus savants Juifs de l'Asie. Ils lui avouèrent qu'il avait été ordonné à leurs ancêtres d'avoir toutes les nations en horreur : et en effet parmi tous les historiens qui ont parlé d'eux, il n'en est aucun qui ne soit convenu de cette vérité; et même pour peu qu'on ouvre les livres de leurs lois, vous trouverez au chapitre IV du Deutéronome : *Il vous a conduit avec sa grande puissance pour exterminer à votre entrée de très grandes nations.*

Au chap. VII : *Il consumera peu à peu les nations devant vous, par parties ; vous ne pourrez les exterminer toutes ensemble, de peur que les bêtes de la terre ne se multiplient trop. Il vous livrera leurs rois entre vos mains. Vous détruirez jusqu'à leur nom : rien ne pourra vous résister.*

On trouverait plus de cent passages qui indiquent cette horreur pour tous les peuples qu'ils connaissaient.

Il ne leur était pas permis de manger avec des Égyptiens, de même qu'il était défendu aux Égyptiens de manger avec eux. Un Juif était fouillé, et le serait encore aujourd'hui, s'il avait tâté d'un mouton tué par un étranger, s'il s'était servi d'une marmite étrangère. Il est donc constant que leur loi les rendait nécessairement les ennemis du genre humain. La Genèse, il est vrai, fait descendre toutes les nations du même père. Les Persans, les Phéniciens, les Babyloniens, les Égyptiens, les Indiens, venaient de *Noé* comme les Juifs; qu'est-ce que cela prouve, sinon que les Juifs haïssaient leurs frères ? Les Anglais sont aussi les frères des Français. Cette consanguinité empêche-t-elle que *Warburton* ne nous haïsse ? il hait jusqu'à ses compatriotes, qui le lui rendent bien.

Il a beau dire que les Juifs ne haïssaient que l'idolâtrie des autres nations, il ne sait pas absolument ce qu'il dit. Les Persans n'étaient point idolâtres; et ils étaient l'objet de la haine juive. Les Persans adoraient un seul Dieu, et n'avaient point alors de simulacres. Les Juifs adoraient un seul Dieu, et avaient des simulacres, douze bœufs dans le temple, deux chérubins dans le Saint des saints. Ils devaient regarder tous leurs voisins comme leurs ennemis, puisqu'on leur avait promis qu'ils domineraient d'une mer à l'autre, et depuis les bords du Nil jusqu'à ceux de l'Euphrate. Cette étendue de terrain leur aurait composé un empire immense. Leur loi qui leur promettait cet empire, les rendait donc nécessairement ennemis de tous les peuples qui habitaient depuis l'Euphrate jusqu'à la Méditerranée. Leur extrême ignorance ne leur permettait pas de connaître d'autres nations; et en détestant tout ce qu'ils connaissaient, ils croyaient détester toute la terre.

Voilà l'exacte vérité. *Warburton* prétend que l'abbé *Bazin* ne s'est exprimé ainsi que parce qu'un Juif, qu'il appelle *grand babillard,* avait fait autrefois une banqueroute au dit abbé *Bazin.* Il est vrai que le Juif *Médina* fit une banqueroute considérable à mon oncle; mais cela empêche-t-il que *Josué* n'ait fait pendre trente et un rois, selon les saintes Écritures ? Je demande à *Warburton* si l'on aime les gens que l'on fait pendre ? *hang him.*

CHAPITRE XV

DE WARBURTON

Contredites un homme qui se donne pour savant, et soyez sûr alors de vous attirer des volumes d'injures. Quand mon oncle apprit que *Warburton,* après avoir commenté *Shakespeare,* commentait *Moïse,* et qu'il avait déjà fait deux gros volumes pour démontrer que les Juifs, instruits par Dieu même, n'avaient aucune idée ni de l'immortalité de l'âme, ni d'un jugement après la mort, cette entreprise lui parut monstrueuse, ainsi qu'à toutes les consciences timorées de l'Angleterre. Il en écrivit son sentiment à M. *S*...[1] avec sa modération ordinaire. Voici ce que M. *S*... lui répondit :

« Monsieur,

« C'est une entreprise merveilleusement scandaleuse dans un prêtre, *t'is an undertaking wonderfully scandalous in a priest,* de s'attacher à détruire l'opinion la plus ancienne et la plus utile aux hommes. Il vaudrait bien mieux que ce *Warburton* commentât l'opéra des gueux, *The beggar's opera*[2], après avoir très mal commenté *Shakespeare,* que d'entasser une érudition si mal dirigée et si erronée pour détruire la religion. Car enfin, notre sainte religion est fondée sur la juive. Si Dieu a laissé le peuple de l'ancien testament dans l'ignorance de l'immortalité de l'âme, et des peines et des récompenses après la mort, il a trompé son peuple chéri; la religion juive est donc fausse; la chrétienne, fondée sur la juive, ne s'appuie donc que sur un tronc pourri. Quel est le but de cet homme audacieux ? je n'en sais encore rien. Il flatte le gouvernement : s'il obtient un évêché, il sera chrétien; s'il n'en obtient point, j'ignore ce qu'il sera. Il a déjà fait deux gros volumes sur la légation de *Moïse,* dans lesquels il ne dit pas un seul mot de son sujet. Cela ressemble au chapitre des coches, où *Montaigne* parle de tout, excepté de coches; c'est un chaos de citations dont on ne peut tirer aucune lumière. Il a senti le danger de son audace, et il a voulu l'envelopper dans les obscurités de son style. Il se montre enfin plus à découvert dans son troisième volume. C'est là qu'il entasse tous les passages favorables à son impiété, et qu'il écarte tous ceux qui appuient l'opinion commune. Il va chercher dans *Job*, qui n'était pas hébreu, ce passage équivoque[1] : *Comme le nuage qui se dissipe et s'évanouit, ainsi est au tombeau l'homme qui ne reviendra plus.*

« Et ce vain discours d'une pauvre femme à *David*[2] : *Nous devons mourir : nous sommes comme l'eau répandue sur la terre, qu'on ne peut plus ramasser.*

« Et ces versets du psaume LXXXVIII : *Les morts ne peuvent se souvenir de toi. Qui pourra te rendre des actions de grâce dans la tombe ? que me reviendra-t-il de mon sang, quand je descendrai dans la fosse ? La poussière t'adressera-t-elle des vœux ? déclarera-t-elle la vérité ?*

« *Montreras-tu tes merveilles aux morts ? Les morts se lèveront-ils ? Auras-tu d'eux des prières ?*

« Le livre de l'*Ecclésiaste*, dit-il page 170, est encore plus positif. *Les vivants savent qu'ils mourront*[3], *mais les morts ne savent rien ; point de récompense pour eux, leur mémoire périt à jamais.*

« Il met ainsi à contribution *Ézéchiel, Jérémie*, et tout ce qu'il peut trouver de favorable à son système.

« Cet acharnement à répandre le dogme funeste de la mortalité de l'âme a soulevé contre lui tout le clergé. Il a tremblé que son patron qui pense comme lui, ne fût pas assez puissant pour lui faire avoir un évêché. Quel parti a-t-il pris alors ? celui de dire des injures à tous les philosophes. *Quis tulerit Gracchos de seditione querentes ?* Il a élevé l'étendard du fanatisme d'une main, tandis que de l'autre il déployait celui de l'irréligion. Par là il a ébloui la cour; et en enseignant réellement la mortalité de l'âme, et feignant ensuite de l'admettre, il aura probablement l'évêché qu'il désire. Chez vous tout chemin mène à Rome; et chez nous tout chemin mène à l'évêché. »

Voilà ce que M. *S*... écrivait en 1757; et tout ce qu'il a prédit est arrivé. *Warburton* jouit d'un bon évêché; il insulte les philosophes. En vain l'évêque *Lowth* a pulvérisé son livre, il n'en est que plus audacieux, il cherche même à persécuter; et s'il pouvait, il ressemblerait au

Peachum in the beggar's opera qui se donne le plaisir de faire pendre ses complices. La plupart des hypocrites ont le regard doux du chat, et cachent leurs griffes; celui-ci découvre les siennes en levant une tête hardie. Il a été ouvertement délateur; et il voudrait être persécuteur.

Les philosophes d'Angleterre lui reprochent l'excès de la mauvaise foi, et celui de l'orgueil. L'Église anglicane le regarde comme un homme dangereux; les gens de lettres, comme un écrivain sans goût et sans méthode, qui ne sait qu'entasser citations sur citations; les politiques, comme un brouillon qui ferait revivre, s'il pouvait, la chambre étoilée. Mais il se moque de tout cela.

Warburton me répondra peut-être qu'il n'a fait que suivre le sentiment de mon oncle, et de plusieurs autres savants qui ont tous avoué qu'il n'est pas parlé expressément de l'immortalité de l'âme dans la loi judaïque. Cela est vrai, il n'y a que des ignorants qui en doutent, et des gens de mauvaise foi qui affectent d'en douter : mais le pieux *Bazin* disait que cette doctrine, sans laquelle il n'est point de religion, n'étant pas expliquée dans l'ancien testament, y doit être sous-entendue; qu'elle y est virtuellement; que si on ne l'y trouve pas *totidem verbis,* elle y est *totidem litteris ;* et qu'enfin si elle n'y est point du tout, ce n'est pas à un évêque à le dire.

Mais mon oncle a toujours soutenu que Dieu est bon; qu'il a donné l'intelligence à ceux qu'il a favorisés; qu'il a suppléé à notre ignorance. Mon oncle n'a point dit d'injures aux savants; il n'a jamais cherché à persécuter personne : au contraire, il a écrit contre l'intolérance le livre le plus honnête, le plus circonspect, le plus chrétien, le plus rempli de piété, qu'on ait fait depuis *Thomas à Kempis.* Mon oncle, quoiqu'un peu enclin à la raillerie, était pétri de douceur et d'indulgence. Il fit plusieurs pièces de théâtre dans sa jeunesse, tandis que l'évêque *Warburton* ne pouvait que commenter des comédies. Mon oncle, quand on sifflait ses pièces, sifflait comme les autres. Si *Warburton* a fait imprimer *Guillaume Shakespeare* avec des notes, l'abbé *Bazin* a fait imprimer *Pierre Corneille* aussi avec des notes[1]. Si *Warburton* gouverne une église, l'abbé *Bazin* en a fait bâtir une qui n'approche pas à la vérité de la magnificence de M. *le Franc de Pompignan*[2], mais enfin qui est assez propre. En un mot, je prendrai toujours le parti de mon oncle.

CHAPITRE XVI

CONCLUSION DES CHAPITRES PRÉCÉDENTS

Tout le monde connaît cette réponse prudente d'un cocher à un batelier : si tu me dis que mon carrosse est un belître, je te dirai que ton bateau est un maraud. Le batelier qui a écrit contre mon oncle, a trouvé en moi un cocher qui le mène grand train. Ce sont là de ces honnêtetés littéraires dont on ne saurait fournir trop d'exemples pour former les jeunes gens à la politesse et au bon ton. Mais je préfère encore au beau discours de ce cocher l'apophtegme de *Montaigne : Ne regarde pas qui est le plus savant, mais qui est le mieux savant*. La science ne consiste pas à répéter au hasard ce que les autres ont dit; à coudre à un passage hébreu qu'on n'entend point, un passage grec qu'on entend mal; à mettre dans un nouvel in-douze ce qu'on a trouvé dans un vieil in-folio; à crier :

> Nous rédigeons au long, de point en point,
> Ce qu'on pensa, mais nous ne pensons point[1].

Le vrai savant est celui qui n'a nourri son esprit que de bons livres, et qui a su mépriser les mauvais; qui sait distinguer la vérité du mensonge, et le vraisemblable du chimérique; qui juge d'une nation par ses mœurs plus que par ses lois, parce que les lois peuvent être bonnes, et les mœurs mauvaises. Il n'appuie point un fait incroyable de l'autorité d'un ancien auteur. Il peut, s'il veut, faire voir le peu de foi qu'on doit à cet auteur, par l'intérêt que cet écrivain a eu de mentir, et par le goût de son pays pour les fables; il peut montrer que l'auteur même est supposé. Mais ce qui le détermine le plus, c'est quand le livre est plein d'extravagances; il les réprouve, il les regarde avec dédain, en quelque temps et par quelques mains qu'elles aient été écrites.

S'il voit dans *Tite-Live* qu'un augure a coupé un caillou avec un rasoir, aux yeux d'un étranger nommé

Lucumon, devenu roi de Rome, il dit : ou *Tite-Live* a écrit une sottise, ou *Lucumon Tarquin* et l'augure étaient deux fripons qui trompaient le peuple, pour le mieux gouverner. En un mot, le sot copie, le pédant cite, et le savant juge.

M. *Toxotès* qui copie, et qui cite, et qui est incapable de juger, qui ne sait que dire des injures de batelier à un homme qu'il n'a jamais vu, a donc eu à faire à un cocher qui lui donne des coups de fouet qu'il méritait; et le bout de son fouet a sanglé *Warburton.*

Tout mon chagrin dans cette affaire est que personne n'ayant lu la diatribe de M. *Toxotès,* très peu de gens liront la réponse du neveu de l'abbé *Bazin ;* cependant le sujet est intéressant, il ne s'agit pas moins que des dames et des petits garçons de Babylone, des boucs de Mendès, de *Warburton,* et de l'immortalité de l'âme. Mais tous ces objets sont épuisés. Nous avons tant de livres, que la mode de lire est passée. Je compte qu'il s'imprime vingt mille feuilles au moins par mois en Europe. Moi qui suis grand lecteur, je n'en lis pas la quarantième partie ; que fera donc le reste du genre humain ? Je voudrais dans le fond de mon cœur, que le collège des cardinaux me remerciât d'avoir anathématisé un évêque anglican; que l'impératrice de Russie, le roi de Pologne, le roi de Prusse, le hospodar de Valachie, et le grand vizir, me fissent des compliments sur ma pieuse tendresse pour l'abbé *Bazin* mon oncle, qui a été fort connu d'eux. Mais ils ne m'en diront pas un mot, ils ne sauront rien de ma querelle. J'ai beau protester à la face de l'univers, que M. *Toxotès* ne sait ce qu'il dit, on me demande qui est M. *Toxotès,* et on ne m'écoute pas. Je remarque dans l'amertume de mon cœur, que toutes les disputes littéraires ont une pareille destinée. Le monde est devenu bien tiède; une sottise ne peut plus être célèbre; elle est étouffée le lendemain par cent sottises qui cèdent la place à d'autres. Les jésuites sont heureux; on parlera d'eux longtemps depuis La Rochelle jusqu'à Macao. *Vanitas vanitatum.*

CHAPITRE XVII

SUR LA MODESTIE DE WARBURTON, ET SUR SON SYSTÈME ANTI-MOSAÏQUE

La nature de l'homme est si faible, et on a tant d'affaires dans cette vie, que j'ai oublié, en parlant de ce cher *Warburton,* de remarquer combien cet évêque serait pernicieux à la religion chrétienne, et à toute religion, si mon oncle ne s'était pas opposé vigoureusement à sa hardiesse.

Les anciens sages, dit *Warburton, crurent légitime et utile au public de dire le contraire de ce qu'ils pensaient.*

L'utilité, et non la vérité, était le but de la religion.

Il a employé un chapitre entier à fortifier ce système par tous les exemples qu'il peut accumuler.

Remarquez que, pour prouver que les Juifs étaient une nation instruite par Dieu même, il dit que la doctrine de l'immortalité de l'âme, et d'un jugement après la mort, est d'une nécessité absolue, et que les Juifs ne la connaissaient pas. *Tout le monde,* dit-il *(all mankind), et spécialement des nations les plus savantes et les plus sages de l'Antiquité, sont convenues de ce principe.*

Voyez, mon cher lecteur, quelle horreur et quelle erreur dans ce peu de paroles qui font le sujet de son livre. Si tout l'univers, et particulièrement les nations les plus sages et les plus savantes, croyaient l'immortalité de l'âme, les Juifs, qui ne la croyaient pas, n'étaient donc qu'un peuple de brutes et d'insensés que Dieu ne conduisait pas. Voilà l'horreur dans un prêtre qui insulte les pauvres laïques. Hélas, que n'eût-il point dit contre un laïque qui eût avancé les mêmes propositions ! Voici maintenant l'erreur.

C'est que du temps que les Juifs étaient une petite horde de Bédouins, errante dans les déserts de l'Arabie Pétrée, on ne peut trouver que toutes les nations du monde crussent l'âme immortelle. L'abbé *Bazin* était persuadé, à la vérité, que cette opinion était reçue chez les Chaldéens, chez les Persans, chez les Égyptiens, c'est-à-dire chez les philosophes de ces nations ; mais il est certain que les Chinois n'en avaient aucune connaissance, et qu'il n'en est point parlé dans les cinq Kings, qui sont antérieurs de plusieurs siècles au temps de l'habitation des Juifs dans les déserts d'Oreb et de Cadès-Barné.

Comment donc ce *Warburton,* en avançant des choses si dangereuses, et en se trompant si grossièrement, a-t-il pu attaquer les philosophes, et particulièrement l'abbé *Bazin* dont il aurait dû rechercher le suffrage ?

N'attribuez cette inconséquence, mes frères, qu'à la vanité. C'est elle qui nous fait agir contre nos intérêts. La raison dit : nous hasardons une entreprise difficile, ayons des partisans. L'amour-propre crie : écrasons tout pour régner. On croit l'amour-propre; alors on finit par être écrasé soi-même.

J'ajouterai encore à ce petit appendice, que l'abbé *Bazin* est le premier qui ait prouvé que les Égyptiens sont un peuple très nouveau[1], quoiqu'ils soient beaucoup plus anciens que les Juifs. Nul savant n'a contredit la raison qu'il en apporte, c'est qu'un pays inondé quatre mois de l'année depuis qu'il est coupé par des canaux, devait être inondé au moins huit mois de l'année, avant que ces canaux eussent été faits. Or, un pays toujours inondé était inhabitable. Il a fallu des travaux immenses, et par conséquent une multitude de siècles, pour former l'Égypte.

Par conséquent les Syriens, les Babyloniens, les Persans, les Indiens, les Chinois, les Japonais, etc., durent être formés en corps de peuples très longtemps avant que l'Égypte pût devenir une habitation tolérable. On tirera de cette vérité les conclusions qu'on voudra, cela ne me regarde pas. Mais y a-t-il bien des gens qui se soucient de l'antiquité égyptienne ?

CHAPITRE XVIII

DES HOMMES DE DIFFÉRENTES COULEURS

Mon devoir m'oblige de dire que l'abbé *Bazin* admirait la sagesse éternelle dans cette profusion de variétés dont elle a couvert notre petit globe. Il ne pensait pas que les huîtres d'Angleterre fussent engendrées des crocodiles du Nil, ni que les girofliers des îles Moluques tirassent leur origine des sapins des Pyrénées. Il respectait également les barbes des Orientaux, et les mentons dépourvus à jamais de poil follet, que DIEU a donné aux Américains. Les yeux de perdrix des Albinos, leurs cheveux qui sont de la plus belle soie et du plus beau blond, la blancheur éclatante de leur peau, leurs longues oreilles, leur petite taille d'environ trois pieds et demi, le ravissaient en extase quand il les comparait aux Nègres leurs voisins, qui ont de la laine sur la tête, et de la barbe au menton, que DIEU a refusée aux Albinos. Il avait vu des hommes rouges, il en avait vu de couleur de cuivre, il avait manié le tablier qui pend aux Hottentots et aux Hottentotes depuis le nombril jusqu'à la moitié des cuisses. O profusion de richesses ! s'écriait-il. O que la nature est féconde !

Je suis bien aise de révéler ici aux cinq ou six lecteurs qui voudront s'instruire dans cette diatribe, que l'abbé *Bazin*[1] a été violemment attaqué dans un journal nommé *économique,* que j'ai acheté jusqu'à présent, et que je n'achèterai plus. J'ai été sensiblement affligé que cet économe, après m'avoir donné une recette infaillible contre les punaises et contre la rage, et après m'avoir appris le secret d'éteindre en un moment le feu d'une cheminée, s'exprime sur l'abbé *Bazin* avec une cruauté que vous allez voir.

« L'opinion de M. l'abbé *Bazin* qui croit, ou fait semblant de croire, qu'il y a plusieurs espèces d'hommes, est aussi absurde que celle de quelques philosophes païens, qui ont imaginé des atomes blancs et des atomes noirs, dont la réunion fortuite a produit divers hommes et divers animaux. »

M. l'abbé *Bazin* avait vu dans ses voyages une partie du *reticulum mucosum* d'un nègre, lequel était entièrement noir; c'est un fait connu de tous les anatomistes de l'Europe. Quiconque voudra faire disséquer un nègre (j'entends après sa mort) trouvera cette membrane muqueuse noire comme de l'encre, de la tête aux pieds. Or si ce réseau est noir chez les nègres, et blanc chez nous, c'est donc une différence spécifique. Or une différence spécifique entre deux races forme assurément deux races différentes. Cela n'a nul rapport aux atomes blancs et rouges d'*Anaxagore,* qui vivait environ deux mille trois cents ans avant mon oncle.

Il vit non seulement des nègres et des albinos qu'il examina très soigneusement, mais il vit aussi quatre rouges qui vinrent en France en 1725. Le même économe lui a nié ces rouges. Il prétend que les habitants des îles Caraïbes ne sont rouges que lorsqu'ils sont peints. On voit bien que cet homme-là n'a pas voyagé en Amérique. Je ne dirai pas que mon oncle y ait été, car je suis vrai; mais voici une lettre que je viens de recevoir d'un homme qui a résidé longtemps à la Guadeloupe, en qualité d'officier du roi.

Il y a réellement à la Guadeloupe, dans un quartier de la grande terre nommée le Pistolet, *dépendant de la paroisse de l'anse Bertrand, cinq ou six familles de Caraïbes dont la peau est de la couleur de notre cuivre rouge ; ils sont bien faits, et ont de longs cheveux. Je les ai vus deux fois. Ils se gouvernent par leurs propres lois, et ne sont point chrétiens. Tous les Caraïbes sont rougeâtres, etc.* Signé, *Rieu,* 20 mai 1767.

Le jésuite *Laffiteau*[1], qui avait vécu aussi chez les Caraïbes, convient que ces peuples sont rouges; mais il attribue en homme judicieux cette couleur à la passion qu'ont eue leurs mères de se peindre en rouge, comme il attribue la couleur des nègres au goût que les dames de Congo et d'Angola ont eu de se peindre en noir. Voici les paroles remarquables du jésuite :

« Ce goût général dans toute la nation, et la vue continuelle de semblables objets a dû faire impression sur les femmes enceintes, comme les baguettes de diverses couleurs sur les brebis de *Jacob*[2] : et c'est ce qui doit avoir contribué en premier lieu à rendre les uns noirs par nature, et les autres rougeâtres, tels qu'ils le sont aujourd'hui. »

Ajoutez à cette belle raison, que le jésuite *Laffiteau* prétend que les Caraïbes descendent en droite ligne des peuples de Carie; vous m'avouerez que c'est puissamment raisonner, comme dit l'abbé *Grizel*[3].

CHAPITRE XIX

DES MONTAGNES ET DES COQUILLES

J'avouerai ingénument que mon oncle avait le malheur d'être d'un sentiment opposé à celui d'un grand naturaliste[1] qui prétendait que c'est la mer qui a fait les montagnes; qu'après les avoir formées par son flux et son reflux, elle les a couvertes de ses flots, et qu'elle les a laissées toutes semées de ses poissons pétrifiés.

Voici, mon cher neveu, me disait-il, quelles sont mes raisons :

1° Si la mer par son flux avait d'abord fait un petit monticule de quelques pieds de sable, depuis l'endroit où est aujourd'hui le cap de Bonne-Espérance jusqu'aux dernières branches du mont Immaüs ou *Mérou*, j'ai grand'peur que le reflux n'eût détruit ce que le flux aurait formé.

2° Le flux de l'Océan a certainement amoncelé dans une longue suite de siècles les sables qui forment les dunes de Dunkerque et de l'Angleterre, mais il n'a pu en faire des rochers; et ces dunes sont fort peu élevées.

3° Si en six mille ans elle a formé des monticules de sable hauts de quarante pieds, il lui aura fallu juste trente millions d'années pour former la plus haute montagne des Alpes qui a vingt mille pieds de hauteur; supposé encore qu'il ne se soit point trouvé d'obstacle à cet arrangement, et qu'il y ait toujours eu du sable à point nommé.

4° Comment le flux de la mer, qui s'élève tout au plus à huit pieds de haut sur nos côtes, aura-t-il formé des montagnes hautes de vingt mille pieds ? et comment les aurait-il couvertes pour laisser des poissons sur les cimes ?

5° Comment les marées et les courants auront-ils formé des enceintes presque circulaires de montagnes, telles que celles qui entourent le royaume de Cachemire, le grand-duché de Toscane, la Savoie, et le pays de Vaud ?

6° Si la mer avait été pendant tant de siècles au-dessus

des montagnes, il aurait donc fallu que tout le reste du globe eût été couvert d'un autre océan égal en hauteur, sans quoi les eaux seraient retombées par leur propre poids. Or un océan qui pendant tant de siècles aurait couvert les montagnes des quatre parties du monde, aurait été égal à plus de quarante de nos océans d'aujourd'hui. Ainsi il faudrait nécessairement qu'il y eût trente-neuf océans au moins d'évanouis, depuis le temps où ces messieurs prétendent qu'il y a des poissons de mer pétrifiés sur le sommet des Alpes et du mont Ararat.

7° Considérez, mon cher neveu, que dans cette supposition des montagnes formées et couvertes par la mer, notre globe n'aurait été habité que par des poissons. C'est, je crois, l'opinion de *Telliamed*[1]. Il est difficile de comprendre que des marsouins aient produit des hommes.

8° Il est évident que si par impossible la mer eût si longtemps couvert les Pyrénées, les Alpes, le Caucase, il n'y aurait pas eu d'eau douce pour les bipèdes et les quadrupèdes. Le Rhin, le Rhône, la Saône, le Danube, le Pô, l'Euphrate, le Tigre, dont j'ai vu les sources, ne doivent leurs eaux qu'aux neiges et aux pluies qui tombent sur les cimes de ces rochers. Ainsi vous voyez que la nature entière réclame contre cette opinion.

9° Ne perdez point de vue cette grande vérité[2], que la nature ne se dément jamais. Toutes les espèces restent toujours les mêmes. Animaux, végétaux, minéraux, métaux, tout est invariable dans cette prodigieuse variété. Tout conserve son essence. L'essence de la terre est d'avoir des montagnes, sans quoi elle serait sans rivières; donc il est impossible que les montagnes ne soient pas aussi anciennes que la terre. Autant vaudrait-il dire que nos corps ont été longtemps sans têtes. Je sais qu'on parle beaucoup de coquilles. J'en ai vu tout comme un autre. Les bords escarpés de plusieurs fleuves et de quelques lacs en sont tapissés; mais je n'y ai jamais remarqué qu'elles fussent les dépouilles des monstres marins : elles ressemblent plutôt aux habits déchirés des moules, et d'autres petits crustacés de lacs et de rivières. Il y en a qui ne sont visiblement que du talc qui a pris des formes différentes dans la terre. Enfin nous avons mille productions terrestres qu'on prend pour des productions marines.

Je ne nie pas que la mer ne se soit avancée trente et quarante lieues dans le continent, et que des atterrissements ne l'aient contrainte de reculer. Je sais qu'elle baignait autrefois Ravenne, Fréjus, Aigues-Mortes, Alexandrie, Rosette, et qu'elle en est à présent fort éloignée. Mais de ce qu'elle a inondé et quitté tour à tour quelques lieues de terre, il ne faut pas en conclure qu'elle ait été partout. Ces pétrifications dont on parle tant, ces prétendues médailles de son long règne me sont fort suspectes. J'ai vu plus de mille cornes d'Ammon dans les champs, vers les Alpes. Je n'ai jamais pu concevoir qu'elles aient renfermé autrefois un poisson indien nommé *nautilus,* qui par parenthèse n'existe pas. Elles m'ont paru de simples fossiles tournés en volutes; et je n'ai pas été plus tenté de croire qu'elles avaient été le logement d'un poisson des mers de Surate, que je n'ai pris les *conchas Veneris* pour des chapelles de *Vénus,* et les pierres étoilées pour des étoiles. J'ai pensé avec plusieurs bons observateurs que la nature inépuisable dans ses ouvrages a pu très bien former une grande quantité de fossiles, que nous prenons mal à propos pour des productions marines. Si la mer avait dans la succession des siècles formé des montagnes de couches de sable et de coquilles, on en trouverait des lits d'un bout de la terre à l'autre; et c'est assurément ce qui n'est pas vrai : la chaîne des hautes montagnes de l'Amérique en est absolument dépourvue. Savez-vous ce qu'on répond à cette objection terrible ? *qu'on en trouvera un jour*. Attendons donc au moins qu'on en trouve.

Je suis même tenté de croire que ce fameux falun de Touraine n'est autre chose qu'une espèce de minière; car si c'était un amas de vraies dépouilles de poissons que la mer eût déposé par couches successivement et doucement dans ce canton, pendant quarante ou cinquante mille siècles, pourquoi n'en aurait-elle pas laissé autant en Bretagne et en Normandie ? certainement si elle a submergé la Touraine si longtemps, elle a couvert à plus forte raison les pays qui sont au-delà. Pourquoi donc ces prétendues coquilles dans un seul canton d'une seule province ? qu'on réponde à cette difficulté.

J'ai trouvé des pétrifications en cent endroits; j'ai vu quelques écailles d'huîtres pétrifiées à cent lieues de la mer. Mais j'ai vu aussi sous vingt pieds de terre des monnaies romaines, des anneaux de chevaliers, à plus de neuf cents milles de Rome, et je n'ai point dit : ces anneaux, ces espèces d'or et d'argent ont été fabriqués ici. Je n'ai point dit non plus : ces huîtres sont nées ici. J'ai dit : des voyageurs ont apporté ici des anneaux, de l'argent, et des huîtres.

Quand je lus il y a quarante ans qu'on avait trouvé dans les Alpes des coquilles de Syrie, je dis, je l'avoue, d'un ton un peu goguenard, que ces coquilles avaient été apparemment apportées par des pèlerins[1] qui revenaient de Jérusalem. M. de *Buffon* m'en reprit très vertement dans sa théorie de la terre, page 281. Je n'ai pas voulu me brouiller avec lui pour des coquilles; mais je suis demeuré dans mon opinion, parce que l'impossibilité que la mer ait formé les montagnes m'est démontrée. On a beau me dire que le porphyre est fait des pointes d'oursin, je le croirai quand je verrai que le marbre blanc est fait de plumes d'autruche.

Il y a plusieurs années qu'un Irlandais, jésuite secret, nommé *Needham,* qui disait avoir d'excellents microscopes, crut s'apercevoir qu'il avait fait naître des anguilles avec de l'infusion de blé ergoté dans des bouteilles. Aussitôt voilà des philosophes qui se persuadent que, si un jésuite a fait des anguilles sans germe, on pourra faire de même des hommes. On n'a plus besoin de la main du grand *Demiourgos ;* le maître de la nature n'est plus bon à rien. De la farine grossière produit des anguilles; une farine plus pure produira des singes, des hommes, et des ânes. Les germes sont inutiles : tout naîtra de soi-même. On bâtit sur cette expérience prétendue un nouvel univers; comme nous faisions[2] un monde il y a cent ans avec la matière subtile, la globuleuse, et la cannelée. Un mauvais plaisant, mais qui raisonnait bien, dit qu'il y avait là anguille sous roche, et que la fausseté se découvrirait bientôt.

Il en avait été de même autrefois. Les vers se formaient par corruption dans la viande exposée à l'air. Les philosophes ne soupçonnaient pas que ces vers pouvaient venir des mouches qui déposaient leurs œufs sur cette viande, et que ces œufs deviennent des vers avant d'avoir des ailes. Les cuisiniers enfermèrent leurs viandes dans des treillis de toiles, alors plus de vers, plus de génération par corruption.

J'ai combattu quelquefois de pareilles chimères, et surtout celle du jésuite *Needham*. Un des grands agréments de ce monde eſt que chacun puisse avoir son sentiment sans altérer l'union fraternelle. Je puis eſtimer la vaſte érudition de M. de *Guignes,* sans lui sacrifier les Chinois, que je croirai toujours la première nation de la terre qui ait été civilisée après les Indiens. Je fais rendre juſtice aux vaſtes connaissances, et au génie de M. de *Buffon,* en étant fortement persuadé que les montagnes sont de la date de notre globe, et de toutes les choses, et même en ne croyant point aux molécules organiques. Je puis avouer que le jésuite *Needham,* déguisé heureusement en laïque, a eu des microscopes; mais je n'ai point prétendu le blesser, en doutant qu'il eût créé des anguilles avec de la farine.

Je conserve l'esprit de charité avec tous les doctes, jusqu'à ce qu'ils me disent des injures, ou qu'ils me jouent quelque mauvais tour. Car l'homme eſt fait de façon qu'il n'aime point du tout à être vilipendé et vexé. Si j'ai été un peu goguenard, et si j'ai par là déplu autrefois à un philosophe lapon qui voulait qu'on perçât un trou jusqu'au centre de la terre, qu'on disséquât des cervelles de géants pour connaître l'essence de la pensée, qu'on exaltât son âme pour prédire l'avenir, et qu'on enduisît tous les malades de poix résine, c'eſt que ce Lapon m'avait horriblement moleſté; et cependant j'ai bien demandé pardon à Dieu de l'avoir tourné en ridicule; car il ne faut pas affliger son prochain : c'eſt manquer à la raison universelle.

Au reſte j'ai toujours pris le parti des pauvres gens de lettres, quand ils ont été injuſtement persécutés : quand, par exemple, on a juridiquement accusé les auteurs d'un dictionnaire en vingt volumes in-folio d'avoir composé ce dictionnaire pour faire enchérir le pain, j'ai beaucoup crié à l'injuſtice.

Ce discours de mon bon oncle me fit verser des larmes de tendresse.

CHAPITRE XX

DES TRIBULATIONS DE CES PAUVRES GENS DE LETTRES

Quand mon oncle m'eut ainsi attendri, je pris la liberté de lui dire : vous avez couru une carrière bien épineuse; je sens qu'il vaut mieux être receveur des finances, ou fermier général, ou évêque, qu'homme de lettres : car enfin, quand vous eûtes appris le premier aux Français, que les Anglais et les Turcs donnaient la petite vérole à leurs enfants pour les en préserver, vous savez que tout le monde se moqua de vous. Les uns vous prirent pour un hérétique, les autres pour un musulman. Ce fut bien pis, lorsque vous vous mêlâtes d'expliquer les découvertes de *Newton* dont les écoles welches n'avaient pas encore entendu parler; on vous fit passer pour un ennemi de la France. Vous hasardâtes de faire quelques tragédies. *Zaïre, Oreste, Sémiramis, Mahomet,* tombèrent à la première représentation. Vous souvenez-vous, mon cher oncle, comme votre *Adélaïde du Guesclin* fut sifflée d'un bout à l'autre ? quel plaisir c'était ! Je me trouvai à la chute de *Tancrède ;* on disait en pleurant et en sanglotant, ce pauvre homme n'a jamais rien fait de si mauvais.

Vous fûtes assailli en divers temps d'environ sept cents cinquante brochures, dans lesquelles les uns disaient, pour prouver que *Mérope* et *Alzire* sont des tragédies détestables, que monsieur votre père, qui fut mon grand-père, était un paysan[1]; et d'autres qu'il était revêtu de la dignité de guichetier porte-clefs du parlement de Paris, charge importante dans l'État, mais de laquelle je n'ai jamais entendu parler, et qui n'aurait d'ailleurs que peu de rapport avec *Alzire* et *Mérope,* ni avec le reste de l'univers, que tout faiseur de brochure doit, comme vous l'avez dit, avoir toujours devant les yeux.

On vous attribuait l'excellent livre intitulé *les Hommes*[2] (je ne sais ce que c'est que ce livre, ni vous non plus) et plusieurs poèmes immortels, comme la *Chandelle d'Arras,* et la *Poule à ma tante,* et le second tome de *Candide,* et le

Compère Matthieu. Combien de lettres anonymes avez-vous reçues ? combien de fois vous a-t-on écrit, *donnez-moi de l'argent, ou je ferai contre vous une brochure.* Ceux mêmes à qui vous avez fait l'aumône n'ont-ils pas quelquefois témoigné leur reconnaissance par quelque satire bien mordante ?

Ayant passé ainsi par toutes les épreuves, dites-moi, je vous prie, mon cher oncle, quels sont les ennemis les plus implacables, les plus bas, les plus lâches dans la littérature, et les plus capables de nuire ?

Le bon abbé *Bazin* me répondit en soupirant : mon neveu, après les théologiens, les chiens les plus acharnés à suivre leur proie sont les folliculaires; et après les folliculaires, marchent les faiseurs de cabale au théâtre. Les critiques en histoire et en physique ne font pas grand bruit. Gardez-vous surtout, mon neveu, du métier de *Sophocle* et d'*Euripide ;* à moins que vous ne fassiez vos tragédies en latin, comme *Grotius,* qui nous a laissé ces belles pièces entièrement ignorées d'*Adam chassé,* de *Jésus patient,* et de *Joseph* sous le nom de *Sosonsoné* qu'il croit un mot égyptien.

Hé pourquoi, mon oncle, ne voulez-vous pas que je fasse des tragédies si j'en ai le talent ? Tout homme peut apprendre le latin et le grec, ou la géométrie, ou l'anatomie; tout homme peut écrire l'histoire; mais il est très rare, comme vous savez, de trouver un bon poète. Ne serait-ce pas un vrai plaisir de faire de grands vers boursouflés dans lesquels des *héros déplorables* rimeraient avec des *exemples mémorables,* et les *forfaits et les crimes* avec les *cœurs magnanimes,* et les *justes dieux* avec les *exploits glorieux ?* Une fière actrice ferait ronfler ce galimatias, elle serait applaudie par cent jeunes courtauds de boutique, et elle me dirait après la pièce : sans moi vous auriez été sifflé, vous me devez votre gloire. J'avoue qu'un pareil succès tourne la tête quand on a une noble ambition.

O mon neveu, me répliqua l'abbé *Bazin,* je conviens que rien n'est plus beau; mais souvenez-vous comment l'auteur de *Cinna,* qui avait appris à la nation à penser et à s'exprimer, fut traité par *Claveret,* par *Chapelain,* par *Scudéri,* gouverneur de Notre-Dame de la Garde, et par l'abbé d'*Aubignac,* prédicateur du roi.

Songez que le prédicateur, auteur de la plus mauvaise

tragédie de ce temps[1], et qui pis est d'une tragédie en prose, appelle Corneille *Mascarille ;* il n'est fait, selon le prédicateur, que pour vivre avec les portiers de comédie : *Corneille piaille toujours, ricane toujours, et ne dit jamais rien qui vaille.*

Ce sont là les honneurs qu'on rendait à celui qui avait tiré la France de la barbarie; il était réduit pour vivre à recevoir une pension du cardinal de *Richelieu* qu'il nomme *son maître.* Il était forcé de rechercher la protection de *Montauron,* de lui dédier *Cinna,* de comparer dans son épître dédicatoire *Montauron* à *Auguste ;* et *Montauron* avait la préférence.

Jean Racine égal à *Virgile* pour l'harmonie et la beauté du langage, supérieur à *Euripide* et à *Sophocle ; Racine* le poète du cœur, et d'autant plus sublime qu'il ne l'est que quand il faut l'être; *Racine* le seul poète tragique de son temps dont le génie ait été conduit par le goût; *Racine* le premier homme du siècle de *Louis XIV* dans les beaux-arts, et la gloire éternelle de la France; a-t-il essuyé moins de dégoût et d'opprobre ? tous ses chefs-d'œuvre ne furent-ils pas parodiés à la farce dite *italienne ? Visé,* l'auteur du *Mercure galant,* ne se déchaîna-t-il pas toujours contre lui ? *Subligni* ne prétendit-il pas le tourner en ridicule ? vingt cabales ne s'élevèrent-elles pas contre tous ses ouvrages ? n'eut-il pas toujours des ennemis, jusqu'à ce qu'enfin le jésuite *La Chaise* le rendît suspect de jansénisme auprès du roi, et le fît mourir de chagrin ? Mon neveu, la mode n'est plus d'accuser de jansénisme; mais si vous avez le malheur de travailler pour le théâtre, et de réussir, on vous accusera d'être athée.

Ces paroles de mon bon oncle se gravèrent dans mon cœur. J'avais déjà commencé une tragédie; je l'ai jetée au feu, et je conseille à tous ceux qui ont la manie de travailler en ce genre d'en faire autant.

CHAPITRE XXI

DES SENTIMENTS THÉOLOGIQUES DE FEU L'ABBÉ BAZIN. DE LA JUSTICE QU'IL RENDAIT A L'ANTIQUITÉ; ET DES QUATRE DIATRIBES COMPOSÉES PAR LUI A CET EFFET

Pour mieux faire connaître la piété et l'équité de l'abbé *Bazin,* je suis bien aise de publier ici quatre diatribes de sa façon, composées seulement pour sa satisfaction particulière. La première est sur la cause et les effets. La seconde traite de *Sanchoniathon,* l'un des plus anciens écrivains qui aient *mis la plume à la main* pour écrire gravement des sottises. La troisième est sur l'Égypte, dont il faisait assez peu de cas (ce n'est pas de sa diatribe dont il faisait peu de cas, c'est de l'Égypte). Dans la quatrième, il s'agit d'un ancien peuple à qui on coupa le nez, et qu'on envoya dans le désert. Cette dernière élucubration est très curieuse et très instructive.

PREMIÈRE DIATRIBE DE L'ABBÉ BAZIN

SUR LA CAUSE PREMIÈRE

Un jour le jeune *Madétès* se promenait vers le port du Pirée; il rencontra *Platon* qu'il n'avait point encore vu. *Platon* lui trouvant une physionomie heureuse lia conversation avec lui; il découvrit en lui un sens assez droit. *Madétès* avait été instruit dans les belles-lettres; mais il ne savait rien, ni en physique, ni en géométrie, ni en astronomie. Cependant il avoua à *Platon* qu'il était épicurien.

Mon fils, lui dit *Platon, Épicure* était un fort honnête homme; il vécut et il mourut en sage. Sa volupté, dont on a parlé si diversement, consistait à éviter les excès. Il recommanda l'amitié à ses disciples, et jamais précepte n'a été mieux observé. Je voudrais faire autant de cas de sa philosophie que de ses mœurs. Connaissez-vous bien à fond la doctrine d'*Épicure ? Madétès* lui répondit ingénument qu'il ne l'avait point étudiée. Je sais seulement, dit-il, que les dieux ne se sont jamais mêlés de rien; et que le principe de toute chose est dans les atomes, qui se sont arrangés d'eux-mêmes, de façon qu'ils ont produit ce monde tel qu'il est.

PLATON

Ainsi donc, mon fils, vous ne croyez pas que ce soit une intelligence qui ait présidé à cet univers dans lequel il y a tant d'êtres intelligents ? voudriez-vous bien me dire quelle est votre raison d'adopter cette philosophie ?

MADÉTÈS

Ma raison est que je l'ai toujours entendu dire à mes amis, et à leurs maîtresses avec qui je soupe; je m'accommode fort de leurs atomes. Je vous avoue que je n'y entends rien; mais cette doctrine m'a paru aussi bonne qu'une autre : il faut bien avoir une opinion quand on commence à fréquenter la bonne compagnie. J'ai beaucoup d'envie de m'instruire; mais il m'a paru jusqu'ici plus commode de penser sans rien savoir.

Platon lui dit : Si vous avez quelque désir de vous éclairer, je suis magicien, et je vous ferai voir des choses fort extraordinaires; ayez seulement la bonté de m'accompagner à ma maison de campagne, qui est à cinq cents pas d'ici, et peut-être ne vous repentirez-vous pas de votre complaisance. *Madétès* le suivit avec transport. Dès qu'ils furent arrivés, *Platon* lui montra un squelette; le jeune homme recula d'horreur à ce spectacle nouveau pour lui. *Platon* lui parla en ces termes :

Considérez bien cette forme hideuse qui semble être le rebut de la nature; et jugez de mon art par tout ce que je vais opérer avec cet assemblage informe, qui vous a paru si abominable.

Premièrement, vous voyez cette espèce de boule qui semble couronner tout ce vilain assemblage. Je vais faire passer par la parole dans le creux de cette boule une substance moelleuse et douce, partagée en mille petites ramifications, que je ferai descendre imperceptiblement par cette espèce de long bâton à plusieurs nœuds que vous voyez attaché, et qui se termine en pointe dans un creux. J'adapterai au haut de ce bâton un tuyau par lequel je ferai entrer l'air, au moyen d'une soupape qui pourra jouer sans cesse ; et bientôt après vous verrez cette fabrique se remuer d'elle-même.

A l'égard de tous ces autres morceaux informes qui vous paraissent comme des restes d'un bois pourri, et qui semblent être sans utilité comme sans force et sans grâce, je n'aurai qu'à parler, et ils seront mis en mouvement par des espèces de cordes d'une structure inconcevable. Je placerai au milieu de ces cordes une infinité de canaux remplis d'une liqueur qui, en passant par des tamis, se changera en plusieurs liqueurs différentes, et coulera dans toute la machine vingt fois par heure. Le tout sera recouvert d'une étoffe blanche, moelleuse, et fine. Chaque partie de cette machine aura un mouvement particulier qui ne se démentira point. Je placerai entre ces demi-cerceaux, qui ne semblent bons à rien, un gros réservoir fait à peu près comme une pomme de pin : ce réservoir se contractera et se dilatera chaque moment avec une force étonnante. Il changera la couleur de la liqueur qui passera dans toute la machine. Je placerai non loin de lui un sac percé en deux endroits, qui ressemblera au tonneau des Danaïdes. Il se remplira et se videra sans cesse; mais il ne se remplira que de ce qui est nécessaire, et ne se videra que du superflu. Cette machine fera un si étonnant laboratoire de chimie, un si profond ouvrage de mécanique et d'hydraulique, que ceux qui l'auront étudié ne pourront jamais le comprendre. De petits mouvements y produiront une force prodigieuse : il sera impossible à l'art humain d'imiter l'artifice qui dirigera cet automate. Mais ce qui vous surprendra davantage, c'est que cet automate s'étant approché d'une figure à peu près semblable, il s'en formera une troisième figure. Ces machines auront des idées; elles raisonneront, elles parleront comme vous; elles pourront mesurer le ciel et la terre. Mais je ne vous ferai point voir cette rareté, si vous ne me promettez que quand vous l'aurez vue, vous avouerez que j'ai beaucoup d'esprit et de puissance.

MADÉTÈS

Si la chose eſt ainsi, j'avouerai que vous en savez plus qu'*Épicure,* et que tous les philosophes de la Grèce.

PLATON

Hé bien, tout ce que je vous ai promis eſt fait. Vous êtes cette machine, c'eſt ainsi que vous êtes formé, et je ne vous ai pas montré la millième partie des ressorts qui composent votre exiſtence; tous ces ressorts sont exactement proportionnés les uns aux autres; tous s'aident réciproquement : les uns conservent la vie, les autres la donnent, et l'espèce se perpétue de siècle en siècle par un artifice qu'il n'eſt pas possible de découvrir. Les plus vils animaux sont formés avec un appareil non moins admirable, et les sphères céleſtes se meuvent dans l'espace avec une mécanique encore plus sublime : jugez après cela si un être intelligent n'a pas formé le monde, si vos atomes n'ont pas eu besoin de cette cause intelligente.

Madétès étonné demanda au magicien qui il était. *Platon* lui dit son nom : le jeune homme tomba à genoux, adora DIEU, et aima *Platon* toute sa vie.

Ce qu'il y a de très remarquable pour nous, c'eſt qu'il vécut avec les épicuriens comme auparavant. Ils ne furent point scandalisés qu'il eût changé d'avis. Il les aima, il en fut toujours aimé. Les gens de sectes différentes soupaient ensemble gaiement chez les Grecs et chez les Romains. C'était le bon temps.

SECONDE DIATRIBE DE L'ABBÉ BAZIN

DE SANCHONIATHON

SANCHONIATHON ne peut être un auteur supposé. On ne suppose un ancien livre que dans le même esprit qu'on forge d'anciens titres pour fonder quelque prétention disputée. On employa autrefois des fraudes pieuses pour appuyer des vérités qui n'avaient pas besoin de ce malheureux secours. De zélés indiscrets forgèrent de très mauvais vers grecs attribués aux sibylles, des lettres de *Pilate,* et l'histoire du magicien *Simon* qui tomba du haut des airs aux yeux de *Néron.* C'est dans le même esprit qu'on imagina la donation de *Constantin* et les fausses décrétales. Mais ceux dont nous tenons les fragments de *Sanchoniathon,* ne pouvaient avoir aucun intérêt à faire cette lourde friponnerie. Que pouvait gagner *Philon de Byblos* qui traduisit en grec *Sanchoniathon,* à mettre cette histoire et cette cosmogonie sous le nom de ce Phénicien ? c'est à peu près comme si on disait qu'*Hésiode* est un auteur supposé.

Eusèbe de Césarée, qui rapporte plusieurs fragments de cette traduction faite par *Philon de Byblos,* ne s'avisa jamais de soupçonner que *Sanchoniathon* fût un auteur apocryphe. Il n'y a donc nulle raison de douter que sa cosmogonie ne lui appartienne.

Ce *Sanchoniathon* vivait à peu près dans le temps où nous plaçons les dernières années de *Moïse.* Il n'avait probablement aucune connaissance de *Moïse,* puisqu'il n'en parle pas, quoiqu'il fût dans son voisinage. S'il en avait parlé, *Eusèbe* n'eût pas manqué de le citer comme un témoignage authentique des prodiges opérés par *Moïse. Eusèbe* aurait insisté d'autant plus sur ce témoignage, que ni *Manéthon,* ni *Cheremon,* auteurs égyptiens, ni *Ératosthène,* ni *Hérodote,* ni *Diodore de Sicile,* qui ont tant écrit sur l'Égypte, trop occupés d'autres objets, n'ont jamais dit un seul mot de ces fameux et terribles miracles qui durent laisser d'eux une mémoire durable, et effrayer les hommes de siècle en siècle. Ce silence de *Sanchoniathon* a même fait soupçonner très justement à plusieurs docteurs qu'il vivait avec *Moïse.*

Ceux qui le font contemporain de *Gédéon* n'appuient leur sentiment que sur un abus des paroles de *Sanchoniathon* même. Il avoue qu'il a consulté le grand prêtre *Jérombal.* Or ce *Jérombal,* disent nos critiques, est vraisemblablement *Gédéon.* Mais pourquoi, s'il vous plaît, ce *Jérombal* était-il *Gédéon ?* Il n'est point dit que *Gédéon* fût prêtre. Si le Phénicien avait consulté le Juif, il aurait parlé de *Moïse,* et des conquêtes de *Josué.* Il n'aurait pas admis une cosmogonie absolument contraire à la Genèse : il aurait parlé d'*Adam ;* il n'aurait pas imaginé des générations entièrement différentes de celles que la Genèse a consacrées.

Cet ancien auteur phénicien avoue en propres mots, qu'il a tiré une partie de son histoire des écrits de *Thaut,* qui florissait huit cents ans avant lui. Cet aveu, auquel on ne fait pas assez d'attention, est un des plus curieux témoignages que l'Antiquité nous ait transmis. Il prouve qu'il y avait donc déjà huit cents ans qu'on avait des livres écrits avec le secours de l'alphabet; que les nations cultivées pouvaient par ce secours s'entendre les unes les autres, et traduire réciproquement leurs ouvrages. *Sanchoniathon* entendait les livres de *Thaut* écrits en langue égyptienne. Le premier *Zoroastre* était beaucoup plus ancien; et ses livres étaient la catéchèse des Persans. Les Chaldéens, les Syriens, les Persans, les Phéniciens, les Égyptiens, les Indiens, devaient nécessairement avoir commerce ensemble; et l'écriture alphabétique devait faciliter ce commerce. Je ne parle pas des Chinois qui étaient depuis longtemps un grand peuple, et composaient un monde séparé.

Chacun de ces peuples avait déjà son histoire. Lorsque les Juifs entrèrent dans le pays voisin de la Phénicie, ils pénétrèrent jusqu'à la ville de Dabir, qui s'appelait autrefois la ville des lettres. *Alors Caleb dit : je donnerai ma fille Axa pour femme à celui qui prendra Eta et qui ruinera la ville des lettres. Et Othoniel fils de Cenès, frère puîné de Caleb, l'ayant prise, il lui donna pour femme sa fille Axa.*

Il paraît par ce passage que *Caleb* n'aimait pas les gens de lettres : mais si on cultivait les sciences anciennement dans cette petite ville de Dabir, combien devaient-elles être en honneur dans la Phénicie, dans Sidon et dans Tyr, qui étaient appelés *le pays des livres, le pays des archives,* et qui enseignèrent leur alphabet aux Grecs ?

Ce qui est fort étrange, c'est que *Sanchoniathon* qui commence son histoire au même temps où commence la Genèse, et qui compte le même nombre de générations, ne fait pas cependant plus de mention du déluge que les Chinois. Comment la Phénicie, ce pays si renommé par ses expéditions maritimes, ignorait-elle ce grand événement ?

Cependant l'Antiquité le croyait; et la magnifique description qu'en fait *Ovide,* est une preuve que cette idée était bien générale; car, de tous les récits qu'on trouve dans les *Métamorphoses* d'*Ovide,* il n'en est aucun qui soit de son invention. On prétend même que les Indiens avaient déjà parlé d'un déluge universel avant celui de *Deucalion.* Plusieurs brachmanes croyaient, dit-on, que la terre avait essuyé trois déluges.

Il n'en est rien dit dans l'Ézour-Veidam, ni dans le Cormo-Veidam que j'ai lus avec une grande attention; mais plusieurs missionnaires, envoyés dans l'Inde, s'accordent à croire que les brames reconnaissaient plusieurs déluges. Il est vrai que chez les Grecs on ne connaissait que les deux déluges particuliers d'*Ogygès* et de *Deucalion.* Le seul auteur grec connu, qui ait parlé d'un déluge universel, est *Apollodore,* qui n'est antérieur à notre ère que d'environ cent quarante ans. Ni *Homère,* ni *Hésiode,* ni *Hérodote,* n'ont fait mention du déluge de *Noé ;* et le nom de *Noé* ne se trouve chez aucun ancien auteur profane.

La mention de ce déluge universel, faite en détail et avec toutes ses circonstances, n'est que dans nos livres sacrés. Quoique *Vossius* et plusieurs autres savants aient prétendu que cette inondation n'a pu être universelle, il ne nous est pas permis d'en douter. Je ne rapporte la cosmogonie de *Sanchoniathon* que comme un ouvrage profane. L'auteur de la Genèse était inspiré, et *Sanchoniathon* ne l'était pas. L'ouvrage de ce Phénicien n'est qu'un monument précieux des anciennes erreurs des hommes.

C'est lui qui nous apprend qu'un des premiers cultes établis sur la terre fut celui des productions de la terre même; et qu'ainsi les oignons étaient consacrés en Égypte bien longtemps avant les siècles auxquels nous rapportons l'établissement de cette coutume. Voici les paroles de *Sanchoniathon :* « Ces anciens hommes consacrèrent des plantes que la terre avait produites; ils les crurent divines : eux et leur postérité et leurs ancêtres révérèrent les choses qui les faisaient vivre; ils leur offrirent leur boire et leur manger. Ces inventions et ce culte étaient conformes à leur faiblesse et à la pusillanimité de leur esprit. »

Ce passage si curieux prouve invinciblement que les Égyptiens adoraient leurs oignons longtemps avant *Moïse ;* et il est étonnant qu'aucun livre hébraïque ne reproche ce culte aux Égyptiens. Mais voici ce qu'il faut considérer. *Sanchoniathon* ne parle point expressément de Dieu dans sa cosmogonie : tout chez lui semble avoir son origine dans le chaos; et ce chaos est débrouillé par l'esprit vivifiant qui se mêle avec les principes de la nature. Il pousse la hardiesse de son système jusqu'à dire *que des animaux qui n'avaient point de sens, engendrèrent des animaux intelligents.*

Il n'est pas étonnant, après cela, qu'il reproche aux Égyptiens d'avoir consacré des plantes. Pour moi, je crois que ce culte des plantes, utiles à l'homme, n'était pas d'abord si ridicule que *Sanchoniathon* se l'imagine. *Thaut,* qui gouvernait une partie de l'Égypte, et qui avait établi la théocratie huit cents ans avant l'écrivain phénicien, était à la fois prêtre et roi. Il était impossible qu'il adorât un oignon comme le maître du monde; et il était impossible qu'il présentât des offrandes d'oignons à un oignon; cela eût été trop absurde, trop contradictoire : mais il est très naturel qu'on remerciât les dieux du soin qu'ils prenaient de substanter notre vie, qu'on leur consacrât longtemps les plantes les plus délicieuses de l'Égypte, et qu'on révérât dans ces plantes les bienfaits des dieux. C'est ce qu'on pratiquait de temps immémorial dans la Chine et dans les Indes.

J'ai déjà dit ailleurs[1] qu'il y a une grande différence entre un oignon consacré et un oignon dieu. Les Égyptiens, après *Thaut,* consacrèrent des animaux; mais certainement ils ne croyaient pas que ces animaux eussent formé le ciel et la terre. Le serpent d'airain, élevé par *Moïse,* était consacré; mais on ne le regardait pas comme une divinité. Le térébinthe d'*Abraham,* le chêne de *Membré,* étaient consacrés, et on fit des sacrifices dans la place même où avaient été ces arbres jusqu'au temps de *Constantin ;* mais ils n'étaient point des dieux. Les chérubins de l'arche étaient sacrés, et n'étaient pas adorés.

Les prêtres égyptiens, au milieu de toutes leurs superstitions, reconnurent un maître souverain de la nature; ils l'appelaient *Knef* ou *Knufi ;* ils le représentaient par un globe. Les Grecs traduisirent le mot *Knef* par celui de *Demiourgos, artisan suprême, faiseur du monde.*

Ce que je crois très vraisemblable et très vrai, c'est que les premiers législateurs étaient des hommes d'un grand sens. Il faut deux choses pour instituer un gouvernement :

un courage, et un bon sens, supérieurs à ceux des autres hommes. Ils imaginent rarement des choses absurdes et ridicules, qui les exposeraient au mépris et à l'insulte. Mais qu'est-il arrivé chez presque toutes les nations de la terre, et surtout chez les Égyptiens ? Le sage commence par consacrer à DIEU le bœuf qui laboure la terre; le sot peuple adore à la fin le bœuf, et les fruits même que la nature a produits. Quand cette superstition est enracinée dans l'esprit du vulgaire, il est bien difficile au sage de l'extirper.

Je ne doute pas même que quelque schoen d'Égypte n'ait persuadé aux femmes et aux filles des bateliers du Nil, que les chats et les oignons étaient de vrais dieux. Quelques philosophes en auront douté; et sûrement ces philosophes auront été traités de petits esprits insolents et de blasphémateurs : ils auront été anathématisés et persécutés. Le peuple égyptien regarda comme un athée le Persan *Cambyse,* adorateur d'un seul Dieu, lorsqu'il fit mettre le bœuf *Apis* à la broche. Quand *Mahomet* s'éleva dans La Mecque contre le culte des étoiles, quand il dit qu'il ne fallait adorer qu'un Dieu unique dont les étoiles étaient l'ouvrage, il fut chassé comme un athée, et sa tête fut mise à prix. Il avait tort avec nous, mais il avait raison avec les Mecquois.

Que conclurons-nous de cette petite excursion sur *Sanchoniathon ?* qu'il y a longtemps qu'on se moque de nous; mais qu'en fouillant dans les débris de l'Antiquité, on peut encore trouver sous ces ruines quelques monuments précieux, utiles à qui veut s'instruire des sottises de l'esprit humain.

TROISIÈME DIATRIBE DE L'ABBÉ BAZIN

SUR L'ÉGYPTE

J'AI vu les pyramides, et n'en ai point été émerveillé. J'aime mieux les fours à poulets, dont l'invention est, dit-on, aussi ancienne que les pyramides. Une petite chose utile me plaît; une monstruosité qui n'est qu'étonnante, n'a nul mérite à mes yeux. Je regarde ces monuments comme des jeux de grands enfants qui ont voulu faire quelque chose d'extraordinaire, sans imaginer d'en tirer le moindre avantage. Les établissements des Invalides, de Saint-Cyr, de l'École militaire, sont des monuments d'hommes.

Quand on m'a voulu faire admirer les restes de ce fameux labyrinthe, de ces palais, de ces temples, dont on parle avec tant d'emphase, j'ai levé les épaules de pitié; je n'ai vu que des piliers sans proportions, qui soutenaient de grandes pierres plates; nul goût d'architecture, nulle beauté; du vaste, il est vrai, mais du grossier. Et j'ai remarqué[1] (je l'ai dit ailleurs) que les Égyptiens n'ont jamais eu rien de beau que de la main des Grecs. Alexandrie seule, bâtie par les Grecs, a fait la gloire véritable de l'Égypte.

A l'égard de leurs sciences, si dans leur vaste bibliothèque ils avaient eu quelque bon livre d'érudition, les Grecs et les Romains les auraient traduits. Non seulement nous n'avons aucune traduction, aucun extrait de leurs livres de philosophie, de morale, de belles-lettres, mais rien ne nous apprend qu'on ait jamais daigné en faire.

Quelle idée peut-on se former de la science et de la sagacité d'un peuple qui ne connaissait pas même la source de son fleuve nourricier ? Les Éthiopiens qui subjuguèrent deux fois ce peuple mou, lâche, et superstitieux, auraient dû lui apprendre au moins que les sources du Nil étaient en Éthiopie. Il est plaisant que ce soit un jésuite portugais qui ait découvert ces sources.

Ce qu'on a vanté du gouvernement égyptien me paraît absurde et abominable. Les terres, dit-on, étaient divisées en trois portions. La première appartenait aux prêtres, la seconde aux rois, et la troisième aux soldats. Si cela est, il est clair que le gouvernement avait été d'abord et très longtemps théocratique, puisque les prêtres avaient pris pour eux la meilleure part. Mais comment les rois souffraient-ils cette distribution ? apparemment ils ressemblaient aux rois fainéants : et comment les soldats ne détruisirent-ils pas cette administration ridicule ? Je me flatte que les Persans, et après eux les *Ptolémées,* y mirent bon ordre; et je suis bien aise qu'après les *Ptolémées,* les Romains, qui réduisirent l'Égypte en province de l'empire, aient rogné la portion sacerdotale.

Tout le reste de cette petite nation, qui n'a jamais monté à plus de trois ou quatre millions d'hommes, n'était donc qu'une foule de sots esclaves. On loue beaucoup la loi par laquelle chacun était obligé d'exercer la profession de son père. C'était le vrai secret d'anéantir tous les talents. Il fallait que celui qui aurait été un bon médecin ou un sculpteur habile, restât berger ou vigneron; que le poltron, le faible, restât soldat; et qu'un sacristain, qui serait devenu un bon général d'armée, passât sa vie à balayer un temple.

La superstition de ce peuple est sans contredit ce qu'il y a jamais eu de plus méprisable. Je ne soupçonne point ses rois et ses prêtres d'avoir été assez imbéciles pour adorer sérieusement des crocodiles, des boucs, des singes, et des chats; mais ils laissèrent le peuple s'abrutir dans un culte qui le mettait fort au-dessous des animaux qu'il adorait. Les *Ptolémées* ne purent déraciner cette superstition abominable, ou ne s'en soucièrent pas. Les grands abandonnent le peuple à sa sottise, pourvu qu'il obéisse. *Cléopâtre* ne s'inquiétait pas plus des superstitions de l'Égypte, qu'*Hérode* de celles de la Judée.

Diodore rapporte que du temps de *Ptolémée Aulète*, il vit le peuple massacrer un Romain qui avait tué un chat par mégarde. La mort de ce Romain fut bien vengée, quand les Romains dominèrent. Il ne reste, DIEU merci, de ces malheureux prêtres d'Égypte, qu'une mémoire qui doit être à jamais odieuse. Apprenons à ne pas prodiguer notre estime.

QUATRIÈME DIATRIBE DE L'ABBÉ BAZIN

SUR UN PEUPLE A QUI ON A COUPÉ LE NEZ ET LAISSÉ LES OREILLES

IL y a bien des sortes de fables; quelques-unes ne sont que l'histoire défigurée, comme tous les anciens récits de batailles, et les faits gigantesques dont il a plu à presque tous les historiens d'embellir leurs chroniques.

D'autres fables sont des allégories ingénieuses. Ainsi *Janus* a un double visage qui représente l'année passée et l'année commençante. *Saturne* qui dévore ses enfants, est le temps qui détruit tout ce qu'il a fait naître. Les Muses, filles de la mémoire, vous enseignent que sans mémoire on n'a point d'esprit; et que, pour combiner des idées, il faut commencer par retenir des idées. *Minerve,* formée dans le cerveau du maître des dieux, n'a pas besoin d'explication. *Vénus* la déesse de la beauté, accompagnée des Grâces, et mère de l'Amour, la ceinture de la mère, les flèches et le bandeau du fils, tout cela parle assez de soi-même.

Des fables qui ne disent rien du tout, comme *Barbe bleue* et les *Contes d'Hérodote,* sont le fruit d'une imagination grossière et déréglée qui veut amuser des enfants, et même malheureusement des hommes : l'*Histoire des deux voleurs* qui venaient toutes les nuits prendre l'argent du roi *Rampsinitus,* et de la fille du roi, qui épousa un des deux voleurs, l'*Anneau de Gygès* et cent autres facéties, sont indignes d'une attention sérieuse.

Mais il faut avouer qu'on trouve dans l'ancienne histoire des traits assez vraisemblables qui ont été négligés dans la foule, et dont on pourrait tirer quelques lumières. *Diodore de Sicile,* qui avait consulté les anciens historiens d'Égypte, nous rapporte que ce pays fut conquis par des Éthiopiens : je n'ai pas de peine à le croire; car j'ai déjà remarqué[1] que quiconque s'est présenté pour conquérir l'Égypte, en est venu à bout en une campagne; excepté nos extravagants croisés qui y furent tous tués ou réduits en captivité, parce qu'ils avaient à faire, non aux Égyptiens, qui n'ont jamais su se battre, mais aux Mammelucs, vainqueurs de l'Égypte, et meilleurs soldats que les croisés. Je n'ai donc nulle répugnance à croire qu'un roi d'Égypte, nommé par les Grecs *Amasis,* cruel et efféminé, fut vaincu lui et ses ridicules prêtres par un chef éthiopien nommé *Actisan,* qui avait apparemment de l'esprit et du courage.

Les Égyptiens étaient de grands voleurs; tout le monde en convient. Il est fort naturel que le nombre des voleurs ait augmenté dans le temps de la guerre d'*Actisan* et d'*Amasis. Diodore* rapporte, d'après les historiens du pays, que ce vainqueur voulut purger l'Égypte de ces brigands; et qu'il les envoya vers les déserts de Sinaï et d'Oreb, après leur avoir préalablement fait couper le bout du nez, afin qu'on les reconnût aisément s'ils s'avisaient de venir encore voler en Égypte. Tout cela est très probable.

Diodore remarque avec raison que le pays où on les envoya ne fournit aucune des commodités de la vie, et qu'il est très difficile d'y trouver de l'eau et de la nourriture. Tel est en effet cette malheureuse contrée depuis le désert de Pharam jusqu'auprès d'Eber.

Les nez coupés purent se procurer, à force de soins, quelques eaux de citernes, ou se servir de quelques puits qui fournissaient de l'eau saumâtre et malsaine, laquelle donne communément une espèce de scorbut et de lèpre. Ils purent encore, ainsi que le dit *Diodore,* se faire des filets avec lesquels ils prirent des cailles. On remarque en effet que tous les ans des troupes innombrables de cailles passent au-dessus de la mer Rouge, et viennent dans ce désert. Jusque-là cette histoire n'a rien qui révolte l'esprit, rien qui ne soit vraisemblable.

Mais si on veut en inférer que ces nez coupés sont les pères des Juifs, et que leurs enfants, accoutumés au brigandage, s'avancèrent peu à peu dans la Palestine, et en conquirent une partie, c'est ce qui n'est pas permis à des chrétiens. Je sais que c'est le sentiment du consul *Maillet,* du savant *Fréret,* de *Boulanger*, des *Herbert*, des *Bolingbroke*, des *Toland*. Mais quoique leur conjecture soit dans l'ordre commun des choses de ce monde, nos livres sacrés donnent une tout autre origine aux Juifs, et les font descendre des Chaldéens par *Abraham, Tharé, Nachor, Sarug, Rehu,* et *Phaleg*.

Il est bien vrai que l'Exode nous apprend que les Israélites, avant d'avoir habité ce désert, avaient emporté les robes et les ustensiles[1] des Égyptiens, et qu'ils se nourrirent de cailles dans le désert; mais cette légère ressemblance avec le rapport de *Diodore de Sicile,* tiré des livres d'Égypte, ne nous mettra jamais en droit d'assurer que les Juifs descendent d'une horde de voleurs à qui on avait coupé le nez. Plusieurs auteurs ont en vain tâché d'appuyer cette profane conjecture sur le psaume LXXX, où il est dit *que la fête des trompettes a été instituée pour faire souvenir le peuple saint du temps où il sortit de 'Égypte, et où il entendit alors parler une langue qui lui était inconnue.*

Ces Juifs, dit-on, étaient donc des Égyptiens qui

furent étonnés d'entendre parler au-delà de la mer Rouge un langage qui n'était pas celui d'Égypte; et de là on conclut qu'il n'est pas hors de vraisemblance que les Juifs soient les descendants de ces brigands que le roi *Actisan* avait chassés.

Un tel soupçon n'est pas admissible. Premièrement parce que s'il est dit dans l'Exode que les Juifs enlevèrent les ustensiles des Égyptiens avant d'aller dans le désert, il n'est point dit qu'ils y aient été relégués pour avoir volé. Secondement, soit qu'ils fussent des voleurs ou non, soit qu'ils fussent Égyptiens ou Juifs, ils ne pouvaient guère entendre la langue des petites hordes d'Arabes bédouins qui erraient dans l'Arabie déserte au nord de la mer Rouge; et on ne peut tirer aucune induction du psaume LXXX, ni en faveur des Juifs, ni contre eux. Toutes les conjectures d'*Hérodote,* de *Diodore de Sicile,* de *Manéthon,* d'*Ératosthène,* sur les Juifs, doivent céder sans contredit aux vérités qui sont consacrées dans les livres saints. Si ces vérités, qui sont d'un ordre supérieur, ont de grandes difficultés; si elles atterrent nos esprits, c'est précisément parce qu'elles sont d'un ordre supérieur. Moins nous pouvons y atteindre, plus nous devons les respecter.

Quelques écrivains ont soupçonné que ces voleurs chassés sont les mêmes que les Juifs qui errèrent dans le désert, parce que le lieu où ils restèrent quelque temps s'appela depuis *Rhinocolure, nez coupé,* et qu'il n'est pas fort éloigné du mont Carmel, des déserts de Sur, d'Ethan, de Sin, d'Oreb, et de Cadès-Barné.

On croit encore que les Juifs étaient ces mêmes brigands, parce qu'ils n'avaient pas de religion fixe, ce qui convient très bien, dit-on, à des voleurs; et on croit prouver qu'ils n'avaient pas de religion fixe par plusieurs passages de l'Écriture même.

L'abbé de *Tilladet,* dans sa dissertation sur les Juifs, prétend que la religion juive ne fut établie que très longtemps après. Examinons ses raisons.

1° Selon l'Exode[1], *Moïse* épousa la fille d'un prêtre de Madian, nommé *Jéthro ;* et il n'est point dit que les Madianites reconnussent le même Dieu qui apparut ensuite à *Moïse* dans un buisson, vers le mont Oreb.

2° *Josué,* qui fut le chef des fugitifs d'Égypte après *Moïse,* et sous lequel ils mirent à feu et à sang une partie du petit pays qui eſt entre le Jourdain et la mer, leur dit, chap. XXIV : *Ôtez du milieu de vous les dieux que vos pères ont adorés dans la Mésopotamie et dans l'Égypte, et servez Adonaï... Choisissez ce qu'il vous plaira d'adorer, ou les dieux qu'ont servis vos pères dans la Mésopotamie, ou les dieux des Amorrhéens dans la terre desquels vous habitez.*

3° Une autre preuve, ajoute-t-on, que leur religion n'était pas encore fixée, c'eſt qu'il eſt dit au livre des Juges[1], chap. I : *Adonaï* (le Seigneur) *conduisit Juda, et se rendit maître des montagnes : mais il ne put se rendre maître des vallées.*

L'abbé de *Tilladet* et *Boulanger* infèrent de là que ces brigands, dont les repaires étaient dans les creux des rochers dont la Paleſtine eſt pleine, reconnaissaient un dieu des rochers et un des vallées.

4° Ils ajoutent à ces prétendues preuves ce que *Jephté* dit aux chefs des Ammonites, chap. II : *Ce que Chamos votre dieu possède ne vous eſt-il pas dû de droit ? de même ce que notre Dieu vainqueur a obtenu doit être en notre possession.*

M. *Fréret* infère de ces paroles, que les Juifs reconnaissaient *Chamos* pour dieu aussi bien qu'*Adonaï,* et qu'ils pensaient que chaque nation avait sa divinité locale.

5° On fortifie encore cette opinion dangereuse par ce discours de *Jérémie,* au commencement du chap. XLIX : *Pourquoi le dieu Melchom s'eſt-il emparé du pays de Gad ?* et on en conclut que les Juifs avouaient la divinité du dieu *Melchom.*

Le même *Jérémie* dit au chap. VII, en faisant parler DIEU aux Juifs : *Je n'ai point ordonné à vos pères, au jour que je les tirai d'Égypte, de m'offrir des holocauſtes et des victimes.*

6° *Isaïe* se plaint au chap. XLVII, que les Juifs adoraient plusieurs dieux : *Vous cherchez votre consolation dans vos dieux, au milieu des bocages ; vous leur sacrifiez de petits enfants dans des torrents sous de grandes pierres.* Il n'eſt pas vraisemblable, dit-on, que les Juifs eussent immolé leurs enfants à des dieux dans des torrents, sous de grandes pierres, s'ils avaient eu alors leur loi qui leur défend de sacrifier aux dieux.

7° On cite encore en preuve le prophète *Amos,* qui assure au chap. V, que jamais les Juifs n'ont sacrifié au Seigneur pendant quarante ans dans le désert; au contraire, dit *Amos, vous y avez porté le tabernacle de votre dieu Moloch, les images de vos idoles, et l'étoile de votre dieu (Remphan).*

8° C'était, dit-on, une opinion si constante que *saint Étienne,* le premier martyr, dit au chap. VII des Actes des apôtres, que les Juifs, dans le désert, adoraient la milice du ciel, c'est-à-dire les étoiles, et qu'ils portèrent le tabernacle de *Moloch* et l'astre du dieu *Remphan* pour les adorer.

Des savants, tels que MM. *Maillet* et *Dumarsais,* ont conclu des recherches de l'abbé de *Tilladet,* que les Juifs ne commencèrent à former leur religion, telle qu'ils l'ont encore aujourd'hui, qu'au retour de la captivité de Babylone. Ils s'obstinent dans l'idée que ces Juifs, si longtemps esclaves, et si longtemps privés d'une religion bien nettement reconnue, ne pouvaient être que les descendants d'une troupe de voleurs sans mœurs et sans lois. Cette opinion paraît d'autant plus vraisemblable, que le temps auquel le roi d'Éthiopie et d'Égypte *Actisan* bannit dans le désert une troupe de brigands qu'il avait fait mutiler, se rapporte au temps auquel on place la fuite des Israélites conduits par *Moïse ;* car *Flavien Josèphe* dit que *Moïse* fit la guerre aux Éthiopiens; et ce que ce *Josèphe* appelle *guerre* pouvait très bien être réputé brigandage par les historiens d'Égypte.

Ce qui achève d'éblouir ces savants, c'est la conformité qu'ils trouvent entre les mœurs des Israélites et celles d'un peuple de voleurs; ne se souvenant pas assez que DIEU lui-même dirigeait ces Israélites, et qu'il punit par leurs mains les peuples de Canaan. Il paraît à ces critiques que les Hébreux n'avaient aucun droit sur ce pays de Canaan, et que s'ils en avaient, ils n'auraient pas dû mettre à feu et à sang un pays qu'ils auraient cru leur héritage.

Ces audacieux critiques supposent donc que les Hébreux firent toujours leur premier métier de brigands. Ils pensent trouver des témoignages de l'origine de ce peuple dans sa haine constante pour l'Égypte, où l'on avait coupé les nez de ses pères, et dans la conformité de plusieurs pratiques égyptiennes qu'il retint, comme le sacrifice de la vache rousse, le bouc émissaire, les ablutions, les habillements des prêtres, la circoncision, l'abstinence du porc, les viandes pures et impures. Il n'est pas rare, disent-ils, qu'une nation haïsse un peuple voisin, dont elle a imité les coutumes et les lois. La populace d'Angleterre et de France en eſt un exemple frappant.

Enfin, ces doctes trop confiants en leurs propres lumières dont il faut toujours se défier, ont prétendu que l'origine qu'ils attribuent aux Hébreux eſt plus vraisemblable que celle dont les Hébreux se glorifient. *Vous convenez avec nous,* leur dit M. *Toland, que vous avez volé les Égyptiens en vous enfuyant de l'Égypte, que vous leur avez pris des vases d'or et d'argent, et des habits. Toute la différence entre votre aveu et notre opinion, c'eſt que vous prétendez n'avoir commis ce larcin que par ordre de* DIEU. *Mais à ne juger que par la raison, il n'y a point de voleur qui n'en puisse dire autant. Eſt-il bien ordinaire que* DIEU *fasse tant de miracles en faveur d'une troupe de fuyards qui avoue qu'elle a volé ses maîtres ? dans quel pays de la terre laisserait-on une telle rapine impunie ? Supposons que les Grecs de Conſtantinople prennent toutes les garde-robes des Turcs et toute leur vaisselle pour aller dire la messe dans un désert, en bonne foi, croirez-vous que* DIEU *noiera tous les Turcs dans la Propontide pour favoriser ce vol, quoiqu'il soit fait à bonne intention ?*

Ces détracteurs ne se contentent pas de ces assertions auxquelles il eſt si aisé de répondre; ils vont jusqu'à dire que le Pentateuque n'a pu être écrit que dans le temps où les Juifs commencèrent à fixer leur culte qui avait été jusque-là fort incertain. Ce fut, disent-ils, au temps d'*Esdras* et de *Néhémie.* Ils apportent pour preuve le quatrième livre d'*Esdras,* longtemps reçu pour canonique; mais ils oublient que ce livre a été rejeté par le concile de Trente. Ils s'appuient du sentiment d'*Aben-Esra,* et d'une foule de théologiens tous hérétiques; ils s'appuient enfin de la décision de *Newton* lui-même. Mais que peuvent tous ces cris de l'hérésie et de l'infidélité contre un concile œcuménique ?

De plus, ils se trompent en croyant que *Newton* attribue le Pentateuque à *Esdras* : *Newton* croit que *Samuel* en fut l'auteur ou plutôt le rédacteur.

C'eſt encore un grand blasphème de dire, avec quelques savants, que *Moïse,* tel qu'on nous le dépeint, n'a jamais exiſté; que toute sa vie eſt fabuleuse, depuis son berceau jusqu'à sa mort; que ce n'eſt qu'une imitation de l'ancienne fable arabe de *Bacchus,* transmise aux Grecs, et ensuite adoptée par les Hébreux. *Bacchus,* disent-ils, avait été sauvé des eaux; *Bacchus* avait passé la mer Rouge à pied sec; une colonne de feu conduisait son armée; il écrivit ses lois sur deux tables de pierre; des rayons sortaient de sa tête. Ces conformités leur font soupçonner que les Juifs attribuèrent cette ancienne tradition de *Bacchus* à leur *Moïse*. Les écrits des Grecs étaient connus dans toute l'Asie, et les écrits des Juifs étaient soigneusement cachés aux autres nations. Il est vraisemblable, selon ces téméraires, que la métamorphose d'*Édith,* femme de *Loth* en statue de sel, est prise de la fable d'*Eurydice ;* que *Samson* est la copie d'*Hercule ;* et le sacrifice de la fille de *Jephté* imité de celui d'*Iphigénie*. Ils prétendent que le peuple grossier qui n'a jamais inventé aucun art, doit avoir tout puisé chez les peuples inventeurs.

Il est aisé de ruiner tous ces systèmes en montrant seulement que les auteurs grecs, excepté *Homère,* sont postérieurs à *Esdras* qui rassembla et restaura les livres canoniques.

Dès que ces livres sont restaurés du temps de *Cyrus* et d'*Artaxerxès,* ils ont précédé *Hérodote,* le premier historien des Grecs. Non seulement ils sont antérieurs à *Hérodote,* mais le Pentateuque est beaucoup plus ancien qu'*Homère*.

Si on demande pourquoi ces livres si anciens et si divins ont été inconnus aux nations jusqu'au temps où les premiers chrétiens répandirent la traduction faite en grec sous *Ptolémée Philadelphe,* je répondrai qu'il ne nous appartient pas d'interroger la Providence. Elle a voulu que ces anciens monuments reconnus pour authentiques, annonçassent des merveilles, et que ces merveilles fussent ignorées de tous les peuples, jusqu'au temps où une nouvelle lumière vînt se manifester. Le christianisme a rendu témoignage à la loi mosaïque au-dessus de laquelle il s'est élevé, et par laquelle il fut prédit. Soumettons-nous, prions, adorons, et ne disputons pas.

ÉPILOGUE

Ce sont là les dernières lignes qu'écrivit mon oncle; il mourut avec cette résignation à l'Être suprême, persuadé que tous les savants peuvent se tromper, et reconnaissant que l'Église romaine eſt la seule infaillible. L'Église grecque lui en sut très mauvais gré, et lui en fit de vifs reproches à ses derniers moments. Mon oncle en fut affligé, et pour mourir en paix il dit à l'archevêque d'Aſtracan : allez, ne vous attriſtez pas. Ne voyez-vous pas que je vous crois infaillible aussi ? c'eſt du moins ce qui m'a été raconté dans mon dernier voyage à Moscou; mais je doute toujours de ces anecdotes qu'on débite sur les vivants et sur les mourants.

CHAPITRE XXII

DÉFENSE D'UN GÉNÉRAL D'ARMÉE ATTAQUÉ PAR DES CUISTRES[1]

Après avoir vengé la mémoire d'un honnête prêtre, je cède au noble désir de venger celle de *Bélisaire*. Ce n'eſt pas que je croie *Bélisaire* exempt des faiblesses humaines. J'ai avoué avec candeur que l'abbé *Bazin* avait été trop goguenard, et j'ai quelque pente à croire que *Bélisaire* fut très ambitieux, grand pillard, et quelquefois cruel, courtisan tantôt adroit, et tantôt maladroit, ce qui n'eſt point du tout rare.

Je ne veux rien dissimuler à mon cher lecteur. Il sait que l'évêque de Rome *Silverius,* fils de l'évêque de Rome *Hormisdas,* avait acheté sa papauté du roi des Goths *Théodat*. Il sait que *Bélisaire,* se croyant trahi par ce pape, le dépouilla de sa simarre épiscopale, le fit revêtir d'un habit de palefrenier, et l'envoya en prison à Patare en Licie. Il sait que ce même *Bélisaire* vendit la papauté à un sous-diacre nommé *Vigile* pour quatre cents marcs d'or de douze onces à la livre, et qu'à la fin le sage *Juſtinien* fit mourir le bon pape *Silvère* dans l'île Palmaria. Ce ne sont là que de petites tracasseries de cour dont les panégyriſtes ne tiennent point de compte.

Juſtinien et *Bélisaire* avaient pour femmes les deux plus impudentes carognes qui fussent dans tout l'empire. La plus grande faute de *Bélisaire,* à mon sens, fut de ne savoir pas être cocu. *Juſtinien* son maître était bien plus habile que lui en cette partie. Il avait épousé une baladine des rues, une gueuse qui s'était prostituée en plein théâtre, et cela ne me donne pas grande opinion de la sagesse de cet empereur, malgré les lois qu'il fit compiler, ou plutôt abréger par son fripon *Trébonien*. Il était d'ailleurs poltron et vain, avare et prodigue, défiant et sanguinaire; mais il sut fermer les yeux sur la lubricité énorme de *Théodora ;* et *Bélisaire* voulut faire assassiner l'amant d'*Antonine*. On accuse aussi *Bélisaire* de beaucoup de rapines.

Quoi qu'il en soit, il est certain que le vieux *Bélisaire,* qui n'était pas si aveugle que le vieux *Justinien,* lui donna sur la fin de sa vie de très bons conseils dont l'empereur ne profita guère. Un Grec très ingénieux, et qui avait conservé le véritable goût de l'éloquence dans la décadence de la littérature, nous a transmis ces conversations de *Bélisaire* avec *Justinien*. Dès qu'elles parurent, tout Constantinople en fut charmé. La quinzième conversation surtout enchanta tous les esprits raisonnables.

Pour avoir une parfaite connaissance de cette anecdote, il faut savoir que *Justinien* était un vieux fou qui se mêlait de théologie. Il s'avisa de déclarer, par un édit en 564, que le corps de JÉSUS-CHRIST avait été impassible et incorruptible, et qu'il n'avait jamais eu besoin de manger ni pendant sa vie, ni après sa résurrection.

Plusieurs évêques trouvèrent son édit fort scandaleux. Il leur annonça qu'ils seraient damnés dans l'autre monde, et persécutés dans celui-ci; et pour le prouver par les faits, il exila le patriarche de Constantinople, et plusieurs autres prélats, comme il avait exilé le pape *Silvère*.

C'est à ce sujet que *Bélisaire* fait à l'empereur de très sages remontrances. Il lui dit qu'il ne faut pas damner si légèrement son prochain, encore moins le persécuter; que DIEU est le père des hommes; que ceux qui sont en quelque façon ses images sur la terre (si on ose le dire) doivent imiter sa clémence; et qu'il ne fallait pas faire mourir de faim le patriarche de Constantinople sous prétexte que JÉSUS-CHRIST n'avait pas eu besoin de manger. Rien n'est plus tolérant, plus humain, plus divin peut-être que cet admirable discours de *Bélisaire*. Je l'aime beaucoup mieux que sa dernière campagne en Italie, dans laquelle on lui reprocha de n'avoir fait que des sottises.

Les savants, il eſt vrai, pensent que ce discours n'eſt pas de lui, qu'il ne parlait pas si bien, et qu'un homme qui avait mis le pape *Silvère* dans un cul de basse-fosse, et vendu sa place quatre cents marcs d'or de douze onces à la livre, n'était pas homme à parler de clémence et de tolérance; ils soupçonnent que tout ce discours eſt de l'éloquent Grec *Marmontelos* qui le publia. Cela peut être; mais considérez, mon cher lecteur, que *Bélisaire* était vieux et malheureux : alors on change d'avis; on devient compatissant.

Il y avait alors quelques petits Grecs envieux, pédants, ignorants, et qui faisaient des brochures pour gagner du pain. Un de ces animaux nommé *Cogéos*[1], eut l'impudence d'écrire contre *Bélisaire,* parce qu'il croyait que ce vieux général était mal en cour.

Bélisaire depuis sa disgrâce était devenu dévot; c'eſt souvent la ressource des vieux courtisans disgraciés; et même encore aujourd'hui les grands vizirs prennent le parti de la dévotion, quand, au lieu de les étrangler avec un cordon de soie, on les relègue dans l'île de Mitilène. Les belles dames aussi se font dévotes, comme on fait, vers les cinquante ans, surtout si elles sont bien enlaidies; et plus elles sont laides, plus elles sont ferventes. La dévotion de *Bélisaire* était très humaine; il croyait que JÉSUS-CHRIST était mort pour tous, et non pas pour plusieurs. Il disait à *Juſtinien* que DIEU voulait le bonheur de tous les hommes : et cela même tenait encore un peu du courtisan; car *Juſtinien* avait bien des péchés à se reprocher; et *Bélisaire* dans la conversation lui fit une peinture si touchante de la miséricorde divine, que la conscience du malin vieillard couronné en devait être rassurée.

Les ennemis secrets de *Juſtinien* et de *Bélisaire* suscitèrent donc quelques pédants qui écrivirent violemment contre la bonté de DIEU. Le folliculaire *Cogéos* entre autres s'écria dans sa brochure, page 63 : *Il n'y aura donc plus de réprouvés !* Si fait, lui répondit-on, tu seras très réprouvé : console-toi, l'ami; sois réprouvé, toi et tes semblables; et sois sûr que tout Conſtantinople en rira. Ah ! cuiſtres de collège, que vous êtes loin de soupçonner ce qui se passe dans la bonne compagnie de Conſtantinople !

POST-SCRIPTUM

DÉFENSE D'UN JARDINIER

Le même *Cogéos* attaqua non moins cruellement un pauvre jardinier d'une province de Cappadoce, et l'accusa, page 54, d'avoir écrit ces propres mots : *Notre religion avec toute sa révélation n'est, et ne peut être que la religion naturelle perfectionnée.*

Voyez, mon cher lecteur, la malignité, et la calomnie ! Ce bon jardinier était un des meilleurs chrétiens du canton, qui nourrissait les pauvres des légumes qu'il avait semés, et qui, pendant l'hiver, s'amusait à écrire pour édifier son prochain qu'il aimait. Il n'avait jamais écrit ces paroles ridicules, et presque impies, *avec toute sa révélation* (une telle expression est toujours méprisante) : cet homme *avec tout son latin,* ce critique *avec tout son fatras.* Il n'y a pas un seul mot dans ce passage du jardinier qui ait le moindre rapport à cette imputation. Ses œuvres ont été recueillies; et dans la dernière édition de 1764, page 252, ainsi que dans toutes les autres éditions, on trouve le passage que *Cogéos* ou *Cogé* a si lâchement falsifié. Le voici en français, tel qu'il a été fidèlement traduit du grec :

« Celui qui pense que Dieu a daigné mettre un rapport entre lui et les hommes, qu'il les a faits libres, capables du bien et du mal, et qu'il leur a donné à tous ce bon sens qui est l'instinct de l'homme, et sur lequel est fondée la loi naturelle; celui-là sans doute a une religion beaucoup meilleure que toutes les sectes qui sont hors de notre Église; car toutes ces sectes sont fausses, et la loi naturelle est vraie. Notre religion révélée n'est même, et ne pouvait être que cette loi naturelle perfectionnée. Ainsi le théisme est le bon sens qui n'est pas encore instruit de la révélation, et les autres religions sont le bons sens perverti par la superstition. »

Ce morceau avait été honoré de l'approbation du patriarche de Constantinople et de plusieurs évêques; il n'y a rien de plus chrétien, de plus catholique, de plus sage.

Comment donc ce *Cogé* osa-t-il mêler son venin aux eaux pures de ce jardinier ? pourquoi voulut-il perdre ce bon homme, et faire condamner *Bélisaire ?* N'eſt-ce pas assez d'être dans la dernière classe des derniers écrivains ? faut-il encore être faussaire ? Ne savais-tu pas, ô *Cogé,* quels châtiments étaient ordonnés pour les crimes de faux ? Tes pareils sont d'ordinaire aussi mal inſtruits des lois que des principes de l'honneur. Que ne lisais-tu les Inſtitutes de *Juſtinien* au titre *de Publicis judiciis,* et la loi *Cornelia ?*

Ami *Cogé,* la falsification eſt comme la polygamie; *c'eſt un cas, un cas pendable*[1].

Écoute, misérable, vois combien je suis bon, je te pardonne.

DERNIER AVIS AU LECTEUR

Ami lecteur, je vous ai entretenu des plus grands objets qui puissent intéresser les doctes, de la formation du monde selon les Phéniciens, du déluge, des dames de Babylone, de l'Égypte, des Juifs, des montagnes, et de *Ninon.* Vous aimez mieux une bonne comédie, un bon opéra-comique; et moi aussi. Réjouissez-vous, et laissez ergoter les pédants. La vie eſt courte. Il n'y a rien de bon, dit *Salomon*[2], que de vivre avec son amie, et de se réjouir dans ses œuvres.

FIN DE LA DÉFENSE DE MON ONCLE

LETTRES
A
S. A. Mgr LE PRINCE DE*****
SUR RABELAIS
ET SUR D'AUTRES AUTEURS
ACCUSÉS D'AVOIR MAL PARLÉ
DE LA RELIGION CHRÉTIENNE[1]
(1767)

LETTRE PREMIÈRE

SUR FRANÇOIS RABELAIS

Monseigneur,

Puisque Votre Altesse veut connaître à fond Rabelais, je commence par vous dire que sa vie, imprimée au devant de *Gargantua*, est aussi fausse et aussi absurde que l'*Histoire de Gargantua* même. On y trouve que le cardinal de Bellay l'ayant mené à Rome, et ce cardinal ayant baisé le pied droit du pape, et ensuite la bouche, Rabelais dit qu'il voulait lui baiser le derrière, et qu'il fallait que le saint père commençât par le laver. Il y a des choses que le respect du lieu, de la bienséance, et de la personne, rend impossibles. Cette historiette ne peut avoir été imaginée que par des gens de la lie du peuple, dans un cabaret.

Sa prétendue requête au pape est du même genre : on suppose qu'il pria le pape de l'excommunier, afin qu'il ne fût pas brûlé; parce que, disait-il, son hôtesse ayant voulu faire brûler un fagot, et n'en pouvant venir à bout, avait dit que ce fagot était excommunié de la gueule du pape.

L'aventure qu'on lui suppose, à Lyon, est aussi fausse et aussi peu vraisemblable : on prétend que, n'ayant ni de quoi payer son auberge, ni de quoi faire le voyage de Paris, il fit écrire par le fils de l'hôtesse ces étiquettes sur des petits sachets : « Poison pour faire mourir le roi, poison pour faire mourir la reine, etc. » Il usa, dit-on, de ce stratagème pour être conduit et nourri jusqu'à Paris, sans qu'il lui en coûtât rien, et pour faire rire le roi. On ajoute que c'était en 1536, dans le temps même que le roi et toute la France pleuraient le dauphin François, qu'on avait cru empoisonné, et lorsqu'on venait d'écarteler Montecucculli, soupçonné de cet empoisonnement. Les auteurs de cette plate historiette n'ont pas fait réflexion que, sur un indice aussi terrible, on aurait jeté Rabelais dans un cachot, qu'il aurait été chargé de fers, qu'il aurait subi probablement la question ordinaire et extraordinaire, et que, dans des circonstances aussi funestes, et dans une accusation aussi grave, une mauvaise plaisanterie n'aurait pas servi à sa justification. Presque toutes les Vies des hommes célèbres ont été défigurées par des contes qui ne méritent pas plus de croyance.

Son livre, à la vérité, est un ramas des plus impertinentes et des plus grossières ordures qu'un moine ivre puisse vomir; mais aussi il faut avouer que c'est une satire sanglante du pape, de l'Église, et de tous les événements de son temps. Il voulut se mettre à couvert sous le masque de la folie; il le fait assez entendre lui-même dans son prologue : « Posé le cas, dit-il, qu'au sens littéral vous trouvez matières assez joyeuses, et bien correspondantes au nom, toutesfoys pas demourer là ne fault, comme au chant des syrènes : ains à plus hault sens interpréter ce que par adventure cuidiez dit en guayeté de cueur... Veistes-vous oncques chien rencontrant quelque os médullaire ? C'est, comme dict Platon, *lib.* II, *de Rep.*, la beste du monde plus philosophe. Si veu l'avez, vous avez peu noter de quelle dévotion il le guette, de quel soing il le garde, de quelle ferveur il le tient, de quelle prudence il l'entamme, de quelle affection il le brise, et de quelle diligence il le sugce. Qui l'induict à ce faire ? quel eſt l'espoir de son eſtude ? quel bien prétend-il ? rien plus qu'ung peu de moüelle. »

Mais qu'arriva-t-il ? Très peu de lecteurs ressemblèrent au chien qui suce la moelle. On ne s'attacha qu'aux os, c'eſt-à-dire aux bouffonneries absurdes, aux obscénités affreuses, dont le livre eſt plein. Si malheureusement pour Rabelais on avait trop pénétré le sens du livre, si on l'avait jugé sérieusement, il eſt à croire qu'il lui en aurait coûté la vie, comme à tous ceux qui, dans ce temps-là, écrivaient contre l'Église romaine.

Il eſt clair que Gargantua eſt François Iᵉʳ, Louis XII eſt Grand-Gousier, quoiqu'il ne fût pas le père de François, et Henri II eſt Pantagruel. L'éducation de Gargantua et le chapitre des *torche-culs* sont une satire de l'éducation qu'on donnait alors aux princes : les couleurs blanc et bleu désignent évidemment la livrée des rois de France.

La guerre pour une charrette de fouaces eſt la guerre entre Charles Quint et François Iᵉʳ, qui commença pour une querelle très légère entre la maison de Bouillon la Marck et celle de Chimai ; et cela eſt si vrai que Rabelais appelle Marckuet le conducteur des fouaces par qui commença la noise.

Les moines de ce temps-là sont peints très naïvement sous le nom de frère Jean des Entomeures. Il n'eſt pas possible de méconnaître Charles Quint dans le portrait de Picrochole.

A l'égard de l'Église, il ne l'épargne pas. Dès le premier livre, au chapitre XXXIX, voici comme il s'exprime : « Que Dieu eſt bon qui nous donne ce bon piot ! j'advoue Dieu, si j'eusse eſté au temps de Jésus-Chriſt, j'eusse bien engardé que les Juifs ne l'eussent prins au jardin d'Olivet. Ensemble le diable me faille, si j'eusse failly de coupper les jarrêts à messieurs les apoſtres, qui fuirent tant laschement après qu'ils eurent bien souppé, et laissarent leur bon maiſtre au besoing. Je hay plus que poison ung homme qui fuit quand il fault jouer des couſteaulx. Hon, que je ne suis roy de France pour quatre-vingts ou cent ans ! par Dieu, je vous mettroys en chien courtault les fuyards de Pavie. »

On ne peut se méprendre à la généalogie de Gargantua : c'eſt une parodie très scandaleuse de la généalogie la plus respectable. « De ceulx-là, dit-il, sont venus les géants, et par eulx Pantagruel, et le premier feut Chalbroth, qui engendra Sarabroth,

« Qui engendra Faribroth,

« Qui engendra Hurtaly, qui feut beau mangeur de souppe et régna au temps du déluge;

« Qui engendra Happe-Mousche, qui premier inventa de fumer les langues de bœuf;

« Qui engendra Fout asnon,

« Qui engendra Vit-de-Grain,

« Qui engendra Grand-Gousier,

« Qui engendra Gargantua,

« Qui engendra le noble Pantagruel mon maistre. »

On ne s'est jamais tant moqué de tous nos livres de théologie que dans le catalogue des livres que trouva Pantagruel dans la bibliothèque de Saint-Victor[1] : c'est « *Bigua (biga) salutis, Bragueta juris, Pantofla decretorum* »; la Couille-barrine des preux, le Décret de l'Université de Paris sur la gorge des filles, l'Apparition de Gertrude à une nonnain en mal d'enfant, le Moutardier de pénitence; *Tartaretus de modo cacandi ;* l'Invention Sainte-Croix par les clercs de finesse, le Couillage des promoteurs, la Cornemuse des prélats, la Profiterolle des indulgences : « *Utrum chimaera in vacuo bombinans possit comedere secundas intentiones : quaestio debatuta per decem hebdomadas in concilio Constantiensi* »; les Brimborions des célestins, la Ratouere des théologiens; *chau‹t-couillonis de magistro,* les Aises de la vie monacale, la Patenostre du singe, les Grézillons de dévotion, le Vietdazouer des abbés, etc.

Lorsque Panurge demande conseil à frère Jean des Entomeures pour savoir s'il se mariera et s'il sera cocu, frère Jean récite ses litanies[2]. Ce ne sont pas les litanies de la Vierge; ce sont les litanies du c. mignon, c. moignon, c. patté, c. laité, etc. Cette plate profanation n'eût pas été pardonnable à un laïque; mais dans un prêtre !

Après cela, Panurge va consulter le théologal Hippothadée, qui lui dit qu'il sera cocu, s'il plaît à Dieu. Pantagruel va dans l'île des Lanternois; ces Lanternois sont les ergoteurs théologiques qui commencèrent, sous le règne de Henri II, ces horribles disputes dont naquirent tant de guerres civiles.

L'île de Tohu et Bohu, c'est-à-dire de la confusion, est l'Angleterre, qui changea quatre fois de religion depuis Henri VIII.

On voit assez que l'île de Papefiguière désigne les hérétiques. On connaît les papimanes; ils donnent le nom de Dieu au pape. On demande à Panurge s'il est assez heureux pour avoir vu le saint père; Panurge répond qu'il en a vu trois, et qu'il n'y a guère profité. La loi de Moïse est comparée à celle de Cybèle, de Diane, de Numa; les décrétales sont appelées *décrotoires*. Panurge assure que, s'étant torché le cul avec un feuillet des décrétales appelées *clémentines,* il en eut des hémorroïdes longues d'un demi-pied.

On se moque des basses messes qu'on appelle *messes sèches,* et Panurge dit qu'il en voudrait une mouillée, pourvu que ce fût de bon vin. La confession y est tournée en ridicule. Pantagruel va consulter l'oracle de la Dive Bouteille pour savoir s'il faut communier sous les deux espèces, et boire de bon vin après avoir mangé le pain sacré. Épistémon s'écrie en chemin : *Vivat, fifat, pipat, bibat ; ô secret apocalyptique !* Frère Jean des Entomeures demande une charretée de filles pour se réconforter en cas qu'on lui refuse la communion sous les deux espèces. On rencontre des gastrolacs, c'est-à-dire des possédés. Gaster invente le moyen de n'être pas blessé par le canon : c'est une raillerie contre tous les miracles.

Avant de trouver l'île où est l'oracle de la Dive Bouteille, ils abordent à l'île Sonnante, où sont cagots, clergaux, monagaux, prestregaux, abbegaux, évesgaux, cardingaux, et enfin le papegaut, qui est unique dans son espèce. Les cagots avaient conchié toute l'île Sonnante. Les capucingaux étaient les animaux les plus puants et les plus maniaques de toute l'île.

La fable de l'Ane et du Cheval, la défense faite aux ânes de baudouiner dans l'écurie, et la liberté que se donnent les ânes de baudouiner pendant le temps de la foire, sont des emblèmes assez intelligibles du célibat des prêtres, et des débauches qu'on leur imputait alors.

Les voyageurs *sont admis devant le papegaut*. Panurge veut jeter *une pierre à un evesgaut* qui ronflait à la grand-messe; maître Éditue, c'est-à-dire maître sacristain, l'en empêche en lui disant : « Homme de bien, frappe, féris, tue et meurtris touts roys, princes du monde en trahison, par venin ou aultrement, quand tu vouldras; déniche des cieulx les anges : de tout auras pardon du papegaut; à ces sacrés oiseaux ne touche. »

De l'île Sonnante on va au royaume de Quintessence ou Entéléchie; or Entéléchie c'eſt l'âme. Ce personnage inconnu, et dont on parle depuis qu'il y a des hommes, n'y eſt pas moins tourné en ridicule que le pape; mais les doutes sur l'exiſtence de l'âme sont beaucoup plus enveloppés que les railleries sur la cour de Rome.

Les ordres mendiants habitent l'île des frères Fredons. Ils paraissent d'abord en procession. L'un d'eux ne répond qu'en monosyllabes à toutes les queſtions que Panurge fait sur leurs g... « Combien sont-elles ? *vingt.* Combien en voudriez-vous ? *cent.*

« Le remuement des fesses, quel eſt-il ? *dru.*

« Que disent-elles en culetant ? *mot.*

« Vos inſtruments, quels sont-ils ?.... *grands.*

« Quantes fois par jour ? *six.* Et de nuit ? *dix.* »

Enfin l'on arrive à l'oracle de la Dive Bouteille. La coutume alors, dans l'Église, était de présenter de l'eau aux communiants laïques pour faire passer l'hoſtie; et c'eſt encore l'usage en Allemagne. Les réformateurs voulaient absolument du vin pour figurer le sang de Jésus-Chriſt. L'Église romaine soutenait que le sang était dans le pain aussi bien que les os et la chair. Cependant les prêtres catholiques buvaient du vin, et ne voulaient pas que les séculiers en bussent. Il y avait dans l'île de l'oracle de la Dive Bouteille une belle fontaine d'eau claire. Le grand pontife Bacbuc en donna à boire aux pèlerins en leur disant ces mots : « Jadis ung capitaine juif, docte et chevaleureux, conduisant son peuple par les déserts en extresme famine, impétra des cieulx la manne, laquelle leur eſtoit de gouſt tel par imagination que parravant réalement leur eſtoient les viandes. Ici de mesme, beuvant de ceſte liqueur mirificque, sentirez gouſt de tel vin comme l'aurez imaginé. Or *imaginez* et *beuvez* : ce que nous feymes; puis s'escria Panurge, disant : Par-Dieu, c'eſt ici vin de Beaulne, meilleur que oncques jamais je beu, ou je me donne à nonante et seize diables. »

Le fameux doyen d'Irlande Swift a copié ce trait dans son *Conte du Tonneau,* ainsi que plusieurs autres. Milord Pierre donne à Martin et à Jean, ses frères, un morceau de pain sec pour leur dîner, et veut leur faire accroire que ce pain contient de bon bœuf, des perdrix, des chapons, avec d'excellent vin de Bourgogne.

Vous remarquerez que Rabelais dédia la partie de son livre qui contient cette sanglante satire de l'Église romaine au cardinal Odet de Châtillon, qui n'avait pas encore levé le masque, et ne s'était pas déclaré pour la religion protestante. Son livre fut imprimé avec privilège, et le privilège pour cette satire de la religion catholique fut accordé en faveur des ordures dont on faisait en ce temps-là beaucoup plus de cas que des papegaux et des cardingaux. Jamais ce livre n'a été défendu en France, parce que tout y est entassé sous un tas d'extravagances qui n'ont jamais laissé le loisir de démêler le véritable but de l'auteur.

On a peine à croire que le bouffon qui riait si hautement de l'*Ancien* et du *Nouveau Testament* était curé. Comment mourut-il ? en disant : *Je vais chercher un grand peut-être.*

L'illustre M. Le Duchat a chargé de notes pédantesques cet étrange ouvrage, dont il s'est fait quarante éditions. Observez que Rabelais vécut et mourut chéri, fêté, honoré, et qu'on fit mourir dans les plus affreux supplices ceux qui prêchaient la morale la plus pure.

LETTRE II

SUR LES PRÉDÉCESSEURS DE RABELAIS EN ALLEMAGNE ET EN ITALIE, ET D'ABORD DU LIVRE INTITULÉ *EPISTOLAE OBSCURORUM VIRORUM*

MONSEIGNEUR,

VOTRE ALTESSE me demande si, avant Rabelais, on avait écrit avec autant de licence. Nous répondrons que probablement son modèle a été le *Recueil des Lettres des gens obscurs*[1], qui parut en Allemagne au commencement du XVIe siècle. Ce *Recueil* est en latin; mais il est écrit avec autant de naïveté et de hardiesse que Rabelais. Voici une ancienne traduction d'un passage de la vingt-huitième lettre :

« Il y a concordance entre les sacrés cahiers et les fables poétiques, comme le pourrez noter du serpent Pithon, occis par Apollon, comme le dit le Psalmiste : *Ce dragon qu'avez formé pour vous en gausser*. Saturne, vieux père des dieux, qui mange ses enfants, est en Ézéchiel, lequel dit : *Vos pères mangeront leurs enfants*. Diane se pourmenant avec force vierges est la bienheureuse vierge Marie, selon le Psalmiste, lequel dit : *Vierges viendront après elle*. Calisto, déflorée par Jupiter et retournant au ciel, est en *Matthieu*, chap. XII : *Je reviendrai dans la maison dont je suis sortie*. Aglaure transmuée en pierre se trouve en *Job*, chap. XLII : *Son cœur s'endurcira comme pierre*. Europe engrossée par Jupiter est en Salomon : *Écoute, fille ; vois, et incline ton oreille, car le roi t'a concupiscée*. Ézéchiel a prophétisé d'Actéon qui vit la nudité de Diane : *Tu étais nue ; j'ai passé par là et je t'ai vue*. Les poëtes ont écrit que Bacchus est né deux fois, ce qui signifie le Christ, né *avant les siècles et dans le siècle*. Sémélé, qui nourrit Bacchus, est le prototype de la bienheureuse Vierge, car il est dit en *Exode : Prends cet enfant, nourris-le-moi, et tu auras salaire*. »

Ces impiétés sont encore moins voilées que celles de Rabelais.

C'est beaucoup que dans ce temps-là on commençât en Allemagne de se moquer de la magie. On trouve dans la lettre de maître Achatius Lampirius une raillerie assez forte sur la conjuration qu'on employait pour se faire aimer des filles. Le secret consistait à prendre un cheveu de la fille; on le plaçait d'abord dans son haut-de-chausses; on faisait une confession générale, et l'on faisait dire trois messes pendant lesquelles on mettait le cheveu autour de son cou; on allumait un cierge bénit au dernier Évangile, et on prononçait cette formule : « O cierge ! je te conjure par la vertu du Dieu tout-puissant, par les neuf chœurs des anges, par la vertu gosdrienne, amène-moi icelle fille en chair et en os, afin que je la saboule à mon plaisir, etc. »

Le latin macaronique dans lequel ces lettres sont écrites porte avec lui un ridicule qu'il est impossible de rendre en français; il y a surtout une lettre de Pierre de

La Charité, messager de grammaire à Ortuin, dont on ne peut traduire en français les équivoques latines : il s'agit de savoir si le pape peut rendre physiquement légitime un enfant bâtard. Il y en a une autre de Jean de Schwinfordt, maître ès arts, où l'on soutient que Jésus-Christ a été moine, saint Pierre prieur du couvent, Judas Iscariote maître d'hôtel, et l'apôtre Philippe portier.

Jean Schluntzig raconte, dans la lettre qui est sous son nom, qu'il avait trouvé à Florence Jacques de Hochstraten (Grande rue), ci-devant inquisiteur. Je lui fis la révérence, dit-il, en lui ôtant mon chapeau, et je lui dis : « Père, êtes-vous révérend ou n'êtes-vous pas révérend ? » Il me répondit : *Je suis celui qui suis.* Je lui dis alors : « Vous êtes maître Jacques Grande rue; sacré char d'Élie, dis-je, comment diable êtes-vous à pied ? C'est un scandale : *ce qui est* ne doit pas se promener avec ses pieds en fange et en merde. » Il me répondit : *Ils sont venus en chariots et sur chevaux, mais nous venons au nom du Seigneur.* Je lui dis : « Par le Seigneur, il est grande pluie et grand froid. » Il leva les mains au ciel en disant : *Rosée du ciel, tombez d'en haut, et que les nuées du ciel pleuvent le juste.*

Il faut avouer que voilà précisément le style de Rabelais, et je ne doute pas qu'il n'ait eu sous les yeux ces *Lettres des gens obscurs,* lorsqu'il écrivit son *Gargantua* et son *Pantagruel.*

Le conte de la femme qui, ayant ouï dire que tous les bâtards étaient de grands hommes, alla vite sonner à la porte des cordeliers pour se faire faire un bâtard, est absolument dans le goût de notre maître François.

Les mêmes obscénités et les mêmes scandales fourmillent dans ces deux singuliers livres.

DES ANCIENNES FACÉTIES ITALIENNES QUI PRÉCÉDÈRENT RABELAIS

L'Italie, dès le XIVe siècle, avait produit plus d'un exemple de cette licence. Voyez seulement dans Boccace *la confession de Ser Ciappelletto* à l'article de la mort. Son confesseur l'interroge; il lui demande s'il n'eſt jamais tombé dans le péché d'orgueil. « Ah ! mon père, dit le coquin, j'ai bien peur de m'être damné par un petit mouvement de complaisance en moi-même, en réfléchissant que j'ai gardé ma virginité toute ma vie. — Avez-vous été gourmand ? — Hélas ! oui, mon père; car outre les autres jours de jeûne ordonnés, j'ai toujours jeûné au pain et à l'eau trois fois par semaine; mais j'ai mangé mon pain quelquefois avec tant d'appétit et de délice que ma gourmandise a sans doute déplu à Dieu. — Et l'avarice, mon fils ? — Hélas ! mon père, je suis coupable du péché d'avarice pour avoir fait quelquefois le commerce, afin de donner tout mon grain aux pauvres. — Vous êtes-vous mis quelquefois en colère ? — Oh, tant ! quand je voyais le service divin si négligé, et les pécheurs ne pas observer les commandements de Dieu, comme je me mettais en colère ! »

Ensuite Ser Ciappelletto s'accuse d'avoir fait balayer sa chambre un jour de dimanche : le confesseur le rassure, et lui dit que Dieu lui pardonnera; le pénitent fond en larmes, et lui dit que Dieu ne lui pardonnera jamais; qu'il se souvient qu'à l'âge de deux ans il s'était dépité contre sa mère, que c'était un crime irrémissible; « ma pauvre mère, dit-il, qui m'a porté neuf mois dans son ventre le jour et la nuit, et qui me portait dans ses bras quand j'étais petit. Non, Dieu ne me pardonnera jamais d'avoir été un si méchant enfant. »

Enfin, cette confession étant devenue publique, on fait un saint de Ciappelletto, qui avait été le plus grand fripon de son temps.

Le chanoine Luigi Pulci eſt beaucoup plus licencieux dans son poème du *Morgante*. Il commence ce poème par oser tourner en ridicule les premiers versets de l'*Évangile de saint Jean*.

In principio era il Verbo appresso a Dio,
Ed era Iddio il Verbo, e'l Verbo lui ;
Queſto era nel principio, al parer mio, etc.

J'ignore, après tout, si c'eſt par naïveté ou par impiété que le Pulci, ayant mis l'Évangile à la tête de son poème, le finit par le *Salve, Regina ;* mais soit puérilité, soit audace, cette liberté ne serait pas soufferte aujourd'hui. On condamnerait plus encore la réponse de Morgante à

Margutte; ce Margutte demande à Morgante s'il eſt chrétien ou musulman :

E s'egli crede in Criſto o in Maometto.
Rispose allor Margutte : Per dirtel' toſto,
Io non credo più al nero che all' azzuro ;
Ma nel cappone, o lesso o voglia arroſto.
. . . .
Ma sopra tutto nel buon vino ho fede.
. . . .
Or queſte son' tre virtù cardinali :
La gola, il dado, e'l culo, come io t'ho detto.

Une chose bien étrange, c'eſt que presque tous les écrivains italiens des XIVe, XVe et XVIe siècles ont très peu respeƈté cette même religion dont leur patrie était le centre; plus ils voyaient de près les auguſtes cérémonies de ce culte, et les premiers pontifes, plus ils s'abandonnaient à une licence que la cour de Rome semblait alors autoriser par son exemple. On pouvait leur appliquer ces vers du *Paſtor fido :*

Il lungo conversar genera noia,
E la noia disprezzo, e odio al fine.

Les libertés qu'ont prises Machiavel, l'Arioſte, l'Arétin, l'archevêque de Bénévent la Casa, le cardinal Bembo, Pomponace, Cardan, et tant d'autres savants, sont assez connues. Les papes n'y faisaient nulle attention, et pourvu qu'on achetât des indulgences et qu'on ne se mêlât point du gouvernement, il était permis de tout dire. Les Italiens alors ressemblaient aux anciens Romains, qui se moquaient impunément de leurs dieux, mais qui ne troublèrent jamais le culte reçu[1]. Il n'y eut que Giordano Bruno qui, ayant bravé l'inquisiteur à Venise, et s'étant fait un ennemi irréconciliable d'un homme si puissant et si dangereux, fut recherché pour son livre *Della Beſtia trionfante :* on le fit périr par le supplice du feu, supplice inventé parmi les chrétiens contre les hérétiques. Ce livre très rare eſt pis qu'hérétique; l'auteur n'admet que la loi des patriarches, la loi naturelle; il fut composé et imprimé à Londres chez le lord Philippe Sidney, l'un des plus grands hommes d'Angleterre, favori de la reine Élisabeth.

Parmi les incrédules on range communément tous les

princes et les politiques d'Italie des XIVe, XVe et XVIe siècles. On prétend que si le pape Sixte IV avait eu de la religion, il n'aurait pas trempé dans la conjuration des Pazzi, pour laquelle on pendit l'archevêque de Florence en habits pontificaux aux fenêtres de l'hôtel de ville. Les assassins des Médicis, qui exécutèrent leur parricide dans la cathédrale au moment que le prêtre montrait l'eucharistie au peuple, ne pouvaient, dit-on, croire à l'eucharistie. Il paraît impossible qu'il y eût le moindre instinct de religion dans le cœur d'un Alexandre VI, qui faisait périr par le stylet, par la corde, ou par le poison, tous les petits princes dont il ravissait les États, et qui leur accordait des indulgences *in articulo mortis*, dans le temps qu'ils rendaient les derniers soupirs.

On ne tarit point sur ces affreux exemples. Hélas ! Monseigneur, que prouvent-ils ? Que le frein d'une religion pure, dégagée de toutes les superstitions qui la déshonorent, et qui peuvent la rendre incroyable, était absolument nécessaire à ces grands criminels. Si la religion avait été épurée, il y aurait eu moins d'incrédulité et moins de forfaits. Quiconque croit fermement un Dieu rémunérateur de la vertu, et vengeur du crime, tremblera sur le point d'assassiner un homme innocent, et le poignard lui tombera des mains; mais les Italiens alors, ne connaissant le christianisme que par des légendes ridicules, par les sottises et les fourberies des moines, s'imaginaient qu'il n'est aucune religion parce que leur religion ainsi déshonorée leur paraissait absurde. De ce que Savonarole avait été un faux prophète, ils concluaient qu'il n'y a point de Dieu : ce qui est un fort mauvais argument. L'abominable politique de ces temps affreux leur fit commettre mille crimes; leur philosophie, non moins affreuse, étouffa leurs remords; ils voulurent anéantir le Dieu qui pouvait les punir.

LETTRE III

SUR VANINI

MONSEIGNEUR,

VOUS me demandez des Mémoires sur Vanini; je ne puis mieux faire[1] que de vous renvoyer à la section troisième de l'article « Athéisme » du *Dictionnaire philosophique :* j'ajouterai aux sages réflexions que vous y trouverez qu'on imprima une *Vie de Vanini* à Londres, en 1717. Elle est dédiée à milord *North and Grey.* C'est un Français réfugié, son chapelain, qui en est l'auteur. C'est assez de dire, pour faire connaître le personnage, qu'il s'appuie dans son histoire sur le témoignage du jésuite Garasse, le plus absurde et le plus insolent calomniateur, et en même temps le plus ridicule écrivain qui ait jamais été chez les jésuites. Voici les paroles de Garasse, citées par le chapelain, et qui se trouvent en effet dans la *Doctrine curieuse* de ce jésuite, page 144 : « Pour Lucile Vanin, il était Napolitain, homme de Néant, qui avait rôdé dans toute l'Italie en chercheur de repues franches, et une bonne partie de la France en qualité de pédant. Ce méchant bélître, étant venu en Gascogne en 1617, faisait état d'y semer avantageusement son ivraie, et faire riche moisson d'impiétés, cuidant avoir trouvé des esprits susceptibles de ses propositions. Il se glissait dans les noblesses effrontément pour y piquer l'escabelle aussi franchement que s'il eût été domestique, et apprivoisé de tout temps à l'humeur du pays; mais il rencontra des esprits plus forts et résolus à la défense de la vérité qu'il ne s'était imaginé. »

Que pouvez-vous penser, Monseigneur, d'une vie écrite sur de pareils Mémoires ? Ce qui vous surprendra davantage, c'est que lorsque ce malheureux Vanini fut condamné, on ne lui représenta aucun de ses livres, dans lesquels on a imaginé qu'était contenu le prétendu athéisme pour lequel il fut condamné. Tous les livres de ce pauvre Napolitain étaient des livres de théologie et de philosophie, imprimés avec privilège, et approuvés par des docteurs de la faculté de Paris. Ses *Dialogues* même, qu'on lui reproche aujourd'hui et qu'on ne peut guère condamner que comme un ouvrage très ennuyeux, furent honorés des plus grands éloges en français, en latin, et même en grec. On voit surtout, parmi ces éloges, ces vers d'un fameux docteur de Paris[1] :

Vaninus, vir mente potens, sophiaeque magister
Maximus, Italiae decus, et nova gloria gentis.

Ces deux vers furent imités depuis en français :

Honneur de l'Italie, émule de la Grèce,
Vanini fait connaître et chérir la sagesse.

Mais tous ces éloges ont été oubliés, et on se souvient seulement qu'il a été brûlé vif. Il faut avouer qu'on brûle quelquefois les gens un peu légèrement, témoin Jean Hus, Jérôme de Prague, le conseiller Anne Dubourg, Servet, Antoine, Urbain Grandier, la maréchale d'Ancre, Morin, et Jean Calas; témoin enfin cette foule innombrable d'infortunés que presque toutes les sectes chrétiennes ont fait périr tour à tour dans les flammes : horreur inconnue aux Persans, aux Turcs, aux Tartares, aux Indiens, aux Chinois, à la république romaine, et à tous les peuples de l'antiquité; horreur à peine abolie parmi nous, et qui fera rougir nos enfants d'être sortis d'aïeux si abominables.

LETTRE IV

SUR LES AUTEURS ANGLAIS

MONSEIGNEUR,

VOTRE ALTESSE demande qui sont ceux qui ont eu l'audace de s'élever, non seulement contre l'Église romaine, mais contre l'Église chrétienne; le nombre en est prodigieux, surtout en Angleterre. Un des premiers est le lord Herbert de Cherbury, mort en 1648, connu par ses traités de la religion des laïques, et de celle des Gentils.

Hobbes ne reconnut d'autre religion que celle à qui le gouvernement donnait sa sanction. Il ne voulait point deux maîtres : le vrai pontife est le magistrat. Cette doctrine souleva tout le clergé. On cria au scandale, à la nouveauté. Pour du scandale, c'est-à-dire de ce qui fait tomber, il y en avait; mais de la nouveauté, non, car, en Angleterre, le roi était dès longtemps le chef de l'Église. L'impératrice de Russie en est le chef dans un pays plus vaste que l'empire romain. Le sénat, dans la république, était le chef de la religion, et tout empereur romain était souverain pontife.

Le lord Shaftesbury surpassa de bien loin Herbert et Hobbes pour l'audace et pour le style. Son mépris pour la religion chrétienne éclate trop ouvertement.

La Religion naturelle de Wollaston[1] est écrite avec plus de ménagement; mais n'ayant pas les agréments de milord Shaftesbury, ce livre n'a été guère lu que des philosophes.

DE TOLAND

Toland a porté des coups plus violents. C'était une âme fière et indépendante; né dans la pauvreté, il pouvait s'élever à la fortune s'il avait été plus modéré. La persécution l'irrita; il écrivit contre la religion chrétienne par haine et par vengeance.

Dans son premier livre, intitulé *la Religion chrétienne sans mystères,* il avait écrit lui-même un peu mystérieusement, et sa hardiesse était couverte d'un voile. On le condamna; on le poursuivit en Irlande : le voile fut bientôt déchiré. Ses *Origines judaïques,* son *Nazaréen,* son *Pantheisticon,* furent autant de combats qu'il livra ouvertement au christianisme. Ce qui est étrange, c'est qu'ayant été opprimé en Irlande pour le plus circonspect de ses ouvrages, il ne fut jamais troublé en Angleterre pour les livres les plus audacieux.

On l'accusa d'avoir fini son *Pantheisticon* par cette prière blasphématoire, qui se trouve en effet dans quelques éditions : « *Omnipotens et sempiterne Bacche, qui hominum corda donis tuis recreas, concede propitius ut qui hesternis poculis aegroti facti sunt, hodiernis curentur, per pocula poculorum. Amen !* »

Mais comme cette profanation était une parodie d'une prière de l'Église romaine, les Anglais n'en furent point choqués. Au reste, il est démontré que cette prière profane n'est point de Toland; elle avait été faite deux cents ans auparavant en France par une société de buveurs : on la trouve dans le *Carême allégorique,* imprimé en 1563. Ce fou de jésuite Garasse en parle dans sa *Doctrine curieuse,* livre II, page 201.

Toland mourut avec un grand courage en 1721. Ses dernières paroles furent : *Je vais dormir.* Il y a encore quelques pièces de vers en l'honneur de sa mémoire; ils ne sont pas faits par des prêtres de l'Église anglicane.

DE LOCKE

C'est à tort qu'on a compté le grand philosophe Locke parmi les ennemis de la religion chrétienne. Il est vrai que son livre du *Christianisme raisonnable* s'écarte assez de la foi ordinaire; mais la religion des primitifs appelés *trembleurs,* qui fait une si grande figure en Pennsylvanie, est encore plus éloignée du christianisme ordinaire; et cependant ils sont réputés chrétiens.

On lui a imputé de ne point croire l'immortalité de l'âme, parce qu'il était persuadé que Dieu, le maître absolu de tout, pouvait donner (s'il voulait) le sentiment et la pensée à la matière. M. de Voltaire l'a bien vengé de ce reproche. Il a prouvé que Dieu peut conserver éternellement l'atome, la monade, qu'il aura daigné favoriser du don de la pensée. C'était le sentiment du célèbre et saint prêtre Gassendi, pieux défenseur de ce que la doctrine d'Épicure peut avoir de bon. Voyez sa fameuse lettre à Descartes.

« D'où vous vient cette notion ? Si elle procède du corps, il faut que vous ne soyez pas sans extension. Apprenez-nous comment il se peut faire que l'espèce ou l'idée du corps, qui est étendu, puisse être reçue dans vous, c'est-à-dire dans une substance non étendue... Il est vrai que vous connaissez que vous pensez, mais vous ignorez quelle espèce de substance vous êtes, vous qui pensez, quoique l'opération de la pensée vous soit connue. Le principal de votre essence vous est caché, et vous ne savez point quelle est la nature de cette substance, dont l'une des opérations est de penser, etc. »

Locke mourut en paix, disant à Mme Masham et à ses amis qui l'entouraient : *La vie est une pure vanité.*

DE L'ÉVÊQUE TAYLOR, ET DE TINDAL

On a mis peut-être avec autant d'injustice Taylor, évêque de Connor, parmi les mécréants, à cause de son livre du *Guide des douteurs.*

Mais pour le docteur Tindal, auteur du *Christianisme aussi ancien que le monde,* il a été constamment le plus intrépide soutien de la religion naturelle, ainsi que de la maison royale de Hanovre. C'était un des plus savants hommes d'Angleterre dans l'histoire. Il fut honoré jusqu'à sa mort d'une pension de deux cents livres sterling. Comme il ne goûtait pas les livres de Pope, qu'il le trouvait absolument sans génie et sans imagination, et ne lui accordait que le talent de versifier et de mettre en œuvre l'esprit des autres, Pope fut son implacable ennemi. Tindal de plus était un whig ardent, et Pope un jacobite. Il n'est pas étonnant que Pope l'ait déchiré dans sa *Dunciade,* ouvrage imité de Dryden, et trop rempli de bassesses et d'images dégoûtantes.

DE COLLINS

Un des plus terribles ennemis de la religion chrétienne a été Antoine Collins, grand trésorier de la comté d'Essex, bon métaphysicien, et d'une grande érudition. Il est triste qu'il n'ait fait usage de sa profonde dialectique que contre le christianisme. Le docteur Clarke, célèbre socinien, auteur d'un très bon livre où il démontre l'existence de Dieu, n'a jamais pu répondre aux livres de Collins d'une manière satisfaisante, et a été réduit aux injures.

Ses *Recherches philosophiques* sur la liberté de l'homme, sur les fondements de la religion chrétienne, sur les prophéties littérales, sur la liberté de penser, sont malheureusement demeurées des ouvrages victorieux.

DE WOOLSTON

Le trop fameux Thomas Woolston, maître ès arts de Cambridge, se distingua, vers l'an 1726, par ses discours contre les miracles de Jésus-Christ, et leva l'étendard si hautement qu'il faisait vendre à Londres son ouvrage dans sa propre maison. On en fit trois éditions coup sur coup, de dix mille exemplaires chacune.

Personne n'a encore porté si loin la témérité et le scandale. Il traite de contes puérils et extravagants les miracles et la résurrection de notre Sauveur. Il dit que quand Jésus-Christ changea l'eau en vin pour des convives qui étaient déjà ivres, c'est qu'apparemment il fit du punch. Dieu emporté par le diable sur le pinacle du temple, et sur une montagne dont on voyait tous les royaumes de la terre, lui paraît un blasphème monstrueux. Le diable envoyé dans un troupeau de deux mille cochons, le figuier séché pour n'avoir pas porté de figues quand ce n'était pas le temps des figues, la transfiguration de Jésus, ses habits devenus tout blancs, sa conversation avec Moïse et Élie, enfin toute son histoire sacrée est travestie en roman ridicule. Woolston n'épargne pas les termes les plus injurieux et les plus méprisants. Il appelle souvent notre Seigneur Jésus-Christ *the fellow,* ce compagnon, ce garnement; *a wanderer,* un vagabond; *a mendicant friar,* un frère coupe-choux mendiant.

Il se sauve pourtant à la faveur du sens mystique, en disant que ces miracles sont de pieuses allégories. Tous les bons chrétiens n'en ont pas moins eu son livre en horreur.

Il y eut un jour une dévote qui, en le voyant passer dans la rue, lui cracha au visage. Il s'essuya tranquillement, et lui dit : *C'est ainsi que les Juifs ont traité votre Dieu.* Il mourut en paix en disant : *'Tis a pass every man must come to,* c'est un terme où tout homme doit arriver. Vous trouverez dans le *Dictionnaire portatif* de l'abbé Ladvocat, et dans un *Nouveau Dictionnaire portatif*[1], où les mêmes erreurs sont copiées, que Woolston est mort en prison, en 1733. Rien n'est plus faux; plusieurs de mes amis l'ont vu dans sa maison : il est mort libre chez lui.

DE WARBURTON

On a regardé Warburton, évêque de Glocester, comme un des plus hardis infidèles qui aient jamais écrit, parce qu'après avoir commenté Shakespeare, dont les comédies, et même quelquefois les tragédies, fourmillent de quolibets licencieux, il a soutenu, dans sa *Légation de Moïse,* que Dieu n'a point enseigné à son peuple chéri l'immortalité de l'âme. Il se peut qu'on ait jugé cet évêque trop durement, et que l'orgueil et l'esprit satirique qu'on lui reprocha aient soulevé toute la nation. On a beaucoup écrit contre lui. Les deux premiers volumes de son ouvrage n'ont paru qu'un vain fatras d'érudition erronée, dans lesquels il ne traite pas même son sujet, et qui de plus sont contraires à son sujet, puisqu'ils ne tendent qu'à prouver que tous les législateurs ont établi pour principe de leurs religions l'immortalité de l'âme; en quoi même Warburton se trompe, car ni Sanchoniathon le Phénicien, ni le livre des *Cinq Kings* chinois, ni Confucius, n'admettent ce principe.

Mais jamais Warburton dans tous ses faux-fuyants n'a pu répondre aux grands arguments personnels dont on l'a accablé. Vous prétendez que tous les sages ont posé pour fondement de la religion l'immortalité de l'âme, les peines et les récompenses après la mort; or, Moïse n'en parle ni dans son *Décalogue,* ni dans aucune de ses lois : donc Moïse, de votre aveu, n'était pas un sage.

Ou il était instruit de ce grand dogme, ou il l'ignorait; s'il en était instruit, il est coupable de ne l'avoir pas enseigné; s'il l'ignorait, il était indigne d'être législateur.

Ou Dieu inspirait Moïse, ou ce n'était qu'un charlatan : si Dieu inspirait Moïse, il ne pouvait lui cacher l'immortalité de l'âme, et s'il ne lui a pas appris ce que tous les Égyptiens savaient, Dieu l'a trompé et a trompé tout son peuple; si Moïse n'était qu'un charlatan, vous détruisez toute la loi mosaïque, et par conséquent vous sapez par le fondement la religion chrétienne, bâtie sur la mosaïque. Enfin, si Dieu a trompé Moïse, vous faites de l'Être infiniment parfait un séducteur et un fripon. De quelque côté que vous vous tourniez, vous blasphémez.

Vous croyez vous tirer d'affaire en disant que Dieu

payait son peuple comptant, en le punissant temporairement de ses transgressions, et en le récompensant par les biens de la terre quand il était fidèle. Cette évasion est pitoyable, car combien de transgresseurs ont passé leurs jours dans les délices ! témoin Salomon. Ne faut-il pas avoir perdu le bon sens ou la pudeur pour dire que chez les Juifs aucun scélérat n'échappait à la punition temporelle ? N'est-il pas parlé cent fois du bonheur des méchants dans l'Écriture ?

Nous savions avant vous que ni le *Décalogue* ni le *Lévitique* ne font mention de l'immortalité de l'âme, ni de sa spiritualité, ni des peines et des récompenses dans une autre vie; mais ce n'était pas à vous de le dire. Ce qui est pardonnable à un laïque ne l'est pas à un prêtre; et surtout vous ne devez pas le dire dans quatre volumes ennuyeux[1].

Voilà ce que l'on objecte à Warburton. Il a répondu par des injures atroces, et il a cru enfin qu'il avait raison parce que son évêché lui vaut deux mille cinq cents guinées de rentes. Toute l'Angleterre s'est déclarée contre lui malgré ses guinées. Il s'est rendu odieux par la virulence de son insolent caractère beaucoup plus que par l'absurdité de son système.

DE BOLINGBROKE

Milord Bolingbroke a été plus audacieux que Warburton, et de meilleure foi. Il ne cesse de dire, dans ses *Œuvres philosophiques,* que les athées sont beaucoup moins dangereux que les théologiens. Il raisonnait en ministre d'État qui savait combien de sang les querelles théologiques ont coûté à l'Angleterre; mais il devait s'en tenir à proscrire la théologie, et non la religion chrétienne dont tout homme d'État peut tirer de très grands avantages pour le genre humain, en la resserrant dans ses bornes, si elle les a franchies. On a publié après la mort de lord Bolingbroke quelques-uns de ses ouvrages plus violents encore que son *Recueil philosophique*[2] ; il y déploie une éloquence funeste. Personne n'a jamais écrit rien de plus fort : on voit qu'il avait la religion chrétienne en horreur. Il est triste qu'un si sublime génie ait voulu couper par la racine un arbre qu'il pouvait rendre très utile en élaguant les branches, et en nettoyant sa mousse.

On peut épurer la religion. On commença ce grand ouvrage il y a près de deux cent cinquante années; mais les hommes ne s'éclairent que par degrés. Qui aurait prévu alors qu'on analyserait les rayons du soleil, qu'on électriserait avec le tonnerre, et qu'on découvrirait la loi de gravitation universelle, loi qui préside à l'univers? Il est temps, selon Bolingbroke, qu'on bannisse la théologie, comme on a banni l'astrologie judiciaire, la sorcellerie, la possession du diable, la baguette divinatoire, la panacée universelle, et les jésuites. La théologie n'a jamais servi qu'à renverser les lois et qu'à corrompre les cœurs : elle seule fait les athées, car le grand nombre des théologiens qui est assez sensé pour voir le ridicule de cette science chimérique n'en sait pas assez pour lui substituer une saine philosophie. La théologie, disent-ils, est, selon la signification du mot, la science de Dieu. Or les polissons qui ont profané cette science ont donné de Dieu des idées absurdes, et de là ils concluent que la Divinité est une chimère, parce que la théologie est chimérique. C'est précisément dire qu'il ne faut ni prendre du quinquina pour la fièvre, ni faire diète dans la pléthore, ni être saigné dans l'apoplexie, parce qu'il y a eu de mauvais médecins; c'est nier la connaissance du cours des astres, parce qu'il y a eu des astrologues; c'est nier les effets évidents de la chimie, parce que des chimistes charlatans ont prétendu faire de l'or. Les gens du monde, encore plus ignorants que ces petits théologiens, disent : Voilà des bacheliers et des licenciés qui ne croient pas en Dieu; pourquoi y croirions-nous ? Voilà quelle est la suite funeste de l'esprit théologique. Une fausse science fait les athées; une vraie science prosterne l'homme devant la Divinité : elle rend juste et sage celui que l'abus de la théologie a rendu inique et insensé.

DE THOMAS CHUBB

Thomas Chubb est un philosophe formé par la nature. La subtilité de son génie, dont il abusa, lui fit embrasser non seulement le parti des sociniens, qui ne regardent

Jésus-Christ que comme un homme, mais enfin celui des théistes rigides, qui reconnaissent un Dieu et n'admettent aucun mystère. Ses égarements sont méthodiques : il voudrait réunir tous les hommes dans une religion qu'il croit épurée parce qu'elle est simple. Le mot de christianisme est à chaque page dans ses divers ouvrages, mais la chose ne s'y trouve pas. Il ose penser que Jésus-Christ a été de la religion de Thomas Chubb; mais il n'est pas de la religion de Jésus-Christ. Un abus perpétuel des mots est le fondement de sa persuasion. Jésus-Christ a dit : Aimez Dieu et votre prochain, voilà toute la loi, voilà tout l'homme. Chubb s'en tient à ces paroles; il écarte tout le reste. Notre Sauveur lui paraît un philosophe comme Socrate, qui fut mis à mort comme lui pour avoir combattu les superstitions et les prêtres de son pays. D'ailleurs il a écrit avec retenue, il s'est toujours couvert d'un voile. Les obscurités dans lesquelles il s'enveloppe lui ont donné plus de réputation que de lecteurs.

LETTRE V

SUR SWIFT

Il est vrai, Monseigneur, que je ne vous ai point parlé de Swift; il mérite un article à part : c'est le seul écrivain anglais de ce genre qui ait été plaisant. C'est une chose bien étrange que les deux hommes à qui on doit le plus reprocher d'avoir osé tourner la religion chrétienne en ridicule aient été deux prêtres ayant charge d'âmes. Rabelais fut curé de Meudon, et Swift fut doyen de la cathédrale de Dublin : tous deux lancèrent plus de sarcasmes contre le christianisme que Molière n'en a prodigué contre la médecine, et tous deux vécurent et moururent paisibles, tandis que d'autres hommes ont été persécutés, poursuivis, mis à mort, pour quelques paroles équivoques.

> Quelquefois l'un se brise où l'autre s'est sauvé,
> Et par où l'un périt un autre est conservé.
>
> (*Cinna,* acte II, scène 1.)

Le *Conte du Tonneau* du doyen Swift est une imitation des *Trois Anneaux*. La fable de ces trois anneaux est fort ancienne : elle est du temps des croisades. C'est un vieillard qui laissa, en mourant, une bague à chacun de ses trois enfants : ils se battirent à qui aurait la plus belle; on reconnut enfin, après de longs débats, que les trois bagues étaient parfaitement semblables. Le bon vieillard est le théisme, les trois enfants sont la religion juive, la chrétienne, et la musulmane.

L'auteur oublia les religions des mages et des brachmanes, et beaucoup d'autres; mais c'était un Arabe qui ne connaissait que ces trois sectes. Cette fable conduit à cette indifférence qu'on reprocha tant à l'empereur Frédéric II, et à son chancelier *De Vineis*, qu'on accuse d'avoir composé le livre *De tribus Impostoribus*, qui, comme vous savez, n'a jamais existé.

Le conte des *Trois Anneaux* se trouve dans quelques anciens recueils : le docteur Swift lui a substitué trois justaucorps. L'introduction à cette raillerie impie est digne de l'ouvrage; c'est une estampe où sont représentées trois manières de parler en public : la première est le théâtre d'Arlequin et de Gilles; la seconde est un prédicateur dont la chaire est la moitié d'une futaille; la troisième est l'échelle du haut de laquelle un homme qu'on va pendre harangue le peuple.

Un prédicateur entre Gilles et un pendu ne fait pas une belle figure. Le corps du livre est une histoire allégorique des trois principales sectes qui divisent l'Europe méridionale, la romaine, la luthérienne, et la calviniste : car il ne parle pas de l'Église grecque, qui possède six fois plus de terrain qu'aucune des trois autres, et il laisse là le mahométisme, bien plus étendu que l'Église grecque.

Les trois frères à qui leur vieux bonhomme de père a légué trois justaucorps tout unis, et de la même couleur, sont Pierre, Martin et Jean, c'est-à-dire le pape, Luther et Calvin. L'auteur fait faire plus d'extravagances à ses trois héros que Cervantes n'en attribue à son don Quichotte, et l'Arioste à son Roland; mais milord Pierre est le plus maltraité des trois frères. Le livre est très mal traduit en français; il n'était pas possible de rendre le comique dont il est assaisonné. Ce comique tombe souvent sur des querelles entre l'Église anglicane et la presbytérienne, sur des usages, sur des aventures que l'on ignore en France, et sur des jeux de mots particuliers à la langue anglaise. Par exemple, le mot qui signifie *une bulle du pape* en français signifie aussi en anglais *un bœuf (bull)*. C'est une source d'équivoques et de plaisanteries entièrement perdues pour un lecteur français.

Swift était bien moins savant que Rabelais; mais son esprit est plus fin et plus délié : c'est le Rabelais de la bonne compagnie. Les lords Oxford et Bolingbroke firent donner le meilleur bénéfice d'Irlande, après l'archevêché de Dublin, à celui qui avait couvert la religion chrétienne de ridicule, et Abbadie, qui avait écrit en faveur de cette religion un livre auquel on prodiguait les éloges, n'eut qu'un malheureux petit bénéfice de village; mais il est à remarquer que tous deux sont morts fous.

LETTRE VI

SUR LES ALLEMANDS

MONSEIGNEUR,

VOTRE Allemagne a eu aussi beaucoup de grands seigneurs et de philosophes accusés d'irréligion. Votre célèbre Corneille Agrippa, au XVIe siècle, fut regardé, non seulement comme un sorcier, mais comme un incrédule. Cela est contradictoire : car un sorcier croit en Dieu, puisqu'il ose mêler le nom de Dieu dans toutes ses conjurations; un sorcier croit au diable, puisqu'il se donne au diable. Chargé de ces deux calomnies comme Apulée, Agrippa fut bien heureux de n'être qu'en prison, et de ne mourir qu'à l'hôpital. Ce fut lui qui, le premier, débita que le fruit défendu dont avaient mangé Adam et Ève était la jouissance de l'amour, à laquelle ils s'étaient abandonnés avant d'avoir reçu de Dieu la bénédiction nuptiale. Ce fut encore lui qui, après avoir cultivé les sciences, écrivit le premier contre elles. Il décria le lait dont il avait été nourri, parce qu'il l'avait très mal digéré. Il mourut dans l'hôpital de Grenoble en 1535.

Je ne connais votre fameux docteur Faustus que par la comédie dont il est le héros, et qu'on joue dans toutes vos provinces de l'empire. Votre docteur Faustus y est dans un commerce suivi avec le diable. Il lui écrit des lettres qui cheminent par l'air au moyen d'une ficelle : il en reçoit des réponses. On voit des miracles à chaque acte, et le diable emporte Faustus à la fin de la pièce. On dit qu'il était né en Souabe, et qu'il vivait sous Maximilien Ier. Je ne crois pas qu'il fait plus de fortune auprès de Maximilien qu'auprès du diable son autre maître.

Le célèbre Érasme fut également soupçonné d'irréligion par les catholiques et par les protestants, parce qu'il se moquait des excès où les uns et les autres tombèrent. Quand deux partis ont tort, celui qui se tient neutre, et qui par conséquent a raison, est vexé par l'un et par l'autre. La statue qu'on lui a dressée dans la place de Rotterdam, sa patrie, l'a vengé de Luther et de l'Inquisition.

Mélanchthon, terre noire, fut à peu près dans le cas d'Érasme. On prétend qu'il changea quatorze fois de sentiment sur le péché originel et sur la prédestination. On l'appelait, dit-on, le Protée d'Allemagne. Il aurait voulu en être le Neptune qui retient la fougue des vents.

Jam coelum terramque meo sine numine, venti,
Miscere, et tantas audetis tollere moles !

(Virg., *Æn.*, I, 137.)

Il était modéré et tolérant. Il passe pour indifférent. Étant devenu protestant, il conseilla à sa mère de rester catholique. De là on jugea qu'il n'était ni l'un ni l'autre.

J'omettrai, si vous le permettez, la foule des sectaires à qui l'on a reproché d'embrasser des factions plutôt que d'adhérer à des opinions, et de croire à l'ambition ou à la cupidité bien plutôt qu'à Luther et au pape. Je ne parlerai pas des philosophes, accusés de n'avoir eu d'autre évangile que la nature.

Je viens à votre illustre Leibnitz. Fontenelle, en faisant son éloge à Paris en pleine Académie, s'exprime sur sa religion en ces termes : « On l'accuse de n'avoir été qu'un grand et rigide observateur du droit naturel : ses pasteurs lui en ont fait des réprimandes publiques et inutiles. »

Vous verrez bientôt, Monseigneur, que Fontenelle, qui parlait ainsi, avait essuyé des imputations non moins graves.

Wolff, le disciple de Leibnitz, a été exposé à un plus

grand danger : il enseignait les mathématiques dans l'Université de Hall avec un succès prodigieux. Le professeur théologien Lange, qui gelait de froid dans la solitude de son école, tandis que Wolff avait cinq cents auditeurs, s'en vengea en dénonçant Wolff comme un athée. Le feu roi de Prusse Frédéric-Guillaume, qui s'entendait mieux à exercer ses troupes qu'aux disputes des savants, crut Lange trop aisément : il donna le choix à Wolff de sortir de ses États dans vingt-quatre heures, ou d'être pendu. Le philosophe résolut sur-le-champ le problème en se retirant à Marbourg, où ses écoliers le suivirent, et où sa gloire et sa fortune augmentèrent. La ville de Hall perdit alors plus de quatre cent mille florins par an, que Wolff lui valait par l'affluence de ses disciples : le revenu du roi en souffrit, et l'injustice faite au philosophe ne retomba que sur le monarque. Vous savez, Monseigneur, avec quelle équité et quelle grandeur d'âme le successeur de ce prince répara l'erreur dans laquelle on avait entraîné son père.

Il est dit à l'article *Wolff,* dans un dictionnaire, que Charles-Frédéric, philosophe couronné, ami de Wolff, l'éleva à la dignité de vice-chancelier de l'Université de l'électeur de Bavière, et de baron de l'empire. Le roi dont il est parlé dans cet article est en effet un philosophe, un savant, un très grand génie, ainsi qu'un très grand capitaine sur le trône; mais il ne s'appelle point Charles : il n'y a point dans ses États d'université appartenant à l'électeur de Bavière; l'empereur seul fait des barons de l'empire. Ces petites fautes, qui sont trop fréquentes dans tous les dictionnaires, peuvent être aisément corrigées.

Depuis ce temps, la liberté de penser a fait des progrès étonnants dans tout le nord de l'Allemagne. Cette liberté même a été portée à un tel excès qu'on a imprimé, en 1766, un *Abrégé de l'histoire ecclésiastique* de Fleury avec une préface d'un style éloquent, qui commence par ces paroles :

« L'établissement de la religion chrétienne a eu, comme tous les empires, de faibles commencements. Un Juif de la lie du peuple, dont la naissance est douteuse, qui mêle aux absurdités des anciennes prophéties des préceptes de morale, auquel on attribue des miracles, est le héros de cette secte : douze fanatiques se répandent d'Orient en Italie, etc. »

Il eſt triſte que l'auteur de ce morceau, d'ailleurs profond et sublime, se soit laissé emporter à une hardiesse si fatale à notre sainte religion. Rien n'eſt plus pernicieux. Cependant cette licence prodigieuse n'a presque point excité de rumeurs. Il eſt bien à souhaiter que ce livre soit peu répandu. On n'en a tiré, à ce que je présume, qu'un petit nombre d'exemplaires.

Le discours de l'empereur Julien contre le chriſtianisme, traduit à Berlin par le marquis d'Argens, chambellan du roi de Prusse, et dédié au prince Ferdinand de Brunsvick, serait un coup non moins funeſte porté à notre religion si l'auteur n'avait pas eu le soin de rassurer par des remarques savantes les esprits effarouchés. L'ouvrage eſt précédé d'une préface sage et inſtructive, dans laquelle il rend juſtice (il eſt vrai) aux grandes qualités et aux vertus de Julien, mais dans laquelle aussi il avoue les erreurs funeſtes de cet empereur. Je pense, Monseigneur, que ce livre ne vous eſt pas inconnu, et que votre chriſtianisme n'en a pas été ébranlé.

LETTRE VII

SUR LES FRANÇAIS

Vous avez, je crois, très bien deviné, Monseigneur, qu'en France il y a plus d'hommes accusés d'impiété que de véritables impies; de même qu'on y a vu beaucoup plus de soupçons d'empoisonnements que d'empoisonneurs.

L'inquiétude, la vivacité, la loquacité, la pétulance française supposa toujours plus de crimes qu'elle n'en commit. C'eſt pourquoi il meurt rarement un prince chez Mézerai sans qu'on lui ait *donné le boucon*. Le jésuite Garasse et le jésuite Hardouin trouvent partout des athées. Force moines, ou gens pires que moines, craignant la diminution de leur crédit, ont été des sentinelles criant toujours : Qui vive ? l'ennemi eſt aux portes. Grâces soient rendues à Dieu de ce que nous avons bien moins de gens niant Dieu qu'on ne l'a dit.

DE BONAVENTURE DESPÉRIERS

Un des premiers exemples en France de la persécution fondée sur des terreurs paniques fut le vacarme étrange qui dura si longtemps au sujet du *Cymbalum mundi,* petit livret d'une cinquantaine de pages tout au plus. L'auteur, Bonaventure Despériers, vivait au commencement du XVIᵉ siècle. Ce Despériers était domestique de Marguerite de Valois, sœur de François Iᵉʳ. Les lettres commençaient alors à renaître. Despériers voulut faire en latin quelques dialogues dans le goût de Lucien : il composa quatre dialogues très insipides sur les prédictions, sur la pierre philosophale, sur un cheval qui parle, sur les chiens d'Actéon. Il n'y a pas assurément, dans tout ce fatras de plat écolier, un seul mot qui ait le moindre et le plus éloigné rapport aux choses que nous devons révérer.

On persuada à quelques docteurs qu'ils étaient désignés par les chiens et par les chevaux. Pour les chevaux, ils n'étaient pas accoutumés à cet honneur. Les docteurs aboyèrent; aussitôt l'ouvrage fut recherché, traduit en langue vulgaire, et imprimé; et chaque fainéant d'y trouver des allusions; et les docteurs de crier à l'hérétique, à l'impie, à l'athée. Le livret fut déféré aux magistrats, le libraire Morin mis en prison, et l'auteur en de grandes angoisses.

L'injustice de la persécution frappa si fortement le cerveau de Bonaventure qu'il se tua de son épée dans le palais de Marguerite. Toutes les langues des prédicateurs, toutes les plumes des théologiens, s'exercèrent sur cette mort funeste. Il s'est défait lui-même : donc il était coupable; donc il ne croyait point en Dieu; donc son petit livre, que personne n'avait pourtant la patience de lire, était le catéchisme des athées. Chacun le dit, chacun le crut : *Credidi propter quod locutus sum ;* « j'ai cru parce que j'ai parlé », est la devise des hommes. On répète une sottise, et à force de la redire on en est persuadé.

Le livre devint d'une rareté extrême; nouvelle raison pour le croire infernal. Tous les auteurs d'anecdotes littéraires et de dictionnaires n'ont pas manqué d'affirmer que le *Cymbalum mundi* est le précurseur de Spinoza.

Nous avons encore un ouvrage d'un conseiller de

Bourges, nommé Catherinot, très digne des armes de Bourges[1]. Ce grand juge dit : « Nous avons deux livres impies que je n'ai jamais vus : l'un, *De tribus Impostoribus ;* l'autre, le *Cymbalum mundi.* » Eh ! mon ami, si tu ne les as pas vus pourquoi en parles-tu ?

Le minime Mersenne, ce facteur de Descartes, le même qui donne douze apôtres à Vanini, dit de Bonaventure Despériers : « C'est un monstre et un fripon, d'une impiété achevée. » Vous remarquerez qu'il n'avait pas lu son livre. Il n'en restait plus que deux exemplaires dans l'Europe quand Prosper Marchand le réimprima à Amsterdam, en 1711. Alors le voile fut tiré : on ne cria plus à l'impiété, à l'athéisme; on cria à l'ennui, et on n'en parla plus.

DE THÉOPHILE

Il en a été de même de Théophile, très célèbre dans son temps : c'était un jeune homme de bonne compagnie, faisant très facilement des vers médiocres, mais qui eurent de la réputation; très instruit dans les belles-lettres, écrivant purement en latin; homme de table autant que de cabinet, bienvenu chez les jeunes seigneurs qui se piquaient d'esprit, et surtout chez cet illustre et malheureux duc de Montmorency, qui, après avoir gagné des batailles, mourut sur un échafaud.

S'étant trouvé un jour avec deux jésuites, et la conversation étant tombée sur quelques points de la malheureuse philosophie de son temps, la dispute s'aigrit. Les jésuites substituèrent les injures aux raisons. Théophile était poète et Gascon, *genus irritabile vatum et Vasconum.* Il fit une petite pièce de vers où les jésuites n'étaient pas trop bien traités; en voici trois qui coururent toute la France :

> Cette grande et noire machine,
> Dont le souple et le vaste corps
> Étend ses bras jusqu'à la Chine.

Théophile même les rappelle dans une épître en vers écrite de sa prison au roi Louis XIII. Tous les jésuites se déchaînèrent contre lui. Les deux plus furieux, Garasse et Guérin, déshonorèrent la chaire et violèrent les lois en le nommant dans leurs sermons, en le traitant d'athée et d'homme abominable, en excitant contre lui toutes leurs dévotes.

Un jésuite plus dangereux, nommé Voisin, qui n'écrivait ni ne prêchait, mais qui avait un grand crédit auprès du cardinal de La Rochefoucauld, intenta un procès criminel à Théophile, et suborna contre lui un jeune débauché nommé Sajeot, qui avait été son écolier, et qui passait pour avoir servi à ses plaisirs infâmes, ce que l'accusé lui reprocha à la confrontation. Enfin le jésuite Voisin obtint, par la faveur du jésuite Caussin, confesseur du roi, un décret de prise de corps contre Théophile sur l'accusation d'impiété et d'athéisme. Le malheureux prit la fuite, on lui fit son procès par contumace, il fut brûlé en effigie en 1621. Qui croirait que la rage des jésuites n'était pas encore assouvie ? Voisin paya un lieutenant de la connétablie, nommé Le Blanc, pour l'arrêter dans le lieu de sa retraite en Picardie. On l'enferma chargé de fers dans un cachot, aux acclamations de la populace à qui Le Blanc criait : « C'est un athée que nous allons brûler. » De là on le mena à Paris, à la Conciergerie, où il fut mis dans le cachot de Ravaillac. Il y resta une année entière, pendant laquelle les jésuites prolongèrent son procès pour chercher contre lui des preuves.

Pendant qu'il était dans les fers, Garasse publiait sa *Doctrine curieuse,* dans laquelle il dit que Pasquier, le cardinal Wolsey, Scaliger, Luther, Calvin, Bèze, le roi d'Angleterre, le Landgrave de Hesse, et Théophile, sont des bélîtres d'athéistes et de carpocratiens. Ce Garasse écrivait dans son temps comme le misérable ex-jésuite Nonotte a écrit dans le sien : la différence est que l'insolence de Garasse était fondée sur le crédit qu'avaient alors les jésuites, et que la fureur de l'absurde Nonotte est le fruit de l'horreur et du mépris où les jésuites sont tombés dans l'Europe; c'est le serpent qui veut mordre encore quand il a été coupé en tronçons. Théophile fut surtout interrogé sur le *Parnasse satirique,* recueil d'impudicités dans le goût de Pétrone, de Martial, de Catulle, d'Ausone, de l'archevêque de Bénévent La Casa, de l'évêque d'Angoulême Octavien de Saint-Gelais, et de Mellin de Saint-Gelais son fils, de l'Arétin, de Chorier, de Marot, de Verville, des épigrammes de Rousseau, et de cent autres sottises licencieuses. Cet ouvrage n'était pas de Théophile. Le libraire avait rassemblé tout ce qu'il avait pu de Maynard, de Colletet, de Frénicle, magistrat, et depuis de l'Académie des sciences, et de quelques seigneurs de la cour. Il fut avéré que Théophile n'avait point de part à cette édition, contre laquelle lui-même avait présenté requête. Enfin les jésuites, quelque puissants qu'ils fussent alors, ne purent avoir la consolation de le faire brûler, et ils eurent même beaucoup de peine à obtenir qu'il fût banni de Paris. Il y revint malgré eux, protégé par le duc de Montmorency, qui le logea dans son hôtel, où il mourut, en 1626, du chagrin auquel une si cruelle persécution le fit succomber.

DE DES BARREAUX

Le conseiller au parlement Des Barreaux, qui dans sa jeunesse avait été ami de Théophile et qui ne l'avait pas abandonné dans sa disgrâce, passa constamment pour un athée. Et sur quoi ? Sur un conte qu'on fait de lui, sur l'aventure de l'omelette au lard. Un jeune homme à saillies libertines peut très bien dans un cabaret manger gras un samedi, et pendant un orage mêlé de tonnerre jeter le plat par la fenêtre en disant : Voilà bien du bruit pour une omelette au lard, sans pour cela mériter l'affreuse accusation d'athéisme. C'est sans doute une très grande irrévérence : c'est insulter l'Église dans laquelle il était né; c'est se moquer de l'institution des jours maigres; mais ce n'est pas nier l'existence de Dieu.

Ce qui lui donna cette réputation, ce fut principalement l'indiscrète témérité de Boileau, qui, dans sa *Satire des femmes,* laquelle n'est pas sa meilleure, dit qu'il a vu plus d'un Capanée,

> Du tonnerre dans l'air bravant les vains carreaux,
> Et nous parlant de Dieu du ton de Des Barreaux.

Jamais ce magistrat n'écrivit rien contre la Divinité. Il n'est pas permis de flétrir du nom d'athée un homme de mérite contre lequel on n'a aucune preuve : cela est indigne. On a imputé à Des Barreaux le fameux sonnet qui finit ainsi :

> Tonne, frappe, il eśt temps; rends-moi guerre pour guerre.
> J'adore en périssant la raison qui t'aigrit;
> Mais dessus quel endroit tombera ton tonnerre,
> Qui ne soit tout couvert du sang de Jésus-Chriśt ?

Ce sonnet ne vaut rien du tout. *Jésus-Chriśt* en vers n'eśt pas tolérable; *rends-moi guerre* n'eśt pas français; *guerre pour guerre* eśt très plat, et *dessus quel endroit* eśt déteśtable. Ces vers sont de l'abbé de Lavau, et Des Barreaux fut toujours très fâché qu'on les lui attribuât. C'eśt ce même abbé de Lavau qui fit cette abominable épigramme sur le mausolée élevé dans Saint-Euśtache en l'honneur de Lulli :

> . . . .
> Laissez tomber, sans plus attendre,
> Sur ce buśte honteux votre fatal rideau;
> Et ne montrez que le flambeau
> Qui devrait avoir mis l'original en cendre.

DE LA MOTHE LE VAYER

Le sage La Mothe Le Vayer, conseiller d'État, précepteur de Monsieur frère de Louis XIV, et qui le fut même de Louis XIV près d'une année, n'essuya pas moins de soupçons que le voluptueux Des Barreaux. Il y avait encore peu de philosophie en France. Le *Traité de la vertu des païens* et les *Dialogues d'Orasius Tubero* lui firent des ennemis. Les janséniśtes surtout, qui ne regardaient, après saint Auguśtin, les vertus des grands hommes de l'antiquité que comme des péchés splendides, se déchaînèrent contre lui. Le comble de l'insolence fanatique eśt de dire : « Nul n'aura de vertu que nous et nos amis; Socrate, Confucius, Marc Aurèle, Épictète, ont été des scélérats, puisqu'ils n'étaient pas de notre communion. » On eśt revenu aujourd'hui de cette extravagance, mais alors elle dominait. On a rapporté dans un ouvrage curieux qu'un jour un de ces énergumènes, voyant passer La Mothe Le Vayer dans la galerie du Louvre, dit tout haut : « Voilà un homme sans religion. » Le Vayer, au lieu de le faire punir, se retourna vers cet homme, et lui dit : « Mon ami, j'ai tant de religion que je ne suis pas de ta religion. »

DE SAINT-ÉVREMOND

On a donné quelques ouvrages contre le christianisme sous le nom de Saint-Évremond, mais aucun n'est de lui. On crut après sa mort faire passer ces dangereux livres à l'abri de sa réputation, parce qu'en effet on trouve dans ses véritables ouvrages plusieurs traits qui annoncent un esprit dégagé des préjugés de l'enfance. D'ailleurs, sa vie épicurienne et sa mort toute philosophique servirent de prétexte à tous ceux qui voulaient accréditer de son nom leurs sentiments particuliers.

Nous avons surtout une *Analyse de la religion chrétienne* qui lui est attribuée. C'est un ouvrage qui tend à renverser toute la chronologie et presque tous les faits de la Sainte Écriture. Nul n'a plus approfondi que l'auteur l'opinion où sont quelques théologiens que l'astronome Phlégon avait parlé des ténèbres qui couvrirent toute la terre à la mort de notre Seigneur Jésus-Christ. J'avoue que l'auteur a pleinement raison contre ceux qui ont voulu s'appuyer du témoignage de cet astronome; mais il a grand tort de vouloir combattre tout le système chrétien sous prétexte qu'il a été mal défendu.

Au reste, Saint-Évremond était incapable de ces recherches savantes. C'était un esprit agréable et assez juste; mais il avait peu de science, nul génie, et son goût était peu sûr : ses *Discours sur les Romains* lui firent une réputation dont il abusa pour faire les plus plates comédies et les plus mauvais vers dont on ait jamais fatigué les lecteurs, qui n'en sont plus fatigués aujourd'hui puisqu'ils ne les lisent plus. On peut le mettre au rang des hommes aimables et pleins d'esprit qui ont fleuri dans le temps brillant de Louis XIV, mais non pas au rang des hommes supérieurs. Au reste, ceux qui l'ont appelé athéiste sont d'infâmes calomniateurs.

DE FONTENELLE

Bernard de Fontenelle, depuis secrétaire de l'Académie des sciences, eut une secousse plus vive à soutenir. Il fit insérer, en 1686, dans la *République des lettres* de Bayle, une *Relation de l'île de Bornéo* fort ingénieuse : c'était une allégorie sur Rome et Genève; elles étaient désignées sous le nom de deux sœurs, Mero et Énègue. Mero était une magicienne tyrannique; elle exigeait que ses sujets vinssent lui déclarer leurs plus secrètes pensées, et qu'ensuite ils lui apportassent tout leur argent. Il fallait, avant de venir baiser ses pieds, adorer des os de morts; et souvent, quand on voulait déjeuner, elle faisait disparaître le pain. Enfin ses sortilèges et ses fureurs soulevèrent un grand parti contre elle, et sa sœur Énègue lui enleva la moitié de son royaume.

Bayle n'entendit pas d'abord la plaisanterie; mais l'abbé Terrasson l'ayant commentée, elle fit beaucoup de bruit. C'était dans le temps de la révocation de l'édit de Nantes. Fontenelle courait le risque d'être enfermé à la Bastille. Il eut la bassesse de faire d'assez mauvais vers à l'honneur de cette révocation, et à celui des jésuites : on les inséra dans un mauvais recueil intitulé le *Triomphe de la religion sous Louis le Grand,* imprimé à Paris chez Langlois, en 1687.

Mais, ayant depuis rédigé en français, avec un grand succès, la savante *Histoire des oracles* de Van Dale, les jésuites le persécutèrent. Le Tellier, confesseur de Louis XIV, rappelant l'allégorie de Mero et d'Énègue, aurait voulu le traiter comme le jésuite Voisin avait traité Théophile. Il sollicita une lettre de cachet contre lui. Le célèbre garde des sceaux d'Argenson, alors lieutenant de police, sauva Fontenelle de la fureur de Le Tellier. S'il avait fallu choisir un athéiste entre Fontenelle et Le Tellier, c'était sur le calomniateur Le Tellier que devait tomber le soupçon.

Cette anecdote est plus importante que toutes les bagatelles littéraires dont l'abbé Trublet a fait un gros volume concernant Fontenelle[1]. Elle apprend combien la philosophie est dangereuse quand un fanatique, ou un fripon, ou un moine qui est l'un et l'autre, a malheureusement l'oreille du prince. C'est un danger, Monseigneur, auquel on ne sera jamais exposé auprès de vous.

DE L'ABBÉ DE SAINT-PIERRE

L'*Allégorie du mahométisme,* par l'abbé de Saint-Pierre, fut beaucoup plus frappante que celle de Mero. Tous les ouvrages de cet abbé, dont plusieurs passent pour des rêveries, sont d'un homme de bien et d'un citoyen zélé; mais tout s'y ressent d'un pur théisme. Cependant il ne fut point persécuté : c'est qu'il écrivait d'une manière à ne rendre personne jaloux : son style n'a aucun agrément; il était peu lu. Il ne prétendait à rien; ceux qui le lisaient se moquaient de lui, et le traitaient de bonhomme. S'il eût écrit comme Fontenelle, il était perdu, surtout quand les jésuites régnaient encore.

DE BAYLE

Cependant s'élevait alors, et depuis plusieurs années, l'immortel Bayle, le premier des dialecticiens et des philosophes sceptiques. Il avait déjà donné ses *Pensées sur la Comète,* ses *Réponses aux questions d'un provincial,* et enfin son *Dictionnaire de raisonnement*. Ses plus grands ennemis sont forcés d'avouer qu'il n'y a pas une ligne dans ses ouvrages qui soit un blasphème évident contre la religion chrétienne; mais ses plus grands défenseurs avouent que, dans les articles de controverse, il n'y a pas une seule page qui ne conduise le lecteur au doute, et souvent à l'incrédulité. On ne pouvait le convaincre d'être impie; mais il faisait des impies, en mettant les objections contre nos dogmes dans un jour si lumineux qu'il n'était pas possible à une foi médiocre de n'être pas ébranlée; et malheureusement la plus grande partie des lecteurs n'a qu'une foi très médiocre.

Il est rapporté dans un de ces dictionnaires historiques, où la vérité est si souvent mêlée avec le mensonge, que le cardinal de Polignac, en passant par Rotterdam, demanda à Bayle s'il était anglican, ou luthérien, ou calviniste, et qu'il répondit : « Je suis protestant, car je proteste contre toutes les religions. »

En premier lieu, le cardinal de Polignac ne passa jamais par Rotterdam, que lorsqu'il alla conclure la paix d'Utrecht en 1713, après la mort de Bayle.

Secondement, ce savant prélat n'ignorait pas que Bayle, né calviniste au pays de Foix, et n'ayant jamais été en Angleterre ni en Allemagne, n'était ni anglican ni luthérien.

Troisièmement, il était trop poli pour aller demander à un homme de quelle religion il était. Il est vrai que Bayle avait dit quelquefois ce qu'on lui fait dire : il ajoutait qu'il était comme Jupiter assemble-nuages d'Homère. C'était d'ailleurs un homme de mœurs réglées et simples, un vrai philosophe dans toute l'étendue de ce mot. Il mourut subitement après avoir écrit ces mots : Voilà ce que c'est que la vérité.

Il l'avait cherchée toute sa vie, et n'avait trouvé partout que des erreurs.

Après lui, on a été beaucoup plus loin. Les Maillet, les Boulainvilliers, les Boulanger, les Meslier, le savant Fréret, le dialecticien Dumarsais, l'intempérant Lamettrie, et bien d'autres, ont attaqué la religion chrétienne avec autant d'acharnement que les Porphyre, les Celse, et les Julien.

J'ai souvent recherché ce qui pouvait déterminer tant d'écrivains modernes à déployer cette haine contre le christianisme. Quelques-uns m'ont répondu que les écrits des nouveaux apologistes de notre religion les avaient indignés; que si ces apologistes avaient écrit avec la modération que leur cause devait leur inspirer, on n'aurait pas pensé à s'élever contre eux; mais que leur bile donnait de la bile; que leur colère faisait naître la colère; que le mépris qu'ils affectaient pour les philosophes excitait le mépris; de sorte qu'enfin il est arrivé entre les défenseurs et les ennemis du christianisme ce qu'on avait vu entre toutes les communions : on a écrit de part et d'autre avec emportement; on a mêlé les outrages aux arguments.

DE MADEMOISELLE HUBER

Mlle Huber était une femme de beaucoup d'esprit, et sœur de l'abbé Huber, très connu de monseigneur votre père. Elle s'associa avec un grand métaphysicien pour écrire, vers l'an 1740, le livre intitulé *la Religion essentielle à l'homme*. Il faut convenir que malheureusement cette religion essentielle est le pur théisme, tel que les noachides le pratiquèrent avant que Dieu eût daigné se faire un peuple chéri dans les déserts de Sinaï et d'Horeb, et lui donner des lois particulières. Selon Mlle Huber et son ami, la religion essentielle à l'homme doit être de tous les temps, de tous les lieux et de tous les esprits. Tout ce qui est mystère est au-dessus de l'homme, et n'est pas fait pour lui; la pratique des vertus ne peut avoir aucun rapport avec le dogme. La religion essentielle à l'homme est dans ce qu'on doit faire, et non dans ce qu'on ne peut comprendre. L'intolérance est à la religion essentielle ce que la barbarie est à l'humanité, la cruauté à la douceur. Voilà le précis de tout le livre. L'auteur est très abstrait : c'est une suite de lemmes et de théorèmes qui répandent quelquefois plus d'obscurité que de lumières. On a peine à suivre cette marche. Il est étonnant qu'une femme ait écrit en géomètre sur une matière si intéressante : peut-être a-t-elle voulu rebuter des lecteurs qui l'auraient persécutée, s'ils l'avaient entendue et s'ils avaient eu du plaisir en la lisant. Comme elle était protestante, elle n'a guère été lue que par des protestants. Un prédicant, nommé Desroches, l'a réfutée, et même assez poliment pour un prédicant. Les ministres protestants, Monseigneur, devraient, ce me semble, être plus modérés avec les théistes que les évêques catholiques et les cardinaux : car supposé un moment, ce qu'à Dieu ne plaise, que le théisme prévalût, qu'il n'y eût qu'un culte simple sous l'autorité des lois et des magistrats, que tout fût réduit à l'adoration de l'Être suprême rémunérateur et vengeur, les pasteurs protestants n'y perdront rien; ils resteront chargés de présider aux prières publiques faites à l'Être suprême, et seront toujours des maîtres de morale : on leur conservera leurs pensions, ou, s'ils les perdent, cette perte sera bien modique. Leurs antagonistes, au contraire, ont de riches prélatures; ils sont comtes, ducs, princes; ils ont des souverainetés; et quoique tant de grandeurs et de richesses conviennent mal peut-être aux successeurs des apôtres, ils ne souffriront jamais qu'on les en dépouille : les droits temporels même qu'ils ont acquis sont tellement liés aujourd'hui à la constitution des États catholiques qu'on ne peut les en priver que par des secousses violentes.

Or le théisme est une religion sans enthousiasme, qui par elle-même ne causera jamais de révolution. Elle est erronée, mais elle est paisible. Tout ce qui est à craindre, c'est que le théisme, si universellement répandu, ne dispose insensiblement tous les esprits à mépriser le joug des pontifes, et qu'à la première occasion la magistrature ne les réduise à la fonction de prier Dieu pour le peuple; mais tant qu'ils seront modérés, ils seront respectés : il n'y a jamais que l'abus du pouvoir qui puisse énerver le pouvoir. Remarquons en effet, Monseigneur, que deux ou trois cents volumes de théisme n'ont jamais diminué d'un écu le revenu des pontifes catholiques romains, et que deux ou trois écrits de Luther et de Calvin leur ont enlevé environ cinquante millions de rente. Une querelle de théologie pouvait, il y a deux cents ans, bouleverser l'Europe; le théisme n'attroupa jamais quatre personnes. On peut même dire que cette religion, en trompant les esprits, les adoucit, et qu'elle apaise les querelles que la vérité mal entendue a fait naître. Quoi qu'il en soit, je me borne à rendre à Votre Altesse un compte fidèle. C'est à vous qu'il appartient de juger.

DE BARBEYRAC

Barbeyrac est le seul commentateur dont on fasse plus de cas que de son auteur. Il traduisit et commenta le fatras de Pufendorf, mais il l'enrichit d'une préface qui fit seule débiter le livre. Il remonte, dans cette préface, aux sources de la morale; et il a la candeur hardie de faire voir que les Pères de l'Église n'ont pas toujours connu cette morale pure, qu'ils l'ont défigurée par d'étranges allégories : comme lorsqu'ils disent que le lambeau de drap rouge exposé à la fenêtre par la cabaretière Rahab est visiblement le sang de Jésus-Christ; que Moïse étendant les bras pendant la bataille contre les Amalécites est la croix sur laquelle Jésus expire; que les baisers de la Sunamite sont le mariage de Jésus-Christ avec son Église; que la grande porte de l'arche de Noé désigne le corps humain, la petite porte désigne l'anus, etc., etc.

Barbeyrac ne peut souffrir, en fait de morale, qu'Augustin devienne persécuteur après avoir prêché la tolérance. Il condamne hautement les injures grossières que Jérôme vomit contre ses adversaires, et surtout contre Rufin et contre Vigilantius. Il relève les contradictions qu'il remarque dans la morale des Pères; il s'indigne qu'ils aient quelquefois inspiré la haine de la patrie, comme Tertullien, qui défend positivement aux chrétiens de porter les armes pour le salut de l'empire.

Barbeyrac eut de violents adversaires qui l'accusèrent de vouloir détruire la religion chrétienne en rendant ridicules ceux qui l'avaient soutenue par des travaux infatigables. Il se défendit; mais il laisse paraître dans sa défense un si profond mépris pour les Pères de l'Église; il témoigne tant de dédain pour leur fausse éloquence et pour leur dialectique; il leur préfère si hautement Confucius, Socrate, Zaleucus, Cicéron, l'empereur Antonin, Épictète, qu'on voit bien que Barbeyrac est plutôt le zélé partisan de la justice éternelle et de la loi naturelle donnée de Dieu aux hommes que l'adorateur des saints mystères du christianisme. S'il s'est trompé en pensant que Dieu est le père de tous les hommes, s'il a eu le malheur de ne pas voir que Dieu ne peut aimer que les chrétiens soumis de cœur et d'esprit, son erreur est du moins d'une belle âme; et puisqu'il aimait les hommes, ce n'est pas aux hommes à l'insulter : c'est à Dieu de le juger. Certainement il ne doit pas être mis au nombre des athéistes.

DE FRÉRET

L'illustre et profond Fréret était secrétaire perpétuel de l'Académie des belles-lettres de Paris. Il avait fait dans les langues orientales, et dans les ténèbres de l'antiquité, autant de progrès qu'on en peut faire. En rendant justice à son immense érudition et à sa probité, je ne prétends point excuser son hétérodoxie. Non seulement il était persuadé avec saint Irénée que Jésus était âgé de plus de cinquante ans quand il souffrit le dernier supplice, mais il croyait avec le Targum que Jésus n'était point né du temps d'Hérode, et qu'il faut rapporter sa naissance au temps du petit roi Jannée, fils d'Hircan. Les Juifs sont les seuls qui aient eu cette opinion singulière; M. Fréret tâchait de l'appuyer, en prétendant que nos *Évangiles* n'ont été écrits que plus de quarante ans après l'année où nous plaçons la mort de Jésus; qu'ils n'ont été faits qu'en des langues étrangères, et dans des villes très éloignées de Jérusalem, comme Alexandrie, Corinthe, Éphèse, Antioche, Ancyre, Thessalonique : toutes villes d'un grand commerce, remplies de thérapeutes, de disciples de Jean, de judaïques, de galiléens divisés en plusieurs sectes. De là vient, dit-il, qu'il y eut un très grand nombre d'*Évangiles* tout différents les uns des autres, chaque société particulière et cachée voulant avoir le sien. Fréret prétend que les quatre qui sont restés canoniques ont été écrits les derniers. Il croit en rapporter des preuves incontestables : c'est que les premiers Pères de l'Église citent très souvent des paroles qui ne se trouvent que dans l'évangile des Égyptiens, ou dans celui des Nazaréens, ou dans celui de saint Jacques, et que Justin est le premier qui cite expressément les évangiles reçus.

Si ce dangereux système était accrédité, il s'ensuivrait évidemment que les livres intitulés de Matthieu, de Jean, de Marc, et de Luc, n'ont été écrits que vers le temps de l'enfance de Justin, environ cent ans après notre ère vulgaire. Cela seul renverserait de fond en comble notre religion. Les mahométans qui virent leur faux prophète débiter les feuilles de son Koran, et qui les virent après sa mort rédigées solennellement par le calife Abubeker, triompheraient de nous; ils nous diraient : « Nous n'avons qu'un Alcoran, et vous avez eu cinquante évangiles; nous avons précieusement conservé l'original, et vous avez choisi au bout de quelques siècles quatre évangiles dont vous n'avez jamais connu les dates. Vous avez fait votre religion pièce à pièce; la nôtre a été faite d'un seul trait, comme la création. Vous avez cent fois varié, et nous n'avons changé jamais. »

Grâces au ciel nous ne sommes pas réduits à ces termes

funestes. Où en serions-nous, si ce que Fréret avance était vrai ? Nous avons assez de preuves de l'antiquité des quatre *Évangiles :* saint Irénée dit expressément qu'il n'en faut que quatre.

J'avoue que Fréret réduit en poudre les pitoyables raisonnements d'Abbadie. Cet Abbadie prétend que les premiers chrétiens mouraient pour les *Évangiles,* et qu'on ne meurt que pour la vérité. Mais cet Abbadie reconnaît que les premiers chrétiens avaient fabriqué de faux évangiles : donc, selon Abbadie même, les premiers chrétiens mouraient pour le mensonge. Abbadie devait considérer deux choses essentielles; premièrement, qu'il n'est écrit nulle part que les premiers martyrs aient été interrogés par les magistrats sur les *Évangiles ;* secondement, qu'il y a des martyrs dans toutes les communions. Mais si Fréret terrasse Abbadie, il est renversé lui-même par les miracles que nos quatre saints *Évangiles* véritables ont opérés. Il nie les miracles, mais on lui oppose une nuée de témoins; il nie les témoins, et alors il ne faut que le plaindre.

Je conviens avec lui qu'on s'est servi souvent de fraudes pieuses; je conviens qu'il est dit, dans l'*Appendix* du premier concile de Nicée, que, pour distinguer tous les livres canoniques des faux, on les mit pêle-mêle sur une grande table, qu'on pria le Saint-Esprit de faire tomber à bas tous les apocryphes; aussitôt ils tombèrent, et il ne resta que les véritables. J'avoue enfin que l'Église a été inondée de fausses légendes. Mais, de ce qu'il y a eu des mensonges et de la mauvaise foi, s'ensuit-il qu'il n'y ait eu ni vérité ni candeur ? Certainement Fréret va trop loin : il renverse tout l'édifice, au lieu de le réparer; il conduit, comme tant d'autres, le lecteur à l'adoration d'un seul Dieu sans la médiation du Christ. Mais, du moins, son livre respire une modération qui lui ferait presque pardonner ses erreurs; il ne prêche que l'indulgence et la tolérance; il ne dit point d'injures cruelles aux chrétiens comme milord Bolingbroke; il ne se moque point d'eux comme le curé Rabelais et le curé Swift. C'est un philosophe d'autant plus dangereux qu'il est très instruit, très conséquent, et très modeste. Il faut espérer qu'il se trouvera des savants qui le réfuteront mieux qu'on n'a fait jusqu'à présent.

Son plus terrible argument est que si Dieu avait daigné

se faire homme et Juif, et mourir en Palestine par un supplice infâme pour expier les crimes du genre humain et pour bannir le péché de la terre, il ne devait plus y avoir ni péché ni crime : cependant, dit-il, les chrétiens ont été des monstres cent fois plus abominables que tous les sectateurs des autres religions ensemble. Il en apporte pour preuve évidente les massacres, les roues, les gibets, et les bûchers des Cévennes, et près de cent mille hommes égorgés dans cette province sous nos yeux; les massacres des vallées de Piémont; les massacres de la Valteline du temps de Charles Borromée; les massacres des anabaptistes massacreurs et massacrés en Allemagne; les massacres des luthériens et des papistes depuis le Rhin jusqu'au fond du Nord; les massacres d'Irlande, d'Angleterre, et d'Écosse, du temps de Charles Ier, massacré lui-même; les massacres ordonnés par Marie et par Henri VIII son père; les massacres de la Saint-Barthélemy, en France, et quarante ans d'autres massacres depuis François II jusqu'à l'entrée de Henri IV dans Paris; les massacres de l'Inquisition, peut-être plus abominables encore, parce qu'ils se font juridiquement; enfin les massacres de douze millions d'habitants du nouveau monde, exécutés le crucifix à la main, sans compter tous les massacres faits précédemment au nom de Jésus-Christ depuis Constantin, et sans compter encore plus de vingt schismes et de vingt guerres de papes contre papes, et d'évêques contre évêques, les empoisonnements, les assassinats, les rapines des papes Jean XI, Jean XII, des Jean XVIII, des Grégoire VII, des Boniface VIII, des Alexandre VI, et de quelques autres papes qui passèrent de si loin en scélératesse les Néron et les Caligula. Enfin il remarque que cette épouvantable chaîne, presque perpétuelle, de guerres de religion pendant quatorze cents années n'a jamais subsisté que chez les chrétiens; et qu'aucun peuple, hors eux, n'a fait couler une goutte de sang pour des arguments de théologie.

On est forcé d'accorder à M. Fréret que tout cela est vrai. Mais en faisant le dénombrement des crimes qui ont éclaté, il oublie les vertus qui se sont cachées; il oublie surtout que les horreurs infernales dont il fait un si prodigieux étalage sont l'abus de la religion chrétienne, et n'en sont pas l'esprit. Si Jésus-Christ n'a pas détruit le péché sur la terre, qu'est-ce que cela prouve ? On en pourrait inférer tout au plus, avec les jansénistes, que Jésus-Christ n'est pas venu pour tous, mais pour plusieurs : *pro vobis et pro multis*. Mais, sans comprendre les hauts mystères, contentons-nous de les adorer, et surtout n'accusons pas cet homme illustre d'avoir été athéiste.

DE BOULANGER

Nous aurions plus de peine à justifier le sieur Boulanger, directeur des ponts et chaussées. Son *Christianisme dévoilé* n'est pas écrit avec la méthode et la profondeur d'érudition et de critique qui caractérisent le savant Fréret. Boulanger est un philosophe audacieux, qui remonte aux sources sans daigner sonder les ruisseaux. Ce philosophe est aussi chagrin qu'intrépide. Les horreurs dont tant d'Églises chrétiennes se sont souillées depuis leur naissance; les lâches barbaries des magistrats qui ont immolé tant d'honnêtes citoyens aux prêtres; les princes qui, pour leur plaire, ont été d'infâmes persécuteurs; tant de folies dans les querelles ecclésiastiques, tant d'abominations dans ces querelles; les peuples égorgés ou ruinés; les trônes de tant de prêtres composés des dépouilles et cimentés du sang des hommes; ces guerres affreuses de religion dont le christianisme seul a inondé la terre; ce chaos énorme d'absurdités et de crimes remue l'imagination du sieur Boulanger avec une telle puissance qu'il va, dans quelques endroits de son livre, jusqu'à douter de la Providence divine. Fatale erreur, que les bûchers de l'Inquisition et nos guerres religieuses excuseraient peut-être, si elle pouvait être excusable; mais nul prétexte ne peut justifier l'athéisme. Quand tous les chrétiens se seraient égorgés les uns les autres; quand ils auraient dévoré les entrailles de leurs frères assassinés pour des arguments; quand il ne resterait qu'un seul chrétien sur la terre, il faudrait qu'en regardant le soleil il reconnût et adorât l'Être éternel. Il pourrait dire dans sa douleur : Mes pères et mes frères ont été des monstres; mais Dieu est Dieu.

DE MONTESQUIEU

Le plus modéré et le plus fin des philosophes a été le président de Montesquieu. Il ne fut que plaisant dans ses *Lettres persanes ;* il fut délié et profond dans son *Esprit des lois.* Cet ouvrage, rempli d'ailleurs de choses excellentes et de fautes, semble fondé sur la loi naturelle et sur l'indifférence des religions : c'est là surtout ce qui lui fit tant de partisans et tant d'ennemis; mais les ennemis, cette fois, furent vaincus par les philosophes. Un cri longtemps retenu s'éleva de tous côtés. On vit enfin à découvert les progrès du théisme qui jetait depuis longtemps de profondes racines. La Sorbonne voulut censurer *l'Esprit des lois ;* mais elle sentit qu'elle serait censurée par le public; elle garda le silence. Il n'y eut que quelques misérables écrivains obscurs, comme un abbé Guyon et un jésuite, qui dirent des injures au président de Montesquieu; et ils en devinrent plus obscurs encore, malgré la célébrité de l'homme qu'ils attaquaient. Ils auraient rendu plus de service à notre religion s'ils avaient combattu avec des raisons; mais ils ont été de mauvais avocats d'une bonne cause.

DE LAMETTRIE

Depuis ce temps, ce fut un déluge d'écrits contre le christianisme. Le médecin Lamettrie, le meilleur commentateur de Boerhaave, abandonna la médecine du corps pour se donner, disait-il, à la médecine de l'âme; mais son *Homme machine* fit voir aux théologiens qu'il ne donnait que du poison. Il était lecteur du roi de Prusse, et membre de son Académie de Berlin. Le monarque, content de ses mœurs et de ses services, ne daigna pas songer si Lamettrie avait eu des opinions erronées en théologie : il ne pensa qu'au physicien, à l'académicien, et, en cette qualité, Lamettrie eut l'honneur que ce héros philosophe daignât faire son éloge funéraire. Cet éloge fut lu à l'Académie par un secrétaire de ses commandements. Un roi gouverné par un jésuite eût pu proscrire Lamettrie et sa mémoire; un roi qui n'était gouverné que par la raison sépara le philosophe de l'impie, et, laissant à Dieu le soin de punir l'impiété, protégea et loua le mérite.

DU CURÉ MESLIER

Le curé Meslier est le plus singulier phénomène qu'on ait vu parmi tous ces météores funestes à la religion chrétienne. Il était curé du village d'Étrepigny en Champagne, près de Rocroi, et desservait aussi une petite paroisse annexe nommée But. Son père était un ouvrier en serge, du village de Mazerny, dépendant du duché de Rethel-Mazarin. Cet homme, de mœurs irréprochables, et assidu à tous ses devoirs, donnait tous les ans aux pauvres de ses paroisses ce qui lui restait de son revenu. Il mourut en 1733, âgé de cinquante-cinq ans. On fut bien surpris de trouver chez lui trois gros manuscrits de trois cent soixante et six feuillets chacun, tous trois de sa main et signés de lui, intitulés *Mon testament*. Il avait écrit sur un papier gris qui enveloppait un des trois exemplaires adressés à ses paroissiens ces paroles remarquables :

« J'ai vu et reconnu les erreurs, les abus, les vanités, les folies, les méchancetés des hommes. Je les hais et déteste : je n'ai osé le dire pendant ma vie; mais je le dirai au moins en mourant, et c'est afin qu'on le sache que j'écris ce présent mémoire, afin qu'il puisse servir de témoignage à la vérité à tous ceux qui le verront, et qui le liront si bon leur semble. »

Le corps de l'ouvrage est une réfutation naïve et grossière de tous nos dogmes sans en excepter un seul. Le style est très rebutant, tel qu'on devait l'attendre d'un curé de village. Il n'avait eu d'autre secours pour composer cet étrange écrit contre la *Bible* et contre l'Église que la *Bible* elle-même, et quelques Pères. Des trois exemplaires il y en eut un que le grand vicaire de Reims retint, un autre fut envoyé à M. le garde des sceaux Chauvelin, le troisième resta au greffe de la justice du lieu. Le comte de Caylus eut quelque temps entre les mains une de ces trois copies; et bientôt après il y en eut plus de cent dans Paris, que l'on vendait dix louis la pièce. Plusieurs curieux conservent encore ce triste et dangereux monument. Un prêtre qui s'accuse, en mourant, d'avoir professé et enseigné la religion chrétienne fit une impression plus forte sur les esprits que les *Pensées* de Pascal.

On devait plutôt, ce me semble, réfléchir sur le travers d'esprit de ce mélancolique prêtre, qui voulait délivrer ses paroissiens du joug d'une religion prêchée vingt ans par lui-même. Pourquoi adresser ce testament à des hommes agrestes qui ne savaient pas lire ? Et, s'ils avaient pu lire, pourquoi leur ôter un joug salutaire, une crainte nécessaire qui seule peut prévenir les crimes secrets ? La croyance des peines et des récompenses après la mort est un frein dont le peuple a besoin. La religion bien épurée serait le premier lien de la société.

Ce curé voulait anéantir toute religion, et même la naturelle. Si son livre avait été bien fait, le caractère dont l'auteur était revêtu en aurait trop imposé aux lecteurs. On en a fait plusieurs petits abrégés, dont quelques-uns ont été imprimés : ils sont heureusement purgés du poison de l'athéisme.

Ce qui est encore plus surprenant, c'est que, dans le même temps, il y eut un curé de Bonne-Nouvelle, auprès de Paris, qui osa, de son vivant, écrire contre la religion qu'il était chargé d'enseigner : il fut exilé sans bruit par le gouvernement. Son manuscrit est d'une rareté extrême.

Longtemps avant ce temps-là, l'évêque du Mans, Lavardin, avait donné en mourant un exemple non moins singulier : il ne laissa pas, à la vérité, de testament contre la religion qui lui avait procuré un évêché; mais il déclara qu'il la détestait; il refusa les sacrements de l'Église, et jura qu'il n'avait jamais consacré le pain et le vin en disant la messe, ni eu aucune intention de baptiser les enfants et de donner les ordres, quand il avait baptisé des chrétiens et ordonné des diacres et des prêtres. Cet évêque se faisait un plaisir malin d'embarrasser tous ceux qui auraient reçu de lui les sacrements de l'Église : il riait en mourant des scrupules qu'ils auraient, et il jouissait de leurs inquiétudes. On décida qu'on ne rebaptiserait et qu'on ne réordonnerait personne; mais quelques prêtres scrupuleux se firent ordonner une seconde fois. Du moins l'évêque Lavardin ne laissa point après lui de monuments contre la religion chrétienne : c'était un voluptueux qui riait de tout; au lieu que le curé Meslier était un homme sombre et enthousiaste, d'une vertu rigide il est vrai, mais plus dangereux par cette vertu même.

LETTRE VIII

SUR L' « ENCYCLOPÉDIE »

MONSEIGNEUR,

VOTRE ALTESSE demande quelques détails sur l'*Encyclopédie ;* j'obéis à vos ordres. Cet immense projet fut conçu par MM. Diderot et d'Alembert, deux philosophes qui font honneur à la France : l'un a été distingué par les générosités de l'impératrice de Russie; et l'autre par le refus d'une fortune éclatante offerte par cette impératrice, mais que sa philosophie même ne lui a pas permis d'accepter. M. le chevalier de Jaucourt, d'une ancienne maison qu'il illustre par ses vastes connaissances comme par ses vertus, se joignit à ces deux savants, et se signala par un travail infatigable.

Ils furent aidés par M. le comte d'Hérouville, lieutenant général des armées du roi, profondément instruit dans tous les arts qui peuvent tenir à votre grand art de la guerre; par M. le comte de Tressan, aussi lieutenant général, dont les différents mérites sont universellement reconnus; par M. de Saint-Lambert, ancien officier, qui, en faisant des vers mieux que Chapelle, n'en a pas moins approfondi ce qui regarde les armes. Plusieurs autres officiers généraux ont donné d'excellents mémoires de tactique.

D'habiles ingénieurs ont enrichi ce dictionnaire de tout ce qui concerne l'attaque et la défense des places. Des présidents et des conseillers des parlements ont fourni plusieurs articles sur la jurisprudence. Enfin il n'y a point de science, d'art, de profession, dont les plus grands maîtres n'aient à l'envi enrichi ce dictionnaire. C'est le premier exemple et le dernier peut-être sur la terre qu'une foule d'hommes supérieurs se soient empressés sans aucun intérêt, sans aucune vue particulière, sans même celle de la gloire (puisque quelques-uns se sont cachés), à former ce dépôt immortel des connaissances de l'esprit humain.

Cet ouvrage fut entrepris sous les auspices et sous les yeux du comte d'Argenson, ministre d'État, capable de l'entendre et digne de le protéger. Le vestibule de ce prodigieux édifice est un discours préliminaire composé par M. d'Alembert. J'ose dire hardiment que ce discours, applaudi de toute l'Europe, parut supérieur à la méthode de Descartes, et égal à tout ce que l'illustre chancelier Bacon avait écrit de mieux. S'il y a dans le cours de l'ouvrage des articles frivoles, et d'autres qui sentent plutôt le déclamateur que le philosophe, ce défaut est bien réparé par la quantité prodigieuse d'articles profonds et utiles. Les éditeurs ne purent refuser quelques jeunes gens qui voulurent, dans cette collection, mettre leurs essais à côté des chefs-d'œuvre des maîtres. On laissa gâter ce grand ouvrage par politesse; c'est le salon d'Apollon où des peintres médiocres ont quelquefois mêlé leurs tableaux à ceux des Vanloo et des Lemoine. Mais Votre Altesse a bien dû s'apercevoir en parcourant l'*Encyclopédie* que cet ouvrage est précisément le contraire des autres collections, c'est-à-dire que le bon l'emporte de beaucoup sur le mauvais.

Vous sentez bien que, dans une ville telle que Paris, plus remplie de gens de lettres que ne le furent jamais Athènes et Rome, ceux qui ne furent pas admis à cette entreprise importante s'élevèrent contre elle. Les jésuites commencèrent; ils avaient voulu travailler aux articles de théologie, et ils avaient été refusés. Il n'en fallait pas plus pour accuser les encyclopédistes d'irréligion : c'est la marche ordinaire. Les jansénistes, voyant que leurs rivaux sonnaient l'alarme, ne restèrent pas tranquilles. Il fallait bien montrer plus de zèle que ceux auxquels ils avaient tant reproché une morale commode.

Si les jésuites crièrent à l'impiété, les jansénistes hurlèrent. Il se trouva un convulsionnaire ou convulsionniste, nommé Abraham Chaumeix, qui présenta à des magistrats une accusation en forme, intitulée *Préjugés légitimes contre l'Encyclopédie,* dont le premier tome paraissait à peine : c'était un étrange assemblage que ces mots de préjugé, qui signifie proprement illusion, et légitime, qui ne convient qu'à ce qui est raisonnable. Il poussa ses préjugés très illégitimes jusqu'à dire que si le venin ne paraissait pas dans le premier volume, on l'apercevrait sans doute dans les suivants. Il rendait les encyclopédistes coupables, non pas de ce qu'ils avaient dit, mais de ce qu'ils diraient.

Comme il faut des témoins dans un procès criminel, il produisait saint Augustin et Cicéron; et ces témoins étaient d'autant plus irréprochables qu'on ne pouvait convaincre Abraham Chaumeix d'avoir eu avec eux le moindre commerce. Les cris de quelques énergumènes, joints à ceux de cet insensé, excitèrent une assez longue persécution. Mais qu'est-il arrivé ? la même chose qu'à la saine philosophie, à l'émétique, à la circulation du sang, à l'inoculation : tout cela fut proscrit pendant quelque temps, et a triomphé enfin de l'ignorance, de la bêtise, et de l'envie; le *Dictionnaire encyclopédique*, malgré ses défauts, a subsisté; et Abraham Chaumeix est allé cacher sa honte à Moscou. On dit que l'impératrice l'a forcé à être sage : c'est un des prodiges de son règne.

LETTRE IX

SUR LES JUIFS

De tous ceux qui ont attaqué la religion chrétienne dans leurs écrits, les Juifs seraient peut-être les plus à craindre et si on ne leur opposait pas les miracles de notre Seigneur Jésus-Christ, il serait fort difficile à un savant médiocre de leur tenir tête. Ils se regardent comme les fils aînés de la maison, qui, en perdant leur héritage, ont conservé leurs titres. Ils ont employé une sagacité profonde à expliquer toutes les prophéties à leur avantage. Ils prétendent que la loi de Moïse leur a été donnée pour être éternelle; qu'il est impossible que Dieu ait changé, et qu'il se soit parjuré; que notre Sauveur lui-même en est convenu. Ils nous objectent que, selon Jésus-Christ, aucun point, aucun iota de la loi ne doit être transgressé; que Jésus était venu pour accomplir la loi, et non pour l'abolir[1]; qu'il en a observé tous les commandements; qu'il a été circoncis; qu'il a gardé le sabbat, solennisé toutes les fêtes; qu'il est né Juif, qu'il a vécu Juif, qu'il est mort Juif; qu'il n'a jamais institué une religion nouvelle; que nous n'avons pas une seule ligne de lui; que c'est nous, et non pas lui, qui avons fait la religion chrétienne.

Il ne faut pas qu'un chrétien hasarde de disputer contre un Juif, à moins qu'il ne sache la langue hébraïque comme sa langue maternelle : ce qui seul peut le mettre en état d'entendre les prophéties, et de répondre aux rabbins. Voici comme s'exprime Joseph Scaliger dans ses *Excerpta :* « Les Juifs sont subtils; que Justin a écrit misérablement contre Tryphon ! et Tertullien plus mal encore ! Qui veut réfuter les Juifs doit connaître à fond le judaïsme. Quelle honte ! Les chrétiens écrivent contre les chrétiens, et n'osent écrire contre les Juifs ! »

Le *Toldos Jeschut* est le plus ancien écrit juif qui nous ait été transmis contre notre religion. C'est une vie de Jésus-Christ toute contraire à nos saints *Évangiles ;* elle paraît être du Ier siècle, et même écrite avant les *Évangiles,* car l'auteur ne parle pas d'eux, et probablement il aurait tâché de les réfuter s'il les avait connus. Il fait Jésus fils adultérin de Miriah ou Mariah et d'un soldat nommé Joseph Panther; il raconte que lui et Judas voulurent chacun se faire chef de secte; que tous deux semblaient opérer des prodiges, par la vertu du nom de Jéhova, qu'ils avaient appris à prononcer comme il le faut pour faire les conjurations. C'est un ramas de rêveries rabbiniques fort au-dessous des *Mille et une Nuits.* Origène le réfuta, et c'était le seul qui le pouvait faire, car il fut presque le seul Père grec savant dans la langue hébraïque.

Les Juifs théologiens n'écrivirent guère plus raisonnablement jusqu'au XIe siècle; alors, éclairés par les Arabes devenus la seule nation savante, ils mirent plus de jugement dans leurs ouvrages; ceux du rabbin Aben Hezra furent très estimés : il fut chez les Juifs le fondateur de la raison, autant qu'on la peut admettre dans les disputes de ce genre. Spinoza s'est beaucoup servi de ses ouvrages.

Longtemps après Aben Hezra, vint Maïmonides au XIIIe siècle : il eut encore plus de réputation. Depuis ce temps-là jusqu'au XVIe, les Juifs eurent des livres intelligibles, et par conséquent dangereux : ils en imprimèrent quelques-uns dès la fin du siècle XVe. Le nombre de leurs manuscrits était considérable. Les théologiens chrétiens craignirent la séduction : ils firent brûler les livres juifs sur lesquels ils purent mettre la main; mais ils ne purent ni trouver tous les livres, ni convertir jamais un seul homme de cette religion. On a vu, il est vrai, quelques Juifs feindre d'abjurer, tantôt par avarice, tantôt par terreur; mais aucun n'a jamais embrassé le christianisme de bonne foi : un Carthaginois aurait plutôt pris le parti de Rome qu'un Juif ne se serait fait chrétien. Orobio parle de quelques rabbins espagnols et arabes qui abjurèrent, et devinrent évêques en Espagne; mais il se garde bien de dire qu'ils eussent renoncé de bonne foi à leur religion.

Les Juifs n'ont point écrit contre le mahométisme; ils ne l'ont pas à beaucoup près dans la même horreur que notre doctrine; la raison en est évidente : les musulmans ne font point un Dieu de Jésus-Christ.

Par une fatalité qu'on ne peut assez déplorer, plusieurs savants chrétiens ont quitté leur religion pour le judaïsme. Rittangel, professeur des langues orientales à Königsberg dans le XVIIe siècle, embrassa la loi mosaïque. Antoine, ministre à Genève, fut brûlé pour avoir abjuré le christianisme en faveur du judaïsme, en 1632. Les Juifs le comptent parmi les martyrs qui leur font le plus d'honneur. Il fallait que sa malheureuse persuasion fût bien forte, puisqu'il aima mieux souffrir le plus affreux supplice que se rétracter.

On lit dans le *Nizzachon Vetus,* c'est-à-dire le livre de l'ancienne victoire, un trait concernant la supériorité de la loi mosaïque sur la chrétienne et sur la persane, qui est bien dans le goût oriental. Un roi ordonne à un juif, à un galiléen et à un mahométan de quitter chacun sa religion, et leur laisse la liberté de choisir une des deux autres; mais, s'ils ne changent pas, le bourreau est là qui va leur trancher la tête. Le chrétien dit : « Puisqu'il faut mourir ou changer, j'aime mieux être de la religion de Moïse que de celle de Mahomet, car les chrétiens sont plus anciens que les musulmans, et les Juifs plus anciens que Jésus : je me fais donc juif. » Le mahométan dit : « Je ne puis me faire chien de chrétien, j'aime encore mieux me faire chien de juif, puisque ces Juifs ont le droit de primauté. — Sire, dit le juif, Votre Majesté voit bien que je ne puis embrasser ni la loi du chrétien ni celle du mahométan, puisque tous deux ont donné la préférence à la mienne. » Le roi fut touché de cette raison, renvoya son bourreau, et se fit juif. Tout ce qu'on peut inférer de cette historiette, c'est que les princes ne doivent pas avoir des bourreaux pour apôtres.

Cependant les Juifs ont eu des docteurs rigides et scrupuleux, qui ont craint que leurs compatriotes ne se laissassent subjuguer par les chrétiens. Il y a eu entre autres un rabbin nommé Beccai, dont voici les paroles : « Les sages défendent de prêter de l'argent à un chrétien, de peur que le créancier ne soit corrompu par le débiteur; mais un juif peut emprunter d'un chrétien, sans crainte d'être séduit par lui, car le débiteur évite toujours son créancier. »

Malgré ce beau conseil, les Juifs ont toujours prêté à une grosse usure aux chrétiens, et n'en ont pas été plus convertis.

Après le fameux *Nizzachon Vetus,* nous avons la relation de la dispute du rabbin Zéchiel et du dominicain frère Paul, dit Cyriaque. C'est une conférence tenue entre ces deux savants hommes, en 1263, en présence de don Jacques, roi d'Aragon, et de la reine sa femme. Cette conférence est très mémorable. Les deux athlètes étaient savants dans l'hébreu et dans l'antiquité. Le *Talmud,* le *Targum,* les archives du sanhédrin, étaient sur la table. On expliquait en espagnol les endroits contestés. Zéchiel soutenait que Jésus avait été condamné sous le roi Alexandre Jannée, et non sous Hérode le tétrarque, conformément à ce qui est rapporté dans le *Toldos Jeschut* et dans le *Talmud.* Vos *Évangiles,* disait-il, n'ont été écrits que vers le commencement de votre second siècle, et ne sont point authentiques comme notre *Talmud.* Nous n'avons pu crucifier celui dont vous nous parlez du temps d'Hérode le tétrarque, puisque nous n'avions pas alors le droit du glaive; nous ne pouvons l'avoir crucifié, puisque ce supplice n'était point en usage parmi nous. Notre *Talmud* porte que celui qui périt du temps de Jannée fut condamné à être lapidé. Nous ne pouvons pas plus croire vos *Évangiles* que les lettres prétendues de Pilate que vous avez supposées. Il était aisé de renverser cette vaine érudition rabbinique. La reine finit la dispute en demandant aux Juifs pourquoi ils puaient.

Ce même Zéchiel eut encore plusieurs autres conférences dont un de ses disciples nous rend compte. Chaque parti s'attribua la victoire, quoiqu'elle ne pût être que du côté de la vérité.

Le *Rempart de la foi,* écrit par un Juif nommé Isaac, trouvé en Afrique, est bien supérieur à la relation de Zéchiel, qui est très confuse, et remplie de puérilités. Isaac est méthodique et très bon dialecticien : jamais l'erreur n'eut peut-être un plus grand appui. Il a rassemblé sous cent propositions toutes les difficultés que les incrédules ont prodiguées depuis.

C'est là qu'on voit les objections contre les deux généalogies de Jésus-Christ, qui sont différentes l'une de l'autre;

Contre les citations des passages des prophètes qui ne se trouvent point dans les livres juifs;

Contre la divinité de Jésus-Christ, qui n'est pas expressément annoncée dans les *Évangiles,* mais qui n'en est pas moins prouvée par les saints conciles;

Contre l'opinion que Jésus n'avait point de frères ni de sœurs;

Contre les différentes relations des évangélistes, que l'on a cependant conciliées;

Contre l'histoire du Lazare;

Contre les prétendues falsifications des anciens livres canoniques.

Enfin les incrédules les plus déterminés n'ont presque rien allégué qui ne soit dans ce *Rempart de la foi* du rabbin Isaac. On ne peut faire un crime aux Juifs d'avoir essayé de soutenir leur antique religion aux dépens de la nôtre : on ne peut que les plaindre; mais quels reproches ne doit-on pas faire à ceux qui ont profité des disputes des chrétiens et des Juifs pour combattre l'une et l'autre religion ! Plaignons ceux qui, effrayés de dix-sept siècles de contradictions, et lassés de tant de disputes, se sont jetés dans le théisme, et n'ont voulu admettre qu'un Dieu avec une morale pure. S'ils ont conservé la charité, ils ont abandonné la foi; ils ont cru être hommes au lieu d'être chrétiens. Ils devaient être soumis, et ils n'ont aspiré qu'à être sages ! Mais combien la folie de la croix est-elle supérieure à cette sagesse ! comme dit l'apôtre Paul[1].

D'OROBIO

Orobio était un rabbin si savant qu'il n'avait donné dans aucune des rêveries qu'on reproche à tant d'autres rabbins; profond sans être obscur, possédant les belles-lettres, homme d'un esprit agréable et d'une extrême politesse. Philippe Limborch, théologien du parti des arminiens dans Amsterdam, fit connaissance avec lui vers l'an 1685 : ils disputèrent longtemps ensemble, mais sans aucune aigreur, et comme deux amis qui veulent s'éclairer. Les conversations éclaircissent bien rarement les sujets qu'on traite; il est difficile de suivre toujours le même objet, et de ne pas s'égarer; une question en amène une autre. On est tout étonné, au bout d'un quart d'heure, de se trouver hors de sa route. Ils prirent le parti de mettre par écrit les objections et les réponses, qu'ils firent ensuite imprimer tous deux en 1687. C'est peut-être la première dispute entre deux théologiens dans laquelle on ne se soit pas dit des injures; au contraire, les deux adversaires se traitent l'un et l'autre avec respect.

Limborch réfute les sentiments du très savant et très illustre Juif, qui réfute avec les mêmes formules les opinions du très savant et très illustre chrétien. Orobio même ne parle jamais de Jésus-Christ qu'avec la plus grande circonspection. Voici le précis de la dispute :

Orobio soutient d'abord que jamais il n'a été ordonné aux Juifs par leur loi de croire à un Messie;

Qu'il n'y a aucun passage dans l'*Ancien Testament* qui fasse dépendre le salut d'Israël de la foi au Messie;

Qu'on ne trouve nulle part qu'Israël ait été menacé de n'être plus le peuple choisi, s'il ne croyait pas au futur Messie;

Que dans aucun endroit il n'est dit que la loi judaïque soit l'ombre et la figure d'une autre loi; qu'au contraire il est dit partout que la loi de Moïse doit être éternelle;

Que tout prophète[1] même qui ferait des miracles pour changer quelque chose à la loi mosaïque devait être puni de mort;

Qu'à la vérité quelques prophètes ont prédit aux Juifs, dans leurs calamités, qu'ils auraient un jour un libérateur;

mais que ce libérateur serait le soutien de la loi mosaïque, au lieu d'en être le destructeur;

Que les Juifs attendent toujours un Messie, lequel sera un roi puissant et juste;

Qu'une preuve de l'immutabilité éternelle de la religion mosaïque est que les Juifs, dispersés sur toute la terre, n'ont jamais cependant changé une seule virgule à leur loi; et que les Israélites de Rome, d'Angleterre, de Hollande, d'Allemagne, de Pologne, de Turquie, de Perse, ont constamment tenu la même doctrine depuis la prise de Jérusalem par Titus, sans que jamais il se soit élevé parmi eux la plus petite secte, qui se soit écartée d'une seule observance et d'une seule opinion de la nation israélite;

Qu'au contraire les chrétiens ont été divisés entre eux dès la naissance de leur religion;

Qu'ils sont encore partagés en beaucoup plus de sectes qu'ils n'ont d'États, et qu'ils se sont poursuivis à feu et à sang les uns les autres pendant plus de douze siècles entiers; que si l'apôtre Paul[1] trouva bon que les Juifs continuassent à observer tous les préceptes de leur loi, les chrétiens d'aujourd'hui ne devaient pas leur reprocher de faire ce que l'apôtre Paul leur a permis;

Que ce n'est point par haine et par malice qu'Israël n'a point reconnu Jésus; que ce n'est point par des vues basses et charnelles que les Juifs sont attachés à leur loi ancienne; qu'au contraire ce n'est que dans l'espoir des biens célestes qu'ils lui sont fidèles, malgré les persécutions des Babyloniens, des Syriens, des Romains; malgré leur dispersion et leur opprobre; malgré la haine de tant de nations; et que l'on ne doit point appeler charnel un peuple entier qui est le martyr de Dieu depuis près de quarante siècles;

Que ce sont les chrétiens qui ont attendu des biens charnels, témoin presque tous les premiers Pères de l'Église, qui ont espéré de vivre mille ans dans une nouvelle Jérusalem, au milieu de l'abondance et de toutes les délices du corps;

Qu'il est impossible que les Juifs aient crucifié le vrai Messie, attendu que les prophètes disent expressément que le Messie viendra purger Israël de tout péché, qu'il ne laissera pas une seule souillure en Israël, que ce serait le plus horrible péché et la plus abominable souillure, ainsi que la contradiction la plus palpable, que Dieu envoyât son Messie pour être crucifié;

Que les préceptes du *Décalogue* étant parfaits, toute nouvelle mission était entièrement inutile;

Que la loi mosaïque n'a jamais eu aucun sens mystique;

Que ce serait tromper les hommes de leur dire des choses que l'on devrait entendre dans un sens différent de celui dans lequel elles ont été dites;

Que les apôtres chrétiens n'ont jamais égalé les miracles de Moïse;

Que les évangélistes et les apôtres n'étaient point des hommes simples, puisque Luc était médecin, que Paul avait étudié sous Gamaliel, dont les Juifs ont conservé les écrits;

Qu'il n'y avait point du tout de simplicité et d'idiotisme à se faire apporter tout l'argent de leurs néophytes; que Paul, loin d'être un homme simple, usa du plus grand artifice en venant sacrifier dans le temple, et en jurant devant Festus Agrippa[1] qu'il n'avait rien fait contre la circoncision et contre la loi du judaïsme;

Qu'enfin les contradictions qui se trouvent dans les *Évangiles* prouvent que ces livres n'ont pu être inspirés de Dieu.

Limborch répond à toutes ces assertions par les arguments les plus forts que l'on puisse employer. Il eut tant de confiance dans la bonté de sa cause qu'il ne balança pas à faire imprimer cette célèbre dispute; mais, comme il était du parti des arminiens, celui des gomaristes le persécuta : on lui reprocha d'avoir exposé les vérités de la religion chrétienne à un combat dont ses ennemis pourraient triompher. Orobio ne fut point persécuté dans la synagogue.

D'URIEL ACOSTA

Il arriva à Uriel Acosta, dans Amsterdam, à peu près la même chose qu'à Spinoza : il quitta dans Amsterdam le judaïsme pour la philosophie. Un Espagnol et un Anglais s'étant adressés à lui pour se faire juifs, il les détourna de ce dessein, et leur parla contre la religion des Hébreux : il fut condamné à recevoir trente-neuf coups de fouet à la colonne, et à se prosterner ensuite sur le seuil de la porte; tous les assistants passèrent sur son corps.

Il fit imprimer cette aventure dans un petit livre que nous avons encore, et c'est là qu'il professe n'être ni juif, ni chrétien, ni mahométan, mais adorateur d'un Dieu. Son petit livre est intitulé *Exemplaire de la vie humaine*. Le même Limborch réfuta Uriel Acosta, comme il avait réfuté Orobio, et le magistrat d'Amsterdam ne se mêla en aucune manière de ces querelles.

LETTRE X

SUR SPINOZA

MONSEIGNEUR,

IL me semble qu'on a souvent aussi mal jugé la personne de Spinoza que ses ouvrages. Voici ce qu'on dit de lui dans deux dictionnaires historiques :

« Spinoza avait un tel désir de s'immortaliser qu'il eût sacrifié volontiers à cette gloire la vie présente, eût-il fallu être mis en pièces par un peuple mutiné... Les absurdités du spinosisme ont été parfaitement réfutées... par Jean Bredembourg, bourgeois de Rotterdam. »

Autant de mots, autant de faussetés. Spinoza était précisément le contraire du portrait qu'on trace de lui. On doit détester son athéisme, mais on ne doit pas mentir sur sa personne. Jamais homme ne fut plus éloigné en tout sens de la vaine gloire, il le faut avouer; ne le calomnions pas en le condamnant. Le ministre Colerus, qui habita longtemps la propre chambre où Spinoza mourut, avoue, avec tous ses contemporains, que Spinoza vécut toujours dans une profonde retraite, cherchant à se dérober au monde, ennemi de toute superfluité, modeste dans la conversation, négligé dans ses habillements, travaillant de ses mains, ne mettant jamais son nom à aucun de ses ouvrages : ce n'est pas là le caractère d'un ambitieux de gloire.

A l'égard de Bredembourg, loin de le réfuter parfaitement bien, j'ose croire qu'il le réfuta parfaitement mal : j'ai lu cet ouvrage, et j'en laisse le jugement à quiconque comme moi aura la patience de le lire. Bredembourg fut si loin de confondre nettement Spinoza que lui-même, effrayé de la faiblesse de ses réponses, devint malgré lui le disciple de celui qu'il avait attaqué : grand exemple de la misère et de l'inconstance de l'esprit humain.

La vie de Spinoza est écrite assez en détail et assez connue pour que je n'en rapporte rien ici. Que Votre Altesse me permette seulement de faire avec elle une réflexion sur la manière dont ce juif, jeune encore, fut traité par la synagogue. Accusé par deux jeunes gens de son âge de ne pas croire à Moïse, on commença, pour le remettre dans le bon chemin, par l'assassiner d'un coup de couteau au sortir de la comédie; quelques-uns disent au sortir de la synagogue, ce qui est plus vraisemblable.

Après avoir manqué son corps, on ne voulut pas manquer son âme; il fut procédé à l'excommunication majeure, au grand anathème, au chammata. Spinoza prétendit que les Juifs n'étaient pas en droit d'exercer cette espèce de juridiction dans Amsterdam. Le conseil de ville renvoya la décision de cette affaire au consistoire des pasteurs; ceux-ci conclurent que si la synagogue avait ce droit, le consistoire en jouirait à plus forte raison : le consistoire donna gain de cause à la synagogue.

Spinoza fut donc proscrit par les Juifs avec la grande cérémonie; le chantre juif entonna les paroles d'exécration : on sonna du cor, on renversa goutte à goutte des bougies noires dans une cuve pleine de sang; on dévoua Benoît Spinoza à Belzébuth, à Satan, et à Astaroth, et toute la synagogue cria : Amen !

Il est étrange qu'on ait permis un tel acte de juridiction, qui ressemble plutôt à un sabbat de sorciers qu'à un jugement intègre. On peut croire que, sans le coup de couteau et sans les bougies noires éteintes dans le sang, Spinoza n'eût jamais écrit contre Moïse et contre Dieu. La persécution irrite; elle enhardit quiconque se sent du génie; elle rend irréconciliable celui que l'indulgence aurait retenu.

Spinoza renonça au judaïsme, mais sans se faire jamais chrétien. Il ne publia son *Traité des cérémonies superstitieuses,* autrement *Tractatus theologicopoliticus,* qu'en 1670, environ huit ans après son excommunication. On a prétendu trouver dans ce livre les semences de son athéisme, par la même raison qu'on trouve toujours la physionomie mauvaise à un homme qui a fait une méchante action. Ce livre est si loin de l'athéisme qu'il y est souvent parlé de Jésus-Christ comme de l'envoyé de Dieu. Cet ouvrage est très profond, et le meilleur qu'il ait fait; j'en condamne sans doute les sentiments, mais je ne puis m'empêcher d'en estimer l'érudition. C'est lui, ce me semble, qui a remarqué le premier que le mot hébreu *ruhag,* que nous traduisons par âme, signifiait chez les Juifs le vent, le souffle, dans son sens naturel; que tout ce qui est grand portait le nom de divin : les cèdres de Dieu, les vents de Dieu, la mélancolie de Saül mauvais esprit de Dieu, les hommes vertueux enfants de Dieu.

C'est lui qui le premier a développé le dangereux système d'Aben Hezra, que le *Pentateuque* n'a point été écrit par Moïse, ni le livre de *Josué* par Josué; ce n'est que d'après lui que Leclerc, plusieurs théologiens de Hollande, et le célèbre Newton, ont embrassé ce sentiment.

Newton diffère de lui seulement en ce qu'il attribue à Samuel les livres de Moïse, au lieu que Spinoza en fait Esdras auteur. On peut voir toutes les raisons que Spinoza donne de son système dans son VIIIe, IXe et X^e chapitre : on y trouve beaucoup d'exactitude dans la chronologie; une grande science de l'histoire, du langage, et des mœurs de son anciennne patrie; plus de méthode et de raisonnement que dans tous les rabbins ensemble. Il me semble que peu d'écrivains avant lui avaient prouvé nettement que les Juifs reconnaissaient des prophètes chez les Gentils : en un mot, il a fait un usage coupable de ses lumières; mais il en avait de très grandes.

Il faut chercher l'athéisme dans les anciens philosophes : on ne le trouve à découvert que dans les œuvres posthumes de Spinoza. Son traité de l'athéisme n'étant point sous ce titre, et étant écrit dans un latin obscur et d'un style très sec, M. le comte de Boulainvilliers l'a réduit en français sous le titre de *Réfutation de Spinoza ;* nous n'avons que le poison, Boulainvilliers n'eut pas le temps apparemment de donner l'antidote.

Peu de gens ont remarqué que Spinoza, dans son funeste livre, parle toujours d'un Être infini et suprême : il annonce Dieu en voulant le détruire. Les arguments dont Bayle l'accable me paraîtraient sans réplique si en effet Spinoza admettait un Dieu : car ce Dieu n'étant que l'immensité des choses, ce Dieu étant à la fois la matière et la pensée, il est absurde, comme Bayle l'a très bien prouvé, de supposer que Dieu soit à la fois agent et patient, cause et sujet, faisant le mal et le souffrant; s'aimant, et se haïssant lui-même; se tuant, se mangeant. Un bon esprit, ajoute Bayle, aimerait mieux cultiver la terre avec les dents et les ongles que de cultiver une hypothèse aussi choquante et aussi absurde : car, selon Spinoza, ceux qui disent : Les Allemands ont tué dix mille Turcs, parlent mal et faussement; ils doivent dire : Dieu, modifié en dix mille Allemands, a tué Dieu, modifié en dix mille Turcs.

Bayle a très grande raison, si Spinoza reconnaît un Dieu; mais le fait est qu'il n'en reconnaît point du tout, et qu'il ne s'est servi de ce mot sacré que pour ne pas trop effaroucher les hommes.

Entêté de Descartes, il abuse de ce mot également célèbre et insensé de Descartes : Donnez-moi du mouvement et de la matière, et je vais former un monde.

Entêté encore de l'idée incompréhensible et antiphysique que tout est plein, il s'est imaginé qu'il ne peut exister qu'une seule substance, un seul pouvoir qui raisonne dans les hommes, sent et se souvient dans les animaux, étincelle dans le feu, coule dans les eaux, roule dans les vents, gronde dans le tonnerre, végète sur la terre, est étendu dans tout l'espace.

Selon lui, tout est nécessaire, tout est éternel; la création est impossible; point de dessein dans la structure de l'univers, dans la permanence des espèces, et dans la succession des individus. Les oreilles ne sont plus faites pour entendre, les yeux pour voir, le cœur pour recevoir et chasser le sang, l'estomac pour digérer, la cervelle pour penser, les organes de la génération pour donner la vie; et des desseins divins ne sont que les effets d'une nécessité aveugle.

Voilà au juste le système de Spinoza. Voilà, je crois, les côtés par lesquels il faut attaquer sa citadelle : citadelle bâtie, si je ne me trompe, sur l'ignorance de la physique et sur l'abus le plus monstrueux de la métaphysique.

Il semble, et on doit s'en flatter, qu'il y ait aujourd'hui peu d'athées. L'auteur de *la Henriade* a dit : « Un catéchiste annonce Dieu aux enfants, et Newton le démontre aux sages. » Plus on connaît la nature, plus on adore son auteur.

L'athéisme ne peut faire aucun bien à la morale, et peut lui faire beaucoup de mal. Il est presque aussi dangereux que le fanatisme. Vous êtes, Monseigneur, également éloigné de l'un et de l'autre, et c'est ce qui autorise la liberté que j'ai prise de mettre la vérité sous vos yeux sans aucun déguisement. J'ai répondu à toutes vos questions, depuis ce bouffon savant de Rabelais jusqu'au téméraire métaphysicien Spinoza.

J'aurais pu joindre à cette liste une foule de petits livres qui ne sont guère connus que des bibliothécaires; mais j'ai craint qu'en multipliant le nombre des coupables, je ne parusse diminuer l'iniquité. J'espère que le peu que j'ai dit affermira Votre Altesse dans ses sentiments pour nos dogmes et pour nos Écritures, quand elle verra qu'elles n'ont été combattues que par des stoïciens entêtés, par des savants enflés de leur science, par des gens du monde qui ne connaissaient que leur vaine raison, par des plaisants qui prennent des bons mots pour des arguments, par des théologiens enfin qui, au lieu de marcher dans les voies de Dieu, se sont égarés dans leurs propres voies.

Encore une fois, ce qui doit consoler une âme aussi noble que la vôtre, c'est que le théisme, qui perd aujourd'hui tant d'âmes, ne peut jamais nuire ni à la paix des États, ni à la douceur de la société. La controverse a fait couler partout le sang, et le théisme l'a étanché. C'est un mauvais remède, je l'avoue; mais il a guéri les plus cruelles blessures. Il est excellent pour cette vie, s'il est détestable pour l'autre. Il damne sûrement son homme, mais il le rend paisible.

Votre pays a été autrefois en feu pour des arguments, le théisme y a porté la concorde. Il est clair que si Poltrot, Jacques Clément, Jaurigny, Balthazar Gérard, Jean Chastel, Damiens, le jésuite Malagrida, etc., etc., etc., avaient été des théistes, il y aurait eu moins de princes assassinés.

A Dieu ne plaise que je veuille préférer le théisme à la sainte religion des Ravaillac, des Damiens, des Malagrida, qu'ils ont méconnue et outragée ! Je dis seulement qu'il est plus agréable de vivre avec des théistes qu'avec des Ravaillac et des Brinvilliers qui vont à confesse; et si Votre Altesse n'est pas de mon avis, j'ai tort.

LE DINER
DU COMTE DE BOULAINVILLIERS[1]

PREMIER ENTRETIEN

Avant dîner.

L'ABBÉ COUET

Quoi ! monsieur le comte, vous croyez la philosophie aussi utile au genre humain que la religion apostolique, catholique et romaine ?

LE COMTE DE BOULAINVILLIERS

La philosophie étend son empire sur tout l'univers, et votre Église ne domine que sur une partie de l'Europe; encore y a-t-elle bien des ennemis. Mais vous devez m'avouer que la philosophie est plus salutaire mille fois que votre religion, telle qu'elle est pratiquée depuis longtemps.

L'ABBÉ

Vous m'étonnez. Qu'entendez-vous donc par philosophie ?

LE COMTE

J'entends l'amour éclairé de la sagesse, soutenu par l'amour de l'Être éternel, rémunérateur de la vertu et vengeur du crime.

L'ABBÉ

Eh bien ! n'est-ce pas là ce que notre religion annonce ?

LE COMTE

Si c'est là ce que vous annoncez, nous sommes d'accord : je suis bon catholique, et vous êtes bon philosophe; n'allons donc pas plus loin ni l'un ni l'autre. Ne déshonorons notre philosophie religieuse et sainte, ni par des sophismes et des absurdités qui outragent la raison, ni par la cupidité effrénée des honneurs et des richesses, qui corrompent toutes les vertus. N'écoutons que les vérités et la modération de la philosophie; alors cette philosophie adoptera la religion pour sa fille.

L'ABBÉ

Avec votre permission, ce discours sent un peu le fagot.

LE COMTE

Tant que vous ne cesserez de nous conter des fagots, et de vous servir de fagots allumés au lieu de raisons, vous n'aurez pour partisans que des hypocrites et des imbéciles. L'opinion d'un seul sage l'emporte sans doute sur les prestiges des fripons, et sur l'asservissement de mille idiots. Vous m'avez demandé ce que j'entends par philosophie; je vous demande à mon tour ce que vous entendez par religion.

L'ABBÉ

Il me faudrait bien du temps pour vous expliquer tous nos dogmes.

LE COMTE

C'est déjà une grande présomption contre vous. Il vous faut de gros livres; et à moi, il ne faut que quatre mots : Sers Dieu, sois juste.

L'ABBÉ

Jamais notre religion n'a dit le contraire.

LE COMTE

Je voudrais ne point trouver dans vos livres des idées contraires. Ces paroles cruelles : « Contrains-les d'entrer », dont on abuse avec tant de barbarie; et celles-ci : « Je suis venu apporter le glaive et non la paix »; et celles-là encore : « Que celui qui n'écoute pas l'Église soit regardé comme un païen, ou comme un receveur des deniers publics »; et cent maximes pareilles, effrayent le sens commun et l'humanité.

Y a-t-il rien de plus dur et de plus odieux que cet autre

discours : « Je leur parle en paraboles, afin qu'en voyant ils ne voient point, et qu'en écoutant ils n'entendent point? » Est-ce ainsi que s'expliquent la sagesse et la bonté éternelle ?

Le Dieu de tout l'univers, qui se fait homme pour éclairer et pour favoriser tous les hommes, a-t-il pu dire : « Je n'ai été envoyé qu'au troupeau d'Israël », c'est-à-dire à un petit pays de trente lieues tout au plus ?

Est-il possible que ce Dieu, à qui l'on fait payer la capitation, ait dit que ses disciples ne devaient rien payer; que les rois « ne reçoivent des impôts que des étrangers, et que les enfants en sont exempts »[1] ?

L'ABBÉ

Ces discours, qui scandalisent, sont expliqués par des passages tout différents.

LE COMTE

Juste ciel ! qu'est-ce qu'un Dieu qui a besoin de commentaire, et à qui l'on fait dire perpétuellement le pour et le contre ? Qu'est-ce qu'un législateur qui n'a rien écrit ? Qu'est-ce que quatre livres divins dont la date est inconnue, et dont les auteurs, si peu avérés, se contredisent à chaque page ?

L'ABBÉ

Tout cela se concilie, vous dis-je. Mais vous m'avouerez du moins que vous êtes très content du discours sur la montagne.

LE COMTE

Oui; on prétend que Jésus a dit qu'on brûlera ceux qui appellent leur frère Raca, comme vos théologiens font tous les jours. Il dit qu'il est venu pour accomplir la loi de Moïse, que vous avez en horreur. Il demande avec quoi on salera si le sel s'évanouit. Il dit que bienheureux sont les pauvres d'esprit parce que le royaume des cieux est à eux. Je sais encore qu'on lui fait dire qu'il faut que le blé pourrisse et meure en terre pour germer; que le royaume des cieux est un grain de moutarde : que c'est de l'argent mis à usure; qu'il ne faut pas donner à dîner à ses parents quand ils sont riches. Peut-être ces expressions avaient-elles un sens respectable dans la langue où l'on dit qu'elles furent prononcées : j'adopte tout ce qui peut inspirer la vertu; mais ayez la bonté de me dire ce que vous pensez d'un autre passage que voici :

« C'est Dieu qui m'a formé; Dieu est partout et dans moi : oserai-je le souiller par des actions criminelles et basses, par des paroles impures, par d'infâmes désirs ?

« Puissé-je, à mes derniers moments, dire à Dieu : O mon maître ! ô mon père ! tu as voulu que je souffrisse, j'ai souffert avec résignation; tu as voulu que je fusse pauvre, j'ai embrassé la pauvreté; tu m'as mis dans la bassesse, et je n'ai point voulu la grandeur; tu veux que je meure, je t'adore en mourant. Je sors de ce magnifique spectacle en te rendant grâce de m'y avoir admis pour me faire contempler l'ordre admirable avec lequel tu régis l'univers. »

L'ABBÉ

Cela est admirable; dans quel Père de l'Église avez-vous trouvé ce morceau divin ? Est-ce dans saint Cyprien, dans saint Grégoire de Nazianze, ou dans saint Cyrille ?

LE COMTE

Non; ce sont les paroles d'un esclave païen, nommé Épictète, et l'empereur Marc Aurèle n'a jamais pensé autrement que cet esclave.

L'ABBÉ

Je me souviens en effet d'avoir lu, dans ma jeunesse, des préceptes de morale dans des auteurs païens, qui me firent une grande impression : je vous avouerai même que les lois de Zaleucus, de Charondas, les conseils de Confucius, les commandements moraux de Zoroastre, les maximes de Pythagore, me parurent dictés par la sagesse pour le bonheur du genre humain : il me semblait que Dieu avait daigné honorer ces grands hommes d'une lumière plus pure que celle des hommes ordinaires, comme il donna plus d'harmonie à Virgile, plus d'éloquence à Cicéron, et plus de sagacité à Archimède, qu'à leurs contemporains. J'étais frappé de ces grandes leçons de vertu que l'antiquité nous a laissées. Mais enfin tous ces gens-là ne connaissaient pas la théologie; ils ne savaient pas quelle est la différence entre un chérubin et un séraphin, entre la grâce efficace, à laquelle on ne peut résister, et la grâce suffisante, qui ne suffit pas; ils ignoraient que Dieu était mort, et qu'ayant été crucifié pour tous il n'avait pourtant été crucifié que pour quelques-uns. Ah ! monsieur le comte, si les Scipion, les Cicéron, les Caton, les Épictète, les Antonins, avaient su que « le Père a engendré le Fils, et qu'il ne l'a pas fait; que l'Esprit n'a été ni engendré ni fait, mais qu'il procède par spiration tantôt du Père et tantôt du Fils; que le Fils a tout ce qui appartient au Père, mais qu'il n'a pas la paternité »; si, dis-je, les anciens, nos maîtres en tout, avaient pu connaître cent vérités de cette clarté et de cette force; enfin, s'ils avaient été théologiens, quels avantages n'auraient-ils pas procurés aux hommes ! La consubstantialité surtout, monsieur le comte, la transsubstantiation, sont de si belles choses ! Plût au ciel que Scipion, Cicéron et Marc Aurèle eussent approfondi ces vérités ! ils auraient pu être grands vicaires de monseigneur l'archevêque, ou syndics de la Sorbonne.

LE COMTE

Çà, dites-moi en conscience, entre nous et devant Dieu, si vous pensez que les âmes de ces grands hommes soient à la broche, éternellement rôties par les diables, en attendant qu'elles aient trouvé leur corps, qui sera éternellement rôti avec elles et cela pour n'avoir pu être syndics de Sorbonne et grands vicaires de monseigneur l'archevêque ?

L'ABBÉ

Vous m'embarrassez beaucoup, car « hors de l'Église point de salut ».

Nul ne doit plaire au ciel que nous et nos amis[1]

« Quiconque n'écoute pas l'Église, qu'il soit comme un païen ou comme un fermier général[2]. » Scipion et Marc Aurèle n'ont point écouté l'Église; ils n'ont point reçu le concile de Trente; leurs âmes spirituelles seront rôties à jamais; et quand leurs corps, dispersés dans les quatre éléments, seront retrouvés, ils seront rôtis à jamais aussi avec leurs âmes. Rien n'est plus clair, comme rien n'est plus juste : cela est positif.

D'un autre côté, il est bien dur de brûler éternellement

Socrate, Aristide, Pythagore, Épictète, les Antonins, tous ceux dont la vie a été pure et exemplaire, et d'accorder la béatitude éternelle à l'âme et au corps de François Ravaillac, qui mourut en bon chrétien, bien confessé, et muni d'une grâce efficace ou suffisante. Je suis un peu embarrassé dans cette affaire : car enfin je suis juge de tous les hommes; leur bonheur ou leur malheur éternel dépend de moi, et j'aurais quelque répugnance à sauver Ravaillac et à damner Scipion.

Il y a une chose qui me console, c'est que nous autres théologiens nous pouvons tirer des enfers qui nous voulons; nous lisons dans les *Actes de sainte Thècle,* grande théologienne, disciple de saint Paul, laquelle se déguisa en homme pour le suivre, qu'elle délivra de l'enfer son amie Faconille, qui avait eu le malheur de mourir païenne.

Le grand saint Jean Damascène rapporte que le grand saint Macaire, le même qui obtint de Dieu la mort d'Arius par ses ardentes prières, interrogea un jour dans un cimetière le crâne d'un païen sur son salut : le crâne lui répondit que les prières des théologiens soulageaient infiniment les damnés.

Enfin nous savons de science certaine que le grand saint Grégoire, pape, tira de l'enfer l'âme de l'empereur Trajan : ce sont là de beaux exemples de la miséricorde de Dieu.

LE COMTE

Vous êtes un goguenard; tirez donc de l'enfer, par vos saintes prières, Henri IV, qui mourut sans sacrement comme un païen, et mettez-le dans le ciel avec Ravaillac le bien confessé; mais mon embarras est de savoir comment ils vivront ensemble, et quelle mine ils se feront.

LA COMTESSE DE BOULAINVILLIERS

Le dîner se refroidit; voilà M. Fréret qui arrive, mettons-nous à table, vous tirerez après de l'enfer qui vous voudrez.

DEUXIÈME ENTRETIEN

Pendant le dîner.

L'ABBÉ

Ah ! Madame, vous mangez gras un vendredi sans avoir la permission expresse de monseigneur l'archevêque ou la mienne ! Ne savez-vous pas que c'est pécher contre l'Église ? Il n'était pas permis chez les Juifs de manger du lièvre, parce qu'alors il ruminait, et qu'il n'avait pas le pied fendu; c'était un crime horrible de manger de l'ixion et du griffon.

LA COMTESSE

Vous plaisantez toujours, monsieur l'abbé; dites-moi de grâce ce que c'est qu'un ixion.

L'ABBÉ

Je n'en sais rien, Madame; mais je sais que quiconque mange le vendredi une aile de poulet sans la permission de son évêque, au lieu de se gorger de saumon et d'esturgeon, pèche mortellement; que son âme sera brûlée en attendant son corps, et que, quand son corps la viendra retrouver, ils seront tous deux brûlés éternellement, sans pouvoir être consumés, comme je disais tout à l'heure.

LA COMTESSE

Rien n'est assurément plus judicieux ni plus équitable; il y a plaisir à vivre dans une religion si sage. Voudriez-vous une aile de ce perdreau ?

LE COMTE

Prenez, croyez-moi; Jésus-Christ a dit : Mangez ce qu'on vous présentera. Mangez, mangez; que la honte ne vous fasse dommage.

L'ABBÉ

Ah ! devant vos domestiques, un vendredi, qui est le lendemain du jeudi ! Ils l'iraient dire par toute la ville.

LE COMTE

Ainsi vous avez plus de respect pour mes laquais que pour Jésus-Christ.

L'ABBÉ

Il est bien vrai que notre Sauveur n'a jamais connu les distinctions des jours gras et des jours maigres; mais nous avons changé toute sa doctrine pour le mieux; il nous a donné tout pouvoir sur la terre et dans le ciel. Savez-vous bien que, dans plus d'une province, il n'y a pas un siècle que l'on condamnait les gens qui mangeaient gras en carême à être pendus ? et je vous en citerai des exemples.

LA COMTESSE

Mon Dieu ! que cela est édifiant, et qu'on voit bien que votre religion est divine !

L'ABBÉ

Si divine que, dans le pays même où l'on faisait pendre ceux qui avaient mangé d'une omelette au lard, on faisait brûler ceux qui avaient ôté le lard d'un poulet piqué, et que l'Église en use encore ainsi quelquefois : tant elle sait se proportionner aux différentes faiblesses des hommes ! A boire...

LE COMTE

A propos, monsieur le grand vicaire, votre Église permet-elle qu'on épouse les deux sœurs ?

L'ABBÉ

Toutes deux à la fois, non; mais l'une après l'autre, selon le besoin, les circonstances, l'argent donné en cour de Rome, et la protection : remarquez bien que tout change toujours, et que tout dépend de notre sainte Église. La sainte Église juive, notre mère, que nous détestons, et que nous citons toujours, trouve très bon que le patriarche Jacob épouse les deux sœurs à la fois : elle défend dans le *Lévitique* de se marier à la veuve de son frère; elle l'ordonne expressément dans le *Deutéronome ;* et la coutume de Jérusalem permettait qu'on épousât sa propre sœur, car vous savez que quand Amnon, fils du chaste roi David, viola sa sœur Thamar, cette sœur pudique et avisée lui dit ces paroles : « Mon frère, ne me faites pas de sottises; mais demandez-moi en mariage à notre père, et il ne vous refusera pas[1]. »

Mais, pour revenir à notre divine loi sur l'agrément d'épouser les deux sœurs ou la femme de son frère, la chose varie selon les temps, comme je vous l'ai dit. Notre pape Clément VII n'osa pas déclarer invalide le mariage du roi d'Angleterre Henri VIII avec la femme du prince Arthur son frère, de peur que Charles Quint ne le fît mettre en prison une seconde fois, et ne le fît déclarer bâtard, comme il l'était; mais tenez pour certain qu'en fait de mariage, comme dans tout le reste, le pape et monseigneur l'archevêque sont les maîtres de tout quand ils sont les plus forts. À boire...

LA COMTESSE

Eh bien, monsieur Fréret, vous ne répondez rien à ces beaux discours; vous ne dites rien !

M. FRÉRET

Je me tais, Madame, parce que j'aurais trop à dire.

L'ABBÉ

Et que pourriez-vous dire, Monsieur, qui pût ébranler l'autorité, obscurcir la splendeur, infirmer la vérité de notre mère sainte Église catholique, apostolique, et romaine ? A boire...

M. FRÉRET

Parbleu ! je dirais que vous êtes des juifs et des idolâtres, qui vous moquez de nous, et qui embourssez notre argent.

L'ABBÉ

Des juifs et des idolâtres ! comme vous y allez !

M. FRÉRET

Oui, des juifs et des idolâtres, puisque vous m'y forcez. Votre Dieu n'est-il pas né juif ? n'a-t-il pas été circoncis comme Juif ? n'a-t-il pas accompli toutes les cérémonies juives ? ne lui faites-vous pas dire plusieurs fois qu'il faut obéir à la loi de Moïse ? n'a-t-il pas sacrifié dans le temple ? votre baptême n'était-il pas une coutume juive prise chez les Orientaux ? n'appelez-vous pas encore du mot juif *pâques* la principale de vos fêtes ? ne chantez-vous pas depuis plus de dix-sept cents ans, dans une musique diabolique, des chansons juives que vous attribuez à un roitelet juif, brigand, adultère, et homicide, homme selon le cœur de Dieu ? Ne prêtez-vous pas sur gages à Rome dans vos juiveries, que vous appelez monts-de-piété ? et ne vendez-vous pas impitoyablement les gages des pauvres quand ils n'ont pas payé au terme ?

LE COMTE

Il a raison; il n'y a qu'une seule chose qui vous manque de la loi juive, c'est un bon jubilé, un vrai jubilé, par lequel les seigneurs rentreraient dans les terres qu'ils vous ont données comme des sots, dans le temps que vous leur persuadiez qu'Élie et l'Antéchrist allaient venir, que le monde allait finir, et qu'il fallait donner tout son bien à l'Église « pour le remède de son âme, et pour n'être point rangé parmi les boucs ». Ce jubilé vaudrait mieux que celui auquel vous ne vous donnez que des indulgences plénières; j'y gagnerais, pour ma part, plus de cent mille livres de rentes.

L'ABBÉ

Je le veux bien, pourvu que sur ces cent mille livres vous me fassiez une grosse pension. Mais pourquoi M. Fréret nous appelle-t-il idolâtres ?

M. FRÉRET

Pourquoi, Monsieur ? demandez-le à saint Christophe, qui est la première chose que vous rencontrez dans votre cathédrale, et qui est en même temps le plus vilain monument de barbarie que vous ayez; demandez-le à sainte Claire, qu'on invoque pour le mal des yeux, et à qui vous avez bâti des temples; à saint Genou, qui guérit de la goutte; à saint Janvier, dont le sang se liquéfie si solennellement à Naples quand on l'approche de sa tête; à saint Antoine, qui asperge d'eau bénite les chevaux dans Rome.

Oseriez-vous nier votre idolâtrie, vous qui adorez du culte de dulie dans mille églises le lait de la Vierge, le prépuce et le nombril de son fils, les épines dont vous dites qu'on lui fit une couronne, le bois pourri sur lequel vous prétendez que l'Être éternel est mort ? vous enfin qui adorez d'un culte de latrie un morceau de pâte que vous enfermez dans une boîte, de peur des souris ? Vos catholiques romains ont poussé leur catholique extravagance jusqu'à dire qu'ils changent ce morceau de pâte en Dieu par la vertu de quelques mots latins, et que toutes les miettes de cette pâte deviennent autant de dieux créateurs de l'univers. Un gueux qu'on aura fait prêtre, un moine sortant des bras d'une prostituée, vient pour douze sous, revêtu d'un habit de comédien, me marmotter en une langue étrangère ce que vous appelez une messe, fendre l'air en quatre avec trois doigts, se courber, se redresser, tourner à droite et à gauche, par devant et par derrière, et faire autant de dieux qu'il lui plaît, les boire et les manger, et les rendre ensuite à son pot de chambre ! et vous n'avouerez pas que c'est la plus monstrueuse et la plus ridicule idolâtrie qui ait jamais déshonoré la nature humaine ? Ne faut-il pas être changé en bête pour imaginer qu'on change du pain blanc et du vin rouge en Dieu ? Idolâtres nouveaux, ne vous comparez pas aux anciens qui adoraient le Zeus, le Démiourgos, le maître des dieux et des hommes, et qui rendaient hommage à des dieux secondaires; sachez que Cérès, Pomone et Flore valent mieux que votre Ursule et ses onze mille vierges; et que ce n'est pas aux prêtres de Marie-Magdeleine à se moquer des prêtres de Minerve.

LA COMTESSE

Monsieur l'abbé, vous avez dans M. Fréret un rude adversaire. Pourquoi avez-vous voulu qu'il parlât ? c'est votre faute.

L'ABBÉ

Oh ! Madame, je suis aguerri; je ne m'effraye pas pour si peu de chose; il y a longtemps que j'ai entendu faire tous ces raisonnements contre notre mère sainte Église.

LA COMTESSE

Par ma foi, vous ressemblez à certaine duchesse qu'un mécontent appelait catin; elle lui répondit : « Il y a trente ans qu'on me le dit, et je voudrais qu'on me le dît trente ans encore. »

L'ABBÉ

Madame, Madame, un bon mot ne prouve rien.

LE COMTE

Cela est vrai; mais un bon mot n'empêche pas qu'on ne puisse avoir raison.

L'ABBÉ

Et quelle raison pourrait-on opposer à l'authenticité des prophéties, aux miracles de Moïse, aux miracles de Jésus, aux martyrs ?

LE COMTE

Ah ! je ne vous conseille pas de parler de prophéties, depuis que les petits garçons et les petites filles savent ce que mangea le prophète Ézéchiel à son déjeuner, et qu'il ne serait pas honnête de nommer à dîner; depuis qu'ils savent les aventures d'Oolla et d'Ooliba, dont il est difficile de parler devant les dames; depuis qu'ils savent que le Dieu des Juifs ordonna au prophète Osée de prendre une catin, et de faire des fils de catin. Hélas ! trouverez-vous autre chose dans ces misérables que du galimatias et des obscénités ?

Que vos pauvres théologiens cessent désormais de disputer contre les Juifs sur le sens des passages de leurs prophètes, sur quelques lignes hébraïques d'un Amos, d'un Joël, d'un Habacuc, d'un Jérémiah; sur quelques mots concernant Éliah, transporté aux régions célestes orientales dans un chariot de feu, lequel Éliah, par parenthèse, n'a jamais existé.

Qu'ils rougissent surtout des prophéties insérées dans leurs *Évangiles*. Est-il possible qu'il y ait encore des hommes assez imbéciles et assez lâches pour n'être pas saisis d'indignation quand Jésus prédit dans Luc : « Il y aura des signes dans la lune et dans les étoiles; des bruits de la mer et des flots; des hommes séchant de crainte attendront ce qui doit arriver à l'univers entier. Les vertus des cieux seront ébranlées, et alors ils verront le fils de l'homme venant dans une nuée avec grande puissance et grande majesté. En vérité je vous dis que la génération présente ne passera point que tout cela ne s'accomplisse[1]. »

Il est impossible assurément de voir une prédiction plus marquée, plus circonstanciée et plus fausse. Il faudrait être fou pour oser dire qu'elle fut accomplie, et que le fils de l'homme vint dans une nuée avec une grande puissance et une grande majesté. D'où vient que Paul, dans son *Épître aux Thessaloniciens* (Ire, chap. IV, v. 17), confirme cette prédiction ridicule par une autre encore plus impertinente? « Nous qui vivons et qui vous parlons, nous serons emportés dans les nuées pour aller au-devant du Seigneur au milieu de l'air, etc. »

Pour peu qu'on soit instruit, on sait que le dogme de la fin du monde et de l'établissement d'un monde nouveau était une chimère reçue alors chez presque tous les peuples. Vous trouvez cette opinion dans Lucrèce, au livre IV. Vous la trouverez dans le premier livre des *Métamorphoses* d'Ovide. Héraclite, longtemps auparavant, avait dit que ce monde-ci serait consumé par le feu. Les stoïciens avaient adopté cette rêverie. Les demi-juifs demi-chrétiens, qui fabriquèrent les *Évangiles,* ne manquèrent pas d'adopter un dogme si reçu, et de s'en prévaloir. Mais, comme le monde subsista encore longtemps, et que Jésus ne vint point dans les nuées avec une grande puissance et une grande majesté au Ier siècle de l'Église, ils dirent que ce serait pour le IIe siècle; ils le promirent ensuite pour le IIIe; et de siècle en siècle cette extravagance s'est renouvelée. Les théologiens ont fait comme un charlatan que j'ai vu au bout du Pont-Neuf sur le quai de l'École : il montrait au peuple, vers le soir, un coq et quelques bouteilles de baume : « Messieurs, disait-il, je vais couper la tête à mon coq, et je le ressusciterai le moment d'après en votre présence; mais il faut auparavant que vous achetiez mes bouteilles. » Il se trouvait toujours des gens assez simples pour en acheter. « Je vais donc couper la tête à mon coq, continuait le charlatan; mais comme il est tard, et que cette opération est digne du grand jour, ce sera pour demain. »

Deux membres de l'Académie des sciences eurent la curiosité et la constance de revenir pour voir comment le charlatan se tirerait d'affaire; la farce dura huit jours de suite; mais la farce de l'attente de la fin du monde, dans le christianisme, a duré huit siècles entiers. Après cela, Monsieur, citez-nous les prophéties juives ou chrétiennes.

M. FRÉRET

Je ne vous conseille pas de parler des miracles de Moïse devant des gens qui ont de la barbe au menton.

Si tous ces prodiges inconcevables avaient été opérés, les Égyptiens en auraient parlé dans leurs histoires. La mémoire de tant de faits prodigieux qui étonnent la nature se serait conservée chez toutes les nations. Les Grecs, qui ont été instruits de toutes les fables de l'Égypte et de la Syrie, auraient fait retentir le bruit de ces actions surnaturelles aux deux bouts du monde. Mais aucun historien, ni grec, ni syrien, ni égyptien, n'en a dit un seul mot. Flavius Josèphe, si bon patriote, si entêté de son judaïsme, ce Josèphe qui a recueilli tant de témoignages en faveur de l'antiquité de sa nation, n'en a pu trouver aucun qui attestât les dix plaies d'Égypte, et le passage à pied sec au milieu de la mer, etc.

Vous savez que l'auteur du *Pentateuque* est encore incertain : quel homme sensé pourra jamais croire, sur la foi de je ne sais quel Juif, soit Esdras, soit un autre, de si épouvantables merveilles inconnues à tout le reste de la terre ? Quand même tous vos prophètes juifs auraient cité mille fois ces événements étranges, il serait impossible de les croire; mais il n'y a pas un seul de ces prophètes qui cite les paroles du *Pentateuque* sur cet amas de miracles, pas un seul qui entre dans le moindre détail de ces aventures : expliquez ce silence comme vous pourrez.

Songez qu'il faut des motifs bien graves pour opérer ainsi le renversement de la nature. Quel motif, quelle raison aurait pu avoir le Dieu des Juifs ? Était-ce de favoriser son petit peuple ? de lui donner une terre fertile ? Que ne lui donnait-il l'Égypte au lieu de faire des miracles, dont la plupart, dites-vous, furent égalés par les sorciers de Pharaon ? Pourquoi faire égorger par l'ange exterminateur tous les aînés d'Égypte, et faire mourir tous les animaux, afin que les Israélites, au nombre de six cent trente mille combattants, s'enfuissent comme de lâches voleurs ? Pourquoi leur ouvrir le sein de la mer Rouge, afin qu'ils allassent mourir de faim dans un désert ? Vous sentez l'énormité de ces absurdes bêtises; vous avez trop de sens pour les admettre, et pour croire sérieusement à la religion chrétienne fondée sur l'imposture juive. Vous sentez le ridicule de la réponse triviale qu'il ne faut pas interroger Dieu, qu'il ne faut pas sonder l'abîme de la Providence. Non, il ne faut pas demander à Dieu pourquoi il a créé des poux et des araignées, parce qu'étant sûrs que les poux et les araignées existent, nous ne pouvons savoir pourquoi ils existent; mais nous ne sommes pas si sûrs que Moïse ait changé sa verge en serpent et ait couvert l'Égypte de poux, quoique les poux fussent familiers à son peuple : nous n'interrogeons point Dieu; nous interrogeons des fous qui osent faire parler Dieu, et lui prêter l'excès de leurs extravagances.

LA COMTESSE

Ma foi, mon cher abbé, je ne vous conseille pas non plus de parler des miracles de Jésus. Le créateur de l'univers se serait-il fait Juif pour changer l'eau en vin à des noces où tout le monde était déjà ivre ? aurait-il été emporté par le diable sur une montagne d'où l'on voit tous les royaumes de la terre ? aurait-il envoyé le diable dans le corps de deux mille cochons, dans un pays où il n'y avait point de cochons ? aurait-il séché un figuier pour n'avoir pas porté des figues, « quand ce n'était pas le temps des figues » ? Croyez-moi, ces miracles sont tout aussi ridicules que ceux de Moïse. Convenez hautement de ce que vous pensez au fond du cœur.

L'ABBÉ

Madame, un peu de condescendance pour ma robe, s'il vous plaît; laissez-moi faire mon métier : je suis un peu battu peut-être sur les prophéties et sur les miracles; mais pour les martyrs il est certain qu'il y en a eu; et Pascal, le patriarche de Port-Royal des Champs, a dit : « Je crois volontiers les histoires dont les témoins se font égorger. »

M. FRÉRET

Ah ! Monsieur, que de mauvaise foi et d'ignorance dans Pascal ! On croirait, à l'entendre, qu'il a vu les interrogatoires des apôtres, et qu'il a été témoin de leur supplice. Mais où a-t-il vu qu'ils aient été suppliciés ? Qui lui a dit que Simon Barjone, surnommé Pierre, a été crucifié à Rome, la tête en bas ? Qui lui a dit que ce Barjone, un misérable pêcheur de Galilée, ait jamais été à Rome, et y ait parlé latin ? Hélas ! s'il eût été condamné à Rome, si les chrétiens l'avaient su, la première église qu'ils auraient bâtie depuis à l'honneur des saints aurait été Saint-Pierre de Rome, et non pas Saint-Jean de Latran; les papes n'y eussent pas manqué; leur ambition y eût trouvé un beau prétexte. A quoi est-on réduit quand, pour prouver que ce Pierre Barjone a demeuré à Rome, on est obligé de dire qu'une lettre qu'on lui attribue, datée de Babylone, était en effet écrite de Rome même ? Sur quoi un auteur célèbre a très bien dit que, moyennant une telle explication, une lettre datée de Pétersbourg devait avoir été écrite à Constantinople.

Vous n'ignorez pas quels sont les imposteurs qui ont parlé de ce voyage de Pierre. C'est un Abdias, qui le premier écrivit que Pierre était venu du lac de Génézareth droit à Rome chez l'empereur, pour faire assaut de miracles contre Simon le Magicien; c'est lui qui fait le conte d'un parent de l'empereur, ressuscité à moitié par Simon, et entièrement par l'autre Simon Barjone; c'est lui qui met aux prises les deux Simon, dont l'un vole dans les airs et se casse les deux jambes par les prières de l'autre; c'est lui qui fait l'histoire fameuse des deux dogues envoyés par Simon pour manger Pierre. Tout cela est répété par un Marcel, par un Hégésippe. Voilà les fondements de la religion chrétienne. Vous n'y voyez qu'un tissu des plus plates impostures faites par la plus vile canaille, laquelle seule embrassa le christianisme pendant cent années.

C'est une suite non interrompue de faussaires. Ils forgent des lettres de Jésus-Christ, ils forgent des lettres de Pilate, des lettres de Sénèque, des constitutions apostoliques, des vers des sibylles en acrostiches, des évangiles au nombre de plus de quarante, des actes de Barnabé, des liturgies de Pierre, de Jacques, de Matthieu, et de Marc, etc., etc. Vous le savez, Monsieur, vous les avez lues, sans doute, ces archives infâmes du mensonge, que vous appelez fraudes pieuses; et vous n'aurez pas l'honnêteté de convenir, au moins devant vos amis, que le trône du pape n'a été établi que sur d'abominables chimères, pour le malheur du genre humain ?

L'ABBÉ

Mais comment la religion chrétienne aurait-elle pu s'élever si haut, si elle n'avait eu pour base que le fanatisme et le mensonge?

LE COMTE

Et comment le mahométisme s'est-il élevé encore plus haut ? Du moins ses mensonges ont été plus nobles, et son fanatisme plus généreux. Du moins Mahomet a écrit et combattu; et Jésus n'a su ni écrire ni se défendre. Mahomet avait le courage d'Alexandre avec l'esprit de Numa; et votre Jésus a sué sang et eau dès qu'il a été condamné par ses juges. Le mahométisme n'a jamais changé, et vous autres vous avez changé vingt fois toute votre religion. Il y a plus de différence entre ce qu'elle est aujourd'hui et ce qu'elle était dans vos premiers temps qu'entre vos usages et ceux du roi Dagobert. Misérables chrétiens; non, vous n'adorez pas votre Jésus, vous lui insultez en substituant vos nouvelles lois aux siennes. Vous vous moquez plus de lui avec vos mystères, vos agnus, vos reliques, vos indulgences, vos bénéfices simples, et votre papauté, que vous ne vous en moquez tous les ans, le 5 janvier, par vos noëls dissolus, dans lesquels vous couvrez de ridicule la vierge Marie, l'ange qui la salue, le pigeon qui l'engrosse, le charpentier qui en est jaloux, et le poupon que les trois rois viennent complimenter entre un bœuf et un âne, digne compagnie d'une telle famille.

L'ABBÉ

C'est pourtant ce ridicule que saint Augustin a trouvé divin; il disait : « Je le crois parce que cela est absurde; je le crois parce que cela est impossible. »

M. FRÉRET

Eh ! que nous importent les rêveries d'un Africain, tantôt manichéen, tantôt chrétien, tantôt débauché, tantôt dévot, tantôt tolérant, tantôt persécuteur ? Que nous fait son galimatias théologique ? Voudriez-vous que je respectasse cet insensé rhéteur, quand il dit, dans son sermon XXII, que l'ange fit un enfant à Marie par l'oreille, *impraegnavit per aurem ?*

LA COMTESSE

En effet je vois l'absurde; mais je ne vois pas le divin. Je trouve très simple que le christianisme se soit formé dans la populace, comme les sectes des anabaptistes et des quakers se sont établies, comme les prophètes du Vivarais et des Cévennes se sont formés, comme la faction des convulsionnaires prend déjà des forces[1].

L'enthousiasme commence, la fourberie achève. Il en eſt de la religion comme du jeu :

> On commence par être dupe,
> On finit par être fripon.

M. FRÉRET

Il n'eſt que trop vrai, Madame. Ce qui résulte de plus probable du chaos des hiſtoires de Jésus, écrites contre lui par les Juifs, et en sa faveur par les chrétiens, c'eſt qu'il était un Juif de bonne foi, qui voulait se faire valoir auprès du peuple, comme les fondateurs des récabites, des esséniens, des saducéens, des pharisiens, des judaïtes, des hérodiens, des joaniſtes, des thérapeutes, et de tant d'autres petites factions élevées dans la Syrie, qui était la patrie du fanatisme. Il eſt probable qu'il mit quelques femmes dans son parti, ainsi que tous ceux qui voulurent être chefs de secte; qu'il lui échappa plusieurs discours indiscrets contre les magiſtrats, et qu'il fut puni cruellement du dernier supplice. Mais qu'il ait été condamné, ou sous le règne d'Hérode le Grand, comme le prétendent les talmudiſtes, ou sous Hérode le tétrarque, comme le disent quelques évangiles, cela eſt fort indifférent. Il eſt avéré que ses disciples furent très obscurs jusqu'à ce qu'ils eussent rencontré quelques platoniciens, dans Alexandrie, qui étayèrent les rêveries des galiléens par les rêveries de Platon. Les peuples d'alors étaient infatués de démons, de mauvais génies, d'obsessions, de possessions, de magie, comme le sont aujourd'hui les sauvages. Presque toutes les maladies étaient des possessions d'esprits malins. Les Juifs, de temps immémorial, s'étaient vantés de chasser les diables avec la racine barath, mise sous le nez des malades, et quelques paroles attribuées à Salomon. Le jeune Tobie chassait le diable avec la fumée d'un poisson sur le gril. Voilà l'origine des miracles dont les Galiléens se vantèrent.

Les Gentils étaient assez fanatiques pour convenir que les Galiléens pouvaient faire ces prodiges : car les Gentils croyaient en faire eux-mêmes. Ils croyaient à la magie comme les disciples de Jésus. Si quelques malades guérissaient par les forces de la nature, ils ne manquaient pas d'assurer qu'ils avaient été délivrés d'un mal de tête par la force des enchantements. Ils disaient aux chrétiens :

Vous avez de beaux secrets, et nous aussi; vous guérissez avec des paroles, et nous aussi; vous n'avez sur nous aucun avantage.

Mais quand les Galiléens, ayant gagné une nombreuse populace, commencèrent à prêcher contre la religion de l'État; quand, après avoir demandé la tolérance, ils osèrent être intolérants; quand ils voulurent élever leur nouveau fanatisme sur les ruines du fanatisme ancien, alors les prêtres et les magistrats romains les eurent en horreur; alors on réprima leur audace. Que firent-ils ? ils supposèrent, comme nous l'avons vu, mille ouvrages en leur faveur; de dupes ils devinrent fripons, ils devinrent faussaires; ils se défendirent par les plus indignes fraudes, ne pouvant employer d'autres armes, jusqu'au temps où Constantin, devenu empereur avec leur argent, mit leur religion sur le trône. Alors les fripons furent sanguinaires. J'ose vous assurer que depuis le concile de Nicée jusqu'à la sédition des Cévennes, il ne s'est pas écoulé une seule année où le christianisme n'ait versé le sang.

L'ABBÉ

Ah ! Monsieur, c'est beaucoup dire.

M. FRÉRET

Non; ce n'est pas assez dire. Relisez seulement l'*Histoire ecclésiastique ;* voyez les donatistes et leurs adversaires s'assommant à coups de bâton; les athanasiens et les ariens remplissant l'empire romain de carnage pour une diphtongue. Voyez ces barbares chrétiens se plaindre amèrement que le sage empereur Julien les empêche de s'égorger et de se détruire. Regardez cette suite épouvantable de massacres; tant de citoyens mourant dans les supplices, tant de princes assassinés, les bûchers allumés dans vos conciles, douze millions d'innocents, habitants d'un nouvel hémisphère, tués comme des bêtes fauves dans un parc, sous prétexte qu'ils ne voulaient pas être chrétiens; et, dans notre ancien hémisphère, les chrétiens immolés sans cesse les uns par les autres, vieillards, enfants, mères, filles, expirant en foule dans les croisades des Albigeois, dans les guerres des hussites, dans celles des luthériens, des calvinistes, des anabaptistes, à la Saint-Barthélemy, aux massacres d'Irlande, à ceux du

Piémont, à ceux des Cévennes; tandis qu'un évêque de Rome, mollement couché sur un lit de repos, se fait baiser les pieds, et que cinquante châtrés lui font entendre leurs fredons pour le désennuyer. Dieu m'eſt témoin que ce portrait eſt fidèle, et vous n'oseriez me contredire.

L'ABBÉ

J'avoue qu'il y a quelque chose de vrai; mais, comme disait l'évêque de Noyon[1], ce ne sont pas là des matières de table; ce sont des tables des matières. Les dîners seraient trop triſtes si la conversation roulait longtemps sur les horreurs du genre humain. L'hiſtoire de l'Église trouble la digeſtion.

LE COMTE

Les faits l'ont troublée davantage.

L'ABBÉ

Ce n'eſt pas la faute de la religion chrétienne, c'eſt celle des abus.

LE COMTE

Cela serait bon s'il n'y avait eu que peu d'abus. Mais si les prêtres ont voulu vivre à nos dépens depuis que Paul, ou celui qui a pris son nom, a écrit : « Ne suis-je pas en droit de me faire nourrir et vêtir par vous, moi, ma femme, ou ma sœur ? »; si l'Église a voulu toujours envahir, si elle a employé toujours toutes les armes possibles pour nous ôter nos biens et nos vies, depuis la prétendue aventure d'Ananie et de Saphire, qui avaient, dit-on, apporté aux pieds de Simon Barjone le prix de leurs héritages, et qui avaient gardé quelques drachmes pour leur subsiſtance; s'il eſt évident que l'hiſtoire de l'Église eſt une suite continuelle de querelles, d'impoſtures, de vexations, de fourberies, de rapines et de meurtres; alors il eſt démontré que l'abus eſt dans la chose même, comme il eſt démontré qu'un loup a toujours été carnassier, et que ce n'eſt point par quelques abus passagers qu'il a sucé le sang de nos moutons.

L'ABBÉ

Vous en pourriez dire autant de toutes les religions.

LE COMTE

Point du tout; je vous défie de me montrer une seule guerre excitée pour le dogme dans une seule secte de l'antiquité. Je vous défie de me montrer chez les Romains un seul homme persécuté pour ses opinions, depuis Romulus jusqu'au temps où les chrétiens vinrent tout bouleverser. Cette absurde barbarie n'était réservée qu'à nous. Vous sentez, en rougissant, la vérité qui vous presse, et vous n'avez rien à répondre.

L'ABBÉ

Aussi je ne réponds rien. Je conviens que les disputes théologiques sont absurdes et funestes.

M. FRÉRET

Convenez donc aussi qu'il faut couper par la racine un arbre qui a toujours porté des poisons.

L'ABBÉ

C'est ce que je ne vous accorderai point, car cet arbre a aussi quelquefois porté de bons fruits. Si une république a toujours été dans les dissensions, je ne veux pas pour cela qu'on détruise la république. On peut réformer ses lois.

LE COMTE

Il n'en est pas d'un État comme d'une religion. Venise a réformé ses lois, et a été florissante; mais quand on a voulu réformer le catholicisme, l'Europe a nagé dans le sang; et en dernier lieu, quand le célèbre Locke, voulant ménager à la fois les impostures de cette religion et les droits de l'humanité, a écrit son livre du *Christianisme raisonnable,* il n'a pas eu quatre disciples : preuve assez forte que le christianisme et la raison ne peuvent subsister ensemble. Il ne reste qu'un seul remède dans l'état où sont les choses, encore n'est-il qu'un palliatif : c'est de rendre la religion absolument dépendante du souverain et des magistrats.

M. FRÉRET

Oui, pourvu que le souverain et les magistrats soient éclairés, pourvu qu'ils sachent tolérer également toute religion, regarder tous les hommes comme leurs frères, n'avoir aucun égard à ce qu'ils pensent, et en avoir beaucoup à ce qu'ils font ; les laisser libres dans leur commerce avec Dieu, et ne les enchaîner qu'aux lois dans tout ce qu'ils doivent aux hommes. Car il faudrait traiter comme des bêtes féroces des magistrats qui soutiendraient leur religion par des bourreaux.

L'ABBÉ

Et si toutes les religions étant autorisées, elles se battent toutes les unes contre les autres ? Si le catholique, le protestant, le Grec, le Turc, le Juif, se prennent par les oreilles en sortant de la messe, du prêche, de la mosquée, et de la synagogue ?

M. FRÉRET

Alors il faut qu'un régiment de dragons les dissipe.

LE COMTE

J'aimerais mieux encore leur donner des leçons de modération que de leur envoyer des régiments ; je voudrais commencer par instruire les hommes avant de les punir.

L'ABBÉ

Instruire les hommes ! que dites-vous, monsieur le comte ? Les en croyez-vous dignes ?

LE COMTE

J'entends ; vous pensez toujours qu'il ne faut que les tromper : vous n'êtes qu'à moitié guéri : votre ancien mal vous reprend toujours.

LA COMTESSE

A propos, j'ai oublié de vous demander votre avis sur une chose que je lus hier dans l'histoire de ces bons mahométans, qui m'a beaucoup frappée. Assan, fils d'Ali, étant au bain, un de ses esclaves lui jeta par mégarde une chaudière d'eau bouillante sur le corps. Les domestiques d'Assan voulurent empaler le coupable. Assan, au lieu de le faire empaler, lui fit donner vingt pièces d'or. « Il y a, dit-il, un degré de gloire dans le paradis pour ceux qui payent les services, un plus grand pour ceux qui pardonnent le mal, et un plus grand encore pour ceux qui récompensent le mal involontaire. » Comment trouvez-vous cette action et ce discours ?

LE COMTE

Je reconnais là mes bons musulmans du Ier siècle.

L'ABBÉ

Et moi, mes bons chrétiens.

M. FRÉRET

Et moi, je suis fâché qu'Assan l'échaudé, fils d'Ali, ait donné vingt pièces d'or pour avoir de la gloire en paradis. Je n'aime point les belles actions intéressées. J'aurais voulu qu'Assan eût été assez vertueux et assez humain pour consoler le désespoir de l'esclave, sans songer à être placé dans le paradis au troisième degré.

LA COMTESSE

Allons prendre du café. J'imagine que, si à tous les dîners de Paris, de Vienne, de Madrid, de Lisbonne, de Rome, et de Moscou, on avait des conversations aussi instructives, le monde n'en irait que mieux.

TROISIÈME ENTRETIEN

Après dîner.

L'ABBÉ

Voilà d'excellent café, Madame; c'est du moka tout pur.

LA COMTESSE

Oui, il vient du pays des musulmans; n'est-ce pas grand dommage ?

L'ABBÉ

Raillerie à part, Madame, il faut une religion aux hommes.

LE COMTE

Oui, sans doute; et Dieu leur en a donné une divine, éternelle, gravée dans tous les cœurs : c'est celle que, selon vous, pratiquaient Énoch, les noachides et Abraham; c'est elle que les lettrés chinois ont conservée depuis plus de quatre mille ans, l'adoration d'un Dieu, l'amour de la justice, et l'horreur du crime.

LA COMTESSE

Est-il possible qu'on ait abandonné une religion si pure et si sainte pour les sectes abominables qui ont inondé la terre ?

M. FRÉRET

En fait de religion, Madame, on a eu une conduite directement contraire à celle qu'on a eue en fait de vêtement, de logement, et de nourriture. Nous avons commencé par des cavernes, des huttes, des habits de peaux de bêtes, et du gland; nous avons eu ensuite du pain, des mets salutaires, des habits de laine et de soie filées, des maisons propres et commodes; mais, dans ce qui concerne la religion, nous sommes revenus au gland, aux peaux de bêtes, et aux cavernes.

L'ABBÉ

Il serait bien difficile de vous en tirer. Vous voyez que la religion chrétienne, par exemple, est partout incorporée à l'État, et que, depuis le pape jusqu'au dernier capucin, chacun fonde son trône ou sa cuisine sur elle. Je vous ai déjà dit que les hommes ne sont pas assez raisonnables pour se contenter d'une religion pure et digne de Dieu.

LA COMTESSE

Vous n'y pensez pas; vous avouez vous-même qu'ils s'en sont tenus à cette religion du temps de votre Énoch, de votre Noé, et de votre Abraham. Pourquoi ne serait-on pas aussi raisonnable aujourd'hui qu'on l'était alors ?

L'ABBÉ

Il faut bien que je le dise : c'est qu'alors il n'y avait ni chanoine à grosse prébende, ni abbé de Corbie avec un million, ni pape avec seize ou dix-huit millions. Il faudrait peut-être, pour rendre à la société humaine tous ces biens, des guerres aussi sanglantes qu'il en a fallu pour les lui arracher.

LE COMTE

Quoique j'aie été militaire, je ne veux point faire la guerre aux prêtres et aux moines; je ne veux point établir la vérité par le meurtre, comme ils ont établi l'erreur; mais je voudrais au moins que cette vérité éclairât un peu les hommes, qu'ils fussent plus doux et plus heureux, que les peuples cessassent d'être superstitieux, et que les chefs de l'Église tremblassent d'être persécuteurs.

L'ABBÉ

Il est bien malaisé (puisqu'il faut enfin m'expliquer) d'ôter à des insensés des chaînes qu'ils révèrent. Vous vous feriez peut-être lapider par le peuple de Paris, si, dans un temps de pluie, vous empêchiez qu'on ne promenât la prétendue carcasse de sainte Geneviève par les rues pour avoir du beau temps.

M. FRÉRET

Je ne crois point ce que vous dites; la raison a déjà fait tant de progrès que depuis plus de dix ans on n'a plus fait promener cette prétendue carcasse et celle de Marcel dans Paris. Je pense qu'il est très aisé de déraciner par degrés toutes les superstitions qui nous ont abrutis. On ne croit plus aux sorciers, on n'exorcise plus les diables; et quoiqu'il soit dit que votre Jésus ait envoyé ses apôtres précisément pour chasser les diables, aucun prêtre parmi nous n'est ni assez fou ni assez sot pour se vanter de les chasser; les reliques de saint François sont devenues ridicules et celles de saint Ignace, peut-être, seront un jour traînées dans la boue avec les jésuites eux-mêmes. On laisse, à la vérité, au pape le duché de Ferrare, qu'il a usurpé; les domaines que César Borgia ravit par le fer et par le poison, et qui sont retournés à l'Église de Rome, pour laquelle il ne travaillait pas; on laisse Rome même aux papes, parce qu'on ne veut pas que l'empereur s'en empare; on lui veut bien payer encore des annates, quoique ce soit un ridicule honteux et une simonie évidente; on ne veut pas faire d'éclat pour un subside si modique. Les hommes, subjugués par la coutume, ne rompent pas tout d'un coup un mauvais marché fait depuis près de trois siècles. Mais que les papes aient l'insolence d'envoyer comme autrefois des légats *a latere* pour imposer des décimes sur les peuples, pour excommunier les rois, pour mettre leurs États en interdit, pour donner leurs couronnes à d'autres, vous verrez comme on recevra un légat *a latere* : je ne désespérerais pas que le parlement d'Aix ou de Paris ne le fît pendre.

LE COMTE

Vous voyez combien de préjugés honteux nous avons secoués. Jetez les yeux à présent sur la partie la plus opulente de la Suisse, sur les sept Provinces-Unies, aussi puissantes que l'Espagne, sur la Grande-Bretagne, dont les forces maritimes tiendraient seules avec avantage contre les forces réunies de toutes les autres nations; regardez tout le nord de l'Allemagne, et la Scandinavie, ces pépinières intarissables de guerriers, tous ces peuples nous ont passé de bien loin dans les progrès de la raison. Le sang de chaque tête de l'hydre qu'ils ont abattue a fertilisé leurs campagnes; l'abolition des moines a peuplé et enrichi leurs États; on peut certainement faire en France ce qu'on a fait ailleurs; la France en sera plus opulente et plus peuplée.

L'ABBÉ

Eh bien ! quand vous auriez secoué en France la vermine des moines, quand on ne verrait plus de ridicules reliques, quand nous ne payerions plus à l'évêque de Rome un tribut honteux; quand même on mépriserait assez la consubstantialité et la procession du Saint-Esprit par le Père et le Fils, et la transsubstantiation, pour n'en plus parler; quand ces mystères resteraient ensevelis dans la *Somme* de saint Thomas, et quand les contemptibles théologiens seraient réduits à se taire, vous resteriez encore chrétiens; vous voudriez en vain aller plus loin : c'est ce que vous n'obtiendrez jamais. Une religion de philosophes n'est pas faite pour les hommes.

M. FRÉRET

Est quodam prodire tenus, si non datur ultra.

(Liv. I, ép. 1, vers 32.)

Je vous dirai avec Horace : Votre médecin ne vous donnera jamais la vue du lynx, mais souffrez qu'il vous ôte une taie de vos yeux. Nous gémissons sous le poids de cent livres de chaînes, permettez qu'on nous délivre des trois quarts. Le mot de chrétien a prévalu, il restera; mais peu à peu on adorera Dieu sans mélange, sans lui donner ni une mère, ni un fils; ni un père putatif, sans lui dire qu'il est mort par un supplice infâme, sans croire qu'on fasse des dieux avec de la farine, enfin sans cet amas de superstitions qui mettent des peuples policés si au-dessous des sauvages. L'adoration pure de l'Être suprême commence à être aujourd'hui la religion de tous les honnêtes gens, et bientôt elle descendra dans une partie saine du peuple même.

L'ABBÉ

Ne craignez-vous point que l'incrédulité (dont je vois les immenses progrès) ne soit funeste au peuple en descendant jusqu'à lui, et ne le conduise au crime ? Les hommes sont assujettis à de cruelles passions et à d'horribles malheurs; il leur faut un frein qui les retienne, et une erreur qui les console.

M. FRÉRET

Le culte raisonnable d'un Dieu juste, qui punit et qui récompense, ferait sans doute le bonheur de la société; mais, quand cette connaissance salutaire d'un Dieu juste est défigurée par des mensonges et par des superstitions dangereuses, alors le remède se tourne en poison, et ce qui devrait effrayer le crime l'encourage. Un méchant qui ne raisonne qu'à demi (et il y en a beaucoup de cette espèce) ose nier souvent le Dieu dont on lui a fait une peinture révoltante.

Un autre méchant, qui a de grandes passions dans une âme faible, est souvent invité à l'iniquité par la sûreté du pardon que les prêtres lui offrent. « De quelque multitude énorme de crimes que vous soyez souillé, confessez-vous à moi, et tout vous sera pardonné par les mérites d'un homme qui fut pendu en Judée il y a plusieurs siècles. Plongez-vous, après cela, dans de nouveaux crimes sept fois soixante et sept fois, et tout vous sera pardonné encore. » N'est-ce pas là véritablement induire en tentation ? n'est-ce pas aplanir toutes les voies de l'iniquité ? La Brinvilliers ne se confessait-elle pas à chaque empoisonnement qu'elle commettait ? Louis XI autrefois n'en usait-il pas de même ?

Les anciens avaient, comme nous, leur confession et leurs expiations; mais on n'était pas expié pour un second crime. On ne pardonnait point deux parricides. Nous avons tout pris des Grecs et des Romains, et nous avons tout gâté.

Leur enfer était impertinent, je l'avoue; mais nos diables sont plus sots que leurs furies. Ces furies n'étaient pas elles-mêmes damnées; on les regardait comme les exécutrices, et non comme les victimes des vengeances divines. Être à la fois bourreaux et patients, brûlants et brûlés, comme le sont nos diables, c'est une contradiction absurde, digne de nous, et d'autant plus absurde que la chute des anges, ce fondement du christianisme, ne se trouve ni dans la *Genèse,* ni dans l'*Évangile*. C'est une ancienne fable des brachmanes.

Enfin, Monsieur, tout le monde rit aujourd'hui de votre enfer, parce qu'il est ridicule; mais personne ne rirait d'un Dieu rémunérateur et vengeur, dont on espérerait le prix de la vertu, dont on craindrait le châtiment du crime, en ignorant l'espèce des châtiments et des récompenses, mais en étant persuadé qu'il y en aura parce que Dieu est juste.

LE COMTE

Il me semble que M. Fréret a fait assez entendre comment la religion peut être un frein salutaire. Je veux essayer de vous prouver qu'une religion pure est infiniment plus consolante que la vôtre.

Il y a des douceurs, dites-vous, dans les illusions des âmes dévotes, je le crois; il y en a aussi aux Petites-Maisons. Mais quels tourments quand ces âmes viennent à s'éclairer ! dans quel doute et dans quel désespoir certaines religieuses passent leurs tristes jours ! vous en avez été témoin, vous me l'avez dit vous-même : les cloîtres sont le séjour du repentir; mais, chez les hommes surtout, un cloître est le repaire de la discorde et de l'envie. Les moines sont des forçats volontaires qui se battent en ramant ensemble; j'en excepte un très petit nombre qui sont ou véritablement pénitents ou utiles; mais, en vérité, Dieu a-t-il mis l'homme et la femme sur la terre pour qu'ils traînassent leur vie dans des cachots, séparés les uns des autres à jamais ? Est-ce là le but de la nature ? Tout le monde crie contre les moines; et moi, je les plains. La plupart, au sortir de l'enfance, ont fait pour jamais le sacrifice de leur liberté; et sur cent il y en a quatre-vingts au moins qui sèchent dans l'amertume. Où sont donc ces grandes consolations que votre religion donne aux hommes ? Un riche bénéficier est consolé, sans doute; mais c'est par son argent, et non par sa foi. S'il jouit de quelque bonheur, il ne le goûte qu'en violant les règles de son état. Il n'est heureux que comme homme du monde, et non pas comme homme d'église. Un père de famille, sage, résigné à Dieu, attaché à sa patrie, environné d'enfants et d'amis, reçoit de Dieu des bénédictions mille fois plus sensibles.

De plus, tout ce que vous pourriez dire en faveur des mérites de vos moines, je le dirais à bien plus forte raison des derviches, des marabouts, des fakirs, des bonzes. Ils font des pénitences cent fois plus rigoureuses; ils se sont voués à des austérités plus effrayantes; et ces chaînes de fer sous lesquelles ils sont courbés, ces bras toujours étendus dans la même situation, ces macérations épouvantables, ne sont rien encore en comparaison des jeunes femmes de l'Inde qui se brûlent sur le bûcher de leurs maris, dans le fol espoir de renaître ensemble.

Ne vantez donc plus ni les peines ni les consolations que la religion chrétienne fait éprouver. Convenez hautement qu'elle n'approche en rien du culte raisonnable qu'une famille honnête rend à l'Être suprême sans superstition. Laissez là les cachots des couvents; laissez là vos mystères contradictoires et inutiles, l'objet de la risée universelle; prêchez Dieu et la morale, et je vous réponds qu'il y aura plus de vertu et plus de félicité sur la terre.

LA COMTESSE

Je suis fort de cette opinion.

M. FRÉRET

Et moi aussi, sans doute.

L'ABBÉ

Eh bien, puisqu'il faut vous dire mon secret, j'en suis aussi.

Alors le président de Maisons, l'abbé de Saint-Pierre, M. Dufay, M. Dumarsais, arrivèrent; et M. l'abbé de Saint-Pierre lut, selon sa coutume, ses pensées du matin, sur chacune desquelles on pourrait faire un bon ouvrage.

PENSÉES DÉTACHÉES DE M. L'ABBÉ DE SAINT-PIERRE

La plupart des princes, des ministres, des hommes constitués en dignité, n'ont pas le temps de lire; ils méprisent les livres, et ils sont gouvernés par un gros livre qui est le tombeau du sens commun.

S'ils avaient su lire, ils auraient épargné au monde tous les maux que la superstition et l'ignorance ont causés. Si Louis XIV avait su lire, il n'aurait pas révoqué l'édit de Nantes.

Les papes et leurs suppôts ont tellement cru que leur pouvoir n'est fondé que sur l'ignorance qu'ils ont toujours défendu la lecture du seul livre qui annonce leur religion; ils ont dit : Voilà votre loi, et nous vous défendons de la lire; vous n'en saurez que ce que nous daignerons vous apprendre. Cette extravagante tyrannie n'est pas compréhensible; elle existe pourtant, et toute *Bible* en langue qu'on parle est défendue à Rome; elle n'est permise que dans une langue qu'on ne parle plus.

Toutes les usurpations papales ont pour prétexte un misérable jeu de mots, une équivoque des rues, une pointe qu'on fait dire à Dieu, et pour laquelle on donnerait le fouet à un écolier : « Tu es Pierre, et sur cette pierre je fonderai mon assemblée[1]. »

Si on savait lire, on verrait en évidence que la religion n'a fait que du mal au gouvernement; elle en a fait encore beaucoup en France, par les persécutions contre les protestants; par les divisions sur je ne sais quelle bulle, plus méprisable qu'une chanson du Pont-Neuf; par le célibat ridicule des prêtres; par la fainéantise des moines; par les mauvais marchés faits avec l'évêque de Rome, etc.

L'Espagne et le Portugal, beaucoup plus abrutis que la France, éprouvent presque tous ces maux, et ont l'Inquisition par-dessus, laquelle, supposé un enfer, serait ce que l'enfer aurait produit de plus exécrable.

En Allemagne, il y a des querelles interminables entre les trois sectes admises par le traité de Westphalie : les habitants des pays immédiatement soumis aux prêtres allemands sont des brutes qui ont à peine à manger.

En Italie, cette religion qui a détruit l'empire romain n'a laissé que de la misère et de la musique, des eunuques, des arlequins et des prêtres. On accable de trésors une petite statue noire appelée la Madone de Lorette; et les terres ne sont pas cultivées.

La théologie est dans la religion ce que les poisons sont parmi les aliments.

Ayez des temples où Dieu soit adoré, ses bienfaits chantés, sa justice annoncée, la vertu recommandée : tout le reste n'est qu'esprit de parti, faction, imposture, orgueil, avarice, et doit être proscrit à jamais.

Rien n'est plus utile au public qu'un curé qui tient registre des naissances, qui procure des assistances aux pauvres, console les malades, ensevelit les morts, met la paix dans les familles, et qui n'est qu'un maître de morale. Pour le mettre en état d'être utile, il faut qu'il soit au-dessus du besoin, et qu'il ne lui soit pas possible de déshonorer son ministère en plaidant contre son seigneur et contre ses paroissiens, comme font tant de curés de campagne; qu'ils soient gagés par la province, selon l'étendue de leur paroisse, et qu'ils n'aient d'autres soins que celui de remplir leurs devoirs.

Rien n'est plus inutile qu'un cardinal. Qu'est-ce qu'une dignité étrangère conférée par un prêtre étranger, dignité sans fonction, et qui presque toujours vaut cent mille écus de rente, tandis qu'un curé de campagne n'a ni de quoi assister les pauvres, ni de quoi se secourir lui-même ?

Le meilleur gouvernement est, sans contredit, celui qui n'admet que le nombre de prêtres nécessaire : car le superflu n'est qu'un fardeau dangereux. Le meilleur gouvernement est celui où les prêtres sont mariés : car ils en sont meilleurs citoyens; ils donnent des enfants à l'État, et les élèvent avec honnêteté; c'est celui où les prêtres n'osent prêcher que la morale, car s'ils prêchent la controverse, c'est sonner le tocsin de la discorde.

Les honnêtes gens lisent l'histoire des guerres de religion avec horreur; ils rient des disputes théologiques comme de la farce italienne. Ayons donc une religion qui ne fasse ni frémir ni rire.

Y a-t-il eu des théologiens de bonne foi ? Oui, comme il y a eu des gens qui se sont crus sorciers.

M. Deslandes, de l'Académie des sciences de Berlin, qui vient de nous donner l'*Histoire de la philosophie*[1], dit, au tome III, page 299 : « La faculté de théologie me paraît le corps le plus méprisable du royaume »; il deviendrait un des plus respectables s'il se bornait à enseigner Dieu et la morale. Ce serait le seul moyen d'expier ses décisions criminelles contre Henri III et le grand Henri IV.

Les miracles que les gueux font au faubourg Saint-Médard peuvent aller loin si M. le cardinal de Fleury n'y met ordre. Il faut exhorter à la paix, et défendre sévèrement les miracles.

La bulle monstrueuse *Unigenitus* peut encore troubler le royaume. Toute bulle est un attentat à la dignité de la couronne et à la liberté de la nation.

La canaille créa la superstition; les honnêtes gens la détruisent.

On cherche à perfectionner les lois et les arts; peut-on oublier la religion ?

Qui commencera à l'épurer ? Ce sont les hommes qui pensent. Les autres suivront.

N'est-il pas honteux que les fanatiques aient du zèle, et que les sages n'en aient pas ? Il faut être prudent, mais non pas timide.

LETTRE
D'UN AVOCAT DE BESANÇON AU NOMMÉ NONOTTE, EX-JÉSUITE[1]

(1768)

Il est vrai, pauvre ex-jésuite Nonotte, que j'ai eu l'honneur d'instruire M. de Voltaire de ton extraction, aussi connue dans notre ville que ton érudition et ta modestie. Comment peux-tu te plaindre que j'aie révélé que ton cher père était crocheteur, quand ton style prouve si évidemment la profession de ton cher père ? *Loquela tua manifestum te facit*[2]. Je n'ai point voulu t'outrager en disant que toute ma famille a vu ton père scier du bois à la porte des jésuites : c'est un métier très honnête, et plus utile au public que le tien, surtout en hiver, où il faut se chauffer. Tu me diras peut-être que l'on se chauffe aussi avec tes ouvrages ; mais il y a bien de la différence : deux ou trois bonnes bûches font un meilleur feu que tous tes écrits.

Tu nous étales quelques quartiers de terre que tes parents ont possédés auprès de Besançon. Ah ! mon cher ami, où est l'humilité chrétienne ? L'humilité, cette vertu si nécessaire aux douceurs de la société ? L'humilité, que Platon et Épictète appellent *tapeinè,* et qu'ils recommandent si souvent aux sages ? Tu tiens toujours aux grandeurs du monde, en qualité de jésuite ; mais en cela tu n'es pas chrétien. Songe que saint Pierre (qui, par parenthèse, n'alla jamais à Rome, où le roi d'Espagne envoie aujourd'hui les jésuites) était un pêcheur de Galilée, ce qui n'est pas une dignité fort au-dessus de celle dont tu rougis. Saint Matthieu fut commis aux portes, emploi maudit par Dieu même. Les autres apôtres n'étaient guère plus illustres; ils ne se vantaient pas d'avoir des armoiries, comme s'en vante Nonotte. Tu apprends à l'univers que tu loges au second étage, dans une belle maison nouvellement bâtie. Quel excès d'orgueil ! souviens-toi que les apôtres logeaient dans des galetas.

« Il y a trois sortes d'orgueil, Messieurs, disait le docteur Swift dans un de ses sermons : l'orgueil de la naissance, celui des richesses, celui de l'esprit; je ne vous parlerai pas du dernier : il n'y a personne, parmi vous, qui ait à se reprocher un vice si condamnable. »

Je ne te le reprocherai pas non plus, mon pauvre Nonotte; mais je prierai Dieu qu'il te rende plus savant, plus honnête, et plus humble. Je suis fâché de te voir si ignorant et si impudent. Tu viens de faire imprimer, sous le nom d'Avignon, un nouveau libelle de ta façon, intitulé *Lettre d'un ami à un ami*. Quel titre romanesque ! Nonotte avoir un ami ! Peut-on écrire de pareilles chimères ! c'est bien là un mensonge imprimé.

Dans ce libelle tu glisses sur toutes les bévues, les sottises, les impostures atroces dont tu as été convaincu : tu cours sur ces endroits comme les filles qui passent par les verges, et qui vont le plus vite qu'elles peuvent pour être moins fessées.

Mais je vois avec douleur que tu es incorrigible dans tes fautes; que veux-tu que je réponde quand on t'a fait voir combien de rois de France de la première dynastie ont eu plusieurs femmes à la fois ? quand ton jésuite Daniel lui-même l'avoue; quand, l'ayant nié en ignorant, tu le nies encore en petit opiniâtre ?

Comment puis-je te défendre quand tu t'obstines à justifier l'insolente indiscrétion du centurion Marcel, qui commença par jeter son bâton de commandant et sa ceinture, en disant qu'il ne voulait pas servir l'empereur ? Ne sens-tu pas, pauvre fou, que, dans une ville comme la nôtre, où il y a toujours une grosse garnison, tu prêches la révolte, et que monsieur le commandant peut te faire passer par les baguettes ?

Puis-je honnêtement prendre ton parti, quand tu reviens toujours à ta prétendue légion thébaine, martyrisée à Saint-Maurice ? Ne suis-je pas forcé d'avouer que l'original de cette fable se trouve dans un livre faussement attribué à Eucher, évêque de Lyon, mort en 454 :

fable dans laquelle il eſt parlé de Sigismond de Bourgogne, mort en 523 ? Ce misérable conte, aussi bafoué aujourd'hui que tant d'autres contes, eſt toujours renouvelé par toi, afin que tu ne puisses pas te reprocher d'avoir dit un seul mot de vérité.

Par quel excès d'impertinence reviens-tu trois fois, incorrigible Nonotte, à la ville de Livron, que tu traitais de village ? On avait daigné t'apprendre que cette ville, autrefois fortifiée, avait été assiégée par le marquis de Bellegarde, et défendue par Roes. Rien n'eſt plus vrai; et tu défends ta sotte critique en avouant que Roes fut tué à ce siège : vois quel eſt ton sens commun. Que t'importe, misérable écrivain, que Livron soit une ville ou un village ?

Considère un peu, Nonotte, quelle eſt l'infamie de tes procédés : tu fais d'abord un gros libelle anonyme contre M. de Voltaire, que tu ne connais pas, qui ne t'a jamais offensé; tu le fais imprimer à Avignon clandeſtinement chez le libraire Fez, contre les lois du royaume; tu offres ensuite de le vendre à M. de Voltaire lui-même pour mille écus, et quand ta lâche turpitude eſt découverte, tu oses dire, dans un autre libelle, que le libraire Fez eſt un coquin !

Que diras-tu si on te fait un procès criminel ? Quel sera alors le coquin, du libraire Fez ou de toi ? Ignores-tu que les libelles diffamatoires sont quelquefois punis par les galères ? Il t'appartient bien, à toi ex-jésuite, de calomnier un officier de la chambre du roi, qui a la bonté de garder dans son château un jésuite[1], depuis que le bras de la juſtice s'eſt appesanti sur eux ! Il te sied bien de prononcer le nom du libraire Jore, à qui M. de Voltaire daigne faire une pension !

Si tu avais été repentant et sage, peut-être aurais-tu pu obtenir aussi une pension de lui; mais ce n'eſt pas là ce que tu mérites.

ÉPITRE
ÉCRITE DE CONSTANTINOPLE AUX FRÈRES[1]

Nos frères, qui êtes répandus sur la terre, et non dispersés, qui habitez les îles de Niphon et celles des Cassitérides[2], qui êtes unis dans les mêmes sentiments sans vous les être communiqués, adorateurs d'un seul Dieu, pieux sans superstition, religieux sans cérémonies, zélés sans enthousiasme, recevez ce témoignage de notre union et de notre amitié; nous aimons tous les hommes; mais nous vous chérissons par-dessus les autres, et nous offrons avec vous nos purs hommages au Dieu de tous les globes, de tous les temps et de tous les êtres.

Nos cruels ennemis, les brames, les fakirs, les bonzes, les talapoins, les derviches, les marabouts, ne cessent d'élever contre vous leurs voix discordantes; divisés entre eux dans leurs fables, ils semblent réunis contre notre vérité simple et auguste. Ces aveugles, qui se battent à tâtons, sont tous armés contre nous, qui marchons paisiblement à la lumière.

Ils ne savent pas quelles sont nos forces. Nous remplissons toute la terre; les temples ne pourraient nous contenir, et notre temple est l'univers. Nous étions avant qu'aucune de ces sectes eût pris naissance. Nous sommes encore tels que furent nos premiers pères sortis des mains de l'Éternel; nous lui offrons comme eux des vœux simples dans l'innocence et dans la paix. Notre religion réelle a vu naître et mourir mille cultes fantastiques, ceux de Zoroastre, d'Osiris, de Zamolxis, d'Orphée, de Numa, d'Odin, et de tant d'autres. Nous subsistons toujours les mêmes au milieu des sectaires de Fo, de Brama, de Xaca, de Vishnou, de Mahomet. Ils nous appellent impies, et nous leur répondons en adorant Dieu avec piété.

Nous gémissons de voir que ceux qui croient que Mahomet a mis la moitié de la lune dans sa manche soient toujours secrètement disposés à empaler ceux qui pensent que Mahomet n'y en a mis que le quart.

Nous n'envions point les richesses des mosquées, que les imans tremblent toujours de perdre; au contraire, nous souhaitons qu'ils jouissent tous d'une vie douce et commode, qui leur inspire des mœurs faciles et indulgentes.

Le muphti n'a que huit mille sequins de revenu; nous voudrions qu'il en eût davantage pour soutenir sa dignité, pourvu qu'il n'en abuse pas.

Supposé que les États du grand lama soient bien gouvernés, que les arts et le commerce y fleurissent, que la tolérance y soit établie, nous pardonnons aux peuples du Thibet de croire que le grand lama a toujours raison, quand il dit que deux et deux font cinq. Nous leur pardonnons de le croire immortel, quand ils le voient enterrer; mais s'il était encore sur la terre un peuple ennemi de tous les peuples, qui pensât que Dieu, le père commun de tous les hommes, le tira par bonté du fertile pays de l'Inde pour le conduire dans les sables de Rohoba, et pour lui ordonner d'exterminer tous les habitants du pays voisin, nous déclarons cette nation de voleurs la nation la plus abominable du globe, et nous détestons ses superstitions sacrilèges autant que nous plaignons les ignicoles chassés injustement de leur pays par Omar.

S'il était encore un petit peuple qui s'imaginât que Dieu n'a fait le soleil, la lune et les étoiles que pour lui; que les habitants des autres globes n'ont été occupés qu'à lui fournir de la lumière, du pain, du vin, et de la rosée, et qu'il a été créé pour mettre de l'argent à usure, nous pourrions permettre à cette troupe de fanatiques imbéciles de nous vendre quelquefois des cafetans et des dolimans; mais nous aurions pour lui le mépris qu'il mérite.

S'il était quelque autre peuple à qui on eût fait accroire que ce qui a été vrai est devenu faux; s'il pense que l'eau du Gange est absolument nécessaire pour être réuni à l'Être des êtres; s'il se prosterne devant des ossements de morts et devant quelques haillons; si ses fakirs ont établi un tribunal qui condamne à expirer dans les flammes ceux qui ont douté un moment de quelques opinions des fakirs; si un tel peuple existe, nous verserons sur lui des larmes. Nous apprenons avec consolation que déjà plusieurs nations ont adopté un culte plus raisonnable, qu'elles adressent leurs hommages au Dieu suprême, sans adorer la jument Borak qui porta Mahomet au troisième ciel; que ces peuples mangent hardiment du cochon et des anguilles, sans croire offenser le Créateur. Nous les exhortons à perfectionner de plus en plus la pureté de leur culte.

Nous savons que nos ennemis crient, depuis des siècles, qu'il faut tromper le peuple; mais nous croyons que le plus bas peuple est capable de connaître la vérité. Pourquoi les mêmes hommes à qui on ne peut faire accroire qu'un sequin en vaut deux croiraient-ils que le Dieu Sammonocodom a coupé toute une forêt en jouant au cerf-volant ?

Serait-il si difficile d'accoutumer les bachas et les charbonniers, les sultans et les fendeurs de bois, qui sont tous également hommes, à se contenter de croire un Dieu infini, éternel, juste, miséricordieux, récompensant au delà du mérite, et punissant sévèrement le vice sans colère et sans tyrannie ?

Quel est l'homme dont la raison puisse se soulever, quand on lui recommande l'adoration de l'Être suprême, l'amour du prochain et de la justice ?

Quel encouragement aura-t-on de plus à la vertu, quand on s'égorgera pour savoir si la mère du dieu Fo accoucha par l'oreille ou par le nez ? En sera-t-on meilleur père, meilleur fils, meilleur citoyen ?

On distribue au peuple du Thibet les reliques de la chaise percée du dalaï-lama; on les enchâsse dans de l'ivoire; les saintes femmes les portent à leur cou : ne pourrait-on pas, à toute force, se rendre agréable à Dieu par une vie pure, sans être paré de ces beaux ornements, qui après tout sont étrangers à la morale ?

Nous ne prétendons point offenser les lamas, les bonzes, les talapoins, les derviches, à Dieu ne plaise; mais nous pensons que si l'on en faisait des chaudronniers, des cardeurs de laine, des maçons, des charpentiers, ils seraient bien plus utiles au genre humain : car enfin nous avons un besoin continuel de bons ouvriers, et nous n'avons pas un besoin si marqué d'une multitude innombrable de lamas et de fakirs.

Priez Dieu pour eux et pour nous.

Donné à Constantinople, le 10e de la lune de sheval[1], *l'an de l'hégire 1215.*

LETTRE
DE L'ARCHEVÊQUE DE CANTORBERY A M. L'ARCHEVÊQUE DE PARIS[1]

J'ai reçu, Milord, votre mandement contre le grand Bélisaire, général d'armée de Justinien, et contre M. Marmontel, de l'Académie française, avec vos armoiries placées en deux endroits, surmontées d'un grand chapeau, et accompagnées de deux pendants de quinze houppes chacun, le tout signé : CHRISTOPHE; par monseigneur, LA TOUCHE, avec paraphe.

Nous ne donnons, nous autres, de mandements que sur nos fermiers; et je vous avoue, Milord, que j'aurais désiré un peu plus d'humilité chrétienne dans votre affaire. Je ne vois pas d'ailleurs pourquoi vous affectez d'annoncer, dans votre titre, que vous condamnez M. Marmontel, de l'Académie française.

Si ceux qui ont rédigé votre mandement ont trouvé qu'un général d'armée de Justinien ne s'expliquait pas en théologien congru de votre communion, il me semble qu'il fallait vous contenter de le dire sans compromettre un corps respectable, composé de princes du sang, de cardinaux, de prélats comme vous, de ducs et pairs, de maréchaux de France, de magistrats, et des gens de lettres les plus illustres. Je pense que l'Académie française n'a rien à démêler avec vos disputes théologiques.

Permettez-moi encore de vous dire que, si nous donnions des mandements dans de pareilles occasions, nous les ferions nous-mêmes.

J'ai été fâché que votre mandataire ait condamné cette proposition de ce grand capitaine Bélisaire : « Dieu est terrible aux méchants, je le crois, mais je suis bon[2]. »

Je vous assure, Milord, que si notre roi, qui est le chef de notre Église, disait : Je suis bon, nous ne ferions point de mandements contre lui. Je suis bon veut dire, ce semble, par tout pays : j'ai le cœur bon, j'aime le bien, j'aime la justice, je veux que mes sujets soient heureux. Je ne vois point du tout qu'on doive être damné pour avoir le cœur bon. Le roi de France (à ce que j'entends dire à tout le monde) est très bon, et si bon qu'il vous a pardonné des désobéissances réitérées qui ont troublé la France, et que toute l'Europe n'a pas regardées comme une marque d'un esprit bien fait. Vous êtes sans doute assez bon pour vous en repentir.

Nous ne voyons pas que Bélisaire soit digne de l'enfer pour avoir dit qu'il était un bon homme. Vous prétendez que cette bonté est une hérésie, parce que saint Pierre, dans sa première *Épître,* chapitre v, vers. 5, a dit que Dieu résiste aux superbes. Mais celui qui a fait votre mandement n'a guère pensé à ce qu'il écrivait. Dieu résiste, je le veux : la résistance sied bien à Dieu; mais à qui résiste-t-il selon Pierre ? Lisez de grâce ce qui précède, et vous verrez qu'il résiste aux prêtres qui paissent mal leur troupeau, et surtout aux jeunes qui ne sont pas soumis aux vieillards. « Inspirez-vous, dit-il, l'humilité les uns aux autres, car Dieu résiste aux superbes. »

Or, je vous demande quel rapport il y a entre cette résistance de Dieu et la bonté de Bélisaire ? Il est utile de recommander l'humilité, mais il faut aussi recommander le sens commun.

On est bien étonné que votre mandataire ait critiqué cette expression humaine et naïve de Bélisaire : « Est-il besoin qu'il y ait tant de réprouvés[1] ? » Non seulement vous ne voulez pas que Bélisaire soit bon, mais vous voulez aussi que le Dieu de miséricorde ne soit pas bon. Quel plaisir aurez-vous, s'il vous plaît, quand tout le monde sera damné ? Nous ne sommes point si impitoyables dans notre île. Notre prédécesseur, le grand Tillotson, reconnu pour le prédicateur de l'Europe le plus sensé et le moins déclamateur, a parlé comme Bélisaire dans presque tous ses sermons. Vous me permettrez ici de prendre son parti. Soyez damné si vous le voulez, Milord, vous et votre mandataire, j'y consens de tout mon cœur; mais je vous avertis que je ne veux point l'être, et que je souhaiterais aussi que mes amis ne le fussent point : il faut avoir un peu de charité.

J'aurais bien d'autres choses à dire à votre mandataire, je lui recommanderais surtout d'être moins ennuyeux. L'ennui est toujours mortel pour les mandements; c'est un point essentiel auquel on ne prend pas assez garde dans votre pays.

Sur ce, mon cher confrère, je vous recommande à la bonté divine, quoique le mot de bon vous fasse tant de peine.

Votre bon confrère,

L'ARCHEVÊQUE DE CANTORBERY

POST-SCRIPTUM

Quand vous écrirez à l'évêque de Rome, faites-lui, je vous prie, mes compliments; j'ai toujours beaucoup de considération pour lui, en qualité de frère. On me mande qu'il a essuyé depuis peu quelques petits désagréments; qu'un cheval de Naples a donné un terrible coup de pied à sa mule; qu'une barque de Venise a serré de près la barque de saint Pierre, et qu'un fromage du Parmesan lui a donné une indigestion violente : j'en suis fâché. On dit que c'est un bon homme, pardonnez-moi ce mot. J'ai fort connu son père dans mon voyage d'Italie : c'était un bon banquier; mais il paraît que le fils n'entend pas son compte.

SERMON PRÊCHÉ A BÂLE

LE PREMIER JOUR DE L'AN 1768,

PAR JOSIAS ROSSETTE[1]

COMMENÇONS l'année, Messieurs, par rendre grâce à Dieu du plus grand événement qui ait signalé le siècle où nous vivons; ce n'est pas une bataille gagnée par les meurtriers aux gages d'un roi qui demeure vers la Sprée, contre les meurtriers aux gages des souverains qui habitent les bords du Danube, ou contre ceux qui sortent des bords de la Garonne, de la Loire, et du Rhône, pour aller en grand nombre porter la dévastation en Germanie, et pour revenir en très petit nombre dans leurs foyers.

Je n'ai point à vous entretenir de ces fureurs qui ont usurpé le nom de gloire, et qui sont plus détestées par les sages qu'elles ne sont vantées par les insensés. S'il est une conquête dans l'auguste entreprise que nous célébrons, c'est une conquête sur le fanatisme; c'est la victoire de l'esprit pacificateur sur l'esprit de persécution; c'est le genre humain rétabli dans ses droits, des bords de la Vistule aux rivages de la mer Glaciale, et aux montagnes du Caucase, dans une étendue de terre deux fois plus grande que le reste de l'Europe.

Deux têtes couronnées[2] se sont unies pour rendre aux hommes ce bien précieux que la nature leur a donné, la liberté de conscience. Il semble que, dans ce siècle, Dieu ait voulu qu'on expiât le crime de quatorze cents ans de persécutions chrétiennes, exercées presque sans interruption pour noyer dans le sang humain la liberté naturelle. L'impératrice de Russie non seulement établit la tolérance universelle dans ses vastes États, mais elle envoie une armée en Pologne, la première de cette espèce depuis que la terre existe, une armée de paix, qui ne sert qu'à protéger les droits des citoyens, et à faire trembler les persécuteurs. O roi sage et juste, qui avez présidé à cette conciliation fortunée ! ô primat éclairé, prince sans orgueil, et prêtre sans superstition, soyez bénis et imités dans tous les siècles !

C'était beaucoup, mes frères, pour la consolation du genre humain, que les jésuites, ces grands prédicateurs de l'intolérance, eussent été chassés de la Chine et des Indes, du Portugal et de l'Espagne, de Naples et du Mexique, et surtout de la France, qu'ils avaient si longtemps troublée; mais enfin ce ne sont que des victimes sacrifiées à la haine publique. Elles ne l'ont point été à la raison universelle. Tant de princes chrétiens n'ont point dit : Chassons les jésuites, afin que nos peuples soient délivrés du joug monacal, afin qu'on rende à l'État des biens immenses engloutis dans tant de monastères, et à la société tant d'esclaves inutiles ou dangereux. Les jésuites sont exterminés, mais leurs rivaux subsistent. Il semble même que ce soit à leurs rivaux qu'on les immole. Les disciples de l'insensé Ignace, de ce chevalier errant de la Vierge, eux-mêmes chevaliers errants de l'évêque de Rome, disparaissent sur la terre; mais les disciples d'un fou beaucoup plus dangereux, d'un François d'Assise, couvrent une partie de l'Europe; les enfants du persécuteur Dominique triomphent. On n'a dit encore ni en France, ni en Espagne, ni en Portugal, ni à Naples : Citoyens qui ne reconnaissez pas l'évêque de Rome pour le maître du monde, sujets qui n'êtes soumis qu'à votre roi, chrétiens qui ne croyez qu'à l'Évangile, vivez en paix; que vos mariages, confirmés par les lois, repeuplent nos provinces dévastées par tant de malheureuses guerres, occupez dans nos villes les charges municipales; hommes, jouissez des droits des hommes. On a fait le premier pas dans quelques royaumes et on tremble au second; la raison est plus timide que la vengeance.

C'était autrefois, mes frères, une opinion établie chez les Grecs que la sagesse viendrait d'Orient, tandis que, sur les bords de l'Euphrate et de l'Indus, on disait qu'elle viendrait d'Occident. On l'a toujours attendue. Enfin, elle arrive du Nord; elle vient nous éclairer; elle tient le fanatisme enchaîné; elle s'appuie sur la tolérance, qui marche toujours auprès d'elle, suivie de la paix, consolatrice du genre humain.

Il faut que vous sachiez que l'impératrice du Nord a

rassemblé dans la grande salle du Kremlin, à Moscou, six cent quarante députés de ses vastes États d'Europe et d'Asie, pour établir une nouvelle législation qui soit également avantageuse à toutes ses provinces. C'est là que le musulman opine à côté du grec, le païen auprès du papiste, et que l'anabaptiste confère avec l'évangélique et le réformé, tous en paix, tous unis par l'humanité, quoique la religion les sépare.

Enfin donc, grâces au ciel, il s'est trouvé un génie supérieur qui, au bout de près de dix-huit siècles, s'est souvenu que tous les hommes sont frères. Déjà un Anglais en France, un Berwick, évêque de Soissons, avait osé dire, dans son célèbre mandement de 1757, que les Turcs sont nos frères, ce que ni Bossuet ni Massillon n'avaient jamais eu le courage de dire. Déjà cent mille voix s'élevaient de tous côtés dans l'Europe en faveur de la tolérance universelle; mais aucun souverain ne s'était encore déclaré si ouvertement; aucun n'avait posé cette loi bienfaisante pour la base des lois de l'État; aucun n'avait dit à la tolérance, en présence des nations : Asseyez-vous sur mon trône.

Élevons nos voix pour célébrer ce grand exemple; mais élevons nos cœurs pour en profiter. Vous tous qui m'écoutez, souvenez-vous que vous êtes hommes avant d'être citoyens d'une certaine ville, membres d'une certaine société, professant une certaine religion. Le temps est venu d'agrandir la sphère de nos idées, et d'être citoyens du monde. Que de petites nations apprennent donc leur devoir des grandes.

Nous sommes tous de la même religion sans le savoir. Tous les peuples adorent un Dieu, des extrémités du Japon aux rochers du mont Atlas : ce sont des enfants qui crient à leur père en différents langages. Cela est si vrai et si avéré que les Chinois, en signant la paix avec les Russes, le 8 septembre 1689, la signèrent au nom du même Dieu. Le marbre qui sert de bornes aux deux empires montre encore aux voyageurs ces paroles gravées dans les deux langues : « Nous prions le Dieu seigneur de toutes choses, qui connaît les cœurs, de punir les traîtres qui rompraient cette paix sacrée. »

Malheur à un habitant de Lucerne ou de Fribourg qui dirait à un réformé de Berne ou de Genève : Je ne vous connais pas; j'invoque des saints, et vous n'invoquez que Dieu; je crois au concile de Trente, et vous à l'*Évangile* : aucune correspondance ne peut subsister entre nous; votre fils ne peut épouser ma fille; vous ne pouvez posséder une maison dans notre cité : « Vous n'avez point écouté mon assemblée, vous êtes pour moi comme un païen et comme un receveur des deniers de l'État ! »

Voilà pourtant les termes dans lesquels nous sommes, nous qui accusons sans cesse d'intolérance des nations plus hospitalières. Nous sommes treize républiques confédérées, et nous ne sommes pas compatriotes. La liberté nous a unis, et la religion nous divise. Qu'aurait-on dit dans l'antiquité, si un Grec de Thèbes ou de Corinthe avait été banni de la communion d'Athènes et de Sparte ? En quelque endroit de la Grèce qu'ils allassent, ils se trouvaient chez eux; celui dont la cité était sous la protection d'Hercule allait sacrifier dans Athènes à Minerve : on les voyait associés aux mêmes mystères comme aux mêmes jeux. Le droit le plus sacré, le plus beau lien qui ait jamais joint les hommes, l'hospitalité, rendait, au moins pour quelque temps, le Scythe concitoyen de l'Athénien. Jamais il n'y eut entre ces peuples aucune querelle de religion. La république romaine ne connut jamais cette fureur absurde. On ne vit pas, depuis Romulus, un seul citoyen romain inquiété pour sa manière de penser; et tous les jours le stoïcien, l'académicien, le platonicien, l'épicurien, l'éclectique, goûtaient ensemble les douceurs de la société : leurs disputes n'étaient qu'instructives. Ils pensaient, ils parlaient, ils écrivaient dans une sécurité parfaite.

On l'a dit cent fois à notre confusion : nous n'avons qu'à rougir, nous qui, étant frères par nos traités, sommes encore si étrangers les uns aux autres par nos dogmes; nous qui, après avoir eu la gloire de chasser nos tyrans, avons eu l'honneur et la honte de nous déchirer par des guerres civiles, pour des chimères scolastiques.

Je sais bien que nous ne voyons plus renaître ces jours déplorables où cinq cantons, enivrés du fanatisme qui empoisonnait alors l'Europe entière, s'armèrent contre le canton de Zurich, parce qu'ils étaient de la religion romaine, et Zurich de la religion réformée. S'ils versèrent le sang de leurs compatriotes après avoir récité cinq

Pater et cinq *Ave Maria* dans un latin qu'ils n'entendaient pas; s'ils firent, après la bataille de Cappel, écarteler par le bourreau de Lucerne le corps mort du célèbre pasteur Zwingle; s'ils firent, en priant Dieu, jeter ses membres dans les flammes, ces abominations ne se renouvellent plus. Mais il reste toujours entre le romain et le protestant un levain de haine que la raison et l'humanité n'ont pu encore détruire.

Nous n'imitons pas, il est vrai, les persécutions excitées en Hongrie, à Salzbourg, en France; mais nous avons vu depuis peu, dans une ville étroitement unie à la Suisse, un pasteur doux et charitable forcé de renoncer à sa patrie pour avoir soutenu que l'Être créateur est bon[1], et qu'il est le Dieu de miséricorde encore plus que le Dieu des vengeances. Qu'un homme savant et modéré avance parmi nous que Jésus-Christ n'a jamais pris le nom de Dieu, qu'il n'a jamais dit qu'il eût deux natures et deux volontés, que ces dogmes n'ont été connus que longtemps après lui : n'entendez-vous pas aussitôt cent ignorants crier au blasphème, et demander son châtiment ? Nous voulons passer pour tolérants; que nous sommes loin, mes chers frères, de mériter ce beau titre!

A notre honte, ce sont les anabaptistes qui sont aujourd'hui les vrais tolérants, après avoir été au XVIe siècle aussi barbares que les autres chrétiens. Ce sont ces primitifs appelés quakers qui sont tolérants, eux qui, au nombre de plus de quatre-vingt mille dans la Pennsylvanie, admettent parmi eux toutes les religions du monde; eux qui, seuls de tous les peuples transplantés en Amérique, n'ont jamais ni trompé ni égorgé les naturels du pays, si indignement appelés sauvages. C'était le grand philosophe Locke qui était tolérant, lui qui, dans le code des lois qu'il donna à la Caroline, posa pour fondement de la législation que sept pères de famille, fussent-ils Turcs ou Juifs, suffiraient pour établir une religion dont tous les adhérents pourraient parvenir aux charges de l'État.

Que dis-je ? l'esprit de tolérance commence enfin à s'introduire chez les Français, qui ont passé longtemps pour aussi volages que cruels. Ils ont leur Saint-Barthélemy en horreur; ils rougissent de l'outrage fait au grand Henri IV par la révocation de l'édit de Nantes; on venge la cendre de Calas; on adoucit l'affreuse destinée de la famille Sirven. On ne l'eût pas fait sous le ministère du cardinal de Fleury. On chasse les jésuites, les plus intolérants des hommes; on réprime doucement la brutale animosité des jansénistes. On impose silence à la Sorbonne sur l'article de la tolérance, lorsqu'en osant censurer les maximes humaines de Bélisaire, elle a eu le malheur de s'attirer l'indignation de toutes les nations de l'Europe. Enfin, la haute prudence de Louis XV a plongé dans un oubli général cette scandaleuse bulle *Unigenitus,* et ces billets de confession plus scandaleux encore. Le gouvernement, devenu plus éclairé, apaise avec le temps toutes les querelles dangereuses qui étaient le fruit de cet exécrable intolérantisme.

Quand serons-nous donc véritablement tolérants à notre tour, nous qui demandons, qui crions sans cesse qu'on le soit ailleurs pour les protestants nos frères !

Disons aux nations, mais disons surtout à nous-mêmes : Jésus-Christ a daigné converser également avec la courtisane de Jérusalem et avec la courtisane de Samarie; il s'est fait parfumer les pieds par l'une, parce qu'elle l'avait beaucoup aimé; il s'est arrêté longtemps avec l'autre sur le bord d'un puits.

S'il a dit anathème aux receveurs des deniers publics, il a soupé chez eux, et il a appelé l'un d'eux à l'apostolat. S'il a séché un figuier pour n'avoir pas porté de fruits quand ce n'était pas le temps des figues, il a changé l'eau en vin à des noces où les convives, déjà trop échauffés, semblaient le mettre en droit de ne pas exercer cette condescendance. S'il rebute d'abord sa mère avec des paroles dures, il fait incontinent le miracle qu'elle demande. S'il fait jeter en prison le serviteur qui n'a pas fait profiter l'argent de son maître à cent pour cent chez les changeurs, il fait payer l'ouvrier de la vigne venu à la dernière heure, comme ceux qui ont travaillé dès la première. S'il dit en un endroit qu'il est venu apporter le glaive et la dissension dans les familles, il dit dans un autre, avec tous les anciens législateurs, qu'il faut aimer son prochain. Ainsi, tempérant toujours la sévérité par l'indulgence, il nous apprend à tout supporter. Si toutes les nations ont péché en Adam, ô mystère incompréhensible ! Jésus, quatre mille ans après, a subi le dernier supplice en Palestine pour racheter toutes les nations, ô mystère plus incompréhensible encore ! S'il a dit en un endroit qu'il n'était venu que pour les Juifs, pour les enfants de la maison, il dit ailleurs qu'il était venu pour les étrangers. Il appelle à lui toutes les nations, quoique l'Europe seule semble être aujourd'hui son partage. Il n'y a donc point d'étranger pour un véritable disciple de Jésus-Christ; il doit être concitoyen de tous les hommes.

Pourquoi nous resserrer dans le cercle étroit d'une petite société isolée, quand notre société doit être celle de l'univers ? Quoi ! le citoyen de Berne ne pourra être le citoyen de Lucerne ! Quoi ! un Français, parce qu'il est de la communion romaine, et qu'il ne communie qu'avec du pain azyme, ne pourra acheter chez nous un domaine, tandis que tout Suisse, de quelque secte qu'il puisse être, peut acheter en France la terre la plus seigneuriale !

Avouons que, malgré la révocation de l'édit de Nantes, malgré le funeste édit de 1724, que la haine languedocienne arracha au cardinal de Fleury contre les pasteurs évangéliques, c'est pourtant en France, c'est dans la société française, dans les mœurs françaises, dans la politesse française, qu'est la vraie liberté de la vie sociale; nous n'en avons que l'ombre.

Mes frères, il faut le dire, vous êtes chrétiens, et vous aimez votre intérêt; mais entendez-vous votre intérêt et le christianisme ? Ce christianisme vous ordonne l'hospitalité, et rien n'est moins hospitalier que vous.

Votre intérêt est que l'étranger s'établisse dans votre patrie : car assurément il n'y viendra pas chercher les honneurs et la fortune, comme vous les allez chercher ailleurs; un étranger ne pourrait acheter dans votre territoire un domaine que pour partager avec vous ses revenus. Le bonheur inestimable de vivre sans maître, de ne jamais dépendre du caprice d'un seul homme, de n'être soumis qu'aux lois, attirerait dans vos cantons, comme en Hollande, cent riches étrangers dégoûtés des dangers des cours, plus funestes encore à l'innocence qu'à la fortune. Mais vous écartez ceux à qui vous devez tendre les bras; vous les rebutez par des usages que l'inimitié et la crainte établirent autrefois, et qui ne doivent plus subsister aujourd'hui. Ce qui n'a été inventé que dans des temps de trouble et de terreur doit être aboli dans les jours de paix et de sécurité.

Le protestant a craint autrefois que le catholique n'apportât la transsubstantiation, les reliques, les taxes romaines, et l'esclavage dans sa ville. Le catholique a craint que le protestant ne vînt attrister la sienne par sa manière d'expliquer l'*Évangile,* et par le pédantisme reproché aux consistoires. Pour avoir la paix, il fallut renoncer à l'humanité. Mais les temps sont changés; la controverse, les disputes de l'école, qui ont si longtemps allumé partout la discorde, sont aujourd'hui l'objet du mépris de tous les honnêtes gens de l'Europe.

S'il est encore des fanatiques, il n'est point de bourgeois, de cultivateur, d'artisan, qui les écoute. La lumière se répand de proche en proche, et la religion ne fait presque plus de mal.

Qui est celui d'entre vous qui n'affermera pas son champ et sa vigne à un anabaptiste, à un quaker, à un socinien, à un mennonite, à un piétiste, à un morave, à un papiste, s'il est sûr qu'il fera un meilleur marché avec cet étranger qu'avec un homme de votre ville, fermement attaché au système de Zwingle? Les terres de Genève ne sont cultivées que par des papistes savoyards; ce sont des papistes lombards qui labourent les champs des cantons que nous possédons dans le Milanais; et plus d'un protestant fabrique des toiles dont la vente enfle le trésor de l'abbé de Saint-Gall.

Or, si la malheureuse division que les différentes sectes du christianisme ont mise entre les hommes n'empêche pas qu'ils ne travaillent les uns pour les autres dans le seul but de gagner quelque argent, pourquoi empêchera-t-elle qu'ils ne fraternisent ensemble pour jouir des charmes de la vie civile ? N'est-il pas absurde que vous puissiez avoir un fermier catholique, et que vous ne puissiez pas avoir un concitoyen catholique ?

Je ne vous propose pas de recevoir parmi vous des prêtres romains, des moines romains : ils se sont fait un devoir cruel d'être nos ennemis; ils ne vivent que de la guerre spirituelle qu'ils nous font, et ils nous en feraient bientôt une réelle; ce sont les janissaires du sultan de Rome.

Je vous propose d'augmenter vos richesses et votre liberté, en admettant parmi vous tout séculier à son aise, que l'amour de cette liberté appellerait dans vos contrées. J'ose assurer qu'il y a même en Italie plus d'un père de famille qui aimerait mieux vivre avec vous dans l'égalité, à l'ombre de vos lois, que d'être l'esclave d'un prêtre souverain. Non, il n'y a pas un seul séculier italien, il n'y a pas dans Rome un seul Romain (j'excepte toujours la populace) qui ne frémisse dans le fond de son cœur de ne pouvoir lire l'*Évangile* dans sa langue maternelle; de ne pouvoir acheter un seul livre sans la permission d'un jacobin; de se voir à la fois compatriote des Scipions et esclave d'un successeur de Simon Pierre. Soyez sûrs que ce contraste bizarre et odieux d'un filet de pêcheur et d'une triple couronne révolte tous les esprits. Soyez certains qu'il n'y a pas un seul seigneur romain qui, en voyant Jésus monté sur un âne, et le pape porté sur les épaules des hommes; en voyant d'un côté Jésus, qui n'a pas seulement de quoi payer une demi-drachme pour le korban qu'il devait au temple des Juifs, et de l'autre la chambre de la daterie, occupée sans cesse à compter l'argent des nations, ne conçoive une indignation d'autant plus forte qu'il en faut dissimuler toutes les apparences. Il la cache à ses maîtres; il la manifeste dans le secret de l'amitié.

Je vais plus loin, mes frères; je soutiens que, dans toute la chrétienté, il n'y a pas aujourd'hui un seul homme un peu instruit qui soit véritablement papiste : non, le pape ne l'est pas lui-même; non, il n'est pas possible qu'un faible mortel se croie infaillible, et revêtu d'un pouvoir divin.

Je n'entre point ici dans l'examen des dogmes qui séparent la communion romaine et la nôtre : je prêche la charité, et non la controverse; j'annonce l'amour du genre humain, et non la haine; je parle de ce qui réunit tous les hommes, et non de ce qui les rend ennemis.

Aujourd'hui, malgré les cris de l'Église romaine, aucune puissance n'attente à la liberté de conscience établie chez ses voisins. Vous avez vu, dans la dernière guerre, six cent mille hommes en armes sans qu'un seul soldat ait été envoyé pour faire changer un seul homme de croyance. L'Espagne même, l'Espagne appelle dans ses provinces une foule d'artisans protestants pour ranimer sa vie, que la barbarie insensée de l'Inquisition faisait languir dans la misère; un sage ministre[1] brave le monstre de l'Inquisition pour l'intérêt de la patrie.

Ne craignez donc point que le joug papiste, imposé dans des temps d'ignorance, puisse jamais s'appesantir sur vous. Ne craignez point qu'on vous remette au gland lorsque vous avez connu l'agriculture. La tyrannie peut bien empêcher la raison pendant quelques siècles de pénétrer chez les hommes; mais quand elle y est parvenue, nul pouvoir ne peut l'en bannir.

Êtres pensants, ne redoutez plus rien de la superstition. Vous voyez tous les jours les conseils éclairés des princes catholiques mutiler eux-mêmes petit à petit ce colosse autrefois adoré. On le réduira à la taille ordinaire. Tous les gouvernements sentiront que l'Église est dans l'État, et non l'État dans l'Église. Le sacerdoce, à la longue, mis à sa véritable place, fera gloire enfin, comme nous, d'obéir à la magistrature. En attendant, conservons les deux biens qui appartiennent essentiellement à l'homme, la liberté et l'humanité. Que les cantons catholiques s'éclairent, et que les cantons protestants ne résistent point, par préjugé, à leur raison éclairée; vivons en frères avec quiconque voudra être notre frère. Cultivons également notre esprit et nos campagnes. Souvenons-nous toujours que nous sommes une république, non pas en vertu de quelques arguments de théologie, non pas comme zwingliens ou comme œcolampadiens, mais en qualité d'hommes. Si la religion n'a servi qu'à nous diviser, que la nature humaine nous réunisse. C'est aux cantons protestants à donner l'exemple, puisqu'ils sont plus florissants que les autres, plus peuplés, plus instruits dans les arts et dans les sciences. N'emploierons-nous nos talents que pour les concentrer dans notre petite sphère ? L'homme isolé est un sauvage, un être informe, qui n'a pas encore reçu la perfection de sa nature. Une cité isolée, inhospitalière, est parmi les sociétés ce que le sauvage est à l'égard des autres hommes. Enfin, en adorant le Dieu qui a créé tous les mortels, qu'aucun mortel ne soit étranger parmi nous.

FEMMES
SOYEZ SOUMISES A VOS MARIS[1]

L'ABBÉ DE CHÂTEAUNEUF me contait un jour que Mme la maréchale de Grancey était fort impérieuse; elle avait d'ailleurs de très grandes qualités. Sa plus grande fierté consistait à se respecter soi-même, à ne rien faire dont elle pût rougir en secret; elle ne s'abaissa jamais à dire un mensonge : elle aimait mieux avouer une vérité dangereuse que d'user d'une dissimulation utile; elle disait que la dissimulation marque toujours de la timidité. Mille actions généreuses signalèrent sa vie; mais quand on l'en louait, elle se croyait méprisée; elle disait : « Vous pensez donc que ces actions m'ont coûté des efforts ? » Ses amants l'adoraient, ses amis la chérissaient, et son mari la respectait.

Elle passa quarante années dans cette dissipation, et dans ce cercle d'amusements qui occupent sérieusement les femmes; n'ayant jamais rien lu que les lettres qu'on lui écrivait, n'ayant jamais mis dans sa tête que les nouvelles du jour, les ridicules de son prochain, et les intérêts de son cœur. Enfin, quand elle se vit à cet âge où l'on dit que les belles femmes qui ont de l'esprit passent d'un trône à l'autre, elle voulut lire. Elle commença par les tragédies de Racine, et fut étonnée de sentir en les lisant encore plus de plaisir qu'elle n'en avait éprouvé à la représentation : le bon goût qui se déployait en elle lui faisait discerner que cet homme ne disait que des choses vraies et intéressantes, qu'elles étaient toutes à leur place, qu'il était simple et noble, sans déclamation, sans rien de forcé, sans courir après l'esprit; que ses intrigues, ainsi que ses pensées, étaient toutes fondées sur la nature : elle retrouvait dans cette lecture l'histoire de ses sentiments, et le tableau de sa vie.

On lui fit lire Montaigne : elle fut charmée d'un homme qui faisait conversation avec elle, et qui doutait de tout. On lui donna ensuite *les Grands Hommes* de Plutarque : elle demanda pourquoi il n'avait pas écrit l'histoire des grandes femmes.

L'abbé de Châteauneuf la rencontra un jour toute rouge de colère. « Qu'avez-vous donc, Madame ? lui dit-il.

— J'ai ouvert par hasard, répondit-elle, un livre qui traînait dans mon cabinet; c'est, je crois, quelque recueil de lettres; j'y ai vu ces paroles : *Femmes, soyez soumises à vos maris ;* j'ai jeté le livre.

— Comment, Madame ! savez-vous bien que ce sont les *Épîtres* de saint Paul[1] ?

— Il ne m'importe de qui elles sont; l'auteur est très impoli. Jamais monsieur le maréchal ne m'a écrit dans ce style; je suis persuadée que votre saint Paul était un homme très difficile à vivre. Était-il marié ?

— Oui, Madame.

— Il fallait que sa femme fût bien une bonne créature : si j'avais été la femme d'un pareil homme, je lui aurais fait voir du pays. *Soyez soumises à vos maris !* Encore s'il s'était contenté de dire : *Soyez douces, complaisantes, attentives, économes,* je dirais : Voilà un homme qui sait vivre; et pourquoi soumises, s'il vous plaît ? Quand j'épousai M. de Grancey, nous nous promîmes d'être fidèles : je n'ai pas trop gardé ma parole, ni lui la sienne; mais ni lui ni moi ne promîmes d'obéir. Sommes-nous donc des esclaves ? N'est-ce pas assez qu'un homme, après m'avoir épousée, ait le droit de me donner une maladie de neuf mois, qui quelquefois est mortelle ? N'est-ce pas assez que je mette au jour avec de très grandes douleurs un enfant qui pourra me plaider quand il sera majeur ? Ne suffit-il pas que je sois sujette tous les mois à des incommodités très désagréables pour une femme de qualité, et que, pour comble, la suppression d'une de ces douze maladies par an soit capable de me donner la mort, sans qu'on vienne me dire encore : *Obéissez ?*

« Certainement la nature ne l'a pas dit; elle nous a fait des organes différents de ceux des hommes; mais en nous rendant nécessaires les uns aux autres, elle n'a pas prétendu que l'union formât un esclavage. Je me souviens bien que Molière a dit :

Du côté de la barbe est la toute-puissance[2].

Mais voilà une plaisante raison pour que j'aie un maître ! Quoi ! parce qu'un homme a le menton couvert d'un vilain poil rude, qu'il est obligé de tondre de fort près, et que mon menton est né rasé, il faudra que je lui obéisse très humblement ? Je sais bien qu'en général les hommes ont les muscles plus forts que les nôtres, et qu'ils peuvent donner un coup de poing mieux appliqué : j'ai bien peur que ce ne soit là l'origine de leur supériorité.

« Ils prétendent avoir aussi la tête mieux organisée, et, en conséquence, ils se vantent d'être plus capables de gouverner; mais je leur montrerai des reines qui valent bien des rois. On me parlait ces jours passés d'une princesse allemande qui se lève à cinq heures du matin pour travailler à rendre ses sujets heureux, qui dirige toutes les affaires, répond à toutes les lettres, encourage tous les arts, et qui répand autant de bienfaits qu'elle a de lumières. Son courage égale ses connaissances; aussi n'a-t-elle pas été élevée dans un couvent par des imbéciles qui nous apprennent ce qu'il faut ignorer, et qui nous laissent ignorer ce qu'il faut apprendre. Pour moi, si j'avais un État à gouverner, je me sens capable d'oser suivre ce modèle. »

L'abbé de Châteauneuf, qui était fort poli, n'eut garde de contredire madame la maréchale.

« A propos, dit-elle, est-il vrai que Mahomet avait pour nous tant de mépris qu'il prétendait que nous n'étions pas dignes d'entrer en paradis, et que nous ne serions admises qu'à l'entrée ?

— En ce cas, dit l'abbé, les hommes se tiendront toujours à la porte; mais consolez-vous, il n'y a pas un mot de vrai dans tout ce qu'on dit ici de la religion mahométane. Nos moines ignorants et méchants nous ont bien trompés, comme le dit mon frère, qui a été douze ans ambassadeur à la Porte[1].

— Quoi ! il n'est pas vrai, Monsieur, que Mahomet ait inventé la pluralité des femmes pour mieux s'attacher les hommes ? Il n'est pas vrai que nous soyons esclaves en Turquie, et qu'il nous soit défendu de prier Dieu dans une mosquée ?

— Pas un mot de tout cela, Madame; Mahomet, loin d'avoir imaginé la polygamie, l'a réprimée et restreinte. Le sage Salomon possédait sept cents épouses. Mahomet a réduit ce nombre à quatre seulement. Mesdames iront en paradis tout comme messieurs, et sans doute on y fera l'amour, mais d'une autre manière qu'on ne le fait ici : car vous sentez bien que nous ne connaissons l'amour dans ce monde que très imparfaitement.

— Hélas ! vous avez raison, dit la maréchale : l'homme est bien peu de chose. Mais, dites-moi; votre Mahomet a t-il ordonné que les femmes fussent soumises à leurs maris ?

— Non, Madame, cela ne se trouve point dans l'*Alcoran*.

— Pourquoi donc sont-elles esclaves en Turquie ?

— Elles ne sont point esclaves, elles ont leurs biens, elles peuvent tester, elles peuvent demander un divorce dans l'occasion; elles vont à la mosquée à leurs heures, et à leurs rendez-vous à d'autres heures : on les voit dans les rues avec leurs voiles sur le nez, comme vous aviez votre masque il y a quelques années. Il est vrai qu'elles ne paraissent ni à l'Opéra ni à la comédie; mais c'est parce qu'il n'y en a point. Doutez-vous que si jamais dans Constantinople, qui est la patrie d'Orphée, il y avait un Opéra, les dames turques ne remplissent les premières loges ?

— Femmes, soyez soumises à vos maris ! disait toujours la maréchale entre ses dents. Ce Paul était bien brutal.

— Il était un peu dur, repartit l'abbé, et il aimait fort à être le maître : il traita du haut en bas saint Pierre, qui était un assez bon homme. D'ailleurs, il ne faut pas prendre au pied de la lettre tout ce qu'il dit. On lui reproche d'avoir eu beaucoup de penchant pour le jansénisme.

— Je me doutais bien que c'était un hérétique, dit la maréchale »; et elle se remit à sa toilette.

INSTRUCTION

DU GARDIEN DES CAPUCINS DE RAGUSE

A FRÈRE PÉDICULOSO[1]

PARTANT POUR LA TERRE SAINTE

I

LA première chose que vous ferez, frère Pédiculoso, sera d'aller où Dieu créa Adam et Ève, si connus des anciens Grecs et des premiers Romains, des Perses, des Égyptiens, des Syriens, qu'aucun auteur de ces nations n'en a jamais parlé. Il vous sera très aisé de trouver le paradis terrestre : car il est à la source de l'Euphrate, du Tigre, de l'Araxe et du Nil; et quoique les sources du Nil et de l'Euphrate soient à mille lieues l'une de l'autre, c'est une difficulté qui ne doit nullement vous embarrasser. Vous n'aurez qu'à demander le chemin aux capucins qui sont à Jérusalem, vous ne pourrez vous égarer.

II

N'oubliez pas de manger du fruit de l'arbre de la science du bien et du mal; car vous nous paraissez un peu ignorant et malin. Quand vous en aurez mangé, vous ferez un très savant et très honnête homme. L'arbre de la science est un peu vermoulu, les racines sont faites des œuvres de rabbins, des ouvrages du pape Grégoire le Grand, des œuvres d'Albert le Grand, de saint Thomas, de saint Bonaventure, de saint Bernard, de l'abbé Trithême[2], de Luther, de Calvin, du révérend père Garasse, de Bellarmin, de Suarez, de Sanchez, du docteur Tourneli et du docteur Tamponnet. L'écorce est rude, les feuilles piquent comme l'ortie; le fruit est amer comme chicotin; il porte au cerveau comme l'opium; on s'endort quand on en a un peu trop pris, et on endort les autres; mais dès qu'on est réveillé, on porte la tête haute, on regarde les gens de haut en bas. On acquiert un sens nouveau qui est fort au-dessus du sens commun. On parle d'une manière inintelligible, qui tantôt vous procure de bonnes aumônes, et tantôt cent coups de bâton. Vous nous répondrez peut-être qu'il est dit expressément dans le *Béreshit* ou *Genèse* : « Le même jour que vous en aurez mangé vous mourrez très certainement[1]. » Allez, notre cher frère, il n'y a rien à craindre. Adam en mangea, et vécut encore neuf cent trente ans.

III

A l'égard du serpent, qui était la bête des champs la plus subtile[2], il est enchaîné, comme vous savez, dans la haute Égypte : plusieurs missionnaires l'ont vu. Bochart vous dira quelle langue il parlait, et quel air il siffla pour tenter Ève, mais prenez bien garde d'être sifflé. Vous expliquerez ensuite quel est le bœuf qui garda la porte du jardin : car vous savez que *chérub* en hébreu et en chaldéen signifie un bœuf, et que c'est pour cela qu'Ézéchiel dit que le roi de Tyr est un *chérub*. Que de *chérubs,* ô ciel, nous avons dans ce monde. Lisez sur cela saint Ambroise, l'abbé Rupert et surtout le *chérub* dom Calmet.

IV

Examinez bien le signe que le seigneur mit à Caïn. Observez si c'était sur la joue ou sur l'épaule. Il méritait bien d'être fleurdelysé pour avoir tué son frère; mais comme Romulus, Richard III, Louis XI, etc., etc., en ont fait autant, nous voyons bien que vous n'insisterez pas sur un fratricide pardonné, tandis que toute la race est damnée pour une pomme.

V

Vous prétendez pousser jusqu'à la ville d'Hénoch que Caïn bâtit dans la terre de Nod; informez-vous soigneusement du nombre de maçons, de charpentiers, de menuisiers, de forgerons, de serruriers, de drapiers, de bonnetiers, de cordonniers, de teinturiers, de cardeurs de laine, de laboureurs, de bergers, de manœuvres, d'exploiteurs de mines de fer ou de cuivre, de juges, de greffiers qu'il employa, lorsqu'il n'y avait encore que quatre ou cinq personnes sur la terre.

Hénoch est enterré dans cette ville que bâtit Caïn, son aïeul; mais il vit encore; sachez où il est, demandez-lui des nouvelles de sa santé, et faites-lui nos compliments.

VI

De là vous passerez entre les jambes des géants qui sont nés des anges et des filles des hommes[1], et vous leur présenterez les vampires du révérend père dom Calmet; mais surtout parlez-leur poliment; car ils n'entendent pas raillerie.

VII

Vous comptez aller ensuite sur le mont Ararat, voir les restes de l'arche qui sont de bois de Gopher; vérifiez les mesures de l'arche données sur les lieux par l'illustre M. Le Pelletier[2]. Mesurez exactement la montagne, mesurez ensuite celle de Pichincha au Pérou, et le mont Saint-Gothard. Supputez avec Whiston et Woodward combien il fallut d'océans pour couvrir tout cela, et pour s'élever quinze coudées au-dessus. Examinez tous les animaux purs et impurs qui entrèrent dans l'arche; et en revenant, ne vous arrêtez pas sur des charognes, comme le corbeau.

Vous aurez aussi la bonté de nous rapporter l'original du texte hébreu qui place le déluge en l'an de la création 1656; l'original samaritain qui le met en 2309; le texte des Septante qui le met en 2262. Accordez les trois textes ensemble, et faites un compte juste d'après l'abbé Pluche.

VIII

Saluez de notre part notre père Noé, qui planta la vigne. Les Grecs et les Asiatiques eurent le malheur de ne jamais connaître sa personne; mais les Juifs ont été assez heureux pour descendre de lui. Demandez à voir, dans ses archives, le pacte que Dieu fit avec lui et avec les bêtes. Nous sommes fâchés qu'il se soit enivré; ne l'imitez pas.

Prenez surtout un mémoire exact du temps où Gomer, petit-fils de Japhet, vint régner dans l'Europe qu'il trouva très peuplée. C'est un point d'histoire avéré.

IX

Demandez ce qu'est devenu Caïnam, fils d'Arphaxad, si célèbre dans les Septante, et dont la Vulgate ne parle pas. Priez-le de vous conduire à la tour de Babel. Voyez si les restes de cette tour s'accordent avec les mesures que le révérend père Kircher[1] en a données. Consultez Paul Orose, Grégoire de Tours et Paul Lucas.

De la tour de Babel vous irez à Ur en Chaldée, et vous demanderez aux descendants d'Abraham, le potier, pourquoi il quitta ce beau pays pour aller acheter un tombeau à Hébron et du blé à Memphis; pourquoi il donna deux fois sa femme pour sa sœur, ce qu'il gagna au juste à ce manège. Sachez surtout de quel fard elle se servait pour paraître belle à l'âge de quatre-vingt-dix ans. Sachez si elle employait l'eau de rose ou l'eau de lavande pour ne pas sentir le gousset quand elle arriva à pied, ou sur son âne, à la cour du roi d'Égypte et à celle du roi de Gérar : car toutes ces choses sont nécessaires à notre salut.

Vous savez que le Seigneur fit un pacte[2] avec Abraham, par lequel il lui donna tout le pays depuis le fleuve d'Égypte jusqu'à l'Euphrate. Sachez bien précisément pourquoi ce pacte n'a pas été exécuté.

X

Chemin faisant vous irez à Sodome. Demandez des nouvelles des deux anges qui vinrent voir Loth, et auxquels il prépara un bon souper. Sachez quel âge ils avaient quand les Sodomites voulurent leur faire des sottises, et si les deux filles de Loth étaient pucelles lorsque le bonhomme Loth pria les Sodomites de coucher avec ses deux filles, au lieu de coucher avec ces deux anges. Toute cette hiſtoire eſt encore très nécessaire à salut. De Sodome vous irez à Gabaa, et vous vous informerez du nom du lévite auquel les bons Benjamites firent la même civilité que les Sodomites avaient faite aux anges.

XI

Quand vous serez en Égypte, informez-vous d'où venait la cavalerie que le Pharaon envoya dans la mer Rouge à la poursuite des Hébreux; car tous les animaux ayant péri dans la sixième et septième plaie, les impies prétendent que le Pharaon n'avait plus de cavalerie. Relisez les *Mille et une Nuits,* et tout l'*Exode,* dont Hérodote, Thucydide, Xénophon, Polybe, Tite-Live ſont une mention si particulière, ainsi que tous les auteurs égyptiens.

XII

Nous ne vous parlons pas des exploits de Josué, successeur de Mosé, et de la lune qui s'arrêta sur Aïalon en plein midi, quand le soleil s'arrêta sur Gabaon : ce sont de ces choses qui arrivent tous les jours, et qui ne méritent qu'une légère attention.

Mais ce qui eſt très utile pour la morale, et qui doit infiniment contribuer à rendre nos mœurs plus honnêtes et plus douces, c'eſt l'hiſtoire des rois juifs. Il faut absolument supputer combien ils commirent d'assassinats. Il y a des Pères de l'Église qui en comptent cinq cent quatre-vingts; d'autres, neuf cent soixante et dix; il est important de ne s'y pas tromper. Souvenez-vous surtout que nous n'entendons ici que les assassinats des parents : car pour les autres, ils sont innombrables. Rien ne sera plus édifiant qu'une notice exacte des assassins et des assassinés au nom du Seigneur. Cela peut servir de texte à tous les sermons de cour sur l'amour du prochain.

XIII

Quand de l'histiore des rois vous passerez aux prophètes, vous goûterez et vous ferez goûter des joies ineffables. N'oubliez pas le soufflet donné par le prophète Sédékias au prophète Michée. Ce n'est pas seulement un soufflet probable comme celui du jésuite dont parle Pascal[1], c'est un soufflet avéré par le Saint-Esprit, dont on peut tirer de fortes conséquences pour les joues des fidèles.

Lorsque vous serez à Ézéchiel, c'est là que votre âme se dilatera plus que jamais. Vous verrez d'abord, chapitre 1er, quatre animaux à mufles de lion, de bœuf, d'aigle et d'homme; une roue à quatre faces, semblable à l'eau de la mer, chaque face ayant plus d'yeux qu'Argus, et les quatre parties de la roue marchant à la fois. Vous savez qu'ensuite le prophète mangea, par ordre de Dieu, un livre tout entier de parchemin. Demandez soigneusement à tous les prophètes que vous rencontrerez ce qui était écrit dans ce livre. Ce n'est pas tout, le Seigneur donne des cordes au prophète pour le lier[2]. Tout lié qu'il est, il trace le plan de Jérusalem sur une brique; puis il se couche sur le côté gauche pendant trois cent quatre-vingt-dix jours, et ensuite pendant quarante jours sur le côté droit.

XIV

Si vous déjeunez avec Ézéchiel, prenez garde, notre cher frère, n'altérez point son texte, comme vous avez déjà fait; c'est un des péchés contre le Saint-Esprit. Vous avez osé dire que Dieu ordonna au prophète de faire cuire son pain avec de la bouse de vache; ce n'est point cela, il s'agit de mieux. Lisez la *Vulgate, Ézéchiel,* chap. IV, v. 12 : « *Comedes illud, et stercore quod egreditur de homine operies illud in oculis eorum.* Tu le mangeras, tu le couvriras de la merde qui sort du corps de l'homme. » Le prophète en mangea, et il s'écria : « Pouah, pouah, pouah, *Domine Deus meus, ecce anima mea non est polluta.* Pouah, pouah, pouah, Seigneur, mon Dieu, je n'ai jamais fait de pareil déjeuner. » Et le Seigneur, par accommodement, lui dit : « Je te donne de la fiente de bœuf au lieu de merde d'homme. »

Conservez toujours la pureté du texte, notre cher frère, et ne l'altérez point pour un étron.

Si je déjeuner d'Ézéchiel est un peu puant, le dîner des Israélites, dont il parle, est un peu anthropophage[1]. « Les pères mangeront leurs enfants et les enfants mangeront leurs pères. » Passe encore pue les pères mangent les enfants qui sont dodus et tendres; mais que les enfants mangent leurs pères qui sont coriaces, cela est-il de la nouvelle cuisine ?

XV

Il y a une grande dispute entre les doctes sur le XXXIXe chapitre de ce même Ézéchiel. Il s'agit de savoir si c'est aux Juifs ou aux bêtes que le Seigneur promet de donner le sang des princes à boire et la chair des guerriers à manger. Nous croyons que c'est aux uns et aux autres. Le verset 17 est incontestablement pour les bêtes; mais les versets 18, 19 et suivants sont pour les Juifs : « Vous mangerez le cheval et le cavalier. » Non seulement le cheval, comme les Scythes qui étaient dans l'armée du roi de Perse; mais encore le cavalier, comme de dignes Juifs; donc ce qui précède les regarde aussi. Voyez à quoi sert l'intelligence des Écritures.

XVI

Les passages les plus essentiels d'Ézéchiel, les plus conformes à la morale, à l'honnêteté publique, les plus capables d'inspirer la pudeur aux jeunes garçons et aux jeunes filles, sont ceux où le Seigneur parle d'Oolla et de sa sœur Ooliba. On ne peut trop répéter ces textes admirables.

Le Seigneur dit à Oolla[1] : « Vous êtes devenue grande, vos tétons se sont enflés, votre poil a pointé. *Grandis effecta es, ubera tua intumuerunt, pilus tuus germinavit.* Le temps des amants est venu; je me suis étendu sur vous; j'ai couvert votre ignominie; je vous ai donné des robes de toutes couleurs, des souliers d'hyacinthe, des bracelets, des colliers, des pendants d'oreilles... Mais ayant confiance dans votre beauté, vous avez forniqué pour votre compte, vous vous êtes prostituée à tous les passants, vous avez bâti un bordel; *aedificasti tibi lupanar... ;* vous avez forniqué dans les carrefours. On donne de l'argent à toutes les putains, et c'est vous qui en avez donné à vos amants; *omnibus meretricibus dantur mercedes, tu autem dedisti mercedes cunctis amatoribus tuis,* etc... Ainsi vous avez fait le contraire des fornicantes, » etc. Sa sœur Ooliba a fait pis encore[2] : « Elle s'est abandonnée avec fureur à ceux dont les membres sont comme des membres d'âne, et dont la semence est comme la semence des chevaux; *et insanivit libidine super concubitum eorum quorum carnes sunt ut carnes asinorum, et sicut fluxus equorum fluxus eorum.* » Le terme de semence est beaucoup plus expressif dans l'hébreu. Nous ne savons si vous devez le rendre par le mot énergique qui est en usage à la cour, chez les dames, en de certaines occasions. C'est ce que nous laissons absolument à votre discrétion.

Après un examen honnête de ces belles choses, nous vous conseillons de passer légèrement sur Jérémie qui court tout nu dans Jérusalem, chargé d'un bât; mais nous vous prions de ne point passer sous silence le prophète Osée, à qui « le Seigneur ordonne[3] de prendre une femme de fornication, et de faire des enfants de fornication, parce que la terre fornicante forniquera du Seigneur. Et Osée prit donc Gomer, fille d'Ébalaïm ». Quelque temps après le Seigneur[4] lui ordonna de « coucher avec une femme adultère, et il achète une femme déjà adultère pour quinze pièces d'argent et une mesure et demie d'orge ».

Rien ne contribuera plus, notre cher frère, à former l'esprit et le cœur de la jeunesse que de savants commentaires sur ces textes. Ne manquez pas d'évaluer les quinze pièces d'argent données à cette femme. Nous croyons que cela monte au moins à sept livres dix sous. Les capucins, comme vous savez, ont des filles à meilleur marché.

XVII

Nous vous parlerons peu du *Nouveau Testament*. Vous concilierez les deux généalogies; c'est la chose du monde la plus aisée; car l'une ne ressemble point du tout à l'autre; il est évident que c'est là le mystère. Le bon Calmet dit naïvement à propos des deux généalogies de Melchisédech : comme le mensonge se trahit toujours par lui-même, les uns racontent sa généalogie d'une manière, les autres d'une autre. Il avoue donc, dira-t-on, que cette différence énorme de deux généalogies est la preuve évidente d'un puant mensonge. Oui pour Melchisédech, mais non pas pour Jésus-Christ : car Melchisédech n'était qu'un homme; mais Jésus-Christ était homme et Dieu; donc il lui fallait deux généalogies.

XVIII

Vous direz comment Marie et Joseph emmenèrent leur enfant en Égypte, selon Matthieu, et comment, selon Luc, la famille resta à Bethléem. Vous expliquerez toutes les autres contradictions qui sont nécessaires à salut. Il y a de très belles choses à dire sur l'eau changée en vin aux noces de Cana, pour des gens qui étaient déjà ivres : car Jean, le seul qui en parle, dit expressément qu'ils étaient ivres, *et cum inebriati fuerint,* dit la *Vulgate*.

Lisez surtout les *Questions de Zapata,* docteur de Salamanque, sur le massacre des innocents par Hérode; sur l'étoile des trois rois; sur le figuier séché pour ne pas avoir porté de figues, comme dit le texte[1]. Ceux qui font d'excellents jambons à Bayonne et en Vestphalie s'étonnent qu'on ait envoyé le diable dans le corps de deux mille cochons, et qu'on les ait noyés dans un lac. Ils disent que si on leur avait donné ces cochons, au lieu de les noyer, ils y auraient gagné plus de vingt mille florins de Hollande, s'ils avaient été gras. Êtes-vous du sentiment du révérend père Le Moine, qui dit que Jésus-Christ devait avoir une dent contre le diable, et qu'il fit fort bien de le noyer, puisque le diable l'avait emporté sur le haut d'une montagne ?

XIX

Quand vous aurez remis toutes ces choses dans le jour qu'elles méritent, nous vous recommandons avec la plus vive instance de justifier Luc, lequel, ayant écrit le dernier après tous les autres évangélistes, étant mieux informé que tous ses confrères, et ayant tout examiné diligemment depuis le commencement, comme il le dit, doit être un auteur très respectable. Ce respectable Luc assure que lorsque Marie fut prête d'accoucher, César Auguste, qui apparemment s'en doutait, ordonna, pour remplir les prophéties, qu'on fît un dénombrement de toute la terre, et Quirinus, gouverneur de Syrie, publia cet édit en Judée. Les impies, qui ont le malheur d'être savants, vous diront qu'il n'y a pas un mot de vrai; que jamais Auguste ne donna un édit si extravagant; que Quirinus ne fut gouverneur de Syrie que dix ans après les couches de Marie; et que ce Luc était probablement un gredin qui, ayant entendu dire qu'il s'était fait un cens des citoyens romains sous Auguste, et que Quirinus avait été gouverneur de Syrie après Varus, confond toutes les époques et tous les événements. Qu'il parle comme un provincial ignorant de ce qui s'est passé à la cour, et qu'il a encore le petit amour-propre de dire qu'il est plus instruit que les autres.

C'est ainsi que s'expriment les impies; mais ne croyez que les pies; parlez toujours en pie. Lisez surtout sur cet article les *Questions du frère Zapata,* elles vous éclairciront cette difficulté comme toutes les autres.

Il n'y a peut-être pas un verset qui ne puisse embarrasser un capucin; mais avec la grâce de Dieu on explique tout.

XX

Ne manquez pas de nous avertir si vous rencontrez dans votre chemin quelques-uns de ces scélérats, qui ne font qu'un cas médiocre de la transsubstantiation, de l'ascension, de l'assomption, de l'annonciation, de l'inquisition; et qui se contentent de croire en Dieu, de le servir en esprit et en vérité, et d'être justes. Vous reconnaîtrez aisément ces monstres. Ils se bornent à être bons sujets, bons fils, bons maris, bons pères. Ils font l'aumône aux véritables pauvres et jamais aux capucins. Le révérend père Hayer, récollet, doit se joindre à nous pour les exterminer. Il n'y a de vraie religion que celle qui procure des millions au pape et d'amples aumônes aux capucins. Je me recommande à vos prières et à celles du petit peuple qui habite dans votre sainte barbe.

CANONISATION DE SAINT CUCUFIN[1]

La canonisation de saint Cucufin, frère d'Ascoli, par le pape Clément XIII, et son apparition au sieur Aveline, bourgeois de Troyes, mise en lumière par le sieur Aveline lui-même. A Troyes, chez Monsieur ou Madame Oudot, 1767.

IDÉES PRÉPARATOIRES

Romulus et Liber pater et cum Castore Pollux
Post ingentia facta, Deorum in templa recepti,
Dum terras hominumque colunt genus, aspera bella
Componunt, agros assignant, oppida condunt,
Ploravere suis non respondere favorem
Speratum meritis. Dirum qui contudit hydrum,
Notaque fatali portenta labore fugebit,
Comperit invidiam supremo fine domari, etc.[2].

Lorsque l'on vit Bacchus et l'invincible Alcide,
Et Pollux, et Castor, et le grand Romulus,
Secourir les humains par des soins assidus,
Venger sur les tyrans l'innocence timide,
Réprimer les brigands, pardonner aux vaincus,
Polir les nations dans l'enceinte des villes,
Protéger les beaux-arts, donner des lois utiles,
Quel fut le prix des biens par leurs mains répandus ?
L'homme ingrat et méchant noircissait leurs vertus.
Ils furent mordus tous par la dent de l'Envie;
On fit de ces héros cent contes odieux;
On les persécuta tout le temps de leur vie :
Furent-ils enterrés, le monde en fit des Dieux.

Il était bien vilain, sans doute, de donner des ridicules à Triptolème, pour prix de son blé; de dire des sottises de Bacchus lorsqu'on buvait son vin; de reprocher à Hercule ses amourettes quand il nous délivrait de l'hydre, et qu'il nettoyait nos écuries. Mais aussi il est bien beau de diviniser les Hercules, malgré les Eurysthées.

L'antiquité n'a rien de si honnête que d'avoir placé dans ce qu'on appelait le ciel les grands hommes qui avaient fait du bien aux autres hommes. Les sages ne s'opposaient point à ces apothéoses; ils savaient bien que le sot peuple prend l'air et les nuages pour le ciel; que chaque sphère, qui roule dans l'espace, est entourée de son atmosphère; que notre terre est un ciel pour Vénus et pour Mars, comme Mars et Vénus sont des cieux pour nous; que Jupiter n'assemble point son conseil sur le mont Olympe en Thessalie; qu'un dieu ne vient point dans une nue, comme à notre opéra. Ils savaient bien que ni le corps d'Hercule, ni son petit simulacre léger, qu'on appelait âme, vent, souffle, mânes, n'avait point épousé Hébé, et ne buvait point du nectar avec elle. Mais ces sages trouvaient fort bon qu'on élevât des autels aux protecteurs des opprimés; c'était dire aux princes : « Faites comme lui, vous serez comme lui. »

On a calomnié bien ridiculement, bien indignement l'antiquité. Nos plats livres nous disent continuellement que les anciens rendaient à la créature l'hommage qu'ils ne devaient qu'au créateur. Vous en avez menti, livres de préjugés, archives d'erreurs : depuis Orphée et Homère jusqu'à Virgile, depuis Thalès jusqu'à Pline, il n'y a pas un seul poète, un seul philosophe, qui ait admis plusieurs dieux suprêmes. Le Jéhovah des Phéniciens, adopté en Égypte, et ensuite en Palestine, le Zeus des Grecs, le Jupiter des Latins, a toujours été constamment, invariablement, le dieu unique, le dieu maître, le dieu formateur, le souverain des dieux secondaires et des hommes : *Divum sator atque hominum rex.*

Il faut convenir que les anciens avaient plus de vénération pour leurs dieux secondaires que nous pour les nôtres. On ne voit point qu'aucune impératrice se soit appelée Junon, Minerve, Latone, Vénus, Iris, au lieu que nous prenons hardiment le nom de Jean et de Matthieu. Chaumeix porte insolemment celui d'Abraham. J'ai connu un impuissant qui s'appelait Salomon, mari de trois cents femmes et de sept cents concubines. Le plus vil coquin a son nom de saint. Je voudrais bien savoir quel est le nom de baptême de Fréron.

Les Latins, depuis Numa jusqu'à Théodose, ont toujours désigné Dieu par le titre de très grand et très bon; titre qu'ils n'ont jamais donné à aucun autre être. Jamais chez eux la divinité suprême n'a eu d'associés; ce blasphème fut inconnu à toute l'antiquité.

Mais on adorait Mars, Minerve, Junon, Apollon, etc. Oui, comme des génies inférieurs; et, si j'ose le dire sans blasphème, comme les catholiques révèrent les saints. Les divinités secondaires étaient aux yeux des païens précisément ce que sont nos canonisés. Les Grecs et les Romains pratiquaient dans leurs erreurs ce que nous pratiquons sous l'empire de la vérité. Saint Georges, armé de pied en cap, est le dieu des batailles, comme étaient Mars et Arès chez les Grecs, à cela près que ce Mars, si terriblement peint par Homère, inspirait encore plus de respect que saint Georges, trop grossièrement chanté par nos légendaires. Junon était un autre personnage que sainte Claire; et Mercure, le dieu des Arts, vaut bien saint Crépin, le dieu des cordonniers. Diane eut plus de réputation que saint Hubert, quoiqu'il guérisse de la rage.

Il y eut des anges de la guerre et de la paix chez les Indiens, chez les Persans, chez les Babyloniens. La nation juive, ignorante et grossière, qui n'eut aucune doctrine ferme et constante que depuis la captivité à Babylone, n'a pris que des Chaldéens les noms de ses anges[1]. C'est une vérité reconnue de tous ceux qui ont au moins une légère teinture de l'antiquité. Ce fut alors que les Juifs connurent Michaël, Gabriel, Raphaël, Uriel, etc.; le nom même d'Israël, qui signifie voyant Dieu, est chaldéen : les historiens juifs Josèphe et Philon l'avouent. Ce n'est donc que dans des temps très postérieurs à la loi qu'on trouve dans Daniel[2] que l'ange Gabriel, secouru par l'ange Michaël, combattit contre l'ange des Perses, et qu'on lit dans l'épître de saint Jude[3] que Michaël eut une grande contestation avec le diable pour le corps de Moïse.

Il est constant, en un mot, que tous les peuples policés, en adorant un seul dieu, vénérèrent des dieux secondaires, des demi-dieux. Exceptons-en les seuls Chinois, qui, doués d'une sagesse supérieure, ne firent jamais partager à personne le moindre écoulement de la Divinité.

Les chrétiens n'imitèrent que très tard la Grèce et

Rome, en plaçant des demi-dieux, des saints dans le ciel. Dans le commencement, ils avaient en horreur les temples, les autels, les cierges, l'encens, les surplis, les chasubles, l'eau bénite des gentils : mais quand ils furent les maîtres, ils adoptèrent toutes ces anciennes inventions utiles, toutes ces cérémonies, et la vérité consacra des rites inventés par l'esprit de mensonge.

Polyeucte reproche à Pauline, d'adorer des dieux :

> Insensibles et sourds, impuissants, mutilés,
> De bois, de marbre ou d'or, comme vous les voulez[1].

Mais qu'aurait dit Pauline, si elle avait vu quelque temps après saint Roch, saint Pancrace, saint Fiacre, en bois, en marbre, en métal ? L'apparence est la même dans l'un et dans l'autre cas. Jamais saint Fiacre et saint Pancrace n'ont été regardés chez les chrétiens comme les créateurs du monde. Jamais aussi on ne s'est avisé chez les gentils d'offrir de l'encens à Mercure, à Latone, comme aux maîtres souverains des cieux, de la terre et du tonnerre. Mercure et Latone obéissaient à Jupiter; on priait Mercure et Latone d'intercéder auprès de Jupiter : cela est si vrai que Lucien, qui se moque également d'eux tous, fait présenter par Mercure les placets des hommes à Jupiter, son maître.

La Juive Esther, dans une belle pièce de vers en dialogues, intitulée je ne sais pourquoi *tragédie,* dit à un roi de Perse nommé Assuérus, qui n'a jamais existé :

> Ce Dieu, maître absolu de la terre et des cieux,
> N'est point tel que l'erreur le figure à vos yeux.
> L'Éternel est son nom, le monde est son ouvrage;
> Il entend les soupirs de l'humble qu'on outrage,
> Juge tous les mortels avec d'égales lois,
> Et du haut de son trône interroge les rois[2].

Ces vers sont admirables; presque personne ne devrait être assez hardi pour en faire après avoir lu ceux de Racine; et les hommes grossiers que leur épaisse barbarie rend insensibles à ces beautés ne méritent pas le nom d'hommes. Mais le prétendu Assuérus pouvait répondre à la prétendue Esther :

Vous êtes une impertinente de croire m'apprendre mon catéchisme; je savais, avant que vous fussiez née, que Dieu eſt le maître absolu de notre petite terre, des planètes et des étoiles. Nous adorions Jéhovah l'Éternel plusieurs siècles avant que vos misérables Juifs vinssent de l'Arabie déserte commettre mille infâmes brigandages dans un coin de la Phénicie. Vous n'avez appris à lire et à écrire que de nous et des Phéniciens nos disciples. Nous n'avons jamais adoré qu'un seul Dieu; nous n'avons jamais eu dans nos temples des simulacres de bœufs, de chérubins, de serpents, comme vous en aviez dans votre petit temple barbare de vingt coudées de long, de large et de haut, où vous conserviez dans un coffre un serpent d'airain, quand un de mes prédécesseurs détruisit votre ville d'Hershalaïm, et vous fit tous conduire, les mains derrière le dos, sur le rivage de l'Euphrate. Il eſt aussi ridicule à vous, ma bonne, de penser m'enseigner Dieu qu'il serait ridicule à moi de vous avoir épousée, d'avoir vécu six mois avec vous sans savoir qui vous êtes; d'avoir condamné tous les Juifs à la mort, parce qu'un Juif n'a pas fait la révérence à un de mes vizirs, et d'avoir averti tous les Juifs par un édit qu'on les égorgerait dans dix mois, pour leur donner le temps d'échapper. Vous récitez de très beaux vers, mais vous n'avez pas le sens d'un oison. Je sais mieux vos propres livres que vous et que votre fat de Mardochée; je sais que quand vous habitâtes autrefois en très petit nombre dans un désert de mon vaſte empire, vous adorâtes l'étoile Remphan[1] et celle de Moloch, etc.; je sais que vous n'avez jamais eu jusqu'à présent de croyance fixe, et que vous avez immolé vos propres enfants par le plus abominable fanatisme. Si je daignais m'abaisser jusqu'à citer vos auteurs, je vous dirais que votre Isaïe[2] vous reproche de sacrifier vos fils et vos filles à vos dieux dans des torrents, sous des rochers. Il vous sied bien, bégueule Juive, d'oser enseigner votre maître !

SAINTS A FAIRE

Il eſt démontré que tous les peuples policés ont adoré un dieu formateur de monde, et que plusieurs peuples ont composé une cour à ce dieu qui n'en a pas besoin.

Dans cette cour ils ont placé les grands hommes pour avoir des protecteurs auprès du maître.

Divus Trajanus, Divus Antoninus ne signifiaient à la lettre que saint Antonin, saint Trajan. Ces saints étaient proposés pour modèles aux empereurs; modèles bien peu imités ! Si nous avions saint Bertrand du Guesclin, saint Bayard, saint Montmorency, et surtout saint Henri IV, je ne vois pas qu'une telle apothéose fût si déplacée.

Pourquoi n'aurions-nous pas saint l'Hospital ? Ce chancelier fut si modéré dans un temps de fureurs; il fit des lois si sages, malgré les horribles démences de la cour !

J'adresserais encore volontiers un *oremus* à saint de Thou, qui fut le magistrat le plus intègre, ainsi que le meilleur historien.

Le maréchal de Turenne est sûrement en paradis, puisqu'il s'était fait catholique. Le maréchal de Catinat y est aussi, sans doute. L'un est mort pour la patrie; l'autre, après avoir gagné des batailles, a souffert la disgrâce et la pauvreté sans se plaindre. Si on leur dresse des autels, je promets de les invoquer.

Oh ! me disent les banquiers en cour de Rome, on n'a pas des saints comme on veut; cela coûte fort cher. En voilà huit que vous me proposez; c'est une affaire de huit cent mille écus pour la chambre apostolique, à trois cent mille francs la pièce; encore c'est marché donné. Il n'y a guère eu que les Samuel Bernard et les Pâris-Montmartel qui aient été en état de faire des saints; mais ils n'ont pas employé leur argent à ces œuvres pies.

Je réponds à ces messieurs que je ne prétends point avoir des apothéoses pour de l'argent; que c'est une véritable simonie; que je veux révérer Henri IV, Turenne, Catinat, de Thou, le chancelier de l'Hospital d'un culte de dulie sans qu'il m'en coûte rien; et que je n'achèterai jamais le paradis ni pour moi ni pour personne.

Quels ont été les premiers saints dans le christianisme ? des hommes charitables, des martyrs. Qui les fit révérer ? le consentement du peuple sans aucun frais; or je soutiens que Henri IV est un vrai martyr : il partait pour aller faire le bonheur de l'Europe, lorsqu'il fut martyrisé par le fanatisme; et quant au consentement du peuple, il est déjà tout obtenu. En voici la marque évidente : le jour que l'évêque du Puy en Velay[1] prononça dans Saint-Denis une oraison funèbre, ceux qui ne purent l'entendre, soit parce qu'ils étaient trop loin, soit parce qu'ils étaient durs d'oreille, se levèrent de leur place, allèrent voir le tombeau de Henri IV. Ils se mirent à genoux, ils l'arrosèrent de leurs larmes, ils lui adressèrent des vœux attendrissants. Que manque-t-il à une telle consécration ? c'est celle des cœurs ; c'est la voix de l'amour qui a parlé.

On veut aujourd'hui cent ans révolus pour faire un saint, afin de donner le temps de mourir à tous les témoins de ses sottises. Il y a plus de cent cinquante ans que Henri IV fut martyrisé. Mais que tous les objets et que tous les témoins de ses faiblesses reparaissent, qu'ils déposent contre lui, je l'adorerai encore. Je dirai à Corisande d'Andouin, à Charlotte des Essarts, à la belle Gabrielle et à tant d'autres : Oui, Mesdames, il vous a caressées ; mais il a sauvé la France au combat d'Arques et à la bataille d'Ivry ; il a été juste, clément et bienfaisant ; il a eu la bonté de Titus et la valeur de César. Voilà mon saint.

On me dira qu'il faut aussi des saintes ; c'est à quoi je suis très déterminé. Qui m'empêchera de mettre dans la gloire Marguerite d'Anjou[2], laquelle donna douze batailles en personne contre les Anglais pour délivrer de prison son imbécile mari ? J'invoquerai notre pucelle d'Orléans, dont on a déjà fait l'office en vers de dix syllabes. Nous avons vingt braves dames qui méritent qu'on leur adresse des prières. Qui fêterons-nous en effet, si ce n'est les dames ? Elles doivent assurément être festoyées.

CANONISATION DE FRÈRE CUCUFIN

Le 12 octobre 1766, le pape Clément XIII canonisa solennellement frère Cucufin d'Ascoli, en son vivant frère lai chez les capucins : né dans la marche d'Ancône, l'an de grâce 1540, mort le 12 octobre 1604. Le procès-verbal de la congrégation des rites porte : qu'il traversa plusieurs fois le ruisseau nommé Potenza sans se mouiller; qu'étant invité à dîner chez le cardinal Berneri, évêque d'Ascoli, il renversa par humilité un œuf frais sur sa barbe, et prit de la bouillie avec sa fourchette; que pour récompense, la sainte Vierge lui apparut; qu'il eut le don des miracles, au point qu'il rétablit une fois du vin gâté. Les révérends pères capucins ont obtenu qu'on changeât son nom de Cucufin en celui de Séraphin. Ils en ont célébré la fête solennelle dans tous les lieux où ils sont établis; et où ne sont-ils pas ?

Pourrait-on croire qu'il en a coûté en superfluités à l'Europe catholique plus d'un million pour solenniser la fête d'un pauvre ? Les peuples se sont empressés de fournir aux capucins des subsistances qui auraient suffi à une grande armée, et qui l'auraient amollie. Cent sortes de vin, viandes de boucherie, volailles, gibier, fruits, huiles, épiceries, cire, étoffes, ornements en soie, en argent, en or, tout a été prodigué.

Il faut remarquer que sous le nom d'aumône les moines mendiants imposent au peuple la taxe la plus accablante.

Quand un pauvre cultivateur a payé au receveur de la province, en argent comptant, le tiers de la récolte non encore vendue, les droits à son seigneur, les dîmes de ses gerbes à son curé, que lui reste-t-il ? presque rien; et c'est ce rien que les moines mendiants demandent comme un tribut que l'on n'ose jamais refuser. Ceux qui travaillent sont donc condamnés à fournir de tout ceux qui ne travaillent pas. Les abeilles ont des bourdons; mais elles les tuent. Les moines autrefois cultivaient la terre; aujourd'hui ils la surchargent.

Nous sommes bien loin de vouloir que l'on tue les bourdons appelés moines; nous respectons la piété et les autres vertus de Cucufin; mais nous voudrions des vertus utiles.

Il nous en coûte plus de vingt millions par an pour nos seuls moines en France. Or, quel bien ne feraient pas ces vingt millions répartis entre des familles de pauvres officiers, de pauvres cultivateurs ?

Tous ces moines sont très désintéressés; j'en tombe d'accord : mais n'y a-t-il rien de mieux à faire ?

Quand tous les chrétiens répandus sur la surface de la terre couvriraient leur barbe de jaunes d'œufs, quand ils prendraient tous de la bouillie avec des fourchettes, il n'en reviendrait aucun avantage à la société; mais que dans la victoire d'Ivry, Henri IV s'écrie de rang en rang : « Épargnez le sang français ! », qu'il nourrisse le peuple même qu'il assiège; qu'il pardonne à ceux qui ont crié dans les chaires : « Assassinez le Béarnais au nom de Dieu ! »; qu'il paie exactement tous ceux qui lui ont vendu chèrement une soumission due à tant de titres; qu'il fasse fleurir l'agriculture dans des campagnes auparavant désertes : ce sont là des vertus qui sont au-dessus de celles de Cucufin, et même de saint François, si j'ose le dire.

Nous avouons que saint François avait une femme de neige, et que ce n'était pas à de telles figures que s'adressait le grand Henri IV; mais enfin la neige de saint François n'a rien produit, et il est venu de la belle Gabrielle un duc de Vendôme, qui seul a remis Philippe V sur le trône d'Espagne. Les saints ont eu des faiblesses : ce n'est pas leurs faiblesses qu'on révère. Et après tout, Déodatus, bâtard de saint Augustin, a été moins utile au monde que la race des Vendôme.

MANIÈRE DE SERVIR LES SAINTS

Que j'aime les saints ! Que je voudrais les voir honorés, servis, imités avec plus de zèle qu'on n'en montre dans nos temps déplorables ! Nous en avons, Dieu merci, pour tous les jours de l'année; mais les plus grands, sans contredit, sont ceux pour lesquels on ferme les boutiques dans les villes, comme dans une sédition, et où on laisse la terre en friches, pour courir au cabaret.

Serait-il si mal que les magistrats, chargés de la police d'un grand royaume, ordonnassent qu'après avoir fêté un saint par de belles antiennes latines, on l'imitât en travaillant, en cultivant la terre ?

Que faisait saint Cucufin le jour que nous célébrons sa fête ? Il bêchait le jardin des révérends pères capucins, il semait, il plantait, il semait des salades, il n'allait point avec des filles boire un vin détestable dans un bouchon, altérer sa santé, et perdre, pour plaire à Dieu, le peu de raison que Dieu lui avait donnée. Il semble, à voir la manière dont nous honorons les saints, qu'ils aient tous été des ivrognes.

Au reste, quand je propose d'imiter les saints en travaillant après avoir prié Dieu, ce n'est qu'avec une extrême défiance de mes idées. Je sais que les commis des aides s'y opposent, et qu'ils ont tous en vue l'honneur de Dieu et le bien de l'État. Ils prétendent que, si on débitait un peu moins de vin, ils recevraient un peu moins de droits, et que tout serait perdu. L'inconvénient serait grand, je l'avoue; mais ne pourrait-on pas les apaiser en leur faisant comprendre que, si on travaille tous les jours de fête après le service divin, sans en excepter une seule, les vignes seront mieux cultivées, les terres mieux labourées, qu'on vendra plus de vin et plus de grain, que les commis y gagneront, et que cette véritable dévotion enrichira l'État ?

APPARITION DE SAINT CUCUFIN AU SIEUR AVELINE

Le jour qu'on faisait à Troyes, dans notre cathédrale, le service de saint Cucufin, je m'avisai de semer pour la troisième fois mon champ dont les semailles avaient été pourries par les pluies; car je savais bien qu'il ne faut pas que le blé pourrisse en terre pour lever[1], *quoi qu'on die*[2]. Le pain valait quatre sous et demi la livre; les pauvres, dans notre élection, ne sèment et ne mangent que du blé noir, et sont accablés de tailles. Notre terrain est si mauvais, malgré ce qu'a pu faire saint Loup, notre patron, que la huitième partie, tout au plus, est semée en froment; la saison avançait, je n'avais pas un moment à perdre : je semais donc mon champ, situé derrière Saint-Nicier, avec mon semoir à cinq socs, après avoir entendu la messe, et chanté les antiennes du saint du jour. Voilà-t-il pas aussitôt le révérend gardien des capucins, assisté de quatre profès, qui se présente à moi à une heure et un quart de relevée, au sortir de table. Il était enflammé comme un chérubin et criait comme un diable : « Théiste, athéiste, janséniste, oses-tu outrager Dieu et saint Cucufin, au point de semer ton champ, au lieu de dîner ? Je vais te déférer comme un impie à M. le subdélégué, à M. le directeur des aides, à monseigneur l'intendant et à monseigneur l'évêque. » Disant ces mots, il se met en devoir de briser mon semoir.

Alors saint Cucufin lui-même descendit du ciel dans une nuée éclatante, qui s'étendait de l'empyrée jusqu'au faubourg de Troyes; un jaune d'œuf et de la bouillie ornaient encore sa barbe. Frère Ange, dit-il au gardien, calme ton saint zèle, ne casse point le semoir de ce bon homme; les pauvres manquent de pain dans ton pays; il travaille pour les pauvres après avoir assisté à la sainte messe. C'est une bonne œuvre, j'en ai conféré avec saint Loup, patron de la ville : va dire de ma part à monseigneur l'évêque qu'on ne peut mieux honorer les saints qu'en cultivant la terre.

Le gardien obéit, et monseigneur s'adressa lui-même aux magistrats de la grande police pour faire enjoindre à nos concitoyens de labourer, ou semer, ou planter, ou palisser, ou tondre, ou vendanger, ou cuver ou blanchir, au lieu d'aller boire au cabaret les jours de fêtes après la sainte messe.

Gloire à Dieu et à saint Cucufin.

PROVIDENCE[1]

J'ÉTAIS à la grille lorsque sœur Fessue disait à sœur Confite : « La Providence prend un soin visible de moi; vous savez comme j'aime mon moineau; il était mort si je n'avais pas dit neuf *Ave Maria* pour obtenir sa guérison. Dieu a rendu mon moineau à la vie; remercions la sainte Vierge. »

Un métaphysicien lui dit : « Ma sœur, il n'y a rien de si bon que des *Ave Maria,* surtout quand une fille les récite en latin dans un faubourg de Paris; mais je ne crois pas que Dieu s'occupe beaucoup de votre moineau, tout joli qu'il eſt : songez, je vous prie, qu'il a d'autres affaires. Il faut qu'il dirige continuellement le cours de seize planètes et de l'anneau de Saturne, au centre desquels il a placé le soleil, qui eſt aussi gros qu'un million de nos terres. Il a des milliards de milliards d'autres soleils, de planètes et de comètes à gouverner; ses lois immuables et son concours éternel font mouvoir la nature entière; tout eſt lié à son trône par une chaîne infinie dont aucun anneau ne peut jamais être hors de sa place. Si des *Ave Maria* avaient fait vivre le moineau de sœur Fessue un inſtant de plus qu'il ne devait vivre, ces *Ave Maria* auraient violé toutes les lois posées de toute éternité par le grand Être; vous auriez dérangé l'univers; ils vous aurait fallu un nouveau monde, un nouveau Dieu, un nouvel ordre de choses.

SŒUR FESSUE

Quoi ! vous croyez que Dieu fasse si peu de cas de sœur Fessue ?

LE MÉTAPHYSICIEN

Je suis fâché de vous dire que vous n'êtes, comme moi, qu'un petit chaînon imperceptible de la chaîne infinie; que vos organes, ceux de votre moineau et les miens sont destinés à subsister un nombre déterminé de minutes dans ce faubourg de Paris.

SŒUR FESSUE

S'il est ainsi, j'étais prédestinée à dire un nombre déterminé d'*Ave Maria*.

LE MÉTAPHYSICIEN

Oui, mais ils n'ont pas forcé Dieu à prolonger la vie de votre moineau au delà de son terme. La constitution du monde portait que dans ce couvent, à une certaine heure, vous prononceriez comme un perroquet certaines paroles dans une certaine langue que vous n'entendez point; que cet oiseau, né comme vous par l'action irrésistible des lois générales, ayant été malade, se porterait mieux; que vous vous imagineriez l'avoir guéri avec des paroles, et que nous aurions ensemble cette conversation.

SŒUR FESSUE

Monsieur, ce discours sent l'hérésie. Mon confesseur, le révérend père de Menou, en inférera que vous ne croyez pas à la Providence.

LE MÉTAPHYSICIEN

Je crois à la Providence générale, ma chère sœur, celle dont est émanée de toute éternité la loi qui règle toute chose, comme la lumière jaillit du soleil; mais je ne crois point qu'une Providence particulière change l'économie du monde pour votre moineau ou pour votre chat.

SŒUR FESSUE

Mais pourtant, si mon confesseur vous dit, comme il me l'a dit à moi, que Dieu change tous les jours ses volontés en faveur des âmes dévotes ?

LE MÉTAPHYSICIEN

Il me dira la plus plate bêtise qu'un confesseur de filles puisse dire à un homme qui pense.

SŒUR FESSUE

Mon confesseur une bête ! Sainte Vierge Marie !

LE MÉTAPHYSICIEN

Je ne dis pas cela; je dis qu'il ne pourrait justifier que par une bêtise énorme les faux principes qu'il vous a insinués, peut-être fort adroitement, pour vous gouverner.

SŒUR FESSUE

Ouais ! J'y penserai; cela mérite réflexion. »

SOPHRONIME ET ADELOS

TRADUIT DE MAXIME DE MADAURE[1]

(1776)

NOTICE SUR MAXIME DE MADAURE

Il y a plusieurs hommes célèbres du nom de Maximus, que nous abrégeons toujours par celui de Maxime; je ne parle pas des empereurs et des consuls romains, ni même des évêques de ce nom : je parle de quelques philosophes qui sont encore estimés pour avoir laissé quelques pensées par écrit.

Il y en a un qui, dans nos dictionnaires, est toujours appelé Maxime le magicien, ainsi qu'on nomme encore le curé Gaufridi, Gaufridi le sorcier; comme s'il y avait en effet des sorciers et des magiciens, car les noms donnés à la chose subsistent toujours, quand la chose même est reconnue fausse.

Ce philosophe était le favori de l'empereur Julien, et c'est ce qui lui fit une si méchante réputation parmi nous.

Maxime de Tyr, dont l'empereur Marc Aurèle fut le disciple, obtint de nous un peu plus de grâce. Il n'est point qualifié de sorcier, et il a eu Daniel Heinsius pour commentateur.

Le troisième Maxime, dont il s'agit ici, était un Africain né à Madaure, dans le pays qui est aujourd'hui celui d'Alger. Il vivait dans le commencement de la destruction de l'empire romain. Madaure, ville considérable par son commerce, l'était encore plus par les lettres; elle avait vu naître Apulée et Maxime. Saint Augustin, contemporain de Maxime, né dans la petite ville de Tagaste, fut élevé dans Madaure, et Maxime et lui furent toujours amis, malgré la différence de leurs opinions : car Maxime resta toujours attaché à l'antique religion de Numa, et Augustin quitta le manichéisme pour notre sainte religion, dont il fut, comme on le sait, une des plus grandes lumières.

C'est une remarque bien triste, et qu'on a faite souvent sans doute, que cette partie de l'Afrique qui produisit autrefois tant de grands hommes, et qui fut probablement, depuis Atlas, la première école de philosophie, ne soit aujourd'hui connue que par ses corsaires. Mais ces révolutions ne sont que trop communes : témoin la Thrace, qui produisit autrefois Orphée et Aristote; témoin la Grèce entière, témoin Rome elle-même.

Nous avons encore des monuments de la correspondance qui subsista toujours entre le disert Augustin de Tagaste et le platonicien Maxime de Madaure. On nous a conservé les lettres de l'un et de l'autre. Voici la fameuse lettre de Maxime sur l'existence de Dieu, avec la réponse de saint Augustin, toutes deux traduites par Dubois[1] de Port-Royal, précepteur du dernier duc de Guise.

LETTRE DE MAXIME DE MADAURE A AUGUSTIN

Or, qu'il y ait un Dieu souverain qui soit sans commencement, et qui, sans avoir rien engendré de semblable à lui, soit néanmoins le père et le formateur de toutes choses, quel homme est assez grossier, assez stupide pour en douter ? C'est celui dont nous adorons sous des noms divers l'éternelle puissance, répandue dans toutes les parties du monde... Ainsi, honorant séparément, par diverses sortes de cultes, ce qui est comme ses divers membres, nous l'adorons tout entier... Qu'ils vous conservent, ces dieux subalternes, sous les noms desquels et par lesquels, tous autant de mortels que nous sommes sur la terre, nous adorons le père commun des dieux et des hommes, par différentes sortes de cultes à la vérité, mais qui s'accordent tous dans leur variété même, et ne tendent qu'à la même fin !

RÉPONSE D'AUGUSTIN

Il y a dans votre place publique deux statues de Mars, nu dans l'une, et armé dans l'autre, et tout auprès la figure d'un homme qui, avec trois doigts qu'il avance vers Mars, tient en bride cette divinité dangereuse à toute la ville... Sur ce que vous me dites que de pareils dieux sont des membres du seul véritable Dieu, je vous avertis, avec toute la liberté que vous me donnez, de ne pas tomber dans de pareils sacrilèges. Car ce seul Dieu dont vous parlez est sans doute celui qui est reconnu de tout le monde, et sur lequel les ignorants conviennent avec les savants, comme quelques anciens ont dit. Or direz-vous que celui dont la force, pour ne pas dire la cruauté, est réprimée par un homme mort, soit un membre de celui-là ? Il me serait aisé de vous pousser sur ce sujet, car vous voyez bien ce qu'on pourrait dire sur cela; mais je me retiens, de peur que vous ne disiez que ce sont les armes de la rhétorique que j'emploie contre vous, plutôt que celles de la vérité.

Venons maintenant au fameux ouvrage de ce Maxime.

DIALOGUE

ADELOS

Vos sages conseils, Sophronime, ne m'ont pas rassuré encore. Parvenu à l'âge de quatre-vingt-six années, vous croyez être plus près du terme que moi, qui en ai soixante et quinze; vous avez rassemblé toutes vos forces pour combattre l'ennemi qui s'avance, mais je vous avoue que je n'ai pu me forcer à regarder la mort avec ces yeux indifférents dont on dit que tant de sages la contemplent.

SOPHRONIME

Il y a peut-être dans l'étalage de cette indifférence un faste de vertu qui ne convient pas au sage. Je ne veux point qu'on affecte de mépriser la mort; je veux qu'on s'y résigne : nous le devons, puisque tout corps organisé, animaux pensants, animaux sentants, végétaux, métaux même, tout est formé pour la destruction. La grande loi est de savoir souffrir ce qui est inévitable.

ADELOS

C'est précisément ce qui fait ma douleur. Je sais trop qu'il faut périr. J'ai la faiblesse de me croire heureux en considérant ma fortune, ma santé, mes richesses, mes dignités, mes amis, ma femme, mes enfants. Je ne puis songer sans affliction qu'il me faut bientôt quitter tout cela pour jamais. J'ai cherché des éclaircissements et des consolations dans tous les livres, je n'y ai trouvé que de vaines paroles.

J'ai poussé la curiosité jusqu'à lire un certain livre qu'on dit chaldéen, et qui s'appelle *le Coheleth*[1].

L'auteur me dit : Que m'importe d'avoir appris quelque chose si je meurs tout ainsi que l'insensé et l'ignorant ?... La mémoire du sage et celle du fou périssent également... Le trépas des hommes est le même que celui des bêtes; leur condition est la même : l'un expire comme l'autre, après avoir respiré de même... L'homme n'a rien de plus que la bête... Tout est vanité... Tous se précipitent dans le même abîme... Tous sont produits de terre, tous retournent à la terre... Et qui me dira si le souffle de l'homme s'exhale dans l'air, et si celui de la bête descend plus bas ?

Le même instructeur, après m'avoir accablé de ces images désespérantes, m'invite à me réjouir, à boire, à goûter les voluptés de l'amour, à me complaire dans mes œuvres. Mais lui-même en me consolant, est aussi affligé que moi. Il regarde la mort comme un anéantissement affreux. Il déclare qu'un chien vivant vaut mieux qu'un lion mort. Les vivants, dit-il, ont le malheur de savoir qu'ils mourront, et les morts ne savent rien, ne sentent rien, ne connaissent rien, n'ont rien à prétendre. Leur mémoire est donc un éternel oubli.

Que conclut-il sur-le-champ de ces idées funèbres ? Allez donc, dit-il; mangez votre pain avec allégresse, buvez votre vin avec joie.

Pour moi, je vous avoue qu'après de tels discours je suis prêt à tremper mon pain dans mes larmes, et que mon vin m'est d'une insupportable amertume.

SOPHRONIME

Quoi ! parce que dans un livre oriental il se trouve quelques passages où l'on vous dit que les morts n'ont point de sentiment, vous vous livrez à présent à des sentiments douloureux ! Vous souffrez actuellement de ce qu'un jour vous ne souffrirez plus du tout !

ADELOS

Vous m'allez dire qu'il y a là de la contradiction; je le sens bien, mais je n'en suis pas moins affligé. Si on me dit qu'on va briser une statue faite avec le plus grand art, qu'on va réduire en cendres un palais magnifique, vous me permettez d'être sensible à cette destruction; et vous ne voulez pas que je plaigne la destruction de l'homme, le chef-d'œuvre de la nature ?

SOPHRONIME

Je veux, mon cher ami, que vous vous souveniez avec moi des *Tusculanes* de Cicéron, dans lesquelles ce grand homme vous prouve avec tant d'éloquence que la mort n'est point un mal.

ADELOS

Il me le dit, mais peut-être avec plus d'éloquence que de preuves. Il s'est moqué des fables de l'Achéron et du Cerbère, mais il y a peut-être substitué d'autres fables. Il usait de la liberté de sa secte académique, qui permet de soutenir le pour et le contre : tantôt c'est Platon qui croit l'immortalité de l'âme; tantôt c'est Dicéarque qui la suppose mortelle. S'il me console un peu par l'harmonie de ses paroles; ses raisonnements me laissent dans une triste incertitude. Il dit, comme tous les physiciens qui me semblent si mal instruits, que l'air et le feu montent en droite ligne à la région céleste; et de là, dit-il, il est clair que les âmes, au sortir des corps, montent au ciel, soit qu'elles soient des animaux respirant l'air, soient qu'elles soient composées de feu[1].

Cela ne paraît pas si clair. D'ailleurs Cicéron aurait-il voulu que l'âme de Catilina et celle des trois abominables triumvirs eussent monté au ciel en droite ligne ?

J'avoue à Cicéron que ce qui n'est point n'est pas malheureux; que le néant ne peut ni se réjouir ni se plaindre; que je n'avais pas besoin d'une *Tusculane* pour apprendre des choses si triviales et si inutiles. On sait bien sans lui que les enfers inventés, soit par Orphée, soit par Hermès, soit par d'autres, sont des chimères absurdes. J'aurais désiré que le plus grand orateur, le premier philosophe de Rome, m'eût appris bien nettement s'il y a des âmes, ce qu'elles sont, pourquoi elles sont faites, ce qu'elles deviennent. Hélas ! sur ces grands et éternels objets de la curiosité humaine, Cicéron n'en sait pas plus que le dernier sacristain d'Isis ou de la déesse de Syrie.

Cher Sophronime, je me rejette entre vos bras; ayez pitié de ma faiblesse. Faites-moi un petit résumé de ce que vous me disiez ces jours passés sur tous ces objets de doute.

SOPHRONIME

Mon ami, j'ai toujours suivi la méthode de l'éclectisme; j'ai pris dans toutes les sectes ce qui m'a paru le plus vraisemblable. Je me suis interrogé moi-même de bonne foi : je vais encore vous parler de même, tandis qu'il me reste assez de force pour rassembler mes idées, qui vont bientôt s'évanouir.

1° J'ai toujours, avec Platon et Cicéron, reconnu dans la nature un pouvoir suprême, aussi intelligent que puissant, qui a disposé l'univers tel que nous le voyons. Je n'ai jamais pu penser avec Épicure que le hasard, qui n'est rien, ait pu tout faire. Comme j'ai vu toute la nature soumise à des lois constantes, j'ai reconnu un législateur; et comme tous les astres se meuvent selon des règles d'une mathématique éternelle, j'ai reconnu avec Platon l'éternel Géomètre.

2° De là descendant à ses ouvrages, et rentrant dans moi-même, j'ai dit : Il est impossible que dans aucun des mondes infinis qui remplissent l'univers, il y ait un seul être qui se dérobe aux lois éternelles; car celui qui a tout formé doit être maître de tout. Les astres obéissent; le minéral, le végétal, l'animal, l'homme obéissent donc de même.

3° Je ne connais le secret ni de la formation, ni de la végétation, ni de l'instinct animal, ni de l'instinct et de la pensée de l'homme. Tous ces ressorts sont si déliés qu'ils échappent à ma vue faible et grossière. Je dois donc penser qu'ils sont dirigés par les lois du Fabricateur éternel.

4° Il a donné aux hommes organisation, sentiment et intelligence; aux animaux, organisation, sentiment, et ce que nous appelons instinct; aux végétaux, organisation seule. Sa puissance agit donc continuellement sur ces trois règnes.

5° Toutes les substances de ces trois règnes périssent les unes après les autres. Il en est qui durent des siècles, d'autres qui vivent un jour; et nous ne savons pas si les soleils qu'il a formés ne seront pas à la fin détruits comme nous.

6° Ici vous me demanderez si je pense que nos âmes périront aussi comme tout ce qui végète, ou si elles passeront dans d'autres corps, ou si elles revêtiront un jour le même, ou si elles s'envoleront dans d'autres mondes.

A cela je vous répondrai qu'il ne m'est pas donné de savoir l'avenir; qu'il ne m'est pas même donné de savoir ce que c'est qu'une âme. Je sais certainement que le pouvoir suprême qui régit la nature a donné à mon individu la faculté de sentir, de penser, et d'expliquer mes pensées. Et quand on me demande si après ma mort ces facultés subsisteront, je suis presque tenté d'abord de demander à mon tour si le chant du rossignol subsiste quand l'oiseau a été dévoré par un aigle.

Convenons d'abord avec tous les bons philosophes que nous n'avons rien par nous-mêmes. Si nous regardons un objet, si nous entendons un corps sonore; il n'y a rien dans ces corps ni dans nous qui puisse produire immédiatement ces sensations. Par conséquent il n'est rien, ni dans nous, ni autour de nous, qui puisse produire immédiatement nos pensées, car point de pensées dans l'homme avant la sensation : « *Nihil est in intellectu quod non prius fuerit in sensu.* » Donc c'est Dieu qui nous fait toujours sentir et penser : donc c'est Dieu qui agit sans cesse sur nous, de quelque manière incompréhensible qu'il agisse. Nous sommes dans ses mains comme tout le reste de la nature. Un astre ne peut pas dire : Je tourne par ma propre force. Un homme ne doit pas dire : Je sens et je pense par mon propre pouvoir.

Étant donc les instruments périssables d'une puissance éternelle, jugez vous-même si l'instrument peut jouer encore quand il n'existe plus, et si ce ne serait pas une contradiction évidente. Jugez surtout si, en admettant un formateur souverain, on peut admettre des êtres qui lui résistent.

ADELOS

J'ai toujours été frappé de cette grande idée. Je ne connais point de système plus respectueux envers Dieu. Mais il me semble que si c'est révérer en Dieu sa toute-puissance, c'est lui ôter sa justice, et c'est ravir à l'homme sa liberté. Car si Dieu fait tout, s'il est tout, il ne peut ni récompenser ni punir les simples instruments de ses décrets absolus; et si l'homme n'est que ce simple instrument, il n'est pas libre.

Je pourrais me dire que dans votre système, qui fait Dieu si grand et l'homme si petit, l'Être éternel sera regardé par quelques esprits comme un fabricateur qui a fait nécessairement des ouvrages nécessairement sujets à la destruction; il ne sera plus aux yeux de bien des philosophes qu'une force secrète répandue dans la nature; nous retomberons peut-être dans le matérialisme de Straton en voulant l'éviter.

SOPHRONIME

J'ai craint longtemps, comme vous, ces conséquences dangereuses, et c'est ce qui m'a empêché d'enseigner mes principes ouvertement dans mes écoles; mais je crois qu'on peut aisément se tirer de ce labyrinthe. Je ne dis pas cela pour le vain plaisir de disputer et pour n'être pas vaincu en paroles. Je ne suis pas comme ce rhéteur[1] d'une secte nouvelle, qui avoue dans un de ses écrits que, s'il répond à une difficulté métaphysique insoluble, « ce n'est pas qu'il ait rien de solide à dire, mais c'est qu'il faut bien dire quelque chose ».

J'ose donc dire d'abord qu'il ne faut pas accuser Dieu d'injustice parce que les enfers des Égyptiens, d'Orphée, et d'Homère, n'existent pas, et que les trois gueules de Cerbère, les trois Furies, les trois Parques, les mauvais démons, la roue d'Ixion, le vautour de Prométhée, sont des chimères absurdes. Les charlatans sacrés qui inventèrent ces horribles fadaises pour se faire craindre, et qui ne soutinrent leur religion que par des bourreaux, sont aujourd'hui regardés par les sages comme la lie du genre humain; ils sont aussi méprisés que leurs fables.

Il y a certes une punition plus vraie, plus inévitable

dans ce monde pour les scélérats. Et quelle eſt-elle ? c'eſt le remords, qui ne manque jamais, et la vengeance humaine, laquelle manque rarement. J'ai connu des hommes bien méchants, bien atroces ; je n'en ai jamais vu un seul heureux.

Je ne ferai pas ici la longue énumération de leurs peines, de leurs horribles ressouvenirs, de leurs terreurs continuelles, de la défiance où ils étaient de leurs domestiques, de leurs femmes, de leurs enfants. Cicéron avait bien raison de dire : Ce sont là les vrais Cerbères, les vraies Furies, leurs fouets et leurs flambeaux.

Si le crime eſt ainsi puni, la vertu eſt récompensée, non par des champs élysées où le corps se promène insipidement quand il n'eſt plus ; mais pendant sa vie, par le sentiment intérieur d'avoir fait son devoir ; par la paix du cœur, par l'applaudissement des peuples, l'amitié des gens de bien. C'eſt l'opinion de Cicéron, c'eſt celle de Caton, de Marc Aurèle, d'Épictète ; c'eſt la mienne. Ce n'eſt pas que ces hommes prétendent que la vertu rende parfaitement heureux. Cicéron avoue qu'un tel bonheur ne saurait être toujours pur, parce que rien ne peut l'être sur la terre. Mais remercions le Maître de la nature humaine d'avoir mis à côté de la vertu la mesure de félicité dont cette nature eſt susceptible.

Quant à la liberté de l'homme que la toute-puissante et toute agissante nature de l'Être universel semblerait détruire, je m'en tiens à une seule assertion. La liberté n'eſt autre chose que le pouvoir de faire ce qu'on veut : or ce pouvoir ne peut jamais être celui de contredire les lois éternelles, établies par le grand Être. Il ne peut être que celui de les exercer, de les accomplir. Celui qui tend un arc, qui tire à lui la corde, et qui pousse la flèche, ne fait qu'exécuter les lois immuables du mouvement. Dieu soutient et dirige également la main de César qui signe le pardon des vaincus. Celui qui se jette au fond d'une rivière pour sauver un homme noyé, et pour le rendre à la vie, obéit aux décrets et aux règles irrésiſtibles. Celui qui égorge et qui dépouille un voyageur leur obéit malheureusement de même. Dieu n'arrête pas le mouvement du monde entier pour prévenir la mort d'un homme sujet à la mort. Dieu même, Dieu ne peut être libre d'une autre façon ; sa liberté ne peut être que le pouvoir d'exécuter éternellement son éternelle volonté. Sa volonté ne peut avoir à choisir avec indifférence entre le bien et le mal, puisqu'il n'y a point de bien ni de mal pour lui. S'il ne faisait pas le bien nécessairement par une volonté nécessairement déterminée à ce bien, il le ferait sans raison, sans cause : ce qui serait absurde.

J'ai l'audace de croire qu'il en est ainsi des vérités éternelles de mathématique par rapport à l'homme. Nous ne pouvons les nier dès que nous les apercevons dans toute leur clarté, et c'est en cela que Dieu nous fit à son image; ce n'est pas en nous pétrissant de fange délayée, comme on dit que fit Prométhée.

. . . . *Mixtam fluvialibus undis*
Finxit in effigiem moderantum cuncta deorum.
(OVID., *Met.*, I, 82-83.)

Certes ce n'est pas par le visage que nous ressemblons à Dieu, représenté si ridiculement par la fabuleuse antiquité avec tous nos membres et toutes nos passions; c'est par l'amour et la connaissance de la vérité que nous avons quelque faible participation de son être, comme une étincelle a quelque chose de semblable au soleil, et une goutte d'eau tient quelque chose du vaste océan.

J'aime donc la vérité quand Dieu me la fait connaître; je l'aime, lui qui en est la source; je m'anéantis devant lui, qui m'a fait si voisin du néant. Résignons-nous ensemble, mon cher ami, à ses lois universelles et irrévocables, et disons en mourant, comme Épictète :

« O Dieu ! je n'ai jamais accusé votre providence. J'ai été malade, parce que vous l'avez voulu, et je l'ai voulu de même; j'ai été pauvre, parce que vous l'avez voulu, et j'ai été content de ma pauvreté; j'ai été dans la bassesse, parce que vous l'avez voulu, et je n'ai jamais désiré de m'élever.

« Vous voulez que je sorte de ce spectacle magnifique, j'en sors; et je vous rends mille très humbles grâces de ce que vous avez daigné m'y admettre pour me faire voir tous vos ouvrages, et pour étaler à mes yeux l'ordre avec lequel vous gouvernez cet univers. »

NOTES ET VARIANTES

NOTES ET VARIANTES

LETTRES PHILOSOPHIQUES

P. 1

1. Parues en avril 1734 sous le titre : *Lettres philosophiques par M. de V., à Amsterdam, chez E. Lucas, au Livre d'Or* (en réalité à Rouen, chez Jore).

Il est probable que Voltaire avait préparé son ouvrage en Angleterre, pendant les années 1727 et 1728, et qu'il se trouvait à son retour en possession de notes et d'ébauches. Mais, d'après G. Lanson, dont l'édition critique des *Lettres philosophiques* (Paris, Hachette, 1930) fait encore autorité, le travail principal de rédaction date de 1729-1730. Interrompu par d'autres travaux, repris pendant toute l'année 1730, il est terminé au début de 1733 : Thiériot et l'éditeur Jore en reçoivent à ce moment-là des copies.

Annoncée en juin 1733 par le *Mercure de France,* la traduction anglaise des *Lettres philosophiques* paraît à Londres en août de la même année. Jore, sans prévenir Voltaire, laisse à son tour sortir son édition en avril 1734. L'effet fut celui d'une bombe : l'éditeur est arrêté, l'ouvrage brûlé sur ordre du Parlement, une lettre de cachet lancée contre Voltaire lui-même, qui s'enfuit en Lorraine, avant d'aller s'installer pour longtemps à Cirey. « Vraiment, écrit-il à d'Argental, puisqu'on crie tant sur ces fichues *Lettres,* je me repens bien de n'en avoir pas dit davantage ! »

Par exception, pour nous conformer à la magistrale édition critique de G. Lanson, nous avons pris pour texte de base l'édition originale. Dans tous les autres textes, nous adoptons la leçon de l'édition dite « encadrée », la dernière qui ait été revue par Voltaire (1775).

PREMIÈRE LETTRE :

Sur les quakers.

2. On s'intéresse aux quakers chez les Français depuis le milieu du XVIIe siècle. Voir notamment : CHAMBERLAYNE, *État présent de l'Angleterre,* traduit de l'anglais par M. D. N. (de Neuville), 1698, 2 vol. in-12; AUBERT DE VERSÉ, *Le Protestant pacifique,* Amsterdam, 1684; *Histoire abrégée de la naissance et des progrès du kouakerisme* [sic] *avec celle de ses dogmes* (par Philippe Naudé, 1692); MORÉRI, *Grand dictionnaire historique* (1718); P. CATROU, *Histoire des trembleurs,* in-12, 1733. Mais les sources directes de Voltaire sont : BARCLAY, *Theologiae verae Christianiae Apologia* (1676), et SEWEL, *The History of the Rise increases and Progress of the Christian People called quakers* (1726).

P. 3

1. *Matthieu*, III, 11 (cité par Barclay).

2. *I Corinthiens*, I, 17. Ce texte aurait été signalé à Voltaire par le quaker Edward Higginson, à Hampstead, et aurait fait sur lui une profonde impression (cf. Edward HIGGINSON, *Account of a conversation with Voltaire*).

SECONDE LETTRE :

Sur les quakers.

P. 6

1. « *Christus... dicens : Gratis accepistis, gratis date* », *Matthieu*, x, 8, cité par Barclay.

TROISIÈME LETTRE :

Sur les quakers.

P. 7

1. Georges Fox , fondateur de la secte des quakers (1624-1690)

P. 8

1. Où l'on ne s'enfermait pas. Allusion à la pratique du conclave.

2. Sewel (cité plus haut) rapporte cette appellation à l'habitude qu'avait Fox de répéter dans ses prédications : « Tremble at the world of the Lord. » Mais l'explication de Voltaire est celle qui est généralement admise. Cf. BARCLAY, *op. cit.* « *Et sic tremor et corporis motus et aliquando omnibus superveniet, et prout veritatis vis praevalet, a gemitibus et suspiris in dulcem harmoniam et laudis melodiam transibit, et hinc nomen quakerorum, id est tremulorum, nobis ironice impositum est.* »

QUATRIÈME LETTRE :

Sur les quakers.

P. 10

1. Source de Voltaire : *A collection of the works of William Penn*, Londres, 1726, 2 vol. in-fol.; en particulier, the Author's life au début du tome I.

P. 11

1. Il y a en réalité deux voyages. C'est au second — celui de 1677 — que s'attache particulièrement Voltaire.

P. 13

1. *Var. :* A partir de « en 1718 », les éditions postérieures à 1756 ajoutent l'anecdote suivante :

Ce fut sous le règne de Charles II qu'ils obt nrent le noble privilège de ne jamais jurer, et d'être crus en justice sur leur parole. Le chancelier, homme d'esprit, leur parla ainsi : « Mes amis, Jupiter ordonna un jour que toutes les bêtes de somme vinssent se faire ferrer. Les ânes représentèrent que leur loi ne le leur permettait pas. — Eh bien, dit Jupiter, on ne vous ferrera point ; mais au premier faux pas que vous ferez, vous aurez cent coups d'étrivière. »

Anecdote inexacte d'ailleurs, dans la mesure où l'exemption du serment pour les quakers fut faite sous Guillaume III, en 1696.

CINQUIÈME LETTRE :
Sur la religion anglicane.

P. 14

1. Bill de 1711, contre la conformité occasionnelle.

P. 15

1. *Dissertation sur la validité des ordinations anglicanes et sur la succession des évêques de l'église anglicane,* Bruxelles, 1723, in-12. Le scandale en France fut énorme et durable. On en parle encore en 1727 dans les *Mémoires de Trévoux* (p. 797).

2. Il s'agit, bien qu'il fût tory, des idées de Bolingbroke.

P. 16

1. « Il est, par la vertu Dieu, *haereticque ;* je dis haereticque formé, haereticque clavelé, haereticque *bruslable,* comme une belle petite horologe. Son âme s'en va a trente mille charretées de Diables. » (III, 22.)

SIXIÈME LETTRE :
Sur les presbytériens.

P. 17

1. Seuls les anglicans étaient autorisés à porter la soutane.

SEPTIÈME LETTRE :
Sur les sociniens...

P. 18

1. Voltaire n'a pas parlé des déistes anglais, ce qui eût été sans doute trop dangereux; il montre seulement, en consacrant une lettre aux ariens, comment le rationalisme peut pénétrer dans la théologie.

P. 19

1. *A discourse concerning the being and attributes of God* (1705-1706, 2 vol.).

2. *The verity and certitude of natural and revealed religion* (1705).

3. Les premières éditions portent entre parenthèses Rabelais. Mais Voltaire n'a aucune raison de taire le nom d'un mort. S'agit-il d'une petite supercherie, et Voltaire s'est-il désigné lui-même ?

4. *The Scripture Doctrine of the Trinity, in three parts* (1712).

5. À partir de 1739, les éditions ajoutent :

Car, lorsque la reine Anne voulut lui donner ce poste, un docteur nommé Gibson, qui avait sans doute ses raisons, dit à la reine : « Madame, Mr Clarke est le plus savant et le plus honnête homme du royaume, il ne lui manque qu'une chose. — Et quoi ? dit la reine. — C'est d'être chrétien », dit le docteur bénévole.

P. 20

1. Auteur des *Liberii de sancto Amore epistolae theologicae*, Irenopoli, 1679, et d'une *Version du Nouveau Testament*, 1703, qui le fit accuser de socinianisme par Phil. Ménard.

HUITIÈME LETTRE :
Sur le Parlement.

P. 21

1. Cette version avait été répandue par Guillaume III, en 1702, lorsqu'il voulait la guerre contre la France.

P. 22

1. Allusion probable à la révolte de Catalogne sous Philippe V et au siège de Barcelone en 1714.

2. Allusion à des révoltes en Égypte (déc. 1726), à Tunis et à Smyrne (mai 1728).

NEUVIÈME LETTRE :
Sur le gouvernement.

P. 25

1. La Grande Charte de 1215.

2. Il s'agit en réalité de l'article XXXVIII : « Aucun shérif ou bailli ne prendra par force ni chariots ni chevaux pour porter aucun bagage, qu'en payant le prix ordonné par les anciens règlements, savoir dix sols par jour pour un chariot à deux chevaux et quatorze sols pour un chariot à trois chevaux. »

DIXIÈME LETTRE :
Sur le commerce.

P. 27

1. Les éditions à partir de celle de 1756 remplacent le début jusqu'à : « Quand Louis XIV... » par le morceau qui suit :

Depuis le malheur de Carthage aucun peuple ne fut puissant à la fois par le commerce et par les armes, jusqu'au temps où Venise donna cet exemple. Les Portugais, pour avoir passé le cap de Bonne-Espérance, ont quelque temps été de grands seigneurs sur les côtes de l'Inde, et jamais redoutables en Europe. Les Provinces-Unies n'ont été guerrières que malgré elles ; et ce n'est pas comme unies *entre elles, mais comme* unies *avec l'Angleterre, qu'elles ont prêté la main pour tenir la balance de l'Europe au commencement du dix-huitième siècle. Carthage, Venise et Amsterdam ont été puissantes ; mais elles ont fait comme ceux qui parmi nous, ayant amassé de l'argent par le négoce, en achètent des terres seigneuriales. Ni Carthage, ni Venise, ni la Hollande, ni aucun peuple n'a commencé par être guerrier, et même conquérant, pour finir marchand. Les Anglais sont les seuls : ils se sont battus longtemps avant de savoir compter. Ils ne savaient pas, quand ils gagnaient les batailles d'Azincourt, de Crécy et de Poitiers, qu'ils pouvaient vendre beaucoup de blé, et fabriquer de beaux draps qui leur vaudraient bien davantage. Ces seules connaissances ont augmenté, enrichi, fortifié la nation. Londres était pauvre et agreste lorsque Édouard III conquérait la moitié de la France. C'est uniquement parce que les Anglais sont devenus négociants que Londres l'emporte sur Paris par l'étendue de la ville et le nombre des citoyens ; qu'ils peuvent mettre en mer deux cents vaisseaux de guerre, et soudoyer des rois alliés. Les peuples d'Écosse sont nés guerriers et spirituels. D'où vient que leur pays est devenu, sous le nom d'union, une province d'Angleterre ? C'est que l'Écosse n'a que du charbon, et que l'Angleterre a de l'étain fin, de belles laines, d'excellents blés, des manufactures et des compagnies de commerce.*

(Ce nouveau début sort du travail préparatoire à l'*Essai sur les Mœurs.*)

P. 28

1. « Un *freeholder* est chez nous ce qu'était autrefois à Rome un citoyen de cette fameuse République. » (ADDISON, *Essais politiques,* « le Freeholder ou l'Anglais jaloux de sa liberté ».)

ONZIÈME LETTRE :

Sur l'insertion de la petite vérole.

P. 32

1. A partir de 1752, pour le premier paragraphe, et de 1756 pour le reste, les éditions ajoutent le texte suivant :

Il y a quelques années qu'un missionnaire jésuite, ayant lu cette lettre et se trouvant dans un canton de l'Amérique où la petite vérole faisait des ravages affreux, s'avisa de faire inoculer tous les petits sauvages qu'il baptisait ; ils lui durent ainsi la vie présente et la vie éternelle : quels dons pour des sauvages !

Un évêque de Worcester a depuis peu prêché à Londres l'inoculation ; il a démontré en citoyen combien cette pratique avait conservé de sujets à l'État ; il l'a recommandée en pasteur charitable. On prêcherait à Paris contre cette invention salutaire, comme on a écrit vingt ans contre les expériences de Newton : tout prouve que les Anglais sont plus philosophes et plus hardis que nous. Il faut bien du temps pour qu'une certaine raison et un certain courage d'esprit franchissent le pas de Calais.

Il ne faut pourtant pas s'imaginer que depuis Douvres jusqu'aux îles

Orcades on ne trouve que des philosophes ; l'espèce contraire compose toujours le grand nombre. L'inoculation fut d'abord combattue à Londres ; et longtemps avant que l'évêque de Worcester annonçât cet évangile en chaire, un curé s'était avisé de prêcher contre ; il dit que Job avait été inoculé par le diable. Ce prédicateur était fait pour être capucin, il n'était guère digne d'être né en Angleterre. Le préjugé monta donc en chaire le premier, et la raison n'y monta qu'ensuite : c'est la marche ordinaire de l'esprit humain.

DOUZIÈME LETTRE :

Sur le chancelier Bacon.

P. 33

1. En réalité 40 000 livres anglaises, qui faisaient un million de livres françaises. Bacon perdit non pas sa qualité de pair, mais le droit d'assister aux séances du Parlement.

P. 35

1. Opinion d'Anaxagoras.

TREIZIÈME LETTRE :

Sur M. Locke.

P. 39

1. *Essai sur l'entendement humain,* traduction Coste, II, I, 10.
2. *Ibid.*, IV, III, 22.
3. Cf. *Mémoires de Trévoux,* sept. 1725.

P. 40

1. Évêque de Worcester, Edward Stillingfleet attaqua Locke incidemment dans son *Discourse in vindication of the Doctrine of the Trinity* (1697) et entretint avec lui une polémique courtoise de 1697 à 1699.
2. L'édition de 1748, à la place de ce paragraphe (de « Je suis... » à « l'école »), donne les suivants :

Que suis-je ? Un assemblage d'organes. Je respire par les poumons, je prends avec les mains ; je pense avec le cerveau ; et j'admire autant l'artifice par lequel mon cœur envoie du sang dans mes artères, et par lequel l'homme conserve sa vie et la transmet, que le don que j'ai reçu d'avoir quelques faibles idées dans ma tête. Tout cela est également l'ouvrage d'un Dieu. N'a-t-il mis en moi qu'un principe ? En a-t-il mis plusieurs ? Je l'ignore. Je ne sais comment je vis, ni comment j'ai la force active, ni comment je pense.

Je sais seulement qu'il n'y a qu'un être tout-puissant qui opère en moi ces merveilles, soit qu'il les opère par un seul ressort, soit qu'il en fasse agir plusieurs ; je vois seulement mon corps et je ne vois pas le reste. Ici toute l'école m'arrête et me dit : « Il n'y a dans le corps que de l'étendue et de la solidité ; or l'étendue et la solidité ne peuvent faire une pensée. » M. Locke répondrait : « Avouez du moins... »

P. 41

1. Les éditions de 1739 à 1748 intercalent ici :

Que vous importe que l'âme soit un de ces êtres incompréhensibles qu'on appelle esprit ? Quoi ! Dieu, le créateur de tout, ne peut-il pas éterniser ou anéantir une âme à son gré, quelle que soit sa substance ?

L'édition de 1748 continue par :

Vous ne voyez dans le corps qu'un être étendu, et de là vous assurez qu'il ne peut avoir un pouvoir immatériel, mais la force active qui est dans ce corps n'est-elle pas en effet un être métaphysique ?

O mortels, que nous sommes loin de connaître les principes des choses ; et qu'il nous appartient peu de décider !

P. 42

1. Variante à partir de 1756 :

... qui sont ceux qui ont porté le flambeau de la discorde dans leur patrie ? Est-ce Pomponace, Montaigne, Le Vayer, Descartes, Gassendi, Bayle, Spinoza, Hobbes, le lord Shaftesbury, le comte de Boulainvilliers, le consul Maillet, Toland, Collins, Fludd, Wolston, Becker, l'auteur déguisé sous le nom de Jacques Macé, celui de l'Espion turc, *celui des* Lettres persanes, *des* Lettres juives, *des* Pensées philosophiques ? *Non, ce sont...*

P. 43

1. Ce morceau constitue depuis l'édition de Kehl la section VIII de l'article *Ame* dans le *Dictionnaire philosophique.* Mais il parut en réalité dans un recueil de 1738 sous le titre de *26e lettre philosophique sur l'âme.*

P. 51

1. Ovide, *Métamorphoses,* VI, 67.

P. 53

1. Passage fameux de Lucrèce, repris par Sénèque (*Troas,* acte II, chœur final, 395).

2. Le morceau se termine par les trois paragraphes de la lettre XIII : *il ne faut jamais craindre qu'aucun sentiment philosophique puisse nuire à la religion d'un pays, etc.*

QUATORZIÈME LETTRE :
Sur Descartes et Newton.

P. 54

1. Virgile, *Énéide,* chant I.

P. 55

1. Notamment : *A Panegyric upon sir Isaac Newton translated from the French pronounced by M. Fontenelle before the Royal Academy*

of Sciences at Paris, publié en janvier 1728 par *The Present state of the Republic of Letters* (t. I, pp. 52-84).

P. 56

1. Galilée mourut en 1642.

P. 58

1. *Traité de physique,* 1671. Réédité en 1732.

QUINZIÈME LETTRE :
Sur le système de l'attraction.

2. A partir de l'édition de 1756, les lettres XV et XVI et le début de la lettre XVII sont remplacés par un morceau intitulé *De Newton,* que nous reproduisons en appendice à la lettre XVII.

De 1739 à 1755, le début de cette lettre (quatre premiers alinéas jusqu'à : « Mais en philosophie... ») est remplacé par le texte suivant :

Je n'entrerai point ici dans une explication mathématique de ce qu'on appelle l'attraction, ou la gravitation : je me borne à l'histoire de cette nouvelle propriété de la matière, devinée longtemps avant Newton et démontrée par lui ; c'est donner en quelque façon l'histoire d'une création nouvelle.

Copernic, ce Christophe Colomb de l'astronomie, avait à peine appris aux hommes le véritable ordre de l'univers, si longtemps défiguré, il avait à peine fait voir que la terre tourne, et sur elle-même, et dans un espace immense, lorsque tous les docteurs firent à peu près les mêmes objections que leurs devanciers avaient faites contre les antipodes. Saint Augustin, en niant ces antipodes, avait dit : « Eh quoi ! ils auraient donc la tête en bas et ils tomberaient dans le ciel ? » Les docteurs disaient à Copernic : « Si la terre tournait sur elle-même, toutes ses parties se détacheraient et tomberaient dans le ciel. — Il est certain que la terre tourne, répondait Copernic, et que ses parties ne s'envolent pas ; il faut donc qu'une puissance les dirige toutes vers le centre de la terre ; et probablement, dit-il, cette propriété existe dans tous les globes, dans le soleil, dans la lune, dans les étoiles ; c'est un attribut donné à la matière par la divine Providence. » C'est ainsi qu'il s'explique dans son premier livre des Révolutions célestes sans avoir osé, ni peut-être pu, aller plus loin.

Kepler, qui suivit Copernic et qui perfectionna l'admirable découverte du vrai système du monde, approcha un peu du système de la pesanteur universelle : on voit, dans son traité de l'étoile de Mars, des veines encore mal formées de cette mine dont Newton a tiré son or. Kepler admet non seulement une tendance de tous les corps terrestres au centre, mais aussi des astres les uns vers les autres. Il ose entrevoir, et dire, que si la terre et la lune n'étaient pas retenues dans leurs orbites, elles s'approcheraient l'une de l'autre, elles s'uniraient. Cette vérité étonnante était obscurcie chez lui de tant de nuages, et de tant d'erreurs, qu'on a dit qu'il l'avait devinée par instinct.

Cependant le grand Galilée, partant d'un principe plus mécanique, examinait quelle est la chute des corps sur la terre. Il trouvait que si un corps tombe dans le premier temps, par exemple, d'une seule toise, il parcourt trois toises dans le second temps, et que dans le troisième temps, il parcourt cinq toises ; et qu'ainsi, puisque 5, 3 et 1 font 9, et qu'au bout de ce troisième temps le corps a parcouru en tout neuf toises, il se trouve que 9 étant le carré de 3, les espaces parcourus sont toujours comme le carré des temps.

Il s'agissait ensuite de savoir trois choses : 1° Si les corps tombaient également vite sur la terre, abstraction faite de la résistance de l'air ? 2° Quels espaces parcouraient en effet ces corps dans une minute ? 3° Si, à quelque distance que ce fût du centre de notre globe, les chutes seraient les mêmes ? Voilà en partie ce que le chancelier Bacon proposait d'examiner.

Il est bien singulier que Descartes, le plus grand géomètre de son temps, ne se soit pas servi de ce fil dans le labyrinthe qu'il s'était bâti lui-même. On ne trouve nulle trace de ces vérités dans ses ouvrages ; aussi n'est-il pas surprenant qu'il se soit égaré.

Il voulut créer un univers. Il fit une philosophie comme on fait un bon roman ; tout parut vraisemblable, et rien ne fut vrai.

Il imagina des éléments, des tourbillons, qui semblaient rendre une raison plausible de tous les mystères de la nature ; mais en philosophie...

P. 64

1. Voir, de A. J. Bernoulli, *Examen novi systematis cometarum,* 1682. Il y donne 38 ans 147 jours à la comète de 1680 pour réapparaître.

2. Whiston, auteur de *A new theory of the earth* (1696), avait inséré dans une réédition de 1722 une dissertation intitulée : *The cause of the Deluge demonstrated.*

P. 65

1. Saurin, *Examen d'une difficulté considérable proposée par M. Huyghens contre le système cartésien sur la cause de la pesanteur* (*Mémoires de l'Académie des Sciences,* 1709, pp. 131 sqq.).

P. 66

1. Cf. *Job,* XXVIII, 11 : « *Usque huc venies et non procedes amplius.* »

SEIZIÈME LETTRE :
Sur l'optique de M. Newton.

P. 67

1. Auteur de *De radiis visus et lucis in vitris perspectivis et iride tractatus,* Venise, 1611, in-4°.

DIX-SEPTIÈME LETTRE :
Sur l'infini et sur la chronologie.

P. 70

1. Dans son *Arithmétique des infinis* (1655).

P. 72

1. Titres des œuvres de Newton sur la chronologie dans le tome III des *Is. Newtoni opuscula* (Lausanne et Genève, 1744, in-4°) : *Brevia chronica* (1725), *Chronologia veterum regnorum emendata* (1728), *Animadversiones in observationes factas in ejusdem Brevia chronica.*

P. 76

1. Addition de 1739 à 1752.

P. 79

1. Ce morceau remplace, de 1756 à 1775, les lettres XV, XVI et le commencement de la lettre XVII. Il devient, dans l'édition de Kehl, la section II de l'article « Newton » dans le *Dictionnaire philosophique.*

DIX-HUITIÈME LETTRE :
Sur la tragédie.

P. 81

1. Cf. notamment dans l'œuvre de Voltaire, sur le même sujet, l'article « Art dramatique », des *Questions sur l'Encyclopédie,* la *Dissertation sur la poésie épique,* la Préface de 1730 à *Œdipe,* le *Discours sur la tragédie* en tête de *Brutus.*

P. 84

1. Les éditions à partir de 1756 ajoutent le passage suivant : *Il semble quelquefois que la nature ne soit pas faite en Angleterre comme ailleurs.*

Ce même Dryden, dans sa farce de Don Sébastien, Roi de Portugal, *qu'il appelle tragédie, fait parler ainsi un officier à ce monarque :*

LE ROI SÉBASTIEN

Ne me connais-tu pas, traître, insolent ?

ALONZE

Qui, moi ?
Je te connais fort bien, mais non pas pour mon roi,
Tu n'es plus dans Lisbonne, où ta cour méprisable
Nourrissait de ton cœur l'orgueil insupportable.
Un tas d'illustres sots et de fripons titrés,
Et de gueux du bel air et d'esclaves dorés,
Chatouillait ton oreille et fascinait ta vue,
On t'entourait en cercle ainsi qu'une statue.

Quand tu disais un mot, chacun, le cou tendu,
S'empressait d'applaudir sans t'avoir entendu ;
Et ce troupeau servile admirait en silence
Ta royale sottise et ta noble arrogance :
Mais te voilà réduit à ta juste valeur...

Ce discours est un peu anglais ; la pièce d'ailleurs est bouffonne. Comment concilier, disent nos critiques, tant de ridicule et de raison, tant de bassesse et de sublime ? Rien n'est plus aisé à concevoir ; il faut songer que ce sont des hommes qui ont écrit. La scène espagnole a tous les défauts de l'anglaise, et n'en a peut-être pas les beautés. Et de bonne foi qu'étaient donc les Grecs ? qu'était donc Euripide, qui dans la même pièce fait un tableau si touchant, si noble d'Alceste s'immolant à son époux, et met dans la bouche d'Admète et de son père des puérilités si grossières que les commentateurs mêmes en sont embarrassés ?

Ne faut-il pas être bien intrépide pour ne pas trouver le sommeil d'Homère quelquefois un peu long, et les rêves de ce sommeil assez insipides ? Il faut bien des siècles pour que le goût s'épure. Virgile, chez les Romains, Racine, chez les Français, furent les premiers dont le goût fut toujours pur dans les grands ouvrages.

2. Ce paragraphe, à partir de 1751, est remplacé par le développement suivant :

M. Addison est le premier Anglais qui ait fait une tragédie raisonnable. Je le plaindrais s'il n'y avait mis que de la raison. Sa tragédie de Caton *est écrite d'un bout à l'autre avec cette élégance mâle et énergique dont Corneille le premier donna chez nous de si beaux exemples dans son style inégal. Il me semble que cette pièce est faite pour un auditoire un peu philosophe et très républicain. Je doute que nos jeunes Damis et nos petits-maîtres eussent aimé Caton en robe de chambre lisant les* Dialogues *de Platon, et faisant ses réflexions sur l'immortalité de l'âme. Mais ceux qui s'élèvent au-dessus des usages, des préjugés, des faiblesses de leur nation, ceux qui sont de tous les temps et de tous les pays, ceux qui préfèrent la grandeur philosophique à des déclarations d'amour, seront bien aises de trouver ici une copie quoique imparfaite de ce morceau sublime. Il semble qu'Addison, dans ce beau monologue de Caton, ait voulu lutter contre Shakespeare. Je traduirai l'un comme l'autre, c'est-à-dire avec cette liberté sans laquelle on s'écarterait trop de son original à force de vouloir lui ressembler. Le fond est très fidèle ; j'y ajoute peu de détails. Il m'a fallu enchérir sur lui ne pouvant l'égaler.*

Oui, Platon, tu dis vrai, notre âme est immortelle.
C'est un Dieu qui lui parle, un Dieu qui vit en elle.
Eh ! d'où viendrait sans lui ce grand pressentiment,
Ce dégoût des faux biens, cette horreur du néant ?
Vers des siècles sans fin je sens que tu m'entraînes.
Du monde et de mes sens je vais briser les chaînes,
Et m'ouvrir loin d'un corps dans la fange arrêté
Les portes de la vie et de l'éternité.

L'éternité ! Quel mot consolant et terrible !
O lumière ! ô nuage ! ô profondeur horrible !
Que suis-je ? où suis-je ? où vais-je et d'où suis-je tiré ?
Dans quel climat nouveau, dans quel monde ignoré
Le moment du trépas va-t-il plonger mon être ?
Où sera cet esprit qui ne peut se connaître ?
Que me préparez-vous, abîmes ténébreux ?
Allons, s'il eſt un Dieu, Caton doit être heureux.
Il en eſt un sans doute et je suis son ouvrage.
Lui-même au cœur du juſte il empreint son image.
Il doit venger sa cause et punir le pervers.
Mais comment ? dans quel temps, et dans quel univers ?
Ici la vertu pleure et l'audace l'opprime ;
L'innocence à genoux y tend la gorge au crime :
La fortune y domine et tout y suit son char.
Ce globe infortuné fut formé pour César :
Hâtons-nous de sortir d'une prison funeſte ;
Je te verrai sans ombre, ô vérité céleſte !
Tu te caches de nous dans nos jours de sommeil,
Cette vie eſt un songe et la mort un réveil.

Dans cette tragédie d'un patriote et d'un philosophe, le rôle de Caton me paraît surtout un des plus beaux personnages qui soient sur aucun théâtre. Le Caton d'Addison eſt, je crois, fort au-dessus de la Cornélie de Pierre Corneille. Car il eſt continuellement grand sans enflure, et le rôle de Cornélie, qui d'ailleurs n'eſt pas un personnage nécessaire, sent trop la déclamation en quelques endroits. Elle veut toujours être héroïne et Caton ne s'aperçoit jamais qu'il eſt un héros.

Il eſt bien triſte que quelque chose de si beau ne soit pas une belle tragédie ; des scènes décousues, qui laissent souvent le théâtre vide, des a parte *trop longs et sans art, des amours froids et insipides, une conspiration inutile à la pièce, un certain Sempronius déguisé et tué sur le théâtre, tout cela fait de la fameuse tragédie de* Caton *une pièce que nos comédiens n'oseraient jamais jouer, quand même nous penserions à la romaine ou à l'anglaise. La barbarie et l'irrégularité du théâtre de Londres ont percé jusque dans la sagesse d'Addison. Il me semble que je vois le czar Pierre qui en réformant les Russes tenait encore quelque chose de son éducation et des mœurs de son pays.*

DIX-NEUVIÈME LETTRE :
Sur la comédie.

P. 85

1. Tout le début, jusqu'à : « mais aussi ils ont... », eſt remplacé à partir de 1748 par le morceau suivant :

Si dans la plupart des tragédies anglaises, les héros sont ampoulés et les héroïnes extravagantes, en récompense le ſtyle eſt plus naturel dans la comédie. Mais ce naturel nous paraîtrait souvent celui de la débauche plutôt que celui de l'honnêteté ; on y appelle chaque chose par son nom. Une femme fâchée contre son amant lui souhaite la vérole. Un ivrogne dans une pièce qu'on joue tous les jours se masque en prêtre, fait du tapage, est arrêté par le guet. Il se dit curé ; on lui demande s'il a une cure : il répond qu'il en a une excellente pour la chaude-pisse. Une des comédies les plus décentes, intitulée le Mari négligent, *représente d'abord ce mari qui se fait gratter la tête par une servante assise à côté de lui. Sa femme survient et s'écrie : « A quelle autorité ne parvient-on pas par être putain ? » Quelques cyniques prennent le parti de ces expressions grossières ; ils s'appuient sur l'exemple d'Horace, qui nomme par leur nom toutes les parties du corps et tous les plaisirs qu'elles donnent. Ce sont des images qui gagnent chez nous à être voilées. Mais Horace qui semble fait pour les mauvais lieux, ainsi que pour la cour, et qui entend parfaitement les usages de ces deux empires, parle aussi franchement de ce qu'un honnête homme dans ses besoins peut faire à une jeune fille ou à un jeune beau garçon que s'il parlait d'une promenade ou d'un souper ; on ajoute que les Romains du temps d'Auguste étaient aussi jolis que les Parisiens et que ce même Horace qui loue l'empereur Auguste d'avoir réformé les mœurs se conformait sans honte à l'usage de son siècle qui permettait les filles, les garçons et les noms propres : chose étrange (si quelque chose pouvait l'être) qu'Horace, en parlant le langage de la débauche, fut le favori d'un réformateur, et qu'Ovide, pour avoir parlé le langage de la galanterie, fut exilé par un fourbe, un assassin nommé Octave, parvenu à l'empire par des crimes qui méritaient le dernier supplice.*

Quoi qu'il en soit, Bayle prétend que les expressions sont indifférentes, en quoi lui et les cyniques, et les stoïciens, semblent se tromper ; car chaque chose a des noms différents qui la peignent sous divers aspects et qui donnent d'elle des idées fort différentes. Les mots de magistrat et de robin, de gentilhomme et de gentillâtre, d'officier et d'aigrefin, de religieux et de moine, ne signifient pas la même chose. La consommation du mariage, et tout ce qui sert à ce grand œuvre, sera différemment exprimé par le curé, par le mari, par le médecin, et par un jeune homme amoureux. Le mot dont celui-ci se servira réveillera l'image du plaisir, les termes du médecin ne présenteront que des figures anatomiques, le mari fera entendre avec décence ce que le jeune indiscret aura dit avec audace ; et le curé tâchera de donner l'idée d'un sacrement ; les mots ne sont donc pas indifférents, puisqu'il n'y a point de synonymes.

Il faut encore considérer que si les Romains permettaient des expressions grossières dans des satires, qui n'étaient lues que de peu de personnes, ils ne souffraient pas des mots déshonnêtes sur le théâtre. Car, comme dit La Fontaine,

Chastes sont les oreilles
Encor que les yeux soient fripons.

En un mot, il ne faut pas qu'on prononce en public un mot qu'une honnête femme ne puisse répéter.

Les Anglais ont pris, ont déguisé, ont gâté la plupart des pièces de Molière. Ils ont voulu faire un Tartuffe. *Il était impossible que ce sujet*

réussît à Londres : la raison en est qu'on ne se plaît guère aux portraits des gens qu'on ne connaît pas. Un des grands avantages de la nation anglaise, c'est qu'il n'y a point de tartuffes chez elle. Pour qu'il y eût de faux dévots, il faudrait qu'il y en eût de véritables. On n'y connaît presque point le nom de dévot, mais beaucoup celui d'honnête homme. On n'y voit point d'imbéciles qui mettent leurs armes en d'autres mains, ni de ces petits ambitieux qui s'établissent dans un quartier de la ville un empire despotique sur quelques femmelettes autrefois galantes et toujours faibles, et sur quelques hommes plus faibles et plus méprisables qu'elles. S'il n'y a point de tartuffes chez cette nation libre et audacieuse, en revanche, il y a plus de misanthropes que dans tout le reste de l'Europe : la philosophie, la liberté et le climat conduisent à la misanthropie. Londres, qui n'a point de Tartuffes, est plein de Timons. Aussi le Misanthrope ou l'Homme au franc procédé *est une des bonnes comédies qu'on ait à Londres : elle fut faite du temps que Charles Second et sa cour brillante tâchaient de défaire la nation de son humeur noire. Wicherley, auteur de cet ouvrage, était l'amant déclaré de la duchesse de Cleveland, maîtresse du roi. Cet homme, qui passait sa vie dans le plus grand monde, en peignait les ridicules et les faiblesses avec les couleurs les plus fortes.*

2. *The plain dealer.*

P. 86

1. *The country wife.*

P. 87

1. Il mourut le 19 janvier 1728.

P. 88

1. Allusion probable à Shadwell.

2. Les éditions à partir de celle de 1752 ajoutent ces deux alinéas :

On reproche aux Anglais leur scène souvent ensanglantée et ornée de corps morts ; on leur reproche leurs gladiateurs, qui combattent à moitié nus devant de jeunes filles, et qui s'en retournent quelquefois avec un nez et une joue de moins. Ils disent pour leurs raisons qu'ils imitent les Grecs dans l'art de la tragédie et les Romains dans l'art de couper des nez. Mais leur théâtre est un peu loin de celui des Sophocle et des Euripide, et à l'égard des Romains il faut avouer qu'un nez et une joue sont bien peu de chose en comparaison de cette multitude de victimes qui s'égorgeaient mutuellement dans le cirque pour le plaisir des dames romaines.

Ils ont eu quelquefois des danses dans leurs comédies, et ces danses ont été des allégories d'un goût singulier. Le pouvoir despotique et l'état républicain furent représentés en 1709 par une danse tout à fait galante. On voyait d'abord un roi qui donnait un grand coup de pied dans le derrière à son premier ministre ; celui-ci le rendait à un second, le second à un troisième ; et enfin celui qui recevait le dernier coup figurait le gros de la nation, qui ne se vengeait sur personne : le tout se faisait en cadence. Le gouvernement républicain était figuré par une danse ronde, où chacun donnait et recevait également. C'est pourtant là le pays qui a produit des Addison, des Pope, des Locke, des Newton.

VINGTIÈME LETTRE :

Sur les seigneurs qui cultivent les lettres.

P. 89

1. John Hervey, futur garde des sceaux, était né le 15 octobre 1696. Il avait donc déjà trente-quatre ans...

VINGT-ET-UNIÈME LETTRE :

Sur le comte de Rochester et M. Waller.

P. 90

1. Dans les *Memoirs of the life of the* R. H. *John late Earl of Rochester,* written by Saint-Évremont *(sic)*, 1709. Mais l'attribution de ces Mémoires à Saint-Évremond est très contestable.

P. 92

1. La Fontaine, *Œuvres,* éd. Hachette, IX, 385, 396, 408; Saint-Évremond, *Œuvres diverses,* 1706, III, 71; V, 44, 180-181. On ne trouve pas de référence dans Bayle.

2. *Sat.,* III, 181; *Sat.,* IV, 27.

VINGT-DEUXIÈME LETTRE :

Sur M. Pope et quelques autres poètes fameux.

P. 94

1. Les éditions à partir de 1756 donnent à la place de la première phrase le texte suivant :

On n'imaginait pas en France que Prior, qui vint de la part de la reine Anne donner la paix à Louis XIV, avant que le baron Bolingbroke vînt la signer, on ne devinait pas, dis-je, que ce plénipotentiaire fût un poète. La France paya depuis l'Angleterre en même monnaie ; car le cardinal Dubois envoya notre Destouches à Londres et il ne passa pas plus pour poète parmi les Anglais que Prior parmi les Français. Le plénipotentiaire Prior était originairement un garçon cabaretier, que le comte de Dorset, bon poète lui-même, et un peu ivrogne, rencontra un jour lisant Horace sur le banc de la taverne, de même que mylord Aïla trouva son garçon jardinier lisant Newton. Aïla fit du jardinier un grand philosophe, et Dorset fit un très agréable poète du cabaretier.

C'est de Prior qu'est l'Histoire de l'âme. *Cette histoire est la plus naturelle qu'on ait faite jusqu'à présent de cet être si bien senti et si mal connu. L'âme est d'abord aux extrémités du corps, dans les pieds et dans les mains des enfants ; de là elle se place insensiblement au milieu du corps dans l'âge de la puberté : ensuite elle monte au cœur, et là elle produit les sentiments de l'amour et de l'héroïsme : elle s'élève jusqu'à la tête dans un âge plus mûr ; elle y raisonne comme elle peut, et dans la vieillesse, on ne sait plus ce qu'elle devient : c'eſt la sève d'un vieil arbre qui s'évapore et ne se répare plus. Peut-être cet ouvrage eſt-il trop long : toute plaisanterie doit être courte, et même le sérieux devrait bien être court aussi.*

Ce même Prior fit un petit poème sur la fameuse bataille de Hochstaedt. Cela ne vaut pas son Hiſtoire de l'âme; *il n'y a de bon que cette apoſtrophe à Boileau :*

Satirique flatteur, toi qui pris tant de peine
Pour chanter que Louis n'a point passé le Rhin.

Notre plénipotentiaire finit par paraphraser en quinze cents vers ces mots attribués à Salomon, que tout eſt vanité. On en pouvait faire quinze mille sur ce sujet. Mais malheur à qui dit tout ce qu'il peut dire.

Enfin, la reine Anne étant morte, le miniſtère ayant changé, la paix que Prior avait entamée étant en horreur, Prior n'eut de ressource qu'une édition de ses œuvres, par une souscription de son parti ; après quoi il mourut en philosophe, comme meurt ou croit mourir tout honnête Anglais.

2. De Butler, contemporain de Milton. Traduit par Towneley seulement en 1757. Les éditions à partir de 1756 remplacent le paragraphe sur *Hudibras* par le texte suivant :

Il y a surtout un poème anglais... difficile à vous faire connaître ; il s'appelle Hudibras. *C'eſt un ouvrage tout comique, et cependant le sujet eſt la guerre civile du temps de Cromwell. Ce qui a fait verser tant de sang, et tant de larmes, a produit un poème qui force le lecteur le plus sérieux à rire. On trouve un exemple de ce contraſte dans notre* Satire Ménippée. *Certainement les Romains n'auraient point fait un poème burlesque sur les guerres de César et de Pompée, et sur les proscriptions d'Octave et d'Antoine. Pourquoi donc les malheurs affreux que causa la Ligue en France, et ceux que les guerres du roi et du Parlement étalèrent en Angleterre, ont-ils pu fournir des plaisanteries? C'eſt qu'au fond, il y avait un ridicule caché dans ces querelles funeſtes. Les bourgeois de Paris à la tête de la faction des Seize mêlaient l'impertinence aux horreurs de la faction. Les intrigues des femmes, du légat et des moines, avaient un côté comique malgré les calamités qu'elles apportèrent. Les disputes théologiques et l'enthousiasme des puritains en Angleterre étaient très susceptibles de railleries, et ce fonds de ridicule bien développé pouvait devenir plaisant, en écartant les horreurs tragiques qui le couvraient.*

Si la bulle Unigenitus *faisait répandre du sang, le petit poème de* Philatonus *n'en serait pas moins convenable au sujet, et on ne pourrait même lui reprocher que de n'être pas aussi gai, aussi plaisant, aussi varié qu'il pouvait l'être, et de ne pas tenir dans le corps de l'ouvrage ce que promet le commencement.*

*Le poème d'*Hudibras, *dont je vous parle, semble être un composé de la* Satire Ménippée *et de* Don Quichotte; *il a sur eux l'avantage des vers ; il a celui de l'esprit ; la* Satire Ménippée *n'en approche pas ; elle n'eſt qu'un ouvrage très médiocre. Mais à force d'esprit l'auteur d'*Hudibras *a trouvé le secret d'être fort au-dessus de* Don Quichotte. *Le goût, la naïveté, l'art de narrer, celui de bien entremêler les aventures,* *celui de ne rien prodiguer, valent bien mieux que de l'esprit : aussi* Don Quichotte *est lu de toutes les nations, et* Hudibras *n'est lu que des Anglais.*

L'auteur de ce poème si extraordinaire s'appelait Butler : il était contemporain de Milton, et eut infiniment plus de réputation que lui, parce qu'il était plaisant, et que le poème de Milton était fort triste. Butler tournait les ennemis du roi Charles II en ridicule ; et toute la récompense qu'il en eut fut que le roi citait souvent ses vers. Les combats du chevalier Hudibras furent plus connus que les combats des anges et des diables du Paradis perdu. *Mais la cour d'Angleterre ne traita pas mieux le plaisant Butler que la cour céleste ne traita le sérieux Milton ; et tous deux moururent de faim, ou à peu près.*

*Le héros du poème de Butler n'était pas un personnage feint comme le don Quichotte de Michel Cervantes : c'était un chevalier baronnet très réel, qui avait été un des enthousiastes de Cromwell, et un de ses colonels. Il s'appelait sir Samuel Luke. Pour faire connaître l'esprit de ce poème unique en son genre, il faut retrancher les trois quarts de tout passage qu'on veut traduire ; car ce Butler ne finit jamais. J'ai donc réduit à environ quatre-vingts vers les quatre cents premiers vers d'*Hudibras, *pour éviter la prolixité.*

Quand les profanes et les saints
Dans l'Angleterre étaient aux prises,
Qu'on se battait pour des églises,
Aussi fort que pour des catins,
Lorsque anglicans et puritains
Faisaient une si rude guerre,
Et qu'au sortir du cabaret
Les orateurs de Nazareth
Allaient battre la caisse en chaire ;
Que partout, sans savoir pourquoi,
Au nom du ciel, au nom du roi,
Les gens d'armes couvraient la terre ;
Alors, monsieur le chevalier,
Longtemps oisif ainsi qu'Achille,
Tout rempli d'une sainte bile,
Suivi de son grand écuyer,
S'échappa de son poulailler,
Avec son sabre et l'Évangile,
Et s'avisa de guerroyer.

Sire Hudibras, cet homme rare,
Était, dit-on, rempli d'honneur,
Avait de l'esprit et du cœur :
Mais il en était fort avare.
D'ailleurs, par un talent nouveau,
Il était tout propre au barreau,
Ainsi qu'à la guerre cruelle ;

Grand sur les bancs, grand sur la selle
Dans les camps et dans un bureau ;
Semblable à ces rats amphibies,
Qui paraissent avoir deux vies,
Sont rats de campagne et rats d'eau.
Mais malgré sa grande éloquence,
Et son mérite, et sa prudence,
Il passa chez quelques savants
Pour être un de ces instruments,
Dont les fripons avec adresse
Savent user sans dire mot,
Et qu'ils tournent avec souplesse :
Cet instrument s'appelle un sot.
Ce n'est pas qu'en théologie
En logique, en astrologie,
Il ne fût un docteur subtil,
En quatre il séparait un fil,
Disputant sans jamais se rendre,
Changeant de thèse tout à coup,
Toujours prêt à parler beaucoup,
Quand il fallait ne point s'étendre.

D'Hudibras la religion
Était tout comme sa raison,
Vide de sens et fort profonde :
Le puritanisme divin,
La meilleure secte du monde,
Et qui certes n'a rien d'humain ;
La vraie église militante,
Qui prêche un pistolet en main,
Pour mieux convertir son prochain
A grands coups de sabre argumente,
Qui promet les célestes biens
Par le gibet et par la corde,
Et damne sans miséricorde
Les péchés des autres chrétiens.
Pour se mieux pardonner les siens ;
Secte qui toujours détruisante
Se détruit elle-même enfin :
Tel Samson, de sa main puissante,
Brisa le temple philistin ;
Mais il périt par sa vengeance,
Et lui-même il s'ensevelit,
Écrasé sous la chute immense
De ce temple qu'il démolit.

Au nez du chevalier antique
Deux grandes moustaches pendaient,

A qui les Parques attachaient
Le destin de la république.
Il les garde soigneusement,
Et si jamais on les arrache,
C'est la chute du Parlement :
L'État entier, en ce moment,
Doit tomber avec sa moustache.
Ainsi Taliacotius,
Grand Esculape d'Étrurie,
Répara tous les nez perdus
Par une nouvelle industrie :
Il vous prenait adroitement
Un morceau du cul d'un pauvre homme,
L'appliquait au nez proprement ;
Enfin, il arrivait qu'en somme,
Tout juste à la mort du prêteur
Tombait le nez de l'emprunteur :
Et souvent dans la même bière,
Par justice et par bon accord,
On remettait au gré du mort
Le nez auprès de son derrière.
Notre grand héros d'Albion,
Grimpé dessus sa haridelle,
Pour venger sa religion,
Avait à l'arçon de sa selle
Deux pistolets et du jambon ;
Mais il n'avait qu'un éperon.
C'était de tout temps sa manière :
Sachant que si sa talonnière,
Pique une moitié du cheval,
L'autre moitié de l'animal
Ne resterait point en arrière.
Voilà donc Hudibras parti ;
Que Dieu bénisse son voyage,
Ses arguments et son parti,
Sa barbe rousse et son courage.

Un homme qui aurait dans l'imagination la dixième partie de l'esprit comique, bon ou mauvais, qui règne dans cet ouvrage serait encore très plaisant : mais il se donnerait bien garde de traduire Hudibras. *Le moyen de faire rire des lecteurs étrangers des ridicules déjà oubliés chez la nation même où ils ont été célèbres ! On ne lit plus le Dante dans l'Europe parce que tout y est allusion à des faits ignorés : il en est de même d'*Hudibras. *La plupart des railleries de ce livre tombent sur la théologie et les théologiens du temps. Il faudrait à tout moment un commentaire. La plaisanterie expliquée cesse d'être une plaisanterie ; et un commentateur de bons mots n'est guère capable d'en dire.*

P. 95

1. Les éditions à partir de 1756 intercalent entre les deux paragraphes le texte suivant :

Dans ce pays, qui paraît si étrange à une partie de l'Europe, on n'a point trouvé trop étrange que le Révérend *Swift, doyen d'une cathédrale, se soit moqué, dans son* Conte du tonneau, *du catholicisme, du luthérianisme, et du calvinisme. Il prétend avoir respecté le Père en donnant cent coups de fouet aux trois enfants. Des gens difficiles ont cru que les verges étaient si longues qu'elles allaient jusqu'au Père.*

Ce fameux Conte du tonneau *est une imitation de l'ancien* Conte des trois anneaux indiscernables, *qu'un père légua à ses trois enfants. Ces trois anneaux étaient la religion juive, la chrétienne et la mahométane. C'est encore une imitation de l'*Histoire de Méro et d'Énégu, *par Fontenelle. Méro était l'anagramme de Rome, et Énégu celle de Genève. Ce sont deux sœurs qui prétendent à la succession du royaume de leur père. Méro règne la première, Fontenelle la représente comme une sorcière qui escamotait le pain et qui faisait des conjurations avec des cadavres. C'est là précisément le milord Pierre de Swift qui présente un morceau de pain à ses deux frères, et qui leur dit : Voilà d'excellent vin de Bourgogne, mes amis ; voilà des perdrix d'un fumet admirable. Le même milord Pierre dans Swift joue en tout le rôle que Méro joue dans Fontenelle.*

Ainsi presque tout est imitation. L'idée des Lettres persanes *est prise de celle de* l'Espion turc. *Le Boiardo a imité le Pulci, l'Arioste a imité le Boiardo. Les esprits les plus originaux empruntent les uns des autres. Michel Cervantes fait un fou de son don Quichotte ; mais Roland est-il autre chose qu'un fou ? Il serait difficile de décider si la chevalerie errante est plus tournée en ridicule par les peintures grotesques de Cervantes que par la féconde imagination de l'Arioste. Métastase a pris la plupart de ses opéras dans nos tragédies françaises. Plusieurs auteurs anglais nous ont copiés et n'en ont rien dit. Il en est des livres comme du feu dans nos foyers ; on va prendre ce feu chez son voisin, on l'allume chez soi, on le communique à d'autres et il appartient à tous.*

P. 96

1. A partir de cet endroit, Voltaire remplace la fin de la lettre, dans l'édition de 1756 et les suivantes, par le texte suivant :

L'Essai sur l'Homme *de Pope... me paraît le plus beau poème didactique, le plus utile, le plus sublime qu'on ait jamais fait dans aucune langue. Il est vrai que le fonds s'en trouve tout entier dans les* Caractéristiques *de Lord Shaftesbury : et je ne sais pourquoi M. Pope en fait uniquement honneur à M. de Bolingbroke, sans dire un mot du célèbre Shaftesbury, élève de Locke.*

Comme tout ce qui tient à la métaphysique a été pensé de tous les temps et chez tous les peuples qui cultivent leur esprit, ce système tient beaucoup de celui de Leibnitz, qui prétend que de tous les mondes possibles Dieu a choisi le meilleur, et que, dans ce meilleur, il fallait bien que les irrégularités de notre globe et les sottises de ses habitants tinssent leur place.

Il ressemble encore à cette idée de Platon, que dans la chaîne infinie des êtres, notre terre, notre corps, notre âme sont au nombre des chaînons nécessaires. Mais ni Leibnitz ni Pope n'admettent les changements que Platon imagine être arrivés à ces chaînons, à nos âmes, et à nos corps ; Platon parlait en poète dans sa prose peu intelligible ; et Pope parle en philosophe dans ses admirables vers. Il dit que tout a été dès le commencement comme il a dû être, et comme il est.

J'ai été flatté, je l'avoue, de voir qu'il s'est rencontré avec moi dans une chose que j'avais dite il y a plusieurs années. Vous vous étonnez que Dieu ait fait l'homme si borné, si ignorant, si peu heureux. Que ne vous étonnez-vous qu'il ne l'ait pas fait plus borné, plus ignorant, et plus malheureux. Quand un Français et un Anglais pensent de même, il faut bien qu'ils aient raison.

Le fils du célèbre Racine a fait imprimer une lettre de Pope, à lui adressée, dans laquelle Pope se rétracte. Cette lettre est écrite dans le goût et dans le style de M. de Fénelon ; elle lui fut remise, dit-il, par Ramsay, l'éditeur du Télémaque; *Ramsay, l'Écossais, qui voulait être de l'Académie française, Ramsay qui regrettait de n'être pas docteur de Sorbonne. Ce que je sais, ainsi que tous les gens de lettres d'Angleterre, c'est que Pope, avec qui j'ai beaucoup vécu, pouvait à peine lire le français, qu'il ne parlait pas un mot de notre langue, qu'il n'a jamais écrit une lettre en français, qu'il en était incapable et que, s'il a écrit cette lettre au fils de notre Racine il faut que Dieu sur la fin de sa vie lui ait donné subitement le don des langues pour le récompenser d'avoir fait un aussi admirable ouvrage que son* Essai sur l'Homme.

VINGT-TROISIÈME LETTRE :
Sur la considération qu'on doit aux gens de lettres.

P. 98

1. Crébillon.
2. Louis Racine, l'auteur de *la Religion.*
3. Le 26 octobre 1730.

P. 99

1. *Histrio-Mastix,* 1633.
2. Senesino, castrat, arriva en 1721 à l'Opéra de Londres. La signora Cuzzoni, chanteuse, y fut entre 1726 et 1728.

VINGT-QUATRIÈME LETTRE :
Sur les Académies.

P. 100

1. A partir de 1748, les éditions donnent le début suivant :

Les grands hommes se sont tous formés ou avant les Académies ou indépendamment d'elles. Homère et Phidias, Sophocle et Apelle ; Virgile et Vitruve ; l'Arioste et Michel-Ange n'étaient d'aucune académie, le

Tasse n'eut que des critiques injustes de la Crusca, et Newton ne dut point à la Société royale de Londres ses découvertes sur l'optique, sur la gravitation, sur le calcul intégral et sur la chronologie. A quoi peuvent donc servir les Académies ? à entretenir le feu que les grands génies ont allumé.

La Société royale de Londres fut formée en 1660, six ans avant notre Académie des Sciences. Elle n'a point de récompense comme la nôtre. Mais aussi elle est libre. Point de ces distinctions désagréables, inventées par l'abbé Bignon, qui distribua l'Académie des Sciences en savants, qu'on payait, et en honoraires, qui n'étaient pas savants. La Société de Londres est indépendante, et n'étant encouragée que par elle-même, a été composée de sujets qui ont trouvé, comme je l'ai dit, le calcul de l'infini, les lois de la lumière, celles de la pesanteur, l'aberration des étoiles, le télescope de réflexion, la pompe à feu, le microscope solaire, et beaucoup d'autres inventions aussi utiles qu'admirables. Qu'auraient fait de plus ces grands hommes, s'ils avaient été pensionnaires ou honoraires ?

P. 101

1. SWIFT, *Œuvres* (éd. 1883), t. IX, pp. 133-155. Le projet, datant de 1712, était intitulé : *A proposal for correcting, improving, and ascertaining the english tongue, in a letter to the most honourable Robert Earl of Oxford and Mortimer.*

P. 103

1. « Des privilèges de la main droite », par H. MORIN, *Mémoires de l'Académie,* t. III, 1723, pp. 68-72.

P. 104

1. A partir de 1752, les éditions ajoutent :

Une chose assez singulière, c'est que Corneille, qui écrivit avec assez de pureté et beaucoup de noblesse les premières de ses bonnes tragédies, lorsque la langue commençait à se former, écrivit toutes les autres très incorrectement et d'un style très bas, dans le temps que Racine donnait à la langue française tant de pureté, de vraie noblesse, et de grâces, dans le temps que Despréaux la fixait par l'exactitude la plus correcte, par la précision, la force et l'harmonie. Que l'on compare la Bérénice *de Racine avec celle de Corneille, on croirait que celle-ci est du temps de Tristan. Il semblait que Corneille négligeât son style à mesure qu'il avait plus besoin de le soutenir, et qu'il n'eût que l'émulation d'écrire au lieu de l'émulation de bien écrire. Non seulement ses douze ou treize dernières tragédies sont mauvaises ; mais le style en est très mauvais. Ce qui est encore plus étrange, c'est que de notre temps même nous avons eu des pièces de théâtre, des ouvrages de prose et de poésie, composés par des académiciens qui ont négligé leur langue, au point qu'on ne trouve pas chez eux dix vers ou dix lignes de suite sans quelque barbarisme. On peut être un très bon auteur avec quelques fautes, mais non pas avec beaucoup de fautes. Un jour une société de gens d'esprit éclairés compta plus de six cents solécismes intolérables dans une tragédie qui avait eu le plus grand succès à Paris et la plus grande faveur à la cour. Deux ou trois succès pareils suffiraient pour corrompre la langue sans retour et pour la faire retomber dans son ancienne barbarie, dont les soins assidus de tant de grands hommes l'ont tirée.*

VINGT-CINQUIÈME LETTRE.
Sur les Pensées *de M. Pascal.*

P. 105

1. A partir de 1739, les éditions donnent, au lieu du dernier membre de phrase :

Au reste, on ne peut trop répéter ici combien il serait absurde et cruel de faire une affaire de parti de cette critique des Pensées *de Pascal : je n'ai de parti que la vérité. Je pense qu'il est très vrai que ce n'est pas à la métaphysique de prouver la religion chrétienne, et que la raison est autant au-dessous de la foi que le fini est au-dessous de l'infini. Il ne s'agit ici que de raison, et c'est si peu de chose chez les hommes que cela ne vaut pas la peine de se fâcher.*

2. Dès 1739, à partir de : « Le christianisme... » jusqu'à « d'erreurs », le texte est remplacé par :

Il est nécessaire, pour qu'une religion soit vraie, qu'elle soit révélée, et point du tout qu'elle rende raison de ces contrariétés prétendues ; elle n'est pas plus faite pour vous enseigner la métaphysique que l'astronomie.

P. 106

1. A partir de 1756, les éditions ajoutent :

Il n'est pas vrai que les philosophes nous aient proposé pour tout bien un bien qui est en nous. Lisez Platon, Marc-Aurèle, Épictète ; ils veulent qu'on aspire à mériter d'être rejoint à la divinité dont nous sommes émanés.

2. Après : « ...mystère inconcevable... », et jusqu'à « Qu'aurait répondu », les éditions à partir de 1748 portent :

C'est bien assez de ne rien entendre à notre origine, sans l'expliquer par une chose qu'on n'entend pas. Nous ignorons comment l'homme naît, comment il croît, comment il digère, comment il pense, comment ses membres obéissent à sa volonté : serai-je bien reçu à expliquer ses obscurités par un système inintelligible ? Ne vaut-il pas mieux dire : Je n'en sais rien ? *Un mystère ne fut jamais une explication, c'est une chose divine et inexplicable.*

P. 107

1. A partir de 1739, Voltaire ajoute :

Voilà ce que la raison peut dire ; ce n'est donc point la raison qui apprend aux hommes la chute de la nature humaine ; c'est la foi seule à laquelle il faut avoir recours.

2. A partir de 1748, le commentaire débute ainsi :

Cette pensée est prise entièrement de Montaigne, ainsi que beaucoup d'autres ; elle se trouve au chapitre De l'inconstance de nos actions. *Mais le sage Montaigne s'explique en homme qui doute.*

P. 110

1. A partir de 1739, Voltaire ajoute :

... plein de désespoir, parce qu'il ne sait pas la nature de sa pensée, parce qu'il ne connaît que quelques attributs de la matière, parce que Dieu ne lui a pas révélé ses secrets.

P. 111

1. Ajout à partir de 1756 :

Voyez comme Cicéron les traite en parlant de la prise de Jérusalem par Pompée. Philon avoue qu'avant la traduction des Septante aucune nation ne connut leurs livres.

P. 112

1. Ajout à partir de 1739 :

... faire *des raisonneurs inhumains ; et cela est si vrai que Pascal, abusant de ce principe, traitait sa sœur avec dureté et refusait ses services, de peur de paraître aimer une créature ; c'est ce qui est écrit dans sa* Vie. *S'il fallait en user ainsi, quelle serait la société humaine ?*

P. 114

1. Ce dernier paragraphe est remplacé à partir de 1739 par :

Cette génération ne passera pas que ces choses ne soient accomplies. »

Cette génération passa, et les choses ne s'accomplirent point à la lettre. En quelque temps que saint Luc ait écrit, il est certain que Titus prit Jérusalem et qu'on ne vit ni des signes dans les étoiles, ni le Fils de l'Homme dans les nues. Mais enfin si ce second avènement n'est point arrivé, si cette prédiction ne s'est point accomplie, c'est à nous de nous taire, de ne point interroger la Providence, et de croire tout ce que l'Église enseigne.

P. 115

1. Cette fin est remplacée à partir de 1739 par :

... qu'une prophétie soit accomplie à la lettre, oserez-vous soutenir que cette prophétie est fausse, parce qu'elle ne sera vraie qu'à la lettre, parce qu'elle ne répondra pas à un sens mystique qu'on lui donnera ? Non, sans doute, cela serait absurde. Comment donc une prophétie qui n'aura pas été réellement accomplie deviendra-t-elle vraie dans un sens mystique ? Quoi ! de vraie vous ne pouvez pas la rendre fausse, et de fausse la rendre vraie ? Voilà une étrange difficulté. Il faut s'en tenir à la foi seule dans ces matières : c'est le seul moyen de finir toute dispute.

P. 116

1. A partir de 1752, les éditions ajoutent :

... que dirait-on à deux témoins qui se contrediraient ? On leur dirait « *Vous n'êtes pas d'accord, mais certainement l'un de vous deux se trompe.* »

P. 118

1. Les éditions depuis 1736 font précéder de :
Il est faux que nous ne pensions point au présent, nous y pensons en étudiant la Nature, et la faisant toutes les fonctions de la vie nous pensons aussi beaucoup au futur. Remercions...

2. Les éditions depuis 1739 ajoutent :
Il n'y a que les enfants et les imbéciles qui pensent au présent ; faudra-t-il leur ressembler ?

P. 120

1. En réalité *Épîtres,* I, 61-90.

P. 121

1. Les éditions depuis 1748 ajoutent :
Louis XIV allait à la chasse le jour qu'il avait perdu quelqu'un de ses enfants, et il faisait fort sagement.

2. A partir de 1739, la pensée XXIX devient la pensée XXXI. Les deux remarques suivantes sont intercalées :

XXIX

Car enfin, si l'homme n'avait pas été corrompu, il jouirait de la vérité, de la félicité avec assurance : tant il est manifeste que nous avons été dans un degré de perfection dont nous sommes tombés.

Il est sûr, par la foi et notre révélation si au-dessus des lumières des hommes, que nous sommes tombés ; mais rien n'est moins manifeste par la raison. Car je voudrais bien savoir si Dieu ne pouvait pas sans déroger à sa justice créer l'homme tel qu'il est aujourd'hui ; et ne l'a-t-il pas même créé pour devenir ce qu'il est ? L'état présent de l'homme n'est-il pas un bienfait du créateur ? Qui vous a dit que Dieu vous en devait davantage ? Qui vous a dit que votre être exigeait plus de connaissances et plus de bonheur ? Qui vous a dit qu'il en comporte davantage ? Vous vous étonnez que Dieu ait fait l'homme si borné, si ignorant, si peu heureux ; que ne vous étonnez-vous qu'il ne l'ait pas fait plus borné, plus ignorant, plus malheureux ? Vous vous plaignez d'une vie si courte et si infortunée ; remerciez Dieu de ce qu'elle n'est pas plus courte et plus malheureuse. Quoi donc ! selon vous, pour raisonner conséquemment, il faudrait que tous les hommes accusassent la Providence hors les métaphysiciens qui raisonnent sur le péché originel !

XXX

Le péché originel est une folie devant les hommes; mais on le donne pour tel.

Par quelle contradiction trop palpable dites-vous donc que ce péché originel s'est manifesté ? Pourquoi dites-vous que tout nous en avertit ? Comment peut-il en même temps être une folie, et être démontré par la raison ?

P. 122

1. Cette remarque disparaît en 1739.
2. *Essais,* II, 3.

P. 123

1. A partir de 1739, Voltaire ajoute :
Voyez, je vous prie, quelle belle conséquence on tirerait du sentiment de Pascal. Si les auteurs de la Bible ont parlé du grand nombre des étoiles en connaissance de cause, ils étaient donc inspirés sur la physique. Et comment de si grands physiciens ont pu dire que la lune s'est arrêtée, à midi sur Aïalon, et le soleil sur Gabaon dans la Palestine, qu'il faut que le blé pourrisse pour germer et produire, et cent choses semblables ?
Concluons donc que ce n'est pas la physique, mais la morale qu'il faut chercher dans la Bible ; qu'elle doit faire des chrétiens, et non des philosophes.

P. 124

1. A partir de 1748, Voltaire commence ainsi :
C'est comme si on disait : « C'est n'être pas malheureux que de pouvoir être accablé de douleur, car elle vient d'ailleurs. [Celui-là...]

P. 125

1. A partir de 1739, Voltaire ajoute :
On ne fait cette remarque et quelques autres dans ce goût que pour donner des idées précises. C'est plutôt pour éclaircir que pour contredire.

P. 127

1. Ce dernier membre de phrase est remplacé à partir de 1748 par :
Si Nicole et Malebranche avaient toujours parlé d'eux-mêmes, ils n'auraient pas réussi. Mais un gentilhomme campagnard du temps de Henri III, qui est savant dans un siècle d'ignorance, philosophe parmi des fanatiques, et qui peint sous son nom nos faiblesses et nos folies, est un homme qui sera toujours aimé.
2. Début à partir de 1752 :
La solution de ce problème est bien aisée. On vit des effets physiques extraordinaires, des fripons les firent passer pour des miracles. On vit des maladies augmenter en pleine lune, et des sots crurent que la fièvre était plus forte, parce que la lune était pleine. Un malade qui devait guérir se trouva mieux le lendemain qu'il eut mangé des écrevisses, et on en conclut que les écrevisses purifiaient le sang parce qu'elles sont rouges étant cuites.

P. 129

1. La remarque XLVII disparaît dès 1739.

P. 131

1. Voltaire ajoute à partir de 1756 :
M. Pascal a très grande raison de dire que ce qui distingue l'homme des

animaux c'eſt qu'il recherche l'approbation de ses semblables ; et c'eſt cette passion qui eſt la mère des talents et des vertus.

P. 132

1. HORACE, *Épîtres,* I, 1, 28-29.

P. 133

1. A partir de 1742 sont publiées sous le titre *Suite des remarque sur Pascal* les pensées suivantes et leur commentaire :

LVIII

On ne passe point dans le monde pour se connaître en vers, si l'on n'a mis l'enseigne de poète, ni pour être habile en mathématiques, si l'on n'a mis celle de mathématicien, mais les vrais honnêtes gens ne veulent point d'enseigne.

A ce compte, il serait donc mal d'avoir une profession, un talent marqué, et d'y exceller ? Virgile, Homère, Corneille, Newton, le marquis de L'Hôpital, mettaient une enseigne. Heureux celui qui réussit dans un art, et qui se connaît aux autres !

LIX

Le peuple a les opinions très saines : par exemple, d'avoir choisi le divertissement et la chasse plutôt que la poésie, etc.

Il semble que l'on ait proposé au peuple de jouer à la boule, ou de faire des vers. Non, mais ceux qui ont des organes grossiers cherchent des plaisirs où l'âme n'entre pour rien ; et ceux qui ont un sentiment plus délicat veulent des plaisirs plus fins : il faut que tout le monde vive.

LX

Quand l'univers écraserait l'homme, il serait encore plus noble que ce qui le tue, parce qu'il sait qu'il meurt, et l'avantage que l'univers a sur lui, l'univers n'en sait rien.

Que veut dire ce mot noble ? *Il eſt bien vrai que ma pensée eſt autre chose, par exemple, que le globe du soleil ; mais eſt-il bien prouvé qu'un animal, parce qu'il a quelques pensées, eſt plus noble que le soleil qui anime tout ce que nous connaissons de la nature ? Eſt-ce à l'homme d'en décider ? Il eſt juge et partie. On dit qu'un ouvrage eſt supérieur à un autre, quand il a coûté plus de peine à l'ouvrier, et qu'il eſt d'un usage plus utile : mais en a-t-il moins coûté au Créateur de faire le soleil que de pétrir un petit animal haut d'environ cinq pieds, qui raisonne bien ou mal ? Qui eſt le plus utile au monde ou de cet animal ou de l'aſtre qui éclaire tant de globes ? et en quoi quelques idées reçues dans un cerveau sont-elles préférables à l'univers matériel ?*

LXI

Qu'on choisisse telle condition qu'on voudra et qu'on y assemble tous les biens et les satisfactions qui semblent pouvoir contenter un homme, si celui qu'on aura mis en cet état est sans occupation et sans divertissement, et qu'on le laisse faire réflexion sur ce qu'il est, cette félicité languissante ne le soutiendra pas.

Comment peut-on assembler tous les biens et toutes les satisfactions autour d'un homme, et le laisser en même temps sans occupation et sans divertissement ? N'est-ce pas là une contradiction bien sensible ?

LXII

Qu'on laisse un roi tout seul, sans aucune satisfaction des sens, sans aucun soin dans l'esprit, sans compagnie, penser à soi tout à loisir, et l'on verra qu'un roi qui se voit est un homme plein de misères, et qui les ressent comme les autres.

Toujours le même sophisme. Un roi qui se recueille pour penser est alors très occupé ; mais s'il n'arrêtait sa pensée que sur soi en se disant à soi-même : « Je règne », et rien de plus, ce serait un idiot.

LXIII

Toute religion qui ne reconnaît pas Jésus-Christ est notoirement fausse, et les miracles ne lui peuvent de rien servir.

Qu'est-ce qu'un miracle ? Quelque idée qu'on s'en puisse former, c'est une chose que Dieu seul peut faire. Or, on suppose ici que Dieu peut faire des miracles pour le soutien d'une fausse religion : ceci mérite bien d'être approfondi : chacune de ces questions peut fournir un volume.

LXIV

Il est dit : « Croyez à l'Église »; mais il n'est pas dit : « Croyez aux miracles » à cause que le dernier est naturel, et non pas le premier. L'un avait besoin de précepte et non pas l'autre.

Voici, je pense, une contradiction : d'un côté les miracles en certaines occasions ne doivent servir de rien ; et de l'autre on doit croire si nécessairement aux miracles, c'est une preuve si convaincante, qu'il n'a pas même fallu recommander cette preuve. C'est assurément dire le pour et le contre.

LXV

Je ne vois pas qu'il y ait plus de difficulté de croire à la résurrection des corps et à l'enfantement de la Vierge qu'à la création. Est-il plus difficile de reproduire un homme que de le produire ?

On peut trouver, par le seul raisonnement, des preuves de la création, car, en voyant que la matière n'existe pas par elle-même, et n'a pas le mouvement par elle-même, etc., on parvient à connaître qu'elle doit être nécessairement créée, mais on ne parvient point, par le raisonnement, à voir qu'un corps toujours changeant doit être ressuscité un jour, tel qu'il était dans le temps même qu'il changeait. Le raisonnement ne conduit point non plus à voir qu'un homme doit naître sans germe ; la création est donc un objet de la raison ; mais les deux autres miracles sont un objet de la foi.

Ce 10 mai 1738.

J'ai lu depuis peu des Pensées *de Pascal, qui n'avaient point encore paru ; le P. des Mollets les a eues écrites de la main de cet illustre auteur, et on les a fait imprimer : elles me paraissent confirmer ce que j'ai dit, que ce grand génie avait jeté au hasard toutes ces idées, pour en réformer une partie, et employer l'autre, etc.*

Parmi ces dernières pensées, que les éditeurs des œuvres de Pascal avaient rejetées du recueil, il me paraît qu'il y en a beaucoup qui méritent d'être conservées : en voici quelques-unes que ce grand homme eût dû, ce me semble, corriger.

I

Toutes les fois qu'une proposition est inconcevable, il ne la faut pas nier à cette marque, mais examiner le contraire; et si on le trouve manifestement faux, on peut affirmer le contraire, tout incompréhensible qu'il est.

Il me semble qu'il est évident que les deux contraires peuvent être faux. Un bœuf vole au sud avec des ailes, un bœuf vole au nord sans ailes ; vingt mille anges ont tué hier vingt mille hommes ; vingt mille hommes ont tué hier vingt mille anges ; ces propositions contraires sont évidemment fausses.

II

Quelle vanité que la peinture, qui attire l'admiration par la ressemblance des choses dont on n'admire pas les originaux!

Ce n'est pas dans la bonté du caractère d'un homme que consiste assurément le mérite de son portrait, c'est dans la ressemblance. On admire César en un sens, et sa statue ou son image sur toile en un autre sens.

III

Si les médecins n'avaient des soutanes et des mules, si les docteurs n'avaient des bonnets carrés et des robes très amples, ils n'auraient jamais la considération qu'ils ont dans le monde.

Au contraire les médecins n'ont cessé d'être ridicules, n'ont acquis une vraie considération que depuis qu'ils ont quitté ces livrées de la pédanterie ;

les docteurs ne sont reçus dans le monde, parmi les honnêtes gens, que quand ils sont sans bonnet carré, et sans arguments.

Il y a même des pays où la magistrature se fait respecter sans pompe. Il y a des rois chrétiens, très bien obéis, qui négligent la cérémonie du sacre et du couronnement. A mesure que les hommes acquièrent plus de lumière, l'appareil devient plus inutile, ce n'est guère que pour le bas peuple qu'il est encore quelquefois nécessaire : ad populum phaleras.

IV

Selon les lumières naturelles, s'il y a un Dieu, il est infiniment incompréhensible, puisque n'ayant ni parties, ni bornes, il n'a aucun rapport à nous, nous sommes donc incapables de connaître, ni ce qu'il est, ni s'il est.

Il est étrange que M. Pascal ait cru qu'on pouvait deviner le péché originel par la raison, et qu'il dise qu'on ne peut connaître par la raison si Dieu est. C'est apparemment la lecture de cette pensée qui engagea le P. Hardouin à mettre Pascal dans sa liste ridicule des athées ; Pascal eût manifestement rejeté cette idée, puisqu'il la combat en d'autres endroits. En effet, nous sommes obligés d'admettre ces choses que nous ne concevons pas ; j'existe, donc quelque chose existe de toute éternité, *est une proposition évidente, cependant comprenons-nous l'éternité ?*

V

Croyez-vous qu'il soit impossible que Dieu soit infini sans parties ? Oui : je veux donc vous faire voir une chose infinie et indivisible : c'est un point se mouvant partout d'une vitesse infinie, car il est en tous lieux, et tout entier dans chaque endroit.

Il y a là quatre faussetés palpables :

1° Qu'un point mathématique existe seul.

2° Qu'il se meuve à droite et à gauche en même temps.

3° Qu'il se meuve d'une vitesse infinie, car il n'y a vitesse si grande qui ne puisse être augmentée.

4° Qu'il soit tout entier partout.

VI

Homère a fait un roman qu'il donne pour tel. Personne ne doutait que Troie et Agamemnon n'avaient non plus été que la pomme d'or.

Jamais aucun écrivain n'a révoqué en doute la guerre de Troie. La fiction de la pomme d'or ne détruit pas la vérité du fond du sujet. L'ampoule apportée par une colombe, et l'oriflamme par un ange, n'empêchent pas que Clovis n'ait en effet régné en France.

VII

Je n'entreprendrai pas de prouver ici, par des raisons naturelles ou l'existence de Dieu, ou la Trinité, ou l'immortalité de l'âme, parce que je ne me sentirais pas assez fort pour trouver dans la nature de quoi convaincre des athées endurcis.

Encore une fois est-il possible que ce soit Pascal qui ne se sente pas assez fort pour prouver l'existence de Dieu ?

VIII

Les opinions relâchées plaisent tant aux hommes naturellement qu'il est étrange qu'elles leur déplaisent.

L'expérience ne prouve-t-elle pas au contraire qu'on n'a de crédit sur l'esprit des peuples qu'en leur proposant le difficile, l'impossible même à faire et à croire ? Les stoïciens furent respectés, parce qu'ils écrasaient la nature humaine. Ne proposez que des choses raisonnables, tout le monde répond : « Nous en savions autant. » Ce n'est pas la peine d'être inspiré pour être commun ; mais commandez des choses dures, impraticables ; peignez la Divinité toujours armée de foudres, faites couler le sang devant ses autels ; vous serez écouté de la multitude et chacun dira de vous : « Il faut qu'il ait bien raison, puisqu'il débite si hardiment des choses si étranges. »

LE TEMPLE DU GOÛT

P. 135

1. Composé à la fin de 1732 et au début de l'année suivante — une première édition parut en 1733 à Rouen, chez Jore; mais modifié à de nombreuses reprises dans les éditions ultérieures, notamment dans une seconde édition de 1733, à Amsterdam, puis en 1739, en 1748, en 1756, si bien que le texte de l'édition encadrée (1775) diffère beaucoup de celui de l'édition originale.

E. Carcassonne, dans son édition critique (Droz, 1938), à laquelle nous renvoyons, a publié le texte de 1733 et celui de Kehl. Nous nous en tenons à l'édition encadrée, en signalant les variantes les plus importantes des autres éditions.

2. Le cardinal de Polignac, auteur d'un *Anti-Lucrèce,* qui fut publié après sa mort, en 1747.

3. Voir *le Temple de l'Amitié,* de Voltaire (1732).

4. Le texte jusqu'à : « Cher Rothelin, vous fûtes du voyage... », était le suivant en 1733 :

[jamais bien examiné :] *j'en ai entendu parler, lui répondis-je : je sais que vous êtes un saint des plus fêtés dans cette église, et que vous avez ajouté de nouveaux ornements à cet édifice.*

Jadis, en Grèce, on en posa
Le fondement ferme et durable ;
Puis, jusqu'au Ciel, on exauça [sic]
Le faîte de ce Temple aimable :
L'Univers entier l'encensa.
Le Romain, longtemps intraitable,
Dans ce séjour s'apprivoisa ;
Doux vainqueur il y déposa
Sa barbarie insupportable.
Le musulman plus implacable
Conquit ce Temple et le rasa.

En Italie on ramassa
Tous les débris que l'infidèle
Avec fureur en dispersa.
Bientôt, François premier osa
En bâtir un sur ce modèle :
Sa postérité méprisa
Cette architecture si belle ;
Richelieu vint qui répara
Le Temple abandonné par elle,
Louis le Grand le décora ;
Colbert son ministre fidèle
Dans ce sanctuaire attira
Des beaux-arts la troupe immortelle.
L'Europe jalouse admira
Ce Temple en sa beauté nouvelle ;
Mais je ne sais s'il durera.

C'est cela même, dit le cardinal ; mais puisqu'il est question de goût, défiez-vous un peu des rimes redoublées ; elles ont l'air de la facilité, elles soutiennent l'harmonie, elles charment l'oreille ; mais il faut qu'elles disent quelque chose à l'esprit, sans quoi ce n'est plus qu'un abus de la rime : c'est un arbre couvert de feuilles qui n'aurait point de fruits. L'aimable Chapelle est tombé lui-même quelquefois dans ce défaut, et plusieurs de ses petites pièces n'ont d'autre mérite que celui de beaucoup de familiarité, et du retour des mêmes sons.

Réglez bien votre passion
Pour ces syllabes enfilées,
Qui chez Richelet étalées,
Et des esprits sages sifflées,
Bien souvent sans invention,
Disent, avec profusion,
Des riens en rimes redoublées.

Je convins que S. E. avait raison, et je n'en eus que plus de joie d'avoir l'honneur de la suivre.

Aimable abbé, [vous fûtes du voyage...]

P. 136

1. Charles d'Orléans de Rothelin (1691-1744), protégé du cardinal de Polignac, qui prépara l'édition latine de l'*Anti-Lucrèce,* et facilita l'impression du *Temple du Goût,* en 1733.

P. 137

1. Scaliger, Jules-César, philosophe et médecin, naquit en Italie en 1484, et mourut à Agen en 1558.

P. 138

1. Variante de la première édition :

[mercenaire.]

Vendeur adroit de sottise et de vent,
En souriant d'une mine matoise,
Lui mesurait des livres à la toise ;
Car monseigneur est sur tout fort savant.

[Je crus...]

2. Variante de la première édition :

[avant d'arriver à son but.]

C'était un concert que l'on donnait dans une maison de campagne bizarrement située et bâtie de même. Le maître de la maison, voyant de loin le carrosse du cardinal, et sachant que S. E. venait d'Italie, vint le prier du concert. Il lui dit en peu de mots beaucoup de mal de Lulli, de Destouches et de Campra, et l'assura qu'à son concert, il n'y aurait point de musique française ; le cardinal lui remontra en vain que la musique italienne, la française et la latine, étaient fort bonnes, chacune dans leur genre ; qu'il n'y a rien de si ridicule que de l'italien chanté à la française, si ce n'est peut-être le français chanté à l'italienne ; car, lui dit-il, avec ce ton de voix aimable, fait pour orner la raison,

[La nature féconde...]

P. 140

1. Félibien, André (1619-1695), auteur des *Entretiens sur les vies et les ouvrages des plus excellents peintres anciens et modernes.*

P. 141

1. Variante de la première édition :

[Le peuple goth, qui sans cesse avançait.]

Là, ne sont point reçus les petits-maîtres qui assistent à un spectacle sans l'entendre, ou qui n'écoutent les meilleures choses que pour en faire de froides railleries. Bien des gens qui ont brillé dans de petites sociétés, qui ont régné chez certaines femmes, et qui se sont fait appeler grands hommes, sont tout surpris d'être refusés : ils restent à la porte, et adressent en vain leurs plaintes à quelques seigneurs ou soi-disant tels, ennemis jurés du vrai mérite qui les néglige, et protecteurs ardents des esprits médiocres, dont ils sont encensés.

Ce sont les cabales mutines
De ces prétendus beaux esprits
Qu'on vit soutenir dans Paris
Les Pradons et les Scudérys,
Contre les immortels écrits
Des Corneilles et des Racines.

On repousse aussi très rudement tous ces petits satiriques obscurs, qui, dans la démangeaison de se faire connaître, insultent les auteurs connus, qui font secrètement une mauvaise critique d'un bon ouvrage, petits insectes dont on ne soupçonne l'existence que par les efforts qu'ils font pour piquer. Heureux encore les véritables gens de lettres, s'ils n'avaient pour ennemis que cette engeance ! Mais, à la honte de la littérature et de l'humanité, il y a des gens qui s'animent d'une vraie fureur contre tout mérite qui réussit, qui s'acharnent à le décrier et à le perdre, qui vont dans les lieux publics, dans les maisons des particuliers, dans les palais des princes, semer les rumeurs les plus fausses, avec l'air de la vérité, calomniateurs de profession, monstres ennemis des arts et de la société.

[L'Orgueil les engendra...]

2. Le Moine (ou Le Moyne), François (1688-1737), « premier peintre du roi ».

P. 142

1. En réalité le jésuite Aubert, qui avait fait brûler, en 1754, à Colmar, le *Dictionnaire* de Bayle et les *Lettres juives* du marquis d'Argens. Voltaire lui donne comme sobriquet le nom latinisé du jésuite François Garasse (1585-1631).

2. Marie Alacoque (1647-1690), religieuse de la Visitation de Paray-le-Monial, célèbre par son mysticisme.

3. En réalité Boindin, Nicolas (1676-1751), homme de lettres ennemi de Voltaire.

4. Lamotte-Houdar, Antoine (1672-1731), célèbre partisan des Modernes, ami de Fontenelle, adversaire de Mme Dacier.

P. 143

1. Longue variante de la première édition :

[... qui assiégeaient la porte depuis cinquante ans] *en criant contre Virgile.*

Rousseau parut en revenant d'Allemagne, il avait été autrefois dans le Temple ; mais quand il y voulut rentrer,

Il eut beau tristement redire
Ses vers durement façonnés,
Hérissés de traits de satire :
On lui ferma la porte au nez.

Il fut fort étonné de ce procédé, et jura de s'en venger par quelque nouvelle allégorie contre le genre humain qu'il hait par représailles. Il s'écriait en rougissant :

Adoucissez cette rigueur extrême,
Je viens chercher Marot mon compagnon.
J'eus, comme lui, quelque peu de guignon.
Le dieu qui rime est le seul dieu qui m'aime.
Connaissez-moi, je suis toujours le même.
Voici des vers contre l'abbé Bignon ;
J'ai tout frondé, Vienne, Paris, Versailles.
J'ai rétracté l'Éloge de Noailles.
Du dieu Pluton, lisez le jugement
Où j'ai sanglé *Messieurs du Parlement.*
O vous, Critique, ô vous, déesse utile !
C'était par vous que j'étais inspiré.
En tous pays, en tout temps abhorré,
Je n'ai que vous désormais pour asile.

La Critique entendit ces paroles, rouvrit la porte, et parla ainsi :

Rousseau, connais mieux la Critique,
Je suis juste, et ne fus jamais
Semblable à ce monstre caustique
Qui t'arma de ces lâches traits,
Trempés au poison satirique,
Dont tu t'enivres à longs traits.
Autrefois, de ta félonie,
Thémis te donna le guerdon.
Par arrêt ta Muse est bannie
Pour certains couplets de chanson
Et pour un fort mauvais factum,
Que te dicta la Calomnie ;
Mais par l'équitable Apollon
Ta rage fut bien mieux punie.
Il t'ôta le peu de génie
Dont tu dis qu'il t'avait fait don.
Il te priva de l'harmonie,
Et tu n'as plus rien, aujourd'hui,
Que la fureur et la manie
De rimer encor, malgré lui,

Des vers tudesques qu'il renie.
O vous, messieurs les beaux esprits,
Si vous voulez être chéris
Du dieu de la double Montagne,
Et que, dans vos galants écrits,
Le dieu du Goût vous accompagne,
Faites tous vos vers à Paris,
Et n'allez point en Allemagne.

Rousseau se fâcha d'autant plus que cette déesse avait raison ; elle lui disait des vérités, il répondit par des injures. Il lui cria :

Ah ! Je connais votre cœur équivoque,
Respect le cabre, Amour ne l'adoucit,
Et ressemblez à l'œuf cuit dans sa coque ;
Plus on l'échauffe et plus il se durcit.

Il vomit plusieurs de ses nouvelles épigrammes qui sont toutes dans ce goût. La Motte les entendit, il en rit ; mais point trop fort et avec discrétion.

Rousseau furieux, lui reprocha, à son tour, tous les mauvais vers que cet académicien avait faits en sa vie ; et cette dispute aurait duré longtemps entre eux, si la Critique ne leur avait imposé silence, et ne leur avait dit :

« *Écoutez, vous, La Motte, brûlez votre* Iliade, *vos tragédies, toutes vos dernières odes, les trois quarts de vos fables et de vos opéras ; prenez à la main vos premières odes, quelques morceaux de prose, dans lesquels vous avez presque toujours raison, hors quand vous parlez de vous et de vos vers. Je vous demande, surtout, une demi-douzaine de vos fables et l'*Europe galante.

« *Avec cela, entrez hardiment.*

« *Vous, Rousseau, brûlez vos opéras, vos comédies, vos dernières allégories, odes, épigrammes germaniques, ballades, sonnets ; jurez de ne plus écrire, et venez vous mettre au-dessus de La Motte, en qualité de versificateur ; mais, toutes les fois qu'il s'agira d'esprit et de raisonnement, vous vous placerez fort au-dessous de lui.* »

La Motte fit la révérence, Rousseau tourna la bouche ; et tous deux entrèrent à ces conditions.

Ces deux hommes, si différents,...

P. 144

1. Quinault, Philippe (1635-1688), poète galant qui fut attaqué par Boileau.

2. Mairan, Jean-Jacques de (1678-1771), physicien et géomètre, membre de l'Académie des Sciences.

P. 145

1. Variante : Le passage suivant ne figure pas dans l'édition originale.

A l'égard de Lucrèce, il fut embarrassé en voyant son ennemi ; il le regarda d'un œil un peu fâché, surtout quand il vit combien il eſt aimable, et comme il paraît fait pour avoir raison.

Son rival charmant lui parla
Avec sa grâce naturelle ;
Et cependant il y mêla
Un peu de catholique zèle.
« Çà, dit-il, puisque vous voilà,
L'âme a bien l'air d'être immortelle :
Que répondez-vous à cela ?
— Ah ! Laissons ces disputes-là,
Dit le vieux chantre d'Épicure ;
J'ai fort mal connu la Nature,
Mais ne me poussez point à bout :
Que votre Muse me pardonne ;
Vous êtes chez le dieu du Goût,
Non sur les bancs de la Sorbonne. »

Ces messieurs n'argumentèrent donc point, et épargnèrent une dispute aux gens de goût, qui n'aiment pas volontiers l'argument.

Lucrèce récita seulement quelques-uns de ses beaux vers qui ne prouvent rien ; le cardinal dit aussi des siens, ce qui lui arrive trop rarement à Paris : on leur applaudit également à tous deux. De rapporter ce qui fut dit à cette occasion, par les Grecs et les Latins qui étaient là, et qui les entendaient, cela serait beaucoup trop long ; il n'eſt ici queſtion que des Français.

Cependant, le cardinal et l'abbé étaient arrivés à l'autel du dieu, et je m'y glissai sous leur protection.

Je vis ce dieu tout à mon aise,
Je vis ses naïves beautés.
Ses élégantes propretés,
Ses atours n'ont rien qui ne plaise ;
Mais, s'il eſt mis à la française
Si par nos mains il eſt orné
Ce dieu toujours eſt couronné
[D'un diadème...]

P. 146

1. Rollin, Charles (1661-1741), humaniſte, auteur du célèbre *Traité des Études.*

P. 147

1. Variante de la première édition :

[de Rubens.]
C'eſt ce dieu qu'implore et révère
Toute la troupe des acteurs
Qui représentent sur la terre,

Et ceux qui viennent dans la chaire
Endormir leurs chers auditeurs,
Et ceux qui livrent les auteurs
Aux sifflets bruyants du parterre.
C'est là que je vous vis, aimable Le Couvreur,
Vous, fille de l'Amour, fille de Melpomène ;
Vous, dont le souvenir règne encor sur la scène,
Et dans tous les esprits, et surtout dans mon cœur.
Ah ! Qu'en vous revoyant, une volupté pure,
Un bonheur sans mélange enivra tous mes sens !
Qu'à vos pieds, en ces lieux, je fis fumer d'encens !
Car il faut le redire à la race future :
Si les saintes rigueurs d'un préjugé cruel
Vous ont pu, dans Paris, priver de sépulture,
Dans le Temple du Goût vous avez un autel.

Mes deux guides disaient qu'ils ne pouvaient en conscience donner à une actrice le même encens que moi, mais ils avaient trop de goût et de justice pour me désapprouver.

[Je fus fort étonné...]

2. Pavillon, Nicolas (1597-1677), prélat français, évêque d'Aleth, célèbre par ses démêlés avec le Parlement et la papauté.

3. Benserade, Isaac (1612-1691), poète de la cour de Louis XIV.

4. Pellisson, Paul (1624-1693), homme de lettres, auteur d'une *Histoire de l'Académie française.*

5. Segrais, Jean Regnault de (1624-1701), poète français, secrétaire de Mme de La Fayette.

6. Boileau, *Art poétique,* IV, 201.

P. 148

1. Bussy-Rabutin, Roger de (1618-1693), cousin de Mme de Sévigné, que son ouvrage *Histoire amoureuse des Gaules* tint longtemps exilé de Paris.

2. Chaulieu, Guillaume, abbé de (1639-1720), poète léger qui fut baptisé l'*Anacréon du Temple.*

3. La Fare, Charles-Auguste, marquis de (1644-1712), auteur de *Mémoires et Réflexions sur les principaux événements du règne de Louis XIV* et de poésies.

P. 149

1. Variante de la première édition :
[Dictaient] *à ce gros Céladon.*

[Le dieu aimait fort...]

2. Hamilton, Antoine (1646-1720), gentilhomme irlandais qui suivit les Stuarts en France et écrivit en français les *Mémoires du chevalier de Gramont,* et des *Contes.*

3. Sainte-Aulaire, François-Joseph de Beaupoil, marquis de

(1643-1742), poète français, membre de l'Académie française.

4. Variante de la première édition :

[Le bon sens, de peur d'ennuyer]
Ressemble à la plaisanterie.

Quelquefois même, on laisse parler longtemps la même personne ; mais ce cas arrive très rarement. Heureusement pour moi, on se rassemblait, en ce moment, autour de la fameuse Ninon Lenclos.

Ninon, cet objet si vanté
Qui si longtemps sut faire usage
De son esprit, de sa beauté,
Et du talent d'être volage,
Faisait alors, avec gaîté,
A ce charmant aréopage,
Un discours sur la Volupté.
Dans cet art elle était maîtresse,
L'auditoire était enchanté,
Et tout respirait la tendresse.
Mes deux guides, en vérité,
Auraient volontiers écouté :
Mais hélas ! ils sont d'une espèce
Qui leur ôte la liberté,
Et les condamne à la sagesse.

Ils me laissèrent entendre le sermon de Ninon. Je courus ensuite vers la Le Couvreur, et mes conducteurs s'amusèrent à parler de littérature avec quelques jésuites qu'ils rencontrèrent. Un janséniste dira que les jésuites se fourrent partout : mais la vérité est que de tous les religieux les jésuites sont ceux qui entendent le mieux les belles-lettres, et qu'ils ont toujours réussi dans l'éloquence et dans la poésie. Le dieu voit de très bon œil beaucoup de ces Pères ; mais à condition qu'ils ne diront plus tant de mal de Despréaux, et qu'ils avoueront que les Lettres provinciales *sont la plus ingénieuse, aussi bien que la plus cruelle, et en quelques endroits la plus injuste satire qu'on ait jamais faite.*

On se doute assez que les bienfaiteurs du Temple y ont une place honorable ; mais croirait-on bien que Colbert y est mieux traité que le cardinal de Richelieu ; c'est que Colbert protégea tous les beaux-arts, sans être jaloux des artistes, et qu'il ne favorisa que de grands hommes ; car il se dégoûta bien vite de Chapelain, et encouragea Despréaux. Le cardinal de Richelieu au contraire fut jaloux du grand Corneille, et au lieu de s'en tenir comme il le devait à protéger les beaux vers, il s'amusa à en faire de mauvais, avec Chapelain, Desmarets et Colletet. Je m'aperçus même que ce grand ministre était moins gracieusement accueilli par le dieu du Goût qu'un certain duc son neveu, qui vient très souvent dans le Temple. Les connaisseurs en belles-lettres disent pour raison

Que dans ce charmant sanctuaire,
L'honneur de protéger les beaux-arts qu'on chérit
Mais auxquels on ne s'entend guère,

L'autorité du ministère,
L'éclat, l'intrigue et le crédit,
Ne sauraient égaler les charmes de l'esprit,
Ni le don fortuné de plaire.

Les connaisseurs en galanterie ajoutent que Son Éminence fit jadis l'amour en vrai pédant, et que son neveu s'y prend d'une manière assurément tout opposée. Il y a dans cette demeure bien des habitants, qui comme lui n'ont fait aucun ouvrage,

Qui sagement livrés aux douceurs du loisir
Ont passé de leurs jours les moments délectables
A recevoir, à donner du plaisir,
De chanter et d'écrire ils ont été capables ;
Mais pour être en ce Temple et pour y réussir,
Qu'ont-ils fait ? Ils étaient aimables.

C'est entre ces voluptueux et les artistes qu'on trouve le facile, le sage, l'agréable La Faye. Heureux qui pourrait passer comme lui les dernières années de sa vie, tantôt composant des vers aisés et pleins de grâce, tantôt écoutant ceux des autres sans envie et sans mépris, ouvrant son cabinet à tous les arts et sa maison aux seuls hommes de bonne compagnie. Combien de particuliers dans Paris pourraient lui ressembler dans l'usage de leur fortune ! mais le goût leur manque, ils jouissent insipidement, et ils ne savent qu'être riches.

Devant le dieu est un grand autel où les Muses viennent présenter, tour à tour, des livres, des dessins, et des ornements de toute espèce. On y voyait tous les opéras de Lulli et plusieurs opéras de Destouches et de Campra. Le dieu eût quelquefois désiré dans Destouches une musique plus forte, souvent dans Campra un récitatif mieux déclamé, et de temps en temps dans Lulli quelques airs moins froids. Tantôt les Muses, tantôt les Pélissier et les Le More chantent des opéras charmants. Le Temple résonne de leurs voix touchantes, tout ce qui est dans ces beaux lieux applaudit par un léger murmure plus flatteur que ne le seraient les acclamations emportées du peuple. Les mauvais auteurs et leurs amis prêtent l'oreille autour du Temple, entendent à peine quelques sons, et sifflent pour se venger.

Sur l'autel du dieu, on voit le plan de cette belle façade du Louvre, dont on n'est point redevable au cavalier Bernin qu'on fit venir inutilement en France avec tant de frais, et qui fut construite par Louis Le Vau, homme admirable et trop peu connu. Là est le dessin de la Porte Saint-Denis, dont la plupart des Parisiens ne connaissent pas plus la beauté que le nom de François Blondel qui acheva ce monument. Cette admirable fontaine qu'on remarque si peu et qui est ornée des précieuses sculptures de Jean Goujon, le portail de Saint-Gervais, chef-d'œuvre d'architecture, à qui il manque une église, une place et des admirateurs, ce qui devrait immortaliser le nom de Desbrosses, encore plus que le Luxembourg qu'il a aussi bâti ; tous ces beaux monuments attirent souvent les regards du dieu. Il aime la gloire de notre nation, il est bien aise que ce soit un Parisien

Louis de Foix, qui ait été préféré nommé à tous les architectes de l'Europe pour bâtir l'Escurial, il se réjouit que l'Italie soit ornée des sculptures du Puget, de Théodon, de Le Gros, et de tant d'autres sculpteurs français.

Le dessin de Versailles se trouve à la vérité sur l'autel ; mais il est accompagné d'un arrêt du dieu, qui ordonne qu'on abatte, au moins, tout le côté de la cour, afin qu'on n'ait point à la fois, en France, un chef-d'œvre de mauvais goût et de magnificence. Par le même arrêt, le dieu ordonne que les grands morceaux d'architecture très déplacés et très cachés dans les bosquets de Versailles soient transportés à Paris pour orner les édifices publics.

Une des choses que le dieu aime davantage est un recueil d'estampes d'après les plus grands maîtres, entreprise utile au genre humain, qui multiplie, à peu de frais, le mérite des meilleurs peintres ; qui fait revivre à jamais, dans tous les cabinets de l'Europe, des beautés qui périraient sans le secours de la gravure, et qui peut faire connaître toutes les écoles à un homme qui n'aura jamais vu de tableaux.

Crozat préside à ce dessein,
Il conduit le docte burin
De la gravure scrupuleuse
Qui, d'une main laborieuse,
Immortalise, sur l'airain,
Du Carache la force heureuse,
Et la belle âme du Poussin.

Dans le temps que nous arrivâmes, le dieu s'amusait à faire élever en relief le modèle d'un palais parfait ; il joignait l'architecture extérieure du château de Maisons avec le dedans de l'hôtel Lassay, lequel, par sa situation, ses proportions et ses embellissements, est digne du maître aimable qui l'occupe, et qui lui-même a conduit l'ouvrage.

Tous les amateurs considéraient ce modèle avec attention. Parmi eux, était le président de Maisons qui, depuis le moment fatal où il a été enlevé à ses amis, et aux beaux-arts, dont il faisait les délices, jouit auprès du dieu du Goût de l'immortalité qu'il mérite. Quelle fut ma félicité de le revoir, de pouvoir prendre encore de ses leçons, et de jouir de son utile entretien !

[O transports ! ô plaisirs]...

5. Chapelle, de son vrai nom Emmanuel Luillier (1626-1686), bel esprit qui écrivit en collaboration avec Bachaumont une relation de *Voyage en Languedoc* (1656).

P. 150

1. Maisons, Jean-René de Longueil, marquis de (1699-1731), président à mortier du Parlement de Paris, ami de Voltaire, qui lui fut arraché par la petite vérole.

2. Bouhours, le Père Dominique (1628-1702), jésuite et grammairien puriste.

P. 155

1. Dans la première édition, la fin était la suivante :

[Eſt un séjour qu'il abandonne.]

Ce qui me charmait davantage dans cette demeure délicieuse, c'était de voir avec quelle heureuse agilité l'esprit se promène sur différents plaisirs, en parcourant de suite tous les arts, et caressant tant de beautés diverses.

On y passe facilement
De la Musique à la Peinture,
De la Physique au sentiment,
Du Tragique au simple agrément,
De la Danse à l'Architecture.
Tel Homère peignit ses dieux
Planant sur la terre et sur l'onde ;
Et cent fois plus prompts que nos yeux
S'élançant du centre des cieux
Jusqu'au bout de l'axe du monde.

Aussi, serais-je trop long, si je disais tout ce que je vis dans ce Temple, grâce au siècle de Louis XIV. Une foule de grands hommes en tout genre, qui avaient honoré ce beau siècle, s'étaient rangés avec mes deux guides, autour du grand Colbert. Je n'ai exécuté, disait ce miniſtre, que la moindre partie de ce que je méditais. J'aurais voulu que Louis XIV eût employé aux embellissements nécessaires de sa capitale les trésors ensevelis dans Versailles, et prodigués pour forcer la nature. Si j'avais vécu plus longtemps, Paris aurait pu surpasser Rome, en magnificence et en bon goût, comme il la surpasse en grandeur. Ceux qui viendront après moi feront ce que j'ai seulement imaginé. Alors le royaume sera rempli des monuments de tous les beaux-arts. Déjà les grands chemins qui conduisent à la capitale sont des promenades délicieuses, ombragées de grands arbres, l'espace de plusieurs milles, et ornées même de fontaines et de ſtatues. Un iour, vous n'aurez plus de temples gothiques. Les salles de vos spectacles seront dignes des ouvrages immortels qu'on y représente.

Des nouvelles places et des marchés publics conſtruits sous des colonnades décoreront Paris comme l'ancienne Rome. Les eaux seront diſtribuées dans toutes les maisons comme à Londres. Les inscriptions de Santeuil ne seront plus la seule chose que l'on admirera dans vos fontaines, la sculpture étalera partout ses beautés durables, et annoncera aux étrangers la gloire de la nation, le bonheur du peuple, la sagesse et le goût de ses conducteurs. Ainsi parlait ce grand miniſtre.

Qui n'aurait applaudi, quel cœur français n'eût été ému à de tels discours ? On finit par donner de juſtes éloges et par souhaiter un succès heureux aux grands desseins que le magiſtrat de la Ville de Paris a formés pour la décoration de cette capitale.

Enfin, après une conversation utile dans laquelle on louait avec juſtice ce que nous avons et dans laquelle on regrettait avec non moins de juſtice ce que nous n'avons pas, il fallut se séparer. J'entendis le dieu qui disait à ses deux amis en les embrassant :

Adieu, mes plus chers favoris,
Par qui ma gloire est établie.
Tant que vous serez dans Paris
Je n'ai pas peur que l'on m'oublie.
Mais prêchez, je vous en supplie,
Certains prétendus beaux esprits,
Qui du faux goût toujours épris,
Et toujours me faisant insulte,
Ont tout l'air d'avoir entrepris
De traiter mes lois et mon culte
Comme l'on traite leurs écrits.

Il les pria ensuite de faire ses compliments à un jeune prince qu'il aime tendrement, et s'échauffant, à son nom, avec un peu d'enthousiasme, que ce dieu ne dédaigne pas quelquefois, mais qu'il sait toujours modérer, il prononça ces vers avec vivacité :

Que toujours Clermont s'illumine
Des vives clartés de ma loi.
Lui, ses sœurs, les Amours et moi,
Nous sommes de même origine.
Conti, sachez à votre tour
Que vous êtes né pour me plaire
Aussi bien qu'au dieu de l'Amour.
J'aimai jadis votre grand-père,
Il fut le charme de ma cour ;
De ce héros suivez l'exemple,
Que vos beaux jours me soient soumis ;
Croyez-moi, venez dans ce Temple,
Où peu de princes sont admis.

Vous, noble jeunesse de France,
Secondez les chants des beaux-arts.
Tandis que les foudres de Mars
Se reposent dans le silence,
Que dans ces fortunés loisirs
L'esprit et la délicatesse,
Nouveaux guides de la jeunesse,
Soient l'âme de tous vos plaisirs.
Je vois Thalie et Melpomène
Vous suivre en secret quelquefois
Et quitter Gossin et Dufresne,
Pour venir entendre vos voix,
Et vous applaudir sur la scène.
Que des Muses, à vos genoux,
Les lauriers à jamais fleurissent,
Que ces arbres s'enorgueillissent

De se voir cultivés par vous.
Transportez le Pinde à Cythère.
Brassac, chantez ; gravez, Caylus,
Ne craignez point, jeune Surgère,
D'employer des soins assidus
Aux beaux vers que vous savez faire ;
Et que tous les sots confondus
A la cour et sur la frontière
Désormais ne prétendent plus
Qu'on déroge et qu'on dégénère
En suivant Minerve et Phébus.

TRAITÉ DE MÉTAPHYSIQUE

P. 157

1. Composée vraisemblablement au milieu de 1734, remaniée plusieurs fois entre 1734 et 1738, cette œuvre qui, selon l'expression judicieuse de Frédéric, « mène tout droit à la ciguë », tient dans le développement de la pensée de Voltaire une place capitale. Elle est pour nous d'un prix inestimable dans la mesure où, destinée à rester dans les papiers du philosophe, elle nous livre, sans précautions oratoires, sans intentions polémiques, les réactions de Voltaire devant les grands problèmes métaphysiques aux plus beaux jours de la période de Cirey, et permet d'utiles confrontations avec des œuvres contemporaines, mais destinées au public, comme les *Discours en vers sur l'homme,* ou les *Éléments de la philosophie de Newton.*

Les sources du *Traité* son aisément décelables : Clarke, Collins, Mandeville, La Mothe le Vayer, Malebranche, Bayle, mais surtout Locke :

« J'ai relu M. Locke. J'ai osé m'amuser à travailler après lui. J'ai voulu me rendre compte à moi-même de mon existence et voir si je pouvais me faire quelques principes certains. » (Lettre à Formont, [juillet ?] 1734.)

Le texte du *Traité* parut pour la première fois dans l'édition de Kehl (1784-1789). C'est ce texte, à la suite de H. Temple Patterson, dans son édition critique (Manchester, 1737), que nous suivons ici.

P. 158

1. On voit ici la genèse de l'idée directrice de *Micromégas.*

P. 160

1. Parues en 1719. Référence au tome II, section 15.

P. 161

1. Ce chapitre eſt une démarcation des douze premières propositions de l'ouvrage de Clarke intitulé : *Demonſtration of the being and attributes of God,* que Voltaire possédait dans son édition de 1727.

P. 167

1. Exactement : CLARKE, *op. cit.*, proposition VIII; LOCKE, *Essai,* IV, 10.

P. 172

1. Chapitre inspiré largement de l'*Essai* de LOCKE (livre I : *Of Innate notions,* et livre II : *Of Ideas*).

P. 176

1. « Dans ses *Hypotyposes,* qui ont été traduites en français par Huart, en 1725. » *(Note de Beuchot.)*

P. 183

1. « *Deutéronome,* XXIII, 13. » *(Note de Beuchot.)*

P. 187

1. C'eſt l'idée de Locke. (*Essai,* II, XXI, 71.)

P. 188

1. C'eſt l'idée de Clarke. (*Demonſtration X :* Of the possibility of enduing a creature with Freedom or Liberty of will.)

P. 190

1. Leibniz, et surtout Collins dans sa *Dissertation on Liberty and Necessity.*

LE MONDAIN ET LA DÉFENSE DU MONDAIN

P. 203

1. La pièce date de septembre 1736. Le 25 septembre, Voltaire l'envoie à Cideville, en le priant de la transmettre à Formont : « Newton, dit-il, eſt ici le dieu auquel je sacrifie, mais j'ai des chapelles pour d'autres divinités subalternes : voici le *Mondain.* » Plusieurs amis de Voltaire à Paris reçoivent aussi le poème, avec prière de n'en point laisser courir de copies. Ce sont des amis sûrs... Mais l'un d'eux, Michel-Roger de Rabutin, comte de Bussy, que Voltaire avait connu dans la société du Temple, meurt subitement le 3 novembre en laissant dans ses papiers l'œuvre compromettante. Cette divulgation du *Mondain* — le président Dupuy en fit faire,

dit-on, trois cents copies — devait causer de vives inquiétudes au poète. Pendant toute la fin de 1736, il guette les réactions du pouvoir, puis, sur quelque rapport pessimiste, s'enfuit de Cirey dans la nuit du 23 au 24 décembre, et gagne la Hollande par Givet. Il y vivra deux mois sous le nom de « Révol », négociant, et reviendra, l'orage apaisé, dans son « paradis » de Cirey à la fin de février 1737. Entre-temps, il avait écrit la *Défense du Mondain.* Sur ces deux œuvres, on consultera l'ouvrage d'A. Morize, *l'Apologie du luxe au XVIII*e *siècle et le Mondain de Voltaire,* Paris, Didier, 1909.

P. 204

1. « Auteur du *Cuisinier français.* » *(Note de Voltaire.)* Il vécut de 1663 à 1733.

2. Les premières éditions, jusqu'à 1739 non compris, donnaient un texte plus brutal :

Mon cher Adam, mon vieux et triste père,
Je crois te voir en un recoin d'Éden
Grossièrement forger le genre humain
En tourmentant [1736 : en secouant] *madame Ève, ma mère.*
Deux singes verts, deux chèvre-pieds fourchus
Sont moins hideux au fond de la feuillée.
Par le soleil votre face hâlée,
Vos bras velus, votre main écaillée,
Vos ongles longs, crasseux, noirs et crochus,
Votre peau bise, endurcie et brûlée,
Sont les attraits, sont les charmes flatteurs
Dont l'assemblage allume vos ardeurs.
Bientôt lassés de leur sale aventure,
Sous un vieux chêne...

3. « Fameux sculpteur, né à Chaumont, en Champagne. » *(Note de Voltaire, 1748.)*

4. (1673-1748) : « Excellent orfèvre, dont les dessins et les ouvrages sont du plus grand goût. » *(Note de Voltaire, 1748.)*

P. 205

1. Jusqu'en 1740, variante :

Il va siffler le Jason *de Rousseau.*

P. 206

1. Huet, *Traité de la situation du paradis terrestre,* 1691.

2. Calmet, *Commentaire littéral sur tous les livres de l'Ancien et du Nouveau Testament,* 1707-1715, 22 vol., t. I.

3. La première édition portait :

Le Paradis terrestre est à Paris.

DÉFENSE DU MONDAIN

P. 209

1. « Ce qu'on appelait *Manipulus* était d'abord une poignée de foin que les Romains mettaient au haut d'une perche, premier étendard des conquérants de l'Europe, de l'Asie Mineure et de l'Afrique septentrionale. » *(Note de Voltaire, 1739.)*

DISCOURS EN VERS SUR L'HOMME

P. 211

1. Dès l'édition de 1740, on trouve, avec des variantes, cet *Avertissement pour les Discours en vers sur l'homme,* qui sans aucun doute est de la main de Voltaire :

Les trois premiers sont de l'année 1734 ; les quatre derniers sont de l'année 1737.

Le premier prouve l'égalité des conditions, c'est-à-dire qu'il y a dans chaque profession une mesure de biens et de maux qui les rend toutes égales ;

Le second, que l'homme est libre, et qu'ainsi c'est à lui à faire son bonheur ;

Le troisième, que le plus grand obstacle au bonheur est l'envie ;

Le quatrième, que, pour être heureux, il faut être modéré en tout ;

Le cinquième, que le plaisir vient de Dieu ;

Le sixième, que le bonheur parfait ne peut être le partage de l'homme en ce monde, et que l'homme n'a point à se plaindre de son état ;

Le septième, que la vertu consiste à faire du bien à ses semblables, et non pas dans de vaines pratiques de mortification.

En réalité, d'après la correspondance de Voltaire, ces *Épîtres,* comme elles s'appelaient originellement, semblent avoir été composées, et envoyées successivement à Frédéric II, dans le courant de l'année 1738. Les deux premiers discours parurent en 1738, sous le titre d'*Épîtres sur le Bonheur* (Paris, chez Prault). La troisième épître fut imprimée peu après au même endroit. Elle s'intitula *De l'Envie.*

Le quatrième discours qui était fait en janvier 1738 (lettre de Voltaire à Frédéric du 25 janvier) paraît en août sous le titre suivant : *Épître de la modération en tout, dans l'étude, dans l'ambition, dans les plaisirs* (sans indication de date, ni d'éditeur).

La cinquième Épître est reçue par Frédéric en juin 1738, et dès 1739, dans un *Recueil de pièces fugitives, en prose et en vers,* on trouve réunis les six premiers discours. Quant au septième, intitulé *Ce que c'est que la vertu,* il paraît avec les six autres, pour la première fois, en 1745, dans le tome VI des *Œuvres* de Voltaire, à Amsterdam, chez E. Ledet.

On rapprochera avec fruit ces *Discours* de l'*Essai sur l'Homme* de Pope, dont ils procèdent, et que Voltaire avait découvert quelque temps auparavant.

PREMIER DISCOURS :

De l'égalité des conditions.

2. Dans l'édition originale, le début était le suivant :

Eh bien, jeune Hermotime, en province élevé
Avec un cœur tout neuf à Paris arrivé,
Tu ne sais pas encor quel parti tu dois suivre ?
Tu voudrais des leçons sur le grand art de vivre ;
Il faut prendre un état. Incertain dans tes vœux,
Tu veux choisir, dis-tu, le sort le plus heureux :
Mais ce sort, quel est-il ? tu ne sais. Tu peux être
Magistrat, financier, courtisan, guerrier, prêtre.
Ton goût doit décider ; ce n'est pas ton emploi
Qui doit te rendre heureux, ce bonheur est dans toi.
Les états sont égaux, mais les hommes diffèrent.
Où l'imprudent périt, les habiles prospèrent.
Le bonheur est le port où tendent les humains ;
Les écueils sont fréquents, les vents sont incertains.
Le ciel, pour aborder cette rive étrangère,
Accorde à tout mortel une barque légère :
Ainsi que les secours les dangers sont égaux.
Qu'importe, quand l'orage a soulevé les flots,
Que ta poupe soit peinte, et que ton mât déploie
Une voile de pourpre et des câbles de soie ?
Le vent est sans respect, il renverse à la fois
Les bateaux des pêcheurs et les barques des rois.
Si quelque heureux pilote, échappé de l'orage,
Près du bord arrivé, gagne au moins le rivage,
Son vaisseau, plus heureux, n'était pas mieux construit ;
Mais le pilote est sage, et Dieu l'avait conduit.
« *Eh quoi ! me dites-vous...*

P. 212

1. Variante de l'édition originale :

Il serait beau vraiment que sa triste faveur
Eût au grade, en ce monde, attaché le bonheur !
Jamais un colonel n'aura donc l'impudence
D'égaler en plaisir un maréchal de France !
L'empereur est toujours, grâces à ses honneurs,
Plus fortuné lui seul que les sept électeurs !
Et le cœur d'un sujet se gardera bien d'être
Aussi tendre, aussi gai que celui de son maître !
Non, n'accusons point Dieu de cette absurdité ;
Pour les cœurs qu'il a faits il a trop de bonté.

Tous sont heureux par lui, tous au moins peuvent l'être :
En leur donnant la vie, il leur doit le bien-être ;
Il veut, en les rangeant sous différentes lois,
En faire autant d'heureux, non pas autant de rois.
Le casque, le mortier, la barrette, la mitre,
A la félicité n'apportent aucun titre ;
Et ce Bernard qu'on vante est heureux en effet,
Non par le bien qu'il a, mais par le bien qu'il fait.

P. 213

1. « L'abbé Pellegrin a fait des cantiques de dévotion sur des airs du Pont-Neuf; c'est là qu'on trouve, à ce qu'on dit :

Quand on a perdu Jésus-Christ,
Adieu paniers, vendanges sont faites.

Ces cantiques ont été chantés à la campagne, et dans des couvents de province. » *(Note de Voltaire, 1752.)*

2. Variante de l'édition originale :

Dans ses champs fortunés l'amour même l'appelle,
L'amour, ce dieu des cieux, cette flamme éternelle
Qui peuple les forêts, les ondes et les airs,
Qui va d'un pôle à l'autre animer l'univers.
Ses traits, toujours lancés des mains de la nature,
Souffrent les ornements, mais plaisent sans parure :
Un éclat étranger est le fard du bonheur ;
Tu n'en as pas besoin, tu peux donner ton cœur
Sans tous ces riens brillants, ces nobles bagatelles
Qu'Hébert vend à crédit pour tromper tant de belles.
L'amour n'a pas toujours un tranquille destin
Sous les lambris dorés et vernis par Martin.

3. « Fameux vernisseur. » *(Note de Voltaire.)*

4. « Fameux marchand de curiosités à Paris. Il avait beaucoup de goût, et cela seul lui avait procuré une grande fortune. » *(Note de Voltaire.)*

P. 214

1. « Louis XIV disait : " Il y a deux hommes que je ne pourrai jamais enrichir, Dufresny et Bontemps. " Dufresny mourut dans la misère, après avoir dissipé de grandes richesses; il a laissé de jolies comédies. » *(Note de Voltaire.)*

DEUXIÈME DISCOURS :
De la liberté.

P. 216

1. Variante de l'édition originale :

Descendit jusqu'à moi de la voûte des cieux.
Tel du sein du soleil un torrent de lumière

Part, arrive à l'instant, et couvre l'hémisphère.
Il avait pris un corps, ainsi que l'un d'entre eux,
Que nos pères ont vu, dans des jours ténébreux,
Sous les traits de Newton, sous ceux de Galilée,
Apporter la lumière à la terre aveuglée.
Écoute, me dit-il...

P. 217

1. « L'abbé Pucelle, célèbre conseiller au Parlement. L'abbé Desfontaines, homme souvent repris de justice, qui tenait une boutique ouverte où il vendait des louanges et des satires. » *(Note de Voltaire.)*

2. « Assassin du prince de Candahar, au début du XVIIIe siècle. » *(Note de Voltaire.)*

P. 218

1. « Fameux médecins de Paris. » *(Note de Voltaire.)*

P. 219

1. « Professeur à Leyde, le premier qui ait enseigné en Hollande les découvertes de Newton. » *(Note de Voltaire.)*

2. « M. Dortous de Mairan, secrétaire de l'Académie des Sciences de Paris. » *(Note de Voltaire.)*

TROISIÈME DISCOURS :
De l'envie.

P. 221

1. « Dufresne, célèbre acteur de Paris. Mlle Gaussin, actrice pleine de grâces, qui joua *Zaïre.* » *(Note de Voltaire.)*

2. Comédie de Destouches, jouée en 1732.

3. « Mauvaise comédie de Rousseau, qui n'a pu être jouée. » *(Note de Voltaire.)*

4. « Jurieu était un ministre protestant qui s'acharna contre Bayle et contre le bon sens... » *(Note de Voltaire.)*

P. 222

1. Variante de l'édition originale.

Méprisable en son goût, détestable en ses mœurs.
Médisant acharné, quelle étrange manie
Fait aboyer ta voix contre une académie ?
As-tu, vieux candidat. chez les quarante élus,
Approché seulement de l'honneur d'un refus ?
Hélas ! quel est le fruit de tes cris imbéciles ?
La police est sévère, on fouette les zoïles.
Chacun avec mépris se détourne de toi ;
Tout fuit, jusqu'aux enfants, et l'on sait trop pourquoi.
Détestons, Hermotime, un si dangereux vice.
[Ah ! qu'il nous faut chérir...]

2. « Quelques peintres jaloux de Le Sueur gâtèrent ses tableaux qui sont aux Chartreux. » *(Note de Voltaire.)*

P. 223

1. « Habert de Cerisi, de l'Académie. » *(Note de Voltaire.)*

QUATRIÈME DISCOURS :

De la modération en tout...

P. 224

1. « M. du Faï était directeur du jardin et du cabinet d'histoire naturelle du roi, qui avaient été très négligés jusqu'à lui, et qui ont été ensuite portés par M. de Buffon à un point qui fait l'admiration des étrangers. Il existe en Europe des cabinets plus riches dans quelques parties, mais il n'en est aucun d'aussi complet. » *(Note de Voltaire.)*

P. 225

1. « MM. de Maupertuis, Clairaut, Le Monnier, etc., allèrent en 1736 à Tornéa mesurer un degré du méridien, et ramenèrent deux Lapones. Les trois couronnes sont les armes de la Suède, à qui Tornéa appartient. » *(Note de Voltaire.)*

2. Variante de l'édition originale :

Revole, Maupertuis, de ces déserts glacés
Où les rayons du jour sont six mois éclipsés :
Apôtre de Newton, digne appui d'un tel maître,
Né pour la vérité, viens la faire connaître.
Héros de la physique, Argonautes nouveaux,
Qui franchissez les monts, qui traversez les eaux,
Dont le travail immense et l'exacte mesure
De la terre étonnée ont fixé la figure,
[Dévoilez ces ressorts...]

3. Variante des premières éditions :

[C'est du cœur des humains la grande passion.]
On cherche à s'élever beaucoup plus qu'à s'instruire.
Vingt savants qu'Apollon prenait soin de conduire
De l'éclat des grandeurs n'ont pu se détromper :
Au Parnasse ils régnaient, la cour les vit ramper.
La cour est de Circé le palais redoutable ;
La fortune y préside, enchanteresse aimable,
Qui, des mains des plaisirs préparant son poison,
Par un philtre invincible assoupit la raison.
Qui la voit est changé, c'est en vain qu'on la brave ;
On est arrivé libre, on se retrouve esclave.

Le guerrier tout couvert du sang des ennemis,
Le magiſtrat auſtère, et le grossier commis,
Et la dévote adroite, et le marquis volage,
Tout y cherche à l'envi l'argent et l'esclavage.
Laissons ces insensés que leur espoir séduit
Courir en malheureux au bonheur qui les fuit.
Mes vers ne peuvent rien contre tant de folie ;
La seule adversité peut réformer leur vie.
Parlons de nos plaisirs ; ce sujet plein d'appas
Eſt bien moins dangereux, et ne s'épuise pas ;
De nos réflexions c'eſt la source féconde ;
Il vaut mieux en parler que des maîtres du monde :
Que m'importe leur trône ? et quel suprême bonheur,
Quel éclat peut valoir un sentiment du cœur ?
[Les plaisirs sont les fleurs] ...

P. 227

1. « C'était un conseiller au Parlement fort riche, homme voluptueux, qui faisait excellente chère. » *(Note de Voltaire.)*

2. Variante de l'édition originale :

[Ce cortège aujourd'hui l'accompagne ici-bas.]
Ne nous en plaignons point, imitons la nature ;
Elle couvre nos champs de glace ou de verdure ;
Tout renaît au printemps, tout mûrit dans l'été :
Livrons-nous donc comme elle à la diversité.
Climène a peu d'esprit, elle eſt vive, légère ;
Touché de ses appas, vous avez su lui plaire ;
Vous pensez, sur la foi de vos emportements,
De vos jours à ses pieds couler tous les moments :
Mais bientôt de vos sens vous voyez l'impoſture ;
Ce feu follet s'éteint faute de nourriture ;
Votre bonheur usé n'eſt qu'un dégoût affreux,
Et vous avez besoin de vous quitter tous deux.
Vivre avec un ami, toujours sûrs de vous plaire,
Exige en tous les deux une âme non vulgaire, ...

CINQUIÈME DISCOURS :
Sur la nature du plaisir.

P. 228

1. « Cette pièce eſt uniquement fondée sur l'impossibilité où eſt l'homme d'avoir des sensations par lui-même. Tout sentiment prouve un Dieu, et tout sentiment agréable un Dieu bienfaisant. » *(Note de Voltaire.)*

P. 229

1. Jansénius.

P. 230

1. Variante de l'édition originale :

[Vous voulez changer l'homme, et vous le détruisez.]
Un monarque de l'Inde, honnête homme et peu sage,
Vers les rives du Gange, après un long orage,
Voyant de vingt vaisseaux les débris dispersés,
Des mâts demi-rompus et des morts entassés,
Fit fermer par pitié le port de son rivage,
Défendit que jamais, par un profane usage,
Les pins de ses forêts, façonnés en vaisseaux,
Portassent sur les mers à des peuples nouveaux
Les fruits trop dangereux de l'humaine avarice.
Un bonze l'applaudit ; on vanta sa justice :
Mais bientôt, triste roi d'un État indigent,
Il se vit sans pouvoir, ainsi que sans argent.
Un voisin moins bigot, et bien plus sage prince,
Conquit en peu de temps sa stérile province ;
Il rendit la mer libre, et l'État fut heureux.
Je suis loin d'en conclure, orateur dangereux,
Qu'il faut...

2. Voici la fin du discours dans l'édition originale :

Voilà mes passions. Vous qui les approuvez,
Vous, l'honneur de ces arts par vos mains cultivés,
Vous, dont la passion nouvelle et généreuse
Est d'éclairer la terre, et de la rendre heureuse ;
Grand prince, esprit sublime, heureux présent du ciel,
Qui connaît mieux que vous les dons de l'Éternel ?
Aidez ma voix tremblante et ma lyre affaiblie
A chanter le bonheur qu'il répand sur la vie.
Qu'un autre en frémissant craigne ses cruautés ;
Un cœur aimé de vous ne sent que ses bontés.

SIXIÈME DISCOURS :
Sur la nature de l'homme.

P. 232

1. « Homme très savant dans l'histoire des Chinois, et même dans leur langue. » *(Note de Voltaire.)*

P. 233

1. « Dieu des Chinois. » *(Note de Voltaire.)*

P. 234

1. « Voyez la fable de La Fontaine, intitulée *le Gland et la Citrouille,* l. IX :

En louant Dieu de toute chose,
Garo retourne à la maison. »

(*Note de Voltaire.*)

P. 235

1. Célèbre fabricant d'automates (1709-1782).

SEPTIÈME DISCOURS :
Sur la vraie nature.

P. 236

1. Ce discours fut d'abord adressé à Racine le fils, auteur d'un poème janséniste sur la grâce. L'édition originale débute ainsi :

J'ai lu les quatre points des sermons poétiques
Qu'a débités ta muse, en ses vers didactiques ;
Peut-être il serait mieux de prêcher un peu moins,
Et d'imiter Gresset, qui, sans art et sans soins,
Dans un style rapide et vif avec mollesse,
Peint les plaisirs du sage, et chante la paresse.
Mais j'aime mieux cent fois ta mâle austérité,
Et de tes vers hardis la pénible beauté,
Qu'un écrit bigarré de grave et de comique,
Où le rimeur moderne affecte un air gothique,
Et dans un vers forcé, que surcharge un vieux mot,
Veut couvrir la raison du masque de Marot.
Il faut parler français. Boileau n'a qu'un langage,
Son style est clair et pur ; il prouve un esprit sage :
Suis cet exemple heureux, laisse aux esprits mal faits
L'art de moraliser du ton de Rabelais.
Ce jargon dans un conte est encor supportable ;
Mais le vrai veut un air, un ton plus respectable ;
Instruis-moi donc, poursuis, parle, et dans tes discours
Définis la vertu, que tu chantas toujours.
[C'est un beau mot, sans doute,...]

P. 237

1. « Les convulsionnaires. » (*Note de Voltaire.*)
2. Variante de l'édition originale :

Je sais que ce saint œuvre a des charmes puissants :
Mais, dis-moi, n'as-tu point des devoirs plus pressants ?
D'où vient que ton ami languit dans la misère ?
Pourquoi lui refuser le plus vil nécessaire,
Tandis qu'entouré d'or, et même de Chloris,
Tu vis dans la mollesse en damnant tout Paris ?

« *Sur mon ami, dis-tu, j'exerce la justice ;*
C'est un homme incrédule, et qu'il faut qu'on punisse :
Ce n'est pas aux élus, par la grâce éprouvés,
A faire aveuglément l'aumône aux réprouvés. »
Voilà donc ta réponse, âme farouche et dure !
Quelle vertu, grand Dieu, dont frémit la nature !
Et puisque par son nom tout doit être nommé,
Quel détestable vice en vertu transformé !
[Ce magistrat, dit-on, est sévère,...]

P. 238

1. Variante de l'édition originale :

Alors, d'un ton de père et d'un regard tranquille,
Le roi lui répondit : « *Modérons nos rigueurs.*
Je sais quel est Timante, et je hais ses erreurs ;
L'esprit de l'hérésie infecta sa province :
Mais son cœur est français, son bras est à son prince.
Vous grossissez ici ses faibles attentats ;
Il m'a donné son sang, et vous n'en parlez pas !
Je le fais à l'instant gouverneur de la ville
Où vos sévérités conseillent qu'on l'exile.
Allez de mes bienfaits l'assurer aujourd'hui,
Et, sans plus l'accuser, servez-moi comme lui. »
Ce roi, je l'avoûrai, tendre, ferme, équitable,
Peint mieux que vingt sermons la vertu véritable.
Ce beau nom de vertu sera-t-il accordé
Au mérite farouche, à l'art toujours fardé,
A l'indolent Germont, dont la pitié discrète
Craint de parler pour moi quand Séjan m'inquiète ;
Au faible et doux Cyrus, tout le jour occupé
Des propos d'un flatteur et des soins d'un soupé ?
Non, je donne ce titre au cœur tendre et sublime
Qui prévient les besoins d'un ami qu'on opprime ;
Je le donne à Normand, je le donne à Cochin,
Dont l'éloquente voix protégea l'orphelin :
Non pas à toi, Griffon, babillard mercenaire,
Qui prodiguant en vain ta vénale colère,
Et changeant un art noble en un lâche métier,
N'as fait qu'un plat libelle, au lieu d'un plaidoyer.
Toi qui vas nous quitter, magistrat plein de zèle,
Parlant comme de Thou, jugeant comme Pucelle,
Tendre et fidèle ami, bienfaiteur généreux,
Qui peut te refuser le nom de vertueux ?
Jouis de ce grand titre, ô toi dont la sagesse
N'est point le triste fruit d'une austère rudesse ;
Toi qui, malgré l'éclat dont tu blesses les yeux,
Peux compter plus d'amis que tu n'as d'envieux.
[Certain législateur,...]

2. « L'abbé de Saint-Pierre. C'est lui qui a mis le mot de *b enfaisance* à la mode, à force de le répéter. On l'appelle législateur, parce qu'il n'a écrit que pour réformer le gouvernement. Il s'est rendu un peu ridicule en France par l'excès de ses bonnes intentions. » *(Note de Voltaire.)*

DISCOURS
DE RÉCEPTION A L'ACADÉMIE FRANÇAISE

P. 241

1. Le discours de réception à l'Académie française fut prononcé devant une brillante assemblée le lundi 9 mai 1746; pendant près de quinze ans, Voltaire avait lutté pour être admis parmi les quarante, non sans connaître deux échecs marquants, en 1732 et en 1743. Le 17 mars 1746, on apprend la mort du président Bouhier en Bourgogne; son fauteuil est à pourvoir, et Voltaire, bien qu'il eût fait savoir, deux ans auparavant, qu'il renonçait pour toujours à l'Académie, se met aussitôt en campagne. Il ne néglige rien pour se concilier les faveurs des académiciens bien-pensants. La réponse élogieuse de Benoît XIV à la dédicace de *Mahomet* est un atout qu'il ne se fait pas faute d'utiliser. « Vraiment, avait-il écrit à d'Argental le 19 septembre 1745, les grâces célestes ne peuvent trop se répandre, et la lettre du Saint-Père est faite pour être publique. Il est bon, mon respectable ami, que les persécuteurs des gens de bien sachent que je suis couvert contre eux de l'étole du vicaire de Dieu. » Le roi fait savoir qu'il ne s'oppose pas à l'élection; les années 1745 et 1746 sont certainement celles où Voltaire est le mieux en cour. Des distinctions officielles viennent récompenser l'auteur de *la Princesse de Navarre,* du *Temple de la Gloire,* et surtout du *Poème de Fontenoy :* nommé le 1er avril 1745 historiographe du roi, il sera élevé à la fin de 1746 à la dignité de gentilhomme ordinaire de Sa Majesté. Quant aux jésuites, ils sont apaisés par d'adroites professions de foi envoyées notamment au Père de La Tour, et au confesseur du roi, le Père Pérusseau.

Les ennemis du philosophe n'ont pourtant pas désarmé; ils font circuler un pamphlet composé par Roi, en 1743, lors du dernier échec de Voltaire, le *Discours prononcé à la porte de l'Académie par M. le Directeur à M.* ***, satire burlesque où étaient narrées en détail les infortunes du jeune Arouet avant son départ pour l'Angleterre. Mais ce fut peine perdue, l'élection eut lieu le lundi 25 avril 1746. Les mécontents et les envieux n'en continuèrent pas moins leurs attaques. Aussitôt après le succès de Voltaire paraissait un *Discours prononcé à l'Académie par Monsieur de Voltaire,* d'un certain Baillet de Saint-Julien. Tout en faisant ordonner des poursuites le nouvel académicien eut à cœur de ne pas mêler ces querelles de personnes au sujet de son discours, qu'il choisit à dessein très élevé et propre à réconcilier toutes les factions dans la communion d'un même idéal : l'amour de la langue française. Mais peu après éclatait l'affaire Travenol...

2. « L'Académie française est la plus ancienne de France; elle fut d'abord composée de quelques gens de lettres, qui s'assemblaient pour conférer ensemble. Elle n'est point partagée en honoraires et pensionnaires; elle n'a que des droits honorifiques, comme celui des commensaux de la maison du roi, de ne point plaider hors de Paris; celui de haranguer le roi en corps avec les cours supérieures, et de ne rendre compte directement qu'au roi. » *(Note de Voltaire.)*

3. « MM. de La Monnoie, Bouhier, Lantin, et surtout l'éloquent Bossuet, évêque de Meaux, regardé comme le dernier Père de l'Église. » *(Note de Voltaire.)*

P. 242

1. « Saint-Évremond admire Pétrone, parce qu'il le prend pour un grand homme de cour, et que Saint-Évremond croyait en être un : c'était la manie du temps. Saint-Évremond et beaucoup d'autres décident que Néron est peint sous le nom de Trimalcion; mais en vérité, quel rapport d'un vieux financier grossier et ridicule, et de sa vieille femme, qui n'est qu'une bourgeoise impertinente, qui fait mal au cœur, avec un jeune empereur et son épouse, la jeune Octavie ou la jeune Poppée ? Quel rapport des débauches et des larcins de quelques écoliers fripons avec les plaisirs du maître du monde ? Le Pétrone auteur de la satire est visiblement un jeune homme d'esprit élevé parmi des débauchés obscurs, et n'est pas le consul Pétrone. » *(Note de Voltaire.)*

2. « Horace est traduit en vers italiens par (Stefano) Pallavicini; Virgile, par Annibal Caro; Ovide, par Anguillara; Théocrite, par Ricolotti. Les Italiens ont cinq bonnes traductions d'Anacréon. A l'égard des Anglais, Dryden a traduit Virgile et Juvénal; Pope, Homère; Creech, Lucrèce, etc. » *(Note de Voltaire.)*

P. 243

1. « On n'a pu, dans un discours d'appareil, entrer dans les raisons de cette difficulté attachée à notre poésie; elle vient du génie de la langue : car quoique M. de La Motte, et beaucoup d'autres après lui, aient dit en pleine Académie que les langues n'ont point de génie, il paraît démontré que chacune a le sien marqué.

Ce génie est l'aptitude à rendre heureusement certaines idées et l'impossibilité d'en exprimer d'autres avec succès. Ces secours et ces obstacles naissent : 1° de la désinence des termes; 2° des verbes auxiliaires et des participes; 3° du nombre plus ou moins grand de rimes; 4° de la longueur et de la brièveté des mots; 5° des cas plus ou moins variés; 6° des articles et des pronoms; 7° des élisions; 8° de l'inversion; 9° de la quantité dans les syllabes; et enfin d'une infinité de finesses qui ne sont senties que par ceux qui ont fait une étude approfondie d'une langue.

1° La *désinence des mots*, comme *perdre, vaincre, un coin, sucre, reste, crotte, perdu, sourdre, fief, coffre :* ces syllabes dures révoltent l'oreille, et c'est le partage de toutes les langues du Nord.

2° *Les verbes auxiliaires et les participes.* — *Victis hostibus,* les ennemis ayant été vaincus : voilà quatre mots pour deux. *Laeso et invicto militi ;* c'est l'inscription des Invalides de Berlin; si on va traduire, *pour les soldats qui ont été blessés, et qui n'ont pas été vaincus,* quelle longueur ! Voilà pourquoi la langue latine est plus propre aux inscriptions que la française.

3° *Le nombre des rimes.* — Ouvrez un dictionnaire de rimes italiennes et un de rimes françaises, vous trouvez toujours une fois plus de termes dans l'italien; et vous remarquerez encore que dans le français il y a toujours vingt rimes burlesques et basses pour deux qui peuvent entrer dans le style noble.

4° *La longueur et la brièveté des mots.* — C'est ce qui rend la langue plus ou moins propre à l'expression de certaines maximes, et à la mesure de certains vers.

On n'a jamais pu rendre en français dans un beau vers :

Quanto si mostra men, tanto è più bella.

On n'a jamais pu traduire en beaux vers italiens :

Tel brille au second rang qui s'éclipse au premier.

(*Henr.* I, 31.)

C'est un poids bien pesant qu'un nom trop tôt fameux.

(*Henr.* III, 41.)

5° *Les cas plus ou moins variés.* — Mon père, de mon père, à mon père, *meus pater, mei patris, meo patri ;* cela est sensible.

6° *Les articles et pronoms.* — *De ipsius negotio ei loquebatur.* Con ello parlava dell' affare di lui; *il lui parlait de son affaire.* Point d'amphibologie dans le latin. Elle est presque inévitable dans le français. On ne sait si *son* affaire est celle de l'homme qui parle, ou de celui à qui l'on parle; le pronom *il* se retranche en latin, et fait languir l'italien et le français.

7° *Les élisions.*

Canto l'arme pietose, e il capitano.

Nous ne pouvons dire :

Chantons la piété et la vertu heureuse.

8° *Les inversions.* — *César cultiva tous les arts utiles ;* on ne peut tourner cette phrase que de cette seule façon. On peut dire en latin de cent vingt façons différentes :

Caesar omnes utiles artes coluit.

Quelle incroyable différence !

9° *La quantité dans les syllabes.* – C'est de là que naît l'harmonie. Les brèves et les longues des Latins forment une vraie musique. Plus une langue approche de ce mérite, plus elle est harmonieuse. Voyez les vers italiens, la pénultième est toujours longue :

Capitâno, mâno, sêno, chrîsto, acquîsto.

Chaque langue a donc son génie, que des hommes supérieurs sentent les premiers, et font sentir aux autres. Ils font donc éclore ce génie caché de la langue. » *(Note de Voltaire.)*

P. 245

1. *Art poétique,* I, 31.

P. 246

1. Frédéric II, roi de Prusse.
2. La princesse Ulrique de Prusse, reine de Suède.
3. « L'endroit où est Pétersbourg n'était qu'un désert marécageux et inhabité. » *(Note de Voltaire.)*

P. 247

1. « C'est le président Hénault. Dans quelques traductions de ce discours, on a mis en note l'abbé Lenglet, au lieu de M. Hénault; c'est une étrange méprise. » *(Note de Voltaire.)*
2. « Le président de Montesquieu. » *(Note de Voltaire.)*
3. « Le marquis de Vauvenargues, jeune homme de la plus grande espérance, mort à vingt-sept ans. » *(Note de Voltaire.)* En réalité Vauvenargues en avait trente-deux.
4. « M. Crébillon, l'auteur d'*Électre* et de *Rhadamiste.* Ces pièces, remplies de traits vraiment tragiques, sont souvent jouées. » *(Note de Voltaire.)*
5. Fontenelle, qui mourra centenaire en 1757.

P. 248

1. L'abbé d'Olivet, directeur de l'Académie en 1746, qui répondit à ce titre au discours de Voltaire.

P. 250

1. Le maréchal de Saxe.

P. 251

1. « M. le maréchal duc de Richelieu. » *(Note de Voltaire.)*
2. « L'événement a justifié, en 1748, ce que disait M. de Voltaire en 1746. » *(Note de Voltaire.)*
3. « Les médailles frappées au Louvre sont au-dessus des plus belles de l'antiquité, non pas pour les légendes, mais pour le dessin et la beauté des coins. » *(Note de Voltaire.)*

SERMON DES CINQUANTE

P. 253

1. Voltaire, bien entendu, ne l'avoua jamais et l'attribua à Lamettrie, mort à la fin de 1751. Ce terrible réquisitoire — de loin son œuvre la plus osée — l'aurait mené à la Bastille et même au bûcher. Beuchot avait cru pouvoir en situer la première des éditions vers 1762, c'est-à-dire sensiblement à la même époque que les *Extraits des sentiments de Jean Meslier*. Mais le *Sermon* est attesté dix ans plus tôt : La Beaumelle nous apprend que Voltaire le lisait devant Frédéric II et ses amis en 1751 et 1752. De minutieuses recherches ont permis à M. I. O. Wade (*Voltaire and Mad. du Châtelet,* pp. 174-187) d'établir des rapports très étroits entre le *Sermon* et l'*Examen* de Mme du Châtelet, et de confirmer la date que porte la première édition du *Sermon des Cinquante,* conservée à la Bibliothèque nationale (Z. Beuchot 856) : celle de 1749.

P. 255

1. *Genèse,* III, 1-5.
2. *Ibid.,* XIX, 1 sq.
3. *Ibid.,* XIX, 32 sq.
4. *Ibid.,* XXVI, 7.
5. *Ibid.,* XX, 2.
6. *Ibid.,* XXV, 34.
7. *Ibid.,* XXVIII, 24-25.
8. *Ibid.,* XXXI.
9. *Ibid.,* XXX.

P. 260

1. *Genèse,* II, 11-14, nomme les quatre fleuves Phison, Gehon, Tigre, Euphrate.

P. 265

1. Variante de l'édition 1749 :
Si l'on veut savoir en quel temps ces quatre évangiles ont été écrits, il est évident qu'ils l'ont été après la prise de Jérusalem. Car, au chapitre vingt-troisième du livre attribué à Matthieu, Jésus dit aux prêtres : Serpents, race de vipères, etc., tombe sur vous tout le sang innocent répandu depuis le sang d'Abel le juste, jusqu'au sang de Zacharie, fils de Baruch, tué entre le temple et l'autel ! Il n'est parlé, mes frères, d'un Zacharie, fils de Baruch, tué entre le temple et l'autel, que dans l'histoire du siège de Jérusalem, par Flavius Josèphe. Donc il est démontré que cet évangile ne fut écrit qu'après le livre de Josèphe. [Vous savez...]

P. 266

1. Id. : *Les évangélistes se contredisent sur le temps de la vie de Jésus, sur ses prédications, sur le jour de sa cène,...*

P. 267

1. Id. : *La secte de ce Jésus subsiste cachée ; le fanatisme s'augmente...*

P. 268

1. Id. : pâte. *Ils font disparaître le pain* [; et tandis]...

POÈME SUR LA LOI NATURELLE

P. 271

1. Le *Poème* parut pour la première fois avec celui *sur le Désastre de Lisbonne,* en février 1756. Mais d'après l'aveu même de Voltaire, il est bien antérieur : il a été, selon lui, composé pour le roi de Prusse avant leur brouillerie, c'est-à-dire, selon toute vraisemblance, pendant l'année 1752.

La parution du poème fut à l'origine de toute une littérature :

— *Réflexions philosophiques et littéraires sur le poème de la Religion naturelle,* 1756, par Thomas.

— *L'Anti-naturaliste, ou Examen critique du poème de la Religion naturelle,* Berlin, 1756, anonyme.

— *Parodie anecdotique du poème de la Religion naturelle de M. de Voltaire,* par M.P.A.A.A.P., La Haye, 1757, anonyme.

— *Remarques sur la Religion naturelle, poème de M. de V..., suivies d'une addition sur l'édition de Genève du même poème,* Louvain, 1757, anonyme.

— *Épître d'un homme désintéressé à M. de Voltaire, sur son poème de la Religion naturelle,* 1757, anonyme.

— *La Religion révélée, poème en réponse à celui de la Religion naturelle,* 1758, par Sauvigny.

P. 273

1. « Nous savons que ce poème, qu'on regarde comme l'un des meilleurs ouvrages de notre auteur, fut fait vers l'an 1751, chez Mme la margrave de Bayreuth, sœur du roi de Prusse. Je ne sais quels pédants eurent depuis l'atrocité imbécile de le condamner.

Ces vils tyrans de l'esprit, qui avaient alors trop de crédit, ont été punis depuis de toutes leurs insolences. » *(Note de Voltaire.)*

P. 275

1. « Dieu étant un être infini, sa nature a dû être inconnue à tous les hommes. Comme cet ouvrage est tout philosophique, il a fallu rapporter les sentiments des philosophes. Tous les anciens, sans exception, ont cru l'éternité de la matière; c'est presque le seul point sur lequel ils convenaient. La plupart prétendaient que les dieux avaient arrangé le monde; nul ne croyait que Dieu l'eût tiré du néant. Ils disaient que l'intelligence céleste avait, par sa propre

nature, le pouvoir de disposer de la matière, et que la matière existait par sa propre nature.

Selon presque tous les philosophes et les poètes, les grands dieux habitaient loin de la terre. L'âme de l'homme, selon plusieurs, était un feu céleste; selon d'autres, une harmonie résultante de ses organes; les uns en faisaient une partie de la Divinité, *divinae particulam aurae ;* les autres, une matière épurée, une quintessence; les plus sages, un être immatériel : mais, quelque secte qu'ils aient embrassée, tous, hors les épicuriens, ont reconnu que l'homme est entièrement soumis à la divinité. » *(Note de Voltaire.)*

2. « Il faut distinguer Confutzée, qui s'en est tenu à la religion naturelle, et qui a fait tout ce qu'on peut faire sans révélation. » *(Note de Voltaire.)*

P. 278

1. « Il est évident que cet *arbitraire* ne regarde que les choses d'institution, les lois civiles, la discipline, qui changent tous les jours selon le besoin. » *(Note de Voltaire.)*

2. Les deux frères de Witt.

P. 279

1. Variante de l'édition originale :

[Infidèle à la foi, fidèle à la raison,]
Ne s'écarta jamais de la loi naturelle.
Frédéric aujourd'hui l'a pris pour son modèle ;
Vainqueur des préjugés, savant, ingénieux,
Environné des arts, éclairé par ses yeux,
Assemblage éclatant de qualités contraires,
Écrasant les mortels en les nommant ses frères,
Misanthrope et farouche avec un air hautain,
Souvent impétueux, et quelquefois trop fin,
Modeste avec orgueil, colère avec faiblesse,
Pétri de passions, et cherchant la sagesse,
Dangereux politique et dangereux censeur,
Mon patron, mon disciple, et mon persécuteur,
C'est en vain qu'il se fait une secrète étude
De se cacher sa faute et son ingratitude.
Dans la bouche d'un autre il hait la vérité ;
Elle parle à son cœur en secret révolté ;
Elle parle ; il l'écoute ; il voit son injustice ;
Sa raison, malgré lui, rougit de son caprice.
[On insiste...]

P. 281

1. « On ne doit entendre par ce mot *décrets* que les opinions passagères des hommes, qui veulent donner leurs sentiments particuliers pour des lois générales. » *(Note de Voltaire.)*

P. 282

1. « *Chaque homme* signifie clairement chaque particulier qui veut s'ériger en législateur; et il n'est ici question que des cultes étrangers, comme on l'a déclaré au commencement de la première partie. » *(Note de Voltaire.)*

P. 283

1. « On ne pouvait prévoir alors que les flammes détruiraient une partie de cette ville malheureuse, dans laquelle on alluma trop souvent des bûchers. » *(Note de Voltaire.)*

2. Variante de l'édition originale :

Le peuple circoncis vainqueur de tant de rois,
Et les climats de l'Ourse, et la riche Angleterre.
Le plus vil capucin, juge altier de la terre,
Dans les ardents transports de son zèle hébété,
Damne le genre humain de pleine autorité,
Et contemple à loisir les mortels ses semblables,
Pétris des mains de Dieu pour le plaisir des diables.
Çà, dis-moi, tête chauve, ou toi qui dans un froc
Des arguments en forme as soutenu le choc,
[Penses-tu que Socrate...]

3. Variante de l'édition originale :

Boyer et Tamponet jurent sur leur salut
Que vous êtes sur terre un fils de Belzébut :
Ils ont des partisans ; et l'on honore en France
De ces ânes fourrés l'imbécile insolence.
Çà, dis-moi, tête chauve, ou toi qui dans un froc
Des arguments en forme as soutenu le choc,
Penses-tu que Socrate et le juste Aristide,
Solon, qui fut des Grecs et l'exemple et le guide ;
Penses-tu que Trajan, Marc Aurèle, Titus,
Noms chéris, noms sacrés que tu n'as jamais lus,
De l'univers charmé bienfaiteurs adorables,
Soient au fond des enfers empalés par des diables ?
[Et que tu seras, toi,...]

4. « On respecte cette maxime : " Hors de l'Église point de salut "; mais tous les hommes sensés trouvent ridicule et abominable que des particuliers osent employer cette sentence générale et comminatoire contre des hommes qui sont leurs supérieurs et leurs maîtres en tout genre; les hommes raisonnables n'en usent point ainsi. L'archevêque Tillotson aurait-il jamais écrit à l'archevêque Fénelon : " Vous êtes damné "? et un roi de Portugal écrirait-il à un roi d'Angleterre qui lui envoie des secours : " Mon frère, vous irez à tous les diables "? La dénonciation des peines éternelles à ceux qui ne pensent pas comme nous est une arme

ancienne qu'on laisse sagement reposer dans l'arsenal, et dont il n'est permis à aucun particulier de se servir. » *(Note de Voltaire.)*

P. 285

1. « Il ne faut pas entendre par ce mot l'Église catholique, mais le poignard d'un ecclésiastique, le fanatisme abominable de quelques gens d'église de ces temps-là, détesté par l'Église de tous les temps. » *(Note de Voltaire.)*

2. Louis XIV.

P. 286

1. « Ce ridicule, si universellement senti par toutes les nations, tombe sur les grandes intrigues pour de petites choses, sur la haine acharnée de deux partis qui n'ont jamais pu s'entendre, sur plus de quatre mille volumes imprimés. » *(Note de Voltaire.)*

P. 287

1. « Ce n'est pas à dire que chaque ordre de l'État n'ait ses distinctions, ses privilèges indispensablement attachés à ses fonctions. Ils jouissent de ces privilèges dans tout pays; mais la loi générale lie également tout le monde. » *(Note de Voltaire.)*

HISTOIRE DU DOCTEUR AKAKIA

P. 289

1. Les rapports entre Maupertuis et Voltaire avaient été apparemment cordiaux pendant la période de Cirey; Newton les rapprochait, et Mme du Châtelet, à qui Maupertuis avait pendant quelques années enseigné les hautes mathématiques. En 1740, Frédéric II attire Maupertuis à Berlin, en lui offrant la présidence de l'Académie. Lorsque Voltaire y arrive à son tour, en juillet 1750, une des personnes qui l'accueillent le mieux est assurément l'académicien. Mais leurs rapports ne tardent guère à se gâter : rivalités de courtisans, petites vexations de part et d'autre... Une querelle scientifique qui éclate entre le leibnizien Kœnig et le newtonien Maupertuis vient mettre le feu aux poudres. Le 18 septembre 1752 paraît un petit écrit anonyme, la *Réponse d'un académicien de Berlin à un académicien de Paris,* où Voltaire, sous prétexte de faire l'historique du débat, met en relief tous les mauvais procédés de Maupertuis à l'égard de Kœnig, dont le seul tort est de ne pas partager ses idées : énumération modérée par le ton, mais implacable dans sa précision. Maupertuis était tombé malade à l'automne 1752; la réponse ne vint pas de lui, mais de Frédéric, qui avait soupçonné avant tout autre d'où provenait la *Réponse d'un académicien,* et qui

n'était pas mécontent de dire à son tour, sous le voile de l'anonymat, quelques vérités bien senties à son ami Voltaire; et ce fut la *Lettre d'un académicien de Berlin à un académicien de Paris,* imprimée le 11 novembre 1752.

L'*Histoire du Docteur Akakia* est la riposte exaspérée de Voltaire à la *Lettre.* François Ier avait, paraît-il, grécisé le nom de son médecin, « Sans-Malice », et en avait fait Akakia. Voltaire reprend ce terme, fait d'Akakia le médecin du Pape, et par son truchement dénonce à tous les vents l'insolence d'un jeune homme qui a usurpé le nom du président de l'Académie « pour débiter des drogues assez singulières ». Une fois composée cette satire impitoyable, il fallait l'imprimer : Voltaire utilise à cette fin un privilège qu'il avait obtenu quelque temps auparavant pour publier la *Défense de Bolingbroke.* Ainsi la *Diatribe* fut-elle éditée à Potsdam fin novembre 1752. Frédéric entre en fureur et réagit vivement : « Votre effronterie m'étonne, après ce que vous venez de faire, et qui est clair comme le jour. Vous persistez au lieu de vous avouer coupable; ne vous imaginez pas que vous ferez croire que le noir est blanc : Quand on ne voit pas, c'est qu'on ne veut pas voir, mais si vous poussez l'affaire à bout, je ferai tout imprimer et l'on verra que si vos ouvrages méritent qu'on vous érige des statues, votre conduite vous mériterait des chaînes. L'éditeur est interrogé, il a tout déclaré. » Voltaire avoue; on fait rechercher les exemplaires, on les brûle dans la chambre du Roi, qui fait promettre par écrit à son hôte de ne plus rien imprimer contre Maupertuis ni contre lui. Mais voilà que le scandale redouble. Malgré les précautions de Frédéric, la *Diatribe* circule dans Berlin; le dimanche 24 décembre 1752, le libelle est brûlé dans les carrefours de Berlin par la main du bourreau. Dès lors Voltaire décide de fuir. Il travaillera trois mois à obtenir son congé de son hôte, prétextant sa maladie. Le 26 mars 1753, Voltaire quittait définitivement Berlin pour Leipzig et un mois plus tard était arrêté par des agents de Frédéric à Francfort...

Voltaire note scrupuleusement toutes ses références aux œuvres et lettres de Maupertuis. Nous les transcrivons dans l'ordre, sans garantir toujours leur authenticité... :

P. 290

1. « Page 124. » *(Note de Voltaire.)*

P. 291

1. « Page 205. » *(Note de Voltaire.)*
2. « Page 119. » *(Note de Voltaire.)*
3. « Page 120. » *(Note de Voltaire.)*

P. 292

1. « Page 198. » *(Note de Voltaire.)*
2. « Page 206. » *(Note de Voltaire.)*
3. « Page 206. » *(Note de Voltaire.)*
4. « Page 208. » *(Note de Voltaire.)*

P. 293

1. « Page 76. » *(Note de Voltaire.)*
2. « Les petites-maisons à Londres. » *(Note de Voltaire.)*

P. 294

1. « *Œuvres,* page 9. » *(Note de Voltaire.)*
2. « Page 45. » *(Note de Voltaire.)*
3. « Page 44. » *(Note de Voltaire.)*
4. « Page 4. » *(Note de Voltaire.)*

P. 295

1. « Page 248. » *(Note de Voltaire.)*
2. « Page 3. *Lettres du natif de Saint-Malo.* » *(Note de Voltaire.)*
3. « Page 5. » *(Note de Voltaire.)*
4. « Page 8. » *(Note de Voltaire.)*

P. 296

1. « Page 15. » *(Note de Voltaire.)*
2. « Pages 50 et 52. » *(Note de Voltaire.)*
3. « Page 85. » *(Note de Voltaire.)*
4. « Pages 232 et 233. » *(Note de Voltaire.)*
5. « Page 143. » *(Note de Voltaire.)*

P. 297

1. « Page 147. » *(Note de Voltaire.)*
2. « Page 151. » *(Note de Voltaire.)*
3. « Page 154. » *(Note de Voltaire.)*
4. « Page 9. » *(Note de Voltaire.)*
5. « Page 172. » *(Note de Voltaire.)*
6. « Page 174. » *(Note de Voltaire.)*
7. « Page 186. » *(Note de Voltaire.)*

P. 298

1. « L'homme en question avait fort tourmenté à Paris MM. de Mairan et Cassini. » *(Note de Voltaire.)*

2. « Il écrivit deux lettres à Mme la Princesse d'Orange, pour la supplier d'imposer silence à son adversaire M. Kœnig, bibliothécaire de cette princesse, lequel il avait fait condamner comme faussaire. » *(Note de Voltaire.)*

POÈME SUR LE DÉSASTRE DE LISBONNE

P. 301

1. Le tremblement de terre de Lisbonne avait eu lieu le 1er novembre 1755. Voltaire en eut connaissance dans le courant du mois, et le *Poème* fut composé à la fin de l'année. Une lettre à

d'Argental du 8 janvier 1756 nous montre que le « sermon », baptisé aussi ses « Lamentations de Jérémie », est chose terminée. Des copies circulent à Paris dans le courant de janvier, et malgré les efforts que fait Voltaire pour attribuer l'œuvre à un certain R. P. Liébaut, personne n'est dupe. L'œuvre paraît en mars 1756, jointe à la *Religion naturelle*. « C'est Satan, s'écrie Voltaire dans une lettre à Mme de Fontaine le 17 mars, qui a fait imprimer l'ébauche de mon *Sermon*. J'ai dans un accès de dévotion, augmenté l'ouvrage de moitié, et j'ai pris la liberté de raisonner à fond contre Pope, et, de plus, très chrétiennement. » Le *Journal encyclopédique* du 1er avril 1756 publie une *Réponse à M. de V...* ou *Défense de l'axiome Tout est bien,* réimprimée à la suite d'une contrefaçon du poème, dans le cours de l'année 1756.

P. 306

1. « La chaîne universelle n'est point, comme on l'a dit, une gradation suivie qui lie tous les êtres. Il y a probablement une distance immense entre l'homme et la brute, entre l'homme et les substances supérieures; il y a l'infini entre Dieu et toutes les substances, les globes qui roulent autour de notre soleil n'ont rien de ces gradations insensibles, ni dans leur grosseur, ni dans leurs distances, ni dans leurs satellites.

Pope dit que l'homme ne peut savoir pourquoi les lunes de Jupiter sont moins grandes que Jupiter : il se trompe en cela; c'est une erreur pardonnable qui a pu échapper à son beau génie. Il n'y a point de mathématicien qui n'eût fait voir au lord Bolingbroke et à M. Pope que si Jupiter était plus petit que ses satellites, ils ne pourraient pas tourner autour de lui; mais il n'y a point de mathématicien qui pût découvrir une gradation suivie dans le corps du système solaire.

Il n'est pas vrai que, si on ôtait un atome du monde, le monde ne pourrait subsister; et c'est ce que M. de Crousaz, savant géomètre, remarqua très bien dans son livre contre M. Pope. Il paraît qu'il avait raison en ce point, quoique sur d'autres il ait été invinciblement réfuté par MM. Warburton et Silhouette.

Cette chaîne des événements a été admise et très ingénieusement défendue par le grand philosophe Leibnitz; elle mérite d'être éclaircie. Tous les corps, tous les événements, dépendent d'autres corps, et d'autres événements. Cela est vrai; mais tous les corps ne sont pas nécessaires à l'ordre et à la conservation de l'univers, et tous les événements ne sont pas essentiels à la série des événements. Une goutte d'eau, un grain de sable de plus ou de moins ne peuvent rien changer à la constitution générale. La nature n'est asservie ni à aucune quantité précise, ni à aucune forme précise. Nulle planète ne se meut dans une courbe absolument régulière; nul être connu n'est d'une figure précisément mathématique; nulle quantité précise n'est requise pour nulle opération : la nature n'agit jamais rigoureusement. Ainsi on n'a aucune raison d'assurer qu'un atome de moins sur la terre serait la cause de la destruction de la terre.

Il en est de même des événements : chacun d'eux a sa cause dans l'événement qui précède; c'est une chose dont aucun philosophe n'a jamais douté. Si on n'avait pas fait l'opération césarienne à la mère de César, César n'aurait pas détruit la république, il n'eût pas adopté Octave, et Octave n'eût pas laissé l'empire à Tibère. Maximilien épouse l'héritière de la Bourgogne et des Pays-Bas, et ce mariage devient la source de deux cents ans de guerre. Mais que César ait craché à droite ou à gauche, que l'héritière de Bourgogne ait arrangé sa coiffure d'une manière ou d'une autre, cela n'a certainement rien changé au système général.

Il y a donc des événements qui ont des effets, et d'autres qui n'en ont pas. Il en est de leur chaîne comme d'un arbre généalogique; on y voit des branches qui s'éteignent à la première génération, et d'autres qui continuent la race. Plusieurs événements restent sans filiation. C'est ainsi que dans toute machine il y a des effets nécessaires au mouvement, et d'autres effets indifférents, qui sont la suite des premiers, et qui ne produisent rien. Les roues d'un carrosse servent à le faire marcher; mais qu'elles fassent voler un peu plus ou un peu moins de poussière, le voyage se fait également. Tel est donc l'ordre général du monde que les chaînons de la chaîne ne seraient point dérangés par un peu plus ou un peu moins de matière, par un peu plus ou un peu moins d'irrégularité.

La chaîne n'est pas dans un plein absolu; il est démontré que les corps célestes font leurs révolutions dans l'espace non résistant. Tout l'espace n'est pas rempli. Il n'y a donc pas une suite de corps depuis un atome jusqu'à la plus reculée des étoiles; il peut donc y avoir des intervalles immenses entre les êtres sensibles, comme entre les insensibles. On ne peut donc assurer que l'homme soit nécessairement placé dans un des chaînons attachés l'un à l'autre par une suite non interrompue. *Tout est enchaîné* ne veut dire autre chose sinon que tout est arrangé. Dieu est la cause et le maître de cet arrangement. Le Jupiter d'Homère était l'esclave des destins; mais dans une philosophie plus épurée Dieu est le maître des destins. Voyez Clarke, *Traité de l'existence de Dieu.* » *(Note de Voltaire.)*

P. 307

1. « Voilà, avec l'opinion des deux principes, toutes les solutions qui se présentent à l'esprit humain dans cette grande difficulté; et la révélation seule peut enseigner ce que l'esprit humain ne saurait comprendre. » *(Note de Voltaire.)*

P. 308

1. «... Je crois devoir essayer ici d'adoucir ceux qui s'acharnent depuis quelques années avec tant de violence et si vainement contre Bayle; j'ai tort de dire vainement, car ils ne servent qu'à

le faire lire avec plus d'avidité. Ils devraient apprendre de lui à raisonner et à être modérés; jamais d'ailleurs le philosophe Bayle n'a nié ni la Providence ni l'immortalité de l'âme. On traduit Cicéron, on le commente, on le fait servir à l'éducation des princes; mais que trouve-t-on presque à chaque page dans Cicéron, parmi plusieurs choses admirables ? On y trouve que " s'il est une Providence, elle est blâmable d'avoir donné aux hommes une intelligence dont elle savait qu'ils devaient abuser " (*De natura deorum,* l. III, chap. XXXI)... Jamais Bayle n'a rien dit d'approchant. Cependant, on met Cicéron entre les mains de la jeunesse; on se déchaîne contre Bayle : pourquoi ? c'est que les hommes sont inconséquents, c'est qu'ils sont injustes. » *(Note de Voltaire.)*

P. 309

1. L'édition originale se terminait par ces deux vers :

Que faut-il, ô mortels ? Mortels, il faut souffrir,
Se soumettre en silence, adorer et mourir.

2. Variante de l'édition originale :

Humble dans mes soupirs, soumis dans ma souffrance,
Je n'interroge point la suprême puissance.
Sur un ton moins lugubre on me vit autrefois
Chanter des vains plaisirs les séduisantes lois.
Instruit par les douleurs, instruit par la vieillesse,
Des malheureux humains déplorant la faiblesse,
Mon cœur compatissant gémit sans murmurer,
Sans accuser le Dieu que je dois implorer.

3. « La plupart des hommes ont eu cette espérance, avant même qu'ils eussent le secours de la révélation. L'espoir d'être après la mort est fondé sur l'amour de l'être pendant la vie; il est fondé sur la probabilité que ce qui pense pensera. On n'en a point de démonstration, parce qu'une chose démontrée est une chose dont le contraire est une contradiction, et parce qu'il n'y a jamais eu de disputes sur les vérités démontrées. Lucrèce, pour détruire cette espérance, apporte, dans son troisième livre, des arguments dont la force afflige; mais il n'oppose que des vraisemblances à des vraisemblances plus fortes. Plusieurs Romains pensaient comme Lucrèce; et on chantait sur le théâtre de Rome : *Post mortem nil est,* " il n'est rien après la mort ". Mais l'instinct, la raison, le besoin d'être consolé, le bien de la société, prévalurent, et les hommes ont toujours eu l'espérance d'une vie à venir; espérance, à la vérité, souvent accompagnée de doute. La révélation détruit le doute et met la certitude à la place. » *(Note de Voltaire.)*

DIALOGUE ENTRE UN BRACHMANE ET UN JÉSUITE

P. 311

1. Ce dialogue paraît pour la première fois en 1756, dans les *Mélanges de littérature, d'histoire et de philosophie*. On y reconnaît les idées habituelles de Voltaire sur la liberté « pouvoir de faire ce que l'on veut », et non de vouloir ce que l'on veut. — Voir le *Deuxième Discours sur l'homme* (1738), les *Éléments de la Philosophie de Newton* (1738, Ire partie, chap. IV), le *Dictionnaire philosophique* (1764), l'article « Liberté » et les *Questions sur l'Encyclopédie,* article « Franc-Arbitre ».

— Sur l'enchaînement inéluctable des effets et des causes, voir : *Zadig,* chapitre de l'ermite, et l'article du *Dictionnaire philosophique* « Providence », que nous donnons à sa place.

P. 314

1. Emmanuel.
2. Gioia.
3. C'était déjà la conclusion de l'entretien entre Zadig et l'ermite.

P. 315

1. De telles insinuations sont fréquentes sous la plume de Voltaire depuis ses démêlés avec Desfontaines.

DIALOGUES ENTRE LUCRÈCE ET POSIDONIUS

P. 317

1. Dans la même édition des *Mélanges* (1756).

Posidonius, philosophe stoïcien du Ier siècle av. J.-C., défend ici, contre le matérialisme de Lucrèce, un déisme cher à Voltaire. On reconnaît chemin faisant, dans la bouche de Lucrèce, des arguments que Voltaire n'aurait pas désavoués pendant la période de Cirey, quand il était sous l'influence exclusive de Locke.

Dans une lettre du 13 janvier 1736 à Formont, Lucrèce se trouvait même cité à l'appui de la thèse sur le caractère matériel de l'âme :

« La pensée et le sentiment ne sont pas essentiels, sans doute, à la matière, comme l'impénétrabilité. Mais le mouvement, la gravitation, la végétation, la vie, ne lui sont pas essentiels, et personne n'imaginerait ces qualités dans la matière si on ne s'en était pas convaincu par l'expérience. Il est donc très probable que la nature a donné des pensées à des cerveaux, comme la végétation à des arbres; que nous pensons par le cerveau, de même que nous marchons avec le pied, et qu'il faut dire comme Lucrèce :

Primum animum dico, mentem quem saepe vocamus,
In quo consilium vitae regimenque locatum est
Esse hominis partem nihilominus ac nanus et pes. (III, 94).

Voilà, je crois, ce que notre raison nous ferait penser, si la foi divine ne nous assurait pas du contraire; c'est ce que pensait Locke, et ce qu'il n'a pas osé dire. »

Mais, depuis, Voltaire s'est effrayé du succès grandissant des théories évolutionnistes et matérialistes, celles de Lamettrie, et surtout de Diderot. La conclusion montre que c'est bien en Posidonius qu'il a mis l'essentiel de sa pensée.

2. « Lucrèce, livre I, v. 305. Le vers qui précède n'est pas de Lucrèce, mais il est le résumé de sa doctrine, et est de Perse, sat. III, v. 84; on lit toutefois dans Perse :

De nihilo nihil, etc. » *(Note de Beuchot.)*

P. 323

1. Cet argument est utilisé comiquement par Pangloss au début de *Candide ;* il semble bien ici que Voltaire le prenne à son compte (cf. paragraphe suivant), pour prouver, par une certaine finalité, l'existence d'un Être suprême.

P. 325

1. Lucrèce, III, 142 ;

« Là bondissent la crainte et la terreur; là se répandent les douceurs de la joie. »

P. 329

1. Lucrèce, III, 446 :

« D'ailleurs l'âme naît avec le corps, nous la sentons croître et vieillir avec lui. Les enfants sont mal assurés dans leur corps faible et délicat, et leur esprit n'a que des idées sans consistance; puis, quand les forces ont augmenté avec l'âge, la réflexion est plus solide, le courage est affermi; enfin, quand les années ont brisé la résistance et que les membres se laissent aller, l'esprit chancelle, la parole et l'intelligence défaillent; tout disparaît à la fois. Il est donc normal que l'âme se dissipe complètement, comme la fumée vers les hauteurs de l'atmosphère : nous la voyons naître, croître, et, je l'ai dit, plier sous le poids de l'âge. »

GALIMATIAS DRAMATIQUE

P. 333

1. On date habituellement ce dialogue de 1757, à la suite de Beuchot, d'après une note manuscrite de Decroix. Mais il n'a été

imprimé que dans le troisième volume des *Nouveaux Mélanges,* en 1765. Voltaire aime mettre aux prises les unes avec les autres, pour en mieux dénoncer l'absurdité, toutes les croyances religieuses. Cf. le souper de *Zadig,* chap. XII, où l'on assiste à une discussion du même genre entre un Indien, un Égyptien, un Chaldéen, un Chinois, un Grec et un Celte. La philosophie qui se dégage de cette page, c'est implicitement celle qu'énonce Zadig à la fin du souper : « Vous êtes tous du même avis, et il n'y a pas là de quoi se quereller. »

2. Si l'on se reporte au *Dictionnaire de Trévoux*, on trouve les deux définitions suivantes :

« *Contrition.* — C'est la véritable douleur que sent un pénitent dans le regret qu'il a d'avoir offensé Dieu, causé par un pur amour de Dieu, ou par la considération de sa bonté, sans faire réflexion sur la crainte des supplices que le péché mérite.

Attrition. — C'est une douleur d'avoir offensé Dieu, par la honte d'avoir commis le péché, ou par la crainte d'en recevoir le châtiment. »

P. 334

1. Expressions luthériennes signifiant que le corps de Jésus-Christ est dans le pain, sous le pain, et avec le pain, dans l'Eucharistie.

P. 335

1. « Voyez *Deutéronome,* chap. XIV, 7. Il y est dit : “ *De his autem quæ ruminant et ungulam non findunt, comedere non debetis, ut camelum, leporem, etc.* ” Ainsi voilà le lièvre rangé dans la classe des animaux qui ruminent, mais dont la corne du pied n'est pas fendue. Dans le *Lévitique,* chap. XI, 6, on lit aussi : “ *Lepus quoque ; nam et ipse ruminat, sed ungulam non dividit.* ” Ce sont les deux seules fois qu'il en est question dans la Bible. » *(Note de Beuchot.)*

RELATION DE LA MALADIE,

DE LA CONFESSION, DE LA MORT ET DE L'APPARITION DU JÉSUITE BERTHIER

P. 337

1. « Cet opuscule est de novembre 1759. Voltaire en parle dans sa lettre à Thiériot du 5 décembre 1759. La première édition, en trente pages in-8°, est intitulée *Relation de la maladie, de la confession, de la mort et de l'apparition du jésuite Berthier*. Elle fut suivie d'une édition, même format, en quatorze pages. Quelque temps après,

une nouvelle édition parut sous ce titre : *Relation de la maladie, de la confession, de la mort et de l'apparition du jésuite Berthier, avec la Relation du voyage de frère Garassise, et ce qui s'ensuit, en attendant ce qui s'ensuivra,* 1760, petit in-8° de cinquante-quatre pages, dont il existe une traduction italienne, 1760, in-8° de trente-neuf pages. Il parut, en 1761, une *Relation de la maladie, de la confession, de la fin de M. de Voltaire, et de ce qui s'ensuivit,* par moi Joseph Dubois. Cet opuscule, plusieurs fois réimprimé, est de Sélis. Voltaire, dans un billet du 26 mars 1761, l'appelle une fade imitation. » *(Note de Beuchot.)*

La *Relation de la maladie, de la confession, de la mort, et de l'apparition du jésuite Berthier* est une riposte de Voltaire à la suspension de l'*Encyclopédie* (6 février 1759) à laquelle avaient œuvré activement les bons pères. Le pamphlet marque la rupture définitive entre le philosophe et les jésuites, qui avaient été ses maîtres, mais dont il avait à se plaindre depuis une dizaine d'années.

« Voltaire eut longtemps, nous dit d'Alembert, à se louer d'eux, et durant tout ce temps leur donna des témoignages publics et multipliés de sa reconnaissance. Ils eurent enfin, par cette fatalité qui les poursuivit dans les dernières années de leur trop long règne, le malheur ou la sottise d'attaquer, dans leur *Journal de Trévoux* et ailleurs, cet homme illustre, et de l'attaquer non seulement comme écrivain, mais, ce qui était le plus propre à lui nuire, comme ennemi de la religion et de l'État. Ce procédé fit taire à l'instant toute la reconnaissance de leur ancien disciple, qui se vengea de ses anciens maîtres, devenus ses ennemis, par des épigrammes en vers et en prose, telles qu'il les savait faire. »

Il faudrait dire pour être impartial que leur ancien disciple avait souvent mis leur laxisme à rude épreuve... Quoi qu'il en soit, le P. Berthier fut le premier visé, et eut l'amère surprise d'assister à sa propre mort. Guillaume-François Berthier (1704-1782) était depuis 1745 à la tête du *Journal de Trévoux,* fondé par les jésuites en 1701 et qui subsista jusqu'en 1783. Il avait critiqué d'une manière vétilleuse le *Panégyrique de Louis XV* et s'était attiré de la part de Voltaire une cinglante réplique dans la préface de la 2e édition de l'œuvre. L'*Essai sur l'Histoire générale,* qui fut très malmené dans le *Journal de Trévoux,* acheva de les brouiller. La fureur de Voltaire n'attendait qu'une occasion pour se déchaîner : cette occasion fut la « suppression » de l'*Encyclopédie...*

2. « Frère Berthier n'est mort qu'en décembre 1782; il s'était retiré à Bourges, et le clergé venait de lui donner une pension, pour le remercier d'avoir fait à la religion des ennemis de tous les Français qui se distinguaient dans les lettres par leurs connaissances ou par leurs talents. » (K.) — « Dans un *Éloge historique du P. G.-F. Berthier,* par Montjoye, 1817, in-8°, l'auteur, attribuant à Voltaire cette note des éditeurs de Kehl, faisait une belle sortie contre le philosophe de Ferney. L'erreur fut signalée; et, quoique l'*Éloge* fût posthume, on fit un carton pour les pages 135-138. » *(Note de Beuchot.)*

P. 338

1. « C'était le titre officiel des voitures privilégiées qui conduisaient à Versailles, mais qu'on désignait vulgairement par un nom que Voltaire a employé dans le chapitre IX de *l'Ingénu.* » *(Note de Moland.)*

2. Richard Mead (1673-1754), médecin anglais, auteur d'un *Traité des Poisons,* pour qui Voltaire avait la plus grande admiration. — Hermann Boerhaave (1668-1738), illustre praticien hollandais, que l'on considère comme le fondateur de l'enseignement clinique, et qui fut le maître de Tronchin.

P. 340

1. Guillaume Bougeant (1690-1743) fut professeur dans divers collèges de jésuites, et pour finir à Louis-le-Grand. Auteur d'un *Amusement philosophique sur le langage des bêtes,* que Voltaire désigne ici sous le nom d' « imaginations ». Cf. *Dictionnaire philosophique,* article « Ange ».

2. Joseph Berruyer (1681-1758), auteur d'une *Histoire du peuple de Dieu* (1728), condamnée, en raison de son inconvenance, par l'assemblée du clergé, la Faculté de théologie, et les papes Benoît XIV et Clément XIII.

3. Hermann Busenbaum (1600-1668), jésuite allemand, auteur d'un traité intitulé *Medulla theologiae moralis,* où l'on crut voir la justification du régicide, et qui fut condamné par le parlement de Paris après l'attentat de Damiens (janvier 1757).

4. « Ces deux honnêtes jésuites disent, dans ce beau livre réimprimé depuis peu, qu'un citoyen, proscrit par un prince, ne peut être assassiné légitimement que dans le territoire du prince; mais qu'un prince, proscrit par le pape, peut être assassiné dans toute la terre, parce que le pape est souverain de la terre; qu'un homme chargé de tuer un excommunié peut donner cette commission à un autre; que c'est un acte de charité d'accepter cette commission, etc., pages 101, 102, 103. » *(Note de Voltaire.)*

5. Joseph de Jouvency (1643-1719), jésuite qui enseigna à Louis-le-Grand, auteur d'une *Histoire de la Société de Jésus* qui fut condamnée par le parlement.

6. Jean Guignard, régent du collège de Clermont (futur collège Louis-le-Grand), fut compromis dans l'affaire du régicide Châtel et condamné à mort en 1595.

7. Thomas Sanchez (1550-1610), jésuite espagnol, dont le *De Matrimonio* provoqua effectivement un scandale.

8. « Ce frère Sanchez examine " *Utrum femina quae nondum seminavit, possit, virili membro extracto, se tactibus ad seminandum provocare ?* " (Lib. IX, disp. XVII, n° 8.) " *Semen ubi femina effudit, an teneatur alter effundere, sive inter uxores, sive inter fornicantes ? Utrum liceat intra vas praeposterum, aut in os feminae, membrum intromittere, animo consummandi intra vas legitinum,* etc. " (Lib. IX,

disp. XVII, depuis le nº 1, 2, 3, 4.) Ce même Sanchez pousse l'abomination jusqu'à examiner sérieusement " *An virgo Maria semen emiserit in copulatione cum Spiritu Sancto ?* " (Lib. II, disp. XXI, nº 11.) Et il tient pour l'affirmative ! » *(Note de Voltaire.)*

9. *Matthieu,* v, 22.

P. 341

1. Paul-François Velly (1709-1759), professeur à Louis-le-Grand jusqu'en 1740 et auteur d'une *Histoire générale de France.*

2. Joseph Thoullier, abbé d'Olivet (1682-1768), professeur à Louis-le-Grand, auteur d'une *Histoire de l'Académie française.*

3. « Miracles rapportés dans la *Vie de saint François-Xavier.* » *(Note de Voltaire.)*

4. Gabriel Malagrida (1689-1761), jésuite portugais, impliqué dans un complot contre Joseph Ier, condamné par l'Inquisition et exécuté en 1761. (Voir Questions sur l'*Encyclopédie,* article « Supplices. »)

P. 342

1. Hebdomadaire rédigé par les jansénistes.

P. 343

1. François Garasse (1585-1631), prédicateur jésuite, auteur d'une *Somme théologique* condamnée par la Sorbonne.

P. 345

1. Le cardinal de Noailles.

P. 346

1. *Var. :* Les premières éditions, qui ne contenaient pas la *Relation du voyage de frère Garassise,* se terminaient ainsi : « *On donnera incessamment au public la relation de ces deux voyages du frère Garassise.* »

RELATION DU VOYAGE DE FRÈRE GARASSISE,

NEVEU DU FRÈRE GARASSE, SUCCESSEUR DE FRÈRE BERTHIER

P. 347

1. « La *Relation du voyage de frère Garassise* n'a point été admise dans les éditions de Kehl. Les éditeurs paraissent ne l'avoir point connue. M. Renouard est le premier qui l'ait rétablie en 1821. Les éditions in-4º (1769) et encadrée (1775) ne contiennent aucune des

trois parties de l'opuscule auquel appartient la *Relation de Garassise ;* toutes les trois cependant étaient dans le volume intitulé *Recueil des facéties parisiennes pour les six premiers mois de l'an 1760.* La *Relation de Garassise* ne parut qu'en 1760, dans une réimpression de la *Relation de la maladie,* etc., *de Berthier,* dont elle est le complément. » *(Note de Beuchot.)*

2. Le P. Croust, confesseur de la Dauphine, mère de Louis XVI.

P. 348

1. Éditeur de Busenbaum.

P. 349

1. Abraham Chaumeix (1730-1790), auteur des *Préjugés légitimes contre l'Encyclopédie* (1758), avait contribué par cette œuvre en huit volumes à la condamnation de 1759.

P. 350

1. « *Schelm,* en allemand, signifie fripon, coquin. » *(Note de Beuchot.)*

2. Horace, livre Ier, épître II, vers 69.

3. En réalité saint Matthieu, VII, 6 et XV, 26.

RÉFLEXIONS POUR LES SOTS

P. 353

1. « Cet opuscule est des six premiers mois de 1760, car il fait partie du *Recueil des facéties parisiennes.* » *(Note de Beuchot.)*

2. Voir l'article « Écrouelles » du *Dictionnaire philosophique.*

3. Chant VI, vers 130-132.

P. 355

1. Légat *a latere.*

2. « Omer Joly de Fleury, avocat général au parlement de Paris est l'Acanthos de ces Réflexions. » *(Note de Beuchot.)*

DIALOGUES CHRÉTIENS

P. 357

1. A la fin de l'été 1760 paraissaient ces deux dialogues réunis en une brochure de seize pages : mais Voltaire les désavoua toujours et ils ne paraissent pour la première fois sous son nom que dans l'édition de Kehl. Anonymat bien compréhensible : le « ministre » est très certainement le pasteur genevois Vernet (voir lettre de

Voltaire à Borde du 5 septembre 1760), et la situation de Voltaire près de Genève est à ce moment assez difficile. Quant à l'*Encyclopédie,* objet des deux dialogues, elle s'était vu retirer son privilège par un arrêt du 23 janvier 1759. Le dernier tome (VII), paru en 1757, s'arrêtait à l'article « Gythium », ville du Péloponnèse. Le tome VIII ne vit le jour qu'en 1765.

2. Trublet, Jouannet et Dinouart étaient les rédacteurs du *Journal chrétien.* Mais on ne peut décider évidemment lequel Voltaire a choisi pour représenter *le Prêtre.*

P. 358

1. Clément XIII.
2. Benoît XIV.
3. La comédie des *Philosophes,* de Palissot, représentée pour la première fois le 2 mai 1760.
4. Omer Joly de Fleury. Son réquisitoire est du 23 janvier 1759.
5. Christophe de Beaumont, archevêque de Paris.

P. 360

1. Le Versailles anglais.

P. 361

1. Jacob Vernet (1698-1789), pasteur à Genève, auteur d'une *Instruction chrétienne.* Il s'était brouillé avec Voltaire à propos d'une controverse sur Servet.

LES *QUAND,* LES *POUR,* LES *QUE,* LES *QUI,* LES *QUOI,* LES *OUI,* LES *NON,* LES *CAR,* LES *AH ! AH !*

P. 369

1. Jean-Jacques Lefranc, marquis de Pompignan, était né en 1709. Dès 1735, il se heurte à Voltaire : sa tragédie de *Zoraïde,* contemporaine d'*Alzire,* avait pu sembler à certains la source, à d'autres l'imitation de la pièce de Voltaire. Mais cet incident ne compromit pas les relations des deux auteurs, qui sont apparemment bonnes jusqu'en mars 1760, date à laquelle Lefranc fut reçu et prononça, en séance publique, un discours qui était une attaque en règle contre l'*Encyclopédie* et l'esprit philosophique. Cette déclamation fut accueillie avec faveur par l'assemblée, et par la cour. Mais si Lefranc était sorti de l'Académie « triomphant et enflé de sa vaine gloire », selon l'expression de Marmontel, il déchanta

rapidement : une petite brochure de 7 pages in-12 se répandait dans Paris, où l'on reconnaissait sans peine la main de Voltaire : « Les *quand,* notes utiles sur un discours prononcé devant l'Académie française, le 10 mars 1760. »

Aux *quand,* succédèrent les *si* et les *pourquoi,* de l'abbé Morellet, l'un des quatre « théologiens » de l'*Encyclopédie,* puis, de Voltaire encore, les *pour,* les *que,* les *qui,* les *quoi,* les *oui,* les *non,* petites pièces en vers, enfin les *car* et les *ah! ah!* Devant cette avalanche de pamphlets, Pompignan essaya de se justifier, et fit paraître une *Relation du voyage de M. le marquis Le Franc de Pompignan, depuis Pompignan jusqu'à Fontainebleau* et un *Mémoire* présenté au Roi le 11 mai 1760, puis battit en retraite, et se réfugia dans son château, où il mourut en 1784 sans avoir osé reparaître à l'Académie française.

2. En 1740.

3. Dans son *Mémoire* du 11 mai 1760, Pompignan prétend n'avoir jamais été suspendu de sa charge d'avocat général.

P. 370

1. Maupertuis.

P. 371

1. Omer Joly de Fleury, avocat général.

P. 375

1. Dupré de Saint-Maur dit effectivement dans son discours, le 10 mars 1760 : « Tout nous retrace en vous l'image de ces deux frères qui furent consacrés, l'un comme juge, l'autre comme pontife, pour opérer des miracles dans Israël. »

P. 376

1. Confesseur du Roi.

2. Auteur d'une *Serenissimi Burgundiorum ducis laudatio funebris,* prononcée le 29 mai 1761 au collège Louis-le-Grand.

PLAIDOYER DE RAMPONEAU

P. 379

1. Le plaidoyer est du mois de juin 1760. Une note de l'édition de Kehl nous donne les circonstances de sa composition :

« Ramponeau, cabaretier de la Courtille, vendait, en 1760, de très mauvais vin à très bon marché. La canaille y courait en foule; cette affluence extraordinaire excita la curiosité des oisifs de la bonne compagnie. Ramponeau devint célèbre.

Il avait la complaisance de se laisser voir chez lui aux grandes dames et aux seigneurs que la curiosité y attirait. Gaudon, entrepreneur de spectacles, s'imagina qu'il ferait fortune s'il pouvait montrer Ramponeau sur son théâtre. Le marché se conclut; mais Ramponeau, s'apercevant qu'il lui était désavantageux, refusa de tenir ses engagements. Ce procès produisit quelques facéties, ne fut point jugé, et Ramponeau fut oublié pour jamais avant la fin de l'année. » — Voltaire, dans une note du *Russe à Paris,* dit que Ramponeau rendit l'argent à Gaudon, et sauva son âme.

2. Élie de Beaumont (Jean-Baptiste-Jacques), né à Carentan en 1732, mort en 1786, était l'avocat de Gaudon contre Ramponeau; son *Mémoire,* qui fait partie du *Recueil des facéties parisiennes pour les six premiers mois de l'an 1760,* nous apprend que Ramponeau était né à Argenteuil.

3. « On devrait dire boulevert, parce qu'autrefois le rempart était couvert de gazon, sur lequel on jouait à la boule; on appelait le gazon le vert; de là le mot boule-vert, terme que les Anglais ont rendu exactement par bowling-green. Les Parisiens croient bien prononcer en disant boulevard; le pauvre peuple ! » *(Note de Voltaire.)*

Voir l'article « Boulevard », dans le *Dictionnaire philosophique.*

P. 380

1. Dans *les Philosophes,* comédie de Palissot, jouée le 2 mai 1760.

2. Dans sa *Lettre à d'Alembert sur les spectacles,* Rousseau fait l'éloge des cercles, où « chacun, se livrant sans gêne aux amusements de son goût, joue, cause, lit, boit, ou fume ».

P. 381

1. *Matthieu,* XVIII, 17.

P. 382

1. « Voici comment, dans le *Recueil des facéties parisiennes pour les six premiers mois de l'an 1760,* se termine cet alinéa :

« Je mettrais alors ma cause entre les mains de maître Gauchat ou « de maître Hayer, ou de maître Caveirac, ou de maître Abraham « Chaumeix, ou de tel autre grand homme, et enfin j'en appellerais « au futur concile. »

L'appel au futur concile était le refrain des jansénistes. » *(Note de Beuchot.)*

2. « Louis Mannory, né à Paris en 1696, mort en 1777, est l'auteur de *Plaidoyers et Mémoires,* 1759 et années suivantes, dix-huit volumes in-12. Après avoir été grand partisan de Voltaire, et avoir écrit en faveur de son *Œdipe,* il passa dans le rang de ses ennemis; et il est probablement l'un des auteurs, c'est-à-dire compilateurs, du *Voltariana.* » *(Note de Moland.)*

ANECDOTES SUR FRÉRON

P. 385

1. Voltaire, dans sa pièce *l'Écossaise* (juillet 1760), avait mis en scène Fréron sous le nom de M. Frelon, puis de M. Guêpe (Wasp). « Cette pièce, écrit-il à d'Argental le 6 juillet 1760, a été faite bonnement, et avec simplicité, uniquement pour donner Fréron au diable. » L'homme de lettres, ulcéré, riposta par la *Relation d'une grande bataille,* — celle de la première de *l'Écossaise.* Les *Anecdotes* sont très probablement la réponse de Voltaire, — elles sont mentionnées dans une lettre à Thiériot du 20 août 1760. Mais elles ne furent imprimées qu'en 1761.

2. En 1719. Fréron mourut à Montrouge le 10 mars 1776.

3. *Observations sur les écrits modernes.*

P. 386

1. *Les Vrais Plaisirs, ou les Amours de Vénus et d'Adonis,* 1748.

2. Les *Lettres de Madame la comtesse de* *** (1746).

3. En 1759.

4. « Dans la *Bigarrure* (t. I, pp. 147-151), on parle d'une dispute qui eut lieu au Théâtre-Français (alors rue des Fossés-Saint-Germain-des-Prés), entre Marmontel et Fréron, et qui fut immédiatement suivie d'un duel au carrefour de Bussy, en présence d'un grand nombre de spectateurs. Ce fut le sujet de beaucoup d'épigrammes. La *Bigarrure* s'imprimait en Hollande, et se distribuait par cahiers de huit pages. La collection forme vingt volumes petit in-8°, de 1749 à 1753... » *(Note de Beuchot.)*

P. 387

1. *Avis du libraire sur la dernière feuille des Lettres sur quelques écrits de ce temps,* sans date.

P. 389

1. *Éloge du maréchal de Saxe,* par Thomas.

2. *Lettres sur le Voyage d'Espagne,* 1756, in-12, par Coste d'Arnobat, qui mourut vers 1810.

P. 390

1. A partir de l'édition de 1769.

2. Les anecdotes de Laporte, d'après Grimm, seraient sujettes à caution.

P. 391

1. Ce second alinéa à partir de 1770.

LETTRES A M. DE VOLTAIRE SUR *LA NOUVELLE HÉLOÏSE*

P. 395

1. Le scandale des représentations de Tournay avait définitivement brouillé Voltaire et Jean-Jacques. « J'ai reçu une grande lettre de Jean-Jacques Rousseau, écrit Voltaire à Thiériot le 23 juin 1760; il est devenu tout à fait fou, c'est dommage ! » Sur ces entrefaites paraît *la Nouvelle Héloïse*. On l'examine de très près à Ferney, et la réaction de Voltaire est tout de suite défavorable : « Point de roman de Jean-Jacques, s'il vous plaît, mande-t-il au même Thiériot le 21 janvier 1761; je l'ai lu pour mon malheur; et c'eût été pour le sien, si j'avais le temps de dire ce que je pense de cet impertinent ouvrage. »

Les quatre lettres sur *la Nouvelle Héloïse,* qui parurent le mois suivant, sont justement « ce que pense » Voltaire du roman. Le marquis de Ximénès, qui avait dérobé quelques années auparavant, aux Délices, le manuscrit de *la Guerre de 1741*, et qui cherchait à se faire pardonner, ne fit aucune difficulté pour mettre son nom au pamphlet. Mais personne ne fut dupe : Fréron, dans *l'Année littéraire* (1761, VI, 350), dit qu'il n'est pas possible qu'un homme qui a du goût, de l'esprit et de l'honnêteté, se soit abandonné à de pareilles indécences contre M. Rousseau.

P. 403

1. Mlle de Launay, née en 1693, épousa le baron de Staal, et mourut en 1750.

P. 406

1. Charles-François-Frédéric de Montmorency-Luxembourg, né en 1702, mort en 1764, chez qui Rousseau demeura quelque temps à Montmorency.

P. 409

1. *Narcisse.*

RESCRIT DE L'EMPEREUR DE LA CHINE

P. 411

1. Imprimé dans le *Journal encyclopédique* (cahier du 1er mai 1761), et attesté dès le mois de mars par une lettre de Voltaire à Cideville, (26 mars 1761). Jean-Jacques Rousseau venait de publier son *Extrait du Projet de paix perpétuelle de M. l'abbé de Saint-Pierre.*

P. 412

1. Le royaume de Narsingue est en Asie, près du Gange. Mais il s'agit en réalité d'une allusion à Maupertuis, qui était mort deux ans auparavant, et que Voltaire poursuit encore de ses sarcasmes.
2. Buffon, entre autres.

P. 413

1. Variante de la première édition :

Ses honoraires sur le produit *des soixante et treize journaux qui se débitent sur les bords du ruisseau de la Seine. Priant le Tien...*

CONVERSATION
DE M. L'INTENDANT DES MENUS
EN EXERCICE
AVEC M. L'ABBÉ GRIZEL

P. 415

1. L'opuscule, écrit en 1761, comme l'indique la dernière phrase, est imprimé en une brochure de 24 pages, puis, en 1762, dans le *Cinquième recueil de nouvelles pièces fugitives,* avec l'avertissement suivant :

« Pour bien comprendre cette *Conversation,* il faut savoir que Mlle Clairon, actrice de la Comédie-Française, avait un procès au parlement. M. Le Dain, avocat de son adversaire, traita dans son discours les comédiens d'infâmes, selon l'ordre des lois. M. Huerne, avocat de Mlle Clairon, répliqua par un discours des plus vifs en faveur des comédiens. Le parlement a fait brûler le discours de M. Huerne par la main du bourreau; mais M. de Choiseul l'a récompensé d'une place qui vaut 4 000 livres par an. »

La réalité est différente : il était paru, en 1761, un volume intitulé *Libertés de la France contre le pouvoir arbitraire de l'excommunication,* contenant un *Mémoire en forme de dissertation sur la question de l'excommunication, que l'on prétend encourue par le seul fait d'acteurs de la Comédie-Française.* L'auteur en était François-Charles Huerne de La Mothe, avocat au parlement de Paris. Le bâtonnier des avocats, que Voltaire appelle Ledain — mais dont le véritable nom est Dains — dénonça l'ouvrage devant le parlement, le 22 avril 1761, pour la discipline de l'ordre et au nom de l'ordre; à la suite de quoi le parlement condamna l'ouvrage à être lacéré et brûlé.

Le discours de Me Dains a été imprimé dans le *Journal encyclopédique* du 15 mai 1761 (pp. 145-148).

Quant aux officiers de la maison du Roi, qu'on appelait intendants des menus, et dont le titre exact était : intendants et contrôleurs généraux de l'argenterie, menus-plaisirs et affaires de la chambre du Roi, ils étaient trois en 1761 : Papillon de Fontpertuis, L'Escureul de La Touche, et Papillon de La Ferté.

2. « L'ouvrage de cet avocat, entrepris en faveur du théâtre, et où il était beaucoup question d'ordre, fut déféré par maître Ledain, et incendié au bas de l'escalier. » *(Note de Voltaire.)*

P. 416

1. Marie-Thérèse (1717-1780). « Son père, Charles VI, lui fit chanter, à l'âge de cinq ans, une ariette au théâtre de la cour à Vienne. A l'âge de vingt-deux ans, elle chanta à Florence un duo avec François Bernardi, surnommé Senesino. » *(Note de Beuchot.)*

P. 418

1. Titre d'un divertissement faisant partie des *Fragments* de Lulli.
2. Au parlement de Provence, en 1731.

P. 419

1. *Matthieu,* XVIII, v. 17.

P. 423

1. C'est un ouvrage de dévotion intitulé *Explication littérale de l'ouvrage des six jours,* par Duguet et d'Asfeld, 1731; mais c'est aussi la manière dont Voltaire intitulait sa tragédie d'*Olympie,* faite effectivement en six jours (voir lettre à d'Argental, de novembre 1762).

P. 424

1. *Caliste* ou *la Belle Pénitente,* jouée le 12 novembre 1760.

P. 425

1. Variante de la première édition :

[Il n'y a pas un citoyen] *qui ne le condamnât au dernier supplice.*

Tout dépend de l'usage. La danse, par exemple, a été chez presque tous les peuples une fonction religieuse ; les Juifs même dansèrent par dévotion. Si l'archevêque de Paris s'avisait, à la grand-messe, de danser pieusement une loure ou une chaconne, on en rirait comme de ses billets de confession. On représente encore des actes sacramentaux à Madrid, les jours de fêtes ; un comédien fait Jésus-Christ ; un autre fait le diable ; une actrice est la sainte Vierge ; une autre, Magdeleine à sa toilette ; Arlequin dit Ave Maria; *Judas dit son* Pater.

Pendant ce temps-là on brûle quelquefois en cérémonie des descendants de notre bon père Abraham ; et tandis qu'ils cuisent, on leur chante gravement les chansons pieuses d'un de leurs rois, traduites en mauvais latin. Malgré tout cela il y a à la cour de Madrid autant de sens commun, de politesse, et d'esprit, qu'en aucune cour de l'Europe.

On bénit à Rome des chevaux ; si nous faisions bénir nos attelages à Sainte-Geneviève, la moitié de Paris crierait au scandale.

Je ne veux point faire un tableau de toutes les contradictions de ce monde ;

il faudrait que je passasse ma vie à peindre. Non seulement nous nous contredisons perpétuellement dans nos principes et dans nos actions, mais toutes les professions sont contraires les unes aux autres : c'est une guerre secrète qui ne finira jamais. L'homme d'église est l'ennemi né de l'homme de robe ; celui-ci, du courtisan ; le chanoine, du moine ; certains comédiens, d'autres comédiens ; et chacun donne à son voisin loyalement tous les dégoûts dont il peut s'aviser. La pire espèce de toutes, je l'avoue, est celle des prétendus réformateurs. Ce sont des malades qui sont fâchés que les autres se portent bien ; ils défendent les ragoûts dont ils ne mangent pas.

— *J'aime votre franchise, dit* le Menu. *Laissons paisiblement subsister de vieilles sottises ; peut-être tomberont-elles d'elles-mêmes, et nos petits-enfants nous traiteront de bonnes gens, comme nous traitons nos pères d'imbéciles. Laissons les tartuffes crier encore quelque temps ; et dès demain je vous mène à la comédie du* Tartuffe. »

P. 426

1. Christophe Colomb, Gutenberg, Alexandre Spina, Huyghens, Torricelli, Newton.
2. Du vicomte de Grave, jouée au Français le 20 décembre 1751.

ENTRETIENS D'UN SAUVAGE ET D'UN BACHELIER

ENTRETIEN D'ARISTE ET D'ACROTAL

P. 429

1. Ces deux opuscules ont été publiés en 1761 dans le nouveau volume de *Mélanges de Littérature*. Le premier porte sur la thèse de Jean-Jacques Rousseau relative à l'homme naturel, le second sur la lutte des « docteurs » contre l'*Encyclopédie*. A eux deux, ils constituent une somme des idées voltairiennes vers 1760.

P. 437

1. *Constitution :* La bulle *Unigenitus* du pape Clément XI, qui condamna en 1713 cent une propositions dans les *Réflexions morales* du P. Quesnel, taxées de jansénisme.

P. 438

1. Ramus (1515-1572), de son nom Pierre de La Ramée, combattit la doctrine d'Aristote et périt pendant le massacre de la Saint-Barthélemy.

P. 439

1. Louvois.
2. Condillac, dont le *Traité des sensations* avait paru en 1754.

L'ÉDUCATION DES FILLES

P. 443

1. Publiée en 1765, mais datée d'après Decroix, un des éditeurs de Kehl, de 1761, époque à laquelle Voltaire s'occupait de l'éducation de Marie Corneille.

P. 445

1. Voir la fin de l'article « Adultère » dans les *Questions sur l'Encyclopédie*.

SERMON DU RABBIN AKIB

P. 447

1. « Ce sermon est postérieur au 21 septembre 1761, jour de l'exécution de Malagrida à Lisbonne (voyez le chapitre XXXVIII du *Précis du siècle de Louis XV*). Cependant on en trouve mention dans une lettre de Voltaire à Mme de Fontaine, du 1er février 1761 : ce qui prouve seulement que cette lettre, telle qu'elle a été imprimée, est une de celles qu'on a composées de fragments de plusieurs; mais le 26 janvier 1762, Voltaire écrivait à d'Argental qu'il était difficile à présent de se procurer des sermons du rabbin Akib, ce qui prouve qu'il y avait déjà quelque temps que la distribution en avait été faite. Je crois donc pouvoir assigner le dernier trimestre de 1761 pour époque de la publication du *Sermon*. » *(Note de Beuchot.)*

2. Phrase ajoutée dans une édition de 1765, qui fait partie du tome III des *Nouveaux Mélanges*.

3. « C'est le mois d'Auguste des Hébreux, nommé août chez les Francs. » *(Note de Voltaire.)*

4. « C'est un refrain usité dans les sermons des rabbins. » *(Note de Voltaire.)*

5. « Il en existe une traduction française sous le titre de : *Arrest des inquisiteurs ordinaires et députés de la sainte Inquisition, contre le père Gabrial Malagrida, jésuite, lu dans l'acte public de foi célébré à Lisbonne le 20 septembre 1761*, petit in-8° de soixante-six pages. » *(Note de Beuchot.)*

P. 448

1. Le pape Clément XIII.

2. « Malagrida s'est dit Jean-Baptiste, comme plusieurs convulsionnaires à Paris et plusieurs prophètes à Londres se sont dits Élie. » *(Note de Voltaire.)*

P. 449

1. Un dominicain accusé d'avoir séduit une de ses pénitentes au confessionnal, et un cordelier accusé d'avoir invoqué le diable.

P. 450

1. Berwick Fitz-James, évêque de Soissons : cf. l'article « Tolérance » du *Dictionnaire philosophique*.

P. 452

1. *Matthieu*, III, 7 et XXIII, 27.

EXTRAIT
DES SENTIMENTS DE JEAN MESLIER

P. 455

1. Jean Meslier, curé d'Étrépigny, dans les Ardennes, né à Rethel vers 1670, était mort en 1733, laissant un *Testament* très long d'inspiration cartésienne et athée. Des exemplaires en circulèrent très vite, et Voltaire, dès le 30 novembre 1735, demande à Thiériot de lui en procurer un. C'est ainsi que le *Testament* fit son entrée à Cirey. Mme du Châtelet y fit quelques emprunts pour son *Examen* des Saintes-Écritures. Mais rien n'autorise à penser que Voltaire rédigea son *Extrait* à Cirey, malgré la date du 15 mars 1742, mise à la fin des deux premières éditions. La première de ces éditions, de 63 pages in-8°, parut en février 1762 (lettre à Damilaville du 4 février). L'avant-propos n'y figurait pas, sans doute à cause d'un oubli; l'omission fut réparée dans une réimpression en 64 pages, dont Voltaire adressa un exemplaire à d'Argental le 31 mai de la même année.

Voltaire a beaucoup taillé dans les interminables discours du curé Meslier. Il essaie de retrouver « le bon grain étouffé dans l'ivraie » (à d'Alembert, 25 février 1762); mais surtout, il infléchit l'ensemble dans un sens déiste, comme d'autres l'avaient fait avant lui (cf. LANSON, « Questions diverses », *Revue d'Histoire littéraire*, 1912, p. 10). On comparera avec fruit l'extrait de Voltaire et l'original du *Testament*, publié par Rudolf Charles à Amsterdam en 1864.

P. 456

1. *Œuvres philosophiques*, ou *Démonstration de l'existence de Dieu*, 1718, in-12.
2. « De Sainte-Menehould. » *(Note de Voltaire.)*
3. « On dit que M. Lebègue, grand vicaire de Reims, s'est emparé de la troisième copie. » *(Note de Voltaire.)*

P. 461

1. « *Estote fortes in fide.* » *(Note de Voltaire.*

P. 464

1. Gabriel Naudé, auteur de l'*Apologie pour tous les grands personnages qui ont été faussement soupçonnés de magie,* 1769, in-8°.

2. « *Paral.,* XVIII, 23. » *(Note de Voltaire.)* Aujourd'hui *II Chroniques,* XVIII, 23.

P. 466

1. « Saint Jérôme n'a point fait d'épître à Galéate, mais il a mis en tête de sa *Bible* un *Prologus Galeatus ;* et c'est sans doute ce morceau qui, par une singulière inadvertance, est appelé ici *Épître à Galéate.* » *(Note de Beuchot.)*

P. 470

1. *Matth.,* I, 1.
2. *Luc,* III, 31.
3. *Matth.,* II, 1-17.
4. *Luc,* II, 21-41.

P. 478

1. Dans l'édition de 1769. Voir *supra,* p. 464, n. 1.

P. 484

1. *Genèse,* XII, 1.
2. *Ibid.,* XXVIII, 13, 14, 15.

P. 485

1. *Ibid.,* XXVIII, 16.
2. *Ibid.,* XXX, 32, 34.
3. *Ibid.,* XXXI, 10.
4. *Ibid.,* XXXI, 12.

P. 489

1. *Ézéch.,* III, 3.

P. 490

1. « Combien, dit Montaigne, y a-t-il d'histoires de semblables cocuages procurés par les dieux contre les pauvres humains, etc. ! » *(Note de Voltaire.)*

P. 491

1. *Matth.,* VII, 7, 8.
2. *Jean,* XVI, 23.
3. *Matth.,* XVII, 20.
4. *Marc,* XVI, 17-18.
5. *Matth.,* XXI, 21.

P. 493

1. « *Spectatum admissi risum teneatis amici* (Hor., *Ars poet.*, V, 5). » *(Note de Voltaire.)*
2. Raab, cf. *Josué*, II, 18.

P. 498

1. *Marc*, I, 15.

P. 499

1. *Matth.*, XIII, 24-25.
2. *Ibid.*, XIII, 44-46.
3. *Ibid.*, XIII, 47-48.
4. *Marc*, VII, 32-34.

IDÉES RÉPUBLICAINES

P. 503

1. Beuchot date avec vraisemblance cet opuscule de 1762, année de la publication du *Contrat social*, dont les *Idées républicaines* sont, pour leur plus grande partie, une critique.

Quant à l'examen de *l'Esprit des lois*, qui constitue la fin de l'opuscule, il sera repris et développé dans le *Commentaire de l'Esprit des lois*, paru en 1777.

P. 504

1. *Marc*, X, 31.
2. *Jean*, XVIII, 36.
3. *Matthieu*, XX, 28.

P. 505

1. Pierre de La Baume, évêque de Genève, en fut effectivement expulsé en 1534.

P. 506

1. Depuis 1648, année où Frédéric III monta sur le trône : Christian V, Frédéric IV, Christian VI, Frédéric V qui régnait encore en 1762.
2. Pape sous le nom de Grégoire VII.

P. 510

1. *Contrat*, l. III, chap. XV :

« Le peuple anglais pense être libre : il se trompe fort; il ne l'est que durant l'élection des membres du parlement; sitôt qu'ils sont élus, il est esclave, il n'est rien. »

2. *Ibid.*, l. III, chap. VII.

P. 511

1. *Ibid.*, l. III, chap. IX :

« Les sujets vantent la tranquillité publique; les citoyens la liberté des particuliers; l'un préfère la sûreté des possessions, et l'autre celle des personnes; l'un veut que le gouvernement soit le plus sévère, l'autre soutient que c'est le plus doux; celui-ci veut qu'on punisse les crimes, et celui-là qu'on les prévienne; l'un trouve beau qu'on soit craint des voisins, l'autre aime mieux qu'on en soit ignoré; l'un est content quand l'argent circule, l'autre exige que le peuple ait du pain. »

2. *Ibid.,* l. III, chap. XV.

P. 512

1. *Ibid.,* l. III, chap. XVIII.
2. *Ibid.,* l. IV, chap. III.

P. 513

1. *Ibid.,* l. IV, chap. III.
2. *Ibid.,* l. III, chap. VI.

P. 514

1. *Ibid.,* l. II, chap. VIII.
2. Le texte du *Contrat* (l. IV, chap. VIII) porte : « ne purent longtemps reconnaître un même maître. »

P. 515

1. *Ibid.,* l. IV, chap. VIII.
2. *Continuation des pensées diverses,* § CXXIV; et *Réponse aux questions d'un provincial,* IIIe partie, chap. XXVIII.
3. Le *Contrat* a été brûlé à Genève; c'est donc un Genevois qui est censé parler.

P. 519

1. « Livre III, chap. VII. » *(Note de Voltaire.)* Les références de Voltaire à *l'Esprit des Lois* n'étant pas toujours exactes, ou se rapportant à des éditions différentes du XVIIIe siècle, nous renvoyons dans les notes qui suivent (avec mention R.C.) au texte de *l'Esprit des Lois* tel qu'il a été établi par R. Caillois dans son *Montesquieu* (Bibliothèque de la Pléiade, Paris, 1951, t. II).
2. « *Ibid.,* chap. VI. » *(Note de Voltaire.)* R.C., l. III, chap. V.

P. 520

1. « Livre VII, chap. X. » *(Note de Voltaire.)* R.C., l. VII, chap. X.
2. « Livre III, chap. IX. » *(Note de Voltaire.)*

P. 521

1. « Livre IV, chap. VIII. » *(Note de Voltaire.)*

P. 522

1. « Livre XXI, chap. XIX. » *(Note de Voltaire.)* R.C., l. XXI, chap. XXII.
2. « Livre XV, chap. XVIII. » *(Note de Voltaire.)* R.C., l. XV, chap. XIX.
3. « Livre XVI, chap. V. » *(Note de Voltaire.)* R.C., l. XVI, chap. IV.

L'AFFAIRE CALAS

P. 525

1. Toulouse, le soir du 13 octobre 1761. Une honnête famille de commerçants protestants, marchands d'indiennes, la famille Calas soupe en son domicile de la rue des Filatiers. Jean Calas et sa femme, née Anne-Rose Cabibel, sont là avec deux de leurs fils : Marc-Antoine, et Pierre. De leurs deux autres fils l'un, Louis, a abjuré la religion protestante et ne se montre plus guère chez ses parents, qui lui servent une pension; le plus jeune, Donat, est en apprentissage chez un marchand de Nîmes; quant aux deux filles, elles étaient parties la veille chez des amis, dans les environs de Toulouse, à Péchabon. Un hôte à souper : Gaubert Lavaysse, fils d'un avocat connu, ami des Calas, qui arrive de Bordeaux et n'a pas trouvé ses parents. Dernier personnage du drame, Jeanne Viguière, la servante, qui malgré sa foi catholique est depuis longtemps attachée aux Calas.

On sait comment, à la fin de la soirée, Pierre Calas descendant accompagner son ami Lavaysse découvre le corps de son frère Marc-Antoine qui les avait quittés une heure auparavant. S'était-il pendu, ou avait-il été étranglé ? Dans le premier affolement les Calas veulent éviter qu'on parle de suicide. La foule s'attroupe et commence à murmurer que Marc-Antoine a été étranglé par les siens pour avoir voulu abjurer le protestantisme. On emmène en prison les trois Calas, Gaubert Lavaysse et la servante. Un capitoul, David de Beaudrigue, s'acharna sur la famille par zèle religieux. Tandis que le corps de Marc-Antoine est enterré en grande pompe à l'église Saint-Étienne, suivi d'une procession de pénitents blancs, la procédure de l'affaire suit son cours. Le 18 novembre 1761, un arrêt des capitouls décide que Calas, sa femme et son fils subiront la torture, que Lavaysse et la servante seront présentés à la question. Les Calas appellent de la sentence des capitouls au parlement, lequel cassa l'arrêt en décembre, mais condamna le 9 mars 1762 Jean Calas à subir la question ordinaire et extraordinaire. Calas mourut courageusement en affirmant son innocence.

Voltaire prit la défense de cette malheureuse famille, et ne négligea rien, pendant plus de deux ans, pour obtenir l'arrêt de réhabilitation qui fut rendu, le 9 mars 1765, à l'unanimité du tribunal des requêtes de l'Hôtel. On verra ce que fut cette activité d'après les écrits que nous publions, qui sont en grande partie de la main de Voltaire.

Un avertissement de Beuchot, que nous reproduisons, donne la bibliographie du sujet :

« C'est dans la lettre à d'Argental, du 5 juillet 1762, que Voltaire parle pour la première fois des *Pièces originales,* se composant de l'*Extrait d'une lettre de la dame veuve Calas,* et de la *Lettre de Donat Calas.* Elles formaient, dans la première édition, vingt-deux pages in-8°. Elles avaient été rédigées par Voltaire d'après les renseignements donnés par les personnes qui les ont signées.

« Ce fut Audibert (Dominique), depuis secrétaire de l'Académie de Marseille, et mort à Saint-Germain-en-Laye le 10 août 1821, qui, le premier, parla des Calas à Voltaire; voyez la lettre du 13 décembre 1763. Les écrits de Voltaire relatifs aux Calas, qu'on trouvera dans ce volume, sont, outre les *Pièces originales :* 1° une supplique *A monseigneur le chancelier ;* 2° *Requête au roi ;* 3° *Mémoire de Donat Calas* (et Déclaration de P. Calas); 4° *Histoire d'Elizabeth Canning et de Jean Calas.* C'est pour la révision de ce procès que Voltaire composa son *Traité sur la Tolérance.* Beaucoup de ses lettres prouvent avec quelle chaleur il avait embrassé cette cause. La lettre à Damilaville, du 1er mars 1765, imprimée dans le temps, a été, par les éditeurs de Kehl, mise à côté des ouvrages dont je viens de parler; mais je l'ai placée dans la *Correspondance,* à sa date. C'est à son ordre chronologique que j'ai placé l'*Avis au public sur les parricides imputés aux Calas et aux Sirven.*

« Voici une liste d'écrits sur les Calas :

« I. *Déclaration du sieur Louis Calas* (2 décembre 1761), in-8° de cinq pages.

« II. *Mémoire pour le sieur J. Calas, négociant de cette ville, dame Anne-Rose Cabibel, son épouse, et le sieur J.-P. Calas, un de leurs enfants* (par Sudre), in-8° de cent quatre pages.

« III. *Observations pour le sieur J. Calas, la dame de Cabibel, son épouse, et le sieur P. Calas, leur fils* (par Duroux fils), 1762, in-8° de soixante et douze pages.

« IV. *Mémoire à consulter,* et *Consultation pour la dame Anne-Rose Cabibel, veuve Calas, et pour ses enfants,* in-8° de soixante et onze pages, daté du 23 août 1762, signé par Élie de Beaumont et quinze autres avocats.

« V. *Mémoire pour dame Anne-Rose Cabibel, veuve du sieur Jean Calas, L. et L. D. Calas, leur fils, et Anne-Rose et Anne Calas, leurs filles, demandeurs en cassation d'un arrêt du parlement de Toulouse, du 9 mars 1762,* in-8° de cent trente-six pages, signé Mariette.

« VI. *Mémoire pour Donat, Pierre, et Louis Calas,* 1762, in-8° de soixante-trois pages, signé Loyseau de Mauléon.

« VII. *Mémoire du sieur Gaubert Lavaysse,* in-8° de vingt-six pages.

« VIII. *Mémoire de Me David Lavaysse, avocat en la cour, pour le sieur François-Alexandre Gaubert Lavaysse, son troisième fils,* in-8° de cinquante-deux pages.

« IX. *Mémoire du sieur F.-A.-G. Lavaysse,* in-8° de trente-deux pages.

« X. *Mémoire sur une question anatomique, relative à la jurisprudence, dans lequel on établit les principes pour distinguer, à l'inspection d'un corps trouvé pendu, les signes du suicide d'avec ceux de l'assassinat,* par M. Louis Paris, Cavelier, 1763, in-8° de cinquante-quatre pages.

« XI. *Observations pour la dame veuve Calas et sa famille,* 1764, in-8° de vingt-neuf pages, signé Mariette.

« XII. *Mémoire à consulter, et consultation pour les enfants de défunt J. Calas,* Paris, Merlin, 1765, in-8°, signé de huit avocats : Lambon, Mallard, d'Outremont, Mariette, Gerbier, Legouvé, Loyseau de Mauléon, Élie de Beaumont.

« XIII. *Mémoire pour dame Anne-Rose Cabibel, veuve Calas, et pour ses enfants,* 1765, in-8° de quatre-vingt-quatorze pages, signé Élie de Beaumont.

« XIV. *Mémoire pour la veuve Calas et sa famille,* 1765, in-8° de cinquante-trois pages, signé Mariette.

« XV. *Jugement souverain des requêtes ordinaires de l'hôtel du roi, qui décharge Anne-Rose Cabibel, veuve de Jean Calas, Jean P. Calas, Jeanne Wiguière, Alexandre-François-Gualbert Lavaysse, et la mémoire dudit défunt Jean Calas, de l'accusation contre eux intentée ;* du 9 mars 1765, in-8° de trente-neuf pages.

« XVI. *Les Toulousaines, ou Lettres historiques et apologétiques en faveur de la religion réformée et de divers protestants condamnés dans ces derniers temps par le parlement de Toulouse ou dans le Haut-Languedoc.* Édimbourg, 1763, in-12 de viij et quatre cent cinquante-neuf pages.

« XVII. *Requête au roi pour la dame veuve Calas,* 1763, in-8° de huit pages, en vers.

« XVIII. *Calas sur l'échafaud à ses juges,* 1763, in-8° de huit pages en vers.

« XIX. *Lettre d'un cosmopolite à l'ombre de Calas,* 1765, in-8° de huit pages en vers libres.

« XX. *L'ombre de Calas le suicidé à sa famille et à son ami dans les fers,* précédée d'une lettre à M. de Voltaire (par Nougaret), 1765, in-8° de seize pages.

« XXI. *Histoire des malheurs de la famille des Calas,* etc., précédée de *Marc-Antoine Calas le suicidé à l'univers, héroïde* (par E.-T. Simon), 1765, in-8°.

« XXII. *Jean Calas à sa femme et à ses enfants, héroïde,* par Blin de Sainmore, 1765, in-8° de vingt-cinq pages, réimprimé avec d'autres pièces sous le titre de : *Lettre de Jean Calas à sa femme et à ses enfants,* etc., 1768, in-8° de viij et trente pages.

« XXIII. *Premier Sermon : sur la mort de Jean Calas, vieillard infirme, accusé, par les bons catholiques, d'avoir pendu son fils, jeune homme le plus adroit, le plus fort et le plus robuste de la province* (dans les *Sermons prêchés à Toulouse devant Messieurs du Parlement et du capi-*

toulat, par le R. P. Apompée de Tragopone, capucin, de la Champagne-Pouilleuse, 1772, in-12).

« J'aurai à citer plusieurs de ces écrits dans mes notes sur la Correspondance de Voltaire.

« M. J. Chénier, Lemière d'Argy, et M. Laya, ont donné chacun un drame intitulé *Calas*. Ces trois pièces ont été jouées et imprimées en 1790 et 1791. *La Veuve Calas à Paris,* jouée et imprimée en 1791, est de Pujoulx. M. Victor Ducange a donné, en 1820, au théâtre de l'Ambigu-Comique, un mélodrame intitulé *Calas*. On a imprimé à Berlin *les Calas,* drame en trois actes et en prose, par M. de Brumore, 1778, in-8°; et *les Salver,* ou *la Faute réparée,* drame en trois actes et en vers, par M. de Brumore, 1778, in-8° (B.). »

P. 526

1. « Ce sont les loueurs de chevaux. » *(Note de Voltaire.)*
2. « Sur les sept heures. » *(Note de Voltaire.)*
3. « La cuisine est auprès de la salle à manger, au premier étage. » *(Note de Voltaire.)*

P. 528

1. C'est Voltaire lui-même.
2. « On a dit qu'on l'avait vu dans une église. Est-ce une preuve qu'il devait abjurer ? Ne voit-on pas tous les jours des catholiques venir entendre les prédicateurs célèbres en Suisse, dans Amsterdam, à Genève, etc. ? Enfin il est prouvé que Marc-Antoine Calas n'avait pris aucune mesure pour changer de religion; ainsi nul motif de la colère prétendue de ses parents. » *(Note de Voltaire.)*

P. 530

1. Voir avertissement de Beuchot, articles II et III.
2. « Il est de la plus grande vraisemblance que Marc-Antoine Calas se défit lui-même : il était mécontent de sa situation; il était sombre, atrabilaire, et lisait souvent des ouvrages sur le suicide. Lavaisse, avant le souper, l'avait trouvé dans une profonde rêverie. Sa mère s'en était aussi aperçue. Ces mots je brûle, répondus à la servante, qui lui proposait d'approcher du feu, sont d'un grand poids. Il descend seul en bas après le souper. Il exécute sa résolution funeste. Son frère, au bout de deux heures, en reconduisant Lavaisse, est témoin de ce spectacle. Tous deux s'écrient; le père vient; on dépend le cadavre : voilà la première cause du jugement porté contre cet infortuné père. Il ne veut pas dire aux voisins, aux chirurgiens : " Mon fils s'est pendu; il faut qu'on le traîne sur la claie et qu'on déshonore ma famille. " Il n'avoue la vérité que lorsqu'on ne peut plus la celer. C'est sa piété paternelle qui l'a perdu; on a cru qu'il était coupable de la mort de son fils, parce qu'il n'avait pas voulu d'abord accuser son fils. » *(Note de Voltaire.)*
3. « Cette servante est catholique et pieuse; elle était dans la maison depuis trente ans; elle avait beaucoup servi à la conversion

d'un des enfants du sieur Calas. Son témoignage est du plus grand poids. Comment n'a-t-il pas prévalu sur les présomptions les plus trompeuses ? » *(Note de Voltaire.)*

4. « Dans quel temps le père aurait-il pu pendre son fils ? Ce n'est pas avant le souper, puisqu'ils soupèrent ensemble; ce n'est pas pendant le souper; ce n'est pas après le souper, puisque le père et la famille étaient en haut quand le fils était descendu. Comment le père, assisté même de main-forte, aurait-il pu pendre son fils aux deux battants d'une porte au rez-de-chaussée, sans un violent combat, sans un tumulte horrible ? Enfin, pourquoi ce père aurait-il pendu son fils ? Pour le dépendre ? Quelle absurdité dans ces accusations ! » *(Note de Voltaire.)*

P. 532

1. « Quand le père et la mère en larmes étaient, vers les dix heures du soir, auprès de leur fils Marc-Antoine, déjà mort et froid, ils s'écriaient, ils poussaient des cris pitoyables, ils éclataient en sanglots; ce sont ces sanglots, ces cris paternels, qu'on a imaginé être les cris mêmes de Marc-Antoine Calas, mort deux heures auparavant : et c'est sur cette méprise qu'on a cru qu'un père et une mère, qui pleuraient leur fils mort, assassinaient ce fils; et c'est sur cela qu'on a jugé ! » *(Note de Voltaire.)*

2. « Un témoin a prétendu qu'on avait entendu Calas père menacer son fils quelques semaines auparavant. Quel rapport des menaces paternelles peuvent-elles avoir avec un parricide ? Marc-Antoine Calas passait sa vie à la paume, au billard, dans les salles d'armes; le père le menaçait s'il ne changeait pas. Cette juste correction de l'amour paternel, et peut-être quelques vivacités, prouveront-elles le crime le plus atroce et le plus dénaturé ? » *(Note de Voltaire.)*

P. 533

1. « M. le chancelier se souviendra sans doute de ces paroles de M. d'Aguesseau son prédécesseur, dans sa dix-septième mercuriale : « Qui croirait qu'une première impression pût décider quelquefois « de la vie et de la mort ? Un amas fatal de circonstances, qu'on « dirait que la fortune a assemblées pour faire périr un malheureux, « une foule de témoins muets, et par là plus redoutables, semblent « déposer contre l'innocence; le juge prévient, son indignation « s'allume, et son zèle même le séduit. Moins juge qu'accusateur, « il ne voit plus que ce qui sert à condamner, et il sacrifie aux raisonnements de l'homme celui qu'il aurait sauvé s'il n'avait « admis que les preuves de la loi. Un événement imprévu fait « quelquefois éclater dans la suite l'innocence accablée sous le poids « des conjectures, et dément ces indices trompeurs dont la fausse « lumière avait ébloui l'esprit du magistrat. La vérité sort du « nuage de la vraisemblance; mais elle en sort trop tard : le sang « de l'innocent demande vengeance contre la prévention de son « juge, et le magistrat est réduit à pleurer toute sa vie un malheur

« que son repentir ne peut plus réparer. » *(Note de Voltaire.)* — En 1762, le chancelier était Guillaume II de Lamoignon, né en 1683, chancelier en 1750, mort en 1772.

2. « De très mauvais physiciens ont prétendu qu'il n'était pas possible que Marc-Antoine se fût pendu. Rien n'est pourtant si possible : ce qui ne l'est pas, c'est qu'un vieillard ait pendu, au bas de la maison, un jeune homme robuste, tandis que ce vieillard était en haut.

« N. B. — Le père, en arrivant sur le lieu où son fils était suspendu, avait voulu couper la corde; elle avait cédé d'elle-même; il crut l'avoir coupée : il se trompa sur ce fait inutile devant les juges, qui le crurent coupable.

« On dit encore que ce père, accablé et hors de lui-même, avait dit dans son interrogatoire : « Tous les conviés passèrent, au sortir « de table, dans la même chambre. » Pierre lui répliqua : « Eh, « mon père, oubliez-vous que mon frère Marc-Antoine sortit « avant nous, et descendit en bas ? — Oui, vous avez raison, « répondit le père. — Vous vous coupez, vous êtes coupable », dirent les juges. Si cette anecdote est vraie, de quoi dépend la vie des hommes ? » *(Note de Voltaire.)*

3. « Qu'on oppose indices à indices, dépositions à dépositions, conjectures à conjectures; et les avocats qui ont défendu la cause des accusés sont prêts de faire voir l'innocence de celui qui a été sacrifié. S'il ne s'agit que de conviction, on s'en rapporte à l'Europe entière; s'il s'agit d'un examen juridique, on s'en rapporte à tous les magistrats, à ceux de Toulouse même, qui, avec le temps, se feront un honneur et un devoir de réparer, s'il est possible, un malheur dont plusieurs d'entre eux sont effrayés aujourd'hui. Qu'ils descendent dans eux-mêmes, qu'ils voient par quel raisonnement ils se sont dirigés. Ne se sont-ils pas dit : Marc-Antoine Calas n'a pu se pendre lui-même : donc d'autres l'ont pendu; il a soupé avec sa famille et avec Lavaisse : donc il a été étranglé par sa famille et par Lavaisse; on l'a vu une ou deux fois, dit-on, dans une église : donc sa famille protestante l'a étranglé par principe de religion. Voilà les présomptions qui les excusent.

« Mais à présent les juges se disent : Sans doute Marc-Antoine Calas a pu renoncer à la vie; il est physiquement impossible que son père seul l'ait étranglé : donc son père seul ne devait pas périr; il nous est prouvé que la mère, et son fils Pierre, et Lavaisse, et la servante, qui seuls pouvaient être coupables avec le père, sont tous innocents, puisque nous les avons tous élargis : donc il nous est prouvé que Calas le père, qui ne les a point quittés un instant, est innocent comme eux.

« Il est reconnu que Marc-Antoine Calas ne devait pas abjurer: donc il est impossible que son père l'ait immolé à la fureur du fanatisme. Nous n'avons aucun témoin oculaire, et il ne peut en être. Il n'y a eu que des rapports d'après des ouï-dire; or ces vains rapports ne peuvent balancer la déclaration de Calas sur la roue, et l'innocence avérée des autres accusés : donc Calas le père, que nous avons roué, était innocent; donc nous devons pleurer sur le jugement que nous avons rendu; et ce n'est pas là le premier exemple d'un si juste et si noble repentir. » *(Note de Voltaire.)*

P. 534

1. Lamoignon, père de Malesherbes.

P. 535

1. Les *Pièces originales.*

P. 536

1. Ce mémoire et la déclaration qui le suit, rédigés aussi par Voltaire, parurent en 1762, in-8° de trente pages.

P. 537

1. Ou Rahamme, auteur d'un traité *Du corps et du sang de Jésus-Christ.*
2. Guerre de Sept Ans (1756-1763).

P. 538

1. « J'atteste devant Dieu que j'ai demeuré pendant quatre ans à Toulouse, chez les sieur et dame Calas; que je n'ai jamais vu une famille plus unie, ni un père plus tendre, et que, dans l'espace de quatre années, il ne s'est pas mis une fois en colère; que si j'ai quelques sentiments d'honneur, de droiture, et de modération, je les dois à l'éducation que j'ai reçue chez lui.

« *Genève, 5 juillet 1762.*

« *Signé :* J. Calvet, caissier des postes de
« Suisse, d'Allemagne et d'Italie. » *(Note de Voltaire.)*

P. 539

1. Par Gresset; la scène VI du second acte et la 1re du troisième contiennent des vers sur le suicide.

P. 541

1. « Ordonnance de 1760, article Ier, titre IV. » *(Note de Voltaire.)*

P. 542

1. « Il y a dans Toulouse quatre confréries de pénitents, blancs, bleus, gris, noirs; ils portent une longue capote, avec un masque de la même couleur, percée de deux trous pour les yeux. » *(Note de Voltaire.)*

P. 549

1. Fitz-James.

P. 553

1. « L'édition originale, qui a vingt et une pages in-8°, doit être du mois d'auguste 1762. La margrave de Bade-Dourlac en accuse réception le 24 de ce mois. » *(Note de Beuchot.)*

P. 562

1. « A la fin de l'édition originale, en vingt et une pages, on lit en note : « Cet écrit est d'un témoin oculaire qui n'a aucune correspon-« dance avec les Calas, mais qui est ennemi du fanatisme et ami de « l'équité. » *(Note de Beuchot.)*

TRAITÉ SUR LA TOLÉRANCE

P. 563

1. « On ne peut empêcher que Jean Calas ne soit roué; mais on peut rendre les juges exécrables, et c'est ce que je leur souhaite. Je me suis avisé de mettre par écrit toutes les raisons qui pourraient justifier ces juges; je me suis distillé la tête pour trouver de quoi les excuser, et je n'ai trouvé que de quoi les décimer. Gardez-vous d'imputer aux laïques un petit ouvrage sur la tolérance qui va bientôt paraître. Il est, dit-on, d'un bon prêtre; il y a des endroits qui font frémir, et d'autres qui font pouffer de rire; car, Dieu merci, l'intolérance est aussi absurde qu'horrible. »

Cette lettre à Damilaville du 24 janvier 1763 nous permet de remonter aux sources de la composition du *Traité,* qui ne parut que quelques mois plus tard. Son immense succès et son retentissement sur l'opinion s'expliquent par la hauteur que Voltaire avait su donner au débat.

En raison de son intérêt historique, nous donnons en note le long

AVERTISSEMENT
DES ÉDITEURS DE L'ÉDITION DE KEHL

Nous osons croire, à l'honneur du siècle où nous vivons, qu'il n'y a point dans toute l'Europe un seul homme éclairé qui ne regarde la tolérance comme un droit de justice, un devoir prescrit par l'humanité, la conscience, la religion; une loi nécessaire à la paix et à la prospérité des États.

Si, dans cette classe d'hommes qui déshonorent les lettres par leur vie comme par leurs ouvrages, quelques-uns osent encore s'élever contre cette opinion, on peut leur opposer avec trop d'avantage les maximes et la conduite des États-Unis de l'Amérique septentrionale, des deux parlements de la Grande-Bretagne, des États-Généraux, de l'empereur des Romains, de l'impératrice des

Russes, du roi de Prusse, du roi de Suède, de la république de Pologne. Du cercle polaire au 50e degré de latitude, du Kamtschatka aux rives du Mississipi, la tolérance s'est établie sans trouble. A la vérité, les confédérés polonais mêlèrent quelques pratiques de dévotion au projet d'assassiner leur roi, et à leur alliance avec les Turcs; mais cet abus de la religion est une preuve de plus de la nécessité d'être tolérant si l'on veut être paisible.

Tout législateur qui professe une religion, qui connaît les droits de la conscience, doit être tolérant; il doit sentir combien il est injuste et barbare de placer un homme entre le supplice et des actions qu'il regarde comme des crimes. Il voit que toutes les religions s'appuient sur des faits, sont établies sur le même genre de preuves, sur l'interprétation de certains livres, sur la même idée de l'insuffisance de la raison humaine; que toutes ont été suivies par des hommes éclairés et vertueux; que les opinions contradictoires ont été soutenues par des gens de bonne foi, qui avaient médité toute leur vie sur ces objets.

Comment se croira-t-il donc assez sûr de sa croyance pour traiter comme ennemis de Dieu ceux qui pensent autrement que lui ? Regardera-t-il le sentiment intérieur qui le détermine comme une preuve juridique qui lui donne des droits sur la vie ou sur la liberté de ceux qui ont d'autres opinions ? Comment ne sentirait-il pas que ceux qui professent une autre doctrine ont contre lui un droit aussi légitime que celui qu'il exerce contre eux ?

Supposons maintenant un homme qui, n'ayant aucune religion, les regarde toutes comme des fables absurdes; cet homme sera-t-il intolérant ? Non sans doute. A la vérité, comme ses preuves sont d'un autre genre, comme les fondements de ses opinions sont appuyés sur des principes d'une autre nature, le devoir d'être tolérant est fondé, pour lui, sur d'autres motifs. S'il regarde comme des insensés les sectateurs des différentes religions, se croira-t-il en droit de traiter comme un crime une folie qui ne trouble pas l'ordre de la société, de priver de leurs droits des hommes que l'espèce de démence dont ils sont atteints ne met pas hors d'état de les exercer ? Peut-il ne pas les supposer de bonne foi ? car l'existence même des fourbes qui professent une croyance qu'ils n'ont pas suppose celle des dupes aux dépens de qui ces fourbes vivent et s'enrichissent. Il faudrait qu'il y eût un moyen de prouver juridiquement que tel homme qui professe une opinion absurde ne la croit pas; et l'on sent que ce moyen ne peut exister. L'idée même qu'une telle opinion particulière peut être dangereuse par ses conséquences n'autoriserait pas une loi d'intolérance. Une opinion qui prescrirait directement la sédition ou l'assassinat comme un devoir pourrait seule être traitée comme un délit; mais, dans ce cas, ce n'est plus d'intolérance religieuse qu'il s'agit, mais de l'ordre et du repos de la société.

Si maintenant nous considérons la justice et le maintien des droits des hommes, nous trouverons que la liberté des opinions, celle de les professer publiquement, et de s'y conformer dans sa conduite en tout ce qui ne donne point atteinte aux droits d'un autre homme, est un droit aussi réel que la liberté personnelle ou la propriété des biens. Ainsi toute limitation apportée à l'exercice de ce droit est contraire à la justice, et toute loi d'intolérance est une loi injuste.

A la vérité, il ne faut ici entendre par loi qu'une loi permanente, parce qu'il est possible que l'espèce de fièvre que cause le zèle religieux exige pour un temps, dans un certain pays, un autre régime que l'état de santé; mais alors la sûreté et le repos de ceux que l'on prive de leurs droits sont le seul motif légitime que puissent avoir des lois de cette espèce.

L'intérêt général de l'humanité, ce premier objet de tous les cœurs vertueux, demande la liberté d'opinions, de conscience, de culte : d'abord parce qu'elle est le seul moyen d'établir entre les hommes une véritable fraternité; car puisqu'il est impossible de les réunir dans les mêmes opinions religieuses, il faut leur apprendre à regarder, à traiter comme leurs frères ceux qui ont des opinions contraires aux leurs. Cette liberté est encore le moyen le plus sûr de donner aux esprits toute l'activité que comporte la nature humaine, de parvenir à connaître la vérité sur tous ces objets liés intimement avec la morale, et de la faire adopter à tous les esprits; or l'on ne peut nier que la connaissance de la vérité ne soit pour les hommes le premier des biens. En effet, il est impossible qu'il s'établisse dans un pays ou qu'il y subsiste une loi permanente contraire à ce que l'opinion générale des hommes qui ont reçu une éducation libérale regardera comme opposé ou aux droits des citoyens ou à l'intérêt général. Il est impossible qu'une vérité aussi reconnue s'efface jamais de la mémoire, ou que l'erreur puisse l'emporter sur elle. C'est là, dans toutes les constitutions politiques, la seule barrière solide qu'on puisse opposer à l'oppression arbitraire, à l'abus de la force.

La politique pourrait-elle avoir d'autres vues ? La force réelle, la richesse, et surtout la félicité d'un pays ne dépendent-elles pas de la paix qui règne dans l'intérieur de ce pays ? Tous ces objets, liés entre eux, le sont avec la tolérance des opinions, et surtout des opinions religieuses, les seules qui puissent agiter le peuple.

La tolérance, dans les grands États, est nécessaire à la stabilité du gouvernement : en effet le gouvernement, disposant de la force publique, n'a rien à craindre tant que les particuliers qui chercheraient à le troubler ne pourront réunir assez d'hommes pour former une résistance capable de balancer cette force publique, ou tant qu'ils ne pourront enlever au gouvernement la force dont il dispose. Or il est aisé de voir que les opinions religieuses, que l'intolérance oblige de se réunir en un plus petit nombre de classes, peuvent seules donner à des particuliers ce pouvoir dangereux. La tolérance, au contraire, ne peut produire aucun trouble, et enlève tout prétexte; son effet nécessaire est de désunir les opinions : dans un pays partagé entre un grand nombre de sectes, aucune ne peut prétendre à dominer, et par conséquent toutes sont tranquilles.

Les partisans de l'intolérance politique ont dit, dans les pays protestants, qu'il ne fallait pas tolérer le papisme, parce qu'il tend à établir la puissance ecclésiastique sur les ruines de l'autorité du monarque; et dans les pays catholiques, qu'il ne faut pas tolérer les communions protestantes, parce qu'elles sont ennemies du pouvoir absolu. Cette contradiction ne suffit-elle pas à un homme de bon sens pour en conclure qu'il faut les tolérer toutes, afin qu'aucune n'ayant de pouvoir, aucune ne puisse être dangereuse ?

Quelques personnes prétendent que la liberté de penser étant une suite naturelle de la tolérance, et la liberté de penser conduisant à la destruction de la morale, l'intolérance est nécessaire au bonheur des hommes : c'est calomnier la nature humaine. Quoi ! du moment où les hommes se mêlent de raisonner, ils deviennent des scélérats ! Quoi ! la vertu, la probité, ne peuvent s'appuyer que sur des sophismes qui disparaîtront dès qu'on sera libre de les attaquer ! Cette opinion est contredite par les faits. Parmi les hommes qui commettent des crimes, il y a beaucoup plus de gens crédules que de libres penseurs; et il faut se garder de confondre la liberté de penser, produite par l'usage de la raison, avec ces maximes immorales qui sont depuis tous les temps à la bouche de la canaille de tous les pays : elles sont le fruit d'un instinct grossier, et non celui de la raison; elles ne peuvent être attaquées et détruites que par elle.

Vous voulez, dites-vous, que les hommes aiment et pratiquent la vertu : préférez ceux qui veulent les rendre raisonnables à ceux qui s'occupent d'ajouter des erreurs étrangères aux erreurs où l'instinct peut entraîner.

Les hommes qui croient vraie la religion qu'ils professent doivent désirer la tolérance : d'abord, pour avoir le droit d'être tolérés eux-mêmes dans le pays où leur religion ne domine pas; ensuite, pour que leur religion puisse subjuguer tous les esprits. Toutes les fois que les hommes ont la liberté de discuter, la vérité finit par triompher seule. Voyez comme, depuis le peu de temps où il a été permis de parler raison sur la magie, cette erreur si générale et si ancienne a disparu presque absolument. Croyez-vous donc qu'il faille des bourreaux et des assassins pour dégoûter les hommes de croire au dieu Fô, à Sammonocodom, etc. ?

Tandis que la nature, la raison, la politique, la vraie piété, prêchent la tolérance, quelques hommes voudraient bien persécuter : et si les gouvernements, plus éclairés, plus humains, ne leur immolent plus de victimes, on leur abandonne les livres; on défend, sous des peines graves, d'écrire avec liberté. Qu'en arrive-t-il ? On porte dans les livres clandestins la liberté jusqu'à la licence; et si l'on avance dans ces livres des principes dangereux, aucun homme qui a de la morale ou de l'honneur ne veut les réfuter, pour peu que le nom de l'auteur soit soupçonné, et que sa personne puisse être compromise. Cette persécution sert donc seulement à ne laisser pour défenseurs à la cause de ceux qui les suscitent que des hommes méprisés.

D'autres fois, des corps très respectables demandent hautement qu'on empêche de laisser entrer dans un royaume les livres où l'on combat leurs opinions. Ils ignorent apparemment que ces deux phrases : « Je vous prie d'employer votre crédit pour empêcher mon adversaire de combattre mes raisons », ou bien : « Je ne crois pas aux opinions que je professe », sont rigoureusement synonymes.

Que dirait-on d'un homme qui ne voudrait pas que son juge entendît les raisons de chaque partie ? Or, de quelque religion que vous soyez prêtres, quand il s'agit de vérité vous n'êtes que parties. La raison, la conscience de chaque homme est votre juge. Quel droit auriez-vous de l'empêcher de s'instruire ? Quel droit auriez-vous de l'empêcher d'instruire ses semblables ? Si votre croyance est susceptible de preuves, pourquoi craignez-vous qu'on l'examine ? Si elle ne l'est pas, si une grâce particulière d'un Dieu peut seule la persuader, pourquoi voulez-vous joindre une tyrannie humaine à cette force bienfaisante ?

Il existe en France un livre qui contient l'objection la plus terrible qu'on puisse faire contre la religion : c'est le tableau des revenus du clergé; tableau trop bien connu, quoique les évêques aient refusé au roi de lui en donner un exemplaire. C'est là une de ces objections qui frappent le peuple comme le philosophe, et à laquelle il n'y a qu'une réponse : rendre à l'État ce que le clergé en a reçu, et rétablir la religion en vivant comme on prétend qu'ont vécu ceux qui l'ont établie. Écouteriez-vous un professeur de physique qui serait payé pour enseigner un système, et qui perdrait sa fortune s'il en enseignait un autre ? Écouteriez-vous un homme qui prêche l'humanité en se faisant appeler monseigneur, et la pauvreté volontaire en accumulant les bénéfices ?

On demande encore pourquoi le clergé, qui jouit d'environ un cinquième des biens de l'État, veut faire la guerre aux dépens du peuple ? S'il trouve certains livres dangereux pour lui, qu'il les fasse réfuter, et qu'il paye un peu plus cher ses écrivains. D'ailleurs, il n'en coûterait pas plus d'un ou deux millions par an pour retirer tous les exemplaires des livres irréligieux qui s'impriment en Europe; cette dépense ne ferait pas un impôt d'un cinquantième sur les biens ecclésiastiques : aucune nation ne fait la guerre à si bon marché.

On a dit dans quelques brochures que les libres penseurs étaient intolérants : ce qui est absurde, puisque liberté de penser et tolérance sont synonymes. La preuve en était plaisante : c'est qu'ils se moquaient, disait-on, de leurs adversaires, et qu'ils se plaignaient des prérogatives odieuses ou nuisibles usurpées par le clergé. Il n'y a point d'intolérance à tourner en ridicule de mauvais raisonneurs. Si ces mauvais raisonneurs étaient tolérants et honnêtes, cela serait dur; s'ils sont insolents et persécuteurs, c'est un acte de justice, c'est un service rendu au genre humain, mais ce n'est jamais intolérance : se moquer d'un homme, ou le persécuter, sont deux choses bien distinctes.

Si les prérogatives qu'on attaque sont mal fondées, celui qui s'élève contre elles ne fait que réclamer des droits usurpés sur lui. Est-ce donc être intolérant que de faire un procès à celui qui a usurpé nos biens ? Le procès peut être injuste, mais il n'y a point là d'intolérance.

On a dit aussi que les libres penseurs étaient dangereux parce qu'ils formaient une secte : cela est encore absurde. Ils ne peuvent former de secte, puisque leur premier principe est que chacun doit être libre de penser et de professer ce qu'il veut; mais ils se réunissent contre les persécuteurs, et ce n'est point faire secte que de s'accorder à défendre le droit le plus noble et le plus sacré que l'homme ait reçu de la nature.

P. 564

1. « 12 octobre 1761. » *(Note de Voltaire.)*

2. « On ne lui trouva, après le transport du cadavre à l'hôtel de ville, qu'une petite égratignure au bout du nez et une petite tache sur la poitrine, causée par quelque inadvertance dans le transport du corps. » *(Note de Voltaire.)*

P. 567

1. Lassalle.

2. Laborde.

3. « Je ne connais que deux exemples de pères accusés dans l'histoire d'avoir assassiné leur fils pour la religion :

« Le premier est du père de sainte Barbara, que nous nommons sainte Barbe. Il avait commandé deux fenêtres dans sa salle de bains; Barbe, en son absence, en fit une troisième en l'honneur de la Sainte Trinité; elle fit, *du bout du doigt,* le signe de la croix sur des colonnes de marbre, et ce signe se grava profondément dans les colonnes. Son père, en colère, courut après elle l'épée à la main, mais elle s'enfuit à travers la montagne qui s'ouvrit pour elle. Le père fit le tour de la montagne, et rattrapa sa fille; on la fouetta toute nue, mais Dieu la couvrit d'un nuage blanc; enfin son père lui trancha la tête. Voilà ce que rapporte la *Fleur des saints*.

« Le second exemple est le prince Herménégilde. Il se révolta contre le roi son père, lui donna bataille en 584, fut vaincu et tué par un officier : on en a fait un martyr parce que son père était arien. » *(Note de Voltaire.)*

P. 569

1. « Un jacobin vint dans mon cachot, et me menaça du même genre de mort si je n'abjurais pas : c'est ce que j'atteste devant Dieu. 23 juillet 1762. Pierre Calas. » *(Note de Voltaire.)*

P. 570

1. *Mémoire à consulter,* et *Consultation pour la dame Anne-Ros Cabibel, veuve Calas, et pour ses enfants,* 23 août 1762.

2. *Mémoire pour Donat, Pierre et Louis Calas.*

3. *Mémoire pour dame Anne-Rose Cabibel, veuve du sieur Jean Calas, L. et L. D. Calas, leurs fils, et Anne-Rose et Anne Calas, leurs filles, demandeurs en cassation d'un arrêt du parlement de Toulouse, du 9 mars 1762.*

4. « On les a contrefaits dans plusieurs villes, et la dame Calas a perdu le fruit de cette générosité. » *(Note de Voltaire.)*

5. « *Dévot* vient du latin *devotus.* Les *devoti* de l'ancienne Rome étaient ceux qui se dévouaient pour le salut de la république : c'étaient les Curtius, les Decius. » *(Note de Voltaire.)*

P. 572

1. Conseillers du parlement.

P. 574

1. « Ils renouvelaient le sentiment de Bérenger sur l'Eucharistie; ils niaient qu'un corps pût être en cent mille endroits différents, même par la toute-puissance divine; ils niaient que les attributs pussent exister sans sujet; ils croyaient qu'il était absolument impossible que ce qui est pain et vin aux yeux, au goût, à l'estomac, fût anéanti dans le moment même qu'il existe; ils soutenaient toutes ces erreurs, condamnées autrefois dans Bérenger. Ils se fondaient sur plusieurs passages des premiers Pères de l'Église, et surtout de saint Justin, qui dit expressément dans son dialogue contre Tryphon : « L'oblation de la fine farine... est la figure de l'Eucharistie « que Jésus Christ nous ordonne de faire en mémoire de sa passion. « Καὶ ἡ τῆς σεμιδαλέως... τύπος ἦν τοῦ ἄρτου τῆς εὐχαριστίας, « ὃν εἰς ἀνάμνησιν τοῦ πάθους... Ἰησοῦς Χριστὸς ὁ κύριος ἡμῶν « παρέδωκε ποιεῖν. » (Page 119, Édit. Londinensis, 1719, in-8°.)

« Ils rappelaient tout ce qu'on avait dit dans les premiers siècles contre le culte des reliques; ils citaient ces paroles de Vigilantius : « Est-il nécessaire que vous respectiez ou même que vous adoriez « une vile poussière ? Les âmes des martyrs animent-elles encore « leurs cendres ? Les coutumes des idolâtres se sont introduites « dans l'Église : on commence à allumer des flambeaux en plein « midi. Nous pouvons pendant notre vie prier les uns pour les « autres; mais après la mort, à quoi servent ces prières ? »

« Mais ils ne disaient pas combien saint Jérôme s'était élevé contre ces paroles de Vigilantius. Enfin, ils voulaient tout rappeler aux temps apostoliques, et ne voulaient pas convenir que, l'Église s'étant étendue et fortifiée, il avait fallu nécessairement étendre et fortifier sa discipline : ils condamnaient les richesses, qui semblaient pourtant nécessaires pour soutenir la majesté du culte. » *(Note de Voltaire.)*

2. « [...] Mme de Cental, à qui appartenait une partie des terres ravagées, et sur lesquelles on ne voyait plus que les cadavres de ses habitants, demanda justice au roi Henri II, qui la renvoya au parlement de Paris. L'avocat général de Provence, nommé Guérin,

principal auteur des massacres, fut seul condamné à perdre la tête. De Thou dit qu'il porta seul la peine des autres coupables, *quod aulicorum favore destitueretur,* parce qu'il n'avait pas d'amis à la cour. » *(Note de Voltaire.)*

P. 576

1. « François Gomar était un théologien protestant; il soutint, contre Arminius son collègue, que Dieu a destiné de toute éternité la plus grande partie des hommes à être brûlés éternellement : ce dogme infernal fut soutenu, comme il devait l'être, par la persécution. Le grand pensionnaire Barneveldt, qui était du parti contraire à Gomar, eut la tête tranchée à l'âge de soixante-douze ans, le 13 mai 1619, " pour avoir contristé au possible l'Église de Dieu ". » *(Note de Voltaire.)*

P. 578

1. « Voyez Ricaut. » *(Note de Voltaire.)*

P. 579

1. « Voyez Kempfer et toutes les relations du Japon. » *(Note de Voltaire.)*

P. 580

1. « M. de La Bourbonnaie, intendant de Rouen, dit que la manufacture de chapeaux est tombée à Caudebec et à Neuchâtel par la fuite des réfugiés. M. Foucaut, intendant de Caen, dit que le commerce est tombé de moitié dans la généralité. M. de Maupeou, intendant de Poitiers, dit que la manufacture de droguet est anéantie. M. de Bezons, intendant de Bordeaux, se plaint que le commerce de Clérac et de Nérac ne subsiste presque plus. M. de Miroménil, intendant de Touraine, dit que le commerce de Tours est diminué de dix millions par année; et tout cela par la persécution. (Voyez les mémoires des intendants en 1698.) Comptez surtout le nombre des officiers de terre et de mer, et des matelots, qui ont été obligés d'aller servir contre la France, et souvent avec un funeste avantage, et voyez si l'intolérance n'a pas causé quelque mal à l'État.

« On n'a pas ici la témérité de proposer des vues à des ministres dont on connaît le génie et les grands sentiments, et dont le cœur est aussi noble que la naissance : ils verront assez que le rétablissement de la marine demande quelque indulgence pour les habitants de nos côtes. » *(Note de Voltaire.)*

P. 586

1. L'abbé de Malvaux, qui publia en 1762 l'*Accord de la religion et de l'humanité sur l'intolérance* ; cf. chap. XXIV du présent *Traité, Post-scriptum.*

P. 587

1. « *Quaeve anus tam excors inveniri potest, quae illa, quae quondam credebantur, apud inferos portenta extimescat.* » (*De Natura deorum*, l. II, chap. II.)

P. 588

1. « Chap. XXI et XXIV. » *(Note de Voltaire.)*
2. « *Actes*, XXV, 16. » *(Note de Voltaire.)*
3. « *Ibid.*, XXVI, 24. » *(Note de Voltaire.)*

P. 589

1. « Quoique les Juifs n'eussent pas le droit du glaive depuis qu'Archélaüs avait été relégué chez les Allobroges, et que la Judée était gouvernée en province de l'Empire, cependant les Romains fermaient souvent les yeux quand les Juifs exerçaient le jugement du zèle, c'est-à-dire quand, dans une émeute subite, ils lapidaient par zèle celui qu'ils croyaient avoir blasphémé. » *(Note de Voltaire.)*
2. *Actes*, VII, 57.
3. ULPIANUS, *Digest.*, l. I, tit. II : « *Eis qui judaïcam superstitionem sequuntur honores adipisci permiserunt, etc.* » *(Note de Voltaire.)*

P. 591

1. « Il n'y a qu'à ouvrir Virgile pour voir que les Romains reconnaissaient un Dieu suprême, souverain de tous les êtres célestes.

... O ! qui res hominum deumque
Aeternis regis imperiis, et fulmine terres.
(*Aen.*, I, 233-234.)

O pater, o hominum divumque aeterna potestas, etc.
(*Aen.*, X, 18.)

Horace s'exprime bien plus fortement :

Unde nil majus generatur ipso,
Nec viget quidquam simile, aut secundum.
(Lib. I, od. XII, 17-18.)

« On ne chantait autre chose que l'unité de Dieu dans les mystères auxquels presque tous les Romains étaient initiés. Voyez le bel hymne d'Orphée; lisez la lettre de Maxime de Madaure à saint Augustin, dans laquelle il dit « qu'il n'y a que des imbéciles qui « puissent ne pas reconnaître un Dieu souverain ». Longinien étant païen écrit au même saint Augustin que Dieu « est unique, incom- « préhensible, ineffable »; Lactance, lui-même, qu'on ne peut accuser d'être trop indulgent, avoue, dans son livre V (*Divin. Institut.*, chap. III), que « les Romains soumettent tous les dieux au Dieu « suprême; *illos subjicit et mancipat Deo* ». Tertullien même, dans son

Apologétique (chap. XXIV), avoue que tout l'Empire reconnaissait un Dieu, maître du monde, dont la puissance et la majesté sont infinies, *principem mundi, perfectae potentiae et majestatis.* Ouvrez surtout Platon, le maître de Cicéron dans la philosophie, vous y verrez « qu'il n'y a qu'un Dieu; qu'il faut l'adorer, l'aimer, « travailler à lui ressembler par la sainteté et par la justice ». Épictète dans les fers, Marc Antoine sur le trône, disent la même chose en cent endroits. » *(Note de Voltaire.)*

2. *Apologétique,* chap. XXIX.

P. 592

1. *Apologétique,* chap. XXV.
2. *Ibid.,* chap. III.
3. Dans son *De paucitate martyrum,* ouvrage réfuté par dom Ruinart.

P. 595

1. « *Histoire ecclésiastique,* l. VIII. » *(Note de Voltaire.)*

P. 596

1. RUINART (Dom Thierry), *Acta primorum martyrum sincera...,* Paris, 1689.

P. 597

1. *Daniel,* III.

P. 599

1. Un arrêt venait d'être rendu contre l'inoculation par le parlement de Paris, le 8 juin 1763, mais la pratique s'en répandait malgré tout.

P. 601

1. « Voyez l'excellente lettre de Locke sur la tolérance. » *(Note de Voltaire.)*

P. 602

1. *Jean,* XIV, 28.

P. 603

1. *Galates,* II, 14.

P. 604

1. *Matthieu,* I, 17.
2. *Luc,* III, 23-31.

P. 605

1. *Exode,* XII, 8.
2. *Ibid.,* XII, 11.

3. La Pâque juive.
4. *Lévitique,* XIII, 23.
5. *Ibid.,* XVI, 22.
6. *Deutéronome,* XIV.

P. 606

1. *Amos,* V, 26.
2. *Jérémie,* VII, 22.
3. *Act.,* VII, 42-43.
4. *Deutér.,* XII, 8.
5. *Josué,* XXIV, 15 sq.

P. 607

1. *Nombres,* XXI, 9.
2. *II Chroniques,* IV.
3. *I Rois,* XII, 28.
4. *Ibid.*
5. *III Rois,* XV, 14; XXII, 44.
6. *IV Rois,* XVI.
7. *III Rois,* XVIII, 38 et 40.
8. *IV Rois,* II, 24.
9. *Nombres,* XXXI.
10. « Madian n'était point compris dans la terre promise : c'est un petit canton de l'Idumée, dans l'Arabie Pétrée; il commence vers le septentrion au torrent d'Arnon, et finit au torrent de Zared, au milieu des rochers, et sur le rivage oriental du lac Asphaltite. Ce pays est habité aujourd'hui par une petite horde d'Arabes : il peut avoir huit lieues ou environ de long, et un peu moins en largeur. » *(Note de Voltaire.)*
11. *Nombres,* XXXI, 32 sq.
12. *Nombres,* XXXI, 40.

P. 608

1. *Ézéchiel,* XXXIX, 20, 18.
2. *Juges,* XI, 24.
3. *Ibid.,* XVII, verset dernier.

P. 610

1. *IV Rois,* V, 18 et 19.
2. *Jérémie,* XXVII, 6.
3. *Ibid.,* XXVII, 17.
4. *Isaïe,* XLIV et XLV.

P. 611

1. *Malachie,* I, II.
2. *Exode,* XX, 5.
3. *Deutér.,* V, 16.
4. *Ibid.,* XXVIII.

P. 612

1. *Ézéchiel,* XVIII, 20.
2. *Ibid.,* XX, 25.
3. « Le sentiment d'Ézéchiel prévalut enfin dans la synagogue; mais il y eut des Juifs qui, en croyant aux peines éternelles, croyaient aussi que Dieu poursuivait sur les enfants les iniquités des pères : aujourd'hui ils sont punis par-delà la cinquantième génération, et ont encore les peines éternelles à craindre. On demande comment les descendants des Juifs, qui n'étaient pas complices de la mort de Jésus-Christ, ceux qui étant dans Jérusalem n'y eurent aucune part, et ceux qui étaient répandus sur le reste de la terre, peuvent être temporellement punis dans leurs enfants, aussi innocents que leurs pères. Cette punition temporelle, ou plutôt cette manière d'exister différente des autres peuples, et de faire le commerce sans avoir de patrie, peut n'être point regardée comme un châtiment en comparaison des peines éternelles qu'ils s'attirent par leur incrédulité, et qu'ils peuvent éviter par une conversion sincère. » *(Note de Voltaire.)*
4. « Le dogme de la fatalité est ancien et universel : vous le trouvez toujours dans Homère. Jupiter voudrait sauver la vie à son fils Sarpédon; mais le destin l'a condamné à la mort : Jupiter ne peut qu'obéir. Le destin était, chez les philosophes, ou l'enchaînement nécessaire des causes et des effets nécessairement produits par la nature, ou ce même enchaînement ordonné par la Providence : ce qui est bien plus raisonnable. Tout le système de la fatalité est contenu dans ce vers d'Annaeus Sénèque [ép. CVII] :

Ducunt volentem fata, nolentem trahunt.

« On est toujours convenu que Dieu gouvernait l'univers par des lois éternelles, universelles, immuables : cette vérité fut la source de toutes ces disputes inintelligibles sur la liberté, jusqu'à ce que le sage Locke soit venu : il a prouvé que la liberté est le pouvoir d'agir. Dieu donne ce pouvoir; et l'homme, agissant librement selon les ordres éternels de Dieu, est une des roues de la grande machine du monde. Toute l'antiquité disputa sur la liberté; mais personne ne persécuta sur ce sujet jusqu'à nos jours. Quelle horreur absurde d'avoir emprisonné un Arnauld, un Sacy, un Nicole, et tant d'autres qui ont été la lumière de la France! » *(Note de Voltaire.)*

5. « Le roman théologique de la métempsycose vient de l'Inde dont nous avons reçu beaucoup plus de fables qu'on ne croit communément. Ce dogme est expliqué dans l'admirable quinzième livre des *Métamorphoses* d'Ovide. Il a été reçu presque dans toute la terre; il a toujours été combattu; mais nous ne voyons point qu'aucun prêtre de l'antiquité ait jamais fait donner une lettre de cachet à un disciple de Pythagore. » *(Note de Voltaire.)*
6. « Ni les anciens Juifs, ni les Égyptiens, ni les Grecs leurs contemporains, ne croyaient que l'âme de l'homme allât dans le ciel après sa mort. Les Juifs pensaient que la lune et le soleil étaient à

quelques lieues au-dessus de nous, dans le même cercle, et que le firmament était une voûte épaisse et solide, qui soutenait le poids des eaux, lesquelles s'échappaient par quelques ouvertures. Le palais des dieux, chez les anciens Grecs, était sur le mont Olympe. La demeure des héros après la mort était, du temps d'Homère, dans une île au-delà de l'océan, et c'était l'opinion des esséniens.

« Depuis Homère, on assigna des planètes aux dieux, mais il n'y avait pas plus de raison aux hommes de placer un dieu dans la lune qu'aux habitants de la lune de mettre un dieu dans la planète de la terre. Junon et Iris n'eurent d'autres palais que les nuées; il n'y avait pas là où reposer son pied. Chez les sabéens, chaque dieu eut son étoile; mais une étoile étant un soleil, il n'y a pas moyen d'habiter là, à moins d'être de la nature du feu. C'est donc une question fort inutile de demander ce que les anciens pensaient du ciel : la meilleure réponse est qu'ils ne pensaient pas. » *(Note de Voltaire.)*

P. 613

1. *Matthieu,* XXII, 4.

P. 614

1. *Luc,* XIV.
2. Verset 23.
3. *Luc,* XIV, 12.
4. *Ibid.,* XIV, 26.

P. 615

1. *Matthieu,* XVIII, 17.
2. *Ibid.,* XXI, 19.
3. *Marc,* XI, 13.

P. 616

1. *Luc,* XV.
2. *Matthieu,* XX.
3. *Luc,* X.
4. *Matthieu,* IX, 15.
5. *Luc,* VII, 48.
6. *Jean,* VIII, 11.
7. *Jean,* II, 9.
8. *Matthieu,* XXVI, 52; *Jean,* XVIII, 11.
9. *Luc,* IX, 55.
10. *Luc,* XXIII, 34.
11. *Luc,* XXII, 44.

P. 617

1. *Matthieu,* XXIII.
2. *Ibid.,* XXVI, 59.
3. *Ibid.,* XXVI, 61.
4. *Ibid.,* XXVI, 63.

5. « Il était en effet très difficile aux Juifs, pour ne pas dire impossible, de comprendre, sans une révélation particulière, ce mystère ineffable de l'incarnation du fils de Dieu, Dieu lui-même. La *Genèse* (chap. VI) appelle *fils de Dieu* les fils des hommes puissants; de même, les grands cèdres, dans les psaumes [LXXIX, II], sont appelés *cèdres de Dieu ;* la mélancolie de Saül, *mélancolie de Dieu.* Cependant, il paraît que les Juifs entendirent à la lettre que Jésus se dit fils de Dieu dans le sens propre; mais s'ils regardèrent ces mots comme un blasphème, c'est peut-être encore une preuve de l'ignorance où ils étaient du mystère de l'incarnation, et de Dieu, fils de Dieu, envoyé sur la terre pour le salut des hommes. » *(Note de Voltaire.)*

P. 618

1. *Matthieu,* XXVI, 64.
2. *Actes,* XXV, 16.

P. 621

1. *Jean,* XIV, 28.
2. La Rochefoucauld, maxime 223.

P. 623

1. Note de Voltaire, ajoutée en 1771 :

« Lorsqu'on écrivait ainsi en 1762, l'ordre des jésuites n'était pas aboli en France. S'ils avaient été malheureux, l'auteur les aurait assurément respectés. Mais qu'on se souvienne à jamais qu'ils n'ont été persécutés que parce qu'ils avaient été persécuteurs; et que leur exemple fasse trembler ceux qui, étant plus intolérants que les jésuites, voudraient opprimer un jour leurs concitoyens qui n'embrasseraient pas leurs opinions dures et absurdes. »

P. 625

1. Ravaillac.

P. 627

1. *Act.,* V, 29.

P. 632

1. Saint-Marceau.
2. *I Cor.,* XV, 36.

P. 636

1. Noms vraisemblablement altérés : on a proposé, pour *Gomarus* et *Gemelinus : Gomez* et *Geminianus.*

P. 637

1. *Luc,* X, 27.

P. 639

1. L'abbé Malvaux.

P. 640

1. De l'abbé Caveyrac.

P. 641

1. Dans son ouvrage : *Négociations en Hollande,* 6 vol.

P. 646

1. A partir de l'édition de 1765 (t. II des *Nouveaux Mélanges*).

P. 647

1. Le Père La Valette.
2. Par d'Alembert, 1765, in-12.

CATÉCHISME DE L'HONNÊTE HOMME

P. 651

1. Dom Jean-Jacques Rousseau, Ci-Devant Citoyen De Genève. Ce dialogue fut publié séparément à Genève et à Paris en 1763, puis réimprimé dans l'*Évangile de la Raison* (1764), dans le *Recueil nécessaire* (1766) et dans les *Nouveaux Mélanges* de 1768. La cour de Rome le condamna le 8 juillet 1765.

2. Caloyer : moine grec de l'ordre de saint Basile. Étymologiquement : *Kalogeros :* beau ou bon vieillard.

P. 652

1. *Deutéronome,* XXIX, 5.
2. *Josué,* VIII, 32.
3. Les deux dernières phrases de l'alinéa n'apparaissent que dans le *Recueil nécessaire* (1766).

P. 653

1. Même remarque pour cette phrase.
2. *Deutéronome,* XXIII, 12-14.
3. *Exode,* XX, 12.
4. *Nombres,* XXII, 28.
5. Fin de l'alinéa ajoutée dans le *Recueil nécessaire.*
6. *Genèse,* VII, 8-9.

P. 654

1. *Exode,* XXXII, 35, et *Lévitique* VIII, 9.
2. *Josué,* X, 12.

P. 655

1. *Juges,* XIII-XVI.
2. *Jérémie,* XXVII, 2.
3. *Osée,* I, 2 et III, 1.
4. *Isaïe,* XX, 2.
5. *Ézéchiel,* IV, 4 sq.
6. « C'est dans le chapitre XXIII qu'Ézéchiel parle d'Oolla et d'Ooliba; c'est au chapitre XVI, verset 20, qu'il avait parlé de lupanar. » *(Note de Beuchot.)*
7. Le quatrième livre des *Rois,* II, 24, dit quarante-deux.

P. 657

1. *Matthieu,* I, et *Luc,* III.
2. *Matthieu,* II, 2.
3. *Ibid.*, II, 3.
4. *Jean,* XIV, 28.
5. *Matthieu,* XXIV, 36; *Marc,* XIII, 32.

P. 658

1. *Matthieu,* VIII, 32; *Marc,* V, 13.
2. *Jean,* II, 9.
3. *Matthieu,* XXI, 19; *Marc,* XI, 13.
4. *Matthieu,* XIII, 31.
5. *Ibid.*, XIII, 47.
6. *Ibid.*, XXV, 27; *Luc,* XIX, 23.
7. *Luc,* XIV, 21.
8. *Matthieu,* IX, 17; *Marc,* II, 22; *Luc,* V, 37.
9. *Luc,* V, 39.
10. *Luc,* XXII, 44.
11. *Matthieu,* X, 34-35.

P. 659

1. *Act.*, V, 1-10.

P. 660

1. *Jean,* II, 4.
2. *Ire aux Thess.*, IV, 14-16.

P. 662

1. *Deutéronome,* XIV, 7.

P. 663

1. *Matthieu,* XIX, 19; XXII, 39; *Marc,* XII, 31; *Luc,* X, 27.
2. Poltrot de Méré assassina François de Guise au siège d'Orléans (1563). Balthazar Gérard assassina le duc d'Orange (1584).
3. « Les Italiens de Rome le nommaient *il cardinale simia.* » *(Note de Beuchot.)*

P. 664

1. *Matthieu*, XXIII, 35.
2. FLAVIUS JOSÈPHE, *Guerre des Juifs*, livre IV, chap. XIX.

P. 666

1. *Actes*, V, 29.

LE DOUTEUR ET L'ADORATEUR

P. 671

1. Publié sans date (Bengesco suppose en 1766) avec les *Dernières paroles d'Épictète*, et les *Idées de la Mothe le Vayer*. Le sujet, très voisin du dialogue précédent, peut faire penser que *le Douteur et l'Adorateur* date lui aussi de 1763. L'abbé de Tilladet a effectivement existé; il mourut en 1715.

P. 672

1. Voir *Matthieu*, XXI, 18-19; VIII, 32; XVII, 2; IV, 8; *Marc*, XI, 13; V, 13; IX, 2; *Luc*, IX, 29; IV, 5; *Jean*, II, 9.

P. 673

1. *Trinus*, triple : le dogme de la Trinité fut rejeté par les ariens, puis par les sociniens.

P. 678

1. *Trullum* : dôme. C'était la salle du palais des empereurs byzantins, où eurent lieu deux conciles à la fin du VIIe siècle.

DIALOGUE DU CHAPON ET DE LA POULARDE

P. 679

1. Écrit en 1763, selon Decroix. Paraît en 1765 dans les *Nouveaux Mélanges*.

P. 682

1. Porphyre (233-304). Néo-platonicien, auteur d'un *Traité de l'abstinence de la chair des animaux*, traduit en 1747 par Lévesque de Burigny.

DISCOURS AUX WELCHES

P. 685

1. Fait partie de l'ouvrage intitulé *Contes de Guillaume Vadé*, dont Bachaumont parle dans ses *Mémoires secrets* à la date du 5 mai 1764. On peut donc le dater de mars ou d'avril 1764. Les réfutations ne se

firent pas attendre : on trouve dans le *Mercure* de septembre 1764 une *Réponse d'un Français à la harangue d'Antoine Vadé aux Welches,* dans celui de décembre 1764 une *Lettre de mademoiselle Reydellet à M. de La Place, auteur du Mercure, sur le Discours aux Welches, contenant l'apologie des Français.* Une note de Voltaire, au début du discours sur les citoyens de Saint-Claude qui étaient, selon lui, « encore mainmortables », provoqua une intervention assez vive du P. Joseph-Romain Joly, dans l'*Année littéraire* de 1764 sous le nom de : *Lettre du fils d'un bourgeois de Saint-Claude à M. Fréron, au sujet d'une note injurieuse à cette ville insérée par M. de Voltaire en son Discours aux Welches.*

2. Welch en anglais signifie *gallois.*

3. SIDONIUS APOLLINARIS, XII, 7.

4. « A Saint-Claude et dans d'autres seigneuries de moines, les citoyens sont encore gens de mainmorte. » *(Note de Voltaire.)*

5. « Clovis. » *(Note de Voltaire.)*

P. 687

1. François Ier.

P. 689

1. Cassini.

P. 691

1. Fameuse marchande de modes qui avait sa boutique près de l'Opéra.

P. 692

1. Dans sa requête *A Messieurs les Parisiens.* Il s'agit de Voltaire.

P. 694

1. Dans sa *Lettre de l'origine des romans* (1678), p. 147.

2. D'Outreman.

P. 695

1. *Énéide,* IV, 690-692.

2. *Ibid.,* IV, 625-629.

P. 697

1. Voltaire sait parfaitement qu'ils se trouvent dans la *Didon* de Lefrane de Pompignan (V, 4).

P. 701

1. Les *Enluminures du fameux almanach des jésuites,* poème en vers libres, de Louis-Isaac Lemaistre de Sacy, qui était le frère du Lemaistre des *Plaidoyers.*

2. Épigrammes ou chansons contre Chamillard, contrôleur des finances sous Louis XIV.

P. 702

1. Le *Supplément* eSt de mai 1764.
2. N'exiSte évidemment pas.

P. 704

1. Pierre Poissonnier des Perrières (1720-1798).

P. 705

1. Thomas Laffichard (1698-1753), auteur famélique dont Voltaire a utilisé le nom dans sa satire du *Temps présent* (1775).

P. 707

1. Panckoucke désavoua cette lettre; cf. *Année littéraire,* 1764, t. VI, p. 62 : « On vient d'imprimer et de publier une lettre adressée à M. de Voltaire, qu'on m'attribue, avec une réponse de cet illuStre écrivain. Je déclare que je ne suis pas l'auteur de cette lettre telle qu'elle eSt. J'en appelle au propre témoignage de M. de Voltaire, qui *certainement n'a aucune part à cette publication.* »

P. 708

1. En réalité Cortial.

CONFORMEZ-VOUS AUX TEMPS

P. 709

1. Opuscule de décembre 1764 : il paraît pour la première fois dans le 3e volume des *Nouveaux Mélanges,* en 1765.
2. Personnage fictif.
3. Le jésuite était mort en 1757. On publia en 1763 un ouvrage intitulé *Esprit, saillies et singularités du père CaStel.*

P. 711

1. Le parlement de Paris.
2. La première pierre de l'église Sainte-Geneviève fut posée par Louis XV le 6 septembre 1764.

P. 712

1. Théologien et évêque de Poitiers (XIIe siècle).

DE L'HORRIBLE DANGER DE LA LECTURE

P. 713

1. Même date et même édition originale que le précédent : La date de l'hégire, qui termine l'écrit, ne peut nous renseigner : elle donne le 23 juillet 1730.

2. La France, soumise à la domination romaine.

3. Effectivement, l'imprimerie fut introduite en Turquie en 1726 par Saïd Effendi, secrétaire d'ambassade, et plus tard lui-même ambassadeur à Paris.

P. 714

1. Van Swieten, premier médecin à Vienne de l'impératrice reine, qui détestait l'inoculation, la philosophie, et les ouvrages de Voltaire (1700-1772).

2. Charles-Joseph-Emmanuel, fils de l'empereur Étienne-François (1745-1761); Jeanne-Gabrielle-Joséphine (1750-1762); Marie-Christine, née et morte le 22 novembre 1763, et Marie-Élisabeth de Parme, femme du futur Joseph II, morte de la petite vérole le 27 novembre 1763.

SENTIMENT DES CITOYENS

P. 715

1. « L'*Émile* de J.-J. Rousseau avait été brûlé à Genève, et son auteur décrété le 18 juin 1762. Rousseau espéra longtemps que quelques compatriotes élèveraient la voix en sa faveur. Après avoir attendu environ un an, il abdiqua le 12 mai 1763 son droit de bourgeoisie. Ce fut alors que parurent, au nom de quelques Genevois, des *Représentations* qui furent imprimées, en 1763, avec les Réponses du conseil. Ce fut l'origine des *Lettres écrites de la campagne* (par J.-R. Tronchin, né en 1711, mort en 1793, procureur général du conseil des deux-cents, et cousin du célèbre médecin), publiées dès novembre 1764, sous la date de 1765, in-8°, qui firent naître les *Lettres écrites de la montagne,* par J.-J. Rousseau, 1764, deux parties in-8°. C'est contre ces dernières lettres que fut composé le *Sentiment des citoyens,* qui parut en décembre 1764, puisque Rousseau en parle dans sa lettre à du Peyrou, du 31 décembre de cette année. J.-J. Rousseau, dès le 6 janvier 1765, en envoya un exemplaire à Duchesne, son libraire de Paris, en le priant de les réimprimer. Il croyait que l'opuscule était de J. Vernes, et avait ajouté à sa réimpression une lettre et des notes. Vernes ayant désavoué l'écrit, Rousseau fit supprimer son édition, et elle est assez rare aujourd'hui. Il l'avait intitulée *Réponse aux lettres écrites de la montagne,* publiée à Genève sous ce titre : *Sentiment des citoyens...* » *(Avertissement de Beuchot.)*

2. « Je ne fus chassé du canton de Berne qu'un mois après le décret de Genève. » *(J.-J. Rousseau.)*

P. 716

1. *Lettres écrites de la montagne,* 1re partie, lettre I.

2. « Il paraît que l'auteur de cette pièce pourrait mieux répondre

que personne à sa question. Je prie le lecteur de ne pas manquer de consulter, dans l'endroit qu'il cite, ce qui précède et ce qui suit. » *(J.-J. R.)*

P. 717

1. 1re partie, lettre II.
2. *Ibid.*
3. « Je veux faire avec simplicité la déclaration que semble exiger de moi cet article. Jamais aucune maladie de celles dont parle ici l'auteur, ni petite, ni grande, n'a souillé mon corps. Celle dont je suis affligé n'y a pas le moindre rapport; elle est née avec moi, comme le savent les personnes encore vivantes qui ont pris soin de mon enfance. Cette maladie est connue de MM. Malouin, Morant, Thierry, Daran, le frère Côme. S'il s'y trouve la moindre marque de débauche, je les prie de me confondre et de me faire honte de ma devise. La personne sage et généralement estimée qui me soigne dans mes maux et me console dans mes afflictions n'est malheureuse que parce qu'elle partage le sort d'un homme fort malheureux; sa mère est actuellement pleine de vie et en bonne santé malgré sa vieillesse. Je n'ai jamais exposé ni fait exposer aucun enfant à la porte d'aucun hôpital ni ailleurs.

« Une personne qui aurait eu la charité dont on parle aurait eu celle d'en garder le secret, et chacun sent que ce n'est pas de Genève, où je n'ai point vécu, et d'où tant d'animosité se répand contre moi, qu'on doit attendre des informations fidèles sur ma conduite. Je n'ajouterai rien sur ce passage, sinon qu'au meurtre près j'aimerais mieux avoir fait ce dont son auteur m'accuse que d'en avoir écrit un pareil. » *(J.-J. R.)*

4. « Je crois devoir avertir le public que le théologien qui a écrit la lettre dont j'ai donné un extrait n'est ni ne fut jamais mon ami; que je ne l'ai vu qu'une fois en ma vie, et qu'il n'a pas la moindre chose à démêler ni en bien ni en mal avec les ministres de Genève. Cet avertissement m'a paru nécessaire pour prévenir les téméraires applications. » *(J.-J. R.)*

P. 718

1. « Tout le monde accordera, je pense, à l'auteur de cette pièce que lui et moi n'avons pas plus eu la même éducation que nous n'avons la même religion. » *(J.-J. R.)*
2. « On peut voir dans ma conduite les douloureux sacrifices que j'ai faits pour ne pas troubler la paix de ma patrie; et, dans mon ouvrage, avec quelle force j'exhorte les citoyens à ne la troubler jamais, à quelque extrémité qu'on les réduise. » *(J.-J. R.)*
3. 2e partie, lettre IX.
4. 2e partie, lettre VII.

CONVERSATION DE LUCIEN, ÉRASME ET RABELAIS

P. 719

1. Publiée dans les *Nouveaux Mélanges,* en 1765

P. 722

1. Le cardinal Odet de Châtillon, à qui Rabelais dédia son IVe livre.

P. 725

1. *Gargantua,* chap. XIII.

DES PAÏENS ET DES SOUS-FERMIERS

P. 727

1. Même première édition que le précédent.
2. « Oui, ajouta le marquis de Souvré, ils soutiennent l'État comme la corde soutient le pendu. »
3. *Matthieu,* XVIII, 17.

LES ANCIENS ET LES MODERNES

P. 731

1. Paraît dans les *Nouveaux Mélanges* de 1765. Voltaire le mentionne dans une lettre à Damilaville, le 6 janvier 1766. Mme de Pompadour était morte le 14 avril 1764. L'opéra de *Castor et Pollux,* de Rameau, avait été créé en 1737 et repris en 1753.

P. 732

1. Crébillon, auteur de *Catilina* (1748), avait été protégé par Mme de Pompadour contre Voltaire.

P. 737

1. Alexandre Spina, dominicain de Pise.
2. Berthold Schwarz, franciscain de Fribourg.

LES DERNIÈRES PAROLES D'ÉPICTÈTE
A SON FILS

P. 739

1. Dialogue imprimé pour la première fois dans le *Recueil nécessaire,* en 1765.

« On ne sait si Épictère eut un fils; mais il prit chez lui le fils d'un de ses amis mort dans le besoin. » *(Note de Beuchot.)*

P. 740

1. *Actes, V,* 1-10.

P. 742

1. *Matthieu,* XIX, 24; V, 3; XVIII, 17; X, 34-38; XXII, 13.
2. L'État dans l'État. Allusion aux menaces d'empiètement du spirituel sur le temporel.

MANDEMENT
DU RÉVÉRENDISSIME PÈRE EN DIEU ALEXIS

P. 743

1. Composé en octobre 1765, ce mandement est une réplique aux *Actes de l'assemblée générale du clergé de France,* parus le mois précédent, et qui contenaient notamment une *condamnation de plusieurs livres contre la religion* (entre autres l'*Essai sur l'histoire générale,* le *Dictionnaire philosophique,* la *Philosophie de l'histoire* de Voltaire) et une *Déclaration sur la Constitution* Unigenitus. Un arrêt du parlement de Paris avait aussitôt ordonné la suppression des *Actes du clergé.*
2. La formule exacte, correspondant au « 12 octobre des Franks », comme le dit Voltaire en note, serait : *Deutera tou pyanepsiônos.*
3. « Les Franks se servent du subjonctif au lieu de l'imparfait de l'indicatif; c'est l'ancien vice d'une langue barbare, vice conservé dans les chancelleries et cours des plaids; vice que les académies du pays des Franks n'ont pu encore déraciner. » *(Note de Voltaire.)*
4. « Il faut remarquer que les évêques sont nommés avant les rois et que le mot *sacrée* n'est ici que pour eux, et non pas pour les rois, qui cependant sont très sacrés. » *(Note de Voltaire.)*

P. 747

1. Le cardinal Bentivoglio.

PETIT COMMENTAIRE
SUR L'ÉLOGE DU DAUPHIN DE FRANCE

P. 751

1. Louis, dauphin, fils de Louis XV, mourut à Fontainebleau le 20 décembre 1765 à trente-six ans. A-L. Thomas (1732-1785) fit un *Éloge de Louis, dauphin de France* qui parut à la fin de mars 1766, et le *Petit Commentaire* de Voltaire le suivit de très près (voir la lettre de Voltaire à Damilaville du 13 avril) : ce n'était pas une critique, et Thomas reçut en présent, au mois de mai, les *Œuvres* de l'auteur.

P. 752

1. Le Tellier et Doucin.

P. 754

1. C'est Helvétius, dans son ouvrage *De l'Esprit,* I, 1.
2. Abraham-Joseph Chaumeix, auteur des *Préjugés légitimes contre l'Encyclopédie.*

RELATION
DE LA MORT DU CHEVALIER DE LA BARRE

P. 755

1. La première édition de ce pamphlet paraît le 15 juillet 1766. Elle fut reproduite, en 1769, dans le tome Ier des *Choses utiles et agréables.*

Le 1er juillet 1766, le chevalier de La Barre est exécuté à Abbeville. Son corps est ensuite livré aux flammes, en même temps, selon les termes du jugement, que le *Dictionnaire philosophique* de Voltaire !

Les amis du philosophe n'eurent pas de mal à le faire tenir tranquille. Il avait du reste très peur lui-même et songea un moment à se retirer à Clèves, dans les États de Frédéric II. Malgré tous ses efforts, et un nouveau libelle, le *Cri du sang innocent* (1775), Voltaire n'arrivera pas à obtenir la réhabilitation du jeune chevalier, non plus que la révision du procès de son compagnon d'Étallonde, condamné par contumace et recueilli un certain temps à Ferney.

P. 756

1. Mme de Brou, abbesse de Willencourt.

P. 757

1. Louis-François-Gabriel de La Mothe.

P. 759

1. *Pantagruel,* l. III, chap. XXVI.

P. 764

1. Omer Joly de Fleury.
2. Le P. Bocquet.

P. 765

1. *Réflexions et Maximes,* n° 164.

COMMENTAIRE
SUR LE LIVRE DES DÉLITS ET DES PEINES

P. 769

1. Une lettre de Voltaire à Damilaville du 28 juillet 1766 fait allusion à ce *Commentaire,* mais il ne fut probablement publié qu'en septembre; c'est le 13 de ce mois que Voltaire l'envoie aux d'Argental.

Le livre *Des Délits et des Peines,* écrit en italien par le marquis de Beccaria, avait été, en 1766, traduit en français par l'abbé Morellet.

P. 772

1. SAINT JÉRÔME, *De Viris Illustribus,* chap. CXXI.

P. 773

1. « Voyez *Histoire de l'Église.* » *(Note de Voltaire.)*

P. 776

1. *Exode,* XX, 7.
2. Variante dans l'édition originale :

Or, quel rapport le parjure peut-il avoir avec ces mots cabo de dios, cadédis, sangbleu, ventrebleu, corpo de dio ?

P. 777

1. « Titre XIII, *Ad legem Juliam.* » *(Note de Voltaire.)*

P. 778

1. *Esprit des lois,* XII, 4.

P. 779

1. « *Bene ac sapienter, patres conscripti, majores instituerunt, ut rerum agendarum, ita dicendi initium a precationibus capere,* etc. PLINE LE JEUNE, *Panégyrique de Trajan,* chap. I. » *(Note de Voltaire.)*

P. 780

1. *Matthieu,* XVIII, 17.
2. « *Deutéronome,* chap. XIII. » *(Note de Voltaire.)*

P. 781

1. Paul Ferry, pasteur protestant (1591-1669).

P. 782

1. « Jacob Spon, et Gui Vances. » *(Note de Voltaire.)*
2. Nicolas Antoine fut condamné à mort et exécuté le 20 avril 1632.
3. Né en 1596, mort en 1676.

P. 783

1. 1607-1670.

P. 786

1. « Bodin, *De republica,* livre III, v. » *(Note de Voltaire.)*
2. M. de Machault, surnommé *coupe-tête* à cause de la sévérité dont il avait fait preuve dans ses commissions de magistrature.

P. 787

1. « L'auteur de *l'Esprit des Lois,* qui a semé tant de belles vérités dans son ouvrage, paraît s'être cruellement trompé quand, pour étayer son principe que le sentiment vague de l'honneur est le fondement des monarchies, et que la vertu est le fondement des républiques, il dit des Chinois (viii, 21) : " J'ignore ce que c'est que cet honneur chez des peuples à qui l'on ne fait rien faire qu'à coups de bâton. " Certainement, de ce qu'on écarte la populace avec le pantsé, et de ce qu'on donne des coups de pantsé aux gueux insolents et fripons, il ne s'ensuit pas que la Chine ne soit gouvernée par des tribunaux qui veillent les uns sur les autres, et que ce ne soit une excellente forme de gouvernement. » *(Note de Voltaire.)*

P. 790

1. *Actes des apôtres,* v, 29.

P. 791

1. En 1483.

P. 794

1. Appelé par d'autres Jaureguy.

P. 795

1. « La constitution de Grégoire XV est du 30 août 1622; voyez les *Mémoires ecclésiastiques* du jésuite d'Avrigny, si mieux n'aimez consulter le Bullaire. » *(Note de Voltaire.)*

P. 798

1. « Il fut imprimé in-12 à Paris chez Toussaint Dubray, en 1609, avec privilège du roi; il doit être dans la bibliothèque de Sa Majesté. » *(Note de Voltaire.)*

P. 799

1. « *Leg. I,* Cod. lib. IX, tit. L. *De Bonis eorum qui sibi mortem,* etc. » *(Note de Voltaire.)*

2. « *Leg. IV,* § 2, lib. XLVIII, tit. VIII. *Ad legem Corneliam de sicariis.* » *(Note de Voltaire.)*

P. 800

1. « Voyez l'édit de 1724, 14 mai, publié à la sollicitation du cardinal de Fleury, revu par lui. » *(Note de Voltaire.)*

P. 801

1. « *Journal du Palais,* t. I, 444. » *(Note de Voltaire.)*

2. *II Rois,* XVI, 4.

P. 805

1. « *Et, si besoin est, confrontez,* dit l'ordonnance de 1670, titre XV, article 1er. » *(Note de Voltaire.)*

P. 807

1. « Voyez sur cela le président Bouhier. » *(Note de Voltaire.)*

AVIS AU PUBLIC
SUR LES PARRICIDES IMPUTÉS AUX CALAS ET AUX SIRVEN

P. 809

1. Cet avis est mentionné à la date du 15 septembre 1766 par les *Mémoires secrets.*

La relation que fait Voltaire de l'affaire Sirven est en gros exacte; mais il est juste de noter qu'Élisabeth Sirven avait déjà l'esprit assez dérangé avant son entrée au couvent. Son cadavre fut découvert dans un puits de Mazamet le 4 janvier 1762, quinze jours après sa disparition. Le procureur Trinquier, après une enquête tendancieuse, décrétait de prise de corps, quelque dix jours après, Sirven, sa femme, et ses deux filles. Effrayés par l'antécédent de l'affaire Calas, les Sirven se dispersèrent dans les montagnes autour de Castres et, après bien des péripéties, gagnèrent séparément la Suisse par des voies détournées pour se retrouver enfin à Lausanne. Le 29 mars 1764, Sirven et sa femme sont déclarés « dûment atteints et convaincus du crime de parricide » et condamnés à être pendus. Les deux sœurs, reconnues complices, étaient bannies à perpétuité.

Voltaire se mit à l'œuvre. Il lui faudra sept ans pour obtenir gain de cause...

2. Exactement le 6 mars 1760.

P. 812

1. *I Cor.*, xv, 36.

P. 813

1. Jacques Clément.

P. 814

1. *Discours des sorciers, tiré de quelque procès, avec une instruction pour un juge en fait de sorcellerie* (1603).

P. 816

1. Damiens.
2. L'abbé de Caveyrac.

P. 817

1. « Ruchat, t. Ier, pp. 2, 4, 5, 6 et 7; Roset, t. III, p. 13; Savion, t. III, p. 126; Chouet, p. 26, avec les preuves du procès. » *(Note de Voltaire.)*

P. 818

1. Le 17 mai.

P. 826

1. *Matthieu,* xviii, 17.
2. En décembre 1740.

P. 827

1. « Cicéron, *De Divinatione,* II, 72. » *(Note de Voltaire.)*
2. « *Sixième sermon.* » *(Note de Voltaire.)*

P. 828

1. *Poème sur la loi naturelle,* IIIe partie.

P. 829

1. Calvin; Luther.

LETTRE AU DOCTEUR PANSOPHE

LETTRE DE M. DE VOLTAIRE A M. HUME

P. 831

1. La brochure de 44 pages in-12, parue en novembre 1766 et intitulée *le Docteur Pansophe,* ou *Lettres de M. de Voltaire,* qui contenait aussi la lettre de Voltaire à Hume, doit être attribuée selon nous à Voltaire, malgré ses dénégations répétées. Les contemporains,

Marmontel, Grimm, Fréron, ne s'y sont pas trompés, et Rousseau moins que les autres, qui écrit à Hume :

« Dans le même temps... parut une lettre de M. de Voltaire à moi adressée (au docteur Pansophe) avec une traduction anglaise qui renchérit sur l'original. Le noble objet de ce spirituel ouvrage est de m'attirer le mépris et la haine de ceux chez qui je me suis réfugié. »

Quant aux *Notes sur la lettre de Voltaire à M. Hume,* elles sont composées si évidemment pour aggraver, sous couleur de l'expliquer, le texte de la lettre qu'on ne peut que les attribuer aussi à Voltaire, comme le faisait d'ailleurs le *Mercure* de janvier 1767 : « Ces notes ne sont pas plus favorables à M. Rousseau que le texte même, et nous les croyons de la même main. »

P. 841

1. *Exposé succinct de la contestation qui s'est élevée entre M. Hume et M. Rousseau, avec les pièces justificatives,* traduit par Suard.

P. 842

1. *Le Devin de village* et *Narcisse.*

P. 843

1. *Plaideurs,* I, 7.

P. 845

1. *Lettres critiques d'un voyageur anglais.*

P. 850

1. *Les Plagiats de J.-J. Rousseau sur l'éducation,* 1765, in-12, par le bénédictin J.-J. Cajot (1726-1779).

P. 856

1. Horace, *Art poétique,* v. 309.

LE PHILOSOPHE IGNORANT

P. 859

1. Mentionné par Mme du Deffand dans une lettre à Horace Walpole du 4 janvier 1767, l'ouvrage paraît dans le tome VI des *Nouveaux Mélanges.* Il fut vraisemblablement composé à la fin de 1766.
2. De l'abbé Pluche, 1732.

P. 863

1. *Genèse,* IX, 5.

P. 883

1. Théologien français, né en 1603, mort en 1691, auteur de *la Moelle théologique*.

P. 884

1. Malebranche.

P. 885

1. Leibnitz.

P. 887

1. 1617-1688. Auteur du *Vrai système intellectuel de l'univers*.

P. 894

1. *Le Jargon, ou Langage de l'argot réformé* ; la seule édition attestée, sans date, porte le nom de la veuve du Carroy, libraire à Paris vers 1610.

P. 896

1. Auteur en 1697 d'un *Voyage autour du monde* et en 1701 d'un *Voyage à la Nouvelle-Hollande*.

P. 898

1. Auteur d'un *Recueil d'observations curieuses sur les mœurs, les coutumes, les arts et les sciences des différents peuples de l'Asie, de l'Afrique et de l'Amérique* (1749).

P. 908

1. Jansénius.
2. Molina.
3. Jean-Joseph Mouret, musicien attaché au service de la duchesse du Maine (1682-1738).

P. 909

1. Génies des Parsis.

P. 910

1. Goldast de Heiminsfeld, auteur d'une collection des *Constitutions impériales* (1613).

ANDRÉ DESTOUCHES A SIAM

P. 913

1. Paraît en 1767 à la suite du *Philosophe ignorant*. Destouches (1672-1749) était un musicien qui donna en 1697 l'opéra d'*Issé*.
2. *Barcalon :* titre du premier ministre au Siam.

P. 918

1. Dieu des Siamois.
2. *Ézéchiel,* IV, 4-6.
3. *Psaume CXXXVI*, verset 9.

ANECDOTES SUR BÉLISAIRE

P. 921

1. « Par M. l'abbé Mauduit, qui prie qu'on ne le nomme pas. » *(Note de Voltaire.)* Les deux anecdotes paraissent coup sur coup en avril 1767, deux mois après la publication du *Bélisaire* de Marmontel, qui avait été aussitôt censuré par la Sorbonne.

2. « IIIe Homélie sur la première épître de saint Paul aux Corinthiens. » *(Note de Voltaire.)*

3. « Chap. II, 10-14. » *(Note de Voltaire.)*

P. 923

1. Marmontel.
2. Coger.
3. Rédacteur du *Journal chrétien.*

P. 924

1. Adaptation libre de *II Mach.,* IX, 13.
2. *Jean,* XVIII, 14.

P. 926

1. Accusé d'avoir empoisonné Henri VII avec du vin de messe.

2. « Consultez les *Mémoires de l'Estoile,* et vous verrez ce qui arriva en place de Grève à ce pauvre frère Ridicous. » *(Note de Voltaire.)*

P. 928

1. *Pucelle,* chant XVI, 11-14.

P. 929

1. *Amphitryon,* prologue, v. 146-147.

LES QUESTIONS DE ZAPATA

P. 931

1. Attestées par Bachaumont à la date du 30 avril 1767.

P. 932

1. *Deutéronome,* III, 11; *Genèse,* XII, 6.

P. 936

1. *Deutéronome,* XIV, 7

P. 938

1. *Juges,* XI, 24.

P. 940

1. *I Rois,* XXII, 2.

P. 942

1. *Osée,* I, 2.

P. 945

1. *I Thess.,* IV, 17.

P. 947

1. « L'auteur voulait apparemment parler du pape Alexandre VI. » *(Note de Voltaire.)*

LES HONNÊTETÉS LITTÉRAIRES

P. 949

1. Une lettre de d'Alembert en fait mention à la date du 4 mai 1767. Une vingt-septième *honnêteté,* qui figure dans l'édition de Kehl, n'est autre chose que le seizième des *Fragments sur l'histoire générale.*
2. Discours préliminaire d'*Alzire.*

P. 951

1. *Recueil général des pièces concernant le procès entre la demoiselle Cadière et le P. Girard,* La Haye, 1731. En réalité huit volumes in-12.

P. 952

1. En 1733. Les vingt-quatre derniers vers cités par Voltaire (à partir de : « Ne voit-on pas, chez cet atrabilaire ») sont ajoutés après 1760.

P. 953

1. *Réponse à l'Histoire des oracles de M. de Fontenelle,* Strasbourg, 1707.
2. *Ant. Van Dale M. D. de Oraculis ethnicorum dissertationes duae,* Amsterdam, 1683.

P. 954

1. De l'abbé Pluche.

P. 955

1. *L'Espion du grand seigneur,* de J.-P. Marana, né à Gênes, mort en 1693.

P. 958

1. *Lettre écrite au roi par M. l'évêque D. P. sur l'affaire des jésuites,* 1762, in-12.

P. 960

1. Jaucourt.

P. 961

1. L'abbé Yvon, docteur en Sorbonne, collaborateur de l'*Encyclopédie,* mort en 1791.

2. « Ce sont les auteurs du *Journal chrétien ;* ce journal n'étant pas bon, on a dit qu'il était mauvais chrétien. » *(Note de Voltaire.)*

3. Palissot, auteur de la comédie des *Philosophes.*

P. 962

1. Voir *Pucelle,* chant XX, vers 30.

2. *Lettres à un Américain sur l'histoire naturelle de Buffon,* par l'abbé de Lignac, 1751.

P. 965

1. « Voici quelques lignes de la dernière à mon cher Philinte: " Il est impossible qu'il y ait un grand homme parmi nos rois, puisqu'ils sont abrutis et avilis dès le berceau par une foule de scélérats qui les environne, et qui les obsède jusqu'au tombeau. "

« C'est ainsi qu'on parle des ducs de Montausier et de Beauvilliers, des Bossuet et des Fénelon, et de leurs successeurs; cela s'appelle écrire avec noblesse, et soutenir les droits de l'humanité. C'est là le style ferme de la nouvelle éloquence. » *(Note de Voltaire.)*

P. 966

1. Angliviel.

2. Budé de Boissy.

P. 967

1. *La Pucelle,* IX, 302.

P. 968

1. *Ibid.,* 386-402.

P. 969

1. In-4° de huit pages, paru en 1748, qui se moquait de Mme du Châtelet.

P. 970

1. « Voyez comme du temps de Molière on était aussi méchant que du nôtre. » *(Note de Voltaire.)*

P. 971

1. La Fontaine, livre IX, fable xvii, vers 12-13.
2. Horace, *Art poétique,* 248.
3. *Pucelle,* chant second.

P. 981

1. *Variante* de l'édition originale : ... l'aiment aussi. *Ce petit morceau sera utile au public qui se soucie fort peu de tes bévues et de tes querelles, mais qui aime l'histoire. Je tirerai les faits des auteurs contemporains, des actes du procès de Jeanne d'Arc, et de l'histoire très curieuse de l'Orléanais, écrite par M. le marquis de Luchet, qui n'est pas un Nonotte. Paul Jove, ...*
2. Depuis abbé de Villiers, assez mauvais poète.

P. 983

1. Clément XIII.

P. 984

1. « Claude-François (et non Jacques) Nonotte avait 56 ans en 1767. Né en 1711 il est mort en 1793. » *(Note de Beuchot.)*
2. En réalité, l'ouvrage, qui paraîtra cinq ans plus tard, s'intitule *Dictionnaire philosophique de la religion.*

P. 986

1. Lefranc de Pompignan.

P. 987

1. J.-F. de Montillet.
2. *I Cor.,* xiii, 4-5.

P. 989

1. *L'Oracle des nouveaux philosophes, pour servir de suite et d'éclaircissement aux œuvres de M. de Voltaire,* 1759.

P. 990

1. En réalité Vernet, auteur des *Lettres critiques d'un voyageur anglais.*

P. 991

1. *Variante* de l'édition originale : après ces vers de Chapelle, on lisait :

Voici donc le petit morceau de M. Robert Covelle pour égayer un peu cette triste liste des honnêtetés littéraires. Sans enjouement et sans variété, vous ne tenez rien.

Puis on lisait la satire de Voltaire intitulée *Éloge de l'hypocrisie.*

P. 993

1. « C'était dans la guerre de 1689. » *(Note de Voltaire.)*

EXAMEN IMPORTANT DE MILORD BOLINGBROKE

P. 1001

1. Paraît pour la première fois dans le *Recueil nécessaire,* attesté par les *Mémoires secrets* à la date du 7 mai 1767. Voltaire le présente comme datant de la période de Cirey, et dit, dans l'*Avis des éditeurs,* que « ce précis de la doctrine de milord Bolingbroke, recueillie tout entière dans les six volumes de ses *Œuvres posthumes,* fut adressé par lui, peu d'années avant sa mort, à milord Cornsbury ». Bolingbroke étant mort en 1751, l'expression « peu d'années avant sa mort » a conduit M. Wade (*Voltaire and Madame du Châtelet,* p. 151) à supposer que l'*Examen* a été rédigé vers 1746, et que les dix-neuf premiers chapitres, sur l'*Ancien* et le *Nouveau Testament,* qui présentent quelques analogies avec l'*Examen* de Mme du Châtelet, ont vu le jour entre 1736 et 1746. Mais l'œuvre, sous la forme où elle nous est parvenue, a certainement été remaniée par Voltaire, notamment après la parution des *Œuvres posthumes* de Bolingbroke (1754-1755), dont elle semble avoir profité. (Voir R. Pomeau, *la Religion de Voltaire,* pp. 175-176.)

P. 1005

1. « *Deutéronome,* XIV. » *(Note de Voltaire.)*

P. 1008

1. « Lady Blackacre est un personnage extrêmement plaisant dans la comédie du *Plain dealer.* » *(Note de Voltaire, 1767.)*

P. 1010

1. Ouvrage facétieux de Swift.
2. « Cette vie de Moïse a été imprimée à Hambourg, en hébreu et en latin. » *(Note de Voltaire, 1767.)*

P. 1012

1. « La maison des fous à Londres. » *(Note de Voltaire, 1767.)*

P. 1015

1. *Josué,* X, 11, 12, 13.

P. 1016

1. *Juges,* XX, 2.

P. 1017

1. *I Rois,* VIII.

P. 1018

1. *I Rois,* XV, 19.
2. *I Rois,* XXII, 2.

P. 1021

1. « Grub-street est la rue où l'on imprime la plupart des mauvais pamphlets qu'on fait journellement à Londres. » *(Note de Voltaire, 1767.)*
2. *Osée,* IX, 7.
3. *II Paralip.,* XVIII, 23.
4. *Osée,* I, 2.

P. 1022

1. *Ézéchiel,* XXIII.

P. 1024

1. *Isaïe,* XLV, 1.
2. Cf. *Ézechiel,* XXVIII, 12-16.

P. 1031

1. « Bartholomew-fair, où il y a encore des charlatans et des astrologues. » *(Note de Voltaire, 1767.)*
2. *Aux Romains,* II, 25; III, 31; IV, 2.

P. 1033

1. *Actes,* XXII, 3.

P. 1035

1. *Matthieu,* XXIII, 35.
2. *Ibid.,* XVIII, 17.

P. 1041

1. *Isaïe,* VII, 14-20.

P. 1044

1. *Apocalypse,* XXI, 2.

P. 1055

1. Dans le premier livre du poème *Itinerarium,* de Claudius Rutilius Numatianus, Gaulois du ve siècle.

P. 1058

1. Ananias; cf. *Actes des apôtres,* V, 1-10.
2. « *Stromat.,* VI. » *(Note de Voltaire, 1767.)*

P. 1059

1. « *Irénée,* l. II, chap. XXII, édition de Paris, 1710. » *(Note de Voltaire, 1767.)*

2. *Jean,* VIII, 56.
3. *Ibid.,* VIII, 57.

P. 1060

1. « ÉPIPHAN., *Haeres.,* 64, chap. II. » *(Note de Voltaire, 1767.)*
2. *Ire Épître de saint Jean,* vers. 7-8.

P. 1071

1. Alexandre, évêque de Comane.

P. 1073

1. « Cette Hélène, dont on a fait une sainte, était *stabularia,* préposée à l'écurie chez Constance-Chlore, comme l'avouent Eusèbe, Ambroise, Nicéphore, Jérôme. La *Chronique d'Alexandrie* appelle Constantin bâtard; Zosime le certifie; et certainement on n'aurait point fait cet affront à la famille d'un empereur si puissant s'il y avait eu le moindre doute sur sa naissance. » *(Note de Voltaire, 1767.)*

P. 1078

1. *Jean,* XVIII, 11.

P. 1088

1. *Deutéronome,* XVIII, 18.
2. Entre ce chapitre et le précédent, l'édition de 1776 intercale un chapitre intitulé *Du prétendu miracle arrivé sous Julien dans les fondements du temple de Jérusalem,* reproduction d'un morceau paru en 1770 dans les *Questions sur l'Encyclopédie* et intitulé *Des globes du feu.*

P. 1091

1. « Appelons les choses par leur nom. On a poussé le blasphème jusqu'à faire un article de foi que Dieu est venu chier et pisser sur la terre; que nous le mangeons après qu'il a été pendu; que nous le chions et nous le pissons. Et on dispute gravement si c'était la nature divine ou la nature humaine qui chiait ou qui pissait! grand Dieu! » *(Note de Voltaire.)*

P. 1093

1. « Nous appelons *hocus pocus* un tour de gobelets, un tour de gibecière, un escamotage de charlatan. Ce sont deux mots latins abrégés, ou plutôt estropiés, d'après ces paroles de la messe latine : *hoc est corpus meum.* » *(Note de Voltaire.)*

HOMÉLIES

PRONONCÉES A LONDRES EN 1765

P. 1101

1. En réalité, ces *Homélies* paraissent en 1767 dans un petit in-8° de 78 pages et sont données comme une nouveauté par les *Mémoires secrets* de Bachaumont à la date du 10 mai 1767. Il est peu probable que Voltaire ait attendu deux ans pour les imprimer.

P. 1106

1. Posidonius.

P. 1108

1. *Deutéronome,* XXVIII, 20-30.

P. 1111

1. Richelieu.
2. David.
3. *III Rois,* II, 5-6, 8-9.

P. 1115

1. Frédéric II.

P. 1120

1. « En 313. » *(Note de Voltaire.)*

P. 1121

1 et 2. Allusions respectives à Jacques Clément et à Ravaillac.

P. 1128

1. Verset 14.

P. 1129

1. « *Genèse,* II, 17. » *(Note de Voltaire.)*

P. 1130

1. « *Ibid.,* IV, 15. » *(Note de Voltaire.)*

P. 1131

1. « *Ibid.,* VI, 16. » *(Note de Voltaire.)*
2. « *Ibid.,* XI, 4. » *(Note de Voltaire.)*

P. 1132

1. « *Ibid.,* XV, 18. » *(Note de Voltaire.)*

P. 1133

1. « *Ibid.*, XIX, tout entier. » *(Note de Voltaire.)*

P. 1136

1. *III Rois,* XXII, 24.

P. 1138

1. *Jean,* XIII, 34.

P. 1140

1. *Jean,* XVIII, 23.

P. 1142

1. *Matthieu,* XXIII, 24, 25.

LA DÉFENSE DE MON ONCLE

P. 1145

1. Cet opuscule sort de l'officine de Ferney en juillet 1767, presque en même temps que *l'Ingénu* avec lequel il n'est pas sans présenter certaines analogies. Mme Denis, nièce de l'auteur, faisait évidemment un grand usage de l'expression « mon oncle », dont ses lettres sont littéralement truffées. Voltaire, qui s'amusait de cette exagération, commença à parler de lui dans les mêmes termes, devenant ainsi son propre neveu.

Les éditeurs de l'édition de Kehl — essentiellement Decroix — donnent dans un avertissement quelques indications sur les circonstances de la parution de cet opuscule. Voici le texte de cet avertissement :

« La *Philosophie de l'histoire,* qui sert d'introduction à l'*Essai sur les mœurs et l'esprit des nations depuis Charlemagne,* avait d'abord été imprimée sous le nom de l'abbé *Bazin*. Il parut une critique de cet ouvrage, ayant pour titre : *Supplément à la Philosophie de l'histoire*. On suppose que c'est ici le neveu de l'abbé *Bazin* qui répond à cette critique, et venge la mémoire de feu son oncle. »

À ces indications fournies par l'édition de Kehl, Moland ajoute les précisions suivantes dans son introduction à l'*Essai sur les mœurs :*

« Les 53 paragraphes qui forment l'Introduction furent publiés en 1765 sous le titre de la *Philosophie de l'histoire, par feu l'abbé Bazin,* en un volume in-8o. En tête du volume était une dédicace à l'impératrice Catherine II, imprimée en petites capitales, et que voici :

« À très haute et très auguste princesse Catherine seconde, impératrice de toutes les Russies, protectrice des arts et des sciences, digne par son esprit de juger des anciennes nations, comme elle est digne de gouverner la sienne : offert très humblement par le neveu de l'auteur » [citée à la fin du cinquième chapitre de *la Défense de mon oncle* (J.V.D.H.)].

La *Philosophie de l'histoire* fut l'occasion de quelques écrits : Larcher (né en 1726, mort en 1812) publia un Supplément à la *Philosophie de l'histoire,* 1767, in-8°, qui eut une seconde édition en 1769. En critiquant l'ouvrage de Voltaire, Larcher avait usé d'un droit qu'a tout le monde, il est vrai, mais en employant des expressions violentes.

Dans sa préface, p. 34, à propos de l'article du *Dictionnaire philosophique* « Guerre », l'auteur ne fait que s'exposer « à la haine du genre humain et vouloir se faire chasser de la société comme une bête féroce dont on a tout à craindre ». En réponse à l'écrit de Larcher, Voltaire publie *la Défense de mon oncle.* Larcher réplique par la *Réponse à la Défense de mon oncle,* précédée de la *Relation de la mort de l'abbé Bazin,* 1767, in-8°. Il y dit : « Dans un demi-siècle, le *Dictionnaire philosophique,* la *Philosophie de l'histoire, les Honnêtetés littéraires... l'Ingénu* et autres pareilles rhapsodies ne se trouveront plus, pas même chez les épiciers. »

Moland ajoute par ailleurs que peu après un anonyme fit imprimer une *Lettre à l'auteur d'une brochure intitulée Réponse à la Défense de mon oncle,* in-8° de 16 p.

Quant à l'abbé Bazin lui-même, Voltaire s'exprime à son sujet en ces termes : « Dieu veuille avoir son âme. Chanoine de Saint-Honoré, je crains que le corps du cardinal Dubois qui y repose ne lui ait porté malheur » (M. XLIV, 155-156). Il prend place parmi les nombreux masques dont Voltaire adorait s'affubler, surtout quand c'était ceux de savants ecclésiastiques, l'abbé de Tilladet *(Tout en Dieu),* le Père Quesnel *(l'Ingénu),* Dom Calmet *(le Taureau blanc)* et bien d'autres. Notons, pour la vérité historique, que Larcher, excellent helléniste, ne fut jamais « pédant » du collège de Mazarin.

2. Cf. le début du chapitre II : *l'Apologie des dames de Babylone.* La première édition du *Supplément à la Philosophie de l'histoire* de Larcher commence ainsi : « J'ai exposé, dans ma préface, les raisons qui m'ont fait mettre la plume à la main. » Ce début fut changé dans la deuxième édition.

P. 1146

1. *Luc,* XII, 32.

P. 1147

1. « Vous sentez bien, mon cher lecteur, que *Bazin* est un nom celtique, et que la femme de Bazin ne pouvait s'appeler que *Bazine ;* c'est ainsi qu'on a écrit l'histoire. » *(Note de Voltaire.)*

2. Dans sa *Préface historique et critique de l'Histoire de Russie,* § III, M. XVI, 381-382 : « Voici par exemple comme on s'y prend

aujourd'hui pour prouver que les Égyptiens sont les pères des Chinois. Un Ancien a conté que l'Égyptien Sésostris alla jusqu'au Gange; or, s'il alla vers le Gange, il put aller à la Chine, qui est très loin du Gange, donc il y alla; or la Chine alors n'était point peuplée, il est donc clair que Sésostris la peupla. Les Égyptiens, dans leurs fêtes, allumaient des chandelles; les Chinois ont des lanternes, donc on ne peut douter que les Chinois ne soient une colonie d'Égypte. De plus, les Égyptiens ont un grand fleuve; les Chinois en ont un. Enfin il est évident que les premiers rois de la Chine ont porté les noms des anciens rois d'Égypte. Car dans le nom de la famille Yu, on peut trouver les caractères qui, arrangés d'une autre façon, forment le mot Ménès. Il est donc incontestable que l'empereur Yu prit son nom de Ménès, roi d'Égypte, et l'empereur Ki est évidemment le roi Atoès en changeant K en A et I en Toès. »

P. 1148

1. *III Rois,* XXXIV, 13-15.
2. *I Rois,* VI, 19.
3. *Nombres,* XVI, 49.

P. 1150

1. *I Rois,* VIII, 15.
2. Cf. *Dictionnaire philosophique,* art. « Babel », section I : « Que toutes les citoyennes de cette ville immense étaient obligées d'aller une fois dans leur vie au temple de Mylitta, déesse qu'on croit la même qu'Aphrodite ou Vénus, pour se prostituer aux étrangers. »
3. *Nombres,* XXI, 40.

P. 1151

1. VI, 12.

P. 1152

1. Opéra-comique de Lesage et d'Orneval (1716). Autre comédie de même titre, de Dominique et Romagnesi (1728).

P. 1153

1. « En supposant que la loi existe, elle prescrit seulement qu'un homme ne peut reprendre une femme avec laquelle il a fait divorce, que lorsqu'elle est veuve d'un autre homme, ou qu'elle a été répudiée par lui. Cette loi aurait pour but d'empêcher les époux de se séparer pour des causes très légères. Un homme riche a pu quelquefois, pour éluder la loi, faire jouer cette comédie.

« C'est ainsi qu'en Angleterre un homme qui veut se séparer de sa femme avec son consentement se fait surprendre avec une fille. Dirait-on que, par la loi d'Angleterre, un homme ne peut se séparer de sa femme qu'après avoir couché avec une autre devant témoins ? Ce serait imiter M. Larcher, et prendre l'abus ridicule d'une mauvaise loi pour la loi même. Mais cette loi, quoique mauvaise, ne prescrit ni dans l'Orient ni dans l'Angleterre une action contraire aux mœurs. » (*Note de Voltaire.*)

2. Remarque de Moland, suivant Beuchot : « Ces mots de pure fantaisie suivent la traduction fidèle des versets 237-238 du chapitre second intitulé *la Vache.* »

3. Cf. notamment *Essai sur les mœurs,* chap. VII : « De l'Alcoran et de la loi musulmane. »

4. *Histoire de l'empire ottoman,* par l'abbé Mignot (conseiller au grand conseil et neveu de M. de Voltaire selon une note de Kehl).

P. 1155

1. « Qui le croirait, mon cher lecteur ? cela est imprimé à la page 209 du livre de M. Toxotès, intitulé *Supplément à la Philosophie de l'histoire.* » (*Note de Voltaire.*)

2. *Un ramoneur à face basanée*
Le fer en main, les yeux ceints d'un bandeau,
S'allait glissant dans une cheminée,
Quand de Sodome un antique bedeau
Vint endosser sa figure inclinée, etc.

P. 1156

1. *II Rois,* XIII, 12-13.

P. 1157

1. Beuchot, repris par Moland : « On a fait l'application de cette phrase à Voltaire et à Mme Denis; je ne sais sur quel motif. » Les motifs sont clairs, depuis la publication des *Lettres d'Alsace,* par Fernand Aubry, et des *Lettres d'amour de Voltaire à sa nièce,* par Théodore Besterman !

P. 1158

1. Cf. *le Taureau blanc* (1772), chap. IV.

P. 1160

1. Cf. article « Quisquis » des *Questions sur l'Encyclopédie* (1774).
2. XII, 4.
3. XI, 26, 32.

P. 1161

1. La Fontaine, *Fables,* liv. IV, 5.

P. 1162

1. Cf. *Zadig,* chap. XV.

2. Note des éditeurs de Kehl : « Il s'agit ici de l'abbé Foucher, de l'Académie des Belles-Lettres, précepteur du duc de La Trimouille. Cet abbé était janséniste; il crut que sa conscience l'obligeait à écrire contre M. de Voltaire; mais la grâce lui manqua. »

P. 1163

1. Cf. *Questions sur l'Encyclopédie,* 1771 (M. XIX, 362) : « Ce qui est fiction dans un poème devient à la rigueur mensonge chez un historien. »

2. Cf. *Essai sur les mœurs,* chap. XIX, « De l'Égypte ».

P. 1165

1. Il s'agit encore de l'abbé Foucher.

2. *Exode,* VIII, 18. Mais, remarque Moland, les animaux formant la troisième plaie de l'Égypte sont appelés *Sciniphes,* moucherons.

3. Dans le *Discours aux Welches,* par A. Vadé [Voltaire] (M. XXV, p. 232).

P. 1168

1. *Essais,* I, chap. XXIV : « Il fallait s'enquérir qui est mieux savant, non qui est plus savant. »

P. 1169

1. Pseudonyme de Voltaire, dans *l'Écossaise* notamment (1760).

2. Autre pseudonyme de Voltaire dans *le Pauvre Diable* (1760) et les *Contes en vers* (1764).

3. En effet, le titre complet de *Candide* est le suivant : « Candide ou l'optimisme / Traduit de l'allemand de Monsieur le Docteur Ralph / Avec les additions qu'on a trouvées dans la poche du Docteur lorsqu'il mourut à Minden l'an de grâce 1759. »

4. Cf. *Essai sur les mœurs,* chap. IV : « Des brachmanes, du Veidam et de l'Ezour Veidam. »

« Le manuscrit dont parle Voltaire et deux copies de la traduction française se trouvent encore au cabinet des manuscrits orientaux de la Bibliothèque du Roi. La traduction française fut publiée l'année même de la mort de Voltaire par le baron de Sainte-Croix sous le titre de l'*Ezour Veidam,* ou ancien commentaire du Veidam, contenant l'exposition des opinions religieuses et philosophiques des Indiens, traduits du sanscretan *[sic]* par un brame, revu et publié avec des observations préliminaires, des notes et des éclaircissements, Yverdon, 1778, 2 vol. in-12. Mais Voltaire et Sainte-Croix ont été dupes d'une imposture littéraire et religieuse. Le Veidam, ou plutôt les Veidams, car ils sont au nombre de quatre, à savoir Rig-Veda, Yadjour-Veda, Sama-Veda, Arthavana-Veda, sont rédigés dans un ancien idiome sanscrit qui n'est plus entendu que d'un très petit nombre de savants. Or le manuscrit dont parle Voltaire est écrit en dialecte vulgaire. D'ailleurs, bien loin de renfermer la véritable doctrine des anciens brames, ce manuscrit tend à saper cette doctrine pour la remplacer par celle du christianisme. Tout porte à croire que ce prétendu Veda ou commentaire de Veda a été fabriqué par quelque missionnaire catholique, dans le but d'attirer plus facilement les Indous au christianisme. Il existe des exemples de supercheries semblables; on a même retrouvé dans la bibliothèque des missionnaires de Pondichéry les autres parties du Veda travesties de la même manière. Voyez à ce sujet le mémoire que M. Francis Ellis a inséré dans le volume XIV des *Asiatic Researches* ou *Mémoires de la Société de Calcutta,* Calcutta, 1822, in-4° (Note communiquée par M. Reinaud de la Bibliothèque du Roi). » *(Note de Beuchot.)*

P. 1171

1. Cf. l'opuscule de juillet 1767 intitulé : *A Warburton, pédant évêque de Glocestre* (M. XXVI, 392).

« Grimm avoue dans sa correspondance que cette lettre n'est pas tendre, mais ajoute que Warburton pouvait passer en Angleterre pour le La Beaumelle de Voltaire. » *(Note de Moland.)*

P. 1172

1. Cf. *Essai sur les mœurs,* chap. XIII, « Des Phéniciens et de Sanchoniaton ».

P. 1174

1. « Cette initiale désigne M. Silhouette, ministre d'État sous Louis XV, à qui l'on doit les *Dissertations sur l'union de la religion, de la morale et de la politique, tirées d'un ouvrage de M. Warburton,* 1742, 2 vol. in-12. » *(Note de Beuchot.)*

2. *L'Opéra des gueux,* de John Gay, traduit par Patu, in *Choix de petites pièces du théâtre anglais,* 1756.

P. 1175

1. *Job,* VII, 9.
2. *II Rois,* XIV, 14.
3. *Ecclésiaste,* IX, 5.

P. 1176

1. *Le Théâtre de Pierre Corneille, avec des commentaires,* 1764, 12 vol. in-8°.
2. Cf. la lettre à M. de L'Écluse, 1763 (M. XXIV, p. 457).

P. 1177

1. Cf. *Le Temple du goût, supra,* p. 137, liv. VI.

P. 1180

1. Cf. *Essai sur les mœurs,* chap. X, « Des Chaldéens ».

P. 1181

1. In *Journal économique* de juillet 1765, p. 309.

P. 1182

1. *Mœurs des sauvages,* p. 68, t. I. *(Note des éditeurs de Kehl.)*
2. *Genèse,* XXX, 39.

3. Cf. *Conversation de l'Intendant des menus en exercice avec l'abbé Grizel,* 1761, *supra,* p. 415 et suiv.

P. 1183

1. Buffon, évidemment, comme il l'est précisé par la suite.

P. 1184

1. C'est par plaisanterie que Voltaire suppose cette opinion à Benoît de Maillet, qui dit précisément le contraire.

2. De Newton.

P. 1186

1. En réalité il n'y a que vingt et un ans, et non quarante, entre la *Dissertation sur les changements arrivés dans notre globe* (1746) et *la Défense de mon oncle.*

2. Allusion évidente à Descartes.

P. 1188

1. Il s'agit en particulier des démêlés qu'eut Voltaire avec Desfontaines. Voir notamment le *Préservatif* de ce dernier et le *Mémoire du sieur de Voltaire* (février 1739), où Voltaire se défend déjà de la même accusation.

2. *Les Hommes,* par l'abbé de Varenne, 1737. *La Chandelle d'Arras,* poème en dix chants, par l'abbé du Laurens, 1765. *La Poule à ma tante,* ou *Caquet bon bec,* par de Junquières, 1763. *Le Compère Mathieu,* par l'abbé du Laurens, 1766, 3 vol.

P. 1190

1. Il s'agit de *Zénobie,* de l'abbé d'Aubignac. Cf. article « Critique » du *Dictionnaire philosophique.*

P. 1198

1. Cf. *Essai sur les mœurs,* chap. XXII, « Des rites égyptiens et de la circoncision ».

P. 1200

1. *Ibid.*, chap. XXIV, « Orphée, Minos, immortalité de l'âme ».

P. 1202

1. Cf. notamment l'article « Apis » du *Dictionnaire philosophique.*

P. 1203

1. XII, 35-36.

P. 1204

1. II, 21.

P. 1205

1. Chap. I, 19.

P. 1209

1. « Voyez les deux ouvrages intitulés *Anecdotes sur Bélisaire...* » *(Note des éditeurs de Kehl.) Supra* dans notre édition, p. 921 et suiv.

P. 1211

1. Licencié en théologie, professeur d'éloquence au collège Mazarin (1723-1780), auteur d'un *Examen du Bélisaire de Marmontel.* Voir *l'Homme aux quarante écus,* chap. XI.

P. 1213

1. Molière, *Monsieur de Pourceaugnac,* acte II, sc. XIII.
2. *Ecclésiaste,* III, 12.

LETTRES SUR RABELAIS, *etc.*

P. 1215

1. Attestées par les *Mémoires secrets* du 19 novembre 1767. Elles sont adressées d'après Beuchot au prince Charles-Guillaume-Ferdinand de Brunswick-Lunebourg.

P. 1218

1. *Pantagruel,* l. II, chap. VII.
2. *Ibid.,* l. III, chap. XXVI.

P. 1221

1. *Epistolae obscurorum virorum,* de Ulric de Hutten, parues en 1516.

P. 1225

1. « Nous citons tous ces scandales en les détestant, et nous espérons faire passer dans l'esprit du lecteur judicieux les sentiments qui nous animent. » *(Note de Voltaire.)*

P. 1227

1. *Variante* de la première édition : « Je ne puis mieux faire que de transcrire ici ce qui est rapporté dans la sixième édition d'un petit ouvrage composé par une société de gens de lettres, attribué très mal à propos à un homme célèbre. » Suivait le passage consacré à Vanini dans l'article « Athée, athéisme » du *Dictionnaire philosophique.*

P. 1228

1. Gr. Certain.

P. 1229

1. Parue en 1672 sous le titre de *Religion of nature delineated,* traduite en 1756 par Garrigue.

P. 1232

1. De Chaudon.

P. 1234

1. En réalité, cinq volumes in-8° de la *Divine légation de Moïse,* 1766.

2. Voir l'*Examen important,* dans ce volume.

P. 1243

1. Un âne assis dans un fauteuil.

P. 1248

1. *Mémoires pour servir à l'histoire de la vie et des ouvrages de M. de Fontenelle,* 1759 et 1761, in-12.

P. 1264

1. *Matth.,* V, 17-18.

P. 1267

1. *I Cor.,* I, 18.

P. 1268

1. *Deutéronome,* XIII, 5.

P. 1269

1. *Épître aux Romains,* II.

P. 1270

1. *Actes,* XXV, 8.

LE DÎNER DU COMTE DE BOULAINVILLIERS

P. 1277

1. Cet ouvrage qui paraît en décembre 1767 — les *Mémoires secrets* en parlent à la date du 10 janvier 1768 — fit assez de bruit pour que Voltaire songeât à le désavouer et l'attribuât à Saint-Hyacinthe (1684-1746), poète satirique qui avait critiqué *la Henriade.* Le comte de Boulainvilliers (1658-1722) s'était fait connaître par ses études historiques sur la féodalité; il s'était en outre intéressé aux musulmans et avait publié une *Vie de Mahomet* (1731). L'abbé Couet était chanoine de Notre-Dame. Il fut assassiné en 1736.

Nicolas Fréret (1688-1749), ami du comte de Boulainvilliers, érudit, polyglotte : l'un des grands orientalistes du XVIIIe siècle.

P. 1279

1. *Luc,* XIV, 23; *Matthieu,* X, 34; XVIII, 17; XIII, 13; XV, 24; XVII, 24-26.

P. 1281

1. Parodie de Molière, *Femmes savantes,* III, 2 :

Nul n'aura de l'esprit, hors nous et nos amis.

2. *Matthieu,* XVIII, 17.

P. 1285

1. *II Rois,* XIII, 12-13.

P. 1288

1. *Luc.* XXI, 25, 26, 27, 32.

P. 1293

1. La mort du diacre Pâris, origine des convulsions, avait eu lieu en 1727, cinq ans après celle du comte de Boulainvilliers.

P. 1296

1. François de Clermont-Tonnerre (1629-1701).

P. 1306

1. *Matthieu,* XVI, 18.

P. 1308

1. *Histoire critique de la philosophie,* 1737, parue sans nom d'auteur.

LETTRE D'UN AVOCAT DE BESANÇON AU NOMMÉ NONOTTE

P. 1309

1. Nonotte avait répliqué aux *Honnêtetés littéraires* par une *Lettre d'un ami à un ami sur les Honnêtetés littéraires,* ou *Supplément aux erreurs de Voltaire ;* il y étalait pompeusement tous ses titres de gloire. La réponse de Voltaire, vraisemblablement du début de 1768, fut la *Lettre d'un avocat de Besançon.*

2. *Matthieu,* XXVI, 73.

P. 1311

1. Le Père Adam.

ÉPÎTRE ÉCRITE DE CONSTANTINOPLE AUX FRÈRES

P. 1313

1. Cet opuscule doit être de très peu postérieur au déchaînement des passions suscité par *Bélisaire* et qui dura pendant toute l'année 1767.
2. Respectivement le Japon et l'Angleterre.

P. 1316

1. Le dixième mois de l'année musulmane.

LETTRE DE L'ARCHEVÊQUE DE CANTORBERY A M. L'ARCHEVÊQUE DE PARIS

P. 1317

1. Réponse à un *Mandement* de Christophe de Beaumont, publié le 31 janvier 1768.
2. Chap. XV.

P. 1318

1. *Ibid.*

SERMON PRÊCHÉ A BÂLE

P. 1321

1. Mentionné dans les *Mémoires secrets* à la date du 28 février 1768, et dans la *Gazette d'Utrecht* du 18 mars. Il est composé au moment où les Russes viennent d'entrer en Pologne pour y installer, disent-ils, la tolérance. Voltaire présente aux Suisses divisés par les troubles de Genève l'image d'une reine philosophe.
2. Catherine II et Stanislas.

P. 1325

1. Petit-Pierre, pasteur à Neuchâtel.

P. 1329

1. Aranda.

FEMMES
SOYEZ SOUMISES A VOS MARIS

P. 1331

1. Les allusions à l'abbé de Châteauneuf, mort en 1709, et à la femme du premier maréchal de Grancey, morte en 1694, ne doivent pas nous empêcher de dater cet opuscule des premières années du règne de Catherine II (1763-1796).

P. 1332

1. *Aux Éphésiens,* v, 22; *aux Colossiens,* III, 18.
2. *École des femmes,* III, 2.

P. 1333

1. Le marquis de Châteauneuf, auquel Voltaire avait été adressé en Hollande, en 1713 et 1714.

INSTRUCTION
DU GARDIEN DES CAPUCINS
DE RAGUSE A FRÈRE PÉDICULOSO

P. 1335

1. Citée par les *Mémoires secrets* de Bachaumont à la date du 1er février 1769; sans doute de la fin 1768. « Le mot italien *pediculoso,* du latin *pediculosus* (pouilleux) est donné par Voltaire au futur pèlerin à cause du petit peuple qui habite sa barbe. » *(Note de Beuchot.)*
2. De Tritheim, village près de Trèves où il naquit en 1762.

P. 1336

1. *Genèse,* II, 17.
2. *Ibid.,* III, 1.

P. 1337

1. *Ibid.,* VI, 4.
2. Auteur d'une *Dissertation sur l'arche de Noé* (1704).

P. 1338

1. Le R. P. Athanase Kircher, auteur d'innombrables ouvrages sur ces matières, dont l'un intitulé *Turris Babel* (1678).
2. *Genèse,* XV, 18.

P. 1340

1. Dans sa quatorzième *Provinciale.*
2. *Ézéchiel,* III.

P. 1341

1. *Ibid.,* V, 10.

P. 1342

1. *Ibid.,* XVI.
2. *Ibid.,* XXIII.
3. *Osée,* I.
4. *Ibid.,* III.

P. 1343

1. *Marc,* XI, 13.

CANONISATION DE SAINT CUCUFIN

P. 1347

1. L'édition originale ne porte pas de millésime; mais les *Mémoires secrets* parlent de la *Canonisation* à la date du 6 mai 1769.
2. HORACE, *Épîtres,* II, 1, vers 5-12.

P. 1349

1. « Talmud de Jérusalem, *in rhoštra shana.* » *(Note de Voltaire.)*
2. IX, 22 et X, 13.
3. Verset 9.

P. 1350

1. *Polyeucte,* IV, 3.
2. *Esther,* III, 4.

P. 1351

1. *Amos,* V, 26.
2. *Isaïe,* LVII, 5.

P. 1353

1. Lefranc de Pompignan.
2. Femme de Henri VI, roi d'Angleterre.

P. 1356

1. *Jean,* XII, 24; *I Cor.,* XV, 36.
2. MOLIÈRE, *Femmes savantes,* III, 2.

PROVIDENCE

P. 1359

1. Article extrait de *Questions sur l'Encyclopédie,* parues en 1771. Sur cette question d'une volonté immuable dont les décrets sont pris de toute éternité, voir la fin de *Zadig* (1748) et le *Poème sur le désastre de Lisbonne* (1756), édité ci-dessus.

SOPHRONIME ET ADELOS

P. 1363

1. Publié en 1776 à la suite des *Lettres chinoises, indiennes et tartares.* Decroix, éditeur de Kehl, et les autres éditeurs à sa suite l'ont placé, mais sans raison valable, à la date de 1766.

P. 1364

1. Philippe Goibaud-Dubois, d'abord maître de danse, finit ses jours en traduisant saint Augustin.

P. 1366

1. Ou l'*Ecclésiaste.* Les différentes citations sont dans l'ordre : II, 15 ; II, 16 ; III, 19-21 ; V, 7 ; IX, 4-5 ; IX, 7.

P. 1367

1. *Tusculanes,* I, 17.

P. 1370

1. Saint Augustin.

BIBLIOGRAPHIE

I. ÉDITIONS DES ŒUVRES COMPLÈTES DE VOLTAIRE

Les éditions de travail sont les suivantes :

— d'abord l'édition dite « encadrée », la dernière en date corrigée de la main de Voltaire, S.l. [Genève, Cramer et Bardin], 1775, 40 vol. in-8°;

— ensuite l'édition dite « de Kehl », *Œuvres complètes de Voltaire,* Kehl, Société des Gens de lettres, 1784 [en réalité 1785-1789], 70 vol. in-8° ou 92 vol. in-12;

— au XIXe siècle, l'édition dite « Beuchot », Paris, 1834, 72 vol. in-8°. Reprise dans la dernière édition en date : *Œuvres complètes de Voltaire,* publiées par Louis Moland, Paris, Garnier frères, 1877-1882, 50 vol. in-8° + 2 vol. de tables;

— une édition des œuvres complètes est en reprise à Londres, sous l'égide de la Fondation Voltaire. Quelques volumes en sont déjà parus;

— la correspondance de Voltaire a fait l'objet d'une édition complète, par Th. Besterman, Genève, 1953-1964 (commentaires en anglais). Elle est reprise, avec des notes en français, par Fr. Deloffre, dans cette même collection de la Pléiade (trois volumes parus à ce jour — 1976).

II. ÉTUDES D'INTÉRÊT GÉNÉRAL SUR VOLTAIRE

DESNOIRESTERRES (Gustave) : *Voltaire et la société au XVIIIe siècle,* Paris, Didier, 1867-1876, 8 vol. in-8°.

LANSON (Gustave) : *Voltaire,* Paris, Hachette, 1906, revu et complété en 1960 par R. Pomeau.

BELLESSORT (André) : *Essai sur Voltaire,* Paris, Perrin, 1925.

NAVES (Raymond) : *Le Goût de Voltaire,* Paris, Garnier, 1938.

NAVES (Raymond) : *Voltaire et l'Encyclopédie,* Paris, éd. des Presses modernes, 1938.

TORREY (Norman-L.) : *The Spirit of Voltaire,* New York, Columbia University Press, 1938.

WADE (Ira-O.) : *Voltaire and Madame du Châtelet at Cirey,* Princeton University Press, 1941.
NAVES (Raymond) : *Voltaire,* Paris, Hatier-Boivin, 1942.
VALÉRY (Paul) : *Discours sur Voltaire, prononcé le 10 décembre 1944 en Sorbonne,* Paris, 1945.
POMEAU (René) : *Voltaire par lui-même,* Paris, éd. du Seuil, 1955.
POMEAU (René) : *La Religion de Voltaire,* Paris, Nizet, 1956.
VAN DEN HEUVEL (Jacques), article « Voltaire » in « Encyclopédie de la Pléiade », *Histoire des littératures,* Paris, Gallimard, 1958.
VAN DEN HEUVEL (Jacques) : *Voltaire dans ses contes,* Paris, A. Colin, 1968.

III. ÉDITIONS OU ÉTUDES PARTICULIÈRES RELATIVES AUX *MÉLANGES*

MORIZE (André) : *L'Apologie du luxe au XVIIIe siècle, le Mondain et ses sources,* Paris, Didier, 1909.
Lettres philosophiques, éd. critique avec une introduction et un commentaire par Gustave Lanson, Paris, Hachette, 1930, 2 vol.
Traité de métaphysique, éd. par H. Temple Patterson, Manchester University Press, 1937.
La Loi naturelle, éd. critique par Francis Crowley, Berkeley, University of California Press, 1938.
HAVENS (George R.) : « The conclusion of Voltaire's *Poème sur le désastre de Lisbonne* », *Modern Language Notes,* 422-426, juin 1941.
Le Temple du goût, éd. critique par E. Carcassonne, Paris, Droz, 1938; rééd., Genève, Droz, Lille, Giard, 1953.
GAY (Peter) : « Voltaire's *Idées républicaines,* a study in bibliography and interpretation », *Studies on Voltaire,* 6, p. 67-105, 1958.
« L'*Akakia* de Voltaire », éd. critique par Charles Fleischauer, *Studies on Voltaire,* 30, p. 7-145, 1964.
Le Philosophe ignorant, edited with an introduction by J. L. Carr, University of London, Paris, [1965]. Textes français classiques et modernes.
VAN DEN HEUVEL (Jacques) : *L'Affaire Calas et autres affaires,* Paris, N.R.F., éd. Folio, 1975.

INDEX
DES PERSONNAGES

INDEX DES PERSONNAGES

N. B. — Le signe ~ indique les dates antérieures à l'ère chrétienne.

Le présent index a été établi par les soins de Renée Thomasset.

TABLE DES MATIÈRES

TABLE DES MATIÈRES

HOMÉLIES PRONONCÉES A LONDRES EN 1765

LA DÉFENSE DE MON ONCLE

Ce volume,
portant le numéro cent cinquante-deux
de la « Bibliothèque de la Pléiade »
publiée aux Éditions Gallimard,
a été achevé d'imprimer
sur bible des Papeteries Jeand'heurs
le 8 septembre 1981
sur les presses
de l'Imprimerie Darantiere
à Dijon.
La reliure a été exécutée
par Babouot à Lagny.

N° d'édition : 28507. Dépôt légal : 3e trimestre 1981
Imprimé en France.